Ⅰ

CN00556833

CONNOTAZIONI

4

DINKO FABRIS

MECENATI

E MUSICI

DOCUMENTI SUL PATRONATO ARTISTICO
DEI BENTIVOGLIO DI FERRARA
NELL'EPOCA DI MONTEVERDI
(1585–1645)

LIBRERIA MUSICALE ITALIANA

ConNotazioni

COORDINAMENTO EDITORIALE
Paolo Fabbri

Questo volume, inserito nel programma editoriale promosso dal Comitato cremonese per le celebrazioni monteverdiane, si pubblica grazie al contributo del Comune di Cremona

In copertina: *Mediolanum,* incisione di Franz Hogenberg in *Civitates orbis terrarum,* 6 voll. a cura di Georg Braun, Colonia 1572-1616, vol. 1 (1572), tav. 42. *Vincentinus Nicolas,* bronzo (1566-1577) di anonimo lombardo, presso la Civica Raccolta Numismatica di Milano.

© 1999, Libreria Musicale Italiana Editrice
ISBN 88–7096–225–3
LIM Editrice, srl I-55100 Lucca, P.O. Box 198
http://www.lim.it * lim@lim.it

SOMMARIO

PREMESSA

Questo lavoro ha avuto avvio nel 1983, grazie ad una borsa di studio messa a concorso dal Comitato Celebrazioni Frescobaldiane di Ferrara, che prevedeva il censimento sistematico delle notizie musicali del primo Seicento contenute nell' Archivio Bentivoglio, appartenente alla famiglia dei primi protettori di Frescobaldi e accolto presso l' Archivio di Stato di Ferrara. Prolungata la ricerca per diversi mesi oltre l' anno della borsa di studio, mi accorsi che mi sarebbe servito un tempo assai lungo per verificare, ordinare e completare il materiale grezzo risultante. Negli anni successivi il lavoro di raccolta e sistemazione, pur senza dedicarmi totalmente ad esso, è proseguito costantemente, arricchendo con numerosi viaggi in Italia e all'estero la massa dei documenti ferraresi. Dopo molte indecisioni e numerosi rifacimenti, finalmente una nuova occasione celebrativa, nel 1993, ha consentito che i risultati della decennale ricerca venissero indirizzati alla stesura di un volume, questo che il lettore sta sfogliando, commissionatomi dal Comitato Celebrazioni Monteverdiane di Cremona.

A dodici anni dall' inizio della mia avventura bentivolesca, che ha condizionato in gran parte le mie scelte professionali, sono molte le persone e le istituzioni a cui è doveroso indirizzare il mio ringraziamento. Innanzi tutto, riferendomi all' epoca dell' indimenticabile soggiorno ferrarese, al personale dell' Archivio di Stato di Ferrara ed in particolare all' archivista addetto all' inventariazione dell' Archivio Bentivoglio, Paolo Rua; ai due direttori, l' attuale e il suo predecessore, della Biblioteca Comunale Ariostea; a don Enrico Peverada e al maestro Adriano Franceschini, alla cui competente assistenza ho spesso fatto ricorso; a Jadranka Bentini, nel 1983 direttrice della Pinacoteca di Ferrara ed oggi Sovrintendente a Modena; ad Adriano Cavicchi, prodigiosa memoria storica della musica e delle arti estensi, oltreché ospite generoso e squisito; a Marina Alfano, bibliotecaria del Conservatorio di Ferrara, presenza rassicurante e competente alla quale devo molte scoperte bibliografiche e di pensiero; a Janet Southorn, storica dell' arte impegnata a guardare, negli stessi anni, le stesse carte bentivolesche, con una profondità ed acutezza di cui ha dato prova nel volume di Cambridge del 1988. A tre persone scomparse ed indimenticabili: Howard Mayer Brown, che mi ha fornito l' esempio di una vita di studioso ed il libero accesso alla sua collezione privata di libretti (oggi confluita nella Newberry Library di Chicago); il grande studioso e traduttore Mario Roffi, che ha contribuito a legarmi a Ferrara coinvolgendomi per anni nelle "sue" Settimane Internazionali Frescobaldi; Thomas Walker, che mi ha incoraggiato fin dall' inizio, mettendomi a disposizione la preziosa biblioteca musicale da lui formata presso l' Università di Ferrara e coinvolgendomi nelle attività dell' Istituto di Studi Rinascimentali.

Alla ricca biblioteca privata di Elio Durante e Anna Martellotti ho spesso fatto ricorso per i materiali bibliografici più diversi. E poi, in ordine sparso, tanti colleghi e amici: a

Oscar Mischiati (Bologna), Claudio Gallico e Paola Besutti (Mantova), David Bryant (Venezia), Alessandra Chiarelli e Mirko Caffagni (Modena), Franco Pavan (Milano), Tim Carter (Londra), Elena Povoledo (Roma), Giulia Anna Romano Veneziano (Molfetta-Saragozza) e all' onnisciente antiquario Mario Somma (Bari). A ciascuno devo un suggerimento, un' indicazione, fotocopie ed altro.

Dopo la borsa di studio ferrarese la mia ricerca non ha usufruito di altri contributi specifici, ma alcune istituzioni mi hanno aiutato in maniera indiretta a proseguire i controlli bibliografici: per primo devo citare l' Istituto di Studi Rinascimentali di Ferrara, la cui biblioteca moderna ha costituito per me una rara isola nel desolante panorama italiano; nel 1991 un trimestre trascorso come professore ospite della Ècole Normale Supèrieure di Parigi mi ha concesso di controllare con agio le raccolte della Bibliothèque Nationale; nello stesso anno una borsa di studio della Newberry Library di Chicago, e gli inviti da parte di alcune università statunitensi per conferenze, mi hanno consentito di prendere visione di alcuni documenti e soprattutto di molti studi moderni di difficile reperibilità in Italia; nel 1994, infine, come Fellow del Warburg Institute di Londra, ho potuto esplorare per mesi quelle meravigliose collezioni specialistiche, oltre a quelle della vicina British Library (tenendo anche una conferenza all' Istituto sulle attività musicali patrocinate dai Bentivoglio).

Seguono i ringraziamenti più circostanziati sul lavoro com' è oggi: a Lorenzo Bianconi, che per primo ha insistito sull' opportunità di non disperdere in piccoli articoli la massa di notizie derivate dalla mia indagine, fornendomi utili indicazioni metodologiche per il volume; a Warren Kirkendale, che ha letto con pazienza ammirevole una stesura intermedia dell' apparato documentario, indicandomi un tale cumulo di inesattezze e problemi da sconsigliarmi la pubblicazione (mi scuso con lo studioso per aver utilizzato le sue indicazioni e poi deciso di avventurarmi ugualmente nei rischi dell' edizione); a Claudio Annibaldi, che ha accettato di assumere il duro ruolo del censore inflessibile e che sono cosciente di non aver soddisfatto con il mio scritto; a Frederick Hammond, che mi ha costantemente tenuto aggiornato dei suoi studi su Frescobaldi e sui Barberini, anche prima della loro pubblicazione, procurandomi documenti inediti; a John Walter Hill, con cui lo scambio di notizie sui documenti bentivoleschi studiati reciprocamente ha dimostrato come la più disinteressata cooperazione sia possibile tra studiosi anche molto lontani: la lettura del suo eccellente volume sul mecenatismo del cardinal Montalto, prima della pubblicazione, è stata fondamentale per controllare e rivedere molti dei miei giudizi. Anna Di Giglio (Università di Bari) si è assunta con competenza ed entusiasmo il compito gravoso della definitiva risistemazione dei documenti, aiutandomi a ricavarne gli indici. Ringrazio infine Paolo Fabbri, che ha proposto di inserire questo libro tra le edizioni promosse nell' anno monteverdiano, fornendomi nel contempo illuminati suggerimenti.

Laureto di Fasano, estate 1995

PARTE PRIMA

INTRODUZIONE

1. I Bentivoglio di Ferrara

Il destino è spesso scritto nei nomi. Sono certo che Enzo Bentivoglio ne aveva piena coscienza, lui che aveva ricevuto il nome addirittura del mitico fondatore della casata, quel re Enzo figlio dell'Imperatore Hohenstaufen che nella sua prigionia bolognese aveva tanto spesso rivolto all'amata Lucia le parole "Ben ti voglio": che avrebbero poi designato il figlio nato da quell'amore.[1] Leggenda certo, sempre riportata dagli antichi storici per confutarla, ma che suonava come un mirabile presagio per il giovane ferrarese che, quintogenito dei figli maschi di Cornelio Bentivoglio, sulla chiusa del secolo XVI a 25 anni si era improvvisamente ritrovato a capo della famiglia di Ferrara.[2] E del resto non si trovano altri membri della famiglia, esaminando gli alberi genealogici dei due secoli precedenti, con lo stesso nome. Non credo neppure che sia stato un mero omaggio alla tradizione il nome imposto da Enzo al primogenito Cornelio II: in quel momento di già terribile crisi economica per la famiglia, egli sperava probabilmente che il figlio avrebbe potuto ereditare la prodigiosa forza risanatrice del nonno, ch'era stato l'artefice delle fortune ferraresi della famiglia, dopo il disastroso esilio da Bologna.

Se ci atteniamo ai documenti, la famiglia Bentivoglio è pienamente attestata e già politicamente in ascesa a Bologna agli inizi del secolo XV.[3] Saremmo tentati di inizia-

---

[1] CECILIA M. ADY, *The Bentivoglio of Bologna. A Study in Despotism*, London, Clarendon Press 1937; citiamo dalla traduzione italiana: *I Bentivoglio*, Milano, Dall'Oglio 1967, pp. 11–12, che rinvia, per una confutazione della leggenda, ad un testo coevo ai fatti da noi narrati: FRANCESCO SANSOVINO, *Origine e fatti delle famiglie illustri d'Italia*, Venezia 1582.

[2] Il cugino Alessandro Guarini, nel condolersi con Enzo per la perdita contemporanea del fratello Ippolito e del figlio di questi Ferrante nel 1619, non manca di sottolineare la circostanza della strana casualità che lo aveva portato alla conduzione della casata: "[...] e se fu alcuno, che non lodasse la risoluzione, che fece la gloriosa memoria del S.r Cornelio, lor padre, nell'età sua senile di prender moglie, ora potrà conoscere dell'inestimabil frutto, che se n'è tratto [...]": lettera del 27.I.1620.

[3] ADY, op. cit., in particolare pp. 20-ssg. e C. F. GUERRINI, *Arbore istorico della Casa Bentivoglio d'Aragona*, Ferrara, Biblioteca Comunale Ariostea, ms. Cl. I, 435 (miscellanea del XVIII secolo di documenti antichi tratti dall'Archivio Bentivoglio). Cfr. inoltre VINCENZO ARMANNI, *Della Famiglia Bentivoglia. Origine chia-*

re da questo periodo la nostra trattazione poiché, come signori di Bologna, i Bentivoglio legarono il proprio nome al sanguinoso ricordo della propria crudeltà ma anche
ad una attività mecenatesca intensa e splendida, non soltanto nel campo delle arti
figurative e dell'architettura, ma anche in quelli dello spettacolo e della musica in particolare.[4] La cacciata da Bologna di Giovanni II Bentivoglio nel 1506, ad opera del
papa Giulio II, segna la fine di quel munifico periodo ed anche una netta svolta nella
storia famigliare.[5] Uno dei numerosi figli di Giovanni II, Annibale Bentivoglio, ripa-
rò nella vicina Ferrara dove, dopo ripetuti e vani tentativi di riconquistare la città di
origine, dovette accontentarsi dell'onorata parentela con il duca Ercole I d'Este, acqui-
sita sposandone la figlia Lucrezia nel 1487: ebbe così avvio il ramo ferrarese dei Bentivoglio, che passò attraverso il figlio di Annibale, Costanzo, padre a sua volta di Cornelio
(1520?-1585). Quest'ultimo, personaggio violento e torbido quanto i suoi antenati
bolognesi, costruì la fortuna sua e della famiglia sposando in prime nozze un'altra
donna di casa d'Este, Leonarda, dopo aver abbracciato a soli quindici anni la carriera
militare che ne accompagnò tutta la vita.[6] Nel 1567 il nuovo duca Alfonso II gli concesse il feudo di Gualtieri (in provincia di Reggio), che divenne poi marchesato nel
1575. Cornelio avviò una vasta operazione di canalizzazione delle acque intorno a
Gualtieri, instaurando una feconda collaborazione con l'architetto ed ingegnere Giovan Battista Aleotti detto "l'Argenta", poi proseguita dai figli Ippolito e soprattutto
Enzo.[7] L'intervento dell'Aleotti è stato proposto anche per la risistemazione del nuovo palazzo di famiglia, che Cornelio acquistò dai Roverella, sito nell'odierna via Gari-

rezza e discendenza[…] All'Illustriss. e Reverendiss. Sig. Monsignore Andrea Bentivogli, Bologna, Longhi 1682,
che tratta principalmente del ramo perugino e solo in parte dei rami bolognese e ferrarese della famiglia, ma
con importanti riferimenti tratti da documenti.

    [4] Cfr. *Bentivolorum Magnificentia. Principe e cultura a Bologna nel Rinascimento*, a cura di B. Basile,
Roma, Bulzoni 1984, in particolare: ANGELA DE BENEDICTIS, *Quale "Corte" per quale "Signoria"? A proposito di organizzazione e immagine del potere durante la preminenza di Giovanni II Bentivoglio*, pp.12-34; FUL-
VIO PEZZAROSSA, *"Ad honore et laude del nome Bentivoglio". La letteratura della festa nel secondo Quattrocento*,
pp.35-114; PAOLO FAZION, *"Nuptiae Bentivolorum". La città in festa nel commento di Filippo Beroaldo*, pp.115-
134. Sulla musica nel programma di immagine del potere dei Bentivoglio bolognesi cfr. SUSAN FORSCHER
WEISS, *Musical Patronage of the Bentivoglio Signoria, c. 1465-1512*, in *Trasmissione e recezione delle forme di
cultura musicale*, atti del XIV Congresso della Società internazionale di musicologia (Bologna 1987), a cura
di A. Pompilio, D. Restani, L. Bianconi, F. A. Gallo, III: *Free Papers*, Torino, EDT 1990, pp.703-715, con
bibliografia di riferimento. La studiosa riconduce la non esuberante attività musicale di Bologna sotto i Bentivoglio le condizioni economiche ed alla peculiare situazione governativa: "But despite Bentivoglio opulen-
ce during this period, expenditure was always in excess of income" (p.704).

    [5] Cfr. ADY, pp. 164-ssg. e l'Appendice a cura di L. Chiappini, *I Bentivoglio dopo Bologna*, pp.273-293
(d'ora in avanti citato come CHIAPPINI 1967). Sulla situazione economica degli ultimi anni bolognesi cfr.
FRANCESCA BOCCHI, *Il potere economico dei Bentivoglio alla fine della loro Signoria*, "Il Carrobbio", 1976,
pp.75-89.

    [6] *Bentivoglio Cornelio*, voce a cura di T. Ascari, in *Dizionario Biografico degli* Italiani,VI, Roma, Istituto
per l'Enciclopedia Italiana 1960, p. 610; CHIAPPINI 1967, pp.278-283; ALFONSO LAZZARI, *Ombre e luci
nella vita di Cornelio Bentivoglio*, "Atti e memorie della deputazione ferrarese di storia patria", n.s., IV, 1953,
pp.3-24.

    [7] Cfr. ALESSANDRA FRABETTI, *L'Aleotti e i Bentivoglio*, "Il Carrobbio", 9, 1983. Per le principali notizie
biografiche sull'architetto di Argenta cfr. la voce *Aleotti Giovan Battista detto l'Argenta*, a cura di A. O. Quinta-
valle e E. Povoledo, in *Dizionario Biografico degli Italiani*, cit., II, Roma, 1960, pp. 152-54 e V. CAMERINI,
Giovan Battista Aleotti detto l'"Argenta", fra Cinquecento e Seicento, in *Aspetti di storia civile e culturale della comunità argentana*, atti del Convegno di Studi di Argenta, Argenta 1979; DIEGO CUOGHI, *La rocca di Scandiano
nei progetti di Giovan Battista Aleotti. Dalla rocca dei Boiardo al palazzo dei Thiene e dei Bentivoglio*, tesi non
pubblicata, Università di Firenze 1992 (copia consultata presso la Biblioteca Comunale Ariostea di Ferrara).

baldi e la cui facciata fu ornata, intorno al 1585, con i pesanti ed eloquenti simboli militari degni del generale supremo dell'esercito e viceduca di Alfonso II.[8] Rimasto vedovo, nel 1573 Cornelio aveva sposato Isabella Bendidio (o Bendedei), una della dame e cantatrici favorite della duchessa, anche se meno famosa della sorella Lucrezia, dedicataria delle rime amorose del Tasso.[9] Così ricordava il matrimonio un contemporaneo: "Mercoledi (1 luglio) riprese moglie molto all'improviso il signor Cornelio Bentivoglio l'Isabellina Bendidio, ultima figliuola di messer Nicolò e dama della signora Duchessa che sia in gloria, molto vaga giovane, gentile e virtuosa: di che si buccina che i figli sono molto scontenti(...)".[10] Erano allora già sei i figli (quattro i maschi e due le donne) nati dal primo matrimonio e se ne aggiunsero altri cinque maschi ed una donna.

Le relazioni di Cornelio con Torquato Tasso non si limitarono al corteggiamento poetico della cognata, poiché il Bentivoglio fu il responsabile nel 1573 del celebre allestimento dell'*Aminta* nell'isoletta di Belgioioso, con l'intervento dei comici Gelosi e di tutta la corte estense e, due anni più tardi, di un torneo in cui il duca Alfonso, il Tasso e lo stesso Cornelio parteciparono in veste di attori.[11] Vincoli ancor più stretti legavano i Bentivoglio con l'altro grande poeta ferrarese, Battista Guarini, che aveva sposato la cognata di Cornelio Taddea Bendidio: nella loro fitta corrispondenza con Enzo Bentivoglio, Battista ed il figlio Alessandro si firmano rispettivamente zio e cugino.[12] Una lettera indirizzata dal Guarini nel 1582 "Al Signor Cornelio Bentivoglio Marchese di Gualtieri, e Luogotenente Generale del Serenissimo di Ferrara" è particolarmente interessante perché il poeta confessa al cognato le ragioni vere della sua attività non istintiva di poeta per musica.[13]

---

[8] A parte alcuni vecchi articoli (come L. FIORENTINI, *Un fabbricato estense. Palazzo Bentivoglio*, "Gazzetta ferrarese" del 18.IX.1903, p. 1, *Sul Palazzo Bentivoglio di via Garibaldi*, "Domenica dell'operaio" del 26.VIII.1917, ALFONSO LAZZARI, *Il palazzo Bentivoglio a Ferrara*, in *Attraverso la storia di Ferrara*, Rovigo 1953, p.330), cfr. il recente contributo specifico di GIULIANA MARCOLINI-GIULIO MARCON, *Il palazzo Bentivoglio e gli architetti ferraresi del secondo Cinquecento*, in *L'Impresa di Alfonso II. Saggi e documenti sulla produzione artistica a Ferrara nel secondo Cinquecento*, a cura di J. Bentini e L. Spezzaferro, Bologna, Nuova Alfa Editoriale 1987, pp.193-224.

[9] CHIAPPINI 1967, pp.282-sg.

[10] Corrispondenza del residente mediceo a Ferrara Bernardo Canigiani (Firenze, Archivio di Stato), cit. in ANGELO SOLERTI, *Ferrara e la corte estense nella seconda metà del secolo decimosesto. I Discorsi di Annibale Romei Gentiluomo Ferrarese*, Città di Castello, Lapi 1900, p. LXVII, nota 1. Solerti ricorda anche un sonetto composto dal Tasso per celebrare il matrimonio tra Cornelio e Isabella: *Donna, perch'io le chiome abbia ripiene* (più tardi fu messo in musica da Giaches de Wert e sopravvive come *Donna, sebben le chiom'ho già ripiene d'algente* nel suo VII libro dei *Madrigali*, Venezia 1581).

[11] ANGELO SOLERTI, *Vita di Torquato Tasso*, Torino 1895, 3 voll.: I, pp. 181-ssg.; ANGELO SOLERTI-D. LANZA, *Il teatro ferrarese nella seconda metà del secolo XVI*, "Giornale storico della letteratura italiana", XVIII, 1891. Per il "torneo di dame", tenuto a Comacchio nel 1575, cfr. ELENA POVOLEDO, voce *Ferrara*, in *Enciclopedia dello Spettacolo*, Roma, Le Maschere 1954, V, col.180.

[12] Cfr. DINKO FABRIS, *Lettere di Battista e Alessandro Guarini nell'Archivio Bentivoglio di Ferrara*, in *Battista Guarini e la musica*, atti del Convegno di Ferrara del 1990, Firenze, LIM 1997, pp. 77-90.

[13] "[...] Quanto alla Musa non so se V. Eccellenza sappia ch'io non nacqui poeta, e ch'io non sono un di coloro che altro non sanno fare che versi, in tutto 'l rimanente poi a valenthuomo spettante spiritati, stupidi e pazzi. Quel poco di poesia che altre volte m'è pur uscito di mano, è stato o vanità giovanile, o esercizio accademico, o ricreazione delle fatiche. Ed ha gran tempo, che il poetare haveva non pur tralasciato, ma per cagion di studi più fruttuosi, e di cure più necessarie dal mio pensiero in tutto sbandito. Ma poscia ch'i miei versi, negletti già dal padrone in vita d'altro poeta [il Tasso], non so s'io dica migliore, ma dirò bene più fortunato di me, comminciarono ad esser cari, e fummi comandato che scrivessi, mi sforzai di reprendere

Le relazioni con gli artisti ed i letterati della corte estense, facilitate certo dalle alte cariche rivestite da Cornelio, si mostrano nella corrispondenza e nei documenti più sincere e sentite di quello che l'etichetta richiedeva. Per esempio con il filosofo Francesco Patrizi,[14] ancora con il Tasso,[15] e con i musicisti della cappella ducale, come vedremo. Sua moglie Isabella, marchesa di Gualtieri, compare tra le nobilissime dame protagoniste dei *Discorsi di Annibale Romei gentiluomo ferrarese* nella finzione letteraria dei giuochi accademici ambientati a Ferrara nel 1584.[16] Le pubbliche esequie di Cornelio, all'indomani della sua morte avvenuta il 26 maggio 1585, furono particolarmente solenni per volontà del duca, e vi parteciparono anche i musici delle cappelle ducali e cittadine.[17]

Dei figli maschi di Cornelio che in quel momento vivevano, soltanto Ippolito, il nuovo capofamiglia, sembrava avere ereditato le caratteristiche bellicose e decise del padre. La fortuna decise per lui poiché, alla morte del duca Alfonso II, con la devoluzione dello stato di Ferrara alla Chiesa di Roma e la fuga del nuovo duca Cesare, Ippolito fu tra i nobili ferraresi che accompagnarono nell'esilio a Modena i discendenti degli Este: un anello importante nella catena di coincidenze strette attorno all'ascesa irresistibile di Enzo nella conduzione della propria casata. La posizione dei Bentivoglio di Modena appare analoga al ruolo rivestito da Cornelio nei confronti del duca di Ferrara: altissimo grado di considerazione a corte, un palazzo ricolmo di collezioni d'arte, un consistente patrimonio garantito da rendite feudali. Eppure la personalità di Ippolito non sembra destinata a lasciare traccia di sé. Probabilmente buon ammini-

---

quelle prime già tralasciate, e poco men che prudenti sembianze di poetare. Il che quantunque io facessi con grandissima pena, si come quegli, che operava e contra il genio, e fuor di stagione; nientedimeno sperando pur, che dovessi la poesia correre una fortuna medesima con la musica sua sorella, che nella nostra corte ha pur trovato il suo premio: fatto forza a me stesso; cercai di trasformarmi tutto in altrui, e di prendere a guisa d'istrione la persona, i costumi, e gli affetti ch'io hebbi un tempo, e d'huom maturo ch'io era, sforzaimi di parer giovane, di malinconico festevole, d'huom senz'amore innamorato, di savio pazzo, e di filosofo alfin poeta [...] Certa cosa è ch'io non so cantar, e piangere a un tratto: la vena di poesia quant'è più nobile, tanto viene da ingegno più dilicato, al quale se si fa forza, insterilisce, e si secca [...] Ho detto a V. Eccellenza la cagione del mio star qui, e del silenzio della mia Musa. Una medesima necessità fa ch'io non torni a casa, e in Parnaso. La supplico non solo a farne mia scusa, ma prenderne la difesa, la quale non istà in altro che nel giustificar il mio non potere [...]": lettera di Battista Guarini da Venezia il 25.I.1582 a Cornelio Bentivoglio (ed. in *Lettere del Signor Cavaliere Battista Guarini Nobile Ferrarese. Di nuovo in questa quarta impressione sotto capi divise. Da Agostino Michele raccolte*, Venezia, Ciotti 1598, pp.96-97).

[14] Cfr. la lettera inviata da Francesco Patrizi a Cornelio Bentivoglio in data 16.XII.1581, in cui spiega la sua "inventione di separar Reno in Po": FRANCESCO PATRIZI, *Lettere ed opuscoli inediti*, a. c. di D. Aguzzi Barbaghi, Firenze, Istituto Nazionale di Studi sul Rinascimento, 1975, n.XVII, pp.34-35.

[15] TORQUATO TASSO, *Le lettere di Torquato Tasso disposte per ordine di tempo ed illustrate da C. Guasti*, Napoli, Rondinella, 1857, 5 voll. (Lettere a Cornelio Bentivoglio).

[16] All'inizio della Giornata Seconda "cavata a sorte la signora Isabella Bentivoglia matrona di nobilissime maniere ornata, fu coronata Reina" e ne viene poi riferito il pensiero. Cfr. SOLERTI, *Ferrara e la corte estense[...] I Discorsi di Annibale Romei*, cit., p.36.

[17] Nel *Compendio Historico dell'origine, accrescimento, e prerogative delle Chiese, e luoghi pij della città, e Diocesi di Ferrara, e delle memorie di que' personaggi di pregio, che in esse son sepelliti[...] Descritta per D. Marc'Antonio Guarini Ferrarese[...]*, Ferrara, eredi di V. Baldini 1621, p.156, troviamo la descrizione delle esequie di Cornelio Bentivoglio, seppellito in S. Maria degli Angeli: "[...] morendo venne seppellito nella presente Chiesa, con quella più solenne pompa, che sia solita a' più famosi Capitani; accompagnandolo Annibale, e Giovanni suoi figliuoli [...] ed in oltre le milizie a piedi, ed a cavallo, con trombe e tamburri scordati, cavalli abardati, e bruniti, tutti disposti, e concertati con ordine mirabile [...] con orazion funebre del famoso Cesare Cremonini [...]".

stratore, dotato di fiuto e buon senso critico nella intensa committenza artistica intrapresa sia a Modena sia per il palazzo di famiglia a Gualtieri,[18] il nuovo marchese Bentivoglio si mette in luce più come cavallerizzo e intenditore d'armi che per le poche notizie su attività musicali a lui collegate nelle lettere: per alcuni mesi, tra l'agosto e l'ottobre del 1604, il possesso di una chitarra sembra interessarlo in maniera particolare. Altre volte è impegnato a trattare per un chitarrone, o più spesso per corde di liuto. Per il resto, possiamo soltanto immaginare la routine del cortigiano fuori di patria. L'unico figlio, Ferrante, sembra promettere qualcosa in più: è il solo della famiglia a mantenere ufficialmente un musicista al proprio servizio (si tratta del liutista modenese Paolo Bisogni).[19] Padre e figlio moriranno tragicamente a pochi giorni di distanza l'uno dall'altro nel 1619 (anno anche della morte della madre di Enzo, Isabella Bendidio), chiudendo senza eredi maschi l'esperienza del trapianto modenese della famiglia Bentivoglio.[20] Poco conta ripercorrere in questa sede anche la breve vita del cavalier Giovanni, fratello minore di Ippolito, scomparso nel 1610 in un'azione militare:[21] a giudicare dalle lettere, lo diremmo interessato esclusivamente alle canterine ingaggiate dal fratello Enzo, e non propriamente per le virtù canore.

Il futuro cardinale Guido Bentivoglio è certamente il componente più autorevole e famoso della famiglia ferrarese. Le sue *Memorie*, pubblicate postume nel 1647 contemporaneamente a Venezia e ad Amsterdam, costituiscono una preziosa descrizione degli anni della sua formazione culturale e del primo impatto con il complesso ed impietoso mondo della corte papale. Purtroppo si arrestano al 1601, e soltanto la lacunosa serie delle "lettere familiari", in parte edita, consente a tratti di proseguire la lucida descrizione autobiografica. Nato il 4 ottobre 1577, a 17 anni era iscritto all'università di Padova per garantirsi una solida preparazione ecclesiastica: ebbe modo di frequentare Galileo Galilei,[22] e altri studiosi celebri. Dopo la devoluzione di Ferra-

---

[18] Per una sintesi delle attività mecenatesche di Ippolito Bentivoglio in Modena, cfr. JANET SOUTHORN, *Power and Display in the Seventeenth Century. The Arts and their Patrons in Modena and Ferrara*, Cambridge, Cambridge University Press 1988, pp.77-78. Tra le poche cose rimarcabili, ricordiamo il giardino creato a Modena presso Sant'Agostino col pergolato ed un labirinto; la quadreria di casa, ricca di 172 ritratti tra cui 54 di personaggi di famiglia; recite teatrali in casa negli anni 1605-1606 e alcuni rapporti con pittori di fama, sia per Modena che per Gualtieri.

[19] "Paolo Bisogni, modenese, suonatore di leuto eccellente che serve per paggio al signor Zenante [=Ferrante] Bentivoglio" lo definisce LUIGI F. VALDRIGHI, *Cappelle, concerti e musiche di casa d'Este (dal sec. XV al XVIII)*, "Atti e memorie delle R.R. deputazioni di storia patria per le provincie modenesi e parmensi", s. III, volume III, Modena 1883, p.515. Dopo la morte del suo protettore Ferrante, nel 1619, si trasferì a Roma e dal 1627 fu chiamato a Torino alla corte di Savoia fino a circa il 1630 quando, rientrato a Roma, vi morì il 20 settembre: cfr. STANISLAO CORDERO di PAMPARATO, *I musici alla corte di Carlo Emanuele I di Savoia*, Torino, Miglietta–Milano e C. 1930, pp.94-99.

[20] Cfr. SOUTHORN, p.78. Ippolito muore il 29 novembre 1619 a Modena e il 14 dicembre successivo, a Graz, muore il figlio Ferrante, lasciando 4 figlie femmine nate da due matrimoni (un maschio, Francesco, era morto subito dopo il parto nel 1609).

[21] Nato, come Enzo e Guido, dal secondo matrimonio di Cornelio, nel 1576, Giovanni è costantemente chiamato "Cavaliere" nelle lettere. Muore improvvisamente nell'inverno 1610. Tra le poche tracce concrete di un suo interessamento alla musica, è la "chitarra del Cavaliere" che viene inviata dopo la sua morte da Gualtieri, dov'era rimasta, a Modena al computista di Ippolito Bentivoglio, Tommaso Fiorelli, spesso al centro di acquisti e scambi di strumenti musicali a corde (*AB*, lettera del 25.XI.1610).

[22] L'intimità negli anni padovani con lo scienziato, che a lui e ad altri "aveva esplicata in privato la sfera", non impedirà a Guido molti anni dopo, nella sua qualità di presidente della Congregazione del Santo Uffizio dal 1628 al 1635, di firmare la condanna di Galileo.

ra allo stato della Chiesa, nel 1598, seppe accattivarsi la protezione del cardinal nipote Pietro Aldobrandini, che lo introdusse ai misteri della diplomazia romana.[23] Lo stesso cardinale tornava a Roma, nell'anno cruciale 1600, con un bottino ragguardevole di opere d'arte appartenute agli Este ed alcuni dei più bei nomi della dissolta cappella musicale di Alfonso II, come Luzzasco Luzzaschi o i fratelli Piccinini.[24] È lecito supporre un ruolo di consigliere di Guido Bentivoglio nelle scelte sottese al trapianto dell'impresa artistica estense a Roma, operato dall'Aldobrandini: Girolamo Piccinini, liutista impiegato con i fratelli a Roma dal cardinal nipote, era contemporaneamente servitore di Guido, ma con incarichi amministrativi e non musicali.[25] Sarà probabilmente il fratello a spingere Enzo Bentivoglio nella medesima direzione, procacciando ai più influenti cardinali romani quadri e musici dai territori estensi: una attività da "agenzia artistica" che produrrà effetti positivi per il futuro della famiglia ferrarese, con la nomina di Guido come nunzio apostolico a Bruxelles e quasi contemporaneamente di Enzo ad ambasciatore di Ferrara a Roma. Nel breve periodo trascorso a Ferrara per l'arrivo del papa e del primo legato pontificio Pietro Aldobrandini, Guido avrebbe fondato una delle prime accademie cittadine dedicate alla musica, intitolata allo Spirito Santo: v'è da credere che il fratello Enzo non fosse estraneo a questo progetto, ed in tutti i casi ne assunse pienamente la direzione, con l'aiuto del fidato Antonio Goretti, dopo la partenza del fratello Guido.[26]

---

[23] Come scrive nelle *Memorie*, Guido si era presentato al cardinal Aldobrandini allo scopo di ottenere il perdono per il fratello Ippolito che aveva scelto di seguire Cesare d'Este, sconfitto, a Modena. Il tentativo, volto in realtà a salvare i beni della famiglia rimasti in Ferrara, riuscì oltre ogni sua speranza, anche per la necessità, avvertita dalla curia papale, di procurarsi degli alleati fedeli in città. Un efficace ritratto biografico, in gran parte ricavato dalle *Memorie*, è offerto in *Della vita e degli scritti di Guido Bentivoglio. Memoria di Luciano Scarabelli*, posta ad introduzione dell'edizione dello stesso Scarabelli delle *Lettere diplomatiche di Guido Bentivoglio*, Torino, Pomba 1852, I, pp.9-43. Cfr. anche MARIO ROSA, *Nobiltà e carriera nelle «Memorie» di due cardinali della Controriforma: Scipione Gonzaga e Guido Bentivoglio*, in *Signori, Patrizi, cavalieri nell'età moderna*, a cura di M. A. Visceglia, Bari-Roma, Laterza 1992, pp. 231-255.

[24] Sugli ultimi anni di splendore artistico-musicale a Ferrara cfr. ELIO DURANTE–ANNA MARTELLOTTI, *Cronistoria del concerto delle dame principalissime di Margherita Gonzaga d'Este*, Firenze, SPES 1979; ANTHONY NEWCOMB, *The Madrigal in Ferrara. 1579-1597*, Princeton, Princeton University Press 1980, 2 voll.; ELIO DURANTE–ANNA MARTELLOTTI, *Un decennio di spese musicali alla corte di Ferrara (1587-1597)*, Fasano, Schena 1982. Per il trapianto a Roma dopo il 1598 cfr. l'introduzione a LUZZASCO LUZZASCHI, *Madrigali per cantare e sonare a uno, due e tre soprani (1601)*, a cura di Adriano Cavicchi, Brescia-Kassel, L'Organo-Bärenreiter 1965; FREDERICK HAMMOND, *Cardinal Pietro Aldobrandini, Patron of Music*, "Studi musicali", XII, 1983, pp.53-66; CLAUDIO ANNIBALDI, *Il mecenate 'politico'. Ancora sul patronato musicale del cardinale Pietro Aldobrandini (1571-1621)*, "Studi musicali", XVI, 1987, pp.33-93; XVII, 1988, pp. 101-117. Tutti questi studi sono riassunti ed integrati nella più recente ricostruzione di ELIO DURANTE–ANNA MARTELLOTTI, *Le due "scelte" napoletane di Luzzasco Luzzaschi*, Firenze, Spes 1998, pp. 7-80.

[25] Cfr. DINKO FABRIS, *Frescobaldi e la musica in casa Bentivoglio*, in *Girolamo Frescobaldi nel IV centenario della nascita*, atti del Convegno di Ferrara del 1983, a cura di S. Durante e D. Fabris, Firenze, Olschki 1986, p.67 (con riferimento a lettere da Roma di Girolamo Piccinini del 2.I.1600 e del 22.IX.1604).

[26] "[...] 1597. Dalla nobile famiglia Bentivoglio fu pure nella chiesa di S. Benedetto nel Borgo di Leone, ora detta dello Spirito Santo, istituita altra accademia di musica, alla quale furono alzate per impresa varie Cicale, che cantano sotto l'ala d'un cherubino col motto: «Coniuctae suavis». Il primo autore di questa Accademia fu il Marchese Guido Bentivoglio poscia Cardinale. Altra impresa le venne invece assegnata consistente in un carta che esce fuori d'un fiume appoggiandosi tra un gruppo di nuvole ove tra le note musicali si legge: Ut Mi Sol. Da queste parole ben si comprende che il detto suo istitutore Marchese Bentivoglio volle far conoscere che questa adunanza era istituita e mantenuta da lui solo, al contrario di quella della Morte che si esercitava con l'opera di molti contribuenti [...]" (*Notizie delle Accademie Ferraresi*, Ferrara, Biblioteca Ariostea, ms. Antonelli 202, c.11, copia del XIX secolo). La seconda impresa, così fortemente legata al simbolo musicale, esprime bene la direzione artistica di Enzo Bentivoglio (soprat-

Tornato il vecchio Luzzaschi in patria, troviamo a Roma almeno dal 1604 un giovane organista ferrarese suo allievo, Girolamo Frescobaldi che, nella dedica della sua prima raccolta musicale stampata a Milano nel 1608 ricorda : "[...] la particolar devotione, ch'io porto [a Francesco Borghese] [...] e quell'onore , che i suoi orecchi si son degnati di far più volte alla mia mano, mentre, sotto l'ombra di Monsig. Illustriss. Bentivogli Arcivescovo di Rodi, in Roma io dimorando, molte di queste Fantasie musicali[...] nel suono de tasti le feci udire [...]".[27] Una ulteriore riprova che Frescobaldi, nei suoi primi anni romani, fosse ospitato in casa del Bentivoglio è in una lettera del 16 novembre 1608, in cui risulta che l'organista non aveva voluto lasciare il letto (evidentemente usato in precedenza), perché trasferitosi a dormire presso il collega ed amico Bernardo Bizzoni.[28] Questo personaggio ha acquistato una relativa notorietà per gli studiosi in quanto era stato l'accompagnatore ed il cronista ufficiale del marchese Vincenzo Giustiniani nel suo viaggio europeo del 1606. Il 5 aprile, racconta Bizzoni, erano a Ferrara:[29]

> [...] e si vide anche l'Accademia [degli Intrepidi] che era principiata nobilmente per fare gli spettacoli e commedie pubbliche. Il Marchese andò a visitare la Marchesa Bentivoglio, madre del signor Guido, amicissimo suo, e la trovò dama di gran maniere. La quale, tra gli altri discorsi disse: - Voglio, signor Marchese Giustiniano, che mi promettiate una grazia in questo vostro viaggio [...] voglio che mi promettiate di non andare a donne in Venezia, dove per l'esperienza ho veduto che molti miei conoscenti sono tornati infetti e poi morti per tal occasione [...]

Nell'estate 1607 tocca a Guido visitare a Ferrara la madre ed i fratelli, sulla via che lo porta a Bruxelles come nunzio. Fanno parte del suo seguito due musici, Girolamo Piccinini e Girolamo Frescobaldi. È questa l'ultima occasione per incontrare il vecchio e malandato Luzzaschi, che muore a breve distanza, il 10 settembre 1607.[30]

---

tutto l'immagine delle note: "Ut Mi Sol"). Sull'istituzione e la fioritura musicale seicentesca dell'Accademia cfr. DONATO MELE, *L'Accademia dello Spirito Santo. Un'istituzione musicale ferrarese del sec. XVII*, Ferrara, Accademia delle Scienze-Liberty House 1990, che mette giustamente in relazione la fondazione delle due accademie musicali cittadine, della Morte e dello Spirito Santo, con la dissoluzione della Cappella musicale di Alfonso II e la conseguente situazione di disoccupazione dei numerosi musicisti che ne facevano parte. Cfr. inoltre GIROLAMO BARUFFALDI, *Notizie Istoriche delle Accademie Letterarie Ferraresi*, Ferrara 1787, p.54.

[27] *Il primo libro delle fantasie a quattro, di Geronimo Frescobaldi*, Milano, eredi Tini e Lomazzo 1608, dedica al Sig. Francesco Borghese "Generale di Santa Chiesa", p.2 (esemplare in Bologna, Civico Museo Bibliografico Musicale).

[28] *AB*, lettera di Pietro Bozio da Roma del 16.XI.1608, cit. in FABRIS, *Frescobaldi e la musica in casa Bentivoglio*, p.71.

[29] *Europa Milleseicentosei. Diario di viaggio di Bernardo Bizoni*, a cura di A. Banti, Milano-Roma, Rizzoli 1942, pp.44-45. Il ruolo del marchese Giustiniani come collezionista e mecenate di artisti a Roma è enfatizzato in FRANCIS HASKELL, *Patrons and Painters. Art and Society in Baroque Italy*, New Haven-London, Yale University Press 1980[2] (trad. it.: *Mecenati e pittori. Studio sui rapporti fra arte e società italiana nell'età barocca*, Firenze, Sansoni 1966).

[30] Giulio Moro, corrispondente da Ferrara, informa la corte di Mantova che "Il Signor Luzasco [...] se ne passò di questa a miglior vita con molto dispiacere di tutta la città e massimamente de tutti li musici li quali non sapendo dar altro segno dell'amore che li portavano lo accompagnarono circa ottanta alla sepoltura. Il Signor Fiorino pose una ghirlanda di lauro dorato appresso il capo del cataleto, degnissimo di essere coronato nella sua professione[...]", cit. da A. Cavicchi nella sua introduzione all'edizione LUZZASCO LUZZASCHI, *Madrigali*, cit., p.14. Nel *Compendio Historico[...]per D. Marc'Antonio Guarini*, cit., sul sepolcro di Luzzaschi in San Paolo, è detto (p.186): "[...] Ultimamente venne quivi anche riposto Luzzaco Luzzaschi uno de' primi, e più intendenti musici, ed organisti del suo tempo d'incomparabile bontà, e modestia, molto amato, e favorito dal Duca Alfonso II e da tutti universalmente grandemente riputato, che fù Maestro di quel Girolamo Frescobaldi, egli ancora musico di gran nome, ed organista di San Pietro in Roma [...]".

Il soggiorno nelle Fiandre di Girolamo Frescobaldi si riduce a pochi mesi, durante i quali ha certamente occasione di conoscere musicisti e strumenti a tastiera fiamminghi. Nel giugno 1608 è già a Milano, per curare la stampa delle sue *Fantasie* ma soprattutto per cercare un posto di lavoro sicuro e remunerativo, dopo aver toccato con mano la scarsità di mezzi economici a disposizione del nunzio Guido. È ancora più facile per quest'ultimo accettare la richiesta che gli arriva dal fratello Enzo di cedergli il giovane virtuoso per poterlo condurre a Roma nella sua nuova carica di ambasciatore di Ferrara: [31] i musicisti sembrano più utili da mostrare nel corteo di ingresso che da mantenere quotidianamente a proprie spese. Girolamo Piccinini, dopo essersi messo in luce come virtuoso di liuto e tiorba a corte,[32] finirà invece i suoi giorni a Bruxelles, nell'estate 1610: il 31 luglio di quell'anno Guido nomina in una lettera a Enzo la sorella del "Piccinino buona memoria" alla quale invia un anello di Girolamo. Quando due anni più tardi l'ambasciatore di Fiandra farà visita alla casa romana di Enzo, dopo aver ascoltato un concerto per arpa e cembalo, s'informerà sul costo dei musici mantenuti dal marchese ed in particolare del liutista Alessandro, fratello di quel Girolamo Piccinini da loro conosciuto e ancora ricordato a Bruxelles.[33]

Sono rari fiori le descrizioni di spettacoli con musiche o questioni artistiche nella fitta corrispondenza del nunzio, meticolosa invece nella descrizione geopolitica (ricordo delle lezioni padovane del Boccalini). Se nelle *Memorie* dedica intere pagine alle feste musicali fiorentine per il matrimonio di Maria de Medici con il re di Francia, cui aveva assistito nell'ottobre 1600 al seguito del legato Aldobrandini,[34] rari sono nelle lettere da Bruxelles gli accenni a feste da ballo a corte o funzioni religiose cantate: ma la sua competenza musicale è testimoniata dalle sue ricerche di strumenti inconsueti

---

[31] "Avrò caro che 'l Frescobaldi venga a Roma con Vostra Signoria per il gusto ch'ella mostra d'averlo in casa sua[…]", scrive Guido al fratello Enzo Bentivoglio da Bruxelles il 9.VIII.1608 (ed. in GUIDO BENTIVOGLIO, *Memorie e lettere,* a cura di C. Panigada, Bari, Laterza 1934, p.424).

[32] In una sua lettera da Bruxelles del 3.I.1609 ad Enzo Bentivoglio, Girolamo descrive una sua esibizione con liuto, tiorba e chitarra, accolta con ammirazione, in presenza dell'arciduca. In una missiva del 27.X.1610 è menzionato il testamento del defunto Girolamo Piccinini, di cui si ritrova copia in *AB*, Libro dei Contratti, 83, N.9, riassunto in *Indice dei Contratti*, V: *Testamenti*, c.23v: 22.III.1610: "Sommario del Testamento del S.r Girolamo Piccinini fatto in Spà, nel quale fra gli altri legati lascia a Mons.r Nunzio di Brusseles d.900 coi frutti decorsi, i quali sono in deposito presso Paolo Goretti in Ferrara, e istituisce suoi eredi Alessandro, Vittorio e Filippo suoi fratelli".

[33] Lettera da Roma a Enzo Bentivoglio del 21.I.1612.

[34] Citiamo dall'edizione *Memorie del Cardinal Guido Bentivoglio con correzioni e varianti dell'edizione di Amsterdam del 1648[…]*, Milano, Daelli 1864 (riedizione anastatica: Bologna, Forni 1974), II, pp. 27-sg.: "[…]Con più reale e più maestosa magnificenza non poteva essere apparata la sala, e a proporzione riuscì in tutte le parti il convito. A quest'azione corrisposero tutte l'altre ancora e di tornei e di feste e di cacce e di commedie e d'altri vari trattenimenti, con i quali furono celebrati quei giorni ne' quali soggiornò il cardinale in Firenze. Ma riuscì famosissima specialmente una rappresentazione recitata in musica per la gran diversità dell'invenzioni esquisite che vi apparirono così intorno alla singolar bellezza della scena principale trasmutata più volte mirabilmente in più scene, come intorno all'eccellenza degli intramezzi delle macchine, de' canti, de' suoni, e altri mille trattenimenti che del continuo rapivano il teatro in ammirazione. E certo si poté star in dubbio, se quelle fossero maraviglie immaginate o pur vere, o se avessero più del umano o più del divino, e se in quel tempo fosse stato maggiore o il gusto che la scena recava con sì rara o sì ben accompagnata varietà di spettacoli, o pure il diletto che del teatro nasceva per sì alta e sì maestosa ragunanza di spettatori[…]". Per altre descrizioni coeve, a stampa e manoscritte, dei celebri spettacoli fiorentini culminati con l'esecuzione dell'*Euridice*, cfr. ANGELO SOLERTI, *Musica, ballo e drammatica alla corte Medicea dal 1600 al 1637*, Firenze, Bemporad 1905, pp.23-26.

da inviare a Roma al ghiotto collezionista Scipione Borghese: prima dell'estate 1609, un modello di clavicembalo fiammingo, fino ad allora strumento sconosciuto in Italia, e un anno più tardi un orologio musicale con una suoneria meccanica che riconosce essere di stile "fiammingo", distinto dalla musica italiana.[35] Poco prima di lasciare Bruxelles assicura Antonio Goretti che farà cercare i libri di musica fiamminghi che il collezionista ferrarese desidera.[36] I quasi nove anni trascorsi nelle Fiandre lo avevano conquistato al gusto artistico nordeuropeo: "[...] mi son partito di costà quasi più Fiammingo, che Italiano[...]", confesserà appena giunto a Roma nella primavera 1616.[37] Il ritorno è di breve durata: nominato nunzio a Parigi, lascia nuovamente l'Italia nell'autunno 1616, concedendosi solo pochi giorni nella patria Ferrara.[38] Il nuovo soggiorno all'estero si protrasse fino alla morte del papa Paolo V, nel 1621. Ancora una volta le annotazioni su feste e balletti sono sporadiche e quelle su artisti e pittori quasi nulle: appare chiara la predilezione per l'ambiente culturale fiammingo, anche se ormai sconvolto dai primi incendi della Guerra dei trent'anni.[39] Nei sei anni trascorsi in Francia, il nunzio si fece apprezzare a tal punto che nel momento in cui lasciò Parigi il re Luigi XIII lo nominò comprotettore degli interessi francesi a Roma ed insignì il fratello Enzo del titolo onorifico, da lui ambìto, di cavaliere dello Spirito Santo.[40]

---

[35] Lettere di Francesco Belfiore da Roma a Enzo Bentivoglio del 17 e 20.VI.1609 (cit. in ANTHONY NEWCOMB, *Girolamo Frescobaldi, 1608-1615. A Documentary Study in which Information also appears concerning Giulio and Settimia Caccini, the Brothers Piccinini, Stefano Landi, and Ippolita Recupita*, "Annales Musicologiques", VII, 1964-1977, p. 121) e del 9.I.1610 (cit. in SOUTHORN, op. cit., p.89 e nota 109, con riferimento all'edizione di A. BASCHET, *Négociation d'oeuvres de tapisseries de Flandre et de France*, "Gazette des Beaux-Arts", 1861, I, p.406; 1862, II, p.32).

[36] "[...]Quanto al suo desiderio d'haver delle musiche di queste parti, può assicurarsi ch'io sia per mostrarle in questa occasione la prontezza c'ho sempre havuta di compiacerle. Darò dunque ordine che si facciano intorno a ciò le diligenze necessarie[...]": lettera di Guido Bentivoglio da Bruxelles del 24.X.1615 ad Antonio Goretti.

[37] Lettera di Guido Bentivoglio al Predicatore di corte Francesco Biviero a Bruxelles, da Roma il 10.IV.1616 (ed. in *Raccolta di lettere scritte dal signor Cardinal Bentivoglio in tempo delle sue Nunziature di Fiandra, e di Francia*, Venezia, Conzatti 1670, p.52).

[38] "[...] Partii di Fiandra dopo nove anni di residenza. Oh mia Fiandra! oh Corte! oh paese goduto sì lungo tempo, e con tanta sodisfattione! Entrai in Italia per la vostra Verona. A pena vidi Ferrara, ed i miei. Giunto a Roma, non riconobbi più Roma, sì nuova trovai la Corte d'interessi, e di faccie, e sì mutata la Città d'edifitii e di strade. Non vi fui apena comparso, che la Corte mi destinò a questo carico, e poco dopo ne segui l'effetto per benignità de' Padroni [...] E così eccomi in Francia [...]": lettera di Guido Bentivoglio da Parigi il 2.V.1618 al cavalier Tedeschi a Venezia (ed. in *Raccolta di lettere*, cit., p.76).

[39] SOUTHORN, op. cit., p.89, riporta un esplicito giudizio di Guido, che afferma che non esistono pittori di cui parlare in Francia (da una lettera al cardinal nipote Borghese del 1617). L'unica produzione artistica da lui giudicata di buon livello in Francia sembra essere l'arazzeria, ma ancora con risultati inferiori rispetto alla tradizione fiamminga (SOUTHORN, cit., p.90).

[40] Cfr. la lettera di ringraziamento di Enzo Bentivoglio da Roma il 15.III.1621 al consigliere di stato francese Pisyeulx: "[...] È honore sommamente grande quello che la Maestà del Re Christianissimo s'è degnata di fare al Cardinale Bentivoglio mio fratello, ed a me, dando a lui la comprotettione di Francia, ed a me l'habito dello Spirito Santo, ch'è stato un manifestar la benignissima volontà sua verso di noi[...] acciocché l'effetto di queste dimostrationi di S. M.^tà non venga impedito dal Sr Marchese di Coure [?], il quale con meraviglia d'ognuno mostra di non approvare quel ch'è piaciuto alla M.^tà Sua, mostrando gran senso che non gliene sia stata data parte [...]":Parigi, Bibliothèque Nationale, ms. Fr. 18015, c. 299; è allegata, ivi, c.301, la lettera indirizzata nella stessa data da Enzo al re, priva naturalmente degli interessanti accenni ai contrasti sorti in merito ai titoli concessi.

Era partito da Roma nel 1607 con il titolo di arcivescovo di Rodi: vi rientra nel gennaio del 1621 come cardinale, una nomina che tutti attendevano fin dal 1615, ma rinviata forse per non rinunciare alle qualità diplomatiche del nunzio. La città di Ferrara festeggiò il cardinalato di Guido con tre giorni di allegrezze: sotto la regìa di Caterina Martinengo Bentivoglio, moglie di Enzo il fratello del cardinale, il castello fu illuminato da fuochi pirotecnici e, oltre ad una fontana di vino, furono lanciate monete ai cittadini. Il diplomatico prende il sopravvento sull'uomo di mondo anche a teatro, occasione di incontri informali per la difesa degli interessi di Francia più che di piacere o divertimento:[41]

> [...] hiermattina con l'occasione del Concistoro pubblico restai a desinare a Palazzo col Sig.[r] Card.[e] Ludovisio, il quale, doppo che si hebbe finito di mangiare, condusse me, e gli altri quattro Card.[li] novelli, ad una tragedia, che si rappresentò nel Seminario Romano governato dai Padri Gesuiti. E perché mi toccò di sedere appo il medesimo S. Card.[e] Ludovisio, hebbi buona comodità di parlar seco a lungo, essendo durata quell'attione più di quattro hore. Io gli raggionai quasi sempre della persona di S. M.[tà] e delle cose di Francia [...]

Sarà proprio il cardinal Bentivoglio a raccomandare ad Antonio Barberini il giovane Giulio Mazzarino (che prenderà il posto di Richelieu dal 1642), avviando la fase più filofrancese della politica pontificia, i cui risultati si riflettono anche sulle vicende artistiche, con l'invio sempre più massiccio di comici, musicisti e cantanti italiani a Parigi. Proprio al Mazzarino sarà venduto, per il tramite del nipote, l'abate Annibale, il palazzo romano della famiglia, vanto del marchese Enzo. Mentre proseguiva la sua carriera ai vertici della corte papale, Guido ebbe agio di riordinare gli appunti che probabilmente aveva costantemente tenuti come diario dei suoi viaggi, dando alle stampe, nel 1629, le sue *Relazioni*, destinate ad una notevole fortuna.[42] Il Bentivoglio, scrittore e memorialista, appare più incline a mantenere rapporti con i letterati che

---

[41] Lettera di Guido Bentivoglio da Roma il 23.IV.1621 senza destinatario (alla corte di Parigi), Parigi, Bibliothèque Nationale, ms. Fr.18015, c.447-sg. Sono numerosi i documenti riguardanti la corrispondenza diplomatica (anche segreta, in cifra) tra Guido e la corte del re di Francia, conservati per lo più nella biblioteca parigina, in parte anche edite. Ricordo in altro luogo la significativa sopravvivenza della fama del cardinal Guido in Francia, le cui *Lettere* tradotte in francese col testo a fronte rimasero per due secoli modello insuperato di stile letterario italiano.

[42] La prima edizione uscì come *Relazioni del cardinal Bentivoglio*, a cura di H. Du Puy, Anversa, Meerbec 1629, 2 voll. e conteneva le relazioni di Fiandra, Danimarca, di Francia e la *Relazione della mossa d'arme che seguì in Fiandra l'anno 1614* (edizione da noi consultata). La prima ristampa italiana è quella di Venezia del 1636, ma nel corso di due secoli se ne contano una quindicina. Cfr. la voce a cura di A. Merola: *Bentivoglio Guido* in *Dizionario Biografico degli Italiani*, cit., VIII, pp.634-638. Per i giudizi su Guido diplomatico e scrittore di storia, cfr. D. SCAGLIA, *Giudizio sopra l'historia dell'em. signor card. Bentivoglio [...]*, Napoli [1638]; R. BELVEDERI, *Guido Bentivoglio e la politica europea del suo tempo (1607-1621)*, Padova, Liviana 1962; CHIAPPINI 1967, pp.286-289.

con gli artisti: soprattutto il cavalier Marino,[43] Fulvio Testi,[44] Claudio Achillini, ma anche personaggi minori, come Antonio Querenghi.[45] Tuttavia le sue scelte in campo pittorico appaiono eccellenti, anche se non possiamo parlare di una vera e propria azione mecenatesca e neppure di una committenza che non sia occasionale: Anthony Van Dyck eseguì il suo celebre ritratto del cardinal Bentivoglio (ora a Palazzo Pitti) nel 1623, Claude Mellan ne incise un ritratto nel 1630, ed entrambi realizzarono per lui altre opere; mentre il fratello Enzo si adoprava per spogliare le chiese e i palazzi del Ferrarese a vantaggio dei palazzi cardinalizi romani, Guido aveva intrapreso grazie ai suoi viaggi diplomatici una attività più internazionale di scopritore di giovani talenti e

---

[43] Cfr. la sua lettera "Al Sig. Cavalier Marini a Parigi" del 7.IV.1620 (*Raccolta di lettere*, cit., pp.101-104), in cui discute con competenza di arte poetica, mostrando di preferire la *Sampogna* all'*Adone*: "[...] se non ho potuto goder la vostra conversazione, ho goduto almen quella de vostri versi nell'armonia della vostra dolce *Sampogna*. Per istrada questo è stato il mio gusto; ed hora, che stò fermo questa è la maggior ricreatione, ch'io habbia. O che vena! o che purità! o che pellegrini concetti! Ma di tanti altri vostri componimenti, che sono di già o finiti, o in termine di finirsi, che risolution piglierete? [...] Sopra tutto ricordatevi, il mio Cavaliere di gratia (come tante volte v'ho detto) di purgar l'*Adone* dalle lascivie in maniera, ch'egli non habbia da temere la sferza delle nostre censure d'Italia, e da morir più infelicemente al fine la seconda volta con queste ferite, che non fece la prima con quelle altre, che favolosamente da voi saranno cantate[...] Chi è giunto alla vostra eminenza, non deve far caso alcuno di quattro, o sei ombre vane, che non concorrono a' communi applausi di tutto il theatro. Chi mi trovarete voi di grand'huomini antichi, o moderni in qualsivoglia professione, ch'in sua vita non habbia havuto degli emuli? E fra i Poeti, lasciando i più antichi, e parlando de' più moderni, che noi medesimi habbiam conosciuti, il Tasso ed il Guarini, non hanno provato anch'essi i denti della malignità, e dell'invidia? E nondimeno, chi si ricorda più dell'oppositioni fatte a' loro Poemi, o chi non se ne ride? Vivono hora, che sono morti[...]". Nell'epistolario del Marino, Guido Bentivoglio è spesso nominato e sempre con grande rispetto, ma non sopravvivono lettere a lui indirizzate (cfr. GIAMBATTISTA MARINO, *Lettere*, a cura di M. Guglielminetti, Torino, Einaudi 1966, pp.206, 220, 283, 309).

[44] Cinque lettere a Guido Bentivoglio sono riportate nell'edizione di FULVIO TESTI, *Lettere*, a cura di M. L. Doglio, Bari, Laterza 1967, 3 voll.: III, n.1178(elogia le *Storie* di Guido nel 1637: "[...]Io non adulo V.E. poiché la Sua gloria è giunta a segno che non è capace di adulazione[...] "), n.1331 (da Madrid 1638), n.1394 (condoglianze per la morte di Enzo nel 1639), n.1489 (1641), n.1792 (un intervento del cardinale d'Este a sostegno della candidatura di Guido nel conclave del 1644). L'avvenimento più importante che unisce i nomi di Testi e del Bentivoglio è la celebre giostra del Saracino organizzata a Roma nel 1634, di cui parliamo oltre. La composizione poetica *Che le miserie consistono in apparenze* dedicata "Al Sig. Card. Bentivoglio" è probabilmente riferita alla scomparsa del fratello Enzo nel 1639 (citiamo dalla edizione, sconosciuta ai repertori bibliografici: *Opere del Sig. Co. D. Fulvio Testi con nova aggiunta*[...], Bologna, Zenero 1644, pp. 181-184):

> [...] GUIDO, i mali del Mondo
> Terribili non sono altro che 'n vista,
> E sol quel primo aspetto è quel ch'offende,
> In Letargo profondo
> Immerso in nostro core invan s'attrista,
> E 'l timor più che 'l mal misero il rende.
> Saggio chi ben l'intende,
> Pena che può soffrirsi è pena lieve,
> Ma s'estremo è 'l martir passa ed è breve.[...]

[45] Il padovano monsignor Antonio Querenghi (1546-1633), ambasciatore del duca di Modena presso la corte papale, era un poeta dilettante in latino e in volgare. Fa riferimento a due raccolte poetiche di costui Guido Bentivoglio in due delle lettere a lui inviate da Cambray il 28.IX.1611: "[...] Tuttavia mi par di sognare. Tante cose in un tempo l'agiata Musa di V. Signoria? Prose e versi, in istampa, ed a penna; e finalmente haver fatto un volo in Fiandra la Musa stessa a cantar le mie lodi [...]"; e da Bruxelles il 22.X.1611 "[...] Hebbi la lettera insieme co i suoi secondi versi, e stampati, ed a penna [...] onde lessi, e rilessi più volte le rime, e la lettera e molte volte ingannai me medesimo co'l figurarmi inanzi a gli occhi la dolcissima conversazione dell'autore. Ma come ha fatto la Musa di V.Sig. a diventar sì feconda nell'età sua più canuta? [...]" (*Raccolta di Lettere*, cit., pp.25-29).

di nuovi stili artistici: fu lui ad esempio ad attirare l'attenzione di papa Barberini su Claude Lorrain.[46] Fra gli italiani, il libero linguaggio usato nei confronti del cardinale dal pittore Giovanni da San Giovanni nelle sue note lettere ad Enzo Bentivoglio del 1627-28, rivela una frequentazione particolarmente assidua.[47] La tragica situazione finanziaria della famiglia, negli ultimi anni, favorì la dispersione della prestigiosa collezione personale del cardinale, accumulata faticosamente con la oculatezza che ne contraddistingueva le iniziative (spendere il meno possibile e solo se necessario).[48]

Per il resto, spettava al più intraprendente fratello Enzo il compito di trattare l'acquisto dei palazzi in Roma, delle relative decorazioni, la compravendita di tipo speculativo di opere di artisti da lanciare, e perfino la scelta dei soggetti. Quanto al carattere ed al comportamento sociale, nulla potrebbe dividere maggiormente i due fratelli.[49]

Dopo l'avvio della sua esperienza nelle Fiandre, Guido non mantenne più alcun musicista stabile al suo servizio, delegando queste iniziative ancora una volta al marchese Enzo. Vi sono però tracce di relazioni, più o meno occasionali, con alcuni dei musici più in vista dell'ambiente romano. Nel maggio 1616 Cesare Marotta, compositore assai legato ad Enzo Bentivoglio, informa il marchese: "[…] Ho riconosciuto l'Ill.mo monsignore Bentivoglio, al quale mi sono dedicato tanto servitore, quanto sono di V.S. Ill.ma che davantaggio non posso essere […]"[50]. Dopo l'antica testimonianza di servitù del Frescobaldi, ricordata nella dedica a Francesco Borghese delle *Fantasie* del 1608, Guido riceve nel 1639 la dedica della *Intavolatura di liuto di Alessandro Piccinini Bolognese (Libro Secondo)*, in cui il figlio dello scomparso liutista ricorda

"l'antica, strettissima, e divotissima servitù, che sempre, e mio Avolo, ed esso mio Padre, e Filippo e Girolamo suoi fratelli, ed io dopo loro abbiamo professata sempre con l'Illustriss. Casa di V.E., e particolarmente con la di Lei propria persona, dalla quale habbiamo in ogni tempo ricevuti favori, e grazie tanto singolari".[51]

---

[46] I rapporti di committenza con Van Dyck e col Lorenese sono affermati da Bellori (Roma 1672) e Baldinucci (Firenze 1728). Il ruolo di Guido Bentivoglio nel sistema di patronato artistico romano, in particolare riferito a Claude Lorrain, fu proposto per primo da HASKELL, *Patrons and Painters* (citiamo dalla riedizione americana del 1980), pp.48-50. L'insieme dei documenti sul patronato artistico e sulle collezioni del cardinal Bentivoglio è discusso con ampi riferimenti bibliografici in SOUTHERN, op. cit., pp. 87-93.

[47] Le prime tre lettere di Giovanni Mannozzi (Giovanni da San Giovanni) a Enzo Bentivoglio, del 24.VII, 4.VIII e 28.VIII.1627, sono edite in GIUSEPPE CAMPORI, *Lettere artistiche inedite*, Modena 1866, pp.103-ssg.; una quarta lettera del 25.III.1628 è pure conservata come le altre tre nell'Autografoteca Campori della Biblioteca Estense di Modena. Cfr. anche ANNA BANTI, *Giovanni da San Giovanni, pittore della contraddizione*, Firenze 1977 (cita una lettera del 15.V.1628). Una ulteriore lettera del pittore, in data 20.VI.1627, costituisce la testimonianza più interessante per il rapporto con Guido, poiché il Mannozzi informa Enzo di aver dipinto una *Natività* per il cardinal Guido: il documento, un tempo nella collezione di Alfred Buvet, è purtroppo disperso dal 1885 cfr. *Catalogue de la précieuse Collection d'autographes composant le cabinet de M. Alfred Buvet*, Parigi, Charaway 1885, tomo VIII, p.690, n. 1846 (con riproduzione in facsimile della firma di Giovanni di San Giovanni).

[48] SOUTHORN, cit., p.92.

[49] Gli editori delle *Memorie del Cardinal Guido Bentivoglio*, Milano, Daelli 1864 rilevano l'assoluta mancanza di accenni ad inclinazioni mondane o donnaiole di Guido: "Non diciamo ch'egli dovesse narrarci le storie delle *belle dame* che gli volevan bene, e con le quali scambiava biglietti *piccanti* in lingua spagnola; ei le serbò al fratello [Enzo], come si ritrae da una delle lettere che noi pubblichiamo" (I, p. VI).

[50] Lettera di Cesare Marotta da Roma del 22.V.1616 a Enzo Bentivoglio.

[51] *Intavolatura di liuto di Alessandro Piccinini Bolognese (Libro Secondo)*, Bologna, Monti e Zenero 1639, dedica di Leonardo Maria Piccinini da Bologna in data 15.IV.1639. Nel *Libro Primo*, stampato a Bologna

Ma è soprattutto il 1627 un anno ricco di riferimenti a musicisti nella corrispondenza del cardinal Guido. Infatti, in quell'anno, si era sparsa in Roma la voce delle sontuose feste che si andavano preparando in Parma per il matrimonio Farnese-Medici e i più influenti cardinali non avevano mancato di far sentire il peso delle proprie raccomandazioni per far assumere i musicisti loro protetti in quello che si annunciava essere il contratto teatrale del secolo.

Guido Bentivoglio dapprima raccomanda al fratello Enzo il soprano Grimani,[52] poi sostiene con particolare calore la candidatura dell'antico servitore Girolamo Frescobaldi, che si credeva avesse interrotto ogni rapporto con i Bentivoglio dopo il 1615.[53] Ma il suo impegno si limita a queste segnalazioni al fratello, il vero "addetto ai lavori". Negli anni del tracollo finanziario familiare, il cardinale accoglie nella sua casa romana il nipote Annibale, favorendone la carriera ecclesiastica, e veglia amorevolmente sull'altro nipote Cornelio, protagonista della Giostra del 1634: entrambi erano stati per anni ospiti dello zio a Parigi, dove avevano compiuto una tappa importante della propria formazione culturale.

Un ultimo piccolo mito nella vita di Guido prima della fine: il partito filofrancese lo candida improvvisamente, durante il conclave del 1644, all'elezione papale. Questo esito avrebbe mutato le sorti della famiglia, in piena crisi economica. La morte giunse prima del responso decisivo, il 7 settembre 1644. Pochi giorni dopo, il 15 settembre, Innocenzo X Panfili iniziava la reazione contro i Barberini, che quasi nulla avevano fatto per favorire i Bentivoglio, ma che trascinavano nella propria caduta molti degli artisti e musicisti scoperti proprio dai marchesi ferraresi.

Non si può illustrare chiaramente la figura di Cornelio II Bentivoglio senza coinvolgere il padre Enzo. La storia artistica presenta numerosi casi di monadi-doppie come questa: Alessandro e Domenico Scarlatti; Leopold Mozart col figlio Wolfgang; Battista ed Alessandro Guarini, per citare un binomio vicino ai nostri personaggi. Cornelio è spesso tratteggiato dai cronisti come una mera ombra della fiera personalità del padre. Noi gli riconosceremo il merito di aver resistito al più grave rovescio di fortuna della famiglia dall'epoca della cacciata da Bologna e nel contempo di aver individuato la nuova via artistica rappresentata dai teatri di Venezia. Ma davvero molti elementi concorrono nell'assegnare a Cornelio il ruolo di replicante del padre, soprattutto nelle situazioni spettacolari. Andiamo con ordine.

---

presso gli eredi Moscatelli nel 1623, Alessandro Piccinini a sua volta ricordava di aver inserito le composizioni a più liuti "che due altri mei Fratelli, ed io suonavamo già quando eravamo tutti tre al servigio del Serenissimo di Ferrara, e poi dell'Illustrissimo e Reverendissimo Sig. Cardinale Aldobrandino, de quali Girolamo, il quale suonava con maniera più grave, e suonava il Liuto maggiore, morì in Fiandra al servigio dell'Illustrissimo Monsignore Bentivoglio Nuncio gli anni passati, e ora cardinale [...]"(Introduzione "A gli Studiosi", cap. XXXIII, p.8).

[52] *AB*, 129, *Lettere di Guido Bentivoglio a diversi (1620-1629)*: lettera del 31.X.1627, c. 326.

[53] "[...] Venne hieri a trovarmi il Frescobaldi, e mi ricercò, ch'io volessi scrivere a V. S. affinch'ella si contentasse di volerlo proporre per le feste di Parma. A me pare che sia, per così dir, ventura, ch'egli inclini ad andarci, onde sapendo V. S. quanto egli sia valenthuomo nella sua professione [...] già ch'egli lo desidera, per esser tanto amorevole di tutti noi, e della nostra Casa [...]"(lettera di Guido Bentivoglio da Roma il 1.IX.1627 al fratello Enzo).

Nell'Inventario generale dell'Archivio Bentivoglio (Lib. 29) è riportata in data 24 dicembre 1606 la fede di battesimo di Cornelio, importante per le questioni relative alla primogenitura. Ecco come lo descrive un cronista coevo:[54]

> [...] [Cornelio Bentivoglio] si dilettò grandemente di far tornei, opere in musica, ed altre attioni cavalleresche, fra le quali, e delle più famose, fu la Giostra del Card. Antonio [Barberini] in Roma, nella quale sotto nome di Tiamo di Menfi, fu mantenitore, e fu d'animo regio nello spendere a segno tale, che la sua casa ancor se ne risente. E nell'antica Sala delle Commedie già abbrugiata, havea eretto così nobile, e sontuoso teatro ad uso de' drami musicali, quali sempre hanno portato il vanto, sì per la nobile architettura della scena, e delle inventioni delle machine, come anche per il soave concento de' recitanti, e se il caso non havesse levato così augusto teatro, hor non manca di questa nobilissima famiglia, chi seguitarebbe le vestigia degli antenati [...].

Cornelio era stato allevato con difficoltà rispetto alla preparazione umanistica e culturale (come già emergeva dal confronto col più intellettuale fratello Annibale fin dagli anni di Parigi) ma con grandi soddisfazioni sul piano fisico e della preparazione militare. Tra le materie di studio dei due fratelli a Parigi erano la danza e la musica, come testimoniano le ripetute richieste di corde dall'Italia, le più apprezzate, per i propri maestri.[55] Perfetto cavallerizzo, pronto a maneggiare di picca, stocco o altra arma bianca, Cornelio non dimostra altrettanto spiccate doti nei confronti della musica, della danza o del latino: è piuttosto uomo d'armi, dapprima arruolato in Francia nella guerra contro gli Ugonotti, poi in Germania al seguito di Ernesto Montecuccoli, quindi come generale al servizio della Serenissima repubblica di Venezia. Nell'intervallo creatosi tra l'avvio della costruzione del teatro Farnese, nel 1617 e l'effettiva inaugurazione, nel 1628, Enzo Bentivoglio chiese un incarico ufficiale nell'esercito del duca di Parma per il figlio Cornelio, quasi a compenso dell'interruzione del lavoro di équipe intrapreso dai ferraresi. Ebbe due mogli, Anna Strozzi (il cui patrimonio familiare, dopo la morte avvenuta nel 1636, entrò a far parte dei beni bentivoleschi) e Costanza Sforza; per le nozze con quest'ultima, nel 1639, fu rappresentata a Ferrara l'*Andromeda*, su testo del cognato Ascanio Pio di Savoia, con le scene di Francesco Guitti, che col collega-rivale il Chenda aveva provveduto al restauro del teatro detto "Gran Sala della Commedia". Si trattava di un luogo simbolico, essendo quello il secondo teatro utilizzato dagli Accademici Intrepidi, costruito dall'Aleotti nel 1610, per volontà del padre Enzo, in un'ala del palazzo ducale, assai vicino al palazzo Bentivoglio. Nel 1640 Cornelio pagava il suo debito rilevando la gestione della "Gran Sala della Commedia" e caricando di un ulteriore e gravoso peso la sua già critica situazione economica.

---

[54] *Supplemento al Compendio Historico del Signor D. Marco Antonio Guarini. Opera di Monsignor Borsetti*, Ferrara, Bolzoni figlio 1670, p.178: Cornelio Bentivoglio.

[55] Ad esempio, il 10.I.1618, Cornelio e Annibale da Parigi chiedono al padre Enzo "[...] otto mazzi di corde da violino, ed altri quattro mazi de cantini da liuto e che siano delle bone di Roma, havendoli promesse alli nostri mestri[...]"; ma ancora il 25.VII.1618 Cornelio deve ripetere la richiesta : "[...] V. S. Ill.ma se ha dimenticato le corde per gli violini de gli nostri mestri [...]". Il 28.VI.1619 il marchese Enzo, a Roma, è informato che Cornelio a Tours continua a "[...] esercitarsi alle sue lecioni di danzare e imparar di far le capriole, perché, come torna, averà occasioni di mostrar la sua virtù [...]".

Le prime esperienze di Cornelio col mondo teatrale furono le recite dei comici, che avevano ammaliato suo padre nel secondo e terzo decennio del Seicento. Negli anni del soggiorno parigino di Cornelio presso lo zio Guido, si era creata una grande aspettativa per l'annunciato arrivo di una compagnia di comici italiani in Francia, forse su richiesta della regina Maria de Medici. Le trattative, intavolate fin dal 1618 dal duca di Mantova, da sempre appassionato di commedie, che cercava di radunare il fiore delle compagnie allora operanti, per difficoltà d'ogni genere andarono avanti per anni e solo nel 1620 la compagnia poté giungere a Parigi, accolta trionfalmente.[56] Nel gennaio 1621 il nunzio Guido assiste ad una nuova rappresentazione dei comici italiani.[57] Nel 1622 Cornelio è a Torino, per conto dello zio, quindi in missione a Parigi. Vent'anni più tardi, Guido gli invia una relazione appena ricevuta su uno spettacolo recitato a Parigi, conoscendo la passione di Cornelio:[58]

> [...] Dalla congiunta scrittura vedrete quel ch'egli [l'abate Giovanni, fratello di Cornelio] mi scrive intorno ad una comedia, che s'è rappresentata in Parigi. Ho stimato che vi possa esser di gusto il leggerla, e però ve la mando[...]

Più che spettatore, Cornelio ama essere protagonista attivo degli eventi spettacolari. Dopo il lungo apprendistato nei primi tornei organizzati a Ferrara dal padre Enzo, Cornelio è lanciato come "mantenitore" (ruolo ch'era stato per lunga tradizione del padre Enzo) nella rappresentazione di Parma del dicembre 1628. Il padre Enzo, stranamente non presente alla prima festa dopo dieci anni di preparativi, viene informato per lettera dei successi del figlio.[59] La perizia del mantenitore è sottolineata anche nella cronaca ufficiale delle feste farnesiane, stampata nel 1629.[60] Nel 1634 Cornelio

---

[56] Su questo episodio, che vide coinvolto il protettore-impresario della compagnia dei Confidenti don Giovanni de Medici, in antagonismo col Gonzaga, cfr. SIRO FERRONE, *Attori mercanti corsari. La commedia dell'arte in Europa tra Cinque e Seicento*, Torino, Einaudi 1993, pp.158-171.

[57] "[...] Qui noi siamo in Carnevale, e queste Maestà hanno cominciato a goderlo con udire una Compagnia di Comedianti Italiani, fatti venire a Parigi, che riescono loro di molta ricreatione. Il Signor Marchese di Mirabello ed io, ci trovammo ancora noi alla prima, e si vide molte volte ridere la Regina, ancorché Sua Maestà non intenda le cose più furbesche, e più acute. Non poteva satiarsi particolarmente il Signor Marchese d'ammirar la libertà, e la confusione di questa Corte.[...]": lettera di Guido Bentivoglio da Parigi il 16.I.1621 al duca di Monteleone a Madrid (*Raccolta di lettere*, cit., p.234).

[58] Lettera di Guido Bentivoglio da Roma del 20. XII. 1642 a Cornelio Bentivoglio a Ferrara.

[59] Si legga il giudizio di Antonio Goretti prima e dopo la rappresentazione: "[...] Il S.ʳ Corneglio ha voluto provare ancora lui proprio con il suo cabalo nella machina, ed ha fatto ecelentemente a segno tale che ha reso stupore a tutti; in vero riesse un cavaliere di buon garbo, e si fa valere e conoscere [...]"; "[...] Il S.ʳ Corneglio si è diportato tanto [eg]regiamente con tanto bel modo e garbo, che certo mi creda S.ʳ Marchese, non si poteva vedere la più bella cosa e la più maravigliosa, che il vedere questo Cavaliero venire a cavallo con la lancia e venire dal punto della Luna [...] comparsa belissima e pensieri regali [...]": lettere a Enzo Bentivoglio da Parma rispettivamente del 28.XI e del 15.XII.1628.

[60] "[...] Uscirono prima molte fiamme, e si sentì l'annitrir d'un cavallo: indi a poco a poco cominciò a levarsi nel mezo dell'aperta voragine un altro cimiero di piume, ed aeroni neri, e bianchi, poggianti sopra d'un elmo, brunito di fogliami d'argento, tirati in campo nero. In poco tempo l'Illustrissimo Signor Marchese Cornelio Bentivoglij Cavaliero mantenitore armato di tutte armi, con lancia impugnata, e stocco cinto, accompagnato da diversi mostri infernali, sorgendo s'avanzò sopra d'un cavallo nero bardato, fino al piano del pavimento della scena, al pari del quale s'alzò con meraviglia de' circostanti la terra contigua, facendogli commodo ponte, per discendere dal palco, e dopò di essere disceso, e di haver passeggiato il campo, mostrando non minor peritia nel cavalcare di quello facesse fierezza il destriero nel maneggiare, si fermò alle porte verso oriente[...]": MARCELLO BUTTIGLI, *Descrittione dell'apparato fatto, per honorare la*

replica il trionfo di Parma a Roma, come mantenitore della Giostra del saracino (organizzata dal cardinale Antonio Barberini sotto la supervisione di Guido e - attraverso
lo scenografo ferrarese Guitti - di Enzo Bentivoglio), i cui cartelli di sfida erano stati
scritti da Fulvio Testi:[61]

> [...] Trovavasi a punto in Roma il Sig. Marchese Cornelio Bentivogli, il quale tornato
> frescamente di Germania si era poi da Ferrara trasferito alla Corte per riverire i Padroni, e
> rivedere i suoi. Sapeva il Sig. Cardinale [Antonio Barberini] quanto egli fusse ammaestrato
> in ogni cavalleresca attione, ed il degno saggio particolarmente, che aveva dato nelle nozze
> di Parma del suo valore. In lui dunque volti gl'occhi, non differì con tale opportunità a
> risolversi di fare una nobil Festa di Saracino, della quale volle, che fusse mantenitore il me-
> desimo Bentivoglio [...]

Una sorta di moda dell'opera-torneo alla ferrarese si instaura nelle corti italiane del
tempo, come prova il torneo organizzato a Modena nel 1635, sempre con Cornelio
come mantenitore e Testi come autore dei versi cantati.[62] Cornelio aveva assunto, nella
giostra romana, il nome medesimo di Tiamo da Menfi ch'era stato del padre in uno dei
primi tornei ferraresi nel 1612: il nome può anche essere letto come "Ti-amo" ossia
come "Ben-ti-voglio" e la città egiziana come mitico simbolo di sapienza.[63] Il processo
di identificazione nella figura paterna conosce qui la sua estrema manifestazione.

Dopo quella data vi saranno alcuni avvenimenti spettacolari a Ferrara, soprattutto
per il carnevale, legati al marchese Bentivoglio con la partecipazione del compositore
Marco Marazzoli; ma l'attenzione di Cornelio è ormai rivolta principalmente a Venezia.

La terribile crisi economica della famiglia, dopo la morte del marchese Enzo, è
arginata in qualche maniera dal cardinal Guido, attraverso la dolorosa vendita delle

---

prima, e solenne entrata in Parma della Serenissima Prencipessa, Margherita di Toscana, Duchessa di Parma,
Piacenza [...], Parma, Seth e Viotti 1629, pp.237-38 (cfr. inoltre MARIA GRAZIA BORAZZO, Musica, scenotec-
nica, illusione nel grande apparato farnesiano del 1628 a Parma, tesi di laurea non pubblicata, Università di
Parma 1982, pp.243-244).

[61] Relazione della famosa Festa fatta in Roma alli 25 di Febbraio MDCXXXIV, sotto gli auspicij dell'Eminentissimo Sig. Cardinale Antonio Barberini descritta dal Card. Bentivoglio, Roma, Mascardi 1635 (citiamo dalla
seconda edizione, in appendice a Lettere del Card. Bentivoglio, Roma, De Rossi 1654, p.195). L'attribuzione
della narrazione alla penna del cardinal Guido non è certa: ritengo che, anche se la redazione fu affidata ad
altri, il Bentivoglio abbia accettato di prestare la propria firma per l'importanza che l'avvenimento, voluto
dal cardinal nipote Barberini, aveva assunto. Sulla festa del 25 febbraio 1634 cfr. anche GIACINTO GIGLI,
Diario Romano (1608-1670), a cura di G. Ricciotti, Roma, Tumminelli 1958, pp.142-143: Avvisi di Roma
in data febbraio 1634; MAURIZIO FAGIOLO DELL'ARCO–SILVIA CARANDINI, L'effimero barocco. Strutture della
festa nella Roma del '600, I: Catalogo, Roma, Bulzoni 1977, pp.89-92 (con illustrazioni tratte dall'edizione
Mascardi del 1635); ELENA TAMBURINI, Patrimonio teatrale estense. Influenze e interventi nella Roma del Seicento, "Biblioteca teatrale, VII, 1987, pp.52-59; RENATO DIEZ, Il trionfo della parola. Studio sulle relazioni di
feste nella Roma barocca 1623-1667, Roma, Bulzoni 1986, pp.20-21; FREDERICK HAMMOND, Music and
Spectacle in Baroque Rome. Barberini Patronage under Urban VIII, New Haven–London, Yale University Press
1994, pp.214-224 (con numerose riproduzioni delle tavole del libretto originale). Esiste anche uno studio
monografico su questa festa romana: MARTINE BOITEUX, Formes de la Fête. Carnaval Annexée: essai de lecture
d'une fête romaine, "Annales. Economies, Sociétés, Civilisations", 1977, n.2, pp.356-380.

[62] Cfr. i documenti diversi raccolti sotto il titolo di "Torneo Bentivoglio" (Modena gennaio-settembre
1635) nell'Archivio di Stato di Modena, Archivi per Materie, Spettacoli pubblici, b. 10.

[63] Tiamo è anche il nome assunto da Cornelio, sempre in omaggio al padre, come accademico intrepido: GIUSEPPE FAUSTINI, Catalogo degli accademici intrepidi di Ferrara, Ferrara, Biblioteca Ariostea, ms. Cl. I,
311 (cfr. TAMBURINI, cit., p.56-sg.).

sue collezioni o semplicemente impegnando la sua autorevole parola per placare i creditori più accesi. Così scrive a Cornelio, nel 1641, il fratello Annibale:[64]

> [...] Veggo che sete attorno à far denari, ed anco avvisate il modo, ma sempre sete così breve ch'io non posso finire d'intendermi. Purché si faccia quatrini, ogni modo è buono, e massime nelle strettezze nelle quali si truova tutto il mondo [...]

E un anno più tardi, con minore fiducia, lo zio Guido:[65]

> [...] Voi dite, che fate ogni sforzo, per vedere di mettere insieme danari, affine ch'io sia rimborsato. Non comprendo quel che voi vogliate intendere con queste parole: ch'io sia rimborsato. Se voi intendete di quello, ch'io ho speso per la Casa, è troppo grossa la partita per poterla provedere così adesso, benché io voglia rifarmene quanto prima potrò in ogni maniera. Se volete poi intendere delli 500 scudi, ch'io feci rimettere ad Hermes, vostro fratello, bisogna rimborsare qui il Brialli, che su la mia parola ne fece la rimessa [...]

Cornelio si difende come può, chiede a sua volta soldi al fratello Annibale per riscuotere pegni: "[...] V.S. potrà raccogliere, ch'io per me non spendo, né tocco un quatrino, e la spesa quotidiana della tavola non può esser più regolata, né più ristretta[...]".[66] Nella allegata lista della "famiglia" (siamo nel maggio 1645) sono elencati 17 componenti o servitori, oltre a quattro staffieri "licenziati" e 7 stallieri: certo poverissima, se confrontata con la famiglia di un prelato importante come il cardinal Montalto, ricca di 170 persone tra cui 43 gentiluomini, 15 aiutanti di camera, 1 guardaroba e 46 staffieri più la servitù minuta.[67] Come quella di Montalto, anche la famiglia di Cornelio comprendeva comunque dei musicisti, circostanza quasi miracolosa nel pieno della crisi finanziaria descritta: l'unico certo è il "Sig.ᵣ Stefano", elencato con una spesa di 10 scudi mensili. Di uno Stefano cantante al servizio del marchese parlano le lettere a cominciare dall'aprile 1641: era particolarmente stimato da un compositore come Benedetto Ferrari, il quale a sua volta assicurava "che nel numero de servitori virtuosi del S.ᵣ Marchese Cornelio mio Signore io pretendo la palma".[68] In una lettera dell'agosto 1641, Marco Marazzoli propone per la festa da farsi il carnevale successivo

---

[64] Lettera di Annibale Bentivoglio da Roma il 28.VIII.1641 al fratello Cornelio a Ferrara.

[65] Lettera di Guido Bentivoglio da Roma il 24.V.1642 al nipote Cornelio a Ferrara (AB, 262, c.171)

[66] Lettera di Cornelio Bentivoglio da Roma il 20.V.1645 al fratello Annibale a Ferrara. Il documento è assai interessante perché contiene allegata una delle rare liste dei servitori e membri della famiglia reperite nell'Archivio Bentivoglio.

[67] I dati su Montalto, relativi al 1612, sono riferiti nel volume di JOHN W. HILL, *Roman Monody, Cantata, and Opera from the Circles around Cardinal Montalto*, Oxford, Oxford University Press, 1997 (cfr. capitolo II).

[68] Ferrari in una lettera da Bologna del 16.IV.1641 al marchese Cornelio lo pregava "[...] a favorirne del S.ᵣ Stefano suo musico, da me stimato, per la seconda festa da farsi doppo le Rogationi [...] per ottenere questa gratia, essendo opera mia, e non potendo farsi senza l'intervento di detto signore [...]" (l'opera che si allestiva a Bologna era probabilmente *Il Pastor Regio*, di cui Ferrari aveva composto testo e musica l'anno prima per Venezia). Per una possibile identificazione del cantante con Stefano Costa, la cui presenza è documentata a Venezia nel 1643, cfr. oltre, nota 74.

"quattro gran parti" di cantanti, tra cui Stefano, che avevano partecipato all'ultima rappresentazione ferrarese:[69] si trattava de *Gli Amori di Armida*, su testo di Ascanio Pio di Savoia, data il carnevale 1641.

La prima festa che vede una partecipazione organizzativa di Cornelio è la solenne rappresentazione, avvenuta nel giugno 1638 alla presenza di oltre 30.000 persone, di *Ferrara trionfante per la Coronazione della B. V. del Rosario*, con testi di Ascanio Pio e scene del Chenda. Il marchese Bentivoglio, benché non citato nelle descrizioni ufficiali dello spettacolo, aveva reclutato personalmente i suonatori, creando anche un piccolo incidente di percorso.[70]

Negli anni tra il 1640 e il 1645, Cornelio riceve lettere da cantanti e compositori che ne attestano un ruolo di organizzatore teatrale assai simile a quello inventato dal padre Enzo: seguendo l'esempio paterno, il Bentivoglio mantiene a sue spese almeno una giovane cantante a Roma, Veronica Santi, affidandola alle cure di un maestro illustre come Marco Marazzoli.[71] Questi è certamente il musicista più importante in relazione stabile con Cornelio tra il 1640 e il 1642, anni in cui fu per ben tre volte a Ferrara per curarvi l'allestimento di sue opere. La prima volta si trattenne dal luglio 1640 fino alla rappresentazione, nel febbraio 1641, de *L'Amore trionfante dallo sdegno*, voluta dal Bentivoglio per festeggiare le nozze Bonelli-Martinengo. Il successo della rappresentazione spinse Cornelio a riprendere l'opera l'anno successivo in occasione di una visita a Ferrara del principe Taddeo Barberini e nella stessa circostanza, il 4 marzo 1642, fu rappresentata la sua nuova opera *Le Pretensioni del Tebro e del Po*, come

---

[69] Lettera di Marco Marazzoli da Roma il 21.VIII.1641 a Cornelio Bentivoglio, Ferrara. I cantanti della rappresentazione del 1641 sono ricordati nel post scriptum:
"Quel castrato di Padova che fece Giunone
Quel contralto di Padova che fece la Regina
Il baritono d'Immola che fece Rinaldo
Il S.r Stefano sono quattro gran parti
Quel Monte Verde poi, per far un Gesuito martirizato, non si puol migliorare"

[70] Scrive Felice Maria Bonetti da Bologna il 9.VI.1638 a Nicolò Messi "detto il Cornetto" a Ferrara: "sono gionte qua lettere del Sig.r Marchese Cornelio Bentivogli ad un suo particolare, che li trovi dui cornetti per la festa dell'Incoronatione, li quali sono nominati così: il Bertacha, ed il Varino. Io con mio padre avevamo prevenuti duoi, cioè il buon sonatore e buon cantore; né è il dovere già mai che detto Mangioli sii ributato di non venire a Ferrara, perché ad esso sarebbe agravio e disonore. Il tutto si dà parte a V. S. come quello che è stato promotore di ricercare detti virtuosi per detto servizio [...] e di già è stato scritto al Sig.r Marchese Cornelio, da persona di autorità [...]". La "persona di autorità" è la cugina di Cornelio, Vittoria Pepoli, che infatti raccomanda a sua volta Domenico Manzoli "sì per esser perfetto nel suo essercizio, come per esser mio amico e compare e maestro da sonare": lettera da Bologna del 12. VI.1638. La festa è descritta in GASPARO SARDI, *Libro delle Historie Ferraresi* [...], Ferrara, Gironi 1646, p.75. I tre musici nominati erano tra i più importanti suonatori bolognesi, tutti membri del Concerto Palatino della Signoria di Bologna: Francesco Bertacchi muore nel 1641 e la sua paga viene distribuita ad altri sette musici tra cui proprio Domenico Manzoli e Costanzo Varini: cfr. OSVALDO GAMBASSI, *Il concerto palatino della signoria di Bologna. Cinque secoli di vita musicale a corte (1250-1797)*, Firenze, Olschki 1989, p.225. Manzoli e Varini erano anche membri della Cappella di San Petronio: ID., *La cappella musicale di San Petronio. Maestri, organisti, cantori e strumentisti dal 1436 al 1920*, Firenze, Olschki 1987, p. 121 per l'anno 1638.

[71] La vicenda di Veronica, figlia di un cantore "contralto in S.ta Maria Maggiore", è documentata in una serie di lettere di Marco Marazzoli da Roma al marchese Cornelio, tra il 27 aprile e il 2 novembre 1641 (ricostruita efficacemente, con citazioni parziali delle lettere, in PIER MARIA CAPPONI, *L'educazione di una virtuosa nel secolo XVII. Dalle corrispondenze inedite di Marco Marazzoli*, "Lo Spettatore musicale", III, 1968, n.4/5, pp.12-15).

introduzione ad un torneo combattuto in corte ducale.[72] Marazzoli, ancora una volta grazie all'intervento autorevole del cardinal Guido Bentivoglio, ottenne la licenza straordinaria dalla cappella pontificia e dai padroni Barberini per recarsi a Ferrara fin dal novembre 1641: in realtà cogliendo l'occasione per portare sulle scene di Venezia due suoi allestimenti teatrali. Il traffico di cantanti seguiva la stessa direzione: Marazzoli, su incarico di Cornelio, non faticava molto a convincere i migliori cantanti romani a fermarsi a Ferrara per i suoi allestimenti di Carnevale, sulla via della più allettante piazza veneziana: Antonio Grimani, Marc'Antonio Pasqualini,[73] il "Capitan Pompeo", la stessa Veronica Santi, e poi Girolama De Rossi, il "Rabacchio", il "signor Stefano" e la "signora Anna",[74] una Cecilia forse sorella del Ravani,[75] Antonio Lonzino , Maddalena e Francesco Mannelli,[76] sono i nomi che roteano attorno all'effimera ma esaltante doppia stagione teatrale ferrarese di quegli anni. Le tante lettere di Marazzoli al

---

[72] Oltre che dal libretto stampato per le rappresentazioni del 1642 (*Le Pretensioni del Tebro, e del Po cantate*[...], Ferrara, Suzzi 1642, contenente, con proprio frontespizio interno, anche *L'Amore trionfante dello Sdegno*) le informazioni sulla festa sono riassunte in SARDI, op. cit., p.84. Tra i cavalieri del torneo figura, primo dei "Cavalieri del Tebro", il "Marchese Cornelio Bentivoglio, dalla cui gran casa parve che apprendessero in ogni tempo la magnificenza i teatri"(libretto cit., pp.3-4 non numerate). *L'Amore trionfante dello Sdegno* è l'unica opera-torneo ferrarese della prima metà del Seicento di cui sia sopravvissuta la partitura musicale, opera di Marco Marazzoli: si tratta del ms. Chigi Q.VIII.189 della Biblioteca Vaticana, cui va unito il ms. Q.VIII.191 della stessa Biblioteca che reca la partitura de *Le Pretensioni del Tebro e del Po*. La scoperta di queste importantissime fonti musicali fu segnalata da STUART REINER, *Collaboration in* Chi soffre speri, "The Music Review", XXII, 1961, pp.269-270 e nota 18. Cfr. ROBERTA ZIOSI, *Uno spettacolo ferrarese del 1642: L'Amore trionfante dello sdegno*, tesi di laurea non pubblicata, Università di Ferrara 1989, con parziale edizione delle partiture di Marazzoli. Alcuni frammenti musicali relativi al torneo ferrarese *La Contesa* del 1632 (un "Balletto grave" con *Gagliarda* e *Corrente*) sono stati recentemente rintracciati con una preziosa descrizione manoscritta dello spettacolo da Giuseppe Adami, e da lui presentati insieme con Frederick Hammond ad un convegno svoltosi a Berlino nel giugno 1996 (atti in preparazione).

[73] La lettera inviata da Marc'Antonio Pasqualini da Roma il I.VI.1639 a Cornelio Bentivoglio è l'unica che si conosca del celebre sopranista della cappella pontificia. È interessante notare che, in una lista dei musici che intervennero, nel carnevale 1635, per la liturgia delle Quarant'ore in Santa Maria Maggiore a Roma sotto la direzione di Luigi Rossi, figura "Mr. Marcantonio soprano de Bentivoglio" (JEAN LIONNET, *La "Salve" de Sainte-Marie Majeure: La Musique de la Chapelle Borghese au 17éme siècle*, "Studi musicali", XII, 1983, n.1, p.102-sg.). Guido Bentivoglio, come ricorda Lionnet, era "Vicario" di Santa Maria Maggiore, ma è probabile che l'indicazione si riferisse ad una generica protezione dei Bentivoglio (Enzo e figli), conclusa con l'assunzione stabile del cantante nella famiglia di Antonio Barberini proprio dopo il 1635.

[74] Se lo Stefano "musico" di Cornelio può essere identificato con Stefano Costa, che cantò tra l'altro a Venezia nella *Finta Pazza* del 1643 col famoso "Rabacchio", pure citato nelle lettere bentivolesche, Anna potrebbe essere sua sorella (cfr. GUGLIELMINA VERARDO TIERI, *Il Teatro novissimo. Storia di "mutationi, macchine e musiche"*, "Nuova rivista musicale italiana", XI, 1977, n.1, p.15). Una cantante di nome Margherita Costa era stata protagonista di una scandalosa vicenda a Roma nel 1626, ispirando l'autore del testo della *Catena d'Adone*, Ottavio Tronsarelli. Su Anna (Francesca) Costa, protetta da Mattias de Medici a Firenze e dal viceré di Monterey a Napoli (1640), cfr. le notizie riportate in TERESA MEGALE, *Il principe e la cantante. Riflessi impresariali di una protezione*, "Medioevo e Rinascimento. Annuario del Dipartimento di Studi sul Medioevo e Rinascimento dell'Università di Firenze", n.s., VI, fasc. III, 1992, pp. 221–33; ID, *Altre novità su Anna Francesca Costa e sull'allestimento dell'Erpirodo*, "Medioevo e Rinascimento", n.s., VII, fasc. IV, 1993,pp. 137–42.

[75] Il "Ravani" era forse Francesco Ravani, puntatore della cappella pontificia negli stessi anni; Cecilia è descritta nelle lettere come una "zitella" di onorati costumi, desiderosa di ricevere la protezione della marchesa a Ferrara (stessi atteggiamenti descritti per l'altra cantante, Girolama De Rossi, che però è definita benestante, al contrario delle sue colleghe). Nel 1653 è invece segnalato un soprano Antonio Ravano, in relazione con Anna Costa.

[76] Lettera di Francesco Mannelli da Venezia del 18.I.1641 a Cornelio Bentivoglio: "[...] Prego V.ª Eccellenza, volendosi servire della Sig.ra Madalena, mandarli la sua parte avanti, acciò habbi tempo di possederla [...]".

marchese Bentivoglio sono preziose non soltanto per la biografia del compositore, ma per il lucido quadro del panorama musicale tra Roma e Venezia che se ne ricava (purtroppo la maggior parte è ridotta in frammenti per la corrosione procurata da una cattiva miscela dell'inchiostro usato). Vi è da credere che l'influenza dei Bentivoglio abbia potuto agevolare l'inserimento di Marazzoli nella troupe di musici scritturata a Roma da Mazzarino ed inviata in Francia nel 1643, di cui avrebbe fatto parte tra gli altri Leonora Baroni.[77] Quest'ultima era da molti anni in intimità con i Bentivoglio, come del resto lo era stata la madre Adriana Basile: vedremo che Leonora è addirittura ricordata nel testamento di Enzo Bentivoglio. Una lettera da Roma del 1641 al fratello Cornelio, oltre che rivelare nuovi particolari sul Marazzoli, indica che anche il più giovane Giovanni ne era stato ammaliato (proprio come Giulio Mazzarino pochi anni prima di lui):[78]

> [...] Fui poi, una di queste sere, dalla Sig.ra Leonora, e ci stetti sino a cinqu'ore. La sentii cantare, e vi furono belissime scene: ma dica alla signora ch'io la lascio stare, e che non le do fastidio [...]

L'impegno di Cornelio nell'organizzazione spettacolare a Ferrara cala vistosamente negli anni successivi. Dopo una ultima rappresentazione organizzata dalla coppia Pio di Savoia-Guitti nel 1646 (*La Discordia confusa*), tra il 1650 e il 1655 si assiste ad un certo risveglio d'interesse teatrale, in cui però il Bentivoglio non è direttamente coinvolto.[79] Ne *Gli sforzi del desiderio*, organizzata a palazzo Miroglio nel 1652 in occasione del passaggio da Ferrara degli arciduchi d'Austria, la collaborazione di Cornelio è

---

[77] Cfr. la voce *Marazzoli Marco* a cura di P. M. Capponi, in *Enciclopedia dello Spettacolo*, VII, coll.88-90. Secondo il Pruniéres il 28 febbraio 1645 sarebbe stata rappresentata a Parigi la prima commedia musicale italiana di cui si ha notizia, opera di Marazzoli: *Nicandro e Fileno* (cfr. FERNANDO LIUZZI, *L'opera del genio italiano all'estero. I musicisti in Francia*, I, Roma, Danesi 1946, pp.168-ssg.). La prima lettera di Marazzoli nell'Archivio Bentivoglio è del 9.XI.1640 (ma una missiva del 25.IX dello stesso anno lo dichiara già "servitore" di Cornelio); l'ultima, indirizzata ad Annibale Bentivoglio, è del 29.VII.1645. Segnaliamo tra i tanti particolari interessanti di questa corrispondenza, la lettera del 23.x.1641, in cui Marazzoli, prima di partire per Ferrara, avvisa il marchese Cornelio: "[...] Se V. E. vorrà che io porti l'arpa me l'avvisi perché bisognerà almeno una soma; se V. E. non la desidera non mi curo di portarla perché non sono più ch'è troppa fatica [...]": benché fosse stato denominato "Marco dall'arpa" per aver avviato la propria carriera a Roma appunto come arpista, dopo il suo ingresso nella cappella pontificia mancavano del tutto informazioni sulla sua pratica dello strumento.

[78] Lettera di Giovanni Bentivoglio da Roma del 13.III.1641 al fratello Cornelio. Dal testo si arguisce che in un primo tempo, durante il suo primo soggiorno ferrarese, Marazzoli avesse fatto il difficile sull'ipotesi di tornare a lavorare per il marchese l'anno successivo ma, tornato a Roma entusiasta, aveva cambiato opinione ed era adesso disponibilissimo. Giovanni informa inoltre di aver preso contatto (in caso di rinuncia da parte di Marazzoli) con altri importanti musicisti come Luigi (Rossi?) e Mario (Savioni?): si tratta degli stessi autori citati in una lettera del poeta per musica Domenico Benigni del 12.IV.1642 con cui questi accompagna l'invio a Cornelio di quattro arie su sui testi, musicate da Luigi Rossi (*A quel dardo*), Mario Savioni (*Pena la vita*) e Carlo Caproli dal Violino (*Di Cupido è legge* e *Occhi oimè*). Da notare che la musica dell'aria di Rossi ci è giunta in almeno cinque versioni manoscritte.

[79] Ai titoli elencati per quegli anni da CHIARA CAVALIERE TOSCHI, *Tracce per un calendario delle manifestazioni dell'effimero*, in *La chiesa di San Giovanni Battista e la cultura ferrarese del Seicento*, Milano, Electa 1981, p.147, dobbiamo aggiungere almeno una rappresentazione del luglio 1650 finora non nota: "[...] Da Ferrara viene scritto che vi si prepari una famosissima opera musicale intitolata *Gli Amori di Zefiro e Clori* [...]" (MARIE-THERESE BOUQUET, *Storia del teatro Regio di Torino*, I, Torino, Cassa di Risparmio di Torino 1976, p.57).

nascosta, ma documentabile.[80] Infine, nell'anno 1655 che vide il passaggio anche da Ferrara del corteo che accompagnava a Roma Cristina di Svezia, troviamo nuovamente la espressa responsabilità di Cornelio Bentivoglio in un allestimento teatrale: è l'*Oritia*, rappresentato nella "Sala Grande delle Commedie" con musiche di Andrea Mattioli. Questi era allora maestro di cappella dell'Accademia dello Spirito Santo ed aveva già dedicato al marchese Bentivoglio, principe della medesima accademia, un libro di *Messe e salmi concertati* nel 1653.[81] Il Mattioli, fecondo autore di musiche sacre e teatrali nei pochi anni della sua permanenza a Ferrara, è protagonista di un strana vicenda, legata all'assunzione di Pompeo, un cantante castrato protetto da Cornelio, che porterà al suo licenziamento dall'Accademia nel 1654, sostituito per breve tempo dal compositore pugliese Giuseppe Tricarico.[82] Quest'ultimo riuscì a far rappresentare nel gennaio successivo una sua opera, *L'Endimione*, dedicata al suo protettore, il cardinal legato Serra, in parte a spese del Bentivoglio.[83] Il cantante Pompeo, intanto, continuava a causare disordini finché nel giugno 1655 la sua esperienza ferrarese termina in maniera imprevedibile:[84]

---

[80] Cfr. THOMAS WALKER, *"Gli sforzi del desiderio": cronaca ferrarese, 1652*, in *Studi in onore di Lanfranco Caretti*, Modena, Mucchi 1987, pp.45-75, che utilizza numerose lettere di Cornelio e Annibale tratte dall'Archivio Bentivoglio (cfr. inoltre la preziosa appendice delle opere di Francesco Berni, molte delle quali destinate a rappresentazioni con musica a Ferrara).

[81] *Messa e Salmi concertati a tre, quattro e cinque voci di Andrea Mattioli Maestro di Cappella dell'Illustrissima Accademia del Spirito Santo in Ferrara Opera Terza* [...] Venezia, Vincenti 1653; dalla dedica al "Signor Marchese Cornelio Bentivoglio Principe della stessa Accademia" datata da Venezia il 30.I.1653: "Queste composizioni musicali furono dettate in diverse occasioni per l'Accademia dello Spirito Santo. Ponno però dirsi generate sotto i fortunatissimi auspici del Principato di V. Eccellenza [...]". Il compositore, monaco francescano, aveva inviato sue composizioni al marchese con una lettera da Faenza del 2.IX.1648, e ciò probabilmente gli valse la nomina a maestro di cappella dello Spirito Santo. La lettera, tratta da *AB*, 294, c.551, è edita con notizie sul Mattioli in MELE, *L'Accademia dello Spirito Santo*, cit., pp.16-ssg. In realtà non è giustificata l'affermazione che dopo essere stata dal 1636 al 1646 gestita dai Pio di Savoia, l'Accademia "ritornò sotto i Bentivoglio" (ivi, p.15), poiché era strettissimo il rapporto sia familiare che di collaborazione organizzativa tra Ascanio Pio ed il cognato Cornelio Bentivoglio, e si può dunque dire che fin dalla fondazione l'Accademia abbia goduto ininterrottamente della gestione di un unico clan familiare.

[82] La vicenda, ricostruita in MELE, op. cit., pp. 16-21, sulla base di lettere dell'Archivio Bentivoglio e della *Cronaca di Ferrara dal 1651 al 1673* del Ceriani (Ferrara, Biblioteca Ariostea, ms. Antonelli 269, cc.127, 129), si può riassumere così: il Bentivoglio introduce in Accademia il castrato romano Pompeo, affidandolo alle cure del Mattioli; questi, ingelosito per il coinvolgimento del cantante in un'opera di Giovan Battista Piccinini, nel 1650 torna senza preavviso a Faenza conducendo con sé Pompeo. Un contralto con oltre trent'anni di esperienza nelle cappelle romane, Santi Moschetti, si candida immediatamente alla successione alla carica che si ritiene già perduta dal Mattioli, ma il Mattioli torna ottenendo il perdono di Cornelio. Qualche anno dopo, nel 1654, il Bentivoglio "presta" Pompeo al cardinale Cybo ma, pentitosi per un litigio nel frattempo insorto, organizza in prima persona il rapimento del castrato. Infine, con l'ingresso in Ferrara del nuovo legato Serra, il Mattioli è sostituito dal maestro che il legato aveva condotto con sé da Roma, il Tricarico (che però lascia la carica dopo poco tempo per trasferirsi alla corte austriaca).

[83] "[...] intravenendo li tre genaro ad un opera del Dottor Almerico Passarelli, intitolata l'*Endimione* recitata in Musica nella Sala grande con macchine bellissime, a spese del Marchese Cornelio Bentivogli, e Monsig.ʳ Vicelegato[...]": *Cronaca di Ferrara dal 1651 al 1673* del Ceriani, cit., p.130, cit. in MELE, op. cit., p.54-sg., nota 57.

[84] *Cronaca di Ferrara* del Ceriani, cit., p.187-sg., cit. in MELE, op. cit., p.21 e in ALESSANDRA CHIAPPINI, *Immagini di vita ferrarese nel secolo XVII*, in *La Chiesa di San Giovanni Battista*, cit., p.65. Pompeo è definito romano e vive in casa di Cornelio, forse al posto dell'altro cantante Stefano, di cui non si parla più dopo il 1643. Noteremo infine che la scelta del Magnanini di portare Pompeo ad Innsbruck potrebbe non essere estranea al nuovo impiego presso la corte arciducale di Giuseppe Tricarico.

[...] Essendo passati [...] alcuni disgusti tra il Marchese Cornelio Bentivogli e Giovanni Filippo Magnanini, suo fattor generale, per la troppa intrinsechezza tra esso e Pompeo, musico di casa, fu il Magnanini dal Bentivogli licenziato; per lo che, isdegnato, il Magnanini si dichiarò con Donna Costanza, moglie del Marchese, volersene vendicare. Quale, havendoselo cacciato davanti, il Magnanini fra pochi giorni levò di casa destramente Pompeo, e condussilo a Ispruch, ove dimorava un suo fratello al servitio di quell'Arciduca, quale non aggradì simil tratto; e così, havendolo trattenuto per servirsene in un'opera, fece lui intendere che si provedesse di provisioni [...]

Delle relazioni di Cornelio con i teatri veneziani ed i compositori colà attivi, ci resta soltanto qualche testimonianza indiretta ma eloquente, come la dedica al marchese ferrarese del *Xerse* di Francesco Cavalli nel 1654.[85] Probabilmente dal 1656 non si dedicò più alle vicende dell'Accademia dello Spirito Santo, la cui direzione passò nelle mani del figlio Ippolito (II).[86] Cornelio morì nel 1663 durante un viaggio in Toscana.[87]

Ippolito proseguì coerentemente la tradizione di famiglia, chiamando alla direzione della cappella, nel 1657, il compositore bergamasco Giovanni Legrenzi, il quale fino al 1665 visse nell'orbita bentivolesca, dando un forte impulso di rilancio alle attività artistiche dello Spirito Santo e cittadine in genere.[88] Tra i suoi protetti si ricorda

---

[85] *Xerse. Drama per musica nel Teatro a SS. Gio. e Paolo per l'anno* MDCLIV [...], Venezia, Leni 1654 (copia in Bologna, Civico Museo Bibliografico Musicale).

[86] Nato nel 1630 e morto nel 1685, Ippolito raggiunse le più alte cariche cittadine che neppure il nonno Enzo aveva potuto ricoprire: nel 1660, quando già era principe dell'Accademia dello Spirito Santo, elaborò un accordo storico con l'altra Accademia della Morte, su cui estese la propria influenza; fu riformatore degli Studi pubblici e poi, dal 1669 al 1670 giudice dei Savi, la più alta carica del governo cittadino. Erano celebri le sue raccolte d'arte e la sua biblioteca, che sopravvisse fortunosamente all'incendio del 1682 del palazzo Bentivoglio e che contribuì a formare il nucleo centrale della futura Ariostea. Della sua attività di poeta e librettista per musica, oltre ai cataloghi di opere e oratori rappresentati in Ferrara, rende piena testimonianza (ma finora trascurata dagli studiosi), la miscellanea di sue composizioni, originali o copie, conservata in *AB*, Miscellanea b.1, fasc. 1 e 2. Sulle sue attitudini artistiche cfr. SOUTHORN, cit., p.95; per il governo dello Spirito Santo, MELE, cit., pp. 23-27 e note alle pp.55-57 (con riferimenti a documenti dell'Archivio Bentivoglio).

[87] Riporta GIROLAMO BARUFFALDI, *Dell'Istoria di Ferrara*, Ferrara, Pomatelli 1700, pp.110-sg.: "[...] Mai erano sì tanto avanzate le glorie del Marchese Cornelio Bentivoglio, e talmente accresciuta la sua fama che, per renderlo eterno nella memoria degli huomini, altro non vi restava per certo, con ciò, quando il mondo pensava di godere almeno della sua assistenza ancor per qualch'anno ne' negozii più rilevanti, trionfò di lui la morte in Santa Fiore, ed adombrò di mestissimo duolo, non tanto la città nostra, che ne mostrò il rammarico con solenni essequie fattegli nello Spirito Santo, quanto ogn'altra provincia, dove erasi sparsa la voce delle sue onorate e gentili qualità, che la rendevano illustre anco a' più remoti, purché fussero in luogo, dove la penna e la spada potesse illustrarsi [...]". Cit. anche in MELE, op. cit., p.53, nota 46.

[88] Nel periodo in cui fu a Ferrara, Legrenzi fece rappresentare opere e oratori, per lo più su libretti di Ippolito Bentivoglio. Nella Biblioteca Comunale di Ferrara sono conservate 36 lettere di Legrenzi al Bentivoglio, un tempo nell'Archivio Bentivoglio (ms. Antonelli 649: l'esistenza fu segnalata da ADRIANO CAVICCHI, *Prassi strumentale in Emilia nell'ultimo quarto del Seicento: flauto italiano, cornetto, archi*, "Studi musicali", II, 1973, n.1, p.118, nota 18). A queste si aggiungono numerose altre lettere (anche oltre il periodo di permanenza accertato a Ferrara) tuttora nell'Archivio Bentivoglio, su cui si basa lo studio di ARNALDO MORELLI, *Legrenzi e i suoi rapporti con Ippolito Bentivoglio e l'ambiente ferrarese. Nuovi documenti*, in *Giovanni Legrenzi e la Cappella Ducale di San Marco*, atti dei Convegni di Venezia e Clusone del 1990, a cura di F. Passadore e F. Rossi, Firenze, Olschki 1994, pp.47-86: vi sono pubblicate 53 lettere degli anni 1657-1689, tutte provenienti dall'Archivio Bentivoglio, ma di cui solo 14 ancora nella sede originaria. Per le notizie sull'attività di Legrenzi come maestro allo Spirito Santo cfr. inoltre MELE, op. cit., pp.23 e 56.

il cantante evirato Francesco de Castris, detto "Cecchino".[89] Poeta, musicista, abile cavallerizzo di formazione militare, educato culturalmente a Modena, Ippolito mostra anche un rinnovato interesse per le arti figurative, almeno come "agente":[90] in questo senso è un perfetto erede del nonno Enzo, soprattutto per quanto riguarda le attività protoimpresariali (sarà tra l'altro il principale gestore della nuova Sala delle Commedie, ricostruita dopo l'incendio del 1660).[91] Così lo descrive attorno al 1660 un anonimo informatore:[92]

> [...] In quanto all'informazione che V.S. Ill.ma mi adimanda, posso dirgli con verità, che il S.r March.se Bentivoglio, e la sua Casa, non solo qui in Ferrara, ma in tutti questi Paesi fa una figura assai superiore ad ogni altro Cavagliero, sì nel trattamento proprio, tene<ne>ndo corte numerosissima, bellissima, stalla, musica, ed ogni altra delizia da Signore grande; ma anco appresso i Legati, e tutti questi Principi d'Italia, che lo trattano distintamente da tutti, e particolarmente a Venezia dove, essendo Nobile di Consiglio per merito, sin quando i suoi vecchi erano Padroni di Bologna, è stimato a segno, che tutti quei Senatori e Procuratori di San Marco lo tratano d'Eccellenza. In quanto poi alla persona del S.re March.e Ippolito, assicuro V. S. Ill.ma che è uno dei più garbati e virtuoso Cavalieri d'Italia, adorato a segno dalla città, che ha tutto il seguito [...]

Dopo la morte di Ippolito nel 1685, cessa quasi d'un tratto il fervore di attività musicali e teatrali ferraresi, che avevano fatto rivivere l'epoca gloriosa del marchese Enzo: l'abate Ferrante Bentivoglio, che regge lo Spirito Santo per un altro decennio, non possiede le stesse doti naturali e non riesce ad evitare che anche l'Accademia si avvii verso la definitiva decadenza artistica, conclusa con la soppressione avvenuta nei primi decenni del Settecento, poco prima della chiusura della rivale Accademia della Morte (1731 o 1735).[93]

Dopo mezzo secolo di vuoto, non posso tacere dell'ultima stagione felice in cui un membro della famiglia Bentivoglio acquista nuovamente fama di illuminato protettore di musicisti: si tratta di Guido (II), nipote dell'illustre Cardinale Cornelio (III)[94] e

---

[89] Cfr. CARLO VITALI, *Un cantante legrenziano e la sua biografia: Francesco de Castris, "musico politico"*, in *Giovanni Legrenzi e la Cappella Ducale di San Marco*, cit., pp. 567-603: vi sono citate parzialmente 45 lettere provenienti dall'Archivio Bentivoglio, in parte tuttora ivi collocate.

[90] Cfr. SOUTHORN, cit., p.95.

[91] Sulle vicende della Gran Sala delle Commedie dopo il 1660 cfr. MELE, op. cit., p.52, nota 40; per le attività di prestito di musici e danzatori a principi diversi, come pure di ingaggio di suonatori forestieri da far venire a Ferrara per il carnevale, cfr. SOUTHORN, cit., p.95 e p.171, nota 160.

[92] Ferrara, Biblioteca Ariostea, ms. Antonelli 618: Bentivoglio. La nota prosegue ricordando le antiche difficoltà economiche dell'epoca di Enzo e Cornelio, finalmente in via di soluzione: "[...]è ben vero che hanno un grosso aggravio fatto dai vecchi con i Montisti di Roma, al quale è sottoposto anche il S.r March.e Ippolito, che fece la minchionata di obligarsi per paura del Padre: ma con tutto questo, tra quello che è fuori allo stato ecclesiastico, e quello che in esso è libero, la Casa avrà dodicimila ducatoni netti [...]".

[93] Cfr. MELE, cit., pp.27-35.

[94] La brillante carriera ecclesiastica di Cornelio ne ha oscurato l'attività non secondaria di autore di testi letterari, nell'ambito della rinnovata Accademia degli Intrepidi: "[...] CORNELIUM BENTIVOLUM Intrepidorum Academiae Columen, ac nunc Principem, cuius Musa suavissimis lactata liquoribus, quotidie mirifice floret [...] carmina ac praeter Oratorium: *La Vita trionfante della morte*, alia difuse edidit [...]"(GIROLAMO BARUFFALDI, *Dissertatio De Poetis Ferrariensibus*, Ferrara, Pomatelli 1698, p.52). Si riferisce probabilmente alla produzione del marchese Ippolito, ma confusa con quella successiva di Cornelio (III), la citazione del

figlio di Luigi Bentivoglio d'Aragona che, negli anni 1736-39, è protagonista di un intenso scambio di corrispondenza con Antonio Vivaldi. Sappiamo che fu anche in relazione con artisti come Hasse e Farinelli.[95] Con quest'ultimo guizzo d'orgoglio, si spegne definitivamente l'utopia della famiglia ferrarese: il tentativo di realizzare grandiosi eventi artistici e spettacolari (come li chiamiamo ai nostri giorni) disponendo di limitati o nulli mezzi economici. Il modello perfetto di questo mecenatismo sui generis è incarnato nei primi tre decenni del Seicento da Enzo Bentivoglio: è lui il protagonista della nostra storia.

2. Enzo Bentivoglio: un "ritratto del naturale".

Nella sua cronaca di Ferrara degli anni 1598-1614, Claudio Rondoni inserì un *Ritratto del naturale delli Signori Conservatori di Ferrara fatto da incerto autore, e divulgato per la città*, che esprime bene la considerazione che si aveva per il marchese Bentivoglio:[96]

S.r Entio Bentivoglio
Di spirto, d'ingegno, di richezza grande da riuscire in ogni negotio, ed impresa, largo spenditore, privo alle volte di moneta, uso antico della sua famiglia.

---

trattatista napoletano Perrucci: "[…] Io non intendo pregiudicare alla gloria di tanti Autori, che con nome immortale volano per lo Cielo della Fama, essendo tutti da me riveriti ed ammirati […] hanno fatto vedere su i teatri degne di tutti gli encomii, come hanno fatto il *Conte Tesauro*, il *Marchese Bentivogli*, il *Cicognini* […] ed altri sublimi ingegni […]" (ANDREA PERRUCCI, *Dell'arte rappresentativa premeditata ed all'improvviso*, Napoli, Mutio 1699, regula V: "Dei drami recitativi", p.93).

[95] Guido Bentivoglio d'Aragona era nato nel 1705 a Venezia, residenza abituale del padre Luigi e morì nel 1758. Quando sembrava già avviato ad una brillante carriera ecclesiastica a Roma, nell'ombra del celebre zio cardinale Cornelio, fu costretto per la morte senza eredi del fratello ad abbandonare l'abito clericale e a sposarsi. Dilettante di mandolino (Vivaldi gli dedicherà i suoi brani per lo strumento) e appassionato di teatro, Guido fu coinvolto, dal carnevale 1736, nel progetto di una impresa teatrale a Ferrara, entrando in contatto epistolare con Antonio Vivaldi. Le lettere vivaldiane un tempo conservate nell'Archivio Bentivoglio e poi disperse (almeno 9) e quelle ancora a Ferrara (6) insieme con le minute del marchese Guido, offrono una testimonianza eccezionale sul compositore veneziano, risultandone anche la più ricca corrispondenza superstite. Cfr. FEDERIGO STEFANI, *Sei lettere di Antonio Vivaldi veneziano maestro compositore di musica della prima metà del secolo XVIII*, Venezia, edizione per nozze 1871; ADRIANO CAVICCHI, *Inediti nell'epistolario Vivaldi-Bentivoglio*, "Nuova rivista musicale italiana", I, 1967, n.1, pp.45-79 (con documentazione su Guido Bentivoglio), testo ristampato in appendice alla traduzione italiana del testo di WALTER KOLNEDER, *Vivaldi*, Milano 1978, pp.311-356; FRANCESCO DEGRADA, *Le lettere di Antonio Vivaldi pubblicate da Federigo Stefani: un caso di "revisione" ottocentesca*, "Informazioni e studi vivaldiani", V, 1984, pp.83-88. Ricordo infine che il padre di Guido, Luigi Bentivoglio d'Aragona, era stato protagonista a Venezia, nel 1715, di almeno un episodio che coinvolgeva una canterina dell'Ospedale della Pietà (dove già da anni insegnava Vivaldi) e il compositore bolognese Giacomo Antonio Perti: cfr. CARLO VITALI, *Il protettore in angustie. Dispiaceri ferraresi e consolazioni veneziane di Luigi Bentivoglio*, "Nuova rivista musicale italiana", XVII, 1983, n.3-4, pp.563-566. Una ulteriore lettera conservata nell'Archivio Bentivoglio di Antonio Vivaldi da Venezia a Luigi, nello stesso anno 1715, dimostra un rapporto di collaborazione già avviato con la famiglia Bentivoglio vent'anni prima di quanto si pensasse e prova un primo soggiorno ferrarese del compositore già in quell'epoca.
[96] *Manuscrito osia Cronaca di Claudio Rondoni Cittadino Ferrarese dalli 29 gennaio 1598 a tutto il 28 giugno 1614*, Ferrara, Biblioteca Ariostea, ms. Classe A 250, Cap.1221, c.148v: si tratta di una copia redatta da Ippolito Prampolini nel 1783. Cit. anche in A. CHIAPPINI, *Immagini di vita ferrarese nel secolo XVII*, cit., p.60.

Lucida l'analisi che nel 1628 ne traccia, pur senza eccessiva simpatia, il fiorentino cardinale Lorenzo Magalotti:[97]

> […] E bisogna sgannarsi, che il Marchese Enzo Bentivogli non sta bene col Principe Alfonso, perché non volle venire Ambasciatore del Duca: qui [a Ferrara] non ha seguito, e manca d'ogni pensiero di poca fede alla Sede Apostolica. È bene avido assai del vantaggio co' particolari. E in materia d'acque bisogna compatirlo, e con le buone tenerlo dentro a' termini del dovere, senza straniarlo con le negative delle gratie fattibili. Piacesse a Dio, che sempre la Sede Apostolica avesse de' suoi sudditi sospetti, quali ostaggi, che ha del Marchese fratello Cardinale figli Preti con buone rendite ecclesiastiche e beni per grosse entrate nello Stato Ecclesiastico […]

Molti anni più tardi Monsignor Borsetti, descrivendo nel 1670 la tomba di famiglia nella chiesa di San Maurelio dei Cappuccini, non manca di rievocare i fasti musicali e teatrali di Enzo:[98]

> […] Quivi nella seconda Capella a mano destra dell'Altar maggiore è la sepoltura della nobilissima, ed antichissima famiglia de' Bentivogli, dove giace il cadavare del Marchese Enzo, figlio del Marchese Cornelio il Seniore. Morse però in Roma, ma le di lui ossa furono portate in questa Chiesa. Questi fu Cavaliere di vasti genii, ed applicato all'architettura, ed esercitii cavalereschi. Ha fatto la bonificatione di Zelo, che vuol dire ridotto a cultura più di trenta miglia di circuito, paese tutto valle da acqua. Ampliò il palazzo in Roma a Monte Cavallo, hoggidì dei Mazzarini; fece fabbrica sontuosa a Scandiano già suo feudo. In materie cavalleresche poi, fece diversi tornei in Ferrara, ed un campo aperto in Modona, del quale fu maestro di campo, e direttore, attioni che, in un cavalier suo pari, lo rendeano, e renderanno sempre, degno d'eterna memoria. Fu di grandissima nobiltà nel negotio, del quale il Card. Borghese il vecchio, se ne valse nel conclave, dove fu eletto Gregorio XV. Hebbe il luogo del cavaliere dell'ordine dello Spirito Santo dal Re di Francia, padre del vivente, qual ordine non prese a cagione delle sue indispositioni, non potendosi trasferire in Francia, come era necessario[…]

---

[97] *Lettera del Card. Magalotti al Card. Barberino per informazione de' Soggetti Ferraresi al primo di luglio 1628*, opuscolo per nozze Lorini-Palmieri, a cura di E. Lorini, Argenta 1902 (copia nella Biblioteca Ariostea di Ferrara. Il manoscritto originale era segnalato nella collezione Antolini, n.1147).

[98] *Supplemento al Compendio Historico del Signor D. Marco Antonio Guarini. Opera di Monsignor Borsetti*, cit., p.176. La efficace descrizione del Borsetti va integrata con alcuni dati biografici, oltre a quelli che riferirò nel corso della trattazione: primo figlio nato da Isabella, seconda moglie di Cornelio Bentivoglio, intorno al 1575 (è strana questa incertezza sulla data di nascita che alimenta sospetti sulla legittimità peraltro mai espressi nei documenti), dopo il 1598, probabilmente su consiglio del fratello Guido, fu tra i nobili ferraresi che decisero di non seguire il duca Cesare d'Este nell'esilio a Modena, ricavandone la nomina tra i 27 consiglieri del governo di Ferrara voluti dal papa Clemente Aldobrandini. Dopo aver sposato nel 1602 la bergamasca Caterina Martinengo, fu eletto ambasciatore di Ferrara a Roma dal 1608 al 1610. Avviò nel 1609, con l'autorizzazione papale, una vasta opera di bonifica e di risistemazione idraulica dei territori tra il Po e il Tartaro, dalla quale sperava di ricavare una grande ricchezza, ma che si tramutò in un disastro finanziario senza rimedio, con continui ricorsi a prestiti, istituzione di "monti" e relative cause d'insolvenza. Protettore dei cappuccini, per i quali fece costruire a sue spese un convento e la chiesa di San Maurelio in Ferrara, nel 1619 ereditò il titolo di marchese di Gualtieri dal fratello Ippolito, divenendo nel 1620 cittadino modenese. Nel 1634, oppresso dai debiti, permutò il marchesato di Gualtieri con quello di Scandiano, di cui fece restaurare la rocca. Morì a Roma il 25 novembre 1639. Cfr. la voce *Bentivoglio Enzo*, a cura di T. Ascari, in *Dizionario Biografico degli Italiani*, cit., VIII, pp.623-625; SOUTHORN, cit., pp.78-87.

La sua passione per i tornei era pari solo a quella per le canterine e le attrici. Un cardinale lo invitava ad una barriera a Bologna nel 1615 con le parole: "credo ch'Ella ne pigliarebbe piacere, per essere trattenimento cavalleresco".[99] "Impazientissimo" lo definisce Alfonso Pozzo, sbalordito dalla rapidità di scelta e determinazione del marchese:[100]

V. S. Ill.ma ch'è di natura fondata sull'argento vivo, che quando ha da fare una cosa come l'ha divorata col pensiero, così vorrebbe subito haverla finita con gli effetti […]

Ma era anche un buon compagno di bagordi e sapeva tener allegra una brigata: "dov'è il Sig.r Enzo - diceva il musicista Marotta - non vi può essere né otio, né malenconia".[101]

Era insomma persona non mediocre, assai amato oppure odiatissimo. Alcuni arrivavano a considerarlo "mezo onnipotente":[102]

[…] mirando al proprio di V.S. Ill.ma, non può cagionar stupore nel cui petto (per fama volata) tiene nido proprio la pietà, cortesia, e buontà; e ringratiamo la Divina Maestà che ne abbi fatto conoscere un Sig.re tanto segnalato in carità, ed amorevolezza […] e ciò speramo ottenere per esser V. S. Ill.ma mezo onnipotente[…]

Ma verso la fine del Seicento a Ferrara il ricordo delle imprese del Bentivoglio era ormai quasi svanito, fors'anche per l'inattività dei nuovi membri della famiglia. Così, il Baruffaldi ne menziona in termini generici un aspetto sicuramente marginale, la produzione poetico-letteraria:[103]

ENTIJ BENTIVOLI Junioris, varia manuscripta in Amici mei manibus recondita perlegere potui, quae, eius autorem suavissima dulcedine refertum fuisse ostendant. Florebat circa 1620.

La vena poetica e drammatica di Enzo Bentivoglio è testimoniata oggi quasi esclusivamente dai testi di intermedi per un torneo degli anni 1612-1614, forse neppure composizione originale, e da alcuni versi in lode di Leonora Basile pubblicati nell'anno della sua morte.[104] Fino a quel momento un solo autentico poeta e scrittore di

---

[99] Lettera del cardinal Capponi da Bologna a Enzo Bentivoglio, Ferrara del 21.II.1615.

[100] Lettera di Alfonso Pozzo da Parma a Enzo Bentivoglio, Ferrara del 12.I.1619. In un'altra lettera del 5.VI.1618, Pozzo aveva offerto testimonianza della reputazione del marchese a Parma: "ma che occorre recitar le litanie? Ogn'uno parla del S.r Enzo[…]".

[101] Lettera di Cesare Marotta da Roma a Enzo Bentivoglio, Ferrara del 8.I.1616.

[102] Lettera delle suore di S. Maria Maddalena da Milano a Enzo Bentivoglio, Ferrara del 11.XI.1609 (ringraziano il marchese per aver inviato loro delle viole e chiedono il suo intervento presso il papa per ottenere licenza di "sonar in chiesa li suoi dolci stromenti ad onor del Signore").

[103] GIROLAMO BARUFFALDI, *Dissertatio De Poetis Ferrariensibus*, cit., pp.34-35.

[104] Del manoscritto degli intermedi parliamo più avanti. I versi dedicati alla Baroni sono in *Applausi poetici alle glorie della signora Leonora Baroni*, Bracciano, Ronconi 1639, pp.110-112, antologia cui contribuirono anche i figli di Enzo, monsignor Annibale e abate Giovanni (cfr. BIANCA MARIA ANTOLINI, *Cantanti e letterati a Roma nella prima metà del Seicento: alcune osservazioni*, in *In Cantu et in Sermone. For Nino Pirrotta on his 80th Birthday*, a cura di F. Della Seta e F. Piperno, Firenze-Sidney, Olschki-University of Australia Press 1989, pp.356-359). I quattro suoi componimenti editi nell'antologia di *Rime scelte dei poeti*

teatro aveva prodotto la famiglia ferrarese: Ercole Bentivoglio, prozio di Enzo, morto nel 1573 dopo aver scritto satire e due commedie assai apprezzate.[105] Nel 1627 Claudio Monteverdi era convinto che i testi che avrebbe dovuto musicare per le feste da allestirsi a Parma fossero opera del marchese Enzo, mentre sappiamo che furono poi pubblicati col nome di Ascanio Pio di Savoia, genero e fedele collaboratore del Bentivoglio.[106] Il marchese aveva assai presto compreso l'importanza della specializzazione dei ruoli: sapeva bene a chi richiedere versi o musiche, progetti architettonici o scene, cavalli o bardature per realizzare i suoi ambiziosi progetti. Il suo proprio ruolo, centrale, era quello del coordinatore e supervisore. Certamente non erano mancati i poeti professionisti di prestigio di cui disporre. Suo zio era nientemeno che Battista Guarini che, in cambio di qualche raccomandazione a Roma o a Venezia, si era prestato sporadicamente ad inviare madrigali e perfino più impegnativi intermedii teatrali.[107] Negli ultimi anni di vita il Guarini interviene più volte presso il cardinal Montalto per ottenere ad Enzo l'eccezionale concessione di utilizzare a Ferrara la sua rara cantatrice Ippolita Recupita, col marito Cesare Marotta.[108] Un altro letterato ferrarese di quegli anni legato al Bentivoglio è Ottavio Magnanini, protagonista di una accesa polemica col Guarini scaturita intorno a certi atteggiamenti dell'Accademia degli Intrepidi, di

---

ferraresi (Ferrara 1713, pp.263-268) sono in realtà tratti dai cartelli da lui composti per i diversi spettacoli ferraresi. Il testo del madrigale *La bocca onde l'asprissime parole* dal *Secondo libro de madrigali a cinque voci di Claudio Monteverde* (Venezia 1590, n.15) è attribuito ad un "E. Bentivoglio" che, più che corrispondere al quindicenne Enzo, dovrebbe identificarsi col poeta Ercole (lo stesso testo, attribuito a "Bentivoglio", è musicato già da De Monte nel 1582).

[105] I titoli delle commedie di Ercole sono *I Fantasmi* (Venezia 1544) e *Il Geloso* (prima rappresentazione a Verona nel 1549). L'Ariosto lo nomina nell'*Orlando Furioso* al canto XXXVII tra i poeti che cantarono le virtù della donna. Cfr. ALFONSO LAZZARI, *Ercole Bentivoglio, poeta e commediografo a Ferrara*, in *Attraverso la storia di Ferrara*, Rovigo 1953, p.293; CHIAPPINI 1967, pp.276-278.

[106] "[...] Il Signor Marchese Bentivogli, molto mio Signore per molti anni passati, mi scrisse già un mese fa adimandandomi se io gli averei posto in musica certe sue parole, fatte da sua ezzellenza per servirsene in una certa principalissima comedia che si saria fatta per servizio di nozze di prencipe, e sarebbero stati intermedii e non comedia cantata[...]": lettera di Claudio Monteverdi da Venezia il 10.IX.1627 ad Alessandro Striggio a Mantova (cfr. *Lettere*, a cura di E. Lax, Firenze, Olschki 1994, n.106, p.172. La trascrizione è adeguata alle norme utilizzate in questo volume).

[107] Tra i numerosi documenti citiamo ad esempio una lettera di Cesare Marotta da Roma del 16.V.1612 al marchese Bentivoglio: "[...] 4 intermedii fattomi fare in nome di V. S. Ill.ma dal Sig.r Ca.re Guarini [...] Ho inteso siano reasciti corti [...] Starò aspettando il Sig.r Ca.re Guarini vi faccia l'aggiunta [...]". Sugli intermedi composti da Guarini per le feste organizzate da Enzo cfr. JOHN WALTER HILL, *Guarini's Last Stage Work*, in *Trasmissione e recezione delle forme di cultura musicale*, atti del congresso di Bologna del 1987, III: *Free Papers*, cit., pp.131-154 (ora allargato e confluito come capitolo VIII in ID., *Roman Monody, Cantata, and Opera from the Circles around Cardinal Montalto*, cit.). Guarini risiedeva a Roma dal 1610 per curare una lunga e difficile causa in difesa dei suoi diritti feudali su una proprietà estense, per la quale reputava indispensabile l'influente appoggio dei Bentivoglio (e per loro tramite del cardinal Montalto). Sulla presenza di un corpus ragguardevole di lettere inedite di Battista e Alessandro Guarini indirizzate ad Enzo Bentivoglio, cfr. DINKO FABRIS, *Lettere di Battista e Alessandro Guarini nell'Archivio Bentivoglio di Ferrara*, in *Battista Guarini e la musica*, cit.

[108] Cfr. ad esempio le lettere di Battista Guarini del 9.XI.1611 ("[...] Io poi non ho mancato di visitare quel Cardinale com'ella mi disse [...]", 26.XI.1611, 27.XII.1611(suo intervento fallito presso l'ambasciatore di Spagna in sostegno delle feste programmate da Enzo), 8.II.1612 (prima richiesta al cardinal Montalto dei musici per gli "apparecchi di Ferrara"), 11.II.1612, 18.II.1612, 18.III.1612; Landinelli del 8.II.1612, 18.II.1612 ("[...]Il Cavalier Guarino ed io abbiamo usati tutti gli artifici possibili per indurre il S.r Cardinal Montalto a dar licenza alla S.ra Ippolita[...]"); di Marotta del 5.VI.1612 e varie altre (cit. in parte in HILL, *Guarini's Last Stage Work*, cit. e *Roman Monody, Cantata, and Opera from the Circles around Cardinal Montalto*, cit., Appendice).

cui il Magnanini era segretario.[109] Questi firmerà, con lo pseudonimo accademico di Arsiccio Ricreduto, un lungo e particolareggiato commento all'*Alceo*, "Favola Piscatoria" di Antonio Ongaro di cui Enzo aveva programmato un sontuoso allestimento teatrale in Ferrara con gli intermedi commissionati anni prima al Guarini. Poco più tardi ritroviamo il Magnanini impegnato in una accesa polemica con un altro letterato ferrarese in contatto con il marchese, il segretario del duca di Modena Fulvio Testi,[110] che vent'anni dopo sarà a sua volta autore di testi teatrali per i Bentivoglio.

L'Accademia degli Intrepidi era stata inaugurata solennemente il 26 agosto 1601 con un discorso del letterato Guidobaldo Bonarelli, di cui l'istituzione patrocinò negli anni successivi alcune rappresentazioni della celebre pastorale *Filli di Sciro*. Rispondendo ad una richiesta del duca di Mantova, nominato nel 1609 membro dell'Accademia, il cancelliere Alderamo d'Este nel 1610 compila una lista dei principi della stessa, da cui risulta come quarto incaricato, dal 9 dicembre 1605, Enzo Bentivoglio.[111] Benché la fondazione fosse ascritta principalmente agli sforzi, anche finanziari, del nobile ferrarese Francesco Saraceni, fin dagli esordi riconosciamo un forte indizio della presenza del Bentivoglio, delle cui imprese spettacolari lo stesso Saraceni sarà più tardi assiduo collaboratore. La presenza si fa dominante a partire dal 1604 quando per la prima volta alcuni accademici, tra cui Enzo, chiedono al duca di Modena di poter utilizzare un "bel luogo da far comedie con intermedi, emoli questi di quelle di Mantoa".[112] In realtà i teatri dell'Accademia saranno due, di cui quello ricavato dall'ex granaio di San Lorenzo viene affidato al progetto di Giovan Battista Aleotti, che avvia così la sua collaborazione più che decennale con il Bentivoglio in campo teatrale, accanto a quella già in corso per le operazioni di bonifica.

Tra le notizie di interesse bibliografico, che illustrano la competenza del Bentivoglio, nel 1604 si richiede a Enzo di procurare un *Artemidoro*, che non si trovava né a Roma né a Firenze, ed il marchese riesce a trovarne copia;[113] il marchese nel 1613 si offre di far stampare a Ferrara composizioni poetiche e drammatiche di Jacopo Cico-

[109] La famiglia dei Magnanini era per tradizione legata da relazioni amministrative con i Bentivoglio: Giovan Filippo Magnanini era stato segretario di Cornelio I, Alfonso Magnanini diventa maestro di casa di Enzo a Ferrara dal 1607 e ancora nel 1655 Giovan Filippo (II) Magnanini era fattore generale di Cornelio, licenziato per la vicenda del castrato Pompeo. La polemica tra Magnanini e Guarini, nata da un ossequioso invito da parte degli Intrepidi ad aggregarsi all'Accademia, frainteso dal poeta, è riportata con i relativi documenti in A. CHIAPPINI, *Immagini di vita ferrarese nel secolo XVII*, cit., pp.40-43, 55 (note 271-274) e 66-68. Da notare che v'era una parentela indiretta tra i due personaggi, avendo sposato Giovan Battista Magnanini Giulia, sorella di Battista Guarini.

[110] Sulla nuova polemica, risolta poi con l'ammissione del Testi tra gli Intrepidi, cfr. C. ZAGHI, *Fulvio Testi in polemica con l'"Arsiccio Ricreduto"*, "Rivista di Ferrara", II, n.8, 15.VIII.1934, pp.363-367; A. CHIAPPINI, cit., p.43 e 55 (note 277-282).

[111] Lettera del 6.III.1610. Enzo era nuovamente principe dell'Accademia nel 1614. Sulle origini dell'Accademia degli Intrepidi cfr. *Ristretto istorico della fondazione e progresso dell'Accademia degli Intrepidi di Ferrara* (Ferrara, Biblioteca Ariostea, ms. Antonelli 248, compilazione anonima del sec. XVIII con elenco di tutti gli iscritti dal 1600 al 1761); GIUSEPPE FAUSTINI, *Il Catalogo degli Accademici Intrepidi* (ms. cit., sempre del sec. XVIII); MICHELE MAYLENDER, *Storia delle Accademie d'Italia*, Bologna 1926-30, 5 voll.: III, pp.342-ssg.; A. CHIAPPINI, pp.38-44, 54 (in particolare nota 247).

[112] Lettere al duca di Modena dell'agente in Ferrara Giustiniano Masdoni del 15.VII e 16.X.1604 (Modena, Archivio di Stato, Cancelleria Ducale Estense, Agenti Estensi a Ferrara, b. 9), cit. in A. CHIAPPINI, cit., pp. 67-68.

[113] Lettera di Niccolo Serdonati da Roma dell'aprile 1604 (*AB*, 28+, c.7v). Enzo riesce a procurare il volume a Venezia.

gnini, ma quando questi bussa a danari per una dedica già composta, tutto sfuma;[114] tre anni dopo è critico severo dei versi a lui inviati dallo stesso poeta, probabilmente da usare per intermedi;[115] Guidobaldo Benamati e Giovan Vincenzo Imperiale sono solo alcuni dei letterati che gli inviano proprie opere;[116] il musicista Domenico Maria Melli, già podestà di Gualtieri, si rivolge al marchese nel 1623 per riavere "varii libri d'Istorie volgari" rubatigli dal fiscale Frizzi.[117] Il rapporto di collaborazione più duraturo è quello col cugino Alessandro Guarini (soprattutto a partire dalla morte del padre Battista nel 1612), offuscato in più occasioni dalle gelosie del poeta per gli altri letterati utilizzati contemporaneamente dal Bentivoglio, con uno spregiudicato ma efficace metodo di gara su base concorrenziale.[118] Non soltanto il Bentivoglio utilizzava opportunisticamente ora uno ora l'altro poeta per i suoi bisogni, ma addirittura faceva controllare e rimanipolare, secondo le proprie istruzioni, i testi commissionati ad un primo, da altri collaboratori.[119] Tra i difetti che il marchese rimprovera più spesso al cugino poeta è la sua ritrosia a caricare di macchine e scene complesse gli intermedi: elementi che invece sono ritenuti basilari e trainanti nella concezione spettacolare di

---

[114] In una prima lettera del 12.VII.1613, il Cicognini avvisa Enzo che non può far stampare né l'*Adone*, destinato alle nozze medicee, né le sue *Rime*, essendo divise in nove libri ognuno dedicato ad un principe (finanziatore), ma gli offre volentieri l'*Andromeda*, dedica compresa. La delusione del poeta, che inutilmente attende il contributo finanziario dal Bentivoglio per l'opera già intagliata, è evidente nelle lettere del 22.VIII e del 4.IX.1613.

[115] Nella lettera del 23.II.1616 Cicognini si duole che il marchese "habbia havuto necessità di mutare questi versi", da lui composti, che erano sembrati perfetti al giudizio di Ottavio Magnanini e del cardinal legato di Bologna suo protettore.

[116] "È capitato qui oggi il S.r Guidobaldo Benamati, gentiluomo parmisano il quale, avendo dedicate a V. S. Ill.ma alcune sue rime, desidera d'appresentargliele [...]": lettera di Ottavio Magnanini da Ferrara del 11.I.1616. Per il poligrafo Imperiale, cfr. la sua lettera da Genova del 23.III.1616 con cui accompagna un suo libro di versi spirituali.

[117] Segnaliamo la lista dei libri, allegata alla lettera del Melli del 23.II.1623, per l'interesse di questa piccola ma indicativa collezione letteraria di un musicista.

[118] Nella lettera del 9.III.1613, Alessandro dice di aver visto la "invenzione del Sig.r Cicognino" e ironicamente la giudica "perfetta, perch'ella vien da persona eletta da V.S. Ill.ma fuori della sua patria per compor cosa che sia conforme a suo gusto" e nell'altra del 7.III.1616 : "[...]ella di penne, più secondo il suo gusto che non è la mia, [essendo] proveduta? Le quali penne, se col servire a V. S. Ill.ma la protezione ed il favor di lei per li loro clienti e miei avversari, han saputo ben guadagnare[...]". Il riferimento di quest'ultima lettera è ancora al Cicognini: Enzo aveva richiesto, al solito in fretta e furia, che il Guarini gli inviasse i testi per intermedi ch'egli aveva composto anni prima (forse quelli inviati il 20.XI.1613) e che riteneva ormai dimenticati dal marchese, visto che si era servito nel frattempo dell'opera di altri letterati. Sui rapporti tra Alessandro Guarini e il Bentivoglio cfr., oltre al mio studio *Lettere di Battista e Alessandro Guarini nell'Archivio Bentivoglio di Ferrara*, cit., anche HILL, *Guarini's Last Stage*, cit.; SOUTHORN, cit., pp.84-85.

[119] Lo stesso Guarini si rifiuta di rimanipolare composizioni di Fabio Scotti, come gli richiedeva il Bentivoglio: "appena ardisco comporre su miei propri fondamenti [...] non che mi basti poi l'animo di mettermi in obbligo di lavorar su gli altrui"(ALESSANDRO GUARINI, *Lettere*, Ferrara, Baldini 1611, p.36: la lettera è importante perché riassume l'atteggiamento di Alessandro nei confronti della poesia per musica, del tutto analogo a quello confessato dal padre Battista a Cornelio Bentivoglio nel 1582).Un altro caso è offerto dagli intermedi dell'*Alceo*, poi adattati all'*Idalba* nel 1614, commissionati ad Alessandro Guarini, ai quali "alcune cose si son levate, e molte, non senza gran giudicio, aggiunte dal medesimo Sig. Enzo, con l'aiuto però dello ingegno del Signor Girolamo Preti" (dalla descrizione degli *Intramezzi dell'Idalba Tragedia [...] descritti dall'Arsiccio[...]*, Ferrara, Baldini 1614, p.3) La situazione era resa ancor più complessa dal fatto che la descrizione era stata affidata all'altro letterato Ottavio Magnanini, l'"Arsiccio", che già aveva firmato per conto del Bentivoglio la descrizione del torneo del 1612 e dell'*Alceo* del 1614. In questa situazione va collocata la redazione manoscritta degli intermedi citati, considerati per tradizione autografo di Enzo Bentivoglio (ma in realtà opera di un copista per suo conto: la terribile grafia del marchese era ben nota ai suoi corrispondenti).

Enzo, che all'occorrenza non si fa scrupoli di reintegrarli in abbondanza nel testo.[120] È probabilmente questa la ragione per cui dopo il 1616 cessa del tutto ogni forma di collaborazione artistica tra il Guarini e il Bentivoglio, nonostante la loro corrispondenza prosegua almeno fino al 1632. Il nuovo collaboratore di Enzo in questo campo è, dal 1618, il poligrafo Alfonso Pozzo, futuro vescovo di Borgo San Donnino il quale, coinvolto come supervisore per conto del duca di Parma ai lavori di erezione del teatro Farnese, diventa l'autore dei testi da porre in musica, commissionati e rigidamente controllati dal Bentivoglio, ch'era stato chiamato dai Farnese a gestire l'intero progetto spettacolare.[121] Rinviate di ben dieci anni le feste con l'inaugurazione prevista del teatro, gli intermedi intitolati *La Difesa della bellezza*, composti dal Pozzo, non furono del tutto dimenticati: secondo le sue abitudini, Enzo ebbe cura di consegnarli a Claudio Achillini, il poeta incaricato nel 1627 di comporre i nuovi intermedi, che infatti risultano modellati su quelli antichi come una palese rielaborazione, che ne salva soprattutto l'impostazione delle macchine e degli effetti scenici.[122] Una influenza dei testi del 1618 si può cogliere anche sulla seconda serie di intermezzi, composti per il secondo torneo farnesiano del 1628 da Ascanio Pio: [123] questi ultimi erano i preferiti dal compositore della musica, Claudio Monteverdi, che li giudicava più adatti al rivestimento sonoro.[124]

---

[120] "[…] Mando a V. S. Ill.ma gl'intramezzi, che già un pezzo fa son fatti […] Io gli ho tirati com'ella vedrà, in quella forma appunto, che da lei mi fu data, né altro divario vi troverà V. S. Ill.ma, che del più, o del meno, havendo io ristretto il numero delle machine, dove il moltiplicarle mi è paruto fuor di proposito. Di questo io so di poter assicurarla, senz'arroganza, che pochi, o nessuno havrebb'ella trovati, in questa guisa havessero fabricato […]": lettera di Alessandro Guarini da Venezia del 20.XI.1613 ad Enzo Bentivoglio.

[121] Sul Pozzo e la sua attività poetica, con trascrizione integrale dei testi della *Difesa della bellezza* e di numerose lettere dell'Archivio Bentivoglio, cfr. ROBERTO CIANCARELLI, *Il progetto di una festa barocca. Alle origini del Teatro Farnese di Parma (1618-1629)*, Roma, Bulzoni 1987. Il Pozzo sottoponeva al giudizio del marchese ferrarese i testi dei singoli intermedi, via via che glieli andava componendo: "[…] Ecco a V. S. Ill.ma i versi di tutta la prima mutazione di scena: ed eccoli non perché sieno degni d'essere veduti, ma perché V. S. Ill.ma merita d'essere servita. Attenderò all'altre di mano in mano, desiderando intanto che o più dotta penna ammendi questi, o la prudenza di V. S. Ill.ma insegni a me di correggerli […]": lettera da Parma del 5.VI.1618. L'umile atteggiamento del letterato è comunque legato, forse più che all'ammirazione per l'esuberante marchese, alla richiesta di raccomandazione a lui rivolta e che effettivamente gli procurerà nel 1620 la desiderata nomina a vescovo e il conseguente trasferimento a Roma.

[122] Il 10.VII.1627 il nuovo sopraintendente ai lavori di Parma, Fabio Scotti, menziona per la prima volta l'incarico di Achillini per degli intermedi, da concordare col Bentivoglio. Il vecchio testo di Pozzo sarebbe stato consegnato all'Achillini durante il breve soggiorno di Enzo Bentivoglio a Parma dell'agosto 1627. Cfr. STUART REINER, *Preparations in Parma. 1618, 1627-28*, "The Music Review", XXV, 1964, p.293; CIANCARELLI, op. cit., pp.72-73, con un breve confronto tra i due testi, e passim (il testo di Pozzo è edito alle pp.89-141). Il testo dell'Achillini, poi usato per la rappresentazione del 1628, fu edito: *Mercurio e Marte, torneo regale[…]*, Parma, Viotti 1628 (una ristampa fu curata a Napoli nel 1789): cfr. inoltre la citata tesi di MARIA GRAZIA BORRAZZO, passim.

[123] REINER, *Preparations in Parma*, cit., p.293; CIANCARELLI, op. cit., p.73; BORRAZZO, op. cit., passim. I testi di Pio di Savoia furono editi a loro volta, a Parma, nel 1629.

[124] Lettera da Parma del 4.II.1628 ad Alessandro Striggio: cfr. CLAUDIO MONTEVERDI, *Lettere*, ed. Lax cit., n.118, p.193. Come ho già detto, Monteverdi nel settembre 1627 era convinto che i testi fossero opera dello stesso Enzo Bentivoglio. Il 20.XI.1627 Goretti informa Enzo che lui e Monteverdi avevano pensato di abbreviare "la parte di *Mercurio e Marte*, ma Madama pareva non ci havesse gusto a breviare, o fusse per stimolo del S.r Achillino […]". Una lettera di Ascanio Pio del 8.II.1628 dimostra che il genero di Enzo si comportava esattamente come Alfonso Pozzo dieci anni prima, sottoponendo al marchese ogni suo nuovo testo, costretto spesso a riscrivere o modificare intere parti. Lo scambio di lettere contenenti tali modifiche ed aggiunte diventa frenetico tra la fine del 1627 e l'inizio del 1628: benché assente da Parma, il Bentivoglio voleva controllare tutto nei minimi particolari.

La collaborazione tra Enzo e Pio di Savoia era iniziata subito dopo le nozze che nel 1627 avevano stabilito un legame di stretta parentela tra i due personaggi:[125] una lettera dalla data incerta informa che Ascanio aveva già avuto occasione di "porre in carta l'ordine delle macchine e dell'opera tutta" di una sacra rappresentazione, la *Coronatione della Beata vergine*, allestita a Ferrara.[126] Dal 1635 al 1646 Ascanio Pio scriverà ancora testi per spettacoli musicali realizzati a Ferrara con la collaborazione dei componenti della *équipe* di specialisti riunita anni prima dal marchese Enzo: Goretti per le musiche, Chenda e Guitti per le scene e le macchine.

Se si vuole negare l'inclinazione di Enzo Bentivoglio all'attività letteraria, il suo vero contributo originale resta legato alla produzione di testi per spettacoli, e consiste nell'"invenzione". Tutti i commenti alle edizioni di tali testi, oltre a molte descrizioni dei cronisti, fanno costante riferimento a tale dote indiscutibile del marchese:

> *Del Campo aperto mantenuto in Ferrara l'anno* MDCX *la notte di Carnovale; dall'Illustriss. Signor Enzo Bentivogli, Mantenitore della querela, pubblicata nella seguente disfida [...] Sontuosissima, e magnifica Invenzione [...]*
>
> (*Idalba* 1614, secondo intermedio: p.25) [...] Piacque in estremo la invenzione, e tanto fu più lodata, quanto non ci ebbe chi non giudicasse che quanti mari sono oggidì venuti in iscene, benché reali, da questo del Sig. Enzo, nella naturale imitazione di quel movimento, sian rimasti soperchiati, e vinti di gran lunga [...]
>
> (id., quarto intermedio: p.57) [...] Ma qui avvenir dovea una nuova forma di intramezzo: qui era per apparire un nuovo raggio della magnificenza del Sig. Enzo, e tanto insolito, che infin'a quest'ora non credo Principe alcuno averci, in tale occasione, posta la mano. E se

---

[125] Il matrimonio del 1627 di Ascanio Pio con la figlia di Enzo, Beatrice Bentivoglio, riafferma la naturale alleanza tra quelle che gli *Annali* del Rodi nel 1606 dichiaravano le due famiglie più ricche della città: il nipote di Enzo, Ippolito (II), sposerà a sua volta la figlia di Ascanio, Lucrezia Pio. Entrambi i matrimoni citati furono festeggiati con rappresentazioni di teatro in musica.

[126] Ascanio Pio di Savoia da casa (Ferrara) a (EB, Ferrara?) 9.III.(1617 o 1627?), Forlì, Biblioteca Comunale, Collezione Piancastelli, Autografi: Pio (prov. AB)

" Ill.mo S.r mio Oss.mo

Non si stese hiersera il filo della Coronazione della Beata Vergine per certa difficoltà, che si giudicò bene conferir con V. S. Ill.ma; che però, così parendogli bene, potrà doppo pranzo essere in casa della S.ra Marchese ove subito, discorso quello che occorre, si porrà in carta l'ordine delle macchine e dell'opera tutta, con patto però; ma non voglio passare più avanti. A V. S. Ill.ma bacio le mani.

D. V. S. Ill.ma   di casa li 9 marzo 1617[=1627?]

                                                                Aff.mo Parente e Ser.re

                                                               Ascanio Pio d. Savoia".

La data è in apparenza il 1617, ma l'indicazione "parente" della firma, se il destinatario è realmente Enzo Bentivoglio, non avrebbe senso prima del 1627 (le lettere di Ascanio al marchese Enzo del 1627 non recano mai tale indicazione). Sull'originale Piancastelli ha scritto: «Principe Pio di Savoia Ascanio Duca di Sermoneta distintissimo Generale, resosi celebre per molti fatti d'armi V. Litta». Questo spettacolo sacro potrebbe aver avuto luogo sia nel 1617 (anno della proibizione degli spettacoli teatrali profani da parte del legato Serra), sia in numerose altre occasioni, poiché la festa per l'incoronazione della Beata Vergine era molto sentita a Ferrara. Si conservano i libretti delle feste del 1621 (*Corona di lagrime penitenti. Oda nell'incoronazione della B. Vergine del Carmine solennizzata nella pubblica Piazza di Ferrara*, Ferrara 1621) sia quello relativo alla grandiosa rappresentazione di *Ferrara trionfante per la Coronazione della Beata Vergine del Rosario*, tenutasi nel 1638 nella piazza Nuova di Ferrara con la partecipazione di oltre 30.000 persone (testo di Pio di Savoia, scene del Chenda). L'atteggiamento sottomesso di Ascanio nei confronti del suocero, che emerge dalle lettere, trova una inaspettata spiegazione in una testimonianza tarda in cui Pio di Savoia rievoca i modi bruschi ed autoritari con cui nel 1632 Enzo aveva imposto certe sue ragioni al genero (*AB*, Lib.151, n.6, 20.V.1647, documento cit. in SOUTHORN, cit., p.79).

pure ce ne fosse esempio, questo è certo, che il Sig. Enzo non ci era stato portato che da'
suoi generosi pensieri [...]

    (id., quinto intermedio: p.61) [...] Compiuto il Quinto Atto dell'*Idalba*, si credeva ognu-
no che altro da vedere né da sentire rimanesse: perché se finita era la favola, come si poteva
ella intramezzare? Tuttafiata, considerando il Cavalier Guarino che le cose oltramirabili sono
così care, che quantunque impossibili, purché dal credevole non si dipartino, sì come avi-
damente da gli huomini sono bramate, così dilettano in eccesso gli spettatori; consigliò il
Sig. Enzo a chiudere quel reale spettacolo con qualche maraviglioso avvenimento [...]
    (Quintanata di Ferrara del carnevale 1616) [...] uno de' libretti della descrizione della
comparsa, ch'ella fece alla quintanata, l'hebbe Mons.ᵣ de' Nobili, il quale lo portò poi alla
conversazione del S.ᵣ Card. Padrone, dove fu letto e riputata l'invenzione bellissima [...]
L'altro libretto lo vado prestando a questi S.S.ʳⁱ; e tutti ne restano meravigliati [...][127]

L'*Inventio* è la prima delle cinque parti della retorica classica e consiste nel cercare
contenuti, cose da dire, che già esistono ma non evidenti: per questi gli argomenti
devono essere verisimili, ma non facili. Il contributo delle "invenzioni" di Enzo Bentivoglio alle nuove forme di spettacolo che porteranno alla matura affermazione del
genere dell'opera-torneo, con le feste di Parma del 1628, è così sintetizzato nelle parole dell'Arsiccio Ricreduto:[128]

    [...] Ora delle cose di questa grand'opera, quale a sé tirerà maggiormente la nostra me-
raviglia? Il trovatore, o la cosa trovata? Il maestro, o l'autore? Colui, che d'imaginarsela ha
avuto ardimento, o d'operarla accettata ha la impresa? Chi ha sapputo ubbidire, o chi avuto
ha ingegno di comandare?

Le doti inventive di Enzo sono del resto simili a quelle applicate dal fratello Ippolito nelle sue "invenzioni" di soggetti pittorici. Così scrive al marchese il pittore Ludovico Carracci nel 1618:[129]

    [...] La inventione, che V. S. Ill.ᵐᵃ s'é compiaciuta di mandarmi per la storia della Ver-
gine Assunta, è veramente nobile e copiosa, e ricchiede particolarissimo studio, ed in somma è di mio particolarissimo gusto; massimamente essendo misterio di N.ʳᵃ Sig.ʳᵃ, al quale
porto singolar divotione [...]

---

[127] Lettera di Girolamo Fioretti da Roma il 5.III.1616 al marchese Enzo.
[128] *Intramezzi dell'Idalba Tragedia.* [...] *Descritti dall'Arsiccio* [...], Ferrara, Baldini 1614, p.80.
[129] Lettera di Ludovico Carracci da Bologna del 26.V.1618 (edita in ANNA MARIA FIORAVANTI BARAL-
DI, *Un'"Assunta" di Ludovico Carracci per i Bentivoglio. Documenti inediti dell'Archivio Bentivoglio di Ferrara*,
"Il Carrobbio", XIII, 1987, pp.160-167: 167; GIOVANNA PERINI, *Gli scritti dei Carracci*, Bologna, Nuova
Alfa Editoriale 1990, n.32, p.142). È probabile che il quadro non sia poi stato assegnato al Carracci, come
dimostrerebbe una minuta del giugno 1618 in cui il marchese comunica al pittore Scarsellino "io mi sono
risoluto che lei facci l'ancona [= l'icona]". Da notare che in nessuno dei documenti riguardanti la vicenda
dell'*Assunta* è nominato espressamente il nome del marchese: dovrebbe trattarsi però di Ippolito e non di
Enzo. Del resto, Ippolito Bentivoglio era già stato protagonista di una trattativa complessa nel 1616 per la
commissione di una *Annunziata*, per la quale era stata inviata al pittore Aurelio Lomi una *Invenzione del
Quadro dell'Annunziata, mandata in Fiorenza dall'Ecc.ᵐᵒ S.ᵣ Marchese Bentivogli* : lettere di Filippo Capponi,
con allegata la lunga "invenzione" di Ippolito, e del pittore Lomi in data 10/12.VI.1612 (il preventivo del
Lomi non è accettato, poiché in data 26.VI.1612 giunge al Bentivoglio la segnalazione di altri artisti di
valore coi relativi prezzi: Ligozzi, Empoli, Carracci, o meglio di tutti il Bronzino). Anche quando il pittore
Giovanni di San Giovanni viene invitato a decorare le volte del palazzo Bentivoglio di Roma, nel 1627, sarà
il cardinal Guido, e non il committente Enzo, ad assumersi il compito di illustrargli l'"invenzione" : lettera
di Giovanni Mannozzi da Roma del 24.VII.1627 a Enzo Bentivoglio.

La concezione del mecenatismo delle arti figurative di Enzo Bentivoglio è ancora una volta atipica. Dotato di eccezionale fiuto nell'individuare preziose opere dimenticate in chiese, conventi e palazzi, giovani artisti di talento da lanciare sul mercato, modesti artigiani di paese da trasformare in decoratori specializzati, Enzo sembra ridurre tutte queste operazioni a forme di investimento e compravendita. I fatti sono per la maggior parte noti: ricorderò soltanto alcuni episodi che mi sembrano emblematici. Leggiamo nelle *Memorie* del Frizzi:[130]

> [...] Disgustoso a' nostri cittadini riuscì di vedere l'anno 1617 spogliate le Chiese de' migliori quadri loro di mano de' Dossi, dell'Ortolano, del Garofalo, del Carpi, del Tiziano, di Gio. Bellino, del Mantegna, e d'altri più insigni pittori nazionali e forestieri, e sostituire ad essi copie, stimabili però del Bononi, dello Scarsellino, del Bambini, del Naselli, e d'altri. Chi, e dove li trasportasse non ci vien detto, ma sappiamo che di simili preziosi nostri nominati, e di manoscritti, e d'anticaglie andaron molti, in diversi tempi ad arricchire la Capitale [...]

Il processo di spoliazione delle opere d'arte era stato avviato nel territorio ferrarese fin dall'indomani della devoluzione allo stato pontificio nel 1598. Enzo Bentivoglio intravvide immediatamente nell'ingorda mania collezionistica dei prelati romani un mezzo semplice ed efficace di guadagnarsi amicizie influenti e favori: invece che il cardinal legato Aldobrandini, la cui autorità non aveva bisogno di intermediari per le sue appropriazioni, dopo la elezione di papa Paolo V Borghese, nel 1605, il Bentivoglio individua nel cardinale nipote Scipione un collezionista disponibile ad interessanti scambi di favori.[131] Risalgono al giugno 1607 le prime notizie di quadri inviati da Ferrara a Roma per il Borghese: il carteggio si fa in breve frenetico. Dopo i primi facili invii, difficoltà di ogni tipo insorgono, soprattutto quando Enzo mette in moto una complessa macchina diplomatica, che coinvolge il fratello Ippolito, per ottenere dal duca d'Este il permesso di cedere al Borghese i preziosi quadretti del Dossi dei "camerini d'alabastro", vanto di Alfonso II nel suo palazzo ducale. Alla fine le richieste del cardinale sono in larga parte esaudite, e il Bentivoglio può presentarsi a Roma a fine 1608 per compiere la sua mossa finale: consegnare di persona al cardinale due ulteriori quadretti annunciati fin dal maggio di quell'anno, per ricevere l'adeguato riconoscimento di tutta l'operazione.[132]

---

[130] ANTONIO FRIZZI, *Memorie per la storia di Ferrara*, Ferrara, eredi Rinaldi 1809, p.64. Come ha messo in evidenza ANNA MARIA FIORAVANTI BARALDI, *La pittura a Ferrara nel secolo XVII*, in *La Chiesa di San Giovanni Battista*, cit., pp.118 e 133 (nota 16), la presenza dei legati pontifici a Ferrara incoraggiò la spoliazione delle chiese ferraresi, a cominciare da Pietro Aldobrandini (la cui collezione romana è confluita con quella di Scipione Borghese nella attuale Galleria Borghese) e dal suo successore cardinal Serra, che fu protettore di Guercino. Tra i legati successivi, il Sacchetti e Carlo Pio di Savoia, continuarono il processo nel secondo e terzo decennio del secolo (i quadri ferraresi sono riconoscibili nella parte delle loro collezioni oggi conservate nella Galleria Capitolina).

[131] Come avvisava con sospetto l'agente estense a Ferrara nel febbraio 1607: "il Cardinale è entrato in humore di belle pitture" (cit. in A. MEZZETTI, *Il Dosso e Battista Ferraresi*, Milano 1965, p.135).

[132] Tutta la vicenda, con edizione di gran parte delle relative lettere nell'Archivio Bentivoglio, è ricostruita in GIULIO MARCON – SILVIA MADDALO – GIULIANA MARCOLINI, *Per una storia dell'esodo del patrimonio artistico ferrarese*, in *Frescobaldi e il suo tempo*, Catalogo della Mostra di Ferrara del 1983, Venezia, Marsilio 1983, pp.93-106. Cfr. inoltre SOUTHORN, cit., p.85. Non tutti i documenti erano noti. Solo alcuni esempi: lettera di Battista Mazzarelli da Ferrara il 9.I.1608 ad Enzo Bentivoglio, in cui invia una lista

Non sono il primo ad osservare che alla base di questa faticosa attività si possono riconoscere precisi interessi della famiglia Bentivoglio:[133] Guido Bentivoglio ottiene la prestigiosa nunziatura di Fiandra e se ne riconosce il merito all'intervento di Scipione Borghese; dopo pochi mesi comincia l'invio dei quadri, con l'intermediazione di monsignor Nappi a Roma; alla fine dell'operazione Enzo Bentivoglio ottiene la nomina ad ambasciatore di Ferrara e fa il suo ingresso a Roma a fine novembre 1608, andando ad abitare in un palazzo procuratogli dal Nappi; infine il 17 febbraio 1609 ottiene la sospirata bolla papale che gli concede di avviare i suoi progetti di bonificazione. Tutti i membri della famiglia Bentivoglio sono coinvolti: Ippolito si adopera per ottenere i quadri di proprietà del suo duca d'Este e mette a disposizione i suoi pittori; perfino la marchesa madre Isabella interviene presso il vicelegato di Ferrara e riesce, con una scusa, a far partire almeno un quadro per Roma.[134] La fama del Bentivoglio in questa attività di reperimento di opere d'arte a condizioni favorevoli si allarga a tal punto che anche privati corrispondenti sono indotti a chiedere, tra il serio e il faceto, il suo intervento.[135] Sporadicamente altre trattative per quadri e oggetti destinati al cardinal Borghese appaiono nella corrispondenza bentivolesca degli anni successivi,[136] insieme

---

(purtroppo perduta) di "quadri di questi pittori eccellentissimi [...] ho fatto farne instanza e ne ho ritrovati, come ella potrà veder dalla lettera che qui acclusa le mando"; Ippolito Bentivoglio invia un suo pittore da Gualtieri a valutare il "quadro d'*Albinia*" (lettera del 4.X.1607) e di un "quadro" genericamente si parla in varie lettere dell'ottobre 1607 (*AB*, 42, cc.223-225,345, etc.); infine le trattative fallite per un quadro a Codigoro (Grimaldi Aldorini da Ferrara il 6.I.1608), di cui si parlerà ancora nell'ottobre successivo.

[133] Tra gli altri, cfr. ancora MARCON – MADDALO – MARCOLINI, cit., p.93 e 97.

[134] "[...] La Sig.ra Marchesa m'ha questa mattina mandato da Mons.r Vicelegato per il quadro egli desidera che si faccia accomodare in casa sua per dar più colore alla casa" (Alfonso Magnanini da Ferrara il 2.I.1608 a Enzo Bentivoglio). Il 5.I.1608 Bartolomeo Pignatta da Roma informa la marchesa : "È gionto il quadro e presentato agradito". Infine, nello stesso gennaio 1608, la marchesa informa il figlio Enzo a Roma: "[...] del quadro di Sant'Ana l'ho qui in casa a confusione del mio parente: si farà conciar e comodar e s'inviarà per quella miglior strada che sarà giudicata" e spiega poi che non ha potuto far nulla per l'altro quadro della Consolazione, perché i padri da cui è custodito ne avevano attribuito la proprietà a Donna Marfisa d'Este. Al tentativo del vescovo incaricato dalla marchesa Bentivoglio di convincere questa dama, "da lei propria intrò sopra il ragionar di questi quad[r]i, dicendo che era vergogna aver lasciato levar di queste belle pitture e intrò sopra a quelo della Consolacione, dicendo che non voglia che sia levato quelo per tuta sua posanza.[...] Ho voluto dirne il tuto si che quando il S.r Cardinal vorà il quadro bisognerà che facia bel e buon volto e lo domandi a quella bella e gratiosa dama[...]" (*AB*, 52, c.227, lettera senza data). Tutti documenti inediti che completano l'ampia documentazione offerta in MARCON – MADDALO – MARCOLINI, cit.

[135] È il caso di Ferrante Simonetta che da Modena prima chiede ad Enzo di ottenere a Roma " un quadro o due d'uno pitore che si adomanda Paulo Brillo", possibilmente gratis: "m'intende che vorei me li facesti donare da qualche prete [...]" (lettera del 3.II.1609); poi rincara la dose e torna a chiedere " un paro de quadretti ma cose, che siano belle, se bene li dovessi torre al mio S. Ambasciatore che so già ne deve haver hauti di questo, che io desideravo. Io no' intendo che V. S. entri in spese per me, né voglio che li compri, ma se la occasione gli viene, come occorre [...] Se ben ne dovesse robbar qualch'uno a qualche puttana" (lettera del 4.III.1609).

[136] Tra i molti episodi, ricorderò: le trattative condotte da Enzo con un amico del fratello Ippolito nel gennaio 1611 per acquistare un quadro di proprietà dei Gesuiti, forse in relazione con l'arrivo a Roma nel maggio dello stesso anno di un *San Pietro* di Raffaello e dei *Santi Rocco e Giuseppe* di Girolamo da Carpi, sottratti in una chiesa emiliana e destinati al Borghese (segnalato negli *Avvisi di Roma* il 14.V.1611); inoltre le manifestazioni di amicizia del cardinale ancora nel 1621 e il lascito, in uno dei testamenti di Enzo, di un quadro del Dossi allo stesso Scipione Borghese. Aggiungerò che nel 1620 risulta morto appena nato un figlio maschio - non riportato nelle usuali genealogie - al quale Enzo aveva dato il nome di Scipione (lettera del figlio Cornelio da Parigi del 16.X.1620) e che nel novembre 1620 aveva rafforzato il legame tra le due

con notizie su pittori e opere attivi a Bologna, a Modena, a Roma, a Ferrara, ma anche e soprattutto a Gualtieri o alla tenuta del Bentivoglio.[137] Raramente si incontrano nomi illustri: Scarsellino, Reni, Domenichino, Ludovico Carracci.[138] Più spesso i nomi sono di dignitose figure minori del tempo, come Francesco Naselli, Sisto Badalocchio, Giovanni Manozzi.[139]

Non si deve dimenticare inoltre che Enzo Bentivoglio conta a Roma ai suoi servizi, anche se con compiti meramente amministrativi, il centese Ercole Provenzale, col fratello Marcello uno dei più rinomati mosaicisti del tempo.[140] È possibile che un altro pittore, fiammingo, vivesse stabilmente in casa Bentivoglio, dov'era accolta anche una giovane cantatrice, Francesca, indicata sempre con il soprannome di "la Pittora".[141]

---

famiglie col matrimonio del figlio Annibale con Semidea Leni, "nipote cugina" del cardinale Scipione Borghese oltre che "nipote carnale" del cardinal Leni. Non trascurabile è anche la scelta di Enzo di acquistare nel 1619 il palazzo di Monte Cavallo che conservava il nome di "Palazzo Borghese". Alcuni episodi sono ricordati in SOUTHORN, cit., p.85

[137] I riferimenti sono particolarmente numerosi negli anni tra il 1617 e il 1628, circostanza spiegabile con la concomitanza degli allestimenti farnesiani che consentivano al Bentivoglio di utilizzare sottoprezzo gli artisti ingaggiati per la corte di Parma. Tra le notizie curiose, si scoprono lettere di monache o canonici che tentano di farsi restituire dal marchese quadri presi in prestito temporaneo anni prima (monache di S. Ambrogio il 1.V.1610 e varie dai confratelli di Gualtieri), una descrizione dei lavori ordinati dal papa nella cappella di Santa Maria Maggiore con incarichi affidati ai pittori Cigoli, Baglioni, cavalier d'Arpino e Giovanni dal Borgo (Francesco Belfiore da Roma il 12.I.1611), un servitore da Roma informa di non aver saldato i conti ai pittori impegnati da Enzo e Guido Bentivoglio, probabilmente per il palazzo di Monte Cavallo, per averli trovati tanto esorbitanti che non bisognava pagarne che la metà (Alderamo Belatti da Roma il 20.VII.1622).

[138] Questi nomi rientrano tutti nell'episodio della commissione dell'*Assunta* cui è legata la presenza della lettera di Ludovico Carracci del 1618 già ricordata. Ai documenti editi in FIORAVANTI BARALDI, *Un'"Assunta" di Ludovico Carracci*, cit., vanno aggiunti altri particolari inediti da lettere del 2.V.1618 (nominati come possibili esecutori Reni, Domenichino e Ludovico Carracci con relativi prezzi), 4.III e 7.III.1619 (altri nomi proposti il Felini o il Castelli, allievo del Carracci). La commessa della *Assunta* si confonde ad un certo punto con la chiamata a Gualtieri di due pittori bolognesi (lettere dell'aprile 1619 e successivo 9.V): ma forse tutta la trattativa era pensata in partenza per la Collegiata di Gualtieri.

[139] Per l'anziano e malandato Francesco Naselli, impegnato a Modena a fare ritratti di famiglia per il Bentivoglio nel novembre 1622, che desidera tornare a morire a Ferrara dopo anni di esilio, il marchese Enzo s'impegna a procurare la grazia del cardinal legato il 1.V.1623. Sull'intervento di Sisto Badalocchio a Gualtieri nel 1613 cfr. G. P. BELLORI, *Le vite de' pittori, scultori e architetti moderni*, Roma 1672, ed. moderna: Torino 1976, pp.107-108; GIUSEPPE CAMPORI, *Lettere artistiche inedite*, Modena 1866, pp.83-ssg.; ANNA MARIA FIORAVANTI BARALDI, *Pier Francesco Battistelli e l'impresa bentivolesca di Gualtieri in un carteggio del 1623*, in *Frescobaldi e il suo tempo*, Catalogo della Mostra del 1983, cit., pp. 167-168. Per Giovanni Manozzi ovvero da San Giovanni, cfr. le tre lettere edite in CAMPORI, *Lettere artistiche inedite*, cit., pp.103-ssg. (nn.128-130), che ne provano il coinvolgimento nelle decorazioni del palazzo di Monte Cavallo a Roma e ad a Gualtieri; una quarta lettera del Manozzi, come le altre tre conservata nell'Autografoteca Campori di Modena, non fu pubblicata da Campori ed era finora passata inosservata (da Gualtieri ad Enzo Bentivoglio del 25.III.1628).

[140] Le lettere da Roma di Ercole Provenzale (Cento sec. XVI-Ferrara 1664) partono dal gennaio 1611, quando il Bentivoglio aveva licenziato il suo precedente maestro di casa, e proseguono con interruzioni fino al terzo decennio del secolo; il più celebre fratello Marcello (Cento 1575-1639) compare per la prima volta in una lettera di Ercole da Roma del 25.VI.1616. In una lettera del 8.X.1627 il figlio di Ercole, Annibale Provenzale da Ferrara informa che suo fratello Ippolito, altro celebre miniatore, era a disposizione del marchese Enzo per eventuali commissioni.

[141] Dal 1618 la corrispondenza da Parma fa riferimento costante ad un "mastro Gian" a Ferrara, personaggio in intima relazione di amicizia con il marchese Bentivoglio. CIANCARELLI, *Il progetto di una festa barocca*, cit., pp.58-62, ne propone l'identificazione con l'architetto Giovan Battista Aleotti. Quest'ultimo muore nel 1636, mentre il mastro Gian compare ancora nella corrispondenza posteriore, spesso scritto alla francese "Maistre Jan": l'ultima testimonianza che potrebbe riferirsi a questo personaggio è la citata lista dei

Di tutte le relazioni di Enzo con artisti del suo tempo, le più importanti sono quelle con Guercino, di cui secondo il Malvasia era "amicissimo", e con Pier Francesco Battistelli. Entrambi centesi, i due artisti avrebbero dovuto collaborare, nel progetto di Enzo Bentivoglio nelle decorazioni alla tenuta del Bentivoglio dal 1617 (negli stessi anni in cui Battistelli lavora a Gualtieri, circostanza che ha causato molta confusione negli studiosi)[142]

La figura di Pier Francesco Battistelli merita una considerazione particolare, per aver fatto parte della équipe specializzata ideata dal marchese Bentivoglio per le sue intraprese spettacolari: subentrato al posto dell'Aleotti dopo il 1618, le sue doti di scenografo e decoratore brillarono in particolare nei lavori al teatro Farnese. Le feste costantemente rinviate offrivano il pretesto che il Bentivoglio cercava per dirottare spesso e volentieri Battistelli ed i suoi assistenti a lavorare, praticamente gratis, a Gualtieri.[143] Dopo la sua morte, avvenuta il 16 marzo 1625, da Parma si dava per disperata la ricerca di un sostituto adeguato, in grado non soltanto "di mantenere le macchine fatte, ma a farne anche dell'altre", meglio ancora se esperto di architettura militare o civile: un nuovo Aleotti, insomma, dal talento pluridisciplinare.[144] Enzo Bentivoglio in quel momento sperava forse di coinvolgere addirittura il Guercino,[145] ma fu poi il ferrarese Guitti a succedere al Battistelli a Parma, così com'era subentrato al proprio

---

servitori di Cornelio (II) Bentivoglio a Roma del maggio 1645, in cui compare al primo posto "Monsú Gianni": potrebbe trattarsi di un pittore fiammingo, probabilmente uno dei "Giovanni Flamengo" impiegati nei lavori al teatro Farnese e poi rimasti nella famiglia di Enzo (per alcune ipotesi cfr. REINER, *Preparations in Parma*, cit. p. 277, nota 29). Su Francesca, forse nominata "la Pittora" perché moglie di un pittore o per sue proprie inclinazioni giovanili, si veda in seguito il testo.

[142] CARLO CESARE MALVASIA, *Felsina Pittrice*, Bologna 1678, II, p.363; SOUTHORN, cit., p.145; *Giovan Francesco Barbieri. Il Guercino.1591-1666*, Catalogo della Mostra di Bologna e Cento del 1991, a cura di D. Mahon, Bologna, Nuova Alfa Editoriale 1991, p.9. Un rapporto tra i Bentivoglio e la famiglia Barbieri si può far risalire al dicembre 1604, con la locazione di un terreno a "Giacomo, e fratelli Barbieri" e poi in una lettera da Brescello del 30.VIII.1617 è menzionato un "Francesco Barbieri"; la prima lettera che menzioni esplicitamente il progetto di far lavorare "Zan Francesco pitor" al Bentivoglio è il Battistelli da Finale il 27.X.1617. L'Archivio Bentivoglio conserva il contratto in data 7.XII.1617 che prevedeva la collaborazione tra Battistelli e Guercino per dipingere i fregi al Bentivoglio "e fargli all'usanza di Roma"(ed. in PRISCO BAGNI, *Guercino a Cento. Le decorazioni di Casa* Pannini, Bologna, Nuova Alfa Editoriale 1984, p.268, doc.2 e altri documenti provenienti da AB a p.269 e 271). Lo stesso Battistelli informa il marchese il 13.XII.1617 che il Guercino non intende sottoscrivere il contratto. Dopo una lettera di Guercino ad Enzo Bentivoglio del 26.XI.1618, oggi perduta, si riteneva chiuso ogni rapporto. Quello che finora non si conosceva è un nuovo tentativo di far lavorare il Guercino al Bentivoglio nell'ottobre 1619: da quella tenuta di famiglia (oggi divenuto un comune a metà strada tra Ferrara e Bologna) Giovanni Bentivoglio informava in data 5.X.1619: "[...] di gratia intenda se il Guerzino pittore verrà al Bentivoglio m'avvisa."(cfr. anche successiva del 8.X.1619).

[143] ANNA MARIA FIORAVANTI BARALDI, *Pier Francesco Battistelli e l'impresa bentivolesca di Gualtieri in un carteggio del 1623*,cit., pp. 161-172; BAGNI, *Guercino a Cento*, cit., 239-250 (con numerosi documenti tratti dall'Archivio Bentivoglio); DINKO FABRIS, *Monteverdi, Bentivoglio, Goretti e gli altri: ancora sulle feste di Parma del 1628*, in *Claudio Monteverdi. Studi e prospettive*, atti del Convegno di Mantova del 1993, Firenze, Olschki 1998, pp. 391–414. Delle 27 lettere di Battistelli reperite, provenienti dall'Archivio Bentivoglio, alcune erano sfuggite agli studiosi citati.

[144] Lettera di Alfonso Pozzo da Parma del 21.X.1625 al marchese Bentivoglio: "V. S. Ill.ma mi faccia gratia di metter le mani in buon loco, se bene non si trovarà mai un Ms. Pier Francesco".

[145] Il 15.VIII.1627 Enzo scriveva da Parma di far venire subito da Ferrara i "Pitori, e maestro [...] Il maestro si chiama Zanfrancesco Barbieri": sarebbe questa una traccia completamente sconosciuta di un nuovo rapporto di lavoro, dieci anni dopo gli esordi ricordati da Malvasia. In tutti i casi, Guercino non fu coinvolto negli allestimenti di Parma e al suo posto a Ferrara fu inviato un altro pittore impegnato nei lavori farnesiani, Girolamo Curti detto il Dentone, che nello stesso 1627 era a Ferrara per curare l'allestimento scenico di uno spettacolo voluto dal Bentivoglio.

maestro Aleotti nella gestione spettacolare del teatro degli Intrepidi a Ferrara. Torneremo più avanti su questi e gli altri scenografi impiegati dal Bentivoglio per i suoi spettacoli.

La lunga digressione sulle relazioni di Enzo Bentivoglio con gli artisti era necessaria per analizzarne un così poco ortodosso sistema mecenatesco.[146] Poco o nulla il marchese ci appare coinvolto emotivamente da tali relazioni, basate sul calcolo e sull'interesse personale.[147] Per molti aspetti, caratteristiche simili potremo riconoscere nel patrocinio dei musicisti e dei cantanti, oggetto delle prossime pagine, ma per il momento è opportuno sospendere il giudizio.

3. Musici e cantori in casa Bentivoglio.

Sig.[r] fratello tutti gli uomini hano il loro umor picante: io di presente l'ho nella musica ed è forza che in ciò mi sadisfacia; il suo è di cavalli e vaúli e così anche lei si sodisfa e forse con più dispendio e meno onore [...]

In queste parole scritte da Enzo Bentivoglio al fratello Giovanni nel 1610, troviamo tutti gli elementi che caratterizzano la sua passione per la musica:[148] passione sincera, al paragone delle mere manovre speculative nelle campo delle arti figurative. Ma non passa inosservata la chiusa che ricorda il vantaggio del patrocinio musicale, minimo dispendio col massimo di rendimento in termini di prestigio.

La musica scorreva nel sangue di Enzo Bentivoglio: era pur sempre il primogenito di Isabella Bendidio, una delle cantatrici più lodate alla corte di Alfonso II.[149] Il ruolo della madre e l'alta carica del padre Cornelio avevano portato il ragazzo a vivere gli anni della fanciullezza nel magico mondo sonoro della corte estense. Non è documentata una sua conoscenza diretta della musica, ma sempre lucida ed efficace appare la sua competenza su questioni sonore. La madre ne asseconda le scelte, spesso dura nei suoi giudizi tecnici sugli artisti di cui Enzo si circonda, pronta persino a surrogare i

---

[146] Per avere un'idea degli usuali meccanismi mecenateschi del tempo, in relazione alle arti visive, all'ormai classico volume di FRANCIS HASKELL, *Patrons and Painters*, New York 1963 (ried. New Haven-London, Yale University Press 1980; trad. it.: *Mecenati e pittori. Studio sui rapporti fra arte e società italiana nell'età barocca*, Firenze, Sansoni 1966), è necessario aggiungere SOUTHORN, *Power and Display in the Seventheent Century*, cit. Per alcuni esempi specifici di influenti mecenati dell'ambiente romano coevi ed in contatto col Bentivoglio, rinvio a HILL, *Roman Monody*, cit. (per il cardinal Montalto); ANNIBALDI, *Il mecenate 'politico'* I e II, cit. (per il cardinal Aldobrandini) e ZYGMUNT WAŻBINSKI, *Il Cardinale Francesco Maria del Monte. 1549-1626*, Firenze, Olschki 1994, 2 voll.

[147] Janet Southorn, che forse meglio di ogni altro studioso ha compreso i meccanismi di organizzazione del mecenatismo artistico del Bentivoglio, è arrivata a chiedersi quale fosse la considerazione che Enzo aveva dell'opera d'arte: forse soltanto una merce di scambio come un'altra? (SOUTHORN, cit., p.85).

[148] Lettera di Enzo Bentivoglio da Roma il 2.VII.1610 a Giovanni Bentivoglio a Ferrara.

[149] Sull'attività di Isabella e della sorella Lucrezia Bendidio alla corte di Alfonso II cfr. NEWCOMB, *The Madrigal at Ferrara*, cit., I, pp.8-9, dove si stabilisce che le due sorelle avevano fatto parte del "concerto delle dame" tra il 1570 e il 1580. La Vittoria Bentivoglio, pure citata tra le "dame" cantatrici da Newcomb (*ivi*), è in realtà Vittoria Cybo moglie di Ippolito Bentivoglio, morta nel 1587. Ancora nel 1599 un creditore chiedeva alla madre di Ippolito di poter avere il saldo delle spese per i vestiti occorsi alla "S.[ra] Vittoria Bentivolia" per un carnevale del 1580 (*AB*, 16, c.95).

maestri mancanti.[150] Fa coppia con Isabella, in casa Bentivoglio, Antonio Goretti,[151] un gentiluomo ferrarese che, non potendo esercitare apertamente la professione musicale a causa delle convenzioni sociali, dedica tutte le sue energie al collezionismo di rari strumenti e libri di musica, intervenendo però in tutti i luoghi in cui il marchese Enzo organizza spettacoli o esecuzioni. Attraverso questi due personaggi il ponte è lanciato tra l'irripetibile fervore sonoro della Ferrara ducale e il nuovo desolato pano-

---

[150] La marchesa Isabella utilizza costantemente un linguaggio musicale nelle sue comunicazioni, spesso a doppio senso: "[...] la sera le tarantole vengono a salutarci e dico davero sì che nelle nostre camare fano gli pasamezi [...]"(lettera al figlio Enzo da Roma il 16.VI.1609, *AB*, 49, c.313); "[...] che bestie di gente che abitano in questa miserabil città: afé le mie Signore, non credo che faciate la danza con i violini ma più tosto col caga-pensieri [=scacciapensieri] e qui basta [...]" (lettera a Enzo da Roma del gennaio 1610, *AB*, 52, c.223). La marchesa madre, pur essendo l'unica in famiglia in grado di insegnare alle giovani cantanti, non può farlo essendo rimasta a Ferrara. Quando però comincino ad essere inviati da Roma i nuovi cantanti istruiti per conto di Enzo Bentivoglio, è appunto sua madre ad esercitarli e a farli studiare in attesa di affidarli ad un maestro. Un esempio per tutti: "[...] Encio hebbi la vostra litera, la qual mi insenava quelo che dovevo far per il studiar della Franzesca, che invero avea già incominciato eseguir quanto ni mi havete scrito. Afé Encio mio, è pecato che costei abbi perduto il tempo suo e che altri in quella Roma non habi conosciuto e la sua voce e la buona riusita che haverebe fata: ma era destinata a venir da noi, che di ragion non le manca di niente così per la sua virtù come a mio giudicio credo che meritarà per i suoi buoni portamenti per questi tre giorni che la fatico io; fra tanto la voglio tener basa, ma non voglio che gli manca niente[...]"(lettera da Ferrara del 16.X.1613 a Enzo Bentivoglio, Roma).
[151] La prima lettera di Antonio Goretti in relazione con Enzo Bentivoglio è del 14.II.1610, quando annuncia alla duchessa di Ferrara a Mantova un suo prossimo viaggio a Roma al seguito del Bentivoglio, per trovare un figlio gesuita (quasi certamente Angelo, autore di una *Relatione del P. Goretti ferrarese Gesuita dalle Isole Filippine* del 1624, Bologna, Biblioteca Universitaria, ms.1289-2110). Un suo parente doveva essere il notaio Paolo Goretti, di cui si serviva la famiglia Bentivoglio agli inizi del Seicento, mentre era suo fratello Alfonso Goretti, autore del discorso *Dell'eccellenze e prerogative della musica* dedicato a Enzo Bentivoglio e stampato a Ferrara nel 1612. Era nota la passione di collezionista di Goretti, il suo ruolo di assistente di Monteverdi per le musiche delle feste di Parma del 1628 e l'episodio ricordato dall'Artusi dell'esecuzione in casa sua dei madrigali "incriminati" di Monteverdi. Le molte lettere che pubblico qui per la prima volta, oltre a quelle almeno parzialmente note, consentono di ricostruire una sua più attendibile figura di collaboratore stabile di Enzo Bentivoglio in tutte le sue intraprese spettacolari dopo il 1610 e fino almeno al 1635, quando inizia la sua collaborazione col genero di quegli, Ascanio Pio. Suo compito particolare era di riarrangiare e concertare per le feste di carnevale a Ferrara le musiche che venivano inviate da Roma (per gli anni 1612-1616 da Cesare Marotta soprattutto), di far esercitare i cantanti giunti per le stesse occasioni e probabilmente di suonare il chitarrone. Quest'ultima attività lo vede infatti impegnato intorno al 1628 all'Accademia della Morte insieme con l'altro celebre tiorbista ferrarese Pittoni (GIOVANNI PIERLUIGI CALESSI, *Ricerche sull'Accademia della Morte di Ferrara*, Bologna, AMIS 1970, p.27). Goretti aveva studiato musica con uno dei principali compositori presenti a Ferrara nel tardo Cinquecento, Luigi Mazzi, il quale dedica al nobile allievo il suo libro di *Ricercari* (Venezia 1596); la sua frequentazione di altri compositori è provata dalle dediche che gli rivolgono anche Orfeo Vecchi nel 1603, Tomas Luis de Victoria nel 1600 e Pietro Maria Marsolo nel 1607. Della sua produzione compositiva, che comprendeva musiche per spettacoli teatrali di cui parlerò oltre, restano soltanto due madrigali. Come collezionista le lettere lo mostrano interessato a libri di musica dalle Fiandre, da Torino e sonate da Roma: per tiorba (del Kapsberger) e per arpa doppia (di Orazio Michi). La sua spinetta era probabilmente rimasta a Roma dopo la morte del marchese Enzo, poiché viene fatta cercare nel 1640 (anno della sua ultima lettera conosciuta, del 9.V.1640). I suoi molti strumenti sperimentali, tra cui quelli inventati da Alessandro Piccinini di cui il liutista parla nel suo *Primo Libro* di liuto del 1623, sono confluiti nell'attuale Kunsthistorische Museum di Vienna. La sua collezione musicale fu venduta in gran parte dall'erede Lorenzo prima del 1665, giungendo ad Innsbruck nelle collezioni arciducali (cfr. FRANZ WALDNER, *Zwei Inventarien aus dem 16. und 17. Jahrhundert über hinterlassene Musikinstrumente und Musikalien am Innsbrucker Hofe*, "Studien zur Musikwissenschaft", IV, 1916, pp.130-147). Nell'*Apparato degli uomini illustri di Ferrara* del Superbi, Ferrara 1620, alla voce *Agostini*, si legge di Goretti: "La casa di lui è fatta albergo della Musica, avendo uno studio pieno di quante opere eccellenti sono mai uscite, e di instrumenti preziosi" e nel *Supplemento* [...] *di Monsignor Borsetti* (1670), cit., p.197-sg. si ricorda la vendita della collezione comprendente "[...] una diversità de strumenti musicali, sì da fiato, come da mano e da arco radunati già da Antonio molto a quelli inclinato, ed era questa una delle cose riguardevole della città, e

rama della legazione pontificia, che il Bentivoglio si propone di rianimare con le sue musiche ed i suoi spettacoli. Ecco ruotare intorno a questo cruciale passaggio di secolo i musicisti vecchi e nuovi che fanno la gloria musicale cittadina: il vecchio Luzzasco Luzzaschi, che muore nel 1607; il suo allievo Girolamo Frescobaldi, che nello stesso anno abbiamo visto intraprendere il viaggio verso le Fiandre col nunzio Guido; i liutisti Piccinini, ferraresi di adozione. In qualche maniera, dopo la fuga a Modena di Cesare d'Este, il men che venticinquenne Enzo si assume un compito sproporzionato alle sue forze: continuare la tradizione musicale della corte estense, profittando della presenza di tanti valenti musicisti disoccupati in città. Pian piano, facendo i conti col dimezzato bilancio familiare (per il trasferimento a Modena del fratello Ippolito), Enzo aggiusta il tiro della sua ambizione. Fors'anche l'esperienza dei quadri per il Borghese gli insegna che la produzione artistica può essere una utile merce di scambio. Comprende prima di molti altri che la musica crea una immagine di potere, ricchezza e dominio che può essere usata proprio per perseguire questi stessi obiettivi. Forse sarà lui ad insegnare questa logica ai cardinali romani dell'età barberiniana o allo stesso Mazzarino. Nominato ambasciatore di Ferrara, Enzo si presenta a Roma come un principe o un sovrano, con un seguito di cui fanno parte i musicisti. La loro inclusione non è casuale, ma organizzata secondo una logica evidente: si tratta di tre cantatrici, Angiola, Lucia e Lucrezia, di cui l'ultima è anche virtuosa d'arpa doppia. Come non ripensare immediatamente al "conserto delle dame" della corte estense? (Le tre ultime cantatrici stabili erano state Livia d'Arco, Anna Guarini e Laura Peperara, virtuose rispettivamente di viola da gamba, di liuto e proprio di arpa doppia).[152] A Roma si aggiungono al "consertino" di Enzo il liutista Alessandro Piccinini e il clavicembalista Frescobaldi (nella trasposizione del concerto estense, prendono il posto del liutista Ippolito Fiorini e del maestro dello stesso Frescobaldi, il cembalista Luzzaschi).[153] Dieci anni esatti erano passati dalla dissoluzione della cappella di Alfonso II, ma era ancora forte l'impressione suscitata dal ricordo di quella straordinaria formazione musicale. Inoltre Luzzaschi aveva pubblicato proprio a Roma, nel 1601, il volume che raccoglieva per la prima volta il repertorio musicale dei tre "usignoli" ferraresi.[154] Aggiun-

---

molti gran signori ne' loro passaggi si dilettarono vederli". Secondo GIUSEPPE FAUSTINI, *Indice de' defonti* (Ferrara, Biblioteca Ariostea, ms. Antonelli 595: *Goretti*) Antonio di Lorenzo Goretti morì il 25 agosto 1649.

[152] Per le tre "dame" ferraresi cfr.: ELIO DURANTE – ANNA MARTELLOTTI, *Cronistoria del concerto delle dame principalissime di Margherita Gonzaga d'Este*, cit.; ANTHONY NEWCOMB, *The Madrigal in Ferrara. 1579-1597*, cit.. Inoltre: ELIO DURANTE – ANNA MARTELLOTTI, *L'arpa di Laura. Indagine organologica, artistica e archivistica sull'arpa estense*, Firenze, SPES 1982; ID., *Un decennio di spese musicali alla corte di Ferrara (1587-1597)*, Fasano, Schena 1982.

[153] Su Luzzaschi e Fiorini cfr. i testi citati alla nota precedente e inoltre DURANTE – MARTELLOTTI, *Le due "scelte"*. Ippolito Fiorini fu "maestro di cappella e capo di tutte le musiche" del duca Alfonso II dal 1570 circa allo scioglimento della cappella ducale, divenendo poi, dal 1594 al 1597, primo maestro della Accademia della Morte ferrarese (Newcomb 1980, I, p.173). Dalle lettere di Fiorini dell'Archivio di Stato di Modena e da quelle della Biblioteca Ariostea di Ferrara (Archivio Pasi, I, 642) si comprende la forte crisi economica ed altre sventure di famiglia che spingevano l'anziano musicista a ricorrere all'intervento dei Bentivoglio. In cambio Ippolito Fiorini invia da Roma informazioni diverse e nel 1609 da Ferrara una lettera a Enzo Bentivoglio che lo mostra in relazione col padre di Girolamo Frescobaldi (lettera a Enzo Bentivoglio del 9.IX.1609).

[154] Oltre ai testi sulla corte di Ferrara e sulle "dame" già citati, cfr. l'introduzione all'edizione di LUZZASCHI, *Madrigali*, a cura di A. Cavicchi, cit. e ADRIANO CAVICCHI, *Per far più grande la meraviglia dell'arte*,

geremo che la novità delle dame canterine, in una città stracolma dei migliori cantanti professionisti, ma tutti rigorosamente maschi, contribuisce all'interesse che si crea intorno alla operazione. Ma non basta proporsi con una splendida immagine evocativa: il livello artistico delle tre ragazze di cui disponeva era ancora troppo basso, per cui il Bentivoglio trasforma il suo concertino in una scuola in cui, a marce forzate, il Piccinini, Frescobaldi e poi altri maestri si sforzano di completare la diseguale formazione delle tre cantatrici. Di queste, Lucia sembra in realtà assai poco portata per la musica : "V.S. Ill.ma sa se l'è grossa, di cervello", avverte un informatore di Enzo nel luglio 1609.[155] Claudio Annibaldi ha osservato che il concertino romano, per seguire fedelmente il celebre modello estense, non poteva far capo al marchese bensì alla moglie Caterina o, più probabilmente, alla madre Isabella.[156] In realtà Enzo aveva concepito un *ensemble* da esibire come simbolo del proprio status e della propria provenienza ferrarese, non una formazione musicale per il proprio intrattenimento quotidiano: una situazione mecenatesca del tutto nuova rispetto alla tradizione delle corti rinascimentali o dei circoli cardinalizi romani. Proviamo a ricostruire le rapidi mosse con cui il marchese riesce a formare il suo trio di dame.

La prima cantante allevata in casa Bentivoglio è Angela Zanibelli, che compare nei documenti bentivoleschi fin dall'estate 1606:[157] doveva essere molto giovane, estremamente povera, forse in procinto di monacarsi, accolta in casa dalla marchesa Caterina, inizialmente, con compiti non musicali e solo più tardi, per interessamento della marchesa madre, esperta di canto, affidata ad un maestro di musica (probabilmente Goretti). La carriera canora di Angela conosce una brusca svolta nel 1608 quando, forse prematuramente, viene prestata al duca di Mantova per le feste che si stavano colà allestendo con l'intervento di Claudio Monteverdi. Riconosciuta dotata di buone qualità naturali e di bella presenza, ma poco pratica nella lettura ed interpretazione musicale,

---

in *Frescobaldi e il suo tempo*, cit., pp.15-39. La formula del concerto di dame era stata già copiata da Lucrezia d'Este, duchessa d'Urbino, che aveva formato prima del 1589 un proprio "concerto" con le sue dame, le tre nobili sorelle ferraresi Avogadri (cfr. NEWCOMB, *The Madrigal at Ferrara*, cit., I, p.184).Anche il duca Vincenzo Gonzaga sembrava ispirarsi al modello della duchessa di Ferrara con le sue virtuose, le sorelle vicentine Pellizzari. L'ipotesi che il marchese Bentivoglio volesse presentarsi a Roma col suo proprio concerto di dame era già stata avanzata da NEWCOMB, *Girolamo Frescobaldi*, cit.; FREDERICK HAMMOND, *Girolamo Frescobaldi*, Cambridge, Mass., Harvard University Press 1983; FABRIS, *Frescobaldi e la musica in casa Bentivoglio*, cit.

[155] Lettera di Cosimo Bandini da Roma l'8.VII.1609. Sarebbe del tutto errato questo giudizio se costei potesse essere identificata con la virtuosa di clavicembalo Lucia Coppa di cui, intorno al 1649, si diceva che avesse studiato alla scuola del Frescobaldi a Roma (su quest'ultima cfr. FREDERICK HAMMOND, *Girolamo Frescobaldi. A Guide to Research*, New York-London 1988, p. 118; WARREN KIRKENDALE, *The Court Musicians in Florence during the Principate of the Medici*, Firenze, Olschki 1993, p.406).

[156] CLAUDIO ANNIBALDI, *La didattica del solco tracciato: il codice chigiano Q.IV.29 da* Klavierbüchlein *d'ignoti a prima fonte frescobaldiana autografa*, "Rivista italiana di musicologia", XX, 1985, n.1, p.80, nota 90.

[157] In una lettera della marchesa madre Isabella del 26.XII.1607 viene presentata con queste parole: "[...]Della giovine è forza che io dichi a V. A. che sono da diciote mesi incirca che si ritrova qui in casa e lei non sapeva non sollo legere ma nonché conose silaba né nota di musica per cantare non avendo di buono solo la voce [...]" (cit. in STUART REINER, *La vag'Angioletta (and others)*, "Analecta musicologica", X, 1974, pp.26-88: 38; FABRIS, *Frescobaldi e la musica in casa Bentivoglio*, cit., p.72, nota 30). Il 19.VIII.1607 la stessa marchesa Isabella richiedeva "quella nostra giovane [...] con le sue done" a Gualtieri. Un accenno al voto monastico e allo stato di povertà è in una lettera della stessa Angela Zanibelli da Mantova al marchese Enzo del 8.II.1608: "in questo mezzo aver tempo bisognaria che meta giù il voto, e non sapendo come farre per non avere pani [...]" (FABRIS, *Frescobaldi*, p.72 e nota 31).

Angela non può prender parte all'allestimento dell'*Arianna*, ma riceve comunque delle parti secondarie negli intermedi della *Idropica* del Guarini, che si sarebbe rappresentata il 2 giugno 1608, sempre con musica di Monteverdi.[158] Non si sa se per la buona prova vocale o per l'aspetto fisico non indifferente al Gonzaga, s'intuisce dopo le rappresentazioni mantovane un tentativo di trattenere la giovane cantatrice, sventato con una complessa operazione diplomatica a più voci da Enzo e da sua madre Isabella.[159] Non soltanto il Bentivoglio riesce a riottenere la sua cantatrice ma, attraverso quella, s'impossessa addirittura di un volume manoscritto che probabilmente accoglieva musiche collegate agli spettacoli monterverdiani, con grande preoccupazione di Angela e del suo *tutor* alla corte di Mantova, il cantante Pighino, responsabile del manoscritto in questione.[160] Il 12 giugno Angela era già sulla via di Ferrara, per aggiungersi ad una seconda cantante già reclutata dal marchese da circa un mese. Così infatti scriveva la stessa Angela al Bentivoglio il 5 maggio:[161]

> [...]V. S. Ill.ma dice che vol tore in casa una giovane che impara cantare; per quel poco giudicio ch'io ho credo che abbia fatto benisimo, ma in dire che abbia poi esere mia desipola, non poso rispondere in questo se non dire che io non mi conosco buona in tal effeto. Però da quel maestro che imparavo io potrà imparar anco ella [...]

Questa seconda cantante dovrebbe essere la Lucia, di cui si ignora il cognome, affidata nel palazzo romano del marchese alle cure musicali di Girolamo Frescobaldi e di Orazio Crescenti.[162] Lucia era stata scelta, nonostante le sue scarse doti, dopo aver percorso senza successo altre strade: nel marzo 1608, infatti, Enzo Bentivoglio era quasi

---

158 Cfr. REINER, *La vag'Angioletta*; FABRIS, *Frescobaldi*, pp.72-77.
159 Esistono 5 lettere da Mantova di Angela al marchese Enzo, che recano numerosi dettagli sulle parti a lei assegnate nello spettacolo in via di allestimento (7.II, 11.IV, 5.V, 15.V, 3.VI.1608) tutte parzialmente citate, tranne l'ultima, in REINER, *La vag'Angioletta*, pp.58-ssg. (cfr. FABRIS, *Frescobaldi*, pp.73-74, dov'è ricostruita la complessa operazione di recupero della ragazza da Mantova con indicazione dei documenti relativi).
160 "[...] Il libro che mandò in compagnia del mio a V. S. Ill.ma per far tor giù alcuna cosa di musica è del Sig.r Pighino, e li vorebbe e con grandissima istanza per il gran bisogno che ne ha mello domanda; io non so come fare non sapendo se V. S. Ill.ma l'abbia portato con esso Lui o se l'abbia lasciato qui a qualche d'uno? [...] Il Sig.r Pighino si lamenta di mio fratello, e gli ha detto che non dovea fare un simil atto sapendo quanto me ha insegnato volontieri [...]": lettera di Angela Zanibelli del 3.VI.1608 (FABRIS, *Frescobaldi*, p.73, nota 34).
161 Lettera di Angela Zanibelli da Mantova del 5.V.1608, già parzialmente cit. in REINER, *La vag'Angioletta*, cit., p.61 e FABRIS, *Frescobaldi*, cit., p.77.
162 Le notizie su Lucia, limitate agli anni 1608-1609, sono tutte indirette. Ad esempio in una lettera di Alessandro Piccinini da Roma ad Enzo Bentivoglio del 12.VIII.1609: "[...] trovarà al venir suo la Lucia cantar qualche cosa con molto garbo: dico molto a quelo che si crede [...]"; e Cosimo Bandini, l'8.VII.1609: "[...] la Lucia impara assai bene da Oratietto per conto, quando V. S. Ill.ma viene qua, che queste giovane cantin sicure le note. La Lucia nolle canterà perché V. S. Ill.ma sa se l'è grossa, di cervello, ma la troverete in termine tale, che V. S. Ill.ma potrà giudicare se io sarò mancato di insegnarli [...]". Esistevano in Roma nell'epoca di cui trattiamo due cantanti conosciuti entrambi con l'appellativo di Orazietto: il primo era Orazio Crescenti, un contralto napoletano della Cappella Sistina morto nel 1617 (sul quale ha scritto RAFFAELE CASIMIRI, *Orazietto (Horatio Crescentij)*, "Note d'archivio", XIII, 1931, pp.216-217; l'altro Orazietto era invece un tenore della Cappella Giulia. Orazio Crescenti era diventato nel 1609 musico della cappella di S. Lorenzo in Lucina e forse per tale motivo scompare improvvisamente l'Orazietto attivo in casa Bentivoglio, se si può identificare con quello. Cfr. FABRIS, *Frescobaldi*, pp.79-80.

riuscito a scritturare la comica e cantante Florinda, ossia Virginia Ramponi, allora a Mantova per rappresentare con la compagnia del marito Giovan Battista Andreini *L'Idropica* . Forte del successo ottenuto nell'improvvisato ruolo di protagonista dell'*Arianna*, Florinda annuncia al marchese di aver "lasciato tutte le licenze e non venendo a Roma non saprei dove andare".[163] Per motivi che ignoriamo, probabilmente di natura economica, non se ne fa più nulla, ma il Bentivoglio rimarrà ancora in contatto più che affettuoso con Florinda negli anni successivi. Contemporaneamente il marchese compie sforzi notevoli per assicurarsi il servizio a Roma di Girolamo Frescobaldi, cedutogli graziosamente dal fratello Guido, ma assai corteggiato dall'ambiente milanese: Enzo deve comunque rinunciare a fare il suo ingresso a Roma con l'organista, obbligato a precedere l'ambasciatore ferrarese dal suo contratto col Capitolo di San Pietro. Al suo ingresso in Roma alla fine del 1608 il marchese può mostrare soltanto le due modeste e giovani cantatrici e qualche quadretto riservato per il cardinal Borghese; ma a rimpolpare il concertino romano sono già in attesa il Frescobaldi ed il liutista Alessandro Piccinini, fino ad allora al servizio del cardinal Aldobrandini.

La terza cantante, Lucrezia Urbani, fa il suo ingresso nella casa romana di Enzo appena due mesi più tardi, nel febbraio 1609. Anche Lucrezia proviene da Mantova, circostanza non casuale, ma soprattutto interessante è la sua qualifica principale di virtuosa d'arpa già in carriera, più che di cantante.[164] A ben rileggere i documenti, il concertino bentivolesco ricorda assai vagamente il trio di aristocratiche virtuose degli ultimi anni della corte di Alfonso II, capaci di cantare prodigiosamente accompagnandosi sui rispettivi strumenti: a Roma ritroviamo pur sempre tre donne, non nobili e non troppo preparate nella tecnica vocale, ma l'arpa di Lucrezia, unita al liuto di Piccinini (un tempo egli stesso impiegato del duca d'Este) ed alla figura simbolo di Frescobaldi, allievo di Luzzaschi, bastano evidentemente all'effetto evocativo sperato.

Per qualche mese la casa romana si trasforma in una sorta di scuola di musica, in cui il *training* forzato a cui sono sottoposte le cantatrici dimostra ampiamente che il marchese stava pensando di presentare in tempi brevi, e forse in maniera spettacolare, il suo vivaio di ugole al pubblico dei cardinali assetati di novità artistiche. In questo cantiere sonoro, con le dame riceve lezioni di musica anche il giovane fratello della marchesa Caterina, mentre persino quest'ultima, così come la marchesa madre e i funzionari amministrativi di casa vengono messi al lavoro come docenti o almeno aiutanti. È a questo punto che ha luogo il primo scandalo. Angela nell'estate del 1609 viene scoperta gravida e il responsabile è indicato senza esitazioni in Frescobaldi, costretto in poche settimane ad impegnarsi nel matrimonio riparatore con tanto di dote già pagata al padre dell'organista in Ferrara dal sollecito marchese. Perché tanta fretta e

---

[163] Lettera di Virginia Ramponi Andreini da Mantova a Enzo Bentivoglio del 1.IV.1608 (cit. parzialmente in FABRIS, *Frescobaldi*, cit., p.76).

[164] Lucrezia Urbani, napoletana, era entrata al servizio del duca di Mantova nel 1603 e vi rimase come virtuosa d'arpa doppia fino al 1608, prendendo dunque parte probabilmente all'esecuzione dell'*Orfeo* monteverdiano, che prevede una impervia parte appunto per l'arpa. Viaggiava con lei la sorella Camilla, forse anch'ella musicista (nei conti gonzagheschi si parla di paghe assegnate "alle signore Napolitane musiche"). Cfr. FABRIS, *Frescobaldi*, cit., pp. 78-79. La prima notizia dell'ingresso nella casa romana del marchese è in una lettera da Roma di Alfonso Magnanini alla marchesa madre del 21.II.1609: "[...] Alla musica s'è aggionto una signora che sona d'arpa, con salario grossetto, duoi fratelli in casa per paggi [...]".

perché tanto interesse per la giovane Zanibelli? La vicenda è inoltre complicata da una strana lettera scritta al Bentivoglio nelle stesse settimane dal celebre cantante Giulio Caccini, che si dimostra disponibile a far sposare una delle sue figlie proprio con Girolamo Frescobaldi, purché questi possa unirsi alla sua famiglia entrando al servizio del granduca a Firenze.[165] La ferma ed orgogliosa reazione di Frescobaldi, a quella che si manifesta come una congiura imposta ai suoi danni, è impressionante: non soltanto rifiuta di sposare Angela, contestando al marchese di non essere lui responsabile dell'accaduto, ma abbandona senza esitazioni il servizio, del resto simbolico, del marchese.[166] Sembra abbastanza chiaro che si tentava di coprire il vero autore del fattaccio, probabilmente il troppo giovane cognato di Enzo, Gasparo Martinengo. Di fronte ad un così pesante esercizio del potere da parte degli aristocratici ferraresi, il comportamento dell'umile organista appare ai nostri occhi come libero e moderno; ma nel giudizio dei contemporanei, per queste frequenti insubordinazioni al potere istituito, Frescobaldi è spesso definito "mezzo pazzo".

Angela comunque scompare dalla casa romana, non sappiamo se già data in sposa ad Alessandro Bonetti, con cui ricompare nel 1619 e 1620 inviata alla corte di Torino assieme alla nuova cantante di casa Bentivoglio Francesca ed al marito di questa.[167] Scomparsi anche i maestri Frescobaldi e Crescenti, un altro scandalo, in tono minore, sconquassa il già traballante concertino romano: nel 1610 Lucrezia Urbani, a sua volta in attesa di un figlio, sposa in gran fretta il clavicembalista Domenico Visconti che, lasciato il servizio del cardinal Montalto, è assunto dal Bentivoglio senza alcun incremento di spesa, ossia su parte della paga in precedenza assegnata a Lucrezia.[168] Resisi

  [165] Lettera di Giulio Caccini da Firenze a Enzo Bentivoglio del 31.VII.1609, edita in NEWCOMB, *Frescobaldi*, cit., pp.126-127: non è nominata la figlia di Caccini per la quale il Bentivoglio aveva proposto come marito "quel giovane ferrarese oggi organista costà in San Pietro". Sulle figlie di Caccini musiciste cfr. KIRKENDALE, *The Court Musicians in Florence during the Principate of the Medici*, cit., sub voce Caccini.

  [166] La scusa addotta da Girolamo è l'aver scoperto che le origini di Angela erano assai meno onorevoli di quanto assicurato dal Bentivoglio: questo alimenterebbe l'ipotesi che la ragazza fosse il frutto della "prova di virilità" sostenuta nel 1584 da Vincenzo Gonzaga (la ragazza avrebbe avuto 24 anni e sarebbe effettivamente divenuta figlia adottiva di Giulio Caccini se è vero che la "puella" utilizzata dal duca era stata data in moglie in Firenze a "Giuliano, musico romano": era questa la tesi che avrebbe dovuto sostenere STUART REINER nella seconda parte del suo articolo *La vag'Angioletta*, che però non è mai stata pubblicata. Del resto non si spiegherebbe la presenza della ragazza lontano da Firenze, col cognome Zanibelli, con un fratello. Per la prova di virilità cfr. ALESSANDRO ADEMOLLO, *La bell'Adriana ed altre virtuose del suo tempo alla corte di Mantova*, Città di Castello, Lapi 1888, pp.24-25 (nota); l'intera tesi era stata ricordata in FABRIS, *Frescobaldi*, cit., p.74 . Recentemente è stata individuata e pubblicata una copia ottocentesca di una perduta lettera di Frescobaldi al Bentivoglio (del 15.VII.1609), di cui si conoscevano finora solo dei frammenti: PAOLO DA COL, *"Era pensier mio di sposar l'Angiola …". Una lettera ritrovata di Girolamo Frescobaldi*, in *Musicus Perfectus. Studi in onore di Luigi Ferdinando Tagliavini, "prattico e specolativo", nella ricorrenza del suo LXV compleanno*, a c. di P. Pellizzari, Bologna, Patron 1995, pp. 267–73. Ma non aggiunge nulla alla vicenda già nota.

  [167] Il cremonese Alessandro Bonetti poteva vantare autorevoli contatti nel mondo musicale se, col fratello Giovan Pietro, figura dedicatario della raccolta di Tarquinio Merula *Satiro, e Corisca, dialogo musicale a 2 voci* (Venezia 1626). In una sua lettera da Torino alla marchesa Caterina del 3.VIII.1620 chiede un intervento presso i Savoia per poter tornare a Ferrara, lasciando intendere di aver subito per via della moglie molte offese. In varie lettere da Parma del 1628, soprattutto di Goretti, si conferma il coinvolgimento di Angela negli spettacoli farnesiani, a vent'anni di distanza dal suo esordio a Mantova.

  [168] La notizia del fidanzamento di Lucrezia è comunicata simultaneamente a Ferrara da Roma in tre lettere tra il 2 e il 5.VI.1610. Domenico Visconti frequentava già la casa romana del marchese poiché la moglie Caterina informa Giovanni Bentivoglio che si tratta di "quel giovane che vene qui a sonar d'istro-

invisi a gran parte della servitù di Enzo e soprattutto alla marchesa madre Isabella, i coniugi Visconti resistono con alterna fortuna per due anni nella casa romana, ormai disertata dal marchese intento a preparare i suoi mirabili spettacoli ferraresi. Eppure non mancano gli apprezzamenti di nobili ascoltatori per le esecuzioni dei due musici, in particolare per l'arpista Lucrezia: il cardinal Montalto, ad esempio, "dice che starebbe senza mangiar per sentir a sonar l'arpa alla nostra napolitana".[169] Dopo varie vicissitudini, con una scusa artificiosa, vengono infine licenziati in malo modo nel 1612. Ma Visconti, annusando il pericolo, era già corso ai ripari ottenendo un provvidenziale e ben più remunerativo posto per sé e la moglie al servizio della casa fiorentina di don Antonio Medici.[170] In un'accorata lettera Lucrezia, ormai certa della nuova sistemazione, sfiora il tono ricattatorio nei confronti di Enzo Bentivoglio per riottenere una cifra cospicua a lei spettante, lasciando intuire di certi trascorsi tra il marchese e sua sorella Camilla Urbani.[171]

---

mento quela sera che V. S. si dice che se ne guardase che andava da le Camiluchie". Probabilmente sia Domenico che Lucrezia presentavano problemi fisici, poiché nei documenti sono spessi indicati come "il Sig.ʳ Zopo" e la "Sig.ʳᵃ Zopa". Inoltre Francesco Belfiore il 2.VI.1610 sembra alludere a questo dicendo che "la napolitana sonatrice d'arpa si rissolse ai dì passati di prendere marito altretanto bello quanto è essa […]". Non si conoscono dati biografici di Visconti, che potrebbe comunque avere anch'egli origini napoletane (come la moglie Lucrezia e l'altra coppia di musici Cesare e Isabella Marotta) poiché compare come organista dell'Oratorio dei Girolamini di Napoli negli anni 1604-1605: cfr. SALVATORE DI GIACOMO, La casa della musica. I Filippini di Napoli, "Napoli nobilissima", n.s., II, 1921, p.135. La marchesa madre Isabella informa il 5.VI.1610 che Visconti "è un giovanoto che sta col Cardinal Pereti" e "non ne ha niente al mondo": il cardinale citato era Andrea Baroni Peretti, adottato dal Cardinal Montalto e creato cardinale da Sisto V nel 1596 (cfr. JAMES CHATER, Musical Patronage in Rome at the Turn of the Seventeenth Century: The Case of Cardinal Montalto, "Studi musicali", XVI, 1987, p.185). Noteremo che, in quanto famigliare del Cardinal Peretti, Visconti faceva dunque parte della più importante famiglia del Cardinal Montalto, come Marotta e la moglie Ippolita, che non per caso iniziano a comparire nella corrispondenza bentivolesca nello stesso periodo. L'assunzione in casa del marito di Lucrezia, senza alcun incremento di spesa, è annunciata contemporaneamente dalla marchesa madre e dalla moglie di Enzo, Caterina, il 23.VI.1610. Risulta così che la Urbani avesse richiesto al marchese di poter restare, a condizioni tanto vantaggiose per lui, "sino al compimento degli cinque anni", come seguendo ragioni pensionistiche che a noi sfuggono. Sopravvivono 5 lettere scritte da Roma ad Enzo Bentivoglio da Domenico Visconti (5.XI, 16.XI.1611; 21.I, 28.III, 18.IV.1612) e 4 di Lucrezia Urbani nel solo 1612.

[169] Lettera della marchesa madre Isabella da Roma ad Enzo Bentivoglio del 9.XII.1609. Simile entusiasmo manifestano l'ambasciatore di Fiandra e la sua corte in visita al palazzo romano dei Bentivoglio, secondo la testimonianza di Domenico Visconti del 21.I.1612.

[170] Lo annuncia ad Enzo Bentivoglio la stessa Urbani nelle lettere del 13.VI e 17.VI.1612. La vicenda di Lucrezia e Domenico Visconti, da Roma a Firenze, è ricostruita, con riferimento ai documenti bentivoleschi, in DINKO FABRIS, L'arpa napoletana. Simbolismo estetico-sonoro di uno strumento musicale del primo Seicento, in Modernità e coscienza estetica, a cura di F. Fanizza, Napoli, Tempi Moderni 1986, p.217. Il tramite per l'assunzione nel fervido entourage artistico di don Antonio, bastardo della famiglia granducale dei Medici, era stato il cantante castrato Giovan Gualberto Magli, che era stato inviato da Firenze a Roma nel 1611 proprio per specializzarsi nello studio dell'arpa doppia, probabilmente con Lucrezia Urbani. Domenico Visconti era ancora al servizio di Antonio Medici nel 1615 , anno in cui pubblica a Firenze il suo Primo libro de madrigali a cinque voci dedicato appunto al suo protettore fiorentino. Nel 1616 Visconti pubblica a Venezia un Primo libro de arie a una e due voci, dedicate però ad un diverso personaggio, Alessandro Del Nero, e di cui invia in data 25.VI.1616 un esemplare ad Enzo Bentivoglio, a testimonianza di un rapporto mai del tutto interrotto. Nello stesso anno, il 12.III, Lucrezia da Firenze ringrazia il Bentivoglio di aver accolto le sue preghiere ed aver riammesso al suo servizio il fratello Agostino. Dopo questa data si perdono le sue tracce.

[171] Lettera di Lucrezia da Roma a Enzo Bentivoglio del 13.VI.1612: "[…]sapendo lei che quando si maritò mia sorella io obbligai cento scudi delli miei; ma che dopo l'aver saputo quello ch'è stato tra mia sorella e V. S. Ill.ᵐᵃ, non ho mai potuto pensare che V. S. Ill.ᵐᵃ voglia comportare che le mie fatiche, e quello ch'averìa da godere me stessa e li miei poveri figli, servano a una cosa che mi è stato di tanto danno nel

Il cantiere musicale bentivolesco non si arresta per questa ulteriore perdita. Fin dal 1610 il marchese Enzo, al termine del periodo da lui trascorso a Roma come ambasciatore ferrarese, si preoccupa di come poter mantenere le relazioni artistiche con gli autorevoli prelati della corte pontificia senza eccessiva spesa e soprattutto senza dover assicurare la propria presenza in città. È a questo punto che nasce l'occasione di utilizzare gratuitamente i migliori virtuosi stipendiati dal più melomane dei cardinali del momento, il Montalto.[172] Sempre più spesso Ippolita Recupita[173] ed il marito cembalista Cesare Marotta,[174] partecipano alle serate musicali in casa Bentivoglio, organizzate in occasione di visite illustri, aggiungendosi ai superstiti del concertino romano: Lucrezia e Domenico, Alessandro Piccinini (che però già dall'ottobre 1611 si traferisce con la moglie nella patria Bologna) e qualche cantante saltuario come Orazietto e Ippolito Macchiavelli.[175] Ancora nel gennaio 1612 i fiamminghi che accompagnavano l'ambasciatore di Fiandra a Roma, avevano partecipato ad una delle serate musicali del palazzo Bentivoglio, informandosi della spesa sostenuta per i suoi musici dal marchese Enzo, e ricordando con affetto la presenza a Bruxelles del nunzio Guido (col

---

onore e nella repputazione, che ne sentirò finché vivo[…]". La Urbani era allora sul punto di partorire per la seconda volta: il precedente "putto" era stato lasciato a balia nella casa ferrarese del marchese, evidentemente sotto la tutela della sorella Camilla che Enzo aveva voluto più vicino a sé.

[172] Alessandro Peretti Damasceni, detto cardinal Montalto, nipote di Sisto V, aveva mostrato più d'ogni altro cardinale del suo tempo propensione per la musica, mantenendo una famiglia particolarmente nutrita di presenze musicali. I vecchi titoli bibliografici sono oggi riassunti e ampliati in CHATER, *Musical Patronage*, cit. e soprattutto nel volume di HILL, *Roman Monody*, cit.: quest'ultimo offre una completa ricostruzione (con un centinaio di documenti bentiveleschi in appendice) del rapporto di collaborazione tra Marotta, la moglie Ippolita ed Enzo Bentivoglio negli anni 1610-1618, le cui valutazioni sono riflesse nella mia breve trattazione riassuntiva dei fatti.

[173] Cantante napoletana tra le più celebrate dei primi decenni del secolo XVII, Ippolita Recupita (1577 circa-1650) fu protagonista delle feste nuziali medicee a Firenze nel 1608 e della veglia *Amor pudico*, allestita a Roma nel 1614, parzialmente composta dal marito Marotta. Se ne elogiava la bellezza e la bravura artistica, ma le lettere ne svelano anche le scandalose infedeltà. Era probabilmente incapace di scrivere, poiché le lettere da lei firmate sono scritte dal marito. Cfr. ALBERTO CAMETTI, *Chi era l'Hippolita, cantatrice del cardinal di Montalto*, "Sammelbände der Internationalen Musikgesellschaft", XV, 1913-14, pp.11-123; NEWCOMB, *Frescobaldi*, cit.; HILL, *Roman Monody*, cit., cap. II. Il carattere accorto di Ippolita affiora anche dal suo atteggiamento nei confronti di Francesca, alla quale rifiuta con scuse varie di insegnare i segreti del mestiere. Più dettata da gelosia e orgoglio, invece, la decisione di non partecipare alle feste ferraresi del 1612: "[…]il sapere che Adrianella del S.r Duca di Mantova deve intervenirsi in queste feste farìa risolverla a non venire"(Vincenzo Landinelli da Roma a Enzo Bentivoglio, 8.II.1612).

[174] Cesare Marotta, secondo CAMETTI, cit., p.116, era nato a Sant'Agata di Puglia intorno al 1580 e morì a Roma nel 1630. Si trovava a Napoli nel 1604 quando fu invitato ad entrare al servizio romano del Montalto. Con la moglie Ippolita, Cesare divenne presto il musicista più attivo e meglio pagato della cerchia del cardinale. Ebbero almeno 5 figli, tra cui un unico maschio, ma soltanto Francesca, oltre alla figlia illeggittima Anna, sopravvisse al padre. Nello studio di HILL, *Roman Monody*, cit., sono riprese ed ampliate le notizie biografiche e sulla superstite produzione musicale manoscritta di Marotta, già anticipate in JOHN W. HILL, *Le Arie di Frescobaldi e la cerchia musicale del Cardinal Montalto*, in *Girolamo Frescobaldi nel IV centenario della nascita*, cit., pp.215-232.

[175] Ippolito Macchiavelli (Bologna 1568-Roma 1619) era tra i più importanti compositori della cerchia del cardinal Montalto, anche se di lui restano soltanto alcune arie strofiche per una voce e basso continuo. È ricordato come suonatore di tiorba nel libretto dell'*Amor pudico* del 1614. Così lo descrive al Bentivoglio l'amico di Frescobaldi, Bernardo Bizzoni, il 29.VIII.1607: "[…] Il S.r D. Hippolito Bolognese Musico eccellente […] hora sta con il S.r Card. Mont Alto, ed è tenuto qui doppo il S.r Gioseppino [Cenci] il primo, m'ha dato l'incluso madrigale per novo, e qui l'è tenuto molto bello […]". Come didatta per conto del marchese Bentivoglio, prende in cura Francesco basso, di cui illustra efficacemente gli impegni didattici in una lettera del 21.XI.1613.

fratello del liutista Piccinini, scomparso da due anni). Ma dopo il licenziamento dei coniugi Visconti ormai la musica nel palazzo romano risuona soltanto grazie alle visite di Ippolita e Cesare Marotta. Quest'ultimo avvia una nutrita corrispondenza col marchese, ormai stabile a Ferrara, che chiarisce la natura della collaborazione a distanza: Marotta accetta di mettere in musica i testi degli intermedi del Guarini, destinati in un primo tempo ad essere rappresentati a Roma e poi dirottati nelle successive feste carnevalesche di Ferrara; a tali feste assicura la presenza sua e della moglie Ippolita. In cambio chiede il potente intervento del marchese per ottenere da casa Savoia il sospirato onore di un "cavalierato" che, evidentemente, è il centro di ogni sua ambizione. Per buona testimonianza del proprio impegno, Marotta invia con costanza a Ferrara arie e sezioni di testo da lui messe in musica, avvertendo che colui che per conto del marchese deve concertare gli spettacoli (probabilmente Antonio Goretti) debba essere pratico dello stile monodico utilizzato dal compositore. Dal canto suo, Enzo Bentivoglio riesce effettivamente a procurare a Marotta la croce di Cavaliere di Savoia, che giunge alla fine del 1611. Ma a questo punto la buona volontà del musicista comincia sensibilmente a scemare, conscio di non avere altro da guadagnare nel rapporto col Bentivoglio: così, Cesare e la moglie cominciano ad avanzare ogni sorta di difficoltà per recarsi a Ferrara, nonostante le promesse. Prima il caldo, poi l'insicurezza della strada, una gravidanza difficile di Ippolita, malanni di vario genere ed infine, l'unico ostacolo insormontabile per Enzo, la non chiara volontà del padrone, il cardinal Montalto. Quest'ultimo aveva già sconvolto le convenzioni e stupito gli osservatori romani nel concedere al marchese ferrarese l'utilizzo gratuito e libero dei musici da lui stipendiati. Il carattere irriducibile di Enzo Bentivoglio emerge proprio dal contrasto, per altri insostenibile, con il melomane cardinale per ottenere con ogni mezzo che questo già grande favore potesse estendersi anche all'utilizzo fuori Roma dei musici. Allo scopo sono impiegati tutti i canali diplomatici disponibili, dal vecchio poeta Battista Guarini, costretto ad umiliarsi in questa storia per via della sua causa ancora aperta a Roma, e poi monsignor Landinelli, indirettamente perfino il cardinal padrone Scipione Borghese. Tutto è inutile, ma probabilmente le altre difficoltà insorte sul fronte dell'organizzazione a Ferrara inducono il Bentivoglio a desistere temporaneamente.[176] Al contrario di ciò che potremmo aspettarci, le relazioni con Ippolita e Cesare Marotta migliorano invece che deteriorarsi, tanto che nell'ottobre 1612 essi accettano di trasferirsi nella casa romana di Enzo, anche per risolvere annosi problemi con un padrone di casa assillante.

È a questo punto che fa la sua comparsa in casa una nuova coppia di giovani allievi di canto, Francesca detta "la Pittora" ed il basso "Francescone".[177] L'idea del marchese

---

[176] Cfr. i documenti e la ricostruzione dei fatti in HILL, *Guarini's Last Stage*, cit. e HILL, *Roman Monody*, cit., cap. 8.

[177] Accenna per primo alla nuova allieva Francesca HAMMOND, *Girolamo Frescobaldi*, cit., pp.44-45 (e note 43-44); cfr. FABRIS, *Frescobaldi*, p.82 e nota 69. Non sappiamo perché Francesca è chiamata "la Pittora" (per essersi cimentata nell'arte, come la sua contemporanea Artemisia Gentileschi, o come ci pare più probabile, perché sposata col pittore Gruminck?), mentre la denominazione di Francesco deriva forse dalla sua eccessiva mole in rapporto all'età, caso non insolito per giovani con voci di basso. Secondo una lettera di Provenzale del 26.VI.1613 Francescone, allievo di Machiavelli, "non manca di impar[are] alla S.ra Francesca": era dunque più avanzato negli studi musicali.

è probabilmente quella di investire su queste voci inesperte, affidandole alle cure di maestri capaci, in maniera tale da poter contare sulla loro partecipazione alle rappresentazioni programmate per il successivo carnevale 1614 a Ferrara. L'operazione avrebbe evitato, da una parte, i costi enormi dell'ingaggio di voci professionali affermate, e dall'altra, i frequenti casi di indisponibilità di cantanti, già verificatisi nelle due precedenti stagioni. Attorno ai due giovani si ricrea il fervido laboratorio musicale di un tempo, con la presenza contemporanea di maestri di canto, di strumento e di teoria musicale. In questo contesto ricompare persino Girolamo Frescobaldi, a quel tempo già al servizio del cardinale Aldobrandini. Gli altri maestri sono Marotta per il cembalo, Ippolito Machiavelli (entrambi servitori del cardinal Montalto) e "il Gobbo", ossia Arrigo Velardi,[178] subentrato dal giugno 1613 al napoletano Annibale Roca.[179] Francesca compie i progressi più notevoli. Per lei si acquista un cembalo da tenere nella casa romana del marchese; Marotta, suo maestro principale, le insegna a cantare leggendo il basso continuo in intavolatura. Piace particolarmente alla marchesa madre per le attitudini vocali ma anche per l'istintiva nobiltà di portamento. Piace anche alla marchesa Caterina, per la modestia che non sembra intaccata, per una volta, dalle voglie del marito Enzo: era oltretutto già sposata ad un artista tedesco che si trovava a Roma, Gugliemo Gruminck,[180] mentre appare a lei molto legato, forse da parentela,

---

[178] Arrigo (Enrico) Velardi (Roma 1570 circa-post 1630), era stato impiegato come cantore alla corte di Mantova negli anni 1603-1606 (cfr. SUSAN PARISI, *Musicians at the Court of Mantua during Monteverdi's Time: Evidence from the Payrolls*, in *Musicologia Humana, Studies in Honor of Warren and Ursula Kirkendale*, Firenze, Olschki 1994, pp.183-208: 193 e 195); è lui l'"Arrigo Gabbino" che secondo l'Ademollo era stato il maestro a Roma di Caterina Martinelli (ALESSANDRO ADEMOLLO, *I teatri di Roma nel secolo decimosettimo*, Roma, Pasqualucci 1888, p. 213, dove lo indica già a Roma nel 1604) . Era sicuramente a Roma nel 1613, residente presso S. Maria del Popolo con l'anziana sorella e due figlie di quella, indicate come "cortegiane"(PAUL KAST, *Biographische Notizen zu Römischen Musikern des 17. Jahrhunderts*, "Analecta Musicologica", I, 1963, pp.38-69: 68). Dopo 17 anni Arrigo tornerà nella casa romana del marchese per insegnare musica alla nuova cantante protetta dal Bentivoglio, Antonia Monti: a quest'epoca appartiene la sua unica lettera autografa scritta da Roma al marchese Enzo il 20.II.1630. È interessante l'annotazione con cui è presentato il Velardi da Ercole Provenzale il 26.VI.1613: "Costui ha tutte le opere di Sepino [Cenci] e quelle del Cavaliere [Marotta] che sono fora". Oltre al canto insegnava cembalo.

[179] Annibale Roca compare per pochi giorni nella casa romana dei Bentivoglio come maestro di Francesca, a fine maggio 1613: il primo giugno era già partito per Napoli, interrompendo le lezioni con la scusa che la giovane cantante non avrebbe fatto nessun progresso e che non accettava le sue osservazioni critiche; ma, come osservava l'informatore di Enzo Bentivoglio "[...] mi dubito che il S.re Aniballo avese voluntà di andare in Napole per altro e pilia questa scusa, anci mi ha detto che scrive a V. S. Ill.ma che è forzato andare a Napole per causa di sua filiola". Il vero motivo dell'abbandono del musico potrebbe risalire ad un'intervento da lui chiesto al marchese presso il cardinal Borghese, in raccomandazione del figlio Anselmo Roca, promesso ma forse non compiuto.

[180] Se non titolato, il Gruminck era certamente benestante, come dimostra la sua richiesta inviata da Torino il 26.IX.1622 ad Enzo Bentivoglio di poter rientrare in possesso di un forziere lasciato a Roma con una cassa di quadri (nel frattempo recuperati): "[...] ma il mio forsiero non si trova; dove io vengo a supplicare V. S. Ill.ma mi fare trovare il detto forsiero perché m'inporta asaie dili chose chi si sonne drente, come pitture scritture disegni ed altri galantieria[...]". Questi riferimenti a quadri e disegni sembrano confermare che il tedesco fosse un pittore, probabilmente il "pitor Guglielmo" che prende le misure di un quadro per Enzo Bentivoglio il 6.II.1617: se al momento del suo ingresso in casa Bentivoglio Francesca era già sposata col Gruminck, avremmo una spiegazione logica per il suo soprannome di "la Pittora". Ulteriore conferma dell'attività artistica del tedesco è la carica di "conservatore delle pitture esistenti nei palazzi di S. A. il Duca di Savoia" ricoperta fino al 1638 da "Guglielmo Grumengo" (cfr. CORDERO DI PAMPARATO, *I musici alla corte di Carlo Emanuele I*, cit., p.82).

l'arpista napoletano Luc'Antonio Eustachio, cameriere segreto del papa.[181] Francesca,
col marito Guglielmo, e Francescone giungono infine a Ferrara nell'autunno 1613,
dopo essere stati esaminati lungo la strada, a Bologna, da Alessandro Piccinini, che li
trova assai progrediti (nella stessa circostanza il Piccinini tenta di procurare al marchese altri giovani cantanti attivi a Bologna per le feste ferraresi, ma senza successo; lo
stesso si verifica a Modena e a Parma). Sembra che la marchesa madre, con l'aiuto di
Goretti, sia investita del compito di far esercitare a Ferrara, durante l'inverno, i due
giovani, prima di provarli negli allestimenti del carnevale 1614. Essi restano a Ferrara
anche dopo le feste. Francesca migliora ogni giorno di più. Francesco è il più traballante in quanto a preparazione: nell'agosto 1614 Piccinini lo mette alla prova a Bologna, ricavandone una notevole delusione, soprattutto per questioni caratteriali.[182]
Saranno forse queste, insieme ad uno scarso rendimento vocale, a far scomparire il
ragazzo dalla corrispondenza bentivolesca.[183] Francesca è nuovamente a Roma nel giugno 1615, ma delusa perché non trova maestri con cui studiare: dopo un secondo
viaggio a Ferrara l'anno successivo, la giovane resta probabilmente in casa Bentivoglio
al servizio diretto della marchesa Caterina, almeno fino al 1619.[184] Nel frattempo ha
fatto il suo ingresso nella casa romana un nuovo ragazzo, Baldassarre, evidentemente
al posto del licenziato Francesco.

[181] Luca Antonio Eustachio, arpista napoletano, era cameriere segreto del papa Paolo V Borghese almeno dal 1609. Marin Mersenne gli attribuisce l'invenzione dell'arpa tripla nei primi anni del secolo (*Harmonie Universelle*, Paris 1636, III, p.216). Il 22.V.1613 s'informava il marchese che Francesca era stata a pranzo
la Domenica precedente "col S.r Luca Antonio e sua molie, il qual S.re Luca Antonio la fece acantare e li dise
che era asai melio de la Grecietta". Successivamente troviamo, in data 26.II.1614, l'invio da parte dell'Eustachio a Ferrara di "para sei di guanti della cunza di Roma" per Francesca e ancora, il 12.V.1617, un simile
invio di "un piego e doi ventalli che li faccia capitare alla Signora Francesca".
[182] Lettera di Alessandro Piccinini da Bologna a Enzo Bentivoglio del 27.VIII.1614 : "[…] essendo io
pregato da un di questi musici di pigliare la teorba e far cantare Francesco, mai fu pusibile volesse cantare. Io
potei dire quanto io volsi: con mile scuse non ne volse far altro, ma se avesse almeno auto ingegno poi di
non cantare in altro loco, sarebe stato con suo onore. Ma andò poi l'altro giorno a cantare in S. Pietro: con sì
mala gracia cantò che si svergognò; e veramente a dirlo a V. S. Ill.ma, se non studia melio ogni giorno farà
pegio: tutti li pasagi beli, che sono dificile, li strupia tutti ed io gliel'ho detto e mi risponde che lo fa per
variarli[…]".
[183] Il 14.V.1616 da Bologna si parla di un musico di nome Ettore, al quale il marchese Bentivoglio
avrebbe proposto "il loco del Bontempi, padre del musico che stava al servicio di V. S. Ill.ma"; anche Alessandro Piccinini menziona il 24.XI.1613 "il padre di Ms. Francesco Bontempo". Mentre il giovane basso scompare dal 1614, dal luglio 1616 è citato nella corrispondenza da Gualtieri un "Don Francesco", mansionario
della chiesa cittadina (S. Andrea), che pare rivesta anche incarichi di maestro di canto e (saltuariamente) di
organista. Il religioso, nel luglio 1617, abbandona la chiesa di Gualtieri, rifugiandosi a Parma, ma probabilmente vi ritorna dopo poco. Non sappiamo se sia lui il Francesco Marmiroli, mansionario della collegiata di
Gualtieri, morto nell'agosto 1620, per il quale si cerca comunque un successore "che sii sacerdote e che
sappi cantare sicuro almeno a canto fermo".
[184] Nell'agosto 1617, infatti, è registrata una esibizione nella chiesa di S. Maria Maggiore di Bergamo
della "S.ra Francesca Romana cameriera dell'Ill.ma S.ra Caterina Bentivoglio" (che si trovava presso i genitori
nella città d'origine). È probabile che Francesca avesse condiviso la servitù di Caterina con l'altra cantante
Angela, scomparsa dal concertino romano fin dal 1609, poiché il 25.IV.1615 Enzo Bentivoglio raccomanda
ad Antonio Goretti che "coteste due Donne debbano aver'apprese perfettamente tutte l'opere da recitarsi
per intramezzi della Tragedia", richiesta ribadita il successivo 16.V. Anche "la Pittora", come Lucrezia Urbani
e probabilmente Angela Zanibelli, affida alla balia di casa Bentivoglio la propria figlia, menzionata per la
prima volta il 30.III.1619, quando Francesca si trova nella tenuta del Bentivoglio: il nome della piccola,
Caterina o Nina, è un evidente omaggio alla marchesa moglie del protettore Enzo.

La vicenda di Baldassarre, è ricostruita nei particolari da John Hill, per cui possiamo limitarci a ricordare il fallimento clamoroso degli sforzi di ben cinque maestri posti dal marchese Bentivoglio attorno al giovane cantante: Cesare Marotta e Girolamo Frescobaldi per la tastiera, Ippolita Recupita per il solfeggio e, circostanza interessante, lezioni di chitarra spagnola; inoltre sono coinvolti il celebre compositore Giovan Bernardino Nanino[185] e il cantante Giovanni Ghenizzi.[186] È scelto quest'ultimo per accompagnare Baldassarre a Ferrara, dove dev'essere sottoposto alla prova sul campo. Nonostante le tante ore di studio quotidiano il ragazzo non riesce a superare gli innati difetti di intonazione e la scarsa volontà di applicarsi, per cui anch'egli scompare presto dai documenti.[187]

Enzo Bentivoglio, privo di una buona voce di castrato per i suoi consueti spettacoli ferraresi del carnevale, ancora una volta ricomincia ad intessere la sua rete diplomatica, sfruttando musici autorevoli come Frescobaldi o Ottavio Catalani, nella speranza di convincere uno dei cantanti romani di grido ad accettare una scrittura temporanea a Ferrara. Nonostante le lusinghe e poi le vere e proprie minacce, il più corteggiato di questi cantanti, il castrato Cesare al servizio di San Giovanni in Laterano, rifiuta altezzosamente.[188] Anche per gli altri virtuosi proposti non c'è niente da fare ed il marche-

---

[185] Fratello del più noto Giovanni Maria, Giovanni Bernardino Nanino (Viterbo 1560 circa- Roma 1623) era nel 1615 maestro di San Lorenzo in Damaso ed assai attivo come insegnante privato di musica. Contribuì con Marotta e Macchiavelli alle musiche di *Amor pudico* del 1614.

[186] Pochi dati aggiungono i documenti bentivoleschi alla scarna biografia del Ghenizzi, che spesso appare nelle lettere con grafia deformata (Gherizzi, Genizi): morto a Ferrara prima del 14.I.1620 (data in cui Antonio Goretti informa il marchese Bentivoglio), aveva lasciato un figlio giovanissimo, castrato, di nome Ludovico, su cui già si allungavano le pretensioni di varie persone, compresa la Compagnia della Morte, alla quale il Ghenizzi apparteneva (ma solo un cenno alla sua morte è in CALESSI, *Ricerche sull'Accademia della Morte*, cit., p.25). Anche il Ghenizzi, come Macchiavelli ed altri cantanti specializzati nello stile recitativo, suonava il chitarrone, come risulta da una lettera di Girolamo Fioretti scritta ad Enzo Bentivoglio da Roma il 12.VIII.1615: "[si parla d'inviare il giovane Baldassarre a Ferrara in compagnia] di Giovanni del S.r Ferrante, stimando che nella comedia voglia servirsi di lui ancora per sonare il chitarrone, stante che lo sona sicuro su la parte, ed ha buona orecchia, e buon giuditio in seguitare queli che cantano[…]". Il documento indica anche che il Ghenizzi era stato al servizio del nipote modenese di Enzo, Ferrante Bentivoglio, prima di recarsi a Roma. Dopo il suo arrivo a Ferrara il cantante non lascerà più la famiglia del marchese Enzo fino alla morte, servendo contemporaneamente la Compagnia della Morte.

[187] Cfr. i documenti e le valutazioni offerte in JOHN W. HILL, *Training a Singer for Musica recitativa in Early Seventeenth-Century Italy: The Case of Baldassare*, in *Musicologia Humana*, cit, pp.345-357. Posso aggiungere soltanto un più tardo documento che forse fa riferimento per un'ultima volta a Baldassarre, in cui Ercole Provenzale informa Enzo Bentivoglio da Roma il 7.III.1620: "[…] ho cercato di Baldisera et ho trovato ch'è in Lombardia con el Duca di Fiano figlio del Cardinalle Sforza. Io vedrò il S.r Agnolo Contarino e li dirò quello che mi ha ordinato V. S. Ill.ma, e la difficoltà di trovarsi questo giovano for di Roma[…]".

[188] Nessun "Cesare castrato" figura negli elenchi dei cantori e musici pubblicati in RAFFAELE CASIMIRI, *Cantori, maestri, organisti della cappella lateranense negli atti capitolari (sec. XV-XVII)*, edizione rivista e aggiornata a cura di L. Callegari, Bologna, AMIS 1984, ad eccezione di un "Caesar Puntirolus" che era "puer cantor" nel maggio 1593: in una lettera del 23.II.1622 il padre di questi si ricordava al marchese come "Silverio Pontiralo, maestro già di Cesare di N. S. e quello che molte volte V. S. Ill.ma li comandava per quel giovine di Napoli, padre anco de quel giovinetto che cantava", come se il figlio all'epoca avesse terminato la carriera o fosse morto. L'ipotetica identificazione con il cantore romano Cesare, figlio di Annibale Zoilo, potrebbe invece essere avvalorata dall'esistenza di una lettera dello stesso cantore ad Enzo Bentivoglio in data 23.VIII.1613, in cui dichiara di accettare la proposta del marchese di porsi al servizio di un cardinale non nominato, a patto di non perdere la carica di maestro di cappella all'Ospedale di S. Spirito in Saxia (che manteneva dal 1610). Anche Zoilo partecipò alla veglia *Amor pudico* del 1614, che coinvolse molti dei nomi di musicisti romani fin qui citati.

se deve rinunciare ad ornare le sue feste ferraresi con nomi di virtuosi conosciuti. Di lì a poco l'impegno con la corte di Parma per la realizzazione del teatro Farnese distrarrà il Bentivoglio per quasi dieci anni continui, dal 1618 al 1628, causando una interruzione brusca della prassi, che sembrava ormai consolidata, dell'allevamento di giovani cantanti a Roma da poter utilizzare negli spettacoli ferraresi. Dal 1618, infatti, cessano del tutto i rapporti con Marotta e l'Ippolita,[189] dopo che erano già venuti meno quelli con Frescobaldi e con gli altri maestri e giovani allievi romani. Francesca Gruminck col marito si trasferisce alla corte torinese dei Savoia nel 1619, richiesta per il tramite del marchese ferrarese Villa, in vista delle feste nuziali del principe di Piemonte, Vittorio Amedeo, con Cristina di Francia:[190] qui giunge con Angela (certamente la stessa cantante del concertino bentivolesco di Roma) ed il marito Bonetti, prendendo alloggio presso il musicista più autorevole attivo allora a Torino, Enrico Radesca.[191] Le due cantatrici si mostrano ancora, a distanza di anni, particolarmente legate al marchese.[192]

L'ultima cantante allevata a Roma a spese del Bentivoglio, tra il 1629 e il 1630, è Antonia Monti, una giovane poverissima che doveva essere stata assai apprezzata dal marchese, probabilmente non solo per le doti canore, nel corso di uno dei suoi soggiorni romani dopo le fatiche di Parma. Antonia si mostra così sicura di sé da snobbare persino una canzonetta di Claudio Monteverdi, appositamente commissionata per

---

[189] Anche se un'ultima lettera è inviata da Ippolita ad Enzo Bentivoglio il 4.V.1624, in essa si parla soltanto di questioni economiche, dai consueti problemi della casa alle quote di monti sui beni stabili nel territorio di Bologna.

[190] Il torneo e gli spettacoli organizzati per il matrimonio del 1619 sono descritti in *Magnificences faictes en Piedmont sur le subject du mariage de Madame Chrestienne Soeur du Roy, avec Monseigneur le serenissime Prince de Piedmont*, Paris, 1619. Francesca, detta ormai "la Romana", rimase poi stabilmente alla corte di Savoia; nel marzo 1627 riceve dal principe di Piemonte 200 ducatoni "in considerazione della buona servitù che ci fa nella musica e per aiuto di costa", donativo confermato nel 1628 per lei e per la figlia (cfr. BOUQUET, *Storia del teatro Regio di Torino*, I, cit., p.19).

[191] La notizia dell'arrivo a Torino delle due cantatrici con i rispettivi mariti è in due lettere di Guglielmo Gruminck alla marchesa Caterina ed al maestro di casa Bentivoglio a Ferrara del 25.XI.1619, in cui tra l'altro informa: "noi stiamo in casa del Sig.^{or} Radesco dove stiamo tanto ben ed [è] casa onorata". Enrico Antonio Radesca (Foggia circa 1570-Torino 1625), attivo a Torino dal 1601 almeno, proprio nel 1619 era stato naturalizzato piemontese. Era la personalità musicale più di rilievo alla corte di Savoia essendo contemporaneamente maestro di cappella del duomo e della camera del duca (cfr. ROSY MOFFA, *Enrico Antonio Radesca (c.1570-1625), maestro di cappella di Carlo Emanuele I di Savoia. Precisazioni biografiche e catalogo delle opere a stampa*, "Note d'archivio", n.s., IV, 1986, pp. 119-152). Rosy Moffa mi ha cortesemente comunicato alcune note di pagamento fatte alle cantanti alloggiate in casa del Radesca: Lire 377.2.10 sono pagate nel 1620-21 alle "Musiche ferraresi" e Lire 891.8.6 "al Sig. Maestro di capella Radesca a bon conto delle spese cibarie fatte dalle musiche ferrarese e suoi maritti, come per discarigo del Serenissimo Principe delli 5 agosto 1620 e quitanza delli 6 novembre presente anno" (Torino, Archivio di Stato, Sezioni Riunite, art. 168, 1619 in 1622: cap. 2077). Inoltre in data 3.II.1623 "lire di Piemonte 729.4.6 al Maestro di cappella Radesca da pagarsi alle musiche romane e ferraresi con li mariti loro, al pittore [...]"(Torino, Archivio di Stato, Controrolo Finanze, 1623, c. 35v) "Fran.^{ca} Romana" (£. 400) e "sua figliola" (£. 200) figurano in una *Lista dei Musici di V. Amedeo Duca di Savoia* datata Torino 5.IX.1633 (Fn, Mss. Mus. 98/36).

[192] Le successive lettere di Gruminck da Torino del 9.III.1620 recano i saluti affettuosi delle due donne, insieme con particolari sui ruoli vocali loro assegnati per gli spettacoli che si allestivano allora a corte (un "campo aperto" con macchine e "cinque squadrille"). Al 20.XII.1621 risale l'unica lettera superstite di Francesca ad Enzo Bentivoglio, in cui avverte di essere invitata dal duca di Savoia a rimanere a Torino. Secondo CORDERO DI PAMPARATO, *I musici alla corte di Carlo Emanuele I*, cit., p.82, Francesca e Caterina Gruminck, indicate come "musiche ferraresi" o "romane", rimasero alla corte sabauda dal 1620 al 1652. Angela, tornata invece a Ferrara, parteciperà alle feste di Parma del 1628.

lei dal marchese Enzo nel 1630.[193] Questi sperava forse ancora di realizzare spettacoli musicali sul tipo di quelli farnesiani, ed era sempre conveniente avere nuove voci disponibili: lo dimostra l'ultimo torneo musicale a lui affidato dalla corte di Modena. Antonia, ceduta dal marchese Bentivoglio proprio al duca di Modena, compare per l'ultima volta nella corrispondenza bentivolesca nel dicembre 1633.

Negli ultimi anni della sua vita, trascorsi soprattutto a Roma, Enzo appare legato alla celebre cantante e suonatrice Leonora Baroni, figlia di quella Adrianella Basile che per anni aveva mantenuto, con lo stesso marchese, un legame che probabilmente andava al di là delle mere relazioni artistiche:[194] nella antologia di tributi poetici in onore di Leonora, stampata a Roma nel 1639, figurano versi a lei dedicati da Enzo e dai suoi figli Annibale e Giovanni; all'erede primogenito Cornelio, il marchese ferrarese raccomanda la Baroni nel suo ultimo testamento.[195]

La passione di Enzo per le canterine è del tutto analoga all'interesse per le commedianti: simile era in fondo la reputazione di quelle "sirene" nel sistema regolatore delle classi sociali e delle funzioni professionali del Seicento controriformista.[196] È probabi-

---

[193] Antonia Monti è affidata alle cure di due maestri a Roma: lo stesso Arrigo Velardi che 17 anni prima era incaricato di istruire Francesca, e un Vincenzo di cui non si svela il cognome. La storia della canzonetta commissionata per Antonia a Claudio Monteverdi è ricostruita in FABRIS, *Monteverdi, Bentivoglio, Goretti e gli altri: ancora sulle feste di Parma del 1628,*cit.

[194] Cfr. le affettuose lettere indirizzate da Adriana ad Enzo Bentivoglio da Mantova in data 21.I, 31.I.1612 e 15.VII.1613 (alle quali si rinvia in FABRIS, *Bentivoglio*, cit., p.82, nota 70). Il cardinal Borghese chiede a Vincenzo Landinelli di far intervenire il marchese Bentivoglio "[...] come gli era venuta voglia dell'Adriani che stava col Duca di Mantova, e posi pregarse V. S. Ill.ma da parte sua, che facesse ogn'opera perché venise a stare con lui che l'aveva trattata nella maniera ch'occore" (lettera del 10.III.1612); ma la risposta giunta da Ferrara allude a difficoltà del marchese Enzo ad occuparsi della questione per la gelosia della moglie: "ho anco fatto capire quanto lei ha scritto intorno all'Adriana e confissando essere vero che si davi troppo gran disgusto alla S.ra Caterina"(8.IV.1612); a sua volta il cardinale Borghese, il 24.XII.1618, informa Enzo, in procinto di recarsi a Roma, di avere presso di sé l'Adriana: "dico questo a V. S. acciò venga tanto più volentieri". Un messaggio analogo era giunto al marchese da Parma il 15.V.1618: "Qui abbiamo Florinda, che comincia a recitar diman l'altro". Sorella del celebre poeta napoletano Giambattista Basile, Adriana (Napoli 1580 circa-1641 circa), fu una delle cantatrici più ammirate del suo tempo, in grado anche di accompagnarsi con l'arpa o la chitarra. Richiesta dal duca di Mantova fin dal 1608, prese servizio presso i Gonzaga dal 1610, con frequenti apparizioni a Roma e Firenze, e restò in quella corte fino al 1624. Dopo un soggiorno a Firenze attorno al 1630, si trasferì a Roma dal 1633 con il marito Muzio Baroni e le figlie, dando vita ad un vero cenacolo artistico in casa. Ricevette l'omaggio di numerosi poeti, tra cui l'accademico Umorista Maja Materdona e il poligrafo Vincenzo Imperiale, oltre alla dedica del libro di *Ricercari* per tastiera di Giovanni Salvatore (Napoli 1641), che ne offre l'ultima notizia biografica. Cfr. ALESSANDRO ADEMOLLO, *La bell'Adriana e altre canterine del suo tempo alla corte di Mantova*, Città di Castello, Lapi 1888; REINER, *La vag'Angioletta*, cit.; ANTOLINI, *Cantanti e letterati a Roma*, cit., pp.348-360.

[195] Tra le figlie di Adriana, la cantatrice e tiorbista Leonora Baroni è la più nota, per essere stata celebrata da illustri visitatori stranieri che la conobbero a Roma, come John Milton e André Maugars, oltre che da Fulvio Testi nel 1634 e Pietro della Valle nel 1640. Con la sorella Caterina, anch'essa cantante e strumentista, Leonora fu eccezionalmente ammessa a far parte della celebre Accademia romana degli Umoristi, nel cui ambito fu allestita l'antologia di *Applausi poetici alle glorie della signora Leonora Baroni* (Bracciano, Ronconi 1639), in cui appaiono anche componimenti di Enzo Bentivoglio e dei suoi figli. Cfr. ADEMOLLO, *La bell'Adriana*, cit.; ANTOLINI, *Cantanti e letterati a Roma*, pp. 355-361.

[196] Poiché non esistono ancora studi attendibili sullo status della cantante donna nella società italiana del primo Seicento, è necessario riferirsi alla figura dell'attrice (cfr. ERIC A. NICHOLSON, *Il teatro: immagini di lei*, in *Storia delle donne. Dal Rinascimento all'età moderna*, a cura di N. Zemon Davis-N. Farge, Roma-Bari, Laterza 1995, pp.290-313) o alla più distante figura della pittrice (cfr. ELISABETH CROPPER, *Artemisia Gentileschi, la "Pittora"*, in *Barocco al femminile*, a cura di G. Calvi, Roma-Bari, Laterza 1992, pp. 190-218).

le che in molti casi il marchese ferrarese non si sia fatto scrupolo della giovane età o dello stato di una o l'altra delle ragazze scelte per essere avviate alla professione del canto. La sua personale reputazione in questo campo era fin troppo nota, in particolare ai suoi servitori.[197] La già citata Virginia Ramponi Andreini, in arte Florinda, rischia nel 1611 di coinvolgerlo in uno scandalo per il folle ed ostinato tentativo di Enzo di far recitare la sua compagnia a Roma, nonostante i divieti papali: "non lo faccia per vita sua perché oltra alla spesa ci va all'ingrosso della sua reputatione", gli raccomanda il prudente agente alla corte pontificia Landinelli, e prosegue "codesta puttana vadasi a far montare a Venezia".[198] Florinda comunque riceve la protezione del Bentivoglio per ottenere altre piazze, almeno fino al 1618.[199] Numerose sono le altre capocomiche che si rivolgono al marchese con toni di estrema confidenza se non di intimità. Ma naturalmente troviamo anche lettere di comici maschi, e dei più rinomati del tempo, a testimoniare che la passione di Enzo per la commedia dell'arte fu, soprattutto tra il 1610 e il 1630, sincera ed in alcuni momenti appassionata alla pari di quella per gli spettacoli musicali ed equestri.

Quanto agli strumentisti ed ai compositori che in gran numero passano in casa Bentivoglio, tra Ferrara e Roma, e quindi attraverso la corrispondenza, dovremo distinguere i tanti casi di "prestazioni occasionali" dai pochi realmente assunti al servizio di Enzo Bentivoglio, anche questi ultimi quasi sempre con incarichi ufficiali non mu-

---

[197] Si legga, tra i tanti esempi, la lettera inviata ad Enzo da un suo compagno di scorribande notturne, Giulio Dominichetti da Cavernago, il 23.X.1617: "Cazzo è pur vero che il S.r Encio non pol aver paciencia a tenere la putta per la mano, che subito vorebe montar in cropa; sebene non ho mandato così subito la lettera al S.r Gaudenzo, son stato perché desiderava di presentarla io, ma perché il S.r Conte ha bisognio che vada anco sino a Milano, mi ha inpedito l'andar io a Riva, dove questa matina l'ho inviate per la via di Bressia che spero l'averà questa settimana, e se averà piu cervello di me respondirà V. S. Ill.ma quanto prima avendoli scritto che la desidera, e spero che lo farà. Del S.r Gallo son sicuro che, se sarà venuto il suo canbio, verà volentiera a servir l'uno e l'altro Signori et io spero a quel tempo di ritrovarmi a Cavernago, o vero a Leno e, se sarò avisato, verò più che volentiera a servir V. S. Ill.ma e in barca [avremo] carte e fiaschi con bon vino, che di cazzi non ne mancarà davanti e di dietro. Come sarò a solo procurarò la informazione per la feraressa, e subito ne darò aviso a V. S. Ill.ma [...]". L'indiscrezione delle lettere consente d'intuire episodi come quello legato alle "Signore Camille", a Roma nel marzo 1620: Enzo Bentivoglio era stato scoperto "in un grand'intrigo con queste donne" e una "ruffianeria segreta", ossia una lettera scrittagli da quelle donne era stata scoperta dal principe Peretti (lettere del 14.III e 8.V.1620).

[198] Cfr. le lettere allarmate di Vincenzo Landinelli al marchese Enzo in data 19.III e 23.III.1611 (parzialmente citate in FABRIS, *Frescobaldi*, cit., p.77, nota 48). Drammatica è la reazione della marchesa Caterina rispetto alla manifesta intenzione del Bentivoglio di procedere comunque nel suo tentativo di portare a Roma Florinda (2.III.1611): "[...] non sarà il Sig. Padre posso che sprechi il suo dietro alla Delia, che S. S. [Enzo] farà una altra fogia: manterà tuta la compagnia per aver Florinda a Roma a sua voglia. Forsi che si trata di 25 scudi? Ma sono 2000 e 500, e si vorà puoi guardare in tor una dona che genera i figlii [...] io vorei eser soto tera, fora di questo mondo [...]". L'allusione a Delia (Camilla Rocca Nobili, comica Confidente, morta nel 1613), sembra riferita ad una simile passione per le attrici del padre del destinatario, forse il nipote Ferrante Bentivoglio a Modena. Virginia Ramponi (1583-1628/30), in arte "Florinda", moglie di Giovan Battista Andreini, divenne celebre nel 1608 per aver interpretato la protagonista nell'*Arianna* di Monteverdi a Mantova. A quell'anno risale la prima lettera al marchese Bentivoglio già ricordata. Nel 1604 l'Andreini aveva fondato la Compagnia dei Fedeli, che nel 1612 (e probabilmente ancora nel 1618) furono chiamati da Enzo Bentivoglio a Ferrara. Nel 1618 Florinda fu definita in un poemetto milanese "La Sirena del mar Tirreno" e ricevette altri elogi poetici rimasti, al contrario di quanto accaduto alle Basile, in manoscritto.

[199] Cfr. la sua lettera al marchese Bentivoglio, non datata, ma riferita agli inizi del 1618 (*AB*, 105, c.7) e l'altra lettera, a destinatario non indicato, in data 25.XI.1618 (in cui elenca una serie di richieste per poter svolgere con sicurezza i propri spettacoli a Ferrara)

sicali. Tra gli occasionali, si contano i maestri impegnati per le cantatrici o i cantanti già menzionati: Frescobaldi, Marotta, Orazietto, Giovan Maria Nanino, Ghenizzi, Machiavelli, Annibale Roca, Arrigo Velardi. I compensi percepiti da tali insegnanti sono minimi,[200] quando non meramente simbolici, basati principalmente sul baratto (servizio in cambio di autorevole protezione o specifici interventi di raccomandazione). Soltanto i coniugi Marotta risiedono temporaneamente in casa Bentivoglio, per problemi contingenti: gli altri maestri si presentano per le lezioni o addirittura, come Frescobaldi, esigono che gli siano accompagnati a casa gli allievi. Alcuni musicisti compaiono soltanto come consulenti ai quali si rivolge il marchese per procacciare cantanti, strumentisti o musiche: i nomi sono spesso autorevoli, da Luigi Rossi[201] ad Ottavio Catalani,[202] da Orazio Michi a Giovan Girolamo Kapsberger.[203] Altre volte sono gli artisti a rivolgersi per raccomandazioni al Bentivoglio: è il caso di Bellerofonte Castaldi.[204] Collaboratori musicali occasionali sono quelli impegnati per le feste organizzate dal Bentivoglio a Ferrara per il carnevale: a parte i tentativi quasi sempre falliti per procurarsi cantanti già affermati, si tratta di personaggi legati al marchese Enzo da gratitudine, interesse o necessità, soprattutto cantanti e strumentisti al servizio delle maggiori istituzioni musicali ferraresi, più raramente prestati da Bologna o da Modena.

Fino a questo momento il discorso ha coinvolto quasi esclusivamente l'ambiente musicale romano dove, dopo la breve esperienza del "concerto di dame", Enzo Bentivoglio aveva stabilito il suo vivaio di giovani voci da utilizzare negli spettacoli ferraresi. Ma è sufficiente riassumere brevemente la situazione della musica a Ferrara nei primi decenni del secolo XVII, per evidenziare il ruolo attivo svolto anche in patria dal marchese. Dopo la dissoluzione della cappella musicale di Alfonso II, i tanti musici che ne facevano parte ai più diversi livelli si trovarono improvvisamente a dover risolvere un'angosciosa situazione di disoccupazione. I più rinomati non ebbero problemi, poiché furono immediatamente assunti da altre corti (Modena, Mantova) o dai cardinali ro-

---

[200] Le paghe ai musici non sono quasi mai indicate nei documenti. Un'idea approssimativa può essere data dal compenso proposto, su suggerimento di Marotta, per convincere Arrigo Velardi nel giugno 1613 ad occuparsi della preparazione vocale e strumentale di Francesca: 4 scudi, equivalente a quanto il maestro avrebbe preso da due scolari.

[201] La lettera al Bentivoglio del 26.I.1620, in cui Rossi riferisce di aver convinto "quel giovane dell'arpa" a lasciare Napoli per recarsi al servizio del marchese, è l'unica finora individuata di questo grande protagonista della vita musicale del Seicento ed è anche la prima prova documentaria del suo trasferimento a Roma anteriormente al 1620 (cfr. FABRIS, L'arpa napoletana, cit., p.218).

[202] Il Catalani, organista e compositore, alternava agli incarichi presso istituzioni romane, come il Collegio Germanico e l'Oratorio del Crocifisso, il servizio alle dipendenze della famiglia Borghese, in particolare del cardinale Scipione e del principe Marc'Antonio. Nel 1615 è coinvolto nel tentativo di convincere il castrato Cesare a partire per Ferrara: nei documenti si fa riferimento a numerose lettere scritte tra il Catalani ed Enzo Bentivoglio sulla vicenda, che non sono sopravvissute.

[203] Il rapporto è gestito attraverso Vincenzo Landinelli: questi descrive il 3.XI.1610 un'esibizione di Kapsberger in casa del cardinal Bevilacqua e due mesi più tardi, il 2.I.1611, annuncia che invierà al più presto le sonate per tiorba richieste al virtuoso tedesco (cfr. VICTOR COELHO, G. G. Kapsberger in Rome, 1604-1645: New Biographical Data, "Journal of the Lute Society of America", XVI, 1983, pp.103-133: 114-15).

[204] Girolamo Fioretti informa da Roma Enzo Bentivoglio il 13.VI.1615: "[...] Quanto alla grazia del S.ᵣ Bellerofonte Castaldi, raccomandato dal S.ᵣ Ferrante [il nipote modenese di Enzo], credo che molto difficilmente potrìa ottenersi, essendo negozio spettante all'Inquisizione, nella quale dove si tratta di graziare e mitigare pene a' condannati, non se ne vede mai il fine [...]". L'incidente religioso a cui si fa riferimento ben si attaglia al carattere burrascoso del musicista modenese.

mani, come avvenne per Luzzaschi, Ercole Pasquini e i Piccinini. Quelli rimasti in Ferrara, esauriti presto i superstiti luoghi istituzionali (i più prestigiosi erano i posti di organista e maestro di cappella della cattedrale), furono in gran parte assorbiti da nuove istituzioni musicali che non casualmente sorsero subito dopo la devoluzione della città allo stato pontificio nel 1598. Tali istituzioni nacquero in seno a più antiche confraternite assistenziali, ma si denominarono orgogliosamente "accademie", in memoria della gloriosa tradizione estense che nel Cinquecento aveva promosso l'attività dei Concordi, dei Rinnovati, della Fabiana e perfino di accademie nei monasteri femminili:[205] esisteva una vera competizione tra l'Accademia della Morte, fondata nel 1592, e quella dello Spirito Santo, creata nel 1597. A queste si aggiunse nel 1601 quella degli Intrepidi, questa volta un'accademia nel vero senso della parola, ma con una spiccata propensione per le questioni musicali e l'organizzazione teatrale. Inoltre nei primi decenni del Seicento si costituirono nuove confraternite, di S. Carlo, delle Stimmate, del Rosario, di cui è testimoniata una qualche attività musicale, in aggiunta alla compagnia del SS. Sacramento, attiva in cattedrale fin dalla metà del secolo XVI.[206] Per non parlare delle esecuzioni domestiche nei palazzi nobiliari, tra cui colpiva la vera e propria accademia familiare del collezionista Goretti, e delle tante chiese e cappelle conventuali cittadine. Ben poteva scrivere un cronista che la Ferrara degli inizi del Seicento risuonava delle tante accademie in musica:[207]

> [...] Nelle case de' cittadini si cantò e suonò in guisa ch'ogni padre havea quasi tutti li suoi figlioli cantori e la città si potea dire una sola accademia, in cui oltre la musica fiorivano le dottrine tutte e le più isquisite e belle lettere che fussero nell'Italia [...]

Ben due delle ricordate accademie ferraresi erano sorte sotto il patrocinio della famiglia Bentivoglio: gli Intrepidi, cui ho già accennato, e l'Accademia dello Spirito Santo, che sarebbe stata fondata da Guido Bentivoglio, poco prima dell'arrivo del corte papale in città; come esprime bene l'emblema di questa Accademia, essa si specializzò presto nell'attività musicale, dotandosi di alcuni musici stabili e di un maestro di cappella.[208] Il primo maestro conosciuto, dal 1610, è il siciliano Alessandro Grandi;[209] gli

---

[205] Le informazioni su queste accademie sono riassunte, sulla base della bibliografia specifica ferrarese (per esempio le *Notizie delle Accademie Ferraresi*, Biblioteca Comunale Ariostea, ms. Antonelli 202), in MELE, *L'Accademia dello Spirito Santo*, cit., pp.9-10.

[206] Cfr. ENRICO PEVERADA, *"De organis et cantibus". Normativa e prassi musicale nella chiesa ferrarese del Seicento*, "Analecta pomposiana", XVII-XVIII, 1992-93, pp.109-151: 116-118.

[207] GASPARO SARDI, *Libro delle Historie Ferraresi[...] Con una nuova Aggiunta del medesimo Autore. Aggiuntivi di più quattro Libri del Sig. Dottore Faustini fino alla Devolutione del Ducato di Ferrara alla Santa Sede*, Ferrara, Gironi 1646, p.89 (cfr. PEVERADA, *"De organis et cantibus"*, cit., p.114, nota 22).

[208] Ho già citato le notizie sulla fondazione dell'Accademia e sui suoi emblemi a proposito di Guido Bentivoglio. Per ogni particolare sull'organizzazione musicale dello Spirito Santo e la relativa bibliografia mi limito a rinviare a MELE, *L'Accademia dello Spirito Santo. Un'istituzione musicale ferrarese del sec. XVII*, cit.

[209] Le notizie biografiche sugli esordi di Grandi sono assai lacunose. Essendo assunto all'Accademia della Morte verso la fine del Cinquecento come "soprano", si è sostenuto che fosse allora giovanissimo, tanto più che nel suo *Primo libro di mottetti* del 1610 Grandi definisce quelle composizioni come "primi parti". Ma non esistono prove documentarie che escludano che il musicista fosse già in età matura al momento del suo arrivo a Ferrara: si potrebbe allora ipotizzare l'identificazione con l'omonimo Alessandro Grandi, corrispondente da Roma, intorno al 1585, della famiglia Bentivoglio.

successe nel 1615 Ignazio Donati e più tardi, dal 1620 al 1626, Giovan Battista Crivelli. Nel frattempo anche l'Accademia della Morte, che già nel 1596 contava su una ventina di musici, si era dotata di un maestro di cappella: probabilmente il francescano Giulio Belli dal 1597, poi il citato Alessandro Grandi, quindi l'ex musico ducale Paolo Isnardi (1605-08) e altri artisti meno rinomati. Ai pochi cantori e strumentisti stabili della Morte, si aggiungevano nelle feste principali musici chiamati da altre città (Bologna, Mantova, Reggio, Modena, Fidenza, Novellara e perfino Milano, Roma e Venezia).[210] La maggiore solennità celebrata dalla Morte era la festa della S. Croce, il 3 maggio, mentre lo Spirito Santo festeggiava naturalmente la Pentecoste. La gara musicale tra le due confraternite-accademie, che continuamente tentavano di strapparsi reciprocamente esecutori e pubblico, giunse a tale livello di tensione da richiedere l'intervento del cardinal Serra, legato di Ferrara, il quale emanò il 27 gennaio 1617 un decreto per regolamentare i rapporti tra le due istituzioni.[211] Il legame diretto rivendicato con la disciolta cappella cinquecentesca di Alfonso fu ribadito simbolicamente dal trasferimento temporaneo dell'Accademia dello Spirito Santo nella cappella ducale in castello, durante i lavori di ricostruzione della chiesa omonima, abbattuta nel 1616 e ricostruita nel 1625.[212] In entrambe le accademie è attivo come tiorbista e consulente musicale Antonio Goretti, che abbiamo già definito come un membro acquisito della famiglia di Enzo Bentivoglio.[213] In alcuni casi limite, la concorrenza delle due accademie rischia di danneggiare lo stesso marchese nell'organizzazione delle sue feste ferraresi. Il già ricordato Giovanni Ghenizzi, cantante dell'Accademia della Morte, era uno dei pochi musici fissi nella famiglia del marchese Bentivoglio: le speranze di Enzo di ottenere il figlio castrato Ludovico al posto del padre, dopo la sua morte nel 1620, furono frustrate dalla stessa accademia.[214] Ma nella maggior parte dei documenti Enzo appare come un autorevole protettore, soprattutto nella sempre affannosa ricerca di nuove voci per le festività principali.[215]

---

[210] Le notizie sull'organizzazione e le attività musicali dell'Accademia della Morte sono tratte da CALESSI, *Ricerche sull'Accademia della Morte di Ferrara*, cit., che integra e discute la bibliografia precedente antica e recente.

[211] Cfr. MELE, *L'Accademia dello Spirito Santo*, cit., p.13 e nota 33.

[212] *ibid.*, e nota 32.

[213] Per la Morte cfr. CALESSI, *Ricerche sull'Accademia della Morte*, cit., p.27 (nel 1628 sono registrati "chitaroni dei Signori Goretti e Don Giovanni Pittoni"). Il ruolo di Goretti nelle scelte di cantori e strumentisti per lo Spirito Santo emerge invece dalle lettere dell'Archivio Bentivoglio.

[214] Cfr. lettera di Enzo Bentivoglio del 20.I.1620 (Modena, Archivio di Stato, Cancelleria Ducale, Particolari: Enzo Bentivoglio, f.138).

[215] Per lo Spirito Santo valga la lettera inviata a Ferrara da Enzo Bentivoglio il 16.XI.1619: "[...]La Compagnia nostra del Spiritu Santo ha ricercato qui [a Roma] un maestro di capela il quale ha fato da un amico mio ricercarmi ch'io voglia intendere che cosa dovrà fare e la provigione che dovrà avere [...] L'amico che me ne ha parlato mi fa fedde essere valentuomo e che le darà sicuramente sodisfazione; ed io che voglio bene alli fratelli volentieri, ho scritto queste due righe [...]" (ma, secondo una successiva lettera di Enzo del 30.XI.1619, la raccomandazione non andò in porto perché i confratelli dello Spirito Santo preferivano concentrarsi sulle spese della costruzione della nuova chiesa e lasciar stare "le altre spese superflue" come quella del maestro di cappella: a questa carica fu eletto, nello stesso anno, il reggiano Giovan Battista Crivelli). Per la Morte leggiamo la lettera di Enzo alla moglie Caterina del 2.III.1629: "Il S. Cesare ha inteso, che D. Giovanni non serve in chiesa nostra per mastro di capella, [e] m'ha mandato ad informarsi come ha passato il negotio; se gli è risposto che V. S . Ill.ma disse che, per conto della musica, ella harebbe parlato col S.r Goretto, e che io le ricordai la Compagnia della Morte alla quale eravamo abbligati, onde ella disse, che harevve detto al S.r Goretto che li intendesse con quelli della Morte [...]".

Esiste beninteso una netta demarcazione tra le attività musicali ferraresi e quelle promosse dal marchese Bentivoglio, che deriva dall'assoluta dedizione di quest'ultimo all'organizzazione di spettacoli profani di tipo cavalleresco, contro la dominante produzione cittadina di musica sacra.[216] Ciò non significa un totale disinteresse di Enzo Bentivoglio per le questioni religiose: era invece protettore particolare dei cappuccini, per i quali nel 1612 fece costruire un nuovo convento a Ferrara, intitolato a San Maurelio, al quale dimostra una sincera devozione.[217] Simile protezione era estesa in casi particolari alle religiose di conventi ferraresi o di altre città.[218] Divenuto marchese di Gualtieri, dopo la morte del fratello Ippolito nel 1619, Enzo si preoccupò della gestione del locale convento di S. Andrea.[219] La chiesa di Gualtieri era trattata esattamente come una delle confraternite-accademie di Ferrara: in quanto feudatario, Enzo ne era il "principe", con autorità tanto sulle decisioni amministrative e legali, quanto in materia di decoratori, pittori, cantori e strumentisti.[220] Il fratello Ippolito aveva per primo nominato come podestà di Gualtieri, nel 1617, un nobile musicista di Reggio, Domenico Maria Melli. Enzo ne conferma la carica fino a quando, nel 1623, Melli non lascia Gualtieri per un altra sede.[221] Il palazzo Bentivoglio, tuttora in buono stato

---

[216] Si scorra la panoramica offerta (sulla base dei documenti e delle pubblicazioni musicali esistenti, per lo più di musica sacra) in HARRIET A. FRANKLIN, *Musical Activity in Ferrara, 1598 to 1618*, Ph. D. diss., Brown University 1976, in particolare Part III, 6-7, Part IV, 9-10, da integrare con i pregevoli studi di ENRICO PEVERADA, *La musica nella cattedrale di Ferrara nel tardo Cinquecento*, "Analecta Pomposiana", VIII, 1983, pp. 5-21; ID., *"De organis et cantibus". Normativa e prassi musicale nella chiesa ferrarese del Seicento*, cit. Per ricostruire nei suoi diversi aspetti la situazione della musica a Ferrara nei primi decenni del Seicento sono ancora indispensabili gli studi di ADRIANO CAVICCHI, *Contributo alla biografia di Arcangelo Corelli*, Ferrara 1961; ID., prefazione a LUZZASCO LUZZASCHI, *Madrigali*, cit.; ID., *Per far più grande la meraviglia dell'arte*, cit.; LORENZO BIANCONI, prefazione a PIETRO MARIA MARSOLO, *Secondo libro dei madrigali a quattro voci opera decima 1614 [...]*, Roma, De Santis 1973.

[217] Cfr. SOUTHORN, *Power and Display*, cit., p.79 e nota 28. Nel 1625 Enzo e la moglie Caterina diverranno inoltre protettori particolari dei Teatini di Ferrara (*ibid.* e nota 29).

[218] La protezione accordata ad alcuni monasteri femminili può essere messa in relazione con le due figlie di Enzo che si trovavano in convento, Anna e Margherita; anche i collaboratori più stretti del marchese avevano figlie o parenti tra le mura monastiche, per le quali chiedevano favori e protezione: si pensi alla celebre suora compositrice Vittoria, figlia di Giovan Battista Aleotti (cfr. VITTORIA ALEOTTI, *Cinque madrigali a 4 voci miste*, premessa e trascrizione di G. Gialdroni, Roma, Pro Musica Studium 1986, pp.5-11) ed alla splendida tradizione musicale del monastero di San Vito.

[219] I lavori della costruzione di Sant'Andrea, avviati da Ippolito Bentivoglio nel 1612, furono terminati nel 1616, con l'ingresso dei primi padri francescani. È probabile che tra i primi ospiti del convento fosse già il padre Ludovico Viadana, celebre compositore, morto secondo le cronache monastiche del suo ordine proprio nel convento di Gualtieri nel 1623. Ho rintracciato una labile ma interessante traccia di un antico rapporto tra Ippolito e padre Viadana a Gualtieri, risalente al 1603, in cui è implicato il principe Carlo Gesualdo da Venosa.

[220] La ricerca di un mansionario della collegiata di Gualtieri che sapesse anche cantare e suonare l'organo occupa, ad esempio, numerose carte del 1617, coinvolgendo, oltre al marchese Enzo, il prevosto di Gualtieri Jacopo Sogliano e numerosi consulenti a Modena, Bologna, Parma e Reggio.

[221] Domenico Maria Melli (Reggio 1572-post 1631) era stato cantore della cappella della cattedrale di Reggio fino al 1600 ed era dottore in legge, come si apprende dal frontespizio delle sue *Prime Musiche* (Venezia, Vincenti 1602). Grazie alla laurea ottenne la nomina a podestà di Gualtieri (in data 19.VIII.1617: *AB*, 96, c.412) per tre anni, fino al 1620. In una lettera a Enzo Bentivoglio del 7.I.1619, Melli annuncia di essere stato nominato anche priore della Compagnia della Morte di Reggio. Delle tante lettere di Melli da Gualtieri, conservate nell'Archivio Bentivoglio, questa è l'unica a trattare di argomenti anche musicali: "[per la festa della Madonna di Reggio] e perché nelle musiche vi sarà che fare, né così facile sarà il trovar musici, desidero che V. S. mi faccia gratia del Ghinicini [= Ghenizzi?] suo, che oltre favorirà me che le son servitore

di conservazione in quella cittadina, appare nei documenti come una vera residenza estiva principesca, con spettacoli teatrali, esibizione di musici per ospiti illustri, continui interventi di pittori e restauratori. Le celebrazioni del cardinalato di Guido Bentivoglio, nel 1621, rappresentano una delle occasioni di organizzare balli e commedie.[222]

Lasciando da parte per il momento le occasioni "esterne" (tornei e spettacoli organizzati per Modena e Parma), i luoghi della musica, negli itinerari della famiglia Bentivoglio, erano dunque il palazzo romano, quello di Gualtieri, in minima parte la residenza estiva di Castel Bentivoglio sulla via di Bologna, dopo il 1619 anche il palazzo di Modena, ma soprattutto la più dinamica situazione di Ferrara: oltre al palazzo di famiglia, qui si contano le accademie (e relative chiese) dello Spirito Santo, della Morte, gli Intrepidi con i due teatri, e poi casa Goretti, il duomo, le altre chiese e conventi. Per tutte queste occasioni di musica, quasi inesistenti erano i musicisti stabili, ricorrendo il marchese continuamente a prestiti esterni di cantanti, strumentisti e anche di musiche da rimaneggiare. Vi erano però i membri stessi della famiglia in grado di suonare strumenti, cui fanno riferimento i continui ordini di corde e di strumenti nell'arco di quarant'anni: chitarre, liuti, arpe, tiorbe, clavicembali. Oltre alla marchesa madre Isabella, al Goretti, a personaggi legati per alcuni anni stabilmente alla famiglia, come le cantanti Angela e Francesca, il Ghenizzi, e pochi altri, è giunto il momento di occuparci dei musicisti coinvolti in una più stretta situazione di servitù con Enzo Bentivoglio.

La corrispondenza bentivolesca mostra una particolare predilezione per i liutisti. Molti dei grandi virtuosi di liuto del tempo risultano in più o meno stretta relazione con i Bentivoglio: i fratelli Piccinini, Kapsberger, Ippolito Fiorini, Pietro Paolo Melli, Bellerofonte Castaldi, Sigismondo d'India, Ippolito Macchiavelli, Giovanni Ghenizzi, più tardi Benedetto Ferrari. A favorire questa propensione per le corde pizzicate giocava anche la passione di Ippolito Bentivoglio e del computista di casa tra Modena e Gualtieri, Niccolò Fiorelli, ma soprattutto il coordinamento esercitato da Antonio

---

non perderà egli, poiché lo farò trattare come merita: starà meco, e sarà sotto la custodia mia[...]". Dopo il 1620 compare ancora a Gualtieri, ma non più come podestà, poiché si firma "capitano" o anche "dottore". Cfr. FRANCESCA TORELLI, *Una prima documentazione sui Melii, musicisti di Reggio Emilia*, "Il Flauto dolce. Rivista per lo studio e la pratica della musica antica", X-XI, 1984, pp.35-39, che cita l'opuscolo di A. MORI, *Podestà, governatori e sindaci di Gualtieri dal 1567 al 1920*, Guastalla 1920. Oltre alle *Prime*, Melli pubblicò anche *Le Seconde Musiche* (Venezia, Vincenti 1602) e *Le Terze Musiche* (Venezia, Vincenti 1609). La lettera più interessante tra quelle scritte ad Enzo è scritta da Sassuolo il 23.II.1623: chiede l'intervento del marchese per poter rientrare in possesso di alcuni suoi rari "libri d'istorie volgari", sottrattigli con inganno da un fiscale di Gualtieri, dei quali allega una lista (si tratta di celebri romanzi cavallereschi, di rime del Tasso, un Petrarchino, l'*Arcadia* del Sannazaro e varie commedie). L'ultima lettera al marchese è scritta invece da Brescello l'11.VI.1631, con informazioni biografiche finora ignote: era al servizio del Duca di Mantova, destinato alla carica di Podestà di Castiglione di sotto, aveva un figlio appena sposato ed era ancora legato ai Bentivoglio.

[222] Come scrive un informatore da Gualtieri alla marchesa Caterina Bentivoglio il 21.I.1621, dopo la notizia dell'elezione a cardinale di Guido "[...] tutti di Gualtiero in generale n'hanno sentito grandissima allegrezza, e per segno, si sono fatte allegrezze con fuochi, illuminationi e combattimenti di soldati, maschere, festi si è corso all'anello, e al'oca, e si metti all'ordini una bellissima comedia, e si io potrò farò anch'io balletti, e maschere [...]". Fin dal 1603, quando giungono a Gualtieri Caterina Bentivoglio e un'altra dama, si parla di commedie recitate nel palazzo Bentivoglio in estate. Il 21.I.1606 si recita una "commedia di giovani". Numerose sono inoltre le mascherate, i balli e i festini (a volte scandalosi) di cui giunge eco a Ferrara attraverso la corrispondenza.

Goretti, suonatore e collezionista di liuti e tiorbe. Girolamo, Alessandro e Filippo Piccinini avviano la loro collaborazione con i Bentivoglio a Roma, dov'erano stati portati fin dagli inizi del secolo XVII dal cardinal nipote Aldobrandini.[223] Ciascuno di loro, per la famiglia ferrarese, svolge ufficialmente compiti extramusicali: Girolamo cura gli affari amministrativi di Guido Bentivoglio, occupandosi di carrozze, cavalli, servi e vendite, seguendo poi il nunzio nel viaggio a Bruxelles; Filippo, l'unico a restare stabilmente alle dipendenze dell'Aldobrandini dopo l'elezione del nuovo papa Borghese, accompagnando il suo padrone in Romagna nel 1607, non manca di occuparsi di uva a Ravenna per conto di Enzo; Alessandro, infine, entra per alcuni anni nei libri paga della casa romana del marchese come musico ed insegnante, ma per la maggior parte le numerose lettere ne testimoniano l'attività di consulente per la scelta e spedizione, da Bologna a Roma o a Ferrara, di quadri, mobili, giovani cantanti e soprattutto vini, dei quali si dimostra particolarmente esperto.[224] Il reggiano Pietro Paolo Melli, paren-

---

[223] I tre fratelli erano figli di Leonardo Maria, bolognese, che aveva trasferito la famiglia a Ferrara dal 1582: Alessandro (1566-ante 1638), Girolamo (1573-1610) e Filippo (1576-1648). A partire dal luglio 1598 Filippo Piccinini firma a nome suo e dei fratelli le ricevute dei mandati di pagamento per il servizio presso il cardinal Aldobrandini (cfr. ANNIBALDI, *Il mecenate politico*, cit., I, pp.81-ssg.; II, p.124 e nota 98, dove risulta il trasferimento a Ravenna nel 1605-06 e il servizio del solo Filippo fino al 1610). Già il 10.I.1610 Filippo è a Torino, musico di camera del principe di Piemonte che seguirà nel viaggio in Spagna del 1613 (CORDERO DI PAMPARATO, *I musici di Carlo Emanuele I*, cit., p.48). Si pensava che fosse rimasto poi stabilmente nella penisola iberica dopo quella data, ma le lettere bentivolesche rivelano che, nell'ottobre del 1614, Filippo era a Bologna, coinvolto in una lite familiare con i fratelli Alessandro e Vittorio. Nel 1616 era nuovamente in Spagna, unico suonatore di arciliuto nella cappella reale di Madrid, nei cui ruoli figura ancora nel 1628 (PAUL BECQUART, *Musiciens Néerlandais à la cour de Madrid. Philippe Rogier et son école (1560-1647)*, Bruxelles, Académie Royale de Belgique 1967, pp.164 e 178; DINKO FABRIS, *Andrea Falconieri Napoletano. Un liutista-compositore del Seicento*, Roma, Torre d'Orfeo 1987, p.38). Era tornato definitivamente a Bologna agli inizi del 1631, passando per Ferrara, come risulta dalla sua lettera ad Enzo Bentivoglio del 9.VI.1631. L'atteggiamento di Filippo al ritorno dall'esperienza spagnola è ricordato ancora a trent'anni di distanza da MALVASIA, *Felsina Pittrice*, cit., II, p. 370: "[...] un de' duo Liutisti Piccinini che, tornatosene anch'egli alla sua Patria Bologna, dopo aver servito per sonatore al Re antecessore, carico di regali, e di mercede, mai più aveva toccato liuto".

[224] Per l'attività di Alessandro Piccinini fino alla morte di Alfonso II cfr. le citate opere di NEWCOMB, *The Madrigal*, cit., I; DURANTE-MARTELLOTTI, *Cronistoria del concerto*, cit.; ID., *Un decennio di spese musicali*, cit.; i primi anni al servizio dell'Aldobrandini a Roma in ANNIBALDI, *Il 'mecenate politico'*, cit., I, pp.81-ssg. e II, p. 124; per il concertino Bentivoglio a Roma: NEWCOMB, *Frescobaldi*, cit.; FABRIS, *Frescobaldi*, cit. Tornato a Bologna con la moglie nel 1611, ricusa di sostituire lo scomparso fratello Girolamo come liutista al servizio dei Bentivoglio: "e se mia molie [Cornelia] non stesse ancora alquanto male, io sarei venuto a Ferara in cambio di mio fratello" (lettera a Enzo Bentivoglio del 15.XI.1611). Nel 1612 si accenna ad un ragazzo di nome Paulo, forse un nipote, che non accetta di inviare a Ferrara al Bentivoglio perché ancora troppo inesperto come musicista. Il 1614 è un anno inquieto, poiché si uniscono i fratelli Filippo e Vittorio (personaggio di cui si ignoravano dati biografici) per denunciare la redditizia attività di Alessandro come maestro privato in casa di liuto. Segue una lunga pausa di notizie biografiche fino al 1620, quando ancora una volta trova un pretesto per rifiutare l'invito a servire come musicista il marchese a Ferrara. Delle oltre 50 lettere di Piccinini rinvenute nell'Archivio Bentivoglio, poche affrontano questioni musicali, limitandosi per la maggior parte a informazioni sui vini, su oggetti d'arte, mobili etc., in virtù della posizione strategica di Bologna sulla via tra Ferrara e Roma. Apprendiamo almeno l'indirizzo bolognese del musicista, ma soprattutto alcuni particolari sulle sue scelte compositive: "su la teorba non ho mai fatto niente, se non per Giorgio certe cosette cavate dal leuto le quale ognuno le ha in Ferara", scrive al Bentivoglio il 27.VIII.1614. Nella stessa lettera informa: "Io son dietro a una inpresa cioè di far intaliare un libro da sonare di lauto che già cominciai a scrivere sino a Roma: per stampare sarà di gran spesa, non ho dubio di guadagnarli dentro". Il riferimento è al suo *Primo libro*, che in realtà sarà pubblicato a Bologna soltanto nel 1623. Alessandro Piccinini ha conquistato un posto di rilievo nella storia della musica a cavallo tra Cinque e Seicento anche per l'invenzione della tratta lunga al manico del liuto, ovvero del tipico arciliuto secentesco: uno dei prototi-

te del compositore Domenico Maria Melli, scelto da Ippolito Bentivoglio come podestà di Gualtieri, entra in relazione epistolare con Enzo dalla corte d'Austria, dov'era
stato assunto nel 1612 come "lautinista, e musico di camera" dell'imperatore Mattias,
per restarvi fino alla morte di questi nel 1619. Da Praga e Vienna il liutista invia, dal
1617 al 1619, lunghi e dettagliati dispacci di carattere giornalistico o politico sulla
situazione in fermento in quelle zone dell'impero, ma senza mai un minimo accenno
a questioni musicali.[225] Esiste peraltro la minuta di una lettera di risposta del marchese Bentivoglio, in cui chiama il liutista "Molto Magnifico Signore come fratello" (formula simile a quella usata da Ippolito Bentivoglio con Domenico Maria Melli).[226]

Sigismondo d'India nel 1627 era uno dei candidati possibili all'assegnazione delle
musiche da comporre per l'inaugurazione del teatro Farnese di Parma, poi affidate a
Monteverdi. Per perorare la sua causa, il siciliano non manca di ricordare al marchese
Enzo, al quale è affidata la scelta del compositore, la sua antica collaborazione artistica, per la quale fornisce un dato preciso: l'allestimento degli intermedi del Guarini
per *La Bonarella* che si sarebbe dovuto realizzare a Ferrara nel febbraio 1612, ma che
non ebbe luogo.[227] Non bastò questo episodio per convincere il Bentivoglio ad affidargli l'incarico (d'India morì a Modena due anni più tardi).

Le feste di Parma furono anche l'ultima occasione per riallacciare l'antico rapporto
di collaborazione con Girolamo Frescobaldi, che gli studiosi ritenevano definitivamente
interrotto nel 1615 dopo l'infruttuoso tentativo di istruzione di Baldassarre.[228] L'arco
vitale ed esistenziale di Frescobaldi scorre praticamente parallelo a quello di Enzo e
Guido Bentivoglio, i suoi primi protettori, ai quali l'organista deve certamente il suo

---

pi fu lasciato ad Antonio Goretti e finì con la collezione strumentale di questi in Austria. L'ultimo documento diretto riferito al liutista bolognese cita un nuovo strumento inventato da Piccinini (forse corrispondente alla "pandora" di cui egli rivendica l'ideazione nel suo libro del 1623, p.5): "È qui il S.r Alessandro
Piccinini che, con la solita sua amorevolezza, è quasi ogni giorno dal S.r Card.le, che sente gran gusto dal
suono di quel suo nuovo instromento, che non si può sentire armonia più soave[…]" (lettera di Livio Moricami da Roma del 16.VI.1627).

[225] Su Pietro Paolo Melli (Reggio 1579-post 1623) cfr. FRANCESCA TORELLI, *Una prima documentazione sui Melii*, cit., che cita soltanto 2 delle 5 lettere del liutista accolte nell'Archivio Bentivoglio. La prima
lettera, finora sconosciuta, è datata da Praga il 3.IV.1617 e rivela che il tramite per il rapporto instauratosi
col Bentivoglio era stato fornito dallo zio Ludovico Melli, personaggio che aveva ricevuto poche settimane
prima, grazie ad Enzo Bentivoglio, l'elezione a "Capitano della porta di Santa Croce" (cfr. la lettera in cui si
annuncia il suo arrivo da Reggio a Ferrara il 28.II.1617 e inoltre *AB*, 92, c.18, lettera del Governatore di
Reggio del 1.IV.1618).

[226] Lettera del 3.IV.1619, interessante per l'atmosfera dell'avvio della Guerra dei trent'anni evocata. Il
marchese comprende che la morte dell'imperatore costituisce "il danno di Vostra Signoria"; tuttavia si dichiara fiducioso che il suo talento di virtuoso ne avrebbe assicurato un nuovo impiego: "però la sua virtù gli
farà sempre strada con tutti".

[227] Lettera di Sigismondo d'India da Modena a Enzo Bentivoglio del 2.IX.1627, cit. parzialmente in
inglese (ma senza accenno alla *Bonarella* del 1612) in REINER, *Vi sono molt'altre mezz'arie...*, in *Studies in
Music History. Essays for Oliver Strunck*, a cura di H. Powers, Princeton, Princeton University Press 1968,
p.248 e 256. Su queste due lettere cfr. ora l'eccellente studio di TIM CARTER, *Intriguing Laments: Sigismondo
d'India, Claudio Monteverdi, and Dido alla parmigiana (1628)*, "Journal of American Musicological Society",
XLIX, 1996, 1, pp. 32–69. L'unica altra lettera di Sigismondo d'India al marchese Bentivoglio, del 26.VIII.1627,
è riportata in sola versione inglese in REINER, *Preparations in Parma*, cit., p.286.

[228] Cfr. la lettera di Guido Bentivoglio al fratello Enzo del 31.X.1627 già citata. Le informazioni biografiche su Girolamo Frescobaldi (1583-1643), negli anni in cui fu in contatto con i Bentivoglio, sono detta-
gliatamente esposte in NEWCOMB, *Frescobaldi*; HAMMOND, *Girolamo Frescobaldi*; FABRIS, *Frescobaldi*; HILL,
Le arie di Frescobaldi, cit.; ID., *Training a Singer*, cit.

lancio artistico. Sono commoventi gli ultimi contatti di Girolamo col suo maestro, il vecchio Luzzaschi, per il tramite della famiglia Bentivoglio e di Bernardo Bizzoni.[229] L'operazione compiuta con abile diplomazia da Enzo Bentivoglio, attraverso l'influenza della famiglia Borghese, riesce ad offrire all'organista ferrarese un posto, anche se poco remunerativo, di tale prestigio (la carica di organista in Vaticano) da convincerlo a far parte del proprio concertino romano, come insegnante e come esecutore, in caso di visite illustri. Il moto di orgoglio rivelato da Frescobaldi nella vicenda di Angela, che ho già ricordato, può essere considerato prova di una forte dose di autostima del musicista: rara, ma in fondo non unica, se si pensa ai simili atteggiamenti, nei confronti ancora di Enzo Bentivoglio, dell'altro cembalista Cesare Marotta, forte dell'ottenuta croce di cavaliere e della situazione di prestigio quale musico più pagato della famiglia del cardinal Montalto. Nel leggere le cronache dei successivi episodi che vedono Frescobaldi chiamato ancora come maestro dal Bentivoglio, prima di Francesca e Francescone, poi di Baldassarre, v'è da restare scettici sulla reale reciproca fiducia del rapporto di collaborazione artistica, poiché l'organista è dipinto costantemente come negligente, poco costante e per niente interessato ai progressi dei giovani allievi. In realtà il pagamento quasi simbolico per le lezioni, da una parte, e lo scarso interesse del marchese nel servirsi di un musicista non adatto al teatro, sono altrettante giustificazioni di un rapporto che si trascina così superficialmente. Eppure dura tanto a lungo da riaffiorare, come si è detto, nel 1627.

In quello stesso anno 1627 prendeva avvio la più importante collaborazione musicale intrapresa dal marchese Bentivoglio, in quanto coordinatore generale dell'organizzazione degli spettacoli che dovevano inaugurare, un anno più tardi, il teatro Farnese. Enzo Bentivoglio doveva aver conosciuto Claudio Monteverdi,[230] giunto a Ferrara al seguito del duca di Mantova, nella fatidica riunione in casa Goretti del 19 novembre 1598, quando furono eseguiti i madrigali più tardi incriminati dall'Artusi.[231] Dedicando il suo *Quarto libro di madrigali* del 1603 agli Accademici Intrepidi di Ferrara, Monteverdi intendeva ribadire un suo legame ideale con la città di Alfonso II (per il quale erano stati composti alcuni dei brani) e soprattutto ringraziare l'Accademia per aver sostenuto la sua posizione nella polemica con il detrattore Artusi. Il duca di Mantova era egli stesso membro dell'Accademia ferrarese e la presenza alla corte gonzaghesca della vedova del duca di Ferrara, Margherita (che scopriamo dalle lettere in stretto legame di amicizia con Antonio Goretti) contribuiva certamente a rafforzare i legami tra le due città. Abbiamo già visto i casi di Angela Zanibelli, prestata dai Bentivoglio a Mantova per l'allestimento dell'*Idropica*, allestita nel 1608 con musiche di Monteverdi. Molti dei cantanti e musicisti che passano attraverso la corrispondenza di Enzo Bentivoglio negli anni successivi hanno prima o poi a che fare con la corte mantovana: Florinda

---

[229] Cfr. la lettera di Bernardo Bizzoni Enzo Bentivoglio del 22.VIII.1607, già citata parlando del viaggio in Fiandra di monsignor Guido, edita in FABRIS, *Frescobaldi*, p. 67, con riferimenti bibliografici al Bizzoni.

[230] Per non avventurarmi nella vasta letteratura su Claudio Monteverdi (1567-1644), il più importante musicista del Seicento, rinvio semplicemente alle informazioni ed alla bibliografia riportate in PAOLO FABBRI, *Monteverdi*, Torino, EDT 1985.

[231] Cfr. CAVICCHI, *Per far più grande la meraviglia dell'arte*, cit., pp.23-24 e nota 37.

(la protagonista dell'*Arianna* del 1608), Lucrezia Urbani, Arrigo Velardi, Adriana Basile, Francesco Campagnolo, perfino i chitarristi Pedro e Antonio Gutierrez. Enzo si serviva inoltre della penna del cugino Alessandro Guarini, stipendiato dal Gonzaga. È proprio il Guarini ad offrire la testimonianza di un possibile contatto diretto tra Monteverdi e il marchese ferrarese anteriore all'esperienza di Parma: nel 1620 Enzo Bentivoglio è invitato ad assistere ad una festa gonzaghesca, con musiche del cremonese.[232] In una sua lettera del 10 novembre 1627, Monteverdi accenna per la prima volta, ad Alessandro Striggio, all'offerta fattagli dal marchese Bentivoglio per l'incarico a Parma:

> [...]Il Sig.ʳ Marchese Bentivogli, molto mio Sig.ʳᵉ per molti anni passati, mi scrisse già un mese fa adimandandomi, se io gli haverei posto in musica certe sue parole fatte da Sua Eccellenza, per servirsene in una certa principalissima comedia che si saría fatta per servitio di nozze di Prencipe, e sarebbero statti intermedi, e non comedia cantata. Essendo molto mio particolar Sig.ʳᵉ, gli risposi che haverei fatto ogni possibile maggiore per servire alli comandi di S. E. Ill.ᵐᵃ; mi replicò un particolar ringratiamento, e mi disse che se ne haveva da servire nelle nozze del Serenissimo di Parma[...].

È noto che numerose lettere di Monteverdi, tra quelle che oggi sopravvivono, furono dirette o citano in qualche maniera il marchese Enzo Bentivoglio (almeno 6 provengono dall'Archivio Bentivoglio, trafugate o disperse in epoche diverse). La corrispondenza monteverdiana è del resto per quasi un quarto occupata dai dispacci inviati durante la preparazione delle feste parmensi negli anni 1627-28. Quello farnesiano costituisce dunque un evento fondamentale anche per la biografia artistica del musicista.[233] Sull'importanza di quell'evento per la storia del teatro musicale del tempo tornerò più avanti. Per il momento mi è sufficiente ricordare che, dopo il 1628, Monteverdi apparirà per un'ultima volta nell'epistolario bentivolesco nel 1630, quando il marchese Enzo gli commissiona, ottenendola, una canzonetta da far studiare alla sua nuova cantatrice romana, Antonia Monti.[234]

Basta scorrere in rapida successione i nomi di musicisti sin qui citati per accorgersi che Enzo Bentivoglio ed i suoi familiari entrarono in contatto praticamente con tutti i principali protagonisti della musica italiana della prima metà del Seicento. I meccanismi che regolavano questi fervidi contatti artistici sono molto più complessi del normale schema di mecenatismo applicabile per altri personaggi della stessa epoca. Sarà questo l'argomento conclusivo del presente studio. Ma prima ci resta da osservare da vicino il mondo del teatro, interesse primario di Enzo Bentivoglio, in cui il marchese ferrarese esercitò un ruolo importante e per alcuni aspetti fortemente innovativo.

---

[232] Lettera del 20.IV.1620 in cui Alessandro Guarini cita una "Favoletta in Musica"(probabilmente *Apollo* di Striggio, rappresentato con musiche di Monteverdi già nel carnevale precedente) ed un "balletto"(forse l'*Adone* di Peri).

[233] Anche in questo caso limito il rinvio, per l'epistolario monteverdiano di riferimento, all'ultima edizione uscita: CLAUDIO MONTEVERDI, *Lettere*, a cura di Eva Lax, Firenze, Olschki 1994.

[234] La vicenda, sulla base delle lettere dell'Archivio Bentivoglio, è ricostruita nel mio studio *Monteverdi, Bentivoglio, Goretti e gli altri: ancora sulle feste di Parma del 1628*, cit. (i documenti provano definitivamente che il destinatario delle due lettere di Monteverdi del 23.II e del 9.III.1630 è Enzo Bentivoglio).

4. L'invenzione dell'opera-torneo

L'ardita struttura architettonica del teatro Farnese di Parma e la complessità degli spettacoli che lo inaugurarono nel 1628 rappresentano il più elevato momento creativo nella carriera di organizzatore teatrale di Enzo Bentivoglio. Ancora quarant'anni dopo quegli avvenimenti, l'architetto svedese Nicodemus Tessin, visitando Parma nel 1670, veniva informato che quel meraviglioso teatro era stato costruito dal marchese Bentivoglio di Ferrara: tutti gli altri nomi di artisti, architetti, musicisti o semplici manovali, ai quali pure deve tanto la riuscita del progetto farnesiano, erano invece completamente dimenticati.[235]

La più che trentennale carriera di organizzatore teatrale del marchese Bentivoglio era iniziata ufficialmente nel 1602, in occasione di una barriera organizzata per conto dell'Accademia degli Intrepidi per il carnevale.[236] Il giovane marchese poteva vantare un apprendistato d'eccezione: fin da bambino aveva infatti respirato l'atmosfera degli spettacoli cavallereschi organizzati alla corte di Alfonso II dal padre Cornelio, nonostante la tragedia familiare provocata proprio da uno di questi tornei: nel 1569, durante le prove per la naumachia che costituiva il clou dell'*Isola beata,* quattro cavalieri, tra cui due Bentivoglio (uno era Annibale, fratello di Enzo) erano annegati nel fossato colmo d'acqua, ingombrati dalle armature.[237] L'influenza delle esperienze dei tornei estensi sulla tradizione ferrarese del primo Seicento è stata più volte affermata, ma senza il necessario lavoro di comparazione dei testi e dei documenti che ne consentirebbe una piena definizione.

Il primo torneo dell'età di Alfonso II era stato combattuto nel febbraio 1560 dopo una cena in casa di Cornelio Bentivoglio, in onore della prima moglie del duca, Lucrezia de Medici. La coincidenza è duplice, poiché si trattava del primo confronto diretto tra le due tradizioni spettacolari, quella fiorentina e quella ferrarese, che divergeranno in maniera netta a partire dal nuovo secolo. Come ha proposto Elena Povoledo, la successiva passione della corte ferrarese per gli spettacoli cavallereschi dipendeva principalmente dalle attitudini militari ed equestri del duca Alfonso (e del suo luogotenente Cornelio Bentivoglio), ma anche dalla necessità in qualche modo "didattica" di tenere in esercizio fisico ed avviare alla pratica del combattimento armato i giovani aristocratici ferraresi. La parallela passione musicale e letteraria del duca, oltre che per

---

[235] Cit. in SOUTHORN, *Power and Display,* cit., p.85 e nota 75.

[236] Cfr. la descrizione della barriera del 1602, prevista nella Sala di Corte, in Addenda a MARIO EQUICOLA, *Genealogia delli Signori Estensi* (1598-1609), Ferrara, Biblioteca Comunale, ms. Cl.II 349, p. 262: "[…] Non si fece però la sodetta bariera, però che fu proposto dall'Ill.mo Sig.r Entio Bentivoglio e dall'Ill.re S.r Fabio Fabiani, di volere mantenere eglino una giostra, ch'era ordita di farsi da molti cavalieri di Ferrara, come fu poi fatto in effetto […] il dì 16 di febbraio […]". È probabile che Enzo Bentivoglio avesse partecipato già l'anno precedente alla quintana corsa in piazza a fine gennaio 1601, in cui la sfida ai cavalieri ferraresi era stata letta da un "Hidaspe di Meroe, della real stirpe di Teagene"(Addenda a EQUICOLA, cit., p.252).

[237] *L'Isola beata torneo fatto nella città di Ferrara per la venuta del sernissimo principe Carlo Arciduca d'Austria a XXV di Maggio MDLXIX* (Ferrara, senza indicazioni tipografiche 1569): cfr. THOMAS WALKER, *Echi estensi negli spettacoli musicali a Ferrara nel primo Seicento,* in *Ferrara e il suo mecenatismo. 1441-1598,* atti del Convegno di Copenaghen 1987, a cura di M. Pade – L. Waage Petersen – D. Quarta, Ferrara–Modena, Istituto Studi Rinascimentali–Panini 1990, pp. 337-351: 42-43.

la prediletta architettura bellica, favorì la sinestesìa che si andò spontaneamente creando tra i differenti prodotti artistici e militareschi della corte, con la nuova forma di
spettacolo del torneo o abbattimento (nelle sue più varie forme e definizioni: a cavallo, a piedi, con lo stocco, e poi a barriera o in campo aperto, quintanata, carosello,
giostra del Saracino, torneamento) con introduzione cantata e recitata che, se non fu
un'invenzione ferrarese, alla corte estense trova comunque le sue prime attestazioni
documentate: due tornei nel 1561, *Il Castello di Gorgoferusa* e *Il Monte di Feronia*; nel
1565 *Il Tempio di Amore*; nel 1569 la citata *Isola beata* e nel 1570 *Il Mago rilucente*.[238]

Una netta influenza sulla orgogliosa tradizione cavalleresca ferrarese deriva certo
dall'immaginario cavalleresco raccolto nel *Furioso* e ribadito, nella seconda metà del
Cinquecento, dal poema del Tasso e da molte situazioni delle prime pastorali inaugu-
rate da Guarini: a mio parere è questa via letteraria alla finzione del combattimento
spettacolare a giustificare l'unicità della tradizione di Ferrara rispetto alla moda del
torneo diffusa universalmente in Europa.[239] A ciò si aggiunge, dopo il 1598, una urgenza specificamente ferrarese, quella di esorcizzare nell'illusione teatrale la scomparsa
della corte estense e del significato medesimo di esercizio cavalleresco. Enzo Bentivoglio intuì precocemente la duplice utilità, personale e collettiva, di una rinascita dello
spettacolo cavalleresco a Ferrara. Seguiamo per il momento la cronologia degli spettacoli collegabili al Bentivoglio, alcuni finora ignoti, per poi cercare di chiarirne gli
obiettivi.

L'esordio di Enzo Bentivoglio come organizzatore e mantenitore di tornei, nel carnevale del 1602, anticipa di pochi mesi il suo matrimonio con Caterina Martinengo,
evento accompagnato da altre feste. Già nel gennaio del seguente 1603 scopriamo il
marchese incalzare il cugino Alessandro Guarini per ottenerne idee e testi per una
quintanata e una barriera, che ebbero poi luogo a Ferrara il 10 febbraio. Nei due anni
successivi non si conoscono tornei, probabilmente per l'impegno del Bentivoglio come
principe degli Intrepidi e di conseguenza responsabile della costruzione del teatro di

---

[238] Su questi ed altri spettacoli cavallereschi ferraresi esiste una ricca bibliografia: ELENA POVOLEDO,
voci *Ferrara* e *Torneo*, in *Enciclopedia dello Spettacolo*, V, cit. e IX, coll.991-999; ID. *Le théâtre des tournois en
Italie*, in *Le lieu théâtral à la Renaissance*, a cura di J. Jacquot, Paris, CNRS 1964, pp.95-104; ADRIANO CA-
VICCHI, *Il primo teatro d'opera moderno; La Commedia, la Tragedia, la Pastorale, la Cavalleria e i maestri del
Madrigale*, in *Ferrara*, a cura di R. Renzi, Bologna, Alfa Editoriale 1968, pp.59-66; 318-332; ID., *La sceno-
grafia dell'Aminta nella tradizione scenografica pastorale ferrarese del sec. XVI*, in *Studi sul teatro veneto fra Rina-
scimento ed età barocca*, a cura di M.T. Muraro, Firenze, Olschki 1971, pp.53-72; ID.: *Teatro monteverdiano e
tradizione teatrale ferrarese*, in *Claudio Monteverdi e il suo tempo*, atti del Convegno di Venezia-Mantova-
Cremona 1968, a cura di R. Monterosso, Verona 1969, pp.139-156; IRENE MAMCZARZ, *Une fête équestre à
Ferrare: Il Tempio d'Amore (1565)*, in *Les fêtes de la renaissance*, a cura di J. Jacquot, Paris, CNRS 1975, III,
pp.349-372; ID., *Le théâtre Farnese de Parme et le drame musical italien (1618-1732)*, Firenze, Olschki 1988
(in particolare cap. IX, pp.147-ssg.); WALKER, *Echi estensi*, cit., pp. 38-44.
[239] Si veda l'ampia casistica internazionale riportata nella classica opera di CLAUDE-FRANÇOIS MENE-
STRIER, *Traité des tournois, joustes, carrousels, et autres spectacles publics*, Lione, Muguet 1669 (es. consultato
Londra, Warburg Institute, DCH 600). Secondo Menestrier gli italiani avevano appreso l'arte dei tornei dai
tedeschi a partire dal 1500: "L'Italie qui a toûjours esté la mere de la Politesse, et des beaux Arts, commença
des lors à prendre ces exercices, qu'elle rendit galants par une infinité d'inventions de Machines, de Devises,
de Recits, et de Decorations de Lice, et de Chariots. Rome, Florence, Bologne, Luques, Sienne, Milan,
Parme, Ferrare, et Mantoüe sont les Villes, où ces galanteries sont plus en usage. Elles ont plusieurs de ces
exercices, où les seuls Nobles sont receus" (p.288).

quella accademia. Nel 1606 l'editore Vittorio Baldini invia da Ferrara al duca di Mantova "[...] i cartelli e le compositioni fatte per la barriera e la festa che si fece la sera di carnevale [...] e per non haver stampato se non hora la dichiaratione dei versi del Signor Entio Bentivoglio, non ho potuto più tosto inviarli [...]".[240] In tutti i casi il marchese non partecipò alle feste che aveva certamente contribuito ad organizzare, poiché per il carnevale risulta con la famiglia a Roma.[241] Nel 1607 e 1608 l'attenzione è tutta rivolta agli spettacoli organizzati alla corte di Mantova e forse per questo Enzo Bentivoglio rinuncia a tentarne una insostenibile concorrenza a Ferrara. Poi il triennio di lontananza come ambasciatore di Ferrara a Roma, fino al 1610, non impedisce che il primo di febbraio 1609 si allestisca una nuova quintanata a Ferrara, in cui il tema del confronto tra dame di Ferrara e dame di Fiandra rivela un evidente intento celebrativo dell'elezione di Guido Bentivoglio come nunzio a Bruxelles. Dopo meno di un mese, il carnevale si chiude con una nuova e più complessa quintanata, di cui è mantenitore il fratello di Enzo, Giovanni Bentivoglio: compare in questa occasione, per la prima volta, un maggiore sforzo scenografico rispetto al momento agonistico tradizionale, con macchine, travestimenti, mostri ed apparizioni infernali, madrigali cantati e musiche.[242]

Il campo aperto mantenuto da Enzo Bentivoglio a Ferrara la notte di carnevale del 1610 sancisce l'avvenuto cambiamento di ideologia del torneo operato dal marchese. Deluso nella speranza di ottenere facili e lucrosi incarichi, il Bentivoglio deve rinunciare per le troppe spese alla residenza stabile a Roma; le feste di carnevale a Ferrara diventano così la sua unica possibilità di mantenere anche a distanza una serie di contatti eccellenti, con illustri personaggi che spesso accettano l'invito a partecipare a quelli che presto diventano i leggendari spassi teatrali ferraresi. Inoltre Enzo può mantenere intatto il proprio prestigio locale, rafforzando la sua posizione tra gli Intrepidi. La descrizione del torneo, affidata come i testi dei cartelli alla penna di Alessandro Guarini, dimostra che l'operazione è in sostanza un capolavoro di autocelebrazione delle abilità cavalleresche del marchese e forse anche una reazione al tentativo di essere messo in disparte dalle nuove leve aristocratiche cittadine approfittando della sua residenza a Roma: Teagene il Costante, cioè lo stesso Bentivoglio come mantenitore, sfida i cavalieri ferraresi che chiama "superbi, e volubili ingegni, ch'altro non sanno amar, che se stessi" e per render più chiaro il suo messaggio, poco prima di iniziare il combattimento fa scoprire due grandi quadri "ne' quali erano dipinte altre inventioni fatte pur anche dal Sig. Enzo in altri tornei [...] quadri finti di bronzo, dipinti di molti, e diversi tornei, ne' quali il Sig. Enzo aveva giostrato, e combattuto così a cavallo, come

---

[240] Non si conosce nessuna descrizione a stampa del torneo ferrarese del carnevale 1606, ricordato nelle Addizioni ad EQUICOLA, *Genealogia degli Signori Estensi* (Ferrara, Biblioteca Comunale Ariostea, ms. Cl.II 349, p. 277). È possibile che nell'occasione fosse stata rappresentata per la prima volta la pastorale *Filli di Sciro* del Bonarelli, dedicata agli Accademici Intrepidi: le prime edizioni a stampa del testo, destinato a rapida fortuna, sono infatti del 1607, ma fanno riferimento ad una precedente rappresentazione.

[241] Cfr. lettera da Ferrara della marchesa madre Isabella ad Enzo Bentivoglio, senza data (ma carnevale 1606), Venezia, Archivio di Stato, Raccolta Stefani, 4° Autografi: Bentivoglio Isabella, in cui si descrive rapidamente il carnevale ferrarese.

[242] Se ne legga la descrizione nelle Addizioni ad EQUICOLA, *Genealogia degli Signori Estensi*, cit., p. 297.

a piedi, e i pregi da lui riportati [...]".[243] Il combattimento inaugurava inoltre il nuovo teatro degli Intrepidi, quello cosiddetto della Sala grande di Cortile: noteremo a questo punto che i due teatri specializzati in spettacoli cavallereschi a Ferrara sono realizzati tra il 1605 e il 1610 dall'Aleotti, per conto dell'Accademia degli Intrepidi e di Enzo Bentivoglio, i quali, nel secondo caso, ne dividono le spese. Mi pare piuttosto evidente che ci troviamo di fronte ad un progetto coerente, che mirava al totale dominio della vita spettacolare cittadina, ma non solo. È proprio sul fronte esterno alla sua città, nell'impossibile miraggio di riuscire a trapiantare a Roma le sue esperienze teatrali ferraresi, che Enzo Bentivoglio accusa la prima sconfitta.

Elena Tamburini ha correttamente individuato in Enzo, Guido e Cornelio Bentivoglio i principali rappresentanti della cultura estense a Roma, legando in qualche maniera le esperienze in campo spettacolare al mitizzato passato glorioso della Ferrara di Alfonso II. I momenti ricordati dalla studiosa sono probabilmente i meno significativi: la veglia Montalto del 1614 e la giostra del 1634. Nel primo caso, quello che per gli specialisti è considerato il primo esperimento di teatro in musica nei palazzi romani, la veglia *Amor Pudico* prodotta per il matrimonio del principe Peretti, fratello del cardinal Montalto, è sarcasticamente giudicato, dai servitori romani di Enzo Bentivoglio, di molto inferiore agli standard spettacolari del marchese ferrarese. È ben vero che vi collaborano quasi tutti i musicisti che troviamo anche coinvolti a vario titolo nell'entourage bentivolesco di quegli anni (che dipendeva in gran parte dai ruoli di Montalto, come abbiamo detto), a cominciare dai coniugi Marotta. Ma non è un caso che il Bentivoglio allestisca a Ferrara proprio negli stessi giorni[244] uno dei suoi spettacoli più complessi a livello di macchine e di scenografie illusionistiche, l'*Idalba*. La giostra romana del 1634 è invece un tardo riflesso dell'enorme successo dei tornei di Parma del 1628, come dimostra la conferma, nel ruolo di mantenitore, di Cornelio Bentivoglio; ma rispetto alla forma dell'opera-torneo, consacrata a Parma, risulta un progetto spettacolare poco rilevante e addirittura incoerente.

Più complessa è la vicenda degli intermedi in musica su testi di Battista Guarini assemblati e più volte manipolati da Enzo Bentivoglio dal 1612 al 1616. John Hill, che ha magistralmente ricostruito questo episodio dell'attività del marchese ferrarese,[245] ha dimostrato che l'ultima opera di Guarini destinata ad una messa in scena fu la serie di intermedi composta per le feste progettate a Ferrara dal Bentivoglio per il carnevale del 1613. Il marchese aveva appoggiato in maniera decisiva, intervenendo sia presso il cardinal Montalto che presso il cardinal nipote Borghese, la positiva risoluzione di una causa relativa ai diritti feudali di derivazione estense dello zio poeta. In cambio ne aveva ottenuto i testi ed anche altre dimostrazioni di servitù. La musica per gli intermedi era stata composta a pezzi da Cesare Marotta e se ne ebbe anche una

---

243 *Del Campo aperto mantenuto in Ferrara l'anno MDCX la notte di Carnovale. Dall'Illustriss. Signor Enzo Bentivogli, mantenitore della querela, pubblicata* [...], Ferrara, Baldini [1610], p. n.n. [4] (es. consultato: Ferrara, Biblioteca Comunale Ariostea MF 274,14). Cfr. WALKER, *Echi estensi*, cit., pp.45-46.

244 La prima rappresentazione certa della veglia romana è registrata al Palazzo della Cancelleria il 5 febbraio 1614: il 6 febbraio dello stesso anno il Bentivoglio fa rappresentare l'*Idalba*.

245 HILL, *Guarini's Last Stage Work*, cit.

piccola anteprima privata in casa del cardinal Montalto, il 4 marzo 1612, probabilmente come doveroso omaggio da parte del Bentivoglio per il privilegio concessogli di utilizzare a Ferrara i musicisti prediletti del cardinale. Fin dal principio del 1611 Enzo Bentivoglio aveva messo in moto la sua macchina organizzativa, ma non finalizzata al carnevale ferrarese: se non ho interpretato male i vaghi accenni dei documenti, l'intenzione del marchese era addirittura di proporre a Roma uno dei tornei che l'avevano già reso celebre, dedicandolo alle dame romane, ed è per questa occasione che Guarini riceve l'incarico di scrivere gli intermedi. La scusa del torneo a Roma doveva essere un omaggio personale di Enzo all'ambasciatore di Spagna, forse come estremo tentativo di sottrarre l'operazione alla giurisdizione della curia papale, che si era già dichiarata contraria in maniera inappellabile alla sua richiesta di far esibire i comici della compagnia di Florinda. Ha ragione Hill nel giudicare il progetto del Bentivoglio una operazione di "pubblicità" in un momento molto delicato dell'avvio della sua ambiziosa bonifica dei territori ferraresi, in cui anche la scelta dei temi degli intermedi, dalla *Gerusalemme liberata* del Tasso, obbediva alla riproposizione del mito cavalleresco della corte estense di Alfonso II (come per il concertino di dame del 1608). È il sogno di grandezza di Enzo Bentivoglio: introdurre per primo il teatro alla ferrarese a Roma. Ma tutto comincia ad andare storto, dalle violente reazioni contro l'idea blasfema di far recitare i comici alla morte della regina di Spagna, che impedisce all'ambasciatore di aderire al progetto di giustificare il torneo. In realtà dietro il fallimento del progetto romano si legge la netta opposizione del pontefice Borghese, come avverte disilluso il Guarini:[246]

> [...] E così S.r mio i disegni nostri son riusciti vani non sol per hora, ma com'io credo per sempre sotto il presente pontificato, nel quale non si vuol favole, ma fatti [...]

Costretto a rinunciare all'ambizioso progetto romano, il Bentivoglio non si da totalmente per vinto e decide di allestire comunque il suo torneo a Ferrara, contando sulla presenza di illustri prelati e principi per realizzare il proposito di autocelebrazione. È certo di compiacerlo il suo corrispondente da Roma a fine gennaio 1612:[247]

> [...] Per tutta Roma si è sparsa la voce del torneo e della propposizione che V. S. Ill.ma vuol sostenere in onore delle dame romane, per il ché, per quanto mi ha detto il S.r Cardinale Mellini, si sono insuperbite maggiormente, e gli dispiace che i padroni non abbiano dato licenza di poterlo fare in Roma [...]

Ma anche la festa programmata a Ferrara è rovinata dalla morte di uno dei principali invitati, il duca di Mantova Vincenzo Gonzaga (eletto principe dell'Accademia degli Intrepidi) e dalla rinuncia diplomatica di molti dei cardinali invitati. È ancora una volta il carattere impulsivo e volitivo del marchese a prendere il sopravvento, poiché Enzo decide comunque di far svolgere il suo spettacolo, sia pure davanti ad una

---

[246] Lettera di Battista Guarini da Roma a Enzo Bentivoglio del 27.XII.1611.
[247] Lettera di Vincenzo Landinelli da Roma a Enzo Bentivoglio del 21.I.1612.

platea più dimessa con i soli cardinali Spinola, legato, e Pio, il 5 febbraio 1612. A questo punto s'inserisce la prova (forse solo musicale) nella casa romana di Montalto del 4 marzo. La cronaca dello spettacolo ferrarese, oltre che riferire dell'ostinato sforzo del Bentivoglio ("per non voler però restare di non seguire il suo pensiero, perché inveghito più che mai da desiderio di far vedere in ogni tempo, ed in ogni ocasione le sue ationi, si sforzò di dar perfetione di quanto havea proposto nel animo suo, non ispaventando a qualsivoglia spesa ancorché grave"), fornisce il titolo della commedia per la quale erano stati composti gli intermedi: *La Bonarella*, ossia molto probabilmente *La Filli di Sciro* di Guidobaldo Bonarelli, opera anch'essa simbolica perché aveva inaugurato il primo teatro degli Intrepidi. Sappiamo adesso che fu coinvolto nella composizione delle musiche per lo spettacolo, oltre a Cesare Marotta, anche Sigismondo d'India, forse per le sezioni in "stile recitativo". La commedia con gli intermedi non fu più rappresentata, anche se se ne stampò il libretto che fece molta impressione a Roma, mentre il solo torneo poté svolgersi a Ferrara, e già questo durò sette ore. Ancora un tentativo di mettere in scena a Ferrara nel successivo carnevale 1613 gli intermedi di Battista Guarini, rimaneggiati dal figlio Alessandro, con la favola pastorale *Alceo* di Antonio Ongaro, fallisce, in parte anche per il comportamento ambiguo del cardinal Montalto che per la prima volta fa capire di non cedere volentieri i propri musicisti, Cesare ed Ippolita Recupita, indispensabili per la realizzazione dello spettacolo. Il libretto era già in avanzato stato di composizione tipografica quando giunge l'annullamento. Forse per recuperare le spese, forse per una decisione affrettata, ma più probabilmente su preciso ordine del Bentivoglio, che aveva concepito quel libretto come una sorta di trattato sulla sua personale concezione dello spettacolo teatrale, da diffondere negli ambienti autorevoli della curia papale, il libretto dell'*Alceo* viene stampato comunque anche se già era stata decisa la sostituzione della pastorale di Ongaro con una tragedia, *L'Idalba* di Maffeo Venier, che fu finalmente recitata il 6 febbraio 1614 in occasione dell'ingresso in Ferrara del nuovo legato di Romagna, il cardinal Rivarola.

In un primo tempo si era pensato di riproporre semplicemente lo spettacolo preparato due anni prima ed offerto in visione ridotta al popolo di Ferrara. Poi il Bentivoglio aveva forse ritenuto più dignitoso apportare sostanziali modifiche alle sue già sperimentate invenzioni: e così il testo di base, al quale si dovevano accompagnare gli intermezzi del Guarini, era cambiato tre volte in tre anni. La dedica dell'*Idalba* al cardinal nipote Scipione Borghese rivela l'intento finale di tutta l'operazione:

"[...] da sì generosi ricreamenti potrà sempre V. S. Illustiss. trar certissimo argomento della grandezza dell'animo di lui in ispender daddovero ne' servigi della Santa Sede, e di N. Sig. e di lei propia non pur l'avere, ma la vita medema[...]".

L'ultima rappresentazione collegata sempre agli stessi intermedi di Guarini, ormai completamente rimanipolati (anche dallo stesso Bentivoglio),[248] ha luogo a Ferrara nel carnevale 1616, per l'ingresso in città del nuovo legato Serra, con un elegante rici-

---

[248] Si ricordi il manoscritto degli intermedi già citato, considerato autografo di Enzo Bentivoglio, conservato in Ferrara, Biblioteca Ariostea, ms. Cl.I 309 (proveniente dall'Archivio Bentivoglio).

claggio, sostanzialmente, dello spettacolo di due anni prima. *L'Idalba* è questa volta sostituita dalla *Bradamante gelosa*, un testo di Alessandro Guarini tratto da Ariosto: e si noti questa insistenza a corto circuito sui tre grandi poeti ferraresi del Cinquecento.

Naturalmente, quando si parla di spettacoli ferraresi organizzati dal marchese Bentivoglio, bisogna tener presente un ampio consenso sia della classe nobiliare che dei ceti popolari, veicolato da una specie di associazione culturale deputata a raccogliere fondi, energie e credibilità per queste iniziative. L'Accademia degli Intrepidi, secondo il Baruffaldi, era sempre stata il centro propulsore di questi spettacoli, e dal 1614 ne era tornato principe per la seconda volta Enzo Bentivoglio.[249] Nel 1616, per sostenere la ristrutturazione del teatro degli Intrepidi e una degna reinaugurazione, Francesco Saracini fa scrivere "lettere scroccatorie" che il Bentivoglio ha il compito, a Roma, di distribuire ai principali cardinali, oltre alla richiesta di ottenere alcuni intermedi da Ottavio Rinuccini, che si trovava in quel momento nella città papale.[250] Ma proprio il legato Serra, ch'era stato trionfalmente omaggiato dal Bentivoglio nel suo ingresso in Ferrara, ordina nel 1617 la chiusura dell'Accademia degli Intrepidi, col pretesto che

> "[...] la nobil gioventù, che in tal tempo solea venir nelle stanze del cavallo ad udir le musiche le quali in esse si faceano in questi giorni, a discorrer huomini scientiati, e dotti, fino alle quattro ore di notte, havendo tralasciato quasi questi virtuosi trattenimenti, si diede alla pratica ed alla conversatione de' forastieri e de' soldati [...]".[251]

La chiusura dell'accademia faceva seguito, coerentemente, alla proibizione degli spettacoli profani e dei teatri in città. Nel 1617 ha avvio la lunga fase di preparazione di quello che sarà l'avvenimento spettacolare più importante della carriera di Enzo Bentivoglio, la progettazione e l'inaugurazione del teatro Farnese di Parma. Prima di arrivare a parlare di questo evento, ritengo utile osservare più da vicino la struttura tipica di uno spettacolo cavalleresco del tempo, per comprendere le profonde innovazioni apportate dal marchese Bentivoglio.

Alle sue origini, il torneo era nato come una forma di sport che tenesse in allenamento dei soldati. Spesso coincideva col duello, in particolare col combattimento "d'onore", ed in quel caso l'agonismo cedeva il posto alla violenza pura. Il Rinascimento era riuscito a trasformare questa mera forma di gara in uno spettacolo più complesso, che coinvolgeva anche apparati e manifestazioni estranee alla tradizione

---

[249] "[...] Gli esercizi degli Accademici abbracciavano ogni genere di amena letteratura, e tutte le arti che diconsi cavalleresche cioè scherma, ballo, e musica, e vi aveano professori, e maestri stipendiati, coll'obbligo di dare lezioni pubbliche, e private non solo agli Accademici, ma anche ai loro figliuoli. Soprattutto distinguevasi l'Accademia per grandiosi spettacoli, e rappresentazioni, i torneamenti, e giostre, e melodrammi etc., e le feste facevansi con tanta magnificenza, che concorrevano di lontano a vederle principi, principesse, e signori di alto rango [...]": BARUFFALDI, *Notizie Istoriche delle Accademie Letterarie Ferraresi*, cit., p.29; cit. anche in WALKER, *Echi estensi*, cit., p.44.

[250] Lettera di Roberto Dalsi da Ferrara a Enzo Bentivoglio, Roma del 23.IV.1616.

[251] SARDI, *Libro delle Historie Ferraresi*, aggiunte di Faustini, cit., p.45. Cit. anche in A. CHIAPPINI, *Immagini di vita ferrarese*, cit., p.38, dove sono ricordati tra i compiti istituzionali dell'Accademia degli Intrepidi la promozione delle attività letterarie, teatrali, musicali e cavalleresche, ivi comprese la scherma e la danza, con maestri appositamente stipendiati.

medievale, come esibizioni di musici, danzatori, e perfino scenografie effimere. Si vennero recuperando le norme etiche standardizzate durante i secoli, a partire da quelle proposte da Raimondo Lullo, [252] mentre la moda degli ideali cavallereschi era vieppiù incrementata dalla enorme divulgazione assicurata dall'edizione a stampa dei poemi come l'*Amadigi*, e poi i capolavori di Boiardo, Ariosto, Pulci, fino al Tasso. A mano a mano che le signorie rinascimentali entravano in una crisi irreversibile, gli spettacoli cavallereschi assumevano un ruolo esorcizzante di sopravvivenza dell'ideologia di corte: il caso di Ferrara è particolarmente illuminante. Svuotati degli ultimi residui di combattimento realistico che ancora nel tardo Cinquecento mieteva vittime, anche illustri, sui campi dei tornei spettacolari, i combattimenti organizzati a partire dai primi anni del Seicento si vestono con gli abiti del teatro e della danza, rientrando in quella categoria che il gesuita Menestrier chiamerà dei "grands divertissements". Se lo sfondo si carica di decorazioni effimere ed effetti pirotecnici e sonori, il torneo secentesco riafferma comunque la propria fedeltà alle norme etiche secolari della cavalleria, giungendo anzi ad una frenetica attività di regolamentazione e codificazione di quelle. Qualcuno ha definito "segnali di decadenza" queste sfarzose e finalmente incruente rappresentazioni cavalleresche.[253] Se ne avvia la catalogazione, minuziosa, a seconda del rituale osservato e della struttura del combattimento, che possiamo verificare anche in base alle descrizioni cronachistiche o a stampa dei tornei ferraresi dei primi vent'anni del Seicento. Uno dei primi trattati sul torneo del secolo XVII è opera, non per caso, di un ferrarese: Bonaventura Pistofilo, un nome accademico utilizzato per un torneo del carnevale 1608 dal nobile ferrarese, amico e rivale del Bentivoglio, Guido Villa. Il trattato, del 1625, è prezioso sia per le indicazioni tecniche che per le centinaia di figure accuratissime di posizioni di combattimento che riproduce.[254]

Le due tipologie generali del combattimento erano la *giostra* (un singolo cavaliere contro un avversario vivo o un bersaglio) e il *torneo* (abbattimento a squadre). [255] A seconda del tipo di campo si avevano combattimenti *alla barriera* o *sbarra* (quando il terreno era delimitato da un tramezzo di legno) o *in campo aperto* (senza alcuna limi-

[252] Cfr. RAIMONDO LULLO: *Libro dell'ordine della cavalleria*, edizione del testo originale catalano e traduzione italiana a cura di G. Allegra, Firenze, Arktos 1994.

[253] Cfr. SIDNEY ANGLO, *Le declin du spectacle chevaleresque*, in *Arts du spectacle et histoire des idées*, Recueil offert en hommage à Jean Jaquot, Tours, Centre Etudes Superieures de la Renaissance 1984, pp.21-35.

[254] *Il torneo di Bonaventura Pistofilo nobile ferrarese dottor di legge e cavaliere nel teatro di Pallade dell'ordine militare et accademico*, Bologna, Ferrone 1625 (copia consultata in Ferrara, Biblioteca Comunale Ariostea, E.4-7-42): contiene 117 figure. Una *Raccolta di Disegni di Elmi ed Alabarde* di Ercole Morandi, della metà del secolo XVII, è conservata nella Biblioteca Ariostea di Ferrara, ms. Cl.I 708 (alcuni esempi sono riprodotti in CHIARA CAVALIERE TOSCHI, *La magnifica menzogna. Proposte per una lettura dell'effimero*, in *La chiesa di San Giovanni Battista e la cultura ferrarese del Seicento*, cit., pp.136-143: 141. Nella stessa Biblioteca ferrarese è anche custodito un manoscritto attribuito a DANTE SOGARI col titolo impreciso di *Descrizione di un torneo* (ms. Cl.I 123.4): si tratta in realtà della redazione manoscritta di un cartello di sfida per un torneo ferrarese finora non identificato, che inizia con le parole: "Magnanimi Signori, La fama, che sin lassù dal Cielo vede tutto[...]" (c.42v).

[255] Oltre alle fonti antiche (Pistofilo, Menestrier) seguo la utile classificazione esposta da Elena Povoledo nella sua voce *Torneo*, in *Enciclopedia dello Spettacolo*, cit., IX, coll.991-999, confrontata con le testimonianze sui tornei ferraresi tratte dalle edizioni a stampa e dalle cronache manoscritte che pubblico tra i documenti.

tazione del terreno di scontro). Le tecniche di combattimento erano con lancia, stocco o spada, a seconda che fossero *a cavallo* oppure *a piedi* (spesso fasi successive dello
stesso scontro). Le varianti al combattimento singolo o di squadra si riconducevano
alla *corsa dell'anello, giostra del Saracino* e *quintanata* (tutte gara di abilità del cavaliere
contro un bersaglio fisso e inanimato). Lo spettacolo si complicava poi con scontri di
gruppo, più o meno ordinati, come i *caroselli* o addirittura vere coreografie in cui i
cavalli erano fatti piroettare a suon di musica (*quadriglie, torneamenti* e più tardi *balli
di cavalli* o semplicemente *balletti*). Quanto al rituale, vi si legge chiaro l'intento paro-
distico della normativa cavalleresca ricondotta a mero spettacolo effimero: il torneo
nasceva dall'invenzione ossia dallo schema proposto da uno o più esperti, spesso nel-
l'ambito di accademie come quella ferrarese degli Intrepidi.

Commissionato ad un letterato un testo poetico su un dato tema, esso veniva presentato dagli *araldi* alla città, sotto forma di cartello di sfida, alcuni giorni prima dello
svolgimento previsto, solitamente durante il carnevale. Enzo Bentivoglio tende già in
questa sorta di premessa della festa a inserire elementi vistosamente scenici, quali apparizioni di personaggi in costume dai nomi evocativi, macchine e brevi inserzioni
musicali. In questa *introduzione* del torneo, venivano anche fissati o ribaditi i *capitoli*,
ovvero le regole da seguirsi sotto il controllo dei padrini, i *maestri di campo*.

Lo svolgimento del torneo avveniva in un contesto predelimitato, aperto o chiuso
(a Ferrara addirittura in veri teatri, gestiti dagli Intrepidi), con il trionfo dell'*apparato*.
Il caso di Ferrara si distingue ancora una volta per far uso precocemente di strutture
semistabili o stabili (per esempio il teatro a ferro di cavallo eretto dall'architetto Aleotti) invece che teatri provvisori. A Parma nel 1628 convivranno entrambi i tipi. I protagonisti del torneo spesso si presentavano al pubblico in corteo (come nella giostra
romana del 1634), aperto dal *mantenitore* (lo sfidante), i *venturieri* (i cavalieri che rac-
colgono la sfida), con le rispettive *squadriglie*, assistenti, padrini e servi di campo. L'invenzione prevedeva anche la sapiente regìa delle *comparse*, in macchine di ogni tipo,
apparizioni e sparizioni, suoni ed effetti di luce, compresi i fuochi pirotecnici: dal fuoco
si poteva passare rapidamente all'acqua di una insospettabile *naumachia*, facilitata a
Ferrara dalla canalizzazione delle acque del fossato del castello. Quasi sempre gli spettacoli ferraresi comprendevano una rappresentazione teatrale di tipo pastorale o tragica, con intermedi in musica. I combattimenti avvenivano prima, dopo e spesso durante
gli stessi intermedi (per esempio per dare applicazione realistica al combattimento che
concludeva la *Liberazione di Ruggero dall'isola di Alcina*). I colpi di scena erano parte
essenziale della logica dello spettacolo-torneo del Seicento, indirizzato a provocare la
meraviglia del pubblico: l'Arsiccio, commentando gli intermedi del 1614, esalta la
straordinaria abilità di Enzo Bentivoglio nel moltiplicare queste invenzioni a sopresa
nei suoi tornei. Uno spettacolo cavalleresco ferrarese durava in media sette ore, ma
dalle descrizioni dei cronisti non pare che il pubblico potesse trovare occasioni di noia
o disinteresse.

Un elemento molto interessante, spesso sottovalutato dagli studiosi, è la creazione
voluta dal marchese Bentivoglio di una "squadra ferrarese" specializzata nell'organizzazione di tornei anche fuori dell'ambito cittadino. I personaggi coinvolti, a parte la
comprovata perizia personale, contribuivano all'idealizzazione simbolica della rinasci-

ta del mito cavalleresco estense. Il poeta responsabile dei cartelli di sfida, testi delle arie da cantare e anche degli intermedi della rappresentazione teatrale al centro dello spettacolo fu per molti anni Alessandro Guarini, che raccolse l'eredità (ed il prestigio del nome) del padre Battista; occasionale o limitata ad alcuni anni fu la collaborazione di letterati esterni, come Alfonso Pozzo o i più celebri Cicognini e Achillini (entrambi imposti dai rispettivi protettori): il ricorso all'altro celebre poeta ferrarese, Fulvio Testi, per gli spettacoli del 1634 e 1635 è significativo. Il responsabile unico degli allestimenti scenici di tutti gli spettacoli ferraresi fino almeno al 1626 rimase l'architetto e ingegnere militare di Alfonso II, Giovan Battista Aleotti, dalla cui scuola uscirono i nuovi scenografi lanciati dal Bentivoglio grazie alle feste di Parma del 1628, il Chenda e il Guitti. Con questi architetti e decoratori collaboravano schiere di artigiani ferraresi che raggiunsero una specializzazione indiscussa ("marangoni", falegnami, macchinisti, responsabili di luci e corde), ma anche pittori e artisti di prim'ordine, dal Battistelli al Dentone (poco mancò che non venisse cooptato nell'attività teatrale perfino il Guercino). Il musicista fisso dell'*équipe* era un altro ferrarese che aveva legato il proprio nome alla chiusa dell'esperienza estense, Antonio Goretti: egli agiva più come consulente per la scelta di compositori e artisti e per la concertazione delle musiche, che non come autore ed esecutore in prima persona (pur intervenendo a volte in entrambe queste vesti). Goretti poteva disporre in abbondanza di cantori e strumentisti delle accademie cittadine; prestava inoltre i propri rari strumenti, a volte per mere esigenze scenografiche. Questa squadra non poteva agire senza un capo (oggi si chiamerebbe direttore artistico) e l'importanza del ruolo di Enzo Bentivoglio sta appunto nell'assicurare che i suoi specialisti ferraresi in tornei lavorassero bene, rapidamente ed in armonia tra loro. Con quali contributi finanziari, non è facile chiarire: ho il sospetto che i guai legali del marchese degli anni che ne precedettero la scomparsa, derivino da una ventennale *nonchalance* nell'utilizzare i fondi dei montisti coinvolti nell'impresa di bonifica per sopperire alla cronica carenza di liquidi nell'attività spettacolare (che a sua volta serviva da pubblicità per ottenere crediti).

Prima di questa necessaria digressione, eravamo arrivati alla prima progettazione delle feste di Parma, riconducibile all'anno 1617, lo stesso in cui a Ferrara sono proibiti gli spettacoli profani. Studiati fin nei più minuti particolari, gli avvenimenti che legano il decennio 1618-28 alla gestazione lenta e all'inaugurazione del teatro Farnese, probabilmente il più grande evento spettacolare di tutto il secolo, presentano ancora dei lati oscuri e si prestano a possibili interpretazioni nuove. Roberto Ciancarelli ha dedicato un volume alla sola fase di avvio dei lavori del Farnese, in cui ampio spazio è dato alla figura di Enzo Bentivoglio, con la pubblicazione di molte lettere dell'Archivio Bentivoglio:[256] è del tutto corretta la sua interpretazione del ritorno di immagine perseguito dai Farnese nell'avventura del teatro, dopo la disastrosa emarginazione politica provocata dall'attentato ai danni di Ranuccio Farnese nel 1611 e la conseguente feroce repressione che portò al patibolo centinaia di nobili della corte parmense, molti legati da parentela alle più illustri casate italiane ed europee. I rap-

---

[256] CIANCARELLI, op. cit. Sul progetto iniziale delle feste previste per il 1618 cfr. anche REINER, *Preparations in Parma*, cit. e BORRAZZO, tesi cit.

porti diplomatici furono quasi del tutto interrotti da parte dei principali stati confinanti, come il ducato di Mantova o il granducato di Toscana, accusati di aver favorito la congiura. Le intense trattative diplomatiche portarono nel 1615 ad un tentativo di rompere almeno in parte l'isolamento, proponendo un matrimonio tra le case Farnese e Medici, che si realizzò però soltanto nel 1628. Nel 1617 sembrava giunta una insperata occasione per siglare l'avvenuta pacificazione, poiché fu messa in giro la voce di un prossimo viaggio del granduca di Toscana verso Milano, che avrebbe fatto tappa a Parma. La decisione di Ranuccio Farnese, forse consigliato da gente esperta in quella che oggi si chiama "comunicazione", fu di accogliere il principe proveniente da Firenze, la città più teatrale d'Italia, con la sorpresa di uno straordinario teatro, come mai si era visto in precedenza. Fatto sta che la visita di Cosimo de Medici, più volte annunciata, nel 1619 fu definitivamente annullata, per l'aggravarsi di una malattia che lo avrebbe ucciso nel 1621. Rimase però praticamente ultimata la struttura del teatro Farnese, che tuttavia sarebbe stato inaugurato soltanto dieci anni più tardi.

Fin dal 1617 fu chiamato a Parma, per elaborare il nuovo teatro, l'architetto ferrarese Giovan Battista Aleotti, che aveva legato la sua fama al rivoluzionario teatro degli Intrepidi eretto dodici anni prima per volontà del marchese Bentivoglio. Gli studiosi hanno sempre considerato provante la similitudine di struttura del Farnese col teatro ferrarese, per attribuire senza esitazioni il progetto del teatro di Parma al solo Aleotti. Questi aveva già avuto una esperienza di lavoro a Parma nel 1616, chiamato ad allestire un torneo.[257] È noto che pochi mesi dopo l'avvio dei lavori, l'incarico affidato all'architetto ferrarese fu bruscamente revocato ed egli scompare poi completamente dalla corrispondenza imponente relativa al teatro. Il nuovo responsabile dei lavori, a partire almeno dal maggio 1618, è Enzo Bentivoglio, il quale non poteva certo vantare le conoscenze tecniche dell'Argenta in campo architettonico ed acustico. La mia ipotesi in questa strana vicenda è che il marchese Bentivoglio, che scopriamo nella veste di informatore prezioso sulle mosse del granduca di Toscana, fosse stato coinvolto nell'iniziativa fin dal primo momento, forse addirittura fin dal torneo del carnevale 1616, ma che non avesse potuto scoprire il suo ruolo per via della grave inimicizia tra Ranuccio Farnese ed i Gonzaga di Mantova, con i quali il marchese ferrarese aveva da un decennio una relazione quasi esclusiva nel campo delle attività spettacolari. L'avvenuta pacificazione con i Medici e quindi con i Gonzaga portò probabilmente Enzo Bentivoglio a scoprire senza ulteriori preoccupazioni il suo incarico. L'occasione ufficiale per riallacciare i rapporti fu fornita da una festa che si doveva organizzare a Parma per il carnevale 1618, con la partecipazione di cantanti prestate dal Bentivoglio e due mesi più tardi, essendo evidentemente rimandata la festa, la richiesta della personale consulenza del marchese.[258] Ma perché l'allontanamento dell'Argenta, col quale erano stati realizzati dal marchese tutti i suoi migliori tornei ferraresi? La risposta è forse in rela-

---

[257] Dovrebbe trattarsi del torneo sul tema della *Maga Circe*, organizzato nel cortile dell'Arcivescovado di Parma nel febbraio 1620: cfr. un documento edito in CIANCARELLI, op. cit., p.42, nota 3 e in IRENE MAMC-ZARZ, *Le théâtre Farnese de Parme et le drame musical italien (1618-1732). Etude d'un lieu théâtral, des répresentations, des formes: drame pastoral, intermèdes, opéra-tournoi, drame musical*, Firenze, Olschki 1988, p.459.

[258] Cfr. lettera di Enzo Bentivoglio da Gualtieri al fratello Ippolito del 18.IV.1618, in cui spiega: " [...] Io l'ho abraciata volontieri l'ocasione per servir detto Prencipe".

zione con la insospettabile carenza di lettere dell'Aleotti nell'Archivio Bentivoglio: delle
poche lettere rintracciate, in una soltanto si parla di questioni legate a macchine per
spettacoli teatrali, ma soprattutto nessun documento relativo alle feste farnesiane nomina più l'Aleotti dopo il marzo 1618 (con una eccezione) segno di una apparente
rottura dei rapporti di collaborazione.[259] Non è da escludere che l'Aleotti, pur continuando a gestire il monopolio dell'organizzazione scenografica degli spettacoli a Ferrara fino al 1628, fosse considerato ormai dal vulcanico marchese troppo anziano e
nostalgicamente legato agli schemi scenici della corte estense di trent'anni prima, pre-
ferendogli le più ardite soluzioni adottate dai suoi stessi allievi, Guitti e Chenda. Ma
prima di costoro, il Bentivoglio aveva trovato il sostituto perfetto al posto dell'Argenta: il pittore Pier Francesco Battistelli, di cui aveva intuito le potenzialità in campo
teatrale. Il risultato finale del teatro Farnese, al momento della sua inaugurazione nel
1628, mantiene indubbiamente l'impostazione visiva del progetto aleottiano (il celebre ferro di cavallo del teatro degli Intrepidi), ma le modifiche sono tante e tali da
poter giustificare l'opinione dei contemporanei, secondo cui il teatro era stato eretto
dal solo marchese Bentivoglio. Certo, non possiamo che ammirare la sicurezza di Enzo
nella propria squadra ferrarese e nelle proprie idee, che poteva comunicare al fratello
Ippolito, nel 1618, "Io spero di far fare a S. A. la più bella festa che mai sia statta fatta
in Europa".[260] Oltre che dell'architettura stabile del teatro, il Bentivoglio si occupa
degli spettacoli con cui si doveva ricevere degnamente il granduca, un torneo preceduto da una commedia con intermedi: testo di Alfonso Pozzo e musiche di Antonio
Goretti. Anche i comici erano già giunti a Parma nel maggio 1618, con la partecipazione specialmente cara al marchese della Florinda.[261] Invece, tutto viene rimandato.

Sarebbe inesatto dire che il teatro fu chiuso ed abbandonato per i dieci anni successivi. Basterebbe la quantità di lettere da Parma sullo stato dei lavori per giudicare che,
sia pure rallentati, questi non cessarono mai del tutto, almeno fino alla morte del Battistelli nel marzo 1625.[262] Anche allora, i Farnese si rivolsero immediatamente al Bentivoglio per trovare un degno sostituto, subito individuato nel Guitti, segno di una
volontà di proseguire nei lavori in attesa di poter realizzare il progetto del legame ma-
trimoniale con i Medici, già annunciato nel 1620. Nel frattempo Enzo Bentivoglio,

---

[259] Una sola lettera dell'"Argenta" a Enzo Bentivoglio tratta di questioni teatrali, menzionando un "carro di Bellona" e i meccanismi per sollevare un castello: non datata, si riferisce comunque ad uno spettacolo
ferrarese del 1608, come risulta dalla cronaca della barriera di quel carnevale e da una lettera dell'aprile di
quell'anno scritta al Bentivoglio da Alessandro Guarini (la lettera si trova a New York, Pierpoint Morgan
Library, MA 2872 R-V. Nel catalogo della biblioteca è datata 1628, probabilmente perché la dea Bellona
compare nell'azione IV del secondo torneo delle feste di Parma di quell'anno: ma il contesto della lettera è
chiaramente quello di uno spettacolo ferrarese di molti anni prima). Ringrazio Frederick Hammond per
avermi cortesemente procurato una riproduzione del documento.
[260] Lettera a Ippolito Bentivoglio da Parma del 30.IV.1618, post scriptum (anche in CIANCARELLI, cit.,
p.177). Fa eco al marchese il suo fedele collaboratore Federico Savelli, in una lettera scritta da Ferrara ad
Enzo il 26.IV.1618, in cui giudica l'opera parmense "La più bella e compita che si sia fatta".
[261] Scrive Alfonso Pozzo ad Enzo Bentivoglio il 15.V.1618, post scriptum: "Qui abbiamo la Florinda,
che comincia a recitar dimani l'altro"(ed. LAVIN, Lettres de Parmes, cit., p.150; CIANCARELLI, op. cit., p.183).
[262] Alfonso Pozzo conferma il ruolo svolto anche dopo il 1619 dal marchese, scrivendogli il 21.X.1625:
"[...] Dopo la morte del povero Pierfrancesco Battistelli, questo teatro intorno a cui V. S. Ill.ma si faticò
tanto, va in ruina [...]".

evidentemente preoccupato della fase di disinteresse del duca per la situazione del teatro, si adoprò per procurare per sé e per i figli un qualche incarico nella spedizione
militare che Odoardo Farnese stava preparando: ma non se ne fece più nulla. Soltanto
nel 1630 il figlio Cornelio ottenne il sospirato incarico di generale delle armate della
Serenissima Repubblica veneta, procurato da Enzo con una lunga azione diplomatica
a Venezia, ma certamente agevolato dalla fama di cavaliere che il successo del torneo
del 1628 aveva procurato. Fu infatti Cornelio, non Enzo, il protagonista materiale
(mantenitore) del primo spettacolo di Parma, anzi il padre non fu neppure presente al
primo degli allestimenti ai quali aveva lavorato per dieci anni. La circostanza sembra
casuale, ma probabilmente rientrava in un ben congegnato piano del marchese per
lanciare l'immagine del primogenito come esperto di spettacoli cavallereschi e quindi
di arte militare: insomma un formidabile titolo per aspirare a nomine prestigiose e
soprattutto redditizie, nel momento di massima crisi economica della famiglia. In fondo
tutto l'evento spettacolare di Parma, che per la corte farnesiana ovviamente rappresentava un momento di autocelebrazione e di riscatto politico, costituiva per Enzo Bentivoglio una vera e propria operazione di borsa. Per oltre dieci anni, ma con particolare
efficacia negli ultimi due, il marchese fu il punto di riferimento del più straordinario
concorso di artisti, artigiani, musici e cantanti che lo spettacolo italiano avesse conosciuto fino a quel momento. Come responsabile unico sia dei lavori al Farnese sia
degli allestimenti spettacolari che dovevano inaugurarlo, il Bentivoglio si trovava nel-
l'invidiabile posizione di amministrare capitali non suoi figurando tuttavia come l'oggetto di continue richieste e raccomandazioni da parte di tutte le categorie sociali: dai
più umili falegnami agli artisti di grido, tutti disposti a lavorare gratis o quasi per la
sua casa in cambio della chiamata a Parma, ai più potenti principi e cardinali che al
marchese rivolgevano calorose lettere in favore dei loro protetti. Senza contare il recupero di immagine che derivava dalla sua posizione, un'ancora di salvezza nei confronti
degli assalti dei creditori. Il rischio maggiore poteva essere un fiasco degli spettacoli
del dicembre 1628: fu invece un trionfo.

È unanime la considerazione degli studiosi sull'importanza delle feste parmensi per
la storia dello spettacolo barocco: inutile riassumere ancora una volta in questa sede le
fasi di preparazione febbrile e lo svolgimento degli avvenimenti, meglio rimandare
alla vasta bibliografia sull'argomento.[263] Meno diffusa la consapevolezza che l'evento
fu reso memorabile non da un casuale concorso di elementi, ma da un progetto che fu
tenace e coerente nonostante i tempi tanto dilatati della sua realizzazione. Enzo Bentivoglio, artefice del progetto, fu il motore pulsante di tutta la macchina organizzativa,
commissionando, esaminando, rifiutando, incitando e minacciando anche, la schiera
dei collaboratori, da lui stesso scelti per le loro specialistiche capacità, pur di realizzare
il duplice obiettivo proposto: l'esaltazione del committente Farnese ed il massimo vantaggio personale. Nulla era lasciato al caso.

Il testo degli intermedi *La Difesa della Bellezza*, scritto da Alfonso Pozzo nel 1618,
alludeva alla prevista visita a Parma del granduca di Toscana ed ai vantaggi di un'alle-

---

[263] Se ne veda una ampia selezione nel citato studio *Monteverdi, Bentivoglio, Goretti e gli altri.*

anza di quella casata con i Farnese. Il nuovo testo scritto dieci anni più tardi da Claudio Achillini, il torneo *Mercurio e Marte*, non si limita a recuperare gran parte delle macchine predisposte per l'altro e già realizzate dal Battistelli, ma ne segue fin dove è possibile l'impianto generale: il prologo dell'Aurora e perfino la naumachia conclusiva vengono conservati. Questa volta il contesto celebrativo è quello del matrimonio e l'unità delle due casate non è più un auspicio ma un dato di fatto, tra l'altro tardivo e ormai ininfluente sul piano della strategia politica. Il duca sposo, Odoardo Farnese, anticipa le abitudini (e le connesse motivazioni) del futuro Re Sole dei francesi partecipando di persona alla rappresentazione, nelle vesti di Marte. Ma a ben leggere il testo di Achillini del 1628, più che l'omaggio alla sposa medicea si ritrova l'esaltazione della città di Parma, rappresentata anche visivamente sulla scena,[264] e della famiglia Farnese. L'intera organizzazione spettacolare è anzi una sfida aperta all'antica supremazia fiorentina in campo teatrale:[265] lo aveva capito l'anonimo fiorentino estensore del trattato di scenotecnica *Il corago*, che è l'unica voce critica nei confronti degli apparati scenici parmensi, in un unanime consenso ed entusiasmo dei cronisti presenti:[266]

> [Dei modi di mutare scene e prospettive] Il terzo è il farle sorgere dal basso sopra l'altre come ho visto io nel salone del signore duca di Parma essere stato fatto dal signore marchese Bentivoglio, ma questo modo a me non piace perché, non potendosi fare in un subito, mi pare che offenda non poco l'occhio il vedere una scena mezza d'una sorte e mezza d'un'altra.

Eppure il *corago* descritto nel trattato corrisponde perfettamente alla nuova figura di organizzatore e direttore di spettacoli incarnata per la prima volta in maniera compiuta proprio da Enzo Bentivoglio: vero regista ante litteram, questo personaggio deve non soltanto ordinare e coordinare "dieci o dodici arti o professioni" (dall'architettura alla musica, dalla poesia alla danza, alla macchineria e prospettiva), ma egli stesso saperne abbastanza di ciascun'arte da poter vigilare e comandare i tecnici a lui sottoposti.[267] Dopo aver procurato i migliori architetti-scenografi disponibili, il Guitti e il Chenda, le squadre di specializzati ferraresi in lavori di falegnameria teatrale, controllato personalmente ogni rigo dei lunghissimi testi per musica scritti dall'Achillini e

---

[264] Come ha osservato giustamente MARZIO DALL'ACQUA (*"...Monteverdi al quale ognuno deve cedere..."*, cit., pp.154-sg), la scelta di riprodurre tra le scene dello spettacolo proprio il palazzo di Giardino, simbolo dei piaceri fisici ed intellettuali offerti dalla città di Parma, "significava aprire una finestra illusoria sulla città, riprodurre in tutti i suoi molteplici significati, ampliandoli specularmente, i rapporti tra i palazzi del Duca - e di questi con l'intero tessuto urbano di Parma- in un rimando tra esterno ed interno". Ovviamente non si tratta di una novità, poiché il teatro rinascimentale offriva spesso simili collegamenti illusori, ma è importante rilevare la posizione stessa del teatro Farnese, costruito al piano nobile del centro del potere farnesiano in città, il palazzo della Pilotta. Anche l'altra scena, rappresentante Piacenza, residenza estiva dei Farnese, obbediva in qualche modo alla logica del collegamento con l'intera realtà territoriale che, al pari delle varie fasi dell'allestimento, il duca e sua madre Margherita pretendevano di controllare costantemente.

[265] Lo aveva già affermato un profondo conoscitore della tradizione teatrale ferrarese: ADRIANO CAVICCHI, *Il Teatro Farnese nella tradizione spettacolare emiliana*, in *Il Teatro Farnese di Parma*, a cura di A. Cavicchi e M. Dall'Acqua [Parma], Orchestra Sinfonica dell'Emilia Romagna 1988, p.14.

[266] *Il corago o vero alcune osservazioni per metter bene in scena le composizioni drammatiche*, a cura di P. Fabbri e A. Pompilio, Firenze, Olschki 1983, pp.117-118. Gli editori attribuiscono la stesura del trattato manoscritto (già appartenuto al marchese Campori ed oggi alla Biblioteca Estense di Modena) a Pierfrancesco, figlio di Ottavio Rinuccini, collocandone la stesura tra gli estremi cronologici 1628-1637.

[267] *ibid.*, pp.21-23: *Del nome et officio del corago nel modo che qui si prende*.

dal proprio genere Ascanio Pio, e soprattutto assunto il più autorevole compositore di musica del tempo, Claudio Monteverdi (affiancato dal fedele Goretti),[268] Bentivoglio fa ripartire nel 1627 la sua macchina organizzativa. La delicatezza dell'iniziativa sta proprio nel confronto diretto, sul piano spettacolare, con le feste organizzate a Firenze per le stesse nozze, che vedono la partecipazione in grande stile dell'intera *équipe* teatrale della corte granducale: l'autocelebrazione medicea della *Flora*, musicata da Marco da Gagliano nella più pura tradizione recitativa fiorentina, deve aver innescato la vivace reazione dei rivali parmensi. [269] Rivendicando una tradizione non meno autorevole ed antica in campo spettacolare di quella del recitar cantando fiorentino, l'eredità degli spettacoli cavallereschi ferraresi dell'epoca estense, l'organizzazione di Parma oppone appunto il nuovo torneo con l'opera all'opera in musica medicea. E per chiarire ancor più tale simbologia, il primo spettacolo di Parma è un torneo svolto all'interno di una serie di intermedi in musica che incastonavano la recitazione del classico del teatro ferrarese, quell'*Aminta* del Tasso che era stata messa in scena nel 1573 proprio a cura del padre di Enzo Bentivoglio, omonimo del nipote Cornelio che si apprestava a dominare lo spettacolo come mantenitore. Del resto anche il "teatro provvisorio" eretto per il primo spettacolo nel cortile della Pilotta, come riproduzione effimera dell'innovativa architettura del Farnese, ne moltiplicava al quadrato la potenza illusionistica. Come ha scritto Adriano Cavicchi a proposito del teatro Farnese, quella struttura "rappresenta per noi una delle chiavi di volta per penetrare, anche psicologicamente, la complessità rituale e la raffinatissima simbologia mitologica di un genere di spettacolo per noi oggi assolutamente perduto come l'opera-torneo".[270]

Il monumentale lavoro di Iréne Mamczarz sul teatro Farnese di Parma, del 1988, ha almeno il merito di aver tentato per la prima volta, con ampia documentazione, di analizzare sia la struttura esterna sia l'intrinseca simbologia dell'opera-torneo di Parma.[271] Questa forma di spettacolo nasce direttamente dalla tradizione del torneo a tema, arricchendosi di una serie di elementi nuovi che a Parma sono per la prima

---

[268] Ai documenti già noti e a quelli offerti nel mio *Monteverdi, Bentivoglio, Goretti e gli altri*, aggiungo qui l'indicazione di alcune ricevute di pagamento ai musici che parteciparono alle feste di Parma: *Spese di viaggi 1627 26 X.bre* "Al S.r Ferrante Zambino per dargli ad Antonio Goretti per resto di quello che ha speso per servitio di S. A. per andare a Venetia a condure in Parma il Sig.r Claudio Monteverde ed altri musici s. 63.59.7" *12.III.1628*, idem, s. 48.50.6 ; *12.IV.1628* "a D. Leonardo Bonici e compagni musici per sua mercede per musica fatta s. 67.26"; 18.V.1628 "Marco Rastelli deve haver ducatoni 300 d'argento che di tanta somma se gli di qui credito per le diverse spese che detto Rastelli ha fatto per condure a Roma li musici" . Inoltre il 24.V si pagano 28 scudi per il viaggio da Modena a Parma di Monteverdi e altri musici (Parma, Archivio di Stato, *Spoglio n. 34 dai Mastri Farnesiani*, catalogo ms. , rispettivamente: p. 24 n. 463; p. 208; p. 213; p. 268; pp.290-292).

[269] Sugli spettacoli fiorentini del 1628 cfr. SOLERTI, *Musica, ballo e drammatica alla corte Medicea dal 1600 al 1637*, cit., pp. 187-195; KIRKENDALE, *The Court Musicians in Florence*, cit. La musica di Marco da Gagliano per le feste fiorentine, al contrario di quella di Monteverdi per Parma, si è conservata essendo stata stampata nell'occasione.

[270] CAVICCHI, *Il Teatro Farnese nella tradizione spettacolare emiliana*, cit., p.23. Altri articoli dello stesso autore sono importanti per comprendere l'eredità degli spettacoli cavallereschi ferraresi e la struttura dell'opera-torneo alla ferrarese del primo Seicento: *Il primo teatro d'opera moderno; La Commedia, la Tragedia, la Pastorale, la Cavalleria e i maestri del Madrigale*, cit.; *La scenografia dell'Aminta nella tradizione scenografica pastorale ferrarese del sec. XVI*, cit; *Teatro monteverdiano e tradizione teatrale ferrarese*, cit.

[271] MAMCZARZ, *Le Théâtre Farnese de Parme et le drame musical italien*, cit., in particolare pp.159-308.

volta presenti tutti insieme: trasposizione in uno spazio fisso, chiuso e predeterminato in luogo degli spazi effimeri all'aperto; sviluppo del contenuto drammaturgico all'interno dello spettacolo, con ampio spazio dato al testo poetico, alla musica, alla recitazione, rispetto agli armeggiamenti; trasformazione in vero e proprio libretto completo di tutto il testo del canovaccio stampato per il pubblico, che conteneva in precedenza solo i cartelli di sfida, la trama della rappresentazione e la successione delle scene (raramente anche i testi cantati). A questo punto, per rendere più chiara l'idea dell'opera-torneo del 1628, può essere utile riassumere in uno schema lo svolgimento dei due spettacoli parmensi. (Tab.II)

Confrontando la struttura degli spettacoli parmensi con la descrizione delle rappresentazioni ferraresi del Bentivoglio, emergono analogie evidenti, non limitate come alcuni vogliono all'inserimento di teatro musicale nel contesto del torneo a tema. Una caratteristica, che già l'Arsiccio considerava peculiare invenzione del marchese Enzo, era la capacità di sorprendere continuamente gli spettatori con improvvisi cambi di scena, sempre più stupefacenti per l'arditezza delle macchine e dei trucchi adoprati. Se si volesse tentare un censimento, ben poche delle idee sceniche di Parma risulterebbero non utilizzate in precedenza a Ferrara, sia pure in contesti diversi. Perfino i soggetti sono analoghi in maniera sospetta: la liberazione di Ruggero dall'isola di Alcina come "scena boschereccia", Proserpina, Plutone e mostri per la "scena infernale", Nettuno, sirene ed esseri marini per quella "marittima". Semmai, è l'idea dello spettacolo al quadrato, della ripetizione a dieci giorni di distanza, all'interno del Farnese, della medesima successione di scene del teatro provvisorio, fino alla naumachia finale (anch'essa citazione evidente degli antichi spettacoli estensi), a creare un effetto doppio e straniante che agisce sugli spettatori col massimo dell'efficacia, scatenandone gli affetti. L'anticipazione nel teatro provvisorio di ciò che sarebbe avvenuto nel teatro stabile creava delle aspettative che, proprio per la distanza tra i due spettacoli, aumentavano il gioco dell'illusione. E poiché il protagonista del secondo spettacolo era il principe Farnese (ma con la presenza non trascurabile di Enzo Bentivoglio, al secondo posto, come suo assistente) tutto ciò serviva ad incrementare altresì il significato politico di esaltazione del potere del duca sposo.

Quella che la Mamczarz ed altri studiosi considerano la prima apparizione del nuovo modello di opera-torneo, negli spettacoli di Parma del 1628, non era dunque che la trasposizione in grande stile delle esperienze ferraresi maturate fin dal primo decennio del secolo XVII. Né si può dire che le musiche di Monteverdi siano risultate l'elemento determinante per sancire tale nascita di un genere che, almeno quindici anni prima, aveva trovato nella collaborazione tra poeti, musicisti, architetti-scenografi ed interpreti risultati analoghi: che però non possiamo valutare appieno, per la scarsità di documentazione e di descrizioni. Dal punto di vista formale, è vero che il "torneo regale" *Mercurio e Marte* si differenzia dal primo torneo per essere una successione di azioni cantate e di combattimenti, con prologo ed epilogo, invece che una commedia con intermedi-torneo (prologo ed epilogo compresi). Ma che non si trattasse propriamente di un melodramma con azioni cavalleresche, lo lascia intendere lo stesso Monteverdi, nella lettera in cui descrive le "due bellissime feste" per le quali stava scrivendo la musica (lettera del 4 febbraio 1628):

[...] l'una, una comedia recitata con gl'intermedii apparenti in musica [...] le parole de quali le ha fatte il Sig.ᵣ Ill.ᵐᵒ D. Ascanio Pii genero del Sig.ᵣ Marchese Entio, cavaglier dignissimo e virtuosissimo; l'altra sarà un torneo [...] Le parole di esso torneo le ha fatte il Sig.ᵣ Aquilini, e sono più di mille versi, belle sì per il torneo, ma per musica assai lontane: e dove non ho potuto trovar variationi nelli affetti, ho cercato di variare nel modo di concertarle [...]

Alla luce di quanto detto, credo di poter affermare che l'opera-torneo è non soltanto una parola impropria per definire uno spettacolo più simile ad un *ballet de cour* o ad un *masque* che al melodramma di corte, ma è soprattutto un genere tanto peculiarmente collegato a Ferrara, da giustificare la scelta dei Farnese di rivolgersi proprio al marchese Bentivoglio ed alla sua squadra ferrarese, commissionando uno spettacolo unico e irripetibile, degno di essere mostrato con orgoglio ai fiorentini ed ai potenti di tutta Europa. Che lo spettacolo fosse irripetibile lo possiamo dire oggi, alla luce della documentazione storica in nostro possesso, poiché mai nell'Europa del Seicento una corte profuse altrettante energie finanziarie ed umane come quella di Parma fece per le feste del 1628. Del resto, negli anni successivi furono in diversi a tentare di ripetere l'esperimento parmense, in Italia ed anche oltre le Alpi. Silvia Carandini ha osservato giustamente che i due giovani cardinali Francesco e Antonio Barberini, la cui presenza alle feste di Parma era stata sottolineata in un passo dell'ultimo intermedio di Ascanio Pio ("E voi nipoti [...]/ Splendor del Vaticano glorie de l'ostro"), rimasero talmente impressionati dagli effetti scenici da voler riproporre a Roma, nel 1642, il soggetto del primo intermedio come spettacolo a sé stante.[272]

Ma ancora prima lo stesso Antonio Barberini aveva già patrocinato a Roma uno spettacolo che ricalca assai più da vicino il modello delle feste di Parma: non a caso, a dirigere l'organizzazione di quella che viene ricordata negli annali dello spettacolo come la giostra del Saracino del 1634, fu chiamato Cornelio, figlio di Enzo Bentivoglio. Della giostra si è già anticipato qualche cenno parlando di Cornelio (II) Bentivoglio. Ricorderò che la motivazione dell'iniziativa era stata l'idea del cardinal Barberini di offrire uno spettacolo inusuale al principe Alessandro Carlo di Polonia, e che l'improvvisa partenza dell'illustre ospite non mutò poi i piani organizzativi, provando che il Barberini aveva solo cercato un pretesto per realizzare per la prima volta uno spettacolo totalmente profano per il carnevale romano, dopo che il teatro di famiglia era stato inaugurato con un melodramma "spirituale", il *Sant'Alessio* musicato da Stefano Landi. Elena Tamburrini, riconoscendo il ruolo centrale dei Bentivoglio, considera la giostra romana uno dei più evidenti riflessi della tradizione cavalleresca estense sul gusto spettacolare dei cardinali romani.[273] Se si accosta invece lo spettacolo romano al prototipo parmense, risulta chiara la sua natura di ricalco: mantenitore è Cornelio

---

[272] SILVIA CARANDINI, *Teatro e spettacolo nel Seicento*, Roma-Bari, Laterza 1990, pp. 102-103. Lo spettacolo romano del 1642, in cui si ritrovano diverse idee sceniche parmensi, è *Il Palazzo incantato di Atlante*, musica di Luigi Rossi e scene di Andrea Sacchi, lo stesso pittore coinvolto nella giostra del Saracino del 1634.

[273] ELENA TAMBURRINI, *Patrimonio teatrale estense. Influenze e interventi nella Roma del Seicento*, cit., pp.52-59. Per una bibliografia sulla festa romana del 1634 cfr. inoltre i testi citati alla nota 61.

Bentivoglio, ideatore di scene e decori il Guitti, autore anche dei testi poetici, tranne i cartelli di sfida scritti dal ferrarese Fulvio Testi; non conosciamo invece gli autori delle musiche.[274] Le squadriglie dei venturieri a Roma sono sei, invece delle quattro di Parma, per accontentare un numero maggiore di cavalieri. Inoltre l'azione è svolta in più giornate, secondo la tradizione di Ferrara: la sfida del mantenitore è recata in maniera spettacolare, durante una veglia della maggiore nobiltà romana in casa Magalotti, da un carro su cui canta la Fama; la risposta alla sfida ha luogo durante una successiva veglia in casa Falconieri. Infine la giostra vera e propria (rinviata di dieci giorni per consentire una più accurata preparazione) si svolge nello spazio di per sé scenografico di piazza Navona, trasformata in gigantesco teatro, con l'intervento di una sola macchina, ma ingegnosa: una nave (macchina del dio Bacco con la sua corte di ninfe e pastori) con una testa di pesce d'oro sulla prua sormontata da un'ape barberiniana e sostenuta da una sirena che reca gli allusivi simboli del sole e della colonna. Ma vi è un ulteriore prolungamento, con un pranzo offerto il giorno successivo dal cardinal Barberini ed ancora una veglia che conclude il carnevale. Un ultimo elemento ripreso da Parma, ma con un notevole rilievo che denota una precoce influenza del gusto francese anche a Roma, sono i balletti che caratterizzano sia le veglie domestiche, sia la stessa performance della piazza.

Ed ancora una nave ritroviamo protagonista delle macchinerie utilizzate nella nuova occasione di ricalco del modello parmense, tentato questa volta a Modena nel 1635. La scarsità di documentazione su questi spettacoli, affidati dal duca d'Este ancora una volta alle capacità organizzative di Enzo Bentivoglio, impedisce di condurre il confronto in maniera analitica. La festa modenese costò al duca Francesco l'incredibile cifra di 200.000 scudi. Grazie ad un incartamento conservato a Modena, conosciamo perfettamente ogni più particolareggiata spesa di quello che veniva chiamato, eloquentemente, il "torneo Bentivoglio", compresi i compensi per i realizzatori scenici: tra questi erano il ferrarese Chenda, collega e rivale del Guitti, lo Schedoni, Carlo e Gasparo Vigarani.[275] Sappiamo inoltre che mantenitore era il solito Cornelio, i testi letterari erano ancora una volta dovuti a Fulvio Testi e che l'argomento dello spettacolo principale, coordinato dall'altro ferrarese Pio Enea degli Obizzi e al quale dovevano partecipare comici assai vicini ad Enzo Bentivoglio, era ancora una volta tratto dall'Ariosto.[276]

---

[274] Dalla descrizione a stampa si apprende soltanto che l'interprete della Fama, e probabilmente anche l'autore della relativa musica, era stato il celebre cantante Marc'Antonio Pasqualini, allora al servizio del cardinale Barberini e legato ai Bentivoglio. Nelle illustrazioni della veglia in casa Falconieri, attribuite ad Andrea Sacchi, sono inoltre rappresentati ballerini ed un insieme di suonatori di strumenti. Questi ultimi compaiono anche sulle macchine di piazza Navona.

[275] Modena, Archivio di Stato, Archivio per materie: spettacoli pubblici, b. 10, "Torneo Bentivoglio". I conti si riferiscono alla realizzazione e decorazione di due macchine per il torneo, che ebbe luogo presumibilmente nel settembre 1635: la "Machina di S. A." (il duca di Modena) e la "Machina della Nave". Alfonso Rivarola ("il Chenda") è definito nei documenti "Ingegniero del S.ʳ Marchese [Bentivoglio]". L'esistenza di questo incartamento era stata indicata in TAMBURINI, *Patrimonio teatrale estense*, cit., p. 59. Il costo della festa è ricavato da una *Memoria di Spese* della Camera Ducale di Modena, in SOUTHORN, cit., p.68.

[276] Si tratta dell'*Alcina Festa*, che dovrebbe corrispondere a *L'Isola di Alcina. Tragedia del Sig. Conte Fulvio Testi*, edita già nella rara edizione Mirogli delle *Opere Del Sig. Co. Fulvio Testi*, cit. (Bologna 1646), pp.339-408, in cui compaiono le stesse situazioni sceniche (Ruggiero, Melissa, Alcina, Sirene, etc.) del primo intermedio di Parma del 1628 e del futuro *Palazzo incantato* romano del 1642.

Nel 1635 Enzo Bentivoglio era ancora considerato il miglior *corago* per qualsiasi spettacolo "alla ferrarese" ed era riuscito ad imporre ovunque la propria squadra di specialisti: Cornelio invitato come mantenitore, oltre che a Roma e a Modena anche a Torino; il Guitti e il Chenda onnipresenti e richiestissimi; oltre al vero e proprio rilancio di Monteverdi come autore di musica teatrale che ebbe probabilmente origine dalle feste del 1628. Può apparire strano che nella propria città il marchese non avesse più realizzato alcun spettacolo dopo il 1616. Anche i suoi concittadini se ne lamentavano. Un nobile ferrarese assai vicino ad Enzo Bentivoglio, Nicolò Estense Tassoni, fu il primo a ricalcarne, timidamente, le orme, patrocinando a Ferrara nel carnevale 1624 un torneo "a piedi" nella grande sala di cortile. La premessa al libretto di quel torneo è un doveroso omaggio alla superiorità del Bentivoglio in quelle iniziative cavalleresche, ed insieme un efficace ritratto degli artifici scenici che caratterizzavano i tornei musicali ferraresi: [277]

> [...] Nel grembo delle proprie glorie si riposavano, ha già sett'anni, dagli arringhi di Marte i Cavalieri ferraresi. Erano serrati i teatri, polverose l'haste, imprigionati gli stocchi, tarlate le lancie, ammutiti i tamburi, impigriti i cavalli o fosse che dall'acque troppo vicine spirava un foco d'amore nel petto de' Nobili, che li facea più tosto anelanti alla salute, che al diletto della cara Patria; o pure che le tragedie di tanti defunti, havessero dai teatri distornati i tornei; o finalmente fosse, che quel gran Cavaliero Enzo Bentivoglio havea già posto in grado così eminente la disciplina cavalleresca, che da mano meno ingegnosa sdegnava d'esser trattata. Questo è ben chiaro, che non vedeasi il Po correr popoli curiosi ad apprendere in Ferrara l'arte del giudiciosamente maravigliarsi. Più non vedeasi ne' sereni giorni di quelle famose notti l'aria piover Cavalieri, e la terra esalar torri, e con fecondità spontanea ed inaudita produr palagi, e fruttar castella. Più non erano scherniti i mari e navigate le scene. Non più squarciavasi l'Olimpo, né più dalle cerulee bocche apriva glorie, e palesava paradisi, più non doleasi l'inferno di veder scoperti i suoi penosi secreti. Ma a ben doleasi la Fama di non poter più trarre dalle teatrali arene di questa bella città nuova materia a suoi viaggi. Doleasi il Po, e doleasi la vicina valle, che ne ritorni delle stupite genti, non potevano col mormorio degli applausi onorare il mormorio delle acque. Impaziente al fine di sì lunghi riposi, il Marchese Nicolò Tassoni, sentendosi vollire nel generoso petto quegli spiriti cavallereschi, che dalla fina nobiltà del suo sangue, innestato all'Estense, gli furono impressi al cuore, risolse prima che spirasse il carnevale di quest'anno mille seicento venti quattro, di consolar la sua Patria d'un nobilissimo torneo [...]

Mentre non conosciamo l'autore delle musiche, siamo informati che le scene erano firmate dall'anziano Giovan Battista Aleotti: circostanza che si presta a più interpretazioni (potrebbe essere un indizio di un qualche ruolo del marchese Bentivoglio, o più probabilmente una sdegnata reazione del suo vecchio collaboratore per la scelta dei suoi propri allievi nell'impresa di Parma?). Noteremo, per quanto detto in precedenza sul temine "opera-torneo", che lo spettacolo del 1624 fu definito da un cronista "bellissima opera in musica con machine". [278]

---

[277] *Relazione del torneo a piedi fatto in Ferrara questo carnevale dell'anno 1624* [...], Ferrara, Suzzi 1624, p.5 (copia in Ferrara, Biblioteca Comunale Ariostea, MF 54.1).
[278] Sardi, *Libro delle Historie Ferraresi*, cit., p.60: è doveroso notare tuttavia che il Sardi pubblicava il suo testo nel 1646, epoca in cui la definizione di "opera in musica" cominciava ad essere più frequentemente utilizzata.

Nei due anni successivi l'esperienza del Tassoni fu replicata, con la sostanziale mo-
difica dell'architetto-scenografo: Guitti al posto dell'Aleotti. Un'ultima occasione per
una replica a queste modeste sfide, e soprattutto per riaffermare la propria superiorità,
fu rappresentata per Enzo Bentivoglio dal matrimonio della figlia Beatrice con Ascanio Pio di Savoia, nel dicembre 1627. Degli spettacoli realizzati in quell'occasione
sappiamo poco, ma è certo che il marchese utilizzò a piene mani le maestranze che in
quel periodo erano a lui affidate per i lavori al teatro Farnese: il pittore Girolamo
Curti (detto "il Dentone"), ad esempio, ebbe un permesso speciale per dipingere le
scene della festa ferrarese. A parte questa circostanza occasionale, è fin troppo evidente il motivo per cui Enzo Bentivoglio aveva perso ogni interesse per allestire spettacoli
nella sua città. Sbaglierebbe di grosso chi avesse pensato che alla base della complessa
macchina organizzativa degli spettacoli "alla ferrarese" ci fosse sostanzialmente una
buona dose di passione o un piacere personale del marchese: soltanto un abile calcolo,
un progetto costruito con perseveranza e tenacia per oltre vent'anni, è la molla che
giustifica una adesione così totalizzante del nobile ferrarese ad un modello di attività
organizzativa che non corrispondeva affatto al normale comportamento mecenatesco
di un aristocratico nell'Italia del primo Seicento. Tale modello, che il marchese ne
fosse cosciente o meno, si veniva configurando come una vera e propria attività di
tipo impresariale, i cui meccanismi cercherò di esaminare e chiarire nelle pagine che
seguono.

5. Conclusioni

Il problema economico è centrale nell'analisi del rapporto mecenatesco, anche se per
lungo tempo l'interesse per i "grandi uomini" protettori di "grandi artisti" ha impedito la visione d'insieme della catena di relazioni umane implicite in tale rapporto. Co-
minceremo col dire che la grande crisi economica del primo Seicento europeo si respira
appieno nella corrispondenza bentivolesca dell'epoca da me esaminata. La lettura sistematica dei carteggi successivi alla devoluzione di Ferrara del 1598 mostra, impietosa, la morsa che attanaglia una famiglia aristocratica che pure nominalmente risulta
tra le più ricche della città. Nella *Nota delle entrade dei Gintilhuomini di Ferrara* per
l'anno 1606, apposta dal cronista Rodi agli *Annali* della città, più ricco di Enzo Bentivoglio (cui si attribuisce una entrata annua di 22.000 ducati) è soltanto Enea Pio, del
resto un cittadino ferrarese acquisito, che può contare su 35.000 ducati.[279] Il matrimonio della figlia di Enzo con Ascanio Pio, nel 1627, unirà i due casati più agiati di
Ferrara. A sua volta la moglie di Enzo Bentivoglio, Caterina figlia del bergamasco conte
Martinengo, porta in dote, nel 1602, ben 25.000 scudi.[280] I gesti plateali di Enzo,
"gran spenditore", che impegnava fiumi di danaro per grandi opere architettoniche

---

[279] FILIPPO RODI, *Annali di Ferrara* (Ferrara, Biblioteca Comunale Ariostea, Ms. Cl. I, 645), t. III, Appendice, c. 891.
[280] *AB*, Inventario Generale, II: 1600-1659, in data 30.IV.1602: "Dote della S.ᵗᵃ Catherina Martinengo
moglie del Sig.ʳᵉ Enzo Bentivoglio di s. 25.000 da d. 7 l'uno moneta di Bergamo L. 76 n.º 16".

(fu lui a completare le decorazioni del palazzo Bentivoglio), per i teatri degli Intrepidi e per istituzioni caritatevoli e chiese, dovevano convincere la città che un degno successore del duca Alfonso risiedeva ancora in Ferrara.[281] Ma fin dai primi anni del Seicento è evidente che la situazione reale è meno florida di quella nominale.

La famiglia ferrarese aveva pagato caro, nel 1598, il prezzo della forzata divisione in due tronconi, col capofamiglia Ippolito autoesiliatosi a Modena per seguire l'ultimo duca Cesare d'Este, e i tre fratelli superstiti, Enzo, Guido e Giovanni restati a salvare il palazzo ed i beni di famiglia in Ferrara dalle possibili rappresaglie del nuovo governo pontificio. La carriera ecclesiastica di Guido sembrava assai promettente, ma la vita a Roma era diventata carissima, soprattutto a partire dall'anno santo 1600, e per riuscire a mettersi in luce non bastava più l'intelligenza e la cultura:[282] un fiume di danaro sarebbe stato necessario per seguire le nuove mode in materia di abiti, decorazioni di case, o per inserirsi nei circuiti dei divertimenti notturni in gran voga tra i prelati meno anziani, che erano poi coloro che contavano: il Montalto, il Borghese, il Del Monte e gli Aldobrandini. Il fratello Enzo riuscì almeno a procurare a Guido, con spese ridotte al minimo, dei validi musicisti per potersi presentare degnamente nell'ambiente romano, dove questo tipo di cose cominciavano ad avere il loro peso: Girolamo Piccinini e Girolamo Frescobaldi. I due virtuosi servivano bene anche per l'impatto d'immagine del viaggio di Guido nelle Fiandre, dopo la nomina a nunzio, ma questa volta lo sforzo finanziario era superiore alle forze (o alla volontà?) della famiglia ferrarese e, dopo ripetute richieste di danaro rimaste senza effetto, Guido cominciò a ricorrere al credito che derivava dalla sua carica: nell'agosto del 1614 aveva accumulato a Bruxelles 26.000 fiorini di debito.[283]

La marchesa madre Isabella inizia a lamentarsi per la mancanza di denari subito dopo il matrimonio del figlio Enzo: nel 1603 comincia ad inviare richieste sempre più pressanti al computista Niccolò Fiorelli. Poi scrive direttamente al figlio, soprattutto negli anni del soggiorno romano, lettere gonfie d'ira e di risentimento.[284] Stesse proteste da Parigi, durante la nunziatura di Francia di Guido, soprattutto per l'impossibilità di mantenere decorosamente i figli di Enzo, Cornelio e Annibale, inviati con lo

---

[281] Per uno sguardo d'insieme su tutte queste costose attività ferraresi, ed in particolare sulla protezione accordata ai Cappuccini di San Maurelio ed ai Teatini, cfr. SOUTHORN, cit., pp.79-86.

[282] Oltre ai volumi di LUDWIG VON PASTOR, *Geschichte der Päpste*, trad. it.: *Storia dei Papi dalla fine del Medio Evo*, Roma, Desclée 1961, voll. XI-XII-XIII (1592-1644), tuttora indispensabili per la ricchezza di fonti citate, si leggano le illuminanti pagine di JEAN DELUMEAU, *Rome au XVIe siècle*, 1975, trad. it.: *Vita economica e sociale di Roma nel Cinquecento*, Firenze, Sansoni 1979, in particolare la parte III: *Roma e il denaro*, pp.173-ssg.

[283] Risulta da una lettera di Guido al fratello Enzo Bentivoglio del 2.VIII.1614, riportata in GUIDO BENTIVOGLIO, *Memorie e lettere*, a cura di L. Panigada, cit., pp.431-sg. In una precedente lettera del 9.II.1608 Guido ammoniva il fratello: "[...] e veramente se le cose dovessero continovar così, io temerei di non essere venuto in Fiandra a perder la reputazione in cambio d'acquistarne. Anzi io non so come finora l'avrò ben mantenuta, [...] potendo considerare Vostra Signoria che in questo tempo ch'io sono stato senza danari non ho potuto viver d'aria con tante bocche alle spalle [...]" (*ivi*, p. 417).

[284] Ad esempio da Roma scrive al figlio Enzo a Ferrara il 13.III.1603: "[...] Certo Encio voi non avete discrecione, dico a dirvela mo alla libera: come volete che si viva d'aria? E invero non so come questo Guido se la passa, se ben apro il goso d'ogi indomani a mandar un poco di merda di danari: ma come volete che si viva qui a questa Roma che ogni cosa costa un occhio?" (*AB*, 26, c.457).

zio. Perfino tra i computisti delle case bentivolesche di Ferrara e di Modena si registrano lamentele, richieste e sfoghi per il perenne deficit economico.[285]

E si parla continuamente di pegni: nel 1608 si disimpegnano a Roma, per circa 1200 scudi, un gioiello e gli arazzi, probabilmente impegnati da Guido per procurarsi liquidi per la partenza; nel 1613 Ercole Provenzale invia a Ferrara i nuovi pegni riscossi; nello stesso anno Enzo Bentivoglio è costretto a chiedere aiuto, a Brescia, al suocero conte Martinengo: occorrono con urgenza migliaia di scudi; nel 1615 il corrispondente da Roma Landinelli lo supplica ad andar "riserbata nello spendere più dell'ordinario, per non moltiplicare i debiti"; ancora gli arazzi di Guido sono in parte impegnati a Ferrara nel 1616. Si moltiplicano le richieste del marchese ai suoi corrispondenti. Il 29 marzo1617, ad un parente: "Mi ritrovo in estremo bisogno di denari[...]". Crude umiliazioni, come l'impegno di debito contratto da Enzo nel maggio 1618 nei confronti di Alfonsino Trotti, genero della marchesa Bevilacqua, alla quale si era rivolto per ottenere 3.816 lire. Un suo servitore nella casa romana, Francesco Belfiore, in procinto di essere licenziato, nel 1610 accetta di essere pagato dal marchese con un orologio d'oro mezzo rotto invece che con danaro;[286] qualche anno più tardi a Roma un altro servitore di casa rischia di perdere perfino il proprio letto.[287] Per i musicisti impiegati dal marchese il trattamento sembra di riguardo: i maestri romani dei cantanti sono pagati, poco, ma regolarmente; i musicisti invitati a Ferrara per le rappresentazioni di carnevale non si lamentano in genere del trattamento ricevuto ed i compositori non sarebbero così solerti ad inviare le musiche richieste senza un tornaconto. Ma vi sono casi in cui l'atteggiamento è ben diverso: si pensi al lungo e doloroso iter della coppia di musici Domenico e Lucrezia Urbani, licenziati dal servizio romano di Enzo Bentivoglio, per ottenere il pagamento dei loro stipendi arretrati e persino la restituzione di beni di loro proprietà. Anche il fedele Antonio Goretti è costretto a cogliere l'occasione, nel 1623, di una compravendita di un terreno per ricordare il suo credito nei confronti del marchese: tolto il valore dell'acquisto, restavano ancora 300 ducati da riscuotere da parte sua. E se non sono i musicisti, si rinnovano i lamenti da parte dei loro parenti (genitori dei cantanti, fratelli assunti come domestici) o dei computisti incaricati di anticipar loro le paghe. Dappertutto i creditori stavano "a bocca aperta aspettando danari", per usare la colorita espressione di un corrispondente da Bruxelles del 1610.

L'incarico offerto ad Enzo Bentivoglio per i lavori al teatro Farnese sembra offrire una valvola di ossigeno, ma alla fine del 1618 la situazione è nuovamente stagnante: ci vuol altro per risolvere una crisi che assume proporzioni di voragine. La salvezza, asso-

---

[285] Si legga la lettera di Alfonso Magnanini da Ferrara al collega Fiorelli a Modena (anno 1610: *AB*, 53, c. 135): "Ho riceuto li ducatoni 67.3.18 [...] e saranno almeno una fragola in bocca all'orso; e veramente egli è un gran stento e compassione ad essere di continuo senza. È però vero non si sa di strano, havendovi fatto il callo come le simie [...]".

[286] "[...] mi contentai di ricevere dal S.r Marchese a conto di pagamento quel suo horologgio così mal condotto com'ella sa, per di più di quello che mai trovò dal Piccinino né da altri" (lettera da Roma di Francesco Belfiore del 8.XII.1610: *AB*, 55, c.905).

[287] Lettera dell'ambasciatore ferrarese Annibale Manfredi da Roma a Enzo Bentivoglio del 12.VII.1617 (*AB*, 95, c.221v): "Hiersera mi disse il Fioretti che c'era uno che voleva mandar a levargli il letto, perché altro in casa non credo che ci sia. In verità, ch'egli ha un gran petto: io sarei di già morto".

lutamente insperata, giunge invece dalla tragica scomparsa del fratello Ippolito e del figlio di questi Ferrante, che consegnano nelle mani del nuovo capofamiglia, Enzo, tutti i beni posseduti in Modena dalla famiglia ed il feudo piccolo, ma importante, di Gualtieri. Con una crudezza sconcertante, il cugino poeta Alessandro Guarini insiste su questi fortunosi acquisti, congratulandosene allegramente, nella stessa lettera di condoglianze per le recenti perdite. Ma anche i beni di Modena, minacciati da cause di eredità e sottoposti a vincoli ducali, non durano a lungo a risanare i ripetuti ammanchi del "monte Bentivoglio". Nel 1630 i beni di Enzo e del suo socio Alessandro Nappi vengono confiscati. Il declino è ormai inarrestabile.

Per decenni le lettere dei figli Cornelio e Annibale (raramente della moglie Caterina) sono colme di pressanti richieste di danaro. Negli ultimi anni di vita di Enzo il rapporto è invertito, ed ora è il padre a supplicare il primogenito:[288]

> [...] Io Cornelio mio sono satio di [vedere] scrivermi più di negotii di casa, e [di promesse] d'inviarmi denari, perché mi avedo che perdo il tempo e le parole [...] Figliolo, haverei creduto, quando da principio vi scrissi che si mandassero denari, perché ve n'era bisogno, mi haveste ubedito più di quello havete fatto, perché sempre scrivete di fare, e mai si sente il fatto né de denari, né delle facende di Romagna [...]

Nessuna immagine è più impietosa ed eloquente di quella dei due figli minori, Ermes e Francesco, che nel dicembre 1638 si precipitano, disperati, a saccheggiare la camera della madre Caterina, morta cinque mesi prima abbandonata dal marito, ormai residente a Roma. Ma è solo un'avvisaglia della sventura ancor più terribile che tocca al padre Enzo pochi mesi più tardi. Mai ripresosi da una caduta mentre assisteva ad una commedia di carnevale, il marchese muore a Roma per colpo apoplettico il 25 novembre 1639. Contrariamente alla sua volontà testamentaria di essere seppellito nella chiesa dei Cappuccini di San Maurelio in Ferrara, il suo corpo è depositato anonimo in una cappella romana sconsacrata e soltanto nel dicembre del 1640 il figlio Annibale comunica al fratello Cornelio di aver deciso di far entrare la cassa con il cadavere, "imballata come che fossero robbe ordinarie", nascosta nel fondo di una carrozza, in Ferrara "per sodisfare ad un debito di pietà".[289] La segretezza doveva tutelare i poveri resti dalla rabbia dei creditori e dei montisti falliti, che potevano arrivare a rifarsi sul corpo senza vita della loro irrimediabile perdita. Forse questa è anche la ragione per cui non risultano sopravvissuti ritratti del marchese Enzo.[290]

La grande crisi del Seicento aveva certo la sua parte, soprattutto avvertita nella città di Ferrara decaduta da splendida corte estense a fortezza di confine dello stato pontificio. Ma le sventure del marchese Bentivoglio erano legate in buona parte alla colossale

---

[288] Lettera di Enzo Bentivoglio da Roma al figlio Cornelio, Ferrara del 3.II.1638 (*AB*, 246, c.9).

[289] Lettera di Annibale Bentivoglio da Roma al fratello Cornelio del 5.XII.1640. Cfr. anche SOUTHORN, op. cit., p.86.

[290] Esistono infatti ritratti di Cornelio I, del cardinal Guido (i più famosi sono il dipinto da Van Dyck nel 1623 e l'incisione di Mellan del 1630), e si può ricavare il ritratto di Cornelio (II) dal particolare dell'incisione di Andrea Sacchi per la Giostra del Saracino del 1634, ma nessuna notizia di ritratti di Enzo.

impresa della bonificazione che occupò gran parte delle sue energie finanziarie, intellettive e fisiche per oltre trent'anni. Il padre Cornelio aveva avviato una grandiosa opera di sistemazione idraulica del territorio attorno al feudo di Gualtieri, e tale opera fu continuata dai primi anni del Seicento da Enzo Bentivoglio, attraverso l'opera dell'ingegnere idraulico Aleotti che ne aveva iniziato il progetto.[291] Nel 1607 il Bentivoglio aveva iniziato a chiedere concessioni per lavori ai suoi mulini di Gioiosa, Filo, Comacchio. L'anno successivo, divenuto ambasciatore di Ferrara a Roma, Enzo avviò una immediata trattativa diplomatica per poter ampliare l'opera di bonificazione in tutto il territorio posto tra il Po e il Tartaro. I quadri procurati ai più influenti cardinali dovevano servire in primo luogo a perorare tale causa: e difatti il papa Paolo V gli concesse nel 1609 l'autorizzazione formale ad avviare l'operazione. Il Bentivoglio s'impegnava a compiere il lavoro a sue spese, ottenendo in cambio una serie di "monti" per poter finanziare l'impresa.[292] L'ostilità dei proprietari dei terreni oggetto dell'operazione era prevedibile e fu violenta: essi avrebbero infatti perso la metà dei terreni prosciugati dalle acque che li avevano invasi ovvero soggetti a periodiche inondazioni. Il comportamento del marchese, del resto, non fu dei più limpidi e virtuosi.[293] Il primo monte messo a disposizione della bonificazione bentivolesca dalla Curia papale fu il Monte Sisto, del quale Enzo poté disporre di 700 luoghi (in termini moderni, si tratterebbe di azioni). In un primo tempo sembrava che i lavori dovessero svolgersi rapidi e fruttuosi, stando anche alle ottimistiche previsioni dell'Aleotti.[294] Ma presto fu necessario erigere nuovi monti, vendere e ridistribuire nuovi luoghi, con un processo di indebitamento dalla crescita esponenziale. Basti pensare che nel 1632 il nuovo papa Barberini, Urbano VIII, concesse l'erezione di un nuovo monte di 3850 luoghi, che fu denominato il Monte Bentivoglio. Inutili risultarono gli allarmismi del fratello

---

[291] Cfr. LUIGI LUGARESI, *La Bonificazione Bentivoglio nella "transpadana ferrarese" nei secoli XVII-XVIII: gli effetti*, in *Uomini, terra e acque: politica e cultura idraulica nel Polesine tra Quattrocento e Seicento*, a cura di F. Cazzola e A. Olivieri, Rovigo, Minelliana 1990, pp. 347-383; BRUNO GABBI, *La Bonifica Bentivoglio: un'opera redentrice famosa per grandiosità ed importanza*, in *Waltherius-Gualtieri dal Castrum all'Unità Nazionale*, Gualtieri, Comune di Gualtieri 1987, pp. 55-78. Cfr. inoltre l'efficace sunto della situazione finanziaria dell'operazione del Bentivoglio in SOUTHORN, cit., pp.79-80, 86.

[292] Per una chiara spiegazione del sistema dei "monti", applicato dai papi a Roma dalla metà del Cinquecento e moltiplicatisi in maniera incredibile durante i decenni successivi, cfr. DELUMEAU, *Vita economica e sociale di Roma*, cit., pp.209-217.

[293] Un osservatore non prevenuto nei confronti del Bentivoglio, ne reca una testimonianza inequivocabile: "D'ordine di Enzo Bentivoglio venne publicato a gli interessati del Polezine di Ficaruolo che il vigesimo giorno di genaio si ritrovarebbe nel detto Polezine per ponere i termini e far il corcondar di que' tereni ch'egli pretendeva che dovessero esser compresi nella bonificatione […] Ma […] vi andò furtivamente […] e pose i termini a voglia sua chiudendo nel detto circondario que' terreni che per centenaia d'anni erano bonificati […] della qual cosa ne venne fatta gran doglianza dagli interessati. Ma non vennero uditi, e questo per lo interesse che vi havevano li Borghesi ai quali […] gli è sominstrate molte migliaia di scudi […]" (*Diario ferrarese di Marc'Antonio Guarini*, Modena, Biblioteca Estense, ms. H.2.17, p. 316 in data 10.III.1611).

[294] Cfr. GIOVAN BATTISTA ALEOTTI, *Relazione intorno alla bonificazione Bentivoglio*, Ferrara 1612. Dell'abilità dell'ingegnere idraulico "Argenta" restano alcuni trattati: *De la scienza et de l'arte di ben regolare l'acque di Giovan Battista Aleotti detto l'Argenta* (Parma, Biblioteca Palatina, ms. parm. 1099-1102); *Modo di far salire un canale d'acqua viva, o morta in cima d'ogni alta torre*, in appendice a *Gli artificiosi e curiosi motti spirituali di Herone tradotti da M. Gio. Battista Aleotti d'Argenta*, Bologna, Zenero 1647 (copia in Parma, Biblioteca Palatina)

cardinal Guido e dei suoi fedeli collaboratori, come il Landinelli, che pregarono più volte il marchese di estinguere i vecchi debiti con i precedenti montisti. Oramai nessuno più si fidava del valore delle azioni con cui Enzo continuava a pagare creditori, domestici e perfino musicisti (la cantante Ippolita si lamenterà col marchese della incauta decisione del marito Cesare Marotta, che aveva accettato luoghi di monte). Nel 1633 il Bentivoglio accettò di sovrintendere ad una piccola operazione di bonificazione per conto del duca di Modena, segno evidente del fallimento dell'operazione condotta in proprio per tanti anni. Nel 1634 Enzo Bentivoglio, che già aveva imposto alla famiglia la vendita di Antegnate, fu infine costretto a permutare il glorioso feudo di Gualtieri con la rocca di Scandiano.[295]

Non sapremo mai con precisione a quanto ammontassero i debiti di Enzo Bentivoglio nei confronti dei montisti e dei creditori comuni: nel tentativo di farne sparire ogni traccia, i discendenti furono così solerti da distruggere la gran parte dei conti di casa di quel periodo, circostanza che impedisce ogni ricerca sulle reali disponibilità economiche della famiglia e sulle stesse operazioni di committenza artistica e musicale. Può forse essere indicativa la situazione debitoria del settembre 1621, casualmente ricostruita da una lettera inviata da un corrispondente romano del marchese (è nominato tra l'altro un pittore): si tratta della ragguardevole cifra di 14.513 scudi.[296] Non sono sopravvissuti inventari completi di beni di famiglia o di arredi del palazzo di Ferrara, anteriori all'*Inventario* dell'eredità del cardinale Cornelio (III), del 1733.[297] E tuttavia emergono a volte nella corrispondenza, pallide reliquie dei conti distrutti, isolate

---

[295] Per le notizie relative cfr. DIEGO CUOGHI, *La rocca di Scandiano,* tesi non pubbl., cit.

[296] Carta allegata ad una lettera di Tomaso Ravelli da Roma del 1.IX.1621 (*AB*, 154, c.28): il debito iniziale è di scudi 13.390, ai quali si aggiungono,

"Al Muratore 425
A Domenico Carpentero 18,70
A 2 Notari [...] 24
Al S. Angelo Contarino 150
Al S. Mario Canonici [...] 247,89
A Francesco Rigone Pittore 25
Al S. Cardinale per la Berretta [...] 1031,72
A detto p. 3.200 fatti pagare in Francia al S.r Magnanino 224,93
Al S. Zanobi Sermani datili il mastro cassiere 125
Per 2 bimestri del Monte cioè maggio giugno luglio e agosto 3940,35
Per detto 2 bimestri per il conto a presente che si attiene al Nappi 809,65
Interessi di quelli si trasse in agosto importeranno circa .... 325"
(seguono altri conti per complessivi scudi 6223 che portano al totale di scudi 14513,200).

[297] *AB*, Patrimoniale, Miscellanea JJJ n.2, 17. II.1733: *Inventario de Beni, rimasti nell'Eredità dalla buona memoria Sig.r Card.le Cornelio Bentivoglio, fatto in Roma.* Vi risultano numerosi quadri tra i quali almeno due sembrano provenire dalle precedenti generazioni secentesche: "Una Madona in tela da testa, copia del Cavalier Maratti senza cornice"(fasc. I, c.101) e "altro di mezza testa per alto rappresentante la Natività di Nostro Signore. Copia del Bassani con cornice tutta dorata".

liste e parziali inventari di beni di casa.[298] Nell'ottobre del 1604 la famiglia ferrarese
di Enzo contava appena 18 salariati (contro i 125 del palazzo romano del cardinal

---

[298] Per alcuni inventari tipo (relativi di solito a suppellettili, mai sfortunatamente a quadri o altri oggetti
artistici) cfr. ad esempio:
  a) lettera di Aliprando Prandi da Ravenna del 15.VII.1642 (Invia conti relativi a maioliche di Faenza) (c.91)
*Maioliche infrascritte proviste per ordine del s.r Aliprando Prandi, al quale se li sono inviate a Ravenna in tre casse
grande, sotto li 24 Maggio prossimo passato 1642, desse per Marchese a Venetia* Prima nella cassa più grande:

n.° 400 piatti grandi da salviette a soldi 5 l'uno	scudi 100
n.° 18 piatti imperiali grandi a soldi 45 l'uno	scudi 40-10
(spese per facchini, viaggio a Ravenna etc	scudi 14:15)
	scudi 155:5

In una dell'altre due casse	
n.° 40 tondi grandi da salvietta a soldi 5	scudi 10
n.° 12 piatti da minestra a soldi 6	scudi 3:12
n.° 12 piatti più piccoli a soldi 5	scudi 1:
n.° 2 bichieri grandi per dar aqua a soldi 15	scudi 1:10
n.° 2 broche grandi a soldi 20	scudi 2:
n.° 1 cadino grande a costa	scudi 6:
n.° 2 piatti ovali grandi sopra imperiali a soldi 4	scudi 8:
n.° 6 piatti reali a soldi 22	scudi 6:12
n.° 6 piatti sotto reali a soldi 16	scudi 6:
n.° 2 saliere a soldi 10	scudi 1:
n.° 4 fiaschi mezzani a soldi 15	scudi 3:
n.° 2 fiaschi piccoli a soldi 10	scudi 1:
n.° 2 piatti imperiali a soldi 45	scudi 4:10
(spese varie come sopra	scudi 13:11)
	scudi 90:1

(c. 91v) Nell'altra cassa simille alla 2.ª	
n.° 40 tondi grandi da salvietta a soldi 5	scudi 10
n.° 12 piatti da minestra a soldi 6	scudi 3:12
n.° 12 piatti più piccoli a soldi 5	scudi 3:
n.° 2 sotto coppe a soldi X	scudi 1:
n.° 2 bichieri grandi per dar acqua a soldi 15	scudi 1:10
n.° 2 broche grandi a soldi 20	scudi 2:
n.° 1 cadino grande a costa	scudi 6:
n.° 2 piatti ovali grandi sopra imperiali a soldi 24	scudi 8:
n.° 6 piatti reali a soldi 22	scudi 6:12
n.° 6 piatti sotto reali a soldi 16	scudi 4:16
n.° 12 piatti per capponi a soldi 10	scudi 6:
n.° 2 saliere a soldi 10	scudi 1:
n.° 4 fiaschi mezzani a soldi 15	scudi 1:
n.° 2 piatti inperiali a soldi 45	scudi 4:10
n.° 1 bacile con bronzino	scudi 4:10

(spese varie come sopra	scudi 80:1)
(c.92: totale generale per le tre casse:	scudi 333:7)

(compreso il dazio di Ravenna e il nolo dei facchini sino a Venezia)
  b) Giovanni d'Onpie (?) da Roma ad Annibale Bentivoglio, Ferrara 7.VII.1645 (*AB*, 268, c.60):
"(...) Hieri dal S.ʳ Francesco Gallo ho ricevuta quella di V. S. Ill.ᵐᵃ delli 3 del corrente ed ho visto che
manca una muta di bandanelle di damasco della carozza dorata: non posso replicar altro così ho detto nel
altra mia già scritto a V. S. Ill.ᵐᵃ non haver mancato al debito mio d'inviare tutto quello ch'ho trovato conforme che nel inventario di mano in mano ho mandato, con la nota distintamente di cassa in cassa la robba
e di che qualità.
  Ho trovato nel primo inventario della robba mandata la prima volta, alla cassa numero 26, cioè
segnato il credenzino della cappella parte dorata, si deve trovare dentro le seguenti robbe:
  Tovaglie sottile numero 17

Montalto negli stessi anni), tra cui 6 donne.[299] Per trovare un'altra lista attendibile della famiglia ferrarese bisogna arrivare al maggio 1645, quando capofamiglia è Cornelio Bentivoglio. Il numero è cresciuto di poco, 23 nomi, di cui si ne conoscono le qualifiche: 6 dovrebbero essere gli "aiutanti di camera", 7 gli stallieri e aiutanti, 10 la servitù bassa. Ma nell'elenco, riferito alla provvisoria residenza romana di Cornelio, non risultano le donne.[300] Un confronto con la famiglia di Ippolito Bentivoglio a Modena è reso possibile da un frammento di conti relativi al marzo del 1611:[301] vi risultano 48 nomi, di cui 14 donne, 4 staffieri, 2 cuochi, 1 stalliere, e poi carrozzieri, garzoni, sarti, ed anche eredi di personaggi defunti.

Anche i pagamenti dei musici (maestri, cantanti e strumentisti) affiorano sporadicamente per mera casualità, ma non ne conosciamo dati certi per tentare statistiche. Nel luglio 1609 "il maestro che insegna cantar ale done" nella casa romana, ossia Ora-

---

Servigliette sottile numero 93
Cannavaccio numero 11
Una muta di bandinelli di damasco neri con gli suoi allamari neri alle cantonate al numero d'otto pezzi, (questi sono quelli che V. S. Ill.ma pretende che non si trova) (c.60v)
di più un pulpito coperte di verde, con gli suoi chiodetti dorata
Cassa di mittria, con le mittrie dentro, cioè numero tre
Nella cassa neri una mittria di tela bianca
Un altra cassa, una mittria di raso bianco ricamato
La terza cassa una mittria di tela d'oro
Il coramo del medesimo credencino
E l'ultima della credenza la valiggia di coramo del cameriere di Monsig.r.
E così è scritto nella nota inviato a Baldo; se si trova una di queste cose bisogna per forza trovare ancora le sudette bandinelle e tutto il resto della robba che stava nel detto credenzino parte dorata, ch'è uno dello dui credencino della cappella.
V. S. Ill.ma averte che le bandinelle sono longo assai, e larga, qual hanno servito per il passato alla carozza grande ricamato di velluto neri.
Quanto alli coramo azzurro ed or, non posso dire altro che quello già scritto.
Le bandinelle della carrozza grande di velluto neri comprato devono essere ogni cosa insieme, con li suoi corsini di velluto (c.61) essendo stato legato ogni cose insieme, e poi amagliato per mano del fachino con ogni sorte di diligenza. Io non ricevo altro ogni lettera che mortificazione d'intendere che manca, hora una cosa hora un'altra: V. S. Ill.ma può essere sicuro ch'io non sono per fare alcuni mancamenti d'obligo, e meno di traghettare robba che non mi lievi di stenti: Dio sin adesso m'ha sempre tenuto le mani in capo, ch'io non sono per fare in dignità; se non fosse, che Dio me ne guardi di levarmi affatto dalla servitù humano. (...)"
[299] La lista è riportata sul dorso di una lettera dell'ottobre 1604 (AB, 29, c.311v): "Salari: Anibale [scudi] 25-Jacomo 25-Luigi 15-Borso 6-Dominico 4-Francisco 3-Fidel 5-Bartolomio 4-Cassinar 5-Carociaro 5- Agnolo s. -Bartolomeo s. perugino 4-madama Bianca 20-madama Barbara 15-balia della Signora 10-balia di madama B[arbara?] 6-Isabella 6-Ana 6" (già edita in FABRIS, Frescobaldi, cit., p.84, nota 79). I dati sulla famiglia del cardinal Montalto sono riportati nel volume di HILL, Roman Monody, cit., pp. 21–56.
[300] Lista allegata a lettera di Cornelio Bentivoglio da Roma al fratello Annibale, Ferrara del 20.V.1645, già citata (Ferrara, Biblioteca Ariostea, ms. Antonelli 966, b.2: Bentivoglio Cornelio). Questi i nomi dei salariati: "Nota della famiglia per il mese di maggio [1645] del S.r Marchese
Monsu Gianni scudi 10-Sig. Jacomo Luti scudi 20-Sig.Stefano [cantante] scudi 10-Sig. Carlo scudi 9-Sollecitatore scudi 2-Dato a quattro staffieri licentiati scudi 8- Giacinto Decanto scudi 6-Pacifico scudi 6-Silvestro scudi 6-Gio. Maria scudi 6-Fiorentino scudi 6-Andrea scudi 6-Carluccio scudi 8-Antonio Venetiano scudi 6-Il Cacciatore scudi 8-Pietrantonio scudi 6-Sig. D. Livio scudi 20-
Stalla: Gio. Benedetto scudi 6-Gio. Tedesco scudi 6-Nicolò Garzone scudi 6-Bracone scudi 3:40-Mastro Christo scudi 10-Garzone scudi 2:50-Scopatore scudi 7".
Il totale della spesa mensile risulta di scudi 164:90 ai quali sono aggiunte altre spese non fisse (tra l'altro scudi 7:6 "dati ai copisti a buon conto") per un totale complessivo di scudi 295:96.
[301] AB, 59, c. 274, lista allegata ad una lettera di Ippolito Bentivoglio, da Modena, a Enzo Bentivoglio, Ferrara del 28.III.1611.

zietto Crescenti, riceve scudi 4,80 contro un salario complessivo degli altri servitori di scudi 55,83.[302] Il calcolo delle spese sostenute da Enzo Bentivoglio per mantenere strumentisti e cantanti nel 1612, riferito da monsignor Landinelli all'ambasciatore di Fiandra ed agli altri nobili fiamminghi che ne chiedevano una stima, è vistosamente esagerato ed irreale, ma accettato come plausibile dai visitatori ammirati:[303]

> [...] Ho detto a questi Signori che in mantenere questa Napoletana [Lucrezia Urbani] con fratelli e sorelle importa a V. S. Ill.ma più di mille scudi all'anno, e spende altro tanto in mantenere altre donne virtuosissime che cantano, ed il Piccinino [fratello] di Girolamo molto bene conosciuto da loro [...] sebene non gli è parso nuovo, sapendo molto bene la qualità di questa Casa [...]

Più realistico il calcolo della paga dei maestri impiegati a Roma alcuni anni più tardi per insegnare ai cantanti allevati dal marchese: si è già detto che nel 1613 Cesare Marotta proponeva di assegnare al collega Arrigo Velardi una paga di 4 scudi per convincerlo ad accettare come allieva Francesca.

Il patrimonio costituito dai beni immobili è l'unico a risultare con una certa chiarezza dagli inventari allegati ai testamenti dei vari membri della famiglia. Nel solo territorio di Gualtieri, il primo marchese Cornelio aveva lasciato un impressionante elenco di proprietà, toccate nel 1589 al figlio Ippolito.[304] Nel testamento di quest'ultimo, aperto in data 28 novembre 1619, sono elencati puntigliosamente tutti i possedimenti, a Gualtieri, nel ferrarese, nel modenese, i mulini, e così via, per una rendita giudicata di scudi 7865 circa.[305] Tralasciando l'austero palazzo di Ferrara costruito dal padre Cornelio, è interessante osservare i comportamenti di Enzo Bentivoglio con gli appartamenti a Roma. Eletto ambasciatore di Ferrara nel 1608, il marchese avvia immediatamente la ricerca di una residenza decorosa nella capitale, compito che si rivela quasi impossibile: solo grazie all'interessamento di monsignor Nappi, a sua volta intermediario per conto del cardinal Borghese nell'affare dei quadri, il Bentivoglio ottiene di risiedere nel modesto palazzo, detto di Capranica, di proprietà del cardinal Acquaviva presso S. Andrea della Valle, pagando un canone di circa 100 scudi. Già nell'agosto del successivo 1609 Alessandro Piccinini informa dell'avvenuto trasferimento nella poco più confortevole casa di piazza Navona.[306] Per evitare un insosteni-

---

[302] Lettera di Alfonso Verati da Roma a Enzo Bentivoglio del 4.VII.1609 (AB, 49, c.511), cit. anche in FABRIS, *Frescobaldi*, cit., p.84, nota 78.

[303] Lettera di Vincenzo Landinelli da Roma a Enzo Bentivoglio del 21.I.1612.

[304] Cfr. la copia ottocentesca allegata in AB, Lib. 97 n. 50, dell'*Inventario delli Beni di Gualtieri toccati al Sig.r Marchese Ippolito a norma della disposizione Primogeniale fatta dal sua [sic] Padre il Sig.r Marchese Cornelio come dal di lui Testamento 1579 26 Marzo Libro 60 n.7.* ma secondo il copista "tale memoria non è autentica".

[305] AB, Lib. 97 n. 50, in data 28.XI.1619. Da notare che Ippolito, in caso di morte senza eredi maschi del proprio figlio Ferrante, aveva indicato come erede Giovanni Bentivoglio invece che i fratelli del ramo ferrarese, indicati soltanto come ultima eventualità: di qui la lunga causa portata più tardi ai danni di Enzo Bentivoglio che, con un colpo di mano per lui abituale, si era autoproclamato erede diretto dei beni modenesi del fratello scomparso.

[306] Lettera di Alessandro Piccinini da Roma a Enzo Bentivoglio, Ferrara del 12.VIII.1609: "[...] V. S. Ill.ma sarà aspetato ala casa di Navona la quale, sebene per quanto ho inteso li pare di non li avere tropo gusto, io sto sicuro che come la gustarà li riusirà bona; e veramente quela di Capranica è riusita infelice come è niente di caldo ed altri particolari [...]". Tuttavia risulta che nel gennaio 1611 si pagava ancora l'affitto per la casa di Capranica.

bile confronto con il costo della vita quotidiana e le spese imposte dalla condizione sociale, Enzo Bentivoglio decide di non trasferire la sua residenza stabile a Roma, trascorrendovi periodi limitati, durante i quali i suoi servitori cercano di affittare, non sempre riuscendovi, sempre lo stesso palazzo. Forse per le crescenti difficoltà di questi affitti precari, nel settembre 1613 il marchese tenta per la prima volta di acquistare un appartamento, il palazzo Ferratini, per 14.000 scudi: ma l'operazione non riesce ed ancora nel 1617 si registrano le spese dell'affitto di casa a Roma per circa 13 ducati.[307]Infine, in non casuale coincidenza con l'incarico svolto a Parma per il teatro Farnese, Enzo Bentivoglio riesce nel gennaio 1619 ad acquistare una casa a Roma, ma non un appartamento qualunque, bensì quello che il suo maestro di casa Magnanini definisce un "bellissimo palazzo" che "quando sarà finito, sarà una delle più belle fabriche di Roma".[308] Si trattava infatti del palazzo Borghese al Quirinale, passato al duca d'Altemps nel 1616, il quale l'aveva venduto al marchese Bentivoglio, con lo splendido giardino annesso, per 55 mila scudi, pagabili a rate con un modesto interesse. In una lettera al fratello Ippolito del 22 ottobre 1619, Enzo Bentivoglio riassume efficacemente la storia e il valore dell'immobile:[309]

> [...] potiamo venire a Roma a godere un aquisto d'un palazzo fato qual è a Montecavalo ed è il più bel palazzo che sia in Roma ed è quelo fabricato dal S.r Cardinale Borghese e poi venduto al Duca Altemps dal qual lo comperò per 55 mila scudi; è vero che per non li dar il denaro li pago 5 1/4 per cento si paga di certe casete che vi è soto scudi 600 di fito che le gode il detto S.r Cardinale per la sua famiglia. E poi perché S. S. ha hauto gusto ch'io lo piglia mi ha fato da S. S.tà investire di certi beni d'un lavezolo che vine a calare una gran taca. Spero haver fato per N. S.re benissimo essendo la meglio aria di Roma [...]

Si trattava di un acquisto doppiamente strategico: per il valore della proprietà, affrescata e decorata da grandi artisti, da Guido Reni a Orazio Gentileschi, da Paul Bril a Bernardo Castello, ma anche per la posizione su uno dei siti più famosi della Roma antica, le Terme di Costantino, i cui ruderi erano stati distrutti dal cardinal Borghese per erigervi il suo palazzo accanto alla dimora estiva del papa al Quirinale. I passaggi di proprietà e i successivi interventi di decorazione artistica sono ricordati da numerosi cronisti del secolo XVII, spesso con sviste e confusioni.[310] Quell'investimento fu in

---

[307] La vicenda dell'acquisto del palazzo Ferratini è registrata dagli *Avvisi di Roma* in data 7.IX.1613 e poi del 28.IX.1613 (ed. Orbaan, cit., p.212)"Havendo il Cardinale Deti havuto notitia della compra fatta dal Signor Entio Bentivogli del palazzo de Signor Ferratini, dove al presente habita detto Cardinale, Sua Signoria Illustrissima pretende come inquilino d'essere preferito nella compra al Bentivogli, offerendo il medesimo prezzo e conditioni". Dovrebbe essere di questo palazzo la pianta che Ercole Provenzale invia a Enzo Bentivoglio da Roma il 21.VII.1613: "V. S. Ill.ma averà la pianta che mi ha dimandatta, dalla quale potrà vedere minutamente ogni sorta di cosa per essere fatta con le misure [...] so che non ocore che mi afattica a darla a intendere a V. S. Ill.ma perché lei ha più cognicione di piante che non ho io [...]".

[308] Lettera di Alfonso Magnanini da Roma a Ippolito Bentivoglio, Modena del 25.I.1619.

[309] La vendita del palazzo Borghese-Altemps è indicata, con la cifra esatta, anche negli *Avvisi di Roma* del 12.X.1619 (ed. Orbaan, cit., p. 259).

[310] Quando ancora il palazzo era di proprietà di Enzo Bentivoglio, ne apparve una descrizione nella guida di POMPILIO TOTTI, *Ritratto di Roma moderna*, Roma, Mascardi 1638, p. 504 (con un disegno del palazzo e giardino): "[...]ha rarissime pitture di Guido Reni, e d'altri buoni maestri". Successivamente è descritto, con menzione dei numerosi pittori e decoratori che vi avevano lavorato, in FIORAVANTE MARTINELLI, *Roma ornata dall'architettura*, ms. della Biblioteca Casanatense di Roma, circa 1660, ed. in CESARE D'ONOFRIO, *Roma nel Seicento*, Firenze, Vallecchi 1969, pp. 232-233 e ID., *Roma ricercata nel suo sito*, Roma, 1664, p. 104. In GIOVANNI BAGLIONI, *Vite de' pittori, scultori et architetti. Dal pontificato di Gregorio del 1572*

un certo modo la salvezza della famiglia: dopo la morte di Enzo Bentivoglio, fallito un tentativo di vendita al duca di Modena nel 1640, fu infine ceduto al cardinale Giulio Mazzarino, che si accollò il restante debito nei confronti degli Altemps. Annibale Bentivoglio, nel gennaio 1641, ne dava la notizia al fratello con toni euforici.[311] Ma è tempo di aprire i testamenti di Enzo Bentivoglio.

Contrariamente a quanto si credeva finora, il marchese ha lasciato più versioni distinte e lontane nel tempo delle sue ultime volontà. Il primo testamento, poco più che un atto formale, risale addirittura al giugno 1595: meno che ventenne ("la vita del sudetto è molto breve" annota il notaio) Enzo lasciava i suoi beni alla madre ed a futuri figli maschi che fossero nati da "qualunque moglie" futura.[312]Negli anni successivi vi furono altri atti, come ricorda il testamento dell'agosto 1629: [313]

> [...] Cessando per questo ed annullando il testamento fatto da esso Sig.ʳ Testatore l'anno 1595 adì 27 giugno [...] e l'altro testamento fatto l'anno 1611 a 4 aprile, o altro più vero tempo, per rogito di Camillo Malvezzi notaio in Ferrara, e qualsivoglia altro testamento che da S. S.ria Ill.ma fusse stato fatto sino al presente giorno [...]

Si tratta di un documento insolitamente pacato e sereno per il carattere di Enzo, forse perché il testatore era "infermo, nel letto giacente". Oltre alle disposizioni sulla sua sepoltura, è notevole che si preoccupi di lasciare significativi doni ai tre cardinali più potenti di Roma: un quadro a scelta del suo erede, da consegnare al cardinal Pio, un altro quadro, di mano del Dossi, per il Borghese, e una coppia di cavalli per Antonio Barberini. Seguono istruzioni per le doti delle figlie sposate e di quelle in convento e piccoli regali ai parenti stretti. Contrariamente a quanto ci saremmo aspettati, l'erede designato non è il primogenito Cornelio, bensì il fratello cardinal Guido. All'origine di questa esclusione era una azione legale che proprio il figlio aveva intrapreso, nel 1625, contro Enzo e Guido per i diritti sull'eredità del defunto Ippolito Bentivoglio a Modena. L'esclusione di Cornelio è ribadita il primo gennaio 1630 con una *Istitutione fatta dal S.ʳ M.ˢᵉ Enzo Bentivoglio nel suo Testamento di suo Erede Universale nella persona del S.ʳ Card. Guido suo fratello.*[314] Questo dissidio può forse spiegare

---

in fino a' tempi di Papa Urbano nel 1642, Roma, 1642, si trovano numerosi accenni agli artisti che parteciparono alle decorazioni del palazzo, in particolare nel periodo in cui fu posseduto dai Bentivoglio (cfr. *Vita di Flaminio Ponzio, Vita di Marcello Provenzale,* etc.). Per gli artisti che continuarono a lavorare nel palazzo durante il possesso bentivolesco cfr. SOUTHORN, cit., pp. 82-83 (e rinvii bibliografici); si veda. anche, ma con cautela, VINCENZO GOLZIO, *Palazzi romani. Dalla rinascita al Neoclassico,* Bologna, Cappelli 1971, pp. 161-168.

[311] Lettera di Annibale Bentivoglio da Roma al fratello Cornelio, Ferrara il 9.I.1641:"[...] La buona nuova è che il palazzo è venduto, e Mazarino lo compra [...] La conclusione di questo negozio è la vita nostra, perché dà tempo di concludere l'altro, per il quale non si lascia di fab[r]ricare[...]".Per completare la storia movimentata del palazzo, ricorderò che dagli eredi di Mazzarino, i Mancini, fu poi venduto nel 1704 ai Rospigliosi, che lo hanno abitato fino al primo trentennio di questo secolo, divenendo poi sede della Galleria Rospigliosi-Pallavicini.

[312] Ferrara, Archivio di Stato, Notai sec. XVII: Antonio Colorno, matr. 715, in data 28.IV.1595. Negli stessi mesi il notaio Colorno aveva raccolto le volontà anche dei fratelli di Enzo ancora in vita: Alessandro (morirà nel 1600), Giovanni, Guido e Ippolito. L'altro fratello Annibale era invece morto proprio nel 1595.

[313] Roma, Archivio Storico Capitolino, Sez. XLV, *testamenti e donazioni,* vol. 57: notaio Sante Florido, cc.347-352v. Il documento è parzialmente citato in LUIGI SPEZZAFERRO, *Ferrara-Roma, 1598-1621: un rapporto di indirette incidenze,* in *Frescobaldi e il suo tempo,* cit., pp.113-128: 123-sg. (ma lo considera "il suo primo testamento").

[314] Archivio Bentivoglio, Indice Generale dei Contratti, V: *testamenti,* cc. 42-43.

l'incomprensibile assenza di Enzo al primo degli spettacoli di Parma del dicembre 1628, proprio quello di cui protagonista era il figlio Cornelio. Ma nel 1631 dovette essere raggiunto un qualche accordo, perché Enzo addolcì la posizione testamentaria del primogenito. Cornelio resta comunque escluso dal testamento ultimo, dettato dal padre a Roma, poco prima di morire, nell'ottobre 1639. Quest'atto è in realtà una piccola aggiunta al precedente del 1629, ma di non lieve importanza: invita infatti il fratello Guido "a voler pagare e sodisfare tutti li debiti d'esso Ill.mo S.re Marchese sì dell'artisti, come anco dell'altri suoi creditori per qualsivoglia causa" e prega il figlio Annibale "a fare un regalo alla S.ra Leonora Baroni, in riguardo di tanti fastidii che giornalmente che esso Ill.mo S.r Marchese gli ha dati". Dal canto suo, Cornelio nel 1640 firma una formale *Ripudia* [...] *dell'Eredità del fu Marchese Enzo suo Padre*.[315] Il peso economico del fallimento di Enzo Bentivoglio gravò dunque in gran parte sul fratello cardinale, che se ne lamentò in più occasioni con i nipoti. Ma uno strascico della dolorosa situazione debitoria nei confronti degli azionisti del Monte Sisto e del Monte Bentivoglio, si ritrova ancora ai tempi di Ippolito II, costretto a pagare per le troppo ardite operazioni commesse dal nonno che aveva conosciuto appena. [316]

Non vi è dubbio che la massa di artisti d'ogni genere che questo saggio ha visto ruotare attorno alla figura di Enzo Bentivoglio e alla sua casa possa configurare un meccanismo di committenza che con termine abusato si definisce genericamente mecenatesco. Alcuni storici dell'arte che si sono occupati di singoli momenti della committenza artistica bentivolesca, non hanno esitato ad usare tale definizione. Così Anna Maria Fioravanti Baraldi, che elenca i "molti artisti che operarono nell'orbita bentivolesca": Guercino, Dentone, Mastelletta, Battistelli, Badalocchio, Giovanni da San Giovanni, Aleotti, Bononi, Lorenzo Garbieri, Francesco Bigari.[317] Ma altri nomi si potrebbero aggiungere. Francis Haskell nel suo classico libro sui *Mecenati e pittori* (il cui titolo è parafrasato in questo lavoro come palese omaggio al classico degli studi sul mecenatismo artistico) chiariva due aspetti principali della committenza artistica nella Roma del primo Seicento: 1) la consuetudine dei cardinali e dei nobili non romani a proteggere artisti loro compa-

---

[315] Roma, Archivio Storico Capitolino, Sez. XLV, vol.59: notaio Sante Florido, codicillo di 2 carte. Avverto che il documento presentato nello stesso Archivio, Sez. XLVIII, vol. 12: notaio Felice De Totis, come "Testamento del Cardinal Guido Bentivoglio" è in realtà un atto di vendita di un immobile al cardinal Capponi da parte di Enzo Bentivoglio, in data 12.X.1629. L'esclusione di Cornelio potrebbe anche essere una montatura architettata con bravura per evitare che i creditori di Enzo si potessero rifare sull'erede, sottraendogli le ultime proprietà di famiglia. Quello che è certo è che lo zio cardinale non si dimentica di lui nel suo testamento: cfr. la *Dichiarazione fatta dal S.r Card. Guido Bentivoglio della sua ultima volontà, cioè che sia sepolto nella Chiesa di S. Silvestro a Monte Cavallo. Lascia che la tappezzeria vecchia tocchi al S.r Marchese Cornelio Bentivoglio*[...] (Archivio Bentivoglio, Inventario generale dei Contratti, V: *testamenti*, 7.IX.1644, c.45).

[316] Per completare il panorama dei testamenti di famiglia, ricordo che il 24.III.1663 è registrato quello di Cornelio (II) in cui "istituisce sua Erede Universale la Signora Donna Costanza Sforza sua moglie di secondo letto" e in data 20.IV.1663 quello di Annibale che "istituisce come Erede il S.r Marchese Ippolito Bentivoglio suo nipote" (Archivio Bentivoglio, Inventario generale dei Contratti, V: *testamenti*, c.47). A quest'ultimo è allegato, in data 21.IV.1663, un *Inventario degli Effetti rimasti nello spoglio ed Eredità del fu Mons.r Annibale Bentivoglio Arcivescovo di Tebe*.

[317] "Nel panorama del mecenatismo ferrarese della prima metà del secolo senza dubbio i Bentivoglio giocarono un ruolo di rilievo, favorito dalle condizioni economiche della famiglia e dai rapporti intrattenuti con Roma, Modena, Parma e Bologna": ANNA MARIA FIORAVANTI BARALDI, *Committenti e collezionisti ferraresi del XVII secolo e alcune loro dimore*, in *Frescobaldi e il suo tempo*, cit., pp. 177-182: 181.

trioti, imponendoli all'attenzione della corte papale e della città: a mano a mano che l'artista scoperto si afferma, aumenta l'autonomia rispetto al primo protettore fino alla totale indipendenza; 2) Roma diviene nella valutazione degli artisti italiani del tempo il luogo preferenziale per affermare e valorizzare il proprio talento e per trovare adeguati guadagni economici: domanda e offerta di prodotti artistici si sostengono a vicenda.[318] Come nota Haskell, il signore non era poi così disinteressato nella sua dedizione alle arti.[319] La musicologia ha seguito in questo settore d'indagine le acquisizioni della storia dell'arte, e una nutrita schiera di studiosi negli ultimi vent'anni ha affrontato il problema del mecenatismo della musica, soprattutto in riferimento alla situazione dell'Italia cinque-secentesca. Non è questa la sede per ripercorrere la situazione delle ricerche sul mecenatismo musicale ed il dibattito che ne è recentemente scaturito.[320] Mi limiterò a ricordare le definizioni di mecenatismo musicale più prossime alla situazione in cui ho collocato l'attività di Enzo Bentivoglio, personaggio chiave della mia storia. Zygmunt Waźbiński ha dichiarato che uno degli interessi maggiori del cardinal Del Monte, celebre collezionista e protettore di Caravaggio, era la musica: ma poi il suo vasto lavoro non chiarifica i meccanismi dell'azione mecenatesca in quel campo.[321] Molto più approfondita e circostanziata, perché specialistica, l'indagine condotta da Claudio Annibaldi su Pietro Aldobrandini, da Frederick Hammond sui Barberini e da John Hill sul cardinal Peretti-Montalto.[322] Come si comprende dai titoli, in tutti questi studi è ancora prevalente, pur nelle differenti impostazioni ideologiche e metodologiche, la teoria dei "Big men systems" descritta da Gundersheimer, ossia del peso determinante del singolo "grande personaggio" nel sistema produttivo delle arti (della musica nel nostro caso) del proprio ambiente socio-culturale.[323] Nel primo caso, Annibaldi dimostra che l'esigenza "politica" di dimostrare una protezione alle arti musicali è indipendente da ogni

---

[318] HASKELL, *Patrons and Painters*, ed. 1980 cit., pp. 3-23 ("The Mechanics of Seventeenth-Century Patronage"), nell'edizione italiana pp. 25-54. Lo schema di relazione tra il mecenate-protettore e l'artista suo concittadino offre numerose varianti, tra i due estremi individuati da Haskell nel pittore alloggiato nel palazzo del suo padrone e inizialmente impiegato in maniera esclusiva dallo stesso e dai suoi amici, ed il libero artista che espone pubblicamente opere compiute senza alcuna committenza, nella speranza di essere notato. Tra questi due estremi si colloca un'ampia serie di varianti (ed. 1980, p. 6).

[319] *Ibid.*, p. 7.

[320] Rinvio per tali questioni al pregevole volume *La musica e il Mondo. Mecenatismo e committenza musicale in Italia tra Quattro e Settecento*, a cura di Claudio Annibaldi, Bologna, Il Mulino 1993, in particolare l'Introduzione, e alla tavola rotonda *Local Traditions of Musical Patronage 1500-1700* coordinata da Howard Mayer Brown durante il XV Congresso della Società Internazionale di Musicologia (Madrid 1992). Per applicazioni specifiche cfr. i saggi di Annibaldi: *Tipologia della committenza musicale* (1996) e *Per una teoria della committenza musicale all'epoca di Monteverdi* (1998). Nel frattempo in Spagna si è tenuto il primo congresso dedicato a "Poder, Mecenazgo e Instituciones en la musica mediterranea 1400-1700" (Avila, 18-20 aprile 1997).

[321] WAZBINSKI, op. cit., I, p. 9. Lo studioso si basa soprattutto sulle ricerche iconografico-musicali e documentarie di Franca Camiz, espresse in una nutrita serie di articoli tra cui: FRANCA TRINCHERI CAMIZ – AGOSTINO ZIINO, *Caravaggio. Aspetti musicali e committenza*, "Studi musicali", XIII, 1983, pp.72-ssg.; FRANCA TRINCHERI CAMIZ, *Music and Painting in Cardinal del Monte's Household*, "Metropolitan Museum Journal", XXVI, 1991, pp. 213-226.

[322] ANNIBALDI, *Il mecenate 'politico'*, I-II, cit. (1987-1988); HAMMOND, *Music and Spectacle in Baroque Rome*, cit. (1994); HILL, *Roman Monody*, cit. (1997). Dei grandi personaggi romani contemporanei del Bentivoglio due, Scipione Borghese e Virginio Orsini, attendono studi esaustivi dal punto di vista del patrocinio musicale.

[323] Il riferimento è a WERNER L. GUNDERSHEIMER, *Patronage in the Renaissance. An Exploratory Approach*, in *Patronage in the Renaissance*, a cura di G. F. Lytle-S. Orgel, Princeton, Princeton University Press

eventuale adesione personale (o gusto) del cardinale Aldobrandini, legato di Ferrara, e dunque sottoposto al delicato confronto con la musicalissima corte estense. Quasi rispondendo all'appello di Howard Mayer Brown, che lamentava la mancanza di "uno studio che indaghi sulla natura del fenomeno mecenatesco - e quindi sui suoi scopi, le sue strategie, i suoi meccanismi - a diversi livelli sociali",[324] Hammond avvia il suo volume sui Barberini definendolo fondato su una metodologia storico-antropologica, che gli consente di definire il sistema mecenatesco barberiniano come una "più ampia modalità di interazione sociale e politica", che trae informazioni, *anche* sulla musica, dal complesso contesto socio-culturale della Roma e dell'Italia del tempo.[325] All'estremo opposto, Hill concentra il suo esame sui meccanismi interni all'organizzazione della vita quotidiana del cardinal Montalto e del suo clan famigliare, limitando ogni contestualizzazione esterna allo stretto indispensabile. Ognuno di questi studi costituisce un riferimento imprescindibile per chiunque voglia tentare di comprendere un fenomeno complesso quale il sistema di patrocinio delle arti nella Roma della prima metà del Seicento, ed in ognuno si affaccia con maggiore o minore spazio una qualche relazione con la famiglia dei Bentivoglio di Ferrara.

È significativo che sia Hammond che Hill professino una scelta di approccio storico-antropologico e che offrano entrambi, proprio all'inizio della loro trattazione, una chiara classificazione della struttura gerarchica di una famiglia prelatizia del tempo, dai più altolocati gentiluomini ai più umili servi. Hill descrive in maniera convincente tale struttura, recuperando trattatisti coevi, nei termini di "padrocinanza" e "clientela": le convenzioni sociali della fine del Rinascimento avevano ratificato una gerarchia globale della società, in cui coloro che consideriamo "padroni" nel loro ambito famigliare, come i citati cardinali Del Monte, Aldobrandini, Barberini, Montalto, sono a loro volta "clienti" nei confronti di dignità più alte. Il Montalto, ad esempio, riconosce come autorità a lui superiori il Granduca di Toscana, il viceré di Napoli, e via via il re di Francia, il papa; gli sono sottoposti invece, come "clienti", il collega Del Monte e il nipote duca Orsini. A parte le ramificazioni complesse, rappresentate dalle unioni matrimoniali di famiglie diverse, alleanze politiche, mezzi finanziari e semplicemente attitudine al mostrare il proprio potere, questi stessi cardinali sono il centro dell'universo simbolico costituito dal proprio sistema famigliare di cui sono "padroni". In tale microcosmo, Hill distingue ancora i servitori in gruppi distinti, e tra essi i musicisti, i quali si dispongono in cerchi concentrici sempre più lontani e indipendenti dal centro rappresentato dal cardinale-mecenate: musici di casa (famigliari); musici legati attraverso una carica (nel caso di Montalto, quella di protettore di San Lorenzo in Damaso); musici in rapporti stretti ma non continuativi; musici che gli rivolgono dediche di loro opere a stampa; musici in rapporti indiretti o del tutto occasionali.[326]

1981, pp. 3-23, attraverso l'adattamento ai fenomeni musicali che ne traccia con esemplare lucidità HOWARD M. BROWN, *Per un dibattito sul mecenatismo musicale tra Quattro e Settecento*, trad. it. in *La musica e il Mondo*, cit., pp. 51-56.

[324] BROWN, *Per un dibattito sul mecenatismo musicale*, cit., p.54.

[325] HAMMOND, *Music and Spectacle in Baroque Rome*, cit., pp. XVIII-XIX.

[326] HILL, *Roman Monody*, cit., capitolo II: *Padroncinanza* and *Clientela*, che rinvia per le rispettive definizioni a E. GELLNER, *Patrons and Clients*, in *Patrons and Clients in Mediterranean Societies*, a cura di E. Gellner-J. Waterbury, Londra 1977, pp. 1-20.

Claudio Annibaldi è certamente lo studioso che più ha contribuito alla definizione, in termini antropologici, del fenomeno del mecenatismo musicale.[327] Applicando una intuizione di Lorenzo Bianconi sulla figura del musicista nella società secentesca come un artigiano fornitore di servizi altamente qualificati, Annibaldi introduce a sua volta il concetto di relazione padrone-cliente, "definendo ogni sorta di mecenatismo musicale praticato in quella società come uno scambio paternalistico-clientelare di protezione contro sottomissione, qualificato dalla competenza musicale del "cliente" nonché dall'uso che di tale competenza faceva il "padrino, al fine di simboleggiare il proprio rango sociale attraverso acconci eventi sonori".[328] Queste categorie si possono con vantaggio applicare al sistema di patrocinio musicale costruito da ciascuno dei cardinali sopra menzionati e, naturalmente, a gran parte di coloro che la storiografia musicale degli ultimi decenni identifica come "mecenati" della musica italiana tra Quattro e Settecento: principi e signori, chiese e congregazioni religiose, accademie.

Assai meno facile risulta il tentativo di applicare questo modello ad un personaggio atipico come il marchese Enzo Bentivoglio. Torniamo per un momento al patrocinio delle arti visive, nel cui campo già Haskell aveva individuato un ruolo specifico per i fratelli Bentivoglio, Enzo e Guido, nella Roma tra Paolo V e Urbano VIII. Poveri ma colti ed esperti conoscitori, i ferraresi si prestarono ad una sorta di consulenza stabile in materia artistica per i vari pontefici e le loro famiglie. In realtà essi non applicano il meccanismo individuato dallo stesso Haskell, poiché non stimolano se non in maniera indiretta il trasferimento a Roma di artisti propri concittadini (se si eccettuano i mosaicisti Provenzale e più tardi l'architetto Guitti), accogliendo personaggi di provenienza eterogenea. Agiscono piuttosto da scopritori di talenti, da presentare poi al livello gerarchico superiore. Un caso per tutti è costituito da Andrea Camassei, un seguace umbro di Domenichino, che viene raccomandato al marchese Enzo dal paesaggista Filippo Napoletano: dopo un breve periodo di prova nel palazzo Bentivoglio, il Camassei è presentato ai Barberini ed immediatamente riesce a trovare altri importanti committenti.[329] Il meccanismo clientelare bentivolesco, nei confronti dei pittori, è comunque abbastanza nella norma.

È vero che possiamo considerare Enzo Bentivoglio un "cliente" nei confronti dei potenti prelati e signori con i quali è in relazione, e per questo motivo una schiera di

---

[327] Autentico mecenatismo o committenza musicale, nell'Italia tra Quattro e Settecento, si ha solo con "la promozione e la gestione, da parte di un mecenate individuale o collettivo, di eventi sonori finalizzati - oltre che a immediate esigenze pratiche: cerimoniali, edificanti, ricreative - alla simbolizzazione del suo rango sociale": Introduzione a *La musica e il Mondo*, cit. , p. 9. I concetti principali sono ripresi ed ampliati, con particolare riferimento ad un contesto specifico, in CLAUDIO ANNIBALDI, *Tipologia della committenza musicale nella Venezia seicentesca*, (1996), e soprattutto *Per una teoria della committenza musicale all'epoca di Monteverdi* (1998). Cfr. inoltre ID., *Per una teoria della committenza musicale fra cinque e seicento*, in *La musica dei Farnese. Orientamenti e prospettive di ricerca*, atti del convegno di Viterbo del 1994, in "Informazioni", n.s., III, n. 10, 1994, pp. 26–30.

[328] Introduzione a *La musica e il Mondo*, cit., p. 19. Annibaldi rinvia a LORENZO BIANCONI, *Il Seicento*, Torino, EDT 1982 ("Storia della musica a cura della Società Italiana di Musicologia", IV), p. 89 e , per la definizione generale del rapporto paternalistico-clientelare, alla voce *Paternalism* nella *International Encyclopedia of the Social Sciences*, New York, Macmillan 1968, XI, pp. 472-477.

[329] Cfr. HASKELL, op. cit., ed. 1980, pp. 49-50. Altri casi sono citati e correttamente inquadrati in SOUTHORN, op. cit., pp. 79, 83-84, 89-92.

musicisti si rivolge al marchese per implorarne la consueta protezione, secondo la relazione "servo-padrone" individuata da Annibaldi.   Ma è arduo interpretare l'inco-
stante, e di volta in volta contingente, interesse di Enzo Bentivoglio per musicisti e
cantanti, come una forma di committenza o di promozione di attività musicali specifiche. Ho già interpretato il "concerto di dame" degli anni 1608-1610 come una mera
esibizione simbolica che doveva segnalare la presenza del marchese a Roma come ambasciatore di Ferrara. I cantanti allevati a sue spese servivano in un primo tempo a
ridurre drasticamente i costi del reclutamento occasionale per le feste di carnevale a
Ferrara, ed in un secondo tempo come preziosa merce di scambio, destinata a principi
e cardinali melomani e sempre ghiotti delle novità che provenivano da un esperto nel
settore. Si pensi al caso di Francesca e Angela, prestate alla corte di Torino, dove la
prima rimane poi stabilmente. Gli strumentisti, come Piccinini o Frescobaldi, si ac-
contentano della protezione accordata come trampolino di lancio per una più fulgida
carriera, in qualche modo favorita dalla referenza del servizio bentivolesco. I maestri
sono pagati poco più che simbolicamente; i compositori si prestano ad accontentare
le richieste del marchese senza pretese economiche: al massimo, inseguendo precise
strategie di promozione sociale (nel caso di Cesare Marotta, il cavalierato ottenuto
proprio grazie al Bentivoglio). I pochi musicisti assunti stabilmente in quasi cinquant'anni, sia pure calcolando le ridotte dimensioni della famiglia bentivolesca rispetto a padroni come il Montalto o i Barberini, non sembrano giustificare l'ipotesi di un
atteggiamento mecenatesco da parte dei marchesi ferraresi. Per la maggior parte, Enzo
utilizza virtuosi presi a prestito dai padroni che maggiormente si sentono in obbligo
col ferrarese per i favori a sua volta prestati. Indubbiamente, in questa fitta rete di
scambi tutti guadagnano qualcosa, il che potrebbe ridursi ai termini di protezione-
sottomissione della classica relazione paternalistica. Il marchese Bentivoglio persegue
un progetto coerente e ben determinato che riconduce in una predeterminata direzione, quelle che sembrano in apparenza relazioni clientelari isolate ed episodiche: se
volessimo isolare dei periodi di specializzazione nella sua attività, vedremmo che essi
corrispondono ai gusti di importanti clienti da assecondare, oppure alla moda generale del momento. Negli anni fino al 1608 si occupa dei quadri per le collezioni dei
principali prelati romani, in particolare per il cardinal nipote Borghese; dal 1609 l'attenzione è rivolta a musicisti e cantanti, non solo per le relazioni col melomane cardinal Montalto, ma soprattutto per l'organizzazione degli spettacoli ferraresi; gli anni
1618-1630 sono dominati dall'impresa organizzativa di Parma; in seguito i comici,
che erano già una costante secondaria negli interessi del marchese fin dal 1608, diven-
gono occupazione primaria, forse per la scomparsa dei più potenti concorrenti diretti,
don Giovanni de Medici e il duca di Mantova.

Lo scopo di tutti gli sforzi compiuti dal marchese in campo teatrale, contro ogni
ragionevole esame del proprio bilancio, è quello di offrire una immagine convincente
delle proprie capacità, da porre al servizio di padroni forniti di danaro ma non di idee
e specialisti nell'organizzazione spettacolare. La formazione della "squadra" ferrarese
di esperti nei vari campi (testi poetici, musica, macchine e scene, tornei e perfino la
bassa falegnameria) è il gradino immediatamente successivo, che del resto unisce le
esperienze già accumulate separatamente dal marchese.

Siro Ferrone ha tracciato un efficace paragone tra i corsari e le compagnie di comici italiani del secolo XVII: entrambe le categorie hanno protettori potenti, anche se
nascosti, sui quali è basata la sopravvivenza delle stesse.[330] La squadra ferrarese serve
agli scopi di Enzo come una squadra di comici ad un padrone, per esempio don Giovanni de Medici:[331]

> [...] Don Giovanni dei Medici era nato per rappresentare [...] [con la creazione della Com-
> pagnia dei comici Confidenti] don Giovanni poté finalmente diventare 'rappresentato'. Quella
> scolta di artisti portava la sua bandiera, recava messaggi, officiava cerimonie in forma di spetta-
> coli, esibiva la sua potenza, dimostrava la sua signoria. Poteva in questo modo gareggiare, alla
> pari, col duca di Mantova, con il granduca e i signori d'Italia, e anche, forse, con il re di Francia
> [...]

La figura di don Giovanni de Medici, bastardo del granduca di Toscana e generale
di Venezia, è per molti versi analoga a quella di Enzo Bentivoglio: divenuto "impresario" teatrale, dal 1613 al 1623, don Giovanni trasforma il potere acquisito da tale
attività in una sorta di personale vendetta per le persecuzioni subite. Non sono il primo a vedere nell'attività teatrale del marchese Bentivoglio la prefigurazione di meccanismi "impresariali": Janet Southorn ha parlato della celebrità raggiunta da Enzo come
theatrical entrepreneur, a partire dai primi spettacoli ferraresi fino alle feste di Parma
del 1628.[332] Enzo Bentivoglio non si limita a proteggere o a gestire in prima persona
una compagnia di comici (come fanno, dopo don Giovanni, Vincenzo Gonzaga, Antonio Medici, Roberto Obizzi ed altri), ma osa molto di più, predisponendo ben ole-
ate macchine organizzative per spettacoli multimediali di sicuro successo. Se non arriva
a gestire in proprio un teatro a pagamento è per le convenzioni sociali (il marchese
appartiene alla nobiltà veneziana, modenese e solo per poco non acquista anche un
titolo francese) ma soprattutto per alcuni gravi errori di valutazione: in primo luogo
l'ostinazione a voler imporre il modello ferrarese dell'opera-torneo a Roma, invece che
nella ormai matura situazione di Venezia, dove le prime esperienze impresariali legate
al ceto nobiliare dei Tron, Michiel, Giustiniani, stavano già aprendo la strada alla prima
stagione dell'opera "mercenaria" dopo il 1637.[333]

---

[330] SIRO FERRONE, *Attori mercanti corsari. La commedia dell'arte in Europa tra Cinque e Seicento*, Torino,
Einaudi 1993.

[331] *Ibid.*, pp.137 e 143. Nel volume sono ricostruite le tappe della carriera di "impresario" teatrale di
don Giovanni de Medici. Noterò che molti riferimenti documentari sono tratti da carteggi comuni a quelli
bentivoleschi ed alcune lettere citate appartengono addirittura nell'Archivio Bentivoglio. Per un altro caso di
protezione quasi "impersonale" (Mattias de Medici nei confronti della cantante Anna Francesca Costa) cfr.
gli articoli di Teresa Megale citati alla nota 74.

[332] SOUTHORN, cit., p.81.

[333] Si potrebbe obiettare che l'attività impresariale implica dei fattori di rischio economico (come per i
teatri veneziani) che, nelle intraprese spettacolari curate dal Bentivoglio, ma interamente finanziate da altri,
non sussistono. Come dimostrano LORENZO BIANCONI – THOMAS WALKER (*Production, Consumption and
Political Function of Seventeenth-Century Italian Opera*, "Early Music History", IV, 1985, pp.215-243; ora in
trad. it.: *Forme di produzione del teatro d'opera italiano del Seicento*, in *La musica e il Mondo*, cit., pp.221-
252), l'impresario poteva anche amministrare il rischio" d'altri (la città, il sovrano), come nella stagione di
Reggio del 1683 presa da loro in esame. A questo saggio si deve il drastico ridimensionamento della distanza
che si riteneva separasse l'opera di corte dall'opera impresariale in Italia nel Seicento. A mio avviso la figura
di Enzo Bentivoglio si colloca appunto nel mezzo, anticipando alcune forme di organizzazione teatrale "mercenaria" ma nel contesto dello spettacolo finanziato dalla e per la corte.

Ho parlato di un progetto, ma finora ho soltanto elencato i mezzi sfoderati dal
marchese per realizzarlo: rendersi indispensabile per realizzare eventi spettacolari me-
morabili. Le feste del 1628 sono il trionfo della sua professionalità; le offerte di ripetere l'esperienza, a Torino, a Roma, a Modena, sono una conseguenza diretta. Ma il
progetto tendeva a ben altro: a costruire una immagine di ricchezza e potere che potesse salvaguardare, con la solita fitta rete di scambi, il principale sogno di grandezza
della sua vita, la colossale operazione di bonificazione che avrebbe reso sterminati i
possedimenti terrieri dei Bentivoglio ed il loro usufrutto, ed avrebbero legato il nome
del marchese ad un primato mai uguagliato. Il fallimento del progetto, avviato oltre
trent'anni prima, era prevedibile. Eppure il sogno sembrò sempre in procinto di rea-
lizzarsi, per un uomo abituato alle imprese colossali, sia pure illusorie come lo sono le
scene di teatro. Così ne ricordava le straordinarie capacità registiche Fulvio Testi, con-
solando il fratello Guido per la scomparsa del marchese ferrarese:[334]

Già con pompa reale
Aprì del Po su la sinistra riva
ENZIO il tuo gran Fratel notturne Scene:
De la Reggia Infernale
Rappresentò gli orrori, e vera, e viva
L'immagin fu de le Tartare pene:
Uscian da fosche arene
Torbidi incendi, e per gli arsicci chiostri
Scorrean di sferze armate or Furie or Mostri.

D'orror di maraviglia
I gemiti, i sospir, le fiamme, e i fiumi
Sì m'impressero il cor ch'io ne tremai;
E l'attonite ciglia
Spenti che fur del gran Teatro i lumi
Opre sì rare a contemplar fisai;
Sorrisi ove mirai
Che 'l sembiante crudel de'Stigij Regni
Eran tele dipinte, e sculti legni.

GUIDO, i mali del Mondo
Terribili non sono altro che 'n vista,
E sol quel primo aspetto è quel ch'offende [...]

---

[334] Si tratta della già citata composizione poetica *Che le miserie consistono in apparenze*, dedicata "Al Sig.
Card. Bentivoglio", in: *Opere del Sig. Co. D. Fulvio Testi con nova aggiunta*[...], cit. (Bologna 1644), pp.
182-183.

TAVOLA I

Albero genealogico dei Bentivoglio di Ferrara
(da P. Litta, III, Milano, 1834, tavv. VI-VII, con correzioni e modifiche.)

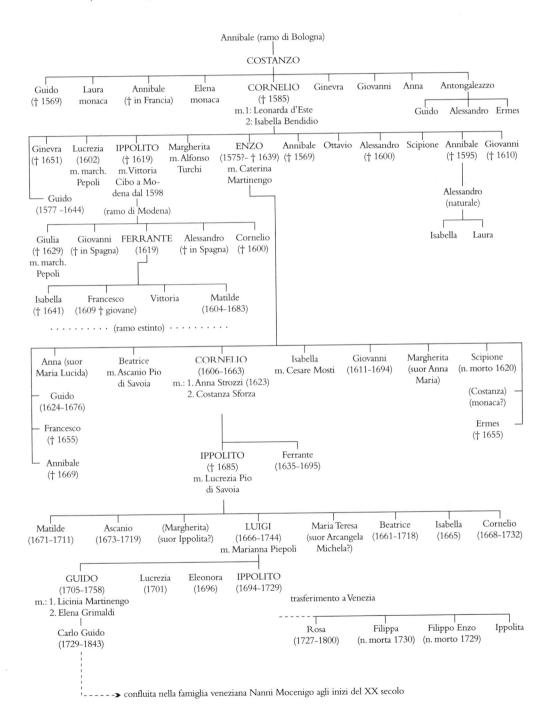

TAVOLA II

Struttura degli spettacoli di Parma del 1628

a) Teatro provvisorio di cortile (13 XII 1628)

Prologo: *Teti e Flora* di Achillini   personaggi = sposi; allegoria di poesia/
(con Sinfonia)   musica e arti/mecenati

Dramma recitato (comici ?): *Aminta* di Tasso   tema edonistico dell'amore
Musica: Monteverdi (in parte Goretti?)
Testo intermedi: Pio di Savoia
Scene e macchine: Guitti e coll.

atto I *scena boschereccia* sinfonia

intermedio I di Pio di Savoia (in musica)   episodio di Ruggiero e Bradamante dal *Furioso*
                                              di Ariosto

atto II coro

intermedio II   Didone ed Enea

atto III coro

intermedio III *scena infernale*   regno di Plutone, con Venere e sirene, Diana,
                                              Marte e Pallade

atto IV sinfonia

intermedio IV *scena marittima*   mare con Nettuno, divinità e mostri marini.
                                              Dopo una tempesta si susseguono i
                                              personaggi: gli Argonauti, Ercole, Orfeo,
                                              Apollo

atto V sinfonia

intermedio V: torneo *scena infernale*
(mantenitore: Cornelio Bentivoglio)   il mantenitore è il cavaliere degli Inferi,
sinfonia prima della conclusione   protetto da Mercurio
                                              combattimento finale con i cavalieri del
                                              Cielo

b) Teatro Farnese (23 XII 1628)

Prologo: *Mercurio e Marte* di Achillini

Aurora, Mesi ed Età dell'oro cantano gli auguri agli sposi; la Discordia mette Marte contro Mercurio, che imprigiona il duca mantenitore per impedire le nozze.

5 azioni con cavalieri e cantanti
(mantenitore: Odoardo Farnese)
Musica: Monteverdi
Scene e macchine: Guitti e coll.

Azione I
(Invenzione del mantenitore)

Marte sfida Mercurio, mentre Venere libera il duca prigioniero che fa il suo ingresso in scena assistito da Enzo Bentivoglio e tutto il seguito.

Azione II
(Invenzione della I quadriglia)

Apollo e le Muse si dolgono di Mercurio ed Orfeo è incaricato di sciogliere con la sua cetra le rocce che imprigionavano la prima quadriglia.

Azione III
(Invenzione della II quadriglia)

Giunone, attraverso Cibele e Proserpina ottiene l'intervento di Plutone che, circondato da mostri infernali, libera la seconda quadriglia.

Azione IV
(Invenzione della III quadriglia)

Spinta da Amore, Bellona dea della guerra, libera dalle viscere dell' Etna la terza quadriglia.

Azione V *naumachia*
(Invenzione della IV quadriglia)

Nettuno, chiamato da Saturno per liberare l'ultima quadriglia, inonda l'intero teatro per concludere il torneo con la naumachia. Giunge Galatea con due isole: su una sale il mantenitore, sull' altra la quarta quadriglia per la sfida finale.

Epilogo

Scende dall' alto Giove con gli dei, ad interrompere l'inutile torneo, essendo tutti i cavalieri d'egual valore.

TAVOLA III

Fonti musicali legate o dedicate a membri della famiglia Bentivoglio nel Seicento

a) edizioni a stampa:

1582   *Cascarda Bentivoglio*, danza per liuto e strumenti in FABRIZIO CAROSO, *Il Ballarino*,
       Venezia, Ziletti 1582, c.86v
       "In lode dell'Illustrissima Signora la Signora Pellegrina Cappello Bentivogli"

1608   GIROLAMO FRESCOBALDI, *Fantasie a 4*, Milano, eredi Tini e Lomazzo, 1608.
       Dedica a Francesco Borghese in cui ricorda il servizio presso Guido Bentivoglio
       GIROLAMO FRESCOBALDI, *il Primo libro de Madrigali a cinque voci*, Anversa, P. Phalèse,
       1608.
       Dedica a Monsignor Guido Bentivoglio, Arcivescovo di Rodi, da Anversa il 13.VI.1608

[1619 ANDREA FALCONIERI, *Il Primo libro di Madrigali a cinque voci*, Venezia, Magni, 1619]
       (nessun esemplare superstite).
       Dedica al Conte Alessandro Bentivogli

1623   ALESSANDRO PICCININI, *Intavolatura di Liuto e Chitarrone. Libro Primo*, Bologna, eredi
       Moscatelli, 1623
       Introduzione agli "Studiosi", cap. XXXIII, p.8: ricorda il periodo trascorso al servizio di
       Guido Bentivoglio dei fratelli e in particolare di Girolamo. Contiene *un Balletto in
       diverse partite fatto a requisitione dell'Illustrissimo Signor Conte Alessandro Bentivogli,
       e ballato da essi Signori al numero de sedici, con apparato ed habiti bellissimi nella sua
       gran Sala in Bologna* (pp.52-54)

1639   ALESSANDRO PICCININI, *Intavolatura di Liuto e Chitarrone.* Libro Secondo, Bologna,
       Monti, 1639.
       Dedica a Guido Bentivoglio di Leonardo Maria figlio di Alessandro

1653   ANDREA MATTIOLI, *Messa e Salmi concertati a tre, quattro e cinque voci di Andrea
       Mattioli Maestro di Cappella dell'Illustrissima Accaddemia del Spirito Santo in Ferrara
       Opera Terza*, Venezia, Vincenti, 1653
       Dedica a Cornelio (II) Bentivoglio principe dell'Accademia dello Spirito Santo

1654   FRANCESCO CAVALLI, *Xerse. Drama per musica nel Teatro a SS. Gio. e Paolo per l'anno
       MDCLIV*, Venezia, Leni,1654
       Dedica a Cornelio (II) Bentivoglio

1662   GIOVANNI LEGRENZI, *Compiete con le Liettanie et Antifone della B. V. a 5 voci di
       Giovanni Legrenzi Maestro di Cappella dell'Illustrissima Accademia dello Spirito Santo
       di Ferrara [...] Op. VII*, Venezia, Magni, 1662
       Dedica a Ippolito (II) Bentivoglio

1663   GIOVANNI LEGRENZI, *Sonate a 2, 3, 5 e 6 stromenti. Libro III, Op. VIII*, Venezia, Magni
       (rist. 1671: Bologna, Monti)
       Tutte le sonate sono dedicate a una famiglia ferrarese: la prima e la seconda sono
       intitolate "La Bentivoglia" e "La Pia" (Ippolito Bentivoglio aveva sposato nel 1658
       Lucrezia Pio di Savoia)

1663   GIOVANNI LEGRENZI, *L'Achille in Sciro. Favola dramatica, da rappresentarsi in musica*

nel teatro a S. Stefano in Ferrara, Venezia, Zatta 1663 (altre edizioni: Ferrara, Suzzi 1663; Bologna, eredi Benacci 1663; Venezia, Curti 1664
Libretto di Ippolito (II) Bentivoglio

1664   ANDREA MATTIOLI, *La Filli di Tracia* [...] Ferrara, Suzzi,1664
         Libretto di Ippolito (II) Bentivoglio

1665   GIOVANNI LEGRENZI, *Oratorio del Giudizio* [Vienna, Cappella Imperiale, 1665]
         Libretto di Ippolito (II) Bentivoglio

1669   LUIGI BATTIFERRI, *Il Primo Libro de Motetti a voce sola di Luigi Battiferri Urbinato, Maestro di Cappella dell'Insigne Accademia dello Spirito Santo di Ferrara* [...] *Opera Quarta*, Bologna, Monti, 1669
         Dedica a Ippolito (II) Bentivoglio

1675   ANDREA ZIANI, *L'Annibale in Capua. Drama musicale da recitarsi nel Teatro di Lucca*, Lucca, Marescandoli e fr., 1675
         Libretto di Ippolito (II) Bentivoglio

[1677 GIOVANNI LEGRENZI, *Sonata a due Violini e Violone con il Basso continuo per l'Organo*, op. 8 (?) 1677 [sic!]: *La Bentivoglia* (Sib, 3 movimenti di cui il II e III sono "Adagio" e "Presto") copia ms. datata 1783 (GB-Lbl, ms. Add.11588, c.67b)]
         Cfr. 1663, Giovanni Legrenzi, Sonate [...] op. VIII (rist. 1671)

1679   SEBASTIANO CHERICI, *Oratorio di S. Sofia col martirio delle Sante Fede, Speranza e Carità sue Figlie*, Ferrara, Stamperia Camerale, 1679
         Libretto di Ippolito (II) Bentivoglio

1691   AGOSTINO DONATI, *Amor piaga ogni core. Commedia per musica da rappresentarsi nella sala del March. Bentivoglio*, Ferrara, 1691

b) manoscritti non datati:

3 Canzoni per 1 voce e b.c. di Giovanni dalle Tavole Prete Treviggiano (ms. Ferrara, Biblioteca Ariostea, Antonelli Cl.II 676/7)
         Dedica a Enzo Bentivoglio, databile circa 1630 (prov. AB)

Intavolatura per liuto di Ascanio Bentivoglio (ms. San Francisco, Ca., Frank De Bellis Coll. ms.1)
         Il ms. è databile nei primi decenni del Seicento, ma l'unico Ascanio che compare nel ramo ferrarese dei Bentivoglio è di una generazione successiva: nato nel 1673, figlio di Ippolito (II), cavaliere gerosolimitano e commendatore di Montecchio, morì nel 1719

La Bentivoglia, sonata per 1 o più strumenti e b.c. (ms. Modena, Biblioteca Estense, g. D.7.26, cc.8v-9: sola parte di b.c.), databile prima metà XVII secolo. Cfr. 1663, Giovanni Legrenzi, *Sonate* [...] *op. VIII* (rist. 1671)

TAVOLA IV

Principi italiani, Papi e Legati pontifici di Ferrara
in relazione con la Casa Bentivoglio (1585-1645c)

PAPI	LEGATI DI FERRARA	VICE LEGATI DI FERRARA	VESCOVI DI FERRARA
Sisto V Peretti 1585-1590			
Urbano VII/ Gregorio XIV 1590-1591			Giovanni Fontana 1590-1611
Innocenzo IX 1591			
Clemente VIII Aldobrandini 1592-1605	Pietro Aldobrandini 1598-1605	Alessandro Centurioni/ Giacomo Severolli/ Filippo Spinola 1598-1605	
Leone XI de Medici 1605	Orazio Spinola 1605-1615	-de Massimi 1607	
Paolo V Borghese 1605-1621	Giacomo Serra 1615-1623	P.Luigi Carafa 1619	Gio. Battista Leni 1611-1627
Gregorio XV Ludovisi 1621-1623	Francesco Cennini 1623-1627	Bartolomeo Gandolfo 1622	Lorenzo Magalotti 1618-1637
Urbano VIII Barberini 1623-1643	Giulio Sacchetti 1627-1630/ Antonio Barberini1630-1634/ Stefano Durazzo 1634 -1637/ Ciriaco Rocci 1637-1640/ Matteo Ginetti1640-1643 Antonio Barberini 1643-1644	Sforza de' Nobili/ Giulio Monterenzio/ Gio. Battista Pallotta 1623 Ciriaco Rocci 1624 de' Nobili 1624/ Ludovico Seristorio 1628/ Fabio Chigi 1632/ Domenico Moneglia 1634/ Girolamo Lomellini 1637/ Prospero Costagotti/ Lorenzo Imperiali/ Angelo Cesis/ Mellino 1643	
Innocenzo X Panfili 1644-1655	Stefano Donghi 1644-1648		Francesco Macchi 1641-1653

DUCHI DI FERRARA E MODENA	DUCHI DI MANTOVA	DUCHI DI PARMA	GRANDUCHI DI TOSCANA
Alfonso II d'Este 1559-1597	Vincenzo I Gonzaga 1587-1612	Alessandro Farnese 1586-1592	Ferdinando I de Medici 1587-1609
[1598: devoluzione di Ferrara] A Modena: Cesare d'Este 1597-1628		Ranuccio I Farnese 1592-1622	
	Francesco IV Gonzaga 1612/ Ferdinando Gonzaga 1612-1626		Cosimo II de Medici 1609-1621
	Vincenzo II Gonzaga 1626-1627	Odoardo Farnese 1622-1646	Cristina di Lorena / Maddalena d'Austria reggenti 1621-1627
Alfonso III d'Este 1628-1629 [abdica] Francesco I d'Este 1629-1658	Carlo I Gonzaga Nevers 1627-1637/ Maria Gonzaga reggente per Carlo II 1637-1647		Ferdinando II de Medici 1627-1670

TAVOLA V

Monete e cambi tra Roma e Ferrara (1585-1650)

Valori e monete dello Stato Pontificio

(Monete d'oro)
Ducato di camera (usato fino a fine XVI sec.)   100 ducati di camera = 109 scudi d'oro in oro
Scudo d'oro in oro   1 scudo d'oro in oro = 105 baiocchi
Scudo di moneta   1 scudo di moneta = 10 giulii = 100 baiocchi
Doppia = moneta d'oro del valore di 2 scudi d'oro

(Monete d'argento)
Piastra = scudo d'argento = 10 giulii = 100 baiocchi
Giulio o Paolo = 10 baiocchi
Grosso o Mezzo Paolo = 5 baiocchi
Mezzo grosso = 2,5 baiocchi
Baiocco o Bolognino = centesima parte di uno scudo, si divideva ancora in 6 quattrini

Valori e monete del territorio di Ferrara e Modena

Lira Marchesina = abolita nel 1659 = 20 soldi = 240 denari
Dopo il 1580 la Lira = circa 1/4 di scudo
Scudo = moneta d'oro (ma inferiore di circa 1/4 al peso dello scudo romano) = circa 80 soldi
Baiocchi = come nello Stato Pontificio
Zecchino = moneta modenese = circa 15 lire modenesi
(Dopo il 1598 Ferrara utilizza il sistema Papale, mentre Modena continua la propria tradizione.)

Cambi tra Ferrara, Roma, Modena e Firenze secondo una lettera del 2.I.1639
(Archivio Bentivoglio, doc.1000 in questo volume, allegata, a c.11)

Realli n.° 28 son di Modena lire   scudi 179 - 4 - 0
Dobelle di Gienova d'Argie[nto] son   14 scudi 135 - 6 - 8
Duchatoni di Fiorenza n.° 10   scudi 80 - 0 - 0
Cechini n.° 2 uno ongaro   scudi 38 -10 - 2
Duchatoni di argiento n.° 4   scudi 31 - 4 - 0
Un scudo di Parma e un paulo di Roma   scudi 5 -15 - 0

Non esistono testi specifici che riassumano in maniera univoca la situazione dei cambi e delle monete utilizzate in Italia nell'epoca presa in considerazione. Un comodo punto di riferimento è offerto da
FREDERICK HAMMOND, *Girolamo Frescobaldi. A Guide to Research*, New York-Londra, Garland 1988, pp.67-
71: *Useful Knowledge, 6.Money* (che riassume la bibliografia sull'argomento, da E. MARTINORI, *La moneta*,
Roma 1915 a JEAN DELUMEAU, *Vie économique et sociale de Rome dans la seconde moitié du XVIe siècle*, Paris
1957, trad. it.: Firenze 1979). Cfr. inoltre HILL, *Roman Monody* (1977), I, pp. XVII–XX (*Roman Money*).

APPENDICE

L'ARCHIVIO BENTIVOGLIO:
CONSISTENZA E DISPERSIONE
DI UN PATRIMONIO DOCUMENTARIO PRIVATO

Qualsiasi studio storico che si occupi delle vicende private di uno o più personaggi del passato corre il rischio di trasformarsi in una operazione a dir poco indiscreta. A maggior ragione quando non sono i documenti ufficiali, pubblici, ad essere esaminati (libri di conti, relazioni, contratti) ma la corrispondenza privata, è lecito porsi il problema della opportunità di rovistare, non autorizzati, nell'intimità della vita quotidiana di persone vissute centinaia di anni prima di noi. Eppure, proprio tra fine Cinquecento e inizi Seicento, l'epoca della nostra narrazione, quello epistolare era divenuto di fatto un genere letterario, con risultati spesso di alto livello artistico (dall'Aretino al Tasso, dal Guarini al Marino): parallelamente ai manuali per il "perfetto segretario di lettere",[1] sempre più spesso anche le "epistole famigliari" di personaggi celebri venivano esibite pubblicamente, attraverso la stampa, come modello compositivo.[2] Nel nostro caso, l'indiscreta operazione condotta sull'epistolario privato dei Bentivoglio di Ferrara, può forse essere giustificata dai risultati conseguiti, che mirano a ristabilire una più corretta considerazione dell'importante ruolo svolto da questa famiglia nel panorama dello sviluppo delle arti e dello spettacolo in Italia nella prima metà del Seicento. Del

---

[1] Per restare nei limiti della nostra narrazione, si pensi ai fortunati libri d'istruzione intitolati *Il Secretario*, dal Tasso (1587) a Giulio Cesare Capaccio (1589), dal Guarini e l'Ingegneri (1594) a Tommaso Costo (1604), Bartolomeo Pucci (1608), Panfilo Persico e Vincenzo Gramigna (1620) fino al Tesauro (1674). Su questa produzione manualistica cfr. SALVATORE S. NIGRO, *Il segretario*, in *L'uomo barocco*, Bari-Roma, Laterza 1991, pp. 91-108 e l'introduzione dello stesso autore all'edizione moderna dei trattati di TOMMASO COSTO – MICHELE BENCIVENGA, *Il segretario di lettere*, Palermo, Sellerio 1991. Alcuni dei più celebri segretari di corte del tempo compaiono nella corrispondenza dei Bentivoglio, da Alessandro Guarini (corte di Mantova) a Fulvio Testi (corte di Modena). I segretari al servizio dei marchesi ferraresi sono meno prestigiosi e raramente sfiorano il genere letterario nelle loro missive: motivo sufficiente a non approfondire ulteriormente questo affascinante settore d'indagine.

[2] L'Istituto di Studi Rinascimentali di Ferrara ha avviato una vasta ricognizione sul settore delle raccolte epistolari a stampa del Cinquecento italiano, dei cui originali ha raccolto una pregevole collezione. Se ne veda un primo tentativo di sistemazione metodologica in *Le "carte messaggiere". Retorica e modelli di comunicazione epistolare: per un indice dei libri di lettere del Cinquecento*, a cura di A. Quondam, Roma, Bulzoni 1981.

resto altri studiosi in passato hanno già evidenziato l'importanza dei documenti accolti nell'Archivio Bentivoglio per lo studio dei fenomeni artistici di quell'epoca.[3]

La biblioteca privata della famiglia Bentivoglio doveva essere ragguardevole già nel secolo XVII, per merito soprattutto di Ippolito (II), contando diverse edizioni di pregio e rari manoscritti.[4] Scampata miracolosamente all'incendio del palazzo del 1682, fu arricchita dal cardinale Cornelio III, morto nel 1732, e quindi venduta all'Università di Ferrara,[5] andando a costituire il nucleo iniziale, e certamente tra i più importanti per quantità e qualità di titoli, della attuale Biblioteca Comunale Ariostea. Nella stessa circostanza anche l'immenso Archivio Bentivoglio, non venduto e rimasto di proprietà della famiglia, fu depositato presso la medesima sede dell'Università, che divenne in seguito Biblioteca Municipale. È presumibile che l'Archivio non avesse ancora subito consistenti perdite e sottrazioni fino a questa fase del deposito settecentesco, anche per lo scarso interesse per i documenti del passato che si aveva nei secoli che precedettero l'Ottocento.

La nostra concezione del documento d'archivio come inalienabile parte del patrimonio storico della collettività è assai lontana dalla considerazione che ne avevano i nostri progenitori. Soprattutto nel caso di un archivio famigliare privato, qual è quello di cui si parla, libri lettere e documenti rientravano fra i beni materiali della famiglia, la cui alienabilità dipendeva di volta in volta dal disinteresse, dalla necessità, dalla generosità perfino degli antichi possessori. È esemplare il caso del canonico Antonelli, accusato di aver disperso la maggior parte delle lettere di artisti un tempo contenute nell'Archivio Bentivoglio, durante gli anni 1845-1862 in cui, in quanto conservatore

---

[3] Ricordo soltanto gli studi di Pier Maria Capponi su Marazzoli (un unico articolo prodotto su "Lo Spettatore musicale" del 1965); di Stuart Reiner (articoli in "The Music Review" del 1964 e "Analecta Musicologica" del 1974); di Irvin Lavin (atti del convegno *Le Lieu Théâtral á la Renaissance*, Parigi 1964); Anthony Newcomb su Frescobaldi e il "concertino romano" di Enzo Bentivoglio ("Annales Musicologiques", 1964-1977); Frederick Hammond su Frescobaldi (la monografia della Harvard University Press, 1983 e vari articoli); Janet Southorn per le committenze artistiche (il volume della Cambridge University Press del 1988); Prisco Bagni su Battistelli (nel volume su Guercino a Cento del 1984); John W. Hill su Frescobaldi, Cesare e Ippolita Marotta (vari articoli e la monografia sul cardinal Montalto della Oxford University Press del 1997). E poi articoli e ricerche specifiche di Adriano Cavicchi, Luigi Spezzaferro, Anna Fioravanti Baraldi, Silvia Maddalo, Giulio Marcon, Giulia Marcolini, Arnaldo Morelli, Paolo Fabbri, Angelo Pompilio, Thomas Walker, Carlo Vitali, Roberta Ziosi, fino alla ricerca in corso del collega Monaldini, che completerà in maniera sistematica e complementare la mia, censendo le lettere dal 1645 alla fine del Seicento. Per i relativi titoli rimando alla bibliografia. Anche se una parte delle lettere artistiche era già stata pubblicata in questi e negli altri studi citati nel mio saggio introduttivo, ho ritenuto utile fornire testi completi, porzioni di testo o soltanto il regesto anche di tali documenti già noti, al fine di offrire un panorama quanto possibile completo della documentazione offerta dall'Archivio Bentivoglio, finora dispersa in pubblicazioni di natura e diffusione assai eterogenea e spesso di non facile reperibilità.

[4] La biblioteca dei Bentivoglio era giudicata la più ricca esistente a Ferrara nel tardo Seicento, contenente "il fiore de' più bei libri in ogni materia che si potesse desiderare da un principe, nonché da un cavalliero privato, radunati e raccolti da varie parti per opera d'esso marchese Ippolito": GIROLAMO BARUFFALDI, *Dell'Istoria di Ferrara*, Ferrara, Pomatelli 1700, p. 319, cit. in ALESSANDRA CHIAPPINI, *Immagini di vita ferrarese nel secolo XVII*, in *La Chiesa di San Giovanni Battista e la cultura ferrarese del Seicento*, Milano, Electa 1981, p.48; cfr. inoltre GIUSEPPE ANTONELLI, *Indice dei manoscritti della Civica Biblioteca di Ferrara*, Ferrara, Taddei 1884 (vi figura, tra l'altro: *Memorie miscellanee di famiglie ferraresi distribuite alfabeticamente in 6 buste*, "Bentivoglio": I, n. 221).

[5] Se ne veda la copia dell'atto di vendita, nel 1750, in AB, *Indice de' Repertori de' contratti: vendite*, Misc. BBBB n.4.

della Biblioteca Municipale di Ferrara, ne era responsabile:[6] in realtà l'archivista, i cui meriti nei confronti della storia patria ferrarese sono evidenti a chi consulti il catalogo della Biblioteca Ariostea, si trovò ad amministrare un patrimonio privato allora utilizzato dai possessori soltanto in caso di dispute araldiche o legali. Svolse il suo compito con il massimo scrupolo concesso dai tempi, limitandosi ad estrarre qualche lettera di personaggi celebri dalle decine di migliaia non ancora ordinate, col fine di arricchire la propria personale collezione di autografi, destinata comunque a restare aperta alla pubblica consultazione nella attuale collezione Antonelli della Biblioteca Ariostea.[7] La generosità dell'Antonelli (beninteso, su documenti altrui) si manifestò invece con il facile prestito, di singole lettere o addirittura di interi carteggi, a studiosi impegnati a ricostruire le vicende di uno o dell'altro dei personaggi presenti nell'Archivio; oppure agli organizzatori di mostre ed esposizioni; o infine a colleghi collezionisti di autografi, a titolo di scambio temporaneo.[8] Forse non va imputata soltanto all'Antonelli la colpa della sparizione di molti dei documenti così facilmente prestati e poi non ritornati, per le ragioni più varie.

Più grave è che le sottrazioni di lettere dall'Archivio siano continuate nel periodo successivo, anche dopo che il marchese Manfredini, nuovo responsabile del fondo, ne aveva avviato un ordinamento cronologico ed una catalogazione sistematica. Dopo la fine della seconda guerra mondiale, l'Archivio Bentivoglio fu collocato, sempre in de-

---

[6] Giuseppe Antonelli (1803-1884), canonico della cattedrale di Ferrara, fu uno dei protagonisti della cultura ferrarese della seconda metà dell'Ottocento. Ecco come racconta il suo collega ed amico Caffi il prestito di una delle lettere di Monteverdi (da Parma del 30.X.1627, oggi in Bologna, Civico Museo Bibliografico Musicale) da questi utilizzate: "debitore io ne vado all'antico mio dilettissimo amico e compatriota D. Giuseppe Antonelli, bibliotecario della città di Ferrara, ed in quella arci-vescovile cardinalizia Chiesa canonico, nel quale val del pari somma dottrina ne' buoni studii, e spontanea cortesia negli esquisiti ufficii della sant'amicizia". L'altra lettera di Monteverdi, da Venezia del 25.XI.1627, era stata inviata al Caffi dal Conte Gilberto Borromeo (ed è oggi conservata nella Biblioteca del Conservatorio di Napoli): FRANCESCO CAFFI, *Storia della musica sacra nella già Cappella Ducale di S. Marco in Venezia (dal 1318 al 1797)*, Venezia, Antonelli I: 1854; II: 1855; ried. annotata a cura di Elvidio Surian, Firenze, Olschki 1987, pp. 490-92 (nell'originale: II, 223 e 169 per l'altra lettera ricevuta dal conte Borromeo). Della sua collezione di autografi fu stampato anche un catalogo, in cui risultavano lettere di Monteverdi e di altri protagonisti dello spettacolo ferrarese: *Catalogo di autografi di sovrani e distinti personaggi della collezione del Canonico Antonelli di Ferrara*, Ferrara, Taddei 1863 (pp. 81, 101, 126 e passim). Sul ruolo dell'Antonelli nella dispersione delle lettere di musicisti provenienti dall'Archivio Bentivoglio, ed in particolare su quelle ritrovate nella collezione Piancastelli di Forlì, cfr. CARLO VITALI, *Una lettera vivaldiana perduta e ritrovata, un inedito monteverdiano del 1630 e altri carteggi di musicisti celebri, ovvero splendori e nefandezze del collezionismo di autografi*, "Nuova rivista musicale italiana", XIV, 1980, pp.404-412.

[7] Sull'acquisto della collezione Antonelli da parte della Biblioteca Ariostea cfr. A. GENNARI, *Monografia della Biblioteca Comunale di Ferrara*, Ferrara 1892, p. 15.

[8] Oltre all'invio della lettera monteverdiana al Caffi a Venezia, oppure alla raccolta di lettere sul teatro Farnese al Ronchini a Parma, da notare l'edizione Daelli, Milano 1864 delle *Memorie del Cardinal Guido Bentivoglio* in cui si inserivano 58 lettere di Guido "tratte dall'Archivio del Cav. Carlo Morbio", tutte sottratte all'Archivio Bentivoglio di Ferrara. Morbio era stato uno dei primi e più accaniti collezionisti di autografi dell'Ottocento (cfr. *Lettere storiche ed artistiche pubblicate con note da Carlo Morbio*, Milano, Società dei Classici Italiani 1840-ssg.). Per avere un'idea della dimensione del fenomeno del collezionismo di autografi, in crescita vertiginosa a partire dal terzo decennio del secolo XIX , basta citare alcuni cataloghi che accolgono lettere provenienti dall'Archivio Bentivoglio: F. PARISINI-E. COLOMBANI, *Catalogo della collezione d'autografi lasciata alla R. Accademia Filarmonica dall'Accademico Abate Masseangelo Masseangeli*, Bologna, Regia Tipografia 1881; EMILIA F. SUCCI, *Catalogo [...] degli autografi e documenti di celebri o distinti musicisti posseduti da Emilia Succi*, Bologna, Soc. Tipografica già Compositori 1888 e i tanti altri elencati nell'utilissima guida di EMILIO BUDAN, *L'amatore di autografi*, Milano, Hoepli 1900 (ried. an. Milano, Cisalpino-Goliardica 1978).

posito, presso l'Archivio di Stato di Ferrara, nella attuale sede di Corso Giovecca, dove le sparizioni probabilmente continuarono, aiutate dall'assenza di un nuovo inventario. Soltanto con la recente inventariazione effettuata negli ultimi anni dall'Archivio di Stato ferrarese, tutte le carte dell'Archivio Bentivoglio sono state contate, ricondotte ad un chiaro ordine cronologico e ne è finalmente stata resa impossibile ogni ulteriore depauperazione.[9]

Il risultato di tutto quanto si è detto ha portato, nel corso dei secoli, alla dispersione di una parte dei documenti autografi riguardanti artisti, letterati e musicisti di rilievo vissuti nei secoli XVI–XVIII, che un tempo si trovavano nell'Archivio Bentivoglio. Per portare alcuni esempi: non risultano più lettere del Guercino, una sola di Ludovico Carracci, circa la metà di quelle di Pier Francesco Battistelli; nessuna lettera di Monteverdi, una sola di Frescobaldi, una sola di Caccini, sette di Antonio Vivaldi.[10] Quanto ai letterati Battista e Alessandro Guarini, per puro caso sembra essere rimasto in Archivio, pronto per essere alienato, un consistente mazzetto di una cinquantina di lettere autografe, finora mai considerate dai filologi.[11] Naturalmente la dispersione ha investito un po' tutti i personaggi storici di una certa notorietà, che i collezionisti di autografi potevano inserire con qualche annotazione di proprio pugno nelle loro raccolte: compresi i nostri protagonisti, Enzo e gli altri membri della famiglia Bentivoglio o i parenti acquisiti come i Pio di Savoia.

Numerose lettere, quelle trattenute per la sua collezione dall'Antonelli, sono rimaste a Ferrara, presso la Biblioteca Ariostea, raccolte sotto i singoli nomi di autografi o

---

[9] Cfr. F. BOCCHI, *Vicende dell'archivio Bentivoglio attualmente conservato nell'Archivio di Stato di Ferrara*, "Atti e memorie della deputazione di storia patria per le provincie di Romagna", n.s., XVII-XIX, 1965-1968, pp. 351-374, e inoltre CECIL H. CLOUGH, *The Archivio Bentivoglio in Ferrara*, "Renaissance News", XVIII, 1965, pp.17-19. Per una descrizione generale dei fondi dell'Archivio di Stato di Ferrara cfr. GIOVANNI SPEDALE, *Guida per la conoscenza dei documenti conservati nell'Archivio di Stato di Ferrara*, "Bollettino di notizie e ricerche da Archivi e Biblioteche", Comune di Ferrara, n.2, novembre 1980, pp. 131-140 (il fondo privato Bentivoglio d'Aragona a p. 140), riprodotto e ampliato in *Guida Generale degli Archivi di Stato Italiani*, II: *Archivio di Stato di Ferrara*, Roma, 1983, pp. 1-16 (l'Archivio Bentivoglio a p. 12). L'Archivio Bentivoglio d'Aragona risulta notificato presso l'Archivio di Stato di Ferrara nella guida ai *Manoscritti e libri rari notificati*, a cura del Ministero della Pubblica Istruzione, Direzione Generale delle Accademie e Biblioteche [ora Ministero per i Beni e le Attività Culturali], Roma, 1967, p. 147 (comunicazione di Lorenzo Bianconi).

[10] Oltre alle 6 edite da CAVICCHI, *Inediti* etc., una ulteriore lettera di Antonio Vivaldi da Venezia a Luigi Bentivoglio del 25.V.1715 (*AB*, 418, c.398) cit. in MICHAEL TALBOT, *Antonio Vivaldi. A Guide to Research*, New York-London, Garland 1988, p.XXX–sg. e nota 5. A queste si aggiungono le altre 6, un tempo nell'Archivio e oggi disperse, edite in FEDERIGO STEFANI, *Sei lettere di Antonio Vivaldi veneziano, maestro compositore di musica della prima metà del XVIII secolo*, Venezia, Tip. del Commercio 1871 (opuscolo per nozze) e CAVICCHI, cit. delle quali solo la lettera del 6.XI.1737 è stata rintracciata nella Collezione Piancastelli di Forlì da VITALI, cit., pp.404-406. Quest'ultima lettera era appartenuta all'Antonelli prima del 1863 e si sa che intorno al 1929 si trovava nella collezione Maggs di Londra. Il discorso naturalmente può essere esteso ad altri casi di musicisti fuori dei limiti cronologici del nostro lavoro: si pensi alle 36 lettere di Giovanni Legrenzi oggi nella Collezione Antonelli (riedite, insieme con le 53 lettere di Legrenzi tuttora nell'Archivio Bentivoglio, in ARNALDO MORELLI, *Legrenzi e i suoi rapporti con Ippolito Bentivoglio e l'ambiente ferrarese. Nuovi documenti*, in *Giovanni Legrenzi e la Cappella Ducale di San Marco*, Firenze, Olschki 1994, pp. 47-86).

[11] Si tratta della busta 378, che reca sul dorso la fuorviante indicazione dell'anno 1685, benché raccolga carteggi limitati agli anni 1590-1630, di Battista e Alessandro Guarini, ma anche di Guidobaldo Bonarelli ed altri. Su questi documenti guariniani cfr. il mio studio *Lettere di Battista e Alessandro Guarini nell'Archivio Bentivoglio di Ferrara*, in *Guarini. La musica, i musicisti*, atti del convegno di Ferrara del 1989, a cura di A. Pompilio, Lucca, LIM 1997.

in sezioni a tema (per esempio il notissimo fascio delle "Lettere di Parma 1627-28").[12] Sarebbe interessante, ma praticamente impossibile, arrivare a ricostruire la attuale distribuzione delle altre lettere, disperse in decine di biblioteche pubbliche e private non solo europee, spesso dopo avventurosi viaggi. Soltanto per alcune collezioni di manoscritti di biblioteche pubbliche è stato possibile individuare la presenza di lettere bentivolesche, grazie agli inventari a stampa o consultandone sul posto gli schedari. Alcuni fondi privati, appartenuti a collezionisti di autografi, divenuti oggi parte di collezioni pubbliche, rivelano un numero impressionante di documenti provenienti dall'Archivio ferrarese: si pensi alle centinaia di lettere del Fondo Piancastelli della Biblioteca Comunale di Forlì, o le altrettante della Raccolta Stefani dell'Archivio di Stato di Venezia. Per rintracciare altre lettere disperse, il mezzo più agevole è stato seguire le segnalazioni relative a singoli personaggi: per esempio, delle lettere autografe di Claudio Monteverdi oggi conservate per gli anni 1627-1630, ben 6 furono sottratte dall'Archivio Bentivoglio, così come la totalità di quelle note di Girolamo Frescobaldi per gli anni 1608-1609.[13] Alcune lettere, conosciute per vecchie segnalazioni bibliografiche o attraverso cataloghi di antiquariato, non sono finora riapparse.[14]

Il fondo bentivolesco di Ferrara accoglie ovviamente soltanto le lettere inviate a membri della famiglia, a partire dal XIII fino agli inizi del XIX secolo: tranne rari casi

---

[12] Antonelli considerava il fascio di lettere, oggi in Biblioteca Comunale Ariostea di Ferrara, ms. Antonelli 660, come parte della propria collezione privata di autografi. Come tale, aveva inviato nel 1865 a Parma, al direttore del locale Archivio Governativo, Amadio Ronchini, l'intero fascio con una lettera in cui chiedeva ulteriori informazioni sulla presenza degli artisti ferraresi citati nelle lettere. Ronchini ne fece effettuare una trascrizione integrale, tuttora consultabile presso l'Archivio di Stato di Parma ma, come ha rilevato MARZIO DALL'ACQUA (*Le fonti archivistiche*, in *"...Monteverdi al quale ognuno deve cedere..."*, Parma 1993, Catalogo della mostra di Parma 1993, pp.247-249), le lettere poi confluite nella collezione Antonelli della Biblioteca di Ferrara, pur mantenendo il numero di 54 comune alle copie di Parma, mostrano alcune differenze ed integrazioni che dimostrano alcuni ripensamenti e scambi effettuati posteriormente dall'Antonelli, che continuava ad avere facile accesso all'Archivio Bentivoglio.

[13] L'attuale dispersione delle lettere di Monteverdi è indicativa del destino dei documenti sottratti nell'Ottocento dall'Archivio Bentivoglio per essere immessi sul mercato degli autografi: 1 al Conservatorio di Napoli (avuta in dono dal bibliotecario ottocentesco Francesco Florimo), 1 alla Bibliothèque Nationale di Parigi, 1 al Conservatorio di Bologna, 1 a Forlì, Collezione Piancastelli, 1 a Oxford in collezione privata, l'ultima oggi irreperibile, segnalata nel nostro secolo a Colonia. Non si hanno elementi per identificare la lettera di Monteverdi nella collezione privata di Antonelli nel 1863 (*Catalogo*, cit.). Le lettere di Frescobaldi sono meno disperse: 2 a Londra, 1 a New York, 1 perduta dopo la vendita a Colonia nel 1930 ed infine 1 rimasta nell'originale busta dell'Archivio ferrarese.

[14] Oltre alla lettera di Monteverdi del 23.II.1630, è singolare il caso della lettera di Frescobaldi ad Enzo Bentivoglio del 15.VII.1609, che Casimiri aveva rintracciato nel catalogo di vendita di Leo Liepmannssohn Antiquariat (*Autographen von Musikern[...] Versteigerungs-Katalog 59*, Berlino 1930, p.20) : pubblicandone i frammenti trascritti nel catalogo, Casimiri scambiava il mittente con un omonimo del musicista ferrarese (il dottor Girolamo realmente esistito negli stessi anni), ed ironizzando sullo sconosciuto che aveva pagato ben 900 marchi per acquistare "una letteruccia di un giovane fidanzato, del valore tutt'al più di settanta bajocchi!" (RAFFAELLO CASIMIRI, *Girolamo Frescobaldi e un falso autografo*, " Note d'Archivio", XIX, 1942, pp.130-131). La lettera era invece autentica e purtroppo, forse proprio a causa dell'articolo di Casimiri che ne aveva escluso ogni valore, se ne sono perse le tracce. Il destino di questa lettera è ancora una volta indicativo della sorte toccata nel secolo scorso ai documenti bentivoleschi: il canonico Antonelli aveva ceduto la lettera, traendola dall'Archivio Bentivoglio, al dott. Lucci di Bologna, che a sua volta provvide ad inviarla generosamente a Luigi Arrigoni, per una esposizione che si doveva tenere a Milano nel 1881. Il musicologo Haberl, prima del 1887, ne aveva ottenuto una trascrizione da Leonida Busi, probabile nuovo proprietario della lettera, prima del trasferimento in Germania, dove fu venduta nel 1930. Cfr. PAOLO DA COL, *"Era pensier mio sposar l'Angiola ...". Una lettera ritrovata di Girolamo Frescobaldi*, in *Musicus Perfectus. Studi in onore di Luigi F. Tagliavini*, a. c. di P. Pellizzari, Bologna, Patron 1995, pp.267-73.

in cui è casualmente rimasta una minuta, non si conservano invece le lettere inviate
dai Bentivoglio ai tanti corrispondenti italiani e stranieri. Uno dei problemi metodo-
logici che mi sono trovato ad affrontare era costituito appunto dalla opportunità di
tentare di rintracciare almeno in parte le lettere spedite da Ferrara, presso le biblioteche pubbliche o private che hanno ereditato gli archivi dei corrispondenti più importanti dei Bentivoglio. Dopo alcuni anni di ricerca complementare presso le biblioteche
di Bologna, Modena, Parma, Mantova, Roma, Firenze, Venezia e poi meno sistemati-
camente presso numerosi altri archivi e biblioteche europei e degli Stati Uniti, ho deciso di sospendere questo riscontro incrociato, non per mancanza dei documenti cercati,
ma proprio per la loro inesorabile abbondanza: centinaia di nuove lettere che rischia-
vano di rinviare senza termine la chiusura del lavoro. Per questo, soltanto in alcuni
casi particolarmente interessanti, o a titolo esemplificativo, sono stati inseriti i documenti in partenza da Ferrara che, letti con quelli in arrivo depositati in Archivio, indubbiamente ne aumentano la suggestione e le possibilità di corretta interpretazione.[15]
Sarebbe stato estremamente interessante poter estendere l'indagine ad un altro archivio privato di una famiglia strettamente legata ai Bentivoglio, l'Archivio Pio di Savoia,
ma da anni ne è preclusa la consultazione presso la Biblioteca Ambrosiana di Milano,
che lo accoglie dal 1969.[16]

L'Archivio Bentivoglio presso l'Archivio di Stato di Ferrara consiste in due serie di
documenti: libri (539 volumi e 34 registri) e lettere sciolte (767 buste). Dei primi
esiste un inventario manoscritto, datato 1766, che elenca da una parte il *Repertorio de'*
stabili (4 volumi) e dall'altro il *Repertorio de' contratti* (5 volumi). Un indice alfabetico
cumulativo rende possibile la ricerca in ordine cronologico (tomo I: anni 1192-1599;
II: 1600-1656; III: 1657-1756; IV: 1756-XX sec.). Le lettere, che abbracciano un arco
di oltre sei secoli (dal 1206 al 1824), sono circa 100.000. Il marchese Mandredini ne
aveva iniziato un approssimativo inventario cronologico, in appendice ai quattro volumi di *Indice de' Repertori de' stabili e de' contratti* (I: cc.337-386; II: cc.335-383; III:
cc.343-383; IV: 349-356): poco utile, fornendo per ogni busta soltanto i primi nomi
dei corrispondenti ed il numero totale delle carte, tale inventario si arresta al giugno
1623. Negli anni precedenti al 1984 l'archivista Paolo Ruo ha provveduto a continua-

---

[15] Tra gli archivi che conservano il maggior numero di lettere di Enzo Bentivoglio, inviate ad illustri
corrispondenti, sono l'Archivio di Stato di Modena (Cancelleria Ducale Estense, *Lettere di Particolari*), l'Archivio di Stato di Parma (Carteggio Farnesiano Interno e varie serie collegate al Teatro Farnese) e soprattutto
l'Archivio di Stato di Mantova (Archivio Gonzaga, *Ferrara*, buste divise per anno: in particolare gli anni
1600-1620).

[16] Le vicende dell'Archivio Falcò Pio di Savoia, per alcuni versi analoghe a quelle dell'Archivio Bentivoglio, sono riassunte in CECIL H. CLOUGH, *The Pio di Savoia Archives*, in *Studi offerti a Roberto Ridolfi*, a cura
di B. Maracchi Biagiarelli e D. E. Rhodes, Firenze, Olschki 1973, pp.197-222 e nell'introduzione all'*Inven-*
tario dell'Archivio Falcò Pio di Savoia, a cura di Ugo Fiorina, Vicenza, Neri Pozza 1980, pp. 9-28. Da una
lettera di Gaetano Lugli all'archivista ferrarese Luigi Napoleone Cittadella del 1855, ivi riportata, si apprende che già in quell'epoca erano avvenute dispersioni di lettere dell'Archivio Pio, per la solita abitudine di
procacciare autografi ai collezionisti. Sull'importanza dell'Archivio per la storia di Ferrara cfr. GILBERTO
ZACCHÈ, *Fonti per la storia ferrarese conservate presso l'Archivio Falcò Pio di Savoia in Milano*, in "Bollettino
di Notizie e Ricerche da Archivi e Biblioteche", Comune di Ferrara, n.3, maggio 1981, pp.113-115. Tra i
documenti segnalati, sembra molto interessante per i nostri temi un raro copialettere del 1629 di Ascanio
Pio, intitolato *Registro di lettere da Ferrara a Roma*.

re l'inventario delle lettere in 9 registri manoscritti che elencano, questa volta in maniera dettagliata, nomi dei mittenti e destinatari, città e date per ogni carta nelle singole buste, ma solo per gli anni successivi al 1623. Le buste, seguendo la prima loro sistemazione settecentesca, sono ordinate in genere per anno (nei casi di maggiore quantità di lettere, addirittura per mese); fasci di lettere di datazione incerta o eterogenea, . ritrovate nella fase terminale della nuova inventariazione, sono state sistemate in buste miscellanee. All'epoca in cui ho compiuto la mia ricognizione sistematica delle lettere bentivolesche di Ferrara, quest'ultima inventariazione non era ancora conclusa, ed alcune buste da me consultate non erano ancora state controllate e rinumerate (negli anni successivi ho cercato di ristabilire, con qualche difficoltà, la nuova numerazione delle buste citate). Le lettere corrispondenti al periodo da me preso in considerazione (1585-1645) sono oltre la metà di quelle conservate in Archivio. Di queste circa 60.000 lettere, esaminate in maniera sistematica negli oltre 14 mesi trascorsi nell'Archivio di Stato di Ferrara, oltre 1000 sono quelle in qualche modo collegate con la musica e le arti figurative, eloquente conferma degli interessi mecenateschi della famiglia nel periodo considerato.

Come ho già detto, la dispersione delle lettere ha avuto luogo soprattutto all'epoca della gestione Antonelli nella seconda metà dell'Ottocento e, in qualche modo, ha avuto un avvio mirato, ossia limitato ad autografi di personaggi storici o artisti di un certo rilievo. A parte le collezioni geograficamente vicine, come Piancastelli di Forlì e Campori di Modena, non vi è praticamente catalogo di collezionista d'autografi ottocentesco che non accolga lettere bentivolesche. Col riversamento di alcune di tali collezioni alle grandi biblioteche nazionali, molte carte Bentivoglio finirono nelle maggiori città d'Italia e d'Europa. Altre lettere, rimaste in collezioni private, solo casualmente sono riapparse per vendite di eredità. Si giustifica così l'acquisizione piuttosto recente delle lettere di Aleotti, Frescobaldi ed altri da parte della Pierpoint Morgan Library di New York,[17] oppure la vendita all'asta da Sotheby a Londra, negli ultimi anni, di interi carteggi secenteschi di Enzo e Guido Bentivoglio con i Gonzaga e con i Medici.[18] In qualche caso le annotazioni ottocentesche apposte sulle lettere consentono di seguire le tracce dei differenti possessori che si sono succeduti.[19] Nel nostro secolo, probabilmen-

---

[17] L'acquisizione delle ultime lettere bentivolesche da parte della biblioteca di New York è avvenuta nel 1972. La lettera autografa di Girolamo Frescobaldi del 26.VI.1608 (nel catalogo della biblioteca risulta ancora con la errata datazione 1604) era stata segnalata nel catalogo della collezione Heyer, ma poi ritenuta dispersa fino a quando non fu segnalata alla comunità musicologica, nella sua attuale collocazione statunitense, da FREDERICK HAMMOND, *Girolamo Frescobaldi*, Cambridge, Mass., Harvard University Press 1983, p.337. Le altre lettere sono: 2 di Giovan Battista Aleotti al marchese Enzo Bentivoglio (8.VIII.1614, proveniente dalla collezione Azzolini, e l'altra non datata, ma ascrivibile al 1608), una di Guido Bentivoglio ed una di Antonio Goretti. Quest'ultima, del 17.III.1629 (anche in questo caso il catalogo della biblioteca indica data e destinatario errati) reca la dichiarazione di autenticità dell'Antonelli ed una trascrizione in tedesco, in scrittura del primo Novecento.

[18] Il dott. Luigi Cavatorta di Viadana mi ha cortesemente comunicato di aver acquistato a Londra un intero carteggio Bentivoglio-Gonzaga, consistente in 66 lettere scritte tra il 1597 e fine Seicento, con dichiarazioni di autenticità (forse dell'Antonelli) e scritte in francese con prezzo indicato in franchi. Nella stessa asta sarebbe stato venduto un coevo carteggio Bentivoglio-Medici.

[19] Cfr. a titolo esemplificativo la lettera del pittore Giovanni Mannozzi ad Enzo Bentivoglio del 20.VI.1627, che figurava nel *Catalogue de la précieuse Collection d'Autographes comportant le Cabinet de M. Alfred Bouvet* (asta a Parigi 23-25 giugno 1885), Paris, Charaway 1885, t. VIII, p.690a, n.1846. JEAN-BAPTISTE TIERSOT, *Lettres de musiciens écrites en français du XVe au XXe siècle*, Torino-Milano 1924-1936, 2 voll., I,

te, si è operata una sottrazione meno scientifica ma ugualmente irrimediabile, con singole lettere e a volte interi carteggi prelevati e venduti genericamente come antiche carte.

Se è impossibile sapere esattamente quante sono le lettere sottratte negli anni dall'Archivio, potremmo tentare di elencare in maniera sommaria le lettere oggi consultabili
presso biblioteche pubbliche, a cominciare dalla Biblioteca Comunale di Ferrara.

Ferrara, Biblioteca Comunale Ariostea:

Collezione Antonelli II (manoscritti): i nn. 284, 313, 318a, 341, 647, 676 si riferiscono a membri della famiglia Bentivoglio negli anni qui presi in considerazione; il n.660 è il famoso fascio di "Lettere di Parma 1627-28" (54 lettere di Goretti,
Mazzi, Guitti e Scotti, comprese due del 1618 di Alfonso Pozzo); il n.966 è in
realtà ciò che resta della collezione personale di "Documenti genealogici delle
famiglie ferraresi" dell'Antonelli, 54 mazzi divisi in ordine alfabetico dei personaggi: i Bentivoglio sono presenti con ben 99 nominativi, dai primi anni del sec.
XVI al tardo Settecento, insieme con lettere di Aleotti, Goretti, Ascanio Pio, Obizzi ed altri, in gran parte provenienti dall'Archivio Bentivoglio.

Autografi (acquisizioni recenti della Biblioteca): i nn. 3112, 3113, 3114, 3115, 3116,
3117 sono lettere, tutte del 1615, dirette da Enzo e Guido Bentivoglio, e da
Margherita Gonzaga ad Antonio Goretti; i nn. 3152, 3153, 3154, 3155 sono
del 1617 sempre di Margherita Gonzaga a Goretti (la provenienza dall'Archivio
Bentivoglio è dubbia, potendo risalire la loro dispersione alla vendita secentesca
della collezione Goretti)

Forlì, Biblioteca Comunale "Saffi":

Collezione Piancastelli:[20] Tra le molte riguardanti membri della famiglia Bentivoglio, le seguenti segnature riguardano il marchese Enzo: 278.5-7; 533.56-57-
103; 558.366-378; 561.163; 566.13; 569.141; 622.130; 640.148-150. Cfr.
inoltre nella serie *Autografi* ai nomi: Aleotti, Battistelli, Guarini, Pio di Savoia,
Pozzo, Provenzale, Testi, Comici Italiani secc. XVII-XVIII. La lettera di Monteverdi segnalata per la prima volta a Forlì nel 1980, proveniente dall'Archivio
Bentivoglio, ha la segnatura 1518. Infine alcune lettere di corrispondenti dei
Bentivoglio si ritrovano nella serie *Carte di Romagna*, nn.93-98.

---

p.63, nota 2, chiarisce la provenienza della lettera di Monteverdi del 25.IX.1627 custodita nella Bibliothèque
Nationale di Parigi, e acquistata dallo studioso alla vendita della collezione del marchese di Saint-Hilaire:
"[...] Cette piece unique, d'une insigne rareté, vient du cabinet Succi: je l'ai acquise à la vente Feuillet de
Conches pour 125 fr.".

[20] Cfr. *Inventario delle Biblioteche Italiane, XCIII: Forlì, Biblioteca Comunale "Saffi". Collezioni Piancastelli,* a cura di Piergiorgio Brigliadori e Luigi Elleri, Firenze, Olschki 1979, vol. I: *Bentivoglio,* pp. 172-177. Tra
le centinaia di lettere e documenti riguardanti vari membri della famiglia e degli altri personaggi ad essi
collegati, che ho potuto esaminare grazie alla cortesia del dott. Brigliadori, molte riportano la dichiarazione
di autenticità dell'Antonelli, con brevi notizie sui mittenti, e a volte addirittura il timbro della Biblioteca
Comunale di Ferrara.

Modena, Biblioteca Estense:

Autografoteca Campori:[21] la raccolta è tuttora suddivisa semplicemente in ordine alfabetico dei mittenti, per cui le lettere vanno ricercate sotto il nome: Battistelli (7 lettere di cui 4 sicuramente tratte dall'Archivio Bentivoglio), Enzo Bentivoglio (7 lettere), Cornelio Bentivoglio (2), Cicognini (1), Goretti (2), Guitti (1), Giovanni Mannozzi (4 lettere), Marotta (1), Provenzale, etc.

Venezia, Archivio di Stato:

Raccolta Stefani, 4°, *Autografi:* circa 100 lettere inviate da membri di Casa Bentivoglio estratte dall'Archivio di famiglia, tra cui 2 di Cornelio I, 10 di Enzo, 7 del cardinale Guido, 13 di Cornelio II, 15 di Annibale etc.

Le altre lettere bentivolesche sono disperse nelle principali biblioteche europee in maniera meno consistente. Ne ho potuto rintracciare, per il periodo che qui interessa, a Bologna,[22] Londra,[23] Parigi,[24] Roma[25], Genova ed inoltre labili tracce in archivi minori, come Faenza, Ancona, Pesaro.[26]

A questi documenti manoscritti sono da aggiungere, naturalmente, quelli editi fin dal primo Seicento in raccolte di lettere di personaggi celebri, che spesso accolgono epistole dei vari membri di casa Bentivoglio. Si pensi alle raccolte dei letterati in contatto con i nostri personaggi, da Battista e Alessandro Guarini a Fulvio Testi, ma an-

---

[21] LUIGI LODI, *Catalogo dei codici e degli autografi posseduti dal marchese Giuseppe Campori,* I, Modena, tip. Toschi 1875; II, *Appendice prima,* a cura di R. Vandini, Modena, Toschi 1886; III, *Appendice seconda,* Modena, Tonietto 1895.

[22] Bologna, Biblioteca Universitaria, *Autografi:* 1 lettera di Guido Bentivoglio a Claudio Achillini del 18.VI.1636 ed un'altra incerta; un fascicolo intitolato *Risposta data ad un Memoriale del sig. Enzo Bentivogli* datato 3.I.1612 ed un documento del 1624 probabilmente appartenuto ad Antonio Goretti (*Relatione del P. [Angelo] Goretti Ferrarese Gesuita dalle Isole Filippine*).

[23] Nella sezione manoscritti della British Library, ms. Ital. 29.776, sono accolte 3 lettere scritte dal principe Pico della Mirandola ad Enzo (1618), Caterina (1610) e Ippolito Bentivoglio (1599). Inoltre numerose copie manoscritte degli scritti di Guido Bentivoglio, compresi registri di lettere degli anni 1609-1615 (ms. Ital. 18.605), e lettere al cardinal Borghese degli anni 1608-1615 (ms. Ital.6873) e 1616-1621 (ms. Ital.24.271).

[24] Le lettere nella collezione "mss. français" della Bibliothèque Nationale di Parigi, sezione manoscritti, sono rilegate in volumi. Ho letto tre lettere di Enzo Bentivoglio del 1621, sulla vicenda del conferimento dell'ordine del re di Francia (mss. 18015, pp.299-301, 18016, p.83) e numerose di Guido Bentivoglio (mss. 3211, pp.32 e 59; 3796, p.65; 3823, p.91; 4049, p. 35; 4705; 4720; 9536; 15913; 16918; 18008; 18010; 18015, pp.447-452; 18016, pp.3-19; 18017; 18018, p.19; 20327; 20435; 20544; 20558; n.a. 2747; n.a. 5130) oltre a copie degli scritti celebri.

[25] I documenti A.118.2-3 della Biblioteca Nazionale di Roma sono 4 lettere provenienti dall'Archivio Bentivoglio, di Ippolito, Ferrante e Guido ad Enzo Bentivoglio, tutte del gennaio 1600. Non è stato possibile estendere la ricerca sistematica all'Archivio Vaticano, dove certamente ogni fondo di lettere ricevute dai cardinali del primo Seicento possiede documenti di membri della famiglia Bentivoglio. Non interessanti direttamente la nostra ricerca si sono rivelati quelli esaminati, a campione, nei fondi relativi ai Barberini.

[26] Se nella Biblioteca Comunale di Faenza si trova una copia manoscritta delle *Memorie del Card. Bentivoglio* che è definita "personale", ossia appartenuta all'autore, e reca il timbro della Società del Gesù, ad Ancona, Biblioteca Comunale, è accolta una copia manoscritta delle *Lettere del Cardinal Bentivoglio.* A Pesaro, Biblioteca Oliveriana, oltre a lettere inviate da vari membri della famiglia ferrarese ma non provenienti dall'Archivio Bentivoglio, sono conservati alcuni fasci di lettere del 1603 scritte ad Ippolito Bentivoglio su argomenti di fortificazioni.

che i vari cardinali.[27] Un discorso a parte va fatto per le lettere del cardinale Guido Bentivoglio, preservate in gran numero, copiate e più volte edite fino ai nostri giorni in virtù della fama del mittente.[28] Già una tarda ristampa secentesca dichiarava di voler far "risorger alla luce le lettere del Cardinal Bentivoglio, involate si può dire dall'avidità de' studiosi, si a segno di esserne scarse, e quasi prive l'Officine".[29] Prima della edizione ottocentesca del Morbio, le lettere famigliari del Bentivoglio conobbero una straordinaria diffusione in Francia, dove per tutto il Settecento furono riedite con la traduzione francese a fronte in quanto esempio di bello scrivere per gli studenti di lingua italiana.[30]

In conclusione, qualsiasi studio sul mecenatismo della famiglia Bentivoglio di Ferrara, accanto allo spoglio sistematico della enorme massa documentaria tuttora preservata nell'Archivio, non può prescindere dal considerare la dispersione delle fonti originarie in decine di collezioni pubbliche (quelle private restando per la maggior

---

[27] L'edizione delle *Lettere* di Battista Guarini di Venezia 1598 include testi inviati a Cornelio, Ippolito ed Annibale Bentivoglio; le *Lettere del signor Alessandro Guarini* di Ferrara 1611 includono almeno 18 lettere inviate a membri di Casa Bentivoglio (cfr. il nostro *Lettere di Battista e Alessandro Guarini*, cit.). L'edizione moderna delle *Lettere* di Fulvio Testi a cura di M. T. Doglio (Bari, Laterza 1967), presenta documenti inviati a Guido, Cornelio e Annibale Bentivoglio. Anche l'epistolario di un prelato in apparenza non di primo piano rivela consistenti presenze: si pensi alle lettere dirette a Enzo, Guido Bentivoglio ed alla loro madre Isabella, edite tra le *Lettere del Sig. Card. Lanfranco Margotti scritte per lo più ne' tempi di Papa Paolo V a nome del Signor Cardinal Borghese*, Bologna, eredi Dozza 1661, pp.81, 200, 542, 564, 631.

[28] Lungi dal poter essere esauriente, la seguente lista di edizioni vale come testimonianza dell'eccezionale fortuna nel tempo delle lettere di Guido Bentivoglio:
Lettere del Card. Guido Bentivoglio scritte in tempo delle sue nunciature, Colonia (senza editore) 1631;
Lettere del Card. Guido Bentivoglio scritte in tempo delle sue nunciature, Parigi, Teulet 1635;
Lettere del Card. Guido Bentivoglio, Roma, De Rossi 1654;
Raccolta di lettere scritte dal Signor Cardinal Bentivoglio in tempo delle sue nunziature di Fiandra, e di Francia, Venezia, Conzatti 1670;
Lettres du Cardinal Bentivoglio[...] Traduittes en François, avec l'Italien à côté, Lyon, Certe 1730;
Lettere del Cardinal Bentivoglio con note grammaticali e filologiche di G. Biagioli, Parigi, Didot 1807 (rist. Parigi 1819 e Milano, Silvestri 1828);
Lettere diplomatiche di Guido Bentivoglio arcivescovo di Rodi e nuncio in Francia[...] ora per la prima volta pubblicate per cura di Luciano Scarabelli, Torino, Pomba e comp. 1852, 2 voll.[da 2 copie mss. datate 1678 della Biblioteca Berio di Genova];
La nunziatura di Francia del cardinale Guido Bentivoglio. Lettere a Scipione Borghese, cardinal nipote e segretario di stato di Paolo V, tratte dagli originali e pubblicate per cura di Luigi De Stefani, Firenze, Le Monnier 1863;
Memorie del Cardinal Guido Bentivoglio con correzioni e varianti [...] aggiuntevi cinquantotto lettere famigliari tratte dall'Archivio del Cav. Carlo Morbio, Milano, Daelli e comp. 1864, 3 voll. (rist. an. Bologna, Forni 1974);
Dodici lettere inedite di Guido card. Bentivoglio Ferrarese ed una di Fulvio Testi a lui diretta, Ferrara, Taddei 1869;
Guido Bentivoglio. Memorie e Lettere, ed. a cura di L. Panigada, Bari, Laterza 1934 (in Appendice sono riportate 12 lettere "Dai carteggi domestici", ovvero dall'Archivio Bentivoglio: pp.417-432).

[29] Si tratta dell'edizione di Venezia, Conzatti 1670, in cui sono edite 57 lettere a diversi personaggi, nella prima parte, e nella seconda altrettante inviate al Duca di Monteleone in Spagna durante la nunziatura di Francia di Guido. La lettera più interessante è l'unica superstite inviata dalla Francia nel 1620 al poeta Giambattista Marino(pp.101-104).

[30] Apostolo Zeno ricordava che " i Francesi sopra tutte le lettere italiane stimano queste del cardinal Bentivoglio. Intesi io stesso molti di loro parlarmente con lode[...]" e la raccomandazione del viaggiatore domenicano Labat ("sul modello di esse debbono perfezionarsi coloro, che vogliono riescir eccellenti nello stile epistolare"): cit. nell'introduzione all'edizione Daelli, Milano 1864, I, p. XVI (dove si cita la traduzione francese del Veneroni, che diede avvio alla serie di edizioni francesi col testo a fronte italiano, e la ristampa annotata ottocentesca del Biagioli).

parte di difficile identificazione ed accesso).[31] In tempi recenti, una indagine sistematica su carteggi coevi a quelli qui esplorati, ha pregevolmente ricostruito la fitta rete di relazioni che scaturisce dall'analisi delle antiche lettere, in un'epoca definita della "nevrosi postale". Il coordinatore di tale ricerca, Siro Ferrone, ha potuto così dimostrare che "il genere epistolare si addice al teatro, soprattutto in età tardo-rinascimentale e barocca".[32] Le implicazioni del documento epistolare per il tentativo dello storico di ricostruzione di episodi spettacolari del passato sono di fondamentale importanza, sia sul piano sociologico[33] che dell'indagine del fenomeno mecenatesco.[34] Per i musicisti questo tipo di analisi non è ancora stato condotto con la sufficiente sistematicità.

Se il corpus delle lettere cinque-secentesche dei principali letterati, artisti, e perfino comici ed attori,[35] è ormai nella maggior parte dei casi edito modernamente, ben diversa è la situazione degli epistolari di musicisti.[36] Si può dire anzi che, a parte il caso

---

[31] Per piccole collezioni omogenee, è ovviamente più semplice rintracciare un moderno possessore di lettere provenienti dall'Archivio Bentivoglio quando questi si preoccupa di denunciarne l'esistenza. Si pensi alla lettera di Monteverdi del 18.IX.1627 posseduta da Albi Rosenthal (Oxford) e da questi pubblicata nell'articolo *A Hitherto Unpublished Letter of Claudio Monteverdi*, in *Essays Presented to Egon Wellesz*, Oxford, Clarendon Press 1966, pp. 103-107; oppure alla lettera del padre Mirandoli e del Guercino ad Enzo Bentivoglio, del 7.XII.1617, di proprietà di Prisco Bagni (Milano) e edita in PRISCO BAGNI, *Guercino a Cento. Le decorazioni di Casa Pannini*, Bologna, Nuova Alfa Editoriale 1984, p. 269.

[32] *Comici dell'Arte. Corrispondenze*, edizione diretta da Siro Ferrone, Firenze, Le Lettere 1993, 2 voll. (con numerosi riferimenti a documenti dell'Archivio Bentivoglio di Ferrara), Introduzione al I volume, pp. 16 e 37-43.

[33] "L'uso sociologico dei carteggi ai fini della descrizione e analisi della categoria sociale di appartenenza dei mittenti e dei destinatari, è ormai una consuetudine diffusa negli ultimi tempi": dalla Introduzione di Siro Ferrone alla cit. edizione di *Comici dell'Arte. Corrispondenze*, I, p.20.

[34] Per citare uno studio che tocca argomenti complementari a quelli della ricerca sugli epistolari, ossia la formazione di raccolte di cantate da camera nell'Italia del primo Seicento (che spesso, come provano i documenti bentivoleschi, erano allegate a lettere inviate da vari corrispondenti), cfr. MARGARET MURATA, *Roman Cantata Scores as Traces of Musical Culture and Signs of Its Place in Society*, relazione presentata al XIV Congresso della Società Internazionale di Musicologia di Bologna 1987 (ed. Torino, EDT 1990, I, pp.272-284); trad. it.: *La cantata romana fra mecenatismo e collezionismo*, in *La Musica e il Mondo. Mecenatismo e committenza musicale in Italia tra Quattro e Settecento*, a cura di C. Annibaldi, Bologna, Il Mulino 1993, pp. 253-266.

[35] Per citare personaggi in relazione con i Bentivoglio ricorderò soltanto le edizioni moderne, complete o parziali, delle lettere dei poeti Tasso, Marino e Testi, dei pittori Ludovico Carracci, Battistelli e Guercino. Per gli attori valga l'ampia antologia citata alla nota 32.

[36] Ricordo le poche antologie di lettere di musicisti cinque-secenteschi disponibili: ANGELO BERTOLOTTI, *La musica a Mantova*, Milano, Ricordi [1890]; ROMANO GANDOLFI, *Lettere inedite di musicisti*, "Rivista Musicale Italiana", XX, 1913, pp.527-554; TIERSOT, *Lettres de musiciens écrites en français du XVe au XXe siècle*, cit (1924-1936). Tra i casi specifici dedicati a singoli musicisti o ad un periodo cronologico limitato cfr. ADRIANO CAVICCHI, *Lettere di musicisti ferraresi. Ludovico Agostini (1534-1590)*, "Ferrara viva", IV, 1962, pp.185-210; CLAUDE V. PALISCA, *Musical Asides in the Diplomatic Correspondence of Emilio De' Cavalieri*, "The Musical Quarterly", XLIX, 1963, pp. 339-355. Aspetti inediti della personalità e della biografia di musicisti di fine Cinquecento sono stati chiariti attraverso lo studio delle lettere anche non riferite esplicitamente a questioni musicali: cfr. CARLO PICCARDI, *Carlo Gesualdo: l'aristocrazia come elezione*, "Rivista italiana di musicologia", IX, 1974, pp. 67-116 e ANTONIO VACCARO, *Carlo Gesualdo Principe di Venosa. L'uomo e i tempi*, Venosa, Appia, 1982; FRIEDRICK LIPPMANN, *Giovanni de Macque fra Roma e Napoli: nuovi documenti*, "Rivista italiana di musicologia", XIII, 1978, pp.243-279. Infine si leggano le lettere di musicisti accolte nel ricco epistolario edito in appendice al volume di ELIO DURANTE – ANNA MARTELLOTTI, *Don Angelo Grillo o.s.b. alias Livio Celiano poeta per musica del secolo decimosesto*, Firenze, SPES 1989 (che ha sostituito il troppo annoso lavoro di ALFRED EINSTEIN, *Abbate Angelo Grillo's Briefe als musikgeschichtliche Quelle*, "Kirchenmusikalisches Jahrbuch", XXIV, 1911, p.155).

di Claudio Monteverdi, atipico anche per la quantità di documenti superstiti,[37] siano praticamente inesistenti ampi ed attendibili repertori di lettere di musicisti operanti nell'età della Controriforma. In questo senso il presente volume ha l'ambizione di offrire per la prima volta una campionatura vasta e particolareggiata di documenti epistolari di alcuni musicisti dell'età di Monteverdi, accanto a quelli di artisti, letterati e dei loro datori di lavoro.

---

[37] Raccolte più o meno complete e fedeli delle lettere di Monteverdi sono state pubblicate da: HENRY PRUNIÈRES, *La vie et l'oeuvre de Claudio Monteverdi*, Parigi, Editions Musicales de la Librairie de France 1926; GIOVAN FRANCESCO MALIPIERO, *Claudio Monteverdi*, Milano, Treves 1929; *Claudio Monteverdi: lettere, dediche e prefazioni*, a cura di Domenico de' Paoli, Roma, De Santis 1973; *The Letters of Claudio Monteverdi*, a cura di Denis Stevens, Londra-Boston, Faber and Faber 1980 (ried. aggiornata Oxford, Clarendon Press 1995); SABINE EHRMANN, *Claudio Monteverdi. Die Grunbegriffe seines Musiktheoretischen Denkens*, Pfaffenweiller, Centaurus 1989; *Claudio Monteverdi. Lettere*, a cura di Eva Lax, Firenze, Olschki (1994). A queste edizioni sono da aggiungere le pubblicazioni di singole lettere ritrovate (Rosenthal, Vitali) e le ricostruzioni biografiche basate in gran parte proprio sull'epistolario monteverdiano (Fabbri 1985; Gallico 1995).

NORME DI EDIZIONE

I criteri di edizione di epistolari italiani dei secoli XVI-XVII non hanno finora ricevuto una specifica attenzione ed una esaustiva trattazione da parte dei filologi. Si tratta di una materia complessa per la sua stessa eterogenea natura, essendo le raccolte di lettere formate da documenti scritti da personaggi di diversa origine o residenza geografica, di livello sociale e culturale diversificato, a volte in lingue nazionali o regionali diverse anche quando le collezioni si limitano ad un limitato arco cronologico o perfino ad un solo mittente o destinatario. Nel caso di un carteggio esteso lungo sessant'anni cruciali per la storia europea, qual è l'oggetto della mia ricerca, l'individuazione di norme uniformi di edizione è ancora più urgente, ma più difficile la realizzazione. Se infatti gli esempi finora a disposizione erano limitati perlopiù ad edizioni di tipo letterario, monografiche raccolte di lettere scritte da un solo autore, partendo quasi sempre da edizioni coeve a stampa e unendovi le lettere "famigliari", in genere manoscritti inediti, anche in questo campo ristretto le scelte dei curatori si presentano eterogenee e non sempre coerenti. Per non parlare delle edizioni curate da specialisti di settori specifici, come lettere di artisti o di scienziati, in cui il problema spesso non è neppure posto e la scelta, soprattutto per i curatori non italiani, consiste quasi sempre nella cosiddetta edizione diplomatica, totalmente conservativa, che determina il culto della lettera come documento archivistico e non letterario. Ma tale inclinazione conservativa sembra sia stata abbandonata dai filologici italiani da almeno un secolo.[1]

---

[1] Per citare uno scienziato e degli artisti in contatto con i Bentivoglio, si pensi all'epistolario di Galileo Galilei, pubblicato nella monumentale *Edizione nazionale delle Opere* curata da Antonio Favaro (Firenze 1890-1909) in 20 volumi, che dopo un secolo non ha perso la sua affidabilità, o alla pregevole raccolta di GIOVANNA PERINI, *Gli scritti dei Carracci*, Bologna, Nuova Alfa 1992. Quest'ultima studiosa ha anche esplorato la metodologia di edizione di un repertorio epistolare che ha molti lati in comune con i documenti qui presentati: GIOVANNA PERINI, *Le lettere degli artisti da strumento di comunicazione, a documento, a cimelio*, in *Documentary Culture: Florence and Rome from Grand Duke Ferdinand I to Pape Alexander VII*, Bologna 1992, pp.165-183. La critica severa dei filologi verso la tendenza iperconservativa nella trascrizione di documenti antichi, da parte di studiosi di altre discipline (in specie storici dell'arte), è riassunta in F. PETRUCCI NARDELLI, *Riproduzione o interpretazione? Note sull'edizio-*

Anche le edizioni di epistolari italiani curate da filologi presentano una notevole eterogeneità di criteri e di applicazione degli stessi. Consideriamo a confronto due casi limite di personaggi contemporanei dei nostri Bentivoglio: l'epistolario del Marino, curato da Marziano Guglielminetti, in cui le norme sono limitate ad una decina di righe con dichiarazione di intento conservativo della grafia degli originali,[2] e dall'altro lato la minuziosa trattazione di Maria Luisa Doglio, in appendice al terzo e ultimo volume delle lettere di Fulvio Testi , in cui ben 31 pagine descrivono ogni possibile problema presentato dalla trascrizione delle oltre 2000 lettere pubblicate, raccolte da decine di fonti diverse e disseminate in archivi e biblioteche distanti tra loro.[3]

Pur essendo da tempo considerate fonti primarie anche per la storia della musica dei secoli XV-XVIII, le lettere di o su musicisti non hanno finora mai ricevuto una trattazione specifica sul tipo delle citate raccolte dedicate a scrittori in lingua italiana, se si eccettuano poche raccolte antologiche o i più numerosi saggi musicologici basati su lettere intese come fonti documentarie. L'unico musicista italiano del Cinque-Seicento ad aver goduto di pubblicazioni monografiche del proprio epistolario è Claudio Monteverdi: ma dopo numerose edizioni di tipo documentario-archivistico, solo nel 1994 è apparsa quella che è anche la prima edizione di tipo filologico-letterario di lettere di un musicista italiano del tempo.

Di fronte a questa situazione il mio lavoro, svolto su un materiale come si è detto eterogeneo per datazione, lingua, ambito geografico, condizione sociale e culturale dei mittenti e dei destinatari, privo per giunta di una univoca destinazione di lettura (non tratta solo di musica e musicisti) ha incontrato una vera selva di ostacoli, con ripensamenti continui. Le norme che qui riassumo esprimono, ancor più di quanto accade in simili lavori, un compromesso tra le più comuni o diffuse norme di edizioni letterarie di documenti dei secoli XVI-XVII e la scelta personale, che in alcuni casi potrà non essere condivisa, ma che vuole esprimere innanzi tutto il rispetto e l'ammirazione per la straordinaria capacità di comunicazione affidata alle

---

ne dei documenti, in" Arte/Documento", 4, 1994, pp. 266-267 (ma si legga anche JACQUES LE GOFF, Documento/ monumento, in Enciclopedia Einaudi, IV, Torino, Einaudi 1978). Nel nostro caso, utile si è rivelata la lettura di testi di filologi particolarmente attenti alla costruzione di norme per edizioni critiche di testi letterari, come G. TOGNETTI, Criteri per la trascrizione di testi medievali latini e italiani, Roma, Archivio di Stato 1982 o P. V. MENGALDO, L'epistolario di Nievo: un'analisi linguistica, Bologna, Il Mulino 1987; come pure il ricorso ai diffusi manuali come quelli di Stussi (Bologna, Il Mulino) o Brambilla Ageno (Padova, Antenore). Ringrazio Lorenzo Bianconi e Guido Capovilla per le preziose indicazioni metodologiche che mi hanno generosamente fornito.

[2] GIAMBATTISTA MARINO, Lettere, a cura di M. Guglielminetti, Torino, Einaudi 1966, Introduzione, p. XXIV.

[3] FULVIO TESTI, Lettere, a cura di M.L. Doglio, Bari, Laterza 1967, 3 voll.: III, Nota filologica, pp.634-691. Simili, anche per esigenze di collana, le altrettanto dettagliate norme di edizione accolte in ALESSANDRO TASSONI, Lettere, a cura di P. Puliatti, Roma-Bari, Laterza 1978, 2 voll: II, Nota filologica, pp.337-517. Sulle difficoltà presentate dalle edizioni critiche di epistolari di letterati, citando ancora il caso di un personaggio in relazione con i Bentivoglio, cfr. L. AVELLINI-P. PULLEGA, Note per un'edizione critica dell'epistolario di Battista Guarini, "Lettere Italiane", XXVII, 1975, n.2, pp.170-184: a oltre vent'anni di distanza, l'epistolario guariniano è ancora lontano dall'essere pubblicato. Noteremo infine che sia per Testi, sia soprattutto per Guarini, questo volume offre numerose lettere finora ignorate, provenienti dall'Archivio Bentivoglio.

carte epistolari da questi nostri progenitori, caratteristica che ce li rende ancora oggi vivi e vicini, con le loro debolezze, le virtù, la palpitante umanità.

Nella trascrizione delle lettere manoscritte e degli altri analoghi documenti, si è operata una scelta cautamente modernizzatrice, condotta con il fine di non snaturare la natura linguistica antica, rispettandone per esempio le forme di origine vernacolare o non italiana, soprattutto laddove la resa grafica rappresenta una sorta di notazione della pronuncia sonora. A tal fine si è salvaguardata la presenza dell'ipercorrettismo (in genere raddoppio consonantico o riduzione in senso opposto). Tuttavia, nei casi in cui il raddoppio o la riduzione consonantica possono causare confusione con vocaboli di diverso significato (es.: *canne, cane*) le relative parole sono state ricondotte alla forma moderna. Gli interventi sulla grafia possono così essere riassunti:

- i raddoppi vocalici finali di parola sono stati modernizzati (*ij* o *y* = *ii*)

- la congiunzione *et* (con la forma *&* presente soprattutto nelle stampe) è stata riportata all'uso moderno *e* o *ed* (davanti a vocale)

- l'elisione, spesso ripetuta a catena all'interno di una frase, è mantenuta soltanto laddove non contraddice l'uso moderno

- è stata mantenuta l'oscillazione, spesso presente all'interno di una stessa lettera, tra la forma *ti* e *zi* davanti a consonante

- si è conservata in generale la *h* etimologica nei vocaboli di origine latina, eliminandola nei casi in cui non appare giustificata (ipercorrettismo); la *h* mancante è stata invece reintrodotta nelle forme verbali (verbo avere) secondo l'uso moderno, al posto del comune *à* , *ò* e simili

- le maiuscole hanno ricevuto un trattamento non uniforme, come del resto oscillante si rivela il loro uso, non solo nella antica ma anche nella moderna tradizione epistolare. Sono state lasciate tutte le maiuscole che esprimono un tono reverenziale, di cortesia o riferite al culto religioso (*Ella, Sua Signoria, Cavaliere, Cardinale, Marchese, Duca, Papa, Vescovo, Santo*). Inoltre quelle presenti nelle formule di intestazione o di conclusione delle lettere e nei titoli delle edizioni a stampa

- i titoli di opere letterarie, artistiche o musicali, nonché citazioni di versi poetici o arie musicali sono resi col carattere corsivo

- i termini e i nomi propri dalla grafia irriconoscibile o dubbia sono trascritti fedelmente e seguiti dal suggerimento interpretativo del curatore tra parentesi quadre

- sono state unificate all'uso moderno le forme composte che presentano spesso varianti all'interno di un singolo documento (es.: *tutta via, tutt' a via,* reso con *tuttavia*) a meno di un preciso intento comunicativo (per cui *a Dio* e non *addio*).

Per l'interpunzione si è evitata ogni intenzione conservativa, modernizzando con estrema libertà ed anzi utilizzando la punteggiatura per aiutare a chiarire al lettore il

senso delle frasi che spesso potrebbe altrimenti risultare oscuro, contraddittorio o il-
leggibile nell'originale.

Lo stesso intento ha condotto in generale la difficile scelta degli interventi di inte-
grazione nel testo, condotti appunto per facilitare la lettura e non per appesantirla.
L'inserimento di lettere alfabetiche, porzioni di parole, parole intere o addirittura frasi assenti o illeggibili nell'originale (spesso a causa di lacune prodotte dalla corrosione
degli inchiostri anticamente usati) è segnalato, secondo consuetudine, con parentesi
quadre. Allo stesso modo l'espunzione di porzioni di testo o singole lettere ridondan-
ti, errate o equivoche, è indicata con parentesi uncinate. Ogni altro intervento esterno
al documento e non collegato direttamente al testo, ma con valore di avvertimento
visivo per il lettore, è inserito in parentesi tonde: così l'indicazione del cambio di carta all'interno di un documento, la presenza di un *post scriptum* non indicato da alcuna sigla, l'indicazione di una lacuna o di un *omissis* nella trascrizione (reso con i puntini
di sospensione), o infine commenti e riassunti di parti di documenti.

Le abbreviazioni non ovvie sono state tacitamente sciolte nel testo dei documenti,
lasciando le formule ricorrenti abbreviate nell'intestazione e nella sezione conclusiva.
Si pensi alla comune intestazione: *Illmo Sig.^r mio Sig.^r e Pron Oss.mo* (o *Col.mo*), che
non presenta alcuna difficoltà nell'interpretazione: Illustrissimo Signor mio Signor e
Padron Osservandissimo (o Colendissimo); per maggiore cautela è stata tuttavia sciol-
ta costantemente l'abbreviazione *Pron* in Padron . Tra le formule conclusive, non pre-
senta problemi la consueta *D. V.S.Ill.ma || Hum.mo e Devot.mo Ser.re*: Di Vostra Signoria
Illustrissima || Humilissimo e Devotissimo Servitore. All'interno del testo sono state
lasciate non sciolte soltanto le abbreviazioni ovvie e ripetitive, come il già citato
V.S.Ill.ma , oppure *S.S. M.* (Sua Sacra Maestà), *S.S.* (Sua Santità), *N.S.* (Nostro Signore), *Card.le* (Cardinale), *Cav.re* (Cavaliere), *S.ra* (Signora), *M.ro* (Mastro), *M.se*
(Marchese), e così via.

Le sigle e abbreviazioni moderne utilizzate sono indicate nella Bibliografia.

BIBLIOGRAFIA

Sigle:

EB	=	Enzo Bentivoglio
ms., mss.	=	manoscritto, manoscritti
c., cc.	=	carta, carte
n.n.	=	non numerato

a) Biblioteche e Archivi:

BGc	=	Bergamo, Biblioteca Civica Angelo Mai
		S. Maria Maggiore, Terminazioni, ms. MIA 1280
Bc	=	Bologna, Civico Museo Bibliografico Musicale
		Raccolta musicale
		Lettere
Bu	=	Bologna, Biblioteca Universitaria
		Libri e opuscoli a stampa e manoscritti del sec. XVII
AB	=	Ferrara, Archivio di Stato, Archivio Bentivoglio
		Lettere sciolte
		Libri dei contratti, stabili (...)
		Libri dei testamenti
FEas	=	Ferrara, Archivio di Stato, Archivio Storico Comunale, Serie Finanziaria (sec. XVII):
		1. *Cariche pubbliche, inventari vari, Ambasciatori*: 1605-1728, b.1. F.2)
		29. *Allegrezze e commemorazioni* , *Spese per Spettacoli*: 1633-1736, b.29, F.1, ins.1

All'interno di ogni sezione i titoli sono riportati in ordine alfabetico, tranne che per la sezione *d* (libretti e descrizioni di feste e spettacoli), in cui si segue l'ordine cronologico. Le sigle e abbreviazioni, quando utilizzate, sono indicate prima dei relativi titoli o denominazioni di biblioteca. Per le sigle di biblioteca non sciolte è seguito l'uso internazionale del RISM. Quando non compare la sigla nazionale (es. F-, GB-, US-) si tratta di una biblioteca o archivio italiani. Si avverte infine che per i frequenti riferimenti abbiamo assegnato sigle arbitrarie al solo nome di Enzo Bentivoglio (EB) e all'Archivio Bentivoglio di Ferrara (AB invece che FEas, Archivio Bentivoglio).

Editti del Maestrato di Ferrara (sec. XVII): b.1, nn.87, 305, 319

FEc	=	Ferrara, Biblioteca Comunale Ariostea
		ms. Antonelli
		mss. Cl.I e II
		Libri a stampa e opuscoli dei secoli XVI-XIX
		Raccolta musicale
Fas	=	Firenze, Archivio di Stato
		Fondo Mediceo del Principato
FOc	=	Forlì, Biblioteca Comunale Saffi
		Fondo Piancastelli, Autografi
		Carte di Romagna
GB-Lbl	=	Londra, British Library
		Libri e opuscoli a stampa e manoscritti dei secoli XVI-XIX
GB-Lrc	=	Londra, Royal College of Music
GB-Lw	=	Londra, Warburg Institute
		Libri e opuscoli a stampa e manoscritti dei secoli XVI-XIX
MAa	=	Mantova, Archivio di Stato
		Archivio Ducale Gonzaga
MOe	=	Modena, Biblioteca Estense
		Autografoteca Campori
		Raccolta musicale
		Libri e opuscoli a stampa e manoscritti dei secoli XVI-XIX
MOs	=	Modena, Archivio di Stato
		Cancelleria Ducale, Archivi per materie:
		Arti Belle
		Musica e Musicisti
		Lettere di Particolari
F-Pc	=	Parigi, Bibliothèque Nationale, Département de la Musique,
		Bibliothèque du Conservatoire
		Lettres
		Raccolta musicale
F-Pn	=	Parigi, Bibliothèque Nationale
		Libri e opuscoli a stampa e manoscritti dei secoli xvi-xix
Nas	=	Napoli, Archivio di Stato
		Archivio Farnesiano
Nc	=	Napoli, Conservatorio di Musica S. Pietro a Majella
		Raccolta musicale e libretti del sec. XVII
		Lettere
PAas	=	Parma, Archivio di Stato
		Casa e Corte Farnesiana
		Carteggio Farnesiano Interno
		Epistolario scelto: Bentivoglio, Pozzo
		Raccolta Manoscritti: Belle Arti, b.52 (Antonelli)
		Raccolta Ronchini
		Mappe e Disegni, voll. IV-XVI (Teatro Farnese)
PAp	=	Parma, Biblioteca Palatina
		mss. parm. 525, 763, 1106, 3708, 3788 (Teatro Farnese ed artisti)
		Libri e opuscoli a stampa e manoscritti dei secoli XVI-XIX
Ras	=	Roma, Archivio di Stato
Rasc	=	Roma, Archivio Storico Capitolino
Rn	=	Roma, Biblioteca Nazionale Centrale
		Libri e opuscoli a stampa e manoscritti dei secoli xvi-xix

Rvat	= Roma, Biblioteca Apostolica Vaticana
	Archivio Segreto Vaticano
US-Npm	= New York, Pierpont Morgan Library
Vas	= Venezia, Archivio di Stato
	Raccolta Stefani, 4: Autografi: Bentivoglio
Vnm	= Venezia, Biblioteca Nazionale Marciana
	Libri e opuscoli a stampa e manoscritti dei secoli xvi-xix
	Raccolta musicale

b) Fonti manoscritte:

ENZO BENTIVOGLIO (ma rielaborazioni da Battista Guarini), *Intermedi* (circa 1614), FEc, ms. Cl.I 309 (prov. AB)

LUIGI LEONARDO BENTIVOGLIO, *Memorie di sua famiglia*, raccolta desunta da vari autori (secc. XVIII-XIX), MOe, ms. Y.y.3,1-3 (3 buste in 22 fascicoli)

Bizzoni = *Relazione in forma di diario del viaggio che corse per diverse provincie di Europa il Signor Vincenzo Giustiniano Marchese di Bassano l'anno 1606 per lo spazio di cinque mesi, la quale fu giornalmente scritta dal Q. Signor Bernardo Bizoni Romano*(…),Rvat, Cod. Ott. 2646 (altro esemplare in Ras); cfr.: BERNARDO BIZONI, *Europa Milleseicentosei. Diario di viaggio*, ed.a cura di A. Banti, Milano-Roma, Rizzoli 1942.

GIUSEPPE BOSCHINI, *Nota dei ferraresi scrittori di musica e musici pratici ferraresi*, FEc, ms.Cl.I 566.11 (estratto da F. Borsetti, 1735)

Il Corago, o vero alcune osservazioni per mettere bene in scena le composizioni drammatiche, MOe, ms. Y.F.6.11 (prov. Campori); ed. moderna a cura di P. Fabbri e A. Pompilio, Firenze, Olschki 1984

Corrispondenza Bentivoglio (secc. XVI-XVII), raccolta di circa 600 lettere scritte a Giulio Bentivoglio Vescovo di Città di Castello, MOe, ms. Y.w.4.7-9 (3 buste)

Cronaca di Ferrara (1598-1614), FEc, ms. Cl.I 536

Cronaca di Ferrara dai primi tempi al 1637, FEc, ms. Antonelli 235

Genealogia Bentivoglio (sec. XVIII), raccolta di notizie da fonti diverse, da Re Enzo al 1660 circa, MOe, ms. Y.x.2.64

GIOVANNI DALLE TAVOLE, *Canzoni dedicate a Enzo Bentivoglio* (c.1630), FEc, ms. Antonelli II, 676.4 (prov. AB)

Elenco di Famiglie Ferraresi, FEc, ms. Cl.I 662

MARIO EQUICOLA, *Genealogia dei Signori Estensi* (1516) proseguita da Paolo Isnardi (1590), *Addizioni* (1598-1609), FEc, ms.Cl.II349

FRANCESCO FERRARI MONICI, A*nnali di Ferrara* (fino al 1632), FEc, ms. Cl.I 418

Gigli   = GIROLAMO GIGLI, *Diario Romano (1658-1670)*, ms.in Ras; ed. moderna
                           a cura di G. Ricciotti, Roma 1958

Guarini, *Diario*
ferrarese   = MARC'ANTONIO GUARINI, *Diario ferrarese* (sec. XVII), MOe, ms. H.2.17

                          J. F. GUERRINI, *Arbore istorico della Casa Bentivoglio d'Aragona* (sec.XVIII)
                          FEc, ms. Cl.I, 435

                          Leggi e capitoli dell'Accademia degli Intrepidi (sec. XVII), FEc, ms. Cl.I 412.

                          Lettere da Parma su Spettacoli (1618-1628), FEc, ms. Antonelli 660 (prov.
                          AB)

                          LORENZO MAGALOTTI, *Lettera del 1 luglio 1628 al Card. Barberini per
                          informazione sui soggetti ferraresi,* FEc, ms. Antonelli 283

                          ERCOLE MORANDI, *Raccolta di Disegni di Elmi e di Alabarde* (elementi di
                          torneo, sec. XVII), FEc, ms. Cl.I 708

                          Notizie istoriche (…) estratte da un giornale manoscritto da J. Prampolini
                          (1672-1675), FEc, ms. Antonelli 294/c

                          C. OLIVI, *Annali della Città di Ferrara,* FEc, ms. Cl.I 105

                          Prontuario di Comici (inizi sec.XVII), FEc, Fondo Antolini 147

                          Racconti della vita giovanile del Cardinale Guido Bentivoglio, GB-Lbl, ms.
                          Add.5819

                          *Ristretto Istorico di fondazione e progresso dell'Accademia degli Intrepidi ed
                          ordine cronologico dei Principi d'Este da l'anno 1600 al 1761,* FEc, ms. An-
                          tonelli 248

Rodi   = FILIPPO RODI, *Annali di Ferrara,* (sec. XVII) copia fine XVIII sec.: FEc, ms.
                           Cl.I 645 (3 tomi, 7 voll.) originale (?), datato 1616: GB-Lbl, ms.
                           Add.16521-22 (2 voll.)

Rondoni   = CLAUDIO RONDONI, *Manuscrito osia Cronaca di Claudio Rondoni Citta-
                           dino Ferrarese dalli 29 Gennaio 1598 a tutto li 29 Giugno 1614 (…) da
                           me Ippolito Prampolini avuto (…) e copiato da Aprile a tutto Luglio di detto
                           anno 1789,* FEc, ms. Antonelli 250

                          GIUSEPPE A. SCALABRINI, *Frammenti di cronache ferraresi* (1471-1608) FEc,
                          ms. Cl.I 428.8

                          DANTE SOGARI, *Descrizione di un torneo* (sec. XVII), FEc, ms. Cl.I 123.4

                          CESARE UBALDINI, *Istoria di Ferrara da l'anno 1597, a tutto l'anno 1633,*
                          FEc, ms.Cl.I 418 altra copia con lettera del cardinale Magalotti del 1628:
                          FEc, ms. Antonelli 264

c) Fonti a stampa

VINCENZO ARMANNI, *Della Famiglia Bentivoglia. Origine chiarezza e discendenza* (…), Bologna, Longhi 1682

GIROLAMO BARUFFALDI, *Dell'Istoria di Ferrara. Libri nove nei quali si narrano le cose avvenute dal 1655 al 1700*, Ferrara 1700

GIROLAMO BARUFFALDI, *Vite de' pittori e scultori ferraresi,* Ferrara, I, 1844, II, 1846.

GUIDO BENTIVOGLIO, *Memorie del Cardinal Bentivoglio con le quali descrive la sua vita*, Venezia 1648 (e varie ristampe successive comprensive delle Lettere: cfr. ed. moderna a cura di L. Panigada, Bari, Laterza 1934).

GUIDO BENTIVOGLIO, *Raccolta di lettere* (….) *Aggiuntovi hora del medesimo autore la Relatione della sontuosa festa del Saracino fatta in Roma l'anno 1634*, Roma, de Rossi 1654

[GUIDO BENTIVOGLIO], *La Nunziatura di Francia del cardinale Guido Bentivoglio. Lettere a Scipione Borghese cardinal nipote e segretario di stato di Paolo V*, a cura di L. De Steffani, Firenze, Le Monnier 1863, 4 voll.

FERRANTE BORSETTI, *Historia Almi Ferrariae Gymnasii*, Ferrara, Pomatelli 1735, 2 voll. estratti delle sole notizie su musica e musicisti da Giuseppe Boschini, *Opuscola*, FEc, ms.Cl.I 566.11

Efemeride astrologica istorica della città di Ferrara [a cura di Egidio dalla Fabra], Ferrara, Barbieri 1749

AGOSTINO FAUSTINI, *Delle Historie di Ferrara* (…) *Libro Quinto, e Sesto*, Ferrara, Suzzi 1655 (continuazione dell'edizione di Sardi 1646)

ANTONIO FRIZZI, *Memorie per la storia di Ferrara* (Ferrara 1791-1796), t. V postumo: Ferrara, eredi Rinaldi 1809

VINCENZO GIUSTINIANI, *Discorso sopra la Musica*, in *Discorsi sulle Arti e Mestieri*, a cura di A. Banti, Firenze, Sansoni 1981, pp.17-36

SCIPIONE GONZAGA, *Commentariorum libri tres*, Roma 1791 trad.it. in *Autobiografia*, a cura di D. Della Terza, Modena, Panini 1987

ALFONSO GORETTI, *Dell'eccellenze e prerogative della musica*, Ferrara, Baldini 1612

ALESSANDRO GUARINI, *Delle Lettere*, Ferrara, Baldini 1611

ALESSANDRO GUARINI, *L'Anticupido. Orazione scherzante recitata ne' solazzevoli giorni di Carnevale nell'Accademia degl'Intrepidi*, Ferrara, Baldini 1610

BATTISTA GUARINI, *Lettere*, Venezia, Ciotti 1602

MARC'ANTONIO GUARINI, *Compendio Historico dell'origine, accrescimento, e prerogative delle Chiese, Luoghi Pij, della Città, e Diocesi di Ferrara, E delle memorie di que' Personaggi di pregio, che in esse son sepelliti*, Ferrara, eredi Baldini 1621 *Supplemento*, a cura di A. Borsetti, Ferrara, Bolzoni figlio 1670

MARC'ANTONIO GUARINI, *Relatione della Processione Solenne fatta nella traslatione della Imagine Miracolosa della B. Vergine, posta nella Chiesa Collegiata della Terra di Figaruolo*, Ferrara, Baldini 1611

Lettere di comici italiani del secolo XVII, a cura di A. D'Ancona, Pisa, Nastri 1893

Lettere storiche ed artistiche pubblicate con note da Carlo Morbio, Milano, Società Tipografica dei Classici Italiani 1840

ANTONIO LIBANORI, *Ferrara d'oro imbrunito*, 2 tomi, Ferrara 1665

ALFONSO MARESTI, *Teatro genealogico ed istorico dell'antiche ed illustri famiglie di Ferrara*, Ferrara, Maresti, I: 1678; II: 1681 (III, a cura di G. F. Maresti: 1706)

GIULIO MAZZARINO, *Lettres*, a cura di M.A. Cheval, Paris, Imprimerie Nationale 1872-1906, 9 voll.

De' Paoli   = *Claudio Monteverdi: lettere, dediche e prefazioni*, a cura di D. de' Paoli, Roma, De Sanctis 1972

Lax   = *Claudio Monteverdi: Lettere* , a cura di Eva Lax, Firenze, Olschki 1994

Menestrier   = CLAUDE- FRANÇOIS MENESTRIER, *Traité des tournois, ioustes, carrousels, et autres spectacles publics*, Lione, Muguet 1669

Perini   = *Gli scritti dei Carracci*, a cura di Giovanna Perini, Bologna, Nuova Alfa 1980

Pistofilo   = *Il Torneo di Bonaventura Pistofilo Nobile Ferrarese Dottor di Legge e Cavaliere nel Teatro di Pallade dell'Ordine Militare, et Accademico*, Bologna, Ferrone 1625

FRANCESCO SANGERMANI, *Catalogo di feste e divozioni della Città di Ferrara*, Ferrara 1680

Sardi, *Libro delle Historie Ferraresi*, 1646   = GASPARO SARDI, *Libro delle Historie Ferraresi (…) Con una nuova Aggiunta del medesimo Autore. Aggiuntivi di più quattro Libri del Sig. Dottore Faustini fino alla Devolutione del Ducato di Ferrara alla Santa Sede*, Ferrara, Gironi 1646

GIOVANNI SORANZO, *Lo Armidoro*, Milano, Como 1611

GIOVANNI BATTISTA SPACCINI, *Cronaca Modenese* (secc.XVI-XVII), ed. a cura di E. P. Vicini, Modena, 1919 (nuova edizione in preparazione)

Stevens   = *The Letters of Claudio Monteverdi*, a cura di Denis Stevens, London, Faber & Faber 1980; ried. aggiornata: Oxford, Clarendon Press 1995

Testi, *Lettere*   = FULVIO TESTI, *Lettere*, ed. a cura di M.L. Doglio, Bari, Laterza 1967, 3 voll.

FULVIO TESTI, *Poesie liriche*, Venezia, Curti 1676; ed. moderna: *Opere scelte*, Modena, Società Tipografica 1817, 2 voll.

d) Libretti e descrizioni di feste e spettacoli

Combattimento (…) fatto nelle nozze (…) Illmo S. Ferrante Bentivoglio li 16 di giugno dell'anno 1602, Torino 1602

Alcina. Favola marittima regia con gl'Intermedi apparenti di Sebastiano Martini da Faenza. Dedicata all'Illmo (…) Sig. Annibale Turchi (…), Ferrara, Baldini 1609 (Sartori I, 665)

Del campo aperto mantenuto in Ferrara l'anno M.DC.X. la notte di carnovale dall'Illustriss. Signor ENZO BENTIVOGLI, mantenitore della querela, pubblicata nella seguente disfida da un araldo, a suon di trombe, il di 6 di febraio, su'l corso, pieno di tutta la città mascherata. Sontuosissima e magnifica invenzione. Inventore ed autore il S. Alessandro Guarini, Ferrara, Baldini [1610] (copia in FEc, MF 274.14)

Relazione del torneo a cavallo e a piedi, fatto questo carnevale in Ferrara per ordine dell'Accademia. Dove s'intende il grande apparato, e la meravigliosa invenzione del Sig. ENZO BENTIVOGLI nel comparire a mantenerlo. Con la descrizione delle pompose livree de' cavalieri combattenti. Compilata dall'Arsiccio Accademico Ricreduto, Ferrara, Baldini 1612 (copia in FEc, MF 54.5)

L'Alceo. Favola Piscatoria d'Antonio Ongaro, fatta recitare in Ferrara dall'Illmo S. Enzo Bentivoglio mentre la seconda volta era Principe dell'Accademia DEGL'INTREPIDI, con gl'Intramezzi del Sig. Cavalier Battista Guarini. Descritti, e dichiarati DALL'ARSICCIO Accademico Ricreduto. Aggiuntivi appresso alcuni discorsi del medesimo Arsiccio sopra ciascheduno Intramezzo. Dedicati all'Illmo et Rev.^mo Sig. CARDINAL SERRA. Ferrara, Baldini 1614 (copie in FEc, E.15.5.19; GB-Lw)

Intramezzi dell'Idalba tragedia, fatti rappresentare dall'Illmo Sig. Enzo Bentivogli in Ferrara il 6 di febbraio 1614. Descritti dall'Arsiccio e dedicati all'Illustrissimo e Reverendiss. Sig. Card. Borghese, Ferrara, Baldini 1614 (copia in FEc, MF 32.4)

Descrizione degl'Intramezzi co' quali l'Illmo Sig. ENZO BENTIVOGLI ha fatto rappresentare la Tragedia del Sig. ALESSANDRO GUARINI intitolata BRADAMANTE GELOSA, Ferrara, Baldini 1616 (copia in FEc, MF 10.2)

Invenzione(…)nel comparire a mantenere la quintanata , fatta nella pubblica piazza di Ferrara il dì quindicesimo di febbraio MDCXVI, Ferrara, Baldini 1616 (copia in GB-Lbl, 811.a.4.2)

[F. NERI] *Corona di lagrime penitenti. Oda nell'incoronazione della B. Vergine del Carmine solennizzata nella publica piazza di Ferrara*, Ferrara 1621 (Copia in FEc, MF 165)

Relazione del torneo a piedi fatto in Ferrara questo carnevale dell'anno 1624. Dove si descrive la nobilissima invenzione del Sig. Marchese Nicolò Estense Tassoni nel comparire a mantenerlo, con la descrizione de gli altri cavalieri combattenti. Data in luce e dedicata al medesimo Signor Marchese dal Sig. Ridolfo Arienti Gentilhuomo ferrarese, Ferrara, Suzzi 1624 (copia in FEc, MF 54.1; GB-Lbl, 1193. m.I.25)

L'Amore consolato epitalamio del D. Francesco Berni nelle nozze delli Ill.ᵐⁱ Sign.ⁱ il S. D. Ascanio Pio di Savoia e la S. D. Beatrice Bentivoglia con una invetiva dello stesso a Bacco [il dì] 4 decembre 1627, Ferrara, Suzzi [1627]

Buttigli   =   MARCELLO BUTTIGLI, *Descrittione dell'apparato fatto per honorare la prima e solenne entrata in Parma della Serenissima D. Margherita di Toscana, duchessa di Parma e Piacenza*, Parma, Seth e Viotti 1629

Il torneo a piedi, e l'invenzione, ed allegoria, colla quale il signor Borso Bonacossi comparì a mantenerlo: e l'Alcina Maga favola pescatoria fatta rappresentare dal suddetto signore nella sala detta de' Giganti in Ferrara, alla presenza di tre Altezze Serenissimi di Mantova, e de i due Eminentissimi Cardinali Sacchetti, e Spada, nel carnovale dell'anno 1631. Descritti dall'Aggirato Accademico Fileno. Evvi aggiunto il tebro epitalamio, che fu dispensato nella sera, e nel teatro, in cui si fece il torneo, Ferrara, Gironi e Gherardi 1631 (copia in FEc, E.9.4.3)

La Contesa, torneo fatto in Ferrara per le nozze dell'Illustrissimo Signor Gio. Francesco Sacchetti coll'Illustrissima Signora D. Beatrice Estense Tassona, Ferrara, Suzzi 1632 (copia in FEc, E.12.5.20)

La Discordia Superata di Ascanio Pio di Savoia (…), Ferrara 1635 (copia in FEc, E.15.5.27)

Descritione della Mascherata (…) , Ferrara, Gironi 1637 (copia in FEc, MF 133.2)

L'Andromeda, di D. Ascanio Pio di Savoia cantata e combattuta in Ferrara il carnevale dell'anno 1638, Ferrara 1638 (copia in FEc, MF 218.1)

[G. BOSCARINI] *Ferrara Trionfante per la Coronazione della B. Vergine del Rosario celebrata il 1638 con apparato di teatro di Macchine e Musica,* Ferrara 1662 (copia in FEc, MF 141)

L'Amore trionfante dello sdegno. Dramma recitato in musica con machine nella Città di Ferrara per la venuta di Taddeo Barberini. Opera di Ascanio Pio di Savoia, Ferrara 1642 (copia in FEc, MF 54.3)

[FRANCESCO BERNI] *Le Pretensioni del Tebro e del Po* (…) *per Taddeo Barberini*, Ferrara 1642 (copia in FEc, MF 54.4)

e) Studi moderni e repertori

ALESSANDRO ADEMOLLO, *Il teatri di Roma nel secolo decimosettimo*, Roma, Pasqualucci 1888; rist.anastatica: Bologna, Forni 1969

Ademollo   = ALESSANDRO ADEMOLLO, *La bell'Adriana e altre canterine del suo tempo alla corte di Mantova*, Città di Castello, Lapi 1888

CECILIA M. ADY, *The Bentivoglio of Bologna: A Study in Despotism,* Oxford, Clarendon Press 1937; trad. it.: *I Bentivoglio*, con una appendice sui Bentivoglio di Ferrara di L. Chiappini, Milano, Dall'Oglio 1967

RENATA AGO, *Carriere e clientele nella Roma barocca*, Bari-Roma, Laterza 1990

Annibaldi (I e II)   = CLAUDIO ANNIBALDI, *Il mecenate 'politico'. Ancora sul patronato musicale del cardinale Pietro Aldobrandini (1571-1621),* "Studi Musicali", XVI, 1987, pp.33-93; XVII, 1988, pp.101-17

CLAUDIO ANNIBALDI, *Per una teoria della committenza musicale tra Cinque e Seicento,* in *La musica dei Farnese. Orientamenti e prospettive di ricerca*, atti del Convegno di Viterbo del 1994, "Informazioni" periodico della Provincia di Viterbo, n.s., III, 1994, n. 10, pp. 26-30.

CLAUDIO ANNIBALDI, *Tipologia della committenza musicale nella Venezia seicentesca,* in *Musica, scienza e idee nella Serenissima durante il Seicento*, Venezia, Fondazione Levi 1996, pp. 68-9

CLAUDIO ANNIBALDI, *Per una teoria della committenza musicale all'epoca di Monteverdi,* in *Claudio Monteverdi: Studi e prospettive* (1998), pp. 459–475

BIANCA MARIA ANTOLINI, *Cantanti e letterati a Roma nella prima metà del Seicento: alcune osservazioni,* in *In Cantu et in Sermone. For Nino Pirrotta in his 80th Birthday,* a cura di F. Della Seta-F. Piperno, Firenze-Sidney, Olschki-University of Australia Press 1989, pp.347-362

T. ASCARI, voci: *Bentivoglio Cornelio, Bentivoglio Enzo* in DBI, I, 1960, pp. 610-ssg.

Autori italiani del Seicento. Catalogo bibliografico, a cura di S. Piantanida-L. Diotallevi- G. Livraghi, Roma, Multigrafica 1986, 3 voll.

Bagni   = PRISCO BAGNI, *Guercino a Cento. Le decorazioni di Casa Pannini,* Bologna, Alfa Editoriale 1984

R. BELVEDERI, *Guido Bentivoglio diplomatico*, Rovigo 1947, 2 voll.

"Bentivolorum Magnificentia". Principe e cultura a Bologna nel Rinascimento, a cura di Bruno Basile, Roma, Bulzoni 1984

GINO BENZONI, *Gli affanni della cultura. Intellettuali e potere nell'Italia della Controriforma,* Milano, Feltrinelli 1978

ANGELO BERTOLOTTI, *Musici alla corte dei Gonzaga di Mantova,* Milano, Ricordi [1890]

LORENZO BIANCONI, *Il Seicento,* Torino, EDT 1982 ("Storia della Musica a cura della Società Italiana di Musicologia, IV")

MONICA BOLZONI, *Materiali sullo sviluppo del luogo teatrale ferrarese,* in *L'impresa di Alfonso II,* pp.225-235

Borrazzo   =   MARIA GRAZIA BORRAZZO, *Musica, scenotecnica, illusione nel grande apparato farnesiano del 1628 a Parma,* tesi di laurea, datt., Università di Parma 1981-82

The British Library General Catalogue of Printed Books to 1975, Londra, Bingley- Saur 1979-1987, 360 voll. (consultabile anche in formato elettronico)

HOWARD MAYER BROWN, *Resent Research in the Renaissance: Criticism and Patronage,* "Renaissance Quarterly", XL, 1987, pp.5-6

HOWARD MAYER BROWN, *Local Tradition of Musical Patronage 1500-1700,* "Acta Musicologica", LXIII, 1991, pp.28-32; trad. it.: *Per un dibattito sul mecenatismo musicale tra Quattro e Settecento,* in *La Musica e il Mondo,* pp.51-56

CLAUDIA BURATTELLI, *Borghese e gentiluomo. La vita e il mestiere di Pier Maria Cecchini, tra i comici detto 'Frittellino',* "Il Castello di Elsinore", I, 1988, pp. 33- 63

PETER BURKE, *Scene di vita quotidiana nell'Italia moderna,* Bari-Roma, Laterza 1988

Caffi   =   FRANCESCO CAFFI, *Storia della musica sacra nella già cappella ducale di S. Marco in Venezia (dal 1318 al 1797),* Venezia, Antonelli I: 1854; II: 1855; ried. annotata a cura di Elvidio Surian, Firenze, Olschki 1987

MARINA CALORE, *Spettacoli a Modena nel '500 e '600. Dalla città alla capitale,* Modena, Aedes Muratoriana 1983

Calessi   =   GIOVANNI PIERLUIGI CALESSI, *Ricerche sull'Accademia della Morte di Ferrara,* Bologna, AMIS 1976

Campori 1866   =   GIUSEPPE CAMPORI, *Lettere artistiche inedite,* Modena 1866

GIUSEPPE CAMPORI, *Raccolta di cataloghi ed inventarii inediti,* Modena 1870

G. CAPELLI, *Il teatro Farnese di Parma, architettura, scene, spettacoli,* Parma, PPS 1990

Capponi   =   PIER MARIA CAPPONI, *L'educazione di una virtuosa nel secolo XVII. Dalle corrispondenze inedite di Marco Marazzoli*, "Lo Spettatore Musicale", III, 1968, n.4/5, pp. 12-15

SILVIA CARANDINI, *Teatro e spettacolo nel Seicento*, Bari-Roma, Laterza 1990

FRANCO CARDINI, *Il torneo nelle feste cerimoniali di corte*, "Quaderni di Teatro", 25, 1984

P. CARPEGGIANI, *Teatri e apparati scenici alla corte dei Gonzaga tra Cinque e Seicento*, "Bollettino del Centro Internazionale di Studi Andrea Palladio", XVII, 1975, pp.101-118

Le "carte messaggiere". Retorica e modelli di comunicazione epistolare: per un indice dei libri di lettere del Cinquecento, a cura di A. Quondam, Roma, Bulzoni 1981

TIM CARTER, *Intriguing Laments: Sigismondo d'India, Claudio Monteverdi, and Dido* alla parmigiana *(1628)*, "Journal of American Musicological Society", XLIX, 1996, 1, pp. 32–69.

Catalogue général des livres imprimés de la Bibliothèque Nationale, Parigi, Imprimerie Nationale 1897-1981, 231 voll.

Catalogue of Seventeenth Century Italian Books in the British Library, Londra, The British Library 1986

CHIARA CAVALIERE TOSCHI, *La magnifica menzogna. Proposte per una lettura dell'effimero*, in *La chiesa di S. Giovanni Battista*, pp. 136-143

Cavaliere Toschi   =   CHIARA CAVALIERE TOSCHI, *Tracce per un calendario delle manifestazioni dell'effimero*, in *La chiesa di S. Giovanni Battista*, pp. 144-165

ADRIANO CAVICCHI, *Il primo teatro d'opera moderno. La Commedia, la Tragedia, la Pastorale, la Cavalleria e i maestri del Madrigale*, in *Ferrara*, a cura di R. Renzi, Bologna, Alfa Editoriale 1968, pp.59-66; 318-332

ADRIANO CAVICCHI, *La scenografia dell'Aminta nella tradizione scenografica pastorale ferrarese del sec. XVI*, in *Studi sul teatro veneto*, pp.53-72

ADRIANO CAVICCHI, *Teatro monteverdiano e tradizione teatrale ferrarese*, in *Claudio Monteverdi e il suo tempo*, atti del Convegno di Venezia-Mantova-Cremona 1968, a cura di R. Monterosso, Verona 1969, pp.139-156

ADRIANO CAVICCHI, *Il Teatro Farnese di Parma*, " Bollettino del Centro Internazionale di Studi di Architettura Andrea Palladio", XVI, 1974, pp.333-342

ADRIANO CAVICCHI, *Per far più grande la meraviglia dell'arte*, in *Frescobaldi e il suo tempo*, pp. 15- 39

Cavicchi-Dall'Acqua =   ADRIANO CAVICCHI-MARZIO DALL'ACQUA, *Il Teatro Farnese di Parma*, Parma, Orchestra dell'Emilia Romagna 1986

JAMES CHATER, *Musical Patronage in Rome at the Turn of the Seventeenth Century: The Case of Cardinal Montalto*, "Studi Musicali", XVI, 1987, pp.179-227

JAMES CHATER, Il Pastor Fido *and Music: a Bibliography*, in *Guarini, la musica , i musicisti*, Lucca, LIM 1997, pp.157-183

G. CHECCHI, *Silvio Fiorillo in arte Capitan Mattamoros*, Capua, Capuanova [1986]

La Chiesa di San Giovanni Battista =	*La Chiesa di San Giovanni Battista e la Cultura Ferrarese del Seicento*, Catalogo della mostra di Ferrara, Milano, Electa 1981
Ciancarelli =	ROBERTO CIANCARELLI, *Il progetto di una festa barocca. Alle origini del Teatro Farnese di Parma (1618-1629)*, Roma, Bulzoni 1987

ROBERTO CIANCARELLI, *Il Teatro Farnese e lo spettacolo del 1618: la committenza, l'organizzazione progettuale ed esecutiva, gli intenti programmatici e il testo*, "Biblioteca Teatrale", 10-11, 1974, pp.122-138

Claudio Monteverdi: studi e prospettive, (Atti del Convegno di Mantova del 1993), Firenze, Olschki 1998

VICTOR COELHO, *G.G. Kapsberger in Rome, 1604-1645: New Biographical Data*, "Journal of the Lute Society of America", XVI, 1983, pp.103-133

Cordero di Pamparato =	STANISLAO CORDERO DI PAMPARATO, *I Musici alla corte di Carlo Emanuele I di Savoia*, Torino, Bocca 1930
Corrispondenze =	*Comici dell'Arte. Corrispondenze*, edizione diretta da Siro Ferrone, a cura di C. Burattelli, D. Landolfi, A. Zinanni, Firenze, Le Lettere 1993, 2 voll.

Le corti farnesiane di Parma e Piacenza (1545-1622):, *i: Potere e società nello stato farnesiano*, a cura di M.A. Romani; *ii: Forme e istituzioni della produzione culturale,*a cura di A. Quondam, Roma, Bulzoni 1978

SUZANNE G. CUSICK, *"Who is this woman...?". Self-Presentation,* imitatio virginis *and Compositional Voice in Francesca Caccini's* Primo Libro *of 1618,* "Il Saggiatore Musicale", V, 1998, pp. 5-41

Da Col =	PAOLO DA COL, *"Era pensier mio di sposar l'Angiola...". Una lettera ritrovata di Girolamo Frescobaldi*, in *Musicus perfectus. Studi in onore di Luigi Ferdinando Tagliavini, "prattico e specolativo", nella ricorrenza del lxv compleanno*, a c. di P. Pellizzari, Bologna, Patron 1995, pp. 267–73
Davari =	STEFANO DAVARI, *La musica a Mantova*, "Rivista storica mantovana", i, 1884, pp.53-ssg.; rist. a cura di G. Ghirardini, Mantova 1975

MARZIO DALL'ACQUA, *Prima di Monteverdi. Appunti per una storia dello spettacolo farnesiano*, in *"… Monteverdi al quale ognuno deve cedere …"*, pp.43-52

Dall'Acqua = MARZIO DALL'ACQUA, *Vicende costruttive del "Gran Salone"; La gran macchina nel Palazzo del gioco*, in *"… Monteverdi al quale ognuno deve cedere …"*, pp.151-252

RENATO DIEZ, *Il trionfo della parola: studio sulle relazioni di feste nella Roma barocca 1623-1667*, Roma, Bulzoni 1987

DBI = *Dizionario Biografico degli Italiani*, Roma, Istituto per l'Enciclopedia Italiana 1964- in corso

DEUMM = *Dizionario Enciclopedico Universale della Musica e dei Musicisti*, a cura di Alberto Basso, Torino, utet 1983-1991, 12 voll + 1 supplemento

CESARE D'ONOFRIO, *Roma nel Seicento*, Firenze 1969

Durante- = ELIO DURANTE-ANNA MARTELLOTTI, *L'arpa di Laura. Indagine organologi-*
Martellotti *ca, artistica ed archivistica sull'arpa estense,*Firenze, Spes 1982

ELIO DURANTE-ANNA MARTELLOTTI, *Le due "scelte" napoletane di Luzzasco Luzzaschi*, Firenze, Spes 1998

ES = *Enciclopedia dello Spettacolo,* a cura di S. D'Amico, Roma, Le Maschere, 1958, 10 voll.+ suppl.

Ehrmann = SABINE EHRMANN, *Claudio Monteverdi. Die Grundbegriffe seines musiktheoretischen Denkens*, Pfaffenweiler, Centaurus 1989

Fabbri = PAOLO FABBRI, *Monteverdi*, Torino, EDT 1985; trad. inglese: Cambridge, Cambridge University Press 1994

DINKO FABRIS, *Gli Intrepidi Bentivolii*, in *Frescobaldi e il suo tempo*, pp.41-44

Fabris 1986 = DINKO FABRIS, *Frescobaldi e la musica in casa Bentivoglio*, in *Girolamo Frescobaldi*, pp.63-85

Fabris, *L'Arpa* = DINKO FABRIS, *L'Arpa Napoletana. Simbolismo estetico-sonoro di uno strumento musicale del primo Seicento*, in *Modernità e coscienza estetica*, a cura di F. Fanizza, Napoli, Tempi Moderni 1986, pp.211-262

Fabris 1987 = DINKO FABRIS, *Andrea Falconieri Napoletano. Un liutista-compositore del Seicento*, Roma, Torre d'Orfeo 1987

DINKO FABRIS, *Lettere di Battista e Alessandro Guarini nell'Archivio Bentivoglio di Ferrara*, in *Guarini. La musica, i musicisti,* atti del Convegno di Ferrara 1990, a cura di Angelo Pompilio,Lucca, LIM 1997, pp. 77-90

FABRIS 1998 = DINKO FABRIS, *Bentivoglio, Goretti, Monteverdi e gli altri: ancora sulle feste di Parma del 1628*, in *Claudio Monteverdi: studi e prospettive*, (1998), pp. 391-414

Dell'Arco-   = MAURIZIO FAGIOLO DELL'ARCO-SILVIA CARANDINI, *L'Effimero Barocco.*
Carandini   *Strutture della Festa nella Roma del Seicento*, Roma, Bulzoni 1977, 2 voll.

Fenlon   = IAIN FENLON, *Music and Patronage in Sixteenth-Century Mantua*, Cam-
                        bridge, Cambridge University Press 1980-82, 2 voll.; trad. it. (solo vol.I):
                        Musicisti e mecenati a Mantova nel 500, Bologna, Il Mulino 1992

                       SIRO FERRONE, *L'invenzione viaggiante. I comici dell'arte e i loro itinerari
                       tra Cinque e Seicento*, "Il Castello di Elsinore", I, 1988, pp.5-19

Ferrone   = SIRO FERRONE, *Attori, mercanti, corsari,* Torino, Einaudi 1993

Fioravanti   = ANNA MARIA FIORAVANTI BARALDI, *Un'Assunta di Ludovico Carracci per i
Baraldi 1987   Bentivoglio*, "Il Carrobbio", XIII, 1987, pp.159-167

Fioravanti   = ANNA MARIA FIORAVANTI BARALDI, *Pier Francesco Battistelli e l'impresa ben-
Baraldi 1993   tivolesca di Gualtieri in un carteggio*, in *Frescobaldi e il suo tempo*, pp.161-
                        172

                       SUSAN FORSHER WEISS, *Musical Patronage of the Bentivoglio Signoria, c.
                       1465-1512*, in *Trasmissione e recezione delle forme di cultura musicale*, III,
                       pp.703-715

                       ALESSANDRA FRABETTI, *Aleotti e il Bentivoglio,* "Il Carrobbio", XV, 1989

                       ALESSANDRA FRABETTI, *Il teatro della Sala Grande a Ferrara e i tornei ale-
                       ottiani,* "Musei Ferraresi", XII, 1982, pp.183-208

Franklin   = HARRIET A. FRANKLIN, *Musical Activity in Ferrara.1598 to 1618*, Ph.D.
                        diss., Brown University 1976 (UMI Research Press mcf. 1984)

Frescobaldi   = *Frescobaldi e il suo tempo*, Catalogo della mostra di Ferrara 1983, Venezia,
e il suo tempo   Marsilio 1983

Frescobaldi Studies = *Frescobaldi Studies*, atti del Convegno di Madison 1983, a cura di A. Sil-
                        biger, Durham, NC, Duke University Press 1987

                       CLAUDIO GALLICO, *"Le proprie armonie decenti al gran sitio": il caso del
                       Teatro Farnese di Parma*, "Bollettino del Centro Internazionale di Studi di
                       Architettura Andrea Palladio", XXIV, 1982-1987, pp. 71-84

                       CLAUDIO GALLICO, *Autobiografia di Claudio Monteverdi*, Lucca, Libreria
                       Musicale Italiana 1995 ("Akademos tascabili musica", 4)

Girolamo Frescobaldi = *Girolamo Frescobaldi nel IV centenario della nascita*, atti del Convegno di
                        Ferrara 1983, a cura di Sergio Durante e Dinko Fabris, Firenze, Olschki
                        1986

                       Guarini. La musica, i musicisti, atti del Convegno di Ferrara 1990, a cura di Angelo Pompilio, Lucca, LIM 1997

Il Guercino. 1591-1666, catalogo della Mostra, a cura di D. Mahon, Bologna, Nuova Alfa 1991

P. GUERRINI, *Una celebre famiglia lombarda: i conti di Martinengo. Studi e ricerche genealogiche*, Brescia, Geroldi 1930

WERNER L. GUNDERSHEIMER, *Patronage in the Renaissance: An Exploratory Approach*, in *Patronage in the Renaissance*, a cura di G. F.Lytle-S.Orgel, Princeton, Princeton University Press 1981, pp.3-ssg.

FREDERICK HAMMOND, *Cardinal Pietro Aldobrandini, Patron of Music*, "Studi Musicali", XII, 1983, pp.53-66

Hammond 1983   = FREDERICK HAMMOND, *Girolamo Frescobaldi*, Cambridge Mass., Harvard University Press 1983

FREDERICK HAMMOND, *Girolamo Frescobaldi. A Guide to Research*, New York-Londra, Garland 1988

FREDERICK HAMMOND, *Girolamo Frescobaldi. Nuovi appunti biografici*, in *Girolamo Frescobaldi*, pp.35-45; trad. inglese in *Frescobaldi Studies*, pp.13-29

FREDERICK HAMMOND, *More on Music in Casa Barberini*, "Studi Musicali", XIX, 1985, pp.200-261

Hammond 1994   = FREDERICK HAMMOND, *Music and Spectacle in Baroque Rome. Barberini Patronage under Urban VIII*, New Haven, Yale Univerity Press 1994

Haskell   = FRANCIS HASKELL, *Patrons and Painters. Art and Society in Baroque Italy*, New York 1963; rist. aggiornata New Haven-London, Yale University Press 1980; trad. it.: *Mecenati e pittori. Studio sui rapporti fra arte e società italiana nell'età barocca*, Firenze, Sansoni 1966

Hill 1990   = JOHN W. HILL, *Guarini's Last Stage Work*, in *Trasmissione e recezione delle forme di cultura musicale*, III, pp.131-154

Hill 1986   = JOHN W. HILL, *Le 'Arie' di Frescobaldi e la cerchia musicale del Cardinal Montalto*, in *Girolamo Frescobaldi*, pp,215-232; trad. inglese in *Frescobaldi Studies*, pp.157-194

Hill 1994   = JOHN W. HILL, *Training a Singer for Musica recitativa in Early Seventeenth-Century Italy: The Case of Baldassarre*, in *Musicologia Humana.Studies in Honor of Warren and Ursula Kirkendale*, a cura di S. Gmeinweiser-D.Hiley-J.Riedlbauer, Firenze, Olschki 1994, pp.345-357

Hill, *Montalto*   = JOHN W. HILL, *Roman Monody, Cantata, and Opera from the Circles around Cardinal Montalto*, Oxford, Clarendon Press, 1997, 2 voll.

Kast   = PAUL KAST, *Biographisce Notizen zu Römischen Musikern des 17. Jahrhunderts*, "Analecta Musicologica", I, 1963, pp.38-69

Kirkendale = WARREN KIRKENDALE, *The Court Musicians in Florence during the Principate of Medici with a Reconstruction of the Artistic Establishment*, Firenze, Olschki 1993

Illusione e pratica teatrale. Proposte per una lettura dello spazio scenico dagli Intermedi fiorentini all'Opera comica veneziana, catalogo della Mostra di Venezia, a cura di Franco Mancini-Maria Teresa Muraro-Elena Povoledo, Venezia, Neri Pozza 1975

L'Impresa di Alfonso II = *L'Impresa di Alfonso II: saggi e documenti sull'impresa artistica a Ferrara nel secondo Cinquecento*, Bologna, Nuova Alfa Editoriale 1987

Istituzioni finanziarie, contabili e di controllo dello stato pontificio. Dalle origini al 1870, Roma, Ministero del Tesoro 1961

ARMANDO FABIO IVALDI, *G. B. Aleotti architetto e scenografo teatrale*, "Atti e Memorie della Deputazione Provinciale Ferrarese di Storia Patria", s. III, XXVII, 1980, pp.187-225

Lavin = IRVING LAVIN, *Lettres de Parmes (1618, 1627-28) et débuts du théâtre baroque*, in *Le lieu théatral a la Renaissance* pp.105-158

ALFONSO LAZZARI, *Ercole Bentivoglio, poeta e commediografo a Ferrara*, in *Attraverso la storia di Ferrara*, Rovigo 1953

ALFONSO LAZZARI, *Ombre e luci nella vita di Cornelio Bentivoglio*, " Atti e Memorie della Deputazione Ferrarese di Storia Patria", n.s., IV, 1953

ALFONSO LAZZARI, *Il palazzo Bentivoglio a Ferrara*, in *Attraverso la storia di Ferrara*, Rovigo 1953, pp.

Le Lieu théâtrale a la Renaissance, a cura di J. Jacquot, Parigi, CNRS 1964; rist. ivi 1968

Litta = POMPEO LITTA, *Famiglie celebri italiane, I: Bentivoglio*, Milano, Giusti 1819

LUIGI LODI, *Catalogo dei codici e degli autografi posseduti dal marchese Giuseppe Campori*, I, Modena, tip. Toschi 1875; II, *Appendice prima*, a cura di R. Vandini, Modena, Toschi 1886; III, *Appendice seconda*, Modena, Tonietto 1895

Lombardi = GLAUCO LOMBARDI, *Il teatro farnesiano di Parma*, "Archivio Storico per le Province Parmensi", n.s., IX, 1909, pp.1-51

LUIGI LUGARESI, *La "Bonificazione Bentivoglio"nella "Traspadana ferrarese"(1609-1614)*, "Archivio Veneto", s.V, CXVII, 1986, pp.5-50

LUIGI LUGARESI, *La "Bonificazione Bentivoglio"nella "Traspadana ferrarese" nei secoli XVII–XVIII: gli effetti*, in *Uomini, terre e acque*, a c. di F. Cazzola e A. Olivieri, Rovigo, Minelliana 1990, pp.347–83

Malipiero = GIOVAN FRANCESCO MALIPIERO, *Claudio Monteverdi*, Milano, Treves 1929

Mamczarz   =   IRENE MAMCZARZ, *Le Théâtre Farnese de Parme et le Drame musical italien (1618-1732),* Firenze, Olschki 1988

NICOLA MANGINI, *I teatri di Venezia,* Milano, Mursia 1974

JOSÉ ANTONIO MARAVALL, *La cultura del Barroco ,* Barcellona, Ariel 1975 trad. it.: *La cultura del Barocco. Analisi di una struttura storica,* Bologna, Il Mulino 1985

GIULIO MARCON-GIULIANA MARCOLINI, *Il Palazzo Bentivoglio e gli architetti ferraresi del secondo Cinquecento,* in *L'Impresa di Alfonso II,* pp.193-224

Marcon-Maddalo-   =   GIULIO MARCON-SILVIA MADDALO-GIULIANA MARCOLINI, *Per una storia*
Marcolini   *dell'esodo del patrimonio artistico ferrarese a Roma,* in *Frescobaldi e il suo tempo,* pp.93-112

LUCIANO MARITI, *Commedia ridicolosa. Comici di professione, dilettanti, editoria teatrale nel Seicento,* Roma, Bulzoni 1978

FERRUCCIO MAROTTI, *Lo spazio scenico. Teorie e tecniche scenografiche in Italia dall'età barocca al Settecento,* Roma, Bulzoni 1974

GIAN LUDOVICO MASETTI ZANNINI, *Il Cardinale Baronio e la musica nei monasteri femminili,* in *Baronio e l'arte,* Sora, Centro Studi Soriani 1985, pp.787-798

GIUSEPPE MASSERA, *Meccanica, musica, idraulica nella Festa Farnesiana del 1628,* "Aurea Parma", LXIII, 1979, pp.99-119

Mele   =   DONATO MELE, *L'Accademia dello Spirito Santo. Un'istituzione musicale ferrarese del sec. XVII,* Ferrara, Liberty House 1990

CARLA MOLINARI, *Per la storia di alcuni teatri ferraresi,* in *Teatri storici dell'Emilia Romagna,* a cura di S.M. Bondoni, Istituto per i Beni culturali della Regione Emilia-Romagna [Casalecchio di Reno, Industrie Grafiche s.r.l. 1982], pp.107-126

CESARE MOLINARI, *Le Nozze degli Dei. Un saggio sul grande spettacolo italiano nel Seicento,* Roma, Bulzoni 1968

"... Monteverdi al qua- =   *"... Monteverdi al quale ognuno deve cedere ..."* *Teorie e composizioni musi-*
le ognuno deve cedere ..."   *cali, rappresentazioni e spettacoli dal 1550 al 1628,* catalogo della Mostra e atti del Convegno di Parma 1993, Parma, Archivio di Stato-Biblioteca Palatina-Conservatorio di Musica 1993

ANSELMO MORI, *Podestà, governatori e sindaci di Gualtieri dal 1567 al 1920,* Guastalla, Tip. Artigianelli 1920

MARGARET MURATA, *Operas for the Papal Court,* Ann Arbor, UMI Research Press 1981

MARGARET MURATA, *Roman Cantata Scores as Traces of Musical Culture and Signes of Its Place in Society,* in, *Trasmissione e recezione delle forme di cultura musicale* I, pp.272-284; trad.it.:*La cantata romana fra mecenatismo e collezionismo,* in *La Musica e il Mondo,* pp.253-266

La Musica e il Mondo = *La Musica e il Mondo. Mecenatismo e committenza musicale in Italia tra Quattro e Settecento,* a cura di C. Annibaldi, Bologna, Il Mulino 1993

MARIA CONSIGLIA NAPOLI, *Nobiltà e teatro. Dalle antiche accademie alla nuova società drammatica,* in *Signori, Patrizi, Cavalieri,* pp.340-354.

New Grove = *The New Grove Dictionary of Music and Musicians,* a cura di S. Sadie, Londra, MacMillan 1980, 20 voll.

Newcomb, Frescobaldi = ANTHONY NEWCOMB, *Girolamo Frescobaldi, 1608-1615. A Documentary Study in which Information also appears concerning Giulio and Settimia Caccini, the Brothers Piccinini, Stefano Landi, and Ippolita Recupita,* "Annales Musicologiques", VII, 1964-1977, pp.111-158

Newcomb 1980 = ANTHONY NEWCOMB, *The Madrigal in Ferrara.1579-1597* , Princeton, Princeton University Press 1980, 2 voll.

NV = *Nuovo Vogel* [Emil Vogel-Alfred Einstein-François Lesure-Claudio Sartori, *Bibliografia della musica italiana vocale profana pubblicata dal 1500 al 1700,* Pomezia-Geneve, Staderini-Minkoff 1977, 3 voll.

Orbaan = J.A.F. ORBAAN, *Documenti sul barocco in Roma,* Roma, Società Romana di Storia Patria 1920

Ludwig von Pastor, *Storia dei Papi dalla fine del Medioevo,* nuova versione italiana sulla IV ed. originale, Roma, Desclée 1910-1934, 16 voll.

Patronage, Art and Society in Renaissance Italy, a cura di F. W. Kent-P. Simons-J. C. Eade, Oxford, Oxford University Press 1987

GIOVANNA PERINI, *Le lettere degli artisti da strumento di comunicazione, a documento, a cimelio,* in *Documentary Culture: Florence and Rome from Grand Duke Ferdinand I to Pape Alexander VII,* Bologna 1992, pp.165-183

Petrobelli = PIERLUIGI PETROBELLI, *L'Ermiona' di Pio Enea degli Obizzi ed i primi spettacoli d'opera veneziani,* "Quaderni della Rassegna musicale italiana", III, Torino, Einaudi 1965, pp.125-141

ENRICO PEVERADA, *La musica nella cattedrale di Ferrara nel tardo Cinquecento. Appunti d'archivio nel IV centenario della nascita di Girolamo Frescobaldi,* "Analecta Pomposiana", VIII, 1983, pp.5-21

Peverada, *Normativa* = ENRICO PEVERADA, *"De Organis et cantibus". Normativa e prassi musicale* e prassi musicale *nella chiesa ferrarese del Seicento,* "Analecta Pomposiana", XVII-XVIII, 1992-93, pp.109-151

PAOLO PORTOGHESI, *Roma barocca,* Bari-Roma, Laterza 1973², 2 voll.

ELENA POVOLEDO, voci *Ferrara* e *Torneo* in *ES*, voll.V, coll. 173-185 e IX, coll.991-999

ELENA POVOLEDO, *Macchine e ingegni del Teatro Farnese*, "Prospettive", XIX, 1959, pp.49-56

ELENA POVOLEDO, *Le théâtre des tournois en Italie pendant la Renaissance*, in *Le Lieu théâtrale a la Renaissance*, pp.95-104

ELENA POVOLEDO, *Controversie monteverdiane: spazi teatrali e immagini presunte*, in *Claudio Monteverdi: studi e prospettive* (1998), pp.357-389

Prunières   = HENRY PRUNIÈRES, *La vie et l'oeuvre de Claudio Monteverdi*, Parigi, Editions Musicales de la Librairie de France 1926

Rasi   = LUIGI RASI, *I comici italiani. Biografia, bibliografia, iconografia*, Firenze, Bocca 1897-1905, 2 voll.

STUART REINER, *Collaboration in* Chi soffre speri, "The Music Review", 22, 1961, pp.265-282

Reiner 1964   = STUART REINER, *Preparations in Parma 1618, 1627-28*, "The Music Review", XXIV, 1964, pp.273-301

Reiner 1968   = STUART REINER, *Vi sono molt'altre mezz'arie...*, in *Studies in Music History. Essays for Oliver Strunck*, a cura di H.Powers, Princeton, Princeton University Press 1968, pp.241-258

Reiner 1974   = STUART REINER, *La vag'Angioletta (and others)*, "Analecta Musicologica", X, 1974, pp.26-88

JOHN ROSSELLI, *L'apprendistato del cantante italiano: rapporti contrattuali tra allievi e insegnanti dal Cinquecento al Novecento*, "Rivista italiana di musicologia", XXIII, 1988, pp.157-181

VITTORIO ROSSI, *Battista Guarini ed 'Il Pastor Fido': studio biografico-critico*, Torino, Loescher 1886

Sartori, *Bibliografia*   = CLAUDIO SARTORI, *Bibliografia della musica strumentale italiana stampata in Italia fino al 1700*, I, Firenze, Olschki 1952; II, Firenze, Olschki 1968

Sartori   = CLAUDIO SARTORI, *I libretti italiani a stampa dalle origini al 1800*, Cuneo, Bertola-Locatelli 1990-1994, 6 voll.

Sirch 1994   = LICIA SIRCH, *"Et pur è meglio un gentiluomo che un Giuseppino che canti". Un musico per il Cardinale Alessandro d'Este (Roma, 1603)*, in *Il madrigale oltre il madrigale*, Atti del Convegno di Como del 1991, a cura di A. Colzani - A. Luppi - M. Padoan, Como, Amis 1994, pp.197-226

Signori, Patrizi, Cavalieri = *Signori, Patrizi, Cavalieri nell'età moderna*, a cura di Maria A. Visceglia, Bari-Roma, Laterza 1992

ANGELO SOLERTI, *Ferrara e la corte estense nella seconda metà del secolo decimosesto. I Discorsi di Annibale Romei*, Città di Castello, Lapi 1900

Solerti = ANGELO SOLERTI, *Le origini del melodramma*, Torino, Bocca 1903, 3 voll.

ANGELO SOLERTI, *Musica, ballo e drammatica alla corte Medicea dal 1600 al 1637*, Firenze, Bemporad 1905

Southorn = JANET SOUTHORN, *Power and Display in the Seventeenth Century. The Arts and theyr Patrons in Modena and Ferrara*, Cambridge, Cambridge University Press 1988

LEO SPITZER, *L'armonia del mondo. Storia semantica di un'idea*, Bologna, Il Mulino 1967

PAMELA F. STARR, *Rome as the Center of the Universe: Papal Grace and Musical Patronage*, "Early Music History", XI, pp.223-262

GINO STEFANI, *Musica barocca, I : Poetica e ideologia*, Milano, Bompiani 1974

GINO STEFANI, *Musica barocca, II: Angeli e sirene*, Milano, Bompiani 1987²

Storia dell'opera italiana, a cura di L. Bianconi e G. Pestelli, Torino, EDT 1987-88 6 voll., IV: *Il sistema produttivo e le sue competenze;* V: *La spettacolarità;* VI: *Teorie e tecniche. Immagini e fantasmi*

ROY STRONG, *Art and Power: Renaissance Festivals 1450-1650*, Berkeley-Los Angeles 1984²; trad.it.: *Arte e potere. Le feste del Rinascimento 1450-1650*, Milano, Il Saggiatore 1987

Studi sul teatro veneto = *Studi sul teatro veneto fra Rinascimento ed età barocca*, a cura di Maria Teresa Muraro, Firenze, Olschki 1971

Tamburini = ELENA TAMBURINI, *Patrimonio teatrale estense. Influenze e interventi nella Roma del Seicento*, "Biblioteca Teatrale", VII, 1987, pp.39-78

NICCOLÒ TOMMASEO-BERNARDO BELLINI, *Dizionario della lingua italiana*, Torino 1865 rist. anastatica Milano, Rizzoli 1977, 20 voll.

Torelli = FRANCESCA TORELLI, *Una prima documentazione sui Melii, musicisti di Reggio Emilia*, "Il Flauto Dolce. Rivista per lo studio e la pratica della musica antica", 10-11, 1984, pp.35-39; trad. inglese in "Journal of the Lute Society of America", XVII-XVIII, 1984-85, pp.42-49

Trasmissione e recezione delle forme di cultura musicale = *Trasmissione e recezione delle forme di cultura musicale*, atti del Convegno di Bologna 1987 della Società Internazionale di Musicologia, a cura di A. Pompilio, D. Restani, L. Bianconi, F. A. Gallo, Torino, EDT 1990, I: *Round Tables;* II: *Study Sessions;* III: *Free Papers*

BIBLIOGRAFIA   145

Valdrighi   =   LUIGI F. VALDRIGHI, *Cappelle, Concerti e musiche di casa d'Este (dal sec. XV
                        al XVIII)*, "Atti e Memorie delle R.R. Deputazioni di Storia Patria per le
                        Provincie Modenesi e Parmensi", s.III, II, Modena 1883, pp.415-495

                        Venezia e il melodramma nel Seicento, a cura di Maria Teresa Muraro, Fi-
                        renze, Olschki 1976

Vitali   =   CARLO VITALI, *Una lettera vivaldiana perduta e ritrovata, un inedito mon-
                        teverdiano del 1630 e altri carteggi di musicisti celebri, ovvero splendori e
                        nefandezze del collezionismo di autografi*, "Nuova rivista musicale italia-
                        na", XIV, 1980, pp.404-412

Walker 1990   =   THOMAS WALKER, *Echi estensi negli spettacoli musicali a Ferrara nel primo
                        Seicento*, in *Ferrara e il suo mecenatismo 1441-1598*, atti del Convegno di
                        Copenaghen 1987, a cura di M. Pade-L.Waage Petersen-D.Quarta, Fer-
                        rara-Modena, Istituto Studi Rinascimentali-Panini, 1990, pp.337-351

Walker 1987   =   THOMAS WALKER, *"Gli Sforzi del desiderio": cronaca ferrarese, 1652*, in *Studi
                        in onore di Lanfranco Caretti*, Modena, Mucchi 1987, pp.45-75

                        Walterius-Gualtieri dal Castrum all'Unità Nazionale, atti del Convegno di
                        Gualtieri 1987, a cura di Walter Bonassi, Gualtieri, Comune di Gualtieri
                        1990

                        ZYGMUNT WAZBINSKI, *Il cardinale Francesco Maria del Monte 1549-1626*,
                        Firenze, Olschki 1994, 2 voll.

Ziosi   =   ROBERTA ZIOSI, *"L'Amore trionfante dello sdegno": un'opera ferrarese del 1642*,
                        tesi di laurea, datt., Università di Ferrara, 1987

ILLUSTRAZIONI

1. Palazzo Bentivoglio nell'attuale via Garibaldi a Ferrara

2. Vincenzo Armanni, *Della famiglia Bentivoglia. Origine chiarezza e discendenza.*
Bologna, Longhi, 1682, incisione dal frontespizio interno
(Cortesia The Warburg Institute, London)

3. *Ritratto di Cornelio (I) Bentivoglio*, moneta datata 1557
(Cortesia The Warburg Institute, London)

4. Claude Mellan: ritratto del cardinale Guido Bentivoglio nel 1633, incisione

5. *Cornelio (II) Bentivoglio "mantenitore"*, particolare dalla *Giostra del Saracino* (Roma 1634) di Andrea Sacchi, incisione di François Collignon (Roma, Biblioteca Apostolica Vaticana)

6. Lettera autografa di Giulio Caccini a EB del 31.VII.1609
(*doc.183*: AB, 49, c.814)

7. Lettera autografa di Girolamo Frescobaldi a EB del 19.X.1609
(*doc.191*: AB, 50, c.257)

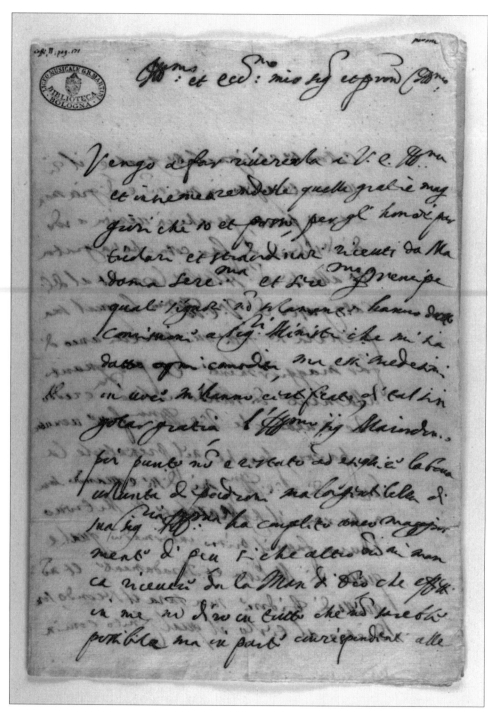

8.1 Lettera autografa di Claudio Monteverdi a EB del 30.X.1627
(proveniente da AB, in I-Bc, Ms. UU.A.24)

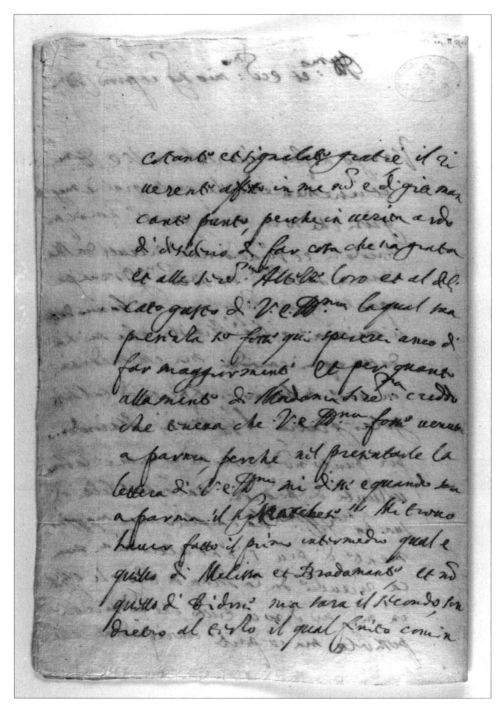

8. 2

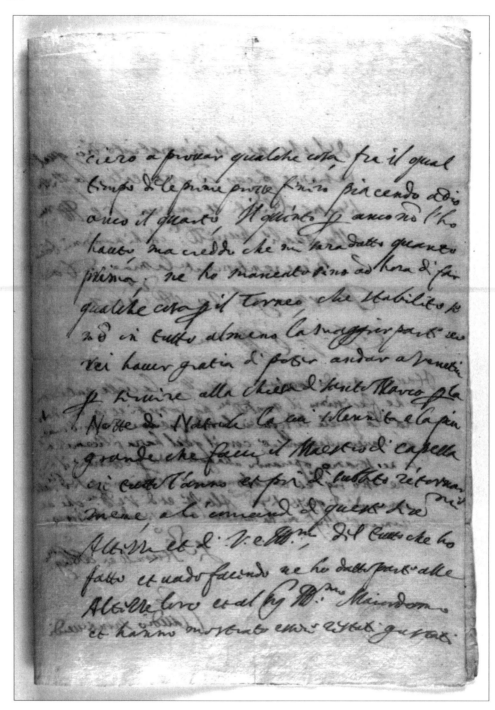

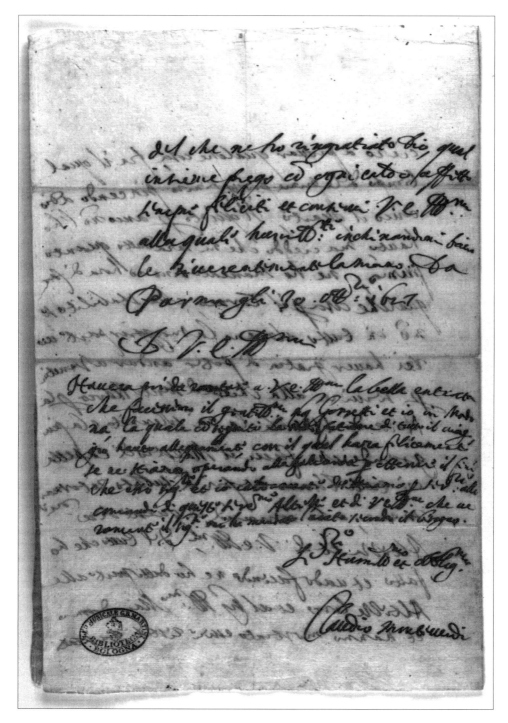

8. 4

9. Lettera autografa di Sigismondo d'India a EB del 2.IX.1627
(*doc.826*: AB, 209, c.39)

10. Unica lettera autografa nota di Luigi Rossi, a EB del 26.I.1620
(*doc.722:* AB, 133, c.554)

11. Unica lettera autografa nota di Marc'Antonio Pasqualini, a EB del 1.VI.1639
(*doc.1009:* AB, 249, c.11)

12. Lettera autografa di Marc'Antonio Marazzoli a EB del 14.IX.1641
(*doc.1044*: AB, 255, c.77)

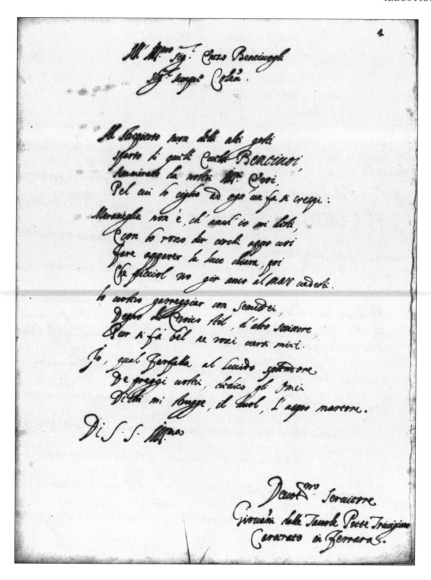

13.1 Composizioni manoscritte di "Giovanni dalle Tavole Prete Treviggiano" (circa 1630) dedicate a EB (*doc. 935*: proveniente da AB, in I-FEc, Ms. Antonelli II.676 (7), *Poesie varie di diversi autori*)

13.2

13.3

13.4

14. Frontespizio della descrizione *Del campo aperto mantenuto in Ferrara l'anno M.DC.X.*
la notte di carnovale dall'Illustriss. Signor Enzo Bentivogli, mantenitore della querela,
Ferrara, Baldini [1610] (*doc. 201*: copia in I-FEc, MF 274.14)

15. Frontespizio della descrizione degli *Intramezzi dell' Idalba tragedia, fatti rappresentare dall'Ill.mo Sig. Enzo Bentivogli in Ferrara il dì 6 di febbraio 1614*, Ferrara, Baldini 1614 (*doc. 400*: copia in FEc, MF 32.4)

16. *Intermedi* di Enzo Bentivoglio, rielaborazione da
Battista Guarini (circa 1614), manoscritto non
autografo (proveniente da AB: FEc, ms. Cl.I 309)

17. Frontespizio della *Descrizione degl'intramezzi co' quali l'Ill.mo Sig.
Enzo Bentivogli ha fatto rappresentare la tragedia del Sig. Alessandro
Guarini intitolata Bradamante gelosa*, Ferrara, Baldini 1616 (*doc. 498*:
copia in FEc, MF 10.2)

PARTE SECONDA

DOCUMENTI

(1586–1645)

1585

1.   Alessandro Grandi da Roma a Cornelio Bentivoglio, Ferrara s.a. (1585)
      AB, 12, c.n.n.

Dispinsa di i danari delle due paghe del'affitto delle Tombe cioè di San Michele, e di Natale 1584
(...) a Maestro Francesco dipintore da Bologna scudi — 40.9.35 (...)

1588

2.   Battista Guarini dalla Guarina a Ippolito Bentivoglio, Fiandre 12.XI.1588 da *Lettere*
      del Signor Cavaliere Battista Guarini, Venezia, Ciotti 1598, pp. 218-220

                     Al Signor Hippolito Bentivoglio, in Fiandra.
Un gran conto ho da saldare con V. S. Illustrissima, nel quale so ch'io le sono debitore di tanto, che se
la sua cortesia non me n'assolve, non havrò modo mai da pagarlo, send'io stato tanto tempo senza
darle nuova di me, né delle cose mie, come il mio debbito richiedeva. (...) (p.219) (...) Hor prego V.
S. Illustrissima a volermi perdonare questa mia contumacia, e per esser certa ch'io le sono quel medesimo servidore, che sempre fui. Anzi hora tanto più certo quanto più libero e che sopra ogn'altra cosa
più disiderata disidero d'esser favorito de' suoi comandamenti, i quali procu- (p.220) -rerò sempre di
esequire secondo l'antico debbito mio. Intesi poi della sua tanto honorata carica, ed hebbine quella
maggior contentezza, ch'alcun altro suo servidore ne possa havere, parendomi d'indovinare, ch'ella sia
quasi certa caparra di maggior cosa (...)
Dalla Guarina li 12 di novembre 1588

1592

3.   Giovan Maria Datii da (Firenze) a (Ippolito Bentivoglio, Ferrara) 21.XI.1592
      AB, 13, c. 261

(nota di spese)
(...) Ill.^{s} Ipolito Bentivoglio de dare addì 3 di maggio (...):
(...) e per tre copie di musiche
                                                                          scudi 4.13.4
(...) e per quattordici dozzine e mezzo di corde da liuto di più sorte   scudi 9.13.4
(c.261v) Conto di robbi pagati dal magnifico D. Gio. Maria Diti e compagni dil Finali, e li 50 auti in
contanti per l'Ill. Conte Ippolito a dì 27 maggio 1590
(c.264v, anno 1589)
(...) Illmo Sig.^{re} Ipolito de contro de' tore uno 15.6 scudi di moneta per una gabella di 18 dozzine di
corde da liuto 1.15.6

1597

4.   (Fondazione dell'Accademia dello Spirito Santo)
      FEc, ms. Antonelli 202 (copia XIX sec.)

1597. Dalla nobile famiglia Bentivoglio fu pure nella chiesa di S. Benedetto nel Borgo di Leone, ora
detta dello Spirito Santo, istituita altra accademia di musica, alla quale furono alzate per impresa varie
cicale, che cantano sotto l'ale d'un cherubino col motto: "Coniuctae suavis". Il primo autore di questa

accademia fu il Marchese Guido Bentivoglio poscia Cardinale. Altra impresa le venne invece assegnata consistente in una carta che esce fuori d'un fiume appoggiandosi tra un gruppo di nuvole ove tra le note musicali si legge: Ut Mi Sol. Da queste parole ben si comprende che il detto suo istitutore Marchese Bentivoglio volle far conoscere che questa adunanza era istituita e mantenuta da lui solo, al contrario di quella della Morte che si esercitava con l'opera di molti contribuenti (...)

* *Cit. in Cavicchi 1983, p.36. Sull'Accademia dello Spirito Santo cfr. Mele 1990.*

1598

5.   Giovanni Bentivoglio da Gualtieri a Guido Bentivoglio, Ferrara 3.IV.1598
    FOc, Piancastelli, Autografi: Bentivoglio (prov.AB)

Illmo Sig.^{r} Fratello Oss.^{mo}

Non starò a dire a V. S. delli danari quello che si tratta perché dal Galanino intenderà il tutto. Il Sig.^{r} Marchese mi ha detto che si darà li argenti quando noi avremo li forestieri. Li [tapedi] dice non poterli dare, perché ha date le camare fornite per il Cardinale; ma circa alla gualdrapa che V. S. mi scrive, non l'ho voluta domandare (...) non si manca di tratar per danari e subito auti anderemo a Molano a far quello che per tutti sarà bene   di Gualt.^{o} alli 3 aprile 1598
Di V. S. Illma Afs.^{mo} [Parente] e S.^{re}
                                                    Fra Gio.^{ni} Bentivogli.

6.   Randoni, *Manuscrito osia Cronaca* (1598-1614)
    FEc, ms. Cl. A 250 (copia 1789), c.29v

(Il Papa ascolta la musica delle monache di San Vito in Ferrara)
Alli 13 di luglio partì Ranuccio Duca di Parma (...) ed il dì 15 detto S. S.^{tà} andò a celebrare messa nella chiesa delle RR. MM. di San Vito, dove ne restò satisfatissimo per l'accoglienza usatali da quelle madri per una sonora e perfetta musica, e tale che tutti li assistenti restarono stupefatti (...)

1599

7.   Randoni, *Manuscrito osia Cronaca* (1598-1614)
    FEc, ms. Cl. A.250 (copia 1789), c.40v

(Carnevale 1599: turbato da un litigio tra:)
(...) Guido Calcagnini ed Enzio e fratelli de' Bentivoglia, per causa che il Calcagnini havesse minacciato di percuotere un certo della famiglia de' Bentivogli per avergli addimandato certi denari, che il detto Calcagnini li veniva debitore (...)

8.   Bernardo Cotughi da Ferrara a Isabella Bentivoglio Modena 5.VI.1599
    AB, 16, c. 95

(Chiede denaro per antichi debiti contratti con Leonello di Pierro riferiti all'anno 1580)
(...) per bisogno del conserto della sira de carneval in corte   scudi 6.4.0
(seguono spese per vestiti nella medesima occasione)
(c.96) (...) Illma S.^{ra} Vittoria Bentivolia (...) per bisogno del conserto della sira de carnevale che fa Sua Sig.^{ra} scudi 6.4.0

1600

9.   Sardi, Libro delle Historie Ferraresi (1646), p. 18

(1600) (...) Nel qual tempo essendosi aperta l'Academia degl'Intrepidi, fu dato principio al bel teatro, che si vede nel nuovo granaro, vicino alla chiesa (p.19) di S. Lorenzo, posseduto hoggidì dal Sig. Marchese Pio Obizzi, che l'ha reso più bello, di quello che havea fatto Gio. Battista Aleotti detto l'Argenta che ne fu ingeniero, ed architetto, con la qual occasione il Conte Guido Ubaldo Bonarelli publicamente parlò, esortando la Gioventù di Ferrara, e massime nobile, all'acquisto delle virtù, alle quali fù sempre naturalmente inclinata, della quale academia fu dichierato Principe il Duca Vicenzo primo Duca di Mantova, non senza qualche dispiacer d'animo del Cardinale (...)

10.   Girolamo Piccinini da Roma a Isabella Bentivoglio, Ferrara 2.I.1600
       AB, 30, c.15

Ill.ma Sig.ra e Padrona Colen.ma

S'io avesse cosa alcuna di novo ne farei partecipe V. S. Ill.ma, se ben tengo per fermo che il Sig.r Guido le farebe divenir vechie con la prontezza sua nel dar l'aviso. Tutavia dandogli nova del Sig.r suo figliolo, tengo che serà sotisfatta di me e masimamente facendogli saper il suo ben stare comme faccio hora. Io gli ho ritrovato un giovano ferrarese di buona famiglia delli Pechiati, il quale servirà in vezo di quello che s'aspettava da Ferrara, e crederò che il Sig. Guido ne serà contento comme mostra d'eser degli altri servitori ch'io gli ho trovati. De la qual cosa non mi par poco al tempo d'oggi per esser carestia di homini buoni e fidatti. La partita di Ms. Modenino improvisatamente con Ercolle credo che a V. S. Ill.ma li sia noto e similmente la poca sotisfacionne che hano datto di loro, cosa veramente di non poca admiracione: però il S. Dio si guardii da peggio, e mi dia gracia ch'io possa veder il nostro Sig.r Guido in quel'honore ch'io desidero e che lui merita; e V. S. Ill.ma pò esser sicura ch'io non manco di sotisfar me stesso in servirlo in tuto quello ch'io posso e che lui mi comanda, si comme farrò sempre verso V. S. Ill.ma e di tuti quelli Sig.ri e Sig.re quando si degnarono di darmene causa. E con questo facendo fino a V. S. Ill.ma e quelle Sig.rie basio (le) mane (...)   Di Roma il dì 2 genaio 1600
Di V. S. Ill.ma   Serv.re Devo.mo
                                                                        Girolamo Picinini

11.   Giovan Battista Aleotti da Argenta a EB, Ferrara 24.I.1600
       FOc, Carte di Romagna, Aleotti (prov. AB)

Ill.mo Sig.re mio S.re e Padron mio Col.mo

Ritrovandomi qui in Argenta ho inteso che da V. S. Ill.ma si parte il suo fattore dei molini di Filo, onde ho risoluto non mancar del debito mio, e per servire a lei, ed anco per particolare servitio dei suoi molini pregandola a compiacersi di restar servita di pigliare al suo servitio in detto luogho Ms. Nicolò Severi citadino di Argenta che è quello aponto del quale gli parlò altra volta il Sig.r Cesare detto, che io mi do a credere ch'ella ne sia per restar servita assai per le raggioni che altra volta gli adussi, delle quali so non si sarà scordato, si come ancor occorendo far fattore in più mana. Se mi comanderà io gli procurerò uno dei miglior huomini che siano oggidì nella bonificatione. E fra tanto augurandole felice sucesse in tutto ciò ch'ella desidera humilmente le faccio la dovuta reverenza D'Argenta 24 di gen.o 1600
Di V. S. Ill.ma

                                                                        Dev.mo se.re perpetuo
                                                                        Gio. Batt.a Aleottj
                                                                        d.o Argenta

* In una successiva lettera del 31.VII.1601, scritta dall'Aleotti da Ferrara a Enzo Bentivoglio a Gualtieri che non riportiamo, l'architetto dichiara di aver eseguito gli ordini del marchese: sono i primi studi di fattibilità sulla sistemazione delle acque del Po e del Reno che porteranno alla grande opera di bonificazione. È allegato un frammento autografo dello stesso Aleotti (che inizia: "I comacchiesi ed argentesi ha mandato a Roma non si fidaran più di ferraresi") e una porzione di disegno di terreni (FEc, ms. Antonelli 966, fasc. 1: Aleotti).

12.   Ercole Rizzanti da Modena a Nicolò Fiorelli, 17.II.1600
      AB, 30, c.69

(...) prego V. S. a farmi gratia di dar la presente chiave a barba Iseppo quale serà la chiave delle mie robe e quella di la guardaroba dove sta le robe dil signor e perché ne ho parlato a ditto signor, me ha risposte che le facia metere in guardaroba e che manda la chiave a V. S., che ala venuta [sua] la riportarà indrieto. Si come anco ditto signor me ha detto che scriva a V. S. deli quadri che tiene quelli signori, che veda de recuperarli con quella maniera che a lei pare (...)

13.   Cornelio Stanga da Modena a EB, Ferrara 26.II.1600
      AB, 30, c.83

(...) Ho invitate il trombetta, il qualle non so se V. S. Illma resterà ben servita, essendo un pesso che non ha toccato pesso: so che serà servito ed il Bellaia sa quel che ho fatto perché V. S. Illma sia servita (...)

14.   Cristoforo Gallo da Roma a Isabella Bentivoglio, Ferrara 5.IV.1600
      AB, 30, c.171v

(...) Mando per il Paduano alcune corde alla Sig.ra Lucrezia, il quale stamattina è ito a desinare da S.^{re} Cardinali Pereti (...)

* *Lucrezia, moglie del marchese Pepoli, è sorella di Enzo Bentivoglio e morirà nel 1602.*

15.   Ippolito Cricca (detto"Pagliarini") da Ferrara a Ippolito Bentivoglio, Modena
      13.IV.1600
      AB, 30, c.186

Illmo Sig. Marchese, Patron mio Coll.^{mo}

Per la servitù che io tengo con la persona sua, e la casa sua, è venuto il tempo di favorirmi col Sig.^{r} Duca circa la casa che adeso mi hanno cittato a pagar il fitto. Onde non potendo far a manco io andai a trovar il Sig.^{r} Marchese Scandiano e li dise volentieri che pagarò quanto purtarà il giusto. Pregandolo che mi facesse far li miei conti del organo di capella; perchè son creditore di scudi ducento cinquanta come ne può far fede il Balbo, e vi è le scritture in Camera Ducalle; e poi la servitù che li fo continuamente dalla partita sua, e ancor continuo fin mai che io vive e perché si sapia, onde lo servo. Il Sig.^{r} Duca mi ha fatto commandare per il Sudento suo contista che mi piglia cura del organo di cappella, l'instrumento pian e forte con l'organo sotto, l'organo di carta, ed altri instromenti, che io ho nelle mani; né mai nisuno m'ha dato provvigione per tenere in ordine detti stromenti, ed organi, pur nientedimeno io li vado spendendo il sangue mio, etlo fo volentieri. La mi favorirà se pare a V. S. Illma che sia lecito trattarne con Sua A. S.^{a} e se pur parerà a sua A. di novo farò quello che a lui piacerà facendoli sapere ancora dela casa che l'abiamo fabricata la metà del nostro, ed anco più, e perché si è publicato per il popolo, che la casa mi era stata renunziata, e questo mi sarebbe molto d'istranio a usir di casa a questo modo, con pregandola di saper la risolutione di S. A. S.^{ma} e V. S. Illma mi favorirà darmene un poco avviso aciò non viva in questo travaglio, perché non tengo anco conto di vinti ne vinticinque scudi. Solo temo la mia servitù, e mia reputazione: ché sempre il Sig.^{r} Duca è stato di buonissima mente con noi e la casa nostra. Tutto quello che nascerà lo recceverò dala persona sua, e starò aspettando qualche risolutione aciò non viva in questo cordoglio, che del tutto ne recceverò gratia, e favore, da V. S. Illma. Baciondoli la mano, ed offerendomi suo servitore.   Di Ferrara il dì 13aprile 1600 (...)

* *Per il liutista modenese conosciuto come "Pre' Sudenti" fornisce alcune notizie la* Cronaca Spaccini*: 29.V.1617* "È qui (...) Sudenti Modonese, che sta a Roma essendo il primo suonatore di tiorba che oggi dì vivo"; *6.XI.1634* "...sta male D. (...) Sudenti, chierico Modonese e suonatore da leùto e musico principale di Roma, havendo servito Papa Gregorio XV (...) ed anco teneva da lui molti benefici"; *7.XI.1634* "È morto questo Sudenti, havendo nominato erede la chiesa comune (...)". *Cit. in Valdrighi 1883, II. Newcomb, p. 142 cita il Sudenti*

a Roma al servizio del cardinale Aldobrandini nel 1622 con 70 scudi di paga mensili. Sui Cricca-Pagliarini cfr.
Valdrighi 1883, II, p. 471; Durante-Martellotti 1982, pp. 58-60; Newcomb 1980, I, pp. 169-70.

16. Ercole Rizzanti da Modena a Nicolò Fiorelli, Ferrara 19.IX.1600
      AB, 30, c.625

(...) Se paresse a V. S. recordarli al Sig.^r Encio di dui quadri; uno è il Prencipe di Massa ed uno altro
signore e dui cerbasi moreli, sopra essi si va [a] le camere abasso verso il giardino. Lo sa barba Iseppo
(...)

17. Giovan Battista Aleotti da Argenta a EB, Ferrara 5.XI.1600
      FOc, Piancastelli, Autografi: Aleotti (prov.AB)

Illmo S.^re e Padron mio Col.^mo

Ho dato la lettera di V. S. Illma alli signori consuli d'Argenta i quali ho trovati dispostissimi a fare quanto
ella gli scrive. Ed ho da i medesmi scoperto che il Governatore d'Argenta che è bolognese s'havea pensato
di alloggiar lo S.^re Card.^le in casa sua nella quale ha due stanze infelici, ed ho giudicato che ciò non sia
bene a noi: che questo Card.^le deve, per aviso mio, stare in luogo pubblico e non sospetto alle parte. E
però si rissolve di fare che e lui e tutta la sua famiglia alloggi nella casa ch'era del Duca. Ma perché ella è
sfornita oggi si farà il consiglio si per questi alloggi come per la provvisione della roba acciò ce ne sia in
occorenza per dannari. Et si rissolverano, per fornire le camere di S. S. Illma, di dimandarci a V. S. Illma
socorso di tapezzerie, e d'un letto, che nell resto havran provvisto loro. Ed io credo lo farano eccetto che
de massaritie da cucinare di che ho volsuto dar conto a V.S.Ill.ma parendomi che sia bene ch'ella sappia
come le cose passano, e sopra 'l tutto La prego a non tollerare che egli aloggi in casa di cotesto Governatore il quale [benché finga] non di meno è stato osservato da chi lo pratica, che quando sente raggionare che
l'acque s'habino a regolare a modo de signori ferraresi, si altera nottabilmente. Se ben puoi si rimette,
l'importanza del fatto è grandissima e credo basti a lei l'accenarglilo.

Farò di trovarmi alle casette martidi sera senza fallo conforme alla commissione di V. S. Illma. In tanto
le dico che l'acqua nelle valle d'Argenta sono un piede più alte che non erano anno passato da questi
tempi. Ma perché l'acque non corano io ho trovato che su quello d'Argenta e fino al fiume Santerno vi
deva essere fino a 30 cogolli i quali trattengono all'acque del Po il corso tanto che è una vergogna, e mi
dicono queste genti che il Governatore suddetto è che gli dà questa licenza perchè ne cava un peso
d'anguille per ogni cogollo, e perché conosco il grandissimo impedimento però la prego ad operare che
si lievino non ostante qual si voglia cosa in contrasto. Andrò a fare i fatti miei e fra tanto a V. S. Illma
faccio reverenza et gli baccio la mano   D'Argenta questo dì 5 di 9.bre 1600
Di V. S. Illma   Dev.^mo se.^re perpetuo
‘   Gio. Batt.^a Aleottj
                                                                            d.^o Argenta

1601

18. Addenda a Equicola, *Genealogia delli Signori Estensi* (1598-1609)
      FEc, ms. Cl.II 349, p. 252

(Quintanata a Ferrara per il carnevale)
1601. Circa il fine di genaro, havendo ordito alcuni cavalieri di correre alla quintana nella piazza, comparve su la sala di corte, mentre si facea la festa, un'ombra la qualle in nome d'Hidaspe di Meroe publicò un cartello contro le donne ferraresi, e provocò i cavalieri di Ferrara a pigliare la diffesa delle loro
dame, il cui tenore fu l'infrascritto:
Quell'io Hidaspe di Meroe, della reale stirpe di Teagene, e Carichia famoso e singolar essempio di co-
stantissimi amanti (...)

(Seguono i vari cartelli)

* *Da notare che compare in questo, che è il primo torneo ferrarese dell'epoca post-ducale, il nome di Teagene che sarà poi ancora associato ad Enzo Bentivoglio.*

19.   (Ippolito Bentivoglio da Modena) a destinatario sconosciuto 12.VI.1601
      AB, 22, c.201

Sarete contento di dare a Ms. Giulio Cromer pittore stara ventiduo e medio di formento che è quello avantava (…)

* *Riassunto anche nella successiva lettera, c. 210, non riportata. Secondo Girolamo Baruffaldi, II (1846), p. 31 Giulio Cromer (morto nel 1632) faceva parte della schiera di pittori locali più attivi nel copiare opere d'arte che nel crearle.*

20.   Antonio Mellani da (Gualtieri?) a Ippolito Bentivoglio, Modena 27.VI.1601
      AB, 22, c.437

(…) Domani li pittori finiranno di dipingere la fazada della galeria verso il giardino (…)

21.   Alessandro Guarini dalla Guarina a EB, Ferrara 9.VIII.1601
      FOc, Piancastelli, Autografi: Guarini (prov.AB)

Illmo Sig.^{r} Cugino, e mio Sig.^{r} Sing.^{mo}
Rimetto a V. S. Illma il cavallo, e gliene rendo infinite grazie, pregandola a perdonarmi l'incomodo, che gliene ho dato, che certo gran necessità, mi ci ha spinto. Io starò fra duo giorni a Ferrara con desiderio di poterla servire in quel poco, ch'io vaglio. Ma egli è sì poco, che ardisco a pena offerirlo. E per fine a V. S., alle Sig.^{re} Marchese ed alla Sig.^{ra} Ginevra bacio con ogni riverenza la mano, e prego da N. S. Dio ogni desiderata prosperità.   Della Guarina li 19 agosto 1601
Di V. S. Illma

                                         Cugino e ser.^{re} osservantiss.^{o}
                                              Aless.^{ro} Guarini

1602

22.   Addenda a Equicola, *Genealogia delli Signori Estensi* (1598-1609)
      FEc, ms. Cl.II 349, p. 262

(Barriera a Ferrara per il carnevale)
1602. Quest'anno nel principio di febraio fu trattato da molti cavalieri ferraresi di volere fare una bariera non meno riguardevole di quella che fu l'anno addietro la quintanata; e perciò nel medesimo tempo, comparve su la sala di corte mentre si facea la festa, un'ombra, la quale in nome del Cavaliere del Fulmine publicò l'infrascritto cartello contro gli amanti delle belle donne (…) (seguono cartelli) (…) Non si fece però la sodetta bariera, però che fu proposto dall'Illmo Sig.^{r} Entio Bentivoglio, e dall'Ill.^{re} Sr Fabio Fabiani, di volere mantenere eglino una giostra, ch'era ordita di farsi da molti cavallieri di Ferrara come fu poi fatto in effetto, che fu sostenuta per essi con gl'infrascritti capitoli, il dì 16 di (p.264) febbraio (…)
(seguono 29 Capitoli "secondo l'uso di Ferrara" che furono "stabiliti dagli Accademici Intrepidi", nella cui sede si dovevano far controllare le armi).

* *Prima giostra ufficialmente organizzata da Enzo Bentivoglio per conto dell'Accademia degli Intrepidi.*

23.   EB da Ferrara al Duca di Modena 4.III.1602
      MOs, Cancelleria Ducale Estense, Particolari: b.123, Bentivoglio

Ser.^{mo} Prencipe, Sig.^{re} e Padrone mio Col.^{mo}

Rendo humilissime gratie a V. A. Ser.^{ma} del favore che si è compiacciuta farmi d'uno de' suoi cavalli da giostra, il quale io ho fatto consignare qua alli ministri dell'A. V. Ser.^{ma} conforme l'ordine havuto dal Sig.^r Guaresco, dopo haverne tenuto io medesimo diligentissima custodia. Né per questo solo, ma per infiniti altri rispetti vivo servitore obligatissimo alla Ser.^{ma} sua persona, alla quale non potendo altro per hora, con riverenza m'inchino, augurandole dal signore quel maggior bene, che si può desiderare.

Di Ferrara li 4 marzo 1602

Di V. A. Ser.^{ma}

Um.^{mo} e dev.^{mo} ser.^{re}
Hentio Bentivoglio

* *Solo rinvio al documento in Tamburini, p.45, nota 13.*

24.   Ferrante Nova da Milano a EB, Ferrara 30.IV.1602
      AB, 24, c. 156

All'Illmo S.^r e Cugino mio Oss.^{mo}

(...) Desidero però saper nova di V. S. e della Sig.^{ra} Cattarina, e se si ha di far torneo e comedia, e quando (...)

(Segue annunzio d'invio di varie vesti)

25.   Alfonso Gallo da Gualtieri a Nicolò Fiorelli, Modena 1602
      AB, 8-25, c.149

(...) bisogna far che il pitor Paggino faccia una duzina e meza di banderiole conforme la misura più piccola e due conforme la misura grande: voglino essere di cendal turchino con l'arma Bentivolesca da una parte, et la Martinenga dall'altra con li suoi frisi d'intorno, d'oro. Bisogna anco che si faccia dare da la guardarobba di S. A. un beluto nero de queli che si metono sopra li scabeli in chiesa con li suoi cussini, quale havea anco dato l'altra volta (...)

* *Preparativi per il matrimonio di Enzo Bentivoglio con Caterina Martinengo.*

26.   Ippolito Bentivoglio da Modena a Nicolò Fiorelli, Ferrara 18.IX.1602
      AB, 25+, c.439

(...) Desidero mi mandiati l'altezza, e larghezza delli quadri che si fanno costì, per che farei fare in tanto li telari, per servirmene intanto sieno qui (...)

27.   Giacomo Fiorelli da Modena a Nicolò Fiorelli, Ferrara 5.X.1602
      AB, 25, c. 30

(...) li putti al solito vanno imparando, ma Tommaso va facendo manco profitto che mai, che me ne dispiace infinitamente ed il nostro gridare, e le vostre lettere poco sono stimate da lui. Tuttavia non si manca di spronarli tutti, perché imparino, ed acciò habbino qualche virtù, gli ho compro un liuto, e li faccio insegnare suonare, che pare che Tommaso qualche poco se ne diletti, e Fiorello anche lui dice che non vede l'ora di essere grande per potere ancora lui imparare a sonare (...)

1603

28. Orazio Langoschi da Mantova a EB, Ferrara 14.I.1603
   AB, 26, c.67

(…) la comedia si farà la domenica o il lunedì di carnevale per quanto si dice non essendovi certezza del giorno preciso, ma si discorre però che sarà bellissima e che gli intermedii debbano essere pari a quelli della comedia che si fece nel passaggio della Regina (…)

29. Battista Guarini da Pesaro a EB, Ferrara 15.I.1603
   FOc, Piancastelli, Autografi: Guarini (prov.AB)

Illmo S.^r mio Sig.^r sempre Oss.^{mo}

Non accadeva che V. S. Illma facesse alcuna scusa con me di quello che non ha potuto fare in servitio di quel giovane che le fu raccomandato da me, essend'io più che sicuro della sua buona e cortese volontà verso le cose mie. La quale se non ha potuto colpir nel segno desiderato, fu colpa della difficoltà che seco per l'ordinario portan tutti i negozi, e non mica di lei, ch'in altra occasione di maggior importanza ho conosciuta sempre nientemeno d'effetti che d'animo gentilissimo. Io dunque resto soddisfattissimo di quanto havea pensato di fare, come se veramente l'havesse fatto, tanto più che vedendo io la difficoltà che passava per la via di costà, presi altro espediente, et l'accomodai a Lucca. Godo intanto di vedermi in sua buona grazia, in virtù della quale mi giova etiandio di sperare che sia per darmene segno col comandarmi, come io col valermene le do segno della confidenza che produce in me la molta osservanza che sempre le ho portato, e le porto. Che sarà quanto mi occorre colla presente per fine della quale io le bacio affettuosamente la mano, e prego molta felicità.   Di Pesaro li 15 gen.^o 1603
Di V. S. Illma

Osservantiss.^o ser.^{re} e zio
B.^a Guarini

30. Alessandro Guarini dalla Guarina a EB, Ferrara 20.I.1603
   FOc, Piancastelli, Autografi: Guarini (prov. AB)

Illmo Sig.^r mio Sig.^{re} Sing.^{mo}

V. S. Illma mi scrive di rimandarmi la *Galatea*, ma in vece di lei mi ha rimandata l'egloga di *Eco*. Ho per tanto giudicato bene il rimetterla di nuovo in sua mano, come fo, qui congiunta, e pregarla, come la prego, a rimandarmi la *Galatea*. Io spero, che sarò questa settimana vegnente a Ferrara, non tanto per godermi anch'io parte del lor bel carnevale, quanto per servire a V. S. Illma se sarò buono. Quanto alla quintanata, vedrò di pensar a qualche cosa, ma intorno alla bariera, forse è necessario veder il cartello del mantenitore, che vuol inventar cosa a proposito. All'una, e l'altra havrò nondimeno il pensiero, tutto che la mia mente, che giostra duramente colla fortuna, difficilmente possa rivolgersi ai tornei d'amorose querele. Ma ogni difficoltà sarà superata, come spero, dal desiderio, ch'io tengo di servire a V. S. Illma. Alla quale per fine fo riverenza, e prego dal Sig.^r Dio ogni desiderata felicità.

Dalla Guarina li 20 gen^o 1603

Di V. S. Illma

Osservantiss.^{mo} ser.^{re} e cugino
Aless.^{ro} Guarini

31. Addenda a Equicola, *Genealogia delli Signori Estensi* (1598-1609)
   FEc, ms. Cl.II 349, p.267

(Barriera a Ferrara per il carnevale)
1602. A adi 10 di febbraio fu fatta una bella barriera, da alcuni gentil'huomini della città, e sopra la sala comparve un huomo, che publicò il cartello infrascritto:

Grand'è veramente la possanza d'Amore, e per avventura più maggiore assai, ch'altri non si fa a credere. Ecco, ch'io appellavo il Cavaliere del Fulmine, o più tosto il Fulmine stesso, il quale, l'anno addietro, (…) qua venni per isfidare (…)
** È lo stesso personaggio comparso nel carnevale 1602: giustifica la mancata realizzazione della barriera
nell'anno precedente; seguono cartelli e versi probabilmente cantati, tra cui un* Dialogo di Marte e Venere
con una sezione indicata "Musica".

32.   Doroteo Fiorelli da Firenze (?) a Niccolò Fiorelli Modena 24.II.1603
      AB, 26, c.315

(…) ho ben provvisto le corde da leuto per il suo figliolo quale li manderò per via di Bologna e saranno
a proposito (…)

33.   Claudio Monteverdi, *Il quarto libro de madrigali a cinque voci,* Venezia, Amadino
      1603, dedica da Mantova 1.III.1603

Alli Illustrissimi miei Signori, e Patroni osservandissimi
li Signori Accademici Intrepidi di Ferrara
Poiché gli anni passati io non potei presentare alcuni miei madrigali a penna al Serenissimo Alfonso
Duca di Ferrara, per la sopravegnente sua morte, hora ch'è risorto in cotesta città un Principe, e capo
d'una nobilissima schiera di cavallieri amici, e operatori d'attioni virtuose, raccolti dentro a numerosa
accademia, quale è cotesta di Voi Signori Illustrissimi (…)
* Ed. in de' Paoli, 387-389.

34.   Battista Guarini da Mantova a EB, Ferrara 13.III.1603
      FOc, Piancastelli, Autografi: Guarini (prov. AB)

Ill.mo Sig.re mio Oss.mo
Perch'io voleva in qualche maniera procurar di corrispondere, più tosto con effetto che con parole al
desiderio che V. S. Ill.ma mostra così ardente nel particolare del Sig.r Guarnieri, mi sono perciò andato
trattenendo tanto a dalle risposta, con pensiero, che la lunghezza del tempo dovesse porgermi qualch'opportuna occasione per mezzo della quale potessi sodisfare all'intiero della sua volontà in questo
proposito, ed al particolar desiderio ch'io tengo di servirla in questa, ed in qual si voglia altra occorrenza per me possibile. E se bene V. S. Ill.ma intenderà dal Sig.r Commendatore Langosco, col quale ho
havuto lungo ragionamento in questo particolare la causa, che a detto S.r Guarnieri sia vietato il poter
passar di qua con l'arme, non resterò però ancor'io di dirle, che quando egli fece ricercar la licenza delle
medesime arme S. A. disse, che ogni volta che lui non fosse di quei Guarnieri, ch'erano in controversia
con li Facchini, che si contentaria, che le fosse concessa la detta licenza. Onde havendo egli fatto narra-
re, che non era di quegli, ed essendo poi l'A. Sua venuta in cognitione, che in effetti n'era, ne prese
perciò qualche sdegno di modo, che ha bisognato andar sempre ritenuto in questa pratica. E questo è
stato il particolare impedimento, ch'io ho havuto di non poter così in un subito spuntare il desiderio di
V. S. Ill.ma. E quando alli Sig.ri Facchini non sia proibito il transitare con l'armi lo stato ferrarese, sarà
per aventura (c.n.n.Iv) più facile il tentare, che al S.r Guarnieri sia concessa la medesima facoltà di
transitar per questo Con l'armi, eccettuata fellonica a questi, ed alli Sig.ri Facchini Calto, come V. S.
Ill.ma dice. Il che io procurerò con ogni mio sforzo possibile, affinch'ella resti sicura, che di quanto
sarà in poter mio cercherò sempre di servirla con ogni prontezza. Fratanto le bacio le mani, e le prego
ogni più vera contentezza.   Di Mantova a 13 di marzo 1603
Di V. S. Ill.ma

                                                              Ser.re e Parente affett.mo
                                                              Gio. Battista Guer.o
** Sul retro della lettera è scritta, di mano posteriore, la data sbagliata "1613 Mantova 13 Marzo" (Guarini
muore nel 1612).*

35.   Alessandro Guarini da Massa Fiscaglia a EB, Ferrara 12.IV.1603
       AB, 378, c.54

(Rimanda un cavallo di Enzo insieme con lettere per il marchese Turchi come risposta "nel caso da lui mandatomi")

36.   Isabella Bentivoglio da Roma a Ginevra (Bentivoglio), Ferrara 24.IV.1603
       AB, 26+, c. 143

(...) La S.ra Dona Franzesina è tuta tua e dice se tu hai d'aver il suo ritrato che ancor lei ne vole uno de tui, si ché procura farne uno e digli a Encio che si contenti: ma non così brutissimo come quelo del cavaliero [Giovanni Bentivoglio] cioè quel picolo che mai non vidi la più fumata cosa; però non manchar farlo far, ma che sia simile (...)

37.   Giacomo Fiorelli da Modena a Niccolò Fiorelli, Ferrara 7.V.1603
       AB, 26, c.417

(...) sopra di Tommaso non li starò a dire altro, dispiacendomi straordinariamente che sia di così cattiva natura, che non voglia far profitto in cosa alcuna di bene; pare che applichi il cervello nel sonare il liuto, che invero per sì poco tempo che ha cominciato si porta benissimo (...)

38.   Giovan Battista Aleotti da Ferrara a EB, Consandoli 5.VII.1603
       FOc, Piancastelli, Autografi: Aleotti (prov.AB)

Ill.mo S.re e Padron mio Coll.mo

Da quanto scrissi a V. S. Ill.ma marti e mercori prossimo passato, ella poté intendere quanto tra l'Ill.mo S.re Card.le e l'Ecc.mo Sig.r Mario, e me passò, in materia del carco e dei molini ch'ella sa, né altro occoremi dirgli se non che hieri andando l'Ill.mo S.re Card.le fuori a spasso, a caso m'incontrò e chiamatomi disse: - ditemi un poco dal ponte dell'argine Sanzallino fin alla fascinata non mi havete voi detto che non vi è cavato niente? - Nientissimo - risposi - Niente - soggiunse - Niente - risposi - mi convien bene vi si scavi -. Ond'egli non altro disse : - Adio.

Il magnifico Ms. Gio. M.a Aleotti giudice della Riviera di Filo, ed esibittore della presente, mi richiese hieri, se io credevo che gli terreni e prati della comunità di Filo, lo scolo delli quali soleva essere nel mezzano prima che per l'alluvioni della fossa s[cu]ra che dal condotto del molino di V. S. Ill.ma deriva, havessero fatto li dossi e l'alture che ci sono, potessero scollare in fossa comacchiese. Io che so che l'acqua di detta fossa deriva dal campo d'Agosta e valle di Comacchio, e perciò è bassa quanto è il mezzano, gli dissi di sí, ond'egli a nome della comunità di Filo mi pregò a voler pregar lei di restar informata che senza suo pregiuditio può concerli lo scolo con una botte sotto li canali del molino. Il che ho volsuto far volontieri et dire anco a V.S. Ill.ma che se questa non può ne deve dar danno a lei che si può contentare di darli l'esito, e viettare che ricorendo alla giustitia ordinaria sia dettermin[a]to ch'ella habbia torto; ond'essi habbino poi a dolersi di lei che potendo senza suo danno non voglia beneffitiare, chi è rimasto bonifficato per commodo suo. Si che V. S. Ill.ma se ella sente ciò poterglisi concedere senza pregiuditio di lei lodo ch'ella si compiaccia di favorire e conservarsi quella riviera per obbligata, ma dir[o]gli più a longo quando la vedrò facendoli hora la dovuta reverenza. Di Ferr.a 5 di luglio 1603

Di V. S.

                                              Ser.re Dev.mo e [perpetuo]
                                              Gio. Batt.a Aleottj
                                              d.o l'Argenta

39. Giovan Battista Aleotti da Ferrara a EB, Consandoli 5.VII.1603
   FOc, Piancastelli, Autografi: Aleotti (prov. AB)

Illmo S.^re e Padron mio Coll.^mo

Ancor che per Ms. Gio. M.ª Aleottj Giudice della Riviera di Filo, io habbia scritto a V. S. Illma intorno a quanto ella vedrà, mi s'è però scordato di pregarla a compiacersi di scrivere (conformi a quanto gli scrissi già) al suo fattore di Trecenta o a chi s'aspetta che mi diano due o tre lonchielle di letame; non ho volsuto però restar di dirgli con questa, che la fossa policella è adesso aperta, et posso mandarli con quest'occasione comodamente. Però la supplico a farmi gratia di scriverli e far capitare a me la lettera perchè la 7mana che viene possa mandarli. E perché quello che a lei non nuoce, ed a me può giovare, apresso di me deve trovar luogo in lei, la vengo di nove a pregare, ed insieme a farmi gratia d'havermi per quel servitore sviscerato di sempre. Con che fine con ogni affetto di cose me le raccordo e gli faccio la douta reverenza e quando havrò disposto il Conte Luiggi giudice de Savii a far quanto ella mi ha comandato gli ne darò subito aviso.   Di Ferr.ª 5 lug.º 1603
Di V. S. Illma

Dev.^mo e sviscer.^mo
Ser.^re perpetuo
Gio. Batt.ª Aleottj
d.º l'Arg.^ta

40. Gianmaria Turini da Castel Gualtieri a Niccolò Fiorelli Modena 24.VII.1603
   AB, 27, c.115

Sr Niccolò V. S. si contenterà far capitare questa lettera subito alla S.^ra Marchesa d'ordine della signora nostra eccellentissima; aspetteremo V. S. con desiderio di viderla, e sorta ed io in specie; qui si stà in molta allegria ed è piaciuto al Signore che si siano condotte queste due dame. V. S. farà aver subito l'incluse al Sforzino cantore che quas'aspetta, ed al Signor Scotto. Non so che altro me le dire, solo che di buon cuore le bacio la mano (…)
* *Le due dame sono cantanti? Lo Sforzino potrebbe essere Francesco Sforza, cantante e copista di musica al servizio della basilica di S. Barbara in Mantova tra la fine del Cinque e inizi del Seicento. Cfr. Fenlon 1992, p. 255.*

1604

41. Doroteo Fiorelli da (Firenze ?) a Nicolò Fiorelli, Modena 27.III.1604
   AB, 28, c. 66r

(…) Per via di Bologna li mando un legatino una carta; dentro vi [è] tre mazetti di corde da leuto da dua, eseguito dal che ha chesto S. E.. e l'altro, non ne eser certo delle dua vorse, è servito S. E. (…)
* *Sul dorso della lettera:* "Corde di liuto".

42. Gio. Maria Turini da Ferrara a Nicolò Fiorelli, Modena 6.IV.1604
   AB, 28+, c.170v

(p.s.:) Le Chieppe si mandano per Ms. Paulo Monferrati pittore.

43. Alessandro Guarini dall'Accademia (degli Intrepidi, Ferrara) a EB, Ferrara 26.VI.1604
   AB, 378, c.56

(Chiede aiuto per la sua causa)

44.   Antonio Messi ("dal Cornetto") da Ferrara a Giustiniano Masdoni, Modena
       15.VII.1604
       MOs, Agenti Estensi a Ferrara, b.9: 1604

Riferisco (…) che la Salla Grande che adimandano questi signori [Intrepidi] Accademici a S. Altezza
Ser.ma, per farli recitare alcun'opere il carnevale prossimo avvenire, fu affittata cinque anni sono ad un
Bortolameo Arnosti per fargli giocare al balone (…) V. S. molto illustre hebbe consideratione che eser-
citando detta sala al balone, veniva a patire assai di destrioramento; e concluse e comandò che per
avenire per magior avantagio si tenesse chiusa afitandola più tosto a comedianti ed altri bataglieri, ch'alla giornata sogliono adimandar tal stanza; si come si fece (…) [meno di un anno prima] s'afitò a Cola e
Fargno Cola da Bologna, comedianti, e suoi compagni (…) Il carnevale prossimo ad avenire, io ho
speranza d'afitar molto più la sudetta sala di queli si fece l'anno passato, non vi essendo poco o altri
intartanimenti nella città che le comedie, per quelo si è veduto l'anni passati (…)
* *Ed. Chiappini 1981, pp. 67-68, con la lettera di accompagnamento del Masdoni ad duca di Modena (in
data 16.VII. 1604 dallo stesso Archivio) che esprime identico parere e si oppone al concedere la sala agli
Accademici Intrepidi poiché "(…) quando questi signori Academici una sol volta vi mettessero il piede,
credo che mal volentieri la lasciarebbono (…)". Antonio dal Cornetto era stato musico al servizio di Alfonso II a Ferrara dal 1588 (cfr. Newcomb 1980, I, pp. 65-66 che però ne ignora il vero cognome Messi).*

45.   Ippolito Bentivoglio da Modena a Nicolò Fiorelli, Firenze 21.VIII.1604
       AB, 29, c.140

                              Molto Mag.co mio Car.mo
per la Vostra del 17 del presente ho veduto come sete in ispezione del negozio; però non essendo ispedi-
to, alla ricevuta di questa nostra sollecitate di farlo, e veder d'averi il denaro scritto; farrete ogn'opera
per sapere il prezzo della chitarra e quando la voglino pure denari accettatela, ch'ancora noi poi gli
manderemo di qua qualche altra gentilezza (…)

46.   Ippolito Bentivoglio da Gualtieri a Nicolò Fiorelli, Modena 14.X.1604
       AB, 29, c.235

(…) Da Giovan Battista ho inteso il vostro ritorno a Modena, e quando fussete in stato di poterVi
trasferire qui alla fine di questa settimana, o al principio dell'altra, mi sarebbe carissimo, portando con
esso Voi quelle scritture che vi paressero necessarie per qui, tenendo in casa nostra la chitarra portata
fino a mio arrivo (…)

47.   Ippolito Bentivoglio da Gualtieri a Niccolò Fiorelli, Modena 15.X.1604
       AB, 29, c.237

(…) tenete il raso, e la chitarra presso di voi, e li piri, e cipolli li darrete al giardiniero che le pianti (…)

48.   Giustiniano Masdoni da Ferrara al duca di Modena Cesare d'Este, 16.X.1604
       MOs, Agenti estensi a Ferrara, b.9

(…) I signori Accademici di Ferrara hanno havuto tanto desiderio d'un bel luogo da far comedie con
intermedi, emoli questi di quelle di Mantoa, come dicono, e per essercitarvisi ogni anno che, invaghiti
(…) gli ho dato il granaro di S. Lorenzo, per fitto ogni anno di scudi 100, con una locatione di otto
anni, dove al presente non se ne cavava altro che scudi 15 o 20 (…) Si è obligato per cogito del Dainesi
il S.r Entio Bentivoglio, il Conte Carlo Strorzi [= Strozzi], il Conte Manfredi (…) e il S.r Francesco
Sarasino [Saracino] (…) L'occasione veramente e il desiderio di questi signori ha cagionato il buon fitto
di questo luogo; e mi resta la speranza dell'utile della Sala Grande (…)
* *Ed. Chiappini 1981, p. 68. Cfr. precedente documento del 15.VII.1604. È così possibile ricostruire fedel-*

mente l'origine del teatro degli Intrepidi nel granaio di S. Lorenzo, distinti dalla sala grande, gli scopi degli Accademici e il ruolo del Bentivoglio.

1605

49.   Ferrante Bentivoglio da Modena a EB, Ferrara 6.I.1605
      AB, 31, c.47

(...) mando il Cortaldo a V. S. Illma spedendo Annibale, e tanto più volentiere glielo mando quanto egli mi è più caro (...) Desidero che mi favorisca di farmi [sapere] il dì, ed il quando della comedia, e li bascio le mani (...)

50.   Caterina e Luceminia (Bentivoglio) a EB, Ferrara (21.I.1605?)
      AB, 35, c.258

(...) Venir a menarsi alla comedia poiché la sera di carnevale non voresimo star a casa (...)

51.   Ippolito Bentivoglio da Modena a Nicolò Fiorelli, Gualtieri 30.I.1605
      AB, 31, c.210

(...) Havete fatto bene avisare intorno alli penelli che fanno quelli di Guastalla al Crostolo; scrivo al Podestà che s'informi bene, se in effetto è sul nostro, che per tal effetto gli mando un disegno del Carracchiola [= Carracci?] ritrovato a caso, il quale pare dia luce di quello è nostro; però ne disserarono insieme (...)

52.   Ferrante Bentivoglio da San Martino a (Nicolò Fiorelli, Modena) 30.I.1605
      AB, 31, c.216

(...) In caso, che non poteste aver violoni od altri, che potessero sonar, ispedite uno stanotte qui a S.^to Martino con una vostra a me scritta, (...) acciò possa ragionando provedere in quello che potiamo, e similmente troviamo qualche scusa (...)

53.   Mittente sconosciuto a Nicolò Fiorelli, Gualtieri 3.II.1605
      AB, 31, c.242

(p.s.:) (...) Io mando il Trombetta, qual ha pigliato il cavallo a nollo, però è necessario pagarglielo poi, si come anco usar a lui qualche curtisia perché è poverissimo (...)

54.   Giovan Paolo Conte da Milano a EB, Ferrara 27.IV.1605
      AB, 32, c.123v

(p.s.:) (...) Questa città ha fatto, e tuttavia va facendo, molti segni d'allegrezza per la natività del Principe di Spagna; e questi nostri cavalieri si preparano di far de bello: come saría tornei, e giostre. Saranno 4 quadriglie de molti cavalieri, cappi de quali saranno il Conte Borromeo per una, il Conte Fabio Visconte per l'altra (...)

55.   Lorenzo Dal Nente da Firenze a Nicolò Fiorelli, Modena 22.V.1605
      AB, 32, c.232

(...) Mercoldì passato che fumo alli 18 stante, per mano del Sig.^r Lorenzo Nizi ricevei una gratissima sua delli 15 detto insieme con scudi 20 di moneta 32.20 paioli c.=319.32.20 per la valuta del damasco nero insieme con le spese mandato sotto di 7 ditte a Bologna secondo suo ordine; e uno che avanza ne ho compero tante corde da liuto mezzane e canti, che sono in tutto dozine otto: crederrò che saranno satisfazioni perché l'ho fatte comperare a un maestro principale di Firenze in codesto esercizio e ho fatto conformi a che V. S. mi scrivi, le quali mand[o] per il presente corriere: V. S. pagherà il suo porto (…)

56.   Alessandro Guarini (da Ferrara) a EB (Roma?) 8.VII.1605
       AB, 378, c.58

(…) allhor potrò stare sul grande, quando potrò sperare di poter essere buono a servire al Sig.ʳ Enzo a cui debbo quanto sono, e quanto vaglio (…)
(Manda la traduzione dell'orazione)

57.   Benedetto Pignatta da Gualtieri a Nicolò Fiorelli, Modena 17.VIII.1605
       AB, 33, c.89

(p.s.:) (…) si racordi delle corde a Firenze.

58.   Doroteo Fiorelli da Firenze a Nicolò Fiorelli, Modena 30.X.1605
       AB, 34, c.129

(…) Commetterò a prestito le corde che il Sig. Marchese desidera e gne ne manderò. Intanto me li raccomando che la conservi in sua gracia (…)

59.   Giovan Maria Turini da Ferrara a Ippolito Bentivoglio, Modena 18.XI.1605
       AB, 34, c.188v (numerazione delle carte invertita)

(…) Per conto delli ritratti, quelli di Bologna, che sono 12, saranno fino a quest'hora finiti. El pittore mi disse che s'el S.ʳ Cornelio non s'assomigliava, che il suo ritratto picciolo era tanto brutto, e picciolino, che non l'haveva potuto imbroccare. Alli quali poi, non havendo dato la vernice, che però facerian brutto vedere. Ma a me pare che gli altri passeranno bene, massime le donne.
Ho ordinato a Ms. Zannio che vada a copiare a casa del S. March. Villa il S.ʳ Guido, la S.ʳᵃ Leonora, e la S.ʳᵃ Silvia: done al suo tempo molto honorate, e compite che meritano star con l'altre (c.185) e gli altri s'anderanno facendo di modo che avanti quaresima s'haveranno. Ho fatto il prezzo ad un cechino l'uno, con patto che quando non starano bene, che gli habbia da raccomodare senza maggior pagamento; e questo saranno da circa altri 12. (…)

60.   Tommaso Fiorelli da Modena a Nicolò Fiorelli Gualtieri 23.XI.1605
       AB, 34, c.220

(…) V. S. non si lascia scapar da le mane quel chitarone perché è bello e si ritraerà uno scudo sempre mai di più di quel che noi gli daremo; imperò, se non crede a me, V.S. scriva al Sig.ʳᵉ Niccolò, ch'io vello farò vedere: non mi [oc]corendo cosa alcuna, farò fine, pregandoli da N. S. ogne desiato bene (…)

61.   Tommaso Fiorelli da Modena a Nicolò Fiorelli, Gualtieri 24.XI.1605
       AB, 34, c.224

(…) Dalla sua ho inteso quanto mi dice del chitarone; io avisava V. S. perché egli è tanto bon marcato, oltre alla bontà e bellezza, aciò che calculese, quando V. S. arà quel dove mi dice si potrà poi vender questo e si ritraerà il dopie di quel che noi gli daremo sicuramente e state una volta sopra di me: adunque V. S. mi manda a dir ch'io il piglia (…)

1606

62. Antonio Trebiate da Gualtieri a Nicolò Fiorelli, Modena 21.I.1606
    AB, 35, c.190

(p.s.:) (…) sapia V. S., che ho eccitato questi giovene ed anzi ammaestrati in recitare una comedia, che ci potrebbe intervenire ogni grande personaggio; ma noi ce la voliamo godere. E ciò le scriva perché veda che siamo vivi, e credo che se li avrà a caro (…)

63. Vittorio Baldini da Ferrara al Duca di Mantova 29.I.1606
    MAa, Gonzaga, Esteri: Ferrara, E. XXXI.3, b.1264

Ser.^{mo} Sig.^{re} e Patrone mio sempre Col.^{mo}

Mando a V. A. Ser.^{ma} questi cartelli, che si sono fatti per queste nostre feste, di questo carnevale; e se ben non sono da paragonare con quelli de' tempi passati, non ho però voluto tralasciare d'inviarglieli, insieme con alcuni bandi pubblicati di nuovo. Se altro si stamperà, che mi paia degno di lei, farò quanto sono tenuto (…)
Di V. A. Ser.^{ma}

minimo servo
Vittorio Baldinj

64. Vittorio Baldini da Ferrara al Duca di Mantova 5.II.1606
    MAa, Gonzaga, Esteri: Ferrara, E. XXXI.3, b.1264

(…) Mando a V. A. Ser.^{ma} il rimanente delli cartelli che si sono pubblicati per la quintanata che si deve far hoggi. Si hanno da stampare alcune rime in questo soggetto (…)

65. Vittorio Baldini da Ferrara al Duca di Mantova, 13.II.1606
    MAa, Gonzaga, Esteri: Ferrara, E. XXXI.3, b. 1264

Mando a V. S. Ser.^{ma} i cartelli, e le compositioni fatte per la barriera, e la festa, che si fece la sera di carnevale in questa città; e per non haver stampato se non hora la dichiarazione dei versi del Sor Entio Bentivoglio, non ho potuto più tosto inviarli a V. A., come era mio debito. Se altro uscirà dalla mia stampa, ch'io giudichi degno di lei, farò quanto sono tenuto (…)
* *Sulla lettera compare la data 1603, ma nessuna edizione Baldini di testi di torneo risulta stampata in quell'anno, per cui sembra logico collegare la lettera alle altre inviate al Gonzaga nello stesso mese e anno.*

66. Addizioni a Equicola, *Genealogia delli Signori Estensi* (1598-1614)
    FEc, ms. Cl. II 349, p.277

(Quintanata per il carnevale a Ferrara)
1606. Di quest'anno nel principio di carnevale, trattarono li gentil'huomini della città, di voler correre alla quintana, nella piazza ove sono le botteghe dei mezzani, e l'Illmo ed Ecc.^{mo} Sor Francesco Cybo prese la carica, di sostenerla, e fece la disfida, col seguente cartello:
Hanno di tanto passato il segno d'ogni remissione le nostre gravissime colpe in amore (o cavalieri, che in questa nobilissima città di Ferrara abitate) che la pietà del Nume Amoroso non può più lungamente difendervi (…)
(Seguono cartelli per la prima volta con nomi di principi "del Perù" e di altri luoghi esotici, tra cui "l'Isola beata", citazione di un celebre torneo ferrarese cinquecentesco).
* *Una lettera da Ferrara della stessa marchesa Isabella al figlio Enzo, non datata ma del carnevale 1606, informa che il marchese era a Roma con la famiglia e non aveva partecipato alle feste ferraresi (proveniente da AB ma conservata in Vas, Raccolta Stefani, 4° Autografi: Bentivoglio Isabella): "Mi ralegro con le V. S.^{re}*

degli spasi veramente nobilissimi che vi dano. Il S.ʳ Encio gentilissimo veramente le mie Signore non la intendete bene star colà perdendo queste belle giornate del carnevale che hoggi per quel che mi vien deto era una Giovacha con quatro caroze; non vi saprei dire niente di novo se non che la S.ʳᵃ Dona Marfisa è stata alle sore di San Bernardino con alcune dame che N. S. gli ha conceso la gratia, e ancor alla S.ʳᵃ Marchesa dal bel destino; ed alle S.ʳᵉ V. mi racomando.

(p.s.:) Encio, di gratia, procuratemi queste bande dua dozene di mazzolini o per danari o in dono da portar al duca di Mantova; ma non fate genion e non ve lo scordate a fe', che ancho io, quando sarete tornato, vorò andarmene a solazo a scridarve. Io me ne sto qui a caval del fuoco, con queste dua bestiole, che hoggi ho dato delle buone scolazate alla Vostra favorita e mi ho risputaciato le mani.

L'infante vien benino; non vi saprei dir nisuna cosa di novo, perché non veggo nisuno né so dove andare. Fui una di queste sere da quella bestiaza [Marfisa d'Este] che a dirvi il vero mi saciai e mi vi racomando ed abracio (…)".

67.   Emilio Lucii da Bologna a Nicolò Fiorelli, Modena 22.III.1606
       AB, 31, c.538

                                                 S. Mio

Questo giovine Vicentino ch'è stato qua alcune settimane, avvezzo a servire signori e buon musico, non trovando qua occasione buona per lui, ha resoluto venirsene a Modena per vedere se potesse acomodarsi con qualch'uno; Salvatore mio figlio lo conosce, ed altri ancora amici miei degni di credenza, me lo rappresentano per persona da dar di sé ogni soddisfazione. L'accompagno volentieri con questa mia testimonianza appresso di S. V., parendomi offizio non meno christiano che conveniente a tutti, il giovare a chi merita quando si può; ed ella in grazia mia so che, non men pronta a beneficiare altrui, gli darà quelli avvertenze e in[se]nnamenti, che crederà esser costà proporzionati al gusto, e qualità sua. Che da lei non si chiede altro aiuto, che di raccomandar[lo] dove più le parrà convenirsi (...)

68.   Alessandro Guarini da Massa Fiscaglia a EB, Ferrara 30.III.1606
       AB, 378, c.58

(In piena causa col padre, prega Enzo di far da tramite con quello: molto esplicita e dolorosa come nelle altre del periodo pubblicate dal Rossi)

69.   Battista Guarini da Roma a EB, Ferrara 13.VI.1606
       AB, 378, c.27

(Si scusa per essere stato a Bologna e non a Ferrara per i suoi affari di Roma: "Intanto servirò il S.ʳ Guido mio Sig.ʳᵉ invece di lei")

70.   EB da Ferrara a Ippolito Bentivoglio, Modena 3.VII.1606
       FOc, Piancastelli, Autografi: Bentivoglio (prov. AB)

                               Ill.ᵐᵒ Sig.ʳ mio Fratello Oss.ᵐᵒ

V. S. Ill.ᵐᵃ intenderà dal dottore l'ultimo partito da me propostoli, perché con gusto di tutti si finisca questo negotio. Io ciò ho fatto, e faccio, per il desiderio ch'ho si determini, e non diventi il capo dell'Idra. E tanto più, quanto che mi viene tratto delli motti che, caso che V. S. havesse questa sentenza contro, haverà nove cause, e pretensione da dedurne: che mi pare alquanto strano. Io, se l'haverò contro, m'acquieterò e non ne moverò più parola. Ella considererà il tutto matturamente, e di quello risolverà, si compiacerà avvisarmelo a Gualtieri, e determinando ci venga alla sentenza; io subito darò ordine qui che sia spedita, acciò non caminiamo più a lungo in questo fatto, ricordandoli che, se da suoi saranno adotte nuove cose, e di che non ne sia mai più stato parlato, il simile sarà da miei fatto. Onde facilmente caminarà il negotio si puol dire in eterno; il che per lei, né per noi pone già conto. Ho il

tutto voluto acenarli a buon fine, e gli bacio le mani.   Di Ferr.ᵃ il dì 3 luglio 1606
D. V. S. Ill.ᵐᵃ

f.º e ser.ᵉ di core
Enzo B.º

71.   Battista Guarini da Roma a EB, Ferrara 5.VII.1606
      AB, 378, c.29

(Notizie sulla sua causa con Marfisa in via di risolversi positivamente)

72.   Bartolomeo Basso da Firenze a Nicolò Fiorelli, Modena 3.X.1606
      AB, 38, c.20

(…) Pregola di più di significar all'Ecc.ᵐᵒ S.ʳ Marchese, che ho a cuore il rimanente dei ritratti, e che a
S. E. manderò il conto di quei, che ha hauti; e che tra le spese della gabella e della condotta rimarrà
quasi pareggiato il conto de denari havuti d'ordine di S. E. E con ciò a tutti le SS.ʳⁱ VV., compresovi il
S.ʳ Quintiliano, baccio afficionatissimamente le mani (…)

73.   EB da Ferrara al Duca di Mantova 15.X.1606
      MAa, Gonzaga, Esteri: Ferrara, E. XXXI.3, b.1264

Ser.ᵐᵒ Sig.ʳᵉ Padron Col.ᵐᵒ
Non ho potuto mandar prima a V. A. Ser.ᵐᵃ nuove compositioni perché le persone, dalle quali io le
ho, sono state fin'hora fuori di Ferrara. Mando con questa alcune poche, e se mi sarà dato cenno,
ch'ella ne desideri dell'altre, stimerò esser da lei favorita maggiormente la riverente devotione, ch'io le
porto. Ed a V. A. Ser.ᵐᵃ bacio humilissimamente le mani.   Di Ferr.ʳᵃ li XV d'ott.ᵇʳⁱ MDCVI
Di V. A. Ser.ᵐᵃ

Obligatiss.ᵐᵒ e Devotiss.ᵐᵒ ser.ᵉ
Enzo Bentivoglio

* *Cfr la risposta del Gonzaga ad EB in data 1.XI.1606.*

74.   Bartolomeo Basso da Firenze a Nicolò Fiorelli, Modena 17.X.1606
      AB, 38, c.122

(…) I ritratti mandati all'Ecc.ᵐᵒ S.ᵒʳ Marchese sono n.º 85. Stimati in dogana lire tre l'uno da gli
ultimi 37 in poi, che da un nuovo stimatore furono apprezzati lire quattro l'uno. Per ciascuna lira si
paga soldo uno, e dinari otto di gabella. Il pittore ne vuole dell'uno lir quattro, e mezo; né si è contentato troppo, perché gli convien pagar buona mancia in galeria, quando va a torre per ricopiarli.
Di porto di qui a Modona conviene pagare soldi tre, dinari quattro l'uno   soldi 6
(c.122v) e più in tela e più in incerato   soldi 1
In carta da mettere da mezzo, e in far portare innanzi, in dietro dalla bottega del pittore in dogana
                                                                               soldi 1
Per il porto del primo ritratto che fu mandato per mostra, e fu il Gran Capitano consegnato al corriere
di Milano   soldi 1
Ho fatto così in fretta V. S. potrà [raccorre], e far il conto.
La [misura] dell'Ecc. S.ᵒʳ Marchese è piaciuta a tutti, ed ha cagionato, che molti danno da lavorare al
detto pittore, il qual è povero, e vorrebbe denari anticipatamente per comperare tele, e pagare garzoni.
Però li sia per aviso, e pregandola a tenermi in sua grazia le bacio le mani (…)

75.   Battista Guarini da Roma a EB, Ferrara 18.X.1606
       AB, 378, c.31

(La lite procede ancora:)
(...) Ma credami certo V. S. Illma ch'io sono stato sì mal trattato a Ferrara nel fatto di questa lite, che
hora mi pare un zucchero il piatir qui. Massimamente essendo così ben albergato, e tra Sig.^re di tanto
merito e per ogni verso sì valoroso quanto è l'Ecc.^mo Sr D. Virginio [Orsini], al quale prenderò sicurtà
ancora che V.S. Ill.ma nol comandi di rappresentare la molta affezione e osservanza di lei (...) La quale
fa particolare professione di stimare e' suoi pari. Oltre che ama e stima più che mezzanamente il S.^r
Guido, ch'io sto qui attendendo con molto mio disiderio (...)

76.   Il Principe di Mantova a EB, Ferrara 1.XI.1606
       AB, 17, c.183

Molt'Illmo Sig.^r
Le canzonette nuovamente mandatemi da V. S. mi sono state carissime, e ne ho molto gradito a lei, che
con tanta amorevolezza ha procurato farmele avere. Ma perché da altre parti ancora ne ho avute molte
non occorrerà, che V. S. si prenda pensiero d'inviarmene più, essendone per ora fornito abbastanza.
Resta che V. S. si ricorda di me, non si dimentichi di valersi dell'opera mia, rinovandole per fine della
presente le mie affettuose offerte con augurarle ogni bene (...)
* *Cit. parz. in inglese Reiner, p.38. È la risposta alla lettera di EB del 15 .X.1606.*

77.   Alfonso Goretti: *Discorso dell'eccellenze e prerogative della musica (...) letto nell'Acca-
       demia degli Intrepidi*, Ferrara 23.XI.1606

(Edito a Ferrara da Baldini nel 1612: cfr. sub data)

78.   Battista Guarini da Roma a EB, Ferrara 22.XI.1606
       AB, 378, c.33

(Si congratula per il parto della moglie Caterina in nome "dell'amore, e del sangue, e dell'antica osservanza" e lamentando che simile ventura non fosse capitata ancora alla sua casa)

1607

79.   Giovan Paolo Carpi a EB Ferrara s.d. (1607 ?)
       AB, 146, c.349
* *Inserita erroneamente in un mazzo del gennaio 1621. Si tratta di una lettera di supplica, cui Carpi allega
un elenco di consiglieri del Consiglio di Ferrara: "per l'ufficio di sindaco di palazzo in persona mia": oltre
al voto del Bentivoglio, chiede di procurargli altri voti (c.350): nella lista allegata al secondo posto figura
"Lucciasco Lucciaschi", che morirà nel settembre 1607.*

80.   Giulio Cesare Malaspina da Mantova a EB, Ferrara 15.VI.1607
       AB, 40, c.555

Illmo Sig.^re mio Oss.^mo
Vengo con la presente a ricordarmi servitore a V. S. Illma, e conforme alla promessa gli mando i due
libri; non ghe mando per ora la musica perché non è fornita. Prego V. S. Illma ricordarmi servitore a
tutti quelli signori e raccomando a V. S. Illma dei guanti ci bacio per fine di tutto core la mano (...)

81. Gio Battista Berni da Mantova a (Niccolò Fiorelli) 20.VI.1607
    AB, 40, c.76v

(…) Doveva saper V. S. che io tolse Virginia fora delle sore e l'ho qui a Mantova la quale s'è fatta grande e onesta, graziosa e alquanto virtuosa. Lei sa cusire di ago onestamente, far punti in aria, lavorare con ore ne li lavori secondo la occasion; lei sa alquanto lavora[re] di malia; lei sa alquanto disegnare con penna lapise e simile cosete che son tute da giovane virtuosa; lei sa un poco sonare di spineta ed anco un poco di leuto ed intende la intavoladura. A tal se io non fuse dotto in queste infermità arebo auto animo di farla suora con la sua vertù con il tempo, ma sento io cheduto [= essendo io caduto] in questa infermità voria veder di prenderli recapito poiché li è venu' ocasion di maritarla e lei non vol marito, per ora con animo di devenire suora ma con il tempo (c.77) si poterìa mutare di animo ovvero arrivare al suo animo; sì che, caro il mio Sig.^{r} Niccolò, disidirarìa da V. S. una grazia per carità che volisene veder de operare con la Ecc.^{ma} S.^{ra} sposa del Sr Franco [=Fratello?] Vostro e mio Segnore che la volese acetare in Corte apreso de S. A Ecc.^{ma} avendo la predetta asai bone virtù e bona qualità (…)

82. Il Cardinale Aldobrandini da Roma a EB, Ferrara 28.VI.1607
    AB, 18, c.28

(…) Ho inteso il desiderio di V. S. d'haver un quadro ch'è, nell'oratorio di S. Lazzaro d'Argenta, per donarlo, com'ella dice, a Mons. mio Illmo Borghese, e per levarlo ella desidera il mio consenso; e perché né gli huomini di detto oratorio, né io come Arcivescovo, habbiamo facoltà di donar la robba della chiesa, sarà bene che V.S. per poter consiguir il suo desiderio, procuri che mi venghi un ordine dal predetto Sr Card.^{le} che come [cardinal] padrone lo potrà fare, acciò io possi levar questo quadro senza scrupolo (…)
* *Ed. Marcon-Maddalo-Marcolini 1983, n.3 p. 99 (ma con trascrizione discordante).*

83. Giovan Benedetto Sperelli da Roma a EB, Ferrara 4.VII.1607
    AB, 41, c.33v

(…) L'altrieri fu donato un quadro del Bassano vecchio al Card.^{e} padrone: è la *Natività di N. S.^{re}* ed è stato stimato assai bello. (…)
* *Ed. Marcon-Maddalo-Marcolini 1983, n.4 p. 99. Il quadro di Jacopo Bassano non sembra identificabile nel catalogo di P. Della Pergola, I dipinti della Galleria Borghese, I, Roma, 1955.*

84. Alessandro Nappi da Roma a EB, Ferrara 18.VII.1607
    AB, 41, c.169

(…) L'avisarò che scrissi una lettera al Sr Card.^{le} Borghese (…) Se V. S. Illma mandarà il quadro per esto Mons.^{re} lo presentarò al Card.^{e} a nome suo (…)
* *Cit. Marcon-Maddalo-Marcolini 1983, n.5, p. 99.*

85. EB da Ferrara al Principe di Mantova 23.VII.1607
    MAa, Gonzaga, Esteri: Ferrara, E. XXXI.3, b.1264

Serenissimo Prencipe
Conforme al commandamento di V. A. Se.^{ma}, subito giunto a Ferrara, procurai le compositioni che hora le mando per un mio staffiere, e se piaceranno all'A. V. ne sentirò grandissima consolazione; e se commanderà, ch'io ne mandi dell'altre, mi faccia grazia di mandar la tavola di quelle, che ha presso di se il Campagnuolo, ch'io ne manderò di quelle che indubitatamente non havrà V. A. I commandamenti della quale, starò aspetando, con altretanto desiderio, quanto è l'obligo ch'io tengo di servire a suo[i] cenni (…)
* *Il musico Francesco Campagnolo invia due lettere da Roma al duca di Mantova in data 14 luglio e 4 agosto 1607 (mandato a Roma per perfezionarsi, ha già inteso diversi virtuosi eccellenti e impara "a sonare*

il chitarone, che qui lo suonano eccellentemente": *cfr. MAa, Schede Davari, 15, n.19: Notizie del m.*^{ro}
Francesco Campagnolo Mantovano Cantore distinto. 1591-1627). Anche in una lettera da Roma del 21
luglio 1607 di O. Langosco si parla del Campagnolo e del gobbo della Romanina, cantanti, oltre alle tratta-
tive per la cantante romana Camilluccia (ovvero Camilla Agazzari) e per le figlie (tra queste potrebbe essere
anche la "Clelia della Camilluccia" citata in una lettera da Parma del 1628).

86.   Bernardo Bizzoni da Roma a EB, Ferrara 28.VII.1607
       AB, 41, c.255

                          Illmo Sig.^{r} Padrone Oss.^{mo}

Io diedi conto a V. S. Illma come delli denari delle cavalle pagati sessanta doi scudi (...) Monsr mi
lascò anco diece scudi di moneta: io l'ho spesi delle cavalle e salario al servitore (...) da me ho (...) con il
Sr Alessandro Piccini[ni] e con ogni cose si [poss]iamo ricevere [serà per] tutta la settimana (...) infal-
libbilmente le mandarò le musiche promesse. (225v) Tratanto, con occasione che il Ser.^{mo} Gran Duca
di Toscana, per le nozze che si farano per carnevale a Fiorenza, ha mandato a dimandare al S.^{r} cardinale
Mont Alto la S.^{ra} Ippolita musica celebre con il marito, e tutto il conserto intiero di S. S. Illma. Io a
instanza di detta Signora, quale merita[ta]mente canta con affetto [particolare?] le molte opere del S.^{r}
Luzzasco (...) all'inclusa verà il Sr Luzzasco a vederla favorire le sue opere passeggiate (...) a dar l'[opra
sua?] per farsene honore a Fiorenza. Io starò assicuro di questo favore, perciò (...) V. S. Illma si vorrà
interessare(...) impore l'autorità sua; io lo farò pur sapere al Sr Cardinale ed al Sr Prencipe, i quali mi
assicura gliene resterano con obligo. Qui [si è] sparsa la voce [ch'il] Monsig.^{r} nostro sia per havere il
Vicariato di Modena (...)
*Ed. Fabris 1986, p. 67 e Hill, Montalto, p.305. (documento reso frammentario dalle numerose corrosioni
dell'inchiostro).*

87.   Alfonso Gallanino da Gualtieri a (EB, Ferrara?) 28.VII.1607
       AB, 41, c.263

(...) Io mi son scordato scrivere per le altre mie a V. S. che'l Sr Quintigliano [Poggi?] ha qui quel
quadro che V. S. Illma volea vedere a Modona; che invero mi giura non lo haver al'hora ch'era a Reggio. Credo (me l'ha fato vedere: io non men'intendo) ma mi par una cosa esquisita né, ho voluto dirvoli
qualche cosa, acciò che, se le havesse pensiero, ve li scrivesse seben a quel che sento sta su le aire di
prezzarlo delle centinara de ducatoni (...)

88.   Alessandro Nappi da Roma a EB, Ferrara 1.VIII.1607
       AB, 41, c.286

(p.s.:) Li ricordo a mandare il quadro, perché è aspettato, e m'è stato adimandato quando verrà.

89.   Giulio Cesare Forretto da Argenta a (EB, Ferrara ?) 6.VIII.1607
       AB, 41, c.342

(...) I quadri sono in camera del P. Guardiano (...)
* *Nella stessa data, a c. 547 si annunciava l'arrivo di* "due casse del quadro per l'Illmo S. Card.^{l} Borghese": *perché due casse per un quadro?*

90.   Alessandro Guarini da Massa Fiscaglia a EB (Ferrara) 8.VIII.1607
       AB, 378, c.62

(Parla di una sua lettera da Cremona di poco precedente che non risulta sopravvissuta: convalescente,
ha trovato una lettera di Enzo Bentivoglio a Gualtieri, conta tuttavia di fermarsi dalla sorella a Borgo
Forte prima di tornare a Ferrara e se ne scusa).

91.   Isabella Bentivoglio da Gualtieri a Nicolò Fiorelli, Ferrara 19.VIII.1607
       AB, 52, c.225

(…) Car il mio Ms. Nicolò, siate contento dir al Sr Marchese, se la S.^ra Dona Beatrice venese a queste
bande, favorisca che quella nostra giovane venga con le sue done; e voi mandate a dir alla dea quelo che
dirà il Sr Marchese, e farle saper alle sudete done: insoma far che qualcheduno abia questa memoria (…)
* *Contenuto simile ha la lettera successiva a c.230: si parla di Angiola? Cit. in Fabris 1986, p.72.*

92.   Bernardo Bizzoni da Roma a EB, Ferrara 22.VIII.1607
       AB, 41, c.512

(…) Ho havute alla posta le musiche che V. S. Illma s'è compiaciuta di mandarmi. E sono *Ricercari*
senza parole antichi d'Adrian fatti solo per sonare, e furono lasciati dal nostro Ms. Geronimo Frescobaldi alla sua partenza per Fiandra con Monsr mio al S. Luzzasco acciò me li mandasse. Ne bascio le mani
a V. S. Illma della cura s'ha presa per farmeli capitare. Il Sr Luzzasco mi scrive che per la vecchiezza gli
sono mancati gli spiriti di musica; e perciò fa scuse legitime alle quali non si può replicare, di non
potere favorire, e consolare la S.^ra Hippolita, la quale, con il suo marito e il Sr Stella (così faccio anch'io) resta satisfattissima della bona volontà, di quel bono, santo e divino vecchio con tenere anch'obligo
a V. S. Illma come se l'havesse fatti quelli doi canti da lei desiderati (…) Sabbato penso mandarli un'arietta
di musica e procurarò di seguitare tanto che n'arrechino che le dia un poco di gusto. Gran crudeltà del
Sr Gio. Paolo poich'è testa di non mi rispondere mai ai saluti (…)
* *Ed. parz. Fabris 1986, p.67; cfr. anche Hammond 1986, p. 36 (identifica i ricercari a 3 di Adrian
Willaert con le* Fantasie recercari e contrapunti a tre voci di Adriano e de altri Autori, *di cui le tre edizio-
ni disponibili erano state stampate a Venezia da Gardano nel 1551, 1559 e 1593) e inoltre Hill,* Montalto,
*p. 307. Luzzaschi, qui descritto come assai vecchio, muore nel settembre 1607. Su Bernardo Bizzoni cfr.
Hammond 1983 e 1986 e inoltre* Bizzoni *(ed. 1942).*

93.   Bernardo Bizzoni da Roma a EB, Ferrara 28.VIII.1607
       AB, 41, c.535

Illmo Sig.^r Padrone Oss.^mo
Il Sr D. Hippolito Bolognese musico eccellente ch'altre volte stava con la buona memoria del Card. S.
Quattro, ed hora sta con il Sr Card. Mont 'Alto, ed è tenuto qui doppo il Sig.^r Gioseppino il primo,
m'ha dato l'incluso madrigale per novo, e qui è tenuto molto bello, perciò lo mando a V. S. Illma; vero
è che l'arie qui di Roma riescono più a sentirle cantare, che a scriverle. L'antichità dell'aria e delle parole
delle *Romanesche*, ch'io le mandai, non si può torre; l'altre imperfettioni l'ha levate il Sr Gioseppino,
ch'è l'autore di quelle con darmele scritte di mano sua, com'anco quell'altra aria che le mandai, che
comincia *Vezzosetta pastorella*; se V. S. Illma non l'ha havute per prima, il che può facilmente essere, e
che habbia a caro a haverle, me lo scriva, ch'io subbito la servirò con mandargliele. E tra tanto non
mancarò anco di procacciargli qualch'altra cosa nova come desiderossissimo che son di servirla. E con
pregarli dal Signore ogni bene, le faccio riverenza (…)
* *Ed. Fabris 1986, p.68. Su Ippolito Machiavelli (Bologna 1568-Roma 1614) e Giuseppino Cenci (romano
cantore della Cappella Sistina dal 1598, morto nel 1616) cfr. Hill,* Montalto *(cita la lettera, p. 308); Sirch,
1994.*

94.   Bernardo Bizzoni da Roma a EB, Ferrara 29.VIII.1607
       AB, 41, c.571

(…) Il Sr Landinelli, e il Piccini[ni] voleano ieri in ogni modo deliberare il cocchio per quattrocento-
settanta scudi di moneta de Roma a uno che lo vole, e si ha fretta. Io non ci ho voluto dare orecchio,
stante l'espressa proibitione de V. S. Illma che non si dia via per qual si voglia offerta (…)

95.   Antonio Nappi da Ancona a EB, Ferrara 5.IX.1607
         AB, 41, c.641

(…) Ho fatto tutte le diligenze possibile per mandare a Roma il quadro mandatomi da V. S. Illma per l'Illmo S. Card.e Borghese, ma sin qui non m'è riuscito, perché di fuori non sono venuti quelli muli (…)

96.   Ippolito Bentivoglio da Gualtieri a EB, Ferrara 12.IX.1607
         AB, 41, c.708

(…) Quest'ultima lettera di V. S. Illma mi fa risolvere di mandar un pittore mio amico intelligente a veder il quadro d'*Albinia* ma segretamente: che non si scoprirà per saper in effetto quello che è. Dilli quadri del Sr Duca com'io sia a Modona le ne farò motto, né vorrei che V. S. Illma si fussi ingagliata in questo (…)
* *Cit. in Marcon-Maddalo-Marcolini 1983, n. 8, p. 99 (che citano anche una precedente degli stessi mittente e destinatario del 2.IX.1607 sul medesimo tema).*

97. Alessandro Guarini da Massa Fiscaglia a EB, Ferrara 15.IX.1607
AB, 378, c.64

(Raccomanda un "Ms. Ludovico di Agò (…) per salvar la vita ad un di lui nipote (…)")

98.   Alessandro Guarini da Massa Fiscaglia a EB, Ferrara 16.IX.1607
         AB, 378, c.66

(Raccomanda un tale di Borgo Forte, acquirente di frumento da Gualtieri)

99.   Alessandro Guarini da Massa Fiscaglia a EB, Ferrara 17.IX.1607
         AB, 378, c.68

(Risponde ad una richiesta del signor Ferrante, probabilmente il cugino di EB a Modena, con una lettera aperta che Enzo può leggere: questa lettera citata non è sopravvissuta)

100.   Alessandro Nappi da Roma a EB, Ferrara 19.IX.1607
         AB, 41, c.798

(È giunto il quadro a Roma ed è stato graditissimo dal Cardinale Borghese)
* *Cit. in Marcon-Maddalo-Marcolini 1983, n.9 p. 99.*

101.   Il Cardinal Borghese da Roma a EB, Ferrara 19.IX.1607
         AB, 18, c.70

(…) Monsr Nappi mi ha consignato il quadro, di che è piaciuto a V. S. di favorirmi. Del quale La ringratio sommamente e come di cosa rara, e come di nuovo testimonio dell'amor suo (…)
* *Cit. in Marcon-Maddalo-Marcolini 1983, n.10 p. 99.*

102.   Giovan Bernardino Montesperelli da Roma a EB, Ferrara 22.IX.1607
         AB, 41, c.817v

(Ringrazia EB da parte del cardinale per il quadro ricevuto)
* *Marcon-Maddalo-Marcolini 1983 non citano questa, ma una precedente lettera a EB del cardinale in data 15.VIII.1607 (AB, 41, c.498).*

103. Accademici Intrepidi da Ferrara al Duca di Mantova 27.IX.1607
   MAa, Gonzaga, Esteri: Ferrara, E.XXXI.3, b.1265

Ser.^{mo} Sig.^{re} e Padron nostro Col.^{mo}

In questo nostro collegio non ci ha alcuno che per antica servitù e divozione non riverisca humilmente la persona di V. A. Ser.^{ma}; e però da noi non si lasciaranno giammai addietro veruna di quelle aperte dimostrazioni che si convengono verso di signore principalissimo, e principe sovrano. Avendo dunque la nostra Accademia divulgata per le stampe *La Filli*, pastorale del Sr Conte Guidubaldo Bonarelli, abbiamo stimato nostro dovere di mandarne una copia a V. A., sí per lo rispetto sopraddetto, come per essere componimento di cavaliere tanto amato da Lei (...)   Di Ferrara li 27 di 7.bre 1607
Di V. A. Ser.^{ma}

Umiliss.ⁱ e divot.^{mi} serv.^{ri}
Gli Accademici Intrepidi
Fran.^{co} Cybo Principe
O. Magn.ⁿⁱ Segr.^{rio}

104. Frizzi, *Memorie*, t.V, 1809, p.43

(Fondazione Accademia degli Intrepidi: 1601)
(...) dal Duca di Modena riceve un granaio isolato a lato della chiesa di S. Lorenzo trasformato in teatro l'anno 1606 dall'Aleotti (...) (p.50) Ivi asserisce il Tiraboschi, che il Conte Guidobaldo Bonarelli fece nel 1607 recitare la pria volta con grandi applausi la famosa sua *Filli di Sciro*, dramma pastorale emulo bensì, ma riputato soccombente, dell'*Aminta* del Tasso, e del *Pastor Fido* del nostro Guarini. (p.51) Non però in quel teatro, ma altrove, accerta altri, che tal rappresentazione si fece a premura di quegli Accademici. Dove fosse ciò non saprei dire. Un teatro v'ebbero gl'Intrepidi nel 1609, su le scene del quale li 9 di aprile, per intrattenere la ducal famiglia di Mantova, ch'era qui di passaggio, si eseguì una squisita musica di voci ed instrumenti (...)
* *Resta non provata una rappresentazione a Ferrara nel 1606 o nel 1607 della pastorale di Bonarelli, notizia basata probabilmente sulla edizione del testo curata dall'Accademia degli Intrepidi nello stesso anno. Per la verità nel 1607 se n'ebbero diverse edizioni diverse, comprese ristampe nella stessa Ferrara ad opera dello stampatore Baldini, segno di una divulgazione rapidissima, e di un favore che continuò ben addentro al Settecento, come ne testimoniano le traduzioni straniere in quel secolo. Il Warburg Institute di Londra conserva due copie in apparenza identiche (frontespizio, dedica e illustrazioni identiche) dell'edizione di Ferrara, Baldini 1607: una è probabilmente la prima (GB-Lw, ENH 965); la seconda (stessa collocazione) si distingue in realtà - oltre che per conservare una bella legatura d'epoca - per sensibili differenze di caratteri e fregi, l'assenza di colophon (che rende quindi incerta la data) e soprattutto l'aggiunta di un prologo firmato da Giovan Battista Marino, testo che va aggiunto al catalogo delle opere del poeta: La Notte, Prologo del Marino. Nella Favola Pastorale del Signor Conte Guidobaldo Bonarelli (8 pp.). Siamo perciò portati a credere che questa sia una riedizione per una replica (o addirittura per la prima rappresentazione: diversa dall'edizione "di lettura") ferrarese della Filli. A questo proposito, si è parlato di altre riprese negli anni successivi, ma l'unica che sembra documentabile, programmata da Enzo Bentivoglio a Ferrara il 5 marzo 1612 (con intermedi di Guarini intitolati eloquentemente La Bonarella) non ebbe più luogo (v. oltre sub data).*

105. Lorenzo Dal Nente da Firenze a Nicolò Fiorelli, Modena 2.X.1607
   AB, 42, c.16

(Parla di spese per il "benedetto quadretto" e per un "libricino")
* *Cit. in Marcon-Maddalo-Marcolini 1983, n.14 p. 100 (con qualche refuso).*

106. (Giovan Maria) Turini da Gualtieri a Nicolò Fiorelli, Modena 2.X.1607
     AB, 42, c.18

(...) Ho ricevuto il conto del pittore, del quale se ne valerà conforme all'ordine (...)
* *Nella stessa data Ippolito Bentivoglio da Gualtieri, scrivendo al fratello Enzo nomina "li pittori" ovvero*
"tornitori" *(AB, 42, c.24).*

107. Ippolito Bentivoglio da Gualtieri a EB, Ferrara 4.X.1607
     AB, 42, c.59

(...) Il quadro d'*Albinia* mandarò a vederlo da un pittore che ho qui, ispedi[to] che sia d'alcune cose, e
com'io sia a Modona parlarò a S. A. delli quadri (...)
* *Cfr. precedente lettera del 12.IX.1607. Di "un quadro", genericamente, parlano ancora nello stesso anno le*
seguenti lettere: Vincenzo Gallo da Codigoro a EB, Ferrara 12 e 17.X (AB,42, c.223 e 225), Paolo Trotti da
Brusà a EB 25.X (c.345), e altre cit. in Marcon-Maddalo-Marcolini 1983.

108. Battista Guarini da Venezia a (Ippolito?) Bentivoglio (Modena?) 20.X.1607
     AB, 378, c.35

(Rassicura il destinatario di non aver nulla in contrario sulla scelta di quello di assumere come servitore
di un tal Giacopo Modenese, poiché il Guarini lo aveva licenziato per brighe intercorse col Conte Ercole Mosti, pur con ironici commenti)

109. Lorenzo Dal Nente da Firenze a Nicolò Fiorelli, Modena 29.X.1607
     AB, 42, c.364

(...) mi trovo la gratissima sua dilli 15 stante, per la quale ho inteso come aveva riceuto il ritratto della
Santissima Nunziata e che avea mandato a Gualtieri a S. E. Starò attendendo sentire se è stato a sua
satisfazione. Scrissi ancora quanto alla felpa nera che desideriamo sapere di prezo e peso, però possa
dirne quanto occorre. Non li possetti mandare le corde da liuto che mi domandò, perché quando ricevei la sua era di già partito il corriere con la felpa bigia e non possetti mettere nella cassetta di detta
felpa, che come mi dice. Però bisogna aspettare a nova ocasione perché il mandarle da sé saria facil cosa
che andassino male per essere sì poco rinvoltino, e volendo V. S. ch'io le mandi in ogni modo me lo
possa avvisare. (c.364v) Scrissi ancora a V. S. per conto del suo padrone (...)
* *Cit. parziale in Marcon-Maddalo-Marcolini 1983, n.20 p. 100.*

110. Lorenzo Dal Nente da Firenze a Nicolò Fiorelli, Modena 30.X.1607
     AB, 42, c.384

(...) starò aspettando che dica quanto ocorre circa alla felpa nera, e quanto alle corde da liuto doman-
datomi, come per altra dissi a V. S., non le mando, perché si poco involtino porterìa risico di andare
male: starò aspettando mandarle con altra ocasione (...)

111. Lorenzo Dal Nente da Firenze a Nicolò Fiorelli, Modena 6.XI.1607
     AB, 42, c.470

(S'informa sul quadro della Annunziata inviato)
(...) e così manderò ancora le corde da liuto ed invierò come mi aviserà; questo è quanto ho per adesso
da dire (...)

112. Lorenzo Dal Nente da Firenze a Nicolò Fiorelli, Modena 20.XI.1607
    AB, 42, c.575

(...) li mando ancora le 10 dozine di canti da liuto, quali costano scudi dieci, che di tanto ne è dato debito a S. E., la quale rascia e canti mando in detto involto indirizzato a S. E.; Potrà a suo arrivo fare ricevere ben condizionato pagamento al corriere il suo porto (...)

113. Bandinuccio Bandinucci da Firenze a Nicolò Fiorelli, Modena 11.XII.1607
    AB, 42, c.704

(...) Per la gratissima sua de 30 passato ho sentito come aveva ricevuto il fangotto della rascia insieme con le corde e ch'era stato a satisfazione e che me n'ha dato credito appresso alla felpe per pagare a Natale prossimo: che sta benissimo. Ho visto insieme con la sua una di cambio di scudi 106.15, che se n'è auto promessa e quando seguirà il pagamento, ne averà avviso per il ritratto della Santissima Nunziata e per le corde da liuto che per tale conto restate debitore di scudi dua, costando la Nunziata scudi 96.15 e scudi dua vi fu di spesa in gabella e altro come vi si dette avviso e scudi 20 per le corde e in tutto sono scudi 106.15; quanto al velluto rosso che li voli e seta s[ottile] che desiderava per li Ecc.^{mo} Sig.^{re}, non gliela mando per non avere di presente in bottega (...)
* *Sul retro della lettera è indicato come* "mercante titolare di bottega".

114. Caterina Martinengo Bentivoglio da Ferrara a EB, Roma 15.XII.1607
    AB, 41, c. 755

(...) non vi è niente di novo: solo si dise che V. S. è andato a Roma per far cardinale Monsignor Guido. Il giorno di S. Lucia hanno fato il principe della Cademia il Sig.^r Conte Ipolito Gilioli; V. S. si imagini che bel carnevale si farà a Ferrara, e si dise che andò prinsipe fato in Cademia, puoi che Dona Marfisa si aveva fato dar tutte le bale a casa sua e non ne ebe se non due contra. Io fo lavorar a sangue e gola. E rimetendomi a quelo li dirà il Galanino non sarà più longa (...)

115. Isabella Bentivoglio da Ferrara a EB, Roma s.d.(ma dicembre 1607)
    AB, 52, c.230

(...) fui visitata dal Striggio in nome del Sr Duca di Mantova, il quale mi disse che deto Sr Duca sentiva malle la vostra andata a Roma, asicorandosi che voi avereste fato di cavaleria. Sopra a questo proposi[te] gli rispose quel che mi parve sopra ciò; e di più vene a dire che lui cercava done che sapese di musica. Mi disi ancor di questa nostra giovane. Gli rispose che quando fuse lei degna di poter seguir S. A., si come era patron d'ogni cosa nostra, così i suoi segni serano sempre comandamenti. Il deto Sr Duca è alle Casette col Marchese di Scandiano; si dice che col ritorno verà a Ferrara, ma non l'affermo. Però starò attendendo se mi farà dir nulla sopra alla cantora, e d'ogni cosa ne riferirò: voi donque guardatevi e dal mangiar tropo e da quella dama che il suo marito gli cagò apreso, ove naque la prima disputa (...)

Amorevolissima matre la Marchesa Bentivoglia
* *Lettera inserita nell'anno 1610, ma riferita certamente alla fine 1607; ed. parzialmente in Fabris 1986, p.73. La giovane è Angela Zanibelli.*

116. Isabella Bentivoglio da Ferrara al Duca di Mantova 18.XII.1607
    MAa, Gonzaga, Esteri: Ferrara, E. XXXI, b.1265

(...) al deto Sr Strigi ho fatto sentir questa giovane che canta, e dalla relacione che egli farà a V. A., se la giudicarà a proposito per il bisogno che ella se ne vol servire, sì come è patrona delle vite e sostanze

nostre, sempre che ella si degnarà farmi saper la sua volontà, la starò atendendo. Lo steso S.ʳ Strigi mi ha deto, a nome di V. A., un nonsoché intorno ad Encio mio, di che con ogni so[tto]misione per me posibile la ringratio (…)
* *Cit. parz. Reiner 1974, p.35.*

117. Caterina Martinengo Bentivoglio da Ferrara a EB, Roma 19.XII.1607
      AB, 42, c.760

(…) V. S. averà inteso dalla signora quelo che il Duca di Mantova disegna di fare della Angiola; sí che, se la volese, bisognerebe vestirla. Sí che V. S. puotrà avisarmi quelo ho da fare (…)
* *Cit. parz. Reiner 1974, p.35.*

118. Caterina Martinengo Bentivoglio da Ferrara a EB, Roma 25.XII.1607
      AB, 42, c.807

(…) puosdimane partirà l'Angiola per Mantova, acompagnata, come V. S. intendarà, dalla signora (…) mi darà dano l'andata dela Angiola; ho però pensato che voglio tor la Caterina di Madona Barbara e farla lavorare in suo cambio (…)
* *Cit. parz. Reiner 1974, p.36. Dalla lettera si può pensare che il ruolo di Angela in casa Bentivoglio fosse diverso da quello di cantante prima del suo lancio mantovano.*

119. Isabella Bentivoglio da Ferrara alla Duchessa di Mantova 26.XII.1607
      MAa, Gonzaga, Esteri: Ferrara, E. XXXI, b.1265

(…) Hora invio questa bruta cantora al S.r Duca mio sopremo patron (…)
* *Cit. parz. Reiner 1974, p.37.*

120. Alfonso Magnanini (ma come copista per Isabella Bentivoglio) da Ferrara a EB, Roma
      (26.XII.1607)
      AB, 43, c.43

(…) Il S.ʳ Duca di Mantova ha mandato a pigliare l'Angella, la quale glila invio dimattina accompagnata da una donna, da uno suo fratello, da Ercole Zentignoli, e così voglio sperare andarà sicura; e quanto poi al suo stare a Mantova, credo anco che le cose siano per passare bene stando quello mi scrive S. A. (come dalla sua lettera: vedrete di farla consignare subito a Madamma).
Veramente, se il S.ʳ Duca non ci fosse quell'amorevole padrone che voi stesso sappete, io non sarei entrato in questa briga, voglio però sperare che di questo fatto voi non siate per ricevere alcun disgusto. Ch'è quanto in questo particolare m'occorre dirvi (…) (Segue di pugno della Marchesa Isabella Bentivoglio:)

Invio domattina, ch'è il giorno di San Giovani, questa nostra bella cantora, che spero si porterà bene e sopra ciò non dirò altro. Qui si dice per tute le boteghe che voi andate ambasiatore e molti tengono una gran baseza questa risulusione e né la può capir questo nostro Cardinal per quel che mi vien deto che abbiate tal pensiero: chi me ne ha parlato sopra questo, ho mostrato esserne nuova (…) È ben vero che questo Principe della Cademia [degli Intrepidi] si dice che non vol far quel che potrà e tanto più quanto la S.ʳᵃ Dona Marfisa si vol regonbelar con quelle belle bracia in favorirlo dove (c.43v) s'estenderà il poter suo, poiché l'ama quanto si può amar un caro amico (…) altro non so che dirvi, se non che abiamo un Rodomonte il più valoroso, che quando fa la carità con noi a tavola bisogna star alerta, perché romperebe tuti i piati di maiolica, poi che non degnamo mangiar in argento per più policía (…)
* *Cit. parzialmente in Reiner 1974, pp. 36-7. Il documento è collocato erroneamente nella busta relativa al gennaio 1608: il riferimento al giorno di San Giovanni consente la datazione corretta.*

121. Isabella Bentivoglio da Ferrara al Duca di Mantova 26.XII.1607
      MAa, Gonzaga, Esteri: Ferrara, E. XXXI, b.1265

(...) gli mando questa nostra giovane che canta, acconpagnata da dua done qui di casa e da un mio
huomo atenpato e da un fratelo della dea giovane; il qual suo fratelo averebe desiderio, e la giovane
gusto, che egli restassi costi fin che ella si tratenirà.
Della giovine è forza che io dichi a V. A. che sono da diciote mesi incirca che si ritrova qui in casa, e lei
non sapeva non sollo legere ma nonché conose[va] silaba né nota di musica per cantare non avendo di
buono solo la voce. È vero che in questo tempo se gli è fato insegnare di conosere i carateri di letera e
note di musica, onde comincia a leger alquanto ed a cantare a tastone le note: tuto quelo che ella canta
sono tute cose inparate alla mente, e però tuto questo potrà V. A. far sapere a chi averà cura d'insegnarle. Non restando di poner in consideracione a V. A. che il proprio maestro dura fatica e pacienza grande
col farla capazze di quelo che gl'insegna. E però non serà dubio che col mutar maestro non facesse
quella riusita che desiderarei tuto per servir esquisitamente a V. A. La qual suplico a perdonarmi di
questa longa diceria che io le scrivo ma per far la scusa della giovane ed ancor mia, è stato necesario a
dirgli il tuto. Piacia a Dio che riesca la voce, che del viso non farà pecar (...)
* *Ed. Reiner 1974, pp. 37-38; Fabris 1986, p. 72, n. 30.*

1608

122. Isabella Bentivoglio da Ferrara a EB, Roma s.d. (inizi 1608)
      AB, 52, c.227

(...) del quadro di Sant'Ana l'ho qui in casa a confosione del mio parente si farà conciar e comodar e
s'inviarà per quella miglior strada che serà giudicata. Mi scordavo dirvi quelo (c.227v) che mi dise il
deto Vescovo intorno a quel quadro della Consolacione. Il qual Vescovo mandò a chiamar un de quei
pad[r]i il qual avea riceuto mille <a>piacer da Monsignor Vescovo: avendole dimandato il deto quadro
ricosò il buon pa[d]re non n'eser suo ma della S.^ra Dona Marfisa. Il qual Vescovo andò pur ancho dalla
deta per far qualche oficio ma da lei propria intrò sopra il ragionar di questi quad[r]i dicendo che era
vergogna aver lasciato levar di queste belle piture e intrò sopra a quelo della Consolacione dicendo che
non voglia che sia levato quelo per tuta sua posanza. Alora quando il Vescovo inteso quel così fato
parlare non volse intrar più oltre. Ho voluto dirne il tuto si che quando il Sr Cardinal vorà il quadro
bisognerà che facia bel e buon volto e lo domandi a quella bella e gratiosa dama (...)
* *Cfr. i documenti successivi sulla stessa vicenda editi in Marcon-Maddalo-Marcolini 1983, nn. 24-31.*

123. Alfonso Magnanini da Ferrara a EB, Roma 2.I.1608
      AB, 43, c.46

(...) La Sig.^ra Marchesa m'ha questa mattina mandato da Monsr Vicelegato per il quadro egli desidera
che si faccia accomodare in casa sua per dar più colore alla casa, ma il mandarlo per la strata che V. S.
dice con duoi fachini l'ho per dificile stando l'essere nevicato assai, tuttavia si farà ogni sforzo perché lo
riceva quanto prima ed io gli faccio riverenza (...)
* *La strada "difficile" è quella per Firenze, a causa della neve ma anche degli altri pericoli (cfr. quanto scrive
la marchesa madre Isabella, c.41).*

124. Francesco Gonzaga Principe di Mantova a Isabella Bentivoglio, Ferrara 3.I.1608
      AB, 17, c.201

(...) Se ne ritornano le due donne di V. S. col suo huomo, e resta la giovane col fratello, la quale per
l'opera ch'ella era desiderata, non potrà riuscire a tempo come V. S. benissimo ha previsto, ma farà però

la sua parte negl'intermedii della comedia grande, dove si ricerca minor studio. Dell'amorevolezza di V. S. son così certo da tant'altre prove, che non ho bisogno di confermazione, ma le resto però col dovut'obligo della prontezza, che ho conosciuta in questo particolare (…)
* *Reiner 1974, p.41 (cit. in sola trad.inglese anche in Reiner 1964, p.285, nota 61).*

125. Bartolomeo Pignatta da Roma a Isabella Bentivoglio, Ferrara 5.I.1608
AB, 43, c.77

(p.s.:) È gionto il quadro e presentato agradito.

126. Grimaldi Aldorini da Ferrara a EB, Roma 6.I.1608
AB, 43, c.84

(…) Se la Sig.ra Marchesa sua madre non mi havesse commandato, che dovevi dare raguaglio a V. S. Ill.ma di quanto si è fatto nel particolare del quadro di Codegoro, non volevo per non disgustarla altro in presente dirle, che fino ad hora non si è intorno a ciò potuto effetuare cosa di buono per l'ostinatione d'un certo Pietro Scrignello (…)

127. Battista Mazzarelli da Ferrara a EB, Roma 9.I.1608
AB, 43, c.110

(…) Sapendo io il desiderio di V. S. Ill.ma che è d'haver de quadri di questi pittori eccellentissimi, e desiderando sommamente di servirla, ho fatto farne instanza e ne ho ritrovati, come ella potrà veder dalla lettera che qui acclusa le mando. E per fine le faccio riverenza e auguro tutte le felicità (…)
**Purtroppo manca la lettera acclusa e non si può sapere chi siano i pittori "eccellentissimi".*

128. Alfonso Magnanini da Ferrara a EB, Roma 16.I.1608
AB, 43, c.137v

(…) Il quadro di Sant'Anna fu incassato annagliato e bene acommodato, e consignato al S.r Carlo Nappi che lo mandò per la via d'Ancona, miglior strada stata giudicata da ogn'uno per questi tempi (…)
* *Torna il tema della via migliore di Ancona rispetto a Firenze per far viaggiare i quadri (cfr. quanto detto dallo stesso Magnanini nella lettera del 2.I e più oltre del 30.I, a c.276v). Alcune altre lettere (ma non questa e la precedente del 2.I.1608) sono cit. in Marcon-Maddalo-Marcolini 1983, p. 101.*

129. Addenda a Equicola, *Genealogia delli Signori Estensi* (1598-1614)
FEc, ms. Cl.II 349, p.282

(Barriera per il carnevale a Ferrara)
[1608] Essendosi trattato fra li gentilhuomini della città, di combattere alla barriera, sopra la sala grande in corte, da quella parte, ove si entra in essa, ed essendosi a questo effetto fatti fabbricare altri palchi, dalle porte sino alli altri palchi del teatro della comedia, comparve la sera di carnevale il Molto Ill.re S.r Sigismondo Muzzarelli, Campione dell'Ill.mo S.or Conte Guido Villa, il quale sotto nome di un Cavaliere Pistofilo, avea isfidato i cavalieri ferraresi a combatere nel modo deto con il seguente cartello, ma per essergli poi convenuto andar fuori della città, non puoté trattenere la pigliata impresa, onde sostenne per lui il detto S.or Muzzarelli (…)
(Seguono cartelli, descrizioni di macchine: il carro di Bellona, il carro di Melissa, il carro di Marte, con i relativi versi probabilmente cantati)
* *Il nome del mantenitore corrisponde non casualmente all'autore del principale trattato ferrarese sui tornei: Il torneo di Bonaventura Pistofilo nobile ferrarese dottor di legge e cavaliere nel teatro di Pallade (Bologna 1625).Il coinvolgimento di Enzo Bentivoglio, non citato nella cronaca, è provato dalle successive lettere di Alessandro Guarini e dell'Aleotti dell'aprile successivo.*

130. Angela Zanibelli da Mantova a EB, Roma 7.II.1608
AB, 43, c.332

Illmo ed Ecce.^{mo} Sig.^r mio Padrone Col.^{mo}

Credo che V. S. Illma averà inteso dalla Sig.^{ra} Marchesa sua madre e dalla Sig.^{ra} Caterina della mia partita da Ferrara per Mantoa mandatome da lore signore; io gli son venuto volontiera, sapendo quanto son obligata a V. S. Illma: hora che gli sono, e che ho imparato quello che ho da cantare, avviso V. S. Illma di quello ed anco del mio ben stare. La Signora Duchessa per quello che me ha motegiato vol che inpara asai cose, onde che non so quando averà fino questi sua pensieri; ma per quel che me inmagino, credo che sino a meza istate non son per tornare a Ferrara, ed in questo mezo hover tempo bisogniarà che meta giù il voto, e non sapendo come farre per non avere pani, e sapendo la nobiltà e grandeza della casa sua, e quello ch'è tenuto in questa corte, prego V. S. Illma ad aiutarme de un vestito per Pasqua; che esendo in questo loco, dove sa che sono, ne ho grandisimo disagio, che se fusse a Ferrara non la arebe: questo il facio per reputacione de V. S. Illma, che non para che abbia mandato qui una scroca, ed anco per reputacion mia. Adunque prego un altra volta V. S. Illma, per sua benignità e cortesia, farme tanta gratia, se non per altro per l'amor de Iddio; che inanto me ofere pregarlo che gli mantengo ogni sua fellicità. E facendo fino gli facio humilisima reverenza   di Mantoa alli 7 febbraio 1608
D. V. S. Illma ed Ecc.^{ma}

Humilisima se.^a
Angola Zanibelli

* *Ed parz. Fabris 1986, p.72, nota 31 (erroneamente indicata come data 8.II.1608)*

131. Consiglio dei Savi di Ferrara a EB, Roma 8.II.1608
AB, 43, c.184

Illmo Sig.^{re}

Oggi nel consiglio che s'è fatto V. S. Illma è stata eletta Ambasciatore della nostra città per un triennio, il quale averà principio quando vorrà N. S. Con quanta disposizione e affetto di volontà ci sieno concorsi i consiglieri, ella può comprenderlo dal numero grande dei voti favorevoli; e però benché la carica sia inferiore ai meriti di V. S. Illma ed alle grandezze della sua casa, la preghiamo però molto efficacemente a corrispondere a così affettuosa elezione, con accettar prontamente il servizio della sua patria, il che senz'altro accrescerà l'applauso con che sono sempre state ammirate l'azioni di V. S. Illma. E dal nostro canto l'obbligo di servirla, e la gloria per così dire, d'aver sollevata la libertà della patria, ed appoggiata cotesta carica a cavaliere sí grande, e reguardevole. Confidiamo che la sua generosità non lascierà usarle alcuna renitenza, e però finendo le baciamo la mano.   Di Ferrara dì 8 febbraio 1608
Di V. S. Illma

Paratissimi a servirla
Il Maest.^o de' Savi
Battista Mazzarelli
Giudice de Savj
O. Magnanini Seg.^{rio}

132. Baldassarre Langosco da Mantova a EB (Ferrara?) 18.II.1608
AB, 43, c.392

(...) Ho trovato così buona volontà nelle Altezze Loro verso la giovane di che mi scrive per il saggio che ha dato della buona riuscita che si può sperare, nella comedia cantata, che non solo si contentano che il Rasio, o altro virtuoso la tenghino essercitata, ma Mad.^a Ser.^{ma} ha pensiere, finite che saranno le nozze del Sr Prencipe, di mandarla, a Fiorenza per un anno almeno in casa del Zazarino, acciochè possa meglio affinare quel talento, che con la scorta di persona giudiciosa le sarà concesso dalla natura aiutata dal studio, havendomi soggionto S. A. che quando fosse con sodisfattione di V. S. Illma desideraria grandemente

di tenerla al suo servizio; però V. S. I. mi farà gratia di darmi aviso se ciò le sarà di gusto (…)
* *Reiner 1974, p.41-42. Il* Rasio *è Francesco Rasi, il* Zazarino *Jacopo Peri.*

133. Il Cardinale Borghese da Roma a destinatario sconosciuto (Ippolito Bentivoglio?) 12.III.1608
AB, 18, c. 98

(…) Il S.ʳ Duca Ser.ᵐᵒ mi obliga altretanto coll'humanità che usa meco in occasione delle pitture e con la nuova attestatione che mi fa della sua gratia, quanto con le pitture istesse, le quali, poiché S. A. così cortesemente le concede, si potrà ordinare che si consegnino o al S.ʳ Entio overo a Mons. V. Ligato di Ferrara che le inviino verso Roma (…)
* *Dovrebbe trattarsi dei quadri del duca di Modena già citati nella corrispondenza di Enzo Bentivoglio.*

134. Baldassarre Langosco da Mantova a EB (Ferrara?) 19.III.1608
AB, 43, c.653

(…) ed io non ho mancato di fare ufficio con Madama Serenissima, a fine che V. S. resti consolata di Madama Angela, per condursela a Roma: S. A. volentieri ha accettato di sodisfarmela, ma non già prima che sia spirata quest'occasione delle nozze, nelle quali questa giovane ha una parte di comedia, ed è già tanto introdotta, che il levarla adesso, che n'è più poco tempo, sconcertarìa ogni cosa. Però V. S. s'assicuri, che non mi resterà impedita, ma conviene ch'ella compiaccia S. A. per questa occasione (…)
* *Reiner 1974, p.58-sg; solo riferimento al documento in Fabris 1986, p.73, nota 36.In un'altra lettera del 26.III.1608 (AB, 43, c.700: Reiner, p.59) Langosco ribadisce l'assicurazione: "(…)Madama Ser.ᵐᵃ, fatto le nozze, mandarà la sua giovane, ma prima non volle, avendone gran bisogno per le nozze (…)".*

135. Il Cardinale Borghese da Roma a (EB, Ferrara?) 25.III.1608
AB, 18, c.104

(…) Il successo dei quadri mi è stato d'infinito contento, e spero che V. S. vorrà ch'io habbia quelli che già si sono incaminati e non gli altri (…)
(tra l'altro cita il titolo di un quadro, l'*Historia di Troia* e altre pitture della forma che "è assolutamente al proposito mio")
* *Cfr. Marcon -Maddalo-Marcolini, p. 101. Altre notizie su quadri nelle lettere successive del Cardinal Borghese a Enzo Bentivoglio: c.106 e 107, 3.V.1608 (2 copie: parla di "nuovi quadri"), c.110, 7.V.1608 (parla dei "camerini di Alabastro"). Le notizie sui quadri per il cardinale appaiono ancora in numerosi altri documenti, in gran parte citati in Marcon-Maddalo-Marcolini 1983, passim: AB, 44 : c.29v (Nappi da Roma, 2.IV), c.56 (id., 5.IV), c.88 (id.,9.IV: con dettagli), c.184v (id., 16.IV), c.216 (id., 19.IV), c.292 (id., 30.IV: 10 quadri dei "camerini di Alabastro", probabilmente provenienti dal palazzo del duca di Ferrara), c.329 (id., 3.V), c.398 (id., 14.V), c.413 (Ippolito Bentivoglio da Modena, 16.V: sui quadri del cardinale Borghese), c.423 (Nappi da Roma, 17.V: fregi copiati dai "camerini di Alabastro"), c.451 (id., 21.V), c.465 (id., 24.V: quadro dei SS.Cosma e Damiano), c.487 (id., 31.V), c.535v (id., 9.VI), c.575 (id., 15.VI), c.595 (Bartolomeo Basso, 17.VI: tazze e quadri), c.597 (18.VI).*
AB, 45: c.462v (Nappi da Roma, 8.VII: quadri), c.495 (id., 12.VII), c.548 (B.Bandinelli, 15.VII: "Ritratto della Sant.ᵐᵃ Nuntiata"), c.577v (Nappi da Roma, 16.VII), c.610 (id., 19.VII), c.672 (id., 26.VII).

136. Virginia Ramponi Andreini (detta "Florinda") da Mantova a EB, Ferrara 1.IV.1608
AB, 44, c.16

Ill.ᵐᵒ mio S.ʳᵉ

Ricevo il consiglio suo circa quella galante persona. È ben vero, che il farlo disdire, almeno che V. S. Ill.ᵐᵃ l'abbia detto, mi sarebbe di gran gusto, perché con dire che un cavaliere di tanta stima ha detto questo non può se non darlo molto a credere. Ora mi rimetto al sapere del mio caro S.ʳᵉ circa la cosa di

Roma; non manchi, poiché io ho lasciato tutte le licenze e non venendo a Roma non saprei dove andare. Con che fine le do le buone feste, la buona Pasqua, el buon sempre; così fa mio marito, e tutti dui li
facciamo riverenza (...)
* *Cit. parz. Fabris 1986, p.76. L'attrice comica Florinda (1583-1628/30), moglie di Giovan Battista Andreini, divenne celebre per aver interpretato proprio nel 1608 a Mantova l'Arianna di Monteverdi. Nel 1618 un
poeta milanese la definì in un sonetto a lei dedicato "La Sirena del mar Tirreno"; altri elogi poetici sono
conservati in un manoscritto della Biblioteca Brera di Milano (raccolta Morbio):* Poesie in lode dei Coniugi
Andreini, *tra cui* La Pazzia di Florinda *e* Pe'l suo meraviglioso modo di cantare e di suonare. *Cfr. E. Zanet-
ti, voce in* ES, *I, cc.564-5. Su Giovan Battista Andreini, fondatore nel 1604 dei Fedeli, attivi attorno al 1612
anche a Ferrara per invito di Enzo Bentivoglio, cfr. F. Angelini Frajese, voce in* DBI, *III, pp.133-36.*

137. Alessandro Guarini da Massa Fiscaglia a EB, (Ferrara?) 11.IV.1608
    AB, 44, c.70

Ill.mo Sig.r mio Sig.re e Padron Sing.mo

Perché V. S. mi ha detto più volte, che il desiderio dell'Argenta sarebbe, che sparito il castello, apparisse
un tempio, ho pensato che, facendosi comparire la machina in acqua, nella giornata della battaglia
navale, non del torneo a cavallo, potrò con opportuna invenzione valermi del detto tempio. Può dunque V. S. Ill.ma, se pur ha pensiero d'entrar in così fatto negozio, far fabbricar una rocca la più bella e
più forte in sembianza, che saprà, e potrà fingersi l'arte, la qual rocca chiuda in se stessa un tempio in
tal modo, che questo non possa vedersi, se non allo sparire di quella. Ma la porta del tempio sì grande,
che senza sproporzione V. S. Ill.ma ne possa uscire tutt'armata, e sarebbe bene che dalla porta si scen-
desse per alquanti gradi. Con questa invenzione mi da l'animo di rispondere a proposito a qualsivoglia
proposta. Ma non posso applicar nulla distintamente s'io non veggo prima il cartello del man (c.70v) -
tenitore, il quale bisogna pur che si pubblichi qualche giorno prima della giornata. Supplico ben V. S.
Ill.ma che, se non ha pensiero di far cosa alcuna, me ne avvisi, acciò che senza necessità io non impieghi quel tempo, che come non posso spendere con maggior gusto, che in servigio di lei, così cessando
l'occasione di questo, mi dovrebbe dispenderlo invano. La polizze di V. S. Ill.ma mi dice, che per tutto
veneri desidera d'essere venduta, ed io le mando apposta hoggi, ch'è veneri la presente. Non vengo io,
perché mia moglie si trova in letto con la febbre con qualche dubbio di punta; ed ho mandato pel
medico da Codigoro per intenderne il certo, e l'aspetto di momento in momento e trattengo il messo
di questa per mandar a Ferrara e per medico e per medicine, se farà bisogno. Che sarà il fine della
presente col baciar a V. S. Ill.ma ed a coteste signore riverentemente le mani, e pregar loro da N. S. Dio
ogni desiderata felicità.   Di Massa fisc.a li 11 aprile 1608
Di V. S. Ill.ma

                                                         Riverentiss.o ed obbligatiss.o ser.re
                                                                              e Cugino
                                                                        Aless.o Guarini

(p.s.:) Il medico ha trovato mia moglie con poca febre (...)
* *Si tratta di uno dei pochi frammenti che mete in relazione l'Aleotti con iniziative teatrali di Enzo Bentivo-
glio prima delle feste parmensi del 1618: non esistono ulteriori testimonianze di un torneo con macchine a
Ferrara nel 1608, per cui è lecito pensare che si dovesse replicare la barriera del carnevale 1608.*

138. Gio. Battista Aleotti (detto "l'Argenta") a EB, (Ferrara) (aprile 1608?)
    US-Np, RV MA 2872 (prov. AB)

Ill.mo S.re Padrone mio Singull.mo

Vedrò quanto V. S. Ill.ma mi ha mandato ch'io vegga e, sebene è tardi il consiglio del far andar in su il
castello, tuttavia, più antiveduta ci de' molto più dollere. Mandai hier sera circa le 5 hore a dire a
cottesti m.ri che portassero i contrapesi diffuera via dalle mura della Sala, acciò callassero fin in terra,
imaginandomi io che, per essere le rotelle che svoglian la corda de' contrapesi più larghe di diametro,
che non il mang.mo che ingoglia il castello, che non svoglierà tanto quanto bisognarebbe che il castello

invogliasse, ma che manda diffuora via dalla sala i contrapesi, l'uno su la strada, l'altro in corte vecchia o in terra tedesca. Il mandano verrà a invogliar tanto quanto possi bisognerà, da che si vede ch'era bene che V. S. Illma lo lasciasse provare mentre vi era tempo. Hor è fatta, questo è il rimedio ch'io gli scrivo, e se ci mancasse qualche cosa, suplirà la tela delle nuvole che cuopre il legno del carro di Bellona, la quale però si potrà forsi lasciare così, per essere l'ultima delle machine, né forsi farà brutto vedere. Mandi ella la carozza subito doppo disnare, che ancor ch'io habbi hauto una furia di vomito crudelissimo, tuttavia porta così l'obligo e desiderio mio.

Si compiaccia inoltre d'ordinare che alla porta dove entrar deve li personaggi nostri, che ci possa entrare mie figliuole con generi, e mandi ch'io verrò.

Di V. S. Illma

Dev.mo ser.re perpetuo
L'Argenta

* Nel catalogo a schede della biblioteca statunitense la lettera è datata 1628, forse per il riferimento al carro di Bellona, che effettivamente fu utilizzato nella azione IV del torneo di Achillini-Monteverdi per le nozze farnesiane del 23.XII.1628. Ma questa lettera testimonia di uno stretto rapporto di collaborazione artistica tra l'Aleotti e il Bentivoglio, non più esistente in una data così tarda. Fin dal carnevale 1608, come risulta dall'Addenda a Equicola, Genealogia delli Signori Estensi (1598-1614), era stato utilizzato a Ferrara un carro di Bellona. La lettera di Alessandro Guarini dell'11.IV conferma il coinvolgimento del Bentivoglio e dell'Aleotti. Si può pensare che per il successo della barriera di carnevale, lo spettacolo fosse stato ripreso nell' l'aprile successivo. Si ringrazia Frederick Hammond per aver cortesemente procurato una riproduzione di questo importante documento, l'unico dell'"Argenta" indirizzato ad Enzo Bentivoglio che faccia esplicito riferimento a questioni teatrali.

139. Angela Zanibelli da Mantova a EB (Ferrara) 11.IV.1608
AB, 44, c.100

(...) Ho receuto gli pani insieme con dua letere, una datomi dal postiero questa matina, l'altra da detto aportatore di pani: ringratio V. S. Illma quanto più poso e so. E il Sig.^r Iddio gli renda ogni guidardono per me, poich'io non son bastevole a farlo. De l'imparare io imparo, e la mia parte è il Prologo il quallo io fingo d'esero Mantoa che venga di soto terra e ch'io dica cantando de avere adificata detta città con ludare in ultimo tuti quelli prencipi ecelsamente; l'altra mia parte è l'ultima, qual me fingono la Dea della leticia in una nuvola e gli licenci che vada con l'arte nuta fra lor del ben guire. A me rincrese sollo che V. S. Illma con la Sig. Marchesa e la Sig.^{ra} Caterina non sia a sentire se io facio bene la mia parte, che già le so e le ho provato in sena. [I]ero sera il Sig.^{or} Prencipe fece una desfida de dua tornei, uno a piede, l'altro a cavallo, nel homo armato. Ed il Sig. Duca andò poi ad acetare la desfida. Questa sitimana parte il Sig.^{or} Prencipe per Turino, e se dice che tornarà con la Infante alla fine di questo mese, ed alti dicano che si anderà in longo sino alla sensa; dove che, non sapendo la certeza di questo, non poso dire altro a V. S. Illma (...)

* Reiner 1974, p.60.

140. Angela Zanibelli da Mantova a EB (Ferrara) 5.V.1608
AB, 44, c.339

(...) Hora, dando risposta alla sua, con humilisima reverenza comincio e dico ch'io sto benisimo per gratia del Sig.^{or} Iddio, qual prego che così sia de V. S. Illma e delle mia Sig.^{re} Patrone. Del cantare quello che sapeva costì io me la recordo, e credo che baterò meglio gli pasagi di quelo che facevo, benché non gli abbia mai studiato con il suono; poi del cantar sicura V. S. Illma sa benisimo che in così pochi giorni non poso averlo imparato, però del studiare io studio. V. S. Illma dice che vol tore in casa una giovane che impara cantare: per quel poco giudicio ch'io ho, credo che abbia fato benisimo. Ma in dire che abbia poi esere mia desipola, non poso rispondere in questo, se non dire che io non mi conosco buona in tal effeto; però da quel maestro che imparavo io, potrà inparare anco ella. Le nozze credo che andarà in longo poco perché S. A. di Savoglia con il Sere.^{mo} di Mantoa e la Infante parteno oge, e farano la intrata lune prosimo. Io averebbe bisogno de un parro di calzete de fillo: se V. S. Illma volle che melle facia dare a Ms. Giulio parente della [sua S.^{ra} Cia?] di casa, mi (c.339v) sarà gran gratia (…)

* *Ed. parziale Reiner 1974, p.61; Fabris 1986, p.77.*

141. Angela Zanibelli da Mantova a EB, (Ferrara) 15.V.1608
    AB, 44, c.402

Illmo ed Ecce.^{mo} Sig.^{or} mio Padron Col.^{mo}

Mandete a pigliare le calzete da Ms. Giulio e me le dete cortesemente; onde io non potendo remeritargli tante gratie che me fa, tuto dì pregarò il Sig.^{or} Iddio che gli renda il contracambio mille volte in tanta sua felicita e contento, ed il conserva longo tenpo sano insieme le mia Sig.^{re} Patrone.

Qui non vi è altro di novo se non che il giorno della sensa l'hano trasferito sino alle nozze. Ogni giorno ariva Ambasciatori di diversi loghi ed altri signori, ma de la venuta delle Prencipi e Cardinali che si trova in Turino non se sa se non che se aspeta di giorno in giorno. Hora non mi ocorrendo altro, prego il Sig.^{or} Iddio che la venuta di V. S. Illma ed Ecc.^{ma} qui a Mantoa sia con sua felicità; e gli facio humilisima reverenza.   Di Mantoa alli 15 maggio 1608

Di V. S. Illma ed Ecce.^{ma}

Humilisima e devot.^{ma}
se.^{va} Angola Zanibelli

* *Ed. parziale in Reiner, p.63.*

142. Angela Zanibelli da Mantova a EB, (Ferrara) 3.VI.1608
    AB, 44, c.512

Illmo ed Ecc.^{mo} Sig.^r mio Padron Coll.^{mo}

Il libro che mandò in conpagnia del mio a V. S. Illma per far tor giù alcuna cosa di musica è del Sig.^r Pighino, e lo vorebbe e con grandissima istanza, per il gran bisogno che ne ha, mello domanda. Io non so come fare non sapendo se V. S. Illma l'habbia portato con esso lui, o se l'habbia lasciato qui a qualche d'uno. Di gratia, se l'ha portato secco melli mandi, e se li ha lasciati a qualche d'uno mello scriva, che li manderò a torre, dove sarà. Il Sig.^r Pighino si lamenta di mio fratello, e gli ha detto che non dovea fare un simil atto sapendo quanto me ha insegnato volontieri. Io la prego un'altra volta a far che gli habbia quanto prima, acciò ch'io non gli dia per premio un tal disgusto. V. S. Illma non m'ha lasciato ordine alcuno ed io non so quello mi faccia se non che starò ad aspetare quello che deve essere di me. Non mi occorrendo altro per horra, a V. S. Illma faccio umilissima riverenza insieme con la Sig.^{ra} Marchesa, e la S.^{ra} Caterina mia Padrona.   Di Mantoa il di 3 giugno 1608

D. V. S. Illma ed Ecce.^{ma}

Umiliss.^{ma} e devotiss.^{ma} serva
Angiola Zanibelli

* *È l'unica delle 5 lettere da Mantova della Zanibelli a non essere stata citata in Reiner 1974; ed. parz. in Fabris 1986, p.73. Il cantante bolognese Paolo Pighino risulta tra i salariati della corte di Mantova nel 1589: cfr. Parisi 1994, p. 188.*

143. Alfonso d'Este duca di Modena a EB, Ferrara 9.VI.1608
    AB, 130, c.356

M.^{to} Ill.^{re} Sig.^{re}

I musici sono già incamminati per venir a servire cotesta Confraternita di San Spirito conforme alla richiesta [fatta]mene da V.S. La quale prima della presente risposta havrà veduto dall'effetto stesso la prontezza mia in compiacerla, che tale proverà sempre in ogn'altra occasione, dove io possa mostrarle l'affetto e stima particolare, che fo della sua persona. E saluto V. S. con tutto l'animo. Di Modena li 9 giug.^o 1608

D. V. S.

Come fratello.
Alfonso d'Este

144. Girolamo Frescobaldi, dedica a Guido Bentivoglio da Anversa 13.VI.1608 in *Primo libro de Madrigali a 5*, Anversa, 1608:

ALL'ILL.^MO E REVER.^MO SIG.^RE MONSIGNOR GUIDO BENTIVOGLIO,
ARCIVESCOVO DI RODI, NUNTIO DELLA SEDE APOSTOLICA IN FIANDRA.

Son venuto in Anversa con licenza di V. S. Ill. per vedere questa città, e per metter in prova una muta di Madrigali ch'io sono andato componendo costì im Brusselles, in casa di V. S. I. da che mi trovo in Fiandra, ed ho soddisfatto con ugual piacere all'uno e all'altro di questi miei desiderii. È avvenuto intanto che avendo questi Sig. Musici mostrato di gradir sommamente la mia compositione, m'hanno con grandissima istanza persuaso a consentir che si stampi, ond'ho eletto d'obedir più tosto con qualche rossore, che di repugnar con ostinata rusticità. Uscirà donque in luce questa mia prima fatica, che uscirà come conveniva sotto 'l nome di V. S. I. la quale con infinita benignità s'è degnata di favorirmi sempre nell'essercitio del talento, ch'a Dio benedetto è piaciuto darmi. Nella presente risolutione, ch'io faccio di cominciar a sottoporre al giuditio del Mondo le cose mie, supplico V. S. I. a riconoscere la singolar mia devotione verso di lei, e la profession mia di servitore obligatissimo alla sua illustrissima Casa, e bacio a V. S. I. umilmente le mani.   D'Anversa li 13 di Iunio 1608.
Di V. S. Illust. e Reverendiss.

umiliss. e obligatiss. servitore
Girolamo Frescobaldi

* *Ed. in O. Mischiati,* Catalogo generale delle edizioni originali delle opere di Girolamo Frescobaldi, *in* Frescobaldi e il suo tempo, *1983, p.54; cit. in: NV 1023, I, p.672; Hammond 1983, p.28 (trad. ingl.); G. Frescobaldi, Il Primo libro de Madrigali (1608), ed. a cura di L. Bianconi e M. Privitera, Milano, Suvini-Zerboni, 1996.*

145. Francesco Fugacina da Mantova a EB, (Gualtieri?) 12.VI.1608
      AB, 44, c.537

(...) Alla ricevuta dell'amorevolissima sua andai dal Sig.^r Comendatore e trovassimo che la giovane raccomandataci s'era già per Ferrara partita in compagnia dei suoi fratelli. Non gli mando gl'altri intermedi, con li baletti, non essendo ancor forniti, e quanto prima saranno finiti, gli mandarò tutti allegati insieme; che questo m'è vivo di desiderio di servirla che di nuovo me gli dedico quello solito servitore di sempre, e dal Signore le prego il colmo di tutte le felicità (...)
* *Ed. parzialmente in Fabris 1986, p.74, dov'è trascritta anche la notizia seguente: "(...) Non mi verrà mai occasione di servire V. S., ch'io non le vegga in fronte l'obligo, che n'ho. E però sempre superfluo serà, ch'ella mi ringrati di cosa dovutale da me, come è stato in questo negotio di Madama Angela (...)"(Orazio Langosco da Mantova a EB, (Gualtieri) 25.VI.1608 : AB, 44, c.688). La conferma dell'arrivo di Angela è in una lettera di Isabella Bentivoglio da Ferrara alla Duchessa di Ferrara a Mantova del 12.VI.1608 (MAa, Gonzaga, Esteri: Ferrara, E. XXXI.3, b.1265):*

Ser.^ma mia S.^ra e Padrona Col.^a

Ritornò hier sera l'Angela con salute, e della sodisfattione, che V. A. m'avvisa d'haver ricevuta dal suo servitio, io n'ho sentito particolarissimo contento. Quanto poi al rincrescimento, che V. A. mi descrive d'haver havuto, per non essermi potuto trasferire costà a servirla, e il desiderio che lei pur tiene di vedermi, sono eccessi di tante gratie, e favori (...)

146. Girolamo Frescobaldi da Milano a EB, Ferrara 25.VI.1608
      GB-Lrc, ms. 2815 (prov. AB)

(...) Io pensava di poter personalmente trovarmi a servire V. S. Illma molto primo di quel che la fortuna mi concede di poter fare, essendo io trattenuto qui in Milano dai padri di Santo Ambrogio nel lor Monasterio, con molta satisfatione d'alcun'altri signori; e mi son trattenuto per provare fortuna in diverse parti, ed anco per haver occasione di farmi conoscere, benché il mio fine fusse di ritornar a Roma con buona gratia e favore di Monsignore Illustrissimo suo fratello, al qual gli resto servitore affetuosissimo ed obligatissimo ed il simile a V. S. Illma (…)

* *Ed. Newcomb, p.112-113, che mette in evidenza le relazioni del maestro di Frescobaldi, Luzzasco Luzzaschi, con l'ambiente milanese e in particolare, negli anni 1599-1601, con il cardinale Federico Borromeo, che in quel periodo ristabilì l'importanza religiosa e amministrativa dei padri di Sant'Ambrogio nel territorio milanese. Solo riferimento alla lettera in Hammond 1983, p.337, nota 33 e Fabris 1986, p.64.*

147. Girolamo Frescobaldi da Milano a EB, Ferrara 26.VI.1608
US-Npm, Mary Flagler Cary coll., Autogr. Misc. Artists (prov.AB)

(…) Resto molto hubligatissimo all'amorevolezza di V. S. Illma. Io quasi stava in pensiero, per esser pregato da questi padri di Santo Ambrosio ed ancho d'alcuni altri signori, di restare in Milano; che forse mi serebe recapitata qualche occasione. E quando mi risolverò di restare in Milano, per eser molto desiderato, non mi amancherà occasione di poter guadagnare. Si che, per non ricusar l'occasione e la singular cortesia di V. S. Illma, conosco con quante utile e riputatione mi scìa non ricusar l'occasione di servire a V. S. Illma, con pregarla che, per dar sodisfation a questi signori, ch'io resta per fina agosto in Milano. Si che sarò prontissimo a servire a V. S. Illma; e si mi farà gratia di farmi sapere quando serà la partita di V. S. Illma per Roma mi ferà gratia, oferendomi obligatissimo ed affetuosissimo servitore (…)

* *Ed. Newcomb, p.115 che la riteneva perduta (utilizza la riproduzione nel Catalogo d'asta Heyer del 1927, Fig.X); individuata nella presente collocazione da Hammond 1983, p.337, nota 33. Cfr. inoltre Fabris 1986, p.64 e Music Letters in the Pierpoint Morgan Library. A Catalogue, March 1991. Da notare che quando abbiamo consultato l'originale della lettera a New York nel 1991, il catalogo manoscritto della Pierpont Morgan Library recava ancora l'errata indicazione "Frescobaldi to Guido Bentivoglio 1604 26 June". Sull'acquisizione di questa e altre lettere provenienti da AB cfr. C. H. Clough, The Archivio Bentivoglio in Ferrara, "Renaissance News", 1965, n.18, pp.12-19.*

148. Camillo della Torre da Milano a EB, Gualtieri 27.VI.1608
AB, 44, c.696

Illmo S.^or mio S.^re Oss.^mo

Ho resa in mani proprie di Ms. Girolamo Frescobaldi, la lettera inviatami da V. S. Illma con la sua de 21, e seco ho fatto il passaggio ch'essa m'imponne, havendolo trovato assai disposto, e pronto di venire a servirla; ancor che qui fosse in procinto di trovare recapito proffitevole, dal quale l'ho disuaso, come più pratico delli humori di Milano di lui, onde mi ha data la parola di venire a servire V. S. Illma in questo suo viaggio di Roma, come potrà intendere dall'allegata sua. Ben le dà un poco noia l'haversi a muovere in questa stagione calda; tuttavia, se m'avisarà quando le sarà di gusto che si trovi costì, io operarò in maniera che verrà subito. E se per sorte io andassi a Modena, come facilmente potrà succedere, le do la parola di condurlo in detta città. Ch'è quello posso dire a V. S. Illma, alla quale mi raccordo servitore humilissimo e desiderosissimo della sua buona gratia nella quale mi raccomando e bacio le mani.   Di Milano il di 27 giugno 1608

D. V. S. Illma

Hum.^mo s.^re
Camillo della Torre

* *Ed. Fabris 1986, p.69. È probabile che la lettera di Frescobaldi allegata sia appunto quella del 25.VI.1608.*

149. Camillo della Torre da Milano a EB, (Ferrara?) 23.VII.1608
AB, 45, c.652

(…) Ho poi havuta la lettera del S.^re con quella per il Frescobaldi, al quale l'ho fatta avere, ma mi dice d'haverle a dire c'ha mancato a lei, ed a me della parola data, non una volta ma diverse, di venire con V.

S. Illma a Roma, e specialmente me lo ratificò ultimamente. Havendolo poi mandato a domandare hoggi per incaminarlo con buona compagnia, m'ha liberamente detto di non ci voler più fare altro, e di non si voler partire da Milano. Credo può V. S. Illma considerare quale io sia resta[to] vedendomi mancare della parola tante volte data; e con tutto ch'io le habbia messo in considerazione il male che le potrìa venire per l'inoservanza della promessa fatta a lei, ed a me, non ho potuto rimoverlo dal suo proponimento. Quanto (c.652v) io sia restato offeso da simile modo di procedere, lascio che lei lo giudichi. E se havesse mancato a me solo sarei in gran pensiere, ma poiché lei ancora ci è interessata, lasciarò che la commandi quille le sarà di gusto, sicura ch'io la servirò sempre a tutto mio potere in qual si voglia cosa; ed a V. S. Illma bacio affettuosamente le mani.   Di Milano il dì 23 luglio 1608

D. V. S. Illma

Hum.^{mo} s.^{re}
Camillo della Torre

* Ed. Fabris 1986, p.69.

150. Piero Bozio da Roma a EB, Ferrara 6.VIII.1608
       AB, 45, c.70

(...) Havemo Mont'Alto, Ebreo e me, di novo misurato li [a]razzi nel camerone, e trovo che son alti abastanza, e che potranno servir in questa maniera, però che quel vano delle finestre, non potendosi i [a]razzi far in pezzi, si potrebbono coprire con taffettani verdi (...)
* Materiale d'arredo per la casa di Roma, ricavato probabilmente dai beni lasciati a Roma da Monsignor Guido, partito per le Fiandre.

151. (Copia di bando inviata da G. Maria Turini da Gualtieri a EB, Ferrara 8.VIII.1608)
       AB, 45, c.87v

Grida sopra i possedimenti del Marchese di Gualtiero e Conte d'Antegnate

(...) E perché anco soglino nascere risse, e questioni nelle feste da ballare, però proibisce, che niuna persona [di qualunque] stato, grado, o condizione essere si voglia, facia o facia fare, né permetta, ch'in casa sua, o in alcuno suo loco si faccia festa da ballare sotto pena di scudi venticinque, ed alli sonatori, che in tal festa sonarano, di scudi venti, di applicarsi come sopra (...)

152. Guido Bentivoglio da Bruxelles a EB, Ferrara 9.VIII.1608

(Attuale collocazione sconosciuta: faceva parte, con altre 5 lettere provenienti da AB, dell'archivio privato del cav. Carlo Morbio, Milano)
(...) Avrò caro che 'l Frescobaldi venga a Roma con Vostra Signoria per il gusto ch'ella mostra d'averlo in casa sua (...)
* Memorie del cardinale Guido Bentivoglio (...) aggiuntevi cinquantotto lettere famigliari tratte dall'archivio del cav. Carlo Morbio, Milano, Daelli 1864, III, p. 24; ed. Bentivoglio, Memorie e Lettere, Bari 1934, p.424. Cit. anche in Fabris 1986, p.68-sg.

153. Camillo della Torre da Milano a EB, Ferrara 20.VIII.1608
       AB, 45, c. 249

(...) Rimetto a V. S. Illma il pieghetto che la m'ha invia[to] con la sua de 4 per il Frescobaldi, essend'egli partito a cotesta volta, per quanto dicono quelli dov'era alloggiato, poiché a me non ha fatto moto alcuno. S'io fossi stato avertito dell'arrivo qui di V. S. Illma, l'havrei servita conforme a quello si conveniva all'obligo mio, ma non seppi cosa alcuna se non l'istesso giorno che la partì, che il Sr Conte Ferrante Simoneta me lo disse: me ne scusi donq[ue] V. S. Illma e mi conservi per suo servitore. Ch'io con questo fine le bacio affetuosamente le mani.   Di Milano il dì 20 agosto 1608

D. V. S. Illma

Hum.^{mo} s.^{re}
Camillo della Torre

* *Ed. parzialmente in Hammond 1983, p.339, nota 6; Fabris 1986, p.70-sg., nota 22.*

154. Ottavio Estense Tassoni da Roma a EB, Ferrara 20.VIII.1608
AB, 45, c.253

Illmo S.^{or} mio S.^{re} Oss.^{mo}

Per il luogo di organista qui di San Piero in persona di Ms. Girolamo non ci è hora più difficultà veruna, giaché sono sicuro, ch'egli habbia accettata la carrica, puiché per assicurare il negotio, feci far il decreto in Capitolo, che quando egli volesse venire senz'altro dovesse accettarsi. Non ho visto però ancora gli SS.^{ri} Canonici, doppo questo avviso; ma con prima occasione, che havrò di andare a San Piero, ne darò loro conto. Intanto sarà bene ch'egli si trattenghi costi, sino che si rinfreschi, perché il volerlo far venire adesso, sarebbe un farlo porre a pericolo della vita. E con questo a V. S. Illma bacio le mani augurandogli ogni contento. Di Roma li 20 agosto 1608

D. V. S. Illma

S. Aff.^{mo}
Ott.^o Esten' Tassonj

* *Ed. parz. Hammond 1983, p.339, nota 6; Fabris 1986, p.70, nota 21.*

155. Bernardo Bizzoni da Roma a EB, Ferrara 20.VIII.1608
AB, 45, c.247

Illmo Sig.^r Padrone Oss.^{mo}

Ms. Gerolamo mi scrive sotto il dì 13 del corrente nell'istesso giorno, e tenore che mi scrive anco V. S. Illma. A lui, e da me, e da altri fu dato il primo avviso a Milano, e raccomandato le lettere alli frati di S. Ambrogio di detta città; li gli l'hanno ricevute, e havrei caro che Gerolamo però scrivesse a detti frati che gli mandassero la mia lettera per alcuni rispetti. Io mi rallegro con lui che con questa occasione sia anco per continuare la servitù sua con l'Illma casa, e particolarmente con la persona e sotto la protettione di V. S. Illma. L'elettione fatta dal Capitolo della persona di Gerolamo è stabbilite e confirmate, e ridotta a perfettione senza dubbio, e difficoltà niuna. Io loderei bene, perché qui è opinione che V. S. Illma non sia per essere qui sino alle fine d'ottobre, che egli (se però V. S. Illma non preme di haverlo per viaggio appresso la Sua Illma persona) s'inviasse a questa volta subbito: che veda essere bene sia presente, ma non già prima che sia veramente, e sicuramente rinfrescato. E tra tanto, credo che non saria se non bene di scrivere una lettera ringratiatoria (c.247v) all'Ill.^{mi} Sig.^{ri} Canonici e Capitolo di S. Pietro, ed inviare detta lettera all'Illmo Sr Conte Ottavio Tassoni che la presenti in Capitolo, se però così giudicherà bene S. S. Illma, e così abbondase in cautela.
V. S. Illma mi faccia gratia d'avvisarmi se ha animo de trovarsi alle nozze de Fiorenza. Mi favorisca anco di far leggere la presente a Geronimo, al quale non scrivo per essere [troppo] tardi, e farli havere subbito l'inclusa soprascritta: ch'egli mi viene dall'Ecc.^{mo} Sig.^{re} Francesco Borghese. E per fine con farli riverenza, le prego dal Sig.^{re} pronta e felice venuta a questa volta (…)
* *Ed. parz. Hammond 1983, p. 338, nota 5 (con una lettura in alcuni punti divergente); Fabris 1986, p.70, nota 21 (con data sbagliata 1606 per un refuso tipografico).*

156. Ottavio Estense Tassoni da Roma a EB, Ferrara 4.X.1608
AB, 46, c.395

Illmo S.^r mio S.^{re} Oss.^{mo}

Del Frescobaldi, di cui V. S. Illma mi [scrive] mi confesso dir altro, se non come ho significato a lui medesimo, che mentre ha per venire a questa volta per gli XIV dil corrente, puotendosi egli trattenersi sin allora; ma mentre dovesse il medesimo convenir più oltre, direi che fosse bene che se ne venisse da [solo] per sodisfazione di questi SS.^ri Canonici (…)

* *Cit. in Hammond 1983, p.339; solo rinvio alla lettera in Fabris 1986, p.71, nota 22.*

157. Ercole Rizzardi da Modena a (Nicolò Fiorelli) 9.X.1608
      AB, 46, c.465

Molto Mag.^co Sig. mio Padron Oss.^mo

Il Signor Nostro Ecc.^mo hier detto licenza per otto giorni che vadi sina a Ferrara, e che in nome suo scriva a V. S. che mi mandi cinque o sei scudi da portare a Ms. Gio. Pittore che li facia li *12 Imperatore.* Io partirò martì o venere: se V. S. li mandarà, il Signor serà servito e V. S. il medesimo se mi comandara (…)

* *Stessa richiesta ribadita in una lettera del giorno 10.X, c. 475.*

158. Ottavio Estense Tassoni da Roma a EB, Ferrara 18.X.1608
      AB, 46, c.568

(…) La dilazione di cinque o sei giorni più del stabilito poco importa e può senz'altro il Frescobaldi aspettare V. S. Illma; ma mentre fusse per andar per in lunga divantaggio, direi che fusse bene ch'ella lo facesse porre in camino, acciò questi S.^ri non avessero a dolersi (…)

* *Cit. Fabris 1986, p.71.*

159. Alfonso Magnanini dalle Tombe a EB, Ferrara 19.X.1608
      AB, 46, c.572

(…) Invio anco al detto Ms. Annibale la presente mia lettera con le canzoni che V. S. Illma s'è scurdata qui, acciò per il staffiere gliele faccia capitare. E qui finendo, il Sr Orazio ed io gli facciamo riverenza (…)

160. Bernardo Bizzoni da Roma a EB, Ferrara 5.XI.1608
      AB, 47

(Si scusa di non aver mantenuto la promessa di raggiungere a Firenze il marchese, come gli era stato rimproverato attraverso Frescobaldi)
(…) e la sera della viglia di Tutti Santi fui di ritorno a Roma dove con grandissimo gusto, ed allegrezza mia, trovai in casa mia il nostro Frescobaldi, salvo, e contento, il quale giunse qui alli 29 del passato e la viglia di Tutti Santi prese il possesso dell'organo di S. Pietro con havere anco sonati le doi feste seguenti con molta satisfattione ed applauso di quelli signori Canonici, e d'altri virtuosi della professione. Ne ho voluto dar conto a V. S. Illma con significarli anco il desiderio che noi havemo della venuta qui di V. S. Illma, quanto prima, per poterla servire e godere il consertino di quelle due virtuose donzelle che V. S. Illma condurrà qui (…)

* *Cit. Newcomb, p.118; Hammond 1983, p.339.*

161. Girolamo Frescobaldi, dedica a Francesco Borghese da Ferrara 8.XI.1608 in *Fantasie a 4,* Milano, 1608:

(…) la particolar devotione, ch'io porto al suo nome, e quell'onore, che i suoi orecchi si son degnati di far più volte alla mia mano, mentre sotto l'ombra di Monsig. Illustriss. Bentivogli Arcivescovo di Rodi, in Roma io dimorando (…)

* *Cit. in O. Mischiati,* Catalogo delle edizioni originali delle opere di Girolamo Frescobaldi, *in* Frescobaldi e il suo tempo, *1983, p.53 ; Fabris 1986, p.65-sg., nota 7.*

162. Piero Bozio da Roma a EB, Ferrara 12.XI.1608
      AB, 47, c.44

(…) Il S.ʳ Girolamo se ne sta in casa di detto S.ʳ Bernardo e per questo non ho voluto lassare qui sto letto: che nel resto, ho riauto tutto in mano (…)
* *Cit. Fabris 1986, p.71 (con riferimento alla presenza di Frescobaldi a casa di B.Bizzoni). In una lettera dell'ottobre precedente (AB, 46, c.408) Bozio dava generiche notizie su quadri e sul gioiello trattato dal Nappi.*

1609

163. EB da Roma a destinatario sconosciuto 3.I.1609
      MOe, Autografoteca Campori: Bentivogli Enzo (1)

(Annuncia la rottura del matrimonio tra gli Orsini e i principi di Sulmona e chiede di seguire il negozio)
(…) perché a un tempo serviremo grandissimamente a cotesti principi, e a questi patroni di Roma, e all'interessi della nostra Casa. Di gratia, prima straordinariamente perché, se ci almiamo dieci an[n]i, spero butar tutti li altri da parte e spuntar questo (…)
* *Il luogo di invio della lettera è indicato come Modena, ma poi cassato e sostituito con Roma.*

164. Girolamo Piccinini da Bruxelles a (EB, Ferrara) 3.I.1609
      AB, 278, c.9

Ill.ᵐᵒ Sig.ʳᵉ e Padron mio Oss.ᵐᵒ

Ho mandato al S.ʳᵉ Alfonso Magnanini la risposta del conto che mi mandò d'ordine di V. S. Ill.ᵐᵃ insieme con la dispensa del 3.º di paga ultimamente riceuto. Dalli qual conti, riceuto ch'havrà V. S. Ill.ᵐᵃ li ducati 100 dal Goretti, ci serà poco svario. Il mese passato non s'è parlato di dar il 3.º di paga cosa che passa l'anima di molti personagi. Il giorno delli Inocenti fui pur anco in Santa Santorum dove c'era la Sig.ʳᵃ Infanta, e il Sig.ʳᵉ Arciduca. Non mancai di far il debito con leuto, tiorba, e chitara: mostrorno segni di grandisima sodisfatione, anzi parve alla S.ʳᵃ Infanta d'honorarmi con una sua ambasiata inviatami […] di parole di tanta cortesia ch'io quasi non potevo crederlo misurando la grandenza, e il punto che tiene costí gran Sig.ʳᵉ come V. S. Ill.ᵐᵃ sa. Giovedì matina che fu il primo giorno dell'anno queste Altezze magnorno in publico, e Mons.ᵉ Ill.ᵐᵒ Nuntio fece la beneditione. Il Sig.ʳᵉ Arciduca volse ancor lui honorarmi con parlar di me in publico tanto honoratamente e con tanta laude che più non potrei desiderare di modo che sono diventato mezo palazino. Li trinei sono saltati fuori favoriti da un poco di nieve. Il Sig.ʳᵉ Roggier giunse a salvamento il di 30 del mese pasato. Non starò a dire cosa alcuna sopra la tregua o guerra poiché mi pare che comincia la pratica a stracar tutto il mo[n]do, tutta via questa nuova proroga di 6 setimane fa che li desiderosi di tregua sperano la tregua, e il simile fa chi desidera la guerra. Ed a V. S. Ill.ᵐᵃ per fine basio le mani   di Bruseles il 3 genar 1609
Di V. S. Ill.ᵐᵃ

dev.ᵐᵒ Ser.ʳᵉ
Ger.ᵐᵒ Piccinini

165. Addizioni a Equicola, *Genealogia delli Signori Estensi* (1598-1614)
      FEc, ms. Cl.II 349, p.286

(Quintana per il carnevale a Ferrara)
1609. Comparve il primo di febraio, su la Giudeca piena di dame e di cavalieri, un araldo riccamente vestito, con molte trombe innanzi, e nel popol più folto publicò l'infrascritto cartello:
Dalla più bella parte d'Europa, da quella malgrado di così lunghe guerre, che la molestano, sopra tutte l'altre felice, e fortunata provincia, che ad onta dello 'ngiusto titolo, che se n'usurpa l'Italia, non pur

giardino, ma quasi paradiso di questo mondo terrestre si dovrebbe appellare, da quella Fiandra (…) mi manda il Cavalier Olindo il Sincero (…)

(Seguono cartelli sul confronto tra dame di Ferrara e d'Italia con dame di Fiandra; tra gli sfidanti ricompare Pistofilo con Partenio. Seguono 24 capitoli e i nomi dei giudici)

166. Ferrante Simonetta da Modena a (EB, Roma?) 3.II.1609
AB, 48, c.210

(p.s.:) mentre che V. S. sarà a Roma per vita sua veda se mi pò buscare uno quadro o dua d'uno pitore che si adomanda Paulo Brillo che sia sul rame quadreti piccoli: m'intende che vorei meli facesti donare da qualche prete (…)
* *Il pittore richiesto è Paul Bril (1544-1626), tra i decoratori del Palazzo Borghese (oggi Rospigliosi) più tardi acquistato a Roma da Enzo Bentivoglio e poi ceduto a Mazzarino.*

167. Lorenzo Fabelli da Borgo Freddo (Mantova) a Ippolito Bentivoglio, Modena 4.II.1609
AB, 48, c. 222

(Attende risposta sui "disegni del chamerone cioè sufita e fregi" con interessanti descrizioni)
* *Sul dorso della lettera, indirizzata al "Sig. Marchese Bentivoli Generalo della Alteza di Modona" è indicato: "Dal pitore di Mantova".*

168. Alfonso Magnanini da Roma a Isabella Bentivoglio, Ferrara 21.II.1609
AB, 48, c.294

(…) Alla musica s'è aggiunto una signora che sona d'arpa, con salario grossetto, duoi fratelli in casa per paggi, ed in capo di cinque o sei anni non so che ce n'arai di scudi per ellemosina dotale (…)
* *Ed. parziale in inglese: Newcomb, p. 120; Fabris 1986, p. 78, nota 52 (dove l'arpista è identificata con Lucrezia Urbani).*

169. Addizioni a Equicola, *Genealogia delli Signori Estensi* (1598-1614)
FEc, ms. Cl.II 349, p. 297

(Febbraio 1609). L'ultimo giorno del detto mese, su la piaza ov'era tutta la città ragunata, videsi comparir una grandissima nuvola, innanzi alla quale veniva sopra un caval morello un'huomo con barba e chioma lunga, e nera, di veste pur lunga, e nera vestito, il quale avendo condotta, e fermata la machina innanzi al palco delle dame, recitò i seguenti versi, verso il fine de quali, con l'uscita del cavaliero, essendosi aperta la nuvola, scoprì nel suo seno un ardentissimo inferno pieno di vari mostri, e demoni, nelle cui fiamme molte donne si vedevano tormentate, e molte altre d'altre diverse pene punite; e queste nel fine di questi versi, con flebile, e dolente armonia, cantarono gl'infrascritti due madriali:
(I) *Cessate omai, cessate*
O curiose genti (…) (a margine: L'ombra di Merlino il mago alle donne ferraresi)

(II) Musica alle donne infedeli, che nello 'nferno cantan piangendo:
Ahi, ahi, oimè, oimè, ahi, ahi, oimè,
O terra, che non t'apri? (…)

Il mantenitore della predetta quintanata fu l'Ill.mo S.r Giovanni Bentivoglio, Cavaliere di Malta, il quale fu vincitore della maggior parte de i prezzi, e di maggior valore.
Comparvero eziandio due cavalieri con diverse invenzioni, due delle quali per essere state più belle, seranno qui sotto notate; ma per la brevità del tempo non furono recitati i versi. (…)

170. Ferrante Simonetta da Modena a EB, Ferrara 4.III.1609
     AB, 48, c.330

(...) (Ribadisce la richiesta di)
(...) buscarmi un paro de quadretti ma cose, che siano belle, se bene le dovessi torre al mio S. Ambasciatore che so già ne deve haver hauti di questo, che io desideravo. Io non intendo che V. S. entri in
spese per me, né voglio, che li compri ma se la occasione gli viene, come occorre (...) Se ben ne dovesse
robbar qualch'uno a qualche puttana (...)

171. Addizioni a Equicola, *Genealogia delli Signori Estensi* (1598-1614)
     FEc, ms. Cl. II 349, p.301

(Il Duca di Mantova a Ferrara con alti prelati)
 (1609) Adì 9 aprile vene a Ferrara il Ser.^{mo} Sig.^{or} Duca di Mantova, e fu incontrato sino fuori della
porta di S. Giovanni Battista, da gl'Ill.^{mi} e R.^{mi} SS.^{ri} Car.^{li} Legato, e Pio, e condotto in carozza in
castello, ove alloggiò. La sera circa un'hora di notte, insieme col detto Illmo e R.^{mo} Pio andò a vedere
il teatro delli SS.^{ri} Accademici Intrepidi, e lo videro iluminato, e sopra un carro che passò sopra la sce-
(p.302) na (...) si fece anco un poco di musica due sinfonie l'una nel principio, e l'altra nel fine con
strumenti da fiato, regali (...) Volse detto Ser.^{mo} essere accettato nell'Accademia (...) gli Accademici
(...) l'accettarono con molto loro contento (...)

172. Alessandro Guarini da Massa Fiscaglia a EB, Fe 10.VI.1609
     AB, 378, c.76

(Lamenta ancora la "pessima mia fortuna" e chiede di raccomandare la moglie al vicelegato per un suo
"nuovo travaglio")

173. Francesco Belfiore da Roma a EB, Ferrara 10.VI.1609
     AB, 49, c.248

(...) Quell'istromento mandato al Sr Card.^l Borghese da Monsr Illmo Nuntio di Fiandra per veder le
cose lontane ha riempito tutta la corte non meno di ammiratione che di desiderio di vederlo: ma a
pochi è concesso. Il Sr Cavaliere Illmo [Giovanni Bentivoglio] mi fece gratia di lasciarlo vedere, sí che
m'ha bisognato farne pubblica relatione in più di due circoli di gente (...)
* *Newcomb, p. 121 (e nota) cita altre due lettere sullo stesso argomento di Belfiore, in data 17 e 20.VI.1609:
è probabile che quella del 20 corrisponda al nostro documento. Non è invece citata la seguente: Francesco Belfiore da Roma a EB, Ferrara 12.VI.1609, AB, 49, c. 350v "(...) Della qualità dell'istromento che mandò di
Fiandra Monsr Illmo Nuntio ho dato di già a V. S. Illma quel raguaglio migliore che ho potuto (...)".
Si parla evidentemente di un cannocchiale, non di uno strumento musicale.*

174. Gasparo Martinengo da Roma a (EB, Ferrara) 23.VI.1609
     AB, 49, c.402

Illmo Sig.^r mio Oss.^{mo}
Il Sig.^r Gandino arrivò la stessa mattina che arrivarno le sue lettere, ed io lo recevii con el miglior modo
ch'io seppi. V. S. stia pur con l'animo quieto che delli miei studii mi attendo, ne mai uscisco di casa; e
l'hore che io deveria uscire, io sono di leuto e di instrumento [=tastiera], benché al instrumento poco vi
attendo, e credo, anzi son sicuro che come lei verrà, mi lasciarà più libertà di quella ho ed il Sr Cava-
gliere, non mi vole menare in nissun luoco perché teme sempre di non permeterne agli ordini suoi, e ne
mai mi ha voluto menare, a le feste che si fa a furia in questi sponzalitii, e se pare a V. S. ci vadi lo scrivi
che alhora mi menarà.

Do poi nuova a V. S. che a la musica qui si attende alla gagliarda; ed adesso il S.ʳ Alessandro ha finito di dare un *Ruggiero* ed una *toccata* stupenda alla Napolitana, e quando lei tornerà troverà grandissimo frutto, e nel sonare, come nel cantare. Il S.ʳ Bernardo bacia a V. S. le mani come faccio io e le prego felicità.   Roma li 23 giugno 1609.

Aff.ᵐᵒ Cug.ᵗᵒ e S.ʳᵉ
G.ʳᵒ M.ᵒ

* *Ed. parziale in inglese: Newcomb, p.121-122; Fabris 1986, p.80, nota 63.*

175. Alfonso Verati da Roma a EB, Ferrara 24.VI.1609
AB, 49, c.414

(...) Ieri ho ricevuto scudi setanta dal Frescobaldi il quale dice che V. S. Ill.ᵐᵃ ha fati pagar a suo padre in Ferrara (...)

176. Alfonso Verati da Roma a EB, Ferrara 4.VII.1609
AB, 49, c.511

Spese fate dopo la lista mandata a V. S. Ill.ᵐᵃ,
Prima per salario de servitori   55-83
(...)
Per più al maestro che insegna cantar ale done   4-80
* *Cit. Fabris 1986, p.84, nota 78. Per il mese di giugno 1609 è indicata la cifra di 35-95.*

177. Francesco Belfiore da Roma a EB, Ferrara 4.VII.1609
AB, 49, c.550

(...) e della venuta in casa al servitio della S.ʳᵃ Marchesa Ill.ᵐᵃ d'un giovane parmegiano lei riceverà avviso migliore del mio da altra banda, poiché ingenuamente non so chi sia, né chi ne li abbia introdotto, ma per quel che mostra è di onoratissimi costumi, di billa presenza e virtuoso di liuto, e di chitarra spagnola, e di natura rimessa più tosto che vivace (...)
* *Per una ipotetica identificazione del musico con Andrea Falconieri cfr. Fabris 1987, p. 22 (con riferimento a questo documento).*

178. Cosimo Bandini da Roma a (EB, Ferrara) 8.VII.1609
AB, 49, c.527

(...) Io la avviso come addesso Ms. Girolamo insegnia alla Napoletana, ed attendano a imparare e la Lucia impara assai bene da Oratietto per conto, quando V. S. Ill.ᵐᵃ viene qua, che queste giovane cantin sicure le note. La Lucia lei nolle canterà perché V. S. Ill.ᵐᵃ sa se l'è grossa, di cervello, ma la troverete in termine tale, che V. S. Ill.ᵐᵃ potrà giudicare se io sarò mancato di insegniarli, e se ne potrà informare dalla Signora Caterina. La Signora Lucretia lei canterà sicure le parole per che lei sapeva un poco di Madonna Angola: io non me ne inpaccio per che Ms. Girolamo gl'insegnia lui (...)
* *Ed. Newcomb, p.125; Fabris 1986, p.77. Il maestro di Lucia è Orazio Crescenti. Con lo stesso nome esistevano due personaggi coevi a Roma, entrambi conosciuti come "Orazietto": il primo era un napoletano, contralto della Cappella Sistina, morto nel 1617 (Cfr. R. Casimiri, Orazietto (Horatio Crescentij), "Note d'Archivio", XIII, 1931, pp. 216-217. Il probabile maestro al servizio dei Bentivoglio era l'altro Orazietto, tenore della Cappella Giulia e ammogliato (informazione di Claudio Annibaldi). Cfr. Fabris 1986, p.79.*

179. Cosimo Bandini da Roma a (EB, Ferrara) 11.VII.1609
AB, 49, c.578

(…) Scrissi l'ordinario passato a V. S. Illma come Messer Girolamo insegnia alla Signora Lucretia, imperò ci attende; e li isegnia ancora un poco di contrapunto. Ma a me non pare che la musica non vadi tanto inanzi come andava quando era qua Lei; e la causa è questa, che quando Lei era qua tutti e tre sonavano insieme, che da poi che V. S. Illma si è partita non hanno sonato se non una sol volta. Imperò V. S. Illma può giudicare se il sonare in compagnia è il vero fondamento. La Lucia impara assai bene portare la voce da Oratietto ed impara alquanto le note (…)
* *Ed. Newcomb, p.125-sg.*

180. **Girolamo Frescobaldi da Roma a** (EB, Ferrara) 15.VII.1609
GB-Lrc, ms. 2184 (prov. AB)

(…) Non poso mancare per sodisfare a l'uno ed a l'altro di questi miei desideri, prima con asicurarla che io vivo servitore a V. S. Illma, l'altro per farli sapere come io resto molto disgustato, avendo inteso una certa fama di me in casa di V. S. Illma com'insegnare a queste sue giovene, si come ancho avendo visto degli affetti che sospetano di me, che di questo ne farò sicuro V. S. Illma quando sarà a Roma che è procedutto, come ancho del molto praticargli d'altri. Hora non dispero che V. S. Illma non mi tenga quel vero servitore che io li sono e sarò sempre, e per aiutare questo fo sapere a V. S. Illma come io me ne resto di praticargli dove che lor sieno, per ché non pretendo di restare con simil sospetti in casa di V. S. Illma, dove che io ho sempre fatto profesione del'honor mio e in particolare in casa di V. S. Illma l'oservo con quel magior affetto che io posso (…)
* *Ed. Newcomb, p.122-123 (riferisce che nel Catalogo del Royal College di Londra la data della lettera è indicata 1.XII.1609, mentre l'Eitner, che conosceva il documento, lo assegnava al 1.X.1609).*

181. **Girolamo Frescobaldi da Roma a** (EB, Ferrara) 15.VII.1609
coll. sconosciuta, catalogo Liepmannssohn 1930 (prov. AB)

Illmo P̤.^ron mio Col.^mo
Dovendo io non solo ubedire ai comandamenti di V.S. Illma, quanto nel dimostrar perpetuo servitore, sì per anco sapendo quanto V.S. Illma mi ha sempre tenuto per quel vero servitore che io li sono e sarò sempre, così non dispero che per la benignità e gentileza di lei non sdegnerà che io abia fatta questa risolutione che sin ora averà inteso quanti li servisse la Sig.^ra Caterina ed ancora io, vedendo che molti ed anzi tutti di casa dicevano quel che lor parevano di me, ma solo mi basta credere che V.S. Illma creda come li troverà in affetto che io abia proceduto con quelli veri termini che si conviene in casa di V.S. Illma, e questo che io ho fatto, seben che questo era pensier mio di sposar l'Angiola, però voleva riserbarmi a dirlo alla venutta di V.S. Illma a Roma, ma per disganare i mal dicenti, che molti ne mormoraranno, ho fatto conoscere quel che ho nell'animo mio. Però solo mi resta a suplicarla che da poi che questa sie statta volontà di Dio voglia avere risguardo alla povertà mia di far quell'uficio magiore con il zio dell'Angiola, il qual mi scrise la Sig.^ra Caterina in quanto il tempo mi rimetto in V.S. Illma a tutto quel che destinerà che io facia intanto non mancherò d'insegnarli e in particolare alla napolitana e li resto umilissimo servitore con fargli riverenza.

Di V.S. Ill.ma

Um.mo serv.
Girolamo Frescobaldi

Di Roma il dì 15. luglio 1609
* *Ed. parziale in Newcomb, p.123, con riferimento al catalogo d'asta Liepmannssohn del 1930 e notizie sulle vicende di questa lettera, conosciuta nel 1887 dall'Haberl e pubblicata nel 1942 anche da Casimiri: il canonico Antonelli aveva ceduto la lettera custodita nell'Archivio Bentivoglio al "Dr. Lucci" in Bologna; questi l'inviò a Luigi Arrigoni per una esposizione che si doveva tenere in Milano nel 1881. Quindi Haberl ne ottenne una trascrizione da Leonid Busi. Quest'ultima è stata rintracciata e pubblicata in Da Col 1995, p. 273.*

182. **Francesco Calcetto da Roma a** (EB, Ferrara) 22.VII.1609
AB, 49, c.727

(Informa che al ritorno a Roma del cardinale Piero Aldobrandini non erano più con lui il liutista Filippo Piccinini e il poeta Marino, evidentemente entrambi al suo servizio prima di passare alla corte dei Savoia)

* Cit. (inglese) Newcomb, p.141 e nota 2.

183. Giulio Caccini da Firenze a EB, Roma 31.VII.1609
        AB, 49, c.814

(...) Come io risposi già a V. S. Illma sopra il particolare del partito ch'ella mi propose per la mia figliuola di quel giovane ferrarese oggi organista costà di S. Pietro, queste Altezze Serenissime non si vogliano privare di questo suggetto, ma si bene si contentano che io li truovi marito, che sia virtuoso, e della sua professione, che daranno lo stipendio ad ambe duoi, sopra di che mi son mosso a pregar V. S. Illma che per grazia mi voglia favorire d'intendere come da lei se un tal partito piacesse a codesto suggetto, e darmene qualche avviso, certa e sicura che io gliene sentirò obbligo particolare, ricevendo questo favore a somma grazia; però che ad ogni modo da mezzo ottobre in la noi ce ne verremo tutti a Roma in casa dell'Illmo ed Ecc.^mo Signor Don Virginio Orsino, non per altro che per questo rispetto, perché havendo fatto acquisto grande da poter dar qualche gusto però perciò di conseguire il mio fine: lei havrà 1000 scudi di dote, e credo che almeno la provvisione tra ambi due saranno 25 scudi il mese, appresso a Principe grandi come già V. S. Illma da da poterli rimunerare essendo giovani tutti, in servi tù di poco obbligo, e manco briga. Ne mi restando altro che soggiungerle solo la prego a perdonarmi il troppo ardimento, mosso tutto dalla molta fiducia che ho nella gentilezza sua, supplicandola fra tanto a ricordarmi servitore humilissimo alla Signora Marchesa sua madre come fanno tutte queste mie figlie (...)

* Ed. Newcomb, pp.126-127. (L'originale è facilmente rintracciabile poiché è evidenziato in rosso nel catalogo manoscritto dell'Archivio ferrarese). La vicenda della forzata proposta di matrimonio tra Angela e Frescobaldi coinvolse forse Caccini e le sue figlie, se si considera la possibilità (documentata da Stuart Reiner) che Angela fosse stata affidata appena nata proprio alla famiglia del cantante a Firenze (cfr. Fabris 1986, pp.74-75). In realtà sembra probabile che il marchese Enzo avesse cercato di trattenere Frescobaldi nella sua casa romana procurandogli una moglie che potesse arricchire (col prestigio del nome Caccini) il proprio concerto. Sugli atteggiamenti di oculata protezione paterna di Caccini nei confronti delle figlie, di Francesca in particolare, Cusick 1998.

184. Gio. Maria Forini da Roma a (EB, Ferrara) s.d. (agosto 1609)
        AB, 50, c.725

(Parla di pittori a Roma, inoltre del "Puttino di S. Giacomo" e di "angeli")

185. Alessandro Piccinini da (Roma) a EB, Ferrara 12.VIII.1609
        AB, 50, c.514

                                    Illmo Sig.^r e Padron mio Oss.^mo
Non conoscendo ocasione più che tanto di scrivere a V. S. Illma questo mi ha fatto mancare del debito mio stando però sicuro che V. S. Illma è certo quanto io li viva servitore e s'io avessi conosiuto con il mio scrivere servirla in cosa alcuna non averei mancato in modo alcuno tralasando ogni mio afare per servirla. Hora non avendo cosa da dirli che V. S. Illma non sapia li dirò il parer mio sopra la musica per inpir il foglio. La prima cosa trovarà al venir suo la Lucia cantar qualche cosa con molto garbo: dico molto a quelo che si credea. L'altra non si cura mi pare a me di cantare in questa maniera e poi per esere la sposa non ne parlo. La Sig.^ra Lucrecia tocate cinfonie e dietro asicurarle a finito una *tocata* ch'io li inparo li darò una *Corente*. Intanto V. S. Illma sarà aspetato ala casa di Navona la quale se bene per quanto ho inteso li pare di non li avere tropo gusto io sto sicuro che come la gustarà li riusirà bona; e veramente quela di Capranica è riusita infelice come è niente di caldo ed altri particolari. Intanto V. S.

Illma si conservi e sia di felice ritorno e con il farli riverenza facio fine

il dì 12 agosto 1609

D. V. S. Illma

Aff.º ser.^{re}

Alisandro Picinini

(p.s.:) la scrivo esendo la casa mentre Oracieto facea studiare la sposa: l'ho sentita cantare un'aria con asai garbo.

* *Ed. Fabris 1986, p.80. Cfr. la lettera del giovane Gaspare Martinengo del 23.VI.1609 sulla musica nella casa romana.*

186. Giovanni Bentivoglio da Roma a EB, Ferrara 2.IX.1609
   AB, 50, c.37

(…) Ho paura che qui questo Girolamo non si meta in necessito di farli fare una burla; Monsignor Nappi ritroverà fra 4 giorni 1000 scudi per pagarne 600 per la casa di Monrealle ed il resto per il vitto ordinario di casa (…)

* *Ed. Newcomb, p.127.*

187. Cosimo Bandini da Roma a EB, Ferrara 5.IX.1609
   AB, 50, c.74

(…) Io non ho trascurato di attendere d'insegniare le note alla Lucia come anche alla Signora Lucretia insieme esercitandole di cierti *madrigali a dua* come V. S. Illma può intendere dalla Signora Caterina (…)

* *Ed. Newcomb, p.127-sg.; solo rinvio in Fabris 1986, p.80, nota 61.*

188. Caterina Martinengo Bentivoglio da Roma a EB, Ferrara 9.IX.1609
   AB, 50, c.125

(…) Io non so quelo che V. S. volia che io fatia in questa sua musica non esendo altri mistri che Oratie-to: io non sono mistra e non li puoso insegnare. La musica è andata in malora per il suo Signor Girola-mo che ha miso in confusione ogni cosa e puoi ha dato un piantone: V. S. non si lamenti già di me, si lamenti pur di lui che aveva così ligato il budelo che se V. S. mi credeva a me li averìa rimediato ed a questa hora il conserto saria buona che in questa maniera non ha insegnato altro che a l'Angola ma non musica ma altre cose più liete che li prometo che credo che sapi la be alla roversa (…)

* *Ed. Newcomb, p.128; solo rinvio in Fabris 1986, p.80, nota 62.*

189. Ippolito Fiorini da Ferrara a EB, Roma 9.IX.1609
   AB, 50, c.115

(Riferisce di aver parlato col padre di Girolamo Frescobaldi, il quale impressionato dal tono irriverente della lettera del figlio, si scusa col marchese e dice che tocca a Girolamo rimediare alla situazione da lui stesso provocata)

* *Ed. Newcomb, pp.128-129. Ippolito Fiorini era stato maestro di cappella della corte di Alfonso II a Ferrara prima del 1598: cfr. Newcomb 1980, I, p.173.*

190. Lucrezia Urbani da Roma a EB, Ferrara 19.IX.1609
   AB, 50, c.255

Illmo Sig.^r e Padron Coll.^{mo}

Io ho riceuto la sua dove mi scrive, che io non lievi di Monistero sino a ritorno suo, e tanto farò quello che mi comanda, donde il ritorno suo sarà presto: allora parlerò a V. S. Illma quello che s'avrà da fare,

confidandomi nella benignità sua, che non mancherà di aiutarmi. Non mi occorre altro che dirgli, se non che gli raccomando mio Fratello, ed io me gli raccordo devotissima serva, e prego N.^{ro} Sig.^r Dio quello che deciderà. Di Roma li 19 di 7bre 1609
D. V. S. Illma

Humil.^{ma} e Devot.^{ma} Serva ^{sua}
Lucretia Urbani

191. Girolamo Frescobaldi da Roma a EB, Ferrara 19.IX.1609
AB, 50, c.257

(...) Credo che V. S. Illma averà riceutta un'altra mia, e con la presente vengo a fargli riverenza con dirgli maggiormente quel che ne l'animo mio consista in piliar Angiola: dico a V. S. Illma che tanto ho riverito e stimatto l'onor di V. S. Illma quanto facia stima della vita mia, che se non l'avese fatto credo che da li afetti ne verrebe visto segno, se io avese portato affation a fine di malle o di bene. V. S. Illma sa ch'io li domendai licentia per questo, poi è suceso questo: moso da compasion di lei, oltra che mi prometeva da mille scudi di dotta, mi lasciai redure a far questo di tocargli la mano con pregare V. S. Illma e la Signora Marchesa che di questo non se ne ragionase che poi alla venutta di V. S. Illma a Roma haveresimo parlatto del tutto: adunque se la Signora Marchesa sapeva che questo non era cosa penratto, almeno mi doveva avertirmi delli suoi che fuse di simil fama che se pur l'avese fatto mi serebbe contentatto, ma mi dise tutto il contrario; del che presoposo che questa fuse di tutti quelle quallità che si conveniva a l'onor mio. Io dico a V. S. Illma che dopo che io [ho] saputto questo non sollo da mio padre ma ancho da altri che io non avrerebe più facia di guardarla non che di pigliarla; prego sollo V. S. Illma che voglia avermi per ricomendatto per quel vero servitore che io li son statto sempre alla casa sua che voglia e quietare questo per il meglio di una parte e l'altra e abia sollo resguardo a Idio (...)
* *Ed. Newcomb, pp.130-131 (con riproduzione in facsimile: Plate II; rinvio al documento in Fabris 1986, p. 65. il documento è evidenziato in rosso nel catalogo manoscritto dell'Archivio ferrarese.*

192. Fulvio Testi da Modena a Tomaso Fiorelli, Gualtieri 1.X.1609
FOc, Piancastelli, Autografi: Testi (prov. AB)

Ill.^{re} Sig.^{re} mio Sig.^{re} e Padron Oss.^{mo}

Le scuse, che V. S. fa meco, gentilissimo Sig.^r Tomaso, per ogni verso al possibile sono soverchie, anzi che pur sono dovute all'innata sua cortesia, che fa gli oblighi ove non sono gli oblighi, ed i meriti, ove i meriti in nissun modo possono ritrovarsi. Che devo io dire? Con queste vostre cerimonie, Sig.^r Tomaso mio, fate una grandissima usura, perché essendovi io obligato mi vi fate obligatissimo e di modo tale, che non credo mai più dovermi sciogliere da tanta servitù; poiché infinite essendo dalla sua parte le cortesie, e dalla mia infiniti i debiti, e gli oblighi, che le tengo, le sono infinitamente obligatissimo. Onde non mi conosco poter corrispondere a cotante gentilezze se per lei non ispendo il corpo e l'anima. Ercole, come mi vien detto, è sicuro della vita, e si comincia a risanare alla <alla> gagliarda. Il dottore non si lascia vedere in casa una maledetta volta, e però non li posso ragionare. Io questa settimana anderò alla volta di Mantova ove se son buon per servirla, mi favorisca de gentilissimi suoi commandi. E le bacio le mani.

Di Modena il di p.^o di ottobre 1609
D. V. S. Ill.^{re}

Ser.^{re} Aff.^{mo} e Devotiss.^{mo}
d. Fulvio Testi

193. Suore del monastero di S. Maria Maddalena Milano a EB, Ferrara 11.XI.1609
AB, 57, c.204

Illmo Sig.^{re}

Avemo ricevuto il nobilissimo e gratissimo presente di V. S. Illma delle buone, e soave viole, una memoria veramente dolce, e soavissima quale averemo sempre dell'infinita amorevolezza di quella. La gran-

dezza d'un tanto favore ha cagionato in noi molta maraviglia, per ecceder di sí gran longa la picciolezza de nostri meriti, tuttavia mirando al proprio di V. S. Illma, non può cagionar stupore nel cui petto (per fama volata) tiene nido proprio la pietà, cortesia, e buontà; e ringratiamo la Divina Maestà che ne abbi fatto conoscere un Sig.^re tanto segnalato in carità, ed amorevolezza, al quale volemo esser in perpetuo sempre obligate, pregar Nostro Signore per ogni felice successo de suoi intenti, già che la debolezza delle forze nostre non possemo mostrarli altro atto di riconoscenza e gratitudine. E con tutto che il Padre Agostino nostro Padre credo non abbi mancato di far parte del debito suo in ringraziarla, non volemo ancora noi mancar di far l'istesso come facciamo con tutto l'affetto possibile, ed insieme pregarmela anco del secondo favore, di ottenerci la licenza da S. Santità che possiamo sonar in chiesa li suoi dolci stromenti ad onor del Signore ed a favor di quelle, con gusto generale di tutte le suore le quali con noi le restano tutte obligatissime e ciò speriamo ottenere per esser V. S. Illma mezo onnipotente; alla quale per fine se le raccomandiamo in grazia e le preghiamo da Nostro Signore felicità ed ogni bene (…)
(Firmano le suore Angela, Ippolita e Florida Giacinta Spernazzano)

194. Caterina Martinengo Bentivoglio da Roma a EB, Ferrara 5.XII.1609
      AB, 51, c.433

(…) la sua musica pasa assai bene adeso e spero che quanto verà troverà qualche cosa; che sarà quanto mi ocore dirli dopuo averli basiato le mani [ad] Anibalino mile basi (…)

195. Isabella Bentivoglio da Roma a EB, (Ferrara?) 9.XII.1609
      AB, 51, c.479

(…) della visita che si compiaque far il Cardinal Monte Alto con la sua rara Ipolita che si come non senti mai la più bella voce né la più garbata disposizione, come ancor lui dice che starebe senza mangiar per sentir a sonar l'arpa alla nostra napolitana. Si che è pecato che non habiano un mastro buono e che sia esiduo: Don Ipolito è buono ma non continua se non quando gli torna comodo (…)
* *Cit. Newcomb,, p.135; Fabris 1986, p.79, nota 55. La visita del cardinal Montalto è commentata quasi con le stesse parole in una lettera scritta a Enzo dalla moglie Caterina nello stesso giorno, ed. in Newcomb, p.135. Don Ippolito è Machiavelli.*

196. Bartolomeo Basso da Firenze a Nicolò Fiorelli, Modena 17.XII.1609
      AB, 51, c.266

(…) Il pittore lavora intorno a quadri di S. E. ed io metto insieme danari per V. S. per aggiustarmi seco per conto dei mobili (…)

1610

197. EB da Ferrara al duca di Mantova 27.I.1610
      MAa, Gonzaga, Esteri: Ferrara E. XXI.3, b.1265

Ser.^mo Sig.^re mio Sig.^re e Padrone Col.^mo
Per servire a questi SS.^ri e particolarmente al Sr Cardinale legato sono stato astretto ad accettare l'impresa di mantenere il campo aperto che si trattava di far qui, quando l'A. V. Ser.^ma vi passò, onde dovendomi provedere di cavalli per quest'effetto, né sapendo a qual parte voltarmi onde io possa sperare d'essere meglio favorito, che [dall']A. V., vengo a supplicarla con questo humilmente che voglia farmi [gratia] di soccorermi nella presente occasione d'uno [cavallo] secondo parerà più a proposito all'A. V. Ser.^ma alla quale fo humilissima riverenza, con pregar N. S. Dio che lungamente felicissima la conservi.
Di Ferr.^a il dì 27 genn.° 1610

D. V. A. Ser.^{ma}

                                        Oblig.^{mo} e Dev.^{mo} ser.^e
                                        Enzo Bentivoglio

198. (Avvisi di Roma: 6.II.1610, c. 95)

(...) Relatione della cavalcata fatta dal Signor Cardinale Gonzaga: (...) il Cavaliere Bentivogli, il Signor Federico Gislieri, Paolo del Tufo, Pompeo Targoni, oltre gran numero di signori romani (...)
* *Orbaan, p.162*

199. Antonio Goretti da Ferrara a (duchessa di Ferrara a Mantova) 14.II.1610
      MAa, Gonzaga, Esteri: Ferrara E. XXI.3, b.1265

                Ser.^{ma} Sig.^{ra} e Patrona mia Col.^{ma}
Sono, e per servire l'Illmo S.^{re} Enzo Bentivoglio mio Sig.^{re} e per vedere ancora mio figliuolo, che si trova già quattordeci mesi sono, nel novitiato delli R.^{di} Padri del Giesù in Roma, quasi si può dire necessitato andar seco a quella città. E perché in questa mia occorenza non ci è cosa alcuna, ch'io desideri più, che l'esser favorito da V. A. Ser.^{ma} di qualche suo comandamento, ho voluto accennarle questa mia partita, che serà la prima intera settimana di Quaresima, acciò fra questo mentre consideri lei, s'io sono atto a servirla in cosa veruna, ed havendo occasione d'impiegarmi in servigio suo, con quella riverenza, ch'io son tenuto verso di lei, la prego, e supplico a degnarsi comandarmi ciò, che le piacerà. Che oltre che ciò, mi serà di gratia singolarissima, agli oblighi insieme infiniti, che le tengo, per questo se gli ne aggiugnerà un gran cumulo; e finendo le fo humilissima riverenza.   Di Ferrara il di 14 feb. 1610
Di V. A. Ser.^{ma}

                                        humiliss.^{mo} ser.^{re}
                                        Antonio Goretti.

200. Addenda a Equicola, *Genealogia delli Signori Estensi*, (1598-1609)
      FEc, ms. Cl.II 349, c. 267v

(Campo aperto a Ferrara per il carnevale)
(1610) Il di 23 di febbraio de l'anno presente il giorno di carnevale la notte seguente si fece un campo aperto a cavallo, mantenuto da Entio Bentivoglio sopra la gran sala di cortile, ed un torneo a piedi mantenuto da Francesco da Este Cybo (...) con concorso di gran quantità di forestieri ove dalla somità di quel salone, che fingeva il cielo da densa nube discese il detto Bentivoglio sopra di un cavallo vivo e spirante con quelle apparenti inventioni e mutationi di prospettive (...)
Il torneo a piedi mantenitore il Cibo era l'inventione posta dal altro capo all'incontro al precedente prospettiva, e questa era un'altissima montagna, la quale aprendosi mostrò un bellissimo castello, di dove uscì il detto mantenitore, mostrando le sue prove verso di quei cavalieri che con sontuosissime livree combaterono con aste ferrate, e stocco contro il predetto mantenitore (...)

201. *Del Campo Aperto mantenuto in Ferrara l'anno* MDCX *la notte di carnovale; dall'Illustriss. Signor Enzo Bentivogli mantenitore della querela, pubblicata nella seguente disfida da un'Araldo, a suon di trombe, il dì 6 febraio, su'l corso, pieno di tutta la città mascherata. Sontuosissima, e magnifica invenzione. Inventore, ed autore il S. Alessandro Guarini. In Ferrara, per Vittorio Baldini Stampatore Camerale* [1610]

(p.n.n.1) DISFIDA
Non per far prova del valor vostro, o cavalieri ferraresi, che qual e quanto egli siasi, già mille volte al paragone ho provato, non per far di quei titoli acquisto (...) io Teagene il Costante, all'altre mie imprese pochi giorni involando, per iscolpire con la punta dell'armi; nella memoria di lei, e del Mondo, il

miracolo di quella fede, con la quale (benché sprezzato) pur anche l'amo, e l'onoro, in cotesta città, dove s'annidano quei superbi, e volubili ingegni, ch'altro non sanno amar, che se stessi, m'offero io di provare, un campo aperto, con lancia, e stocco, contra chiunque di sostener il contrario farassi ardito. Che del nome di vero amante non è degno quel cavaliero, che per disprezzo, che faccia di lui la sua donna, ricreduto, più non la serve, e non l'ama. (p.n.n.2) (...) Preparatevi dunque, se pur ne' vostri dilicatissimi cuori, in mille parti divisi, tanto d'ardire raccor potrete, ch'io sarò pronto il dì 23 febraio, nel luogo a ciò destinato. (...) (p.n.n.3) Su la gran sala sopra il cortile, che ha di lunghezza cento trentadue piedi, d'altezza trentacinque, e di larghezza quaranta, i cui fianchi erano tutti fabbricati di palchi, che formavano un teatro, dal capo vers'oriente pendeva un'ampissima tela, la quale, quando furono giunti gl'Illustrissimi e Reverendissimi Signori Cardinali, con tutta la nobiltà, e ragunato il popolo, cadde tutta in un punto, e scoprì la facciata, adorna tutta con architettura perfetta d'ordine corinthio, che rendeva l'aspetto d'una scena all'antica, di quelle, ch'usavano i greci (...) (p.n.n.4) Tra l'architrave della cornice, e l'imposta corrente, v'erano due quadri, larghi anch'essi, quanto le porte, nei quali erano dipinte altre inventioni fatte pur anche dal Sig. Enzo in altri tornei (...) erano quadri finti di bronzo, dipinti di molti, e diversi tornei, nei quali il Sig. Enzo aveva giostrato, e combattuto così a cavallo, come a piedi, e i pregi da lui riportati, e nei quadri di quest'or- (p.n.n.5) -dine, su 'l dritto delle porte minori si vedevano altri simili abbattimenti. Nel vano della porta di mezzo era una prospettiva; alla quale rispondevano due altre prospettive minori dell'altre due porti, da i lati, che mostravano un lontano, mirabile ai riguardanti, e la maggiore si muttò sei volte, come appresso dirassi. Scoperta questa scena, tutta di lumi illustrata, udissi un concerto di piena, e soavissima musica, all'armonia della quale, dal cielo, che nel sommo dell'altissima sala si vedeva tutto stellato, comparve la mole d'una gran nuvola, che, insensibilmente scendendo, cominciò a poco, a poco ad aprirsi, scoprendo nel seno di lei un cavaliere armato, sopra un cavallo vivo e spirante, appresso al quale stava un Mercurio, che librata e fermata la nube all'altezza dei palchi, recitò questi versi (...) (p.n.n.8) Combattuto con questo cavaliere, ricominciò la musica del gran concerto, la qual finita mottossi la prospettiva, e dove prima erano altri edifici, apparve il tempio di Giano, ed inanzi a lui Marte, e Venere, da i quali furon cantati gl'infrascritti versi in dialogo (...) (p.n.n.12) Finito l'abbatimento, che fu veramente mirabile, tra 'l mantenitore e 'l Sig. Fiaschi, e ritirati ambedue i cavalieri, tornarono d'improviso, alla forza dei loro cavalli, ad incontrarsi l'un l'altro, e mentre ognun aspettava che rinnovasser l'assalto, accostati soavemente i cavalli, s'abbracciarono in segno di pace (...) Ciò fatto, ricominciò il concerto, il qual finito, mutossi la prospettiva, e dov'era il tempio di Giano, apparvero deliziosi paesi e palagi, e sovr'essi, in un'aria tutta lampeggiante, comparve un carro di fuoco, con due cavalli bianchi, sopra el quale stava Cupido con l'arco in mano che, fermatosi nel mezzo, cantò gl'infrascritti versi (...) (p.n.n.14) Nel fine di questa musica comparve il Sig. Alfonso Andreasi, con una livrea bellissima, e combattuto ch'egli ebbe, e partitosi, ricominciò la musica del concerto.

Qui terminarono le mutazioni delle prospettive; delle machine delle quali, e di tutta la scena, fu architetto il Sig. Gio. Battista Aleotti; e qui doveva, secondo l'opinione di tutti, il torneo a cavallo aver il suo fine, quando d'improviso nuove trombe s'udirono, e videsi comparire un cavaliere incognito, con una superbissima livrea (...)

(Seguono nuovi cartelli)

202. Annibale Turco da Ferrara al Duca di Mantova 28.II.1610
MAa, Gonzaga, Esteri: Ferrara E. XXXI.3, b.1265

(...) L'anno passato mentr'ero a servire l'A. V. S. alla Mesola la supplicai a farmi gratia che di quei comici, che venivano di Franza, e ch'Ella non se ne voleva servire io potessi con buona gratia sua procurare, che s'accompagnassero con quelli, che recitavano in Ferrara; la qual cosa dall'A. S. mi fu benignamente concessa, onde operai con Fulvio, che entrasse con li suddetti che recitavano in Ferrara. Ora essendo scritto a Fulvio dal S.ʳ Persi in nome di V. A., che se ne debba venire per recitare nella sua compagnia, e ch'Ella è non poco sdegnata contro di lui perché al suo ritorno di Franza non comparse costì a servirla; vengo con ogni humiltà a supplicar l'A. V. che, sicome egli non lo fece per la licenza ch'io gli dissi di haver havuto dall'A. S., che così mi voglia far gratia di rimettergli ogni sdegno che

havesse contro di lui, e anche di rattificarmi di presente quell'honore, che come ho detto mi fece l'anno passato, di restar servita che Fulvio recitasse con questi di Ferrara, havend'egli di già dato parola di esser con loro. Supplico di nuovo l'A. V. di questa gratia, la quale riceverò per segnalatissima dalla benignità di V. A. S. alla quale fo per fine di questa humilissima riverenza.   Di Ferr.ª li 28 febraro 1610
Di V. A. S.

Humil.mo Devot.mo ser.re
Annibale Turco

203. Vittorio Baldini da Ferrara al Duca di Mantova 4.III.1610
MAa, Gonzaga, Esteri: Ferrara E. XXXI.3, b.1265

Ser.mo Sig.re e Patrone mio sempre Col.mo

Mercordí, per la via di Venetia, mandai a V. A. Ser.ma la descrittione del campo aperto, mantenuto dall'Ill.mo S.or Enzo Bentivoglio, la notte di carnovale, e perché potrebbe tardare con l'occasione del presente messo, che manda l'Ill.ma Accademia a V. A. Ser.ma, ho voluto di novo mandarglielo, insieme con alcuni versi, del S.or Cavalier Guarino, fatti per l'Ill.mo S.or D. Francesco da Este, e li cartelli delle risposte. Se stamperò altro, in questo soggetto, farò quanto sono tenuto. Con che fine, faccio humilissima riverenza a V. A. Ser.ma e le prego dal Sig.or Dio compiuta felicità. Di Ferrara il di 4 dì marzo 1610
Di V. A. Ser.ma

Devoto servo
Vittorio Baldinj

204. Alderamo d'Este (cancelliere Accademia degli Intrepidi) da Ferrara a destinatario sconosciuto Mantova 6.III.1610
MAa, Gonzaga, Esteri: Ferrara E. XXXI.3, b.1265

Ill.mo Sig.r mio Padrone Colen.mo

In esecuzione dell'ordine dattomi da V. S. Ill.ma con la sua polizze, ho cercato per il libro giornale dell'Accademia, ed avendo trovato nel bel principio d'esso gl'infrascritti Principi costituen[ti] ed Accademici sostituiti da loro successori, non sono passato più innanzi, credendo che a lei ciò sia per bastare. Dal S.r Francesco Saracini m'è però stato detto, che crede fermamente ce ne sieno molt'altri esempi simili. Comandandomelo V. S. Ill.ma farò nuova diligenza.
Le mando annessa, copia della lettera di Mad.ma Ser.ma di Ferrara, e non la lettera medesima per esser retata in mano del S.r Conte Sergio, ed egli si trova absente.
Il S.r D. Carlo Cybo primo Principe dell'Accademia che durò pel 1602.
Il S.r Marchese di Scandiano secondo Principe pel 1603 per sua indisposizione sostituisce a 30 di 9.bre 1603 il S.r D. Carlo Cybo suo predecessore, a [c.] 34
Il S.r Conte Luigi Bevilacqua fu Principe l'anno 1604, a [c.] 37
Il S.r Enzo Bentivoglio successe del 1605, e sostituì adì 9 X.bre, il S.r Conte suddetto suo predecessore per sua absenza, a [c.] 50   Dell'Accademia a 6 di marzo 1610 a due ore di notte
D. V. S. Ill.ma

umiliss.mo, e devot.mo ser.re
Alderamo d'Este Cancelliere

205. Alfonso Verati da Roma a Giovanni Bentivoglio, Ferrara 1.V.1610
AB, 53, c.201

Al Cav.re Bentivoglio che Dio guardi Ferrara

Ho ricevuto la litra di V. S. delli 23 del passato alla quale ringratio V. S. infinitamente del favore fatomi con il S.r Marchese, e però mi anderò tratenendo se dirà la verità; quanto alli suoi vestiti ve n'è uno finito l'altro, se Bartolomeo mi dispacerà dui peci di casaola che tiene ancora, sarà presto finito ancor lui e subito non mancherò inviarli.

L'ordinario pasato mandai per la posta la sua colana e, come serà gionta, la si ricorda darne avixo. Io non ho mai avuto nova se V. S. abbia ricevuti li colari ch'io diedi al servitori del Sr Conte Manfredi come anco delle casse del citarone e le chitare. La sua cagna sta benissimo, e viene molto bella.

Dalle monache di Santo Ambrogio viene fatta una grandissima instanza per un ritrato che hano presta- to a V. S. che non si ritrova e le ditte lo vorebono avere perché dicono non esser il suo, e sono molto disgustate, e le SS.^{re} mi hano deto che di gratcia io, scriva a V. S. se l'avese lasiato a qualche parte che si posia avere, ne dia avixo a ciò si posia (c.201v) <si posia> restituirlo.

Qui non vi è cossa di nuovo; inanti ieri vene qui alla musica il S. S. Card.^{le} Borg[h]ese, Caponi, e Leni dove cantò ancora la S.^{ra} Ipolita ed ebero grandissimo gusto; come anco il Sr Enzo ne ha ricevuto grandissimo favore dal Sr Cardinale Montalto che mandò con me un suo a dire alla detta S.^{ra} Ipolita che ogni volta che il Sr Enzo la voleva che dovesse subito venire a servirlo senza più domandarne licenza a S. S. Illma: che tutta Roma ne resta maravigliato. E per non aver altro a dire a V. S. per fine umilmente li facio riverenza.   Di Roma il dì primo magio 1610

* *Ed. parzialmente Fabris 1986, p.84. Hill, Montalto.*

206. Isabella Bentivoglio da Modena a Caterina Martinengo Bentivoglio, Roma 28.V.1610
         AB, 53, c.399v

(...) Alla S.^{ra} Ipolita mia un abracio che s'a Dio piacerà verò anch'io a goder di quella dolce armonia (...)

* *Cit. Fabris 1986, p.85.*

207. Francesco Belfiore da Roma a EB, Ferrara 2.VI.1610
         AB, 53, c.436

(...) La napolitana sonatrice d'arpa si rissolse ai dì passati di prendere marito altretanto bello quanto è essa; né havendolo saputo prima d'avantieri non n'ho dato a V. S. Illma quel conto, che più distinta- mente le sarà stato dato da molto miglior banda, poiché di questi particolari di donne di casa non curo né molto né poco (...)

* *Belfiore esagera per dimostrare a Enzo Bentivoglio infondate le voci su un suo innamoramento a Roma che ne avrebbe ritardato il suo comandato ritorno a Ferrara. Il marito di Lucrezia Urbani sarà Domenico Vi- sconti.*

208. Caterina Martinengo Bentivoglio da Roma a (Giovanni Bentivoglio, Ferrara) 5.VI.1610
         AB, 53, c.470

(...) l'altra [novità] è che la napuolitana nostra si è fata la spuosa con quel giovane che vene qui a sonar d'istromento quela sera che V. S. si dice che se ne guardase che andava da le Camiluchie. Il Sig.^r Enzo è in molta colera avendolo fato suo fratelo senza dir parola a nisuno; lei subito spuosata se ne andarà a casa del marito con tuta la famiglia sia lodato Dio che si saremo levati di questa spesa (...)

209. Isabella Bentivoglio da Roma a (Giovanni Bentivoglio, Ferrara) 5.VI.1610
         AB, 53, c.478

(...) Qui non si sona né canta e di già finita la solfa: come dovete aver inteso la signora dalla arpa gli è venuto un po' di rogna ed avendo bisogna d'eser gratata ha pigliato per risolusione far marito ació sia lui quelo che la serva, però non ne ha [a]ncor sposato. Il marito è un giovanoto che sta col Cardinal Pereti non ne ha niente al mondo in soma le done vol marito. Dio guardi quella sua belugia (...)

* *Ed. Newcomb, p.135-sg.*

210. Isabella Bentivoglio da Roma a Giovanni Bentivoglio, Ferrara 23.VI.1610
      AB, 53, c.639

(…) credevo che l'arpa dovese andar a farsi gratar la rogna in altro luoco che in casa nostra, ma non ne
ha voluto far altro del andarsene: anci, ha pregato Encio che si compiacia che stia con lui sino al compimento degli cinqui ani col suo marito, il quale è venuto a servir Encio, e non gli ha cresciuto davantagio
di quelo che dava prima, se non la sua boca davantagio. Francesco non n'è partito, ma un di questi
giorni se ne anderà, perché in vero è una bestia (…)

211. Caterina Martinengo Bentivoglio da Roma a (Giovanni Bentivoglio, Ferrara)
      23.VI.1610
      AB, 53, c.641

(…) Non solo la musica [non] è finita ma è più in fiore che mai puoiché [Enzo] ha pigliato in casa il
marito [dell'arpista napoletana] e li ha dato comese disiparate che fano li fati soi e li da un tanto al mese
manco di quelo che non li dava a lei sola, sí che la va cosí: bisogna aver fortuna (…)
* Cit. parz. Hammond 1983, p.343, nota 37; Fabris 1986, p.79.

212. Caterina Martinengo Bentivoglio da Roma a (Giovanni Bentivoglio, Ferrara)
      30.VI.1610
      AB, 9-53, c.705v

(…) Della napuolitana io non mene patisco: lui [=Enzo] vol far a suo modo (…)

213. EB da Roma a Giovanni Bentivoglio, Ferrara 2.VII.1610
      AB, 54, c.18

                                    Sig.^r Fratello
Tutti gli huomini hano il suo umor picante: io di presente l'ho nella musica ed è forza che in ciò mi
sadisfacia; il suo è di cavalli e vaùli e così anche lei si sodisfa e forse con più dispendio e meno onore
(…)
* Cit. in Fabris 1986, p.82.

214. Francesco Belfiore da Roma a Giovanni Bentivoglio, Ferrara 7.VII.1610
      AB, 54, c.75

(…) Passorno il tempo queste SS.^{re} Ill.^{me} in ditto luogo per le delitie di quelle ville [di Frascati] con
l'aggiunta del canto e suono, che di qua si condusse, con maggior gusto dicono di non aver ricevuto da
qui a gran tempo adietro; e non sarebbe gran cosa che fra pochi giorni si facesse un'altra parata a Tivoli
(…)

215. Isabella Bentivoglio da Roma a (Giovanni Bentivoglio, Ferrara) 8.VII.1610
      AB, 54, c.93

                                    Figlio mio dolcissimo
Non voglio più parlar né della arpa né di nisuno di loro: se il S.^r zopo avese fato quelo che le ho deto io
averebe lasciato gratar la rogna a chi l'avea fuori di casa sua; però non ne voglio altro (…)

216. Ippolito Bentivoglio da Modena a Giovanni Bentivoglio, Ferrara 15.VII.1610
      AB, 54, c.175

(…) Io non ho veduto l'uomo che V. S. Illma dice mandare. La pregai quando fu qui a volermi favorire in intendere quello che fossero per donar di altri, secondo le qualità delle persone, al maestrato degl'Intrepidi per l'occasione della spesa della favola che si disegna recitare, e che si compiacesse avisarmelo. Onde di nuovo ne la riprego; attento che quei SS.^{ri} mi fanno istanza dalla parte mia, e so che lo farà mostrando moversi da sé. Con che bacio a V. S. Illma le mani (…)

217. Guido Bentivoglio da Bruxelles a Giovanni Bentivoglio, (Ferrara) 31.VII.1610
FOc, Piancastelli, Autografi: Bentivoglio (prov. AB)

Sig.^{r} Fratello

Ancorché sia breve la lettera di V. S. degli XI del corrente, c'ho ricevuta quest'ordinario, non perciò m'è stata men cara delle altre sue, particolarmente per quell'avviso che mi dà intorno all'esperienza, fatta dall'Argenta, dello scolo e declive dell'acqua della valle del Po.

M'è piaciuto ancora d'intendere, che V. S. havesse ordinato il ricapito di quell'anello, che mandai per la sorella del Piccinino buona memoria, donde posso raccogliere il ricapito degli Aeroni, seben V. S. non me lo scrive precisamente. E per fine le bacio le mani.   Di Bruxelles li 31 luglio 1610
Di V. S. Illma

S. Aff.^{mo} di (core)
Guido Bentivoglio

(p.s.:) Delle cose di Colonia non s'è inteso altro, e pare che il timor, che s'haveva delle armi heretiche, vada più tosto svanendo, che confirmandosi. Di giorno in giorno s'aspetta d'intender che sia l'assedio sotto Giuliers.

* *È la prima notizia della morte di Girolamo Piccinini avvenuta nelle Fiandre poco tempo prima.*

218. Alessandro Piccinini (da Roma) a Giovanni Bentivoglio, Ferrara 7.VIII.1610
AB, 54, c. 438

(…) Non posso negare che io son stato e più di una volta con pensiero di scrivere a V. S. Ill.ma con darli qualche nova di questi paesi ma racordandomi poi deli pochi gusti e pasatempi che V. S. Illma mostrava di avere, a paragone di queli di Lombardia, questo mi facea restare di darli avisi tali, tanto più ch'io facio consequencia si sia scordato non dirò dela città, ma di queli ochi polsi mane gracia e parlare, che pur è vero non se ne trova la stampa in altri lochi. Hora basta son cose che non si posono narare in carta e per venire ale curte avendo io fatto certe partite di *romanesca* la mando a Giorgio insieme una *Corente*, la quale se le sonarà con poca gracia, farano la riusita che hano fatto le corde le quale, in particolare le seconde che ch'io mandai, erano eccelentissime e bisogna che li instrumenti fosero troppo alti, perché io so che in tal erore li casca molte volte. E non esendo questo per altro col racordarmeli devotissimo servitore di V. S. Illma facio fine   il dì 7 agosto 1610

Alesandro Picinini

(p.s.:) A Monsiur Jan me li racomando e lo prego con la occasione de la fiera de li angeli a voler dare una ochiandina a quel cavalo de frati (…)
* *Ed. Newcomb, pp.139-140.*

219. Alessandro Guarini da Monaco di Baviera a EB, Ferrara 4.IX.1610
AB, 378, c.78

Illmo Sig.^{r} mio Sig.^{r} e Padrone Sing.^{mo}

Hora, che ho fermato il corpo dal viaggio, ed achetata in parte la mente e la mano dal negoziar, e dal scrivere, vengo a sodisfare al mio debito con V. S. Illma e darle parte del mio viaggio, e de quant'ho fatto fin qui per lei. Le dico dunque, ch'io parti di Mantova il marti alle sedici hore e con estrema pena, e penuria di cavalli, che ogni posta s'aspettavan tre hore, ne se ne potevano havere, ma quasi sempre

bisognava passarli, una, e ben e spesso due poste. Giunsi il giovedì sera in Ispruch, con tanta pioggia, che pareva che volesse finire il mondo (...) fui sforzato a fermarmi la notte, per trovar la mattina seguente persona a cui potessi consegnar le lettere e commetter l'ufficio che doveva far io per la Ser.^{ma} di Ferrara in servigio di V. S. Illma; e così nella punta del giorno mandai a chiamare un Sig.^r Ottavio de' Tassis, figlio del Mastro delle poste d'Ispruch, gran servitore del Sr Duca mio padrone, e discretissimo gentilhuomo e di graziose maniere, e lo pregai che, non potendo io fermarmi per la gran fretta che mi faceva il servitio del Sr Duca, a complir con la Ser.^{ma} Arciduchessa, volesse (c.78v) egli farlo per me a nome dell'Altezze di Mantova e di Ferrara e sopra tutto supplicar caldamente abbocca Madama l'Arciduchessa a nome della S.^{ra} Duchessa di Ferrara della grazia che S. A. le chiedeva di un cane, assicurandola che, come sommamente il desiderava, cosi l'havrebbe ricevuto dall'A. S. per favore singolarissimo.(...) Ciò fatto, il prelibato Sig.^r Gian ed io, partimmo d'Ispruch, havendovi lasciato, tutto rotto, e finito dal correre, il mio Ms. Bartolamio, con ordine che, riposato che fosse, se ne venisse in Augusta, con l'ordinario. Dove io giunsi il sabato sera, alle vent'un hora; e quivi fermatomi fin al lune mattino, mi convenne passar a Monaco dove hora mi trovo, e credo di fermarmi quindici o venti giorni. (...) (c.79) Di nuovo non posso dirle cosa, che sia di rilievo, e ch'ella non la possa sapere meglio di me il quale col recordarmi a V. S. Illma il solito servitore, le bacio col fine della presente la mano, e le auguro da N. S. Dio il sommo d'ogni felicità.   Di Monaco di Bav.^a li 4 set.^{re} 1610
Di V. S. Illma

Reverentiss.^o ed Ubbligatiss.^o ser.^{re}

e cugino

Aless.^o Guarini

(p.s.:) V. S. Illma mi favorisca, la supplico, di far riverenza a mio nome alla S.^{ra} Marchesa Turca, mia padrona singularissima e baciarle le mani a tutti cotesti cavalieri miei signori e padroni; e si degni d'abbracciar caramente a mio nome il gentilissimo Sr Brama.
Il Sig.^r Giulio Cesar Crevelli bacia le mani a V. S. Illma e le si ricorda svesceratissimo servitore.

220.   Alessandro Guarini da Mantova a EB, Ferrara 8.X.1610
   AB, 378, c. 80

(...) Non so trovar parole, per significar a V. S. Ill.ma l'incomparabil dolore che ha sentito, e sente l'animo mio per l'accerbissima perdita del Sig.^r Cav.^r suo Fratello, e mio dolcissimo Signor, che sia in gloria; ma dal mio silenzio può ella riconoscere qual e quanto egli siasi, se io stesso non posso esprimerlo, che cosí grande l'ho provato e lo provo. (...)
* *Condoglianze per la morte del fratello di Enzo, Giovanni Bentivoglio.*

221.   Cesare Marotta da Roma a EB, Ferrara 8.X.1610
   AB, 55, c.86

(...) a noi altri qui derelitti, abandonati, sconsolati, posti in oblio, che più non sentiamo bussare dal cocchiero, per condurci in Piazza Nagona, onde mi si può cantare: *O tu che ne vai altiero, non sentirai più bussare cocchiero*, che certo non so se vero o falso mi parea, quando son privo di quello che avea (...) per adesso assieme con Ipolita mia li facemo sul saldo umilissima profondissima svisceratissima inchinatissima riverentissima (...)
* *Hill, Montalto, p. 309.*

222.   Alessandro Guarini da Mantova a EB, Ferrara 12.X.1610
   AB, 378, c. 82

Illmo Sig.^r mio Sig.^r e Padrone Sing.^{mo}
Ho inteso che mio padre è partito per Roma. Nuova, che mi ha fieramente trafitto perché, non trovandovi in quella città V. S. Ill.ma' che sola potea farmi scudo del suo favore contra le engiustissime instanze di

lui col Sr Cardinale Borghesi, per lettere di favore a cotesti giudici di Ferrara, mi veggo ruinatissimo, se V. S. Illma non mi favorisce, come la supplico, per quanto può meritare appo lei la mia servitù, di scriver subito una lettera caldissima di suo pugno al Sr Cardinal Borghesi; la quale mi preservi appo S. Sig.^{ria} Illma dal pregiudicio, che si può far quell'huomo, che non potendo con ragion vincer la ingiustissima lite, cerca col favore d'ammaliar i giudeci, e di suffocar la giustizia. Degni per carità questa volta V. S. Illma, d'esser per me pietoso avvocato, informando il Sig.^r Card.^l Borghesi, chi è mio padre in questo particolare (...) (c.82v) Né mi par di promettermi troppo della bontà, e gentilezza di V. S. Illma, sapendo io quanto per grazia sua si degna di amarmi, e quanto volentieri mi habbia favorito sempre con fatti, non che con parole. Sicome farà pur anche singolarmente, se mi farà grazia, come la supplico di pregar il Sr Contugo, e il Sig.^r Torbido, che vogliano una volta pronunziare la da noi sospirata sentenza. Che io col fine della presente a V. S. Illma, ed a coteste signore bacio riverentemente le mani, e prego N. S. Dio che a tutti doni ogni consolazione, e prosperità. Di Mantova li 12 ott.^{re} 1610
Di V. S. Illma

Riverentiss.o ed Ubbligatiss.o ser.re
e cugino
Aless.o Guarini

223. Cesare Marotta da Roma a EB, Ferrara 15.X.1610
AB, 55, c.200

(si lamenta del silenzio di EB da quando è tornato a Ferrara)

(p.s.:) non m'è caro me favorisca de lettere di mano propria perché voglio poter la sera andare a dormire, e non stare a strologare.
Hill, Montalto, p. 309.

224. Ercole Provenzale da Roma a EB, Ferrara 17.X.1610
MOe, Autografoteca Campori: Provenzali Ercole (prov. AB)

(...) Ho inteso per una lettera del Sr Girolimo Schivazzappi, l'amico di V. S. Illma in Ferrara, e di quelle S. S.^{re}: mi ralegro che abino auto buon viagio. (...) E con tal fino melli raccordo servitore, come fa mio fratello, il qualle è dietro il quatro (...)
* *Non si conosce il quadro che il fratello Marcello, celebre mosaicista, stava preparando per il marchese Enzo.*

225. Cesare Marotta da Roma a EB, Ferrara 20.X.1610
AB, 55, c.287

(...) E tre con questa: vedremo alle quante lettere avrò resposta; o forse la sottoscrittione è stata confusa, e non s'è inteso il mio nome: a questo anco remidiarò. E poter di Dio, ordinate allo guattaro che me scriva dua parolette. Che li facci di mano propria non me ne curo, perché voglio la sera senza pensiero poter andare a letto, e non spendere tutto il mio [tempo] in interpetri. Se la lettera della quale V. S. Illma ha favorito ad Ipolita mia moglie, e sua serva, dice essere stata del meglio modo che sa, e che serà della mia, poiché so sicuro non avrà riguardo nesciuno: però ordini mi sia scritto, che non voglio stare ad impazzire con queste lettere di mano propria. Le lettere di mano propria per me li scriva a quel Principe della + e Z acciò il negotio abbia bon fine, ed io mediante li Bentivoglio sia cavaliere. Qui se fanno apparecchi grandissimi e superbissimi per la canonicazione del beato Boromeo, quale sia quello preghi Iddio per noi. Alle Sig.^{re} fo riverenza cento millia, con raccomandare alla Sig.^{ra} Caterina il negozio della +, e li raccordo il fido comisso (...)
Hill, Montalto, p. 310. La prima lettura della data sembra essere 1611. Contando le lettere del giorno 8 e del 15 ottobre 1610 sono effettivamente tre le lettere di Marotta che attendono una risposta di Enzo Bentivoglio, mentre non se ne trovano altre nell'ottobre 1611.

226. Vincenzo Landinelli da Roma a EB, Ferrara 27.X.1610
    AB, 55, c.440v

(…) La supplico a dare al S.ʳ Magnanini il testamento del quondam Girolamo Piccinini (…)
* *Il testamento si ritrova effettivamente in AB in data 22.III.1610 (Libr. 83.N.9, riassunto in AB, Contratti,*
V: Testamenti, c.23v): "Sommario del Testamento del S.ʳ Girolamo Peccenini fatto in Spà, nel quale fra
gli altri Legati lascia a Mons.ʳ Nunzio di Brusseles scudi 900 coi frutti decorsi, i quali sono in deposito
presso Paolo Goretti in Ferrara, e istituisce suoi Eredi Alissandro, Vittorio, e Filippo suoi fratelli".

227. Alfonso Verati da Roma a EB, Ferrara 27.X.1610
    AB, 55, c.431

(…) del S.ʳ Don Carlo non si è ancora sentito nuova alcuna. V. S. Ill.ᵐᵃ mi accusa di mandarmi una
scatola per la S.ʳᵃ Ipolita, ma io non ho ricevuto cossa alcuna (…)
* *È annunciato l'arrivo a Roma del ferrarese Carlo Cybo. La scatola arriva poco dopo, come scrive a Enzo*
Bentivoglio lo stesso Verati il 30.X.1610 (AB 55, c.469, p.s.): "(…) La scatola è arrivata, e l'ho recapitata
alla S.ʳᵃ Ipolita, la qualle bacia le mani a V. S. Ill.ᵐᵃ e li [è] piaciuta molto le galantarie". Cit. Hill,
Montalto, *P. 311.*

228. Ercole Provenzale da Roma a EB, Ferrara 3.XI.1610
    MOe, Autografoteca Campori: Provenzali Ercole (prov. AB)

Ill.ᵐᵒ S.ʳᵉ e Patron Coll.ᵐᵒ

Domenica a 22 ore mi trovava in S.ᵗᵒ Pietro, dove v'era lo Ill.ᵐᵒ S.ʳ Car.ˡᵉ Borghese, sia per fare li 7
altari, come per vedere il teatro e l'aparato della canonizacione (di S. Carlo), il qualle, posco far fede a V.
S. Ill.ᵐᵃ, che ha una buona ciera. Il detto Ill.ᵐᵒ non si è trovato nella canonizacione né manco a queste
altre capelle che si sono fatte, ma sta benissimo e viene secondo il suo solito matina e sera alla odienza di
N. S. e va ogni giorno a spasso, o per il giardino di Belvedere, o al suo palazzo in Borgo. Il S.ʳ Don Carlo,
con il resto di questi SS.ʳⁱ e SS.ʳᵉ arivorno domenica sera a Roma. Avanto che arivasero, qui a trovare il
Verato e lo pregai se, per l'ocasione di questi SS.ʳⁱ mi reputava buono in qualche cosa, si valese di me
come servitore di V. S. Ill.ᵐᵃ. Lunedí matina si feze la canonizacione con uno concorso infinito di popo-
le. Se li trovò il S.ʳᵉ D. Carlo e la molie, ed il Conto Anniballe e tutti questi altri S. S.ʳⁱ. Oge N. S. è statte
alle 7 Chiese e a S.ᵗ Gregorio; si è partito alle 14 ore e meze ed è andato a S.ᵗᵒ Pietro a 19 e meze. Si tiene
per fermo che le cose di Savoia e Spagna siano acomodate. L'Ambasatore di Franza dicano ch'è confermato. E con tal fine melli racordo servitore come fa mio fratello.   Di Roma il dí 3 novembre 1610
Di V. S. Ill.ᵐᵃ

                                                                        Aff.ᵐᵒ e devotiss.ᵐᵒ servitore
                                                                                    Ercole Provinzale
* *Campori, Lettere 1866, n.88 (ma con data errata 1611), p.81-sg. dove sono riassunte le informazioni sui*
due Provenzale: "Ercole Provenzali da Cento cooperò col fratello Marcello a preservare dalla distruzione
cui erano condannati, gli antichi musaici di Roma. Amendue furono dai contemporanei onorati del
titolo di rinnovatori dell'arte del musaico".

229. Vincenzo Landinelli da Roma a EB, Ferrara 3.XI.1610
    AB, 55, c.524v

(Descrive le feste romane per la canonizzazione di S. Carlo)
(…) Questa mattina sono andati a vedere maneggiare li cavalli da Michele Cavalla<ve>rio al Coliseo, e poi
sono stati a pranzo dal S.ʳ Card.ˡᵉ Bevilacqua; e per lor trattenimento ha fatto sonare il Todesco dalla
Teorba, al quale ha dato tanti titoli che se n'è ritornato a casa gonfio: altramente non aveva cenato, preten-
dendo di essere gentiluomo e di non voler cenare se non con gentiluomini e accademici; questa sera poi
sono andati da Melini a intendere la musica; per quanto tempo si abbiano a trattenere non si sa (…)

* Il "Todesco dalla Teorba" è *Giovanni Girolamo Kapsberger (Venezia 1680-Roma 1651). Su di lui cfr. V. Coelho*, G. G. Kapsberger in Rome, 1601-1645: New Biographical Data, *"Journal of the Lute Sociey of America", XVI, 1983, pp. 103-133.*

230. Bartolomeo Basso da Firenze a EB, Ferrara 9.XI.1610
       AB, 55+, c.596

(…) Aspettandosi Don Francisco Borgia per il battesimo della bambina del Ser.^mo G. Duca, per cui si danno apparecchi reali di feste, banchetti, e comedie (…)

231. Alfonso Verati da Roma a EB, Ferrara 10.XI.1610
       AB, 55+, c.608

(…) Ho ricevuta la litra di V. S. Illma delli 3 stante, e nel particolare della scatola de la S.^ra Ipolita lo avisai a V. S. Illma la ricevuta e che io l'aveva recapitata. Nel particolar della sella d'oro, io l'ho inviata questa settimana per la condota (…)
Hill, Montalto, p. 311.

232. Alessandro Guarini da Mantova a EB, Ferrara 10.XI.1610
       AB, 378, c. 84

(Non ha avuto risposta e capisce il momento doloroso per la morte del cavalier Giovanni: non insiste ma chiede solo se le sue lettere precedenti sono mai arrivate)

233. Cesare Marotta da Roma a (EB, Ferrara) 12.XI.1610
       AB, 55+, c.521

(…) Stevamo in grandissimo martillo, poiché conforme al solito non eravamo favoriti di sue lettere, onde carissima abiamo receuto quest'ultima ancorché brevissima sia stata, tutto per nostra mortificatio-ne, pure l'andamo passando, ponendo in consideratione li fastidii e negotii che V. S. Illma credemo che abbia, quali sono tanti che agiungendovi questo di scrivere alcuna volta, poco per questo cresceranno, ancorché ogni settimana ce favorisse (…) La casa di V. S. Illma è calamita di noi altri derelitti, e le mura ce chiamano: e dove era la Sig.^ra Caterina, e Sig.^ra Marchesa nostre Sig.^re, dov'era il nostro pro-tettore dico il Sig.^re Enzo Bentivoglio, dove era la soavissima conversatione, ier sera giovedí, da mez-z'ora di notte sino alle 3 sonate? (…)
In un'altra occasione secreta, dove Ipolita cantò domesticamente, ponemmo fora *Se quel dolore* quale lo dimandò S. S. Ill.ma dicendo esserli stato detto da V. S. Ill.ma, e disse che gli piaceva. Ben vedete Sig.^r mio quanta felicità, che agiungendovi la gratia della + credo sarò lo più felice uomo del mondo, e di questo negotio prego V. S. Illma con tutte le viscere del core, poiché ad esso venerebbe in un tempo molto opportuno per più rispetto, e perché credo me intenda, non mi stendo in altro; solo restaremo pregando il Sig.^re conceda sanità con ogni contento, ed a me la tanto desiata + (…)
* *Hill*, Montalto, *p. 311 (che identifica l'aria citata). Marotta chiede l'intervento di Enzo Bentivoglio per ottenere la croce (+) di cavaliere, che effettivamente riuscirà ad ottenere.*

234. Francesco Belfiore da Roma a (EB, Ferrara) 13.XI.1610
       AB, 55+, c.633
* *Hill*, Montalto, *p. 312.*

235. Vincenzo Landinelli da Roma a (EB, Ferrara) 13.XI.1610
       AB, 55+, c.641-646: 644v
* *Hill*, Montalto (*ed. parziale*), *p. 312.*

236. Alessandro Guarini da Mesola a EB, Ferrara 14.XI.1610
      AB, 378, c.86

(Avvisa soltanto di essere stato condotto alla Mesola dal Duca, nel caso Enzo volesse rintracciarlo)

237. Ercole Provenzale da Roma a EB, Ferrara 17.XI.1610
      AB, 55+, c.700

(...) Questa sera alla S.ra Ippolita fu a cantare nel palazzo di V. S. Ill.ma alla presenza di Montalto e
Mellini ed il S.r D. Carlo, ed il resto della famillia. Lí sta da due ore di notte sina alle 4 e si portò bene
cantò 5 canzone ma l'ultima fu stupenda nella spineta che sonava suo marito. Dicano che dopo sunò
Allisandro che a questo non mi trovai presente se non quando cantò la S.ra Ipolita (...)
*Hill, Montalto (ed. parziale), p.313.

238. Vincenzo Landinelli da Roma a (EB, Ferrara) 24.XI.1610
*Hill, Montalto (ed. parziale), p.314.

239. Elia da Hiena ("ebreo") da Gualtieri a Nicolò Fiorelli, Modena 25.XI.1610
      AB, 55+, c.801

(p.s.:) se gli manda la chitarra del S.r Cavaliere [=Giovanni Bentivoglio?].

240. Alessandro Guarini "dalle Casette di Comacchio" a EB, Ferrara 30.XI.1610
      AB, 378, c.88

                     Ill.mo S.r mio S.re e Padrone Sing.mo
Essendomi ammalato alle Casette in servizio del S.r Duca mio Padrone, e convenendomi condurmi a
Ferrara, per provveder alla mia salute, giudicherei di far gran torto a quei tanti obblighi ch'io tengo a V.
S. Ill.ma se non aggiungessi loro quest'altro di venirmene ad alloggiar seco, essendo io sicuro, che se
tant'altre volte mi ha veduto sano sí volontieri, saia questa volta per vedermi anche di molto più buona
voglia, movendola a questo non solo la sua solita gentilezza, ma etiandio la carità verso un povero
ammalato suo servitore e parente svisceratissimo. Io sarò, piacendo a Dio, dimani a sera ch'è mercorí
fin dove si può venir con le barche per il Po d'Argenta; e però la prego a favorirmi di mandarmi fin lì
una carroccia; il che essendo quanto posso dirle per fretta, col fine le bacio la mano, e le auguro da N.
S. Dio salute e felicità.   Dalle Casette di Comacchio lì 30 nov.re 1610
Di V. S. Ill.ma

                                          Riverentiss.mo ed obbligatiss.o
                                                   ser.re e cugino
                                                  Aless.ro Guarini

241. Alfonso Verati da Roma a EB, Ferrara 8.XII.1610
      AB, 55+, c.907

(...) per l'ordinario seguente le manderò le corde poiché il Picinini non ha trovato cossa a proposito per
il presente (...)
* Una precedente lettera di Verati a EB del 13.XI.1610 (AB, 557, c. 639) ed. in Hill, Montalto, p.313.

242. Cesare Marotta da Roma a EB, Ferrara 10.XII.1610
      AB, 55+, c.923

(...) Li tanti fastidii che V. S. Ill.ma tiene intorno alla bonificatione, sono quelli che me tengono legato
le mani a non scriverli ogni giorno, e questo non per altro solo che me tenga in sua bona gratia, e per

uno di suoi servi, poiché l'obligo che li devo è tale che s'io la servessi notte e giorno, ed anco spendessi la vita, non mi parirebbe aver fatto nulla. Noi Dio gratia stamo bene, ed alligrissimamente, poiché è pur per noi rasserenato quel Cielo, che già era tutto tenebroso, e la rota della fortuna è alquanto volta-ta: credo V. S. Illma me intenda.

Per Ipolita, sta bene sinora, per gratia del Sig.^{re} e tuttavia va crescendo la pansetta, e la ringratia della memoria che tiene di lei in scriverli di proprio pugno (…) Andamo credendo sia venuto il tempo del parto della Sig.^{ra} Caterina, però stamo pregando il Sig.^{re} la facci (c.923v) uscire in salvamenti con un bello masculone. Don Gio. Iacomo fa riverenza a V. S. Illma ed anco il Sig.^r Don Piero, Onorata e tutti di casa. E per finir, resto servitorissimo per servirla, con desiderio di vederla quanto prima, poiché ho tanto robba da dirli, che se non viene presto, io me imperò tanto che creperò (…)

* *Hill,* Montalto, *p.314. (identifica Don Gio. Iacomo con il Maggi e Don Pietro con Santolino da Fano).*

243. Francesco Belfiore da Roma a EB, Ferrara 11.XII.1610
AB, 55, c.925

(…) Il Sr Conte Annibale è stato questa sera per la prima volta a farsi conoscere da S. E. introdotto dal Sr Cav. Guarino, ed ha mostrato di restar molto sodisfatto d'haver presa servitù con un tanto S.^{re} (…)

**Hill,* Montalto, *p.314 (ed. parziale). Si tratta di Annibale Manfredi, nuovo ambasciatore di Ferrara a Roma.*

244 Alfonso Verati da Roma a EB, Ferrara 11.XII.1610
AB, 55+, c.927

(…) Per il presente ordinario mando a V. S. Illma le corde per l'arpa e per la tiorba, quale potrà dar ordine che sia ricevuto il detto fagotino ben condicionato (…)

245. Alessandro Guarini da Mantova a (EB, Ferrara) 31.XII.1610
AB, 378, c.90

Illmo Sig.^r mio Sig.^r e Padrone Sing.^{mo}

Arrivai martidì sera a Mantova, così traffitto dal freddo patito nelle due passate giornate a cavallo, che ancora non è bene di me, e stamane mi son levato con una tal gravezza di testa, che a poco a poco va facendosi doglia, e se continova sarò sforzato tornarmene a letto. V. S. Illma mi perdoni pertanto, se non le scrivo a lungo. Le mando la valiggia prestatami e la cuffia d'ormesino, che in essa sarà rinchiusa. Ho fatto riverenza al Sr Duca, ma non ho ancora potuto parlargli né dargli le lettere, portandomi egli da hoggi a stasera, e da stasera a domani, per la piena dei negozi che il tengono sempre occupato. L'ordinario che viene manderò a V. S. Illma gl'intramezzi. Intanto mi conservi in sua grazia, che io col fine a lei, ed alla S.^{ra} Caterina, bacio con ogni riverenza le mani e prego loro ogni desiderata felicità. Di

Mantoa l'ultimo dell'anno 1610

Di V. S. Illma

Riverentiss.^o ed obbligatiss.^o ser.^{re}
Aless.^{ro} Guarini

1611

246. Cardinal Capponi da Roma a EB, Ferrara 1.I.1611
AB, 57 (Lettere di diversi cardinali a EB 1610-14)

Illmo Sig.^{re}

Parlai al Sor Card.^l Borghese mio Sig.^{re} acciò disponesse S. S.^{tà} a dar licenza ai comedianti, de quali V. S. mi scrisse alcune 7mane sono. E perché mi pareva che il Sr Card.^l Vicario potesse giovare assai, mi feci promettere ancora da lui che aiutarebbe il negotio. Finalmente se ne è havuta l'esclusione. E non ho avvisato prima V. S. di quello che andava facendo, perché aspettava di dargliene qualche conclusione. Che è quanto mi occorre, e me le raccordo con pregare il Sig.^re le conceda questo nuovo anno felicissimo.

Di Roma li p.^o di genn.^o 1611

D. V. S.

Aff.^mo per ser.^la
Il Card.^l Capponi

247. Vincenzo Landinelli da Roma a EB, Ferrara 2.I.1611
AB, 58, c.30

(...) Il Sr Girolamo (c.30v) dalla Teorba mi ha promesso di darme le [sonate] che desidera per poterle mandare sabatto. E bacio a V. S. Illma le mani (...)
* *Si parla ancora di G. G. Kapsberger, evidentemente in qualche modo in rapporto con i Bentivoglio. Cfr. lettera in data 3.X.1610: entrambi i documenti sono citati, su nostra segnalazione, in Coelho 1983, pp. 114-15.*

248. Alfonso Verati da Roma a EB, Ferrara 5.I.1611
AB, 58, c. 42

(...) Ho ricevuta la litra delli 29 del pasato insieme con quella di cambio delli scudi 100 mandatami [da] V. S. Illma: qualle si pagava scudi 75 [per l'] affitto di Capranica, il resto servirà per il companatico e salario de servitori per il mese pasato. Ho riscoso li scudi novanta del cavallo venduto, delli quali ve ne sono di spesi a conto del francese, per detto cavallo scudi 35 de baiocchi, e il resto vano la metà al Sr Alesandro Picinini, a tal che non mi è venuto in mani, per V. S. Illma, che scudi ventisete e mezo, delli qualli denari ho comprato barilli dieci di vino greco de Ischia, che è costato neto di dogana giuli 27 il barile per bever la famelia: che altro vino di fameglia non vi è in casa (...) Io non so quanti servitori la vorà tenere né quanto tempo la vorà strare in Roma; però V. S. Illma farà fare il conto per ogni servitore che li vorà un barille il mese (...)

249. Battista Guarini da Roma a EB, Ferrara 7.I.1611
AB, 378, c.37

(Ancora oppresso dalla sua causa, ringrazia il nipote Enzo per condividere la sua opinione, riferendo tra l'altro che "(...) da un pezzo in qua il S. Cardinal Bevilaqua non ne dà stimolo (...)").

250. Francesco Belfiore da Roma a EB, Ferrara 12.I.1611
AB, 58, c.112v

(...) Il Papa si trasferì domenica a dar una vista alle sue fabriche di Sta Maria Maggiore e di Montecavallo, ordinando la spedittione dell'una, e dell'altra; e stabilì che nella cappella che fa fare in ditta chiesa habbiano a dipingere il Cav.^r Gioseppino, il Baglione, il Cigoli, e Gio. dal Borgo (...)
* *I lavori alla Cappella Paolina di S. Maria Maggiore erano iniziati nel 1609. I pittori menzionati, tra i più famosi a Roma nel tempo, sono Giuseppe Cesari detto il Cavalier d'Arpino (1568-1640), Giovanni Baglioni (1573-1644), Ludovico Cardi detto il Cigoli (1559-1613).*

251. Battista Guarini da Roma a (EB, Ferrara?) 22.I.1611
AB, 378, c.39

(Stesso argomento della precedente del 7.I.1611)

252. Ercole Provenzale da Roma a EB, Ferrara 26.I.1611
FOc, Piancastelli, Autografi: Provenzale (prov. AB)

Illmo S.^r mio S.^re e Patron Coll.^mo

N. S. domenica matina fu a pranso a Monte Cavallo, e subito magnato andò a vedere il casino comprato per lo Illmo Borghese, e similmente il palazo di Verzello che era della Camera, il qualle il detto
Illmo ha comprato per essere atacato a detto casino, dove sua S.^ra Illma farà uno belissimo palazo che
averà la fazata su la piaza di Monte Cavalle: ed oge hano cominzato a fare li fundamenti. Visitato che
ebe N. S. li detti lochi se ne tornò a S.^to Piero ch'era 21 ora. Il lunedí matina fu Concistoro, e il dopo
pranse N. S. fu per il coritore al Palazzo del Illmo Borghese che ha in Borgo, dove sono tutti li quadri e
statove di detto Illmo. Martedí N. S. andò a Monte Cavalo, dove è al presente con tutta la familllia, e
dicano che vi stàrà sina il dí primo febrare. Questa sera ho visto il Sr Cardinalle Borghese che veniva
dalla vigna ed andava a Monte Cavallo con una bonissima ciera: la fabrica nova di Monte Cavalle è
ridotta che, quando non fose per lume, ditta si potrìa abitare. Dopo la morte di Camerino la corte è
intrato in speranza di avere presto cardinalli novi, se bene da più savi si tiene che non se ne sia per far
altro sina a primavera, che forsi a quel tempo li potrìa essere qualche altro loco, come quello d'Ascolle e
Bianchete che tengano il fiato con li denti. Non avendo altro da dire a V. S. Ill.ma bacio con ogni
umiltà le mane, e li prego da Dio ogni compimento di soi pensieri.   Di Roma il dì 26 genare 1611
D. V. S. Illma

Aff.^mo e devotiss.^mo servitore
Ercole Provenzale

253.   Ferrante Bentivoglio da Modena a EB, Ferrara 3.II.1611
  FOc, Piancastelli, Autografi: Bentivoglio (prov.AB)

Illmo Sig.^r Zio, e mio Sr Oss.^mo

Ha voluto il Sig.^r Duca (non ostante la ragionevole difesa (fatta) che, conforme lo stabilimento dell'anno passato, io serva il Sig.^r Principe nella quintanata che deve farsi questo carnevale: però mi sarebbe di
mestieri d'alcuna sella ricamata per servirmene in questa occasione. Intendo che potrete essere favorito
di costà, o da lei, o per suo mezo dall'Illmo Sig.^r Legato, quale n'ha una che sarebbe molto a proposito. La prego con tutto l'affetto possibile di questo favore, mandandomi quella che a lei sara di più
gusto. E io giungerò questo a gli infiniti altri oblighi che le tengo. Ed a V. S. Illma bacio per fine di
tutto cuore le mani.   Dí Modena a dì 3 febr.^ro 1611

Di V. S. Illma

Aff.^mo Nipote e se.^re
Ferrante Bente.^i

254.   Caterina Martinengo Bentivoglio da Ferrara a destinatario sconosciuto 2.III.1611
  AB, 59, c.18

Sig.^r mio.

Li mando la qui inclusa datomi da Cola e non sarà il Sig. Padre solo che sprechi il suo dietro alla Delia,
che S. S. farà una altra fogia: manterà tuta la compagnia per aver Florinda a Roma a sua voglia. Forsi
che si trata di 25 scudi? Ma sono 2000 e 500, e si vorà puoi guardare in tor una dona che genera i figlii:
e a ragione, puoiché ha dinari che non sa che farne (…) Li (c.18v) figliuoli stano bene; io vorei eser soto
tera, fora di questo mondo. Li basio le mani (…)

255.   Guarini, *Diario Ferrarese*
  MOe, Ms. H.2.17, pp.316-sg.

[10.III.1611] (…) D'ordine di Enzo Bentivoglio venne publicato a gli interessati del Polezine di Ficaruolo che il vigesimo giorno di genaio si ritroverebbe nel detto Polezine per ponere i termini, e far il
corcondar di que tereni ch'egli pretendeva che dovessero esser compresi nella bonificatione (…) Ma

(…) vi andò furtivamente (…) e pose i termini a voglia sua chiudendo nel detto circondario que terreni che per centenaia d'anni erano bonificati (…) della qual cosa ne venne fatta gran doglianza da gli interessati. Ma non vennero uditi, e questo per lo interresse che vi havevano gli Borghesi ai quali (…) gli è sominestrate molte migliaia di scudi (…) E gli riuscì facendo a voglia sua quanto gli tornava bene non come privato cittadino ma come s'egli ne fusse stato assoluto signore, e padrone (…)

256. Cesare Marotta da Roma a EB, Ferrara 18.III.1611
   AB, 59, c.136

(Informa il marchese che la moglie Ippolita, ha perso il bambino pochi giorni prima di partorire)
Hill, Montalto, *p.315.*

257. Principe Michele Peretti da Roma a EB, Ferrara 19.III.1611
   AB, 59, c.166

Ill.mo Sig.re

Io goderei infinitamente delle comedie, tanto più essendo li comici della perfettione, che V. S. avvisa. Ma conviene ancora che altri faccia la parte sua, che di quello che conviene alla mia sempre sarò pronto. Ma non dovemo esser V. 3. ed lo soli ministri del gusto d'altri, però si dovia far prova col chiamar altri di trovar compagni; oltre che, prima di ogni altra cosa, s'haverà a trattarne a palazzo, per intender come li s'approva questo piacere. Ma ora non è tempo di parlarne, essendo tanto vicini i giorni santi, nel qual tempo, poiché V. S. sarà qui, ne tratteremo meglio. Ed a V. S. bacio le mani (…)
* *È il fratello del cardinal Montalto.*

258. Vincenzo Landinelli da Roma a EB, Ferrara 19.III.1611
   AB, 59, c.172

(…) V. S. Ill.ma venga con buona salute, ma non conduca altramente li comedianti perché non lo richiede la qualità della sua persona, né mette conto (c.172v) il getter via il suo con poca reputatione. Cotesta puttana vadasi a far montare a Venezia (…)
* *Cit. Fabris 1986, p.77, nota 48. Il riferimento è a Florinda e alla sua compagnia.*

259. Alfonso Verati da Roma a EB, Ferrara 19.III.1611
   AB, 59, c.168

(Informa del male di Ippolita, in via di guarigione)
* *Ed. Hill*, Montalto, *p.316.*

260. Vincenzo Landinelli da Roma a EB, Ferrara 23.III.1611
   AB, 59, c.229

(…) Quel che mi dispiace maggiormente è l'intendere dire che V. S. Ill.ma voglia condurre a Roma quella compagnia de comedianti: non lo faccia per vita sua perché oltra alla spesa ci va all'ingrosso della sua reputatione, dove ch'è tenuta prudentissima ed aliena (c.229v) affatto da ogni vanità; e mi creda, da quel servitore che le sono, non è per far piacere alcuno alli prencipi (…)
* *Cit. Fabris 1986, p.77, nota 48.*

261. (Avvisi di Roma: 14.V.1611, c.365)

(…) Il signor Entio Bentivogli li dí passati presentò un tappeto ricamato al Cardinal Borghese, valutato 3mila scudi seben, per esser lavorato dalle sue donne, non li è costato tanto; ed ultimamente un quadro grande, dove è dipinto un *San Pietro* di mano di Raffaele d'Urbino ed un *San Roco e San Gioseppe* di

Girolamino da Carpi, levati da una chiesa di Lombardia, ricompensata da lui in altre cose (…)
* *Orbaan, p. 190. Quadri dedicati a S. Rocco e a S. Giuseppe di Girolamo da Carpi non risultano tra le opere note dell'artista: cfr. A. Mezzetit,* Girolamo da Ferrara detto da Carpi. L'opera pittorica, *Ferrara, Cassa di Risparmio 1977.*

262. EB da Roma a (Ippolito Bentivoglio, Modena) 30.VII.1611
      FOc, Piancastelli, Autografi: Bentivoglio (prov. AB)

Sig.^r Fratello

Duoi partiti o tre sono in Roma secondo me che potriano far per noi: quello già scritto dilla seconda filia del Duca di Cesi, della quale mi sono scordato dire che, morendo la prima sorela, quella promisa al filio del Principe Pereti, credo l'erediterà asai della dotte di quella: lo intenderò e poi l'avisarò meglio. L'altre due sono una filia della Duchessa e Duca Sforza [e] l'altra nepote del Car.^{le} Caetano. La prima la madre (ch'è sorela di Don Virginio [Orsini]) mi dà qualche fastidio, non avendo ella, cioè la madre, troppo bon nome, e credo vi sarà anche striteza di denaro, come saria anche nella Caetana.
In soma a me piace più di tutti la prima. Ieri matina il Car.^{le} Borghese, discorendo che era bene maritare il Sig.^r Ferante, laudò il partito della detta di Cesi e s'oferse a tratarvi, volendo noi. Io dissi (dopo averlo ringratiato) ch'a V. S. n'averei scrito: ora Sig.^r Fratello a me par che si debba incaminare questo negotio e si debba fare mentre sono io in Roma, il qual negotio non potrà concludersi che non sia pasato l'ano della morte di Donna Beatrice: la filia avrà 14 anni ed è di qualità singolare e filia d'una sanisima donna di raza di far fili essendo lor sette vivi ora. (c.n.n.Iv) Circa la dotte, m'avisi il meno che vorìa, poiché io poi mi avantagiarò quanto potrò, avertendovi d'ogni altra cosa; m'avisi anche la dotte che diede Dona Beatrice. Il Sig.^r Ferrante ha avuto un poco d'alteratione ma non è stata cosa di rilevo; ora sta bene né credo verà altre. Per vitta di V. E., incaminiamo questo negotio, poiché troppo è necesario il maritare il ditto filio.
Alli giorni pasati il Conte Achille Sanbonifatio procurò di notte da suoi huomini di far abruciar li argini nostri di Tartaro, come quello ch'è sempre statto contrario a questo negotio avendo lui gridato a Venetia e fatto quanto ha potuto contra noi. Ho ordinato al Nappi che stia con l'occhio aperto e, occorendoli huomini, scrivi a V. E.: la qual prego a darli ogni aiuto. Ho pensato anche saria bene a far saper a questo Conte che avrà da far con persone che si risentirano e in maniera che non li piacerà: a far questo giudicherìa a proposito il Car.^{le} d'Este essendo questo suo amico (…) e che in forma di co[n]silio esortase il detto Conte (c.n.n.II) a non pelare questa gatta, poiché saria più cativa da mangiare che egli non si crede (…)

263. Ferrante Bentivoglio da Roma a (Ippolito Bentivoglio, Modena) 5.X.1611
      FOc, Piancastelli, Autografi: Bentivoglio (prov. AB)

Il Sor Enzo mio Zio m'ha detto haver l'ordinario passato scritto a V. E. il pensiero mio sopra la S.^{ra} D. Matilda mia Sig.ra del quale io, <del quale> so che gliene serà parlato dal Sor Card.^{le} e Sor Prencipe miei Padroni. Anch'io ho stimato mio debito il dargliene parte, essendo sempre stato mio principal oggetto di vivere ed operare in ogni cosa con quella figlial osservanza, che debbo verso di Lei. Il piacier mio conosco, che viene immediatamente dalla mano d'Iddio, e che ho da provar quella verità che si dice, che'l matrimonio è prima fatto in cielo, ch'in terra, e ch'è di tant'eccelenza, che niuno può violentar gli animi a ciò disposti; ed io stesso lo provo per isperienza. Hora, se V. E. ha me suo unico figliolo, e ch'essendogli sempre stato ubidientissimo, non ha mai demeritato appresso di Lei, havrà caro, come so certo ch'ella hebbe sempre, ch'io viva con l'animo riposato e contento, per poter poi, secondo l'occorrenze, spender la vita per honor della nostra Casa. La supplico a comprobar questa mia dal cielo destinata inclinatione, col concedermi che, quando più a pieno serò informato di tutti i recquisiti a tal negotio, ch'io possa al mio ritorno farne da padroni trattare in quel modo, del quale a quel tempo ne darò parte a V.E.. Nella buona gratia del quale raccomandandomi, prego Iddio che Le conceda il colmo d'ogni felicita.

Roma li 5 ott.^{re} 1611
Ubed.^{mo} fig.^{lo} e ser.^{re}
Ferrante Bentivoglio

Ferrante morirà tragicamente nel 1619, stesso anno del padre, confermando dunque la sua disponibilità a dar la vita per la casata.

264. Alfonso Verati da Roma a Alessandro Piccinini, Bologna 9.X.1611
AB, 62, c.70

Patron mio, ho ricevuta la litra di V. S. delli 29 del pasato qualle mi dispiace del cativo viagio che ha patito, ed ancora mi ralegro del suo arivo con sanità di tuta la sua fameglia. V. S. saprà che il mulatiere non mi ha parlato di cossa alcuna sopra il particolar de danari che V. S.li ha dato, ma credo che l'averà veduto nel passar che ha fato l'Illmo S.^{re} Enzo per Bologna, e li ne averà deto qualche cossa con tuto ciò: se non li ha deto nulla, spero di venir in Lombardia alla fine di questo mese, e ne parleremo per far dar satisfazione a V. S. come porta il dovere. Per il negozio del francese, io ebbi la prima pagga, ed a 12 del presente mese si avrà l'altra che so' altri scuti 75: quali nel pasar per Bologna li portarò a V. S. Intanto la non manchi di avisarmi dove alla mia venuta potrò trovar la sua casa, poiché me invito con lei a cena quella sera. Intanto se io posso servire a V. S. cossa alcuna mi comandi. E le bacio le mani (…)
Sul retro della lettera: "A Alesandro Picinini che Dio guardi": *una delle rarissime lettere che conosciamo indirizzate ad un musicista della cerchia Bentivoglio (probabilmente non fu mai recapitata e rimase tra le carte della famiglia). In tutti i casi in una successiva lettera da Bologna Piccinini pone ben chiaro il proprio indirizzo, come se rispondesse alla richiesta del Verati. Piccinini aveva a Roma la sua famiglia, dunque probabilmente si era sposato lí e forse era già nato il figlio Leonardo Maria.*

265. Domenico Visconti da Roma a EB, Ferrara 5.XI.1611
AB, 62, c.36

(…) La istessa matina che V. S. Illma partì, la matre di Gironimo sene venne e mai più s'è partita e fa pensiero star sempre con la nora, o insieme con noi, o vera a casa sua. Che il Veratto le dica da parte di V. S. Illma che non vol che stia dove noi stiamo, certo faremo pegio, poiché questa è una donna molto acorta, e resentita, e molto onorata: potrebbe dir che questo è volersela menare a casa sua, e quello che potemo remediare forsi non potessimo più: metto in considerazione a V. S. Illma questo negozio, si pare a V. S. Illma che io scriva a Gironimo, che il Veratto m'ha detto di ordine di V. S. che non vol che la matre stia con noi; ed acciò la matre non abbia questo disgusto, le scriva che se ne vadi a casa sua, ma che ogni volta che vol venire a veder la nora che venga, o qualch'altro remedii che parerà a V. S. Illma. Noi ancora stama dove V. S. Illma ce lascò, e non se parla de andar alla altra casa. Pregamo V.S.Illma che non si scordi di noi, poiché mertamo [essere?] né in celo né in terra non essere acanto alla servitù di V. S. Illma e stamo aspetando qualche bona nova, che la Sig.^{ra} (c.36v) Caterina si vadi placando verso di noi. Racoman[d]o il nostro puttino a V. S. Illma. Zeza li fa umilissima reverenza come fo anch'io e ce metemo nelle sue giuste braccie (…)
Visconti è il marito di Zeza, ossia di Lucrezia Urbani. Un elenco delle sue lettere in AB è in Fabris 1986, p.79, nota 56. Gerolamo, la cui madre è qui nominata, non è Frescobaldi ma il computista Fioretti, richiamato a Ferrara in casa del marchese.

266. Battista Guarini da Ferrara a (EB, Ferrara) 9.XI.1611
AB, 378, c.41

(…) Hor ch'intendo l'arrivo di V. S. Illma vengo a salutarla (…) Io poi non ho mancato di visitare quel Cardinale ch'ella mi disse prima che si partisse (…)
(p.s.:) Se il mio Guarino verrà per aiuto delle cose nostre a V. S. Illma, io la prego a vederlo volentieri ed aiutarlo dove farà bisogno, che gliene resterò con obbligo infinito (…)

267. Alfonso Verati da Roma a EB, Ferrara 12.XI.1611
     AB, 62

(avvisa di aver dovuto prestare per 15-20 giorni le sedie di velluto "cremisino" e)
(...) quattro altre e ancho non so che quadri: quelli gli ho prestati che dice volerli per l'ambasatore di Venetia (...) e me li ha adimandati con tanta instanza che io non ho saputo negarli (...)

268. Alessandro Piccinini da (Bologna) a EB, Ferrara 15.XI.1611
     AB, 62, c.140

(...) Io scrissi al Sig. Verato sopra di questo ed ho avuto in risposta che non sa niente di questo e però dico a V. S. Ill.ma che a la partita del mulatiero quando io lo licenziai di Fiorenza avendo io satisfatto al patrone del cavallo ch'io pigliai di là da Siena per rispeto del mullo che stava male, e ancor pagato le stanghe ch'io feci fare a la lettiga, io donai un ducatone al detto litighiero e poi li detti quattordici ducatoni e dui ongari aciò se per rispetto del mullo li fosse bisognato. Ho poi inteso che vene di lungo a Roma perché trovò il mullo in bon essere, ma ho inteso ancora che non ha fatto quelo che dovea come li dissi di render conto al Sig.r Verato de la spesa da Fiorenza a Roma e dare il sopravanzo al Sig. Verato, la qual cosa il tutto aviso V. S. Ill.ma aciò lo sapia che questo mi basta. Io li scrissi un'altra mia a V. S. Ill.ma, ma non avendo auto risposta, ho dubitato sia andata a male; del resto poi io sto bene e se mia molie non stesse ancora alquanto male, io sarei venuto a Ferara in cambio di mio fratello: perché qualche volta mi viene certi capricietti di Roma che con il discorere con V. S. Ill.ma sfumarebono alquanto. Ma in vero piaza Navona mi piace più di questa piaza di [Bologna?]. Basta le risate ch'io facio ogni sera ala comedia sono di qualche conforto, che veramente a Roma non si ride così (...)

269. Cesare Marotta da Roma a (EB, Ferrara) 16.XI.1611
     AB, 62, c.167

(Si complimenta per la nascita del nuovo figlio maschio del marchese e gli raccomanda il suo "negozio di Turino")
Hill, Montalto, p.316.

270. Battista Guarini da Roma a EB, Ferrara 26.XI.1611
     AB, 378, c.43

(...) Rendo infinite grazie a V. S. Ill.ma di quanto ha fatto, e fa, e farà in servitio della mia causa. La quale havrà pur anche fra pochi dì maggior bisogno del suo favore ed aviso, sí come a suo tempo le scriverò.
Il S. Cardinale aspetta V. S. Ill.ma con grandissimo desiderio, sí come mi ha detto il suo segretario d'haverle scritto (...)
Io sono stato in persona per dare alla lettera da lei raccomandatami il debito suo ricapito, e quei di casa mi hanno detto che la S.ra Duchessa è a Firenze. Il che, sicome mi è sommamente dispiaciuto, per non haver potuto servirla, cosí ho giudicato che sia bene il rimeterle la lettera, acciò possa prenderne quel partito che le parrà. E se in questo resta a far altro, o in qualunque altra cosa concernente il servitio suo, mi comandi ch'io son qui tutto suo, quanto mio (...)

271. Alessandro Piccinini da Bologna a Girolamo Fioreti, Ferrara 4.XII.1611
     AB, 62, c.398

(...) Io son stato a casa del Sig.r Marchese Pepoli a cercare quel tale vestito di longo, il qual alcuno non me ne ha saputo dar nova per non sapere il nome; son stato poi a casa de Ludovigi ed ho trovato che sono 15 giorni partì il conte Oracio e molie per Roma. Sì che la averà nova di quanto desidera. Intanto s'io posso altro per servire V. S. mi comandi. E non essendo questa per altro li bacio le mane (...)

272.   Cesare Marotta da Roma a EB, Ferrara 8.XII.1611
       AB, 62, c.452

(…) Poiché V. S. Illma favorisce tanto le cose mie, ed in particolare quella ultima, onde fa istanza volerla, ce la manderò per quest'altro ordinario, poiché non ho possuto copiarla adesso per alcune mie malangonie, cagionate da questa benedetta casa, quale ancora non si è auta, ed anco agravato da catarro con dolor de testa. Basta: l'averà senza altro per l'altro ordinario, si bene Ipolita era ostinata a non mandarla, sino che non venisse la scimiotta, quale credo sarebbe venuta, se V. S. Illma se ne fusse raccordato. E risponderò anco a cinquecento millia lettere venutine di costí; e se questi congratulatorii meco sapessere che se paga 2 baiocchi per lettera di porto, credo averebbero auto riguardo a tanta spesa, si bene si rallegrano con me del cavalerato in erba, poiché sino adesso non si vede comparire principio alla spedizione, onde preco V. S. Illma come quello ha incomingiato a favorirmi, a voler anco fenire, de scrivere una lettera di suo pugno al Sig.^r Ambasciatore di Savoia, acciò solleciti il negozio, e l'abbia per raccomandato, si bene in ogni occasione mi fa molti favori (…)
* *È la prima lettera in cui Marotta si firma "Il Cavalier Cesare Marotta" ossia Cavaliere della croce di Savoia. Ed. Hill, Montalto, p.316.*

273.   Cesare Marotta da Roma a EB, Ferrara 14.XII.1611
       AB, 62, c.548

(…) Mando a V. S. Illma l'aria che mi dimanda: *Può ben fortuna*; e *Soavissimi lumi* non la mando, perché credo che l'abbia il Sig.^re Antonio Guretta [Goretti], che ce la diedi quando fu qui; però caso che non l'avesse V. S. Illma avisi, che subbito la servirò con quello debito ch'io devo, e sempre li sarò l'istesso statoli per il passato, anzi ogni giorno più obligato, per li tante grazie che da lei giornalmente recevo, del che tengo particolar pensiero.
* *Hill, Montalto, p.317.*

274.   Cesare Marotta da Roma a Caterina Martinengo Bentivoglio, Ferrara 14.XII.1611
       AB, 62, c.534
* *Hill, Montalto, p.317.*

275.   Alfonso Verati da Roma a EB, Ferrara 21.XII.1611
       AB, 62, c.638

(…) con il presente ordinario mando a V. S. Illma le pianelle e le corde da chitarone, conforme mi scrise il secretario (…)

276.   Battista Guarini da Roma a EB, Ferrara 27.XII.1611
       AB, 378, c.45

                                   Illmo S.^r mio S.^re Oss.^mo
Ho presentata la lettera di V. S. Illma al Sr Ambasciatore di Spagna, il quale l'ha veduta, e letta con molto gusto, ed havendomi preso in carrozza, mi ha con molta comodità ed humanità ascoltato: essendomi ingegnato di rappresentare a S. Ecc.^a il molto dipiacere che ha sentito V. S. Illma della morte della Reina, si per la divozione incredibile ch'ella porta a quella maestà, e si ancora per non haver potuto per tal cagioni tirar innanzi il torneo, col quale tanto desiderava di honorare l'Ecc.^me persone di S. Ecc.^a e della S.^ra sua consorte in questo carnevale, havendo ella molto ben giudicato non convenire che cosa fatta per honor loro s'esequisse in tempo di scoruccio tanto importante. Ma che quello si poteva però in altro tempo quando S. Ecc.^a il comandasse, effetuare con più decoro, e che V. S. Illma in ogni tempo era pronto, e però supplicava le loro Ecc.^ze Ill.^me a volermi far sapere in ciò il senso loro, che di quanto havessero comandato non havrebbe ella mai preterito. Il Sr Amb.^re con molto affetto mostrò di gradire e con molt'obbligo l'offerta di lei, stendendosi in molte belle parole, dette ancora a nome della S.^ra consor-

te della molta stima che fanno di lei. Ma quanto al torneo tutto che la morte della Reina non havesse interrotto, non era però a modo alcun per seguire, havendo S. Ecc.ᵃ trovato l'animo del S.ʳ Cardinal Borghese non solo alieno, ma lontanissimo da pensarci. E però [non] bisogna nepur parlarne. Il che tutto si crede venire da quello che sempre ci ha fatto dubbio: che il Papa non se ne contenti, e sia in questo si risoluto, che non bisogni farne parola. (c.45v) Ho replicato, che io son certo di dover dare a V. S. Ill.ᵐᵃ una mala novella, essendogli interrotta la via di mostrar in parte alle loro Ecc.ᵉ alcuno effetto del molto divoto animo suo verso loro. S. Ecc.ᵃ risponderà alla lettera e forse gliene potrebbe dar qualche tocco. E cosi S.ʳ mio i disegni nostri son riusciti vani non sol per hora, ma com'io credo per sempre sotto il presente pontificato, nel quale non si vuol favole, ma fatti. Se altro havrò da fare in questo o in altro particolar, mi comandi. Guarino mio mi scrive poi con quanto affetto V. S. Ill.ᵐᵃ abbracci le cose mie le quali ne hanno ben gran bisogno, poiché io sol non basto contra un torrente di favori che hanno occupato contra me tutti i luoghi. E fo fine con baciare a V. S. Ill.ᵐᵃ con ogni affetto la mano e pregar il S.ʳ Dio che li conceda ogni cosa desidera.   Di Roma li 27 Xbre 1611
Di V. S. Ill.ma

Certiss.º ser.ʳᵉ e zio aff.ᵐᵒ
Guarini

1612

277. Alessandro Piccinini da Bologna a EB, Ferrara 10.I.1612
AB, 63, c.171

(...) Io volea venire risolutamente a li ultimi giorni di carnevale a Ferara, aciò mia moglie potesse godere di questi spassi e tanto magiormente voleamo venire a veder rimaritata nostra sorella. Ora avendo desiderio V. S. Ill.ᵐᵃ ch'io venghi prima, voglio venire: ma bisogna io aspeti prima che nostro cognato e nostra sorela venghi di Comachio, dove sono andati; e intanto sto aspetando, quelo che importa più, dinari da Roma: che il Sig.ʳ Verato ebbe 15 scudi per la prima paga deli dinari del Franzolino ed a novembre ne dovea avere l'altra per me, e non so perché non me li fa pagare in Bologna, e li sto aspetando e di novo dimane li scrivo per questo; è vero che non gliene ho fatto tropo instanza perché non ne ho avuto bisogno mentre io stava in Bologna.
Quanto a Paulo, non fa tropo per lui a stare lontano da me, ma volendo V. S. Ill.ᵐᵃ che venghi sabato con il coriero, me lo avisa che lo manderò ed io fra quindici giorni verò. Io non so se il Sig.ʳ Feranto sia perso: mai ne ho saputo nova e in tanto facio reverenzia a V. S. Ill.ᵐᵃ (...)
* In una precedente lettera del 1611 il liutista aveva già ricusato l'offerta di andare a servire in casa Bentivoglio al posto del fratello Gerolamo, morto in Fiandra nel 1610.

278. Domenico Visconti da Roma a EB, Ferrara 21.I.1612
AB, 63, c.305

(...) È venuta un'occasione bonissima per coprire il parto di quello amico, poiché la matre de Gironimo se n'è andata a casa sua, che serà da dodici giorni, per occasione che se è morta una parente, e questa matina ha mandato a dire che Isabella andase là dove lei sta. Quando ch'io ho inteso questo, me ne sono andato dal Sig.ʳ Landinello a dimandargli parere di questo: noi avemo pensato, quando la matre di Gironimo mandarà dimane per Isabella, che io li dicca che V. S. Ill.ᵐᵃ e Gironimo me hanno lassata Isabella in mio potere, e che ogni volta che me sarà scritto che io ce la mandi, che io subbito la manderò; caso che non me ha scritto non volergliela mandare, e mentre quella donna se stesse a casa sua, se potrà benissimo coprire ogni cosa. Questo si farà quando V. S. Ill.ᵐᵃ si contentarà che questo parto di questa si copra; assicuro V. S. Ill.ᵐᵃ che questa me ha mosso a tanta compassione, vederla piangere, e non fa mai altro che arecomandarsi che per amor de Idio la iuta a coprire, e si partorisca in bcnc sarà miracolo. Si V. S. Ill.ᵐᵃ se volesse servir di noi, che questo serìa il maggior gusto che noi potessemo aver, faremo tutto quello che V. S. Ill.ᵐᵃ ci comandarà. Mando il bulettino dello anello, e

prego V. S. Illma, poiché me fa favore di riscoterlo, inviarcelo, si pure non avessemo da venirlo a servi-re per (c.305v) adesso. Ieri fu qui il Sig.^{re} Ambasciatore di Fiandra a sentir sonar Zeza, e venne con tutto il corte giù, come venne della audienza del Papa, ed ebbe gran sodisfazione; e il Sig.^r Landinello lo menò. E qui per fine Zeza e io li facemo umilissima riverenza e lo pregamo non si scordi di noi (…)
* *Solo indicazione della lettera in Fabris 1986, p.79, nota 56. Zeza è la moglie di Visconti, Lucrezia Urbani.*

279. Adriana Basile da Mantova a EB, Ferrara 21.I.1612
AB, 63, c.311

(…) Ho ricevuto doppio favore da V. S. Illma in un istesso tempo: lo primo in aver la sua favoritissima e cortesissima lettera; l'altro della lagrimosa pietà da me gran tempo desiderata. Bisognava questo favore riceverlo dalle sue mani, acciò cantando quella mi servisse per memoria locale, in ricordarmi sempre di lei ancor che habia maggior occasione di questa memoria, e per li tanti e tanti favori ricevuti da V. S. Illma e dalla S.^{ra} Caterina mia Signora, alla quale cento e mille volte bacio le mani, rendendomi obli-gatissima serva ad ambidui. Con che fine le bacio le mani, e li priego dal cielo ogni compito contento (…)
(p.s.:) Al mio Sr Cornelio bacio mille volte la belissima bocca, e dubito non vogli più bene alla S.^{ra} Costanza Trotti che a me.
* *Solo indicazione della lettera in Fabris 1986, p.82, nota 70.*

280. Vincenzo Landinelli da Roma a EB, Ferrara 21.I.1612
AB, 63, c.313

(…) Ho ricevuto con questo ordinario la procura fatta in persona mia da V. S. Illma e dal Sr Alessan-dro, e l'ho detto al Sig.^r Cardinal Serra (…) Per tutta Roma si è sparsa la voce del torneo e della proppo-sizione che V. S. Illma vuol sostenere in onore delle dame romane, per il che, per quanto mi ha detto il Sr Cardinale Mellini, si sono insuperbite maggiormente, e gli dispiace che i padroni non abbiano dato licenza di poterlo fare in Roma. (…)
Ho invitato il Sr Cardinal Leni al torneo: mi ha detto che fa pensiero di non essere in Ferrara se non dopo carnevale, non essendo conveniente ch'un Vescovo, nella prima intrada intervenga a bagordi e Comedie (…) (c.313v) Ieri, pregato, condussi il Sr Ambasciatore di Fiandra con tre o quattro altri SS.^{ri} principalissimi fiamminghi a sentir sonare la Napolitana, e gli piacque in estremo e volsi sapere il nome e cognome di lei, e del marito, e lo notò sul libro; desiderava anco sentire la Sig.^{ra} Ippolita, ma perché il Sig.^r Cesare si truova a letto per un poco di male ch'ha in una gamba, e gli conviene doman-dar licenza al Sr Cardinal Montalto, non saranno compiaciuti così presto. Ho detto a questi SS.^{ri} che in mantenere questa Napolitana con fratelli e sorelle importa a V. S. Illma più di mille scudi all'anno, e spende altro tanto in mantenere altre donne virtuosissime che cantano, ed il Piccinino [fratello] di Gi-rolamo molto bene conosciuto da loro (…); sebene non gli è parso nuovo, sapendo molto bene la quali-tà di questa casa.(…) (c.314 p.s.:) Il Domenico marito della Napolitana dice che la madre del secreta-rio si ritruova al governo di certa donna che le lascia della robba, e fa instanza che vada a star con lei (…)
* *Ed. Hill, Montalto, p.318 (escluso post scriptum).*

281. Claudio Susanni da Roma a EB, Ferrara 26.I.1612
AB, 63, c.359

(…) Al Vicario fu dato l'ordine per Ms. Fortunio Pecenini; e quando la soddisfatione di lui, prima a V.S. credevi (…)
* *Il documento si riferisce alla proposta assunzione di Filippo Piccinini nella cappella del Duomo di Ferrara. Il primo documento noto su Piccinini come maestro di tale cappella risale soltanto al dicembre 1617: il musicista eserciterà la carica di maestro a Ferrara fino almeno al maggio 1628 (cfr. Peverada, Normativa e prassi musicale, pp.119-122).*

282. Ercole Provenzale da Roma a EB, Ferrara 29.I.1612
   AB, 278, c.307

(…) Domenica sera si fece musica da N. S. che durò 1 ora; li era Isepino [Cenci], Luca Antonio [Eustachio] ed altri musichi del S.^re Cardinalle Borghese (…)

283. Adriana Basile da Mantova a EB, Ferrara 31.I.1612
   AB, 63, c.395

(…) A quest'ora ho ricevuto per mano del Sr Iberti la cortesissima lettera di V. S. I., la quale mi è stata sommamente cara, si per intendere buona nova di sua salute, come anco il veder che tiene tanta memoria d'una sua serva, com'io li sono obligatissima; ringrazio infinitamente a V. S. del favore che mi fa, convitandomi nel torneo che si prepara in queste parte. Non posso prometterli al sicuro di venire, poiché ella sa bene ch'io non sono padrona della mia volontà; però spero (conforme dice il Sr Duca mio S.^re) che venerò a ricevere il favore ed insieme a servirla gionto con la S.^ra Caterina mia S.^ra e Padrona, alla quale fò riverenza. E per fine li bacio le mani, come fa mia sorella, e tutti di casa (…)
* *Sola indicazione della lettera in Fabris 1986, p.82, nota 70.*

284. Floriano Ambrosini da Bologna a EB, Ferrara 1.II.1612
   AB, 63, c.406

(…) Ho inteso quanto desidera V. S. Illma e di già ho saldato con doi giovani maestri soficienti e molti intendenti di prospetiva, e tengo per certo che darrano satisfazione a V. S. Illma: ma dicono che non possono essere sbrigati se non al finir della setimana che viene, per certi lavorieri ch'hanno per le mani. Quanto al prezzo non ho potuto fare a manco di doi zecchini e le spese per ciascuno: è quanto la mi pare che le meritano, perché so che lavorano presto della mano; perrò V. S. Illma mia avisi quello che la vuole ch'io faccia, che tanto farrò perché vivo con desiderio di servirla e in tanto pregamo al Sig.^re Iddio che la conservi (…)

285. Ercole Provenzale da Roma a EB, Ferrara 4.II.1612
   AB, 63, c.460

(…) Questo ordinario non ho avuto lettere di V. S. Illma. Li cavalli stano bene ma non v'è ocasione alcuna da dargli via; io non manco di stare in pratica per farne esito come sa il Sig.^r Landinello ed il Verato.
La morte dell'Imperatore so che V. S. Illma lo sa di già: si tiene che N. S. manda Nuncio in Alemagna il Sig.^r Cardinalle Borghese o vero Gaettano; nel Concistoro di lunedì si saprà.
L'aio ed il cupiere del Principe Nepotte di N. S. hano domandatto la galarìa al maestro di casa del S.^re Conte Anibalo Manfredi, per essere detta galarìa nella parte del palazo che gode il detto Sr Conte per fargli fare una comedia domenica sera, dove si trovarà presente il detto Principe; ed è forza che sia con consenso di N. S., perché questo puto non va in alcun loco senza sua licenza. Li comici sono questi canti imbanchi: ma come sa V. S. Illma in tera di ciechi beato chi ha uno ochio: dicano che fano per fare vedere a questo puto come si fano le comedie, poiché non ne ha mai viste fare. Il seguitto lo aviserò a V. S. Illma e farò opera di trovarmelli presente a detta comedia. Ed a V. S. Illma bacio con ogni riverencia le mane (…)
* *Secondo una lettera dello stesso Provenzale del successivo 8.II.1612 la commedia non fu più allestita.*

286. Guarini, *Diario ferrarese*
   MOe, ms. H.2.17, p. 345

(5.II.1612) (…) La speranza che si haveva che il Duca di Mantova (…) ed altri Cardinali dovevero ritrovarsi a far il carnevale in Ferrara cagionò ch'Enzo Bentivogli preparasse loro un bellissimo torneo a piedi ed a cavalo, ed altre invenzione di machine artificiose che rappresentavano alcune favole molto diletevole pria inventate dal Cavalier Battista Guarini, e d'Alessandro suo figliuolo. Ma con tutto che ne sucedesse poi la morte di detto Duca, e che gli Cardinali non vi si ritrovassero, venne però il tutto rappresentato alla presenza del Card. Spinola Legato e del Card. Pio, con l'interven<u>to di molti cavalieri forestieri e paesani, riuscendo il tutto con molta felicità questo dì 5 detto (...)

287. Randoni, *Manuscrito osia Cronaca* (1598-1614)
FEc, ms. Cl.A.250, c.282v

(5.II.1612) Essendo stato eletto Vincenzo Duca di Mantoa Prencipe di questa Accademia [degli Intrepidi] ed havendo nel principio del mese di genaio prossimo passato, nel passar che fece per Ferrara di ritorno dalla Mesola e Casette, affittatoli (c.283) da Cesare Duca di Modena, invitato da questi Accademici, promise sicuramente di voler venire a Ferrara ad habitare con buona parte della sua Corte per gli ultimi venti giorni di questo carnevale e di già Ercole Pepoli lo havea accomodato del suo palagio. Con grandissima instanza li accademici procurorono di dar l'ultima mano al teatro per rapresentare *La Bonarella* egloga pastorale abelita d'intramezzi e diversità di machine, che in diverse ocasioni fingevano varietà de paesi e diversità di stati; che, dove l'esser stato fabricato con gran spesa significava di dover esser la più bella atione che a giorni nostri sia stata veduta, ed oltre di molti altri bagordi che vi andavano preparando, Entio Bentivolio, gentilhuomo di gran vaglia e splendido al pari di qualsivoglia gentilhuomo di questa città, si mise in capo di fare un belissimo torneo per rapresentare sopra la Gran sala di cortile, sfidando questi Cavalieri Ferraresi, e chiunque volesse in giostra a campo aperto con lanza e stocho ed a piedi con il stoco e pica mantenere (...) e da tutte queste cose si andava giudicando, che questo carnevale fosse per riuscire molto bello, e con gran concorso di nobiltà forestiera, essendo che di già il Card.^le Caetano Legato della Romagna, ed il Card.^l Boromeo Legato di Bologna ed il Principe della Mirandola s'intendeva, anzi parte dei loro haveano accettato l'invito, di voler esser spettatori di cossì belle ationi ed armeggiamenti: quando che, soprapreso il Duca di Modena da una grave infermità, passò da questa a miglior vita, come si é detto, la cui morte infredò le cose in modo, che tralasciandosi l'attione del teatro, attese il Bentivoglio al suo torneo, pur sperando che li sopradetti Card.^li dovessero ritrovarsi presenti; ma svanì anco la venuta di questi SS.^ri.
[Enzo Bentivoglio per] non voler però restare di non seguire il suo pensiero, penché inveghito più che mai da desiderio di far vedere in ogni tempo ed in ogni occasione le sue ationi, si sforzò di dar perfetione di quanto havea proposto nel animo suo, non ispaventando a qualsivoglia spesa ancorché grave. E però, havendo posto d'ordine quanto più conveniva per dar compimento a questa sua così eroica atione il di 5 feb.°, la notte seguente sopra la predetta Sala, prima che si dasse principio all'armeggiare per (...) giri di quelle machine che sopra la detta Sala havea preparato, fece vedere al popolo, numeroso di ottomille e più persone, diverse comutationi a meraviglia belle, ed al rapresentar dell'ultima che fu un belissimo palagio, si dimostrò sotto nome di Tiamo di Melfi, armato (c.283v) a cavallo, pronto a difendere la querela proposta; e di qui si dette principio ad una giostra bellissima a campo aperto, e tra quelli un abatimento a piedi di pica e di stoco, che per sette ore continue diede gran gusto a rimiranti, essendoci presente il Card.^e Spinola Legato ed il Card.^l Pio, e numerose gente forastiere, come si vede la relatione di d.° torneo posta nel marzo sop.^to (...)
* *In questo documento si scopre il titolo, altrimenti ignoto, dell'egloga pastorale del Guarini,* La Bonarella, *destinata probabilmente ad essere eseguita come intermedi della celebre* Filli di Sciro *del Bonarelli (da cui il titolo), ma che non fu più rappresentata. In una lettera del settembre 1627 Sigismondo d'India si attribuisce la composizione delle musiche composte molti anni prima per* La Bonarella, *d'ordine del marchese Bentivoglio. Cfr.* Hill, *Montalto;* Carter, *A Tale of two Lamenti.*

288. Ercole Provenzale da Roma a EB, Ferrara 8.II.1612
AB, 63, c.495

(...) Questo ordinario non ho ricevuto lettere di V.S.Ill.ma. Severino si è accomodatto con il duca Gaettani per quanto ho inteso. Della comedia che scrise a V. S. Ill.ma che si doveva fare nella gallarìa, non se ne fece altro né manco se ne farà.(...)

(p.s.:) N. S. dopo la cappela che si fece iere matina per le esequie del Imperatore andò a Monte Cavallo per starci tutto questo carnevalle.

289. Vincenzo Landinelli da Roma a EB, Ferrara 8.II.1612
AB, 63, c.503

(...) La Sig.^{ra} Ippolita si truova in stato che non puole venire in modo alcuno a Ferrara nonostante il desiderio grande ch'abbi di servire a V. S. Illma insieme col marito, prima perché è gravida di due mesi, la qual gravidanza gli dà un fastidio straordinario; 2°, il viaggio longo accompagnato con freddi e farli con tanta incommodità; 3° ed ultimo, credo quando cessassero tutte queste difficoltà, il sapere che Adrianella del Sr Duca di Mantova deve intervenirsi in queste feste farìa risolverla a non venire, e veramente Padron mio questi non son tempi di scomodare le donne, oltre si aggionge che il Sr Cesare non si sente a modo suo per conto d'una gamba, o piede al quale si fece male e non poco, con l'occasione dell'andata a Civitavecchia.
Non ho potuto anco vedere il Sr Cavalier Guerino [=Guarini] il quale, sebene è stato dalla detta S.^{ra} Ippolita, e gl'abbi detto che farà tutto quello che il Sr Card.^e Montalto gli commandarà, con tutto ciò con me si è lasciata intendere di non poter venire per le cause dette di sopra, sperando di avere a truovare scusa appresso la benignità di V. S. Illma, come quella che sa benissimo che se potesse verrìa volando per darle questo gusto. Quanto alla S.^{ra} Lucrezia e marito, si offeriscono pronti in ubidire sempre ai suoi commandamenti, nonostante i medesimi impedimenti che ritengono la S.^{ra} Ippolita. Io non voglio dar legge a V. S. Ill.ma che mi è Padrona, ed è prudentissima, ma le dico bene che sarà più lodata da tutti se potrà far senza la Napolitana e marito, e per le spese e per altre cause molto ben note a lei, tanto più che il Sr Cardinal Vescovo non verrà altrimente a far carnevale a Ferrara, ma lo farà alla Madonna de Loreto; sebene il Cardinal Caetano ha fatto e fa violenza perché lo vadi a fare a Ravenna. Al qual Cardinal Leni ho fatto le sue raccomandazioni e supplicatolo conforme a quanto V. S. Illma m'ha ordinato, mostrando che ella se era indotta a fare tornei ed altre feste più per rispetto suo che di qualsivoglia altra persona.
Al Sr Cardinal Padrone presentai ier mattina la sua lettera col cartello, e mi disse che non era bene ch'io facessi altra instanza per queste donne col Sr Cardinal Montalto né con altri, e quanto al Cardinal Vescovo, che era ordine di N. S. di non venire a Ferrara nei giorni carnevalieri, e che avrebbe letto con gusto il cartello, del quale ho dato notizia anco al Sr Pignatelli.
Domattina in S. Agata a Monte Magnanapoli (poiché il Papa si ritrova a Montecavallo da ier mattina in qua) il Sr Cesare Marotti pigliarà la croce di Savoia dalle mani del Sr Ambasciatore, e si truovaranno presenti a quest'azione li SS.^{ri} Cardinali Borghese, Serra e Capponi con una comitiva grande di SS.^{ri} e SS.^{re} e ci sarà anco la S.^{ra} Ippolita, attal che S.^r mio, se pensasti d'avere a trattare, ora che siamo intrati in queste dignità, con persone ordinarie s'inganna; è ben vero ch'ha comprato cara questa dignità, e questo è quel che pesa alla S.^{ra} Ippolita, poiché gli costa fin a quest'ore più di 300 scudi: riconoscano quest'onorevolezza dalle mani di V. S. Ill. (...)
(c.506v p.s.: riprende il tono duro nei confronti di Lucrezia e marito, e conferma l'impossibilità di far partire Ippolita).
* Ed. *Hill, Montalto, p.318.*

290. Battista Guarini da Roma a EB, Ferrara 8.II.1612
AB, 378, c.47

Illmo S.^r mio S.^{re} Oss.^{mo}

Ricevuto e lette le lettere di V. S. Illma e fatto subito empir il bianco per la S.^{ra} Marchesa son andato a trovar il S. Cardinal Montalto, ed ho presentata l'una e l'altra lettera a S. S. Illma la quale, havendo tenuto meco lungo proposito degli apparecchi di Ferrara e delle cagioni perché qui non s'è fatto il torneo proposto da V. S. Ill.ma, mi ha detto molto cortesemente che in ogni cosa disidera di gratificare e lei e la S.^{ra} Marchesa, e che quanto a lui si contenta che la S.^{ra} Ippolita venga. Lungo sarebbe a rifferire quel tutto ch'io ho risposto in renderle grazie di questa grazia. E perché mi addimandò se con Ippolita

havea parlato, resposi che no, e che non sarei stato ardito di parlarmi con qualsivoglia persona prima che con S. S. Illma la quale allegramente mi replicò:- Parlate con essolei e disponetela, che in quanto a me per soddisfazione del Sr Enzo e della S.^ra Marchesa me ne contento. Né per altri certo me ne contenterrei.- Partito dal S. Cardinale senza porvi tempo di mezzo volai a casa della S.^ra Ippolita, e senza farle sapere s'io fussi stato col Sr Card.^le l'invitai a nome di V. S. Illma e della S.^ra Marchese, e le dipinsi le meraviglie di Ferrara in modo che a me parve d'havernela invaghita, ed oltre a ciò le promisi il viaggio comodissimo e che sarebbe stata e condotta, e ricevuta e honorata com'ella merita. Finalmente con un sospiro mi disse: - Cavaliere mio tu sai che io non son mia donna, e non ho se non quella libertà che piace al Signor Cardinale di concedermi. E però non ti posso promettere -. Ed io replicando pure ch'a me bastava sapere se in quanto a lei sarebbe venuta, mi tornò a dire:- La mia voluntà sta con quella del padrone.- Ed quando io le soggiunsi:- Il Sr Cardinale si contentasse n'andrebb'ella? - Se il S. Cardina- le - mi replicò - m'accennerà io l'ubbidirò.- Io richiesi di parlare al marito, ma ella mi disse che si trovava in gran maneggio per cagione di certa croce che ha da prendere. Io vedrò di [fare] quanto [posso] per trovarlo e cercherò di guadagnare la sua voluntà. E poi mi pare d'haver ben fatto l'ufficio mio. (c.47v)
Sarò ancora col Sr Landinelli per concertare con esso lui la maniera di levarla, e condurla poiché non v'è tempo da perdere.
Nel che vo dubitando che questa donna non si vorrà porre in carrozza, né sarebbe gran cosa che suo marito richiedesse la lettica. Tuttavia ne parlerò al S. Landinelli. Ancor è freddo e le nievi son ancor gagliarde. Non vorrei che il modo di condurla ce la togliesse, ogni volta che sentisse trattar di carrozza. Basta, non mancherremo di fare tutto quello che si potrà per far bene. Ho paura di quel caparbio di suo marito. Al quale vo immaginando che ce bisognerà fare il ponte d'oro. Di tutto per l'ordinario di sabbato avviserò V. S. Illma alla quale ed alla S.^ra Marchese bacio con ogni affetto la mano e prego mille contenti.   Di Roma li 8 di feb.^o 1612
Di V. S. Illma

Certiss.^o ser.^re e zio aff.^mo
B. Guarini

291. Battista Guarini da Roma a EB, Ferrara 11.II.1612
AB, 378, c.49

Illmo S.^r mio Sig.^re Oss.^mo

Scrissi per l'altre mie a V. S. Illma che, per condurre a fine il suo desiderio, non mi mancava a far altro che parlare al marito della S.^ra Ippolita, e poi esser col Sr Landinelli e concertare l'esecuzione del mio negotia- to. E le dico che quanto al primo non ho potuto haverlo se non hieri, essendo stato occupato in certa sua croce bianca con la quale s'è fatto Cav.^re. Egli si mostrò dispostissimo a fare la volontà di V. S. Illma purché il S. Cardinale gliel comandasse. Ond'io, che di già haveva havuto il placet di S. S. Illma e la parola della S.^ra Ippolita, trovai subito il Sr Landinelli per ordenar le cose necessarie alla spedizione del lor cammino. Ma trovai l'animo suo lontanissimo da tal cosa: dicendomi, ch'egli haveva più frescamente parlato con la S.^ra Ippolita, e che l'haveva trovata gravida, e che se bene il Sr Cardinale haveva rimesso in lei l'andata, nientedimeno s'haveva a tener per fermo che S. S. Illma non la vedrebbe partir volentieri, e quando ella a ciò si risolvesse l'havrebbe tanto per male, che per molti mesi come altre volte l'è intervenu- to, di buon occhio non l'havrebbe guatata. E che l'occasione per la quale V. S. Illma la richiedeva non era tale, che meritasse di levare quella donna di casa sua con pericolo della vita e di perdere ancor la grazia di tal padrone. E che però non era cosa né da chieder più instantemente, né da esequire quando anche si potessimo assicurare della volontà del Sr Card.^le, massimamente essendosi inforzato (com'è ben vero) sì aspramente il freddo che ognun ne triema. E finalmente, che havrebbe scritto a V. S. Illma in modo, che sarebbe restata persuasa di non proceder più oltre. Ed altre parole simili mi diss'egli che mi fecero dubita- re, o più tosto tener per fermo, che dovendo egli indirizzare e incaminare con le cose necessarie quelle persone, e trovandol tanto alieno da volerlo fare, vana in tutto dovesse riuscire l'opera mia. Contuttociò, non mi arrestai, ed essendo tornato a parlare col Cav.^re, tutto che mi raffermasse la sua prontissima volun- tà, nientedimeno mi conchiuse che la remissione del Sr Cardinale non gli bastava, e finché S. S. IIII.^ma non gli havesse detto:- Io tel comando -, non era per partirsi di Roma. E perché mi disse ancora (c.49v)

che il Sr Prencipe Peretti haveva ordene da S. S. Illma di terminare questa pratica, stamani mi son condotto con quel Sig.^{re}, il quale mi ha detto esser molto servitore di V. S. Illma e della S.^{ra} Marchesa, ma che non era vero che il S.r Cardinale gli habbia dato tal ordine: anzi, che neanche glien haveva mossa parola. Cominciai allora a sospettare che niun di loro havesse voglia l'uno di commandare, e l'altro di venire, e per non tralasciare cosa che far potessi, ho fatte hoggi le forze d'Ercole per riparlar al Sr Cardinale. Ma tutto è stato invano. E così mi son accorto daddovero che tutti hanno date parole con poca voglia di fatti. Né più oltre mi resta a dirle, rimettendomi poi a quello che le scriverà o per dir meglio le de'havere scritto il Sr Cardinalle. E però col fine a V. S. Illma bacio con ogni affetto la mano e prego ciò del suo cuor desidera.   Di Roma gli 11 di feb.^o 1612
Di V. S. Illma

Certiss.^o Ser.^{re} e Zio aff.^{mo}
B. Guarini

292. Cesare Marotta da Roma a EB, Ferrara 18.II.1612
    AB, 278, c.315

Illmo Sig.^{or} mio Oss.^{mo}

Questa mattina, sabbato, dal Sig.^{or} Landinelli ho receuto il piego di V. S. Illma, e sono stato tutt'oggi aspettando che il Sig.^{or} Car.^{le} mio Sig.^{re} dovesse darmi alcuno ordine circa il nostro venire costì per servirla, ed è già un'hora di notte, e non vedo novità alcuna. Ho voluto con tutto ciò scriverli queste poche parole, per non usare mala creanza, assicurandola che tenemo particolar memoria di servirla, sicome verdrà venendo l'ordine del padrone, senza il quale non posso, né devo disporre di me in cosa alcuna della persona mia, sicome benissimo V. S. Illma potrà considerare. E per fine li fò humilissima riverenza assieme con Ipolita mia, pregandola dal Cielo ogni contento   di Roma li 18 febraro 1612
D. V. S. Illma

Aff.^{mo} se.^{re}
Il Cavalier Don Cesare Marotta

* *Ed. Hill*, Montalto, *p.321.*

293. Alfonso Verati da Roma a EB, Ferrara 18.II.1612
    AB, 63, c.634

(Nuovi ordini consegnati a Cesare Marotta)
* *Ed. Hill*, Montalto, *p.320.*

294. Vincenzo Landinelli da Roma a EB, Ferrara 18.II.1612
    AB, 63, c.646

(...) Il Cavalier Guarino ed io habbiamo usate tutti gl'artifigii possibili per indurre il Sr Cardinal Montalto a dar licenza alla S.^{ra} Hippolita che possa venire a Ferrara con l'occasione di queste feste, e ne è stato possibile cavargli altro di bocca, se non che vorebe far servizio a V. S. Illma in ogni tempo ed in tutte le occasioni; ma quanto [al partir] d'Hippolita, non gli pare stagione a propposito; ma con tutto ciò, se ella volerà venire, lo [riserva] all'arbitrio suo (...)
* *Ed. Hill*, Montalto.

295. Battista Guarini da Roma a EB, Ferrara 18.II.1612
    AB, 378, c.50

Illmo S.^r mio Sig.^r Oss.^{mo}

Il piego di V. S. Illma mi trovò la notte passata alle cinque hore in letto, e però non hebbi tempo di mandar ad effetto se non la solita buona e pronta volontà di servirla. Stamani alli 14 hore son stato in piedi, ed havendo mandata subito la sua lettera al S.ʳ Landinelli, venne a trovarmi, e concertato insieme quello che fare in servitio di lei si doveva, l'uno tirò alla volta della S.ʳᵃ Ippolita con tutte le lettere venute per lei nel piego, e l'altro, che fui io, s'indirizzò alla volta del S.ʳ Cardinal Montalto. Il S.ʳ Landinelli ha trovato, secondo il solito, dispostissimi marito e moglie a servire V. S. Ill.ᵐᵃ, sempre che il S.ʳ Cardinale comandi loro che vadano. Io senza haver detto questo al S.ʳ Cardinale, ho detto a S. S. Ill.ᵐᵃ, d'haver havuto corriere espresso da lei, e lettere in tal proposito tanto ardenti, ch'io mi son mosso con certissima confidenza e speranza d'ottenere questa volta la grazia, conoscendo che la benignità di S. S. Ill.ᵐᵃ non la vorrà negare a servidore tanto devoto, e ch'in ogni occasione spenderà la vita in servitio suo. Il S.ʳ Cardinale, tornando sul solito suo tuono, ha resposto che in quanto a lui si contenta che vengano a servirla, sì come disse fin da principio, e che rimette questo nel voler loro. La qual campanella non mi sonò nell'orecchio se non quel peggio che in tal caso possa temersi. Ond'io replicai:- Padron mio, V. S. Ill.ᵐᵃ sa bene che la S.ʳᵃ Ippolita è savia, e che la ha cattivata la propria volontà nell'arbitrio del suo padrone e che però non risolverà mai, non solo di condursi a Ferrara, ma né più di pensarci, se V.S. Ill.ᵐᵃ apertamente non gliel comanda. E però il far la grazia al S.ʳ Enzo sta in lei sola.- Io torno a dire - mi replicò - ch'io non gliel vieto, e che mi sarà caro che il S.ʳ Enzo sia soddisfatto: quello ch'io non farei per alcun altro. Ma comandarlo io non voglio, parendomi indiscreto comandamento che sforzi una (c.50v) donna gravida a sporsi in questi freddi eccessivi a mille pericoli d'ammalarsi, onde poi io ne restassi privo, ed esso S.ʳ Enzo, che alcuna volta ha pur gustato della sua virtù. - Ma io, neanche perciò volendo arrendermi, replicai che la S.ʳᵃ Ippolita sarà condotta come se fosse in camera sua. E che non patirà disagio di sorte alcuno e che, giunta a Ferrara, sarà portata in palma di mano, e non farà se non quello che piacerà a lei di fare, havendo il S.ʳ Enzo sol desiderio di honorare e con la presenza di lei le sue feste, alla solennità delle quali non manca altro che essa, e con la grazia di S. S. Ill.ᵐᵃ se medesimo e la sua divotissima servitù, accioché il mondo possa conoscere, dal concederlo cosa sì preziosa, che l'ha per servidor non volgare. Insomma il S.ʳ Cardinale tornò sulle medesime sue difese. Io le dissi fin questo: - Ho ordine di supplicare il S. Card. Borghese che ottenga questa grazia da lei.- Ed esso mi respose: - Il S.ʳ Cardinal Borghese è padrone d'Ippolita e di me stesso, e quando S. S. Ill.ᵐᵃ il comanderà sarà ubbidito, ma vi so dire ch'egli nol farà ed havrà i medesimi riguardi che ho io.- Infatti, S.ʳ Enzo mio, bisogna risolversi che il S.ʳ Cardinale non ne vuol far altro. E credami che ha fisso qui il chiodo. Ho detto tanto, che dubito d'havere passati i termini di modestia, ma S. S. Ill.ᵐᵃ è stato sempre più immobile. E per concluderla, tenga certo V. S. Ill.ᵐᵃ che più non si poteva fare di quello ch'abbiam fatto noi: ma il fatto era impossibile. Io mi scordava di dirle, il S.ʳ Card.ˡᵉ mi domandò: - E come vorrà il S.ʳ Enzo tirar innanzi le feste se il S.ʳ Duca di Mantova è moribondo?- Io mostrando di non sapere questa novella risposi S. A. de star meglio, e questo mi fu negato da S. S. Ill.ᵐᵃ dicendomi haverne avvisi freschissimi da più bande. Questa è tutta la storia. Mi duole di non potere dar quella soddisfazione a V. S. Ill.ᵐᵃ che desidera, ma chi fa quel che può è scusato. Ponga il suo cuore in riposo, e faccia senza l'Ippolita. La quale finalmente sarebbe stato più d'ornamento che d'essenza alle sue magnifiche spese. E col fin le bacio la mano e prego felicissima fine d'ogni suo desiderio.　　　　　　　　　Di Roma li 18 feb.º 1612 Di V. S. Ill.ᵐᵃ

　　　　　　　　　　　　　　　　　　　　　　　　Certiss.º Ser.ʳᵉ e Zio aff.ᵐᵒ

　　　　　　　　　　　　　　　　　　　　　　　　　　　　B. Guarini

296. Alfonso Verati da Roma a EB, Ferrara 22.II.1612
　　　AB, 63, c. 683

(...) della venuta della S.ra Hipolita credo V. S. Ill.ᵐᵃ ha saputo ogni cossa dal S.ʳ Landinelli (...)
* *Ed. Hill,* Montalto, *p.321.*

297. Alessandro Guarini da Mantova a EB, Ferrara 23.II.1612
　　　AB, 63, c.697

(...) Siam giunti a ventitre ore, ed io ho parlato a S. A. alle due ore di notte, né altro ho potuto dirle, che quanto mi fu comandato dall'Accademia [degli Intrepidi], perché mentre io voleva passar più oltre, vennero i segretari ed egli si ritirò a sottoscrivere lettere. Aspettai ch'essi fossero spediti, e parlai alle quattr'ore di notte al Sr Iberti, dalle parole del quale mi parve di poter comprendere che fosse paruto - non mi disse al Sr Duca ma a tutti l'altri S.^{ri} - gran cosa, che V. S. Illma non avesse preso qualche pretesto, per non mostrar di stimar poco la perdita d'un tal padrone. Io replicai a lui quello ch'io aveva detto a S. A.: che il rispetto e dell'esempio della morte del fratello di N. S.^{re} e gl'inviti datti dal Sr Card.; e l'esser tanto innanzi, che ogni cosa sarebbe stato gittato, ha fatto risulvere l'Accademia - non V. S. - a far il campo aperto: e che questa risoluzione è stata fatta per mera necessità dei sudetti rispetti, avendo l'Accademia tralasciato tutto quello ch'era in sua mano. In somma, e con S. A. e col Sr Iberti, ho fatto quel più efficace ufficio in questo proposito, ch'è stato per me possibile, e credo, che rimarran sodisfatti; ma temo che non si potrà havere il Sr Campagnolla, perché dubito che S. A. non giudichi inconveniente che i suoi servitori intravenghino a feste e bagordi dopo la morte del padre. Sarò nondimeno domattina col Sr Iberti, e tratteremo di questo e del pesce, che così restammo stassera. Intanto a V. S. Illma, vinto dal sonno, bacio la mano e prego da N. S. Dio ogni prosperità. Di me non so quello che debbia essere, perché ancora non ho inteso nulla. Pel Sr Sannazzaro manderò il fine della invenzione (…) (p.s.:) V. S. Illma di grazia mi favorisca di mandar subito il qui congiunto piego al Sr Gaspar Salano [=Salani], ma non manchi la supplico di mandarlo subito che sarei ruinato. La lascino a casa sua se non foss'egli in casa.

* *Il musico citato è Francesco Campagnolo, al servizio dei Gonzaga di Mantova dal 1610 dopo un periodo trascorso in Inghilterra e giudicato dal poeta Angelo Grillo "cantante sublime e da voce angelica" (Fabbri 1985, p.172).*

298. Alessandro Guarini da Mantova a EB, Ferrara 25.II.1612
   AB, 378, c.101

Illmo Sig.^{r} mio Sig.^{r} e Padrone Sing.^{mo}

Il Sig.^{r} Duca ha risposto per appunto quello ch'io scrissi a V. S. Illma ch'io dubitava ch'ei fusse per rispondere nel particolare del Campagnuola; cioè, che non le par conveniente che un suo servitore intervenga dopo la recente morte del padre a feste, e bagordi. Il qual Sr Campagnuola ne ha sentito grandissimo dispiacere, per desiderio che haveva grandissimo di servirla. Qui non si sente ancora mutazione alcuna in effetto: ma si aspetta grandissima al principio di quaresima. Dicesi, che S. A. si è dichiarata di non voler altro consigliere che Monsr il Vescovo Abate di Sta Barbara. Tutto il rimanente vuol ch'habbiano titolo di segretari. Ed in somma credesi che la corte si riformerà secondo lo stile di Savoia. Dicesi anche che tutti i servitori del padre saranno licenziati, e poi, se sarà dimandato il servizio, a quelli sarà conceduto, che dal giudicio di S. A. col parer della Ser.^{ma} Infante saranno eletti. Tutte queste cose si dicono da gli speculatori, che non credo, che nessuno parli *de auditu*. Staremo a vedere. Io intanto non (c.101v) ho mancato e non manco di ricordar al Sr Iberti il negozio del pesce, ma pare a me che le cose vadano molto fredde, perché mi risponde che si vedrà, che il maestrato ha ordine, e cose simili, e finalmente che scriverà bene a V. S. Illma. Alla quale mando io il fine della invenzione e manderò mercori la invenzione tutta, come dovrà stamparsi. E qui col fine le bacio riverentemente la mano, e le auguro da N. S. Dio ogni prosperità. Di Mant.^{a} li 25 feb.^{o} 1612.
Di V. S. Illma

Riverentiss.^{o} ed obligatiss.^{o} ser.^{re} e cugino
Aless.^{o} Guarini

(p.s.:) V. S. di grazia mi scusi col Sr March.^{e} Gualengo e co' Sig.^{ri} Accademici, se non iscrivo per hora quello che ho trattato con S. A.; che lo farò con maggior tempo, rimettendomi intanto a quello che ho scritto hier mattina a V. S. Illma.

* *Nel post scriptum si fa riferimento ad una lettera a EB del 24 febbraio che non risulta sopravvissuta. È citato nuovamente il musico dei Gonzaga Francesco Campagnolo.*

299. Alessandro Guarini da Mantova a EB, Ferrara 28.II.1612
     AB, 378, c.103

Illmo Sig.^r mio Sig.^r e Padrone Sing.^{mo}

Tutto che io non possa regger, né la mano, né il capo, per una fierissima doglia di testa che tre giorni
sono mi travaglia, ma hora mi caccia a letto con la soperchierìa dello spasimo, non voglio però mancar
di dire a V. S. Illma che ho fatto il possibile per sostener il cadente negozio del pesce; ma è riuscito
vano ogni ufficio, perché stamane S. A. mi ha comandato, a la presenza del S.r Hiberti, che stava trat-
tandone con l'A. S., ch'io debbia scriverle, ch'ella vegga di far esito in altra parte del pesce, perché a
Mantova non si sa che farne.
Pel Sr Fugacina le ho mandata la invenzione, come dovrà stamparsi, e perché mi scordai di metter nel
piego la scrittura dell'Argenta, la mando hora a V. S. Illma qui congiunta: e rallegrandomi con l'Accademia, più che con lei, che habbia fatto elezione della persona sua per suo Prencipe, col fine le bacio con
ogni riverenza la mano, e le auguro dal Sr Dio ogni desiderata felicità.   Di Mant.^a li 28 feb.^o 1612
Di V. S. Illma

Riverentiss.^o ed obligatiss.^o ser.^{re}e cugino
Aless.^o Guarini

* *Tra le altre notizie, apprendiamo che EB era stato rieletto principe dell'Accademia degli Intrepidi e che Giovan Battista Aleotti (l'"Argenta") era ancora una volta coinvolto negli allestimenti ferraresi del Bentivoglio.*

300. Alessandro Guarini da Mantova a EB, Ferrara 28.II.1612
     AB, 378, c.105

Illmo Sig.^r mio Sig.^r e Padrone Sing.^{mo}

Mando a V. S. Illma la invenzione da me riveduta, nel miglior modo, che l'angustia del tempo mi ha
conceduto, e con quella descrizione io gliela mando, che ho potuto far io. Perché a voler descrivere i
particolari sucessi di lei, è necessario trovarsi presente; anzi, il farla stampare con così fatte descrizioni,
che presupongono il sucesso, per darla quella stessa sera, che sarà rappresentata, pare a me che non
habbia del buono, perché, oltre gli altri rispetti, molte cose possono rappresentarsi diverse dalle descrit-
te che, riconosciuta nel medesimo tempo la differenza, non può passare senza nota di vanità. Con tutto
ciò a V. S. Illma ne sia rimessa la considerazione. Questo le dirò io solamente, che il Sr Dottor Magnanini sarà ottimo per descriver il rimanente, mandandole io qui congiunta la scrittura dell'Argenta,
più per li termini della sua professione, che perché io giudichi che s'habbia da seguitare la sua maniera;
percioché le cose si vogliono raccontare come stanno con effetto, e lasciar che altri, leggendone il vero,
le magnifichi, e non aggrandirle con tante hiperboli, che faccia credere che anche la prosa, che dev'esser histo- (c.104v) -ria, sia poesia. Il che dico più che, non si dovendo credere che la stampa non sia
d'ordine di V. S. Illma, parerrebbe al Mondo ch'ella, di così fatte vanità, fosse stata ambiziosa. E perché il Sr Fugacina è partito, e sin bisogna mandarle dietro un messo apposta, come mi convenne far
anche nel ritorno del Sr Sanazzaro, pertanto non posso dirle altro se non che le bacio con ogni riverenza le mani, le auguro dal Sr Dio ogni desiderata felicità.   Di Mant.^a li 28 feb.^o 1612
Di V. S. Illma

Reverentiss.^o ed obligatis.^o ser.^{re} e cugino
Aless.^o Guarini

301. Vincenzo Landinelli da Roma a EB, Ferrara 3.III.1612
     AB, 64, c.16

(...) Domani a sera si recita in casa di Mont'Alto una comedia, e la S.^{ra} Hippolita s'è preparata di
cantare egregiamente (...)
* *Hill, Montalto, p.259 cita li Avvisi di Roma in data 7.III.1612, con descrizione particolareggiata della
commedia recitata in casa del Cardinale Montalto: gli intermezzi del Guarini per il* Rinaldo *di Tasso, ossia*
La Gerusalemme Liberata.

302. Vincenzo Landinelli da Roma a EB, Ferrara 10.III.1612
AB, 64, c.88

(…) Io dissi giovedì mattina al Sr Cardinale in quanto V. S. Illma mi aveva scritto intorno al negozio neapolitano, e lo fece ridere e poi mi fece chiamare in camera e mi comandò ch'io dovessi scriverle, come gli era venuta voglia dell'Adriani che stava col Duca di Mantova, e posi pregarse V. S. Illma da parte sua, che facesse ogn'opera perché venise a stare con lui, che l'aveva trattata nella maniera ch'occore. (…)
* *Ed. Hill, Montalto, p.321 (con divergenze). Si parla naturalmente di Adriana Basile.*

303. Battista Guarini da Roma a EB, Ferrara 18.III.1612
AB, 378, c.52

Illmo S.^re mio Sig.^re Oss.^mo
Questi dì sono stato tanto impedito nella spedizione della mia causa, la quale mercè di Dio ho felicissimamente guadagnata, che non ho potuto attendere al servizio di V. S., né hora posso dirgliene se non questo tanto, essendo per la stanchezza afflittissimo. Sabbato, a Dio piacendo, le manderò quello che mi va per l'animo. Intanto si rallegri meco della vittoria, ed a mio nome la comunichi alle Signore sua madre, e moglie, mie principali Signore. Ed a V. S. bacio per fin la mano. Di Roma li 18 Marzo 1612
Di V. S. Illma

Certiss.^o Ser.^re e Zio aff.^mo
B. Guarini

* *È questa l'ultima lettera del Guarini in relazione con i Bentivoglio, anche se si conosce una sua lettera da Ferrara del 8 settembre dello stesso anno, un mese prima della sua morte avvenuta a Venezia il 7 ottobre (cfr. Rossi, p.156). Dubbia è la lettera del Guarini copiata nell'epistolario di Girolamo Borsieri (Como, Biblioteca Comunale), datata dalla Guarina nel 1613 (un refuso per 1612?).*

304. Alessandro Guarini da Mantova a EB, Ferrara 18.III.1612
AB, 378, c.106

Illmo Sig.^r mio Sig.^r e Padrone Sing.^mo
Il messo di V. S. fu spedito da me venerdì mattino, e poteva ben ella immaginarsi che, come non era in mia mano l'ispedirlo a mia voglia, così la tardanza della sua spedizione non doveva essere mio mancamento. Dalle lettere, che a quest'hora V. S. Illma havrà da lui ricevuta, havrà eziandìo potuto comprendere che non si è potuto far nulla nel negozio del pesce; nel quale ho io fatto e detto tanto, che io mi sono accorto, che non mi è giovato punto, massimamente in questa congiuntura, l'haver parlato con li ministri quello che, conforme al giusto, richiedeva l'interesse di V. S. Illma. L'uno de' quai ministri mi pose una volta a risco d'inevitabile precipizio. Ma Dio ispirò lui, ed aiutò me, come più comodamente le dirò poi abbocca. Intanto la prego a dar la presente a Vulcano che io, mandandole con essa congiunta la lettera ch'ella desidera del Sr Conte Francesco suo suocero, col fine le bacio riverentemente la mano, ed a coteste Signore a nome di mia moglie e mio fò riverenza, e preghiamo loro dal Sr Dio il colmo di ogni felicità. Di Mant.^a li 18 marzo 1612.
Di V. S. Illma

Riverentiss.^o ed obligatiss.^o ser.^re e cugino
Aless.^o Guarini

305. Domenico Visconti da Roma a EB, Ferrara 28.III.1612
AB, 278, c.337

Ill.mo Sig.^or mio e Patrone Col.^mo
Sapeva V. S. Illma come lunedì passato, che erano li 26 di marzo, Isabbella partorì una bellissima putta, e per gratia d'Idio ho fatto di maniera che la socera a creso [=creduto], e crede che sia dispersa,

come li ho dato ad intendere; io non pensavo che questa cosa passase così bene. M'è stato scritto che V. S. Illma ce vol mandar via di casa sua: consideri V. S. Illma come stamo aflitti, ma quanta consolatione noi havemo, che stamo nelle braccie di V. S.Illma che non ce abandonarà. La prego per le visciere di Nostro S.^re Idio, che me faccia gratia di recomandare il mio putto alla balia, perché mi scrive, si non li dò sodisfatione ogni mese, che non lo vò più tenere. Consideri V. S. Illma come lo deveno strapazare. Zeza e io humilmente le facemo riverenza   di Roma li 28 marzo 1612
D. V. S. Illma

Humilissimo servitore
Domenico Visconti

306. Filippo Piccinini da Torino a EB, Ferrara 4.IV.1612
AB, 64, c. 490

(Chiede aiuto per poter entrare in possesso del danaro a lui lasciato dal fratello Girolamo, scomparso nel 1610)
* *Solo rinvio al documento in Newcomb, Frescobaldi, p.141, nota 3.*

307. Ercole Provenzale da Roma a EB, Ferrara 7.IV.1612
AB, 64, c.537

(…)
(p.s.:) Ho auto una relacione del Torneo di V. S. Illma, ma sono più desiderato che non fu il *Pastor fido* nel principio che usì fora (…)

308. Vincenzo Landinelli da Roma a EB, Ferrara 8.IV.1612
AB, 64, c.563v

(…) [il Cardinal Borghese] al quale ho anco fatto capire quanto lei ha scritto intorno all'Adriana e, confissando essere vero che si davi troppo gran disgusto alla S.^ra Caterina, mi ha detto che si lasci al Sr Cavalier Gu. [= Guarini?] (…)

309. Alessandro Guarini da Pontelagoscuro (Ferrara) a EB, Ferrara 8.IV.1612
AB, 378, c.108

Illmo Sig.^r mio Sig.^r Oss.^mo
Io son giunto al ponte del Lago scuro, onde invio a V. S. Illma la presente, e vengo per fermarmi tre o quattro giorni a Ferrara per trovarmi e fermar una casa, e poi tornarmene a levar mia moglie. Prego pertanto V. S. Illma a favorirmi, anche per questi tre dì, del solito hospizio, e farmi la grazia compìta col mandarmi una carozza alla posta. Che io intanto bacio a V. S. Illma ed a coteste Signore con ogni riverenza le mani, e prego loro dal Sig.^r Dio ogni desiderata felicità. Dal ponte di Lago scuro li 8 aprile 1612.
Di V. S. Illma

Reverentiss.^o ed obligatiss.^o ser.^re e cugino
Aless.^o Guarini

310. Vincenzo Gonzaga da Mantova a EB, Ferrara 17.IV.1612
AB, 278, c.343

Illmo Sig.^re
Volendo il Duca mio fratello che subito dopo le feste di Pasqua facciamo alle caroselle, nelle quali debbio io guidar una quadriglia, priego V. S. quanto più vivamente posso a procurarmi mezza dozzina di trombettieri, che stiano costì aspettando il mio avviso, ed insieme quattro cavalli buoni ed atti a tal

effetto, sicura di obligarmi senza fine alla di lei amorevolezza. Scrivo la qui annessa al S.ʳ Marchese di Scandiano nell'istesso particolare, la quale V. S. si contenterà di rendergli in propria mano ed insieme di fare ch'egli mi presti quel suo cavallo così da tutti stimato, che offerendomi a V. S. in simili, e maggiori occasioni di suo gusto e servizio, aspetto subito risposta. E di vivissimo affetto me li raccomando con desiderarle compiuta felicità.   Di Mantova li XVII di aprile 1612
                                                                  Per far a V. S. servizio sempre
                                                                      Vincenzo Gonzaga

311. Domenico Visconti da Roma a EB, Ferrara 18.IV.1612
      AB, 64, c.683

(...) per essere mancate le sorelle di mia moglie, li pare troppo di quello che ci dà di provisione, e che era gusto di V. S. Ill.ᵐᵃ che noi veniamo a Ferrara (...)

312. Cesare Marotta da Roma a EB, Ferrara 16.V.1612
      MOe, Autografoteca Campori: Marotta (prov. AB)

(...) V. S. Ill.ᵐᵃ (...) di già haverà ricevuto 4 intermedii fattomi fare in nome di V. S. Ill.ᵐᵃ dal Sig.ʳ Cavaliere Guarini (...) Ho inteso siano reasciti corti. Questo non è mio defetto. Starò aspettando il Sig.ʳ Cavaliere Guarini vi faccia l'agiunta, e poi subbito la servirò (...) E quello che ha cura consertarli, è bisogna sia prattico in cotesta maniera di musica ricitativa (...)
* *Ed. Hill, Montalto, p.322. Forse è Antonio Goretti il musicista incaricato di concertare a Ferrara gli intermedi di Guarini musicati da Marotta (anche se quest'ultimo sembra indicare un personaggio a lui nuovo, mentre aveva conosciuto Goretti in occasione del di lui recente viaggio a Roma: gli aveva anzi concesso anche di copiare alcune sue nuove arie, come risulta da una sua precedente lettera del 14.XII.1611).*

313. Cesare Marotta da Roma a EB, Ferrara 5.VI.1612
      AB, 65, c.578

(...) Io cercai subito servirla delli intermedii al meglio che io ho saputo. Ho intesi alcuni siano riusciti corti: questo non è mio deffetto, ed è cosa rimediabile con facilità. (...)
* *Ed. Hill, Montalto, p.322.*

314. Filippo Capponi da Firenze a Ippolito Bentivoglio, Modena 12.VI.1612
      AB, 65, c.656

(...) Aurelio Lomi, pittore che ora si trova a Pisa, ha rescritto nel foglio di V. E. quanto la vedrà e anco scritta la lettera inclusa a un padre, a stanza del quale dice che fece il modello, da che V. E. conoscerà il pensiero suo. Ha detto di più, a chi per parte mia gnene ha parlato, che vuol venire a settembre in Firenze per far due tavole di che ha preso obligo, e questa se gnene sarà data commissione, e che tutte a tre disegna di finirle in un anno e più presto; bisogna presupporsi maggior dimora e la stessa lunghezza; bisogna presupporsi andar da altri e forse più, da chi avesse maggior nome di lui; che può essere che ce ne sia uno o due, ma tanto lunghi nel finir le cose, che non bisogna aver fretta, ma lasciarli far quando vogliono. Il qual modo di fare mi sgomenta dal proporre a V. E. altro pittore, dubitando assai che non si desse in una lunghezza non comportabile. E bisogna far conto di pagarli a lor modo, e anco innanzi. Pure, se a V. E. piacerà che io ne facci qualche pratica, bisogna che la mi comandi la misura di cotesto braccio, perché il Lomi se l'è ritenuta, e non ha volsuto renderla, e s'è durato fatica a riavere il modello che dice esser suo, e volere che se gli renda. (c.656v) Il qual modello salverò qui sino ad altro ordine suo per esseguire quanto la commetterà, e le bacio le mani. (...)
(segue c.657-659, mancante 658 per errore di numerazione:)

Invenzione del quadro dell'Annunziata, mandata a Fiorenza
dall'Ecc.^{mo} Sr Marchese Bentivogli.

La Madona S.^{ma}, d'età tenera di 14 anni, di singular bellezza, ma grave e maestosa al possibile, in abito venerando, circondata da alquanto splendore, che però non alteri né le fatezze del volto, né le vesti d'essa. Inginocchiata s'un sopra scabello, o cuscino, ma in terra facendo umilmente orazione. Che stìa alla presenza dell'Angelo con gli occhi bassi, tutta suspesa in atto di stupore, che significhi ancora col sito e gesto delle mani, o congionte, come si suole, sotto la cintura, o l'una al petto e l'altra appoggiata ad un qualche scagno o banchetto, che potrà aver al lato (sopra al quale sia riposto il libro della Sacra Scrittura aperto, o serrato, ch'ella adoperava per prepararsi legendo a meditar ed orar nella propria stanza), o in altro modo atto ad esprimere un modesto stupore.

L'Angelo Gabriele, come bellissimo e gentilissimo giovane alato, in abito lungo, ma legieri e vago, di gran splendor circondato, inanzi alla Madonna per riverenza profondamente inginocchiato sopra una picola nuvola, che stìa trattando con essa l'ambasciata di Dio molto seriamente. Con un gilio circondato di spine a modo di corona nella sinistra mano, e con l'altra gentilmente accompagnando le parole.

Dietro ed intorno all'Ambassador Gabriele, alcuni Angeli minori (che com'è verissimo l'accompagnarono), alquanto da lontano in atto pur di riverenza, mirando attentamente quello che si fa, ed udendo curiosamente ciò che si dice, aspettando la riuscita del negozio ed il ritorno di Gabriele.

Nella parte superiore il Paradiso aperto, ove si veda l'Eterno (c.657v) Padre, da moltitudine di Angeli varia e vagamente disposti circondato, che stiano con Lui mirando in terra con stupore ed aspettando con allegrezza il ritorno dell'Ambassadore.

E sotto il Padre lo Spirito Santo in forma di colomba, che da lui si spicchi verso la Vergine facendosi a quella strada con grandissima luce.

Nel mezo del quadro qualche bel paese o città in lontananza. Tutte le figure e quella massimamente della Madonna siano con la maestà e vaghezza atte ad eccitar devozione. La luce principale sarà da alto all'incontro. La grandezza conforme alle misure mandate. (c.659) Quello che ha fatto il disegno della S.^{ma} Vergine Annunciata, conforme all'invenzione che se le è mandata a Fiorenza, è Aurelio Lomi pittor fiorentino.

Il quadro da farsi secondo il detto disegno, che si manda, sarà alto brazza cinque e mezo, largo brazza tre e onze dieci, della misura del brazo modenese che si manda.

Si desidera saper l'ultimo prezo che pretende il detto pittore per far il detto quadro, computato tanto i colori fini, quanto ogn'altra cosa.

Trattato che sarà col pittore, il medemo disegno si rimandi a Modena, e perché si possa restituire a chi l'ha dato, e perché vi van fatte sopra alcune considerazioni per l'essecuzione.

Di più in quanto tempo la darà finito.

(segue annotazione di mano del pittore Lomi:)

A mie spese nolla voglio far meno prezo detta opera di cento settanta de ducatoni fiorentini

ducati 170.

O facisi o non si facia l'opera, mi si mandi il mio disegno e doverà V. S. asicurarsi a restar capace ch'io no posso (c.659v) in alcun far detta opera per meno prezio, esendo opera numerosa di figure (...) mi resta pure a dire che volendo far la spesa loro mi sarà più grato se podrano dar ordine a chi mi compri tela, telaio e azuro altramarino, azuro sia deto per azurrare le vostre sodisfazioni.

* *Il pittore pisano Aurelio Lomi (1556-1622), allievo di Bronzino, fu attivo in Toscana e a Genova. Sono scarsi i documenti biografici.*

315. Aurelio Lomi da Pisa a (Filippo Capponi, Firenze) 10.VI.1612
    AB, 65, c.660 (allegata a precedente di Filippo Capponi del 12.VI.1612)

Molto R.^{do} S.^r mio Oss.^{mo}

Non so perché doresi mandare il disegno se non quando avesimo risoluto e terminato il voler loro e di V. S.molto R.^a, né meno importerebe il rimandarlo poiché doverano aver visto quanto posino terminare; tuta volia si rimanda per loro e sua sodisfazione. In quanto poi al pregio de la mia fatica, poiché io a Ms. Bernardino mi lasai intendere che io non ne volevo manco un dinaro di cento cinquanta ducatoni

di moneta fiorentina, tanto gli dico a V. S. o si vero io mi contenterò che l'opera mi sia stimata e della stima che mi sarà fattami contento di lasarli 15 o 20 ducatoni; e detta domanda la intendo a spese di V. S. di tela, telaio e azuro oltramarino. Ora io no mi afaticarò a darli ad intendere se la mia fatica mertisca molto più poiché dal sagio che di mio tengono avanti a gl'occhi loro lo sanno e (...) e tavola simile a questa di tal grandezza in Firenze mi sono state pagate 200 ducatoni e fra alcune che pure in Firenze ne devo fare n'ho da fare una di simil grandezza la quale spero ancor maggior pagamento delli ducatoni 200: se la vostra è simile opera questo è il suo prezzo. Ora in quanto a la sodisfazione del darla finita, spediscasi di corsa quanto prima la loro resoluzione e farasi avanti che io torni a Firenze, perché come ho detto più volte l'opera loro io la meterò nel numero di 3 opere che io voglio in questo anno finire, le qali 3 opere farò in Firenze. E se serà sie, io ci meterò mano, ed esendo qui io in Pisa per finire 3 tavole, le quali mentre che io le finisco io vo facendo gli studi di dette opere per non avere a pensare ad altro. Come io sono in Firenze per acominciare a colorire dete opere, risolvendosi V. S. quanto prima, io si meterà in ordine tal opera, facendo io qui e dua studi simile a la sua come ho detto. Circa poi ala s[omma per] mia sodisfazione, terminato che averanno se farla doverò, manderà V. S. ducatoni 25 o 30, a fine che io possa pigliar tela e telaio e azuro metendo a lor conto come ho deto, aspetando il termine rimandandomi il disegnio. E con tal fine basio le mani a V. S. molto R.ª, ala quale di tuto core me li ofero e racomando pregandoli dal nostro S.ʳ Idio ogni maggior felicità (...)
(c.660v p.s.:) Si ricordi V. S. di mandare da qual parte riceve il lume la capella overo la pittura.

316. Lucrezia Urbani da Roma a EB, Ferrara 13.VI.1612
AB, 65, c.683

(...) Il Sig.ʳ Londinelli m'ha fato sapere d'ordine di V. S. Ill.ᵐᵃ che non si vol più servire di mio marito né di me e che, se si mandaranno li conti, se li farà saldare e che questa risolucione di V. S. Ill.ᵐᵃ nasce dal non aver volsuto venire io a Ferrara, così persuassa da mio fratello; in quanto alla licenzia ed alli conti, non ho potuto pigliare quella risolucione che vorìa il dovere, e questo per essere andato mio marito a Fiorenza tredici giorni sono con un castrato del S.ʳ D. Antonio Medici; il suo ritorno a Roma sarà fra duoi o tre giorni, che subbito gionto, mio marito e me ubbidiremo a V.S. Ill.ᵐᵃ. L'oppinione che ha V. S. Ill.ᵐᵃ che non abbia volsuta venire a Ferrara persuaso da mio fratello, potrìa a dare raggioni che forsi restarìa pagata della mia inocencia: ma del tutto ne ringracio il P. Iddio, dal quale piglio ogni cosa dalla sua santa manno. Li favori che si è degnato a farmi continuamente, e la mia oservanza verso V. S. Ill.ᵐᵃ, mi persuadono a supplicarla che, sapendo lei che quando si maritò mia sorella, io obbligai cento scudi delli miei; ma dopo l'aver saputo quello ch'è stato tra mia sorella e V. S. Ill.ᵐᵃ non ho mai potuto pensare che V. S. Ill.ᵐᵃ voglia comportare che le mie fatiche, e quello ch'averìa da godere me stessa e li miei poveri figli, servano a unna cosa che mi è stato di tanto danno nel onore e nella repputacione, che ne sentirò finchè vivo. Di questa causa ne fò V. S. Ill.ᵐᵃ iudice e mio avvocato a la sua cosciencia, e gli metto in consideracione che questi cento scudi non è robba di mio padre, ma acquistata col mio sudore: che oltra farà cosa grata a Dio, gli restarò per sempre obligatissima; e tanto più quanto V. S. Ill.ᵐᵃ può considerare in che termine mi ritrovo a stare di giorno in giorno per partorire, ed aver da fare casa, e non mi ritrovare un baiocco. E quando per alcuna di queste caggione non si muovesi, si muova perché è cavaliere, e perch'è cristiano, (c.683v) a favorirmi in cosa così giusta e così pia ed a me così cara ed a lei così facile, assicurandola che in tutti i tempi [e] in tutti i lochi me li mostrarò sempre affecionatissima servitrice e non cesarò di pregare N. S. per ogni sua asaltacione (...)
* Cit. parz. in Fabris 1986, p.81, nota 68. La vicenda dell'allontanamento di Lucrezia e del marito, con riferimento a questa e altre lettere bentivolesche, oltre a lettere inedite dell'Archivio di Stato di Firenze (sul successivo servizio presso don Antonio Medici dei due musicisti, fino al 1614), è riassunta in Fabris, L'arpa.

317. Lucrezia Urbani da Roma a EB, Ferrara 17.VI.1612
AB, 65, c.733

(...) Mercordì sera dopo l'haver mandato le lettere alla posta, mio marito arivò da Fiorenza e mi disi essersi accomodato lui ed io con l'Ecc.ᵐᵒ S.ʳ D. Antonio Medici, e per questo domatina partirò per

Fiorenza. E perché so quanto V. S. Illma ama li suoi servi, so che non li sarà discaro questa mia risolucione, tanto più che lei non si voleva avaler più di noi. Delli conti, mio marito mi dice che il Sig.^r
Verrati gli ha lui, e che V. S. Illma li pol vedere d'ogn'ora che vole; nel saldar de quelli, la supplico a
favorirmi di quei cento scudi, ch'oltra farà cosa grata a Dio, gne restarò per sempre obligata. Restami
solo il ringraciarlo con ogni afetto delli favori, che s'è degnato di farmi oltre ogni mio merito, assicurando mi cognoscerà sempre servit<r>ori di vera devocione e li prego da Dio ogni contento e li bacio con
ogni riverenza le mani (...)
* *Solo indicazione della lettera in Fabris 1986, p.81, nota 68.*

318. Ercole Provenzale da Roma a EB, Ferrara 17.VI.1612
    AB, 65, c.735

(...) L'ordinario pasato, una ora dopo avere mandato le lettere alla posta, arivò il maritto della Sig.^ra
Lugrezia da Fiorenza, e dice esersi acomodato con il Sr Don Antonio Medeci: io ne voleva avisare V. S.
Illma ma [ho] inteso che il Sig.^r Landinello l'aveva fatto. Domattina parte per Fiorenza la detta S.^ra
Lugrezia e suo marito.
Della compra del palazzo de Imporcione, ancora che V. S. Illma non me ne aveso fatto scrivere, aveva
detto al Sr Landinello che mi adoprase, se mi reputava buono in qualche cosa, a giovare a questo fatto;
io non ho mancato e non mancarò di salicitare il Sr Landinello; il quale mi dice che il negocio si trova
in mano del Sr Cardinalle Melini, ma che Capone [= Monsignor Capponi] ha detto che li vede qualche difficoltà, per essere affitato, e si fabrica continuamente, e che non è facile averlo, com'era quando
V. S. Illma si trovava in Roma (...)
(Monsignor Capponi ne propone un altro) (c.735v) Io non mancarò avisarla quello se pasa intorno a
detti palazzi ogni ordinario. Il palazzo dove stava V. S. Illma in Navona è ancora da fittare (...)
* *Solo indicazione della lettera in Fabris 1986, p.81, nota 68.*

319. Filippo Capponi da Firenze a Ippolito Bentivoglio, Modena 26.VI.1612
    AB, 65, c.831

(...) Non risposi la passata alla lettera di V. E. perché non ebbi tempo di far quelle pratiche che la mi
commetteva. Ho ricerco sino a tre pittori di più nome, e da tutti arei volsuto il disegno: ma non mi è
riuscito d'averlo se non da uno, che è il Ligozzi, pittore stimato assai. Gli altri due, che sono il Carraci e
l'Empoli, non vogliono fare il disegno se non son certi che il quadro sia commesso a loro; e l'Empoli
non lo prometterebbe se non per tempo lungo. Il Carraci chiede un anno di tempo, e bisogna far conto
che gl'andassi anco più in lunga. Il Ligozzi prometterebbe di darlo fra sei mesi, e anco questo bisognerebbe
far conto che scorressi più, e ne chiede almeno 200 ducatoni. E vedrà V. E. quel che gl'ha scritto dietro al
disegno, che è fatto in fretta e come a un di presso, e però nel quadro sarebbe mutazione in meglio e il
giglio, che l'Angiolo ha in mano, non vi sarà, ma terrà la mano al petto, che sarà meglio vista.
Lo tengo per uomo da dar sodisfazione e le sue cose sono stimate. Quando V. E. non si voglia servire
del opera sua, rimandi il disegno, perché ho promesso di rendergnene. Gli altri due pittori nominati di
sopra sarebbero ancor loro buonissimi (c.831v) e massimamente il Carraci; ma già la sente che vogliono
maggior tempo, nè sono per voler minor pregio. Le rimando ancora il disegno del Lomi, se pure volesse
rivederlo; la commetta quel che li commodi che la servirò in tutto quel che da me si possa, e non voglio
lasciar di dirle che di maggior nome di tutti questi è tenuto il Bronzino, ma vorrebbe pregio maggiore e,
quel che più importa, fa le cose a posta sua, e ci potrebbero andare anni e anni, e al Gran Duca steso
non riesce di farli fare le cose a sua posta. V. E. si servi della notizia e mi tenga in sua grazia. (...)
* *I pittori citati sono il veronese Jacopo Ligozzi (1547-1626); il bolognese Lodovico Carracci, (1555-1619),
che fu più tardi in rapporto con il Bentivoglio; il fiorentino Jacopo Chimenti detto "l'Empoli" (1551-1640)
oltre all'altro fiorentino Cristofano Allori "il Bronzino" (1577-1621).*

320. Lucrezia Urbani da Firenze a EB, Ferrara 30.VI.1612
AB, 278, c.380

Illmo S.^r e Pron mio Col.^{mo}

Ringratio infinitamente V. S. Illma della bona voluntà che degnia tenere verso di me indegnia sua serva, e contro ogni mio merito; ed ho sempre conosciuto quanto V. S. Illma mi abbi sempre aiutato e tenuto protectione di me e di tutta la casa mia e spero che alla giornata V. S. Illma ne terrà; se bene V. S. Illma mi avisa che, mentre ero al servizio suo, mi dice che noi altrimenti volemo venire a Ferrara, ma si bene volevamo andare a servire altro Padrone. Non è stata scrita la verità ma si bene la bugia, e di più dico a V. S. Illma che era gran tempo fa che eravamo solevati da gente che dimorano del continovo al suo servictio, e non è stato come dice di Francesco poiché non si è mai cascato in animo tal pensiero; e sempre dicevamo:- Non andate perché la S.^{ra} Caterina è subornata a mandarvi queste letere di rapatumactione e per esserci detto queste ed altre cose di gente degnia di fede noi dubitavamo (c.380v) di non rinfrescare li passati discusti: ora credo che V. S. Illma sia certa che sempre che arò vita sempre preg[h]erò il Sr Dio per V. S. Illma che così è l'obligo mio. Prego V. S. Illma a temere [=tenere] protectione della Camila e di Agustino, sì come ha sempre fatto; in quanto delli conti nostri, preghiamo caldissimamente V. S. Illma a mandarci quello che al presente avanziamo, essendo che noi ne habiamo di bisogno e preghiamo a mandarceli qua. Dedidererei che V. S. Illma mi mandasi quello anello che V. S. Illma riscose, che me ne farà gratia particolare. Con che la prego a tenermi sempre nel numero delli suo servi, alla quale humilissimamente le facio reverenza e le bacio la veste di Fiorenza li 30 giug.^o 1612 D. V. S. Illma

Humil.^{ma} ed Hoblig.^{ma} serva
Lucretia Urbana

321. Giovan Antonio Scorzoli da Venezia a Isabella Bentivoglio, Ferrara 18.VII.1612
AB, 66, c.238

(…) Ho usato (…) un poco de deligenza per havere uno de questi ucelletti che V. S. Illma mi diede comissione di trovare e mi è capitato un cardelino, così qui nominato, che ho tenuto alcuni giorni in casa, che non mi riesce cosa ingrata; anzi ardirei di dire, che se tra le Angele e le Lucie si trovano anco delle Adriane, che eccedono a quelle nel canto, cosi tra quest'altra spetie de animali irationali, si potrebbe quasi dare qualche preminenza di virtù tra gl'altri a questo, che tengo qui (…)

* Ed. Reiner 1974, p.33. Scorzoli è il segretario del conte Francesco Martinengo, padre di Caterina, moglie di Enzo Bentivoglio. Il paragone del cardellino è con le cantatrici allevate in casa Bentivoglio, Angela Zanibelli e Lucia, oltre ad Adriana Basile.

322. Alessandro Piccinini da Bologna a EB, Ferrara 27.VII.1612
AB, 66, c.423

(…) A vinti una ora ho riceuto la poliza di V. S. Illma. La causa si tardò [è] perché questo omo non sapea la mia casa e però mi ha detto aver ricapitato la letera al Illmo Sig. March.^{se} Cesare, ché il Sig. Conte Filippo è fuori di Bologna. E subito son andato per parlare al Sig.^r Marchese per avere la risposta ed ho trovato stavano serato lui ed il Sig. Conte Ercole in camera per soi particolari, che insino a notte non se li potea parlare. E la sorte è stata che era il secretario del Sig.Conte Ercole che mi parlava, a tal che avendoli detto quelo ch'io desiderava, si cavò di sacoza la letera di V. S. Illma e mi disse che il Sig. Marchese avea visto la letera e che l'avea data al Sig. Conte Ercole che la vedesse, e che gli aveano detto che per questo ordinario non poteano dar risposta a V. S. Illma. E però ho spedito quest'omo questa sera, ed io non mancherò di procurare la risposta e subito la manderò. E con questo farò fine, stando sempre pronto ad ogni comando di V. S. Illma (…)

(p.s.:) io sto nel Borgo dale Casse (…)

323. Alessandro Piccinini da Bologna a EB, Ferrara 28.VII.1612
   AB, 66, c.438

(...) Dubitando che il Sig. Marchese Peppoli non ussise la matina per tempo ed andasse fuori di Bologna, io fui la sera a parlarli, conforme a l'ordine di V. S. Illma, e trovai, in somma, che l'erore che fece quel omo in ricapitare quela letera ne ha causati altri, perché lui mi riferse di aver ricapitato la lettera al Sig. Conte Filipo, e che la sera averebe auto la risposta. Ed io andai e intesi che il Sig.Conte era fuori e intendendo che il Sig. Marchese era in casa, e quel tale mostrandomi quela letera di V. S. Illma dicendomi averla auta dal Sig.^{r} Marchese, pur alora m'asicurai che colui dovea aver piliato erore, e così scrissi a V. S. Illma. Ed ho tanto operato che ho inteso che colui dette la letera al canevaro del Sig.^{r} Cont Filipo, e liel'hano mandata ala paba [?]: sí che il tutto servirà per aviso a V. S. Illma. E se altro bisogna comanda, che in tanto facio riverenza a V. S. Illma pregandoli ogni contento (...)
* *Nell'indicare sull'esterno della carta il destinatario Piccinini scrive* "subito subito".

324. Michelangelo da Rimini (procuratore o.m.f.) da Roma a EB, Ferrara 25.VIII.1612
   FOc, Piancastelli, Carte di Romagna.

Illmo Sig.^{re}

Havendo dal P. Guardiano di Ferrara dentro, e dal P. Provinciale ancora inteso la larghissima offerta fatta più volte, e più che mai in questo ultimo da V. S. Illma, di fabricarci un luogo tale in questa amorevolissima città, ch'ambedui le famiglie possano ivi comodamente ridursi, e che perciò si è trovato un sito molto a proposito, in cui fra pochi giorni si pianterà col nome ed a gloria del S.^{re} la S.^{ma} Croce, m'è paruto d'esser molto obligato a far qualche denostratione di cordial ringratiamento a V. S. Illma, ed alla S.^{ra} Catherina sua consorte, la quale mi giova a credere che habbia gran parte in sì signalata offerta. Le ringratio dunque non quanto devo, perché non saprei arrivar mai al debito segno, ma sibene quanto posso, le prego molto di cuore Iddio, il quale sa e può ricompensare ogni buon'opra, ch'a questa loro sia larghissima rimuneratione in terra: ma senza comparatione maggiormente in Cielo; e del medesimo ne prego, e supplico la Beat.^{ma} Vergine, ed il serafico Patrono S. Francesco. Ho presentito non so che, che V. S. Illma sia per tornare a Roma, il che quando sia procurerò di radupplicare questo ufficio a bocca; e quando non venga, intendo d'haverlo radupplicato in ogni occasione; ch'essa con i fatti anderà esprimendo il molto affetto, che per sua gratia mostra a noi poveri Cappuccini: i quali sarremo obligati sempre, ed io in particolare, di pregare Iddio per ogni vera felicità sua, della soddetta S.^{ra} Catherina, e di tutta la lor famiglia. Con che ancor io mi raccomando di cuore alle loro sante orationi.   Di Roma li 25 d'agosto 1612
D. V. S. Illma

min.^{mo} ed aff.^{mo} servo
F. Michelang.^{lo} da Rim. Proc.^{re} de Capuccinj.

325. Cesare Marotta da Roma a (EB, Ferrara) 1.IX.1612
   AB, 67, c.11

(...) Poter del Mondo. Quanti ritiramenti, quant'intonature, quanti negozi; sarebbe tanto gran cosa il dire alle volte al secretario che scrivesse due paroline, per confirmazione della servitù che tengo appo V.S.Ill.ma. (...) Che per pietà almeno, pria ch'io mi venghi meno, socorretemi con qualche vostra amorevole lettera, acciò possa conoscere ch'io sia l'istesso che sempre li sono stato. E se fia ver l'aita, non mi negate vita, io non so che dire, sono tanto contento, tanto allegro, tanto allegrissimo, per la prossima venuta del S.Enzo, che non posso parlare approposito; però venghi presto, allegramente e di buona sanità. (...)
* *Ed. Hill,* Montalto, *p.322.* "E se fia ver l'aita,/non mi negate vita": *sembrano versi da una canzonetta in musica.*

326. Ippolita Recupita Marotta da Roma a (Caterina Martinego Bentivoglio, Ferrara) 20.IX.1612
AB, 67, c.387

* Ed. *Hill*, Montalto, *p.323. La lettera è stata scritta dal marito Cesare Marotta, come dimostra il confronto della scrittura.*

327. Cesare Marotta da Roma a EB, Ferrara 20.IX.1612
AB, 67, c.389

(…) Con grandissimo desiderio stò aspettando la sua venuta, e sapendo la giornata verrò ad incontrarlo insino a Bagnaia, venendo di quella strada, o verrò altrove, e tanto più verrò volentieri, quanto sentendo l'odore di quelli preziosi salami che fate gran torto all'affection che li porto a non portarne una soma e tutti darli a me, perché almeno io li so magniare, e non ci è pericolo che li lascio marcire; ed a fe' di Cav.^re che solo uno ni ho, e non vedo l'ora passino queste 4 tempora per mangiarmelo per la dolce memoria del mio caro Sr Enzo, tanto garbato tanto gentile, tanto amorevole, e più garbatissimo, più gentilissimo, più amorevolissimo se porta una barca di salami. Ipolita mia li vive l'istessa serva aff.^ma che sempre è stata, ed anco lei lo sta (c.389v) aspettando in grandissimo desiderio per poterla servire. (…)

* *Hill*, Montalto, *p.323.*

328. Cesare Marotta da Roma a EB, Ferrara 11.X.1612
AB, 68, c.147

(…) Questa casa dove io stò l'è tanto dolorosa, tanto umida, tanto sogetta a falegniami, che però io sono andato cercando mutarla, e già ne aveva trovato una molto approposito, e stava a canto Andrea della Valle; con tutto ciò non ho volsuto partirmi da questa, dove stò con tanti incomodi come ho detto, e questo non per altro, e non ad altro fine, che per stare più vicino a V. S. Illma ed acciò habbia più occasione d'essere da lei comandato, avendo già destinato io d'avere a magniare più salami, più pollastri, più animelle, più piccioni, più vitelle, in casa vostra che in casa mia, onde volentieri farò il comandamento che mi da di eligermi nel palazzo, preso uno appartamento per la mia persona (…)

* *Hill*, Montalto, *p.324.*

329. *Dell'Eccellenze e prerogative della Musica. Discorso d'Alfonso Goretti nell'una, e l'altra legge Dottore, e Cavaliere, Accademico Intrepido detto il Timido. Da lui recitato nell'Accademia di 23 di novembre 1606. All'illustriss. Signor ENZO BENTIVOGLI, Principe dell'Accademia medesima.* In Ferrara, Appresso Vittorio Baldini Stampatore dell'Accademia MDCXII (copia consultata: FEc, MF 438).

(c.n.n. I) All'Illustr.^mo Sig.^re mio Signor e Patrone Colendissimo,
il Signor ENZO BENTIVOGLI.

Gli obblighi, ch'io tengo a V. S. Illustrissima, sono veramente infiniti, e tale senza dubbio è il desiderio, che sempre ho, di mostrarmele grato conoscitore, de' benefici ricevuti da lei: de' quali, per rendergliene ora qualche testimonianza, essendomi stato del mio discorso, ch'io recitai gli anni addietro nell'Accademia, più volte addimandata la copia, fin qui gli ho trattenuti, col dar loro speranza, di doverlo dare quanto prima alle stampe; il che non essendo fin ora seguito, finalmente ho deliberato di darlo in luce, sotto il patrocinio di V. S. Illustrissima, soddisfacendo a quelli, che n'hanno desiderata la copia, ed a me stesso nel mostrarle il desiderio detto, e nel dedicarle cosa di musica, di tanta ricreazione ed alleggiamento all'animo suo. Qui non entrerò (p.n.n. Iv) ad esprimere, la nobiltà dell'Illustrissima sua famiglia, né tratterò della sua generosità, e quanto ella sia degna de' suoi maggiori, posciaché (come disse Pindaro) io parerei di voler a piedi correr dietron alle carrette di Lidia, e (conforme a cio, che volle Difilo) d'essere tutto involto nell'unto ciciliano; ma dirò solamente che'l mondo fin hora ha conosciuto così fatti segni dello ingegno e de' suoi gentilissimi e piacevolissimi costumi, che non può nell'avvenire

altro da lei aspettare, che cose di molto valore, e degne al sicuro dell'Illustrissima Casa Bentivoglia. Con che bacio a V. S. Illustrissima riverentemente le mani, e pregole da Iddio, auttore d'ogni bene, perfetta contentezza e felicità.   Di Ferrara di 14 ottobre 1612.
Di V. S. Illustriss.

                                                                          obbligatissimo servitore
                                                                          Alfonso Goretti.

* Poco si sa di Alfonso Goretti: era fratello del più noto musicista e collezionista Antonio, tanto legato alla casa Bentivoglio: lo dimostra un epigramma inserito in questa stessa edizione del 1612 "In laudem authoris, eiusque fratrem Antonium Goretium". Dopo un elogio dell'Accademia degli Intrepidi, il discorso di Goretti scivola nella più convenzionale antologia di citazioni di classici greci, latini e medievali sulla musica e sui suoi effetti, sia pure riassunta in appena 18 pagine. Si può comprendere perché questa operetta sia rimasta fino ad oggi praticamente ignorata, anche dai repertori che dovrebbero catalogarla (come il RISM, Ecrits Imprimes). Il contemporaneo notaio Paolo Goretti, personaggio in vista a Ferrara avendo fatto parte del consiglio cittadino, apparteneva alla stessa famiglia, ed ebbe a sua volta rapporti stretti con i Bentivoglio.

330. Cesare Marotta da Roma a EB, Ferrara 3.XI.1612
   AB, 68, c.431

(...) S'io fusse pregnio già sarei scongiato per tanto aspettare questa venuta di V. S. Ill.ma da me tanto bramata, e poter di Dio che s'aspetta che venghino li diluvii, le neve, li giacci, le tempeste, le procelle, le turbidissime tramontane; vanno pur per Roma le calde arroste, si sente pur gridare: *Spaccia cammini*, se vedono salsiccie, tordi, caprii, piccioni d'Agliande, ruffulatti, finiscono li veni vecchi, incominciano li raspati, si sente gridare: *Carboni carboni*, le pelliccie, li manicotti, le zimarre, scarpe a 3 sole, et altre cose simile se vedono andare in volta; il fiume va grosso, le legna vanno incarenno [=rincarando], tutti questi sono segni chiari, che siamo molto vicini al S.r Inverno: però mi sarebbe, che essendo V. S.I ll.ma, più dolce più souave che non è la stagione la primavera, o autunno, che dovesse venire prima del Inverno (...)
* Hill, Montalto, p.324. Le citazioni sembrano grida dei venditori ambulanti di Roma agli inizi del sec.XVII.

331. Cesare Marotta da Roma a EB, Ferrara 10.XI.1612
   AB, 68, c.500

(Raccomanda Pietro Santolino da Fano per un posto di Auditore di Rota a Ferrara)
Hill, Montalto, *p.324.*

1613

332. Sardi, *Libro delle Historie Ferraresi (1646)*, p. 38:

(1613) [Il Cardinal Leni, Vescovo di Ferrara] andò a Mantova, ove si trattenne alquanti giorni con grandissima allegrezza e soddisfattione del Duca, essendo stato non solamente alla Favorita, al The ed a Marmirolo, ed in altri luoghi delitiosi, ma regalato di conviti regali e delle celesti musiche di Claudio Monteverdi, mastro di capella di quell'Altezza; dopo le quali cose, essendosi partito il Cardinale, fu di ritorno a questo suo Vescovato (...)

333. Alessandro Guarini di Casa a EB, Ferrara 9.III.1613
   AB, 378, c.126

                               Ill.mo Sig.r mio Sig.r e Padrone Sing.mo
Ho veduta la invenzione del Sig.r Cicognino, intorno alla quale non posso dir altro a V. S. Ill.ma, se non che non può essere se non perfetta, perch'ella vien da persona eletta da V. S. Ill.ma fuori della sua

patria, per compor cosa che sia conforme a suo gusto. A lei pertanto in tutto e per tutto me ne rimetto, assicurandola che quanto più bella e più mirabile sarà giudicata dal Mondo, tanto sarà minor il disgusto, che havrò sentito io, di non haver havuto non dirò tempo, che questo, com'ella de' recordarsi, non mi è mancato giamai, per servir a V.S. Ill.ma, ma ingegno (il cui mancamento pur troppo ha ella potuto alla prova conoscere) per servir a gli honori della Regina del Cielo. Il che è quanto m'occorre dirle nella presente, col fin della quale baciando a V. S. Ill.ma riverentemente la mano, prego N. S. Dio, che lungamente felicissima la conservi.   Di casa li 9 marzo 1613.
Di V. S. Ill.ma

                                        Riverentiss.mo ed obligatiss.mo ser.re e cugino
                                                                        Aless.ro Guarini

334. Jacopo Cicognini da Roma a EB, Ferrara 30.III.1613
   MOe, Autografoteca Campori: Cicognini Jacopo (prov.AB)

(...) Mando l'*Adone* a V. S. Ill.ma, havendolo fatto copiare diligentissimamente e, per esser favola destinata per le prime nozze delle Ser.me Principesse di Toscana, suplico V. S. Ill.ma che ad alcuno non ne conceda copia. E sì come da lei mi fu ordinato, l'ho consegnato al Sig.r Tomaso Baccelli, il quale ha pagato al copista venti giulii. Per lettere del S.r Merlini scritte al Sig.r Gio. B.a Arpini mi ha ordinato per parte di V. S. Ill.ma che li deva mandare l'*Andromeda*, quale farò copiare e quanto prima la consegnerò al med.mo Sig.r Baccelli, che sarà altrettanta spesa, se però V. S. Ill.ma non comanderà in contrario. Intanto attenderò qualche suo comandamento reputandomi favori[ti]ssimo qualora sarò degno di potere servire. Ho hauto ottima speranza dall'Ill.mo e R.mo S.r Card.e Borghese di dover sortire con buon governo. Starò a vedere quello seguirà ed a suo tempo ne darò conto a V. S. Ill.ma (...)
* *Ed. Hill, Montalto, p.325.*

335. Annibale Pasetti da Gualtieri a (Ippolito Bentivoglio?) Modena I.IV.1613
   AB, 69, c.383

(...) Rengracio S. S. del favore del mandato e dell'intrico di Jacomo Antoni. S. E. ha mandato il pitore e però son arivato e farò quelo che ocore per la sua spesa; ma desidero che prima cometa che sia dato il pan < > per deto pitore, aciò non lo ch'è qua conprare. Del resto farò come ho deto (...)
* < > = *annotazioni di spese d'altra mano.*

336. Giovan Battista Aleotti (da Argenta) a (Marchesa Isabella Bentivoglio?) 23.IV.1613
   FOc, Piancastelli, Autografi: Aleotti (prov.AB)

                              Ill.ma S.ra Padrona Singull.ma
Ho parlato al Ecc.mo S.re Generale per parte di V. S. Ill.ma e raccomandatoli Ms. Giovani Aleotti o Salvanti che si dicano, agente dell'Ill.mo S.re Enzo a Filo, alla Frascata ed a Gualtieri, e suplicatolo per parte di V. S. Ill.ma e dell'Ill.ma S.ra Caterina, a compiacersi di non volere comportare ch'un servitore di d.o Ill.mo S.re e di questa Ill.ma casa sia forzato a comparire alle rassegne pubbliche de' soldati, stando egli con S. S. Ill.ma servitore come ella deve sapere. La onde S. E. m'ha comandato ch'io le responda che sabato prossimo in Argenta si farà la mostra generale, dove sarà presente S. E. e dettomi che vi si trovi anco lui e che V. V.S. S. Ill.me gli facin una fede che è servitore stippendiato del S.re che lui lo farà cassare dal Rollo de' soldati, la onde sarà bene che V. S. Ill.ma comandi al S.re Magnanino che gli facci la fede, e che e lei e la S.ra Caterina gli la sottoscrivano, che così sarà fatto il servitio de servitore e quello che desidera d.o Ms. Giovani. Con che a V. S. Ill.ma, facendo la dovuta reverenza, gli auguro e prego da Dio ogni contento.   Di Casa 23 d'aprille 1613
Di V. S. Ill.ma

                                          Hum.mo e Dev.mo ser.re perpetuo
                                                                 Gio. Batt.a Aleotti
                                                                     d.o l'Argenta

337. Ercole Provenzale da Roma a (EB, Ferrara) 22.V.1613
AB, 70, c. 75

(...) non manco conforme l'ordine di V. S. Illma andare ogni giorno dalla S.^ra Francesca, la qualle mostra desiderio de imparare. Anco domenica pasata fu a pranso col S.^re Luca Antonio e sua molie, il qual S.^re Luca Antonio la fece cantare e li dise che era asai melio de la Grecietta. Domatina vedrò d'esere col Cavaliere Marotta o col S.^re Girolimo e piliarò uno instrumento, aciò il detto Cavaliere li possa dare lecione. Il S.^re Anibale non manca della solita sua delligencia. Francescone ha anco animo grando e spera che, avanto che V. S. Illma venga a Roma, di fare una buona riusitta. Starò vigilante come deve uno buon fiscale e d'ogni minima cosa di questi musichi ne darò conto a V. S. Illma. Si è fatto l'inventario de tutte le robe e sono condutte alla casa dove è la guardaroba (...)

*   I musici citati sono identificabili con: Luca Antonio Eustachio, arpista e cameriere segreto del Papa, Giro-lamo Frescobaldi, Francesca detta "la Pittora", moglie del musico Guglielmo Gruminck; Francesco, giovane voce di basso allevato in casa Bentivoglio a Roma; Annibale Roca, uno dei maestri di casa, napoletano, oltre a Cesare Marotta.*

338. Ercole Provenzale da Roma a (EB, Ferrara) 29.V.1613
AB, 70, c.128

(...) Nel partire che fece V. S. Illma da Roma non mi comisse cosa con magiore effetto che li dese cont o come si portava la S.^ra Francesca e li suoi mastri: però ogni ordinario ne darò conto a V.S. Illma, e saprà di giorno in giorno chi li dà lecione, e chi no. Dopo la partitta di V. S. Illma il Cavalliero Marot-ta non li ha datto altro che dua volte lecione: e v'era che non li è statto il cemballo se non da 8 giorni in qua, il qual cimballo si è piliatto a pigione ed è di sodisfacione alla detta S.^ra Francesca, perché si confà alla sua voce. È poi stato le feste di Pasqua, ma questa matina il detto Cavaliere mi [ha] detto che li darà lecione ogni giorno dalle feste in fora. Il S.^re Girollimo [Frescobaldi] li ha datto poche volte lecione perché si purga, ma mi ha detto che adeso ha finitto la purga, e che li darà lecione ogni giorno. Il S.^re Anibale [Roca] li ha datto ogni giorno lecione e la detta S.^ra Francesca si porta benissimo e fa ottima riusitta. Basta: da qui avante saprà tanto minutamente come si fose in Roma chi li dà lecione e quante ore li stano, e quello che l'imparano. Francesco sta qua in casa dove sono le robe (...)

(c.128v) (...) Io ho detto a questi mastri della S.^ra Francesca che scriverò di giorno in giorno chi li darà lecione, aciò che abino un poco di sprone. Il S.^re Aniballo mi ha detto che ricorda a V. S. Illma che, scrivendo al Illmo Borg[h]ese, lo prego per il servicio di fratto Anselmo Roca, figlio del detto Aniballe, il qual mi dice che detto Illmo li ne ha datto intencione di farlo (...)

*   *Cit. parziale Hammond 1983, p.344, nota 43.*

339. Ercole Provenzale da Roma a (EB, Ferrara) 1.VI.1613
AB, 70, c. 154

(...) Ho ricapitate le lettere al S.^re Cavaliere Maroti ed al S.^re Aniballo Roca in mano propria. Intendo al desiderio di V. S. Illma e non mancarò di obedirla in materia della S.^ra Francesca. Questa matina si è partito per Napolle il S.^re Aniballo Roca, il qualle scrive a V. S. Illma la qui inclusa. Io l'ho interrogato chi lo mena a far questa risolucione: in ristretto si lauda di V. S. Illma, ma mi dice che vede che la S.^ra Francesca non è per far profitto alcuno sotta di lui e che nel imparar [la non] voleva essere ripresa delli errori da lui. Io gli ho detto che ne dispiacerà a V. S. Illma e che [anzi lui laserà] la provisione e se volle altro [servicio] ascriverlo a V. S. Illma: in fatto ha voluto andare. Ho dimandato alla S.^ra Francesca se ha datto discuso alcuno al S.^re Aniballo. Mi ha detto che non li è mai stato da dire altro: sol che un giorno li dise che non facese quel falsetto che non andava bene; li rispose che non intendeva che cosa fose questo falsetto e che il S.^re Anibalo si levò. Crierderà e che non sa di averli (c.154v) mai fatto dispiacere alcuno e che da molti giorni in qua le imparava malvolentiera. Io ho detto di più al S.^re Aniballe che ha auto sorte a non far questa risolucione quando V. S. Illma si trovava in Roma e dirli quello che ha detto a me. Io non poso dir altro a V. S. Illma come so che li referirà il S.^re Alfonso

[Verati], che la S.^{ra} Francesca sin qui mostra desiderio di voler imparare e mi dubito che il S.^{re} Aniballo avese voluntà di andare in Napole per altro e pilia questa scusa, anci mi ha detto che scrive a V. S. Illma che è forzato andare a Napole per causa di sua filiola. Il Cavaliere Marotta mi ha detto che lui sol non li basta l'animo de impararli. Io li rispose che proponca a V. S. Illma qualche d'uno che sia buono da inpararli. Mi ha risposto che V. S. Illma ha il Sig. Girolimo [Frescobaldi] che aconose tutti li musici, che V. S. Illma da lei potrà fare elecione di chi vole. Il detto Cavaliere li dette lecione mercore e giovedì. Venere che fu iere non le diede lecione perché mi dise che si senteva mallo. Il S.^{re} Girolimo ha datto lecione venero e mi ha detto che non (c.155) mancarà da qui avante di darelli lecione ogni giorno. Francesco baso va ogni giorno a inparare le notte alla S.^{ra} Francesca e mi dice che fa profito e la detta S.^{ra} mi dice che capise benissimo e che ha uno modo facile da impararli e che li insegna con amore. Il detto Francesco studia e si affatica e dice che vol fare vedere a V. S. Illma quello che farà: sin qui si porta bene. Io li ho detto che sapia conservar l'ocasione, come ricordo tutto il giorno alla S.^{ra} Francesca, la quale ha martello e paura che V. S. Illma non li dia la colpa a lei di questa andate del S.^{re} Aniballo. E questo è quanto poso dire a V. S. Illma intorno a questo particolare. Il detto Sr Aniballo non ha piliatto la provisione che li aveva lasato V. S. Illma - così mi ha detto il Fiorelli-. Non mancarò scrivere a V. S. Illma ogni ordinario come desidera e di andare ogni giorno ne l'ora che [è] datto lecione alla S.^{ra} Frances[c]a da lei (…)

* *Breve cit. in Hammond 1983, p.345, nota 44, dove si cita un'altra lettera di Provenzale in cui è menzionato Frescobaldi: 5.VI.1613 (AB, 70, c.207)*

340. Ercole Provenzale da Roma a (EB, Ferrara) 8.VI.1613
   AB, 70, c.234

(…) Per tutto mercor pasato diede conto a V. S. Illma della musica. Giobia non ci fu né il S.^{re} Girolimo né il Sr Cavaliere; venere ci fu il S.^{re} Cavaliere; oge [ch'è sabato] non n'è stato alcuno se non ci sono statto da [10] ore in qua. Francescone li va ogni giorno a inparare le notte e lui atende onestamente. (…)

* *Breve cit. in Hammond 1983, p.345, nota 44.*

341. Ercole Provenzale da Roma a EB, Ferrara 26.VI.1613
   AB, 70, c. 415

(…) L'ordinario pasatto non sodisfece a quanto sono obligato a V. S. Illma, perché mi restò molte cose da scriverli (…) e del Ecc.^{mo} Sr Francesco [Borghese] che sarìa che la S.^{ra} Francesca andase a stare aprese a casa sua, perché il Gobo avese comodità di darli lecione due o tre volte il giorno: il qual Gobo ha già comince a darli lecione e li andava ancor le feste, sì che ogni giorno li stava 2 ore ed ancor più. Se si parte di dove sta, il Cavaliere [che] li va poco, li andarà ancor manco; da l'altra banda, se sta dove si trova al presente, il Gobo non li verà e non ocore a sperare che nesuno valintomo li vole andare quando li vada altri. V. S. Illma mi dice che li dica liberamente se il Cavaliere [Marotta] si è per impararli: so che V. S. Illma è Cavaliere di iudicio e che po molto bene comprendere da questo che ha fatto sino a questa ora quello che sia per fare. Per l'avenire li dirò di più: che Aniballo Roca mi dise, avante si partesse da Roma, che parlando col Cavaliere, li dise Aniballo:- Come fatte voi Cavaliere che la S.^{ra} Francesca si lauda che non la riprendette mai quando li datte lecione?-. Il Cavaliere, per quanto mi (c.415v) dice Aniballe li rispose:- Io non me inporta se vanta bene o malle-. Ho voluto dire tutto questo a V. S. Illma aciò che sabi quanto fondamente li po fare sopra. Io non ho mancato di andarlo a trovare e non mancarò di andarli ogni giorno: ma come sa V. S. Illma sta in letto sino a 15 ore e il dopo pranze posa sina alle 22. Di darli speranza che sarà riconosuto di questa fattica, li ne ho detta tanta che l'averà mandatto a casa del diavolle (non ch'è andatto lontano 4 pasi). O che questo S.^{re} Cavaliere ha paura che non levi al creditto a sua moglie. V. S. Illma mi dice non vi è pericolo: sa benissimo che quando si vol dire bene e malle selli trova l'ocasione e poi non abiamo li gusti tutto a uno modo. Scnto che quando andò la S.^{ra} Francesca a casa del Sr Francesco Borghese, quelli musici tutto disero che aveva altra voce che non ha la Impolitta. Il Cavaliere la settimana pasata li diede 3 lecione, ma non li fu né sabatto, né domenica, né lunedì, né martedì; oge ch'è mercore li è stato: dice che si è sentitto malle. Di Girollimo non ci viene mai e quando viene li mostra 2 botte curendo se ne va via. Ma adeso che li viene il Gobo non ci ocore perché lui l'impara ancor il cimbalo.

Mi creda V. S. Illma: questo Girollimo è mezo pazo. (c.416) Il Gobo cominciò sabatto a impararli come ho detto altre volte a V. S. Illma. Costui ha tutte le opere di Sepino [Cenci] e quelle del Cavaliere che sono fora. Questo Gobo credo che pretenda da V.S. Illma quello che lei dava Aniballo, ciovè che li aveva lasato di provisione. Quando si parlò a detto Gobo, che fu la prima volta, il Cavaliere Marotta li dise che averìa fatto darli quello ce aveva da 2 scollari, ciovè 4 scudi. Dove ho voluto significare a V. S. Illma tutto questo, aciò dia quel ordine che li pare a lei. Io non mi sono mai ristretto a dirli né tanto, né quanto, ma li ho sempre detto che sarà sodisfatto in modo che si potrà contentare (...).

Ricordarò al Sr Landinello la scritura di Francescone, il qualle non manca di impar[are] alla S.^ra Francesca e va da Don Impolitto [Machiavelli], il qualle Don Impolitto, mi dice che si (c.416v) porta bene. Questa altra settimana li manderò la pianta del cortile del palazo della Canzelaria con la relacione che desidera. Io non ho fatto ancor dare la roba a Francescone, ma tuta roba da manco precio serà pusibille. Rincrazio V. S. Illma della lettera scritta al Pavone, e con tal fine a V. S. Illma facio umille riverencia (...)

* Breve cit. in Hammond 1983, p.345, nota 44. Il nuovo maestro al posto di Annibale Roca è Il Gobbo (Arrigo o Enrico Velardi).

342. Ercole Provenzale da Roma a EB, Ferrara 5.VII.1613
   AB, 70, c.490

(...) Qui incluse V. S. Illma averà la risposta del Grilo ed ancora l'aria che ha imparato il Gobo [Arrigo Velardi] alla S.^a Francesca, il qual Gobo li viene ogni giorno. Dopo aver scritto l'ordinario pasato a V. S. Illma trovai il Cavaliere [Marotta] e vene dalla S.^a Francesca e li diede una buona lezione, ma non li è poi più statto se non questa matina. Io non manco di andarlo a trovare ogni giorno e racordarli il servicio segnalato che fa a V. S. Illma; sempre mi da buone parolle di volere fare ogni pusibille per sadisfar al desiderio di V. S. Illma. D. Impolitto non ha ancor cominciato a impararli l'aria che ha fatto a questo effetto. Francescone li va ogni giorno ed io non manco di racordarlilo. Il Sr Girolimo [Frescobaldi] li veneva poco, adeso non li viene niente, con tutto che lo sia andatto a trovare molte volte e dettolli che ha torto a tratare con V. S. Illma in questo modo. Me promete sempre di ben fare, ma il povero uome è mezo pazo, per quanto pare a me. Il Gobo (c.490v) è di sodisfacione del Cavaliere e l'impara di sonare il cimballo, sichè abiamo poco bisogno di Girolimo. Spero per questo altro ordinario di mandarli la pianta (...)

(p.s.:) l'aria che mando a V. S. Illma è di Isepino [Cenci].

* Breve cit. in Hammond 1983, pp.344-45, nota 44. "Grilo" è forse il celebre poeta per musica l'abate Angelo Grillo, a meno che non si tratti di un Grillo contemporaneo cantore della Real Cappella di Napoli, "Cavaliere dell'habito di Cristo".

343. Cesare Zoilo da Roma a EB, Ferrara 5.VII.1613
   AB, 441, fasc.XII (Lettere a EB 1606-1637), c.298

Illmo Sig.^re e Padron mio Col.^mo

Non sarà alcun vertuoso in questa città di Roma che non confessi haver conosciuto con diverse dimostrationi l'ottima dispositione di V. S. Illma verso di essi. E se ben io per la mia debbolezza non posso mettermi in dozzena con questi, persuadendomi di non poter occupar leggitimamente questo nome di vertuoso se non quanto mi vien attribuito dalla molta benignità di V. S. Illma, contuttociò mi rallegro meco medesmo di non esser escluso da quelle gratie che V. S. Illma suol fare a quelli, tra le quali io reputo grandissima, anzi la maggiore che possa esser collocata nella persona mia, l'havermi V. S. Illma preposto per suo servitore nella mia professione all'Illmo Sig.^r Card.^le Pio, Prencipe di quell'eminenza ch'el Mondo sa. Questa occasione non è da ricusarsi e perciò, in quanto a quello che tocca a me, l'accetto volentieri, se ben non posso fermar affatto il partito per alcune difficultà che sono da altra banda, quali cercarò di sopire, in

tanto che da V. S. Illma mi si accenni un poco più distintamente la servitù e speranza ch'io devo haver, e s'haverò aggiustate le mie partite per mercordì prossimo, ne darò conto a V. S. Illma; se non, quanto prima. Resta hora ch'io la ringratii di tanto favore, come faccio quanto so e posso di tutto core; e per fine bacio a V. S. Illma humilissimamente le mani.   Di Roma il dì 5 di luglio 1613
Di V. S. Illma

ser.^{re} humiliss.^o
Cesare Zoilo

* Figlio del celebre Annibale, il romano Cesare Zoilo (1584?-post 1622) continuò ad esibirsi come cantante anche dopo la nomina a maestro di cappella in Santo Spirito in Saxia, dal 1610, partecipando tra l'altro all'esecuzione della veglia* Amor pudico *del 1614.*

344. Ercole Provenzale da Roma a EB, Ferrara 11(o 21?).VII.1613
   AB, 70, c. 532

(...) Qui incluso V. S. Illma averà la pianta che mi ha dimandatta, dalla qualle potrà vedere minutamente ogni sorta di cosa per essere fatta con le misure (...) Io li ho fatto mettere in detta pianta quelli saloni e camaroni la mi ha parso posano servire a V. S. Illma: so che non ocore che mi afatica a darla da intendere a V. S. Illma, perché lei ha più cognicione di piante che non ho io (...) Della musica, il Sr Cavaliere [Marotta], dopo aver scritto a V. S. Illma, non li è stato se non iere e li dette una lecione breve. Il Gobe [Arrigo Velardi] li viene ogni giorne una volta dalle feste in fora: mi dice, se li andase a star comodamente, li andarìa due volte il giorno. Della provisione V. S. Illma lo intenderà dal Sr Landinello. Girollimo [Frescobaldi] non li viene più a mostrare, con tutto che io l'abia pregatto più volte. Io non manco di solicitare così il Cavaliere come il Gobe e la S.^{ra} Francesca. Francesco li va ogni giorno a imparare le notte. E con ogni riverencia li bacio le mano (...)
* Breve cit. in Hammond 1983, p.345, nota 45.

345. Jacopo Cicognini da Roma a EB, Ferrara 12.VII.1613
   AB, 70, c.538

Illmo Sig.^{re} e Padron mio Col.^{mo}

Io non posso stampare le mie *Rime* in Ferrara perché sono nove opere distinte, destinate e dedicate a diversi principi, e di già ho fermo lo stampatore, datoli capara ed adoperato favori straordinarissimi perché mi siano passate le parole fato, sorte, fortuna, destino e simili. E sì come dall'Illmo Sig.^{re} Abbate Orsino e dal Sig.^r Paolo Giordano, e dalli altri mi è stato fatto grazia della spesa della stampa, così avendo destinato una parte delle mie fatiche dedicare a V. S. Illma, così ho sperato da lei il medesimo favore, ed avendola trovata prontissima per ciò, ne ho fatto capitale. Ed avendo fatto il conto con lo stampatore, che sarà la parte di V. S. Illma circa 30 scudi, però attenderò il favore che ella si degna di farmi, per il banco de Baccelli quanto prima. L'*Adone*, per essere destinato nelle prime nozze delle Ser.^{me} di Toscana, che già è stato provato con le musiche del Zazzerino, e fatto le macchine, però non posso, né devo, stamparlo, poiché passerebbe con disgusto di S. A.; ma mi contento bene che V. S. Illma faccia stampare (c.538v) la mia *Andromeda*, la quale a lei dono e dedico. E se si degnerà d'accettarla come mi prometto dalla sua cortesia, manderò o lettere dedicatorie, overo un sonetto, perché per essere l'opera breve bisogna nella dedicatione non essere prolisso. A quest'ora V. S. Illma averà avuto nuova dell'onorato grado conferitomi, che di gran lunga eccede ogni merito mio. Però senza più tediarla fo fine attendendo risposta. Che N. Sig.^{re} le conceda quanto desidera. (...)

346. Cesare Marotta da Roma a EB, Ferrara 13.VII.1613
   AB, 70, c.564

(...) V.S. Illma mi fa troppo favore a degnarsi scrivermi di suo proprio pugno, onde la preco a non farmi queste grazie, perché in questi tempi caldi mi confiarei tanto, che portarei pericolo di crepare (...). Non si manca di attendere alla Sig.^{ra} Francesca ed a punto oggi l'ho finito il sonetto e credo, quando lo possederà, non li dispiacerà. Per alcuni pochi giorni non li darò opera nova, volendo procurare che dica bene questo; appresso a[n]derò agiustandoli quelle mie due opere che malamente cantava. (...)

* *Ed. Hill,* Montalto, *p.326.*

347. Alessandro Guarini da Venezia a (EB, Ferrara) 13.VII.1613
    AB, 378, c.110

(Risponde alle lamentele di Enzo Bentivoglio, quindi si scusa:)
(c.110v) (...) Quanto agl'intramezzi vuol ella altra, se non che sarà servita prima che passi il presente mese (...)

**Evidentemente Alessandro Guarini non mantiene la promessa, poiché solo nella lettera del 20 novembre successivo annuncia finalmente di mandare gli intermezzi desiderati.*

348. Adriana Basile da Mantova a EB, Ferrara 15.VII.1613
    AB, 70, c.587

Illmo S.^r mio Padrone Oss.^{mo}

Non potea V. S. Illma consolarmi con maggior consolatione quanto il darmi nova del suo felice ritorno e della salute che gode, poiché, essendoli tant'affectionatissima serva, non posso si non rallegrarmi delle sue felicità. Dall'altro canto, li resto obligatissima per sempre, mentre s'ha degnato di scrivermi, con assicurarmi della sua grazia, della quale sono ambiziosa in conservarmela. Io per grazia del Sig.^{re} sto sana con tutti de mia casa e ancora presisto nel servitio del Ser.^{mo} Cardinale e Duca mio S.^{re}. Starò attendendo occasione di rivedere Ferrara, acciò possa servire a V. S. ed alla S.^{ra} Caterina mia S.^{ra}, alle quali insieme basciando le mani, li priego dal S.^{re} il colmo delle felicità.   Da Mantoa li 15 di luglio 1613.
Di V. S. Illma

                                                          (...)
                                                    Andriana Basile

(p.s.:) Mi rallegro infinitamente del suo ritorno. La priego a tenermi in sua bona grazia, come quella della mia S.^{ra} Caterina, alla quale bacio mille volte le mani e me li ricordo serva, come anco di V. S. Illma. Al mio Sr Cornelio bacio le mani (...)

* *Solo indicazione lettera in* Fabris 1986, *p.82, nota 70 (ma con data errata 1612 per refuso tipografico).*

349. Ercole Provenzale da Roma a EB, Ferrara 20.VII.1613
    AB, 70, c.646

(...) Per questo ordinario non ho altro da dire a V. S. Illma se non che seguitta la musica secondo il solitto. So che dal Sr Landinello li sarà statto scritto che si piliò un zimballo buono col parere del Sr Cavaliere Marotta. Il S.^{re} don Imp[o]litto [Machiavelli] mi ha detto che scrive<i>rà a V. S. Illma in materia della S.^{ra} Francesca. Di nuove non ho cosa degna di lei, se non che iersera l'atra il S.^{re} Card.^{le} Monte Alto, il S.^{re} Car.^{le} Capone e Serra ed il S.re D. Vergino [Orsini], stetero più di due ore dal S.^{re} Car.^{le} Borghese (...)

350. Mario Farnese da Parma a (EB, Ferrara) 21.VII.1613
    AB, 70, c. 652:

(...) L'essibitor della presente è un giovane che sona d'arpa molto bene, e si diletta particolarmente di musica; onde, avendo inteso la sufficienza della giovane che stà in casa di V. S. Illma in questa virtù, s'è acceso di gran desiderio di poterla sentire; è venuto però costì, per vedere con gusto di V. S. Illma di ricevere questa commodità, per effetto di che, avendomi fatto ricercare da persona alla quale non posso mancare, l'ho accompagnato volentieri con questa mia, supplicando V. S. Illma, poiché il fine di detto giovane è così virtuoso e ragionevole, a fare a me favore di fargli prestar campo per compirlo, assicurandola che dalla sua solita cortesia ne verrò per in molto obligato. Intanto mi reccordo servitori a V. S. Illma e le bacio le mani (...)

* *La giovane arpista di casa era Lucrezia Urbani, ormai da due anni a Firenze.*

351. Ercole Provenzale da Roma a EB, Ferrara 24.VII.1613
   ab, 70, c.671

(...) La musica della S.^ra Francesca [va] così: Erigo [Velardi] li va ogni giorno dalle feste in fora; l'aria che li ha cominciato de imparare la mandarò a V. S. Illma. D. Impolitto [Machiavelli] non ha ancor cominciato. Francesco baso li va ogni giorno a imparare le notte e lui va da D. Impolitto. Al Cavaliere [Marotta], dopo avere scritto a V. S. Illma, li è stato una è volta, il quale il sonetto che li ha imparatto di cantare non li vol dare la intavolatura, né manco credo che li lo impara di sonare poiché manco - come sa V. S. Illma - lo fa alla molie; e questo perché non si posa cantare senza lui. Forse quando V. S. Illma sarà in Roma, lo farà. Del resto, le cose di Roma caminano secondo il solito; e li bacio con ogni riverencia le mane (...)

* *Qui compare per la prima volta il nome del Gobo: Rigo o meglio Arrigo (Enrico) Vilardi (Velardi), le cui uniche notizie sono riportate in Kast 1963, p.68: romano, nel 1616 aveva 45 anni (nato attorno al 1570), e viveva nella zona di Santa Maria del Popolo con l'anziana sorella vedova e due figlie di quella, indicate come* "*cortegiane*".

352. Cesare Marotta da Roma a EB, Ferrara 27.VII.1613
   AB, 70, c.709

(...) Sarà bisogno ch'io mandi a V. S. Illma una fede del parrocchiano autenticata per farli creder che io non manco attendere alla S. Francesca e che ci vo ogni giorno, eccetto solo quando ho da servire il mio Sig.^re Car.^le; et questo è poche volte, anzi le dico che ci tralascio alla Sig.^ra Anna Maria, che sto li 15 giorni a non andarci, per servire V.S.Illma. Ed in ciò solo mi dispiace che non voglia crederlo, parendomi che faccia torto a questa mia diligenza ed insieme al desiderio che tengo di servirla. Con tutto ciò, il tutto attribuisco alla mia mala fortuna, come quella che non vuole ch'abbia tanto consolazione d'essere cre[du]ta questa mia buona voluntà. Credo che sarà tarda in comprare il palazzo di Riario, sicome ne scrive, dicendosi publicamente per Roma averlo compro il S. Antonio Manfroni. Lunedì sarà concistoro ed io mi sono insognato non so che del nostro S. Nunzio di Fiandra, che se la fortuna vorrà farmi dire la verità, sarà cauta ch'io mi privi di 6 botti per brugiare, sì bene spero mi potrebbono essere pagate assai care.(...)

* *Ed. Hill,* Montalto, *p.327.*

353. Vincenzo Landinelli da Roma a EB, Ferrara 31.VII.1613
   AB, 70, c.740v

(...)

(p.s.:) Io andavo pensando che per trasportare le robbe di V. S. Illma si pigliassi una casa in Roma nella quale habitasse la Pittora e il detto il palazzo de SS.^ri non è haregia<n>to e così si vorrìa di far il servizio a questa gente, e robbe stanno sicura e Francesco haverà maggior commodità d'insegnare alla detta Pittora (...)

354. Ercole Provenzale da Roma a EB, Ferrara 3.VIII.1613
   AB, 71, c.21

(...) Ho datto la lettera al S.^re D. Impolitto [Machiavelli], il quale mi ha detto che in tutti li modi vole imparare qualche cosa alla S.^ra Francesca. Quanto del andare dacordo col Cavaliere [Marotta], io tengo che li andarà, perché mi pare che abi pensier da fare le arie e darle a Erigo [Velardi], che li l'empara.

Don Impolitto è amico di Erigo, il qualle seguitta a insegnarli secondo il solitto. L'aria che l'impara la manderò a V. S. Illma l'ordinario che viene. Il Cavaliere da 4 giorni in qua li va ogni giorno a dare lecione. Il detto Cavalier si è fatto amico di Francesco baso. Ogni giorno crese di precio il formento (...)
(p.s.:) La S.^{ra} Francesca non si è partita di dove stava, sebene che il Sr Francesco Borg[h]ese li abi fatto segnare la casa (...)

355. Vincenzo Landinelli da Roma a EB, Ferrara 3.VIII.1613
AB, 71, c. 20v

(...) Quanto alla Pittora non mi occorre dir altro, solo che ella attende ad imparare; e Don Ippolito [Machiavelli] non [solamente] andarà ensegnando [senza] dar disgusto al Cavalier [Marotta] ma gli darà ancora l'opere, affinchè le possa sonare per sé stessa e mediante il Gobbo [Arrigo Velardi], cosa che non vuol fare il Cavaliere, e per questo non potrà cantare né sonare l'opere [sue se] egli non ci sia ogni volta (...)

356. Jacopo Cicognini da Roma a EB, Ferrara 3.VIII.1613
AB, 71, c.29

Illmo mio S.^{re} e Padron Col.^{mo}

Non tengo lettere di V. S. Illma, ed il silenzio alla volte serve per correzione di chi troppo presume di se stesso. Io non vorrei che così intervenisse a me, non perché io habbia occasione di diffidare de un Sig.^{re} tanto principale e di tanto valore, ma perché il mio poco merito mi rende dubioso. E quando fusse parso il mio troppo ardire di voler onorare le mie fatiche con il nome e incomodo di V. S. Illma, mi posso scusare non solo con la prontezza di lei nel ricevere la devozione del animo mio, ma con l'esempio di altri Principi e Signori che, oltre al favorirmi generosamente, mi hanno anco asicurato della cortisia di V. S. Illma nel gradire i parti virtuosi, ed inanimitomi ancora ad effettuare il mio lodevole proponimento. Ma in qualsivoglia modo, io non pretendo, se ella non comanda in contrario, mutar pensiero, quando anco io non ricevessi il comodo che ella si è degnata di offerirmi, perché mi trovo obligatissimo a servirla per li favori ricevuti dall'Illmo e Rev.^{mo} Sr Card.^{le} Borghese; e quanto mi succedesse d'inaspettato in questo servizio, reputerò tutto nascere da mia poca fortuna, e minor merito. V. S. Illma mi conservi almeno in sua grazia e mi onori spesso de suoi comandamenti. E riceva per ora questa canzone, che dal Sig.^r Card.^{le} e da tutti indifferentemente è stata stimata per cosa buona, per non dir più oltre, ed ancor che [la rite]nga degna della musica, come atta a svegliare il pianto non che gli affetti della pietà; ed havrò caro sentire come sia gustata in Ferrara. Con che fine facendole umilissima reverenza, le prego da N. S. ogni maggior contento (...)

357. Jacopo Cicognini da Roma a EB, Ferrara 22.VIII.1613
AB, 71, c.205

(...) Pensavo che V. S. Illma si trovasse in Modena, ma dal Sr Duca di Bracciano e dal Sr Abbate, vengo certificato che ella si trova in Ferrara, con un residuo di terzana, del che ne sento infinito dispiacere. E poiché sono passati tanti ordinarii senza ricevere lettere di V. S. Illma, io ero resoluto di non l'infastidire di soverchio; ma stante la sua indisposizione, è parso conveniente di replicare almeno per veder di cavarne l'ultima risposta, per metter l'animo in pace. Mi duole del debito inutilmente fatto per l'inscrittione in rame e di aver dato materia ad alcuno di ammirare e ad altri di rallegrare: il che passa con mio infinito disgusto e poca reputatione, dolendomi non potere per lettera avvisarli ogni particolare. E se la cortesissima lettera di V. S. Illma delli 7 di giugno passato, nella quale mi chiede la copia dell'*Andromeda*, non mi avesse totalmente assicurato di questo favore, sì come benignamente me lo promesse, io a quest'ora avrei fatto cento resoluzioni; ma trovandomi qua allacciato e seguendo in ciò il parere più d'altri che mio proprio, torno ad infastidirla replicandole per il medesimo servizio; e se non si degnerà dar risposta, sarà forza credere che in tutto abbia cangiato pensiero.
A mezzo 7bre comincierò ad esercitare la mia carica, e per esser grado onoratissimo, procurerò con

l'azioni rendermene degno e confermarmi in grazia di questi Signori che tanto prontamente mi hanno favorito. E rinovandomi servitore devotissimo di V.S. Ill.ª le prego da N. S. sanità e continuate grazie (...)

358. Cesare Zoilo da Roma a (EB, Ferrara) 23.VIII.1613
AB, 71, c.209

(...) Ancor che la mia prontezza in far quanto V. S. Illma mi commandarà sarà sempre la medesma, contuttociò - non pergiudicando a quanto dovrò far dal canto mio -intendo per mia maggior sodisfazione di notificar a V.S. Ill.ma alcune mie prime difficultà, quali, per aver io significato qui a bocca al Sig.^r maestro di casa mille volte, ed anco perché ho sempre presupposto che V. S. Illma le sapesse, non ho scritte fin qui. E prima: ch'io non posso servir l'Illmo Sig.^r Card.^le altrove che in Roma per longo tempo, ma al più per qualche mese. 2.a: ch'io in S. Spirito son obligato ogni giorno perpetuamente alla missa cantata ed al vespro; e similmente dico ogni giorno insegnare ad alcuni putti della cappella di contrapunto e cantare, che sono occupazioni quotidiane che ricercano gran tempo. 3a: ch'io non canto arie, né villanelle a voce sola, come per il più si desidera, non sapendo io sonare di alcuna sorte di strumento, com'è necessario per accompagnar la voce.
Presupponendo che li suddette cose si sappino costì, io ho accettata la servitù dell'Illmo Sig.^r Card.^le. Quando anco Monsig.^r Commendatore voglia continuarmi nel luogo di S. Spirito, dalla qual servitù (c.209v) non intendo escludermi; ma quando da altri si recedesse per li respetti retroscritti, supplico ben V. S. Illma a non mi far danno alcuno, sperando ch'io sia rimesso d'onde son stato livato. E continuandosi nel trattato, concludere con Monsig.^r Commindatore in modo ch'io possa venire, al che dal canto mio non manca altro che la sanità, essendo da alcuni giorni in qua più tosto peggiorato che altro; ma spero bene con la refrescata miglioramento. Che è quanto ho da dire a V. S. Illma, supplicandola a compatirmi se le sono odioso, con che per fine umilissimamente a V. S. Illma bacio le mani (...)

359. Ercole Provenzale da Roma a EB, Ferrara 27.VIII.1613
AB, 71, c. 183

(...) Ho inteso la ricoperata sanità di V. S. Illma che ne sia sempre laudato il S.^re Idio. Il Cavaliere [Marotta] è stato 3 volte l'una dietro a l'altra a dare lecione alla S.^ra Francesca, ed esigo li sia ogni giorno di lavoro. Francesco baso atende a impararli le notte; il detto Francesco è stato un poco in rotta con D. Impolitto [Machiavelli] per alcuni giorni. Francesco mi dice che non li trovava mai D. Impolito e D. Impolito dice che non li è andato; e questo è statto da otto o di[e]ce volte, ma ora li attende (...)

360. Jacopo Cicognini da Montegiordano a (EB, Ferrara) 4.IX.1613
AB, 71, c.340

(...) Io son confinato in letto perché così mi ha intimato la mia febbretta che non mi abbandona e non mi lascia aver riposo. Io non voglio dar la colpa al convito della barca, perché la sera stessa non mi sentivo troppo bene e feci miracolo a improvisare francamente: sia laudato Idio che di quando in quando si degnia di vegliarmi, ma se con una mano mi percuote con l'altra me solleva, che è la visita amorevole del Sig.^re medico, i quattro nobilissimi vasetti di conserva e lo spiritual tesoro mandatomi da V. S. Illma, alla quale per ora rendo quelle grazie che posso se non quelle che devo. Scrivo nel medesimo tempo al Amico a Ferrara, se bene è una disperata. V. S. Illma mi ha fatto seco fare il presuntuoso contro la mia natura, sì come ella volse fare il pronostico a suo favore contro l'oppinione di chi conosce il mio poco merito; ma io che in breve tempo conobbi la natura gentilissima di Sig.^re, dò la colpa alla mia naturale disgrazia: testimonio ne sia il Sig.^re Giovanni, il quale domandandomi ch'inscrizione volevo sopra il mio sepolcro, risposi così: - *Hic iacet Jacobus Cicogninus cui raro fuit fortuna comes*- Pazienza! La maggior spesa è stata l'intaglio e V.S. Illma resta mallevadore. Come io possa riavere le forze, metterò insieme i *Scherzi allegri* e i cinque *Dialoghi* composti per il concerto di N.^ro Sig.^re. E di nuovo ringraziando V. S. Illma le fo umilissima reverenza (...)

361. Cesare Marotta da Roma a EB, Ferrara 7.IX.1613
AB, 71, c.374

(...) non manco attendere alla S.^ra Francesca quanto posso, e sto vicino a fenirle quel altra arietta (...)
* *Ed. Hill*, Montalto, *p.327.*

362. Ercole Provenzale da Roma a EB, Ferrara 7.IX.1613
AB, 71, c.382

(...) Diede subito la lettera al Cavaliere Marotta, il quale atrovai dispostissimo di venire a Ferara con la S.^ra Impolitta. Li mostrai la lettera che scriveva V. S. Illma al S.^re Car.^le Monte alto e da poi la serai e la presentai a Sua S.^ria Illma e la sicurai che non poteva fare magior favore a V. S. Illma ed alla S.^ra Marchesa ed alla S.^ra Caterina, che farli questa gracia che la S.^ra Impolitta andase a Ferrara. Mi rispose più volte che si rimeteva alla Impolitta. Li replicai che se Sua S.^ria Illma non lo comandava che non ci andarìa. Mi dise che risponderìa a V. S. Illma. Referse il tutto al Cavaliere ed alla S.^ra Impolitta, li quali mi disero che quanto a loro erano desiderosi di servire a V. S. Illma, ma che se Monte alto non lo comandava non si moverìano. Mi dise il Cavaliere che si lasarìa vedere al S.^re Car.^le, aciò avese ocasione di parlarli di questo negocio; e se Sua S.^ria Illma li ne parlerà, li dirà che la S.^ra Impolitta ha votte di andare a Loreto, e che servirà a sodisfarlo. Ma io credo certo che non li darà licencia che venga, polché è publicatto il matrimonio del Principe Peretti in quella che davano a suo filiolo, e si dice che le noze si farano presto e si vorano servire della (c.382v) S.^ra Impolitta che vada a cantare dalla sposa alle volte: come ha di già incominciatto a fare. Questa sera sarò dal Cavaliere Marotta e vedrò se ha parlatto a Monte alto e qui a baso della lettera li metrò quello mi dice. La S.^ra Francesca e Francesco sono pronti a venire ogni ora che V. S. Illma comanderà. Questa sera si aspetta Don Giovanni de Medici e di già li sono a[n]datti molte carozze incontro (...)
(c. 383v p.s.:) A questa ora - che sono due ore di notte - ho trovatto il Cavaliere, il qualle mi ha detto che non ha parlatto a Monte alto, ma che credo che non li darà licencia. Per questo altro ordinario li darò conto di quello che seguirà intorno a questo. Il Caveliere ed il Gobo seguitano secondo il solito a imparare alla S.^ra Francesca. Io non sono statto a domandare al Cavaliere (c.384) chi persone vole menare con lui, poiché non si sa di sicuro che abi da venire. Ma qui presto tengo di fermo non venirà. La S.^ra Impolitta mi ha detto che scriva a V. S. Illma che è malle afortunatta, poiché non po venire a godere questi spasi di Ferara.

363. (Avvisi di Roma: 7.IX.1613, c.376)

(...)Il Signor Entio Bentivogli ha compro per 14 mila scudi il palazzo de Signori Ferratini (...)
* *Orbaan, p. 212.*

364. Ippolito Machiavelli da Roma a EB, Ferrara 21.IX.1613
AB, 71, c.508

(...) Le occasioni procurate da me al Sr Francesco perché abbia commodità di farsi un valentuomo faranno sempre fede della volontà mia nel servizio di V. S. Illma e del desiderio che ho avuto del suo bene. Le correzioni, le prediche e le fattiche fatte per lui ed a lui stesso le rimprovereranno in ogni tempo la sua dappocaggine e mal talento quando, non facendo quello che deve, le avverrà quello che egli non crede. Procurai che egli potesse andar a S. Spirito ad essercitarsi per far voce; lo condussi alla musica del Sr Francesco Borghese per stimolarlo; lo feci cantare nell'organo di S.^to Apollinare perché pigliasse animo. E tutte queste cose con riputazione e modo da servitore di V. S. Illma. Ma in effetto o sprezza, o non conosce: egli tralascia ogni cosa facilmente, ancorché mostra di avere un ardentissimo desiderio d'imparare. Egli è poi tanto duro che le giuro sono arrivato fino al batterlo come si fa ai putti per impazienza. (c.508v) Da poi che V. S. Illma l'ha fatto chiamare a Ferrara è entrato in sospetto che ella lo cacci, perché dice che non ha imparato. E qui non fa mai altro che cantare e sonare, credendo di

far miracolo in dieci giorni: però il tenere viva questa prattica non può se non giovare. Io non mancarò al certo di far tutto quello che posso, e se bene andarò a Bagnaia col Card. [Montalto] mio Sig.^re, sarà per pochi giorni, e non le mancaranno opere da poter studiare fra tanto. (…)
* *Parzialmente ed. (con data errata di 21.XI.1613 per un refuso tipografico) in Fabris 1986, p.68 (nota).*

365. Cesare Marotta da Roma a EB, Ferrara 25.IX.1613
     AB, 71, c.544

(Tratta delle lezioni ed arie date a Francesco ed a Francesca " la Pittora")
* *Ed. Hill,* Montalto*, p.327.*

366. (Avvisi di Roma: 28.IX.1613, c.383v)

(…) Havendo il Cardinale Deti havuto notitie della compra fatta dal Signor Entio Bentivogli del palazzo de Signori Ferratini, dove al presente habita detto Cardinale, Sua Signoria Illustrissima pretende come inquilino d'essere preferito nella compra al Bentivogli, offerendo il medesimo prezzo e conditioni.
* *Orbaan, 212.*

367. Vincenzo Landinelli da Roma a EB, Ferrara 29.IX.1613
     AB, 71, c.575

(…) (p.s:) Ho pagato 8 scudi a Francescone per comprarne da vestire, così stabilito dal Provenzale, dal quale intenderà [che], quando la Pittora sia per partire, si manderà in una letiga di ritorno per spendere meno (…)

368. Cesare Marotta da Roma a (Girolamo Fioretti, Ferrara) I.X.1613
     AB, 71, c.591

(…) Viene costì la S.^ra Francesca, sicome V. S. sa; e mi dispiace che quelle cose che canta non li possieda tanto quanto vorrei, acciò il Sig.r Enzo restasse più sodisfatto; con tutto ciò, credo si avrà riguardo al poco tempo che ha imparato, che essendo questo cantar solo mistiero tanto difficoltoso, se li concede larghezza di tempo, non dico di mesi, ma di anni. Credo però che detta S.^ra Francesca darà qualche sodisfazione, se pure costì se consenterà con alcune che li soni bene quelli opere, quali tutte li ho dato scritte, giuste nel modo che ce l'ho imparate; e scordandosi per l'intervallo alcuna cosa, ce li potrà raccordare con vederle scritte. (…)
* *Ed. Hill,* Montalto*, p.328.*

369. Quintiliano Polangeli da Modena al marchese (Ippolito) Bentivoglio (Modena)
     1.X.1613
     PAas, Campori (prov.AB?)

(…) Il Sr Vacca è ritornato da Gualtieri e dice che trovò ogni cosa in buono stato sì della fabrica come delle cose appartenenti alla bonificatione e mi dice voler de tutto raguagliar V. E.; è ben vero che il S. Co. Horatio gli disse non sapere come fare a fare concorrere que de Ruolo, stanti le buone ragioni che essi allegano ed i Reggiani si rendono al loro solito duri. De' pittori non è mai tornato alcuno a Gualtieri; quel Sisto fu a Reggio parlare al Sr Silva che voleva patteggiare, io scrissi a lui ed al Sr Silva che V. E. come ha sempre detto si sarebbe rapportata a quello havesse detto esso Sr Silva. Il quale mi rispose che non se ne voleva più ingerire, perché l'humore del pittore e il suo erano differenti. Insomma tornai a scrivere al detto pittore, che fusse andato a finire la sua opera e avesse servito bene, che avrebbe havuta compita sodisfatione da V. E. e gli fece poi scrivere a un suo amico, ch'era dietro a giocarsi la libertà di venire in questo stato e che non sarebbe poi stato qui: in somma questa è una specie di canaglia così fatta. Di quel che andò a Ferrara, il Sr Enzo m'ha sempre risposto a ogni altra cosa fuor che di questo, così fa il S.ʳ Magnanino (…)

* *Campori 1866, n.91, p.83-sg.; Campori, che identifica erroneamente il destinatario come Enzo (mentre è probabilmente Ippolito, allora ancora Marchese di Gualtieri e interessato ai lavori in quel palazzo), inserisce alcune notizie sul pittore Sisto menzionato:* "Quel Sisto pittore, di cui è parola, è il parmigiano Badalocchio uno dei migliori allievi dei Carracci che in Gualtieri feudo de' Bentivogli appresso il Po dipinse nelle pareti di una stanza le *Forze d'Ercole* con figure al naturale, e nella volta la *Fama* con due trombe".

370. Ercole Provenzale da Roma a (EB, Ferrara) 5.X.1613
AB, 71, c.622

(…) Conforme a quello scrise a V. S. Ill.ᵐᵃ, iermatina che fu venere giorno di S.ᵗᵒ Francesco, si partì per Bologna la S.ʳᵃ Francesca e suo marito e sua filiola e Francescone e fano la strada di Fiorenza. Il S.ʳᵉ Landinello mi fece uno mandato al banco del Bachieli di scudi 85 e baiochi 6, li qualli denari si sono dispensati per servicio di V. S. Ill.ᵐᵃ nel modo infrascritto:

-Prima al mulatiero per la condotta della S.ʳᵃ Francesca e sua figliola sina a Bologna nella lettiga di V. S. Ill.ᵐᵃ   scudi 25 P.0 B.0

-Per doi cavalli sono per Ms.Guglielmo ed uno per Francescone sina a Bologna
scudi 12 P.0 B.0 -Datto a ms. Guglielmo per il vitto del viagio   scudi 22 P.2 B.

Tanto importa tutta la spesa   scudi 59 P.2 B.0

(altre spese: omissis   scudi 25 P.8 B.6)

per un totale di   scudi 85 P.0 B.6

(…) (c.622v) li pegni di Giano e le sue robe che erano nella guardaroba sono statto consegnatto da me a Ms. Gulielmo ed a Francesco la lista delle qualle con la spesa ch'è andatto a riscuotere li pegni per questo ordinario la mandarò a Gian. Non è stato possibille che vengano più presto: si asicura che non ho mancatto di diligencia per l'avantagio della spesa ed ancora perché venessero quanto prima, come mi ha mostratto in tutto le sue lettere desiderare V. S. Ill.ᵐᵃ. Se si asoda il contratto del palazo mandarò subitto la pianta, confrome al suo desiderio. Ed a V. S. Ill.ᵐᵃ li bacio con ogni riverencia le mane (…) (p.s.:) Tutte le robe di V. S. Ill.ᵐᵃ, laudato Idio, si conservano bene. Quando mi è capitato la lettera della S.ʳᵃ Francesca era partita; però la rimeto a V. S. Ill.ᵐᵃ.

371. Alessandro Piccinini da Bologna a (EB, Ferrara) 12.X.1613
AB, 71, c.674

Ill.ᵐᵒ Sig.ʳ e Padron Col.ᵐᵒ

La Sig.ʳᵃ Contessa Peppoli mi ha detto come sarà tempo in proveder di caroza: ho auto aviso di una letica che alogiò iersera a Fiorenzola, siché la sto aspetando per fare quanto mi hordina V. S. Ill.ᵐᵃ. Qua si dice che l'Ill.ᵐᵒ Monsignor Nontio se ne viene, la qual cosa me ne ralegro somamente in tanto con far fine a V. S. Ill.ᵐᵃ finisco   il dì 12 8.bre 1613
Di V. S. Ill.ᵐᵃ

Ser.ʳᵉ Aff.ᵐᵒ
Ales.ʳᵒ Picinini

372. Alessandro Piccinini da Bologna a EB, Ferrara 13.X.1613
AB, 71, c.679

Ill.ᵐᵒ Sig.ʳ e Padron mio Col.ᵐᵒ

Sabato a vintidua hora e megio arivò la letica: di che si iudicò non esser bene, non lucendo la luna, di meterli in caroza: questa matina se ne vengono nela caroza della Sig.ᵃ Contessa Peppoli. Iersera poi feci cantare il basso, il quale mi pare abia fatto asai profito così come quela giovane, la quale canta molto melio che facea e s'avicina al cantar bello: intanto se in altro posso servire V. S. Ill.ᵐᵃ comanda e col farli riverenza finisco   il dì 13 ottb.e 1613.
Di V. S. Ill.ᵐᵃ

S.^{re} Aff.^{mo}
S.^{re} Aff.^{mo}
Alesandro Picinini

373. Isabella Bentivoglio da Ferrara a EB, Bergamo 16.X.1613
   AB, 71, c.691

Encio hebbi la vostra litera, la qual mi insenava quelo che dovevo far per il studiar della Franzescha, che invero avea gia incominciato eseguir quanto ni mi havete scrito. A fe' Encio mio, è pecato che costei abbi perduto il tempo suo e che altri in quella Roma non habi conosiuto e la sua voce e la buona riusita che haverebe fata: ma era destinata a venir da noi, che di ragion non le manchar[à] di niente, così per la sua virtù, come a mio giudicio credo che meritarà per i suoi buoni portamenti per questi tre giorni che la fatico io; fra tanto la voglio tener basa, ma non voglio che gli manca niente: la facio mangiar alla tavola delle done in capo della tavola con Caterinella apreso suo; di quelo che mangio io ancor lei [ha] la sua parte: in soma non si dolerà di me, ma parliamo come spero che darà molta sodisfacione alla S.^{ra} Caterina e come lavora galantemente e come è savia e credo se in Roma vi è done dabene che costei vi habbi la sua parte; sì che intendete, lei resta molto gustata di mangia[r] con le done né vi è quel sentir tuto il giorno a lamentarsi hor d'una cosa hor d'una altra (c.691v): quando sarete venuto voi se non vi piacerà la maniera che ho incominciata siete il Sr Marchese a voi starà il comandar. Altro non saprei che dirvi: state alegro con tuta la compagnia e vi abracio (Giovani è galantissimo)   di Ferrara gli 16 otobre 161<0>3
(p.s.:) Encio mio, portatene qualche cosa da Milano e non vi sia per scusa di non haver danari

Matre amorevoliss.^{mo} la
Marchesa Benti.^{la}

374. Antonio Goretti da Ferrara a EB (Bergamo?) 18.X.1613
   AB, 277 (1613), c.125

Illmo Sig.^{re} mio Patrone Col.^{mo}

Gionsse la Sig.^{ra} Francesca luni prossimo passato, e cossì cominciò la sera a farla cantare, la quale mi diede gusto, e veramente confesso la verità io non credeva tanto: si diporta molto bene, bella voce, vuonissima prononcia, bella disposisione ed ha fatto gran profito in poco tempo; io mi rendo sicuro che V. S. Illma ne havrà gusto.
Il basso [Francesco] l'ho sentito parimente e l'ho fatto cantare alcune volte, e mi piace assai, canta molto franco e sicuro e con buona disposisione, e mi pare che habbi fatto ancor lui grandissimo guadagnio, sì che mi ralegro con V. S. Illma di questa copia de virtuosi, i quali darano gusto ad' ogn'uno che li udirano e si potrano ancora tenerseli cari. Altro per ora non m'ocore dirle, solo a racordarmegli sempre humiliss.^{mo} ser.^{re} e di core pregando da Iddio N. Sig.^{re} il colmo d'ogni sua felicità ed il buon ritorno

Di Ferrara il dì 18 X.bre 1613

D. V. S. Illma

humiliss.^{mo} e Devotiss.^{mo} ser.^{re}
Antonio Goretti

375. Isabella Bentivoglio da Ferrara a EB (Bergamo?) 19.X.1613
   AB, 71, c.699

Encio mio, ho auta una vostra litera che mi raguaglia non haver ancor sentito giovamento di sanità: e invero più tosto è di patimento per il viaggio che restauro di forze. Mi da pena Anibalino se ben voglio sperar non habbi aver malle; così Dio le doni sanità a tuti e la mia cara Belina un bacio a tuti. Franzescha è gionta sana e salva e mi riese più di giorno e di bontà e di desiderio d'inparar: in soma costei è una dona a creder mio dabene e savia, ma non si spiacerà. Il baso, chi ha deto che lui abbia perso il tempo e non habbia inparato si mente, e non vi spiacerà a sentirlo a cantar *O su venite pur sano con tuta la compagnia*. Alla S.^{ra} Caterina abracio e non si perda nelle felicità, come a ragione a godersele.

Hora son stata pregata a far oficio per intender se il S.ʳ Marchese si vol maritar e se torebe questa sorella del Gardinal Pio ch'è in Santa Caterina: la dote serà sino a quaranta milla schudi; non è bruta, ma la lingua non riese a dir -bene mio- al beato Nicodemo. Vi abracio con tuta la conpagnia.

Di Ferrara gli 19 otobre 16<0>13
Matre più che morevole
la Marchesa Benti.ˡᵃ

(p.s.:) Al S.ʳ Conte Franze[s]cho un baciamano. Giovanino è la più cara cosa e dolce.

376. Abate Nicolo Conti da Roma a (EB) 23.X.1613
   AB, 71, c.728

Ill.ᵐᵒ Sig.ʳ mio Cols.ᵐᵒ

Il Sig.ʳ Torquato Flavi, musico eccelentissimo, si è partito dalla servitù del S.ʳ Card.ᵉ d'Este et ha inteso che il Sig.ʳ Card.ᵉ Pio va cercando persone della sua professione; e perché sa quanta servitù io tenga con V. S. Ill.ᵐᵃ, ha pensato che io li possa esser di giovamento supplicandola a volerlo favorir di calda raccomandatione appresso detto S.ʳ Card.ᵉ. Io, che veramente amo straordinariamente questo sugetto per il suo valore e per mille altre bone qualità che ha, volontierissimamente ho preso questo assonto e perciò supplico humilissimamente V. S. Ill.ᵐᵃ ad haver per raccomandato questo Torquato, assicurandola che favorirà persona rara nel suo mestiere ed a me farà gratia segnalatissima, della quale gliene resterò con perpetua obligatione. L'assicuro bene che il S.ʳ Card.ᵉ Pio poco meglio puol trovar di Torquato in questo mestiere. E qui finisco baciandoli humilmente la mano.   Di Roma li 23 8.bre 1613
Di V. S. Ill.ᵐᵃ

Obligatis.ᵐᵒ Ser.ʳᵉ di Core
Nicolo Conti

377. Isabella Bentivoglio da Ferrara a EB (Bergamo?) 27.X.1613
   AB, 71, c.747v

(…) fate ogni opera per portar qualche, non dico centanara di schudi, ma qualche megliaia; a fe' dico da dovere, perché qui ogniun se lania, né si può aver una litera di nisuna cosa. Tacio poi il bisogno che ne havete in comprar vini e tante altre necessità: son sforzata a dirvelo, poiché mi crepa il cor il sentir queste povere creature che hano d'aver. È venute molti di lor a dolersi meco, gli ho deto col vostro ritorno gli darete sodisfacione: venite quanto prima alegramente, che Dio vi doni sanità. Giovanino vi bacia alla fiorentina.
Frangiescha ogni giorno mi riese più galante e quando averà gente che ben gli insegni non serà ingrata da sentir *Venite pur ancor*. Il baso non serà ingrato. E vi abracio   di Ferrara gli 27 otobre 16<0>13

matre amorevoliss.ᵐᵃ
la Marchesa Benti.ˡᵃ

378. Ercole Provenzale da Roma a EB (Bergamo?) 6.XI.1613
   AB, 72, c.18

Ill.ᵐᵒ S.ʳ mio S.ʳ Padron Coll.ᵐᵒ

Mi trovò doi giorni fa il Cavaliere Marotta e mi disse che il Principe Perette li aveva deto di avere scrito a V. S. Ill.ᵐᵃ, in materia del trovarsi in Roma per le feste che vole fare per le sue noze, e che da V. S. Ill.ᵐᵃ non aveva mai auto risposta e che restava maraviliato. Io rispose al Cavaliere che V. S. Ill.ᵐᵃ si trovava fuor di Ferara e che questo poteva esere la causa; mi ha parso bene avisarne V. S. Ill.ᵐᵃ; sono molti ordinari che non ho scritto per carastia di ocasione ed ancora perché io sapeva che non si trovava in Ferara. Le sue robe si conservano bene ed io melli racordo servitore. Il Conte Aniballo Manfrede è venuto da Napolle con il suo catar solito, se bene assai melio ciera di quello che aveva quando se partì da Roma (…)

379. Alessandro Guarini da Venezia a EB, Ferrara 20.XI.1613
   AB, 378, c.112

Illmo Sig.^r mio Sig.^r e Padrone Sing.^{mo}

Mando a V. S. Illma gl'intramezzi, che già un pezzo fa sono fatti ma, perch'ella non si trovava a Ferrara, non ho voluto mandargli prima, perché non capitassero in altre mani che nelle sue, conparendo a me che convenga, se dovranno pur essere rappresentati. Io gli ho tirati com'ella vedrà, su quella forma appunto, che da lei mi fu data, né altro divario vi troverà V. S. Illma, che del più e del meno, havendo io ristretto il numero delle machine, dove il moltiplicarle mi è paruto fuor di proposito. Di questo so io di poter assicurarla senz'arroganza, che poche o nissuno havrebb'ella trovati, che su gl'altrui fondamenti, anzi pur su le medesime pareti, in questa guisa havessero fabricato. Ma che non può il desiderio e l'obligo di servir ai padroni, e padroni sì cari, e sì riveriti, come da me V. S. Illma sarà sempre! Io certo, se debbo dirle il vero, stupisco di me medesimo che a questo segno l'habbia tirata, essendo (c.112v) negozio tanto difficile, che non è possibile a immaginarlo. Ma con più comodità ne parlerò poi abbocca a V. S. Illma sperando io d'esser, a Dio piacendo, a Ferrara la settimana seguente. Il che prego Sua Divina Maestà che si degni concedermi, liberandomi da questo purgatorio de' viventi che così potrò chiamar il litigar in Vinegia; tuttoché non sia un paradiso terestre neanche in Ferrara. E qui col fine a V. S. Illma, ed a coteste Ill.^{me} mie Signore baccio riverentemente le mani, e prego loro dal Sr Idio ogni disiderata felicità.   In Vin.^a li 20 nov.^{re} 1613.

Di V. S. Illma

Riverentiss.^o ed obligatiss.^{mo} ser.^{re} e Cugino
Aless.^o Guarinj

*Si tratta forse di una versione degli intermedii per l'Alceo, poi rifiutata o modificata da Enzo Bentivoglio per l'Idalba. In questo caso, il numero di macchine che a Guarini sembrava eccessivo fu nuovamente aumentato dal Marchese.

380. Ercole Provenzale da Roma a EB, Ferrara 21.XI.1613
   AB, 72, c.110

(...) Del suo arivo con sanità in Ferrara mi ralegro con ogni effetto con V. S. Illma, come mi ralegro che la causa del Villa abi auto quello esitto che desiderava V. S. Illma e conforme alla iusticia. Il Sr Conte Anibalo [Manfredi] ha fatto in questo negocio il dovere: otto giorni sono si acompagnò al Principe Perete con la sua sposa e domenica pasatta si fece una festa a casa del Duca di Ceri, dove intravene tutte le dame di Roma e vi fu il Cardinale Borg[h]ese ed il Principe di Solmona ed il Sr Francesco Borg[h]ese. Dicono che la sposa non la levarà di casa del Duca suo padre sino a carnevalle e tutte le giostre e tornei che si diceva che voleva fare il detto Principe questo carnevalle si ridurà in una comedia, perché dicono che il Sr Cardinale Monte Alto non volle che si facia altro; e di già il Principe Peretto ha scritto a Fiorenza per l'intremedi. La Duchesa di Ceri non volle che il Principe dorma con sua filiola se non una notte sì ed una no. È morto il Celso, maritto di quella sposellina bella, e sepulto. (...)

381. Alessandro Piccinini da Bologna a EB, (Ferrara) 24.XI.1613
   AB, 72, c.148

Illmo Sig. e Padron Co.^{mo}

Per eser io in vil[l]a non è stato li mulli di ritorno così subito, e con ogni diligenza fatta non si è trovato selle fatte ed è stata gran sorte a trovare dui fusti novi di Napoli, li quali si acomodarano benessimo, che così mi ha promesso il selare del Illmo Sig. Conte Ercole Peppoli, che ancor lui a li giorni pasati si fece fare selle e fornimenti da litica.

Martedì sarò con il selare e si pigliarà quanto farà bisogno e con ogni avantagio, e sarà servito presto, ché il maestro ha molti omini sotto di lui. Ed avisarò V. S. Illma di quanto paserà.

Il padre di Ms. Francesco Bontempo mi disse dover venire a Ferara e voler portare a V. S. Illma serte frutti di questi paesi e così martedì credo senza altro venirà, e farò inbarcare la letica e coscini e stan-

ghe. Del mio venire a Ferara, quando sarà per servire a V. S. Ill.ma, venerò ancora a Francolino. In tanto non ocorendo altro, a V. S. Ill.ma, facio reverenza   di Bologna il dì 24 9.bre 1613
Di V. S. Ill.ma

S.re Af.mo
Alesandro Picinini

382. Alessandro Piccinini da Bologna a EB, Ferrara 27.XI.1613
AB, 72, c.167

Ill.mo Sig.r e Padron Col.mo

Non ho mandato la letica per il coriero, perché dicono è tropo ingombro e non la voliono, e se pare a V. S. Ill.ma che poi farà bisogno, come è fornite le selle vengano li mulli, che subito provate che stiamo bene, se ne tornarano e si potrà iustare selle fornimenti e letica, ed ogni cosa ritornerà a Ferara, e come sarà tempo l'avisarò, ed a far cosa bona non si pò fare di manco che vengano li mulli; se la letica vole la mandi per barca, non mi mancherà ocasione di mandarla sino a Mal'albergo e poi sino a Ferara: bisogna V. S. Ill.ma scriva a quel Capitano di Mal'albergo mandi la letica a Ferara. Starò aspetando suo aviso di quanto ho da fare. Si lavora galiardamente intorno ale selle e fornimenti. Intanto non ocorendo altro, a V. S. Ill.ma bacio le mane   di Bologna il dì 27 9.bre 1613
Di V. S. Ill.ma

Ser.re Aff.mo
Alesandro Picinini

(p.s.:) Gian mi mandò a dire che V. S. Ill.ma avea bisogno di palle da lavar le mane e liene mando una scatola da 14 bolognini la scatola: non so se li sarano di satisfacione
* *Sul dorso della lettera è indicato il mittente* "con una scatola di balle".

383. Alessandro Piccinini da (Bologna) a EB, Ferrara 6.XII.1613
AB, 72, c.238

Ill.mo Sig.r e Padron mio Coll.mo

Sene viene il litighiero con selle e fornimenti, li quali ho cercato robba bona e quel avantagio che [è] stato posibile (se ben ho mandato tutto il conto dele spese al Sig.r Oratio Magnanino ne mando a V. S. Ill.ma ancora una). La litica, per esser così cativo andare, il litighiero l'ha lasata in casa mia con li soi cusini, e così la tenirò sino al aviso di V. S. Ill.ma. Coperte di lana non se ne trova hora in Bologna.
Li mando due mostre di vino: uno più dulceto del altro; questi che fanno incetta di vini boni non ne voliono vendere adesso, sperando come [sarà] che habiano da valere molto per esere andato fori molti vini. Il patron di queste mostre ne domanda dodici lire la corba o poco manco; un brintadore mi ha promesso farmene sagiare quando sarà l'ocasione, ma sarà ale undici lire, poco manco in somma dele sedici lire l'ha paghato un Sig.r Polaco che sta qua in Bologna: il tutto serve per aviso. Io [che] so il gusto suo de vini, dico ancora che costore non voliono dare mostre, con dire che perdono per il viagio e che non si conosce la bontà de vini, e veramente dicono la verità. In tanto con far reverenza a V. S. Ill.ma finisco   il dì 6 X.bre 1613
Di V. S. Ill.ma

Ser.re Aff.mo
Alesandro Picinini

(p.s.:) Come ho sentiti li vini che mi ha detto questo brintadore, liene darò aviso dela qualita e del tutto: io li ho conpasione per quelo chi intendo che si sta male a vini, e qua io bevo da Papa.

384. Cesare Marotta da Roma a (EB, Ferrara) 17.XII.1613
AB, 72, c.287

(...) Mando le musiche che mi ha comandato facesse, ed ancorché stia tanto occupato, havendo a comporre tanti intermezzi per queste nozze del Sig.r Principe [Peretti], nulla dimeno ho lasciato ogni cosa da parte per servirla, tanto più facendomine tanta fretta. Venerdì sera 13 del presente mese mi furo date le parole con il piego de V. S. Illma dal Sr Ercole Provenzale, ed oggi martedì mattina ho finito il tutto, ed ancorché l'habbia fatto tanto al improviso, credo però non doveranno afatto dispiacerli, pregandola però dare ordine siano bene consertate e ben cantate, ché altrimente le sarebbono di noia ed a me si farebbe torto. Vado credendo che per le gran nevi fatte in quelle parti di Fiandra, habbino causato che a quest'hora non siano anco giunti quelle collara, de quali dette ordine già un anno fa dovessero venire; che s'io non mi fusse trovato provisto d'altri collari, di certo ne anderei senza; e l'istesso inpedimento è avenuto al portatore della pistola di costì a me già promesami, che s'io non havesse hauto altre armi da difendermi, a quest'hora saria già cenere. Almeno se fosse degnato darmi aviso se la Francesca si porta bene, (c.287v) e se quelle opere da me inparatele con tante fatiche e stenti, sono di suo gusto e se sele raccorda e se le canta bene, o male, poiché non vorrei che il tutto fusse buttato al vento.(…)

* *Ed. Hill,* Montalto, *p.329.*

385. Ercole Provenzale da Roma a (EB, Ferrara) 18.XII.1613
AB, 72, c.295

Illmo S.^r mio S.^r e Padron Coll.^{mo}

Son stato questa matina per trovare il Sr Cavalie[r] Marota, il qualle non era in casa, e la S.^{ra} Impolitta mi ha detto che il detto Cavaliere ha inviatto a V. S. Illma la musica; io li anuntio felice ed afortunatte queste sante feste con ogni effetto; il torneo, o vere bariera, che vi aveva da fare per le noze del Principe Peretto, è andatto in niente e non sene fa altro, ma si bene si farà la comedia. Il Sr Ruberto, guardaroba del Illmo Sr Card.^e Borg[h]ese, mi ha pregatto che scriva a V. S. Illma che, quando verà a Roma, li volia fare gracia di piliare per dispensiere e canevare uno talle che serviva il Car.^{le} da Esto: io non ho potutto fare di meno di non scriverlo a V. S. Illma, se bene ho detto al Sr Roberto che la venuta di V. S. Illma è incerta, e che ancora che venga, non so se averà bisogno de una persona di questa qualità: suplico V. S. Illma intorno a questo particolare a farmi rispondere qualche cosa, aciò paia che habi fatto il servicio per il detto Sr Roberto; me l'ha racomandato con tanto effetto, che non pote' dire più ed a V. S. <V. S.> Illma bacio con ogni riverencia le mane   di Roma il di 18 Xbre 1613
Di V. S. Illma

Devottis.^{mo} ser.^{re}
Ercole Provenzalle

386. Alessandro Piccinini da Bologna a EB, Ferrara 31.XII.1613
AB, 72, c.418

Illmo Sig.^r e Padron mio Col.^{mo}

Io li dò ragualio come di puti che siano valenti non li è cosa tropo bona; il Maestro di capela di S. Petronio ha dui putti: uno ha asai bona voce ma non è ardito, l'altro è ardito ma la voce è fiaca, e nisuno di loro fa pasaggi, e tal quali sono V. S. Illma ne sarà patrone. Canta poi in detta capella un Belardino da la Mirandola, il quale ha una voce ecelentissima per un megio suprano e canta sicuro, ma non fa pasaggi: per qualche coseta mi pare che farebe. Credo V. S. Illma lo habia conosiuto in Ferara, ma hora ha la voce ferma: i[n]somma a me pare una dele melie voce ch'io abia sentito in Roma. Altro sopra di questo non ho che dire; starò aspetando quanto comandarà V. S. Illma, e con il fine li auguro il bon anno   di Bologna il dì 31 X.bre 1613
Di V. S. Illma

se.^{re} Aff.^{mo}
Alesandro Picinini

1614

387. Cesare Marotta da Roma a (EB, Ferrara) I.I.1614
AB, 73, c.3

(...) Credo che V. S. Ill.ma è troppo parziale delle cose mie onde le favorisce troppo; io in quelle mandatoli cercai la brevità, a fine non venissero a tedio; hora che mi comanda ch'io facci l'agiunta in quel fine, l'ho fatta subbito, che havendo oggi mercore sul mezzo giorno rice[vu]to dal Provinzale la sua agratissima, tanto a me più grata quanto mi fa degno di suoi comandamenti, ho cercato oggi istesso servirla per l'occasione che si rappresenta della partenza della posta. E questa giunta l'ho fatto alla cieca, non havendo copia di quelle musiche mandate, che era necessario haverle per servirme delli sogetti; con tutto ciò ho fatto al meglio possibile, onde la prie[g]o accettarle, e con esse il mio bono animo, quale sempre starà prontissimo in servirla. E con questa occasione le mando le bone feste, che se V. S. Ill.ma me l'havesse mandato a me, io sarei stato in obligo mandarle la mangia che così s'usa qui. (...)
* *Ed. Hill, Montalto, p.330.*

388. Ercole Provenzale da Roma (a EB, Ferrara) I.I.1614
AB, 73,c.7-8r

Ill.mo S.re mio, S.re e Patron Coll.mo

La comedia che si ha da fare il giovedì di carnevalle in casa del Principe Perette, sarà una velia nella qualle si ballarà e si ricitarà certi intremedi de una favola che ha fatto il Cegugnino [=Cicognini], e per questo il detto Principe ha fatto venire da Fiorenza uno che fece la sena nelle Noze del Cran duca; e questa sarà una cosa simille a quella che fu fatta in Fiorenza per dette noze.

Il Cavaliere Marotta mi ha detto che mandarà a V. S. Ill.ma la detta favola e, quando sarà uno poco più inanzo il loco dove sia da recitare, io andarò a vederlo e ne aviserò V. S. Ill.ma [di] oni mutamento di ogni cosa. Ma al presente non è fatto quase niente e questo è statto la causa che non ho risposto intorno a questo particolare a V. S. Ill.ma così presto, perché voleva prima avere visto qualche cosa.

Io ho datto il piego al S.r Cavaliere Marotta, il qualle mi ha detto che senza altro questo (c.7v) ordinario che viene mandarà la musica a V. S. Ill.ma, ma che era necesario a mandarli quella che aveva fatto prima, perché non si racorda come fose e manco ne ha tenuto copia, ma che se ingegnarà di fare in qualche comodo, aciò V. S. Ill.ma venga servita. Sabatto sera, esendo la S.ra Impolita in casa, la piliò uno acidente e cascò su una pietra con uno polso della testa, e dalla stancia [il marito] corse a iutarla e la mise su il lette; la S.ra Cracia arivò in detta stancia e vedendo il Cavaliere che era atorno alla detta S.ra Impolitta e la vide tramortitta, pinsò che [il] Cavaliere l'avese amaza[ta]: si mise a cridare e curse in casa di Mons.re Fidelle, il qualle sta a inncontro a casa sua. E se faceva una congregacione in casa di detto Mons.re, dove li corse molta gente, e qualli cominciorno a domandare come era sta[to] il case. Il Cavalliere il racontava come stava, ma la S.ra Impolitta (c.8) non poteva parlare: in soma Mons.re Fidelle dise al Cavaliere che si ritirase, perché la corte lo farìa prigione. Il Cavaliere andò dal S.r Cardinalle e li contò il fatto, il qualle li dise che come stava cosiché non si movese; ma li biri piliorno il Caval.re ed è statto prigione uno giorno ed una notte, e la S.ra Impolitta è statta asaminatta due volte: la qualle si è confrontatta col asamine del Cavaliere e cosi è usitto di prigione e la S.ra Impolitta è guaritta afatto; e non ha autto febra e non ha fatto se non uno poco negro l'ochio dalla banda dove è cascatta; per Roma si diceva che l'aveva amazatta perché l'aveva trovatta con uno. Ed a V. S. bacio le mane con ogni riverencia.
Di V. S. Sempre Ill.ma

Di Roma il dì primo genare 1614

Devotiss.mo ser.re
Ercole Provenzalle

389. Alessandro Piccinini da (Bologna) a EB, Ferrara 7.I.1614
   AB, 73, c.54

Illmo Sig. e Patrone Col.^{mo}

Farò opera di quel Belardino che venga a Ferara per il primo coriero e meterò in opera il Sig. Conte Filippo se farà bisogno; ma sarebe bene a sapere se viene hora per tornarsene subito, o se lo vol tratenere là per molto tempo, perché questo domandarà; l'altra [cosa è] se io posso restare in Bologna sino che è il bisogno, mi tornarebe molto comodo e lo mandarei lui. Ed ancora se questo Belardino potesse riparare in Bologna, quelo che ha da cantare li sarebe di satisfacione e se haverebe più facilmente. Ancora non ho tratato, ma io so quelo che è il suo animo: di stare poco tenpo fuori. Io aspetarò risposta [e] intanto farò opera sia pronto quanto farà bisogno. E finisco il dì 7 genare 1614. Di V. S. Illma

S.^{re} Aff.^{mo}
Alesandro Picinini

(p.s.:) Non vano le barche con questo fredo: prego V. S. Illma a servarmi sino che si è inprocinto a farmi venire, aciò io non stia tropo fuori, se però farà bisogno di me.
*   Si parla di Belardino dalla Mirandola, mezzo soprano di San Petronio, citato nella precedente lettera del Piccinini del 31.XII.1619.*

390. Alessandro Piccinini da Bologna a EB, Ferrara 8.I.1614
   AB, 73, c.58

Illmo Sig.^r e Padron mio Col.^{mo}

Quel Belardino che canta si partì dala Mirandola di nascosto, a tal che il Prencipe li ha colera adosso e molto; e per questo un suo fratello, dove sta in casa, non vole in maniera alcuna usisca di Bologna, per paura o di perderlo overo li fosse fatto dispiacere. E di più la Conpagnia dela Morte di Ferara pretende avere già ali mesi pasati auto parola da esso di andarlo a servire, sì che per ogni cosa dà fastidio. Hora dice il Sig. Conte Filippo che queste dificultà di levarlo di Bologna per pochi giorni li dà l'animo di superarla, ogni volta che V. S. Illma si obligasse di mandarlo a pigliare e conservarlo e rimandarlo. Questo ho ordine dal Sig.Conte Filippo di far sapere a V. S. Illma. Il Mastro di capella di S.Petronio di questo non ne pò disponere; li altri putti tal quali sono ne sarà patrone. In tanto a V. S. Illma bacio le mane   di Bologna il dì 8 genare 1614
Di V. S. Illma

Ser.^{re} Aff.^{mo}
Alesandro Picinini

*   Ancora di Belardino dalla Mirandola.*

391. Vincenzo Landinelli da Roma a (EB, Ferrara) 9.I.1614
   AB, 73, c.65v

(…) Il Cavalier Marotta, dopo esser stato in carcere imputato che dasse un pugno tanto forte alla S.^{ra} Hippolita in una tempia, per il quale fu giudicato dovesse morire, sì ben poi per Deo gratia non ha havuto altro; ha mutata casa e l'ha presa attaccata al Farinaccio rempetto a Pasquino. La poveretta disse nel suo essamine che si feresche la detta tempia cadendo in casa, sì bene la causa è che gli diede il Cavallier, per quanto si dice, per sospetti. (…)

392. Ercole Provenzale da Roma a (EB, Ferrara) 11.I.1614
   AB, 73, c.89

Illmo S.^{re} mio S.^{re} e Patron Coll.^{mo}

Io ho ricapitato la lettera del Cavaliere Marotta inviattomi dal secretario di V. S. Illma, mi dice di suo ordine. Questa matina sono stato a vedere li preparamenti che si fano in casa del S.ʳ Principe Peretti, li qualli preparamenti è una sena fatta nella salla della Cangelaria, la qualle sena pilia la mettà della detta salla, e la sena si muta al mio iudicio 4 volte. In facia della sena li sono doi cran quadri che li è dipinto Roma, e dopo a ciascheduno di detti quadri li ne sono 3, che a spingere dalle bande li primi, si scropano li secondi: e così di mano in mano si vano scuprendo tutti 4. Dalle bande di detta sena li sono certi triangoli alti quanto è la sena, che a girarli ora mostrano una faciatta ora una altra. Di sopra li è finte uno ciello di nuvolle; ha poi da comparire uno mare ed una barcheta che viene fora de una fenestra di detta salla carica di musici e la barca è cranda quanto una gondolla veneciana. In questa sena se li rapresenta una favola che non si ode cantare altro che *Ana Maria* ed il nome del Principe e si rapresentarà questa favola in questo modo: ne la metà della salla che non ocupa la sena, li balarà le dame e a ogni meza ora usirà fora li recitanti e li starano circa una ora; e così durarà questa Velia, come nominano lore, circa 7 ore. E a me mi ha parse vedere una cosa molte (c.89v) ordinaria, ma potrìa esere che le belle dame la farano parere quello che non mi ha parse a me. Intorno alla salla non vi è palchi per anco e questo è quanto ho visto ed inteso intorno a ciò.

È forza che dia conto a V. S. Ill.ᵐᵃ de una altra comedia, non meno forsi bella di quella del Principe: scrise a V. S. Ill.ᵐᵃ alcuni giorni sono l'acidento della S.ʳᵃ Impolitta, ma per non sapere il tutto non li ne diede il netto come farò al presente: come sa V. S. Ill.ᵐᵃ Arnesto e Gian Iacomo erano inamorati della S.ʳᵃ Impolitta; ora vedendo Arnesto la cosa andar mal per lui, atrovò il Cavaliere e li dise, vinto dalla rabia che aveva contra la S.ʳᵃ Impolitta, che lui aveva dormitto più de diece volte con sua moglie e che quella filia che dicevano che era sua filiola, che lo domandase a Gio. Iacomo ed a delli altri. Ora il Cavaliere si mostrò molto in colera ed Arnesto li sugiunse che se non li bastava l'animo di fare quello che selli conveniva, che lui lo aiutarìa. Il Cavaliere andò a casa e dise che voleva amazare e la molie e la filia e tutti di casa, e cominciò dalla molie a darli con uno bastone, e la madre curse e seguì poi quello che di già ho scritto a V. S. Ill.ᵐᵃ con una altra mia. Arnesto atrovò Gio. Iacomo (c.90) in casa propria di Monte alto e li diede una stoccata, ma non lo investì e così Arnesto è stato mandatto via, ed è in contumacia della Corte. Si dice che fatta questa velia, il S.ʳᵉ Car.ˡᵉ Monte alto mandarìa via la Impolitta e Gio. Iacome, che di questo mò Dio sa se serà vera. So bene che dicendo io al Cavaliere:- Vorìa che vedesti le sene di Ferrara- lui mi ha detto:- Ho speranza di vederle, e non tornare più a Roma, perché non volio stare sottoposto alla malvagittà della Corte-. Queste cose io ho saputo per una strada stravagante; però molti sano che li ha datto, ma non sano la causa intieramente: sarà bene, per riputacione della S.ʳᵃ Impolitta, che V. S. Ill.ᵐᵃ facia gracia di non parlarne, se bene so quanto V. S. Ill.ᵐᵃ è prudente, e quanto ama la detta S.ʳᵃ Impolitta.

Li è che vorìa comprare il coghio di V. S. Ill.ᵐᵃ: se si risolvese a venderlo, mi facia avisare subito il precio; il detto cochio si trova nel termene che lo casò V. S. Ill.ᵐᵃ, sì la coperta come la casa. Si tiene per fermo che presto si facia Cardinalli. Ed a V. S. Ill.ᵐᵃ li bacio con ogni riverencia le mane

di Roma il dì 11 gen.º 1614

Di V. S. Ill.ᵐᵃ

Devott.ᵐᵒ ser.ʳᵉ
Ercole Provenzalle

** Giovan Iacomo è probabilmente il musico Maggi, ricordato come suonatore di clavicembalo nel libretto dell'*Amor pudico *del 1614 (cfr. Hill, Montalto, p.38). Ernesto dovrebbe essere a sua volta un personaggio in relazione con Montalto.*

393. Alessandro Piccinini da (Bologna) a EB, Ferrara 11.I.1614
AB, 73, c.93

Ill.ᵐᵒ Sig.ʳᵉ e Padrone Col.ᵐᵒ

Non so se averà auto un'altra mia che io facea sapere a V. S. Ill.ᵐᵃ come quel Belardino dala Mirandola per eser fugito dala Mirandola, il prencipe li ha colera, che vorebe stesse a casa, ma lui per l'utile e per inparare sta qua in casa di un suo fratello, il quale fa profesione non volere usisca di Bologna per paura. Che il Sig. Conte Filippo Peppoli, che averebe animo che venische a Ferara per pochi giorni, ogni volta che V. S. Ill.ᵐᵃ l'asicurasse, con mandarlo a piliare e conservarlo e ritornarlo in Bologna: tanto più che

in Ferara con la Compagnia dela Morte e lui li è pasato certe pretesione, che pretendono sia in obligo di andarlo a servire. Io starò aspetando quanto comanderà V. S. Illma. E facio fine il dì 11 genare 1614
Di V. S. Illma

Ser.^{re} Aff.^{mo}
Alesandro Picinini

394. Alessandro Piccinini da (Bologna) a EB, Ferrara 14.I.1614
   AB, 73, c.111

Illmo Sig.^r e Padron mio Col.^{mo}

Quela deli 11 e quela deli 13 ho aute a la posta insieme, e la segietta era partita e siamo a niente circa di avere quel putto. Subito aute le letere son andato dal Sig.^r Conte Filippo e li ho mostrato quanto mi scrive V. S. Illma, e questa sera con il fratelo del putto vol fare ogni sforzo perché le lasci venire; e similmente con il Sig.^r Francesco Cospi, che senza suo ordine non pò partire, ancor che volesse. A dirlo a V. S. Illma, per quelo ch'io vedo, si preparano certe comedie da fare in Palazo, che questo mi fa dubitare non si avrà certo. Il Sig. Conte Filippo fa quanto è posibile. Se l'avaremo, per servire a V. S. Illma quanto prima, anzi subito, venirò con lui a Ferara ala melio che si potrà; e quando non si possi poi avere il putto, starò aspetando se V. S. Illma ordina altro ed a tempo sarò a servirlo. In tanto bacio le mane a V. S. Illma   il dì 14 genare 1614
Di V. S. Illma

Ser.^{re} Aff.^{mo}
Alesandro Picinini

(p.s.:) era bene se V. S. Illma avesse scrito al Sig.Conte Filippo, ma hora è tardo perché o la cosa sarà disperata, overo si otenerà per tutto dimano

395. Alfonso Magnanini da Parma a (EB, Ferrara) 17.I.1614
   AB, 73, c.127

Illmo Sig.^r mio Sig.^{re} e Padrone Col.^{mo}

Non solo il secondo castrato è impiegato nella rapresentatione che si deve fare qui, ma anche egli n'ha una delle principali parti, e non è di certo possibile ad haverlo, dependendo quest'opere da una scuola che chiamano la Disciplina, nella quale è frequentata e da buona parte della nobiltà, e da gran numero de cittadini, di maniera che il Padrone non vuole disgustarne tanti in una volta. Il Sr Ducca di Poli [Mario Farnese], per servire a V. S. Illma, operarà che la recitano intorno alli 29, o 30 di questo, e forsi prima. E poi volendone non solo uno, ma ambidui, dice che gli da quasi l'animo di farglili havere. Però V. S. Illma avvisami se vuole si stabilisca di pigliarli, perché s'anderà preparando quello occorrerà, affinché si possano incaminare la mattina stessa che seguirà alla sera che haverano recitato questa loro opera; ma è ben fatto l'avvisi subito, acciò il Sr Duca di Poli possi solicitare che la recitano quanto prima, ed anco disponerci che tocca concederli, perché non possano non solo uscire di Parma senza licenza, ma n'anco quasi intervenire ad una musica, che così sono certificato di bonissimo luoco (…)

* *Non si conosce nessuna pubblica rappresentazione a Parma corrispondente a questa descrizione del 1614. È probabile che i due castrati possano essere rionosciuti tra i protagonisti del successivo torneo farnesiano del 1616 di cui si ricordano i cantanti: Alessandro Piccolo, don Girolamo di Vilico, il Genovese, Alessandro del Fragnano, il Frattino, Pietro Francesco castrato, il Gradella, oltre al " sopranino del conte Fortunato" (cfr. M. Dall'Acqua, Prima di Monteverdi. Appunti per una storia dello spettacolo farnesiano, in "…Monteverdi al quale ognuno deve cedere…", Parma 1993, p.48).*

396. Vincenzo Landinelli da Roma a EB, Ferrara 19.I.1614
      AB, 73, c.138

(...)
(p.s.:) sono stato a visitare la S.ra Ippolita. La qual'ha anco un poco di rigridine alla faccia. Il marito non resta troppo sidisfatto del S.r Cardinale Mont Alto: bisogna procedere prudentemente con i padroni (...)

397. Vincenzo Landinelli da Roma a EB, Ferrara 22.I.1614
      AB, 73, c.160

(...) Questa sera il Prencipe [Peretti] fa una comedia nelle sue stanze e darà ancor da cena, cui sarà ogni sorte di gente. Montalto, suo fratello, sta a letto per un poco di podagra che ha in un piede (...)
* *La prima delle tre rappresentazioni note della veglia* Amor pudico *è ricordata il 5 febbraio 1614 e le due successive il 9 e l'11. (Cfr. Hill,* Montalto, *p.279 seg.). Non si ha notizia di questa "comedia" che ha tutta l'aria di una anticipazione o prova generale della veglia che si preparava per il carnevale.*

398. Laura Obizzi Pepoli da Bologna a EB, Ferrara 4.II.1614
      AB, 73, c.270

(...) Conosco da V. S. Ill.ma esser tanto favorita (...) e tanto maggiormente n'accresco, quant'ora vedo la particolar premura che tiene ch'io sia di presenza alla belissima sua tragedia della quale, sì come fin dal principio che ne sentii parlare n'ebbi straordinario desiderio, così ancora l'ho mantenuto sempre; e credo seguirà l'effettuazione, stando le parole che ha detto il S. Conte mio, la prima domenica di quaresima, se V. S. Ill.ma avrà il comodo, de quali strettamente la prego, che per essere impazzato per tutto carnevale in queste feste, dice non potere prima ricevere tal favore, ed io tal sotisfazione; e del tutto più esplicatamente intenderà dal Mazzolini (...)

399. *Ill.mo S. Enzo Bentivoglio mentre la seconda volta era Principe dell'Accademia degl'IN-*
      TREPIDI, Con gl'intramezzi del Sig. Cavalier Battista Guarini. Descritti, e dichiarati
      dall'ARSICCIO Accademico Ricreduto. Aggiuntivi appresso alcuni Discorsi del medesi-
      mo Arsiccio sopra ciascheduno intramezzo. Dedicati all'Ill.mo e Rev.mo Sig. CARDINAL
      SERRA. In Ferrara, Per Vitt. Bald. Stamp. Cam. 1614 (es. consultato in GB-Lw)

(c.2) (Dedica dello stampatore Baldini)
Non così tosto il Signor Enzo Bentivogli, con la rappresentazione ammirabile dell'*Alceo Favola* d'Antonio Ongaro, e degl'intramezzi del Signor Cavalier Guarini di celebratissima ricordanza, troppo altamente confirmò il comune concetto della sua generosa magnificenza, che in me nacque un vivo desiderio d'illustrar le mie stampe di memoria e di fatto, per ogni riguardo, magnanimo e reale: acciocché, a chi non ebbe ventura di vagheggiarlo in iscena, non si tolga l'ammirarlo in iscritto. Da me dunque supplicato quel Signore, non pur di farmi aver copia di quanto occorreva benignamente si compiacque, ma di più egli medesimo volle esser quegli che la persona che dovea spiegar la rappresentatione eleggesse. Questi fu l'Arsiccio, quel medesimo che, per comandamento dello stesso Signore discrisse, già fanno due anni, il torneo. Io me ne consolai (...) (c.2v) Abboccatomi con lui, e scopertoli l'animo mio di consecrar l'opera a Vostra Signoria Illustrissima, egli lodonne la diliberazione; perché colà appunto, dove il Signor Enzo fissi come in particolar oggetto della sua vera divozione ogni riverente pensiero, si sarebbe inviata ad ogni modo. Ma aggiunse che alle grandezze di lei non conveniva già un semplice racconto appresentare, e che perciò avrebbe procurato, con dichiarazioni e discorsi sopra gl'intramezzi, di rendere il volume, non con la grossezza, ma con le materie nobili e gravi, all'Eminenza di Vostra Signoria Illustrissima più corrispondente. Quale addunque più mesi sono da<l>lui mi fu cosignato, tale ora umilmente il dedico a V. S. Illustrissima (...) Di Ferrara dì ultimo di febbraio 1614. (...)

(c.3)   LO STAMPATORE A' LETTORI.

Quando l'Illustriss. Sig. Enzo Bentivogli si dispose, già sono da quindici mesi, di far rappresentar l'*Alceo Favola Piscatoria*, con gl'intramezzi del già Signor Cavalier Guarini, illustre fregio di questa città, e gloria del presente secolo; io, dalla riuscita della sola pruova che pubblicamente, e con tanto concorso, se ne vide, feci ragione quanto riguardevole e maravigliosa sarebbe ella comparsa allorché con pompa solenne, e generosissima, veder si dovea in iscena. La onde m'affrettai d'aver la descrizione di essi intramezzi, per presentarvi ogni cosa nello stesso punto, che si sarebbe recitata. L'ebbi, per ordine del Signor Enzo, dall'Arsiccio, non pur con le dichiarazioni di passo in passo, ma con la giunta di molti discorsi sopra ciascheduno intramezzo. Ma perché la venuta di quei personaggi, a' quali principalmente sì nobile rappresentazione era dedicata, si dileguò, e al Signor Enzo convenne per suoi affari condursi a Roma, di così nobile e magnanimo spettacolo fummo privati. Io non ristetti per questo di stampare, tenendo per fermo che, al ritorno di quel Signore, si sarebbe alla comune aspettazione soddisfatto. Il pensiero non m'è del tutto fallito, poiché l'opra s'è fatta, ma molto diversa, sì perché gl'intramezzi hanno in più d'un luogo ricevuta qualche mutazione, come si vede; e sì ancora perché non più con l'*Alceo*, ma con l'*Idalba Tragedia*, ha voluto il Sig. Enzo, che compariscano in iscena ed in istampa. Contuttocciò, havendo io già fatta la spesa dell'*Alceo* e de' primi intramezzi, e stimando che l'opra, e per li discorsi e per le dichiarazioni e per altri riguardi, non sia del tutto indegna del vostro cospetto, ho diliberato d'appresenta[r]lavi. (…)

(c.6v)   L'ARSICCIO A' LETTORI

Ecco, cortesi Lettori, che quell'Arsiccio, che l'anno addietro v'apresentò la descrizione del pomposo e real torneo, ora col raccontamento degli stupendissimi intramezzi co' quali il Signor Enzo Bentivogli ha fatto porre in iscena l'*Alceo Favola Pescatoria* d'Antonio Ongaro, di tornarvi con la stessa maschera pur anche davanti ha preso ardire. (…) Quando dal Sig. Enzo (per cominciar di qua) fu l'Arsiccio della presente fatica aggravato, egli a maggiori e più dovuti studi e a que' negozi, che non con sorda, ma strepitosa lima, ed eterna gli van rodendo la vita e logorando la complessione, si ritrovava intento: nulladimeno, per servir a Cavaliere sì ragguardevole ed eminente, a qualunque altro affare di lettere diede sosta; quel tempo dedicato a essi, nel racconto di sì magnanimo spettacolo impiegando (…)

(dichiara di essere riuscito nell'impresa tra dicembre e gennaio, ma la sfortuna che lo perseguita in tutti i suoi affari ha colpito ancora: prima riferisce, come di un fatto noto, della disgrazia capitata al manoscritto già avviato alla stampa, costringendolo a riscrivere tutto di suo pugno -senza tener conto ovviamente del più grave annullamento della rappresentazione-. Tratta poi delle polemiche e pettegolezzi originati dal mistero sul suo nome scelto per la stampa del 1612. Segue quindi, per ogni intermezzo, il racconto con i testi e il commento dell'Arsiccio, dotto ma ridondante di citazioni, per le quali inserisce una spropositata tavola degli "Autori allegati nelle Dichiarazioni, e ne' Discorsi" (c.3v) con centinaia di nomi. Oltre ad una "Tavola delle discrizioni, e apparizioni delle scene, e de' personaggi degl'intramezzi" (c.4), che andrebbe confrontata con la descrizione stampata per l'*Idalba* e con il manoscritto di Enzo Bentivoglio, la stampa presenta una tavola degli interventi dell'Arsiccio che riportiamo:)

(c.5) TAVOLA DE' DISCORSI DELL'ARSICCIO
sopra gl'intramezzi del Cavalier Guarini.

1. Introduzione, dove si parla degli spettacoli. Sopra il prologo.
2. Perché la FEDE, e la SPERANZA sieno poste in guardia del Tempio d'Amore. Sopra il primo intramezzo
3. Dell'origine dello intramezzo.
4. Dell'ammazzar se stesso. Sopra il secondo intramezzo.
5. Del contatto tra la parte sensitiva, e la ragionevole. Sopra il terzo intramezzo.
6. Che la libertà, o lo imperio della ragione si perde.
7. Che la ragione racquista il perduto impero. Sopra il quarto intramezzo.
8. Discorso in lode della verginità.
9. Della necessità naturale delle nozze.
10. Della necessità morale delle nozze.

11. Della necessità politica delle nozze.

12. Che si convegna allegorizzar le favole con materie morali, e filosofiche.

13. Che cosa sia libero arbitrio, e perché così chiamato (c.5v)

14. Opinioni d'alcuni, che d'ammortarlo, o raccorciarlo si credettero.

15. Le proposte opinioni si ribattono.

16. Platone vuole, che i vizi sieno volontari.

17. Né il Cielo, né le stelle spengono, né storpiano il libero arbitrio. Sopra il quinto intramezzo.

18. Dell'origine e della necessità del consiglio.

19. Della malagevolezza del consigliare.

20. Delle condizioni de' consiglieri.

21. La providenza di Dio si prova in dottrina di Mercurio Trismegisto.

22. Intesa e insegnata da Platone.

23. Conosciuta e confessata da Aristotile.

24. La medesima si conferma col testimonio de' poeti più illustri.

25. Che le sciagure, che avvengono ai buoni non tolgono la Providenza.

* *L'Arsiccio, che già aveva commentato il torneo organizzato a Ferrara da Enzo Bentivoglio nel 1612, è l'accademico intrepido Ottavio Magnanini. Come si ribadisce nella prefazione degli intermedi a stampa dell'*Idalba *(cfr. oltre) L'*Alceo *non fu più rappresentato nel carnevale del 1614 e la dedica dello stampatore Baldini fu stampata in anticipo con la data dell'ultimo febbraio, per poter usare il libro durante la rappresentazione dell'altra tragedia, o farne circolare memoria immediatamente dopo, per la comune materia degli intermedii e soprattutto il commento dell'Arsiccio. L'*Idalba, *infatti, fu rappresentata nello stesso giorno previsto dal titolo dell'*Alceo *(tale concomitanza aveva creato notevole confusione negli studi sullo spettacolo di quegli anni) e interi passi dei due libretti sono del tutto identici.*

400.   *Intramezzi dell'Idalba tragedia, fatta rappresentare dall'Illmo Sig. ENZO BENTIVO-GLI in Ferrara di 6 di febbraio 1614. Descritti dall'ARSICCIO, e dedicati all'Illustrissimo e Reverendiss. Sig. CARD. BORGHESE. In Ferrara, appresso Vitt. Bald. Stampatore Camerale 1614* (es. consultato: GB-Lbl)

(Dalla dedica al Card. Borghese)

Io mi confido che questi magnanimi scherzi del Sig. Enzo Bentivogli saranno tanto graditi da V. S. Illustrissima, quanto è l'amore col quale ella non isdegna di contracambiar l'umile ed empermutabile servitù di questo Signore: che tanto benigna tra gli affari grandissimi della mente di lei ritroveranno l'entrata, quanto è stato lo stupore da essi prodotto in queste (p.n.n. II) contrade. Poiché da sì generosi ricreamenti potrà sempre V. S. Illustriss. trar certissimo argomento della grandezza dell'animo di lui in ispender daddovero ne' servigi della Santa Sede, e di N. Sig., e di lei propia non pur l'avere, ma la vita medesima (...)

(p.1) *Descrizione degl'intramezzi dell'*Idalba (...)

Sono da quindici mesi, che il Sig. Enzo Bentivogli, di nascita grande, e di pensieri generosissimo, diliberò, per solennizar maggiormente la venuta in questa città dell'<Il- l'> Illustriss. Sig. Card. Rivarola Legato di Romagna, e dell'Eccellentiss. Principe (p.2) Peretti, (...) di trattenerli con qualche spettacolo scenico. Fu giudicato a proposito l'*Alceo Favola Pescatoria* d'Antonio Ongaro, se non per altro, certo per avvicinarsi ella più d'ogni altra, all'*Aminta* del Tasso, ch'è la vera Idea delle favole boschereccie. Alla qual rappresentazione aggiunse un superbo apparato, e intramezzi, sì per l'autore, che fu il Sig. Cavalier Guarini di gloriosa ricordanza, e sì per le machine, oltre al creder umano bellissimi e maravigliosi. La sola prova, che se ne vide, fece stupire ogniuno. Ma perché quei signori non vennero, e al Sig. Enzo per suoi negozi convenne andare a Roma, l'opra di necessità fu prorogata in altro tempo. E parendo, che di sì fatti spettacoli il carnevale sia la propria stagione, ha voluto il Sig. Enzo quello che allora non poté, or recare a compimento; e tanto più avendo inteso che il medesimo Sig. Card. Rivarola, per certi affari della general bonificazione di cui è prudentissimo soprintendente, qui in Ferrara dovea condursi, conobbe che veniva a conseguire in gran parte il fine per lo quale a sì grand'opera egli diede cominciamento. E però vero, che, e nella Favola, e ne- (p.3) -gl'intramezzi si sono fatte mutazioni gagliarde.

Perché non più l'*Alceo*, ma l'*Idalba Tragedia* di Mafeo Venieri illustre poeta de' nostri tempi, ha voluto che si reciti. E quanto a gl'intramezzi, alcune cose si son levate, e molte, non senza gran giudicio, aggiunte dal medesimo Sig. Enzo, con l'aiuto però dello ingegno del Signor Girolamo Preti (…) La rappresentazione è riuscita sì magnifica, e solennemente superba, che ben ragione voleva che di comunicarla a chi non la vide e di lasciarne, come di cosa reale, qualche memoria a' vegnenti secoli, alcuno si prendesse la briga. (…) (p.4) Che la fama avea per le vicine contrade, sparso l'avviso dell'opera maravigliosa, che il Sig. Enzo andava preparando, e perché egli col torneo dell'anno 1612 troppo alto saggio dato avea del suo magnanimo cuore, sì come ognuno s'imaginava di veder altri stupori, altre grandezze alle passate punto inferiori, così se ne stavano pronti per volarsene a Ferrara subito, che del dì determinato avessero intesa la pubblicazione. Il quale venuto, che fu dì 6 di feb- (p.5) -braio assai per tempo si trovò ripieno il grande, e nobilissimo teatro, che fu nella Sala reale per lo torneo sopraddetto fabbricato. (…) (p.6) E mentre dalla nascosta scena, fabbricata nel capo del teatro verso il cortile, fu dal suono imperioso di molte trombe comandato a tutti che si facesse silenzio, quanto più ciascuno chiuse la bocca, tanto maggiormente aperse l'orecchie e sforzossi d'aguzzar la vista. Dopo il qual segno, dileguatasi una grandissima cortina, apprentossi un ornamento d'architettura tanto nobile, anzi tanto reale, ed in ogni sua particella esquisitamente perfetto, che come mi fo a credere l'Argenta, che ne è stato l'Autore, aver impoverito le ricche minere del suo sapere, così nel discriverlo, di me stesso diffidando, lascio, che ciascuno, con la forza dell'immaginazione, per se stesso alla verità del fatto, quanto più potrà s'avvicini. La scena era quale si conviene a una tragedia, cioé palagi reali e nel vero tanto superbi, che maggiore non credo fosse quella Porsepoli tanto famosa (…)
(segue descrizione della prospettiva; apparizione di due fanciulle riccamente vestite) (p.9) Erano addunque le due giovani la FEDE, e la SPERANZA, le quali al suono d'un chitarrone i seguenti madrialetti in luogo di prologo dolcissimamente cantarono (…) (mentre cantano il tempio comincia ad innalzarsi in cielo) (p.11) La musica de' quai versi era sì bene aggiustata al lento, e poco men che insensibil moto del tempio, che con la di lui partita finì insieme il canto, il quale d'estrema e disusata soavità riempì gli animi de gli spettatori. (…)
(alla fine del I atto della tragedia "la quale fu da onorati giovinetti eccellentemente recitata", la scena muta presentando la città di Corinto; apparizione di Medea rappresentata da una "giovane" che inizia a cantare, alla cui invocazione ecco uscire l'invocata Luna) (p.14) (…) comparve in alta parte del Cielo essa Luna, cioé una bellissima giovane vestiva appunto da Dea, con una saccona di rocca d'argento, con istesse di tremola ricamatevi sopra; (…) Ella stando in piedi, sopra un globo tanto grande, quanto appena potea tenervi i piedi, e senza vedersi con l'occhio come camminasse, si ridusse nel mezzo della scena e cantò con voce chiara e dilicata lo infrascritto madrialetto (…) Al fin del quale pervenuta, cominciò a scender dal Cielo fra groppi e invogli di bellissimi nuvoli, un carro tutto d'oro e d'ariento e di vari colori dipinto, (p.15) tirato da due draghi sì maestrevolmente formati (…)
(la Luna canta un'ottava, mentre i draghi vomitano fiamme. Compare infine Giasone, disperato:) (p.17) [Giasone] disse le seguenti parole, cantando ottimamente un basso, e con musica propria della sua miserabile sciagura (…) (col duetto tra Giasone e Medea finisce il primo intermedio)
(P.20) Secondo intramezzo.
Compiùto che fu il secondo atto, una nuova scena apprentossi a gli occhi de' riguardanti, poché sparite quelle fabbriche altere, si vide nella prospettiva un mare, e d'ogni intorno isole spaciose (…) da alta parte del Cielo un carro, il più bello ed il più vago che l'arte possa fabbricare (…) Era tirata questa bellissima machina da due grandi e fieri griffi i quali, movendo l'ali e il corpo, col mostrar d'esser vi- (p.21) -vi, rendean maggiore la maraviglia e l'attenzione. Dentro il carro sedeva una dama (…) Teneva questa dama nelle mani catene di fiori bellissimi, con le quali avea fatto suo prigionier un Cavaliere che le dormiva in seno, e questi avea un corsaletto d'oro al petto, con un girello nobilissimo, una mezza spada gli pendeva al fianco, le (P.22) ginocchia erano ignude e gli stivaletti inargentati. Da i quali contrassegni ognuno si ramentò agevolmente il caso d'Armida, allora che per farne straccio prese Rinaldo; dicendo il Tasso (…) (segue duetto di Rinaldo e Armida). (p.25) E quando gli spettatori si credevano che qui avesse avuto fine lo intramezzo, a più alti stupori si diede cominciamento. Imperocchè (…) spalancossi il pavimento del palco della scena, e si vide sorger un mare che sì bene imitava quel vero e naturale ondeggiamento, quel soave inalzarsi e abbassarsi ch'egli fa, non già nel suo più tempestoso

fiotto e marea (…) ma quando certi piacevoli venticelli negli ardori della state dolcemente il vezzeggiono (…) Piacque in estremo la invenzione, e tanto più fu lodata, quanto non ci ebbe chi non giudicasse che quanti mari sono oggidì veduti in iscene, benché reali, da questo del Sig. Enzo, nella naturale imitazione di quel movimento, sian rimasi soperchiati, e vinti di gran lunga. A sì bella vista erano intenti gli spettatori, quando dall'uno de' corni della scena, s'udì una voce di donna, che non men dottamente che soavissimamente cantava. (p.26) Or qui rinovò l'attenzione e la maraviglia. Comparve pian piano nel mare, che dicemmo, una nave tanto bella tanto vaga tanto ricca d'oro d'ariento e di gemme d'ogni colore, che me illustre dirò quasi, che sia quella, che risplende in cielo. E quello che la rendea più stupenda e vaga, era un drago oltramirabile, che serviva per rostro e sperone della nava. Avendo in ciò voluto il Sig. Enzo imitar gli antichi, non tanto perché nella cima della prora era un qualche nobile animal, e più stimato formavano; quanto perché da essi ogni loro navilio a quel Dio, che più degli altri riverivan per protettore, era consecrato dal nome loro la nave medesima denominando (…) portando una bellissima giovane, e due cavalieri armati; questa era quella donzella fatale, che secondo il dottissimo favoleggiamento del Tasso conduceva Carlo, ed Ubaldo a liberar Rinaldo da i lacci indegni d'Armida (…) (p.27) ed era l'aria sì graziosa, e di passaggi e di spiriti bellissimi sì ripiena ed ornata, che gli spettatori per l'inusitata ed eccessiva dolcezza, più attoniti restarono che se al canto micidial delle sirene fossero stati intenti: anzi, che si cara e soave al par di questa stata fosse l'armonia di quelle bellissime fiere del mare, non avrebbe Ulisse fuggita ma incontrata così avventurosa morte, ed un così dilettevole venir meno. (…) (p.28) la donna si diede a cantare la seguente ottava, con tanta grazia, con sì leggiadra melodia, che vinse se stessa. E se con la passata canzone si lasciò addietro le sirene del mare, in questa pareggiò in un certo modo quelle del Cielo.

Fort.[una]: *O dolcezze amarissime d'Amore,*
In cui si giace un cor vivo sepolto.(…)

(dopo l'esecuzione di questo testo celebre di Guarini, appare una sirena che tenta cantando i cavalieri, i quali nobilmente rifuggono la tentatrice, costretta per l'offesa a tuffarsi nel suo mare incantato e così finisce l'intermezzo ricco di citazioni dal Tasso)

(p.31) Terzo intramezzo

(…) E dopo un pieno e sonoro concerto di voci e di strumenti che allora s'udì, e nel fine di qualunque atto e avanti il principiar d'ogni intramezzo, si vidde apparire un giardino così vago e delizioso (…) (tornano Armida e Rinaldo incantato, cantando; sopraggiungono Carlo e Ubaldo, i quali convincono Rinaldo ad abbandonare Armida, la quale invoca un mostro infernale e sputafuoco e vi sale sopra cantando)

(p.43) Quarto intramezzo

(…) (al posto della scena marittima compare un piacevole paesaggio pastorale) A sì bella vista erano intenti gli spettatori, quando da uno di que' monticelli dilettevoli uscì una donna grave, con una tenera donzella per mano (…)

(sono Cerere e Proserpina: duetto delle due; seguono altri personaggi a sorpresa: madrigaletto di Cinzia; poi torna la scena marittima del secondo intermezzo ed appare Venere in conchiglia con due ninfe e tritoni. Duetto di Cinzia e Venere) (p.49) Perciocché, sì come l'una e l'altra giovane cantano eccellentemente, e le voci loro son dilicati e soavi e la disposizione gentilissima, così in quel punto pareva che di sopravvanzar se stesse e di vincer, non men con le parole e con le ragioni che con l'arte e con la dolcezza la propria nimica si sforzassero. Intantoché a me rassembravano due gentili e boscherecci usignoli, nel picciol gargozzule de' quali tutto quello a musica partenente, che dopo un lungo stentar l'uman ingegno ha saputo inventare, più eccellentemente a mille doppi per natura allogato si trova. (…)

(risulta vincitrice del contrasto Venere, che invoca Cupido: ed ecco uscire ninfe e tritoni dal mare, intonando in coro un "madrialetto") (p.57) (…) Ma quì avvenir dovea una nuova forma di intramezzo; qui era per apparire un nuovo raggio della magnificenza del Sig. Enzo: e tanto insolito, che infin a quest'ora non credo Principe alcuno averci, in tale occasione, posta la mano. E se pure ce ne fosse esemplo, questo è certo, che il Sig. Enzo non ci era stato portato che da' suoi generosi pensieri. Considerando questo Signore che non potendosi dar cominciamento alla rappresentazione prima del tramontar del sole e che a recar a fine la tragedia e gl'intramezzi non ci volean meno di sette, e forse più, (p.58) ore, avrebbe di leggieri la longhezza del tempo qualche non lieve nocumento alle dilicate complessioni delle dame cagionato; diliberò, con una collazione di bellissimi, e vari confetti e con vini preziosissimi, di ristorarle. Ma in opportunità tale, che sì nobile ed improviso rinfrescamento sembrasse parte, se non necessaria, almen non del tutto forestiera, d'uno degl'intramezzi. E però essendosi tra Plutone e Proserpina celebrate le nozze, volle il Sig. Enzo che questo fosse il tronco, ove così gentil inesto si facesse. Finito addunque il concerto delle ninfe, e de' tritoni, la Dea Venere tutta piena d'insolito fasto e ridente, cantar dovea il madriale che segue e del quale altra penna gentile è stato l'autore:

> *Or, che del dolce nodo,*
> *Che Proserpina unisce (…)*

(appare a sorpresa una ricca tavolata imbandita pronta per distribuire i rinfreschi alle dame, con grande successo di pubblico: ma proprio l'enorme numero degli spettatori, e il muro umano costituito dalla plebe a ridosso della scena, impedisce la programmata distribuzione con "amarissimo dispiacere" del Bentivoglio. Perciò si rinchiude in gran fretta la scena)

(p.61) Quinto intramezzo

Compiuto il quinto atto dell'*Idalba*, si credeva ognuno che altro da vedere né da sentir rimanesse: perché se finita era la favola, come si poteva ella intramezzare? tuttafiata, considerando il Cavalier Guarino che le cose oltramirabili sono così care, che quantunque impossibili, purché dal credevole non si dipartino, sì come avvidamente da gli huomini sono bramate, così dilettano in eccesso gli spettatori; consigliò il Sig. Enzo a chiuder quel reale spettacolo con qualche maraviglioso avvenimento. E maggiormente, ch'essendo stato tanti anni sono pubblicata per le stampe l'*Idalba*, non s'erano quei personaggi, né tanto popolo, per udir semplice-(p.62)-mente quella favola raunati insieme, ma per essere, in virtù di quegli altissimi stupori, tratti, si può dire, fuori del mondo e di se stessi.(…)

(nuova scena: cala dal cielo Mercurio che chiama a concilio gli dei, ciascuno su un carro sospeso in aria e cantando; quindi si allontanano sempre in volo). (p.71) (…) Non erano gli spettatori ancor ritornati in se stessi, per le vedute maraviglie e per li ricevuti diletti, quando per ultimo ed eccellentissimo condimento di questa rappresentazione augusta, tra quell'aer nuvoloso e vagante si scoperse un nuovo agitamento: e poco dopo una bellissima nuovola e assai grande spiccar si vide dall'altre, che pian piano con gentile maestà si ridusse nel mezzo della scena (…)

(compare al suo interno il Tempo, rappresentato come un vecchio con la falce e le ali, con accanto due ragazze rappresentanti la Bellezza e la Gioventù) (p.74) Il primo a parlar cantando fu il Tempo, il quale dopo aver brevemente narrato alcuni effetti della sua ingorda, ed insaziabile potenza, conchiuse (…) Così dunque, faccendo un basso molto eccellentemente, al suono di chitaroni toccati da velentissimi maestri rappresentanti l'Ore, disse il Tempo:

Tempo. *Io sono il Tempo;*
Io son quel Dio possente (…)
(cantando a turno e poi insieme, Tempo, Bellezza e Gioventù:)
(p.77) (…)*S'oggi voi qui vedeste opre stupende,*
E meraviglie nuove,
Alla forza d'Amor tutto s'ascriva.
Egli é, che desta, e muove
Spiriti generosi, e l'alme accende,
Ad impresa, ch'altrui stupido rende.
S'attoniti miraste
Machine, e mostri, e meraviglie, e Dei (…)

(p.78) (…) La Bellezza, cortesemente piegata a così giuste ed onorate preghiere, cantò il sonetto posto quì appresso, ed il quale fu in altro tempo da altro autore in altra occorrenza composto, ma tanto somigliante al proposto pensiero, che di lui non ha sdegnato di servirsi il Sig. Enzo; e tanto più che la musica, fatta già in Roma, è la più bella, la più graziosa, e la più (p.79) ricca di tanti e sì gentili e spiritosi passaggi, che cader possa nell'umana imaginazione.

Donna bella, e crudel vincavi omai
Giusta pietà de' suoi gravi martiri (…)

Qui ebbe fine lo intramezzo e insieme la rappresentazione, per ogni parte superba e augusta, e di cui troppo ben quelle gran parole, che Plinio scrisse del [e]dificio oltrumano di Scauro, intender si possono (…) (p.80) Le quali, perché son troppo degne (tanto fanno al proposito di questo spettacolo scenico) che ogniuno le intenda, il volgarizzarle mi si conceda. Ora delle cose di questa grand'opera, quale a sé tirerà maggiormente la nostra maraviglia? Il trovatore, o la cosa trovata? Il maestro, o l'autore? Colui, che d'imaginarsela ha avuto ardimento, o d'operarla accettata ha la impresa? Chi ha sappiuto ubbidire, o chi avuto ha ingegno di comandare?

Il fine del quinto, ed ultimo intram[ezzo].

401. Alessandro Piccinini da Bologna a EB, Ferrara 15.II.1614
    AB, 73, c.313

Illmo Sig.^r e Padron mio Co.^{mo}

Con la ocasione dela caroza ho voluto avisare V. S. Illma come il putto si trova obligato al Illmo Sig.^r Car.^{le} legato per una comedia che li è stata dedicata, che si deve recitare in Palazo, a tal che non se li trova rimedio. È vero che questa comedia credo si farà al ultimo di carnevale, e se V. S. Illma facesse la sua asai prima e che il Sig. Card.^{le} si contentasse che venesse, potrebe servire ognuno. Io son andato tanto domandando e cercando che ho trovato un puto, il quale mi è stato detto che sarà al proposito. Io lo sentirò e se trovo sia al proposito, credo l'averemo senza dificultà. Il Mastro di capella di S. Petronio dice non è tropo l'ha sentito, che da la voce in poi, che non è ecelente come l'altro, che del resto è meglio per quelo che se ne vol servire V. S. Illma ed ha bu[o]nissima ciera. V. S. Illma potrebe fare questo: per la prima ocasione darmi risposta e mandarmi le parole e musica che fa bisogno, che mentre che uno deli dui venga, non sarà se non bono abiano inparato a memoria il tutto. Questo putto ancor lui canta una sera a una cademia, l'altra [è] in altro loco obligato, a tal che ognuno crida come vedono che abiano da stare privi per molto tempo, si che fa bisogno tenirse poco fuori e così prometerli. In tanto starò aspetando risposta e bacio le mane a V. S. Illma   di Bologna il 15 febrare 1614
Di V. S. Illma

Ser.^{re} Aff.^{mo}
Alesandro Picinini

402. Ercole Provenzale da Roma a (EB, Ferrara) 21.II.1614
    AB, 73, c.349

Illmo S.^{re} mio S.^{re} e Padron Col.^{mo}

Questo carnevalle non si è fatto altro che la inclusa comedia, qualle è stata recita tre volte nella salla della Cancelaria fatta fare dal Principe Pereto: la prima volta fu recittata il mercore sera di carnevalle, e non li dansorno né dame né manco altro e non si fece colacione, ma fu recita[ta] così semplicemente, se bene li era molta gente e durò in circa 4 ore; la seconda volta fu fatta la domenica di sera del carnevalle, dove li intravene tutte le dame e cavalieri e buona parte de Cardinalli e Prelatti principalli di Roma: si dansò a ogni fino d'atti. Come V. S. Illma vede dal libro al secondo atto, furno le dame regalate de una colacione di cucaro [=zucchero] servitte da cavalieri, ed in quello istante che si faceva la colacione suonavano li violini che servivano per la dansa; le dame non si mosero dalli loro lochi, le qualle sedevano su delle sedie tanto lontano al palco della sena, che selli poteva dansare, e questa secuna volta durò 7 ore, che tanto era di notte. La terza volta fu recit[a]ta la sera di carnevalle nel modo e forma della prima. In quanto alla sena, so di averne scritto a V. S. Illma che era una cosa ordinaria, e nel fare aparire e nu[v]ole e mare ed altre cose, si averiano potutto fare comparire asai meli[o], poiché sono cose che, se bene non si sono visto in Roma, sono però statto fatte in altri lochi infinitte volte, come sa melio di me V. S. Illma. (c.349v)

L'ocasione di avere tanti musici valenti, per essere tutta in musica ed una audiencia di tante dame e Principi, la fece parere qualche cosa in quanto alla spesa, la sena e palchi, li qualli erano fatto a gradi a torno alla salla: secondo al mio iudicio importava da 2 mila ducati li afitti de recitanti (la magior parte è venuta da Fiorenza, che sono di quelli che altre volte il Cran duca si è servito). La collacione poteva valere 400 ducati.

Fu poi mandatto a casa a 70 dame dal Principe Peretto uno bacille in argentato di vimine con una stattonata di cucaro e delle paste di Genova ed altre cose simille, che poteva valere l'uno 4 ducati. La S.^ra Impolitta fece la parte di Venere e, nel calare la domenica di sera in una nuvoleta, si ebe a fare malle; la parte del Dio d'Amore la fece il castradino di Borg[h]ese. Li recittò Gio. Domenico Malchiore: in soma tutti valenti[ho]mini. Questo è quanto posso dire intorno a ciò a V. S. Illma. Del resto mi rimetto al libro ed a V. S. Illma bacio con ogni riverencia le mane di Roma il dì 21 feb.^o 1614

Se V. S. Illma farà stampare quello che si è fatto questo carnevalle in Ferrara, mi facia gracia di farmene mandare uno libro, che mi vien detto che sino state cose belissime e da molti mi vien domandatto Di V. S. Illma

Devott.^mo serv.^re
Ercole Provin.^le

(c.350) (p.s.:) Io non mando a V. S. Illma la musica perché non è stampa[ta]; anco ho duratto fatica avere uno di questi libri

* *Ancora sulla veglia* Amor pudico: *sullo spettacolo cfr. Hill,* Montalto.

403. Ercole Provenzale da Roma a (EB, Ferrara) 26.II.1614
AB, 73, c.381

Illmo S.^re mio S.^re e Padron Coll.^mo

Per questo ordinario a V. S. Illma li sarà datto dal Mastro della posta di Ferrara para sei di guanti della cunza ordinaria di Roma, li qualli il S.^re Luca Ant.^o [Eustachio], Cameriere secreto di N. S. le manda alla S.^ra Francesca. Ed ha comeso a me questo servicio, e perché vengano più sicuri li ho inviatti a V. S. Illma, che mi farà gracia farlile dare.

Per l'ordinario pasatto inviai a V. S. Illma il libro della comedia del Principe Peretto con la relacione, la qualle non so se sarà stata conforme al gusto di V. S. Illma; so bene che li dide la relacione con ogni sincerittà, anci lo dirò di più, che quelli che stavano nella parte de palchi più alti vedevano dentro alla sena tutto quello si faceva e come si movevano le machine e li lumi che facevano aparire il mare, ed altre cose, che sa V. S. Ill.ma quanto queste cose voliano essere fatto in modo che non si scopra come si facia. Ed a V. S. Illma bacio con ogni riverencia le mane   di Roma il dì 26 febrare 1614 Di V. S. Illma

Devotiss.^mo ser.^re
Ercolle Provenzalle

(p.s.:) quelli che volevano il cochio non hano mai più detto altro

* *Luc'Antonio Eustachio, napoletano, era cameriere segreto ed arpista del Papa almeno dal 1609; a lui M. Mersenne* (Harmonie Universelle, *Parigi 1633), attribuisce l'invenzione dell'arpa tripla: cfr. Durante-Martellotti,* L'arpa di Laura.

404. Cesare Marotta da Roma a EB, Ferrara 3.III.1614
AB, 73, c.427

(...) Mando a V. S. Illma la *romanesca* che mi comanda, ancorché mi la reserbasse in mostrarla io alla Sig.^ra Francesca, acciò la sentisse da essa nel modo che desideravo fusse cantata, poiché vado argomentando che il mostrarla non sia facile a chi non ha bene la pratica di essa; che sì bene è romanesca, nulladimeno io la chiamo *romanesca bastarda*, poiché in molti loci deve andare cantata con affetto, ed in altri con tenute di voci accenti ed altre diligenze, quali non si possono scrivere, ma vogliono la viva voce. Io assai fo quando obedisco li padroni; la, preco sì bene a non darla fora perché non l'ha nesuno e mai ho voluto darla, ancorché mille richieste ne habbia hauto. Le parole delli nostri tramezzi qui fatti non li mando, perché V. S. Illma a quest'hora li havrà riceuti dal Sr Provinzale. Le musiche di esse non le posso mandare, poiché subbito fenito la festa, il Sr Card.^le Padrone volse il mio libro delle musiche, e non so a che fine: forse lo facese perché io non desse fuora alcune arie di essi tramezzi fatte da me, le quale hebbero fortuna di piacere universalmente, onde mi furno chieste da molte e molte persone. Anzi alcuni principii di esse mi erano rubbati, mentre erano cantate: ché destramente alcuni musici curiosi, nel sentirle, le scrivevano, ma difficilmente potevano rubbarle interiamente, onde forze (c.427v) il Sig.^r Car.^{le} per questo volse il mio libro, sì che me scusi se hora come hora non posso di ciò servirla. Del honore fatto al sonetto *Donna bella, et crudele*, ne ringratio V. S. Illma, ma mi pare uno honore mozzo, poiché nella descrittione dice che questo sonetto era adornato di molti passaggi e che fu il sigillo della festa e che piacque tanto al populo, e poi dice che fu composto a Roma, e non dice da chi, di modo che Roma ni deve ringratiare V. S. Illma e non io, perché io in ciò non sono nominato a cosa alcuna, e nell'altre discrittione fatte in simile occasioni ho visto ponere li nomi di chi ha composto le parole e le musiche, a fine si sappia per il mondo. Alla fine, di ciò io non me ne curo, perché in affetto io non ho questa albascia, ma dico quello che si usa e cossì si deve fare, sì come vedrà in questa discrittione nostra che si sta stampando (…)

* *Ed. Hill*, Montalto, *p.330. Per quanto riguarda il sonetto* Donna bella, et crudele, *Marotta si riferisce al passo del libretto dell'*Idalba *cit. Pag. 78, dove si dice "che la musica, fatta già in Roma, è la più bella, la più graziosa e la più ricca di tanti e sì gentili e spiritosi passaggi".*

405. Ercole Provenzale da Roma a (EB, Ferrara) 5.III.1614
   AB, 73, c.448

Illmo S.^{re} mio S.^{re} e Padron Coll.^{mo}

L'ordinario pasatto mi capitorno 4 libri delli intramezi della tragedia che ha fatto fare V. S. Illma, doi delli qualli, conforme al ordine sue, li diede al Cavaliere Marotta, e li altri doi, uno ne fece capitare a una Cademia di belle lettere che si fa qua in Roma, e l'atro a Mo[n]s.^r di Sangre, dopo averlo lette io, che in vero è una cosa degna di V. S. Illma. Si stampa la musica e la naracione come è pasatta quella del Principe Peretto: se serà vera, come mi ha detto il Cavaliere Marotta, la mandarò a V. S. Illma. Qui inclusa V. S. Illma averà la musica che ha domandato al Sr Cavaliere Marotta, il qualle si lamenta da V. S. Illma che avverebe voluto che, quando dice che "la musica di quelle sonetto che comincia *Dona bella e crudelle* è statta fatto in Roma" che di[c]ese "dal S.r Cavaliere Marotta". Li ho risposto che forse V. S. Illma l'ha fatto non sapendo che lui si fose contentatto. La S.^{ra} Impolitta dice che era una volta che V. S. Illma li scriveva ogni ordinario, ma che non è più quel tempo; io l'ho asicuratta che V. S. Illma, non ostante questo, la estima ed onora conforme li soi molti meritti. In tanto saluto V. S. Illma con ogni effette ed io li bacio con ogni riverencia le mane   di Roma il dì marze 1614
Di V. S. Illma

Devotiss.^{mo} ser.^{re}
Ercole Provenzale

* *Ancora sull'omissione del nome di Marotta dal libretto dell'*Idalba.

406. Antonio Goretti da Ferrara a EB 12.III.1614
   AB, 277 (1614), c.35

Illmo S.^{re} mio Patrone Col.^{mo}

Ho inteso quanto V. S. Illma mi comanda intorno al negosio delli Restagni: non ho mancato di fare quanto è stato per me possibile per stringere questo negosio, e non gli trovo dificultà per fare lo strumento con li Mendicanti, ma sì bene in fare che li Restagni assicurano per li ducati 150 ogn'anno, di dover ponere sopra il monte per cagione di ristoro, che loro potrano pretendere venendo il caso; sì che a questo non ce trovo ripiego, che per il negosio del Giovanino, se non si può fare di tutta quela quantità che si vorebbe, farà bisogno farla come si potrà.

Quanto a Francesco, lo facio cantare e dal canto mio non manco, ed alla sua venuta credo sentirà qualche cosa di novo. Farò ancora quanto mi comanda presso Ms.Fortunio [Piccinini?]. Qualche volta si canta a conpagnia in casa nostra nelle stancie dove abita il S.r Placido e qualche volta gli è venuto Francesco ed ora gli ho detto per parte di V. S. Illma che ci venga ogni volta che selli canta, che ne sentirà guadagno. Che per fine le facio riverenza e me gli racordo sempre humiliss.^{mo} ser.^{re}, pregando

da Iddio N. S.^re il colmo d'ogni sua felicità.   Di Ferrara il dì 12 marzo 1614
Di V. S. Illma

                                              humiliss.^mo e devotiss.^mo ser.^re di core
                                                                      Antonio Goretti

407. Cesare Marotta da Roma a EB, Ferrara 14.III.1614
AB, 73, c.579

(Marotta propone la strategia migliore per ottenere dal Cardinal Montalto il permesso per lui e la moglie Ippolita di recarsi a Ferrara, aprofittando di un viaggio a Loreto)
* *Ed. Hill,* Montalto, *p.331.*

408. Ercole Provenzale da Roma a EB, Ferrara 15.III.1614
AB, 73, c.586

Illmo S.^re mio S.^re, e Patron Coll.^mo
Mi pareva di avere scritto a V. S. Illma che quelli tratavano di comprare il cochio era per l'Ambasciatore di Savoia, il qualle non è ancora venuto a Roma; e però quelli che me ne parlorno mi dicano che non hano ordine di stringere cosa alcuna per sina che non viene, e se me ne parlarano ne avisarò subito V. S. Illma, quando li fose qualche dificoltà fora del ordine che mi ha datto.
Ho fatto capitare uno libro delli intramezi in mano al Sr Mario Frangipano; il S.^re Luca Ant.^o [Eustachio] Cameriere di N. S. l'ha visto e mi dice che non v'è dificoltà ch'è stato una cosa asai più bella che quella del Principe Perette; e così viene iudicatta da tutti. Io mi ralegro di nove con V. S. Illma che abi così seguitto questa gloria di avere fatto una cosa tanto lodatta da tutti. Il detto S.^re Luca Ant.^o ringracia V. S. Illma del favore che li ha fatto di fare dare li guanti alla S.^a Francesca, e mi dice che averìa a care di sapere che parte ha fatto. Io ho tratatto con questi stampatori di farla stampare, e si esi ristringano in questo, che ne stamparano 500 a suo risico e che io li dia cinqui scudi che me ne darano 50 libri ma voliano metere nella fac[i]ata del libro dove dice intramezi delli "dalla tragedia invencione del S.^re Cavaliere Guerini" (c.586v) perché pretendriano di averne a vendere più: però V. S. Illma mi facia avisare quelli che volle fare.
Vicenzo, che stava per dispensiere con V. S. Illma, è morto di morte subitanea 3 giorni fa. Il Sr Girollimo [Fioretti] è uno anno ormai ch'è for di Roma e mai ha mandatto uno quatrino a queste povere done; io non so come volia che si faciano e che pensiere sia il sua, perché hano scritto e fatto scrivere tanto che sino strazo, e mai hano cavatto cosa alcuna; io vedo che sono in mal termine: non ho saputo fare altro che scrivere a V. S. Illma che facia tanta gracia a queste povere done che il S.^re Girolimo li manda delli quatrini quanto prima. Le robe di V. S. Illma, laudato Dio, si conservano bene. E con tal fine a V. S. Illma li bacio con ogni reverencia le mane   di Roma il dì 15 marze 1614
Di V. S. Illma

                                                      Devottiss.^mo servitt.^re
                                                        Ercole Provenzalle

409. Ercole Provenzale da Roma a EB, Ferrara 26.III.1614
AB, 73, c.696

(...) Ho ricapitatto in mano propria la lettera al Sr Cavaliere Marotta e l'ho ringraziato conforme all'ordine di V. S. Illma, il qualle è restato tutto contento. Ho dato la sua al Sr Gio. Domenico in mano propria e in quanto alli libri delli intramezi io li ho datti a molti SS.^ri li qualli, dopo averli letti, melli sono fatto restituire e datto ad altri, sì che molti li hanno visti. Di novo non ho cosa degna di lei (...)

410. Alessandro Piccinini da Bologna a EB, Ferrara 4.IV.1614
        AV, 74, c.41

Illmo Sig.^r e Padron Coll.^{mo}

Il Sig.^r Conte Bonarelli partì iermatina di Bologna ed il Sig. Dot.^e Lorenzo Balzani dice aver ordine dal detto Sig.^r Conte Bonarelli di aprire il detto pliche con recapitare le dette scritture ala monaca; e mi ha fatto instancia li lassa il plico, che mi farebe la riceuta; io li ho risposto non avere tal ordine, che aviserò V. S. Illma che presto ne averò risposta e intanto io tengo le scriture, cioé il pliche, fino a novo aviso di V. S.Illma.

Dui mulatieri mi hano promesso far l'inbasata a Steffano; e lo chiamano il sordo e di novo fano opera per l'istesso; anzi a un mulatiero li dette la letera mia che mi scrisse il Sig. Galanino, aciò Steffano vedesse il tutto e si asicurasse di venire. E con il fine bacio le mane a V. S. Ill. di Bologna il dì 4 aprile 1614.

Di V. S. Illma

S.^{re} Aff.^{mo}
Alesandro Picinini

411. Alessandro Piccinini da Bologna a EB, Ferrara 5.IV.1614
        AB, 74, c.62

(...) Non mi racordai avisare V. S. Illma che io non recapitai la inclusa del Sig. Bonarelli esendo partito di Bologna, cioè quela del 31 del pasato, sì come ancora il plico delle scriture, come avisai V. S. Illma. Tengo aspetando suo ordine. E con il farli riverenza facio fine (...)

412. Cesare Marotta da Roma a EB, Ferrara 5.IV.1614
        AB, 74, c.58

(Anncora sui piani per convincere il Cardinal Montalto a lasciar partire i coniugi Marotta per Loreto e Ferrara, con Guglielmo Gruminck, marito della cantante Francesca)
* *Ed. Hill, Montalto, p.332. Nel post scriptum Marotta scrive: "vorrei che questa lettera fusse stracciata quando sarà letta": evidentemente la richiesta di Marotta non fu accolta dal Marchese Bentivoglio.*

413. Ercole Provenzale da Roma a EB, Ferrara 15.IV.1614
        AB, 74, c.200

(...) Il piego inviattomi dal secretario di V. S. Illma fu datto subito da me al S.^{re} Cavaliere Marotta, il qualle mi promise di acusare la riceuta di esso a V. S. Illma; e però non me ne piliai altra cura, anci trovai dapoi il detto Cavaliere, il qualle mi dise avere risposto a V. S. Illma. All'isteso Cavaliere li ho datto la lettera che ho auto con questo ordinario (...)

414. Alessandro Piccinini da Bologna a EB, Ferrara 15.IV.1614
        AB, 74, c.211

(...) Ho portato le scriture al Dottor Balzano e mi ha detto che non fa più bisogno tal scritture, poiché si è trovato la rinunzia che fece la monaca e che già l'ha mandata el Sig. Conte Bonarelli a V. S. Illma. Io tenirò costì il plico sino a bona occasione di rimandarlo a V. S. Illma. E in tanto col farli riverenza finisco (...)

415. Laura Obizzi Pepoli da Bologna a EB, Ferrara 15.IV.1614
        AB, 74, c.209

(...) Da V. S. Illma intendo il comun desiderio della Sig.^{ra} Donna Vittoria di vedere rappresentare la belissima sua comedia, del che per la mia parte, doppo averli reso della sua buona volontà mile grazie, l'assicuro che fatto il giorno della prossima Pentecoste io mi ritroverò sempre pronta, e del tutto sbrigata, per venir a ricevere il desiderato favore; e non prima, per molte occupazioni che tiene il S.ʳ Conte mio (…)

* *Si veda anche la successiva lettera delle stessa contessa Pepoli ad Enzo Bentivoglio del 22.IV.1614 (AB, 74, c.291)* "(…) Non prima di domenica passata ho potuto aver campo di vedere la Sig.ʳᵃ Donna Vittoria per tratarli, conforme al desiderio di V. S. Ill.ᵐᵃ, della comedia (…)". *La risposta ricevuta, non sappiamo a che proposito, è negativa.*

416. Ercole Provenzale da Roma a (EB, Ferrara) 19.IV.1614
AB, 74, c.243

Ill.ᵐⁱᵒ S.ʳᵉ mio S.ʳᵉ e Patron Coll.ᵐᵒ

Dopo avere datto le lettere di V. S. Ill.ᵐᵃ al S.ʳᵉ Cavaliere Marotta, serai la lettera della S.ʳᵃ Marchesa e la presentai al Ill.ᵐᵒ Monte alto, al qualle ho ringraciatto in nome della detta S.ʳᵃ del favore che li ha fatto in dare licencia alla S.ʳᵃ Impolitta che venga a Ferrara; ma che suplica di nuove Sua S.ʳⁱᵃ Ill.ᵐᵃ a ordi[na]re al Cavaliere che si parta quanto prima, accioché non sopravenga li caldi. Sua S.ʳⁱᵃ Ill.ᵐᵃ m'ha risposto che desidera di servire la S.ʳᵃ Marchesa e che di già li ha datto licencia e che sta al Cavaliere a solicitare la sua partita. Il tutto ho referito al Cavaliere ed alla S.ʳᵃ Impolitta li qualli, per quanto mi hano detto, verano e si vano metendo a l'ordine. Ed il detto Cavaliere mi ha detto che, per questo ordinario, non scriverà a V. S. Ill.ᵐᵃ perché non ha ancora parlatto al S.ʳᵉ Car.ˡᵉ. Io non mancarò di solicitarlo, se bene non credo che parta se non fra 15 giorni, perché qua sono pioge, neve e giaci come da meze inverno. V. S. Ill.ᵐᵃ sa che il s[c]rise li discusti e disordini che pasavano e che erano pasatti fra il Cavaliere Marotta e la S.ʳᵃ Impolitta: il Cavaliere dapoi ha rimesi tutti li danari che aveva in Roma al paese e continovamente tiene in sospetto la S.ʳᵃ Impolitta di volerla amazare, dove che lei vive infelicissima e questa matina mi ha detto con le lagrime all'ochi che per servire a V. S. Ill.ᵐᵃ faria qual si volgia cosa; ma che, per suspetto che il Cavaliere non li facia qualche burla o di amazarla o ver di menarla al paese, (c.243v) de l'una e l'atra li ha acenatto più volte di fare. Io l'ho asicurata che, quando serà dove è V. S.Ill.ᵐᵃ, ch'è più sicura che se fose in paradise, e che V. S. Ill.ᵐᵃ la remeterà ancora sicura in Roma; e che quanto al venire a Ferrara, che sina a Loretto li venirà il S.ʳ Gulielmo [Gruminck] ed ancora sina a Ferrara, e che allorette [= a Loreto] li serà una caroza di V. S. Ill.ᵐᵃ che la condurà sicuramente. Non si è aquietata a questo, ma mi ha ordinato espresamente che scriva il tutto a V. S. Ill.ᵐᵃ e che li dica che non si partirà da Roma sin a che non li scrive V. S. Ill.ᵐᵃ. Si che è necesario che li scriva e che li facia animo e mi manda le lettere in mano mia perché io le li darò. Come ho detto a V. S. Ill.ᵐᵃ, farò che in tutto li modi il S.ʳ Gulielmo vanga con lei, se bene aveva pensiere di venire per da Fiorenza. E con tal fine a V. S. Ill.ᵐᵃ bacio con ogni riverencia le mane   di Roma il di 19 aprile 1614
Di V. S. Ill.ᵐᵃ

Devottiss.ᵐᵒ servitt.ʳᵉ
Ercole Provenzalle

(p.s.:) sono ogni giorno dalla S.ʳᵃ Impolitta e dal Cavaliere e quello che pasa ne avisarò V. S. Ill.ᵐᵃ, proinponendomi che così li sia di gusto.

417. Ercole Provenzale da Roma a EB, Ferrara 23.IV.1614
AB, 74, c.299

(…) Il cavaliere partirà alli 9 del mese che viene per Loretto, con la S.ʳᵃ Impolitta ed il S.ʳᵉ Gulielmo, senza fallo, se bene il Cavali[e]re mi dice che non ha ancor parlatto al S.ʳᵉ Cardinale suo patrone (…) La S.ʳᵃ Impolitta vi viene con li suoi pensieri solitti: non mi ha potuto dire altro, se non che mi domandò se aveva scritto a V. S. Ill.ᵐᵃ quello che mi ordinò, ed io le dise che l'aveva fatto. Io non manco di andare solecitando che vengano quanto prima, conforme alla mente di V. S. Ill.ᵐᵃ (…)

418. Ercole Provenzale da Roma a (EB, Ferrara) 26.IV.1614
AB, 74, c.331

Illmo S.^{re} mio S.^{re} e Patron Coll.^{mo}

Qua piove ogni giorno, e questo è la causa principalle che tratiene il Cavaliere che non si parta per Loretto, ma senza fallo alcuno parti\<t\>rà alli 6 di maggio; sì che V. S. Illma potrà fare che la carozo sia alli 11 di maggio in Ancona o più presto, se così parera a V. S. Illma, acciò che li cavalli si posano a rinfrescare uno giorno o doi. E questo servirà a solicitarli che partano ancor prima delli 6, come saria alli 4, essendo securo che atrovarano la coraza [=caroza] che li aspetarà. E tutto questo scrivo di ordine del Cavaliere e della S.^{ra} Impolitta, la qualle aspetta la sua risposta con divocione, se bene io li ho levatto pur delli sospeti che la fano vivere così travagliata, ed in particolare l'ho asicorata che in questo viagio pò viver sicura. E con tal fine a V. S. Illma bacio con ogni riverencia le mane   di Roma il di 26 aprile 1614
Di V. S. Illma

devott.^{mo} ser.^{re}
Ercole Provenzalle

(p.s.:) V. S. Illma non meta niente di dubio nella partitta del Cavaliere, che verà alli 4, overo al più longo alli 6 di maggio.

419. Cesare Marotta da Roma a EB, Ferrara 30.IV.1614
AB, 74, c.376

Illmo Sig.^r mio Oss.^{mo}

Qui non è piovuto ma è diluviato ogni giorno, onde non ho prima possuto risolverni di partire. Oggi a punto il tempo ha lasciato di piovere, onde vado vedendo voglia accomodarsi; son però risoluto partire domenica, o lunedì che saranno 4 del mese di maggio. Però V. S. Illma potrà inviare subito la carrozza, acciò la troviamo alla S.^{ma} Casa; con che li raccordo che io sono religioso, e vengo da religiosissimo, e non farò poco condurmi con la mia brigata sino a Loreto: voglio inferire che con la carozza mandi biada per li cavalli per li cocchieri e per noi altri, altrimenti per la strada ci magnaremo li cavalli. Questi Sig.ri angonitani fanno istanza che ci vogliamo fermare alcuni giorni in Angona; io per dirla vorrei venire a diritura, che questo mese che il Sig.^r Car.^{le} mi dà licenza, lo vorrei tutto spendere in servire V. S. Illma Mi parebbe dunque che per li cocchieri mi scrivesse una lettera, comandandomi espressamente che subbito voglia partirmi di Angona e seguire il viaggio, acciò se mi facessero istanza, posso mostrare detta lettera, e venirmene subbito costì. (c.376v) Intanto assieme con mia moglie li facemo riverenza, cossì anco alla Sig.^{ra} Marchesa, Sig.^{ra} Caterina ed a tutti di casa, e N. S. li conceda ogni contento e lunga vita   di Roma li 30 aprile 1614
Di V. S. Illma

Aff.^{mo} se.^{re}
il Cav.^{re} Cesare Marotta

* *Ed. Hill*, Montalto, *p.335.*

420. Cardinal Montalto (Alessandro Peretti) da Roma a EB, Ferrara 30.V.1614
AB, 278 (1614), c.444

Illmo Sig.^{re}

Ho caro che l'Hippolita ed il Cav.^{re} suo marito siano giunti costà a salvamento, doppo li pericoli patiti nel viaggio, secondo che V. S. mi avvisa. Alla quale, col solit'affetto, mi raccomando e le prego ogni vero contento e prosperità.   Di Roma alli 30 di maggio 1614
Di V. S. Illma

Affett.^{mo} per ser.^{la}
Il Car. Montalto

421. Ercole Provenzale da Roma a (EB, Ferrara) 13.VI.1614
  AB, 75, c.174

Illmo S.^{re} mio S.^{re} e Patron Coll.^{mo}

Io sto atendendo li comandamenti di V. S. Illma in materia del rimedio della carnositt. Iersera l'Amba-
sattore di Franc[i]a fece la sua intrada in Roma e questa matina N. S. ha datto il capello a Monte Cavalle
al Car.^{le} Filonardi. Il S.^{re} Giulio Pavone sta per morire e il Patriarca Biondo, Mastro di casa di N. S., si
trova in modo da potere campare pochi giorni. Qui agiunto li un piego venuto di Napole del Cavaliere
Marota: V. S. Illma perdoni del incomodo, lo mando con le lettere di V. S. aci che venga pi sicuro. La
pupa della S.^{ra} Impolitta sta benisimo, e tutta la sua familia; ed alegramente io la vado a vedere ogni
giorno. Per la S.^{ra} Impolitta ed il Cavaliere st[i]ano, come li ho scritto io, di buona volia. Altro non ho
di nove degno di V. S. Illma, alla qualle bacio con ogni riverencia le mane di Roma il d 13 zugno 1614
Di V. S. Illma

Devottiss.^{mo} servitore
Ercole Provenzalle

422. Francesco Saracini da (Ferrara) a EB 16.VI.1614
  AB, 75, c.211

Illmo Sig.^r mio Oss.^{mo}

Mi comand V. S. Illma ch'io facessi far due copie della tragedia del Sig.^r Guarini per servirsene nel
rappresentarla: il Golditore si ha fatta una copia, e perch vorrebbe dar principio all'altra, gli ho detto
che si trattenghi. Comanda m ella quello vuole che si faccia in questo particolare, e intanto la prego a
dar comissione per la soddisfazione del sudetto copista, il quale vorrebbe ducati dodici di moneta: sono
carte cento, onde a soldi tre per carta, importarebbe la scrittura ducati 15.   Di casa 16 giugno 1614
Di V. S. Illma

Aff.^{mo} ser.^{re} di cuore
Franc.^{co} Saracinj

423. Battista Pignatta da Modena a (EB, Ferrara) 27.VI.1614
  AB, 75 c.312

Illmo S.^r e Padron mio Oss.^{mo}

Questa mattina racordai al Sr Imola il negozio di V. S. Illma all'entrare nella stanza di S. A.; son stato
hoggi per la risposta, quale dice che ha parlato e proposto il negozio in modo tale che stimava fosse per
acordarlo il Sr Duca. Quale rispose haver benissimo inteso e che voleva pensarli un poco pi, che per
sino a luni non tornar a Corte: che per sia da lui a racordarglilo Luni mattina. Cosi far ed ho scorso
che ha dolore il Sr Imola.
Il S.^r Co. Fontanella acompagn a casa la S.^{ra} Hippolita e le don per parte di S. A. (dico del S. Duca)
tre filli di collane d'anelletto grosso che vale 200 scudi di questi. La S.^{ra} Infante le don un cavallo
d'oro con un morro sopra armato, qual cavallo era tenuto da dua cadenette d'oro piane, larghe ===
tanto, longhe ——————— tanto; anzi pi, che si snodano in pi luochi. E queste ed il cavallo ed
il morro tempestate di diamantini che vale 200 e pi scudi d'oro.
Mando la S.ra Principessa Giulia doi collanine a maniglio, ma da collo, di valor di 20 scudi un luchetto
d'oro a uso de frati che a calcare s'abassa e se le pone dentro delle (c.312v) chiavi, anelli o ci si vuole,
nel quale luchetto era un anello diamante grosso, bello, che tutto passa cento cinquanta scudi.
 partita questa mattina alle 9 hore.
Servir a V. S. Illma sempre di core, alla quale ed alla Sig.^{ra} bacio le mani di Mod.^a li 27 giugno
[1]614
Di V. S. Illma

Ser.^{re} Acc.^{mo}
Batta Pignatto

(p.s.:) Di Spagna si ha acuso che passano bene li negocii, onde si spera dal S. Car.^le Colla partirsi ben forse col ritorno dil P.^e Filiberto che del prossimo mese deve l'armata partire.

424. Il Duca di Mantova da Mantova a EB, Ferrara 6.VII.1614
AB, 56, c.68

Molt'Ill.^re S.^r

Venendosene costà Pietro e Giovanni Guttierez spagnuoli, hanno desiderato ch'io gli accompagni a V. S., perché oltre al gusto ch'è per ricevere del loro virtuoso passatempo di musica, voglia anche per mio rispetto vederli volentieri, ed esser loro cortese del favor suo. Che io intanto raccordando a V. S. il mio solito affetto, con questo le mi raccomando caramente, e prego da Dio vero bene. Di Mantova a 6 di Lug.^o 1614

Alli commodi di V. S.
Il Duca di M.^a

* *Il napoletano (di origine ispanica) Pietro Gutierrez è ricordato col padre Antonio (morto nel 1608) in Giustiniani 1628 (p.32) tra gli innovatori del nuovo canto in stile recitativo: "in Napoli cominciò il Gutierrez, e poi hanno seguitato Pietro suo figlio e Gallo ed altri". Cfr. documenti citati in Hill,* Montalto, *p.110 e 333 e la dissertazione di Susan Parisi (pp.451-ssg.); conosciamo inoltre una lettera inedita del principe Michele Peretti da Roma a Don Antonio Medici, Firenze del 29.VI.1613 in raccomandazione di Pietro Gutierrez (Fas, Mediceo del Principato, filza 5131, c.186): "(...) Sapendo, che non potrà essere se non di gusto a V. E., Pietro Guttieres, per esser huomo honorato e virtuoso in sonare e cantare alla Spagnola, venendo al presente in cotesta Corte desideroso di starvi sotto la sua protettione, ho preso volentieri a raccomandarlo a V. E., come fo con questa supplicandola a favorirlo, e proteggerlo, che conoscerà esser ben collocata la protettione, oltra che io le ne restarò con molto obligo. Ed a VV. E. bacio le mani.(...)".*

425. Ercole Provenzale da Roma a (EB, Ferrara) 9.VII.1614
AB, 75, c.431

Illmo S.^re mio S.^re e Patron Coll.^mo

Come di la S.^ra Impolitta ed il Cavaliere Marotta arrivorno a Roma sani e carche di zoie, che pare che abino svalisato uno orefice milanese, ho detto al Cavaliere che è necessario che facia votte di andare una volta l'ano con la S.^ra Impolitta a Loretto: ma la veritta è che doverieno aconosere ogni cosa da V. S. Illma. Non è ancora venuto a Roma quello dal in guento [=quello tal unguento?]: subitto che sarà giunto lo mandarò. Ed a V. S. Illma li bacio con ogni reverencia le mane   di Roma il 9 lulio 1614 Di V. S. Illma

Devotiss.^mo servitore
Ercole Provenzalle

426. Cesare Marotta da Roma a EB, Ferrara 22.VII.1614
AB. 75, c.617

Illmo Sig.^r mio Oss.^mo

Doveva per il viaggio dar conto a V. S. Illma di mano in mano di quanto ci occorreva, ma non l'ho fatto per la indisposizione che mi sopragiunse nel partire di Modona, quale mi agravò di maniera che, quando io arrivavo al ostaria, era più morto che vivo, sì che pensi V. S. Illma se potevo scrivere. Seguì il viaggio senza altra dimora di quella in Bologna, ed in Firenze solo mi fermai un giorno, dove mi sentiva tanto male, che appena potei far riverenza al Sig.^r Don Paolo Giordano. Giunsi in Roma con caldi estremi, dove fui necessitato per la indisposizione starmene 12 giorni in letto e sciropparmi. Del resto tutti l'altri sono venuti sani e salvi; io adesso son fuori di letto e vado cercando recuperare la pridita sanità. Noi intanto vivemo al solito obligatis.^mi servi a V. S. Illma ed alla Sig.^ra Caterina e tutti di casa, desiderosi intendere se le acque della bonificazione sono scolate, ed in che termine se ritrovano le semente in Gualtieri, e se ci è del pescie assai. E per fine li fo humilis.^{ma} riverenza di Roma ali 22 luglio 1614

Di V. S. Illma

obligat.^{mo} ser.^{re}
il Cav.^{re} Marotta

427.   Ercole Provenzale da Roma a (EB, Ferrara) 6.VIII.1614
         AB, 76, c.74

Illmo S.^{re} mio Sig.^{re} e Patron Coll.^{mo}

Questa matina si è partitto da Roma Mons.^{re} Savelli, mandatto da N. S. al Duca di Savoi[a] per vedere che si avista col Duca di Mantova. Qua a Roma li è il filiolo del S.^{re} Conte di Veru per il Duca di Savoi[a], che trata pure di questo negocio: è comune opinione che si acomodano.

La S.^{ra} Impolitta Marotta sabatto matina nel <nel> volersi voltare in S.^{to} Lorenzo se li tolse uno piede di sotta e cascò: dove si rupe una gamba e si smotò uno brazo: se bene la gamba la travalia in modo che non pò durmire, non aveva malle.

Il S.^{re} Car.^{le} Borg[h]ese ha fatto uno monte di 300 mila ducati per pagare li statti che ha compre, ed il Car.^{le} Pio ne ha tolto per 200 lochi stano a 4 scudi per conto, ma non porano valere più di 100 ducati l'uno. Non ho altro da dirli, se non che le sue robe si conservano bene, laudato Idio. Ed a V. S.I ll.^{ma} bacio con ogni riverencia le mane   di Roma il dì 6 Agosto 1614

Di V. S. Illma

Devotiss.^{mo} ser.^{re}
Ercole Provenzale

428.   Gio. Battista Aleotti (detto "l'Argenta") a EB, Ferrara 8.VIII.1614
         US-Np R-V Autogrs.Misc.Artists (prov. AB)

Illmo S.^{re} Padrone mio Coll.^{mo}

Mi è pervenuto questa mattina alle mani un ms. Francesco Scaurone dalla Mirandola, huomo che ha del suo sina settanta biolche di terra, con moglie e figliuole, che è di campagna intendente assai, di assai buona presenza, il quale per una sicurtà che ha convenuto pagare, ha rissolluto per qualche anno impegnare certa parte del suo (com'ha fatto) ed andar a servire qualch'uno. Per il che (indiccatomi da un amico) m'è dato alle mani. E perché so che V. S. Illma ha sempre bisogni d'huomini tali, ho volsuto signifficarlilo, perché mi vien comendato per huomo da bene, e (come si dice in proverbio) per "cavallo da molte selle". Con che attendendo se ella comanda che glilo facci vedere, gli faccio hum.^{ma} reverenza.   Di casa 8 d'agosto 1614

Di V. S. Illma

Dev.^{mo} ser.^{re}
G. B. Aleotti
d.^o l'Argenta

429.   Ercole Provenzale da Roma a (EB, Ferrara) 20.VIII.1614
         AB, 76, c.240

Illmo S.^{re} mio S.^{re} e Patron Coll.^{mo}

Son statto oge a visitare la S.^{ra} Impolitta, la qualle sta asai bene, con tutto che non si parte di lette; e qualche notte la gamba li dà tanto dolore che non pò dormire. Li ho mostrato la lettera che mi scrisse V. S. Illma e la ringracia di tanta amorevoleza, come fa il Cavaliere suo maritto. Io non manco, conforme a l'ordine di V. S. Illma, andarla a visitare ogni giorno.

Lo Illmo S.^{re} Cardinalle Borg[h]ese va a spaso per Roma e non ha auto altro malle che quello avisai a V. S. Illma. N. S. s[t]ette tutto ieri al giardini di Monte Cavallo del Sr Cardinalle Borg[h]ese; il S.^r

Duca Gaettano sta melio. Altro degno di V. S. Illma non so, alla qualle bacio con ogni riverencia le mane e li prego da Dio ogni felicittà

di Roma il dì 20 agoste 1614

Di V. S. Illma

Devottiss.^{mo} ser.^{re}
Ercole Provinzalle

430. Ercole Provenzale da Roma a (EB, Ferrara) 23.VIII.1614
AB, 76, c.297

Illmo S.^{re} mio S.^{re} e Patron Coll.^{mo}

Son statto questa matina a visitare la S.^{ra} Impolitta, ed ho trovatto che sta asai melio, se bene non si parte di letto, e quando il tempo si travalia o per causa di pioggia o s'altro, li da quella gamba alquanto dolore, come è avenutto questa notte pasatta, che non ha dormitto tropo. Il Cavaliere Marotta stesse iere uno poco malle de uno dolor colice, ma oge si è levato. La S.^{ra} Impolitta mi ha detto che scriva a V. S. Illma che li facia gracia avisarla quando è per venire a Roma, precisamente perché volle uno servicio da V. S. Illma. Ho detto alla S.^{ra} Impolitta che questo è una meza impertinencia, a volere sapere li fatti di V. S. Illma. Lei mi ha risposto che li facia il servicio e, se lei potese scrivere, lo farìa con una sua lettera.

Qua non si parla d'altro che di Savoi[a] e di Mantova, della qual cosa V. S. Illma ne deve sapere più che noi, per essere si può dire su il fatto; di Monsr Savello non v'è ancora nova quello che si abi fatto. Ci è aviso certo che il Conto di Veru stava malle (c.297v) in Piemonte l'abatto Scalia suo filiolo, il qualle si trova a quela Corte per servicio del Duca di Savoi[a]: sta nel pallazo dove stava l'Ambasatore pasatto e va alla audiencia da N. S. Le giornatte se li è solitto andare li Ambasiatore di Savoi[a]; ma non è ancora dichiaratto A[n]basiattore, se bene dicano che sarà. A Roma li sono molti amallati ma tutti poveri omini. Si tiene per fermo che si abi a mutare il Nuncio di Spagna: se penitrarò più oltra, ne avisarò V. S. Illma Una delle cause che fa pinsare questo è che, nel fare il generalle de Zocolanti in Spagna, si è governatto tutto contra la mente di N. S. Non ho altro di nuove degno di V. S. Illma, alla qualle bacio con ogni reverencia le mane

di Roma il dì 23 agosto 1614

Di V. S. Illma

Devottiss.^{mo} S.^{re}
Ercole Provinzalle

431. Nicolò Estense Tassoni da Ostellato a EB, Ferrara 27.VIII.1614
AB, 76, c.361

Illmo Sig.^r mio Oss.^{mo}

Sonno statto richiesto da una dama a cui desiderarei grandemente di servire, di procurare di fargli havere una coppia in musica di intermezzi della tragedia, che questo carnevale V. S. Illma fece recitare costì. E per non sapere a che banda voltarmi per servire questa Signora, ho fatto rissolutione di pregarla lei a volermeglili fare havere, non havendo conosciutto nissuno più di lei, mentre voglia, atto a favorirmi; starò con gran desiderio spettando di ricevere il favore, per poter satisfare a chi mi ha ricercato di ciò. Pregando V. S. Illma a scusarmi del incomodo, che prego lei, con confidenza uguale all'autorità, che voglio che la usi in comandarmi sempre. E gli bacio per fine le mani. Di Ostelato adì 27 agoste 1614

Di V. S. Illma

Parente, e ser.^{re} Aff.^{mo} di cuore
Nicolò Estens Tassonij

432. Alessandro Piccinini da (Bologna) a EB (Ferrara) 27.VIII.1614
AB, 277 (1614), c.149

Illmo Sig.^r e Padron Col.^{mo}

Se le *Corente* che desidera V. S. Illma fosero sul leuto già le averei inviate, ma su la teorba non ho fatto mai niente, se non per Giorgio certe cosette cavate dal leuto, le quale ognuno le ha in Ferara. Sa che volendo servire V. S. Illma di qualche cosa, mi bisogna non poco di tenpo e quanto prima sarà servito. Dico questo: che Francesco basso è andato per bon megio, per aver qualche cosa che non se lo merita certo che, esendo io pregato da un di questi musici di pigliare la teorba e far cantare Francesco, mai fu pusibile volesse cantare. Io potei dire quanto io volsi: con mile scuse non ne volse far altro, ma se avesse almeno auto ingegno poi di non cantare in altro loco, sarebe stato con suo onore. Ma andò poi l'altro giorno a cantare in S. Pietro: con sì mala gracia cantò che si svergognò; e veramente a dirlo a V. S. Illma, se non studia melio ogni giorno farà pegio: tutti li pasagi beli, che sono dificile, li strupia tutti ed io liel'ho detto e mi risponde che lo fa per variarli.

Io son dietro a una inpresa, cioé di far intaliare un libro da sonare di lauto, che già cominciai a scrivere sino a Roma; per stampare sarà di gran spesa, ma non ho dubio di guadagnarli dentro e perché tal spesa mi tiene la camera esausta di denari, io stava per scrivere al Sig.^r Alfonso Verato di quel pezo di cavallo che ha riscosso; ma dubitando come l'altre volte di non aver risposta, prego V. S. Illma a dirli che sia contento di darmi la mia parte. E in tanto con il fare riverenza a V. S. Illma finisco il dì 27 agosto 1614
D. V. S. Illma

Se.^{re} Aff.^{mo}
Alessandro Picinini

* *Dunque fin dal 1614, ed anzi fin dal suo soggiorno romano (fino al 1611), Piccinini stava approntando il suo* Libro primo d'Intavolatura *che vedrà la luce a Bologna soltanto nel 1623.*

433. Vincenzo Landinelli da Roma a EB, Ferrara 27.VIII.1614
AB, 76, c.353v

(…) Il Piccinini non ha mai mandato il quadro per il Pignattelli: V. S. Illma lo solleciti, perché mi trovo haverlo detto al detto Sr Pignattelli (…)
* *Alcuni giorni più tardi lo stesso Landinelli ribadisce (da Roma a EB 10.IX.1614, AB, 76, c.530): "(…) Il Piccinini non mandò mai il quadro al Sr Stiffano. Le serva per aviso (…)"*

434. Alessandro Piccinini da Bologna a (EB, Ferrara) 29.VIII.1614
AB, 76, c.375

Illmo Sig.^r e Padron mio Col.^{mo}
Queste son due *Corente* ch'io mando a V. S. Illma, le quale se sarano sonate bene, credo non li spiaceranno: ma non senza fatica si farano.
Io mi credea che il quadretto fosse andato via; quando ho poi inteso che li gabelier non volseno lasarlo andare, e così quando ho inteso questo, ho inteso lo voliono vedere credendo fosse cosa di centenari di scudi. E così dui carlini lo spedirno ed hora è partito indrizato al Sig. Vincenzo Landinelli. Intanto non esendo questa per altro, a V. S. Illma facio   di Bologna il dì 29 agosto 1614
Di V. S. Illma
(…)

* *La parte inferiore del foglio è strappata, e manca la firma: il nome del mittente compare sul retro della lettera.*

435. Alessandro Piccinini da (Bologna) a EB, Ferrara 22.IX.1614
AB, 76, c.658

Illmo Sig.^r e Padron Col.^{mo}
Era capitato un giuvanotto galiardo e valente nel particular di litighiero e sarebe venuto; ma il star aspetando la risposta non ha voluto ch'io stia a sua posta, perché sel suo patrone lo vol mandar via, vole andare, non esendo certo di aver a servire V. S. Illma. Si che non so che <che> mi para a proposito: se

vole io lo mando. Quanto poi al salario, tutti conoscono Brutto, il quale era satisfatto che ancora loro operano il medesimo: in tanto questa servirà per aviso. Io son stato a far riverenza al Car.^{le} Cappone, il quale mi ha acarezato molto e con far riverenza a V. S. Illma finisco   il dì 22 7bre 1614
Di V. S. Illma

se.^{re} Aff.^{mo}
Alesandro Picinini.

436. Ercole Provenzale da Roma a EB, Ferrara 28.IX.1614
AB, 76, c.724

(...) Inviai el Sr Alesandro Picinin le selle da mulle con li soi finimenti, e dapoi le bandinelle della caroza, conforme al ordine di V. S. Illma; così le selle come le bandinelle sarano in Bologna il dì ultimo del presente (...)

437. Vincenzo Giustiniani da Roma a EB, Ferrara I.X.1614
AB, 277 (1614), c.193

Illmo Sig.^r mio Padrone Oss.^{mo}

Resto con molto obligo a V. S. Illma della diligenza che havea fatta usare per trovar il cavallo che desidero, e non viene punto scemato dal non s'essere trovato cosa a proposito. Accetto l'offerta che mi viene dalla sua sovrabondante cortesia, di non lasciar la impresa, nella quale, per le risposte che ne ho de altre parti, mi va mancando la speranza che alla fine bisognerà haver quel grado di pacienza che ricerca la cosa che si desidera, non per necessità, ma ad bene esse[re].

Il gusto che V. S. Illma mostra in favorirne cresce tanto più in me il desiderio di servirla; però supplicandola a favorirmi de suoi comandamenti, le bascio per fine le mani pregandole compita felicità.

Di Roma p.^o ott.^e [1]614

Di V.S. Illma

aff.^{mo} S.^{re}
Vinc.^o Giustinianj

* *Il mittente è il celebre autore del* Discorso sopra le arti e i mestieri *che comprende il* Discorso sopra la musica *(ms.1628). Sul suo ruolo di mecenate nella Roma del tempo di Enzo e Guido Bentivoglio cfr. Haskell.*

438. Alessandro Piccinini da (Bologna) a (EB, Ferrara) 7.X.1614
AB, 77, c. 17

Illmo Sig.^r e Padron mio Col.^{mo}

Deve sapere V. S. Illma come Vitorio mio fratello, da poi che saldassimo certi conti tra noi, restò disgustato di me per aver io voluto il mio, e di più il mio restare in Bologna ancora li da noia, essendo statto patron tanto tenpo di ogni cosa. E per questo da un anno in qua continuamente m'ha provocato, ingiuriato e cose simile, le quale dinanci all'Illmo Legato si son decise e si è fatto conoscere per omo fastidioso. Hora per finire V. S. Illma deve sapere che, mosso io da li preghi di certi signori a volerli inparare a sonar di lauto, cominciai già un anno in circa a inpararli con questo: che venesero a casa mia a pigliare lecion e così ho seguitato sino hora. Che ha fatto Vitorio come maligno: ha fatto opera con Filippo che operi con Illmo Cardinal Legato a proibirmi ch'io non possi inparare a nisuno in casa mia, con penna di 1000 scudi. La qual cosa io son andato dal procurator, il quale m'ha detto io seguita, che queste son cose ordinarie che si possono fare a ognuno, e che mentre farà conosere che per iusticia non mi si può proibire di fare il mio esercitio, io non mi levi di posesso. Hora io son certissimo che dal Illmo Sig. Car.^{le} non si avrà se non iustitia, ma per ogni rispetto prego V. S. Illma a volerli scrivere, ne la maniera che pare a V. S. Illma, facendoli sapere che, se vorà venire in cognicione del fatto, conoserà la malignità che tiene il detto Vitorio, invidiose de la mia quiete; e ne prego V. S. Illma a farlo quanto prima e con questo che sia scrita di bon inchiostro. Ha un poco di male il Sig. Cardinale, che se stava bene io era risoluto parlarli.

E facio fine il dì 7 8.re 1614

Di V. S. Illma

Se.^{re} Aff.^{mo}
Alesandro Picinini

* *Oltre a Vittorio, sulla cui attività non si conoscono notizie, è menzionato l'altro fratello di Alessandro,*
Filippo Piccinini, tornato dalla Spagna.

439. Alessandro Piccinini da Bologna a EB, Ferrara 11.X.1614
   AB, 77, c.60

Illmo Sig.^r e Padron Co.^{mo}

Sarà per aviso come le bandinelle son arivate e le farò portare a casa mia, sicome ho fatto delle selle, sino a
l'aviso di V. S. Ill. ^{ma}. Del resto io spero che resterò vincitore de la lite, perché era ed è una cosa ingiusto:
ma non resta che Filippo, che parlando dice quelo li vien a boca, avea fatto in modo, avendo l'orechia del
Card.^{le}, che io dubitava asai; basta: Filippo ha lasato nome di poco cervello e Vitorio ha aquista di esser
maligno, come io lo conosco per talle. Però non è ancor finito questa lite e non sono cominciate dele
altre, le quale Barberino le ha decise, di maniera la letera all'Illmo Legato sarà bona e non volio altro, se
non iusticia a bon peso. In tanto a V. S. Illma bacio le mane   di Bologna il dì 11 8.bre 1614
Di V. S. Illma

Se.^{re} Aff.^{mo}
Alesandro Picinini

440. Alessandro Piccinini da Bologna a EB, Ferrara 14.X.1614
   AB, 77, c.93

Illmo Sig.^r e Padron mio Col.^{mo}

Do portatore e paiariro, che così lo chiamano questo mulatiero, e credo che sarà a proposito per V. S.
Ill.ma. Io ho riceuto la inclusa per Illmo Sig.^r Car.^{le} la quale ne ringracio V. S. Illma, ancora non l'ho
recapitata.
È arivato le bandinelle ed ogni cosa tengo in casa sino a suo aviso. Altro non dirò: bacio le mane a V. S.
Illma   di Bologna il dì 14 8.bre 1614
Di V. S. Illma

Se.^{re} Aff.^{mo}
Alesandro Picinini

441. Il Principe di Modena a EB, Ferrara 16.X.1614
   AB, 56, c.72

Illmo Sig.^{re}

Se ben ch'io sappia, che le persone qualificate non hanno bisogno per esser favorite da V. S. d'altro
mezo, che della propria virtù, credendo nondimeno che Ms. Bernardino Pittore, detto il Fiorentino,
non sia conosciuto da lei, m'è parso, nel suo venir costì per dimostrar l'eccellenza ch'egli ha in far
rittratti, d'accompagnarlo con la presente, e raccomandarlo sotto la protettione di V. S. con assicurarla
che, di quanto si compiacerà d'aggiungere alla sua cortesia in favorir il suddetto per rispetto mio, glie
ne sarò particolarmente obligato. Offerendomi in tanto per non men pronto in servire a V. S., alla
quale bacio per fin le mani.   di Mod.^a li XVI ott.^{re} 1614.
Di V. S. Illma

Af. serv.^{re} sempre
Il P.^{pe} d'Este

* *Il documento è ricordato in Southorn, p.84 (il pittore non sembra identificabile).*

442. Vincenzo Landinelli da Roma a EB, Ferrara 29.X.1614
AB, 77, c.903

(…) La S.ra Impolitta sta bene in modo che esce di casa ed ancora cammina, se bene va zopa; ma si crede che non restarà strupiata la sua putina ai morvilioni, la qual cosa travalia l'animo della S.ra Impolitta ed il Cavaliere (…)

443. Alessandro Piccinini da Bologna a EB, Ferrara 9.XI.1614
AB, 77, c.94

Ill.mo Sig.re e Padron mio Coll.mo

Io sto male di fredore, a tale che non mi son potuto risolvere di venire a Ferara come era il desiderio mio, per operare apresso V. S. Ill.ma ogni aiuto per mio cognato; sì che, non lo potendo far a boca, lo facio con tutto il core di pregare V. S. Ill.ma a fare ogni posibile o con Ill.mo Sig. Car.le o con queli Sig.ri Conservatori, che mio cognato resti in posesso del suo officio. Volendo dar satisfacion com'è il dovere a queli Sig.ri, e veramente se la cosa sta come mi ha detto questo suo che è stato qua a Bologna, si conosse esere una cosa fatta a posta per meterlo in ruina; però del tutto ne prego V. S. Ill.ma a farli la gracia, metendo con li alti obligo che tengo a V. S. Ill.ma. E con il fine, con farli riverenza, finisco

il dì 9 9re 1614 in Bologna

Di V. S. Ill.ma

se.re Aff.mo
Alesandro Picinini

444. Alessandro Piccinini da Bologna a EB, Ferrara 28.XI(?).1614
AB, 77, c.89

Ill.mo Sig.r e Padron mio Col.mo

Io ho inteso da mio cognato il suo disturbo ed insieme che V. S. Ill.ma lo favorisse; e perché la bontà di quest'homo non vole ch'io possi chiedere che abia fatto alcuna cosa incoveniente, però ancor io prego V.S. Ill.ma a favorirlo a ciò sia conosiuta la sua inosenza. Mi fa instanza io venghi a Ferara per aiutarlo apresso V. S. Ill.ma, ma la mia lite non vole ch'io mi parta, che hora si è sul cridare; però ne spero bene, o per lite o per acomodamente. Il Sig.r Car.le sta asai melio e si spera benessimo. Intanto a V. S. Ill.ma bacio le mane. Li mandai con la letica le bandinele da caroza e finisco il dì 28 n.bre[?] 1614 in Bologna
Di V. S. Ill.ma

Se.re Aff.mo
Alesandro Picinini

445. Vittoria Bernardini (comica) da Firenze a EB, Ferrara 6.XII.1614
AB, 77, c.383

Illustrissimo Mio Sig.re

Ho riceuta la effetuosissima lettera scritami da V. S. Ho inteso quanto la se ha fatticatta per farmi servitio, do[ve] io ne ho obligo infinitto. Fatto le feste partiremo per Ferrara per servire V. S. insieme con tutti li altri signori ferraresi. Dico che la compagnia è bona e fa tutte opere nove e qui in Fiorenze dà grandissimo gusto, come ha fatto ancora in Genova e per tutto dove siamo statti questo ano; è vero che li miei compagni si dolione de donativo di cento scudi che soliono fare a tutti li comedianti e che li voriano subito arivatti; e li ho ditto che, subito che siamo arivati a Ferrara, che averemo tutte le sodisfationi che loro desiderano, e che venghino sotto la mia parola si contentano di tutto quello che vogliono. E come ho ditto a V. S., fatto le tre feste di Nattale ci inviaremo. Non altro. Facio fine con far riverenza a V. S. Illustriss.ma insieme con tutti li miei compagni.   di Fiorenze li 6 decembre 1614

Io Vittoria Bernardini
Comica Unitta

* *Ferrone 1993 riporta nell'Appendice II (pp.328-sg.) una lettera da Venezia di Camillo Sordi indirizzata alla corte mantovana del 16.XII.1613, in cui si nomina "la compagnia di Vittoria" desiderata a Mantova per il carnevale successivo, ma non identifica l'attrice e la compagnia.*

1615

446. Isabella Bentivoglio da Modena a EB, Ferrara s.d. (1615)
     AB, 79, c.276

(Si lamenta per mancanza di soldi e stato di salute. Visita del Conte Alfonso Fontanelli. In conclusione:)
(...) non son buona se non mangiar il pan ben coto e il Sr Marote [e] la mia S.^ra zopa [=Ippolita Marotta] vorebe incalmar un bamboncino: ma non bisogna aver la rogna (...)

447. Mittente sconosciuto (da Gualtieri) a destinatario sconosciuto (1615)
     AB, 277 (1615)

(...) Ho fatto vedere la lettera di V. S. a questi Sig.^ri del Capitolo e sono restati così, parendogli cosa stravagante che quando il Capitolo scriverà, habbi poi la risposta il Prevosto; tuttavia alla venuta di V. S. se ne trattarà, se pur harano pensiero all'occasioni di scrivere, ma stimo che risolverano di non fargli altro, quando la cosa habbi da pasare come il principio. Io per la parte mia ne voglio puoco fastidio, cercherò di far la parte mia nell'ufficiare e servire la chiesa, a fine che S. E. ed il populo resti da me sodisfatto; e quanto al resto farò (come si dice) lasciarò passare dodeci mesi per un'anno, poiché son sicuro che non si registrarano mai le cose di questa Chiesa e del Capitolo in modo che passino per i giusti termini, e come fano nell'altre chiese collegiate e capitoli: e tutto questo per certi rispetti che per il meglio taccio. A me basta di governarmi in modo (come farò piacendo a Dio) che tanto starò al servitio della Chiesa non ne riporti biasmo né disgusto appresso di S. E. ne d'altri che n'habbiano inteso.
In matteria delli sei altari, de quali mi ricerca, le dico che il p.^o è della Pietà ed è destinato da S. E. che lo faccia fare l'Ill.mo Sr Entio, nella cui ancona n'andarà dipinta (c.29v) la medema Pietà nel modo che sogliono fare (...)
Il secondo è de particolari, nella cui ancona vi è un Santo Carlo Boromei, per essere il suo titolo (...)
Il terzo è del Sr Prevosto, nella cui ancona vi è Santo Giovanbattista che batteggia Giesù Christo e lo Spirito Santo in forma di colomba; e più il Prevosto vi vorrebbe queste lettere: "Hic est filius dilectus in quo mihi bene complacui" (...)
Il quarto è delli artisti, nella cui ancona vi è Santo Francesco, come loro anco hano eletto di voler fare
Il quinto è di Santo Andrea ed è della Confraternita e ne vi dovrà essere parimente dipinto un Santo Andrea che vi vol fare la detta Confraternita
Il sesto ed ultimo è della Compagnia del Santissimo Sacramento ed è il suo titolo di Santa Chatterina da Siena nella cui ancona vi vole detta Santa, e si disse dentro che vi fosse anco la Beata Vergine (...)
* *Sembra la scrittura di Domenico Maria Melii, podestà di Gualtieri, ma il testo fa riferimento all'attività di un mansionario della chiesa locale. Non dovrebbe essere indirizzata ad Enzo ma piuttosto al fratello Ippolito.*

448. Pier Maria Cecchini (Frittellino) da Venezia a (EB, Ferrara?) 7.I.1615
     FOc, Piancastelli, Autografi: Comici dei secc.XVII-XVIII (prov.AB)

Illmo mio S.^r e Patron Col.^mo
Non il mio pocco merito, ma la molta bontà di V. S. Illma mi affida a doverla (con ogni riverente affetto) supplicare, a far gratia della sua protetione al lattor della presente, il quale serà Nicola fratello di mia moglie, che havend'egli dissegno d'habitar Ferrara, no lo potendo fare senza un salve condotto, rispettó un suo bando dello stato di questa Signoria, lo raccomando perciò alla molta sua autorità (...)

449. Cardinal Capponi da Bologna a EB, Ferrara 21.II.1615
      FOc, Piancastelli, Carte di Romagna: Bentivoglio 368 (prov. AB)

Ill.º Sig.ᵒʳ

Mercordì, che saremo a 25, si farà quì una barriera. Se V. S. volesse favorirmi di venire a vederla, mi sarebbe di particolar gusto; e credo che anch'Ella ne pigliarebbe piacere, per essere trattenimento caval- leresco. Invitarei volentieri a questo spettacolo il Sig.ᵒʳ Cardinale Spinola; ma resto, perché intendo, ch'è un poco risentito dalla podagra. Con tutto ciò, se a V. S. paresse di farne instanza a S. S. Ill.ᵐᵃ in mio nome, la rimetto in Lei: e parimente se le pare d'invitare da mia parte Mons.ᵒʳ Vicelegato, o il Sig.ᵒʳ Federico Savelli, o qualsivoglia altri: Le ne dò il complimento intiero. E di quanto Ella in ciò farà, mi terrò da Lei favorito. E caso che la barriera si trasferisse ad altro giorno, lo farò sapere a V. S., alla quale per fine da Dio prego ogni contentezza.   Di Bologna a 21 di febbraio 1615
D. V. S.

Aff.ᵐᵒ per ser.ˡᵃ
Il Card.ˡ Capponi

450. EB da Roma a Antonio Goretti, Ferrara 18.IV.1615
      FEc, Autografi 3112

Ill.ʳᵉ Sig.ʳᵉ

Averà V. S. qui congiunta una lettera direttiva al P. D. Giorgio Cappuccino, in virtù della quale sarà consegnato a Mendicanti il vecchio munistero, contendandomi io, che si riserbi la celebrazione dello strumento alla mia venuta a Ferrara. Intanto V. S. si compiacerà di attendere alle musiche della come- dia; che io di qua non mi dimenticherò di procurar dell'opere da cantare in diverse maniere, e le mande- rò in mano di V. S. per darle questo gusto; poiché io so, che niuno mai ha preteso di darle cosa alcuna di musica per gratia; e l'aria che ultimamente imparava Francesca io non l 'ho mai avuta dal Cavaliere [Marotta], sicome né anche il Segretario che perciò non poteva lasciarla, oltreché si può dire, che la Francesca ancora non la sapesse in alcuna parte. E lasciando di entrare in altro, a V. S. mi offero, e ran[grati]o di cuore (...)
* *Ed. Hill,* Montalto, *p.334.*

451. EB da Roma a Antonio Goretti, Ferrara 25.IV.1615
      FEc, Autografi 3112

(...) Mi giova di sperare, che a quest'ora coteste due donne debbano aver apprese perfettamente tutte l'opere da recitarsi per intramezzi della tragedia; onde V. S. potrebbe cominciare a provar con tutti gli altri, invitandogli per mia parte, ed assicurandogli che gli resterò doppiamente obbligato, se al mio ritorno troverò, che per loro diligenza e sollecitudine, sieno gl'intramezzi in ordinanza tale, che possino subito rappresentarsi; nel che prego V. S. a premere estraordinariamente, non si dimenticando ancora di far esercitare a Francesca l'opere scritte nel suo libro, quali vorrei, ch'imparasse a sonar con l'istru- mento; e V. S. mi farà particolarmente piacere di affaticarseci. (...)
* *Ed. Hill,* Montalto, *p.334.*

452. EB da Roma a Antonio Goretti, Ferrara 27.IV.1615
      FEc, Autografi 3112

(...) Ringratio V. S. tanto del buon augurio, che mi ha fatta della Santissima [Pasqua] quanto de gli avvisi che mi ha dato intorno al negozio degli Restagni, ed in ciò raccomando a V. S. la spedizione. Mi sarà a cuore il S.ʳ Alessandro [Piccinini], e nel particolare delle sue provigioni li procurerò ogni vantaggio. (...)
* *Ed. Hill,* Montalto, *p.334.*

453. EB da Roma a Antonio Goretti, Ferrara 16.V.1615
     FEc, Autografi 3112

(…) Averò caro d'intendere che gli Mendicanti abbiano preso il possesso del vecchio convento de P. P. Cappuccini ed insieme, che gli quattro dottori a quali fu rimesso il negozio de' Restagni abbiano fatto la loro relazione; ed in questo negozio raccomando a V. S. la sollecitudine. Cotesta andata della Compagnia della Morte a Loreto averà disturbato assai l'ordine de' miei intramezzi; V. S. procuri che almeno le donne sappiano ben cantare le sue parti; e che Francesca continui d'imparare a sonare li aeri, che canta. (…)
* *Ed. Hill,* Montalto, *p.335.*

454. EB da Roma a Antonio Goretti, Ferrara 30.V.1615
     FEC, Autografi 3112

(…) Delle pretensioni de Padri Cappuccini, se ne potrà trattare al mio ritorno a Ferrara. Intanto V. S. potrà pensare al modo di aggiustare questa differenza.
Quanto a gl'intramezzi, hora che sono ritornati i cantori da Loreto, V. S. haverà maggior commodo di attenderci; sicome la prego a voler fare, raccomandandole particolarmente coteste due donne. Aggiungendole nel particolare della Francesca, che mi sarà di particolare sodisfattione che V. S. procuri di superare con la diligenza, e sollecitudine sua, la poca voglia, ch'ella ha d'imparare. (…)

(p.s.:) Il facia studiare li donna Francesca di cimbalo
* *Ed. Hill,* Montalto, *p.335.*

455. Girolamo Fioretti da Roma a EB, Ferrara I.VI.1615
     AB, 277 (1615), c.53

Ill.mo Sig.re mio Sig.re e Padron Col.mo

Scrivo la presente in casa del S.re Cav.re Marotta il quale, col S.r Nanini, mi ha detto che raguagli V. S. Ill.ma ch'essi hanno speranza che Baldassare sia per fare qualche proffitto, sebene con lunghezza di tempo per gli molti diffetti, che hanno trovati in lui; ma che ad essi dispiace assai più, che la voce comincia ad andar vaccillando, e non si mantiene nell'essere di prima, che perciò hanno determinato di fare il rimedio, che doveva per Gianni, acciò V. S. Ill.ma non si possa dolere di alcun di loro: perché dubitano assai, che non sia vicino a mutar voce. Io non mancherò di scriver a V. S. Ill.ma (c.53v) quanto occorrerà, sicome non manco di sollecitare che il putto impari, e mi trovo continuamente quando piglia lettione dal S.r Nanini, il quale fa riverenza a V.S. Ill.ma, sicome fanno la S.ra Hippolita, ed il S.r Cav.re ed io per fine humilmente me l'inchino.   Di Roma li primo di giugno 1615.
Di V. S. Ill.ma

Humiliss.mo e Dev.mo ser.re perpetuo
Girolamo Fioretti

(p.s.): Del particolare del castrato si stà attendendo col seguente ordinario l'ordine di V.S. Ill.ma
* *Compare per la prima volta il nuovo ragazzo allevato come cantante nella casa romana del Bentivoglio, Baldassarre, ed un nuovo maestro, Giovanni Bernardino Nanino (nato presso Viterbo intorno al 1560 e morto a Roma nel 1623).*

456. Girolamo Fioretti da Roma a EB, Ferrara 8.VI.1615
     AB, 80, c.9

(Nomina Cesare Marotta e la moglie Ippolita, Baldassarre, Nanino e Frescobaldi)
* *Ed. Hill,* Montalto, *p.336. La lettera allegata, stessa data e collocazione, c.10, parla del memoriale sulla bonificazione di Lugo portato al card. Mellini.*

457. Girolamo Fioretti da Roma a EB, Ferrara 13.VI.1615
     AB, 80, c.25

(Notizie sulle lezioni di Baldassarre)
(...) Quanto alla grazia del S.ʳ Bellerofonte Castaldi, raccomandato dal S.ʳ Ferrante [Bentivoglio], credo che molto difficilmente potrìa ottenersi, essendo negozio spettante all'Inquisizione, nella quale dove si tratta di graziare e mitigare pene a'condannati, non se ne vede mai il fine: tanto mi ha detto il S.ʳ D. Giacomo del S.ʳ Card.ˡᵉ Millino, ch'è informatissimo di simili negozi.
N. Sig.ʳᵉ tornò venerdì mattina da Frascati, fermandosi poi alla stanza di Monte Cavallo, ed hogi ha fatto cappella in S.ᵗᵃ Maria Magg.ʳᵉ dove anche dimattina assisterà alla Messa. (c.26)
Il S.ʳ Landinelli mi ha detto questa sera di tener ordine da V. S. Ill.ᵐᵃ di parlare al S.ʳ Ottavio Catalano sopra il particolare di quel giovane; ma perché non conosce il S.ʳ Catalano, siamo rimasti di parlargli insieme; aggiungendo a V. S. Ill.ᵐᵃ, che quel giovane è mio grandissimo amico; onde credo che le mie parole valeranno qualche cosa a disponerlo a venire, massime per l'infomazione ch'io potrò darli di cotesti paesi, dove io sono stato degli anni intieri. Io mi adoprerò in questa, ed in ogni altra cosa, dove si tratterà di servire a V. S. Ill.ᵐᵃ con quella diligenza e fedeltà (...)
* *Ed. Hill 1994, pp.348-349 (ma con la data 8.VI.1615) e Hill, Montalto, p.337. Oltre ai maestri di Baldassarre sono citati l'inquieto tiorbista modenese Bellerofonte Castaldi e Ottavio Catalani ch'era al servizio di Marc'Antonio Borghese.*

458. Vincenzo Landinelli da Roma a EB. Ferrara 15.VI.1615
     AB, 80, c.29

(...) Quanto alla Pittora, io mi dubito che, se V. S. Ill.ᵐᵃ vorrà ch'inpari, converrà provederle d'un altro mastro, perché il Cav.ʳ Marotta ha poca voglia d'insegnarle, o sia per dar gusto alla moglie o sia per altri (c.29v) interesse; ed assicuro V. S. Ill.ᵐᵃ che pigliarà il regalo e poi non ci farà altro: sono gente invidiose, e quel che comporta se sarà necessitato ad insegnarle, non l'insegnarà bene, perché dirà sempre ch'il diffetto è venuta da lei: e però è necessario pensare ad altro. Io non ho mancato né son per mancare di fare tutti gl'ufficii possibili perché quest'huomo faccia questo servitio come deve per dar gusto a V. S. Ill.ᵐᵃ. La suddetta Pittora mostra d'haver una voglia straordinaria d'imparare, ma la poveretta si strugge perché non ha chi l'insegna: così mi ha detto questa mattina il marito [Guglielmo Gruminck] ch'è venuto a casa a parlarmi. In conclusione, m'adoprarò con tutte le forze acciò V. S. Ill.ᵐᵃ non venghi defraudata del desiderio suo. Il Cav.ʳ Marotta e la moglie hanno torto a trattare in questa maniera con lei, dalla quale hanno havuto (c.30) sempre tanti servitii.(...)
(parla del Nuntio Guido e dei vari Cardinali; poi dei Monti e valori di cambio)
(...) V. S. Ill.ᵐᵃ vadi riserbata (c.31) nello spendere più dell'ordinario per non moltiplicare debiti.

459. Girolamo Fioretti da Roma a EB, Ferrara 20.VI.1615
     AB, 80, c.45

(Riferisce della licenza concessa dal Cardinal Mellini a Battista Mazzarelli e delle difficoltà di ottenere il servizio di Cesare castrato di San Giovanni, nonostante l'intervento di Catalani e Marotta; parla poi di problemi di salute di Baldassarre e delle sue lezioni con Nanino e Frescobaldi)
* *Ed. Hill 1994, pp.351-352 (con data 15.VI.1615) e Hill, Montalto, p.338.*

460. Cesare Marotta da Roma a (EB, Ferrara) 20.VI.1615
     AB, 80, c.49 (allegata a lettera di Girolamo Fioretti del 20.VI.1615)

(Notizie su Baldassarre e sul cantante Cesare)
* *Ed. Hill, Montalto, p. 339.*

461. Pennello Pennelli da Roma a EB, Ferrara 27.VI.1615
      AB, 80, c.93

(…)
(p.s.:) Baldassare credo si porti bene, come sentirà forse dal Sig.ʳ Cavaliere; e sì ben li giorni passati, per
un giorno, fugì la scuola, fu però castigato, e non credo ne farà più. Al che solo mi resto (…)

462. Girolamo Fioretti da Roma a (EB, Ferrara) 27.VI.1615
      AB, 80, c.90

Ill.ᵐᵒ Sig.ʳ mio Sig.ʳ e Padron Col.ᵐᵒ

Il S.ʳ Landinelli darà conto a V. S. Ill.ᵐᵃ della nuova risposta datali dal S.ʳ Catalani in materia di
Cesare castrato. Il S.ʳ Cav.ʳᵉ Marotta ed io non gli habbiamo parlato finhora, aspettando il c omman-
damento di V.S. Ill.ᵐᵃ, con la risposta di quanto io diffusamente le scrissi in questo proposito, qual
risposta, di ragione, dovrebbe giungere lunedì prossimo. S'egli non si risolverà a questo ultimo assalto,
nel quale gli proponeremo che hora puol venire a Ferrara semplicemente per dar questo gusto a V. S.
Ill.ᵐᵃ, hora, ch'è fornito il raccolto de' musici, che in queste feste per le Passioni sogliono guadagnare
gran numero di dinari; io tengo il negotio per disperato, essendo la mira nostra di far che in qualche
maniera venga a Ferrara, sapendo, che quando vi sarà, non lo lascieranno fuggire. (c.90v) Dimattina
condurrò Baldassarre alla Chiesa nuova, e lo raccomanderò caldamente da parte di V. S. Ill.ᵐᵃ al Padre
Girolamo.
Il S.ʳ Cav.ʳᵉ ed il S.ʳ Bernardino continuano d'insegnarli al solito, ma fin qui non si puol conoscere
principio di proffitto, essendo molto duro in apprendere, oltre al peccato originale, che ha nell'intona-
tione, che di ciò ambidoi questi Signori che gl'insegnano se ne rammaricano meco ogni giorno. Poiché
ho risoluto, finché venga nuovo ordine di V. S. Ill.ᵐᵃ al Ghenizzi, di esser io seco quando anderà dal
S.ʳ Nanini, ed a casa di suo padre, come ha fatto hoggi, che nel resto non ha occasione di partirsi di
casa, se non quando va a pigliare lettione dal S.ʳ Girolamo [Frescobaldi], che all'hora non prometto di
andar seco per l'incommodità (c.91) dell'hora, ch'è subito doppo il pranzo verso le 16 hore, e per l'avvenire credo che sarà anche poco commoda al ragazzo, poiché il camminare nel maggior caldo del giorno
e continuare, gli recherà non picciol danno alla voce. Parlerò perciò col S.ʳ Girolamo, e procurerò di
trovare in questo particolare qualche temperamento. Ho fatto l'uffizio con la S.ʳᵃ Hippolita, acciò gl'insegni di sonare la chitarra. Mi ha risposto che scriva per sua parte a V. S. Ill.ᵐᵃ che sarà prontissima a
servirla, quando giudicherà che il putto sarà in termine di poterci far proffitto, stimando che hora, per
la poca capacità di esso, ogni fatica sarebbe gittata via; e che intanto egli anderà risanandosi dalla rogna, (c.91v) con la quale ella dice di havere antica e crudele inimicitia. Supplica anche V. S. Ill.ᵐᵃ, ad
iscusarla se non ha risposto alla lettera che le scrisse dalle Tavernelle, poiché ad ogni modo dice che non
si sarebbe servita di altro segretario che di me. Hoggi la S.ʳᵃ Hippolita è stata male da dovero, essendosi
venuta meno dui volte con molta smania. Questa sera però stava assai bene; e credo non haverà altro
male. Assicuro V. S. Ill.ᵐᵃ per fine, che per quello che potrò far'io, con usare ogni possibil diligenza,
Baldassarre al sicuro non si svierà, né pratticherà con alcuno. Con che humilmente inchinandomele, le
auguro il colmo di ogni grandezza.   Di Roma li 27 giugno 1615.
Di V. S. Ill.ᵐᵃ

                                                        Humiliss.ᵐᵒ e Div.ᵐᵒ perpetuo
                                                        Girolamo Fioretti

(c.92) (p.s.:)Mi era dimenticato di dar parte a V. S. Ill.ᵐᵃ de' travagli del S.ʳ Cav.ʳᵉ Marotta in materia
de' bigatti da seta: poiché ha lasciato stare tanto le gallette su la frasca, che si sono la maggior parte di
esse tutte sbusciate, e dell'altre, che vi sono rimaste, non trova donna che gli vogli cavar la seta; ed hoggi
ne ha messe al sole sopra il tetto della casa, e il vento l'ha sparse in maniera che ne sono cadute in terra.
Consideri hora V. S. Ill.ᵐᵃ le belle cose che il Cav.ʳᵉ dice, disperandosi al possibile. Di nuovo le fo
humil riverenza

463. Girolamo Fioretti da Roma a (EB, Ferrara) 8.VII.1615
      AB, 80, c.236

(…) [Quanto a Baldassarre] si attenderà come ho detto a sollecitare di farlo studiare, ed il S.ᵉ Cav.ʳᵉ ha dato principio ad insegnarli l'ottava *Non haveti a temer ch'in forma nova*, opera da dovero bella, (c.237v) continuando insieme di fargli esercitare il sonetto che ha fornito d'imparare, acciò se lo metta a memoria per cantarlo e sonarlo senza libro, quando bisognerà. Il padre di questo ragazzo sta moribondo, e per quanto mi dicono questa volta al sicuro non la scapperà.
Di Gioseppino [Cenci] ancora ne haveremo per pochi giorni, essendo diventato pazzo del tutto, e mangia e dorme pochissimo. Delle pazzie che fa se ne potrebbono formar libri, ma il tutto consiste nella sua miseria.(…)
Quanto al castrato [Cesare], io ho fatto ogni paso per ridurlo alla voglia di V. S. Ill.ᵐᵃ ma la cura è disperata, poiché sta in superbia tale questa bestia, che se fosse il primo huomo del mondo non dovrebbe dire l'impertinenze che dice. Si lui non conosce la sua ventura, suo danno: ed al fine, non è in lui altro di buono che quella poca voce accompagnata da mille vitii, che al sicuro V. S. Ill.ᵐᵃ in processo di poco tempo ne sarebbe rimasto disgustato. E poi, per quello che lei se ne vuol servire, ha tanto bisogno di maestri quanto ogni altro che canti costì, perché è avvezzo a cantare i *Kirie eleison* alla disperata, senza curarsi di altra politia. (c.239)
Vedrò di trovare un Piperno o altri, e lo manderò subito, assicurandola che il partito che lei propone sarà accettato da ogni altro, benché valent'huomo, fuori che da questa carogna che de' 12 mesi dell'anno, ne sta 13 pieno di poltroneria, di rogna, e non si diletta di cosa alcuna. (…)
* *Ed. Hill 1994, pp. 353-54 e Hill, Montalto, p. 339. Il riferimento alla malattia di Giuseppino Cenci presagisce la morte del cantante, che avverrà il 21.VI.1616 dopo lunga assenza dal servizio alla Cappella Sistina.*

464. Giovan Battista Andreini (detto "Lelio") da Mantova a (EB), Ferrara 14.VII.1615
      AB, 80, c.231

(Menziona la moglie Virginia Ramponi, detta "Florinda", e altri comici)
* *Cfr. Corrispondenze, II, Addenda: n.26.*

465. Pier Maria Cecchini (detto "Frittellino") da Mantova a (EB, Ferrara) 15.VII.1615
      MOe, Autografoteca Campori: Cecchini Pier Maria, 1 (prov.AB)

(Parla di una compagnia di comici non specificata e degli attori: Jacopo Antonio Fidenzi-Cinzio e Orsola Posmoni-Flaminia)
* *Ed. in Corrispondenze, I, Cecchini Pier Maria: n. 132.*

466. Girolamo Fioretti da Roma a (EB, Ferrara) 18.VII.1615
      AB, 80, c.268

(…) Ho fatto prattica per trovare a V. S. Ill.ᵐᵃ un contralto, e me ne sono stati proposti molti, alcuni de' quali, che sarebbono assai sufficienti, non vogliono partirsi di Roma; altri non gli ho stimati a proposito, fuori che uno il quale serve in Seminario, ed è da Fermo, ed il S.r Nanini mi dice ch'è buon suggetto. Ma io a questo non ho potuto parlare, ma dimani, che sarà Domenica, anderò a sentirlo al Giesù, e con iscusa di visitare quel Mastro di cappella, ch'è mio amico, gli parlerò e procurerò di ridurlo al volere di V. S. Ill.ᵐᵃ. Mi è stato proposto ancora un giovane, che veramente ha assai buona voce, e sarebbe a proposito per cantare in comedia, ma perché ha un braccio solo non ho voluto parlargli, oltreché non so se volesse partirsi di Roma, sebene io crederei di disporcelo. Se a V. S. Ill.ᵐᵃ non dassi fastidio questo suo mancamento, lui nel resto è bon giovane, ben costumato, di bella presenza, ha dispositione e, come ho detto, bella voce. Scrive ancora per la mano sinistra benissimo, e guadagna buoni ducati in copiare cose di musi-

ca ed altro. Starò attendendo il commandamento (c.268v) di V. S. Illma ed intanto parlerò a quello del
Seminario, ed anderò intendendo di qualchun altro ancora. Piperno non vuol partirsi di Roma, tanto più
quanto si ritrova in malissimo termine essendo pieno, come si suol dire, di cacio ed ovi, fin a gli occhi, che
apena può reggersi in piede, e pare che gli cominci a mancare la voce; e si crede che haverà poca vita,
perché gli disordini che ha fatti sono stati troppo grandi.

Baldassarre è stato doi giorni senza pigliar lettione, essendo stato a casa sua per l'occasione della morte
del padre. Hora ripiglierà gli soliti studii e dimani, conforme al solito, anderà a cantare alla Chiesa
Nuova (…)

* *Ed. Hill,* Montalto, *p. 342.*

467. Girolamo Fioretti da Roma a (EB, Ferrara) 22.VII.1615
AB, 80, c.280

(Nomina Cesare castrato, "Giovan Domenico [Puliaschi]" cantore ammalato e Baldassarre impegnato
ad imparare una nuova aria di Cesare Marotta: *O solenne vittoria*)

* *Ed. Hill,* Montalto, *p. 342.*

468. Girolamo Fioretti da Roma a (EB, Ferrara) 29.VII.1615
AB, 80, c.246

(Ancora sull'aria di Marotta *O solenne vittoria* per Baldassarre, il quale è pronto per la commedia del
Marchese)

* *Ed. Hill,* Montalto, *p. 344.*

469. Antonio Goretti dal Quartiero a (EB, Ferrara) 5.VIII.1615
AB, 80, c.413

Illmo S.^{re} mio Patrone Col.^{mo}

Mentre fosse venuto fuori per ricreatione V. S. Illma l'avrìa ocasione di restare scandelezato di me
come mi dice, se bene però ne avrìa hauto bisogno per essere stato già alcuni giorni indisposto; ma son
venuto fuori per faticare di vantagio per V. S. Illma com'ho fatto e facio, che tutto il giorno sto in
camera a scrivere e riformare tutta l'opera per la comedia. E di già ne ho scrito buona parte, e me ne
resta affare ancora assai; e per non esser disturbato e lontano da molti affari, facio più qui in un giorno
che non farìa in quatro altrove. Veni per pigliar licenza da V. S. Illma e non la trovò, ricorsi dall'Illma
S.^{ra} Caterina, e costì me la concesse: che se altrimente mi havesse detto tanto, seria restato, assicurandola che è maggiore il desiderio ch'io tengo di servirla che non è di pigliarmi comodità e gusto. Son qui
al Quartiero e questa matina ho riceuto la lettera di V. S. Illma scrita il dì primo del presente, e cossì
subito spedisco persona a posta per portare la presente. E di quanto mi farà sapere per risposta di quelo
che vol ch'io facia, farò subito quanto mi comanderà. Che per fine le facio riverenza, pregando da
Iddio N. S.^r contento e felicità   Del Quartiero il dì 5 Agosto 1615
Di V. S. Illma

humiliss.^{mo} e devot.^{mo} serv.^{re}
Ant.^o Goretti

470. Girolamo Fioretti da Roma a (EB, Ferrara) 12.VIII.1615
AB, 80, c.492

(…) Quanto a Baldassarre, non ho che dirle di nuovo: continua ne' gli soliti studii, e ne' soliti diffetti.
Dove poi V. S. Illma mi commanda che io l'avvisi quando sarà tempo di mandarlo costà, io credo che
potrà farlo venire in compagnia di Cesare, se pur verrà, overo di Giovanni [Ghenizzi] del Sr Ferrante,
stimando che nella comedia voglia servirsi di lui ancora per sonare (c.492v) il chitarrone, stante che lo
sona sicuro sù la parte, ed ha buona orecchia, e buon giuditio in seguitare queli che cantano. Ho salu-

tato poi il Sig. Cav.^re Marotta ed il Sr Nanini, conforme all'ordine di V. S. Illma quali le fanno hum.^ma riverenza, assicurandola che loro fanno ogni sforzo perché Baldassarre faccia profitto, in maniera che V. S. Illma possi riconoscere in esso qualche effetto della divotione che a lei professano. (...)

(c.493) (p.s.:) Sr Francesco [Severi] castrato del Sr Card. Padrone si ricorda a V. S. Illma divotissimo servitore, e la supplica a comandarlo. Mi farà V. S. Illma gratia singolare di rispondere, in maniera che gli possi mostrar la lettera, come ho fatto al Sr Gio. Domenico [Puliaschi] acciò apparisca, che io gli fo il servigio

* *Ed. Hill,* Montalto, *p. 345.*

471. Girolamo Fioretti da Roma a EB, Ferrara 22.VIII.1615
AB, 80, c.580

(...) Dove poi V. S. Illma mi commanda che debba dirle il mio parere circa il far venire a Ferrara il Ghenizzi e Baldassarre, io credo che sarà benissima rissolutione, massime volendosen'ella servire nella comedia perché, trattando di Baldassarre, io diffido che (c.580v) sia per acquistare più di quello che ha fatto, poiché quel diffetto dell'intonazione mette in disperazione tutti quelli che gl'insegnano, in maniera che io non ho ardito di por mano ad insegnargli cosa alcuna, tuttoché ne havessi enorme disiderio, per esercitarmi in servire a V. S. Illma. Il Sr Cav.^re [Marotta] fin qui gli ha insegnato un sonetto, l'aria *Non havet'a temer ch'in forma nova*; il madrigale *O solenne Vittoria* ed hora gli fa esercitare una romanesca, con le parole *O quante volte invan cor mio ti chiamo.* Il Sr Nanini gli ha insegnato dei mottetti passaggiati, oltre il dargli lezzione di contrapunto, in iscritto ed alla mente, ed insegnargli a sonare i medesimi mottetti.

Quanto a i dinari che V.S. Illma vuol sapere che bisognano per Giovanni, il Sr Cav.^re mi dice che a settembre entrerà ne' quattro mesi della spesa, che impoveranno scudi 24 oltre dui altri scudi che prestò al medesimo Giovanni finquanto venne a Roma l'anno (c.583) passato; quale dice che consumò nel viaggio. Oltre di ciò, mi dice esso Giovanni che ha pegni agli Ebrei per la somma di scudi sette, overo otto, se ben mi ricordo, aggiungendomi di haverlo detto a V. S. Illma ancora qui in Roma. Che del resto lui non ha altro intrigo, e che ad ogni cenno di lei si metterà subito in viaggio. Io ho detto ad ambidoi che si preparino, e ch'esercitino le opere che loro sono state insegnate, perché al sicuro V. S. Illma, con la risposta della presente, mi manderà l'ordine d'inviargli a Ferrara, sebene io credo che non potranno partir prima che a mezzo settembre, non tanto per il caldo, che perché Baldassarre non havrà prima imparato e la romanesca ed il madrigale col *duo delle Furie.* Starò attendendo i commandi di V. S. Illma, ed intanto solleciterò il Cav.^re a far la musica a quelle parole, acciò Baldassarre possa subito cominciare ad apprenderle, che se V. S. Illma pur commandasse (c.583v) che partissero subito, non sia rispetto alcuno che possi vietargli la subita esecuzione del suo commandamento.(...)

* *Ed. Hill 1994, pp.354-55 e Hill,* Montalto, *p. 345.*

472. Girolamo Fioretti da Roma a EB, Ferrara 29.VIII.1615
AB, 80, c.620

(...) Il Ghenizzi attende ad imparare la parte di Rinaldo, e Baldassarre a fornire d'apprendere la romanesca *O quante volte innanzi,* quale sarebbe rimasta imperfetta.

Quanto a Cesare castrato il negozio è spedito, poiché né l'autorità del Sr Abbate Pignatelli, né l'esortazioni del Sr Catalani, né le mie preghiere sono state sufficienti a disporlo a promettere di voler servire a V. S. Illma per sei mesi, ma a tutti ha risposto con egual impertinenza, havendo sempre in bocca un'assoluta negativa, la quale disgustò oltre modo il Sr Abbate, (c.621) che gli trattava di questo negozio con ogni termine di cortesia, offerendosi per rispetto di lei ad esser suo perpetuo protettore. Ma nulla è valso poiché, come il Sr Abbate disse da principio, si è troppo dato in preda al buon tempo, per non dire ai vitii, de' quali abbonda in maniera che, dopo essersi licenziato da questo parlamento, ritornò in choro (perché se gli parlò a S. Giovanni) sbuffando e dicendo che, se V. S. Illma haveva gusto di lui, voleva che venisse ella medesima a Roma. Consideri hora per se stessa il rimanente e quanto poco sarebbe continuato nel suo servizio, aggiungendovi a questo che, oltre che patisce per le tre fontanelle che ha, in modo che non se gli può avvicinare, è di così cattiva memoria, che non imparerebbe a mente dieci versi in un anno e qui lo sappiamo tutti per l'esperienza che n'habbiamo fatta in diverse occasioni. (…)

* *Ed. Hill, Montalto, p. 347. In Hill 1994, p. 356, è inoltre pubblicata una lettera da Roma di Pompeo Lasco, nella stessa data, sugli stessi argomenti.*

473. Ercole Provenzale da Roma a (EB, Ferrara) 29.VIII.1615
AB, 80, c.614v

(…) Subitto che ho auto la sua delli 22 del corente sono statto a trovare il Cavalere Marotta, perché voleva in tutti li modi, conforme a l'ordine di V. S. Illma, inviare alla volta di Ferrara Ms. Giovano [Ghenizzi] e Baldesera; ma tutti mi dicano che V. S. Illma ha mandatto certe arie da cantare, (c.615) e che apena le ha fatto il Cavalliere e che lui vedrà che in termine di doi o tre giorni le sapiano; sì che [il] quarte dì partirano, che sarà il primo di settembre, e li mandarò con quello più avanta[g]ii che sia pusibile e che vengano più presti e con più comodittà. Quel Cesare non vole venire in nesuno modo, per quanto mi dice il S.^{re} Fioretti, il qualle si è acomodato col S.^{re} Conte Aniballo Manfrede, come so che deve sapere V. S. Illma. Alla qualle bacio con ogni riverenza le mane di Roma il dì 29 agosto 1615 Di V. S. Illma

Devottiss.^{mo} servittore
Ercole Provenzalle

474. Jacopo Cicognini da Bologna a EB, Ferrara 29.VIII.1615
AB, 277 (1615), c.98

Illmo mio Sig.^{re} e Padron Col.^{mo}

Mando a V. S. Illma il dialogo che mi comandò che io facesse, ma imperfetto, poiché non mi sovviene della conclusione; e se si degnerà d'avvisarmela, subito manderò il resto.

L'Illmo Sig.^r Card.^{le} mio Patrone vuole che io venga a Ferrara, acciò io resti favorito di vedere la comedia di V. S. Illma, ma perché mia moglie deve partorire tra il fine di settembre e primo d'ottobre per questo sto con gran martello, e perché la curiosità ed il diletto mi tirano costà, perciò la supplico si degni farmi grazia che io resti avvisato del quando, per veder se io potessi compartir il tempo, e sodisfare al senso ed alla ragione. Con questa sarà il memoriale per il Sr Lodovico Giovagnioni, per il quale instantissimamente pregai qua V. S. Illma; ed ella mi disse che io lo facessi, che l'havrebbe favorito caldamente apppresso l'Illmo Borghese; e perché questo è il più meritevole soggetto che sia tra quelli che vadino in officio, però credami che si farà onore. Ed io assicuro V. S. Illma che è stato richiesto in un medesimo tempo da più persone, ed ultimo dal Sr Conte Antonio Campeggi, il quale gl'ha dato Castelbolognese: officio riservato a persone di merito, che ha notarii sotto di se. Ed io ne resterò perpetuamente obligato a V. S. Illma, alla quale fo reverentia   da Bolog.^a il dì 29 ag.^{to} 1615 D. V. S. Illma

dev.^{mo} Ser.^{re}
Jac.^o Cicognini

(c.98v) P.S. In questo punto l'Ecc.^{mo} S.^{re} Auditore Cicalotti è stato in camera mia, ed havendo alcuni appelli, dice dell'Officiale Vecchio di Castelbolognese, gl'ha rimessi al medesimo Sr Lodovico Giovagnioni con far attestatione honoratissima di lui; e V. S. Illma non solo dal medesimo Sr Cicalotti Auditore Generale, ma anco dal Sr Dottore Achillino, ne potrà esser sempre pienamente informata

475. Cesare Marotta da Roma a (EB, Ferrara) 2.IX.1615
AB, 81, c.16

Illmo Sig.^r mio e Padrone Oss.^{mo}

Con l'occasione della venuta costì de Baldesarro ed il Ghenizzi, vengo con la presente a farli riverenza,

raccordandomeli servo. Le parole da V. S. Illma mandatime sono state da me poste in musica nel meglior modo che ho saputo, ed ho cercato obedirla con adornarle d'alcuni passaggi. Potrà farle bene imparare da detto Baldessarro, poiché per la brevità del tempo non ho possuto, conforme il mio dovere, farcele cantare di tutto punto, sicome anco l'altre cose che l'ho imparato: e di ciò non mi stendo in altro, che V. S. Illma come Sig.^{re} di singular giuditio, so ponerà in consideratione che in sì poco tempo, in questa professione della musica, non si può far meracoli. Intanto acetti da me il vivo desiderio che tengo di servirla. Unitamente con Ipolita mia moglie, ci rallegramo del figlio maschio a V. S. Illma nato, e piaccia al Sig.^{re} concederli sempre ogni compita esaltatione. E per fine li facemo riverenza, sicome anco alla Sig.^{ra} [Caterina Martinengo] e Sig.^{ra} Marchesa [Isabella], di Roma li 2 settembre 1615
Di V. S. Illma

oblig.^{mo} se.^{re}
Il Ca.^{re} Cesare Marotta

* *Ed. Hill*, Montalto, *p. 348.*

476. Girolamo Fioretti da Roma a EB, Ferrara 8.IX.1615
AB, 81, c.12

(…) Il Sr Cavalier Marotta manca in tutto vinti scudi dal Genizzi. Quanto al castrato, già V. S. Illma avrà inteso per le mie antecedenti che non vol venire (…)

477. Pier Francesco Battistelli da Pieve a EB, Ferrara 3.X.1615
AB, 277 (1615), c.121

Illmo mio S.^{re} e Patrone Col.^{mo}

Ho penetrato questa mattina la risposta che ha dato il Balabone a V. S. Illma che intendo scusarsi, che se fosse suo interesse solo la servirìa, ma per essere interesse delle sicurtà, che non vorria pregiudicare alle ragioni loro. Perciò io sono sforzato fare sapere a V. S. Illma, che non è nominata altra persona nella causa che detto Balabone, e perciò desidero e supplico V. S. Illma mi faccia grazia di replicare due righe in detto proposito a esso Balabone, che voglia soprasedere per suo interesse, che alla fine ciò non gli sarà di pregiuditio alcuno. Che non vorrei già che mi piovesse sopra qualche essecutione contra la propria casa, mentre mio padre si ritrova in questa angoscia, che il maggiore dolore che io potessi havere saria questo, che nell'atto si può dire del chiudere gli occhi, si vedesse fare essecutione nella stessa casa. E perché confido nella molta gentilezza di V. S. Illma, non ne estenderò in longo in supplicarla della detta grazia almeno per questi otto, o dieci giorni, perché tengo sicuro restarne consolato. E per fine le faccio humilissima riverenza.   Della Pieve il dì 3 ottobre 1615.
Di V. S. Illma

hum.^{mo} oblig.^{mo} ser.^{re}
Pier Fran.^{co} Battistelli.

478. Margherita Gonzaga Duchessa di Ferrara da Mantova a Antonio Goretti, Ferrara 6.X.1615
FEc, Autografi 3114

Molto Mag.^{co} Sig.^r.

Con ragione havete sentito dispiacere della morte del Calabria, perché veramente egli era huomo da bon. Non ripigliate gran fastidio perch'egli non possa servirvi più in raccordarvi la vostra buona voluntà verso me, perché essendone molto ben certa mi sarò così fresca nella memoria per corrispondervi in ogni occasioni; di che può essere sicuro anche il Sr Placido, il qual insieme con voi ringratio della cortesia, che havete voluto scrivermi (…) Del particolare di quel pittore di che mi scrivete, non ne so altro, rimettendomi al S. Giulio Moro (…)

479. Alessandro Piccinini da Bologna a EB, Ferrara 20.X.1615
AB, 81, c.533

Ill.º Sig.ʳ e Padron Coll.ᵐᵒ

Per non esere aqua nel canale abastanza, le barche non vengono se non di là da Corticella e malamente ancora, e per questo il coriero dice non potere pigliare questa segietta, né manco una letica del Car.ˡᵉ. Starò aspetando novo aviso da V. S. Ill.ᵐᵃ (…)   di Bologna il dì 20 8.bre 1615
Di V. S. Ill.ᵐᵃ

Se.ʳᵉ Aff.ᵐᵒ
Alesandro Picinini

480. Girolamo Fioretti da Frascati a EB, Ferrara 21.X.1615
AB, 81, c.540

(…) Al mio ritorno di Roma (…) procurerò di trovarle a V.S. Ill.ma il soprano (…)
* *Ed. Hill*, Montalto, *p. 349.*

481. Girolamo Fioretti da Roma a EB, Ferrara 24.X.1615
AB, 81, c.566

(Raccomanda al servizio del Cardinal Serra la moglie di Bartolomeo, " già staffiero" di Enzo Bentivoglio)
(…) Ho inviato da Napoli la lettera dirittiva al Cap.ⁿᵒ Mattamoros [Silvio Fiorilli], già che ho inteso da alcuni comici suoi amici, ch'egli si trovava colà a far Comedie con una buona compagnia. (c.566v)
(…) Quanto al putto, non posso avvisarle alcuna cosa di certo, poiché me ne sono stati proposti molti, ma non ne ho sentito nissuno; sono però rimasto di sentire un castratino dimani, e voglio provarlo dal S.ʳ Catalano, dove sarà anche il S.ʳ Francesco [Severi] del S.ʳ Card. Padrone, perché il paragone delle voci fa scoprire molti diffetti.
Di nuovo non habbiamo altro, che la partita del successore di Mons. Ill.ᵐᵒ (c.567) Nunzio, che si è messo in viaggio questa mattina (…)

482. Silvio Fiorilli (detto "Capitan Matamoros") da (Napoli)n a EB, Ferrara (X.1615 ma ricevuta da Roma nel I.1616)
FOc, Piancastelli: Comici italiani dei secc.XVII-XVIII (prov.AB)

Ilus.ᵐᵒ mio S.ʳᵉ

In risposta de la sua del di 14 [ottobre], dico che molto la ringratio de la bona voluntà che verso di me ella tiene, e piacesse a Idio ed io potessi con piacere in ciò così a V. S.ʳⁱᵃ Ilus.ᵐᵃ, como a di me desidera fare grasia: già che me inpediscie per hora lo esere obligato a una stanzia che, aposta per la mia conpagnia, si è quasi posta a l'ordine, ma inpedita un poco per esere stata chiesa, e si spera valersi e finirla per questo carnevale. E quando no subito fatte le feste di Natale, credo che c'inviaremo per la volta di Roma, da dove potria io dopo inviarme verso Ferrara: quando però io havesse il comodo di poter spendere almeno scudi sissanta per il viaggio di me, mio figlio e le robbe. Io ho bonissimo aviso e desiderrio di servirla, ma le forse sono debolo: no mancarò di avisarli apresso l'ultima risoluzione, si io son per partirmi da Napoli o no, per la causa predeta. Fratanto, desidero risposta di sapere chi sono i conpagni di Federico, e si mio figlio ha da fare, venendo, le parte seconde de servitore e si la conpagnia gli darà almeno 3 quarti di una parte, come questi comici miei conpagni gli danno. E del resto, rimango di V. S.ʳⁱᵃ Ilus.ᵐᵃ humilissimo e perpetuo servitore

Silvio Fiorillo deto
il Capitan Matamoros comico
* *Sull'esterno della lettera:* "Al Ilus.ᵐᵒ S.ʳ mio Oss.ᵐᵒ il S.ʳ Renzi Bentivoglio Ferrara". *Il figlio, Giovan*

Battista Fiorilli, è il primo "Scaramuccia". Il contenuto di questa lettera, giunta con almeno due mesi di ritardo e reputata persa, fu ribadito nella successiva del 11.XI.1615.

483. Guido Bentivoglio da Bruxelles a Antonio Goretti, Ferrara 24.X.1615
FEc, Autografi 3114

Molto Magnifico S.^{or} come fratello

Molto cara mi è stata la lettera amorevole che V. S. mi ha scritta, rallegrandosi meco della vicina speranza in che mi trovo di ritornare in Italia, e molto la ringrazio di quest'officio.

Quanto al suo desiderio d'haver delle musiche di queste parti, può assicurarsi ch'io sia per mostrarle in questa occasione la prontezza c'ho sempre havuta di compiacerle. Darò dunque ordine che si facciano intorno a ciò le diligenze necessarie. E per fine prego a Lei da Dio ogni maggior bene (…)

484. Cardinal Luigi Capponi da Bologna a EB, Ferrara 31.X.1615
AB, 78, c.27

(…) Io sto sulla mia risoluzione di venire a vedere V. S. e la tragedia ch'ella fa rappresentare: e verrò al sicuro, quando non occorra cosa grave che mi facci rimanere (…)

485. Margherita d'Este Duchessa di Ferrara da Mantova a Isabella Bentivoglio, Ferrara 5.XI.1615
AB, 56, c.92

(Si rallegra di una prossima visita di Caterina a Mantova)

(…) il Sor Zan Vincenzo la ringratia molto del'offerta che li fa e dice che li spiace non essere sbrigato da poter godere di vista la tragedia che farrà il Sor Encio, ma che dove può servire V. S. e la casa sua lo farrà sempre. Io poi li resto obligata della memoria che ha tenuto di me (…) (c.92v) mi ralegro della venuta del Sor Guido suo fig.^{lo}, imaginandomi che debba essere di gran consolatione a V. S. (…)

486. Silvio Fiorilli (detto "Capitan Matamoros") da Napoli a (EB, Ferrara) 17.XI.1615
AB, 82, c.286

(…) Per il pasato risposi ala sua mandatami da Ferrara <di >dicendoli che volentire io sarei per venire al servitio di V. S.ª ilus.ma et di quessi Ilu.^{ri} S.^{ri}, quando non avesse hauto qui in Napoli un certo obligo ad una stanza per far comedie, e che l'animo ci era, ma mancavano le forze, cioè del recapito per così lungo viaggio per me e per Scaramossa [Giovan Battista Fiorilli] mio figlio. Ed hora dico che sono del medemo pensiro, già che desubligato sono da detta stansia, e si havesse il ricapito, io sens'altro dubio non mancarei di venire, con la promissione che mio figlio faccie le seconde parte de servitore a la comedia, e darli quarti 3 di una parte già che qui così recitiamo, e si oserva: e no paia questa mia dimanda disorbitante a V. S.ª Ilus.^{ma}, perché così la necessità, la verità e la raggione mi sforza e sprona a fare; dunque, esendoci questo soccorso e quanto di sopra ho detto, circa Scharamossa, potrà V. S. Ilus.^{ma} per mezo di quessi ebrei di casa di Vito, di Ferrara, farmi qui capitar sicure le lettere ed il ricapito, si pure ci sarrà. E non esendoci, non occorre altro, perché in modo alcuno no potrò venire, racordando a V. S.^{ra} che il viaggio è lungo ed è di molta spesa, e quando che le compagnie, fora di quadragesima e prencipio di Pasqua, sogliono chiamare personaggi che gli pagano il viaggio. E detti ebrei me hanno sempre fatto pagare <il> (c.286v) i danari qui in Napoli a casa mia. Con che fine fo humilissima riverenza a V. S.^{ra} Ilust.^{ma} di Napoli il dì 17 novembre 1615 per servirla

Silvio Fiorillo detto
Matamoros Comico

(p.s.:) desidero saper la compagnia di detto Federico

* *Ed. in* Corrispondenze, I: Fiorillo Silvio, n.5. *La lettera del Marchese citata è quella cui si riferisce Girolamo Fioretti, anteriore quindi al 24.X.1615.*

487. Silvio Fiorilli (detto "Capitan Matamoros") da Napoli a (EB, Ferrara) 2.XII.1615
AB, 82, c.442

(…) A la sua gratissima del dì 21 novembre 1615 rispondo dicendoli che di già ho inteso il bon animo suo, che è di far dare a Scaramozza [Giovan Battista Fiorilli] mio figlio quarti tre di una parte in la compagnia, e che la S.^{ra} Ilus.^{ma} no lasciarà di farne grazia. Per tanto rispondo dicendoli che molto del bon animo io la ringratio e ne gli resto con infenito obligo: asicurandola affé, di quel vero affezionnatissimo servitore che io li sono, che subito subito a l'arivo de la sua io mi sarrei partito per la volta di Ferrara, quando che io havess'hauto il modo per pagare le cavalcature per me, mio figlio, e le robbe; ma perché non ho hauto il comodo di danari, io non son venuto. E perché ancora per forza bisognia starò qui in Napoli per insino al dì di Natale, perché il Viceré vole la comedia de la *Pazia di Orlando* il secondo giorno di questa santissima fessa [=festa], io me no mi sono potuto da qui sbrigare; però s'io haverò da la conpagnia soccorse, o da quessi maestri filigniami de la stanzia di costì, io senza dubio alcuno mi porrò in viaggio e partirò per questa volta, particolarmente per servire a V. S.^{ra} Ilust.^{ma} e in quessi S.^{ri} mie padroni di Ferrara. E non abiendo detto recapito sarà incerta la venuta. (…)
(p.s.:) e facendo e potendo venire sarrà la partenza di qua subito dopo detta *Pazzia di Orlando*
* *Ed. in* Corrispondenze, *I, Fiorillo Silvio: 6; cit. anche Ferrrone, p. 127, nota 18.*

488. Cesare Marotta da Roma a (EB, Ferrara) 4.XII.1615
AB, 82, c.459

(…) Questi giorni a dietro in una vigna dove fui condotto d'alcuni miei amici, come si suol dire per stare allegramente, e per occasione di sonare, vi portai la spinettina del nostro Cardinale dalle corde d'oro; ivi, sentendono dire quelli lavoranti che quelle corde fussero d'oro, uno credo di essi celatamente li strappò tutte, del che prometto a V. S. Illma haver riceuto disgusto grande, che se fusse stata mia non mi ne sarei curato, ma essendo cosa del Padrone, mi ha parso di voler rimediare a questo inconveniente, senza farni motto al detto Padrone, con volere solamente fastidirne V. S. Illma. E perché in questa città non è persona che sappii tirare queste corde d'oro, in tale caso ho scritto in Firenze (c.459v) al istesso che è solito fare tutte l'altre poste già in opra in più spinette, e a quest'hora sono già tirate, e m'importa haverle presto, per potere ponere in ordine questa detta spinetta prima che il Sig.^r Cardinale ne sappi nulla. Credevo a quest'hora potermi valere delli frutti della mia pensione, per potere sodisfare a questo debito, ma ancora non mi ni è capitato danaro alcuno, ed in tal caso ho pensato fastidire V. S. Illma, pregandola quanto posso a favorirmi voler rimettere in Firenze scudi venti, quali siano pagati in mano del Sig.^r Cavaliere [Vincenzo] Giugni, Guardarobba maggiore di quella Altezza, che Sua Sig.^{ria} saprà che farne, e V. S. Illma non perdirà nulla, poiché il Sig.^r Ferrante [Bentivoglio] mi è debitore di detta summa, e li scriverò li rimetta a V. S. Illma. (…)
* *Ed. Hill,* Montalto*, p. 349.*

489. Cesare Marotta da Roma a EB, Ferrara 31.XII.1615
AB, 82, c. 684

(…) Desidero intendere come si porta il Ghenizzi e Baldissarro (…)
* *Ed. Hill,* Montalto*, p. 350.*

1616

490. Cardinal (Luigi) Capponi da Bologna a EB, Ferrara 2.I.1616
AB, 78, c.53

(…) M'è caro intender da V. S. il giorno stabilito da cotesti miei SS.^{ri} Ill.^{mi}, per rappresentar la tragedia. Io verrò senza manco a godere, con la lor grazia, uniti i favori di lei (…)

491. Cesare Marotta da Roma a (EB, Ferrara) 6.I.1616
  AB, 83, c.66

(…) le corde [per il cembalo ordinate a Firenze] sono già fatte, havendone hauto cura il detto Angelo Fiorensola; [io] pregava, sicome anco di novo prego, a volere fare rimettere in mano del Sig.^{r} Angelo Fiorensola la detta summa di scudi venti, overo per maggior securezza, e meno incomodo, dare ordine che questi danari siano pagati in Roma nelle mie mani, poiché ho hauto fermo aviso che il detto Sig.^{or} Angelo sia di breve ritorno qui, anzi si sta aspettando da giorno in giorno, ed io potrò darceli in mano propria. Però non intendo agravare il suo gusto: faccia V. S. Illma quel che più (c.66v) l'aggrada. Il suo cimbalo se ritrova dove sono tutte l'altre sue robbe, nella casa alla Longara, ed è ben custodito e stà ben conditionato; non occore di farlo venire in casa mia, perché feci ponere in ordine quel ch'io haveva, del quale si servì Baldesarro per studiare in quel tempo che si fermò qui. Ho sentito particolar gusto per haver inteso che costì stanno allegramente ponendo alla via la comedia ed altre feste: in fine dove è il Sig.^{r} Enzo non vi può essere né otio, né malinconia e N. S. lo facci vivere mill'anni con ogni contento (…)
* *Ed. Hill*, Montalto, *p. 351.*

492. Filippo Pepoli dalla Palata (Bologna) a EB, Ferrara 7.I.1616
  AB, 83, c.61

(…) V. S. Illma, alla quale rendo le dovute grazie per l'invito cortese che ne fa, a dover venir io colla Sig.^{ra} Laura mia a veder recitar cotesta sua tragedia, sendo restati soddisfattissimi del favor singolare che si degnò farne, col farcela veder provare (…)

493. Senatore Antonio Fino da Bologna a EB, Ferrara 8.I.1616
  AB, 83, c.69

Illmo Sig.^{r} e Padron mio Col.^{mo}
Giorgio mio nepote, mosso dalla fama della sontuosissima festa che si deve rappresentare costì, desideroso di vederla, domattina partirà per questa volta. Ho voluto pertanto con la presente venire a fare riverenza a V. S. Illma, come anch'esso farà a mio nome, ed a riconoscerla per Sig.^{re} e Padrone, come sempre hanno fatto professione li nostri antenati (…) Con favorirlo ancora che possi entrare nel teatro con la sua compagnia, che tanto maggiore sarà l'obligo di tutti noi (…)

494. Ottavio Magnanini di casa (Ferrara) a EB, Ferrara 11.I.1616
  AB, 83, c.84

(…) è capitato qui oggi il Sr Guidobaldo Benamati, gentiluomo parmisano il quale, avendo dedicate a V. S. Illma alcune sue rime, desidera d'appresentargliele. Mi farà grazia a darmi l'ora ferma che dovrò condurlo, purché non sia domattina, avendo egli posto ordine d'essere dal Sr Conte Ercole Pepoli (…)

495. Ercole Provenzale da Roma a (EB, Ferrara) 13.I.1616
  AB, 83, c.92

Illmo S.^{re} mio S.^{re} e Patron Coll.^{mo}
Io ho fatto quanto V. S. Illma mi ha comandatto in materia del cimballe, se bene non ho rispose così presto a V. S. Illma come doveva: è statto la causa l'essere statto fora di Roma 6 giorni (…) Il fatto d'essere il cimballo nella guardaroba di V. S. Illma sta così: V. S. Illma mi ordinò alla sua partita di Roma che questo cimballo fose portatto a casa del Marotta, perché Baldesera se ne servese. Fece due o tre volte instancia al detto Marotta che io li l'averìa mandatto, il qualle mi dise che lui non ne haveva bisogno. Odendo questo, mi parse melio che fuse nella guardaroba di V. S. Illma che in arbitrio della fortuna e, con ocasione che andava a Monte Cavallo col Sr Giullio suo secretario, lo pregai che mi

facese servicio di farlo portare a casa, perché aloro non li poteva andare io (…)

496. Girolamo Fioretti da Roma a EB, Ferrara 20.I.1616
AB, 83, c.141

(Fioretti e Marotta sono rimasti delusi dal putto cantore che hanno esaminato per conto di Enzo Bentivoglio)

(…) Io hebbi solamente hieri sera le lettere, e però hoggi solo ho potuto cominciar a servirla; e sebene è stato un tempo cattivissimo, tuttavia son'andato cercando il Capitano Mattamoros [Silvio Fiorilli], come potrà certificarle il S. Cav.ʳ Marotta, a cui ho dato [la] lettera, che a lui era indirizzata. Dimattina farò la stessa diligenza, e se intenderò, che non si trovi in Roma, gl'invierò la lettera a Napoli per la staffetta, che dovrà partire dimani doppo il pranzo. (…)
Hieri mattina fui a pranzo con il S.ʳ Landinelli, ed in quel tempo gli fu resa una relazione della tragedia di V. S. Ill.ᵐᵃ inviatagli dal S.ʳ Stefanni, il quale scrive in una sua lettera, ch'è la più miracolosa cosa che habbia mai veduta. Io ne certificai il S.ʳ Vincenzo, e nel leggere la relazione gli andai rappresentando suttilissimamente i moti, e le qualità delle macchine, il quale ne restò meravigliato; e perché fu interrotto, riserbammo di finirla di leggere con migliore commodità. Non voglio lasciar di dirle, che facessimo un numero infinto di brindisi alla sanità di V. S. Ill.ᵐᵃ e di Mons. Ill.ᵐᵒ suo fratello, ed alla perpetua felicità di tutta la sua casa.
Supplico V. S. Ill.ᵐᵃ a farmi grazia di honorarmi di alcuna delle dette relazioni, acciò possa consolare il desiderio e la brama che n'hanno molti Sig.ʳⁱ di qualità, poiché la fama porta le lodi di quest'opera fin alle stelle; ed io ancor vorrei, pur almeno con il leggerla, mitigare il disgusto che ho havuto di non potermi trovare a goderla presentialmente. (…)

(p.s.:) (…) piacendole di honorarmi delle relazioni, potrà dar ordine, che mi sieno inviate sotto coperta del S. Ambasciatore. Io non prometto di amplificarle, mentre le leggerò ad alcuno, perché la condizione loro è tale, che per se stess[a] si rende ammirabile a tutti.
* *Ed. Hill*, Montalto, *p. 351.*

497. EB da Ferrara al Duca di Modena 26.I.1616
MOa, Cancelleria Ducale, Particolari b.135: Bentivoglio

(Lettera su cavalli da giostra)
* *La lettera non risulta reperibile nella relativa busta dell'Archivio di Modena; il rinvio al documento in Tamburini, p.45, nota.*

498. *Descrizione degl'intramezzi co' quali l'Ill.ᵐᵒ Sig. ENZO BENTIVOGLI ha fatto rappresentare la tragedia del Sig. ALESSANDRO GUARINI intitolata BRADAMANTE GELOSA. In Ferrara, per il Baldini 1616.* (es. consultato in FEc)

(p.3) Primo intramezzo.
Quando il Signor Enzo Bentivogli (già sono poco men che due anni) per solennizzar maggiormente la venuta in questa città dell'Illustriss. Sign. Cardinale [Domenico] Rivarola Legato di Romagna, fece ponere in iscena l'*Idalba* tragedia di Mafeo Venieri, piacquero tanto gl'intramezzi da' quali fu accompagnata, sì perché le machine furono, al ver dire, bellissime e maravigliose troppo, e sì ancora per esser opera di quella dilicatissima penna, che senza contrasto avvanzò di gran lunga le delizie fioritissime d'Anacreonte, dico del Cavalier Guarino, di sempre veneranda e gloriosa nominanza: che in tutti un più vivo disiderio di goderli, e ammirarli un' (p.4) altra volta rimase acceso. E però, pubblicata la prudentissima e avventurosa elezione dell'Illustrissimo Sig. Cardinale Serra per nostro Legato e appresso la venuta dell'Illustrissimo Sig. Cardinale [Giovanni Battista] Leni a queste parti, diliberò il Sig. Enzo, con particolar dimostrazioni nel comune contento della patria, scoprire la propria umilissima riverenza verso Cardinali sì magnanimi, faccendo appresentar loro spettacolo non del tutto indegno di tanta grandezza. E

nello stesso tempo lusingato dalla speranza d'essere onorato, oltre alla presenza dell'Illustrissimo Sig. Cardinale [Bonifacio] Bevilacqua, che più mesi sono si trova in Ferrara, da quella dell'Illustrissimo Sig. Card.[Luigi] Capponi Legato di Bologna, e di ricever nuovamente il favore dal sopraddetto Illustriss. S. Card. Rivarola, che tanto più si confirmò nel suo generoso proponimento. Fece dunque elezione d'una Tragedia nuova, e la quale o sia per l'autore, che è il Sig. Alessandro Guarini degno figliuolo del nostro Apollo, o sia per le sue pellegrine bellezze è degna appunto di reale apparato, e di tanti, e si augusti spettatori. Il titolo dell'opera è *Bradamante Gelosa*, allettatrice rimembranza di quei graziosissimi furori d'illustre donna amante, inventati dal nostro immortale e tre volte (p.5) grandissimo Areosto. Alla nobile favola del figlio pensò d'unire gl'intramezzi del padre, ed in tal guisa appagare la voglia, e l'arsura d'ogniuno. Né perché in altre occasioni egli n'abbia fatta pomposa mostra, dovea cangiar pensiero, imperciochè se per sentenza di Platone il ripetere una e due volte le cose belle, non pur'è conveniente ma lodevole ancora, certamente dalla nuova rappresentazione de' medesimi bellissimi intermezzi, non gli potrà venire biasimo alcuno. E tanto meno che, con le mutazioni fatte pur anche in essi e con la giunta di stupendissime machine e belle oltra modo, hanno in guisa mutato sembiante, che in molti luoghi saranno appena riconosciuti per dessi. (...)
(segue descrizione, in tutto simile ma abbreviata, dei singoli intermedii come nella stampa del 1614 per l'*Idalba*).
* *La Biblioteca Ariostea di Ferrara possiede (probabilmente proveniente da AB) una redazione manoscritta dei testi dei cinque intermedii utilizzati per le due tragedie del 1614 e 1616, sotto il titolo di* Intramezzi di Enzo Bentivoglio Ferrarese alla tragedia del Sr Alessandro Guarini intitolata: Bradamante Gelosa *(ms. Cl.I 309, 20 cc.). Sul dorso della copertina è riportato* Del Sr Enzo Bentivoglio. *Secondo il Catalogo Antonelli (Ferrara 1884, p.161):* "Questi intramezzi, che sono autografi, furono impressi nella Descrizione degl'intramezzi, co' quali il Sr Enzo Bentivogli ha fatto rappresentare la tragedia del Sr Alessandro Guarini intitolata: Bradamante Gelosa, Ferrara, Baldini, 1616 in 12". *In realtà si dovrebbe trattare di una copia del solo testo cantato fatta da Enzo Bentivoglio per la prima rappresentazione del 1614, per essere utilizzata forse dal musicista che doveva mettere in musica i versi, poi tornata nell'archivio di famiglia. Cfr.anche Hill,* Montalto.

499. Jacopo Cicognini da Bologna a (EB, Ferrara) 23.II.1616
       AB, 83, c.369

Illmo mio S.^re e Padron Col.^mo

Mi duole che V. S. Illma habbia hauto necessità di mutare quei versi che m'avvisò: di ciò se ne può dar la colpa alla lontananza, sapendo io quanto importava esser costì in questa occasione, ed anco ne incolpi il Sr Card.^le ed il Sr Ottavio Magnanini, li quali mi dicevano che io non dovessi in modo alcuno rasetar quei versi, ed in specie l'ottava del merito fu letta dal Sr Ottavio venti volte, ed il gusto che ne sentiva, mi fece conformare con la sua opinione. Almeno un'altra volta facciamo qualcosa di buono: io vorrei rappresentar l'*Andromeda Marittima* con quel mare ed aggiungervi alcune machine, e l'istesse servirebbero con poca mutatione; o vero l'*Adone*, o far qual cosa di nuovo per scapricciarmi. V. S. Illma consideri, ed a primavera damo dentro allegramente. Le mando questi quadernarii: si degni leggerli, e mi favorisca de' suoi comandamenti.   Di Bologna 23 feb.^o 1616
Di V. S. Illma

                                                                    Dev.^mo Se.^re
                                                                    Jacopo Cicognini

500. Cesare Marotta da Roma a (EB, Ferrara) 27.II.1616
       AB, 83, c.408

(...) Fin qui è corso il grido delle feste costì fatte questo carnevale da V. S. Illma sì della tragedia, come anco delle barriere, giostre, ed altre allegrezze: infine il Sig.^r Enzo è quello che tiene allegra tutta la città. N. S. sia quello ogni giorno più lo feliciti. (...) Con altre mie pregai V. S. Illma a favorirmi di dare di novo ordine in Firenze, acciò fussero pagati quelli venti scudi in mano del S. Cav.^re Giugni, o vero in mano del S. Agnolo Firenzuoli, e perché non ni hebi (c.408v) aviso alcuno, la supplico a degnarsi dar-mene l'ultima risoluzione afine possa prendere altro partito, non parendomi né anco il dovere ch'io debba tante volte fastidire V. S. Illma per questa causa. (...)

* *Ed. Hill,* Montalto.

501. Jacopo Cicognini da Bologna a (EB, Ferrara) 3.III.1616
AB, 83, c.449

Illmo S.r mio, e Padron Coll.^{mo}

L'aportatore mio parente, mio amico e mio cullega servitore del Sig.^r Card.^e, virtuoso e meritevole e ambitiosissimo della gratia di V. S. Illma, verrà in nome mio, ed in nome di se medesimo a farli reve-renza, ed intendere quanto risolva di comandarmi circa il negotio della Incoronate, ed assicurarsi che in mano di V. S. Illma sia capitata una mia lettera di quattro fogli per discorso di quanto ella mi comandava. Se per un giorno che il detto apportatore, che si chiama Sr Andrea Salcetti, V. S. Illma se degnerà honorarlo della sua gratia, ed assicuti che io mettero questo fra gl'altri oblighi che io tengo alla sua humanità, ed a lui potrà conferire quanto più sarà di suo gusto circa al negotio spirituale. E le fo riverenza,   Di Bologna li 2 di marzo 1616

Di V. S. Illma

dev.^{mo} se.^{re}
Jacopo Cicognini

502. Cesare Marotta da Roma a (EB, Ferrara) 4.III.1616
AB, 83, c.453

(...) Dal Sig.^r Ferrante [Bentivoglio] ho riceuto apunto hier mattino scudi dieci [di] moneta per mano del Sig.^r Vicenzo Landinelli, sì che almeno V. S. Illma si contenti far pagare in Firenze li rimanenti scudi dieci in mano del S. Angelo Firensuoli, o vero per più sicurezza farmeli pagare qui a me, poiché il detto S. Angelo si stà aspettando qui d'ingiorno in giorno, e potrei darceli io di propria mano.(...)

* *Ed.Hill,* Montalto, *p. 353.*

503. Girolamo Fioretti da Roma a EB, Ferrara 5.III.1616
AB, 83, c.482

Illmo Sig.^r mio Sr Padron Col.^{mo}

Sono stato finora tanto occupato, che non mi è stato concesso di significare a V. S. Illma che uno de' libretti della descrizione della comparsa, ch'ella fece alla quintanata, l'hebbe Monsr de' Nobili, il quale lo portò poi alla conversazione del Sr Card. Padrone, dove fu letto e riputata l'invenzione bellissima. Che così il medesimo Mons.^{re} mi ha comandato che le scriva, e che insieme gliele ricordi suo parzialis-simo servitore. Feci anche ligere uno de' libretti degl'intramezzi, e lo donai al fratello di Monsr Teso-riere, al quale fu tanto caro, che non poteva esser di più. L'altro libretto lo vado prestando a questi SS.^{ri}; e tutti ne restano meravigliati. Qui non vi è nuova degna di V. S. Illma; perciò finisco, facendole humilissima riverenza   Di Roma dì 5 di marzo 1616

Di V. S. Illma

Umiliss.^o e div.^{mo} se.^{re} perpetuo
Girolamo Fioretti

504. Alessandro Guarini da Mantova a EB, Ferrara 7.III.1616
AB, 378, c.116

Illmo Sig.^r mio Sig.^r e Padrone Sing.^{mo}

Gl'intramezzi, de' quali V. S. Illma con la sua mi richiede, sono rimasi nelle mie scritture a Ferrara tra le quali penere' io, se fossi presente, a trovarli, non che mia moglie, che non vi mette mai mano, e sol nelle sue cure femminili s'impaccia. Scusimi pertanto V. S. Illma se non solamente io non la posso servire com'ella desidera, ma se non gliele ho restituiti, come le dissi di fare s'ella gusto ne havesse havuto, perciaché io m'immaginai ch'ella non gli curasse, come non curò gli altri fatti da me altra volta per sua richiesta mentre, appena vivo, in una purga strettissima mi ritrovava. E se quelli spiegati in verso, e per occasione alhora imminente con tanta instanza da lei procurati, furon posti da lei da parte e nelle tenebre di uno scrigno, dove ancor giacciono seppelliti, che doveva io creder di questi, che non hanno altro che la intenzione e che non pur il credito, ma la stagione appo lei han perduta, essendo l'occasione per cui essi fur fatti, passata, ed (c.116v) ella di penne, più secondo il suo gusto che non è la mia, proveduta? Le quali penne, se col servire a V. S. Illma la protezione ed il favor di lei per li loro clienti e miei avversari, han saputo ben guadagnare, lascio ch'ella stessa consideri se a me poteva cader nell'animo che da lei alcuna cosa del mio picciolo ingegno, non dirò fosse desiderata, ma né pur tanto quanto considerata; poiché quelle di mio grande interesse con incontro particolare vengon da lei, per quanto intendo, disfavorite. Ma Sig.^r mio, il più delle volte noi c'inganniamo a partito, e se potessimo veder i cuori ci accorgeremmo che contra noi stessi ben e spesso i colpi delle nostre ingiuste passioni noi rivolgiamo, offendendo coloro che non solo per sangue a noi sono congiunti, ma per benefica volontà sono in noi trasformati. Dio, che solo nell'interno de gli animi nostri può penetrare, sa egli il torto che [fa] V. S. Illma, non dirò a un suo ser.^{re}, e parente, ma eziandio a se stesso. Che sarà il fine di questa col baciarle riverentemente la mano, ed augurarle dal cielo salute e prosperità. Di Mant.^a li 7 marzo 1616.

Di V. S. Illma

Riverentiss.^o ed obligatiss.^o ser.^{re} e cugino

Aless.^{ro} Guarini

505. Piero di Francesco Capponi da Firenze a EB, Ferrara 12.III.1616
AB, 83, c.567

Illmo S.^r mio Oss.^{mo}

Ho fatto parlare al Sr Cav.^{re} Giugni ed al Sr Firenzuola per conto delle corde d'oro che V. S. Illma desidera sapere il particolare, il quale Sr Giugni non sa più di quello si dica il Sr Firenzuola, quale non sa altro che teneva ordine dal Cav.^{re} Marotta che, essendoli pagato in Firenze questi danari, gnene facessi pagare in Roma per costo di alcune corde d'oro che havea fatto fare. Che è quanta relazione posso dare a V. S. che, se mi ordinarà paghi cosa alcuna, lo farò volentieri per servire a V. S. in questo e in maggior cosa; alla quale prego da Dio ogni bene, e per fine bacio le mane

Di Firenze li 12 di marzo 1615 [=1616] *ab incarnatione*

D. V. S. Illma

Aff.^{mo} ed obl.^o ser.^{re}

Piero di Francesco Capponi

506. Lucrezia Urbani da Firenze a EB, Ferrara 12.III.1616
AB, 83, c.594

Illmo Sig.^{re} e Padrone mio Col.^{mo}

Non mi sono sconfidata mai delle gentillezza e cortesia di V. S. Illma; però ho pigliato ardire con questa mia suplicare V. S. Illma mi voglia fare favore di tornare accettare al suo servitio della camera Agustino mio fratello; e si assicuri che metterà ogni suo affetto in servire V. S. Illma, essendo cresciuto sotto la sua ombra. S'è mosso a questa mia strada, acciò la Sig.^{ra} Marchesa non ne sia consapevole, acciò non habbia occasione di volerli male, e questo non lo fa per altro, se non [che] si conosce non esser più buono a tal patienza. Prego adunque V. S. Illma a farmi degna di tal favore, che tutte le gratie ed honori riceverò in persona mia, non intendendomi già sia diferentiato da gl'altri, ma sibene uguale, dimostrandosi anco d'essere uguale, curioso, al servitio di V. S. Illma, che del tutto ne restarò obligatissima. Se bene ogni cosa sarà per sua benignità, e non per mio merito; se V. S. Illma conosce che io sia buona in servirla, la prego

mi favorisca delli suoi commandamenti e mi trovarà prontissima. Finisco con farli humilissima riverenza, con pregare il Sig.^r Iddio per ogni sua felicità,   di Fiorenza gli 12 marzo 1615 [=1616]
Di V. S. Illma

Humiliss.^{ma} ed obligatiss.^{ma} serva
Lucretia Urbana

* *Solo indicazione della lettera in Fabris 1986, p.81, nota 68.*

507. Alessandro Guarini da Mantova a EB, Ferrara 18.III.1616
AB, 378, cc.118-120

Illmo Sig.^r mio Sig.^r e Padrone Sig.^{mo}

Non per pungere V. S. Illma, la qual ho sempre honorata ed honoro quanto convien al mio debito, ma per dolermi discretamente con lei, ho scritto a lei quello che il giorno innanzi, che da Ferrara io mi partissi, intesi, che haveva ella operato in favore de' miei avversari. Il che se non è vero, molto più me ne consolo per quel reverente affetto, che debbo portar a V. S. Illma, che per mio proprio interesse, e quello che io le ho scritto, le havrei anche detto quella medesima sera, ch'io fui a far riverenza alla Sig.^{ra} Marchesa sua madre, ed a Monsr suo fratello, se con lei, che alla comedia se n'era andata, havessi potuto parlare. Ma perché mi conveniva partire il mattino seguente, e buona pezza di notte Monsr mi havea retenuto, non hebbi tempo, né mi parve il luogo a proposito di trattare di questo fatto. Il quale, se di tal qualità vien da lei conosciuto, che nepur nel suo pensiero, puol, ch'habbia havuto mai luogo, qual doveva parer a me, che così grave pregiudicio, e nella buona grazia di V. S. Illma e nel mio tanto comportasse, e tanto giusto interesse n'havrei recevuto. Né la memoria, che tengo io vivissima de gli altri favori, in altro tempo da lei ricevuti, havrebbe potuto scemar il torto, che me n'havrebb'ella fatto, anzi la differenza da me non meritata l'havrebbe grandemente accresciuto; percioché non so già veder io qual immaginabil occasione V. S. Illma havesse potuto, non dirò haver, ma pre- (c.118v) - tendere, di mutar verso me così le indizioni della sua grazia (…) perciò che mal trattamento a me non fa scordar beneficio, di che non dovrò haver bisogno di prova appo lei, se si ricorda ella che, tornati che noi fummo da Roma, hebbe in me tanta forza la memoria dei favori, che la mia travagliosa fortuna mi havea sforzato a recevere da V. S. Illma, ch'io mi scordai affatto de gli acerbissimi modi, che in Roma di tener ella meco, né so già perché si compiacque, e in tal guisa me ne (c.119) scordai, che con quella penna, che V. S. chiama pungente, perché delle mie punture modestamente si duole, l'ho io poi sempre ad ogni suo cenno prontamente servita; in che mi è stata pur la Fortuna sì favorevole, che non solamente l'applauso populare nelle favole e negli scherzi, ma l'oppinione ed il voto da chi dovea giudicar i suoi più gravi interessi, nelle vere contese civili, ha potuto acquistarle. Il che non dico io per rimproverio, ma per difesa, non potendo io difendermi dall'imputazione ch'ella mi dà nella sua, ch'io non mi ricordi ch'ella mi ha favorito, se a lei non reduco a memoria che le male soddisfazioni, non i favori, ho potuto scordarmi (…) (c.119v) Se mi comanderà, dove ne vada e la vita e la roba, e non troverà il mio servizio più pronto, che il suo comando per avventura non sarà stato; alhora dica ch'io non mi ricordi che in tutte le occasioni m'ha favorito. Ma se a questo debito ho soddisfatto io sempre, e sempre sono per soddisfare, faccia ella una volta distinzione da persona a persona, e ricordesi V. S. Illma che più vale un amico e servitore sincero e leale, che quanti interessati adulatori il suo favore van mendicando; perciò che questi favoriti da lei, faran vergogna a lei, a se stessi ed alla propria patria, e quelli accresceranno sempre al suo nome reputazion ed honore. Che sarà il fine di questa, con baciar a V. S. Illma riverentemente la mano, ed augurarle dal Sr Dio il colmo d'ogni prosperità.   Di Mant.^a li 18 marzo 1616
Di V. S. Illma

Reverentiss.^o ed obligatiss.^o ser.^{re} e cugino
Aless.^o Guarini

508. Floriano Ambrosini da Bologna a EB, Ferrara 20.III.1616
      AB, 83, c.758

Ill.mo S.re e Padron mio Col.mo

Mando a V. S. Ill.ma tre disegni della Chiesa, ch'ella mi ordinò, cioé la pianta e l'alzato della facciata dinanzi e quello della facciata di dentro al longo della Chiesa. Doppo ch'io hebbi fatto la pianta della facciata di fuori, conforme a quella di S. Antonio, ho poi fatto l'alzato differente, parendomi che per la gionta della larghezza, che verìa meglio in questo modo, che ho dissegnato l'alciato di detta facciata dinanzi. Ho fatto in tutti li disegni la sua scala, acciò egli con quella si possi pigliare ogni particolar misura che si vogli sapere; ella vedrà ancora in detti disegni duoi chori per la musica, e doi altri corrispondenti con le sue scale a lumaca per andarvi sopra. So che posso haver mancato in alcuna parte, per non essere informato del sito, che occorrendo poi sul fatto si potria remediare.

Ho poi fatto il calcolo della spesa, se bene non l'ho fatto essattamente, ma credami V. S. che questa spesa sarà intorno alli diciotto milla lire, e in tanto ella potrà sopra ciò discorrere; e occorrendo avisarmi, sapendo ella quanto puo disponere di me, che non mancherò di fare quanto V. S. mi comanderà. In tanto li pregarò dal S.r Iddio ogni suo contento.   Di Bologna li 20 marzo 1616.
Di V. S. Ill.ma

                                                                  Devot.mo ser.re
                                                                  Floriano Ambruosini

509. Giovan Vincenzo Imperiale da Genova a EB, Ferrara 23.III.1616
      AB, 83, c.799

Ill.mo Sig.r mio Oss.mo

Mi vengono rare le venture ch'io disidero maggiormente, e però mai non mi capitano i bramati commandamenti di V. S. Ill.ma, coi quali farebbe ella compita prova della vera mia servitù. Vengo hora a raccordarmele, con la occasione di presentare a V. S. Ill.ma un libro di versi spirituali che novamente ho composto; la supplico ad accettarlo, perché essendo parto mio, non manchi di quell'honore che sogliono in sua casa ricevere i veri suoi servitori come le sono io. Il quale, con tutto l'animo, le fo riverenza.   Di Genova li 23 di marzo 1616
Di V. S. Ill.ma

                                                                  Se.re aff.mo
                                                                  Gio. Vin.o Imperiale

* *Il genovese Giovan Vincenzo Imperiale (1577-1648) fu politico, ammiraglio e poligrafo, oltre che instancabile viaggiatore.*

510. Roberto Dalsi da Ferrara a (EB Roma?) 23.IV.1616
      AB, 84, c.138

Ill.mo Sig.r mio Sig.re Oss.mo

Per servire all'Accademia ed al Sig. Francesco Saracino, ho scritto l'incluse lettere scroccatorie a codesti Signori Cardinali Ill.mi, quali invio a V. S. Ill.ma acciò faccia gratia a me ed alla sua Accademia di presentarle, ed anco accompagnarle con la sua solita cortesia di parole; facendole fede della necessità ch'habbiamo di acquisto di denari, per finire quest'opera del teatro; raccomando anco a V. S. Ill.ma di dire ad essi Signori Cardinali che non pigliano il cativo esempio dal Sig.r Car.le Bevilaqua, ma il buono dal Sig.r Car.le Leni, nostro benignissimo Patrone, ch'è stato il primo a darci cento scudi: se paresse anco a V. S. Ill.ma parlare al Sig.r Ottavio Rinuccini, ch'intendo che si ritrova costì, di due o tre intermedii, mi rimetto alla sua prudenza. Questo le sia detto per raccordo, ch'io intanto a V. S. Ill.ma bacio di core le mani e la prego a fare a mio nome hum.ma riverenza agl'Ill.mi Sig.ri Car.li Leni e Caponi ed

a Monsignor de Massimi.   Di Ferrara adì 23 aprile 1616
Di V. S. Illma

oblig.^{mo} Ser.^{re}
Roberto Dalsi

511. Romolo Savananzi (Maestro delle poste) da Bologna a EB, Ferrara 14.V.1616
      AB, 84, c.367

(Parla di un musico di nome Ercole, poi:)
(…) S. S. Illma si dichiarò di non averli concesso altro che il loco del Bontempi, padre del musico che
stava al servicio di V. S. Illma (…)
* *In un precedente documento era stato nominato "Francesco Bontempi": è possibile, ma non documenta-*
bile, che il figlio del musico Bontempi fosse il Francesco basso allevato nella casa romana di Enzo Bentivo-
glio.

512. Cesare Marotta da Roma a EB, Ferrara 22.V.1616
      AB, 84, c.465

(…) Ho riconosciuto l'Illmo Monsignore [Guido] Bentivoglio, al quale mi sono dedicato tanto servitore, quanto sono di V. S. Illma, che davantaggio non posso essere (…)

513. Cesare Marotta da Roma a EB, Ferrara 18.VI.1616
      AB, 84, c.657

(Parla di salami inviatigli dal Marchese, ma mai ricevuti per un disguido del cocchiere)
* *Ed. Hill, Montalto, p. 353.*

514. Ercole Provenzale da Roma a (EB, Ferrara) 18.VI.1616
      AB, 84, c. 653

Illmo S.^r mio S.^{re} e Patron Coll.^{mo}
Come già scrise ed averà inteso V. S. Illma dal Sr Alfonso Veratti, fu consegnatto da me al detto S.^r
Alfonse tutte le robe ch'io teneva di V. S. Illma e quando l'ebe consegnate domandai al detto Sr Alfon-
se che mi ristituere l'inventario sottoscritto di mia mano. Mi rispose che mi farà fare una quietanza a
Mos.^{re} Illmo Bentivogli; ma si è poi partito da Roma senza farmi fare né quietanza né ristituirmi
l'inventario. E perché non credo che li ha dificoltà che l'inventario non sia statto adimpitto, però prego
V. S. Illma a farmi gracia di ordinare che mi sia fatta la quietanza, o vero mi sia ristituitto l'inventario
con la riceputa sotto detto inventario, che il tutto lo riceverò per gracia da V. S. Illma (…) Monsr
Illmo suo fratello è statto alquanto indisposto di uno poco di cataro, ma laudato Dio sta bene, se ben
non è ancora for di letto. Qua si tiene indubitatamente che habi d'andare in Franza Nuncio, se bene
dalli patroni non è statto publicatto: veramente tutta questa Corte ne sente alegreza, perché è prelatto
che meritta asai più di questo (…)
(continua con lodi di Guido, elencando le famiglie nobili di Italia e Francia che lo stimano, e accennan-
do anche alla bonificazione)

515. Ercole Provenzale da Roma a (EB, Ferrara) 25.VI.1616
      AB, 84, c.804

Illmo S.^r mio S.^{re} e Patron Coll.^{mo}
So che durarò poca fattica a fare credere a V. S. Illma quanta allegreza ha il mio fratello e me della andatta
di Mons.^{re} Illmo Bentivoglio suo fratello Nuncio in Franza, che veramente N. S. mostra di aconosere li
soi meritti, poiché al presente non aveva ocasione più onoratta di questa; e tanto più in queste tribolencie

della Franza, se bene si tengano per acomodate, tuttavia li era necesario uno Prelatto di valore come Mons.^{re} (...) laudatto il Sr Dio Mons.^{re} sta bene. L'ordinario pasatto ebe una lettera della Illma S.^{ra} Caterina nella qualle era una diretta a Frittellino comico [=Pier Maria Cecchini]. Io li ho fatto una coperta, e l'ho inviatta a Napolle e li ho scritto che la risposta della lettera di V. S. Illma la invia in mano a me per mandarla a V. S. Illma a Ferrara. (c.804v) È morto e suteratto Iusepino [Cenci] musico e 4 notte fa fu datto a 4 ore di notte una cortella su la testa al castradino del Sr Cardinalle Borgese e si tiene che abi da morire. Il Sr Cardinalle ne fa fare esquisitta dilligencia per sapere che li abi datto o fatte dare; li fu datto su la porta della Tiofene in Campo Marze, ma dicano ch'è statto per una cugnata di Mario Overnia che sta lì a l'incontro, che questo castratino li face a l'amore. A V. S. Illma bacio con ogni riverencia le mane, come fa mio fratello, e li prego da Dio ogni felicità   di Roma 25 zugno 1616
Di V. S. Illma

Devotts.^{mo} ed obligatt.^o se.^{re}
Ercole Provinzalle

* *È la prima lettera in cui Ercole saluta il Marchese anche a nome del fratello Marcello Provenzale, anch'egli celebre mosaicista. Il comico ferrarese Pier Maria Cecchini (Frittellino) si era portato a Napoli proprio nel 1616 per tentare il successo sulla rinomata piazza partenopea (cfr. Ferrone, pp.35-36 ed inoltre* Corrispondenze, I: Cecchini, *nn.62-68 e 82). In un'altra lettera senza destinatario (Caterina Bentivoglio?) scritta nello stesso giorno (AB, 84, c.808), Provenzale annuncia:* "Conforme a l'ordine di V.S. Illma ho inviato la lettera a Napolle a Frittelino e l'ho scritto che mi manda la risposta in mano a me per mandarla a Ferrara al Illmo Sr Enzo".

516. Domenico Visconti da Firenze a EB, Ferrara 25.VI.1616
     AB, 441, fasc.XII (lettere a EB 1606-1637), c.322

Illmo Sig.^{re} e Padrone mio Oss.^{mo}

Confidando nella benignità e gentilezza di V. S. Illma ho pigliato ardire di mandarli questo mio libro d'*Arie*, sapendo quanto V. S. Illma stimi questa virtù. Si ben queste mie sono poco bone, però ce sarà qualche cosa a gusto di V. S. Illma: me farà favore farle cantare a questa Sig.^{ra} virtuosa [=Francesca] ch'è alli serviti di V. S. Illma, poich'io intendo ch'è cosa esquis[i]ta. Fenisco con farli humil.^{ma} riverenza, come fa anco mia moglie [Lucrezia Urbani], e pregare il Sig.^{re} Idio la feliciti di quanto desidera.
Di Firenze il di 25 di giugno 1616

D V. S. Illma

Humli.^{mo} ser.^{re}
Domeni[c]o Visconti

* *Il volume è* Il Primo Libro de Arie a una e due voci *di Domenico Visconti,* Venezia, Amadino 1616, *la cui dedica ad Alessandro Del Nero è datata da Venezia 30.III.1616 (unica copia a Firenze, Biblioteca Nazionale). L'anno precedente, Visconti aveva già pubblicato* Il Primo Libro de Madrigali a cinque voci, *edito a Firenze da Zanobi Pignoni 1615, dedicato al protettore fiorentino don Antonio Medici.*

517. Vincenzo Mastellari da Pieve di Cento a EB, Ferrara 8.VII.1616
     AB, 440 (1470-1835)

(...) V. S. Illma m'havrà per iscusato s'io son stato tardi a rispondere alla sua a mi favoritissima lettera: la causa è stata che Ms. Pietro Francesco [Battistelli] diceva venirsene presto a Ferrara, e volevo mandar per lui la risposta; ma vedendo ch'i pittori rare volte dicono il vero, non ho volsuto mancare più del debito mio. Ringratio hora V. S. Illma della gratia d'havermi commandato ch'io tenghi in nome suo al sacro fonte il figlio di detto Ms. Pietro Francesco, sì come feci subito (...)

518. Ercole Provenzale da Roma a EB, Ferrara 11.VII.1616
     AB, 80, c.206v

(...)
(p.s.:) Il S.ʳ Girolimo [Fioretti] in tuti li modi vorìa mandare uno contralto a V. S. Ill.ᵐᵃ [perché] abi il suo intento. Iosepino [Cenci] è morte, ciouè il musico (...)
* *Ed. Hill, Montalto, p. 354. La lettera è inserita erroneamente in un mazzo relativo all'anno precedente, ma la data originale 1615, che compare anche sull'esterno della lettera, è stata modificata modernamente in 1616.*

519. Ippolito Bentivoglio da Modena al Cardinal Leni (Ferrara) 19.VII.1616
     AB, 85, c.2369

(...) Ms. Luigi Arcioli mio amicissimo [cancellate le parole: "servitore di questa Altezza"] si trova una figlia nel Monastero di San Rocco a Ferrara la quale impara a sonare di lauto, e disiderarìa che Bartolomeo Pedretti ditto Robertello, potese andare a compire d'insignarli. Onde col mezzo di questa mia vengo a supplicare V. S. Ill.ᵐᵃ che, per far a me particolare favore, si compiaccia conciderli la gratia, che li ne resterò ubligatissimo (...)
* *Si tratta della minuta di Ippolito rimasta tra le carte di famiglia. La risposta negativa del Cardinale è conservata in data 27.VII.1616.*

520. Guido Bentivoglio da Roma a EB, Ferrara 23.VII.1616
     AB, 85, c. 248

(...) Poiché cotesto Monte di pietà di Ferrara s'è contentato, benché con difficoltà, di quei miei 18 pezzi di tapezzeria per i 2000 scudi restituiti al S.ʳ Nappi, avvertite V. S. di non mettere allo stesso Monte, ma di conservare appresso di se gli altri sei pezzi che hanno da venire, perché ad ogni modo mi bisognerà haver qualche tapezzeria in Francia, per poter l'inverno addobbar la casa conforme all'uso del paese. Ben è vero ch'in luogo di 12 pezzi, ch'io mi figurava per due stanze, me ne potranno bastare otto o diece (...)

521. Cardinal Leni da Ferrara a Ippolito Bentivoglio, Modena 27.VII.1616
     AB, 78, c.91

(...) Che il concedere licenze a musici ed altri d'andar ad essi [monasteri] per insegnar di cantare, o sonar di instrumenti a monache o ad altre (...) sia cosa che porti seco disordini e scandali (...)
* *Cfr. la richiesta del Bentivoglio del 19.VII.1616. Il documento mi fu cortesemente segnalato da Janet Southorn. Su analoghe disposizioni ecclesiastiche relative a Firenze cfr. Kirkendale, pp.133-34, 314-16.*

522. Mario Farnese da Parma a EB, Ferrara 29.VIII.1616
     AB, 86, c. 549

(...) È venuto il trombetta procuratomi da V. S. Ill.ᵐᵃ e ne le rendo quelle grazie che l'occasioni e l'obligo mio ricercano, assicurandola che lui sarà ben trattato e V. S. Ill.ᵐᵃ servita da mi sempre con pari affetto (...)

523. Tommaso Luppi da Reggio a EB, Fe 31.VIII.1616
     AB, XI-86, c.902

Ill.ᵐᵒ ed Ecc.ᵐᵒ S.ʳ e Padron mio sempre Col.ᵐᵒ
Ho fatto prova dell'organista alla presenza di persone intelligenti, e si è trovato che per sonare ordinaria-

mente riuscirà comodamente; per conto poi di sonare in concerto con musici, non è stato giudicato buono. Bene è vero che, venendo costà, con l'aiuto di Ms. nostro Francesco, [se] questo gli volesse insegnare, potrebbe ridorsi a termine buono, e tanto più che l'organo adesso non è <in> pronto. Dall'altra parte, per parlare come la sento con V. E., scorgo in lui un pentimento grande dell'offerta fatta, e credo che vorrebbe essere a digiuno. Non ho però mancato di parlarli risentitamente, protestandoli che a pari di V. Ecc.ᵃ non si deve dare la burla e l'ho stordito; resta mò che V. E. in ciò risolvi quello che lei giudicherà più opportuno (…)

524. Mittente sconosciuto da Montalto a EB, Ferrara 12.IX.1616
    AB, 87, c.197

(…) Dissi a V. E. Ill.ᵐᵃ che Vittal, pittore fatto foriero, però ha una pattente di mio substituto: ch'era cascato in povertà talle che non ha il modo di venire; e così gli dico per verità e s'è rettirato a Reggio in una sua casseta (…)

525. Pier Maria Cecchini (detto "Frittellino") da Bologna a EB, Ferrara 19.IX.1616
    FOc, Piancastelli: Comici italiani dei secc.XVII-XVIII (prov. AB)

Ill.ᵐᵒ mio S.ʳ e patron Col.ᵐᵒ

Se non mi fosse notta la prudenza di V. S. Ill.ᵐᵃ di [=mi] affaticherei di persuaderla a soportar in pace la perdita dell'Ill.mo S.ʳ Moisè; ma sapend'io per relacione e prove le virtù del ben composto animo suo, non dirò altro, salvo che con lei pregarò Iddio per l'anima sua.
Circa gli negotii nostri (de quali intendo V. S. Ill.ᵐᵃ haverne il carico) dirò che, per diverse relacioni, so che l'Ill.ᵐᵒ S.ʳ Cardinal Legato di Ferrara, ad istanza di molte dame e cavalieri, habbia pensiero di tratenermi per forze nel mio passaggio e comandarmi, in vista dell'autorità ch'egli ha sopra di me per esser suo sudito. Io mi difenderò gagliardamente, ma caso ch'io non potessi tanto, io sarei di parere ch'ella tenesse obligato il Dottor Terranovi, il quale ha compagnia sofficiente. E che li faccesse sapere che stia lesto ed in tutti i modi o solo, con noi altrii, overo con tutta la sua compagnia deve venire in ogni modo a far carnovale nella sua stanza. Assicurissi però V. S. Ill.ᵐᵃ ch'io farò un poco più di quello che si può per non mancare, e quando pur ciò succedesse, non mancarà mai in me il desiderio di altre volte servirla. Con che, in nome di mia moglie e di tutta la compagnia, con ogni affetto le bacio le mani.   Di Bologna il di 19 7.bre 1616
D.V. S. Ill.ᵐᵃ

Ser.ʳᵉ obligattiss.ᵒ
Piermaria Cecchinj

526. Alessandro Guarini dal Castello a EB, Ferrara 5.X.1616
    AB, 378, c.127

(Ringrazia della positiva azione di raccomandazione con potenti signori e della premura presa da Enzo e dai suoi familiari nei confronti della moglie, pentendosi dei suoi dubbi passati e ribadendo la sua devozione ed i suoi obblighi)

527. Alessandro Guarini dal Castello a EB, Ferrara 17.X.1616
    AB, 378, c.124

Ill.ᵐᵒ Sig.ʳ mio Sig.ʳ e Padrone Sing.ᵐᵒ

Supplico V. S. Ill.ᵐᵃ a perdonarmi, e non mi haver per importuno, se troppo spesso la fastidisco, potendo esser sicura che la sola necessità mi sforza a recarle tanto disturbo. Una sola parola desidero dir a V. S. Ill.ᵐᵃ, la quale spenderà meno di tempo nell'udirmi, di quel che metterà nel venir in castello. Se puo favorirmi, lo receverò per grazia singolarissima. Ed a lei ed a Mons.ʳ Ill.ᵐᵒ mio Signore, bacio

reverentemente le mani e prego N. S. Dio che doni loro ogni felicità.   Di castello li 17 Ott.^re 1616
Di V. S. Illma

Reverentiss.^o ed obligatiss.^o ser.^re e cugino
Aless.ro Guarini

528. Cardinal (Luigi) Capponi da Bologna a EB, Ferrara 22.XI.1616
   AB, 78, c. 49

(...) Poiché V. S. e cotesti altri SS.^ri desiderano aver costà Fritellino [=Pier Maria Cecchini] colla sua compagnia venti giorni dopo Natale, io mi contenterò che egli venga, purché voglia venire (...)

529. Silvio Fiorilli da Modena a EB, Ferrara 22.XI.1616
   AB, 88+, 1, c.n.n.

(Nomina il comico Pier Maria Cecchini-Frittellino, e varie piazze)
* *Ed. in Corrispondenze, I, Fiorillo Silvio: 7; cit. anche in Ferrone, p. 127, nota 18.*

530. Jacopo Cicognini da Bologna a EB, Ferrara 5.XII.1616
   AB, 378 (Cicognini).

Illmo mio S.^re e Padron Col.^mo

Mandai a V. S. Illmo, sin dal mese di giugno passato, un intermedio marittimo fattomi fare dal Sr Ottavio Rinuccini per la *Bonarella*, e subito andai a Fiorenza, né mai ho hauto notitia del seguito, e come sia stato approvato dal perfettissimo giuditio di V. S. Illma. Quando non le sia di incomodo attenderò qualche avviso.

Appresso vengo a supplicarla si degni mandarmi uno di quei libretti stampati della quintanata del carnevale passato, e quando io potessi haver copia di quelle parole in penna, mandate a V. S. Illma per detta quintanata mi sarà dupplicato favore.

Appresso le dò conto come il mio Illmo Sr Card.^le Padrone mi ha fatto havere nella mia patria un officio honoratissimo perpetuo di rendita di 300 scudi, che sarà esercitato da mio padre durante questa (c.n.n. Iv.) legatione. Nel resto, ce la passiamo lietamente, e per questo carnevale si preparano delle feste, ma non come quelle di V. S. Illma. Alla quale ricordandomi servitore, le fo reverenza, e prego da N. S. ogni maggior contento.
Di Bolg.^a 4 dec.^re 1616
D. V. S. Illma

Aff.^mo Ser.^re
Jacopo Cicognini

(p.s.:) in evento che costì siano li figlioli del Sr Conte Giulio Tassoni defunto, supplico V. S. Illma ordinare che io resti favorito di haverne avviso, ed in particolare il Sr Conte Federico e S. E. Gio. Batta.
* *È la seconda ed ultima menzione che conosciamo del titolo Bonarella, probabilmente corrispondente agli intermedi della favola pastorale Filli di Sciro del Bonarelli (cfr. l'edizione non realizzata a Ferrara del 5.II.1612). Gli intermedi di Cicognini dovrebbero corrispondere a L'Andromeda favola marittima di Jacopo Cicognini (...) Rappresentata musicalmente con real grandezza (...) nel palazzo dell'Illmo Sig. Rinaldi l'anno 1617 [computo fiorentino, ma in realtà 1618], in Firenze (Firenze, Biblioteca Riccardiana, ms. 2792, cc.130-167). In una sua lettera al Segretario granducale Andrea Cioli del 10.III.1618, Giulio Caccini descrive la rappresentazione a cui aveva assistito la sera precedente, senza fornire il titolo della "pastorale con cinque atti e sei intermedi apparenti", che presumibilmente doveva essere appunto la Bonarella (cfr. Solerti 1903, pp. 127-28).*

531. Silvio Fiorilli da Modena a (EB, Ferrara) 13.XII.1616
     AB, 88++, 1, c.n.n.

(Nomina i comici Pier Maria Cecchini-Frittellino; Giovan Battista Fiorilli-Scaramuccia; Benedetto Ricci-Leandro; Federico Ricci-Pantalone; il "Dottor Graziano")
* *Ed. in* Corrispondenze, *I, Fiorillo Silvio: 8; cit. anche in Ferrone, p. 127, nota 18.*

532. Silvio Fiorilli da Modena a EB, Ferrara 13.XII.1616
     MOe, Autografoteca Campori: Fiorillo Silvio, 1 (prov. AB)

(Nomina la compagnia del Fiorilli)
* *Cit. in* Corrispondenze, *II, Fiorillo Silvio: 23, p.67.*

533. Silvio Fiorilli da Modena a EB, Ferrara 22.XII.1616
     AB, 88++, 1, c.n.n.

(Nomina vari comici tra cui Stefano Castiglioni-Fulvio; Pier Maria Cecchini-Frittellino; Giovan Serio Cioffo-Pasquariello; "Veronica"; "Franceschina"; Giovan Battista Fiorilli-Scaramuccia; ed altri)
* *Cit. in* Corrispondenze, *II, Fiorillo Silvio: 24, pp. 67-68.*

1617

534. Margherita Gonzaga Duchessa di Ferrara da Mantova a Antonio Goretti 5.I.1617
     FEc, Autografi 3114

Molto Mag.^{co} Sig.^r
Nostro Sig.^{re} Dio conceda ancora a voi la medesma felicità, che havete augurata a me nelle feste del Santissimo Natale, il qual ufficio mi è stato caro ancorché poco necessario per dimostrarmi la buona volontà che mi portate, standovi io molto ben certa. Ve ne ringratio nondimeno, ed ancora il Sig.^r Placido, e non occorendomi dirvi di più prego Sua Divina Maestà che l'uno e l'altro conservi lungamente (…)

535. Giovanni Graziani da Sassuolo a (EB, Ferrara) 19.I.1617
     AB, 89, c. 295

(…) Questa notte passata, sul venir a casa con alcuni miei amici da veglia con le spade e passando per il luogo ove si fanno i pubblici festini, d'accordo andassimo in un di quelli, e subito giunti, io fui da una maschera invitato nel piantone a ballare, e per non ballar smascherato, mi feci dar ad uno la sua maschera, e così ballai, avendomi levato la spada; ma di novo da un'altra invitato inavedutamente ballai e con la maschera e con la spada, onde ne sono per questo trattenuto in casa. E perciò ho voluto ricorrere a V. Ecc. (…)

536. Nicolò Roverelli da Bologna a EB, Ferrara 20.I.1617
     AB, 441, fasc.XII (lettere a EB 1606-1637), c. 409

Illmo Sig. mio Sig. Oss.^{mo}
Desidero per un tal mio interesse che Ms. Flaminio Scala se ne venga in cotesta città per recitare con gl'altri suoi conpagni e con tal occasione valerm'io di lui; perciò, sapendo che detto Ms. Flaminio fu esso il primo che sottoscrisse l'obligo di dover venire costì a recitare, tanto più facile sarà che V. S. Illma le comanda che subito se ne venga. Perché l'assicuro ch'al presente non [può] aver il maggior honore di questo. Per restargline obligato in perpetuo e supplicarla di conservarmi in sua gratia, le bacio le mani,

mandandole la qui congionta affinché la ritornisca; e se non sarà il suo gusto ne potrà far un'altra, pur che habbi io questo gusto, che a bocho torto dirò a V. S. Illma il tutto   Bolg.^a li 20 genaro 1617

D. V. S. Illma alla quale aspeto
di sentire il favore compito e che habbi
mandato la lettera a detto Ms. Flaminio

Ser.^{re} Aff.^{mo} di cuore
Nicolò Roverelli

* Flaminio Scala, comico e autore della raccolta di scenari più importante del tempo, Il teatro delle favole rappresentative (Venezia 1611), dal 1611 aveva assunto la direzione della compagnia dei Confidenti al servizio di don Giovanni de' Medici. Le sue ultime notizie lo ritrovano a Venezia nel 1620. Cfr. Ferrone, passim.*

537. Alfonso Verati da Parigi a (EB, Ferrara) 23.I.1617
AB, 89, c.366

Illmo Sig.^r mio Sig.^{re} e Padrone Co.^{mo}

Li Signori [Cornelio e Annibale Bentivoglio] per la Dio gratia stano benissimo della sanità, che ne aviso a V. S. Illma, e quanto al imparare, fatto le feste di Natalle, Mons.^{re} Illmo prese risolutione che si facesi venir un maestro a casa per insegnarli il latino e il francese, che allora si cominciò. Ed il S.^{re} Anibale veramente ne fa gran profito, ma il Sig.^r Cornelio sta al suo solito duro di cervello, che non atende se non alle ragaciarie e non vole studiare, con tuto che io mi sforzo di fare il possibille con l'amorevoleza e non si puol far niente. Così Mons.^{re} Illmo ha pigliato risolutione di cominciare a farlo cavalcare, come ha fatto sin hora, a calze calate, e pare che comincia a aver un poco più di timore, e così non si manchera di seguitare a ciò impari in oggni maniera quello che si desidera da lui. È ben vero che se si potessi mandarli fuori alla scuola, a ciò che potesero praticare con pari suoi, impararebono più assai: ma non sono vestiti e non hanno che li medemi panni che portorno di Ferrara, e sono tuti straciati, e per questo Mons.^{re} Illmo non vole che escano di casa. Ben è vero che S. S. Illma li voleva vestire e voleva farli un vestito moderato cioé mantello e calzoni di (c.366v) veluto nero, e il mantello fodrato di felpa, ed un gipone di tella d'oro. E costano ciascuno vestito passa cento scudi d'oro, sì che S. S. Illma non ha volsuto fare questa spesa, per ritrovarsi in grandissima necessità di fare altre spese de importanza, convenienti alla necessità e riputacione sua che non può far di manco, e cossì S. S. Illma mi ha detto risolutamente che non può far queste spese e che non le vole fare in niuna maniera; sì che sarà necesario che V. S. Illma li proveda di quello li farà di bisogno per la necessità dei figlioli, come ancora per la riputacione di tutta la casa ed in particolare di Mons.^{re} Illmo, poiché siamo in una città che non si stima né oro né argento. (…)
* Sull'esterno della lettera è indicato per errore Roma invece che Parigi come luogo di provenienza.*

538. Jacopo Cicognini da Bologna a (EB, Ferrara) 30.I.1617
AB, 89, c.491

Illmo mio S.^{re} e Padron Col.^{mo}

Quelle generose offerte, che mi ha fatte tante volte V. S. Illma, sono sempre da me state stimate, considerando che la sua intercessione può favorirme nella persona delli amici miei cari; ed è questo il mio sarto, patrigno dell'incluso supplicante, vecchio povero ma honorato e da bene, il quale sin i[n]ginocchioni mi ha pregato, che io raccomandi all'Illmo Patrone il suo figliastro, chiamato Ottaviano Carrà. E perché ella sa che io sono il minimo di core, e per altri conti obligatissimo in eterno al mio Illmo Patrone, e so che non mi riuscirebbe niente, vengo con la presente a supplicare V. S. Illma, che se mai con alcuna attione ho meritato la sua gratia, mi favorisca di raccomandare caldamente l'incluso supplicante, come da sé, al mio S.^{re} Card.^{le}. Il quale, non prezzando il dinaro, come ella sarà, farà questa gratia in questa occasione della gita di Ferrara. V. S. mi faccia questa gratia, che io per sempre (c.491v) gliene restarò oblig.^{mo}, obligando la mia povera Musa, poiché non ho altro da mostrarmele grato, a servirla ove si degni di comandarmi. E le fo hum.ᵃ reveren.ᵃ D. V. S. Ill.ᵐᵃ

Bologna 30 gen.º 1617

Devot.ᵐᵒ Se.ʳᵉ
Jacopo Cicogninj
in fretta

539. Niccolò Spallanzani da Gualtieri a (EB, Ferrara) s.d.(II.1617?)
AB, 90, c.37

Ill.ᵐᵒ Sig.ʳ mio Sig.ʳ e Padron Co.ᵐᵒ

Mi viene rifferto, che V. S. Ill.ᵐᵃ m'havrìa mandato danari, ma che il carnevale gl'ha levato: piglia pure V. S. Ill.ᵐᵃ la sua commodità, se bene son fuori di casa e ne ho bisogno, però sempre saranno buoni ed a tempo ogni volta che mi verrano. Mi pare ch'io mancarìa del debito mio s'io non dessi a V. S. Ill.ᵐᵃ parte dell'organo da noi comprato per il nostro Horatorio quale, se bene veniva biasimato da chi non s'aspetta, riesce però bonissimo ed oportuno per il nostro Horatorio. Qual sia stato poi la causa, ch'io habbi procurato tal instrumento è ch'ogni sabbato, faccendo cantare la *Salve Regina* et *Laude della B.V.* con la spinetta dell'horganista, v'è concorso di gran popolo, e vedendo che stano con spirito e devotione, ho giudicato, comperando l'organo, havremo assai più audienza per potere meglio laudare la Regina del Cielo. E per questo ho procurato con il Priore e Massaro si faccia tal spesa, senza però che la Compagnia ne senta danno alcuno, perché siamo stati noi altri particolare, se bene il nostro Sig.ʳ Mutio non ha voluto contribuire ni anco d'un danaro, però habbiamo fatto senza lui. Solo ci resta il fare le cantorie, e spero (c.37v) col suo aggiuto havremo ogni nostro intento, si come mi viene significato dal Passetto per una di V. S. Ill.ᵐᵃ. Quasta mia diligenza ha causato contra di me un poco d'odio da persone, che non vogliono fare, e non hanno a caro sia fatto d'altri; ma a me poco importa, mentre farò il servitio de Dio, e della sua Santiss.ᵐᵃ Madre, sarò sempre diffeso ed aggiutato, sì come spero anco da V. S. Ill.ᵐᵃ, sì in ciò, com'anco nelli miei altri travagli. Con che fine humillissimamente a V. S. Ill.ᵐᵃ faccio riverenza
D. V. S. Ill.ᵐᵃ

di Gualtieri li [bianco]

Humiliss.ᵐᵒ e Devotiss.ᵐᵒ Ser.ʳᵉ
Nicolo Spallanzanj

540. Jacopo Cicognini da Bologna a EB, Ferrara 11.II.1617
AB, 90, c.182

(Ringrazia per il servizio concessogli: cfr.sua del 30.I.1617)

541. Jacomo Sogliano da Gualtieri a (EB, Ferrara) 16.II.1617
AB, 90, c.391

(…) Non ho mancato, né manco tuttavia, di far pratica d'un mansionario, ed a quest'hora m'è stato proposto un D. Domenico Feroni da Castelnuovo, con un suo nipote che dirà messa al settembre prossimo: ma l'uno non vol venire senza l'altro (…) Quanto alle cose della chiesa, passano assai bene, e questa puoca di distributione che vi s'è posta è stata un buon rimedio a far che i preti sollecitano l'ufficiare, come veramente fano. Resta solo a proveder di questo mansionario perché D. Francesco ed i cannon[i]ci ricusano di cantar le messe della settimana che spettarebbe al mansionario mancante (…) bisognerebbe risolversi di pagargli qualche cosa della brebenda di detto mansionario, acciò cantino queste (c.391v) messe volontieri (…)

Ho fatto ridur a buon termine il sito del giardino ed ho fatto l'anesso disegno che mando a V. E. acciò se compiaccia di dire se sarà a gusto di S. E. che stando bene darei principio a far montar qualche cosa ai primi buontempi. Il S.ʳ Antonio Vacchi ha veduto il sito ed il disegno, e dice che stava bene. Starò attendendo il pensiero di V. E., alla quale racordandomi il solito sevitore, le faccio con ogni humiltà

riverenza
D. V. E. Illma

Gualt.º adì 16 febr.º 1617.

Devotiss.º sudd.º e se.^{re}
Iacomo Sogliano Prevoste

(c.392: è allegato il disegno del giardino di Gualtieri)

542. Michele Pegolotti da Reggio a (EB, Ferrara) 28.II.1617
AB, 90, c.701

Ecc.^{mo} Sig.^r mio e Padron Col.^{mo}

Il presente è il Sig.^r Lodovico Melli, quello al qualle m'ordinò V. E. ch'io dovessi dirle che si contentasse trasferirsi sin costì da V. E.; e come dissi, egli è persona honorata, inteligente del mestiere, e molto discreto. Ch'è quanto posso dirne a V. E., alla qualle faccio humiliss.^a riverenza Regg.º l'ult.º feb.1617 Di V. S. Ecc.^{ma}

Divotiss.º ed obligatiss.º ser.^{re}
Michele Pegalotti

* *Lodovico è zio di Pietro Paolo Melli: cfr. lettera di questi del 3.IV.1617 da Praga (AB, 92, c.56)*

543. Niccolò Spallanzani da Gualtieri a (EB, Ferrara) 6.III.1617
AB, 91, c.149

(...) A giorni passati occorse poi un caso, del che mi pare essere in obligo dargliene parte, e fu questo: domandai a Ms. Pietro Barbieri il suo putto per cantare le laudi il sabbato sera, come sempre ho fatto e faccio, con quel miglior modo ch'io so e posso. Ed esso mi rispose che non sapea se facea piacere a Mr Francesco. Ed io non cercai altro, basta ch'io non hebbi il putto. Il sabbato poi seguente mi fece dire il putto che verria a cantare ed io, credendo fosse indentione del padre e di Mr Francesco, l'accettai. Doppò questo, Mr Francesco intese il successo e diede licenza al putto di casa sua, dicendo a suo padre non gli volere più insegnare, e non per altro, se non perché havea fatto serviggio alla Compagnia. Non dirò altro a V. S. Illma se non il tutto in lei rimetto, e si vaglia della propria autorità. Con che humilm.^{te} a V. S. Ill.ma faccio riverenza augurandogli dal Sig.^{re} ogni bene di Gualtieri li 6 marzo 1617 D. V. S. Illma

Hum.^{mo} e Devotiss.^{mo} Ser.^{re}
Nicolo Spallanzanj

544. Alessandro Piccinini da Bologna a EB, Ferrara 7.III.1617
AB, 91, c.195

Illmo Sig.^r e Padron mio Col.^{mo}

Mi scrive l'Illmo Sig.^r Cavalier Masio Antonio del Ser.^{mo} Arciduca che ha ordine da quela Alteza di far venire Lorenzo a veder Roma e la S.^a Casa di Loreto, e poi inviarlo ala volta di Fiandra. E però mi ordina che, quanto prima, lo invia verso Roma, ma con qualche compagnia bona, e così aciò a li giorni santi sia in Roma. L'inviamo presto, anzi subito ché, poich'io mi sento aromanato da alquanti mesi in qua, [credo] di voler andare ancor io. Sì che, se anderò come credo senza altro, mi sarà gratia a poter servire V. S. Illma se mi comanderà. E con il fine facioli riverenza pregandoli ogni felicità.

di Bologna il dì 7 marzo 1617

D. V. S. Illma

Se.^{re} Aff.^{mo}
Alesandro Picinini

545. Alessandro Guarini di casa a EB, Ferrara 9.III.1617
     AB, 378, c.126

Illmo Sig.^r mio Sig.^r e Padrone Sing.^{mo}

Ho veduta la invenzione del Sig.^r Cicognino, intorno alla quale non posso dir altro a V. S. Illma, se non che non può essere se non perfetta, poich'ella vien da persona, eletta da V. S. Illma fuori della sua patria, per compor cosa che sia conforme al suo gusto. A lei per tanto in tutto e per tutto me ne rimetto, assicurandola che, quanto più bella e più mirabile sarà giudicata dal Mondo, tanto sarà minor il disgusto che havrò sentito io di non haver havuto non dirò tempo, che questo com'ella de' recordarsi, non mi è mancato già mai per servir a V. S. Illma, ma ingegno, il cui mancamento pur troppo ha ella potuto alla prova conoscere, per servir a gli honori della Regina del Cielo. Il che è quanto m'occorre dirle nella presente, col fin della quale baciando a V. S. Illma reverentemente la mano, prego N. S. Dio che lungamente felicissima la conservi.   Di casa li 9 marzo 1617.
Di V. S. Illma

                                   Reverentiss.^o ed obligatiss.^{mo} ser.^{re} e cugino
                                                          Aless.^{ro} Guarini

546. Caterina Forna Estense Tassoni da Modena a (EB, Ferrara) 16.III.1617
     AB, 91, c.405

(…) tanto più mi conosco da lei honorata e favorita, come hora in essibirsi di pagar la gabella de i razzi [=arazzi] già venduti a quell'hebreo (…) Io gli ho venduti a Ferrara e non son'obligata altrimenti a questo (…) quando mandai le perle a Firenze restai d'accordo di pagar la gabella, tanto haverei fatto de razzi, se così mi fusse convenuta col Sig.^r Nappi. Mando a V. S. Illma le perle ed i pendenti, che le sarano dati dal Piatello, e son sicurissima ch'ella mi favorirà d'operare che sieno con ogni mio vantaggio vendute; essendoci incontro e non riuscendo, mi farà gratia, sì come scrivo anco alla S.^{ra} Caterina, a rimandarmele, acciò possa dare la risolutione ad un gioieliero, ch'io aspetto da Milano (…)
* *In un'altra lettera della stessa corrispondente, da Modena il 31.III.1617 (AB, 91, c.708), si ribadisce il ruolo di Enzo nell'evitarle di pagare il dazio per vendere i gioielli.*

547. EB da Ferrara a destinatario sconosciuto (Modena?) 29.III.1617
     AB, 91, c.637

Illmo Sig.^r mio Oss.^{mo}
Mi ritrovo in estremo bisogno di denari, come V. S. Illma può facilmente credere, e perciò sono necessitato a pregarla a compiacersi di farmi avere i centodieci scudi, pagai per lei in riscottergli la sua collana ed anello. V. S. Illma sa con quanta prontezza io la servì, e come farò sempre se Dio mi concederà una volta gratia che pigli un poco di fiato, ed assicuro V. S. Illma, se non mi ritrovassi tanto alle brutte, che mi vergognarei movergline parola. Aspetto dunque che mi favorisca subito ed a V. S. Illma bacio le mani.   Di Ferrara il dì 29 marzo 1617.
Di V. S. Illma

                                              Zio e ser.^r di cuore
                                                   Enzo Bentivoglio
* *I gioielli dovrebbero essere quelli venduti per conto di Caterina Estense Tassoni; l'aquirente sembra un nipote di Enzo, probabilmente uno dei figli del fratello Ippolito a Modena.*

548. Pietro Paolo Melli da Praga a (EB, Ferrara) 3.IV.1617
     AB, 92, c.56

All'Illmo ed Ecc.^{mo} Sig.^{re} mio Sig.^{re} e Patrone Coll.^{mo}
Dal Cap.^{no} Lodovico Melii, mio zio, vengo avisato quando gagliardamente l'habia V. E. Illma favorito in

questa occasione della gracia concesali ultimamente da S. A. Ser.^ma: del che, non potendo io non render-nele infinitamente gratie, vengo con questa mia a sodisfare in qualche parte, già che con altro mezo non posso al precedente dare altro segno di devotione ad un nostro tanto benigno Sig.^re e Patrone. E perché detto mio zio m'acena che V. E. sia per comandarmi qualche cossa di suo servitio, degiarandomi dal Sr Cesaro Flori, del che subito ne parlai con eso, il quale mi rispose che aveva qualche ordine da V. E. e che al suo tempo mi direbe quelo s'avesi da opperare, ma che per ora non voleva manco aprecentare le letere. Si che starò atendendo il suo tenpo, che io ciò asicuro V. E., che io mi stimerò tanto fortunato, quando per altra gracia che potesi ricevere al mondo, per havere ocasione di fare conosere a V. E. di non favorire servitori ingrati. Poiché non potrei afrontare magiore oportunità che di spendere il mio sangue isteso per suo servitio, suplicandola per ciò a non volersi sdegnare di farmi degno de suoi comandi, che io mi stime-rò e vanagloriarò di vivere soto la protecione di un tanto benigno patrone come è V. E. Alla qualle non volendo eserli di magior fastidio con questa, resto, pregandole dal Cielo ogni magiore grandeza, e per fine le bacio riverentemente le Ecc.^me mani: di Praga il dì 3 aprille 1617
Di V. E. Illma

Devotiss.^mo e obligatiss.^mo serv.^re
Pietro Paolo Melij

* *Pietro Paolo Melli (Reggio 1579-post 1623) era stato assunto alla corte di Vienna fin dal 1612 come suonatore di liuto e gentiluomo di camera dell'Imperatore, carica che dichiara nel frontespizio dei suoi 5 libri d'intavolatura di liuto e tiorba, stampati a Venezia tra il 1614 e il 1620. Torelli 1984 ne ricostruisce i frammenti biografici, citando due lettere di Pietro Paolo in AB, una del 5.V.1618 e l'altra del 18.VI.1619 (ne sono conservate numerose altre, ma tutte trattano di informazioni politiche e non di musica).*

549. Michelangelo Sarti da Bologna a (EB, Ferrara) 10.IV.1617
     AB, 92, c.212

(…) Non ho prima d'hora dato risposta a V. S. Illma intorno al particolare commessomi, del ritrovarle un prete che canti il basso, poiché l'havermi sempre sospeso la rissolutione quello che le significai, m'ha fatto incorrere in notabile mancamento. Hora m'ha risposto che non si trova per il presente in termine di partirsi di Bologna per molte ragioni, ma in particolare per esser nel mezo corso de suoi studii, ch'a questo effetto si trattiene (credo per pedante) in casa del Sig.^r Girolamo Leoni, perché è forestiero. Altro soggetto per hora non veddo conforme al desiderio di V. S. Illma. Starò però in prattica, e secon-do l'occasione le ne farò mo[t]to. Si come farò ancor nel particolare delle canzonette che m'addimandò, che più se n'aspetta da molti dì nove, e subito gionte vedrò d'haverle, e inviarle. (…)

550. Ferrante Simonetta da Milano a (EB, Ferrara) 12.IV.1617
     AB, 92, c.291

(…)Per quanta diligenza s'è potuto fare non si ritrova una giovane che li suoi padre e madre vogliono lasciarla venir tanto lontano, perché una giovane valente nel mestiero guadagna tanto in Milano, che fa le spese a tutta la sua famiglia. Più facilmente si trovarebbe un huomo giovane per venir fuori di Milano (…) intendo che il Sig.^r Carlo Rossi è tornato al servitio di Mantoa; si dice a Milano che il Sig.^r Mar-chese Capizucca vadi Governatore a Casale di Monferrato: se fosse vero potrebbe facilitare il nostro negotio di Fiorenza (…)

551. Margherita Gonzaga Duchessa di Ferrara da Mantova ad Antonio Goretti, Ferrara
     14.IV.1617
     FEc, Autografi 3114

Molto M.^co S.^re
Ho dalla vostra lettera inteso con molto mio dispiacere l'indisposition nella quale si ritrova il Sr Placi-do, che però, desiderosa della salute di quello, n'ho datto su le 70 paste a queste mie suore acciò facino, come in effetto fanno, dupplicate orationi, per che si impiaccia Nostro S.^re rendergli la sanità, e con-

servarlo nella sua santa gratia. Mi consola però apresso il male, il ritrovarsi lui in casa vostra, sotto la vostra amorevole custodia, che m'assicuro, oltre i necessarii provedimenti, che ne haverà cura particolare, e per l'amor che gli portate, e per mio rispetto ancora. Parmi per questo superfluo il raccomandarglielo, ma ben vi prego salutarlo caramente per parte mia (…)

552. Margherita Gonzaga Duchessa di Ferrara da Mantova a Antonio Goretti, Ferrara
      18.VII.1617
      FEc, Autografi 3114

Sig.ʳ Ant.º

Hebbi aviso da S. Alfonso Nov[ell]ara della consegna che voi le faceste già del diamante, quale aviso sendomi confirmato hora dalla vostra lettera, altro non mi resta se non ringratiarvi assai dell'amorevolezza con che vi mostrate pronto nelle cose mie; così starò aspettando l'essecutione delli ducati 500, e con buona volontà starò pronta a farvi piacere ove me ne darete occasione. Come per fine vi prego ogni vero bene (…)

553. Alfonso Verati da Parigi a EB, Ferrara 29.IV.1617
      AB, 92, c.403

(Informa che i figli di EB, Cornelio ed Annibale)
(…)hanno cominciato a imparare a danzare, e si portano in ogni cossa molto bene (…)

554. Domenico Maria Melli da Gualtieri a (Ippolito Bentivoglio, Modena?) 13.V.1617
      AB, 280, c.82

(…) Il tamburino che diede delle bastonate alla Maria Galici, donna di cattiva vita, era suo amico; ma per certo accidente di disgusti avendo rotto l'amicizia, onde sotto il 23 aprile essendo la detta Maria venuta a dolersin anti di me de mali termini che il tamburino le usava ed a farmi istanza di farli pagare molte robbe che aveva auto da lei, nel ritornare a casa, egli li diede delle bastonate per li quali è caduto in pena di lire settanta e d'un tratto di corda (…)
* *Domenico Maria Melli (Reggio 1572-post 1631) era parente di Pietro Paolo e compose tre libri di Musiche editi a Venezia tra il 1602 e il 1609. Fu podestà di Gualtieri tra il 1618 e il 1621, anno in cui è denominato nelle lettere "capitano". Anche su di lui cfr. i pochi documenti biografici in Torelli 1984, dove però è indicato come anno di inizio della fitta corrispondenza in AB il 1618 e di conclusione il 1621.*

555. Pietro Paolo Melli da Praga a EB, Ferrara I.VI.1617
      AB, 93, c.3

Ill.ᵐᵒ e Ecc.ᵐᵒ Sig.ʳᵉ mio Sig.ʳᵉ e Patron Coll.ᵐᵒ

Non resterò, con la solita riverenza che devo a V. E. Ill.ᵐᵃ, di darli parte del arivo del Ill.ᵐᵒ Sig.ʳ Anbasciatore, il Sig.ʳᵉ Baracha, il quale arivò con suoi gentelomini e parte della familia giobia matina costì in Praga; dismontò alla solita casa in la riva vegia, che perciò io, dopoi averli fato riverenza come obligo e debito mio, feci diligenza, che spero l'avrò procaciato uno asai melio alogiamento che serà in la città di Chelan Saitilo, e questo per essere più vicino alla Corte per li negoci di S. A. S.ᵐᵃ, stando che non è permeso il negociare se non la matina, che il dopo disnare il furore di Bacho non lo conporta. Li do ancor nova sì come venere pasato Sua Maestà l'Inperatore li vene su le cinque ore e mezo, alla todescha, un vomito cossì ecesivo, che li tolse le forze, in maniera che perse il polso ed ingiavò [=inchiavò] li denti, e stete sina le sei e un quarto semivivo, senza mai parlare; li medici fecero la lor diligenza, sì che ora, laudato sia N. S. Idio, è fuor d'ogni pasato pericolo ed eri matina, giorno di domenica, disnorno le lor Molta Maestà insieme nel solito loco. Che perciò non pasarà (c.3v) questa setimana che le lor Molta Maestà con parte della camara si ritroverano a Brandais per mutare aira. La causa del male di Sua Maestà si tiene che siano stati fonzi [=funghi], ma l'opinione di Sua Maestà non se li puol cavare che non sia stato avelenato, a ben che li medici e cavalieri tengano che sia stato per la sudeta causa. Stago atendendo che mi sia acenato il comandamento dal S.r Flori per servitio d[i] V. E., che mi riputerò fortunato, gloriandomi sota la protecione di un tal patrone. Che serà con ogni riverenza, inchinandomi baciarli le mani,

il dì primo maggio 1617

Di V. E. Ill.ma

Devotiss.mo ed Hobligatiss.mo se.re
Pietro Palo Melij

556. Comici Confidenti da Reggio a (EB, Ferrara) 5.V.1617
AB, 93, c.59

Ill.mo Sig.r e Patrone nostro Colend.mo

Il dubbio che lo accidente di essere impiegato Ms. Battistino in servigi della compagnia, nel tempo che una di V. S. Ill.ma a lui diritiva li capitò nelle mani, non sia notato a nostra negligenza in rispondere, ci sforza ad iscusarci del non haver potuto prima che hora ringraziare V. S. Ill.ma del molto honore che ci fa offerendoci l'assistenza sua, e procurandoci utile ed honore: come hora con ogni riverenza facciamo, supplicandolo che, quello che hora non potiamo accettare per haverci lo Ecc.mo Sig.r D. Giovanni Medici nostro Signore obligati a Milano e poi a Bologna sino a Natale, che in altro tempo ce lo conceda, vivendo in noi un desiderio ardentissimo già molto tempo è di servire V. S. Ill.ma e quegli altri SS.ri in Ferrara. Tal che ad ogni suo volere saremo pronti ad effettuare i suoi comandi. Per lo carnovale non siamo obligati, né ci obligaremo prima che darne parte a V. S. Ill.ma; e volendoci honorare de suoi comandi, ne farà grazia inviare le lettere ad ogn'altro di compagnia fuori ch'a Ms. Battistino, poiché molte volte lui è lontano dalla compagnia a far accomodare stanze o pigliar licenze essendo, se ben marito della Sig.ra Valeria, servitore della compagnia. E per fine, facendoli profondissima riverenza, li auguriamo da N. S. ogni felicità.   di Reggio il dì 5 maggio 1617

Di V. S. Ill.ma

Devotiss.mi servi i
Comici Confidenti

* *Battistino è Giovan Battista Ausoni, marito di Salomè Antonazzoni in arte Valeria. Sulla sua fine cfr. Ferrone, p.35 nota 10 e pp.183-84, nota 48. Sui Confidenti: ivi, p.124-sg. (ma non è citata questa lettera, molto importante per il ruolo dell'Ausoni).*

557. Ercole Provenzale da Roma a (EB, Ferrara) 12.V.1617
AB, 93, c.230

Ill.mo S.re mio S.re e Patrò Coll.mo

Il S.re Lucca Antonio Ostachi [=Eustachio] mi ha datto il qui allegatto piego e doi ventalli, che li faccia capitare alla S.ra Francesca: però li invio a V. S. Ill.ma aciò vengano più sicuri.

Mons.r Gilioli non ha mai pagato il fitto della casa e quelli agento del patrone di detta casa strilla, e si sarìa di già livato il mandatto di fare pagare il detto M.re Giliolo, ma come mi ha detto il S.r Ottavio Badi, non ha cosa alcuna in casa dove si posa eseguirlo, e si è andatto riparando da infiniti altri soi debiti, con dire che li S.ri Costaguti li dariano buona soma di danaro (...) (c.230v) Se V. S. Ill.ma si degnarà di dare ordine che io sia rimborsato de danari che ho speso per suo servicio, conforme alla qui congiunta notta, io lo riceverò per favore altretanto grando quanto il bisogno che ne tengo. Li sarà ancora da pagare, alla fine di questo, pavolle [=paoli] 36 per il fitto delle due stanze di Tremezo (...)

(c.231) *Conto delli danari spesi per lo Ill.mo S.re Enzo Bentivogli da me Ercole Provenzale in Roma*

Pavoli undeci e baioche sette e meze spesi di più delli scudi 10 dattomi dal S.re Alisandro Napi per tore della telletta da recamare per la Ill.ma Sig.ra Caterina (...) ducati 1-B.17 1/2
Pavoli 15 e 1/2 speso per lo Ill.mo S.re Enzo cioe pavolli 12 in 6 giochi da aqua per fontane, e mezo

pavolle per una scatolla per meterli detti giochi e pavolli 3 alla posta (...) ducati 1-B.55-

Pavolli 20 spese nelle carette e fachini che hano condotto dal palazzo dove stava Mons.^{re} Illmo Benti-voglio a casa mia li matarazi capezalli rami e cose da scriture, ed altre robe ducati 2

Pavolli 12 alli fachini che hano raportato tutti li legnami, cioué litiere e tavolle, scabelli ed altri legnami (...) ducati 1-B.20

Pavolli 13 per fare inbiancare molti lincolli, tovali, salviete restate brute nella partita di Mons.^{re} Illmo Bentivogli ducati 1-B.30

Pavolli 30 spese nelli fachini e carette che hano condotti li legnami ed altre robe che si trovavano in casa di Mre Giliolo, ciouè nel palazzo dove stava Mre Illmo Bentivogli in doi stanze tolto alla Longara per questo servicio ducati 3-

Pavolli 36 pagatto per due stanze tolte alla Longara per meterli le sopra dette robe e sono per 3 mesi anticipati cominciando il primo di marzo 1617 ducati 3-B.60

tanto fano in tutto, ciouè ducati tredeci

e baiochi ottantadua e meze; ducati 13-B.821/2

ci sono 35 pauolli da pagare alla fine di questo per il fitto delle doi stancie che sarano tanto più-

558. Comici Confidenti da Reggio a (EB, Ferrara) 19.V.1617
AB, 93, c.386

Illmo Sig.^{re} e Patrone nostro Colend.^{mo}

Le occasioni di dovere servire V. S. Illma e la città di Ferrara, quando sarà in nostro potere di ottenerle, sarano non solo con ogni affetto incontrate, ma con ogni potere procurate; e sì come ci sarà al presente sattisfare alla nostra volontà, di compiacere e, come è debito nostro, di servire V. S. Illma, supplicando-la di credere che non il rispetto di qual si voglia spesa che potesse haver fatto la compagnia nel venire a Ferrara e poi ritornare al camino di Milano, essendo pure grave di venti somme di bagaglie, dodici personaggi che recitano, e più di dici<d>otto altri che continuamente, stano uniti per neccesità alla compagnia, non ci haverebbe ritenuto dal venire. Ma lo havere per noi promesso lo Ecc.^{mo} Sig.^r D. Giovanni Medici all'Ecc.^{mo} Sig.^r Governatore di Milano che noi saremo questo maggio a recitare in quelle parti: onde questo, e lo havere già otto giorni sono mandato il nostro Ms. Battistino ad accomo-dare il palco, ed hoggi mandatovi le robbe con pensiero di seguitarle noi dimani, ci rende imposibile il venire.

Se in altra occasione ci farà grazia d'impiegarci ne' suoi servigi, con una lunga servitù sattisfaremo al mancamento di non potere hora servirlo. Con che augurandoli somma felicità, li facciamo profondissi-ma riverenza   di Reggio il 19 maggio 1617
Di V. S. Illma

Devotiss.^{mi} servi
I Comici Confidenti

559. Jacomo Sogliano da Gualtieri a EB, Ferrara 26.VII.1617
AB, 95, c.595

(...) Di nuovo s'è mosso un giovine da Contisona, che piglierebbe una mansionaria, ma non dice ancor messa (...) Intendo che questo è buono e sicuro di cantar anco per insegnar a' putti, e sa anco sonare: però V. E. risolva quello che gli piace. Mi da fastidio assai che, non essendovi mansionario alcuno, qualche volta questi cantori non vogliono cantar le messe de' giorni feriali, se ben io faccio quello che posso acciò le cantino il più che sii possibile. Caso che don Francesco (c.595v) non voglia ritornar, non so come facilmente gli sarà concesso il rinunziare, per esser egli senza altro bene proprio e patrimonio: che in questo par che il Concilio di Trento lo proibisca (...)

560. Antonio Goretti da Bergamo a (EB, Ferrara?) 31.VII.1617
   AB, 95, c.762

Illmo S.^re mio Patron Col.^mo

Dal Sr Francesco Rossi mi è stata mandata l'anessa per ricapitarla a V. S. Illma, presupponendo forsi che V. S. Illma sia qui; ora gli la manda, con farli riverenza e recordarmegli sempre umilissimo servitore. Stiamo tutti bene, e con grandissimo desiderio la stiamo aspetando; la S.^ra Francesca li fa riverenza. E per fine prego da Iddio N. S. longa e felice vita (…)

561. Jacopo Sogliano da Gualtieri a (EB, Ferrara) 6.VIII.1617
   AB, 96, c.103

(…) perché V. E. mi scrive ch'io avisi sotto a che Ordinario serve D. Francesco le dico ch'è quello di Parma. Quanto alla publicatione delle confessioni del Comisario, l'ho già fatto nanti la riceutta della di V. E., sì perché Monsignore mi comandava li facessi la prima festa doppo la riceuta della sua senza altra dilatione (…) onde non ho potuto mancare (…)

562. Andrea Parenti da Modena a (EB, Ferrara) 21.VIII.1617
   AB, 96, c.476

(…) Io parlarò con questi preti e starò in continua prattica per trovarne uno che sia a proposito per cotesta mansionaria, ed habbi li requisiti che V. E. desidera. Con l'occasione de rimandar il cavallo che ha condotto il Seraglia, si manda la cannovetta e tutti l'altre così comandati da lei, ma cotesti valenthuomini che hano porta la sidia si sono portati malissimo (…)

563. (Bergamo 25.VIII.1617: esibizione in chiesa di una cantante)
   BEc, S.Maria Maggiore-Terminazioni, ms. MIA 1280, c.87, sub data

(È consentita eccezionalmente l'esibizione nella chiesa di S.Maria Maggiore della)
(…) S.^ra Francesca Romana cameriera dell'Illma S.^ra Caterina Bentivoglio, figlia dell'Illmo Sig. Conte Francesco Martinengo (…)
* *O. Tajetti-A. Colzani, Aspetti della vocalità seicentesca, Como, AMIS 1983, p.76, dove viene proposta l'identificazione con Francesca Caccini, mentre si tratta certamente della cantante proveniente dalla casa romana dei Bentivoglio, Francesca detta "la Pittora".*

564. Galeotto Montecuccoli da Brescello a (EB?) 30.VIII.1617
   AB, 96, c.694

(…) Subito alla riceuta della lettera di V.^ra Ecc.^tia ho mandato uno di questi birri a Boretto, con ordine che comandi a Lazzarino del Turchetto ed a Francesco Barbieri, quale si trova a lavorare colà a casa del Razolo, che questa sera debbano ammendue trovarsi dall'Ecc.^tia V.^ra, la quale supplico honorarmi frequentemente de suoi comandi (…)
* *Si tratta di (Giovan) Francesco Barbieri "il Guercino" o di un omonimo? Comunque il rapporto di Enzo Bentivoglio con Guercino proprio dal 1617, col fallito progetto di affidargli la decorazione di Gualtieri, è ricordato in Southorn, p.145.*
In AB, Inventario Generale ms., II, c.17 (1600-1659) si trova il seguente contratto con la famiglia Barbieri, in data 2.IX.1604 "Locazione da rinnovarsi di 29 in 29 anni fatta dalli Sig.^ri fratelli Bentivoglio a Battista Barbieri d'una pezza di terra con casone posta nel comune della Pegola fatto annuo canone di ducati 8: 18:, e d'un paio Capponi Lib.78, n.° 33" e in data 7.XII.1604: locazione a "Giacomo, e fratelli Barbieri".

565. Felice Serlori e Innocenzo Cavalloni ("setaroli al Pavone") da Roma a EB, Ferrara
2.IX.1617
AB, 97, c.49

(…) Abbiamo ricevuto la gratissima di V. S. Illma delli 23 d'agosto 1617, per la quale habbiamo visto il desiderio di V. S. Illma che era di vedere il conto che se gli manda incluso, che importa come li puol vedere scudi ottantadua [e] paioli 37. Presto che ci farà gratia di voler ordinare che ne siamo pagati, che lo riceveremo a favore e gratia da V. S. Illma, poiché siamo in bisogno (…)
(seguono conti:)

(c.50) Io Alfonso Verati ho fatto conto e saldo con SS.^{ri} Felice Serlori ed Innocentio Cavalloni di tutte le robbe che hanno dato della loro bottega per servitio dell'Illmo Sr Entio Bentivogli per tutto il dì 23 marzo 1613. S. S. Illma resta debitore settantaquattro scudi paioli ottantotto di moneta scudi 74-88
E più scudi quarantasei paioli settantanove [di] moneta che S. S. Illma paga per un conto dell'Illmo Sr Ferrante Bentivogli per robbe date di loro bottega (…) scudi 46-69
E più scudi dicinove paioli venti [di] moneta per robbe date all'Illmo Sr Marchese Martinengo, che sono in debito dell'Illma S.^{ra} Caterina Bentivoglia per tutto questo scudi 19:20
Per tutti questi conti insieme S. S. Illma li resta debitore scudi 140-77
(…) (seguono dettagli delle spese per vestiti ed ornamenti per Enzo Bentivoglio e famiglia per gli anni 1613, 1614, 1615, compresi i servitori, tra cui un "gippone di filaticcio colorato per Giovanni Ghenizi servitore di S. S. Illma" per un totale di scudi 162:37, dei quali, detratti 80 scudi pagati da Alfonso Verati il 25.V.1613, restano da pagare al 1617 scudi 82: 37)

566. Paolo Pagano da Reggio a EB, Ferrara 14.IX.1617
AB, 97, c.262

(…) Scrisi in una lettera del Sr Zanobio che questi pitori haveano pigliato a fare la faciata di S.^{to} Pietro di Reggio e che per dodici giorni ancora erano impediti e, caso si possa aspetare, mi avisi: dove che no credendo non sia capitata, arivando ancora altri particolari al Sr Zanobio, havisarà (…) e ch'è necessario mandi il mandato, che questi della com[uni]tà voliono vedere che sia per servizio di S. E. (…)

567. Pietro Paolo Melli da Praga a (EB, Ferrara) 26.IX.1617
AB, 97, c.518

Illmo e Ecc.^{mo} Sig.^r mio Sig.^r e Patrone Coll.^{mo}
Dalla amorevolissima di V. E. Illma del ii corente, ho inteso come habia riceuto li avisi da me mandatoli del viagio e ritorno dele lor Molta Maestà ed Alteza, e vedendo il gusto che ne riceve col comandarmi di continuare in ciò, non mancharò di ubedirla sicome son tenuto dalli infiniti obligi che io devo a V. E. Illma: m'è rinchieso [=mi rincrese] di non avere melio frasa e caratro, degni di conparire avanti a un tal Sig.^{re}, ma ne scusi la mia ignoranza, non la buona volontà. Hora Sua Maestà Cesarea si ritrova a Brandais. [I]eri, voleva andare a Castelug e ad un'altra tera deta Melnichi, ma non è seguito perché è stato soprapreso dalla gote al solito. Alla fine di ottobre s'andarà con tuta la corte a Noistob, otto lege lontano da Viena. S'andrebe a Viena, ma si resta a Noistob per la peste; ivi nel ritorno che farà il Re Ferdinando, quale ora si ritrova a Bratislavia in Slesia per il giuramento e dieta, sì come ha fato in Bruna in Moravia; che l'hano giurato al solito de Re di Boemia e lo hano fato donativo di cinquanta milia fiorini per ciascadun paeso, ed il regno di Boemia li ne ha donato cento milia, dove che in tuto sono duicento milia fiorini di donativo che in contanti ha auto al presente. (c.518v) Nel ritorno, come ho deto, s'abocarà con Sua Maestà Cesarea e col Serenissimo Arciduca Masimiliano, quale hora si ritrova a Linz con la gote. Poi se ne andaremo a Posonia, città di Ongaria, prima per fare un Palatino o voliamo dire, Viciore; poi per incoronare Ferdinando Re di Ongaria; ed ultima per tratare nella istessa dieta che li ongari si contentano di cedere queli logri e vile, concesi da Sua Maestà Cesaria al Turco, per confirmatione della pace tra loro, che sina hora non hano voluto che perciò il Ducca Graciano, Ambasiatore

del Turcho, non è ancora espedito dalla corte. Che similmente il Barone Cernino, Anbasciatore di Sua Maestà Cesaria, non è ancora partito di Costantinopoli, bene che alcuni dicano che sia in viagio per ritorno, e sina a Belgrado; ma non si giarifica [=chiarifica]. Si dubita che la pace non vada avanti, ma in questa dieta d'Ongaria si saprà il tuto, che al suo tenpo ne darò parte a V. E. Illma. A mezo fevraro si partirà tuta la nostra Corte e li sopra deti Prencipi per Ratisbona per una dieta inperiale, e questo per l'incoronacione di Ferdinando Re di Romani. Che il Sr Idio lo volia, a confusione de tanti eretici, che in vero tuti lo deano desiderare per molte cose, ma in particolare per la religione e fede catolica. (c.519) Quelo che seguirà ne darò parte al suo tenpo a V. E.^{za}, alla quale prego da Idio N. S. sanità e longa vita, che con ogni riverenza facendo fine, me l'inchino e li bacio le mani.   di Praga il dì 26 setenber 1617 Di V. E. Illma

devotiss.^{mo} ed Hobligatiss.^{mo} s.^e
Pietro Paolo Melij

568. Ippolito Bentivoglio da Modena al Conte di Novellara 5.X.1617
AB, 78, c.71

(…) Vien intesi che quel Gio. Andrea parmigiano era assente dalla palazzina; oggi è ritornato, e perché mi dicano che questo è un famiglio di Ms. Alfonso Zignaco, contrano di Ms.Ottavio Baroni, e che fussi col padrone in casa di sua moglie, e che perciò venissi uscisa, sono entrato in pensieri che, comi quest'uomo sentì di venir a Novellara, dove sa esseri retirato il Baroni, che pensarà sia per movirsi a lui ed anchi al padrone, e che facilmente ricuserà di venire (…)
* *Il 4 luglio 1609 era stato presentato nella casa romana dei Bentivoglio un "giovane Permegiano": sembra improbabile che possa trattarsi, nell'uno e nell'altro caso, di Andrea Falconieri, sulla base delle poche notizie biografiche (cfr. Fabris 1987, pp.22-27).*

569. Don Ulisse Romano da Mantova all'Arciprete di Gualtieri 20.X.1617
AB, 441 (lettere di diversi a EB 1606-1637)

R.^{do} Sig.^r e Padron mio
Perché sempre desiderai favorire quelle persone che per le virtù loro son degne esser sovenute, ho pensato mandare il presente lator di questa mia a V. S. come quello che desidera esser eletto per Maestro di humanità (…) il tutto ho referito al presente Maestro della Comunità di Mellara [=Novellara?], quale è in atto di la alienarsi, onde ha resoluto arrivar sino costì. Io la securo certo che egli è giovanne molto litterato, poiché in Mantova, in molte case di Sig.^{ri} ha insegnato, ed anco si diletta di cantare tanto in canto fermo quanto in figurato, oltre a molte buone sue qualità ed adornamenti, come di poesia, ed alla giornata vedranno che suggetto io le raccomando. Non mancherebbano recapiti, se egli volesse stare alla città; ma come quello che desidera perfectionare le *Lagrime di S.^{to} Pietro* già da lui in ottava rima cominciate, però (c.n.n. Iv) ha quasi aliena voglia (…)

570. Pier Francesco Battistelli da Finale a (EB, Ferrara) 27.X.1617
AB, 105, c.506

Illmo Sig.^{or}
Mando a V. S. Illma il disegno della scala con le sue misure: però quando sarà per dar principio, come lo saperò andarò al Bentiv<i>olio. Io parlai a quel mastro murator, e se avese creduto che V. S. Illma fose, nel ritorno di Bologna, tratenuto al Bentivolio, sarebe venuto il detto murator. Del negocio con Ms. Zan Francesco [Barbieri] pitor, non ho pottuto ridurlo ad obligarsi a cosa alcuna, ecetto che, se zarà mai possibile, venirà a far li quadri; ma non si vol mettere in obligo, che quando lo facesi, o venesi foria come per suo sposo [=spese?], e vien a ciò n'è per venir alla campagna. Però come V. S. Illma avese gusto ch'io lo servise e adosarme tutto il lavoro, o venire o non venire Ms. Zan Francesco, trovaria persone per chi farebe le istorie, che farebe che V. S. Illma restarebe sottisfata ed anco per honor mio. Mando inclusa la suplica, di già persa a Modena, pregandola a voler favorirmi di procurar che

posi, che il tutto riceverò da V. S. Illma. Ala qual umilmente li basio le mani, pregando Idio li prosperi ogni contento   dil Finale li 27 ot.^{bre} 1617
D. V. S. Illma

Umi.^{mo} Se.^{tor}

Pier Fran.^{co} Battisteli

* *Cfr. precedente lettera del 30.VIII.1617; su Guercino e Bentivoglio nel 1617 cfr. Southorn, p.145: non cita queste due lettere ma Malvasia 1678, II, 258 (secondo il quale il Marchese si era recato a trovare Guercino a Cento) e inoltre il contratto del 7.XII.1617 che riportiamo oltre.*

571. Domenico Bruni (e compagni) da Bologna a (EB, Ferrara) 3.XII.1617
   AB, 100, c.59

Illmo Sig. e Patron nostro Cole.^{mo}

Che ogn'uno di noi brami di servire V. S. Illma e sia per cercarne, non che accettarne la occasione, da questa che ne viene offerta e dalle altre che a tempo procuraremo, se ne accerterà; e solo il desiderio di vivere sotto il pattrocinio di un tal signore non ci lascia sentire il poco amichevole termine che verso della nostra compagnia usa la Sig.^{ra} Florinda [Virginia Andreini], poiché in Bologna ha cercato, ed hora in Ferrara non manca, <e> di stancare e le orecchie e le borse, essendo certa che il danno che lei ha sentito in Modona, colpa de monta in banco che havevano fatto comedie in piazza, che noi siamo per sentirlo maggiore, havendone lei con tale compagnia fattone tante in istanza. Ma poiché quella non vuole havere discrezione, supplichiamo V. S. Illma, acciò che non si trovi impedimento al nostro venire, di operare che dopo che lei haverà recitato quindici comedie, che levi mano, e ben lo può fare dovendo andare questo Natale a Mantova; il che ottenendo, sicuramente saremo queste feste a godere della gracia di servirlo. Con che li auguriamo da N. S. ogni felicità di Bologna il dì 3 decembre 1617
Di V. S. Illma

Devotiss.^{mo} servitore

Domenico Brunj, a nome de compagni

* *Solo rinvio al documento in Ferrone, p.37, nota 16.*

572. Domenico Bruni (e compagni) da Bologna a (EB, Ferrara) 3.XII.1617
   AB, 100, c.61

Illmo Sig.^r e Patron nostro Colend.^{mo}

La certezza della grazia di V. S. Illma, quale ci viene affermata con il mezzo di sue lettere, ci obliga a non guardare a niuno interesse, ma solo di venire a servirlo. Il che metteremo in essecuzione, partendoci subbito fatto il giorno di Natale, per essere a recitare le feste in Ferrara: anzi prima anco invieremo le robbe. Perseveri V. S. Illma nel protegerci, ed in grazia procuri che pottiamo ottenere le condizioni possibili scritte nella poliza che ha nelle mani. E per fine, facendoli ognuno di noi profondissima riverenza, li auguriamo da Dio ogni felicità.   di Bologna il dì 3 decembre 1617
Di V. S. Illma

Devotiss.mo servo

Domenico Brunj a nome

de compagni

(p.s.:) Quest'altra lettera, se sarà giudicata buono per mostrare, ci rimettiamo al suo volere

573. Alfonso Gallanino da Ferrara a (EB, Ferrara) 6.XII.1617
   AB, 100, c.128

Illmo Sig.^r mio Padron e S.^r Co.^{mo}

Alle 10 ore m'è sta' dato la lettera di V. S. Illma e subito non ho mancato di far pigliare la misura del quadro che mi comanda, la quale sarà qui congiunta. L'ho fato pigliar con quest'asta, poiché con legno non si puole; ed è stato il pitor Guglielmo [Gruminck] che l'ha presa, e dice ch'è giustissima sopra di lui. L'asta più corta è la larghezza del quadro, l'altezza la longhezza, e la menarà tirata sul telaro, che così bisogna facia far V. S. Illma.

Fu a Francolino e non vi era il mastro, ch'era andato a Rovigo per suo servitio (…)

574. (Contratto tra Pier Francesco Battistelli, Giovan Francesco Barbieri e EB, datato dal
  Bentivoglio 7.XII.1617)
  AB, Misc.busta I, fasc.1, 24

(…) S'obbligano per la presente scrittura, all'Illmo Signor Enzo Bentivoglio, Ms. Pier Francesco Battistelli e Ms. Gio. Francesco Barbieri, di dipingere a tutte loro spese li fregi che vorrà fare detto Illmo Signore nel palazzo del Bentivoglio, e fargli all'usanza di Roma e belli quanto loro sarà possibile, per prezzo di soldi dieci il piede quadro (…)

* Ed. Bagni 1984, doc.2, p.268 (cfr. ivi, doc.3, p.269 lettera di D. Antonio Mirandoli, primo protettore del Guercino, con sottoscrizione autografa del pittore, in data Cento 7.XII.1617: Milano, coll.Bagni e altra lettera autografa di Guercino del 9.XII.1617 - doc.4, p.270 - all'Institute Nèerlandais di Parigi: tutte indirizzate a Enzo Bentivoglio e dunque provenienti da AB).

575. Cristoforo Filippi dalla Pieve (di Cento) a (EB, Ferrara) 9.XII.1617
  AB, 100, c.188

Illmo Sig.^re Padron mio Col.^mo

Io son informato della servitù che Ms. Pierfrancesco Battistelli tiene con V. S. Illma, e però la causa ch'egli ha avanti di me mi sarà straordinariamente raccomandata, sin a quel termine che la giustitia potrà mai arrivare. E tanto più che lei così caldamente me lo raccomanda, il quale però o torto, o ragione ch'egli sia per havere, vedrà di quanto frutto sia stata la raccomandatione di V. S. Illma appresso di me. (…)

576. Pier Francesco Battistelli dalla Pieve (di Cento) a EB, Ferrara 13.XII.1617
  FOc, Piancastelli, Autografi: Battistelli (prov. AB)

(Informa il Marchese che Guercino non vuol sottoscrivere il contratto, perché non intende impegnarsi per un anno come Battistelli, ma soltanto per un mese all'anno)

* Ed.Bagni 1984, doc.5, p.271.

577. Sardi, *Libro delle Historie Ferraresi*, 1646, p.45

1617 L'antivigilia del Santissimo Natale, il Conte Ercole Pepoli, alle due ore di notte fu d'archibugiata ucciso in casa del Marchese Cesare Turchi, nel qual luoco in questi giorni solevano radunarsi quasi tutti li Cavalieri della città, parte a discorrere, e parte a giocare, essendosi salvato colui che l'uccise in Modona. E perché il Cardinal Serra, per buon governo, si lasciò intendere che non havea gusto di queste notturne adunanze, onde la nobil gioventù, che in tal tempo solea venir nelle stanze del Cavallo ad udir le musiche, le quali in esse si faceano in questi giorni, a discorrer huomini scientiati & dotti, fino alle quattro ore di notte, havendo tralasciato quasi questi virtuosi trattenimenti, si diede alla pratica ed alla conversatione de' forastieri e de' soldati, che fu la total ruina delli antichi ed honorati costumi della nostra città: perché molti di questi incominciarono in tempo di notte a frequentar le bettole e l'hostarie; quindi si passò alle lascivie, tentandosi non solamente le più belle vergini, ma li più honorati matrimoni che fossero nella città; li quali non potendo esser corrotti da costoro, fu adoprato l'ingegno dei pittori, ministri della loro disonestà li quali, disegnando furtivamente col lapis il volto di quelle che maggiormente erano desiderate nelle chiese, mentre elle erano intente a divini uffici, le colorivano poi ignude in atto di tante Veneri nelle stanze, come se tali veramente fossero state. Di che essendosi havuta notitia, le donne incominciarono a coprirsi il volto col velo, venendo in pubblico (…)

* *Da notare che nel 1617 erano state sospese le attività teatrali in città, da cui sembra derivare la inclinazione dei giovani nobili per divertimenti meno sani.*

1618

578. Mittente e destinatario sconosciuti (Parma, 1618)
      PAas, Teatri e Spettacoli, b. 1

Istruzione per Moretto corriero di quello ha da fare a Bologna per servire del Teatro di Sua Altezza (...)
Ed. Ciancarelli, doc 92, p. 269.

579. Virginia Ramponi Andreini (detta "Florinda") a (EB, Ferrara) s.d.(1618)
      AB, 105, c.7

Illmo mio S.^{re}

Non posso e non debbo mancare di non ubbedire alli Illmo e R.^{mo} Sr Cardinale: confidate però che sarà favorita la compagnia, onde possa haver quel che vole. Mi dispiacerà che V. S. Illma non si fermi a Ferrara, ma del tutto havero pacienza. La supplico a far sì che s'ottengano quelle stanze di sopra il Cortile, acciochè anch'io goda (mercè sua) di quello che godono gli altri comici. E qui facendo riverenza, da N. S. li auguro il colmo di contenti: così fa mio marito obligatissimo suo servitore. (c.7v)
D.V. S. Illma

Devotissima serva
Florinda Andreini

580. Giovanni Bentivoglio da Modena a EB, Ferrara 5.I.1618
      AB, 105, c.98

Illmo Sig.^{re} mio Cugino Oss.^{mo}

Partono domattina, che è lundei, per cotesta volta l'Hippolita con suo marito [Cesare Marotta], e vengano a servire V. S. Illma per otto giorni e la S.^{ra} Catterina; ed hanno ordine da me d'alcune cosette di chi[e]derne a lei il suo favore, di cui mi prometto, e particolarmente in un negocio di qual<e>che qualità, nel quale mi disidero soddisfattione e spero nela gratia, con l'auttorità di V. S. Illma, e ad essi me ne rimetto. Intanto, supplicandone di conservarmi suo ser.^{re} divot.^{mo} ed obbligato, per fine le bacio le mano ed auguro felicità   Di Modona li 5 genn.^o 1618
Di V. S. Illma

aff.^{mo} cug.^{no} e ser.^{re}
Giovanni Bentivoglio

581. Cornelio e Annibale Bentivoglio da Parigi a EB, Ferrara 10.I.1618
      AB, 105, c.167

Sig.^r Padre

La sua de 10 passato ci ha apportato gran consolatione, per haver inteso il suo ben stato e di tutti di casa; (...) la supplicamo mandarci otto mazzi di corde da violino, ed altri quattro mazi de cantini da liuto e che siano delle bone di Roma, havendoli promesse alli nostri maestri per la loro manza; e di gratia V. S. Illma non manchi, acciò non restiamo con vergogna (...) e pregandone a far le nostre

raccomandatio[ni] alla S.^{ra} nona, ed alla S.^{ra} zia e frateli e sorelle.   Di Parigi li 10 gienaro 1618.
Di V. S. Illma

Ubb.^{mi} figli e ser.^{ri}
Cornelio Bentivoglio Annibal Bentivoglio
Famago[s]ta l'antica

(p.s.:) Jacamo fa riverenza a V. S. Illma

582. Ippolito Bentivoglio da Modena a EB, Ferrara 24.I.1618
   AB, 105, c.402

Illmo Sig.^{re} mio Oss.^{mo}

Io fui a Venetia tanti anni sono, e trattai il medemo negocio della nobiltà della quale ora V. S. Illma mi scrive; e saprà che si fecero le prove, e restavi alcuna cosa da tirar a fine il negotio, il quale s'era tramesso per altri affari (...) e non sono molti giorni che scrissi da Gualtiero al Sig.^{re} Oratio Magnanini, che fu meco a Vinetia ed haveva la cura delle scritture, per haver luci se fussero ritornate nell'archivio o lasciate al Sig.^r Conte del Zaffo per ritorna[re] il negotio in piedi; però io direi già che fu da me mosso, e come più vecchio della casa, fusse bene ch'io lo conducessi al porto (...) Ho fatto parlare a Ms.^{re} Vincenzo, cuoco di S. A., della stanza che V. S. Illma mi scrive, il quale dice esser ora dell'A. S. per una permuta che gli fece qui d'un altro luoco, a tal che conviene trattare col Sig.^r Conte Giusdoni. Bacio a V. S. Illma le mani.   Di Mod.^a il dì 24 gennaro 1618
Di V. S. Illma

Amorev.^{mo} fratello e ser.^{re}
Hippolito Bentivoglio

* Si tratta del processo di nobiltà affidato alla corte veneziana. Per la "stanza" potrebbe trattarsi della proposta di utilizzare come teatro un'altra sede di proprietà del duca di Modena a Ferrara, come già il granaio di S. Lorenzo utilizzato dagli Intrepidi.*

583. Giovanni Bentivoglio da Modena a EB, Ferrara 9.II.1618
   AB, 106, c.156

(...) Sarà capitato il Montecatino e l'Impolita, doppo havere scritto V. S. Illma la sua di 6 stante e da loro [avrà] inteso l'aparecc[h]io che si fa qua per la giostra; e aspetto lei, la Sig.^{ra} Caterina e Sig.^{ra} Marchesa, havendo recuperata la sanità per quanto mi viene certificato, assicurandomi che in questa staggione V. S. Illma non possa havere occupatione che mi privi il goderla e servire: l'attenderò dunque a suo comodo, senza scusa (...) Ho fatto l'offitio con il Ser.^{mo} Prencipe [Luigi d'Este] che V. S. Illma mi comanda, e li bacia le mani sicome faccio io (...)

584. Flaminio Gnoli da Ferrara a (EB, Ferrara) 13.II.1618
   AB, 106, c.206

(...) Non mancarò, in conformità del comando, star in pratica del R.^{do} per la mansionaria vacante di Gualtieri, quale sii pratico in musica. E di quanto socedermi, darò raguaglio a S. E. Strepitano un pocco gli creditori e mi convene entrar in un poco di escandescentia con uno degli heredi di Perdaglione, quale essendo pocco su la strada della parsimonia, ed havendo havuti mandati per banco e gli denari del banco, si era fato animoso a voler negare le partite di banco (...)
* A margine annotazioni di pugno di EB in preparazione di una risposta.*

585. Giovanni Bentivoglio da Modena a EB, Ferrara 16.II.1618
      AB, 106, c.254

(...) Gionsero hieri sera il Montecatini e l'Inpolita, privi di servire V. S. Illma nel venire qua, a favorirmi ed honorare la festa nostra in questa occasione della giostra, dolendomi della fortuna contraria che
me lo vieta, ed indispositione della Sig.^{ra} Marchesa, quale sperava fosse affatto liberato della sua infir-
mità. Sarò ad ogni comodo di V. S. Illma prontissimo a ricevere e suoi comandi, ed affettuosamente li
baccio le mani,   Mod.^a 16 feb.^o 1618
Di V. S. Ill.^a

                                                                      aff.^{mo} cug.^{no} e ser.^{re}
                                                                      Giovanni Bentivoglio

(p.s.:) Non potendo venire V. S. Illma a favorirmi, mi facci gratia operare che il Sig.^r Conte [Martinen-
go] suo cognato lo facci per la domenica di carnovale che si farà la giostra

586. Giovanni Bentivoglio da Modena alla Marchesa (Isabella) Bentivoglio, Ferrara
      16.II.1618
      AB, 106, c.258

(...) Dalla cortesissima lettera di V. S. Illma, e dalla viva voce dell'Ippolita e Montecatino, intendo il
martello che ella riceve di non essersi concesso che questo poco carnovale la possa servire qua, insieme
con la Sig.^{ra} Caterina. Del tutto me dolgo infinitamente della mia poca fortuna che me lo vieta (...)
ringrantiando V. S. Illma infinitamente delli favori ed honori fatti all'Ippolita e Montecatino, quali
humilmente li fanno riverenza (...)

587. Gioseffo Mastellari da Bologna a (EB, Ferrara?) 20.II.1618
      AB, 106, c.345

                                    Illmo Sig.^r mio Padron Coll.^{mo}
Hebbi la lettera di V. S. Illma in proposito della differenza che passa tra Ms. Pier Franc.^o Battistella ed
il R.^{do} Don Hippolito Petruzi, sopra che non ho potuto, come desidero, operare per l'accomodamento
tra d[etti] nominati, per essere sempre stato qua a Bologna per diversi miei affari. Spero esser in breve
alla Pieve [di Cento], ove non mancarò ad oprarmi perché segua l'officio che desidera detto Ms.Pier
Franc.^o acciò conosca qual e quanto sia l'animo mio che venga compiaciuto; e tanto farò per servir a V.
S. Illma, alla qual devo per verità d'haver fatto vendita di tutti i miei formenti (...)

588. Flaminio Gnoli da Ferrara a (EB, Roma?) 26.II.1618
      AB, 106, c.442

(...) Conforme al comando di S. E. son stato in pratica per un R.^{do}, quale sii perito in musica, per la
mansionaria; e mi vien proposto un Don Piero Gambasi da Urbino: quale canta un tenore ed un basso,
e canta alla Compagnia della Morte; e con quale ho tratato, e mi ha adimandato se, oltre gli sessanta
scudi, dovrà haver la casa ancora, parendogli pocca entrata. Ed inoltre mi ha ricercato del obligo che
deve havere, per poter risolvere se gli desse conto per tratar la casa, ed accasarsi altrove. Del che essendo
avisato, procurerò quello serà di gusto di S. E. (...)
* A margine compare di pugno l'annotazione del Marchese per la risposta.

589. Pier Francesco Battistelli dalla Pieve (di Cento) a (EB, Roma?) 3.III.1618
      AB, 107, c.45

                                    Illmo Sig.^{or}
Credo che il fattore del Bentivolio abia scrito a V. S. Illma sì come io fui al Bentivolio per assagiare la

cavata fata, ma per la neve non si pose assagiare ed anco non erra cavata tutta a livello; hora mi‹e› viene detto dal detto fattore, il quale va a Cento, che con ocasione di pasare per le piene, mi ha detto che vada al Bentivolio per palinare e far mettere la terra, dove di già si era stabilito innanci la partenza sua per Roma: desiderarei che V. S. Illma mi facese gracia che fose finita la litte con il dottor Landrei, in aciò innanci la partenza pottesi far lo istromento, che per essere il tempo di seminar qualche morcadelo. Io ho inteso che Ms. Gasparo murator è morto: però bisogna che V. S. Illma proveda di murator, e ad ocasione che non ne pilia a Ferrara, credo che io ne troverà qui in questi posti o Cento o alle Pieve, aciò mentre starà a Roma si posa far qualche cosa. Il negocio della mia casa, per essere la suplica segnata a piacimento, credo che non si concluderà. Ma però ho dimandato la suplica che non è di dovere che lui se ne serva: però, ad ocasione che fose dimandata a V. S. Illma, la prego a non concederla se il contrato non va innanci. Non altro: starò aspetando li comandi suoi, humilmenti basi[a]ndoli le mani [e] pregando Dio li prosperi ogni contento   di la Pieve li 3 marzo 1618. Di V. S. Illma

                                                                    Fideliss.^o ser.^tor
                                                                    Pier Fran.^co Battisteli

* *Ed. Bagni,1984, doc.12, p.290.*

590. Pietro Paolo Melli da Vienna a EB, Ferrara 7.III.1618
      AB, 107, c.208

                         Illmo e Ecc.^mo Sig.^r mio Sig.^re e Patron Col.^mo
Dapoi averli augurato a V. E. Illma le felicissime feste ed il felicissimo cappo d'anno, che sin a ora non ne ho auto risposta, non ho mai scrito altra mia, e questo per non avere auto cosa degna di V.E.: ora con l'ocasione che si m'apresenta, li dò nova come sono quatro giorni che qui si ritrova la Maestà del Re Ferdinando, quale aspeta il Serenisimo Masimigliano; che giunto sarà, di compagnia andarano a Posonia, che serà alli venti del corente, per incoronarsi Re d'Ongaria. Volendo gli ongari, non per qualsivoglia scritura, ma di bona propria, sentire la renoncia di Masimiliano in la persona di Ferdinando, andarano aconpagnati da le lor Corte, con guardia di cinquecento cavali, e milia moschetieri, che dicono serano queli del Colonelo Stendri. (…)

591. (Ippolito Bentivoglio) da Modena a Domenico Maria Melli Gualtieri 9.III.1618
      AB, 107, c.290

                             Molto Mag.^co nostro Car.^mo.
Il Sig.^or Conte Francesco [Torelli] ci raguaglia, dolendosi del termine che gli usate in andar alla palazzina con i birri per far pigliar un, in quel punto che si dovea far la comedia: però ci avisarete la causa che vi mosse in andar in quel istante a far tal fatto. N. S. vi guardi di male.
Di Mod.^a il dì 9 marzo 1618
* *La lettera non reca la firma, trattandosi di una minuta.*

592. Cornelio Bentivoglio da Parigi a EB e Caterina Martinengo Bentivoglio, Ferrara
      20.III.1618
      FOc, Piancastelli, Autografi: Bentivoglio (prov.AB)

                                 Sig. Padre
Ho ricevuto una lettera di V. S. Illma dei 25 del passato, la quale m'è stat[a] gratissima per intender il suo bene stare con quello della S.^ra nona, S.^ri fratteli e SS.^re sorelle. L'istesso segue di noi altri. Quanto al cavalcare, io seguito alegramente ed ho fatto una grande amicitia con quelli scolari inglesi ed allemani e francesi, che sono gentilhuomini garbati. Io seguito ancora ad imparare la lingua alemana e lattina con tutti i soliti essercitii. Ringratio V. S. Illma dei venticinque scudi che ci va mandando con ogni ordinario, ma questa moneta non corre qui in Parigi. E per fine fò humilissima riverenza   di Parigi li 20 di marzo 1618

Di V. S. Illma

Ubb.^{mo} figlio e ser.^{re}
Cornelio Bentivoglio

(p.s.:) Iacamo fa umilissima riverenza a V. S. Illma

S.^{ra} Madre

Ringratio V. S. Illma della sua amorevolissima lettera e della memoria che ha di me. Sento grandissimo piacere ch'ella godi buona salute, io ancora sto benissimo Dio gratia. V. S. Illma se l'è passata allegramente questo carnevale in andare a comedie, ed io me ne son stato faciendo i miei ordinarii essercitii ed attendendo ad imparare le virtù. Il Sr Annibale non mi lascia mai stare in pace, e scrivendo questa lettera m'ha fatto mille dispetti. V. S. Illma gli faccia una buona sbravata. E per fine le fò riverenza humilissima.   di Parigi li 20 di marzo 1618
Di V. S. Illma

Ubb.^{mo} figliolo e ser.^{re}
Cornelio Bentivoglio

(p.s.:) Iacamo fa umilissima riverenza a V. S. Illma

593. Alfonso Pozzo da Parma a EB (Ferrara) 6.IV.1618
        AB, 108, c.116

(Invia auguri per la prossima Pasqua)
* *Ed. Ciancarelli, doc. 14, p.167.*

594. Gioseffo Mastellari dalla Pieve (di Cento) a EB, Ferrara 14.IV.1618
        AB, 108, c.320

* *Ed. Bagni 1984, doc.13, p.291.*

595. Ranuccio Farnese Duca di Parma a EB (Gualtieri) 16.IV.1618
        AB, 56, c.397

(Invia due carrozze a Gualtieri per condurre Enzo Bentivoglio a Parma)
* *Ed. Ciancarelli, doc.15, p.168.*

596. EB da Gualtieri a Ippolito Bentivoglio, Modena 18.IV.1618
        AB, 108, c.530

(…) Il Sr Duca di Parma questo carnevale, con occasione del Boldrino ferarese, suo fiscale, mostrò gusto che li prestasi le mie done per una festa che preparava nel suo salone; ora ha mostrato desiderio ch'io vadi a Parma per sentir il mio parere per la detta festa e per la provisione di quanto desidera fare in detta sala. Io l'ho abraciata volontieri l'occasione per servir detto Prencipe (…)
* *Ed.Ciancarelli, doc.16, p.169 (con lievi differenze di trascrizione).*

597. EB da Parma a Isabella Bentivoglio, Modena 20.IV.1618
        AB, 108, c.472

(Annuncia il suo arrivo a Parma con buona salute)
* *Ed.Ciancarelli, doc.17, p.170.*

598. EB da Parma a Ippolito Bentivoglio, Modena 20.IV.1618
   AB, 108, c.485

(Informa del campo aperto da lui allestito per il Duca di Parma)

599. EB da Parma a Ippolito Bentivoglio, Modena 22.IV.1618
   AB, 108, c.442

(Informa del campo aperto, di cui ha già avvisato il fratello l'ordinario precedente e gli chiede l'armatura per poter far provare il mantenitore Don Ottavio Farnese.)
* *Ed. Ciancarelli, doc.18, p.171*

600. Luigi Zerbinati da Montevecchio a EB, Parma 24.IV.1618
   AB, 108, c.402

(Ha inteso della festa e dell'intenzione del Duca di Parma di farlo entrare ai suoi servizi e ne ringrazia il Marchese, chiedendo di essere avvisato per tempo dei suoi incarichi per poter procurare i materiali necessari)
* *Ed. Ciancarelli, doc.19, p.172.*

601. Gioseffo Mastellari dalla Pieve (di Cento) a (EB, Parma?) 24.IV.1618
   AB, 108, c.320

(...) Dala lettera di V. S. Illma ho veduto quanto mi comanda per servitio di Ms. Pier Francesco [Battistelli], per il debito che tiene con la Sig.^ra Veronica Mastellari che, se bene ho trovato durezza a disponere l'aspetarlo di tal <tal> pagamento, niente di meno m'è stato concesso un mese di tempo. E tenirò sempre mano alle cose de detto Ms. Pier Francesco, per servire a V. S. Illma, alla quale tanto devo (...)

602. EB da Parma a Caterina Martinengo Bentivoglio, Ferrara 25.IV.1618
   Vas, Raccolta Stefani, 4, Autografi: Bentivoglio Enzo (proveniente da AB)

(...) anch'io sto bene, onorato e stimato tanto da questa S.^ma A. e da tutta la Corte quanto imaginarsi si possa già mai. Fra pochi giorni anch'io sarò a casa, seben poi non passarà molto, che mi converrà tornar qui, per dar compimento all'opre incominciate (...)

603. Federico Savelli da Ferrara a EB, Parma 26.IV.1618
   AB, 108, c.376

(...) Io previddi che V. S. Illma si sarebbe trattenuta costà più di quello ch'ella s'imaginava, perché mi son sempre persuaso che l'opera avesse bisogno di lungo tempo, onde prestando il suo servizio in occasione simile ed a personaggio tanto qualificato e Principe, a cui io medesimo servirei volontieri, deve starsene alegramente sicura di acquistarne molta lode (...)
(p.s.:) (...) ed a servire di spettatore all'opera, la quale mi persuado d'adesso la più bella e compita che si sia fatta (...)
* *Ed. Ciancarelli, doc.20, p.173-4.*

604. Francesco Saracini da Ferrara a EB, Parma 27.IV.1618
   AB, 108, c.556

(...) Sono ormai così informato della natura di V. S. Illma, che ben sapevo io che otto giorni erano poco spazio per il ritorno suo, e mi persuado che se codesto Ser.^mo sarà involiato di vedere tosto il fine dell'incominciata fabbrica, ch'ella al sicuro prevenirà il pensiero dell'A. Ser.^ma. (...) il giorno di Santo

Giorgio si fece una quintanata alla Montagna, ed erano 12 i cavallieri, fra i quali il Signor Bono, novello corridore, se ne portò ambo li pregi; e nella folla che si quadrupplicò, ruppe quasi sempre in testa; il palio di Santo Marco se lo portò il Barbero di Verona, che furono braccia 40 di teletta d'oro (…)
* *Ed. Ciancarelli, doc.21, p.175.*

605. Ippolito Bentivoglio da Modena a EB, Parma 29.IV.1618
   AB, 108, c.504

(Si compiace della chiamata a Parma del fratello Enzo e tratta del matrimonio della loro sorella Ginevra)
* *Ed. Ciancarelli, doc.22, p.176.*

606. EB da Parma a Ippolito Bentivoglio, Modena 30.IV.1618
   AB, 108, c.628

(Tratta dell'esito di suoi grani) (…)
(c.628v p.s.:) qui sono onoratissimo da S. A. e da tutta la Corte. Io spero di far fare a S. A. la più bella festa che mai sia statta fatta in Europa.
* *Ed. Ciancarelli, doc.23, p.177. Cfr. la frase analoga di Federico Savelli del 26.IV.1618.*

607. Ippolito Bentivoglio da Modena a EB, Parma I.V.1618
   AB, 109, c.22

(…) Quanto all'essere così onorato da cotesta Altezza e da tutti, ne sono sicurissimo, conoscendo la benignità del Prencipe, ed anche i meriti di Lei, e sento gusto che si prepari così sontuosa festa, come mi tocca (…)

608. Fabio Pepoli da Bologna a EB, Ferrara 2.V.1618
   AB, 109, c.44

(…) Ricevei la lettera di V. E. mentre m'incaminavo per Loreto (…) ed in risposta di quella le dico che quel Domenichino non si ritrova in Bologna. Il Reni si è scusato di essere occupatissimo (nondimeno, quando se gli offerisse paga a suo modo, tengo che servirebele: la quale non pretende manco di mille e cinquecento o dua milla scudi). Vi è un altro pittore quale è forsi buono quanto loro<n>, che è il Carrachia: questo mi ha detto che non puole promettere d'attendere a quest'opera prima che fia sei mesi, e quando noi ci contentiamo d'aspetarli all'hora tratterà del prezzo e manderà li disegni, quali io inviarò a V. E. Insomma quel Reni è carissimo nelle sue opere: in quadri di minor grandezza e fattura ha voluto mille e cinquecento scudi. Io penso partire venerdi o sabbato per il Polesine; se V. E. mi vorrà commandar altro in tal proposito, possa farmi avisare che, se bene sarò absente, tratterò il negotio con buoni mezzi e con diligenza (…): a mi par a proposito, per servire V. E., il Carachia (…)
* *Importante elenco dei principali pittori di Bologna, con tariffe e abitudini; il Carracci è Ludovico nominato in lettere successive, gli altri sono Guido Reni (1575-1642) e Domenico Zampieri "il Domenichino" (1581-1641).*

609. Pietro Paolo Melli da Vienna a EB, Ferrara 5.V.1618
   AB, 109, c.12

(…) Seguitando in servire a Vostra Eccellenza Illustrissima, in darli parte di quelo segue alla giornata in questa Cesaria Corte, per il gusto che intendo per la sua delli 30 di marzo, non manco con questa mia (…)
* *Ed. Torelli 1984, p.36 (solo notizie politiche).*

610. Alfonso Pozzo da Parma a EB (Ferrara?) 9.V.1618
      AB, 109, c.212

(…) Non mando per la stessa ragione i versi della Discordia, ed anco perché V. S. Illma li veggia prima
che vadano nelle mani del musico, a fin che, se vi sarà cosa che meno che gli piaccia, li possa correggere.
Nel teatro si lavora di legname, di muro e di pittura, non dirò lentamente, perché ogni dì vedo alcuna
cosa di nuovo, ma dirò non molto presto (…)
* *Ed. Ciancarelli, doc.25, p.180.*

611. Alfonso Pozzo da Parma a EB (Ferrara) 15.V.1618
      PAas, Belle Arti, b.52

(Tutto procede a rilento, il campo aperto è rimasto chiuso in attesa del ritorno del Marchese. Seguono,
nell'importante post scriptum, indicazioni dettagliate sul procedere dei lavori nel teatro, con indicazione dei compiti affidati ai singoli pittori e particolari sulla struttura.)
* *Ed.Lavin, n.37, p.149-50; Ciancarelli, doc.26, p.181-183.*

612. Ippolito Bentivoglio da Modena al Podestà di Gualtieri (Domenico Maria Melli)
      16.V.1618
      AB, 109, c.414

(…) Della causa del tamburino, poiché non s'attende alla pena afflitine, potrete lasciarlo ritornar a
casa, che quanto alla peconiaria, noi risolveremo quello li parrà bene di fare (…)
* *Si riferisce ad una vicenda riassunta in una precedente lettera del 6.IX.1617 di Alfonso Cavessi da Montec-*
chio a (Ippolito Bentivoglio?) AB, 97, c.93: "(…) Il tamburo gienerallo per suo debitti si è ritiratto a
Bersello al servizio del Colonnello Manento, e mi ha fatto portare il tamburo, e mi ha ricercatto una
letra de ritira al suddetto Sr Colonnello per suo servizio (…)".

613. Alfonso Andreasi da Ferrara a (EB, Parma) 22.V.1618
      AB, 109, c.611

(…) Confidatime nella solita be[ni]gnità di V. S. Illma ho preso ardire de pregarlo di una grazia: essendo che il R.^do p.^re Predicatore D. Pietro Maria Freggieri da Ferrara Domenicano, essendo di passaggio a
Parma, non havendo hautto comodittà di raggionare con V. S. Illma havanti partisse da Ferrara, desideroso d'una grazia apreso questa Altezza Ser.^ma col mezo della hautorità sua, lasiò un memoriale nelle
mani di Ms. Giovanandrea Giraldoni pitore, aciò lo dovese dare a V. S. Illma e più hora non ha mai
sentito cosa alcuna di quello sia succeso: e si tien per fermo non l'habbia datto a lei (…)

614. Girolamo Fioretti da Roma a EB (Parma) 24.V.1618
      AB, 109, c.654

(…) Quanto al particolare de musici, le dirò brevemente che qui in Roma pochi ve ne (c.654v) sono di
habilità proporzionata al bisogno del Ser.^mo di Parma: tuttavia i più a proposito saranno per soprani i
seguenti: il Sig.^r Francesco Severo musico di cappella [Sistina] e ser.^re attuale del Sr Card.le Borghese
Padrone [e] il Sig.^r Lorenzo Marrobino [Mancini] musico di cappella [Sistina] similmente, e che ha
voce gagliardissima: ambidue sono castrati. Per contralti: il Sr Ferdinando musico di cappella, che se
bene ha un solo braccio, tuttavia ne tiene uno di ferro con che opera, che non si conosce il suo difetto
in molte azioni, e sarebbe ottimo perché ha voce gagliardissima ed ingegno. D. Pietro Antonio Bolognese musico del Sr Card. Montalto, ed è quegli, che servì a V. S. Illma nel torneo per Mercurio. Per
tenore Sr Gio. Domenico Puliaschi musico di N. S.^re e ser.^re attuale del Sr Card.^le Padrone: (c.655)
egli canta ancora in baritono mirabilmente.
Di tenori che habbiano voci gagliarde ve ne sono, ma non potrieno haver grazia a servire nello stile

recitativo come li suddetti. Per basso ci è uno detto Sr Gio. Parino musico di N. S.^{re}, che ha voce gagliardissima. Morì Melchiorre, che per recitare in scena era esquisitissimo. Non propongo a V. S. Illma la Sig.^{ra} Ippolita [Marotta] né Cleria di Camilluccia, perché lo stimo uno sproposito. Le dico bene che se mi avvenirà che personaggi habbia S. A. S.^{ma} bisogno di far rappresentare, io vedrò di trovar o per meglio dire di proporre qualch'un altro conforme al bisogno. Sebene qui in Roma l'Illmo Sr Card.^{le} Farnese ad un suo cenno havrà persone, che troppo meglio di me sapranno dare questa informazione, la quale ho scritta a V. S. Illma più per ubbidirla, che per credenza ch'io habbia, ch'ella possa restarne (c.655v) soddisfatta, perché ben conosco la mia inhabilità in tutte le cose, ma particolarmente in queste di musica, com'è ben persuaso a cotesti SS.^{ri} musici di Ferrara (…)

* *Ed.Ciancarelli, doc.27, p.184-85 (ma con divergenze di trascrizione); cfr. Hill, Montalto, p. 354 (con identificazione dei cantanti elencati).*

615. Ludovico Carracci da casa (Bologna) a (Ippolito Bentivoglio, Modena?) 26.V.1618
AB, 441, c.874

(…) La inventione, che V. S. Illma s'è compiacciuta di mandarmi, per la storia della Vergine Assunta, è veramente nobile e copiosa, e ricchiede particolarissimo studio, ed in somma è di mio particolarissimo gusto; massimamente essendo misterio di N.^{ra} Sig.^{ra}, al quale porto singolar divotione. Una sol cosa desiderarei per intiero dell'arte ed è, overo che la tavola fosse maggiore di grandezza, o le figure minori di numero; perché, essendoci nel più eminente luogo espresso il Padre eterno in gloria, nel mezano il Figlio che accompagna ed inalza la Vergine trionfante, nel infimo il Senato Apostolico, in atti di mera-viglia di divotione ed estasi, l'ultime e più grandi figure non saranno di maggior altezza d'un braccio di Modona. Tuttavia sarà parte mia di superare questa ed ogn'altra difficoltà collo studio, che le prometto quanto più essato può l'arte, l'essercitio di tant'anni, e ricchiede il nome, qualsisia, con tanti sudori acquistato. Ed in particolare per la mia divotione verso l'Illma sua persona, (c.n.n.Iv) e nobilissima casa, alla quale mi sarà gratia singolare il potere in qualunque occasione servire. Resta il prezzo solo, alla espressione del quale io soglio di rado venire, massimamente con padroni di tanto merito: ma perché ella me ne sforza, le dico che tutto quello che si detraesse da settecento scudi per opera dello studio e fatica che ricchiede questa, sarebbe tolto ad un prezzo molto ragionevole, e perciò in settecento scudi terminarei la ricompensa dell'opera, ma non dell'affetto mio devoto verso di lei, il quale non ricerca altra mercede, che la sua buona grazia, della quale humilmente la supplico e le auguro dall'Altissimo anni lunghi e felici, con ogni accrescimento di vera gloria. Di casa alli 26 di maggio 1618
D. V. S. Illma

devotiss.^o ed humiliss.^o se.^{re}
Lodovico Carrazzi

* *Ed. Fioravanti Baraldi 1987, pp.161 e 167 (dov'è ricostruito l'episodio della committenza della Nunziata poi assegnata allo Scarsellino) e G.Perini, Gli scritti dei Carracci, Bologna, Nuova Alfa 1990, n. 32, p. 142. In una precedente lettera a Bartolomeo Dolcini da Bologna del 27.III.1599 Ludovico Carracci ricorda "(…) io accettai subito dal Signor Falserio in nome dell'Illustrissimo Signor Conte Ercole Bentivoglio lire sedici di moneta (…)" ma si tratta del ramo bolognese della famiglia (Perini, n.3, p.106).*

616. Fabio Pepoli da Bologna a (EB) 26.V.1618
AB, 109, c.728

Illmo ed Ecc.^{mo} S.^r mio S.^{re} Oss.^{mo}

Il Carachia mi ha promesso far un disegno o due dell'ancona [=icona] che V. E. addimanda, il che servi più tosto per schizzo che perché si veda il suo valore, essendo che dice che stimarebbe l'istesso che far proprio l'opera, se ivi si havesse da far giuditio di lui. Del resto V. E. vedrà nell'inclusa quando sente, e perché io sono necessitato hoggi partire per Venetia, ho informato D. Sinibaldo Blondo, Rettore del Collegio de' Nobili, mio intrinseco, quale traterà il negotio con davantaggio, quando da V. E. le sia commandato che si seguiti, e le farà haver il disegno. Né essendo questa per altro, per fine a V. E. facio

riverenza. Di Bologna li 26 maggio 1618
Di V. E.

Se.^{re} obl.^{mo} e fid.^{mo}
Fabio Pepoli

617. Sinibaldo Blondo da Bologna a (EB, Ferrara?) 27.V.1618
AB, 440 (Lettere di diversi 1470-1835)

(…) L'Illmo Sr Marchese Fabio Pepoli s'è compiaciuto d'honorarmi con comandarmi che le qui congiunte lettere invii a V. E., come faccio con quel gusto particolare e maggiore che possi havere (…) starò perciò attendendo, se V. E. mi comanderà che continui a trattare con il Sr Carachia pittore, conforme l'informacione havuta dal Sr Marchese Fabio, o secondo si degnarà accennarmi V. E.; che se potrà rissolversi, e dalla volontà sua, e dall'avisi che sopra ciò ne son dati. Con che fine non occorendomi altro (…)

618. Alfonso Pozzo da Parma a EB, Ferrara I.VI.1618
PAas, Belle Arti, busta 52

(…) Si desiderarebbe inoltre che V. S. Illma fingesse che la compagnia di Flavio e Scapino l'abbia pregata a volergli fare avere licenza da S. A. Ser.^{ma} di venire a recitare a Parma, partiti che sieno da Genova; e questo perch'essi vorrebbono venire; e S. E. [Don Ottavio Farnese] li desidera, ma non giudica bene in questo tempo dimandar egli tal licenza a S. A.; e si è pensato che V. S. Illma possa dimandar questa grazia, che senz'altro otterrà, e scrivendo invii a me la lettera (…)

(p.s.:) (…) concludo con raccomandarmi al mio mastro Gian, che vicino a Lucres, non vorrei mò che avesse in culo gli amici che son lontani (…)
* *Ed. Lavin, n.38, p.150-151; Ciancarelli, doc.28, pp.186-87.*

619. Alessandro Guarini da Mantova a EB, Ferrara 1.VI.1618
Ab, 378, c. 127

Illmo ed Ecc.^{mo} Sig.^r mio Sig.^r e Padrone Sing.^{mo}
Essendo piaciuto al Sig.^r Duca di Mantova di colmar tanti altri favori, che dall'uscita mia della patria, fin a quest'hora, l'A. S. si è degnata di farmi col reternermi al suo servizio, e dechiararmi gentilhuomo della sua camera, con honorevolissima, e straordinaria provisione; io per non mancar al debito dell'antica mia servitù con V. Ecc.^{za}, vengo con la presente a darlene parte, supplicandola a voler gradire benignamente questo mio debito ufficio, e riconoscer in esso il conoscimento, che tengo io dell'infinita obligazione, ch'io debbo alla singolare benignità, con cui l'Ecc.^{za} V. si è degnata sempre di favorirmi. E se in questa città, o in questa Corte, la mia fortuna mi renderà mai atto a servirla, metterò a conto di nuova e singolarissima grazia, ch'ella me ne porga occasione col favore de' suoi comandi. E col rassegnarmi a V. E. in questo ed in ogni altro luogo, dove il servizio del padrone mi porti, quel devotissimo servitore che le son sempre stato, e le sarò fin ch'io viva, qui col fine della presente, le bacio con ogni reverenza la mano, e le auguro dal Sig.^r Dio ogni desiderata prosperità. Di Mant.^a il p.^o de giugno 1618.
Di V. Ecc.^a

Humiliss.^o ed obligatiss.^o ser.^{re}
Aless.^o Guarini

620. Alfonso Pozzo da Parma a EB, Fe 5.VI.1618
AB, 441, fasc.XII (lettere a EB 1606-1637), c.429

Illmo mio St Oss.^{mo}
Ecco a V. S. Illma i versi di tutta la prima mutazione di scena: ed eccoli non perché sieno degni d'essere

veduti, ma perché V. S. Illma merita d'essere servita. Attenderò all'altre di mano in mano, desiderando intanto che o più dotta penna ammendi questi, o la prudenza di V. S. Illma insegni a me di correggerli. Dimattina s'intraprenderà il lavoro lasciato queste feste, a cui attenderò con quella sollecitudine che mi ha imparato l'essempio suo; e perché la prima composizione che farò sarà di Marte che ragiona con Vulcano, non voglio lasciar di metterle in considerazione che grandemente dubito che la nuvola che si fa di Marte non sia per impedir all'uno la vista dell'altro; poiché se Marte sarà volto in faccia al popolo, come vedrà Vulcano, che colla fucina gli sorgerà d'addietro? Supplico V. S. Illma pensarvi, ed <arri> (c.429v) arrivare, colla prudenza sua, a quello che così bene io non dichiaro colla penna. Il Sr D. Ottavio [Farnese] le bacia affettuosamente le mani, e da tutte l'ore si ricorda di V. S. Illma in modo che, se bene ell'è appena partita, già dimanda quando sarà il ritorno: gran simpatia è questa. Il Sr D. Francesco e il Sr Camillo Balestreri se le ricordano servitori. Ma che occorre recitar le letanie? Ogn'uno parla del Sr Enzo. Io poi, a cui più vantaggiata parte è toccata della gentilissima conversazione di V. S. Illma, pensi ella qual mi ritrovi. Ma per non dar in scritto nel vizio di Ms. Gio. Andrea Gherardone in voce, col baciare a V. S. Illma affettuosamente quanto posso le mani, me le ricordo servitore e prego ogni contentezza.   Parma gli 5 di giugno 1618
Di V. S. Illma

                                                            Devotiss.^mo S.^re di tutto core
                                                                                    Alfonso Pozzo

(p.s.:) Al S.^r Co. Ghirardo bacio le mani, ed al mio Ms. Gian un affettuoso saluto.

621. Bartolomeo Basso da Firenze a EB, Ferrara 12.VI.1618
     AB, 110, c.241

(...) Il Serenissimo Gran Duca si trasferì domenica passata alla villa di Castello, dove fu grandissimo concorso d'ogni sorte di persone a sentir recitar una comedia, ed a vedere far balli e giuochi (...)
* *Ed.Ciancarelli, doc.29, p.188.*

622. (Ippolito Bentivoglio?) da Ferrara, minute di lettere a Flaminio Gnoli e allo Scar-
     sellino s.d.(1618)
     AB, 110, c.306

                                    Al Sr D. Gnoli
Il disegno mandato dal Scarsellino non dispiace, e tanto più che mi scrisse che migliorarà il quadro, il quale ho risoluto che lo facci lui sperando che v'usarà ogni diligenza; però V. S. trattarà seco del prezzo vantagiandosi più che si può, e prima concluda, avisi a chi segno sarano. E la congionta è per risposta della sua.

                                    Al Scarsellino
Ho ricevuto il disegno dell'ancona [=icona] che V. S. m'ha inviato e, stante quello che mi tocca di migliore in pittura, io mi sono risoluto che lei facci l'ancona, sperando che v'usarà tutta la diligenza possibili per dare sodisfatione; e però scrivo al D. Gnoli che tratti del prezzo. E l'avertimento di fare la gloria assai eminente, acciò li figure da basso venghino più grandi, lo trovo bene
* *Ed. Fioravanti Baraldi 1987, pp.161 e 167.*

623. Alfonso Pozzo da Parma a EB, Ferrara 14.VI.1618
     AB, 110, c.317

                                    Illmo mio Sr Oss.^mo
È così gran carestia quest'anno di lettere di V.S. Illma che qualsivoglia abbondanza poco mi può giovare: e pure attendea che m'accusasse la ricevuta di quattro mie, che dallo stesso giorno ch'ella partì ho più volte scritto a V. S. Illma, col mandarle anco tutti i versi della prima mutazione di scena. Piaccia a Dio benedetto che ogn'altra cagione habbi questo silenzio, che infermità di corpo, o travaglio d'animo, come

qui si va discorrendo, e che io più particolarmente non nomino, per non inorridir la penna con quello che abborrisce il core. In ogni caso V. S. Illma non si dimentichi della divozione mia che, come nata dal merito suo, è parte di lei stessa, e se fra più gravi negozii ne ha loco un poco di tregua, mi onori de suoi commandi. E le bacio le mani, augurandole ogni maggior bene.   Parma li 14 di giugno 1618
Di V. S. Illma

Devot.^mo s.^re di tutto core
Alfonso Pozzo

624. Alfonso Pozzo da Parma a EB, Ferrara 25.VI.1618
AB, 110, c.585

(Riassume la situazione dei lavori al teatro, con un cenno a Pier Francesco Battistelli che ha chiesto di tornare 8 giorni a casa e altri particolari sulla struttura)
* Ed. Ciancarelli, doc.30, p.189-191.

625. Pier Francesco Battistelli da Parma a EB, Ferrara 25.VI.1618
AB, 110, c.589

Illmo mio Sig.^r

Per la absencia di V. S. Illma non poso impetrar gracia di venir a dar una volta a casa per acomodar certi mei negoci, dove de nuovo [chiedo] a V. S. Illma che mi volia favorir di scriver al Sig.^r Bastiano Cavaliero a Cento, che volia parlare con Ms. Giacomo Bergami mastro da legname suo vicino, il quale lo imformerà di quanto deve fare in mio servicio di tratenere sino alla mia venuta a casa. Del che prego V. S. Illma a non mancar di questo che insieme la inclusa a Cento, essendoli obligatissimo [e] desiderando la venuta di V. S. Illma, quale è tanto desiderata. Non mi stenderò in nararli come pasa il lavoro del teatro, che credo che dal Sig.^r Conte Alfonso Pozzi aviso ne abia; però sino hora pasano apreso di bene. Non ho mandato il disegno della calata che si farà dalla sena nel teatro, per essere molto dificile a intendere, dove che ne ho fatto un modelo che, alla venuta di V. S. Illma, si risolverà. Non altro; li basio riverente le mani, pregando Idio li prosperi ogni contento   di Parma li 25 giugno 1618
Di V. S. Illma

fideli.^o servitor
Pier Franc.^o Battisteli

626. Alfonso Pozzo da Parma a EB, Ferrara 29.VI.1618
AB, 110, c.641

(Sollecita il ritorno del Marchese a Parma, lo informa dell'arrivo dell'armatura per Don Ottavio Farnese e invia i versi della seconda mutazione di scena, fatti in fretta)
* Ed. Ciancarelli, doc.31, p.192.

627. Alfonso Pozzo da Parma a EB, Ferrara 6.VII.1618
AB, 111, c.44

(…) Sia la ben ritornata V. S. Illma da Vinezia, da dove mi giova di credere che sia venuta e con buona salute, e con buona spedizione de suoi negozii (…) Qui teniamo gran bisogno di V. S. Ill.ma, per rissoluzione di molte cose che S. A. lascia pendenti sino al ritorno suo (…)
* Ed.Ciancarelli, doc.32, p.193.

628. EB da Ferrara a Ranuccio Farnese Duca di Parma 8.VII.1618
PAas, Epistolario scelto, b.24

(…) La somma benignità che provo in V. A., mi da ardire di suplicarla che, dovendo la Signora Cateri-

na mia moglie in breve partorire, voglia dignarsi d'onorarmi che la creatura che nascerà farla levare al sacro fonte, che di tanta grazia le ne resterò obligatissimo (...) Io sono stato a Venezia a procurar sia presa la rotta veneziana e m'ha bisognato parlarne in Colegio per cavarne la risoluzione, con spese e doni delli interesati veneti, come si è fatto. M'ha bisognato però farla levar da un mio per farla piliar subitto, e bene io poi mi riborserò il denaro, e così m'ha bisognato fare per il mio interesse. Ma mi sbrigarò presto, e come V. A. comandarà, sarò subito di ritorno a servirla (...)
* *Ed. Ciancarelli, doc.33, p.194.*

629. Alfonso Pozzo da Parma a EB, Ferrara 12.VII.1618
AB, 111, c.146

(Informa dell'avere il Duca accettato con piacere di tenere a battesimo il prossimo figlio del Marchese e che lo attendono con ansia; inoltre ringrazia delle lodi ricevute da lui per i suoi versi, venendo da un sì fine oratore, che ha convinto la Signoria veneziana, ottenendo il suo interesse)
* *Ed. Ciancarelli, doc. 34, p.195-96.*

630. Alfonso Pozzo da Parma a EB, Ferrara 12.VII.1618
AB, 111, c.148

(Accompagna il Vachesano, mandato dal Duca per prendere "scaloni", e il Tamara che ha già posti in opera quelli presi in precedenza)
* *Ed.Ciancarelli, doc.35, p.197.*

631. Pier Francesco Battistelli da Parma a EB, Ferrara 19.VII.1618
MOe, Autografoteca Campori: Battistelli, 2 (prov.AB)

(Si lamenta per l'assenza del Marchese, che provoca continua confusione nell'andamento dei lavori)
* *Ed. Bagni 1984, doc.14, p. 292.*

632. Alfonso Pozzo da Parma a EB, Ferrara 21.VII.1618
AB, 111, c.272

(Particolari sulla struttura della "scena tragica" con nuvola e nomi dei mastri incaricati dei rispettivi particolari, alcuni dei quali hanno avuto licenza di tornare a casa per qualche giorno)
* *Ed. Ciancarelli, doc.36, pp.198-99. Cfr. inoltre ivi:doc.37, pp.200-201, elenco pittori e particolari in una lettera di Alfonso Pozzo a Ranuccio Farnese del 25.VII.1618 cit. in Lombardi, p.42-44.*

633. Cornelio Bentivoglio da Parigi a EB, Ferrara 25.VII.1618
Vas, Raccolta Stefani, 4, Autografi: Bentivoglio Cornelio (prov. da AB)

Sig.ʳ Padre

Con questo ordinario passato ho inteso la sua buona salute (...) io seguito ad imparare ed ancora la lingua allemana e lattina e tutti gli altri essercii che mi convien fare. V. S. Ill.ᵐᵃ se ha dimenticato le corde per gli violini de gli nostri mestri (...)

634. Alessandro Piccinini da Bologna a EB, Ferrara 26.VII.1618
AB, 111, c.339

Ill.ᵐᵒ Sig.ʳ e Padron mio Coll.ᵐᵒ

Mi spiace non esermi trovate in Bologna ali giorni pasati per poter servire V. S. Ill.ᵐᵃ se avea cosa da comandarmi; ed ancora io desiderava parlargli, per pregarlo a farmi gratia di quanto le dirò. Sono dui anni in circa che pasò a milior vita una mia cuggina chiamato Sor Madalena Picinini, e lasò per testamente erede del suo le putte di Santa Barbara e fece altri diversi lasati, tra li quali lasciò a me lire trecente: ed ho fato istancia e procurato mi siano pagati, ed il Sig.^r Antonio Maria Gellini, che lui sta a pagarli, mi ha detto più volte di pagarli al tenpo, ma non se ne vien al fine. Ultimamente mi ha promesso pagarmeli a S. Michel di Setembre e cosi mi ha scrito; ma perché non li credo, per esser homo lunghissimo in questi pagamenti, però prego V. S. Illma a farlo chiamare e pregarlo volia pagarmi questo mio lasato, perché se prometerà a V. S. Illma di pagarli, m'asicuro di poterne fare capitale di detti dinari. E del tutto ne prego V. S. Illma, restandoli il solito servitore, facendoli riverenza   di Bologna il dì 26 lulio 1618 D. V. S. Illma

ser.^{re} Affe.^{mo}
Alesandro Picinini

635. Alfonso Pozzo da Parma a EB, Ferrara 27.VII.1618
   AB, 111, c.355

(…) Gli versi, se V. S. Illma sta cinque giorni a comparire, mi obligo a fare che li ritrovi fatti. Le altre machine si faranno: ma sono risolute? *Urget presentia Turni*, e V. S. Illma è Turno in questa occasione (…) Di già veda di avere lingua secura della venuta del Gran Duca, che sarebbe gran vergogna non fossimo in tempo doppo tanto tempo (…)
* *Ed.Ciancarelli, doc.39, p.203. Il testo della lettera, oltre al ruolo del Bentivoglio nell'informare sulla effettiva intenzione del Granduca a passare per Parma, mai ufficializzata con i Farnese, lascia credere che vi fossero contrasti tra il Duca e Don Ottavio Farnese: "E se Parma a V. S. Illma rincrescerà senza il Signor Don Ottavio, né anco a S. E. sarà gustosa sala senza V. S. Illma; ma S. A. accomodarà queste differenze". Non ne tiene conto Ciancarelli, che riporta (da Lombardi, p.46) un'altra versione della stessa lettera con significative varianti, in data 27.VII.1618, che dovrebbe essere la minuta di A. Pozzo (doc.40, p.205-206).*

636. Ludovico Martini dal Bentivoglio a EB (Parma o Gualtieri?) 3.VIII.1618
   AB, 112, c.73

(…) Mastro Giovan Battista se ne è venuto a Parma conforme ai comandi di V. S. Illma (…) (prosegue con altri dettagli sui lavori fatti per il teatro)
* *Ed. Ciancarelli, doc. 43, p.210 Giovan Battista è probabilmente uno dei pittori omonimi che lavoravano al teatro piuttosto che l'architetto Aleotti.*

637. Alfonso Pozzo da Parma a EB, Gualtieri 3.VIII.1618
   AB, 112, c.79

(Lieto del prossimo arrivo del Marchese a Parma, lo avverte che il teatro non potrà essere pronto per settembre)

638. Ippolito Bentivoglio da (Modena) a Ranuccio Farnese, Parma s.d.(agosto 1618?)
   AB, 112, c.247

(Manda, su richiesta del fratello Enzo, il cavallo per Don Ottavio Farnese, da usare nel campo aperto)
* *Ed. Ciancarelli, doc.45, p.213, che pubblica anche un'altra lettera pure senza data (agosto 1618?) scritta da Ippolito, di accompagnamento alla precedente (AB, 112, c.248: Ciancarelli, doc.46, p.213)*

639. Alfonso Pozzo da Parma a EB (Ferrara?) 25.VIII.1618
   AB, 112, c.581

(…) Mando a V. S. Illma il quinto intermedio: il sesto lo farò domenica. Io credo che la voglia di poetare mi sia ita ne' calcagni: da ch'ella è partita, non so dove mi sia, ed ogni cosa m'è ita di male in peggio. (…) Tutti siam persi (…) Di grazia procuri qualche aviso della venuta del Gran Duca, e se non

può scrivere per i suoi negozii, faccia scrivere: che mentre io veggia quell'Enzo Bentivoglio, sono soddi-sfatto (…). A Mastro Gian un cordialissimo saluto, e colla memoria della moscheteria, gli dico *foscion foscion..* Al Signor Saracino ed al signor Goretti un baciamano (…)
* *Ed. Ciancarelli, doc.47, p.214.*

640. Alfonso Pozzo da Parma a EB, Ferrara 30.VIII.1618
AB, 112, p.718

(…) Nel teatro si lavora, non dirò alla gagliarda, perchè giuro a V. S. Illma che quand'ella non v'è, pare che ognun dorma, ed io per il primo. Io non so come gli spiriti di V. S. Illma abbiano virtù negli altrui petti, sicchè non solo gli accrescono il vigore, ma soli bastano ad animarli (…) Il Tamara ha cominciato le nuvole delle 9 Muse, del che Borghino resta un poco mal soddisfatto, per aver fatto egli i carri per dette nuvole (…) Del balletto, già si è scritto e dato ordine in Milano, onde non occorrerà che V. S. Illma si pigli altro fastidio (…) Ho veduto la lettera che V. S. Illma scrivea al signor Don Ottavio [Farnese] e mi piace che la confessi la natura e la disposizione sua alla moschetteria, se può tornar Gian a rivedersi; mi rallegro che Gian abbia donata la collana alla moglie, ma io certo non avrei mai creduto che si fosse privato di una cosa donatagli da un Principe. Sta a vedere che la faccia andar vestita da uomo per donargli il vestito che ha avuto dal Signor Don Ottavio: V. S. Illma mi faccia gratia dirgli per mia parte che, per l'obbligo che tengo all'amicizia vecchia, sono sforzato avvertirlo che non sta bene farsi poco conto dei doni dei Principi (…)
* *Ed. Ciancarelli, doc.48, p.215-216. Appare strano il comportamento di questo Mastro Gian se fosse l'an-ziano e rispettabile Aleotti, come sostiene Ciancarelli: comunque cfr. la lettera di Pozzo a EB del 16.X.1618 (qualche macchinazione a Parma ai danni di Gian). Alla lettera di Pozzo era allegata una del pittore Batti-stelli per Enzo Bentivoglio, che evidentemente non ci è pervenuta.*

641. Alfonso Pozzo da Parma a EB, Ferrara 4.IX.1618
AB, 113, c.70

(Invia una lettera allegata, non reperita, scritta ad Enzo Bentivoglio da Don Ottavio Farnese)
* *Ed. Ciancarelli, doc.49, p.217.*

642. Pier Francesco Battistelli da Parma a EB, Ferrara 7.IX.1618
FOc, Piancastelli, Autografi: Battistelli (prov.AB)
* *Ed. Bagni 1984, doc.15, p.293.*

643. Alfonso Prosperi dalla Villa di Mirabello a EB, Ferrara 8.IX.1618
AB, 441, fasc. XII (lettere a EB 1606-1637), c.423

(…) Desidero, se V. S. Illma ha fatto coppiare quel poco della *Storia di Enrico Quinto*, che disse di far coppiare a Parma, mi onori di mandarmela, acciò possa finire questa, che non resti così imperfetta; e di più farmi avere una nota di quelo che hano guadagnato nella Bonificazione li nostri Cavalieri, autenti-cata dalli fattori suoi (…)

644. Alfonso Pozzo da Parma a EB, Ferrara 17.IX.1618
AB, 113, c.394

(Lettera di raccomandazione per un giovane cavalleggero costretto a rifugiarsi a Ferrara)
* *Ed. Ciancarelli, doc.52, p.220.*

645. Alfonso Pozzo da Parma a EB, Ferrara 18.IX.1618
   AB, 113, c.418

(...) Poiché da Mastro Pier Francesco avrà V. S. Illma inteso l'indisposizione che per alcuni giorni mi ha trattenuto in letto, non starò io ad addurle altra scusa del mio silenzio (...). Per risposta di questo che per l'ultimo la mi scrive, ho fatto l'ufficio d'essibizione della persona sua e del Signor Cornelio suo figlio, e d'altri Cavaglieri amici e parenti, con S. A. mio Sig.^re, in evento ch'ei vada in Alemagna Generale di Cesare(...) L'offerta è sì grande che S. A. l'ha riconosciuta per uno di que' segni ch'ella continuamente va dando di gentilezza e di affezzione (...)
* *Ed. Ciancarelli, doc.53, p.221-222. Evidentemente il Marchese, passata l'euforia della rimandata inaugurazione del teatro, cerca di provvedere con un impiego militare alla crisi economica familiare.*

646. Alfonso Pozzo da Parma a EB, Ferrara 21.IX.1618
   AB, 113, c.473

(Tratta di un affare delicato riguardante un amico giovane)
* *Ed. Ciancarelli, doc.54, p.223.*

647. Alfonso Pozzo da Parma a EB, Ferrara 22.IX.1618
   AB, 113, c.500

(Notizie contrastanti sulla venuta del Granduca, a novembre o addirittura a primavera prossima: chiede al Marchese di informarsi con maggiore certezza. Informa poi del pagamento ad alcuni mastri e dell'arrivo dei vetrai per l'illuminazione del teatro)
* *Ed.Ciancarelli, doc.55, p.225.*

648. Pier Francesco Battistelli da Parma a EB, Ferrara 23.IX.1618
   AB, 113, c.544

(...) si è ordita la co[n]chilia, le nove Muse sono quasi fornite, con anco la machina di Nettuno; si è fornito la machina della Discordia di pictura ed ogni cosa è fornita; quela delle tre Grazie di dipinger ed ogni cosa è fornita la machina della Iride, e molto innanci la machina di Baco; si è cominciato per ordine li carri de' dei, che si alzano, la tragica e inferno si è acomodato che sorgano; manca la prospetiva la quale si acomoda; la machina di Marte si è messa fori che si perfeziona; mastro Zan Andrea ha fornito la senna di Baco di tutto punto, con acomodar anco li legni che tengono su il solaro; il Fliamengo ha fornito la sena de le quattro parti del Mondo, si è messo su l'arme sopra la sena (...) e così si va fornendo più che sia possibile; ancorché sia fattica il tenere insieme li maestranze d'acordo (...)
* *Ed. Bagni 1984, doc.16, p.294; Ciancarelli, doc.56, p.226.*

649. Ottavio Farnese da Parma a EB, Ferrara 23.IX.1618
   AB, 55, c.469

Illmo Sig.^re

Intendo che a Ferrara si prepara un bel carnevale: credo che tra questo, ed il viaggio che V. S. vol fare verso Roma, che si sia scordata di tutti noi; paciensa! al suo rito[r]no a P[arma] che le ha da scontar tutte. Insoma habbiamo preparato di far un poco di bordellin in modo tale che Gian habbia a dire: *Zoi Zoi*. Qui non vi è altro di nuovo se non che l'amor è andato in bordello, e se non vi è andato del tutto, credo che non possa tardare. Del resto poi non so che dire a V. S., se non pregarla a darmi alcuna volta qualche occasione di servirla, che per fine li bacio mille vole le mani   Parma li 23 7.bre 1618
D. V. S. Illma

Ser.^re

Ottavio Farnese

650. Francesco Saracini da (Ferrara?) a EB (?) 24.IX.1618
    AB, 113, c.55

(Invia una lettera e informa su altri affari, compresi suoi debiti personali e chiede di trattenere 100 ducatoni "per il teatro", probabilmente riferendosi a quello degli Intrepidi a Ferrara)
* Ed. Ciancarelli, doc.57, p.227.

651. Alfonso Pozzo da Parma a EB, Ferrara 30.IX.1618
    AB, 113, c.724

(Informa che hanno finito il proprio lavoro una serie di mastri e pittori forestieri che tornano a casa, tra cui "il pittor da Cento", ossia Battistelli, tutti già pagati)
* Ed.Ciancarelli, doc.58, p.228.

652. Pier Francesco Battistelli da Parma a EB, Ferrara 2.X.1618
    FOc, Piancastelli, Autografi: Battistelli (prov.AB)

* Ed. Bagni 1984, doc.17, p.295.

653. Pier Francesco Battistelli da Parma a EB, Ferrara 6.X.1618
    MOe, Autografoteca Campori: Battistelli, 3 (prov. AB)

* Ed. Bagni 1984, doc.18, p.296.

654. Alfonso Pozzo da Parma a EB, Ferrara 14.X.1618
    AB, 114, c.411

(Da ragguaglio dello stato dei lavori dei mastri e delle relative retribuzioni)
* Ed. Ciancarelli, doc.59. p.229.

655. Alfonso Pozzo da Parma a EB (Gualtieri?) 16.X.1618
    AB, 114, c.450

(Si duole dei problemi del Marchese con le acque, ossia la bonificazione, e del ritardo nei lavori al teatro in sua assenza)
(…)Non mi lamento già per questo de' mastri ferraresi, ma mi lamento della fortuna: e questo vostro matrimonio, o Signor Enzo, che cosa lunga è egli mai? (…) Mi rincresce delli travagli di Gian, ma infine si consoli, che ogni uomo è sottoposto a qualche disgrazia: se viene a Parma, l'amicizia vecchia tornarà in piedi e come saremo d'accordo egli ed io, non avremo paura d'alcuno. L'avviso perché vi è qualche congiuntura contro la sua persona (…)
* Ed. Ciancarelli, doc.61, p.232.

656. Alfonso Pozzo da Parma a EB (Ferrara?) 20.X.1618
    AB, 114, c.533

(Lo informa del ritorno di tre mastri che hanno finito il lavoro e spera che il Marchese passi da Parma prima di andare a Roma)
* Ed. Ciancarelli, doc.62, p.233.

657. Alfonso Pozzo da Parma a EB, Ferrara 26.X.1618
    AB, 114, c.680

(...)Venne il Maestro da Cento e se gli diede soddisfazione com'egli desiderava e come V. S. Illma ha accennato nella sua (...) Delle cose del teatro Pierfrancesco ne darà ragguaglio (...)
* *Ed. Ciancarelli, doc.63, c.680. Il "Maestro di Cento" non può essere Battistelli, nominato subito dopo: potrebbe essere Guercino, in contatto nello stesso periodo col Marchese Bentivoglio (cfr. sua lettera del 10.XII.1618). Ma di questo prematuro rapporto con Parma non esistono altre tracce.*

658. Giovan Battista Moretti (muratore) da Cento a EB, Ferrara 28.X.1618
      AB, 114, c.736

(Informa del trattamento economico inadeguato subìto a Parma, ma si dichiara a disposizione per il futuro)
* *Ed. Ciancarelli, doc.64, p.236.*

659. Pier Francesco Battistelli da Parma a EB, Ferrara 28.X.1618
      FOc, Piancastelli, Autografi: Battistelli (prov.AB)

(...) Si è finito l'Aurora, si è acomodato da mettere a lavori li telari per la mutacione delle sene, si fa la machina di Giove e dipingo certe nuvole: quel del Foco, de l'Aria e le nove Muse (...) domani il Sig.^r Duca vol vedere a provar il primo intromedi; però non so se sarà servito da Ms. Paolo Froni, per non essere molto pratico, e così si seguitarà a tutti li intromedi (...)
* *Ed. Bagni 1984, doc.19, p.297 (alcune discordanze di trascrizione).*

660. Alfonso Pozzo da Parma a EB, 2.XI.1618
      AB, 115, c.29

(Se la prende col matrimonio che tiene lontano il Marchese da Parma):
(...) Sono sforzato (di grazia, la Sig.^{ra} Contessa Ginevra mi perdoni) di trarre il cancaro a Brescia ed a quanti bresciani son al mondo: o mi disdico, m'era scordato della Signora sua moglie e del parentado. Non voglio aver detto cosa alcuna, se bene quest'è una longa cerimonia(...)
* *Ed. Ciancarelli, doc.65, p.237. Ginevra, sorella di Enzo Bentivoglio e vedova del Conte Torelli, aveva sposato in seconde nozze un parente bresciano di Caterina Martinengo.*

661. Alfonso Pozzo da Parma a EB, (Ferrara?) 6.XI.1618
      AB, 115, c.119

(Ritiene ormai imminente la venuta a Parma di Enzo Bentivoglio)
* *Ed. Ciancarelli, doc.66, p.238.*

662. Cornelio Bentivoglio da Parigi a EB, Ferrara 20.XI.1618
      Vas, Raccolta Stefani, 4, Autografi: Bentivoglio Cornelio (prov. da AB)

(...) La prego a mi mandare de le corde che io li aveva demandato, perché gli nostri maestri se le domandano di due maniere: due mazzi per il liutto ed il resto per il violino (...)
* *Cfr. precedente lettera del 25.VII.1618.*

663. Alfonso Pozzo da Parma a EB, Ferrara 23.XI.1618
      AB, 115, c.463

(...) Quando V. S. Illma sarà qui, allora trattaremo del particolare di Mastro Pietro Francesco [Battistelli] (...)
* *Ed. Ciancarelli, doc.67, p.239.*

664. Virginia Ramponi Andreini (detta "Florinda") da Bologna, a destinatario sconosciuto
     (Cardinal Legato di Ferrara?) 25.XI.1618
     FOc, Piancastelli, Comici italiani secc.XVII-XVIII

Illmo e R.^{mo} mio S.^{re}

S'io non ho subbito a V. S. Illma e R.^{ma} dato risposta, n'è stato colpa il non haver havuto quella che si
degnò di scrivermi, se non doppò partita la posta. Hora le dico che, per amor di V. S. Illma, farò
ogn'impossibil cosa. Ver è che ho detto che, s'una volta fosse licenziata da S. A. S., che vederei di servirla in tempo di carnevale: ma qual che fosse questo saper non lo potevo poiché, quand'io mi partei da
Ferrara, essendo obligata al Ser.^{mo} non poteva dar certezza di questo; e s'accresce a questa difficoltà, il
procurar di (c.n.n.Iv) nuovo il nostro Padrone alla gagliarda la licenza di Venezia per la sua compagnia,
com'hoggi ho lettere del suo Secretario di Camera Ercole Marchioni, che mi manda la stessa risposta
che l'Ecc.^{mo} Sr D. Giovanni Medici le dà in questo particolare. E non solo v'è questo intoppo, quanto
le nuove lettere di Roma, che costì n'invitano con buonissima provisione, e si crede che l'Illmo Cardinal Borghese vorrà la compagnia, benché la stessa le proponga molte difficoltà, andando il Ser.^{mo} di
Mantova in quelle parti, che faciliterà ogni difficoltà. Hore come poss'io sodisfare a V. S. Illma, alla
quale tengo tanto ardente desiderio, con mio marito, di servirla? Dirò solo, che son serva sua ed humilissima paesana, e che farò tutto quello che vuole, rendendomi certa, che pure si degnerà di fare, che
sieno fatte le cose che qui anesse sono, ogni volta che dal (c.n.n.II) nostro Padrone non fussimo mandati o a Vinezia, o a Roma. Rimanendo V. S. Illma certa, che la compagnia è chiamata a Modona, a
Lucca, alla Mirandola, ed a Fano, e che in niun di questi luoghi anderà, intenta solo di servir a V. S.
Illma. E qui per non più fastidirla, le fò humilissima riverenzia, da Dio S.^r nostro augurandole il colmo
de' contenti. Di Bologna il dì 25 novembre 1618
D. V. S. Illma e R.^{ma}

Serva devotissima
Florinda comica.

(c.n.n.III) Le grazie che desidera da V. S. Illma e R.^{ma} la compagnia, sono queste:
Prima il Bando che nomini che soldati, notari, e tutti quelli che si tengono esenti, paghino.
[2.] Alla porta duo tedeschi.
[3.] Che possano li comici far murar tutte le porte che conducono nella stanza per indirette vie.
[4.] Che per una porta sola s'entri.
[5.] Il Bando che nisuno stii sul palco.

665. Ottavio Farnese da Parma a EB, Ferrara 26.XI.1618
     AB, 56, c.463

(Rinvia il cavallo imprestatogli dal Marchese per esercitarsi al campo aperto, ormai inutile)
* *Ed. Ciancarelli, doc. 68, p.240.*

666. Gio. Francesco Barbieri (detto "il Guercino") da Cento a EB, Ferrara 10.XII.1618
     Attuale collocazione sconosciuta (prov.AB)

* *Ed. in "Il Giornale d'Italia", 25.VIII.1937; Bagni 1984, doc.6, p.272.*

667. Ranuccio Farnese Duca di Parma a EB, Ferrara 18.XII.1618
     AB, 55, c.476

Molt'Ill.^{re} Sig.^{re}

Mi dispiace ch'il figliuolino di V. S. fosse travagliato da freddore; voglio però sperare, che sarà cessato, e
che si sarà a quest'hora fatto il battesimo; di che ne starò con desiderio attendendo l'aviso, ed intanto
prego Dio, che al detto figlio conceda ogni bene, e così a V. S. ed agl'altri Sig.^{ri} suoi figli, a quali tutti

porto particolarissima affettione. Io desidero grandemente che V. S. si compiaccia di pigliarsi incommodo di venir quà per un paro di giorni. E però la prego a farmi questo piacere, e potrìa farlo, in andando a Roma; e di gratia m'escusi se le dò questo sconcio, perché vi sono molte cose qua da risolvere, come l'avisarà più particolarmente il Conte Alfonso Pozzo, ed io non voglio risolverle senza il parere di lei; e confido che V. S., la quale m'ha usato tante cortesie, mi farà volentieri anco questa, della quale le resterò con molt'obligo; e rimettendomi a quelli di più che sopra ciò le scriverà il Conte Alfonso, resto raccomandandomi ed offerendomi a V. S. di cuore.   Di Parma a 18 di dec.^{re} 1618.
D. V. S. Molt'Ill.^{re}

Al servitio,
Ranuccio Farnese

668. Alfonso Pozzo da Parma a EB, Ferrara 25.XII.1618
AB, 116, c.642

(Invia gli auguri per il prossimo Natale, benché speri sempre in una prossima venuta a Parma del Marchese)
* *Ed. Ciancarelli, doc.71, p.243.*

669. Cardinal (Scipione) Borghese da Roma a EB, Ferrara 24.XII.1618
AB, 78, c.460

(p.s.:) Starò aspettando la revenuta di V. S., conforme alla promessa, seben altre volte simil promesse, son andati in fumo. Avemo qui l'Adriana [Basile] del Sr Duca di Mantua, che si tratterà un par di mesi. Dico questo a V. S. acciò venga tanto più volentieri (…)

1619

670. Domenico Maria Melli da Gualtieri a (EB, Ferrara?) 7.I.1619
AB, 117, c.203

Illmo ed Ecc.^{mo} S.^{re} mio Col.^{mo}
Essendo stato elletto Priore dalli Confratti della Compagnia della Morte di Reggio, è neccessario ch'io incominci a prepararmi di tutte quelle cose che farano bisogno, principalmente quando si trasportarà quella immagine della Beatissima Vergine Miracolosa; e perché nelle musiche vi sarà che fare, né cosi facile sarà il trovar musici, desidero che V. E. mi faccia gratia del Ghinicini suo che, oltre favorirà me, che le son servitore, non perderà egli, poiché lo farò trattare come merita: starà meco, e sarà sotto la custodia mia. Restarò obligattissimo a V. E., e molto più se anco mi concederà suo fratello. Con che le fo humilissima riverenza. S'aspetta di novo il Cignachi per altra risposta del servitio, ma non spero troppo di bene. Dio mantenghi V. E. felice   di Gualtieri li 7 gen.^o 1619
Di V.S.Ill.ma

Ser.re Dev.mo
Dom.co M.a Melli

* *Si parla della Festa della Madonna della Ghiara. Il Ghinicini corrisponde forse al cantante allora al servizio di Enzo Bentivoglio, Giovanni Ghenizzi o più probabilmente al figlio di questi, castrato, Ludovico (menzionato con un fratello in una lettera di Antonio Goretti del 14.I.1620, subito dopo la morte del padre Giovanni).*

671. Biagio Piombini da Cento a EB (Ferrara) 14.I.1619
AB, 117, c.373

Illmo S.^{re} Padrone Col.^{mo}

Ogni volta che Ms. Pietro Franc.º Battistelli farà instanza per l'ispeditione della causa di sua moglie, compromessa nanti di me, sarò sempre pronto alla terminatione, per giusta che passa un anno non ne ho sentito parlare; tanto più volentieri, quanto che mi viene porta occasione di dar gusto a V. S. Ill.ma. Alla quale vivo servitore ed ambisco l'honore che mi fa di commandarmi in cosa che desidero servirla, quando sarano dalle parti fatte le debite instanze. Così mi honori ella de suoi commandi alla giornata in quello potrò, che prontissimo sarò sempre in servirla. E per fine a V. S. Ill.ma facio humilissima riverenza. Cento li 14 gen.º 1619
Di V. S. Ill.ma

Aff.mo Ser.re
Biagio Piombini

* *Ed. Bagni 1984, doc.22, p.300.Sul dorso della lettera sono annotati dei conti e il destinatario senza città.*

672. Alfonso Pozzo da Parma a EB, Ferrara 12.I.1619
AB, 117, c.305

(...) V. S. Ill.ma ch'è di natura fondata su l'argento vivo, che quando ha da fare una cosa come l'ha divorata col pensiero, così vorrebbe subito haverla finita con gli effetti, che quando ha da fare un viaggio, la sera lo stabilisce e la mattina lo comincia, e che in somma coll'auttorità di Gian è impasientissimo, adesso per mia mala fortuna non trova modo di mettersi in viaggio, mi pasce di speranze, e Dio sa che l'andata di Roma o non s'allonghi o non vada in fumo (...) (c.308) Ma quello poi che mi fa dare all'orso è che, invece di avisare se vuol fare il viaggio che se gli è mandato in nota (...) mi mette in consideratione che il secondo intramezzo è povero, e che bisogna arricchirlo: guarda che apetito di cervel gravido. Orsù, per me non sarà mai disgustata. Vi aggiongerò un paro di machine: l'una sarà di Giunone su un carro tirato da due pavoni, l'altra di una nuvola che s'aprirà, ed aperta mostrarà Palade armata sovra un cavallo infocato, con Bellona a' piedi, che le servirà al freno. Pallade e Giunone saranno le due sue donne che parlaranno insieme, e gionte, e disgionte com'ella vuole; ed alla venuta sua (c.308v) trovarà li versi fatti (...) l'ultimo intermedio non sarà mai possibile ch'io lo faccia sin che non venga l'occasione della festa, dalla quale dipende la conclusione dell'opera perchè, se sarà venuta di principe sarà a un modo, se saranno nozze a un altro, e se sarà altra occasione così anderò mutando, e governandomi, com'avverrà del prologo, quale farò bene sulla stessa aria, ma le parole sarà bisogno di mutarle.(...)
(c.306 p.s.:) Queste due machine vorrei che venissero a incontrarsi per lo stesso gargame, una dalla parte di S. Pietro Martire e l'altra dalla parte della [città di] Parma. Vorrei poi che da alto nel mezzo calasse una nuvola grande che le coprisse tutte due, e le tirasse in su tanto che s'involassero a gli spettatori. E V. S. Ill.ma pensi con Ms. Pietro Francesco [Battistelli] se si potesse far Giunone a sedere sopra d'un pavone che havesse stese l'ale e paresse volare, e Pallade sul cavallo ch'avesse solo sotto a piedi un poco di nuvolette. V. S. Ill.ma vegga il mio pensiero in disegno. A Ms. Pierfrancesco, che di grazia solleciti il mio quadro, ed al S.r Enzo che per vita sua sollecita la sua venuta, per dar gusto a un indiscretto (...)
(segue su c.307 il disegno delle macchine)
**Ed. Ciancarelli, doc.74, p.246-248 (con riproduzione del disegno di A. Pozzo) Le donne dovrebbero essere le cantanti proposte dal Marchese, probabilmente Angela e Francesca. La numerazione moderna delle carte è incoerente con la lettura del documento.*

673. Ercole Provenzale da Roma a EB, Ferrara 16.I.1619
AB, 117, c.408

(...) La casa che teneva V. S. Ill.ma l'altra volta non si pò averi (...) Il Cavaliere Marotta e la S.ra Impolita salutano V. S. Ill.ma; il cavaliere mi ha pregato che scriva a V. S. Ill.ma che li faccia gracia farli portare quelle anguille di Comachie seco al fine (...)

674. Alfonso Magnanini da Roma a (Ippolito Bentivoglio, Modena?) 25.I.1619
   AB, 117, c.586

(...) Mi ritrovo in Roma, dove piglierò il Giubileo, e poi ritornarò a Magliano, dove starò attendendo l'ordine del S.r Marchese [Enzo Bentivoglio] di spedirmi di colà per venirmene a casa. Qui sono nel bellissimo pallazzo acquistato dal S.r Marchese, in tutto cosa di stupore, e quando sarà finito, sarà una delle belle fabriche di Roma, onde sarà forza che V. S. Ill.ma la venga un giorno a vedere, ed a goderla (...)
Si tratta del famoso palazzo Altaemps-Borghese, poi venduto a Mazzarino.

675. Suor Angela Raffaella a (EB, Ferrara) s.d. (I.1619?)
   AB, 117, c.730

Ill.mo S.re e Patrone mio Cole.mo

Li favori e grazie che ho sempre riceuto e che giornalmente ricevo da V. S. Ill.ma, mi dano addito di ricorre alla benignità sua e suplicarla che, nella partenza che sarà per fare la Sig.ra Contessa di questo nostro monesterio, voglia degnarsi di concedermi un camerino ch'è sopra le camere dove di presente habita la Sig.ra Contessa; e non chiedo questo ad altro fine che per avere comedità di potere attendere al studio del arpa, per esere il detto camerino in luogo molto sceperato [=separato] dale moneche, le quali, dove l'ho di presente, aporta molte volte noia col sono e sempre dano qualche disgusto: per non tediarle richedo questo favore a V. S. Ill.ma, la quale si dignarà di far sapere alla Sig.ra Contessa che, nella rititiuicone [=restituzione] che farà delle chiave della camare a V. S. Ill.ma, le dica che d'ordine di V. S. Ill.ma renoncia a me le chiave del deto camerina. Io recie[ve]rò con grandisimo desiderio da avere la grazia da V. S. Ill.ma, per la quale non tralascierò mai il giorno di pregare il Sig.re Iddio per lei e la sua casa
Di V. S. Ill.ma

umiliss.ma e Devotissima serva
Dona Angela Rafaela

* *Potrebbe trattarsi di Suor Raffaella Aleotti, una delle figlie dell'architetto Giovan Battista detto "l'Argenta", celebre per aver diretto dal 1593 il "concerto delle monache" di San Vito a Ferrara. Morì dopo il 1646.*

676. Ercole Gudandi da Bologna a EB, Ferrara 2.II.1619
   AB, 118, c.42

(...) Gli meriti di V. S. Ill.ma, ch'è Cavaliere principalissimo d'Italia, e l'onestà della dimanda sua, richiedono ch'ogni uomo la servi, e pure io (...) e tanto più ch'il S.r Dottore Claudio Achillini, nostro buon cittadino, m'ha fatto amplissima fede del suo desiderio essere sempri [servitore]. Si degni dunque V. S. Ill.ma in altra occasione darmi campo di esaudirla come di cuore ne gli esibirò prontissimo (...)
* *Claudio Achillini sarà l'autore del testo del torneo per le feste parmensi del 1628.*

677. Alfonso Pozzo da Parma a EB, (Ferrara) 4.II.1619
   AB, 118, c.80

(...) Il signor Don Ottavio [Farnese] risponderà alla lettera di V. S. Ill.ma, ma le prometto ch'è necessario che un'altra volta insieme colla lettera mandi anco un dizionario, perchè vi abbiamo studiato un'ora, innanzi che l'abbiamo potuta intendere (...)
* *Ed. Ciancarelli, doc.75, p.249*

678. Alfonso Pozzo da Parma a EB, (Ferrara) 4.II.1619
   AB, 118, c.81

(Chiede l'intervento del Marchese presso i prelati e la Corte papale per ottenere la nomina ad Arcivescovo in partibus che gli propone il Duca di Parma)
* *Ed. Ciancarelli, doc.76, p. 250-51. Si tratta di una lettera personale al Bentivoglio, a differenza della*

precedente, nella stessa data, evidentemente concordata con Ottavio Farnese. Pozzo diventerà in effetti Vesco-
vo di San Donnino.

679. Alessandro Guarini da Mantova a EB, Ferrara 28.II.1619
  AB, 378, c.129

Illmo Sig.^r mio Sig.^r e Padrone Sing.^{mo}

Il dolore, che ho sentito grandissimo della perdita della S.^{ra} March.^a madre di V. S. Illma e mia Sig.^{ra},
che sia nel Cielo, è stato temperato in gran parte dalla grazia ch'ella si è degnata di farmi con la sua
lettera; la quale, se io per altro non meritata, sì l'ho meritata almeno per quello immutabil affetto col
qual, nonostante qual si voglia accidente, vivo e vivrò sempre a lei ed a tutta la Casa sua divotiss.^o
ser.^{re}. Rendendole pertanto riverentiss.e grazie, che di riconoscermi tale con tal favore si sia compiaciuta, la supplico a confermarmelo eziandio con l'honore de' suoi comandi; i quali non ho io mancato di
precorrer intanto, col far ufficio anch'io per la spedizione del suo staffiero: né in tutto vana è stata
l'opera mia, avvalorata dal desiderio che tengo, conforme all'obbligo, di servir sempre a V. S. Illma.
Alla quale, per fine di questa, bacio riverentemente la mano, e col far parimente riverenza alla Sig.^{ra}
sua moglie, e mia Sig.^{ra}, prego N. S. Dio che gli conservi lungamente sani e felici. (…)

680. EB da Bologna a Alfonso Pozzo, Parma 4.III.1619
  AB, 119, c.185

(Annuncia il suo arrivo a Parma in serata e chiede due carrozze per il viaggio oltre alla "caroza de cità").
* *Ed. Ciancarelli, doc.77, p.252.*

681. Gio. Ludovico Calvi da Bologna a EB (Bologna) 4.III.1619
  AB, 119, c.75

(…)Ho fatto praticha del giovanne pittore secondo l'ordine di Sua Ecc.^a, ed ho trovato uno giovanne
chiamato Giulio Cesare Felini, pittore valente, il quale credo senza difficoltà darà sodisfazione, intendendo che lui è stato molti giorni a Mantoa, ed ha servito S. Altez.^a e l'opera sua è riuscita a gusto di
detto Ser.^{mo} S.^{re}. E dovendo servire continuamente, dimanda scudi venti dil mese e le spese, e se ne
calarà forsi qualche d'uno. Ma lui haverebbe più sodisfazione che li fosse pagato secondo l'opera che
facesse, sendo buono a copiare e fare di sua inventione quello occore. Ho anco parlato col Sr Lud.^{co}
Carazzi, qual ha uno altro giovanne della sua scola, che dice havere tutte le condizioni che lei desidera
ed avisa nella lettera verrà a servirla, ma vole saper per quanto tempo lei n'ha bisogno e se l'opra porta
longo tempo, o breve. Questo vorrebbe almeno ducatoni n.^{ro} dodici di Fiorenza il mese. E rimango
facendoli humilmente riverenza (..)
* *Il giovane allievo di Carracci dovrebbe essere Giovanni Castelli, come dichiarato nella lettera di S. Della*
Torre del 27.III.1619.

682. Gio. Ludovico Calvi da Bologna a EB (?) 20.III.1619
  AB, 119, c.347

(…) In materia di questi pittori, quelli duoi primi che li nominai non si possono havere, l'uno a manco
di quindeci scudi, e l'altro di dodici, ma ciascuno di lor si offerisce di venire a servire V. Ecc.^{za} Illma
doppo Pasqua subito, e servirla un mese o duoi, e quando l'opera li sarà di gusto continuare quanto
vorà, e quando anco non fosse di sodisfatione di lei, tralassare ad ogni sua volontà. Io salderò in quello
che lei comandarà, ma a me piacerebbe che gli esperimentasse prima, e poi concordare con loro. Vi è un
Domenico Ambrosi della scola del Sr Francesco Bricii che copiarà eggregiamente, lavorarà a fresco,
farà prospetive, suffitti, e depingerà a fresco ed a secco; e tutti dicono esser valente megliore delli primi
che gli ho nominato, ma anco questo non vol manco di scudi q[u]indeci ed ancor lui verrà a servirla, e
quando non sarà a lei di gusto l'opera che farà, potrà tralasciare ad ogni suo zenno (…)

* *Giovanni Bricci (Roma 1579-1645) fu pittore, poligrafo ed anche musicista, autore di almeno un trattato di teoria musicale stampato a Roma nel 1632. Se può essere identificato col Giovan Francesco Brissio, autore di un mottetto stampato in una raccolta di Fabio Costantini (Roma 1616), potrebbe essere lui il pittore alla cui scuola si era formato il Domenico Ambrosi di cui nulla si sa, ma che il cognome fa credere napoletano: napoletana era del resto la moglie del Bricci, Chiara Recupita, a sua volta forse parente della celebre canterina del Cardinal Montalto Ippolita Recupita Marotta (cfr. A. Rossi,* Bricci Giovanni, *in DBI, XIV, pp.220-222).*

683. Sigismondo Della Torre da Bologna a Zanobi Vismanni (computista di EB) Modena 27.III.1619
    AB, 119, c.406

Illmo Sig.^r mio Oss.^{mo}

In risposta della lettera di V. S. de 21, resami hieri, non m'occorre di replicarle altro, solo che sono duoi anni ch'io conosco il Sr Gio. Castelli, la cui persona si tratta, come le scrissi per la precedente mia, di condurre al servigio dell'Ecc.^{mo} Sr Marchese Bentivogli, ond'ho havut'occasione di vedere molte sue opere, e disegni, che non solo sono piacciuti grandemente a me, ma anche a molti più intendenti della pittura di me, ed in spetie un quadro, che ha fatt'hora in Duomo, ch'è stato di molta sodisfattione a chi gliel'haveva ordinato, ed al Sr Lodovico [Carracci] medesimo suo maestro. Può ben V. S. esser certa, che professando io d'esser devotissimo servitore del Sr Marchese Ecc.^{mo} non meno di qualsivoglia altro, procurarò sempre d'incontrare il suo gusto, e di servirlo con ogn'humiltà [e] prontezza, e che perciò, scrivendole a favore del suddetto giovine, non lo faccio senz'haverne bonissima cognitione, sì come potrà anche dire da mia parte a S. Ecc.^{za} se lo stimarà a proposito, perchè so che il giovine non mi farà parer bugiardo. Mentre V. S. si risolva di parlare con l'Ecc.^{za} S. di questo negotio, se le farà mentione di me, la supplico a raccordarmele humiliss.^{mo} e divot.^{mo} servitore e tale qual è sempre stato il già Sr Cav.^{re} Camilo [Della Torre] mio zio, le cui vestigia procuro di seguitare (...)
* *Cfr. lettera di Gio. Ludovico Calvi del 4.III.1619, dove si parlava, senza farne il nome, dell'allievo di Ludovico Carracci. Lo zio del Della Torre era corrispondente da Milano di Enzo Bentivoglio nel 1608.*

684. (Girolamo Beluigi?) dal Bentivoglio ad Annibale Bernazzali, Ferrara 30.III.1619
    AB, 119, c.438

Molto Ill.^r e molto Ecc.^{te} Sig.^r mio Patron Oss.^{mo}

Da la gratisima di V. S. ho inteso quanto V. S. mi scrive delle pianele di queste pute, e tute lo ringratiano, come fac'io; e perché scrive che le porterà il S.r Alfonse [Magnanini?] vorei che le portase il Sig.^r Anibal e perciò lo staremo aspetando. V. S. non mancarà di venir. La Sig.^{ra} Francescha manda otanta ove ala Nina: dice che 40 ne darà a Madama Barbara, sua maestra, con la formela di forma[ggio] e 40 per lei. E dir ancor a la sudeta Nina che vede se nel giardino vi è deli fiori, e che li ne mandi a la supraditta Isabela. Secondo che mandano del[l]'insalata al Sig.^r Antonio Goreti, V. S. mi farà gratia di ricordarmeli devotissimo, e dirli che per ancor non vi è niente di nove, che questi giorni presenti si è inteso a far penitentia. E per fine le auguro dal N. S. queste feste santisime felicisime con infinite altre apresso   dal Bentivoglio dì 30 di marzo 1619
Di V. S. molto Ill.^{re} e Molto Ec.^{te}

(firma poco leggibile)

(p.s.:) La Sig.^{ra} Francesca lo prega a voler far offitio di padre con la Nina, tenerla in timor e quando mi scrive V. S. mi scrive sempre qualche cosa di lei. Al Ms. Horatio Fontana, che vuole denaro che spese per il nepote (...)
* *Cfr. una successiva lettera dello stesso mittente dal Bentivoglio al Dottor Bernazzali in data 12.IV.1619 (AB, 120, c.135): "(p.s.:) la Barbara si raccomanda a sua madre ed a tute quele altre done e la Sig.ra Francesca a la Nina ed a tute le altre, come la Giulia e la Margerita".*

685. EB da Modena a Pietro Paolo Melli (Vienna?) 3.IV.1619
     AB, 120, c.30

Molto Mag.^{co} Sig.^{re} come fratello

Con mio dispiacere ho sentita la morte dell'Imperatore: piaccia a Iddio, che ne succeda un altro simile;
e me ne spiace anche per il danno di V. S.: però la sua virtù gli farà sempre strada con tutti. La ringratio
della diligenza usata in avisarmi; così la prego di continuare in quello ch'andarà succedendo, essendo
hora più che mai desiderati li nuove da costà, e non mi può dar maggior gusto. Si prometta di me in
quello che posso in suo servitio. Di Mod.^a il dì 3 aprile 1619
Di V. S.

* *Manca la firma trattandosi di una minuta. Il documento proverebbe che con la morte dell'Imperatore il
liutista Melli avesse perduto il suo posto alla Corte di Vienna.*

686. Jacomo Sogliano da Gualtieri a (EB, Ferrara?) 6.IV.1619
     AB, 120, c.59

(…) Quando l'anno passato si ritrovava qui a Gualtiero un certo pittore, nominato l'Abbate, questa
Compagnia del Santissimo Sacramento gli diede capparra acciò egli gli facesse un confalone, e restorno
d'accordo del prezo; né v'è stato ancor modo posibile per haverlo. Perrò questi confratelli supplicano V.
E. a fargli gracia di fargli dare, overo il confalone spedito, overo i suoi dennari, che glino restarano far
un altro, havendone de bisogno grandamente (…)

687. Fra' Paolo da Busseto da Gualtieri al Marchese di Gualtieri (Ippolito Bentivoglio)
     Modena 22.IV.1619
     AB, 120, c.261

(…) Questi doi libri de sopra sono quelli ch'ho detto a Sua Ecelenza che sono necesarii: cioé il Psalterio
ed Antifonario, gli quali bisogna avertire che ce voliano quelle zonte [=aggiunte] delli nostri Santi, come
vederrà Sua Ecelenza. Questi doi sono per li Officii del giorno e della notte. Quel terzo, cioé Graduale,
è per le Messe, il qual non è per ora tanto necesario: cioé che ce n'è uno, qual vansi usando, se bene
saria bene, doppoi che gli mette le mani, piliarli tutte tre. Lassarò hora far quel ch'è in piacer di Sua
Ecelenza. E con questo non ocorendomi per hora altro, li batio le mani (…)

(p.s.:) Sarrà anco bene avertirli che siano legati in asse perché in cartone durariano poco

688. (Ippolito Bentivoglio da Modena?) a (Domenico Maria Melli) Podestà di Gualtieri
     s.d. (IV.1619?)
     AB, 120, c.317

Molto Mag.^{co} nostro Carissimo

Habbiamo scritto a Bologna che ci sia mandato un pittore per acomodare li nostre camere e pilastri del
cortile; il quale accomodarà sin anco li pilastri della piazza; però farrete opera che provedano di calcina
ed ogn'altro; per tali accomodamenti avertendosi poi ch'il pittore imiti bene il nuovo col vechio, acciò
non desdica come sia secca la nuova fattura ed unischi più che si può quello ch'è in dipinto l'ano para-
to. Troviamo bene che andiate a Parma a trattare del negotio del Dina, acciò non paia che si sia dimen-
tico, e con questa occasione vedere d'havere l'alligatione, e fate che sia data sodisfatione al medico. In
questo punto riceviamo la congiunta del Sr Marchese Luigi, la quale veduta, ce la rimetterete acciò
posiamo rispondergli, insieme con quella che si ebe dal Duca di Parma. Ed avisate si mandaste la lettera
per la Ghiara a Parma e la risposta

689. Fra' Paolo da Busseto da Gualtieri a (EB, Ferrara) 28.IV.1619
      AB, 120, c.335

(...) Sua Signoria ha da sapere che è arivato il nostro Padre Santo Francesco, che sa Sua Ecellenza che tanto tempo è che l'aspetavamo e per gratia del Sig.ᵣ Iddio è più bello di quello che me era stato scritto; però M.ᵉʳ Pelegrino e M.ᵉʳ Antonio dicano che starà bene, dove che una volta dissi io a Sua Ecellenza, cioè sopra a quel confesionario verso le campane, puoi che gli è il loco da farli la sua nichia senza guastar né dar danno a cosa alcuna; anci farrà adornamento. Però hano detto detti che ne darano ancho essi regualio a Sua Ecel.ᵃ e staremo aspettare la sua intentione. E con questo gli facio humilissima reverenza (...)

Fra' Paolo da Busseto Guardiano in San.º Andrea

690. Ludovico Calvi da Bologna a (Ippolito Bentivoglio, Modena?) 9.V.1619
      AB, 121, c.164

(...) Credo infallibilmente che domenica sera giungeranno costà li pittori che desidera V. S. Ill.ᵐᵃ, e l'uno e l'altro serà, per le informationi che ne ho, egregissimi, e ne restarà servita secondo che ella desidera. Non gl'ho datto prima risposta perché non havevo trovato persona a proposito e che io mi potessi persuadere che fosse per servirla come merita, e gli ho promesso che li pagherò il viaggio dell'andare e ritornare, e nel resto serano con lei dacordo (...)

691. Jacopo Sogliano Prevosto di Gualtieri a (EB, Ferrara?)15.V.1619
      AB, 121, c.222

(...) Il mio servitore è priggione (...) Il pitore dice che i stalli della chiesa non riuscirano bene quando non si riffacia la pittura di tutto punto, però starò attendendo quello parerà bene a V. E. e, quando si riffacia tutta la pittura, haverò pensiero di farla di color più vivo, ogni volta che i padroni non facciano riflessione per la spesa. Il pulpito è accomodato al suo luoco e stà bene; resta ad accomodar il suo cielo, con acordare un ferro ed [l]i altari per l'uscio, di che n'ho detto ditta cosa a Ms. Antonio Villano (...)

692. Antonio Villani da Gualtieri a (Ippolito Bentivoglio, Modena?) 26.V.1619
      AB, 121, c.392

(...) Diedi al padre guardiano li angeli mandati, donateli da V. E.: lo ringrazianno infinitamente (...)

693. Antonio Villani da Gualtieri a Ippolito Bentivoglio, Modena 26.V.1619
      AB, 121, c.394

(...) Martedi sera arivò qui il pitore mandato da V. E., e subito disvestito che fu lo condussi in palazzo a vedere li cameroni delli Ercoli, camerini di V. E., e altro conforme al suo ordine; e detto quanto dal E. V. teneva in ordine, qual risolse non metere mano intorno alli Ercoli, perché così a seco dice non potersi fare, come dalle ragioni che proponne intenderà da lui, ed anco da alcuni altri della professione, che sono statti qui a vederli, che sono dell'istessa opinione, oltra che per il poco tempo che si trovava non havrebbe - anco quando s'havessero potuti fare - così a seco finirli, e io veramente e anco Ms. Pelegrino sono della medema opinione. Providi poi di tuto quello faceva bisogno per finire li suoi camerini come ha fatto, qualli veramente mi pare ch'habbino a tornare bene, imitando benissimo il nuovo con il vechio. Ed è un benissimo giovine, e veramente ha lavorato e fatto molto il debito suo, e con tutto ciò, non è statto poco a finirli in queste quatro giorni, di modo che ha risoluto venire a Modona e darli parte del suo pensiero, sì che risolveranno poi quello s'haverà da fare (...)

694. EB da Roma a Ippolito Bentivoglio, Modena 12.VI.1619
      Vas, Raccolta Stefani, 4, Autografi: Bentivoglio (prov. AB)

(…) Intorno alla vendita di Antegnago veramente so ch'è honorevolezza della Casa, ma il bisogno che
ho io de' danari, credendomi poco brutto il luoco, mi ha fato pensare di ussirne; e non li piacendo,
come chi è che ussiser della Casa, se a lei gustasse la parte di Monsignore [Guido] e mia li darei (…)

695. Alfonso Verati da Parigi a Sante Magnanini, Tours 28.VI.1619
      AB, 122, c.434

(…) prego V. S. a dire al S.ᵣ Cornelio che io li sono servitore devotissimo e che lo supplico a voler
esercitarsi alle sue lecioni di danzare e imparar di far le capriole, perché, come torna, averà occasioni di
mostrar la sua virtù (…)

696. Pier Francesco Battistelli da Parma a (Ranuccio Farnese Duca di Parma) 1.VII.1619
      PAas, Governo Farnesiano, Teatri e Spettacoli, b.1

(…) La intencione del Sig. Encio Bentivoli, ed io se possibile, erra che al ritorno di Roma il teatro di
V.A.S. fose in termine di provare tutta l'opera insieme, il qual sarà vano, la causa è, sia qual si voglia
cosa aspetante a quel servicio (…) e l'intencione di V. A. S. e quela del Sig. Encio non si tosto pò
ricevere la compita sottisfacione che doverebe da me ed operari (…)
* Ed. Bagni 1984, doc.20, p.298

697. Giovanni Bentivoglio dal Bentivoglio a Caterina Martinengo Bentivoglio, Ferrara
      5.X.1619
      AB, 126, c.62

(…) (p.s.:) ecco una lettera havuta di Bologna: di gratia intenda, se il Guerzino pittore verrà al Bentivoglio, m'avvisa.
* Non si conosceva finora nel 1619 un rapporto di lavoro di Guercino con i Bentivoglio. Cfr. anche lettera
successiva del 8.X.1619.

698. Giovanni Bentivoglio dal Bentivoglio ad Annibale Bernazzali, Ferrara 8.X.1619
      AB, 126, c.72

Molto Ill.re S.re
Del[l]'operato da V. S. col pittore da Cento restole molto tenuto, e perché haverete pure a caro sapere
la di lui speditione di costì; ella si contenterà con bel modo andarla sottraendo, ed avvisarmene e non
lasciarlo di pista acciò che non partisse, o s'obbligasse ad altri prima ch'io non parlassi con esso. Io
premo assai in questo negocio, perciò V. S. mi favorirà destramente e me le offro di tutto cuore prontissimo a servirla, e le bacio la mano.   del Bentivoglio il dì 8 8.ᵇʳᵉ 1619
Di V. S. M.ᵗᵒ Ill.ʳᵉ

                                                                        Ser.ʳᵉ di core
                                                                        Giovanni Bentivogli

699. (Avvisi di Roma: 12.X.1619, c.589v-sg.)

(…) Mercordì fu stipulato l'instrumento della vendita che fa il Signor Duca Altemps del suo palazzo e
giardino di Montecavallo al Signor Entio Bentivogli per prezzo di 55mila scudi ed obligo di pagarne 5
ed un quarto per cento sino alla totale soddisfatione d'esso.
* Orbaan, 260.

700. EB da Roma a (Ippolito Bentivoglio, Modena) 22.X.1619
      AB, 126, c.137

Illmo ed Ecc.^{mo} S.^r mio Oss.^{mo}

Da Ferrara mi scrivono che si trova da far partiti a scudi venti il moggio e che i Bolognesi ne hano pigliato una partita grossa dal Duca di Urbino che li costava scudi 22, condoto al ponte di Lagoscuro, dove mi par gran cosa che a Reggio stia cosi basso; credo però che anco in quel luogo si moverano: facia V.S.^{re} quanto le pare. Intorno al suo malle di novo mi ralegro che habbia preso buona piega: che N. S.^{re} ne sia lodato. Si governi e si rissani, acciò potiamo al mio ritorno, che pur spero debba essere in breve, si potiamo godere alegramente e potiamo venire a Roma a godere un aquisto d'un palazzo fato qual è a Montecavalo ed è il più bel palazzo che sia in Roma ed è quelo fabricato dal Sr Card.^{le} Borghese e poi venduto al Duca Altemps dal qual lo comperò per 55mila scudi; è vero che per non li dar il denaro li pago 5 1/4 per cento si paga di certe casete che vi è soto scudi 600 di fito, che le gode il d.^o Sr Card.^{le} per la sua famiglia e poi perché S. S. ha hauto gusto ch'io lo piglia: mi ha fato da S. S.^{tà} investire di certi beni d'un lavezolo che vien a calare una gran taca. Spero haver fato per N. S.^{re} benissimo, essendo la meglio aria di Roma ed a V. E. batio le mani   Roma adì 22 8.bre 1619
D. V. E. Illma

                                                         fratello e ser. di core
                                                         Enzo Bentivoglio

701. Domenico Maria Melli da Gualtieri a (Ippolito Bentivoglio, Modena) 29.X.1619
      AB, 126, c.322

(Problemi relativi agli argini e altre questioni locali)

(c.322v) (...) Hierri il Prete Salari cantò la sua prima Messa nella Collegiata, e doppo desinare invitò delle done nel pallazzo di V. E. e fece sonare e balare. Io non ne seppi cosa alcuna, onde tornato ch'io fui dalli argini, ed inteso questa cosa, restai disgustato di Ms. Anibale, che havesse permesso questi balli senza me. Ma perché ciò (c.323) è stato fato in casa di V. E. ho voluto darne parte a lei medesima, senza metter mano in che si dovrebbe in virtù delle gride che proibiscono il far balli senza licenza del Podestà ed invero se bene io sono ancora vago de spassi, non stà però bene questa libertà in pallazzo quando non è motto de Padroni, che in altro luogo nol tolerare, non essendo onesto passare in ciò senza licenza del Podestà (...)

702. EB da Roma a Annibale Bernazzali, Ferrara 16.XI.1619
      AB, 127, c.137

(...)

(p.s.:) La Compagnia nostra del Spiritu Santo ha ricercato qui un maestro di capela il quale ha fato da un amico mio ricercarmi (c.137v) ch'io voglia intendere che cosa dovrà fare e la provigione che dovrà avere, a fin che possi anch'egli pensare a casi suoi. L'amico che me ne ha parlato mi fa fedde essere valentuomo e che le darà sicuramente sodisfazione; e io che voglio bene alli fratelli volentieri, ho scritto queste due righe. V. S. ne parli [e] con la risposta di questa mi avisa il suo pensiero (...)

703. Guglielmo Gruminck da Torino a Caterina Martinengo Bentivoglio (Roma o Ferrara?) 25.XI.1619
      AB, 127, c.230

Illma Sig.^{ora} Patron Oservan.^{ma}

Io non ho voluto mancar di dar parte dela saluta nostra a V. S. Illma: noi stiamo tuti beni, laudato Dio, ed il simil spero che sia di V. S. Illma e tuti di casa. La littra de la Sig.^{ora} Contesa de la Bastia li ho dato in mano propria, e la sta bene. E mi [ha] dite di dar risposta a V. S. Illma. Il Sig.^{or} Marches Villa è tornato d'Ingliter ed è venuto a visitarsi ed oferirsi di tuto quel che lui pol, ed ancora apresso i Prinsipi, la Sig.^{ora} Duchesa di Mantua e il Prinsipi Cardinale han gran disiderio di sentir cantar, e

questa matina il Serenisimo Duco si ha mandato a dimandar per andar a Rivoli, dove soni i Prinsipi e l'Infanti ed ancor il Prinsipe Filibert. Ogi, che è la festa di V. S. Ill.ma, si partiamo da Turino per Rivoli. Noi stiamo in casa del Sig.or Radesco, dove stiamo tanto ben ed [è] casa onorata; Dona Amatilda sta lontano 20 milli: si V. S. Ill.ma vol scrivere, mi mandi le littre che li ferò ricapitar. Di l'intrata de la Principessa non si sa ancor il dì. Francesca e la S. Angela e suo marito [Alessandro Bonetti] ed io fasiamo reverentia a V. S. Ill.ma   di Turino adì 25 di novembre l'an 1619
D.V.S.

humilisimo servitor
Guillelmo Gruminck

* *Enrico Radesca (Foggia, circa 1570-Torino 1625), organista e compositore, nel 1619 fu naturalizzato piemontese dopo essere divenuto nel 1615 maestro di cappella del Duca di Savoia.*

704. Guglielmo Gruminck da Torino a Annibale Bernazzali, Ferrara 25.XI.1619
AB, 127, c.228

Ill.tre Sig.or honorando

Io non ho voluto mancar di dar parte dela saluta nostra: noi stiamo tuti beni laudato Dio e il simil spero che sia di V. S. Il Marches Ville è tornato d'Ingliter ed è venuto a visitarsi e ad oferirsi di tutto quello che pol. Ed ancora apressi li Serenissimi Prinsipi, non hanno ancor intesi a cantar li nostri doni [=donne], sol che questa matina il Serenisimo Duco si mandato da carosa per menarsi a Rivoli dove soni tuti i Prinsipi. Di la intrata non li posso dar nove nesuna, sol che si fa fabrica grandi e fa far la piasa del castello granda e porta nova, dove deve far l'intrata la Prinsipesa; a Turino non si parla d'altri, sol che di maschi (in lingua nostra strigoni e lupi manari ne soni prigioni). Pareci enter l'altri ci è il medico lor, il qual medicavi 7 personi ne morivi sempre uno, e si vanno pilliando ugni dì. Non ne posso scriver altro, sol di pregarlo di volermi scrivere come sta la mia putina e quando V. S. mi scriverà, farla sopra scrit al Sig.or Radesca Maistre di capel (...)   di Turino adì 25 di novembre 1619

afetionato servitor
Guillelmo Gruminck

(p.s.:) mi facia gratia di darmi risposta

705. EB da Roma a Annibale Bernazzali, Ferrara 30.XI.1619
AB, 127, c.301

(...) Se queli del Spiritu Santo non ricercano Maestro di capela, farò referire al amico che me ne parlò il primo; e credo la intendano a finir la fabrica, e lasciar le altre spese superflue (...)
* *Cfr. precedente lettera del 16.XI.1619.*

706. Alfonso Pozzo da Parma a EB (Roma) 3.XII.1619
AB, 128, c.22

(...) Mentre V. S. Ill.ma mostra la sua prudenza nei maneggi del mondo, Dio le manda occasione di mostrarla in que'accidenti che vengono detti colpi di fortuna: tale è la perdita che V. S. Ill.ma ha fatto del Signor Marchese suo fratello, che sia in gloria, per la cui morte io sento quel dolore che da me si deve all'onorata memoria di quel Cavaliere (...)
* *Ed. Ciancarelli, doc.79, p.254. Sono le condoglianze per la morte di Ippolito Bentivoglio.*

707. Alfonso Pozzo da Parma a EB (Roma) 3.XII.1619
AB, 128, c.24

(...) Vaglia il vero, Signor Enzo mio, la lettera di V. S. Ill.ma delli 23 del passato m'ha offeso e disgusta-to più di quello ch'ella si possa immaginare: offeso, perché io non so con qual atto, dal dì ch'ella mi conosce, me ne sia dato a conoscere per uomo di poca levatura ch'incipiassi in errore sì grande qual è

quello che ella m'appone (…) Ad altri io non sono ricorso, né per me stesso, né per mezzo altrui: ma non è gran fatto, che dove non offesi alcuno e servii molti, abbia qualche amico che, incontrando l'occasione, mi favorisca non dimandato, credendo di far bene. Se V. S. Illma mi scrivesse più chiaro risponderei anch'io più aperto: ma ella dello strale vuole che io senta la piaga, e il baleno me l'asconde, perché non possa ripararmi (…)
* *Ed. Ciancarelli, doc.80, p.255*

708. Alfonso Pozzo da Parma a EB, Roma 13.XII.1619
      AB, 128, c.196

(Annuncia di dover trascorrere oltre due mesi alla corte pontificia e si dispiace che il Marchese non possa trattenersi a Roma per poterlo incontrare)
* *Ed. Ciancarelli, doc.81, p.256*

709. Alfonso Pozzo da Parma a EB (Modena?) 20.XII.1619
      AB, 128, c.309

(Invia gli auguri per il Natale e rinnova l'offerta di mettersi a disposizione per il periodo che trascorrerà a Roma, dalla metà di gennaio)
* *Ed. Ciancarelli, doc.82, p.257-258*

710. Antonio Goretti da Ferrara a (Caterina Martinengo Bentivoglio, Modena)
      24.XII.1619
      AB, 128, c.486

Illma S.^{ra} e Patrona mia Oss.^{ma}

Mi ralegro con V. S. Illma d'ogni sua consolazione, che ne sia sempre ringraziato e laudato Sua Divina Maestà, poiché il tutto riceviamo dalla sua mano. Serà pur venuto il tempo che potrò dire: - S.^{ra} Marchesa e Vostra Ecc.^a. Prego Iddio N. S.^r che la consoli, e gli conceda il S.^{to} Natale col buon principio d'anno. Che per fine le fo riverenza, racordandomegli sempre servitore e le bacio le mani

Di Ferrara il dì 24 X.^{bre} 1619

Di V. S. Illma

humilliss.^{mo} e devotiss.^{mo} ser.^{re}
Antonio Goretti

711. Antonio Goretti da Ferrara a (EB, Modena) 24.XII.1619
      AB, 128, c.490

Illmo S.^{re} mio Patron Oss.^{mo}

Io deve fare ufficio con V. S. Illma, ma non so discernere qual mi debba far prima, s'io mi debba condolere o ralegrare: ma nell'una e nell'altra maniera, come suo servitore, lo deve fare come facio con ogni affetto. Dolendomi della morte del S.r Marchese [Ippolito] e del Sr Ferante [Bentivoglio], che prego Sua D. Maestà che sia in Paradiso. Mi ralegro poi della sua venuta, che cossì posso dire essendo vicino, e desiderato questa sua venuta da me somamente; e tanto più quanto spero di doverla vedere in breve, e con buona salute, per potermene ralegrare con la viva voce d'ogni sua consolasione, e di tante grasie che gli viene dalla mane di Sua D. Maestà, la qualle gli ha dato un tempo da travagliare, ed ora lo consola e lo vol consolare in molti modi, aciò possia rassegnare la sua casa. Che per fine le fò riverenza, augurandole le buone feste del santo Natale col buon capo d'anno, meglior meggio e otimo fine.

Di Ferrara il dì 24 X.^{bre} 1619

D. V. S. Illma

humilliss.^{mo} e devotiss.^{mo} ser.^{re}
Antonio Goretti

712. Alfonso Pozzo da Parma a EB (Modena) 27.XII.1619
      AB, 128, c.464

(…) Mi è stato detto che V. S. Ill.ᵐᵃ è stata da codesto Signor Principe [di Modena] investita di Gualtieri: ed a me non se ne scrive cosa alcuna? (…) di grazia, caro Signor Enzo, mi onori di avvisarmi del
tutto; e Sua Altezza [il Duca di Parma] particolarmente, che gode che nell'amarezze V. S. Ill.ᵐᵃ e suoi
figli abbiano questa consolazione, questa mattina meco ne discorreva, e desidera di sapere se tutti i beni
sono feudali, o quanti ve ne ha (…)
* *Ed. Ciancarelli, doc.83, p.259.*

713. Alessandro Piccinini da Bologna a EB, Modena 29.XII.1619
      AB, 128, c.539

Ill.ᵐᵒ Sig.ʳ e Padron mio Coll.ᵐᵒ
Una mia ch'io inviai a Roma, credo che di ritorno V. S. Ill.ᵐᵃ l'averà riceuta, e perciò non replicarò altro
di quela. Hora duplicatamente mi doglio de la perdita del Ill.ᵐᵒ Sig.ʳ Ferante [Bentivoglio] e pregarò il
Sig.ʳ Idio che magiormente conservi V. S. Ill.ᵐᵃ. Mentre io abitava in Roma, Monsig.ʳ Nappi, hora Vici-
legato nostro, mi mostrava qualche affetione conosendomi tanto servitore di V. S. Ill.ᵐᵃ; hora desidero
mi conosca ancora per tale: però se V. S. Ill.ᵐᵃ avesse ocasione di scriverli favorendomi de la giunta di due
parole in mia racomandatione, ed io recapitando detta lettera mi servirei di tal ocasione a farli riverenza, e
darmeli da riconoscere per ogni mio bisogno. Altro non dirò, sperando di vedere V. S. Ill.ᵐᵃ in queste
parte. E con il fine prego il Sig. Idio li dia bon capo d'anno   di Bologna il dì 29 X.ᵇʳᵉ 1619
Di V. S. Ill.ᵐᵃ

se.ʳᵉ Aff.ᵐᵒ
Alesandro Picinini

714. Alfonso Pozzo dalla camera ducale a Ranuccio Farnese Duca di Parma s.d. (fine
      1619?)
      PAas, Epistolario scelto, b.19

(…) Pietro Francesco [Battistelli] ha avuto aviso da casa che sua moglie sta male, e però supplica V. A.
Ser.ᵐᵃ di licenza per otto giorni. Il Tamara la supplica anch'egli o di licenza o di una lettera di favore al
Signor Governatore di Ferrara, affinché non sia molestato, mentre ch'è qui, d'una fabrica che ha preso
sovra di sé. Il Signor Enzo fa riverenza a S. A., e la supplica a favorirlo per due mesi di Pietro Francesco,
mentre non si pregiudichi al servizio di S. A. (…)
* *Ed. Ciancarelli, doc.86, p.262*

1620

715. Antonio Goretti da Ferrara a EB, Modena 3.I.1620
      AB, 133, c.74

Ill.ᵐᵒ S.ʳ mio Patron Oss.ᵐᵒ
Per una mia promessi di dare aviso a V. S. Ill.ᵐᵃ della nova Congregazione agiunta alla già fatta de
Mendecanti dal S.ʳ Card.Legato, che sono al n.ᵒ 60 e ne ha [e]letto n.ᵒ 12 che havrà da governare un
anno, i quali per quest'anno è il S.ʳ D. Ascanio [Pio], S.ʳ M.ˢᵉ Fiasco, Conte Cesare Mazzi, Conte
Alfonso Monte[cati]ni, Conte Frosseto, S.ʳ Ferante, Mons.ʳ Pavanasi, S.ʳ Pendaso, S.ʳ Maurelio, e il
Frasco notaro, il Buono notaro, ed io. Si prosupone in sia l'assegnamento per il viso, stando il disegno
del S.ʳ Card. resta per la fabrica e vano designando. Il S.ʳ Maurelio avanza scudi 1500 e non vol passare
più inanti, piacia a Dio che il negozio passa bene per questi poveri. Altro di novo qui non vi è. Serà per
racordato a V. S. Ill.ᵐᵃ il negozio del Lamperino, il quale mi preme molto e tanto più quanto insendo

che m'è uno che porta il Sr Card. Bivilaqua: suplico V. S. Illma con ogni affetto a farmi questa grasia se è mai possibile, che mi serà somo favore e gli ne tererò perpetuo obligo, che per fine le fò riverenza pregandoli da Iddio N. S. longa e felice vita   Di Ferrara adì 3 genaro 1620
D. V. S. Illma

humiliss.^{mo} e devotiss.^{mo} ser.^{re}
Antonio Goretti

716. Margherita Langosca da Torino a Caterina Martinengo Bentivoglio, Modena 12.1.1620
AB, 133, c.215

Illma Sig.^{ra}

Io ricevei circa un mese fa una lettera di V. S. Illma per la quale mi raccomandava certe sue done, le quali son venute per cantare a loro Altezze. Io non l'ho vedute mai perché tardai poco d'andar a Revig.^{co}, di donde venni solo hieri; farò vedere dove alloggiano, e se li potrò far qualche servitio lo farò volontieri per amor di lei, a quale son pronta di servire in tutte le occasioni che le piacerà comandarmi. Mi son rallegrata d'intender il suo buon stato, e del Sr Entio suo marito con SS.^{ri} figlioli. Il medemo è di tutti noi, che unitamente le baciamo le mani.   Di Tor.^o li XII di genaro 1620
D. V. S. Illma

Aff.^{ma} zia e serva
Margarita Langosca parente

* *Le due donne raccomandate dalla Marchesa sono Francesca Gruminck e Angela Bonetti arrivate a Torino con i rispettivi mariti.*

717. Antonio Goretti da Ferrara a EB, Modena 14.I.1620
AB, 133, c.234

Illmo S.^{re} mio Patrone Oss.^{mo}

Ricevei la letera di V. S. Illma insieme con quella per il Sr Susani a favore del Lamperino, la qualle mi fu somamente cara, e si è mandata e si starà atendendo il buon successo come spero; intanto resto obligata alla cortesia di V. S. Illma, e gli rendo infinite grasie. Mi scuserà se io son stato tardi a fare questo ufficio, poiché sperava di doverlo fare a boca, imaginandomi che a quest'ora fosse qui de nostri. Quanto al Gherizo [=Giovanni Ghenizzi], è morto, e di già havea pensato e procurato con parole conforme al suo desiderio. Però, sentendo quanto mi comanda, son stato a ritrovare il Rica, il qualle tiene in casa Lodovico Ghenizo castrato e gli ho detto per parte di V. S. Illma che habbi buona custode del puto, e che non lo lassa partire da Ferrara per qual si voglia cosa sino alla sua venuta. Il medemo ho detto al Sr Maurelio, e perché il Sr Ercole Nigresuolo è ora Prencipe della Cademia della Compagnia della Morte, e che paga particolarmente per il salario di detto figliolo, son stato sforzato a parlarli. Anco lui mi è venuto a parlare (c.234v) a me con il Rica, ed ho scoperto che è venuto qui iersera l'altro un fratello di detto figliolo, il qualle lo voleva condure a Modona da sua madre, ma si è scoperto ancora che lo voleva condure al S.^r di Novelara, e il detto Sr Ercole è venuto in sospeto che le mie parole, dette per parte di V. S. Illma, fosse per levare il figliolo dal servitio della Compagnia. L'ho assicurato che V. S. Illma non ha tal pensiero, ma che la Compagnia se ne serva, e non lo lassi partire da Ferrara in modo alcuno sino alla sua venuta: cossì m'hano promesso di fare, e di haverne tutta la diligenza possibile. Altro per ora non mi ocore dirli, solo farli riverenza, come facio con ogni affetto, pregando da Iddio N. S.^{re} longa e felice vita   Di Ferrara il dì 14 genaro 1620
D. V. S. Illma

humill.^{mo} e devotiss.^{mo} ser.^{re}
Antonio Goretti

* *È morto il cantante Giovanni Ghenizzi, che Enzo Bentivoglio aveva fatto venire da Roma a Ferrara nel 1616. Si parla del figlio di lui, Ludovico, castrato.*

718. Giulio Cesare Tamara da Torino a EB, Modena 15.I.1620
     AB, 133, c.270

Ecc.^{mo} Sig.^r mio Patron Col.mo

Io non so se Vo.^{ra} Ecc.^a mi tenirà per servitor di poco afeto, poiché dopo la mia partita da Parma io non gli abia mai dato parte di me, abenché me li sia fato racordar servitore per le litere della Si.^{ra} Franzisca; tuttavia la prego a scusarmi dello eser così tardato, perché ero incerto del loco dove si trovava. Con intendendo che si ritrova a Modena, e di più intendendo della sua nova eredità, me ne ralegro con lei, ancor che mi spiacia asai la morte di doi così gran miei patroni: ma sapendo che questo è un pasagio che lo dobiamo far tuti e che hano pagato il loro debito, mi pare di poter in parte satisfare l'obligo che li tenevo di servitore, con il pregar Dio per loro, e di novo ralegrarmi con V.^{ra} Ecc.^a dello aver inteso di eser restata erede del tuto: che il Sig.^{re} la prosperi di bene in meglio. Significandoli che ancor io scoro asai bona fortuna ap[r]eso questi Padroni ed ancorché non abia fato quasi niente, mi hana regalato di 250 ducatoni e spero asai bene, perché pare che si satisfatiano asai bene della mia opera. Né facio altro che comandare, e spero in Dio di farmi onore, che così li piacia di farmi la gratia, sì come lo prego. E tuto questo ricevo prima da Sua Divina Maestà, poi da Vo.^{ra} Ecc.^a, qual mi ha inalzato a questo; né cesarò mai di pregare il Sig.^{re} per augumento della sua casa. E con questo facendoli riverenzia le bacio le ginochia con una umiltà, pregandoli da Dio il prospero fine d'ogni suo desiderio   di Torino il dì 15 gena.º 1620
Di V. E.

humi.º Se.^{re}
Giulio Cesar Tamari

(p. s.:) Madama ha fato il dì 14 l'intrato non solene
Per il Tamara a Parma cfr. Ciancarelli, passim (ma non cita nessuna lettera di lui).

719. EB da Modena a destinatario non indicato 20.I.1620
     MOas, Cancelleria Ducale, Particolari 138: Bentivoglio Enzo

(Il tentativo del Marchese di assumere ai propri servizi Ludovico castrato, figlio di Giovanni Ghenizzi, è vanificato dalle pretensioni dell'Accademia della Morte di Ferrara)
Cit. in Franklin, p.190. Cfr. le lettere di Antonio Goretti del 14.I e 18.II.1620.

720. Fabio Pepoli da Bologna a EB, Ferrara 20.I.1620
     AB, 133, c.381

(...) Havendo inteso che V. S. Illma è a Ferrara, vengo con questa a supplicarla del favore che scrivevo nell'altra, qual è che dovendosi fare a Bologna un torneo dove io opero a cavalo, desidererei mi favorisce del girello che adoprò l'anno passato il Sr Ferrante [Bentivoglio] che sia in Cielo. Mandandomi ancora la forma della penachiera, e scrivendomi come era la livrea de paggi e de staffieri, che io me ne potrò servire, satisfato di tutto, con che li facio riverenza. Vorrei ancora mi favorisce mandarmi (c.381), se si trovasse apresso di sè, qualche inventione di comparsa vestito d'altro, che gliene resterò oblig.^{mo} (...)

721. Giovanni Bentivoglio da Modena a EB, Ferrara 20.I.1620
     AB, 133, c.399

(...)È stato qua Lodovico di Maestri da Bologna, e visto le gioie, quale desiderarebe sapere quando V. S. Illma è per essere qua, per trovarcisi per trattare del prezzo, sì come da Mantova vi farà compratori, quali aspettanno aviso del giorno preciso che ella verrà, per trovarvisi, quali compraranno anche pagni da dosso, e li daranno tutti e suoi denari. Sicché giudico sia necessario se ne venghi quanto prima, ed anche avisi del giorno preciso, accio li compratori si trovino tutti qua. Ho presentito che la Sig.^{ra} D. Leonora haverebbe gusto haverli per la stima fatta (...)

722. Luigi Rossi da Roma a EB, Ferrara 26.I.1620
     AB, 133, c.554

Illmo Sig.^{re} Padron Oss.^{mo}

Hieri hebbi resposta da Napoli di quella lettera ch'io scrissi per quel giovane dell'arpa, conforme mi comandò V. S. Illma già; e mi pare che habbia voglia il giovane di venire. Io mando a V. S. Illma la lettera, acciò vegga quel che comanda. Ho stimato questa occasione di mia gran fortuna per rinovare con la presente la mia servitù con V. S. Illma e farli riverenza, pregandola mi honori di suoi comandi. Con che fine di nuovo me li inchino   da Roma 26 gennaro 1620
D. V. S. Illma

                                                                   Ser.^{re} Humilis.^{mo}
                                                                   Luigi Rossi

* *Luigi Rossi (Torremaggiore-Foggia, circa 1598-Roma, 1653) fu uno dei compositori più celebri del suo tempo e protagonista della musica a Roma nell'età dei Berberini. Questa è l'unica lettera di Rossi finora conosciuta, e costituisce la prima documentazione diretta del suo arrivo a Roma da Napoli già prima del 1620. Ed. in Fabris, L'arpa napoletana, pag. 218.*

723. Alessandro Guarini da Mantova a EB, Ferrara 27.I.1620
     AB, 378 c. 131

(Condoglianze per la morte di Ippolito e Ferrante Bentivoglio)

(...) e l'assicuro, che quanto è stato il dolore che ho sentito dell'acerbo caso di quei Sig.^{ri}, dal Mondo a un sol colpo levati, altrettanta, e maggior, è stata la consolazione, di veder cotesta, tra quante n'habbia l'Italia, nobilissima casa, conservata in V. S. Illma, e nella sua dignissima prole. E se fu alcuno, che non lodasse la risoluzione, che fece la gloriosa memoria del Sr Cornelio, lor padre, nell'età sua senile di prender moglie, hora potrà conoscere dell'inestimabile frutto, che se n'è tratto, con quanta prudenza alla conservazione di così generosa famiglia quel saggio Sig.r provedesse. E s'altri, abbagliato dallo splendore di V. S. Illma, pericolose ha per lei giudicate le sue magnifiche imprese, potrà in effetto riconoscer verissimo quel proverbio, che di magnanimi spe[n]ditori liberal tesoriera la Fortuna è pur sempre. Piaccia a Dio benedetto, di cui ella è ministra che, con questa, tutte l'altre prosperità e grandezze a V. S. Illma ed a tutta la sua casa ella porti (...)

724. Cesare Marotta da Roma a (EB, Ferrara) il 4.II.1620
     AB, 134, c.71

Illmo Sig.^r mio Colend.^{mo}

Ho tardato finora in fare riverenza a V. S. Illma, assieme con Ipolita mia consorte, mentre mi sono andato credendo che fusse occupata nelle negotii, havendo anco preso sicurtà che V. S. Illma sia certissima del ossequio ed obligo che li tengo; vengo però hora a sodisfare a questo mio debito, pregandole a tener memoria di me e della detta mia consorte, mentre li vivemo tanto svisceratissimi servitori, raccordandole con questa occasione di fare quello officio che V. S. Illma sa con il Sig. Giovani Torfanini, padrone della casa dove abito. E perché di ciò a pieno ne fu da noi informato a voce, mi parebbe superfluo in replicarcelo, solo li raccordo a farmi degno di suoi comandi. Ipolita mia ed io facemo riverenza alla Sig.^{ra} Marchesa, desiderosissimi di rivederla, cossì anco al Sig.^r Cornelio e tutti Signorini. E per fine restarò, pregando il Sig. Iddio per la sanità di V. S. Illma ed ogni contento.   Di Roma a li 4 febraro 1620
Di V. S. Illma

                                                                   Aff.^{mo} ed oblig.^{mo} ser.^{re}
                                                                   il Cav.^{re} Cesare Marotta

* *Ed. Hill, Montalto, p.355.*

725. Annibale Bernazzali da Ferrara a (EB, Roma) 14.II.1620
    AB, 134, c.205

(...) Padron mio, la spesa di questa fusta riesce più grave di quello che V. S. Illma si è imaginata, e però è necessario che manda danari si s'ha da finire: a farla rossa, solamente tra [car]minio e zinaprio, ci va da 25 scudi, senza la spesa del pittore (...) Il Sr Cavaliere ha mandato da me a dirmi che venirà un certo pittore, per dipingere la fusta e che V. S. Illma ha dato ordine che se li dia tutto quello che addimanda (...) (c.205v) Guiglielmo [Gruminck] da Torino mi scrivi ch'io dica a V. S. Ill.ma che il secretario del S. Card.^{le} di Savoia s'è dolsuto con lui che lei, nel scrivere al Sr Card.^{le}, non l'habbia dato dell'Alt.^a: mi è parso bene d'avertirla in questa, acciò sappia in che maniera si debba governare in questo particolare (...)

726. Antonio Goretti da Ferrara a EB (Roma?) 18.II.1620
    AB,134, c.294

Illmo S.^r mio Padron Oss.^{mo}

Questa matina si parte da costì Ludovico [Ghenizzi] castrato, che stava con la Compagnia della Morte, per venire a Modona ad istanta di Sua A. Ser.^{ma}: così intesi ier sera, che la Compagnia l'ha consegnato al Sr Conte Mesdone a questo effetto, ma si tiene openione che il Sr Card.^{le} [d'Este] sia quello che lo voglia al suo servitio; quanto alli denari che ha hauto il detto figliolo della Compagnia, ano voluto dare il conte al Sr Conte Mesdone, e lui si è scusato di non haver ordine alcuno. Ho voluto havisare V. S. Illma di questo fatto per farli sapere quanto ocore, che per fine le fò riverenza e me gli racordo, sempre pregando Iddio N. S.^r che gli conceda longo e felice vita (...)

727. Ercole Provenzale da Roma a EB (Modena) 7.III.1620
    AB, 135, c.68

(...) Mi trovo una di V. S. Illma delli 18 del p[a]satto, la qualle non mi è capitata se non doi giorni fa; ho cercatto di Baldisera ed ho trovato ch'è in Lombardia con el Duca di Fiano figlio del Cardinalle Sforza. Io vedrò il Sr Agnolo Contarino e li dirò quello che mi ha ordinato V. S. Illma, e la dificol[t]à di trovarsi questo giovano for di Roma.

Ne l'istesa lettera mostra V. S. Illma non avere mie lettere e so di scriverli speso, anze sto aspetando certe risposte, come quella se V. S. Illma volle che si facia sopra l'arma del camino una corona (...) o vere selli facia come sta sopra le portiere che sone in guardaroba di corame, dove li scarpelini me ne fano instacia di saper la mente di V. S. Illma.

Li mandai ancora la misura delle stanze per poterle parare.

(...) (c.68v) Ogni giorno che si è fatte mascare il Sr Prinsepe di Solmona si è venuto a mascarare e smascar[ar]si nel casino: ora era con lui Monsr Nobelle [=dei Nobili] o vere Monsr Pignatelli. Si è poi fatto tre comedie nella salla del palazo con quiete granda, e li ha ricetato di comici ordinari, li qualli non si sono portato malle; li è stato qualche done in mascara e molti SS.^{ri} pure in mascara e smas[ch]erati. Da otto giorni in qua li è tanto giaze [=ghiaccio] a Roma che non si racorda che ne sia mai stato tanto da 50 anni in qua (...)

* *È l'ultimo riferimento a Baldassarre, il giovane cantante allevato a Roma per conto di Enzo Bentivoglio.*

728. Guglielmo Gruminck da Torino a (Annibale Bernazzali, Ferrara) 9.III.1620
    AB, 135, c.104

Ill.^{tre} ed Etcelent Sig.^{or} mio

Io ho recevuto una sua, a noi molto caro, di sentir nove di V. S. e di la nove chi mi da dela fillia mia; noi stiamo tuti beni, laudato Dio, ed il simil spero chi sia ancor di V. S. Dili feste e grandesa di qui per hor non li posso scriver perché sono longa. Sua Altessa le fa stampar: subito chi seranno stampato, ne manderò una copia ala Sig.^{ra} e V. S. le vedrà. Domano si fa un campo aperto chi farà una cosa bella.

Francesca canta in la machina del Prinsipe magior e la Sig.^{ra} Angola in el caro del Marches Ville: faranno cinque squadrille. Domenica chi viene si dice de far l'intrata di Madame: si sarà vero si sonni intimati tuti [i] feudatari e tuta la soldadesca per domenica. Di qui non li posso di[r] altro, sol chi sia publicato il giubileo ali 8 di questo. Francesca e la Sig.^{ra} Angela e suo marito [Alessandro Bonetti] li rendeno duplicati saluti ed io ancora fò il simil   di Turino adì 9 mars 1620
D. V. S.

humilissimo servitor
Guillelmo Gruminck

(p.s.:) V. S. mi farà gratia di dir al Sig.^{or} Antonio Goretto che non ho avuto tempo di andar a veder di questi libri: l'ordinario io li scriverò questo chi viene e V. S. facia li nostri recomandationi da parte nostra

729. Guglielmo Gruminck da Torino a (Caterina Martinengo Bentivoglio, Ferrara) 9.III.1620
AB, 135, c.108

Illma Sig.^{ra} e Patrona

La Sig.^{ra} Marchesa Tassona mi ha consignata la scatola e la littre dela Sig.^{ra} Dona Amatilda, la qual littre di V. S. Illma ho aspettato con grandissimo desiderio di intender dela saluta di V. S. E si V. S. aveva recevuta la mia littre e la scatola chi li mandava la Sig.^{ra} Dona Matilda, dove lei non mancava settimana di mandar, intende si noi abiamo nove di V. S. Io li ho fatto scriver come devo far a visitarla in nome di V. S. Stò aspettando la risposta perché non si pol andar a Saluse sensa lisentia di Sua Altessa (…) in castello sto aspettando la risposta e secondo lei mi scriverà io mi governerò, e si bisonerà favor da la Sig.^{ra} Marchesa Tassona, io me ne valerò: si son bon qui per servir V. S. di qualche cosa, mi comanda chi sono pront per obedirla. Di li feste di qui non li posso scriver, e perché sono longo da scriver; ma Sua Altessa le fa stampar tute: come saranno stampato, manderò una copia a V. S. Domani si fa un campo aperto, e domenica si dice che Madame fa l'intrata; si sarà vero, sonno intimati tuti [i] feudatari e tuta la soldadesca per domenica chi viene. Fransesc e la Sig.^{ra} Angola e suo marito [Alessandro Bonetti] fanno (c.168v) riverentia a V. S. e si li recorden serve. E Francesca prega V. S. di voler far le sue recomandationi ali putini e Madama Barbere ed io il simil. Baso per mille volt le mano a V. S. Illma,   di Turino adì 9 di mars l'an 1620
<D. S.> D. V. S.

humilisimo servitor
Guillelmo Gruminck

730. Alderamo Belatti da Roma a EB, Ferrara 14.III.1620
AB, 135, c.188

Illmo S.^r e Padron mio Col.^{mo}

Mando a V. S. Illma con la bolletta sei grosse di corde per la chitarra alla spagnola delle migliori che si siano trovate a Roma, e saranno in una scatoletta coperta di tela incerata, acciò venghino asciutte, e sono tutte conformi all'ordine dattomi con l'ultima sua.

Ho riceuto la Bolla della scomunica, che mi ha rimandata indietro con l'avvertimenti sopra a quello desidera si metta di più in detta Bolla, la quale per ciò bisognerà si faccia riffare di novo, mentre s'ha d'aggiungere a suo Monsr Nuntio suo fratello per oratore (…) Mi pare di vedere V. S. in un grand'intrigo con queste donne, ma so poi, se si vorrà spicciare con honore, attendi di grazia a sbrigarsi per potere tornar in qua col Sr Card.^l Leni per finir il palazzo. Il vitraro non mi lascia vivere, bisogna mandarli un poco di denari a buon conto; ed il falegname da l'istesso. (…)

731. Alessandro Guarini da Mantova a Caterina Martinengo Bentivoglio, Ferrara 10.IV.1620
    AB, 378, c. 193

(Risponde ad una richiesta di raccomandazione per il fratello di lei, Marchese Martinengo)
(…) Se in altro V. S. Illma mi conosce buono a servirla, sappia che per la Casa Bentivoglio sarò prontissimo sempre a spender e la persona, e l'havere, sì come sono stato sempre in tutto quello che l'honore mio e la mia riputazione mi ha conceduto (…)

732. Alessandro Piccinini da Bologna a EB, Ferrara 11.IV.1620
    AB, 136, c.170

(…) La mia disgrazia vole che un bogno venutomi sotto un brazo mi priva del gusto ch'io averei auto in venire a servire V. S. Illma; altro non posso dire in pacienza, pregando V. S. Illma avermi per iscus[at]o. E un poco di alterazione che mi viene per detta causa ogni sera mi fa stimare molto il poco male. Intanto sperarò di poterla servire con sanità, e con il fine a V. S. Illma auguro ogni felicità (…)
(p.s.:) La sera io mi ritiro a bon'ora in casa ed ogni sera ho mandato a vedere se è venuto il cochiero; e iersera a megia ora di notte arivò, e li fece dimandare se avea letera e dove andava a logiare; e intendo che stava tutto colerico e che dificilmente rispose e mi dispiacque non potere io andare a vedere se cosa alcuna li bisognava.

733. Alfonso Boldrini da Parma a (EB, Ferrara) 17.IV.1620
    AB, 136, c.279

(…) Questo Ser.^mo mio Sig.^re [il Duca di Parma] molto volontieri darà a V. S. Illma Ms. Piero Franc.^o [Battistelli] per uno mese, acciò se ne possa valere: però, venuto che sara qua con la sua famiglia, che dovrà seguire subito fatte le prossime santissime feste, ho ordine di raccordarlo all'A. S., che li farà dare li ordini necessarii per il lavoro nel salone, e lo farà poi venire a servire a V. S. Illma. A quale, raccordando il negotio di mio cio [=zio] il Lana con quella maggiore efficacia che posso, faccio humilissima riverenza (…)
* *Ed. in Bagni 1984, doc.24, p.302.*

734. Alessandro Guarini da Mantova a EB, Ferrara 20.IV.1620
    AB, 378, c.135

Illmo Sig.^r mio Sig.^re e Padrone Sing.^mo
Ho presentato subito al Sig.^r Duca la lettera di V. S. Illma e l'ho accompagnata con quell'ufficio ch'era debito e quel fervore d'affetto col quale son in obligo io di trattare le cose sue, ma che non era già necessario alla buona disposizione di S. A. verso V. S. Illma. Alla quale mi ha detto che io risponda, che in tutto quel che potrà le darà sempre volontieri gusto e sodisfazione, ma che in questo particolare è necessario che l'A. S. sappia per qual delitto colui sia pregione, prima che deliberi di concederlo, o no. Perciocché tale potrebb'essere la cagione della sua prigionia, che il concederlo non convenisse. Mi ha pertanto comandato, che io scriva a quel Sr Podestà di Sazuolo, che sopra ciò mandi una relazione; la qual havuta che s'habbia, S. A. risponderà poi alla lettera di V. S. Illma, e l'effetto desiderato accompagnerà la risposta, se non vi sarà cosa in contrario. Io, perch'ella resti quanto prima servita, ho voluto inviar a lei la lettera, al Podestà direttiva, che sarà qui congiunta, acciochè possa ella mandarla subito, e rimandar la risposta di lui, con la relazione ordinata, la qual io gli scrivo che debbia dar all'esibitor della sua. Il che è quanto posso dir con molta fretta a V. S. Illma. A cui rendendo molte grazie, che voglia riconoscermi per quel vero ser.^re che le sono col favorirmi (c.135v) de' suoi comandi, de' qali vivo e vivrò ambiziosissimo sempre, col fine di questa bacio a V. S. Illma riverentemente la mano, e prego N. S. Dio, che le conceda il colmo di ogni desiderata felicità.   Di Mant.^a li 20 aprile 1620.
Di V. S. Illma

(p.s.:) Io non potrei metter al mondo consolazione maggiore, che la venuta di V. S. Illma a Mantova, e può ben ella rendersi certa, che il Sr Duca la vedrà così volontieri, come conviene alla molta stima che fa della persona sua. Venga Padron mio, per vita sua, e se l'acquisto del nuovo titolo non le ha fatto perdere la solita gentilezza, non si sdegni di venir a honorare la povera casa d'un suo ser.^re; e l'occasion'è opportunissima perché, s'ella si trova in Mantova sabato prossimo, vedrà celebrar il dì della nascita del Sr Duca con una favoletta in musica, opera del Co. Striggio, ed un baletto, che sarà fatto da nove dame, tra le quali saranno la S.^ra Duchessa e la S.^ra Principessa. E di nuovo le fò riverenza, e con desiderio l'aspetto.

Riverentiss.^o ed obligatiss.^o
ser.^re e cugino
Aless.^ro Guarini

* *Ed. parz. Fabris 1998, p.409. La "Favoletta in Musica" era probabilmente l'*Apollo *di Alessandro Striggio, rappresentato con musiche di Monteverdi a Mantova nel carnevale del 1620; il "baleto" era forse l'*Adone *musicato nella stessa circostanza da Jacopo Peri (su quest'ultimo cfr. Kirkendale, pp. 226-28).*

735. Antonio Vincenzo Averoldi da Roma a EB, Ferrara 8.V.1620
AB, 137, c.73

(...) Nel montare in carozza per Frascati il servitore delle Signore Camille mi portò l'alligata che, strappatami dalle mani dal Sr Prencipe [Peretti] fu aperta e letta da S. E. Mi spiace non aver fatto la ruffianeria segreta, ma V. S. Illma se ne dolga e lamenti col Sr Prencipe, che ardisce violentar le segretezze amorose (...) Non scrivo novelle che non ne ho. Oggi [il Cardinal d'] Este è stato col Sig.^r Cardinal Padrone [Ludovico Ludovisi] alla vigna con Adriana [Basile] e [Orazio Michi dell'] arpa del Sr Francesco [Borghese]. Di promozione s'aspettano più luoghi (...)

736. Alessandro Guarini da Mantova EB, Ferrara 20.V.1620
AB, 378, c.137

(Tra le diverse notizie, riferisce che il Duca di Mantova ha concesso ad Enzo Bentivoglio di liberare "il prigion" e raccomanda il latore della lettera, ossia il fratello Guarino Guarini)
* *Si riferisce alla richiesta di grazia presentata da Enzo Bentivoglio al Duca di Mantova per un personaggio prigioniero a Sassuolo (cfr. lettera di Alessandro Guarini del 20.IV.1620).*

737. Alessandro Guarini da Mantova a EB, Ferrara 13.V.1620
AB, 378, c.139

(Raccomanda Aurelio Guastalli da Guastalla per il notariato di Gualtieri)

738. (Avvisi di Roma: I.VII.1620, c.385)

(...) Il Prencipe Don Tomasso di Savoia fu sabbato banchettato dal Signor Entio Bentivogli nel suo palazzo e giardino di Monte Cavallo; e domenica mattina, sopra due mute di carrozze (...) se n'arrivò a Tivoli.
* *Orbaan, p. 266.*

739. Alessandro Bonetti da Torino a (Caterina Martinengo Bentivoglio, Ferrara) 3.VIII.1620
AB, 140, c.8

Illma S.^ra mia Padrona sempre Col.
Io son sforzato con ogni reverenzia ed umiltà di pregarla, io e l'Angiola sui servi, di far che il Sr Marchese Vila, ch'è qui in Ferrara, voglia domandar bona licenzia a questa A. Ser.^a per noi. Per quelo che si

dice astaremo qui tuto carneval; per la parte mia, se potrò mai, non li voglio stare per più cose che io pasa (…)

(Descrive guai dovuti ad una certa "compagnia" e) altre particolarità che non convien a scriver per più rispeti (…) Io insieme con l'Angiola bacio a V. S. Illma reverentemente le mani (…)

* *È il marito di Angela Zanibelli. Col fratello Giovan Pietro, Alessandro Bonetti è dedicatario della raccolta di Tarquinio Merula* Satiro, e Corisca, *dialogo musicale a 2 voci (Venezia 1626). Cfr. Fabris 1986, p. 76.*

740. Jacopo Sogliani da Gualtieri a Caterina Martinengo Bentivoglio, Ferrara 17.VIII.1620
      AB, 139, c.176

(…) A giorni passati morse Don Francesco Marmiroli, mansionario di questa Collegiata, la quale, per esser iuspatronato di loro Sig.^{ri} Ill.^{mi}, a lo[ro] anco s'aspetta, per non perdere il detto suo ius, presentare il nuovo mansionario: del che ne aviso V. S. Illma, si come anco n'ho avisato il Sr Marchese a Roma (…) in tutti i casi è necessario che sii sacerdote e che sappi cantare sicuro almeno a canto fermo, per esser l'ufficio suo d'aver cura del coro e del cantare. L'utile della mansionaria è di ducatoni trenta di sicuro; vi sono poi gl'incerti, ma puochi (…)

* *Si tratta quasi certamente del "Don Francesco" di cui parlano numerose lettere da Gualtieri degli anni precedenti.*

741. Cardinale Giacomo Serra da Ferrara a EB, Roma 30.IX.1620
      FOc, Carte di Romagna: Bentivoglio, 7 (prov. AB)

Illmo Sig.^r

Ringratio V. S. assai della parte che, per mezzo della sua lettera, ha voluto darmi del matrimonio concluso del Sr Annibale, suo secondogenito, con la S.^{ra} Semidea Leni, nipote cugina del Sr Card.^l Borghese, e nipote carnale del Sr Cardinal Leni; del qual successo, come già per un'altra mia havrà visto V. S. (…)

742. Alessandro Guarini da Mantova a EB, Ferrara 9.X.1620
      AB, 378, c.141

(Si congratula per il matrimonio di un figlio del Marchese Enzo).

743. Pier Francesco Battistelli da Parma a EB, Ferrara 28.XII.1620
      FOc, Piancastelli, Autografi: Battistelli (prov. AB)

(…) Per la fretta della pasata lettera scrita a V. S. Illma, mi scordai di scrivere nel termine che si ritrova al presente di pitura la salla di V. S. Illma a Gualtiero; e perché melio V. S. Illma posa saper come si ritrova, ho schizato qui sotto la faciata verso la piaza con le sue misure e ho segnato mezo bracio della misura di Gualtiero, aciò V. S. Illma [sappia] in che grandeza restono li spaci da finire e queli che si son forniti. (…)

(p.s.:) la A e B è il sitto che gira tutta la salla di pitura e poi la sofitta

* *Ed. Bagni 1984, doc.25, p.303, con riproduzione del disegno allegato alla lettera.*

1621

744. Annibale Pasetti da Gualtieri a Caterina Martinengo Bentivoglio, Ferrara 21.I.1621
      AB, 146, c.275

(Si congratula per la elezione a Cardinale di Guido Bentivoglio)

(...) con questa mia vengo a rallegrarmi con V. S. Illma assicurandola che tutti di Gualtiero in generale n'hanno sentito grandissima allegrezza, e per segno, si sono fatte allegrezze con fuochi, illuminationi e combatimenti di soldati, maschere, festi e si è corso all'anello ed all'ocha, e si metti all'ordini una bellissima comedia; e si io potrò farò anch'io balletti, e maschere (...)

745. Sardi, *Libro delle Historie Ferraresi* (1646), p.50

(Dopo le feste per il cardinalato di Guido Bentivoglio, descrive le feste a Ferrara per l'elezione del Papa Ludovisi)
1621 [febbraio] Il Marchese Ottavio Thieni fece alzar una rocca con quattro rivellini, nella piazza di Schifa noglie [=Schifanoia] avanti il suo palazzo, la quale al cader del sole, fu illuminata. Dopo un rumor di tamburri e suoni di trombe, fu incominciata una musica a quattro cori, di voci e di strumenti da fiato e da corde, che fu di grandissimo giubilo agli ascoltanti, la qual finita che fu, si diede fuoco alle girandone, ch'erano in essa rocca (...)
* Per il cardinalato del cognato Guido, Caterina Bentivoglio aveva organizzato le feste a Ferrara: un cartello con fuochi eretto in piazza S. Domenico, fontane di vino e lancio di monete.

746. Alfonso Magnanini dalle Tombe a (Caterina Martinengo Bentivoglio, Ferrara?)
   4.v.1621
   AB, 150, c.25

Illma Sig.^ra mia Sig.^ra e Padrona Col.^ma

Io suppongo che V. S. Illma sia bene risanata e libera da quella febretta cattarale, e che habbia racquistato la sua solita buona ciera; e però la supplico ad honorarmi di far venire il mutto a finire il ritratto, acciò non venisse il Sr Marchese, che non fosse finito, e non si finisse poi più. Che della gratia ne rimarrò a V. S. Illma obligatissimo e gli faccio riverenza (...)

(p.s.:) Io supplico V. S. Illma a fare la gratia a Ms. Gio. Domenico, caso che Ms. Giulio si parta.

747. Alessandro Guarini da Mantova a (Caterina Martinengo Bentivoglio, Ferrara?)
   26.v.1621
   AB, 150, c.217

Illma ed Oss.^ma Sig.^ra mia Sig.^ra e Padrona Singolarissima

Subito ricevuta la lettera di V. E., ho esortato il suo desiderio al Sig. Duca [di Mantova] mio Sig.^re, e l'A. S. mi ha risposto ch'ella lo scusi se in questa occasione non può concederle il soprano ch'ella desidera, perché la sua musica ne ha bisogno al presente.
A me dispiace di non haver potuto con effetto servirla, come con tutto l'affetto dell'animo mio ho procurato di farlo, havendo, dopo la negativa di S. A., tentato di mandarne un altro, che da un suo zio mi è pur anche stato negato. Ma so che la Ecc.^za V. si appagherà della pronta volontà mia, dove non arrivano le mie forze. Monsr Vescovo qui di Mantova tiene al suo servizio di cameriero un capone, che canta eccellentemente un soprano, ma è huomo fatto, benché non habbia barba. Se questi fosse a proposito, credo che Mons.^re, ch'è gentilissimo, a una lettera di V. E. il concederebbe; ma bisognerebbe mandar altra persona a levarlo, che quella che hora è venuta, perché Monsr suo padrone lo stima e l'ha caro. Risolva ella dunque e mi comandi, ch'io come debbo la servirò subito. Ed a V. E. bacio riverentemente la mano, e le auguro da N. S. Dio ogni desiderata prosperità.   Di Mantova li 26 maggio 1621
Di V. E.

Riverentiss. ed obligatiss. ser.^re e cugino
Aless.^ro Guarini

748. Antonio Goretti da Ferrara a (EB, Roma?) 24.VI.1621
      AB, 151, c.274

Illmo S.^r mio Padron Col.^{mo}

Sento grandissimo dispiacere del travaglio nel qualle si trova V. S. Illma: non ho mancato di far fare
orazione particolare per questo negozio, con quella maggior caldeza che sia possibile. Si principiò sabato a sera e si è sempre andato seguitando, e si seguitarà sin tanto che si sentirà che le cose siano in
buono stato, come spero si debba otenere la grazia che non succeda maggior malle di quello che sinora
è ocorsse, pigliando sempre dalla mane di Sua Divina Maesta ogni cosa per il meglio. (…)
(c.274v) Il desiderio che tengo di servire V. S. Illma ed alli suoi interessi è tale, ch'io mi vorei poter
trasformare in quella cosa, per la qualle la potessi servire secondo il suo gusto e bisogno. Ma aceti l'animo, che di tutto core prego Sua D. Maestà che la consoli insieme con tutta la sua casa. Di Ferrara il 24
giugno 1621 a un'ora e mezza di note
D. V. S. Illma

Humiliss.^{mo} e devot.^{mo} ser.^{re} di core
Antonio Goretti

* *La natura delle difficoltà di Enzo Bentivoglio, per le quali è dovuto intervenire Goretti, è in parte chiarita
dalla successiva lettera dello stesso Goretti del 2.I.1623.*

749. Alderamo Belati da Roma a EB, Ferrara 12.VIII.1621
      AB, 153, c.278

(…) Oggi a otto è il giorno di S. Luigi, lei sa che si fa cappella di tutto il Collegio qui in S. Luigi de
Franzesi: al Sr Card. nostro, come comprotettore, tocca di parare tutta la Chiesa; fra (c.278v) gli altri
adobbi, vuole S. S. I. mettere fuori li panni d'arazzo donatoli dal Re [di Francia], che in verità sono li
più belli e vistosi di dissegno e colorito che siano in Roma, e sono anco ricchi d'oro e seta. Se lei gli
vedesse gli piacerano in estremo, e certo che sono bellissimi. La ditta mattina ancora <ancora> il S.^r
Card. metterà fuori il cocchio per la prima volta. (…)

750. Giovanni Battista Aleotti di casa (Argenta) a (EB, Ferrara) 16.IX.1621
      FOc, Carte di Romagna: Aleotti, 103 (prov. AB)

(Notizie sulla situazione di alcuni piccoli fondi e terreni in paesi limitrofi)

751. Pier Francesco Battistelli da Parma a Antonio Villani (Gualtieri) 23.IX.1621
      FOc, Piancastelli, Autografi: Battistelli (prov. AB?)

* *Ed. in Bagni 1984, doc.26, p.304*

752. Pier Francesco Battistelli da Gualtieri a (EB, Ferrara) 23.X.1621
      AB, 155, c.251

(…) Abiamo visitato, [il] Sig.Paulo ed io, il loco al molino di Campo Rainero ed abiamo trovato essere
incaminato bene, ed abiamo segnato il cavo dove va la rotta che cava l'acqua che lunedì prossimo si
fondarà, cioè si comincierà, alle muralie dalle parti di detto cavo.
Per conto delli lavori che si fano a Parma, è fatto li doi scudi grandi e sue dintature, ed anco le fuschi
delli doi canti; si è trovato a Povi la rovere da far li doi fusi grandi.
Per far le croci delli doi scudi e croci della rossa del vola[no?] Ms. Antonio Vilani farà segar l'assoni; il
rimanente si farà a Parma. (…)

* *Ed. in Bagni 1984, doc.28, p.306. Ivi, doc.29, p.307, è riportato anche un passo di una lettera a EB di
Alfonso Gallanini da Gualtieri del 24.X.1621, che parla dell'arrivo a Gualtieri di Battistelli il giorno precedente.*

753. Giacomo (Montecatino?) dal Bentivoglio a Caterina Martinengo Bentivoglio
29.X.1621
AB, 155, c.313

Illma S.^{ra} Padrona mia S.^{ra} e Padrona Col.^{ma}

Inviai a V. S. Illma le due ottave sino l'altieri, e non havendo sentito che sieno capitate, dubito non sieno ite in sinistro. Perciò la supplico a farmi gratia d'avviso, che le tornerò a mandare, havendo anch'io disiderio grandissimo della musica di esse. E quando il Sr Goretti havesse gusto, li manderei un sonnetto, che credo sia a proposito. Degnasi V. S. Illma honorarmi di questa, che la stò attendendo, ed humilmente me l'inchino, significandole ch'il Sr Annibale hoggi è stato bene senza febre, essendo il suo giorno cattivo, onde si può sperare ogni dì meglio. Io sono alquanto in gratia, ma veramente mi bisogna usare distrezza: Dio mi ci salvi (...)

(c.314 p.s.:) Si è brontolato assai perché il Sr Marchese è ito a Modena e non è venuto per dal Bentivoglio.

754. Pier Francesco Battistelli da Parma ad Alfonso Gallanini, Gualtieri 1.XI.1621
AB, 156, c.5

Molto Ill.^e mio Sig.^{re}

Non mancarò oggi di procurar licenza de S. A. S., che subito autta me inviarò a Gualtiero. Ma dubito bisogna che prima dia ordine alla fabrica, il che non posso ordinare e distribuire li homini, se non dimatina in sul lavoro; e subito ne inviarò da V. S. Illma.
Non altro. Umilmente le basio le mani: Dio li prosperi ogni felice desiderio di Parma adì p.^o 9.^{bri} 1621
Di V. S. Molto Ill.^e

obbl.^{mo} per servirla
Pier Fran.^{co} Battisteli

755. Pier Francesco Battistelli da (Parma) a (Giacomo Riamondi, Gualtieri?) 25.XI.1621
AB, 156, c.117

Molto Ill.^{re} mio Sig.^r

Mando a V. S. per li carri venuti doi rossi e chiaviki duecento e cinquanta circa delli fusi servivano a V. S. Come dal Sig. Bernardo Bergonzi <Come> harò inteso il nome di quelo che li ha aporti, darò aviso [a] V. S. Non altro, li basio le mani il dì 25 9.bre 1621
Di V. S. Molto Ill.^{re}

per servirla humilmente
Pier Fran.^{co} Battisteli

756. Francesca Gruminck da Torino a (EB, Ferrara) 20.XII.1621
AB, 157, c.156

Illmo Sig.^r mio e Padron Colend.^{mo}

Mentre stavo aspettando buona licenza da queste Alt.^{ze} Ser.^{me}, sollecitata da molti mesi in qua con straordinaria diligenza, per rittornarmene da V. S. Illma, già che le occasioni della mia venuta qua erano passate, ecco che, fuori d'ogni aspettatione mia, mi fanno commandare di fermarmi, con dissegno di servirsi di me e di Guglielmo [Gruminck] ancora, come pure ella vedrà dalle lettere del Ser.^{mo} Prencipe. E sicome io devo riconoscere questo honore principalmente dalla mano di V. S. Illma, così non mi pare conveniente d'accettarlo senza sua participatione, non tanto per quel che tocca l'obligo della mia servitù con lei, quanto perché non habbia argomento di dar credito alle sinistre relationi che so esserle state fatte, ch'io habbi procurato questa nuova servitù. Alla quale tanto manca ch'io habbia havuta temerità d'applicar l'animo, quanto che conosco la poca habilità mia di servire a Prencipi di tanta grandezza, li quali per propria benignità hanno fatto il mottivo, e sono sicura che faranno sempre fede di questa verità. E questa impostura mi darebbe gran martello, quando sapessi che havesse fatto profonde radici nella mente di V. S. Illma dalla quale intendo che dippenda la mia volontà, e per termine di riverenza, e per ogn'altro rispetto del suo gusto, al quale la devo subordinare; sì che, prima di passar più avanti, n'attenderò il buon piacere di lei, con l'espressione che si signarà farne al medesimo Guglielmo, che sene viene costà espressamente per darle parte di questo. E quando pure V. S. Illma si compiaccia di aggradire la gratia che mi fanno loro Altezze, la supplico riverentemente d'interporre anco a mio favore una sua calda raccomandatione, (c.156v) acciochè io possi tanto maggiormente riputare ogni mia fortuna ed humana felicità dal potentissimo mezo della sua protettione.

Intanto, s'io non l'ho servita conforme ai meriti suoi, dovrà più tosto condannare alla mia imbecillità, che darne nota alla volontà ed al desiderio ardentissimo ch'io ho havuto di farlo. E per quel che potesse haver mancato, n'aspetto anco il perdono dall'innata gentilezza di V. S. Illma. A cui piglio ardire di raccordare che si degni, per cumularmi gratia, di ordinare che sia pagata la dozzina a Madonna Barbara Maistra di mi figlia, per il tempo che sono stata trattenuta qua. Il che, sì come mi giova promettere dalla liberalità di V. S. Illma in testimonio di sodisfattione della mia fidel servitù, così la supplico a credere che eterna sarà l'obligatione che ne terrò alla Sua Illma persona, alla quale ubbidirò sempre che mi farà degna de suoi conmandamenti. Li quali, mentre sto approfittando, me le rassegno in gratia. E per fine le auguro le prossime feste del Sant.^{mo} Natale, ed infinite altre appresso colme d'intera prosperità e contento   Da Torino li 20 di X.^{bre} 1621
Di V. S. Illma

                                                        Humiliss.ma ed obligatiss.^{ma} serva
                                                                            Francesca Gruminga

* *È l'unica lettera di Francesca Gruminck, anche se sicuramente scritta da copista.*

1622

757. Alderamo Belati da Roma a (EB, Ferrara) 2.II.1622
        AB, 159, c.3v

(…) Questa mattina detto Sr Cardinale [Bevilaqua] ha fatto banchetto al Sr Cardinale Ludovisio, con sei altri Cardinali, e poi per questa sera aveva invitato mezzo il Collegio de Cardinali a una comedia, che fa recitare in casa sua; ci sono andati da 15 Cardinali, e fra essi anco il nostro [Guido Bentivoglio], e c'erano invitate ancora molte dame. Ma la confusione e concorso di gente è stato tale, che alle doi ore di notte tutti li Cardinali se ne sono andati con Dio, e non credo che la comedia si sia potuta fare (…)

758. Sardi, *Libro delle Historie Ferraresi* (1646), p.54

(Visita a Ferrara del Principe di Condé)
1622 (…) Quando il Cardinal Bevilaqua, havendo fatto preparar in casa sua una bellissima comedia, invitò esso Principe ad ascoltarla, il quale essendovi andato, si trattenne sempre ditro la scena, ragionando hor con una, ed hor con un'altra di quelle donne che recitavano (…)

759. Silverio Pontiralo da Roma a EB, Ferrara 23.II.1622
        AB, 159, c.222

(…)Premendomi il negozio, come V. S. Illma, come padre, pol considerare, vengo con questa umilmente a supplicarla, per l'amor della Gloriosa Vergine, d'agiutare e favorir un mio figliolo, quale se trova carcerato costì (…) Il giovine si chiama Pietro Pontiralo romano, dottore di legge (…)

                                                        Silverio Pontiralo, maestro
                                                        già di Cesare [Zoilo] di N. S. e quello che
                                                        molte volte V. S. Illma li comandava

per quel giovine di Napoli,
padre anco de quel giovinetto che cantava

760. Pier Francesco Battistelli da Parma a EB, Gualtieri 19.IV.1622
MOe, Autografoteca Campori: Battistelli, 4 (prov. AB)

(Si scusa di non poter chiedere licenza per poter raggiungere il Marchese a Gualtieri: anche il vescovo
Alfonso Pozzo ha litigato col Cardinale)
* Ed. Bagni 1984, doc.31, p.309.

761. Ercole Provenzale da Modena a EB, Ferrara 25.IV.1622
AB, 161, c.326

(...) (p.s.:) Li è da pagare 4 mesi il mastro di ballare ed il mastro da scrivere uno mese [e] li vesti del S.^{r}
Annibalo

762. Nicolò Barbieri (detto "Beltrame") da Milano a (Caterina Martinengo Bentivoglio,
Ferrara) 27.IV.1622
FOc, Piancastelli: Comici italiani secc.XVII-XVIII (prov. AB?)

Illma Sig.^{ra} e Patrona mia sempre Col.^{ma}

Essendo la nostra compagnia statta sin a quatragiesima a la servitude [del]la Ser.^{ma} Madama di Piemonte, ed havendo havuta la speditione tardi, io non ho potuto, conforme al mio solito, trasferirmi a
Ferrara a vedere mia figliuola, la quale è nelle putte di S. Margherita; ma ho però mandato persona a
mio nome a vederla, ed a provedergli di tutto quello che gli bisognava. E con tal occasione mi ha
certato dela morte dell'Illma Sig.^{ra} Ippolita Tassoni Turca, e di Md.^{na} Lucia maestra di quelle putte:
nove a me invero dolorose e perdita memoranda. Ma con le stesse nove il mio amico mi consola, scrivendomi che V. S. Illma è fatta lei protetrice de così sant'opera, sapend'egli com'io ero molto servitore
del Ecel.^{mo} Sig.^{r} suo padre [Francesco Martinengo], ed a[n]co come professo d'esser servo dell'Illmo
Sig.^{r} Marchese Entio suo marito. E perciò m'inanima a ricorrere da lei; prendo adunque ardire per
mezzo di quella poca di servitù e molta devotione, di suplicare V. S. Illma ad accetare in protetione
con particolar cura la mia putta, la quale si chiama Fortunata Barbieri. Questa è figlia legitima: nacque
in Brecia, e per la morte di sua madre stette quatro anni là a baila, e poi la menai a Ferrara invitato da
l'Illma Sig.^{ra} Ippolita la quale la pose tra quelle orfanelle come cosa sua, e la maestra la prese per sua
figlia, e per tale l'ha sempre tenuta con particolar custodia e particolar comodo. In questo tempo io ho
cercato di fargli un poco di dota, e ha sin a quest'hora trecento scudi sul Monte di Pietà costì. Ora,
trovandosi la figliuola omai granda da marito, ed havendo più bisogno di protetione adesso che mai,
con il maggior affetto ch'io possa, io (c.n.n. Iv) gli la ricomando, e tanto più gli la ricomando, quanto
ch'io non ho altro che lei, ed un figlio qual è fatto frate di S. Dominico otto mesi fa. Se prima d'ora a
sorte io havesse saputo come lei è protetrice, l'Illmo Sig.r Conte Girardo [Martinengo] suo fratello fu
qua a Milano la setimana passata, io gli havrei fatto scrivere da lui, ma in ogni modo confido ne la
Maestà di Dio, ne l'inata cortesia di V. S. Illma, e nel adimandargli cosa da non essere ripreso di temerità, per essere io padre, lei benigna, e l'opera santa. Ed io intanto, per non essere ingrato al beneficio
che spero, e non potendole ricambiare con altro che con l'orationi, pregherò N. S. per la prosperità di
lei, di suo marito, e della sua Illma e bella figliolanza, a tutti i quali hauguro felicità, e facio con questa
hum.^{ma} riverenza, sperando questo carnevale farglila personalmente. di Milano il dì 27 d'aprile 1622
Di V. S. Illma

humil.^{o} e devoto servo
Nicolao Barbieri, detto Beltrame
Comico de la Ser.^{ma} Principessa di Savoia

763. Pier Francesco Battistelli da Parma a EB (Gualtieri?) 20.V.1622
      FOc, Piancastelli, Autografi: Battistelli, 4 (prov. AB)

(…) La inclusa copia del memoriale stabilito tra il Sig. Bernazzoli ed io (…) per ocasione non dicesi il
Sig.ʳ Gardinale che può piliare al suo servicio chi li piace, ed anco haver doi o tre architeti, sì come
tengono altri Principi. Io diedi in persona il memoriale al Sig.ʳ Gardinal (…) Il Sig.ʳ Leonelo Spada è
morto e questa volta ser va dubitando che morse il Sig.ʳ Cavalier Bonelli (…)
* *Ed. in Bagni 1984, doc.32, p.310. Lionello Spada (Bologna 1576-Parma 1622) si era formato alla scuola dei Carracci.*

764. Annibale Bernazzali (Governatore di Gualtieri) da Mirandola a (EB, Ferrara) 8.VI.1622
      AB, 163, c.79

(…) Qui congiunto mando la lettera a V. S. Ill.ᵐᵃ chi li rispondi S. E.ᵃ; haverà anco la risposta di Ms.
Pier Franc.ᶜᵒ Battistelli (…)

765. Pier Francesco Battistelli da Parma a EB, Ferrara 10.VI.1622
      MOe, Autografoteca Campori: Battistelli, 5 (prov. AB)

(Raccomanda un giovane attraverso il latore, Antonio di Vecchi)
* *Ed. in Bagni 1984, doc.34, p.312.*

766. Ercole Provenzale da Modena a EB, Ferrara 11.VI.1622
      AB, 163, c.136

(…) Il S.ʳᵉ Anniballo [Bentivoglio], laudato Idio, sta sano: seguitta nelli soi studi, dal cavalier in fora (e
questo per non avere cavalli). Ogni giorno a 20 ore va in castello per ocasione della comedia, la qualle
dicono si farà martedi o mercore. Questa sera è giunto la Marchesa Tasona ed il S.ʳᵉ Conto Ferante (…)

767. Alderamo Belati da Roma a EB, Ferrara 20.VII.1622
      AB, 164, c.253v

(…) Da molti di questi artisti mi sono fatto dare li loro conti, che hanno col S.ʳ Card.ᵉ, e con V. S. I., e
ci trovo dentro tanta disorbitanza e ingorditia ne' prezzi delle robbe, ch'io tengo per certo che dandoli
la metà di quello dimandano sariano sufficientemente pagati. Io non ho voluto far rivedere detti conti:
per la loro eccessività, sarìa (c.254) tempo gettato via; io tengo per certo, e l'ho di[tto] già al S.ʳ Card.ᵉ,
che il meglio per noi si possi far in questo negotio, sarà di chiamare uno per parte dell'arte, e farli
ridurre, o vero operare che li stessi Consoli dell'arte ciò facciano. In altra maniera, non veggo si possi far
cosa buona per servitio di V. S. I., per fuggire che le robbe non s'habbiano da strapagare il doppio (…)

768. Guglielmo Gruminck da Torino a EB, Ferrara 26.IX.1622
      AB, 166, c.299

Ill.ᵐᵒ Sig.ᵒʳ
vengo di nove a supplicare V. S. Ill.ᵐᵃ di mi fare grasia di mi fare trovare il mio forsiero, come li scrisse
(…) quale forsiero, in venendo in queste parte mandato da V. S. Ill.ᵐᵃ, io dette il mio forsiero ed una
cassa di quadri in consennio, con li sui chiave, al Sig.ᵒʳ Alfonso Galanino, il quale conpromesse de le
fare condure in Ferrara con li robe di V. S. Ill.ᵐᵒ. Io ho scritte a Roma: si ha trovato la cassa di quadri,
ma il mio forsiero non si trova; dove io vengo a suplicare V. S. Ill.ᵐᵃ di mi fare trovare il detto forsiero,
perché m'inporta asaie dili cose chi si sonne drente, come pitture, scritture, disegni ed altri galantieria (…)

769. Alessandro Piccinini da Bologna a EB, Ferrara 2.X.1622
      AB, 167, c.5

Illmo Sig. e Padron Col.^{mo}

Perché mi manca il tempo, dico solo che li mando una scatola rossa con una mostra di vino dentro, che da questa mostra caverò di sapere il suo gusto; questo è vino tenuto in Bologna per ecelente per esere delicato: mi avisarà se li piace. Il prezo sarà lire 8. Ne domanda si potrebe avere a qualche cosa manco e se li cestoni venivano farò il debito, ma a la longa non bisogna più tardare tropo e li prego dal Sig. Idio ogni contento   di Bologna il dì 2 8.bre 1622.
Di V. S. Illma

                                                                                        Ser. A.^{mo}
                                                                                Alessandro Piccinini

*"Con una scatolina rossa" *indicato dopo il destinatario.*

770. Giacomo Raimondi da Gualtieri a (EB, Ferrara?) 2.X.1622
      AB, 167, c.16

Ecc.^{mo} Sig.^r

Ho mandato la lettera di V. E. al pitore Batistelli a Parma, ed esso mi scrive la qui anessa che V. E. la vedrà. E humilm.^{te} li fatio riverenza (…)

771. Alessandro Piccinini da Bologna a EB, Ferrara 11.X.1622
      AB, 167, c.200

Illmo Sig.^r e Padron mio Coll.^{mo}

Domenica fui a la Montagnola per trovare uva per V. S. Illma, e trovai che era promessa quasi tutta, del che non ne ho potuto avere se non megia castelata, quale sarà una cosa ecelente. La pigliò nel comuno di Casaia, al loco del Turone, in tutto il Conte di Bologna. Questo loco porta il vanto [che] si suole vendere lire 90 e 100 la castelata e non li dico burla. Siamo dacordo in lire 32 di megia castelata circa del uva per intiera; per mandarli, ancora non si può imbarcare in Bologna, per esere rotto alcuni sostegni, sì che dubito si farà senza. Ho dato la letera al Cechello, qual mi ha detto domatina mi darà li dinari per la megia castelata e per comprare dui naselli per il detto vino: è asai se mi dirà il vero. Intanto farò quanto io deve, e con questo bacio le mane a V. S. Illma   di Bologna il dì 11 8.bre 1622
Di V. S. Illma

                                                                                        S.^{re} Aff.^{mo}
                                                                                Alessandro Picinini

772. Pier Francesco Battistelli da Parma a (Giacomo Raimondi, Gualtieri?) 17.X.1622
      AB, 167, c.332

Illmo mio Sig.^r

La prospetiva io l'harò fornita giovedì al più, e subito farò dire qualche cosa al Sig.^r Gardinal, e vederò venerdì sera essere a Gualtiero, e farò quel tanto che V. S. Illma mi ordina. Che mentre farò il disegno, se si apresentarà qualche bosco, verò a Ferrara. Non altro a V. S. Illma, umilmente li basio le mani: Iddio li conceda ogni bene di Parma il dì 17 8.bre 1622.
Di V. S. Illma

                                                                                        obbl.^{mo} servitore
                                                                                Pier Fran.^{co} Battisteli

773. Alessandro Piccinini da Bologna a EB, Ferrara 29.X.1622
      AB, 167, c.562

Illmo Sig.^r e Padron Coll.^{mo}

Subito ho trovato il Sig.^r Calvi, il quale avea dato ordine che, subito arivato li razi, si imbalasero e invianli a la volta di Roma; ed insieme siamo stati quando sono arivati in gabela ed uno era alquanto bagnato, ma non ha fatto danno. Poi son stato asistente a vederli im[b]aliare e sono stati acomodati con ogni dililigenza; ed ora li voliono caricare suli mulli, e non mi parto sino non sono inviati. Li invogli che li erano intorno, perché erano bagnati, si sono levati e li ha il Sig. Calvi. Il suo vino a suo tempo lo manderò, ma per esere novi li vaselli, non li ho voluto metere quel vino dentro, che averebeno pigliato tufo del legno, e li tengo pieni di altro vino sino che potrò mundarli. Io ebbi lire cinquanta-dua dal Cechedo. In tanto bacio le mani di V. S. Illma   di Bologna il dì 29 8.bre 1622
Di V. S. Illma

                                                                Ser.^{re} Aff.^{mo}
                                                                Alesandro Picinini

774. Alessandro Piccinini da Bologna a EB, Ferrara 2.XI.1622
      AB, 168, c.9

(...)Subito son andato per trovare il Sig.^r Calvi, quale è in villa e starà dui o tre giorni a tornare. Intanto oggi, per esere la festa, non si farà altro circa de la casetta, ma domattina sarò da questi condutieri e farò ogni opera di inviarla quanto prima, e ne darò aviso a V. S. Illma subito. Esendo ieri in casa del Trofanino, io udì che disse a un tale che lo serve per computista, qual'è salariato ancora dal S. Conte Filippo Peppoli, li dicea: -Ho inteso che volete mutar patrone-. Questo computista li rispose che volea cercare il suo utile, poi mi tirò da parte il computista e mi domandò se io credeva che starà bene al servizio del Sig. Marchese Bentivogli. Io li rispose che la diferenza del tratare era molto diferente e che averebe gusto grandissimo e che quelo che li sarà promesso li sarà atteso. Lui non sa ch'io sia tanto servitore a V. S. Illma; però non li dissi altro. Questo homo è molto valente in questo esercitio e sa asai, per quanto ne ho udito parlare (...)

775. Antonio Villani da Gualtieri a (EB, Ferrara?) 7.XI.1622
      AB, 168, c.226

(...) Domani sarà principio a far quel tanto n'ha ordinato Ms. Piero Francesco, cioè in fortificar l'arma-ture del salone, la facciata verso mezzogiorno, e quello verso la piazza (...)
* *Ed. in Bagni 1984, doc.33, p.311.*

776. Giovanni Villanuova da Modena a EB, Ferrara 15.XI.1622
      AB, 168, c.355

(...) Il pittore, quale V. S. Illma ha mandato per copiare il quadro di S.^{to} Pietro Martire, benignamen-te ha havuto licentia, sì che potrà a voglia sua darne principio, cosa che le piacerà e parerà, havendo con l'occasione dil'Illmo Sig.^{re} Giovanni [Bentivoglio], quale alli 12 del corrente si trovava nella città, fatto parlare al Sig.^{re} Priore e confratelli di detta Compagnia, e tanto più che S. S. Illma è ancor lui descritto [=iscritto] e fratello in quel luoco. V. S. Illma mi honori de comandi suoi, che di vivo cuore gli son ser.^{re} e col augurarla felicissima da S. S. M. gli faccio humilissima riverentia (...)
* *Si tratta del pittore Francesco Naselli.*

777. Francesco Galoni (trombetta) da Gualtieri a EB, Ferrara 15.XI.1622
      AB, 168, c.353

(Chiede di essere pagato)
(...) la parte delli soldati, ovvero il suo salario regolare, essendo da tempo senza cibo né vestiti (...)

778. Giuliano Mazzocchi dal Bentivoglio a Caterina Martinengo Bentivoglio, Ferrara
26.XI.1622
AB, 168, c.518

(…) Con l'occasione del Sr Francesco [Naselli] pittore, che si ritrova a Modona per servitio dell'Illmo Sig.^r Marchese, ho fatto fare il telare per far il ritrato del Sr Annibale [Bentivoglio] da mandar a Roma, e se ne farà ancor un picciolo per V.S. Illma. Ma per tutto vi va denari, ed il Sr Annibale non ne ha pur uno, sì che m'intende, se non viene socorso, lui ed io siamo spediti; però ci andaremo aiutando (…)

1623

779. (Informazione anonima da Roma, parzialmente cifrata, inviata a EB, Ferrara) s.d.
(I.1623?)
AB, 170, c. n.n.

(…) Se [Cardinal] Bandino, morisse [Cardinal] Borghese protrebbe dormire un poco più quietamente: ma egli è robusto, e però la vincerà, ancorché sia in età di 65 anni. Gli avversari nostri perderebono assai (…) So che [Cardinal] Bentivoglio fa le prove d'Orlando, ma Dio voglia che basti, perché sono cerveli fatti a lor modo. Si desidera sapere se [Guido] Bentivoglio verà alle nozze, e quando, e dove si faranno. Questa volta un ferrarese n'ha saputo più d'un genovese, e più di tutti ed ha fatto un colpo degno del suo valore. Con occasione che V. S. Illma vuol essere a Modena questo carnevale, si desidera che tenga memoria di quello matrimonio del quale parlò a V. S. Campori (…)
* *Segue verso della carta in cifra e carta allegata con spiegazione dei numeri.*

780. Antonio Goretti da Ferrara a EB, Ferrara 2.I.1623
AB, 170, c.49

Illmo S.^r mio Padron Col.^{mo}

Hora che è le due ore e meggia di notte, son venuto per ritrovare V. S. Illma per dirli quello che si è determinato in magistraro questa sera, per il negozio dell'argenatura del carro di megazeno. E così dico a V. S. Illma che, doppo le molte difficultà proposte da alcuni e per superare, c'è parso a partito, onde è determinato, che il comune e magistraro dia tutte le opere russicale di quella guardia per fare l'argenatura del carro di magazeno, riselvando li bisogni delli argini del Po a bene e placito del magistraro. Ms. Guido de Sanni bacia le mani a V. S. Illma, assicurandola se ha fatto og[n]i possibile in questo negozio, e che farà ancora il necesari per ponere in esecuzione. (c.49v) Ho procurato l'agiustamento di questo negozio per servire alli comandi di V. S. Illma, e resta ancora quello delli ducati 1500, de qualli in breve si concluderà ancor lui. Suplico V. S. Illma a farmi la grazia già addimandatoli, che è il farmi fare li miei conti e dar ordine al Sr Magnanini che mi facia la quietanza per quella parte de denari che li deve per il tereno comprato dal Sr Verati, e da quella somma darmene debito al mio conto che agiustato, e fatto buone questa parte, resterò poi ancora creditore da V. S. Illma de ducati 300, salvo sempre il giusto, come dal conto si vede. Spero dalla benignità di V. S. Illma di essere consolato in questo, sì come di tutto cuore me gli oferisco (c.50) a servirla e farla servire in tutto quello che li piacerà, che sempre serà patrone di me e di tutta la casa mia, che per fine le fo riverenza. Del Camerino di V. S. Illma adì 2 genar 1623
Di V. S. Illma

humiliss.^o e devotiss.^o Ser.^{re}
Antonio Goretti

781. Giovanni Bentivoglio da Modena a EB, Ferrara 6.I.1623
      AB, 170, c.43

Illmo Sig.^re mio Cug.^no Oss.^mo

Ancorch'io presuponga, anzi m'assicuri, che V. S. Illma, per il bisogno che ha di Ms. Francesco Naselli
pittore, ella sia per operare a suo favore con cotesti Barbetti, nell'interesse ch'egli ha con loro, in guisa
che non habbia occasione di pensare ad altro che al servicio di V. S. Illma, essendo il pover huomo
tutto sosopra. Nondimeno, perché questa è persona che per quel poco che la conosco parmi meritare
molto, io son necessitato, vedendolo malinconico, di raccommandarlo, come faccio, con affetto straordinario all'auttorità di V. S. Illma acciò che in gratia mia, oltre l'operato ha [fino a] quest'hora, ella
divantaggio operi che ottenghi al suo disiderio il bramato fine, che costoro si pacifichino. Io veramente
mi muovo sì per rispetto di esso lui, che merita, ma anche per il particolare interesse di lei, havendo
incaminata questa opera molto bene; e necessariamente V. S. Illma lo deve aiutare. Hora la supplico
quanto posso, promettendomi l'effetto felice, quanto ella voglia favorire la persona mia, presentandole
come mio proprio lo stesso interesse di esso lui. Mi favorisca dunque, e li bacio di cuor la mano (…)

782. Domenico Maria Melli da Sassuolo a (EB) 23.II.1623
      AB, 170, c.182

Illmo S.^r mio Padrone Col.^mo

Io so quale e quanta sia l'amorevolezza di V. S. Illma verso de suoi servitori et particolarmente verso di
me, che pure professo vera divotione verso la persona sua e tutta l'Illma sua Casa. Onde con ogni
confidenza vengo a supplicarla a farmi gratia, sentito che haverà il caso di che le scrivo, di pigliarvi quel
temperamento che V. S. Illma giudicarà più espediente per favorirme.
Quando partei da Gualtiero, trovai mancarmi varii libri d'istorie volgari, annotati nella qui annessa
lista, e fecci giuditio che Andrea Frizzi, hora fiscale, come quello che mi praticava nel studio continuamente, come amico ed all'hora massare della comunità, me li havesse levati; e fondai il mio giudicio nel
haverle veduto altre cosette mie. Mi raccommandai ad uno amico suo, ma più amico a me, e le scopersi il
mio dubio circa detti libri, e lo pregai ancora a volere osservare se Andrea havesse i miei libri. Il quale
mi servì a modo, e praticando in casa sua li vide tutti i detti libri in un banchetto di quei che adoperano
i scolari quando vanno alla scuola. Io, avisato di questo, chiesi più volte i libri ad Andrea e li fecci
(c.182v) parlare, ma egli stete e sta duro, negando havere i libri. Pertanto supplico V. S. a farmi gratia di
scrivere al S.^r suo Governatore [Annibale Bernazzali] che o vaddi alla casa d'Andrea e guardi nel detto
banchetto per trovare i libri; o facci chiamare Andrea e li comandi d'ordine di V. S. Illma che sotto
pena della sua disgratia, debba presentarle detti libri, e se negasse, dirli che V. S. Illma è benissimo
certa ch'egli gli tiene, ed io per quanto stimo la gratia di V. S. Illma, che pure la stimo grandissimamente, l'assicuro che egli ha i libri. E quando vorrà sappere più oltre, non credendo a me, le ne darò più
certezza. Io non ho voluto addoperare mezi alcuni con lei, bastandomi che sappia che lil sono servitore
e che credo di potere essere fatto degno da V. S. Illma di suoi favori. Io premo per riputatione in questo
negotio e però restarò con obligo grandissimo a V. S. Ill.ma con tutto che già li sii obligato infinitamente per i favori da lei ricevuti. Si raccorda che li vivo servitore partialissimo, con disio di servirla, e le fò
riverenza. Sassuolo li 23.II.1623
Di V. S. Il

Divotiss.^mo Ser.^re
Domenico Maria Melli

(segue lista dei libri c.183 allegata)

Libri mancati al Melli che tiene il Frizzi
La Corona d'Appolo di varie poesie in 16.
La quinta parte del *Historie di Steramondi* capitolata di seta turchina e gial\<d>a
La 2.^a e 3.^a parte dello *Specchio de Principi et cavaglieri* detta *Il Cavagliero dal Febo* ligate e capitolate di
gial\<d>o e turchino.

La P.ª e 2.ª parte del *Historia di Palmerino d'Inghiltera* capitolato di rosso e bianco
Tutti i detti libri sono in ottavo con li cartoni di carte bergamine
Le *Rime* del Tasso
Il *Petrarca* piccolo
l'*Arcadia* del Sannazaro e varie commedie.

783. Giacomo Raimondi da Gualtieri a (EB, Ferrara) 2.III.1623
   AB, 171, c.2

(...) Li pitori vanno continuamente lavorando e vi è il S.ʳ Pietro Francesco [Battistelli]: non si manca di tener la più basizza che si pò per la spesa (...)

Ed. in Bagni 1984, doc.35, p.313.

784. Pier Francesco Battistelli da Parma a EB, Ferrara 18.IV.1623
   MOe, Autografoteca Campori: Battistelli, 6 (prov. AB)
* *Ed. in Bagni 1984, doc.36, p.314.*

785. Pier Francesco Battistelli da Parma a (EB, Ferrara) 29.IV.1623
   MOe, Autografoteca Campori: Battistelli, 7 (prov. AB)

Ill.ᵐᵒ mio Sig.ʳᵉ

La andata mia a Gualtiero non po' esser più presto: circa al fine della venenti setimana, poiché il Sig.ʳ Duca [di Parma] mi ha ordinato una barceta, la qual nol vol che alcuno la guida, e che vada con dentro lui. Il che l'ho ridota a bon termine, che se non fosse queste feste prima di maggio, in doi giorni o tre la finirìa. Però subito sbrigata, non mancarò subito di andarli [a Gualtieri], che non sarìa statto sino ad hora, se non fosse statto impedito anco per il Sig.ʳ Gardinalle. Faccio riverenza, pregando Iddio li prosperi ogni bene. Di Parma il dì 29 aprile 1623
Di V. S. Ill.ᵐᵃ

Obb.ᵐᵒ servitore
Pier Fran.ᶜᵒ Battisteli

(p.s.:) Io spero che la sella si sbrigarà nel sudeto tempo e non mancarò di solecito.

786. Quintiliano Polangeli da Modena a (EB, Ferrara?) 1.V.1623
   AB, 175, c.7

(Il pittore Francesco Naselli, ammalato, chiede la grazia del Legato Card. Sagrati per rientrare a Ferrara prima di morire, confidando tanto nell'autorità del Marchese Enzo, che sarebbe disposto a entrare anche solo con la sua parola come salvacondotto)
(...) Il quadro s'è portato in casa di SS.ʳⁱ Coccapani, il quale, come sia ben secco, io lo farò accomodare con quella diligenza maggiore che si può, acciò non patischi per il viaggio, il quale voleva pure conduri costì perché V. S. Ill.ᵐᵃ lo vedessi, e troncandosigli questa strada mi creda, ch'è occasione d'augmentarsigli il male; so ch'ella ne sarebbe restata a pieno sodisfatta, poiché qui a tutti, ed in particolare (c.7v) a quelli della professione, che giudicano sia stata una bella fatica. V. S. Ill.ᵐᵃ l'habbi per raccomandato, perché veramente merita; essendo a lei nota la sua bontà. Con che li fò humilissima riverenza (...)

(p.s.:) manda un messo apposta con ordini d'essere qui in tempo di partire per il corriero, ma quando non vi fusse non può restare di venire.
* *Francesco Naselli, pittore ferrarese, morirà nel 1630. Cfr. lettere sul Naselli a Modena del 6.XI.1622 e del 6.I.1623.*

787. Giovanni Magnanini da Gualtieri a (EB, Ferrara) 24.V.1623
   AB, 173, c.209

(Resoconto dell'avanzamento dei lavori agli argini e al cavo "di Chiocciolone")
(…) Il salone fra due giorni, eccettuati per li quadri grandi, sarà (c.209v) finito, ed in due altri dì mi
cred'io che finirano d'accomodar li cinque pillastri del pallazzo, e poi come V. S. Ill.ᵐᵃ non comandarà
altro, li pittori se ne anderano. Ma quel che è peggio vorrano esser pagati, ed avanzerano qualche cosa
meglio di cento ducatoni, ed io non so dove cacciare un sol quatrino, se V. S. Ill.ᵐᵃ non provede lei.
Pier Francesco [Battistelli] se ne andò a Parma; due di loro li và lavorando alla fornace, e presto sarà in
ordine per fare una cotta, ed io ho dato ordine per trovar della ghiaia da calcina. (…)
(c.210) Il Sig.ʳ Colonello aspetta con grandissimo desiderio la venuta di V. S. Ill.ᵐᵃ con ferma speranza
che ci resta fermarsi nei dugento ducati dichiarati. Lei ha per provederli di qualche cosa d'avantaggio
per li suoi bisogni: egli è persona che si apaga del giusto, dà molta sodisfatione a tutto il poppolo, ed è
di molto valore nella professione sua. Si vede chiaro che dugento ducati non bastano per la spesa del
vitto e vestito, anche che si camini con ogni parsimonia, e lui dice che non desidera di guadagnarci, ma
nemeno vorebbe metterci del suo: lei mò potrà haver quel riguardo che le parerà, ed alla sua venuta
s'aggiusterà il tutto (…) assicurandola che la venuta del S.ʳ Cornelio [Bentivoglio] a Reggio, e finalmente la venuta della S.ʳᵃ Marchesa [Caterina Bentivoglio] e famiglia qui, m'hanno data una buona
scossa. Le faccio humilissima riverenza (…)

788. Giovanni Magnanini da Gualtieri a EB, Ferrara 25.VI.1623
   AB, 174, c.196

(…)Non si manca di provedere giornalmente a tutto quel che bisogna per gli pittori; e ogni dì il S.ʳ
Alfonso [Galanino] e talora anch'io li visitiamo con solicitarli a non mancare dell'opera; qui vi è stato
Pier Francesco [Battistelli] ed ha lasciato un disegno d'un fregio (…)

789. Pier Francesco Battistelli da Gualtieri a EB, Ferrara 17.VII.1623
   AB, 175, c.254

Ill.ᵐᵒ mio Sig.ʳ
Conforme al ordine di V. S. Ill.ᵐᵃ ho visitato il lavoro e spero bene. Li solari sono forniti e sono dietro
alli bordenali, e presto si comincerà li presi, per li quali quanto prima faria bisogno l'istorie. Li rose si
fano a Parma, ma lo adorator e torlitore voriano danari: V. S. Ill.ᵐᵃ dia bon ordine al Sig.ʳ Alfonso
Galanino di quanto si deve, acciò il lavoro si spedisca mentre si fano le prese, che avanti si levi il ponte
si attachino le rose. Non alt[r]o, a V. S. Ill.ᵐᵃ umilmente li facio riverenza, pregando Iddio li conceda il
colmo di ogni bene di Gualtiero il dì 17 luglio 1623
Di V. S. Ill.ᵐᵃ

obbl.ᵐᵒ servitor
Pier Francesco Battisteli
* *"Li pittori in Gualtieri"* firmano un'altra lettera inviata ad Enzo Bentivoglio in data 22.VII.1623 (AB,
175, c.350).

790. Pier Francesco Battistelli da Parma a EB, Ferrara 27.VII.1623
   AB, 175, c.416

Ill.ᵐᵒ mio Sig.ʳ e Padron Coll.ᵐᵒ
Dalla lettera di V. S. Ill.ᵐᵃ intendo delli pitori vadino lenti: una è che uno alquanti giorni è statto
amalato, l'altra la stagione porta gran colpa. Circa de altri pitori, procurerò che V. S. Ill.ᵐᵃ abia il suo
gusto. Basta che V. S. Ill.ᵐᵃ dia bon ordine, che farò fare li ponti, alle altre stancie è con più prestiza
che sarà possibile le solicitarò, e il medesimo per tempo V. S. Ill.ᵐᵃ mandarà le istorie nelli sudetti
stancie. Non altro, umilmente li facio riverenza, pregando Iddio li conceda il colmo di ogni bene di

Parma il dì 27 luglio 1623
Di V. S. Illma

obb.^{mo} servitor
Pier Francesco Battisteli

791. Da *Alessandro Piccinini Bolognese Intavolatura di Liuto, et di Chitarrone. Libro Primo*, Bologna, Eredi di G.P. Moscatelli 1623. Dedica da Bologna 2.VIII.1623.

(Introduzione "A gli Studiosi", cap. XXXIII: *Delle composicioni in concerto a dua, e tre Liuti*, p.8)
(...) Le quali composicioni sono di quelle, che due altri mei fratelli, ed io suonavamo già quando eravamo tutti tre al servigio del Serenissimo di Ferrara, e poi dell'Illustrissimo e Reverendissimo Sig. Cardinale Aldobrandino, de quali Girolamo, il quale suonava con maniera più grave, e suonava il liuto maggiore, morì in Fiandra al servigio dell'Illustrissimo Monsignore Bentivoglio Nuncio gli anni passati, e ora Cardinale; e Filippo il qual suonava più capriccioso, e suonava il liuto più piccolo, ora si ritrova al servigio della Maestà Caltolica molto favorito, il qual concerto da chi è stato udito pareva che fosse non poco lodato, per l'unione sopradetta, e per l'intelligenza e rispetto, che l'uno all'altro di noi portava, operando l'essere fratelli, che l'uno stimava onore dell'altro come suo proprio: il che nei concerti è parte principale a non voler superare il compagno (...)
(Cap. XXXIII, *Dell'Arciliuto e dell'Inventore d'esso*)
(parla dei primi arciliuti dal "corpo longo" da lui inventati nel 1594, dei quali due furono donati al principe di Venosa)
(...) Quell'altro poi arciliuto dal corpo longo tutto di sopra, quand'andai al servitio dell'Illustrissimo Cardinale Pretro Aldobrandino, lo lasciai in Ferrara al Signore Antonio Goretti mio tanto caro amico, il quale ancora lo conserva nel suo celebre Studio di musica, dove non solamente ha in una camera ogni sorte di stromenti antichi e moderni, tanto da fiato quanto da corde di bellezza e bontà isquisiti, ma tiene ancora con ordine bellissimo in un'altra stanza tutta la musica antica e moderna, così da camera come da chiesa, che sia possibile ritrovarsi. Hora, havendo esso Signore in molto tempo fatta raccolta d'alcune mie compositioni per lo liuto e chitarrone, e volendo honorarmi per l'affettione che mi porta di connumerarle fra suoi innumerabili scritti e riserbarle in quell'arca musicale, s'era risoluto, contra mio volere, darle alla stampa (...) onde conoscendo io il suo desiderio (...) minor male ho stimato consentire alla volontà di quello, tanto da me honorato e amato, che oppormivi (...)

792. Antonio Goretti da Ferrara a Alfonso Gallanini, Gualtieri 14.IX.1623
    AB, 177, c.213

(...) Ho finalmente otenuto dal Sr Marchese nostro ordine che l'Antonio mi paghi le scudi 373 versate del suo conto, onde rengrazio V. S. come se fosse lei stato presente a questo negozio. Vorei, nanzi che parta il Sr Marchese per Roma, di vedere il stringere e tirare in ristreto il mio conto; onde prego V. S., con tutto il core, mi facia questo favore il farmil'avere subito il detto compendio, aciò posia conseguire questo mio desiderio: di ciò gline restarò con obligo. E per fine le bacio le mani (...)

793. Pier Francesco Battistelli da Parma a EB, Ferrara 3.X.1623
    AB, 178, c.248

Illmo ed Ecc.^{mo} mio Sig.^r

V. S. Illma averà inteso quel tanto che mi son operato: la fortuna del mio male il ha causa non poter perseverare sino al fine, ed anco mi dolgo che il male ha causato il partirsi un pitore che ha quelo mi confidava il lavoro in esso. Però tuttavia è già incaminata la stancia ed a immitacione ho lasiato sia seguita. Però se V.S. Illma vol fornir il resto delle stancie in persone più abili, che di già, come scrisi a V.S. Illma mi aveva promeso, ma sono statti amalati. Hora che hanno ricuperata la sanità starò aspetando da V. S. Illma novo comando cd a quelo atenderò. Basiando umilmente le mani: Dio li conceda

ogni felicità.   Di Parma il dì 3 8.bre 1623
D. V. S. Illma ed Ecc.^ma

                                                       obb.^mo servit.^re
                                                       Pier Fran.^co Battisteli

1624

794. Sardi, *Libro delle Historie Ferraresi* (1646), p. 60

1624 Essendo sul principio di lui ven[u]to il Cardinal Cennini a Ferrara, fu ricevuto con segni di allegrezza grande, perché oltre i soliti fuochi, che suol fare la città, li fu rappresentata una bellissima opera
in musica con machine, e fu combattuto alla sbara, nela gran Sala, da questi Cavalieri, con molto gusto
e soddisfattione di esso Cardinale (…)
* Cfr. *oltre la relazione del torneo, stampata nello stesso anno 1624.*

795. Antonio Goretti da Ferrara a Caterina Martinengo Bentivoglio, Ferrara 15.I.1624
    AB, 179, c.69

                    Illma S.^ra e Padrona Col.^ma
Te deum laudamus. Illma Sig.^ra, mi ralegro infinitamente con V. S. Illma del felice parto, che ne sia
lodata la Divina Maestà per la intercessione del nostro glorioso S.^to Ignazio. Ho riceuto una lettera delli
12 del presente scritta dal Sr Alfonso Magnanini d'ordine di V. S. Illma, alla quale facendo risposta,
dico d'havere inteso la ricevuta delle mie lettere, che mi è stato caro; e circa il negozio non mancherò di
riferire quanto mi ocorerà al Sr Dottor Calceta e farò quanto da lui mi serà consigliato, assicurando V.
S. Illma che anderà usando ogni mio potere e sapere, per tirare a fine questo negozio, aciò si concluda
con gusto di V. S. Illma e procurarò di tirarlo inanzi con destreza, aciò si acostiamo più vicino al nuovo
racolto, per poter haver buona ocasione per il danaro (c.69v) che si dovrà sborsare. E per ora non mi
ocore dire altro sopra questo particolare, stando solo atendendo la risposta di Roma con grandissimo
desiderio, e detta risposta viene ancora desiderata dalla parte del Sr Conte; e di tutto quello che anderà
sucedendo non mancherò di farlo sapere a V. S. Illma, come anco la setta sia stata di gusto e sodisfazione di V. S. Illma. E receverò sempre favore quando havrò ocasione di servirla, e dal canto mio procurarò che sia sempre servita quanto umanamente serà possibile. Hogi solo, dopo disnare, ho riceuto le
lettere, e perché il Sr Alfonso Galanino mi fà instanza che li manna per tempo parte il mezzo, scrivo la
presente, né posso dire d'haver datto li ducati 40 alla S.^ra Cristina; ma dimane li manderò un mandato
che li serà pagato subito il detto danaro. (c.70) Ho riceuta de qui in una lettera del Sr Alfonso ducati di
moneta 12 che, con l'avanzo delle dopletoro, [=doppie d'oro?] viene agiustare il conto della spesa fatta
in vestire la S.^ra Beatrice. V. S. Illma resti sicuro che il suo Ufficio è bellissimo: non è rosso, havendo
hauto quella considerazione che si conviene. Io non lo mando, né lo manderò sino a buona ocasione
aciò non perisca, e hauto che l'avrà V. S. Illma il detto Ufficio, sento il Sr Alfonso Magnanini che verà
subito in pretensione di volere de V. S. Illma il vechio, che forsi lo potria voler dismetere, e servirsi di
questo bello belissimo: havrà qualche ragione di poter pretenderlo, come quello il qualle lo diede a V.
S. Illma. Ma è però anco vero che lei cene diede uno in cambio che era della felice memoria della S.^ra
Marchesa, il quale da essa mi fu promesso ch'io lo havria dopo la sua morte; il che non fu poi eseguito
(c.70v) a me, come fu eseguito a lui il quadretto di serena dal letto. Qui abbiamo di novo la venuta di
Monsr de Nobile Vicelegato. Questi S.^ri hanno determinato di fare una bariera con invenzione sopra la
Salla granda, e il mantenitore serà il Sr Marchese Nicolò [Estense Tassoni].
Altro per ora non mi ocore dire a V. S. Illma: fò fine con racordarmegli sempre servitore, pregando
Iddio N. S.^r che la conservi con longa e felice vita.   Di Ferrara il 15.I.1624
Di V. S. Illma

                                                       Hum.^mo e devotiss.^mo ser.^re
                                                       Antonio Goretti

796. *Relazione del torneo a piedi fatto in Ferrara questo carnevale dell'anno 1624. Dove si descrive la nobilissima invenzione del Sig. Marchese Nicolò Estense Tassoni nel comparire a mantenerlo (…) Data in luce e dedicata al medesimo Signor Marchese dal Sig. Rodolfo Arienti Gentilhuomo Ferrarese.* In Ferrara, Per Francesco Suzzi MDCXXIV (es. consultato: GB-Lbl, 1193.m.I.25)

(p. 5) A lettori

Nel grembo delle proprie glorie si riposavano, ha già sett'anni, dagli arringhi di Marte i Cavalieri ferraresi. Erano serrati i teatri, polverose l'haste, imprigionati gli stocchi, tarlate le lancie, ammutiti i tamburi, impigriti i cavalli o fosse che dall'acque troppo vicine spirava un foco d'amore nel petto de' Nobili, che li facea più tosto anelanti alla salute, che al diletto della cara Patria; o pure che le tragedie di tanti defunti, havessero dai teatri distornati i tornei; o finalmente fosse, che quel gran Cavaliero Enzo Bentivoglio havea già posto in grado così eminente la disciplina cavalleresca, che da mano meno ingegnosa sdegnava d'esser trattata. Questo è ben chiaro, che non vedeasi il Po correr popoli curiosi ad apprendere in Ferrara l'arte del giudiciosamente maravigliarsi. Più non vedeasi ne' sereni giorni di quelle famose notti l'aria piover Cavalieri, e la terra esalar torri, e con fecondità spontanea ed inaudita produr palagi, e fruttar castella. Più non erano scherniti i mari e navigate le scene. Non più squarciavasi l'Olimpo, né più dalle cerulee bocche apriva glorie, e palesava paradisi, più non (p.6) doleasi l'inferno di veder scoperti i suoi penosi secreti. Ma a ben doleasi la Fama di non poter più trarre dalle teatrali arene di questa bella città nuova materia a suoi viaggi. Doleasi il Po, e doleasi la vicina valle, che ne ritorni delle stupite genti, non potevano col mormorio degli applausi onorare il mormorio delle acque. Impaziente al fine di sì lunghi riposi, il Marchese Nicolò Tassoni, sentendosi vollire nel generoso petto quegli spiriti cavallereschi, che dalla fina nobiltà del suo sangue, innestato all'Estense, gli furono impressi al cuore, risolse prima che spirasse il carnevale di quest'anno mille seicento venti quattro, di consolar la sua Patria d'un nobilissimo torneo (…)

(p.17) Pubblicato il cartello, il Signor mantenitore conferì l'invenzione, ch'adoprar volea nel comparire, col Signor Gio. Battista Aleotti, detto l'Argenta il quale, quantunque fra l'angustie del tempo si vedesse ristretto, poiché neanche v'era lo spazio d'un mese al destinato giorno dell'abbattimento, nulladimeno colla fecondità del suo ingegno fu pronto a partorire l'opere meravigliose qui raccontate. E certo che alla grandezza del mantenitore conveniva architetto così eminente, il quale ha saputo fabbricare al suo nome sì forte schermo contra l'impeto degli anni, che vivrà sempre ne'suoi scritti, e nelle memorie de gli huomini, riverito; architetto che con arte non più udita muove tutti gli animi ad ammirarlo, tutte le lingue a celebrarlo, tutti i professori di sì bella disciplina ad inchinarlo, e fino i secoli futuri a desiderarlo; architetto infine, che fa volar la sua penna per gli spazi dell'eternità, ed ha formato a se stesso un bellissimo teatro di gloria immortale (…)

(segue descrizione del teatro e del torneo)

* *Chiaro riferimento al vuoto di attività spettacolari lasciato in città dopo il 1617 da Enzo Bentivoglio, troppo distratto dai problemi delle bonificazioni ("acque troppo vicine").*

797. Antonio Goretti da Ferrara a (EB) 4.V.1624
AB, 180, c.87

Ill.mo S.r e Patron Col.mo

Ho ricevuto la sua, in risposta della qualle mi ocore dire a V. S. Ill.ma come il Galanino mi ha detto che non v'è [a]raci in guardarobba, né cosa per la qualle si possa dare in cambio, per ricevere quanto V. S. Ill.ma desidera. Onde, per la brevità del tempo e per essere il negozio molto delicato per tratare con notar Simone, non è stato possibile che per il presente le possa dire cosa alcuna sopra a ciò, solo ch'io mi aproverò e farò ogni mio potere per far sì che resti servita e consolata V. S. Ill.ma, ma dubito assai di poter ciò otenere per tempo così longo.

Questa matina, e parte d'ieri sino ad ora che scrivo la presente (ad ore 21 in casa del Sig.r Alfonso Magnanini), son stato in volta [=in giro] per trovare baila [=balia] havendomi incaricato per tal atto la S.ra Marchesa Barbara; onde, havendo fatto molte diligenze (c.180v) a casa di detta S.ra Marchesa e dal Parolino, è fatto che esso ve[n]ga ed esamina le dette baile, finalmente si è concluso per il meglio di pigliare l'Antebella, la qualle è di 3 mesi di latte: si è agiustato sino trovarò una baila per la sua putina, la qualle si dovrà pagare, e la ditta Antebella darli il suo salario solito, con la sua spesa, insieme con un suo figliolo di cinque anni; qui siamo in casa del S.r Alfonso: la S.ra Marchesa Barbara, la S.ra Calceta madre e figliola, e la S.ra Luciminia, la qualle fa riverenza a V. S. Ill.ma e se li racorda serva, pregandola ad iscusarla se non scrive poiché il tempo non li pò premere, tenendo a far fare questa separazione di queste due baile, le qualle non si hanno voluto vedere (...) (c.88) Questa matina si è fatto giustizia di quel meschino che havea amazato quel speciale, che doppo l'averlo impicato l'anno squartato: a questo spetacolo ho condoto la S.ra Marchesa con la sudetta compagnia e S.ra Antonia Trotti nelle stanze della Cademia a vedere ciò. (...) (c.88v) Altro non habbiamo di novo, se non una diligenza esquisita che fa la S.ra Marchesa Barbara al figliolo; e certo non si può dire di vantaggio e il simile fa con essa lei la S.ra Luciminia. Fò fine e le fò riverenza, pregando il S.r Iddio che li conceda gratia di fare una buona purga, con sanità stupenda.   Di Ferrara e casa del S.r Alfonso Magnanini il dì 4 maggio 1624 ad ore 22 Di V. S. Ill.ma

Hum.o e devotiss.mo ser.re
Antonio Goretti

(p.s.:) Il cestelo è venuto, come qui si è inteso dal Galanino: così mi dice la S.ra Luciminia (...)

798. Pier Francesco Battistelli da Parma a (EB) 29.VI.1624
       AB, 180, c. 458 (*recte* 476)

Ill.mo ed Ecc.mo mio Sig.re

Molti giorni sono che fui pregato dal Sig.r Zanfrancesco Bulgarini di voler opperare nel vescovato di Parma di far andar via alcuni frati, o vero farli castigar per giusticia, dandone informacione aprobale per testimoni, come chi fu chi li prestò doi pistole e che di notte, da hore 6, che ha veduti per Gualtie-ro con esse pistole ed andar hor da questa donna or da questa altra; ed ancor volendo forzar una putta, che mi ha datto lettere d'essi fratti scriti a donne. Ed in soma, molte insolenzie che facevano che tralascio, e tutte mi diedi con soi testimoni da provarli. Del che io ne ho datto minutisimo conto a Monsig.re Vicario, per non esserli il vescovo il quale è in Roma; il qual Monsign.r Vicario, ancor che dopo sia riusito del detto Sig.r Francesco con il fratti, tuttavia farà di giusticia contro detti padri e dice, per quanto io ho dimandato, ma dubita di non dar disgusto a V. S. Ill.ma e mi ha pregato che ne dia parte a V. S. Ill.ma che, sentendo la sua volontà, castigarà questi [G]iudi ad essempio di altri, il che non ho pottuto mancar. E questo aveva operato per il manco male, se bene è riusito ad un altro modo, il che ho fatto per far bene. In tanto li facio umil riverenza   di Parma il di 29 giugno 1624 D. V. S. Ill.ma

obbl.mo servitor
Pier Francesco Battisteli

799. Pier Francesco Battistelli da Parma a (EB) 30.VI.1624
       AB, 189, c.479 (*recte* 488)

Ill.mo ed Ecc.mo mio Sig.r

Dopo essermi purgato, vado spesso in villa, per piliar e muttar aria. In tanto con sua buona gracia fra 4 o 5 giorni vorìa andar a Gualtiero, a starvi quatro o cinque giorni, e piliarò a sicurtà ardire di dormir nel suo palazzo; nel istesso tempo, se V. S. Ill.ma mi comandarà qualche cossa, saro prontisimo a suoi comandi. Intanto io segnarò il portone e strada che V. S. Ill.ma mi comandò di far dietro la casa del Governatore, rincontro a quella che viene da Guastala. Ancora ho detto tante volte a suoi officiali che mandino a Parma a piliar alcune rosetti che si sono adorate, e mai non ho veduto alcuno il che, se si potrà, sarebe bene attacarli, che si conservarano melio, il che credo si farà con due scale. Non altro, prego Iddio li prosperi ogni bene, facendoli umilmente riverenza   di Parma il dì 30 giugno 1624 Di V. S. Ill.ma ed ecc.ma

obb.mo servitore
Pier Francesco Battisteli

(p.s.:) Nel isteso tempo che starò a Gualtiero, credo di acomodar una diferenzia, e credo non si potrà far senza il governator per conti minori. Intanto, se pottesse essere da V. S. Illma favorito di una lettera al Governator, che per giusticia la spedisca, che umilmente li ne resterò obligato

800. Alessandro Piccinini da Bologna a Antonio Ciavernelli ("in casa deli S.^{ri} Bentivogli"), Ferrara 9.XI.1624
    AB, 185, c.124

(…) V. S. sa ch'io son stato questa estate a Ferara per riscuotere la dota di mia sorela vedova, la quale è di duamila scudi, ed ora è pasata a miglior vita: del che ora la lite è mio interesso nela maniera che potrà intendere dal presente portatore e far che bisogno ch'io veness'a Ferara; ma il male ch'io ho auto non me lo concedea. Però bisogna ch'io trovi persona quale operi per me in detta lite: e però vengo a pregare V. S. che mi voglia favorire, che oltra al favore ch'io riceverò, si asicuri ch'io farò il debito mio con lei; che se in tutto non sarà tratato secondo li suoi meriti, che son tropo grandi, conoserà l'animo mio. Sig.^r Zavernelli, io vengo a la libera con V. S., perché son ancor io di Casa Bentivogli servitore, e prima desidero sapere l'animo suo, che poi ne domanderò licenza al Sig. Marchese, qual so non mi negarà la grazia. E con questo a V. S. bacio le mane (…)

801. Ippolita Recupita Marotta da Roma a EB, Ferrara 15.IX.1624
    AB, 183, c.86

(…) La viva servitù, che tengo con V. E., causata dalla sua benignità e magnificenza, mi rende certa e sicura d'ogni grazia appò lei. Mentre ella fu qui, e discorrendole io del negozio della casa dove al presente abito, e dove molte volte V. E. si è degnata favorirmi, che è di un tal Gio. Forfanino [=Torfanini] bolognese; e perché io ora mi ritrovo avere assegnamento di 20 luoghi de monti, avendo il Cavaliere mio marito fatto esito della vigna contro mio volere, però vorrei rinvestirli in casa. E se ella si ricorda, mi disse ch'averìa dato a questo tale tanti beni stabili sul Bolognese, e presone tanti luoghi de monti. Avendone già l'occasione per le mani, quando a V. E. sia commodo, io lo riceverò per favore singularissimo, e numararò ancor gusto tra l'altri favori e grazie ricevute da V. E., alla quale facendo umilissima riverenza, come anco alla S.^{ra} Marchesa, fò fine baciando ad ambe le mani (…)
* *Ed. Hill, Montalto, p.355. Cfr. la lettera di Cesare Marotta del 4.II.1620, in cui si parla ancora del padrone di casa Giovanni Torfanini.*

1625

802. Alfonso Pozzo da Parma a EB, Ferrara 31.III.1625
    AB, 189, c.383

(…) In quanto all'Anton, l'ho veduto, e non mi piace: Giorgio è troppo giovane per me: ha da servir V. S. Illma, e come si deve, se vuol essere aiutato da suo fratello, il quale gli scriverà una lettera in buona forma, e se sarà necessario verrà costà a svegliarlo col bastone. E creda V. S. Illma che non potea dare a questo giovane peggior nova di questa; ed io mi meraviglio di sì cattiva riuscita, com'ella dice (…)

803. Francesco Maria Terzi da Roma a Francesco Guitti, Ferrara 20.VIII.1625
    AB, 197, c.321

Ill.^{re} Sig.^r mio e Padron Oss.^{mo}
Camillo Galaverna mi ha capitato una lettera di V. S., la quale a me è stata gratissima e di gran mio desiderio, rengraziandolo delle nuove che V. S. mi da. Havevo grando appiacere che V. S. mi havisa la sua partita, e quelli che menarà il Sig.^r nostro Marchese. Li pugni che ebbe Ms. Quintilio per causa di

certi cantori che improvisavano, li quali furono a cantare e improvisare alla tavola della Sig.^ra Marchesa mentre desinava in Sinigaglio, il Sig.^r Aniballo li fece inprovisa sopra a Ms. Quintilio, al quale non gli piaque l'improvisa, e conminciò a voltarse in colera con li cantori con parole disoneste, e così il Sig.^r Aniballo <e così il Sig.^r Aniballo> fu necessitato a dargli delli sgognari (…)

804. Vittoria Bernardini da Ferrara a EB 12.VIII.1625
AB, 441 (lettere a EB: 1606-1637), c.539

Illmo S.^r mio S.^r e Padron Col.^o

Confidata nella clemenza e benignità di V. S. Illma ve[n]gho a pregarla che si compiacia di scrivere a suoi aggienti di Ferrara che sgravino me dal affitto della camerina, che potendo contrattare conforme l'obligo fatte, essendo vedova sola, senza chi procuri alli miei interessi, non tornandomi conto il stare alla discrecione de contadini, che così mi sgravo ancora delli altri affitti che ho: non manca giente che la pigliarano con quella medema condicione che l'ha affermata a me, come la S.^ra Sacrati, che le darà ancora ducati 900, mentre non li sia alterato li capitoli già fatti, come da esso ho intesa che li voleva esser fato. La suplico di nuovo quanto posso ad honnorarmi di questa gratia, che altrimenti conosco la rovina mia per la causa detta di sopra. So che questo non è sua intencione, come Cavalier discreto, di voler vedere la rovina de suoi servitori. Non ho dato altro che diecinova carri di fieno alla sua stala. Non ho dato il compimento delli denari per non havere, e mi creda certo che ho tanto da ogni parte tanto poco racolto, che non so come me fare a pagare li altri affitti. Starò attendendo la sua cortesissima risposta mentre li facio humilissima riverenza, pregandola da Dio N. S. l'esaltacione della sua Casa Ferrara li 12 ag.^to 1625

Di V. S. Illma

Humiliss.^ma e Devotiss.^ma serva
Vittoria Bernardini

* Da questo documento risulta che la Bernardini, oltre che capocomica, avesse intrapreso una carriera impresariale gestendo in forma stabile una "camerina", ossia un teatrino, a Ferrara, ma con proventi troppo magri per resistere a lungo.

805. Alfonso Pozzo da Parma a EB, Ferrara 21.X.1625
AB, 190, c.235 (*recte* 225)

Illmo mio Sig.^r Oss.^mo

Doppo la morte del povero Ms. Pierfrancesco Battistelli questo teatro, intorno a cui V. S. Illma si faticò tanto, và in ruina.
M'ha però il Sr Cardinale [Farnese] comandato ch'io preghi V. S. Illma, com'efficacemente fò con questa mia, a favorir lui e S. A. [il Duca di Parma] di proporgli soggetto atto non solo a mantener le machine fatte, ma a farne anche dell'altre, venendone l'occasione; e se appresso di questo fosse huomo che sapesse o di fortificatione, o di architettura civile, sarebbe tanto più caro. Il Sr Cardinale mette in consideratione a V. S. Illma che si cerca questo tale per un Principe giovane, ond'ella da ciò può molto bene imaginarci che condizioni debba havere. Quando V. S. Illma habbia alcuno per le mani, mi favorirà di avvisarmene, ed insieme di che spesa sarà, tenendo io comissione di trattar questo negotio, ed insieme di (c.225v) <di> significarle che, con questa nova dimostratione di amore, V. S. Illma accrescerà molto le obbligationi che questi Principi progettano d'haver con lei, ed al Sr Cardinale [Guido Bentivoglio] suo fratello. Io non sò se il Tamara fosse a proposito; in quanto al lavorare sò che sarebbe buono, ma per conto delle inventioni, nonché disegni che si ricercano in simili opere, non riuscirebbe, cred'io. Di grazia V. S. Illma mi faccia grazia di metter le mani in buon loco, se bene non si troverà mai un Ms. Pierfrancesco; ed aspetto risposta ch'io possa mostrare al S. Cardinale. A V. S. Illma ricordo con questa occasione la mia obligata devotione, ed affettuosamente le bacio le mani.   Parma gli 21 di 8.bre 1625

Di V. S. Illma

Obb.^mo e dev.^mo s.^re di core
A. Pozzo Vescovo di SS. D[onnin]o

* *La data di morte di Battistelli, 16 marzo 1625, è riportata con dati d'archivio in Bagni 1984, p.250 (nota 75).*

806. Nicolò Barbieri (detto "Beltrame") da Lucca a (EB), Ferrara 26.XI.1625
   MOe, Autografoteca Campori: Barbieri Nicolò (prov. AB)

(Trattative per la compagnia di comici diretta dal Barbieri, i Confidenti)

Ed. in Corrispondenze, I, Barbieri Nicolò: 22.

1626

807. Confratelli della Compagnia della Concezione da Gualtieri a Caterina Martinengo
   Bentivoglio, Ferrara 10.XII.1626
   AB, 200, c.114

(Si rallegrano del parto riuscito della Marchesa Caterina)
(…) però hora, ritrovandosi qui l'Illmo ed Ecc.^mo Sig.^r Marchese Entio nostro Padrone, supplichiamo V. E. a far sì, che detto Sig.^re Marchese faccia gratia al detto Grandini, acciò ancor noi, in bisogno e necessità grande per haver dato principio all'indorar l'ancona [=icona] della Capella della Concettione: siché la supplichiamo di tanto favore e gratia per amore della Beatissima Vergine, quale pregaremo sempre per il mantenimento ed accrescimento di sua Casa Illma (…)

1627

808. (Una parente di EB) da Modena a EB, Ferrara 28.I.1627
   AB, 130, c.218

Illmo Sig.^re
Dall'altra mia V. S. Illma havrà forse inteso che, havendomi il Sr Principe Alfonso [d'Este] chiesto il mio basso, per l'occasione della venuta qua del Sr Card.^le di Savoia, non posso con molto mio dispiacere mandargliele. E però non le soggiongo altro in questo particolare, se non che la prego d'iscusarmene di nuovo ed a rendersi costà che, dove potrò, sarò sempre pronta a servirla.(…)

809. Alfonso d'Este Duca di Modena a EB, Ferrara 29.I.1627
   AB, 130, c.220

Molt'Ill.^re S.^re
Io risposi a V. S. che, disegnando valermi del Ghe<r>nizzi per l'occasione del passaggio che farà il Sr Card. di Savoia, non poteva obligarmi a promessa alcuna; ma che gliel'havrei di buona voglia conceduto, partita che fosse S. A., mentre V. S. e cotesti Cav.^ri fossero a tempo di servirsene. Lo stesso le repplico di presente, seben forse haverà ricevuta l'altra, e desiderando occasioni di comprobarle con più evidenti segnali l'affetto mio, le auguro da Dio S.^re ogni contento.   Di Mod.^a li 29 genn.^o 1627.
Di V. S.

Come fratello
Alfonso d'Este

810. Giovanni Battista Buonamente da Vienna a (EB, Ferrara?) 12.V.1627
      Fln, Mus.Mss.9.24 (acquisto 1996, prov. AB?)

(La lettera è probabilmente in relazione alle feste farnesiane. Buonamente ringrazia il destinatario per "un violino di Parma" ricevuto e annuncia di aver rinviato delle "Sonate per violini e basso col cembalo" senza correzioni: forse il suo *Quinto libro di varie Sonate,* edito a Venezia nel 1629).
* *La lettera è stata esposta nella mostra di Firenze, Biblioteca Nazionale, Sette anni di acquisti e doni. 1990-1996. (Catalogo: Livorno, Sillabe 1997, p. 74) ma senza riferimenti all'Archivio Bentivoglio.*

811. Livio Moricami da Roma a EB, Ferrara 16.VI.1627
      AB, 206

(…)È qui il Sr Alessandro Piccinini che, con la solita sua amorevolezza, è quasi ogni giorno dal Sr Card.^{le}, che sente gran gusto dal suono di quel suo nuovo instromento, che non si può sentire armonia più soave (…)
* *Il documento mi fu cortesemente segnalato da Frederick Hammond. Il "nuovo instromento" del Piccinini dovrebbe essere un tipo di chitarrone con le corde di cetra (ossia di metallo) chiamato* pandora (Intavolatura di liuto, et di chitarrone. Libro primo, *Bologna, eredi Moscatelli 1623, cap. XXVIII, p. 5).*

812. Fabio Scotti da Parma a (EB, Ferrara) 10.VII.1627
      AB, 207, c.411 (*recte* 139)

Illmo S.^{re} mio S.^{re} Oss.^{mo}

Al Ser.^{mo} Sr Duca [di Parma] ho portato la lettera di V. S. Illma, la quale gli è stata oltremodo grata, ed a S. A. com'anco a Madama Ser.^{ma}, ho riferito quanto ella scrive a me; ed inteso da essa come ella desidera pure d'abboccarsi col Sr Achillino prima che venga qui, Madama Ser.^{ma} scrive l'annessa lettera, acciocché venga a ritrovarla Ferrara e possano trattare insieme, essendo il S.r Achillini non solo di confidenza in questo negotio, ma havendo già cominciato a mandar qui nova de' suoi pensieri, come V. S. Illma intenderà da lui. Facendosi la comedia nel Salone in musica, senz'altro si doveranno fare intermedii ed in essi valersi delle machine; ma io tengo opinione che V. S. Illma non possa ben risolvere sinché oculatamente non vede esse machine, e non giudica quali si possano metter in ordine, e quali no, e quali si possano aggiungere, occorrendo. Il tempo instà, e però prego V. S. Illma a far guarire quanto prima quel maestro indisposto, e condurlo, se sia possibile, anco convalescente. Ad ogni modo, non potendo adoprarsi nel lavoro, basterà che comandi (c.139v) cosa impiegare gli altri a proposito. Assicuro V. S. Illma che quanto più presto ella venirà, tanto le restarà S. A. più obligata. V. S. Illma, per vita sua, faccia che io sappia quando giungerà a Gualtieri, perché possa mandar un gentilhuomo e carrozza a servirla. Con che, baciandole affettuossamente la mano, le resto servitore riservatissimo.   Di Parma li 10 di luglio 1627
Di V. S. Illma

ob.^{mo} e dev.^{mo} ser.^{re}
Fabio Scotto

(p.s.:) Io tengo che, sebene il Sig.^r Achilino haveva trattato costà con V. S. Illma, ad ogni modo sarà necessario ch'egli si trasferisca qui dov'è su il fatto: bisognava stabilire ciò che si doveva, e poteva fare. La quale cosa potrà causare la mutazione di quelle cose fatte da lui, che da sé solo il accusasse che s'è mutate. (…)
* *Claudio Achillini (Bologna 1574-1640) è l'autore dei testi messi in musica da Monteverdi in occasione delle feste di Parma, realizzate soltanto nel dicembre 1628.*

813. Giovanni Manozzi (Giovanni da San Giovanni) da Roma a EB, Ferrara 24.VII.1627
      MOe, Autografoteca Campori: Manozzi, 1 (prov. AB)

(…) Ho discorso con il Sig. Cardinale, [Guido Bentivoglio] il quale a pieno era informato del negotio da V. S. Illma propostomi; e mi pare che detto ne habbi gusto. E di questo detto Sig. Cardinale n'era informato per caso, perché le lettere erano tutte in un plico, e gli venne disigillata per fortuna e questo l'ho havuto caro, atteso che molti di que' di corte sua, vedendo le lettere che la mi manda sì spesso, pigliano amiratione, forse pensando che io sia qualche Referendario acattolico e non apostolico; ma credo d'ingannar tutti perchè appena io sò i fatti mia: pensate se io cerco quelli delli altri. E per me puol andar sottosopra il mondo, che io non pretendo né d'essere aiutante di camera, né scalco, né segretario, né altro; però gran gusto ho havuto in questo.

Il Sig. Cardinale poi, discorrendo meco, pare che ci vadia di buon gana, se bene alquanto di amiratione mi ha dato che, mentre con detto discorrevo di questo per appartamenti bassi, disse: -Giovanni, qui sopra queste volte imperfette voglio che tu dipinga marittime e mostri e sirene in battaglie d'acqua-. Il tutto sta bene, ma se noi ragionavamo di venire di là dai monti? che contrarietà è questa? Però comentando l'intrinseco vengo a disciferare e glosare questa cosa in questa maniera.

V. S. mi scrive in una sua che veniranno denari, che mi volete empiere e me e tutti; a canto a canto soggiugnete che il Duca di Parma haverebbe bisogno di una persona simile a me e che io ve ne dia la mia volontà in scritto. Giugne la lettera, va in mano del Cardinale, ragioniamo di venir e convenir per mezzo vostro a Parma, e *statim* m'è mostrato certe volte imperfette in questo palazzo.

Come proprio voi havessi scritto e ordinato mi si dessi alquanto di sapone, che i quatrini venirebbono, e perché V. S. sa che io non lo credo, per esser più volte stato preso a questa pantraccola, V. S. mi replica una tentatione ambitiosa, acciò che io habbi a star cheto, ordinando al Cardinale che intanto mi mostri le stanze, per poter far le marittime e così frustato venga a praticar coi mostri marini tra i galeotti: e questo è la mia disciferata mente palesata a V. S. Illma. Se poi sarà (c.n.n. II) la lettera vera o se l'è vera, io ne ricevo contento grandissimo, rimetendola in lei, giudicando il Sr Cardinale havermi ragionato di mare e mostri a sproposito. E se il Sig. Cardinale non mi crede e non si fida di me, gli lascierò per ostaggio le mie masser[i]tie di casa in guardaroba, che se io non torno ne sarà come erede. Ma se è vera la lettera di V. S., non mai mi terrà che io non voglia dar una scorsa.

Io mi indovino ancora che gli dorrebbe la mia partita, perché veramente non ha havuto servitore meglio di me, *licet* alquanto com'argento vivo, perché essendosi partito il suo Curradino imbiancatore è venuto a conoscer la differentia che è dagli humor bizzarri dai superbi, perché per gratia di Dio con la mia bizzarria non li ho dato mai alcuno dispiacere. Però, sendo dunque rimasto solo, sono come l'unigenito, al quale per forza mi si fa carezze, se ben le non passan troppo (c.n.n. IIv) mondano, se non come ad animal discreto e ragionevole, pure la gratia sua in questi tempi è come l'oro e gioia, e per la grandissima ricolta di pittori che si ritrova in Roma non ci è granaro né fossa che la potessi capire. Però, sendo tal quale sono con chi stò, e dove mi parrà toccar il ciel col dito star sotto il suo comando, però havendo rimessomi in V. S. e nel Sig. Cardinale, la puol trattar il negotio alto e basso quello che gli pare, perché quando io starò con altri che con la Casa Bentivoglio, cavandomi però dai miei nativi Padroni, farò sempre quel tanto che mi comanderete. E quanto più comodo sarò, più potrò senza intentione mercenaria servirla, e con questo attendo con ogni sollecitudine a afferrar il partito, che vedrà benissimo che io gli darò sodisfatione quanto nessuno.(...)

* *Campori*, Lettere *1866, n.128, p.103-sg.; Campori (ivi, p. 103) identifica il pittore:* "Il carattere stravagante e singolare dagli altri di Giovanni da San Giovanni celebre pittore frescante, del quale il Baldinucci produsse sì larga copia di esempi, si riconosce anche in queste tre lettere scritte da Roma allorché vi teneva dimora e dipingeva nel palazzo del Cardinale Guido Bentivoglio a Montecavallo". *Le altre due lettere edite da Campori sono in data 4 e 28 agosto 1627, ma ne esiste una quarta, non pubblicata, in MOe, Autografoteca Campori.*

814. Antonio Goretti da Ferrara a (EB, Parma) 3.VIII.1627
    AB, 208, c.13 (recte 36)

Illmo S.^r mio Padron Col.^{mo}

Racomando a V. S. Illma quanto posso Ms. Pelegrino Scardona marangone, per uno di queli che deve andare a lavorare a Parma. Assicuro V. S. Illma che è huomo da bene, e valente nel suo esercizio, e lavora volentieri; ed io l'ho provato, havendomi servito. Si che si farà honore, ed io di santa gratia gli ne

restarò obligato. E per fine le fò riverenza
Di V. S. Illma

Di casa il dì 3 agosto 1627

Humiliss.º e devotiss.º ser.^{re}
Antonio Goretti

815. Giovanni Manozzi (Giovanni da San Giovanni) da Roma a EB, Ferrara, 4.VIII.1627
MOe, Autografoteca Campori: Manozzi, 2 (prov. AB)

(…) Dalla sua ultima in risposta del amorevole suo pensiero, vengo ancora a renderle in questa una mezza ringratiatoria, perchè tengo per sicuro ogni suo trattato, massime quando V. S. Illma ci mette la sua mano: desiderando perciò, stante detto trattato, di sapere in che cosa io deva essere occupato, e quali attioni devino essere le mia, acciochè io mi possa impiegare a fare studi e raccorre disegni e pensieri da queste opere segnalate, acciò, non le vedendo originali, almeno le vegga in uno libro dissegnate, e con lo specchio di quelle possa far honor a me ed a V. S., che mi ha per sua amorevolezza proposto. Intanto la prego a stabilire che ancora io vò finendo varie mie cose, acciò possa lasciar sodisfatto Roma del opere che havevo incominciate (…)
* *Campori, Lettere 1866, n.129, p.105.*

816. Ascanio Pio di Savoia da Ferrara a EB (Parma) 7.VIII.1627
AB, 208, c.302

Illmo S.^r mio S.^{re} Oss.^{mo}

Or ora ho ricevuta la lettera, di V. S. Illma scritami, dal Sr Magnanini, la quale procurarò d'intendere con l'almanacco in mano. Vedrò gl'intramezzi, ed anderò pensando, ma credo mi sarà necessario parlare con V. S. Illma prima di deliberare alcuna cosa; e tanto più, che mi danno speranza che ella debba essere qui venerdì. De' negozi il S. Ciavernella la deve haver tuta ragguagliata ed io, attendendo il suo ritorno, le fò riverenza.
Di V. S. Illma

Di Ferrara adì 7 agosto 1627

Affetion.^{mo} Ser.^{re}
Ascanio Pio di Savoia

* *Ed. inglese Stuart Reiner 1964, p.299 (ma con data 17.VIII.1627).*

817. Antonio Goretti da Ferrara a (EB, Parma) 13.VIII.1627
AB, 208, c.241

Illmo S.^r mio Padron Col.^{mo}

Io havea grandissimo desiderio di parlare a V. S. Illma nanti che venesse costà, per rispondere alli particolari che mi adimandò delli musici per le musiche e feste di Parma: non dissi in quel punto ciò ch'io dovea dire a V. S. Illma, per ritrovarsi altre persone alla presenza. Veni però dalla Villa a Ferrara aposta, per passare alla presenza con V. S. Illma ma trovò ch'era partita, onde son necessitato a fastidirla con la presente mia, suplicandola a scusarmi. Dico che, per rispondere a quel particolare che lei dissi che credeva che volessero fare elezione per le musiche del dissi come anco replico, che è valente, né si può dire in contrario, ma è però anco vero che tiene certi pensieri in capo di voler essere tenuto il primo huomo del mondo, e che niuno sappi se non lui, e chi vol essere suo amico, e trattar seco bisogna gonfiarlo di questo vento, cosa che se si contentasse d'un poco, si potrìa tolerare, e darli questo gusto; ma s'imbibisse poi tanto di questa frenesia, che non Caval. Sigismondo d'India, voria sentire mai altro, in guisa tale che se ne gonfia e sbalza come bal[l]one; mentre fà l'opera si può darli questo gusto, ma come veniamo poi al ristrito di ponere in pratica, e far cantar le musiche con le armonie ed acompagnamenti a proposito, che qui stà tutto il punto per (c.241v) far riuscir bene l'opera, di questo non si aplica punto il pensiero, e di questo ne sia testimonio, ove è stato per questi effetti e imparticolare a Turino, che là [i] poveri virtuosi ebbero a impazire. V. S. Illma non si scandaliza punto di me, ch'io non pretendo cosa alcuna se non di essere vero, e fedele, e sviserato servitore a V. S. Illma: servi solo per haviso che, se pigliarà questo carico, servirà se così li piace per avertimento, che quando lei non piglia la carica, si può lasciare pensare a chi tocherà. Ma quando tocasse a lei per il mastro particolare, come so ne dissi qualche cosa a V. S. Illma; alla qual dico con ogni sincerità di core, se lei giudica bene di honorarmi di adossarmi qualche carica, lo riceverò per gratia e favore, e quando anco no, tanto sarò contento e sodisfato quanto serà giudicato dal prudentissimo giudicio di V. S. Illma. Al qual mi rimeto, e rimeterò sempre in tutte le cose mie come mio Signore e singolare Patrone, e ne farò sempre quella stima ch'io deve, e mi conviene.

Pare un non so che ogn'uno sa ch'io fece tutte le parole in musica per la dita festa, e imparticolare [lo sa] la nostra città, e tutto fece ad instanza di V. S. Illma, onde se lei havesse la carica, e ch'io fosse lasciato affatto da parte, potriano giudicare che la causa fosse stata, che le musiche fate da me (c.242) non fosse state piaciute, né giudicate buone. Questo solo mi può fare un poco di senso, però torno a dire, né per qual si voglia cosa mi rimane punto se non rimetere ogni cosa a V. S. Illma, alla qualle di vero cuore le fò riverenza, pregando Iddio N. Sig.^r   Di Ferrara il dì 13 agosto 1627
Di V. S. Illma

Humiliss.^o e devotiss.^o ser.^re di core
Antonio Goretti

* *Il documento conferma che Goretti aveva già posto in musica tutti i testi di Alfonso Pozzo previsti per le feste di Parma fin dal 1618. Importante anche il suo giudizio sul rivale Sigismondo d'India.*

818. EB da Parma ad Alfonso Magnanini, Ferrara 15.VIII.1627
   AB, 208, c.273

Molto M.^co nostro Car.^mo

Vedrete quello che nell'altra mia vi scrivo, in materia delli pitori e maestro che desidero vengano subito procurati, che così sia. A quali compartirete intorno a trenta scudi, acciò possano lasciare qualche desiderio a casa, e gli ritrovarete una carozza, dandogli per il viaggio quei danari che conoscerete gli possa bisognare. E come ho detto, che vengano subito, e Dio vi contenti.
Di Parma adì 15 ag.^to 1627

Enzo Bentivoglio

(p.s.:) occorendo qualche dificoltà, ricorete al Sr D. Ascanio o Conte Cesare e mandateli subitto; il laché mandatelo a Gualtieri. Il maestro si chiama Zanfrancesco Barbieri.

* *Giovan Francesco Barbieri è il celebre Guercino: sembra indicare un coinvolgimento finora ignorato del pittore nelle feste di Parma.*

819. Francesco Guitti da Parma a EB, Ferrara 19.VIII.1627
   FEc, ms. Antonelli 660, Guitti (prov. AB)

(Manda gli schizzi delle scene disegnate da lui e dal Chenda e altre notizie sui lavori)
* *Ed. in Lavin, n.1, p.119-120 (con disegno); Borazzo, p. 313.*

820. Francesco Guitti da Parma a EB, Ferrara 20.VIII.1627
   FEc, ms. Antonelli 660, Guitti (prov. AB)

(Notizie sulle prove fatte delle macchine, con i modelli di legno, e degli altri lavori)
* *Ed. in Lavin, n.2, p.120; Borazzo, pp. 138, 313.*

821. Fabio Scotti da Parma a EB Ferrara 24.VIII.1627
      AB, 208, c.350

Illmo Sig.^r mio S.^{re} Oss.^{mo}

Io non ho più scritto a V. S. Illma a Gualtieri, perché il Guitti mi ha sempre affermato ch'ella sarìa
partita. Invio però questa a Ferrara, dandoli conto come si lavora galiardamente, e che ho fatto venire
da Piacenza 12 maestri che dano sodisfazione alli ferraresi, ed aspeto di giorno in giorno il Fioni, quale
ho mandato a cercare qual, lasciato ogni cosa, venghi subito. Ed al suo arivo farà una scelta d'huomini
buoni a Parma, quali ancor loro si farano lavorare in sua compagnia, ed occorendo mandarne a pigliar
delli altri a Piacenza, dove se ne havrà de bonissimi, lo farò. Sì che non occorrerà che V. S. Illma ne
mandi da coteste parti. Arrivorono hier sera li pittori, con un altro marangone ferrarese, a quali tutti
farò provedere e servire, ed assicurasi V. S. Illma che ne ho, e ne havrò particolar cura, ed ogni giorno li
prego a dirmi se hanno bisogno di cosa alcuna. Queste A. A.[Duchi di Parma] hanno mandato la lettera
di V. S. Illma al Sr Card. Capponi (c. 350v) havendola anche il Ser.^{mo} Sr Duca recompagnata con
una sua lettera. Quanto all'opera, mi remetto al Guitto, che scriverà distintamente. Delle altre cose
andarò avvisando V. S. Illma di mano in mano, e restandole afettionatissimo servitore, le auguro da
Dio tutte le felicità Parma li 24 a.^{to} 1627
Di V. S. Illma

Aff.^{mo} ed ob.^{mo} ser.^{re}
Fabio Scotto

*Il Conte Scotti, Maggiordomo della Corte Farnese, era il nuovo sovrintendente ai lavori del teatro per
conto del Duca di Parma, carica che era stata di Alfonso Pozzo.*

822. Cardinal (Luigi) Capponi da Bologna a EB, Gualtieri 25.VIII.1627
AB, 132, c. 155

Illmo Sig.^{re}

Havevo bisogno che i pittori fornissero l'opere, per le quali gli havevo condutti; nondimeno ho lasciato che
venghino a servire il Sig.^r [Duca di Parm]a, come da V. S. sono richiesto; e perché so costì essere utile la sua
assistenza, godo di vederla, al suo solito, ardente. Il Sig.^r Dio la prosperi.   Di Bologna a 25 d'agosto 1627.
D. V. S.

Aff.^{mo} per ser.^{la} sempre
Il Card.^l Capponi

823. Sigismondo d'India da Modena a EB, Ferrara 26.VIII.1627
      AB, 208, c.279

Illmo Sig.^{re}

Havendo saputo che V. S. è a Ferrara, me le dedico quel devotissimo servitore che ho professato esserli
sempre in ogni loco, desiderando haver occasione de suoi comandi. Credo mi tratterò alcuni giorni a
Modena, havendo da prestare un'opera al Sig.^r Duca, che tra otto o dieci giorni credo sarò disbrigato.
Resta solo si vagli di me domani, ritrovi homo essere desideroso de suoi comandi, ed a V. S. Illma
faccio riverenza   di Modena adì 26 di agosto 1627
Di V. S. Illma

Affec.^{mo} ser.^{re}
Sigismondo d'India

*Ed. in sola versione inglese in Reiner 1964, p.286; cfr. inoltre Carter 1994. Sigismondo d'India (Palermo
1580 circa?-Modena 1629) era tra i candidati più autorevoli per l'incarico di comporre le musiche per le
feste di Parma, affidate invece a Monteverdi. Sull'argomento si vedano inoltre la lettera di Goretti del 13.VIII
e l'altra dello stesso d'India del 2.IX.1627.*

824. Giovanni Manozzi (Giovanni da San Giovanni) da Roma a EB, Ferrara 28.VIII.1627
MOe, Autografoteca Campori: Manozzi, 3 (prov. AB)

(...) V. S. mi scriva in risposta del di già narrato negotio, e mandi le lettere per altra strada, perchè da un mese in qua non ho havuto lettere di V. S. Illma, e quelle tre che mi mandò questa estate, sempre l'ebbi disigillate a tal, che sospetto horamai ancora di non haverle nemeno in quella maniera. Però altra strada tenga, se però io non sono menchionato al solito. Pure V. S., da poi in qua che la si partì di qua, guardi quante volte sono stato menchionato: nemeno da qui avanti, da poi che né Vostra Signoria, né il Sig.^r Cardinale, né nessuno si puol vantare che io gl'habbi fatto mai più niente. Restava la buona mente di V. S. a volermi gratificare, e da qualche mal incontro forse la metto in dubio o di là o di qua. V. S. dunque rimedi a tal cosa, e parlatemi chiaro e *per aliam viam*, perché le lettere, passando dal Imbasciador di Spagna, da questi spagnoli sono sbudelate, benché l'habbino il conio autentico. Però, risentendomi io come offeso, non portandosi rispetto alla mia autorità e franchitia, licentierò V. S. mio Governatore che, o me le mandi per altra strada sicura, overo mi dia risposta che mi dia sodisfatione: *qui queros franchitia por la libertad de los malhechores*, altrimenti non posso da lei haver la sodisfatione che promette. E così gli resto servitore.   Di Roma il dì 28 mese di agosto 1627.
Di V. S. Illma

Affetuos.^{mo} ed Humil.^{mo} Servitore
Giovanni da San Giovanni pittore

* *Campori, Lettere, n.10, p.105-sg. Cfr. precedente lettera del 24.VII.1627.*

825. Guido Bentivoglio da Roma a EB, Ferrara 1.IX.1627
AB, 129, c.410

Sig.^r fratello.

Venne hieri a trovarmi il Frescobaldi, e mi ricercò ch'io volessi scrivere a V. S. affinch'ella si contentasse di volerlo proporre per le feste di Parma. A me pare che sia, per così dir, ventura; ch'egli inclini ad andarci; onde sapendo V. S. quanto egli sia valenthuomo nella sua professione, dovrà far l'officio con ogni maggior caldezza, non potendole apportare altro che honore, poiché non è dubbio ch'egli non sia per dar colà ogni sodisfattione. Io veramente havrei molto gusto ch'egli, col mezzo di V. S., fosse in ciò impegnato, già ch'egli lo desidera, per esser tanto amorevole di tutti noi, e della nostra Casa. E però la prego a far a quest'effetto tutto quel che per lei sarà possibile, rispondendomi poi quel che potrà occorrere, ed in modo ch'io possa fargli veder la lettera. E per fine a V. S. auguro da Dio ogni prosperità.   Di Roma il p.^o di 7.bre 1627.
Di V. S.

Aff.^{mo} fr.^{ello} per servirla
Il Card.^l Bentivoglio

* *Ed. Fabris 1998, p.407.*

826. Sigismondo d'India da Modena a (EB, Ferrara) 2.IX.(1627)
AB, 209, c.39

Illmo Sig.^{or} mio Colendiss.^{mo}

Ho ricevuta la lettera di V. S. Illma e le rendo infinite gratie della memoria che tiene di me, professando sempre esserli de suoi servitori vecchi, havendo fortuna sino da miei primi anni di doverla servire per la *Bonarella*, che si dovea rappresentare a Ferrara, quando ella mi trattene per simil effetti in quella città. Ora mando a V. S. Illma questa mia opera messa per ora in luce quivi: vedrà a l'ultimo il *Lamento di Armida*, composto da me in due ore a Tivoli, a casa del Sr Cardinale [d'Este]: da questo potrà comprendere la mia maniera d'usar in scena, la quale lei troverà che è sola [=unica], potendo sentir cantare detto lamento da la Settimia [Caccini], la qual liel'è scritto a mano quando io passai per Fiorenza. Desiderarei poter volare dove lei fosse, perché ella sentisse la forza di tal maniera e stile, e son sicuro non lo sentirà da nessun altro. (c.39v) Anzi, s'ella si tratenesse a Ferrara alcuni giorni, vorrei venire a spasso sin là, acciò si degnasse dar orechio a quanto le scrivo: né più, né manco. Io ho tempo di star a spasso per tutto il mese d'ottobre e più ancora, e s'assicuri che de la maniera l'è più di quelo io le so dire. Poiché in Roma il principe Aldobrandino mi diede l'opera del *Adone* a me, benché si trovò poi ch'io ero amalato e no lo potei servire. Fui per sforzato di rifare tutta la parte di Lorenzino [Sances], il quale me la portò ch'io era assediato de la febre in letto, dove andò fatta in dimatina. Di questo ella se ne potrà informare da Roma, che sopra il tutto, oltra che ella sa molto bene che chi compose l'*Adone* non ha fatto altra opera, sol che questa (c.40): pensi come potea riuscire, essendo tutta piena di canzonette, non ci essendo proposito di stile recitativo, anzi lontanissimo, sapendo lei che bisogna in simil opere esservi nato dentro. Mi facci gratia di sentir V. S. Illma da la Sig.^ra Settimia [Caccini] in Fiorenza il *Lamento di Didone*, che da quello comprenderà s'io le dico buggie o verita, e ne domandi informatione dal Sig.^r Duca di Fano e d'altri; che vedrà da tal lamento s'el mio stile è tale. Se ben sò ch'ella mi conosce, son solo sforzato da affetto della servitù mia a dirli questo, suplicandola mi faccia degno de suoi comandi, i quali stimo più che di nessun altro Padrone ch'io m'habia in questo mondo. Ed a V. S. faccio riverenza

Di V. S. Illma

di Modena li dì 2 di 7.^mbre 1627

obligatiss.^mo ser.^re
Sigismondo d'India

* *Ed. parziale in sola versione inglese in Reiner 1968, pp. 248 e 256 e Carter 1994 (con ampi riferimenti ai lamenti sopravvissuti del compositore). Per la Bonarella cfr. il documento del 5.II.1612. L'opera romana citata è* La Catena d'Adone, *su testo di Ottavio Tronsarelli, musicata da Domenico Mazzocchi, eseguita a Roma nel febbraio 1626 e stampato nello stesso anno (Venezia, Vincenti 1626). Lorenzo Sances (nato nel 1604) era un contralto della Cappella Sistina, organismo che proprio nel 1626 aveva lasciato per sposarsi. Sarà più tardi al servizio dei Barberini. Cfr. Hammond 1994, p.83.*

---

827. Francesco Guitti da Parma a (EB) 4.IX.1627
AB, 209, c.62

Illmo S.^re mioS.^re e Padrone Coll.^mo

Ricevei una lettera di V. S. Illma dal Sr Conte Fabio, nella quale ho veduto l'instanza che V. S. Illma mi fa per il lavoriero e per gli maestri; e solo in ciò le posso dire, che dalla mattina sino alla sera non faccio altro che essre presente a tutte le cose, affrettando più ch'io possa il lavoriero: e già cominciano le cose a comparire alla gagliarda. Nella nova scena siamo a termine, che già cominciamo a preparare il coperto; ma questi homini di Parma non sanno maneggiar legni, ed i nostri maestri sono pochi a tant'opra, e fanno il doppio della parte loro, e così giudica anco il Sr Conte Scotti; e tutti che questi maestri parmeggiani non sono atti a queste facende. Vi sono 4 de nostri [=ferraresi], e fanno più, che non possono, e non si partiamo dal lavoriero che è l'*Avemaria*. Di sopra si cammina innanzi, conforme a quanto le scrissi per l'huomo mandato a posta. Hieri S. A. [il Duca di Parma] venne da Sala, e gli parve che si fosse lavorato assai, e mostrò d'averne sodisfazione, e fece animo. Il Sr Conte Fabio fece venire certi galafati da Piacenza, per fare le barche per gli mostri marini; e n'è fatta una, e per mio parere gli porrei nel corpo del pesce in nave due homini con due remi piccioli per uno, i quali fossero coperti dalle ale del pesce e si remigasse con quello. (c.62v) Il frontespicio si comincierà a porre quest'altra settimana, che è ad un segno buonissimo. Staremo attendendo a bolognesi pittori, ch'il Sr Duca hieri mi disse che verranno, e già sono preparati tutti i silari [=sipari?], e tirate le tele a molti. Non dirò altro a V. S. Illma, che quanto a me la desidero qui, acciò la sola sua auttorità mandasse avanti il negozio, e che le cose fossero fabricate con suo gusto. Non m'occorrerà che altro avvisarle, ed a V. S. Illma faccio umilissima riverenza.

Di Parma li 4 sett.^bre 1627

Di V. S. Illma

Umiliss.^o, e divotiss.^o ser.^re
Francesco Guitti

---

828. EB da (Ferrara) a Margherita Farnese Duchessa di Parma 6.IX.1627
PAas, Carteggio Farnesiano Interno, b.372

(Il Marchese minaccia di dimettersi per i gravi ritardi dei lavori e rivendica il suo ruolo nell'aver scelto Monteverdi quale compositore per le musiche)

(…) ha un mese che costì a V. A. mandai la risoluzione del Sig. Monteverdi di servire, ventura secondo me straordinaria e da non lasciare per modo alcuno: né perciò ho sentito risoluzione (…)
* *Cit. in Dall'Acqua 1993, p. 244.*

829. EB da (Ferrara) a Margherita Farnese Duchessa di Parma 7.IX.1627
    PAas, Carteggio Farnesiano Interno, b.372

(…) Io non posso dire il gusto che ho della risoluzione presa in valersi del Sig. Monteverdi, sia per la qualità rara del sogeto, come ancora per poter mettere mano al operare, che realmente mi vedevo disperato col non aver risposta e col non si far niente, perché so il tempo che ci vuol a voler far bene (…)
(seguono altre preziose informazioni, tra cui la scelta suggerita dal Marchese di una tragicommedia che "avrà più del nobile" invece che "comedia di bufoni" per gli spettacoli inaugurali del teatro Farnese)
* *Cit. in Dall'Acqua 1993, p. 245. Il documento era cit. già in de Paoli, p.272, ma con destinatario e data errati (EB a Odoardo Farnese il 4.IX.1627).*

830. Francesco Guitti da Parma a EB, Ferrara 7.IX.1627
    FEc, ms. Antonelli 660: Guitti (prov. AB)

(Relazione dettagliata sui lavori, sulle scene, sugli intermezzi e via dicendo)
* *Ed. in Lavin, n.3, p.120-122 (con disegno); Borazzo, p. 138.*

831. Guido Bentivoglio da Roma a EB (?) 8.IX.1627
    AB, 129, c.420

Sig.ʳ fratello.

Ho poi ricevuta con quest'ordinario la scrittura sopra il torneo di Parma. Machine non mancheranno e si può credere che riuscirà una bella cosa. Questa mattina apunto l'ho data ad Annibale [Bentivoglio] perché la mostri ai Cardinali Ludovisio ed Aldobrandino, ed al Sig.ʳ Don Tadeo [Barberini], che tutti tre insieme son entrati qui in casa questa mattina a levar esso Annibale, e condurlo alla Madonna di Grottaferrata, dove hoggi è la festa. Una di queste notti ancora, il medesimo Annibale si trovò a cena con [il Cardinal] Magalotti, e con D. Tadeo, ed uscirono poi a pigliar aria per Roma, e furono a levar di casa all'improviso [i Cardinali] Aldobrandino, Ludovisio e Torres, che dormivano, e poi i due Sacchetti, e con tutta questa carrozzata, con Loreto [Vittori] musico, e con un altro castrato andarono per Roma, pigliando il fresco, e dandosi bel tempo sino alle otto hore di notte. Questi sono i patimenti e sudori che si pigliano per la S.ᵗᵃ Chiesa Romana. Fratanto voi vedete il favor verso Ludovisio ed Aldobrandino, e di [Cardinal] Borghese non si parla più, come se non fosse al mondo; e da un anno in qua non è entrato in casa sua alcuno di questi SS.ʳⁱ di Palazzo. È bene però che V. S. tenga in sé questi particolari, cioè che non ne mostri d'havergli intesi da me. (c.420v)
(…) Del mandar denari qua non se ne parla, neanche in minima quantità; e pur mi dice D. Livio [Moricami], che l'altr'hieri il Baccelli era in una escandescenza e rabbia incredibile, dubitando il poverhuomo di dar per terra, massime che voi in questo tempo medesimo tirate alla peggio sopra il particolare di quel censo, che hora è diventato suo interesse, e non dei Nappi (…) (c.421) Finalmente egli conclude, che il suo banco non è una zecca, ed il suo credito non basta per trovar ogni dì nuovi danari a cambio. Non mi par ch'egli parli male. E se non fosse per mio rispetto, tengo per fermo ch'egli havrebbe fatta qualche risoluzione da disperato; e noi saressimo quelli, che daressimo per terra indubitatamente, perché non sò dove ci potessimo voltare per trova un baiocco. E quando i montisti cominciassero a strepitare, vedressimo allora come anderebbono le cose, e si potrebbe aspettar quel male apunto, che temiamo, di dover allora trovar danari da far il moltiplicare e l'estintione obligata, con mille altri disordini ed angustie che bisognerebbe provare. In nome di Dio, fatte ogni sforzo possibile una volta per saldar con questo benedetto Bacielli. E già che egli ha presi sopra di se gli interesso del Nappi, si potrà

poi allhora fare alla peggio, ma prima di questo saldo non si può, né si deve, e saremo noi quelli senza dubio che soggiaceremo a maggiori pericoli. V. S. vegga di stringere in ogni modo quel partito di trovar danari in compagnia della città, e s'aiuti per ogn'altro verso.(…)

* *Sui Cardinali Ludovisi e Aldobrandini, in relazione alle nozze Medici-Farnese, cfr. Fabris 1987, pp.40-43.*

832. Claudio Monteverdi da Venezia ad Alessandro Striggio, Mantova 10.IX.1627
MAa, Autografi, b.6, cc.355-357 (prov. AB)

(…) Il Sig.ᵣ Marchese Bentivogli, molto mio Sig.ʳᵉ per molti anni passati, mi scrisse già un mese fa adimandandomi se io gli haverei posto in musica certe sue parole fatte da Sua Eccellenza, per servirsene in una certa principalissima comedia che si sarìa fatta per servitio di nozze di Prencipe, e sarebbero statti intermedi, e non comedia cantata. Essendo molto mio particolar Sig.ʳᵉ, gli risposi che haverei fatto ogni possibile maggiore per servire alli comandi di S. E. Ill.ᵐᵃ; mi replicò un particolar ringratiamento, e mi disse che se ne haveva da servire nelle nozze del Serenissimo di Parma. Gli risposi che haverei fatto ciò si fosse degnato comandarmi. Ne diede parte subbito a quelle Altezze Serenissime ed hebbi per risposta che dovessi inpiegarmi in tal bisogno. Così di subbito mi mandò il primo intermedio e di già l'ho fatto quasi mezzo, e lo farò con facilità perché sono quasi tutti soliloqui. Le quali Altezze mi honorano molto con tal comando, havendo io inteso che vi erano da sei o sette che facevano instanza per haver tal carico, con *motu proprio* si sono voluti dignare quei Sig.ʳⁱ di elleggere la persona mia. (…)

* *Ed. Davari, p. 164; de Paoli, n. 104, pp. 273-276; Stevens, p. 354, Fabbri, pp. 267-268; Ehrmann, n. 24; Lax, n. 106, pp. 172-174.*

833. Claudio Monteverdi da Venezia a EB, Ferrara 10.IX.1627
Nc, lettera n.6829 (prov.AB)

(…) Heri, che fu alli 9 del presente, dal curriere ricevei un plicco di V. S. Ill.ᵐᵃ, nel quale vi era un intermedio ed una lettera di V. S. Ill.ᵐᵃ, piena d'infinita humanità ed honore verso la persona mia, ed insieme una copia d'un capitolo di una lettera della Ser.ᵐᵃ Sig.ʳᵃ Duchessa di Parma scritta a V. E. Ill.ᵐᵃ, nel quale si degna honorarmi di comandarmi, con il mezzo di V. E. Ill.ᵐᵃ ch'io ponga in musica quello che da V. E. Ill.ᵐᵃ mi sarà comandato. Appena ho potuto leggiere due volte il detto intermedio per l'occasione del scrivere hauta, essendo giorno che si parte il curriere; ho però visto tanto di bello, che in verità son rimasto dedicatissimo con l'affetto a così bell'opera; e si ben è stato poco il tempo, non per questo son statto indarno in tutto, perché di già gli ho datto principio, come ben ne farò vedere qualche poco d'effetto per mercore venturo a V. E. Ill.ᵐᵃ, havendo di già visto che quattro generi di armonie saranno quelli che anderanno adoperati per servitio del detto intermedio: l'uno che incomincia dal principio e seguita sino al principio de le ire, tra Venere e Diana, e tra le loro discordie; l'altro dal principio delle ire sino finite le discordie; l'altro quando entra Plutone a metter ordine e quiete, durante sino dove Diana s'incomincia ad innamorare d'Endimione; ed il quarto ed ultimo, dal principio di detto innamoramento sino alla fine. Ma mi credda V. E. Ill.ᵐᵃ che, senza il delicato suo aiuto, vedrà che ci saranno lochi che mi porterebbero non poca dificoltà, dei quali mercore ne darò più minuto raguaglio a V. E. Ill.ᵐᵃ. Altro per hora non intenderò fare, che rendere prima gratie a Dio, che mi habbi fatto degno di poter ricevere così alti comandi da così alti Sig.ʳⁱ e Padroni; pregandolo insieme che mi facci degno così deli effetti, come del affetto, qual siccurmente cercherà di servire a Padroni con ogni maggior potere che saperà, rendendo infinite gratie a V. E. Ill.ᵐᵃ di cotanto favore, pregando insieme Dio che sem[pre] in bona gratia di V. E. Ill.ᵐᵃ operi (…)

* *Nel documento compare la data, non congrua, del 1617 (dubbio risolto per il 1627 da Reiner 1964). Ed. in Caffi, II, p. 135; Prumières, p. 275; de Paoli, n.105, p.277; Stevens, p. 348; Borazzo, pp.175-76; Fabbri, p. 269; Ehrmann, n. 25; Lax, n. 105, p. 170.*

834. Odoardo Farnese Duca di Parma da Sala a EB (Ferrara?) 14.IX.1627
AB, 278, c.629

Illmo Sig.^re

Ricevo adesso la lettera di V. S. di 12; dalla quale, e da quella ch'ella ha scritto alla S.^ora Duchessa mia Madre, veggo con quant'amorevolezza e premura, ella continui in desiderare e procurare il mio servitio, di che, di nuovo, me le confesso grandemente obligato. Io ho rinovato gl'ordini, perché non si manchi d'ogni sollecitudine a tutto. E mi sono risoluto di scrivere io med.^mo al Sor Achillini, perché muti, e subito, gli giacinti in giglii: né ho dubbio che lo farà, e così V. S. potrà mandare tutto al Monte Verde perché le metta in musica. Ella ha fatto bene a non lo lasciare partire, e lo trattenghi pure, quanto le bisogna. Quanto prima sarà V. S. avvisata di quello occorrerà, intorno al far provare li Cavalieri per il campo aperto, come ricerca. Nel resto mi rimetto, a quanto risponde a V. S. la S.^ra Duchessa mia Madre. Ed io per fine di cuore me le raccomando, ed offero. Di Sala a 14 di sett.^re 1627
Di V. S. Illma

Al servitio
Odoardo Farnese

(p.s.:) S'è scritto già per i musici e V. S. non dubiti che si sollecitarà quanto sarà possibile il tutto
* *La lettera è contenuta nella miscellanea*: Riffusi di lettere 1607-174: *solo il post scriptum è autografo, il resto è opera di copista.*

835. Margherita Farnese Duchessa di Parma da Sala a EB (Ferrara?) 14.IX.1627
AB, 278, c.631

Illmo Sig.^re

Risposi hieri alle lettere di V. S. di 7 [scorso]. Hora rispondo a quella di 12 capitatami adesso, dicendole che mi è piacciuto intendere che finalmente fusse giunto costì l'Achillino, al quale il Duca [di Parma] scrive per la mutatione di giacinti in giglii, e mi persuado ch'egli la farà subito, e così questo punto sarà saldato, e V. S. potrà mandare tutto al Monte Verde. Li pittori bolognesi si sono già mandati a pigliare. Per li musici, si è scritto in più parti, e come prima si haverà la certezza di quelli che si potrano havere, V. S. ne sarà avvisata come dice essere necessario, perché il Monte Verde nel fare la musica possi appropriarla alla qualità de cantanti. Al negotio io non manco d'ogni diligenza e sollecitudine, ed a punto fui l'altro dì (sebene in poco buon stato) a Parma, per operare in questo genere con la mia presenza [e] continuarò in tutto quelo che occorrerà. V. S. mi fà grandissimo piacere a sollecitare lei ancora, e a ricordarmi quello che stima bene, e gliene tengo molt'obligo. Ma non vorrei già ch'ella si perdesse d'animo, né voglio già perdermi io, che sotto l'ombra e scorta di V. S. tengo per sicuro che siamo per farci honore. Continui pure dunque le sue parti, e se ne venghi a Parma: con la sua presenza pararà assai, e spero che si raccordaremo in ogni cosa, e se cridarà lei, né io tacerò come non posso passare in silenti l'obligo che tuttavia riconosco di dover maggiore a V. S. per la premura che ha nel buon servitio del Duca mio figlio e mio, di che le rendo gratie partico-(c.631v)-larissime. E per fine me le raccomando, remettendomi nel resto a quello che da Parma doverà avvisarle il Conte Fabio [Scotti]. Di Sala a 14 di Sett.^re 1627.
Di V. S. Illma

Affett.^a
Margarita Duchessa di Parma

836. Cardinal Leni da Roma a EB, Ferrara 15.IX.1627
AB, 132, c.167

Illmo Sig.^re

Dal desiderio ch'io tengo di servire a V. S. Illma, deve supporre che in ogni occasione cerchi di effettuarlo, potendo: onde, di quel che lei m'avvisa del Maestro di cappella della mia Catedrale [Fortunio Piccinini], io non sò nulla; però, essendo stato da V. S. Illma proposto a questa carica, scrivo all'Urbani che vegga di

compiacerlo, affinché lei ne resti servita, a cui, per fine, bacio le mani.   Di Roma li 15 di 7.^bre1627.
D. V. S. Illma

Aff.^mo per ser.^la di cuore
Il Card.^l Leni

* *Sul dorso della lettera è riassunto l'argomento:* "Del M.^ro di cappella, che non sa nulla, ed essendo stato proposto da V. S. Illma, scrive all'Urbani, che veda di compiacerlo". *Solo riferimento alla lettera in Sou-thorn, p. 172; cit. in Peverada,* Normativa e prassi musicale, *p. 122, nota 56. Il maestro di cappella della Cattedrale di Ferrara, Fortunio Piccinini, sarà ancora citato in una lettera del 26.V.1628.*

837. Francesco Guitti da Parma a EB (Ferrara) 15.IX.1627
FEc, ms. Antonelli 660: Guitti (prov. AB)

(Particolari sulle macchine e sulle scene)
* *Ed. in Lavin, n.4, p.122-123; Borazzo, p. 140.*

838. Claudio Monteverdi da Venezia a EB, Ferrara 18.IX.1627
Oxford, coll. priv. Albi Rosenthal (prov. AB)

(…) Spererò senz'altro, per lo venturo ordinario di sabato, mandar a V. E. Illma fatto tutto l'interme-dio di *Didone.* Credevo mandarlo a ver per lo presente, ma se mi è interposto acidente che non mi ha lassiato comporre per duoi giorni; e spero che tal intermedio non dispiacerà a V. S. Illma; poco anco manca al finir il primo. Accuso poi la riceuta a V. E. Illma del corriere li versi mandatemi per servitio dela corriera; questi per anco non gli ho ben letti per la brevità del tempo hauta, e per essere stato intento al scrivere il narato intermedio di *Didone.* Ho visto però alla sfuggita gli mesi come parlano, ed ho visto la discordia parimente, ed ho un po' poco pensato alla immitatione de la detta discorsia, e mi pare che sarà un poco difficiletta: la ragione è questa, che gli mesi, dovendosi concertare con armonie soavi, cercando però quelle che dovevano andare all'immitatione più possibile di ciascheduno, la con-traria armonia sarà per servitio de la discordia, contraria dico a quella che converrà a li mesi. Non sò al presente immaginarmi altro, che farla recitar in voce e non in armonia; questo però è primo pensiere, qual ho voluto notificare a V. E. Illma, afin, con il pregatissimo suo giuditio, mi possa congiovare in poter servir meglio al gusto di V. E. Illma, al qual bramo con tutto l'affetto; non negherei però che gli detti parlari de la ditta discordia non fossero spiegati dalla musica, cioè che lei havesse a parlar nel modo come se l'avesse a cantare, ma tal suo cantare non fosse appoggiato sopra ad armonia alcuna di istrumento però; che così mi pare che sarebbe la sua immitatione. Haverei a sommo favore intendere da V. E. Illma il tempo che posso avere in scrivere gli detti canti, per haver a tempo obedito a suoi coman-di; perché qua in Venetia si vocifera che tali nozze di essi Ser.^mi Principi si devono fare il prossimo venturo carnevale del 1628 (…)
* *Rintracciata e pubblicata per la prima volta da A. Rosenthal* (A Hitherto unpublished letter of Claudio Monteverdi, *in* Essays presented to E.Wellez, *ed. J.Westrup, Oxford, Clarendon Press 1966, p. 103); de Paoli, n.107, p.282-283; Stevens, p. 363; Borazzo, pp. 172-72; Fabbri, p. 269; Ehrmann, n. 27; Lax, n. 109, pp. 178-179.*

839. Francesco Guitti da Parma a EB, Ferrara 22.IX.1627
MOe, Autografoteca Campori: Guitti (prov. AB)

(…) Ho avuto mortificatione particolare che io non mandassi l'incluso schizzo a V. S. Illma subito che fu finito, perchè mi sopravenne una sua che mi avvisò che mi mandava schizzi del Sor Bononi di certe sene, nelle quali compresi l'inclusa, la quale è di mano di Ms. Alfonso [Rivarola "Il Chenda"] che non si può in somma motrar bene in tutte le parti così in picciolo. Però resterà V. S. Illma servita di credere che, sin che non si fanno in grande non si può battere nel pensiero accennato da V. S. Illma. Saremo sabbato a coperto, ed essendo posto un gran lavoro all'ordine per ridurlo in opera, spero che ad un tratto si farà gran fracasso. I bolognesi lavorano, e gli ferraresi mandati fanno il loro debito, se bene v'era bisogno di miglior forma di gente, che per il più sono giovanotti; tuttavia fanno maggior servizio che cotesti parmeggiani inesperti. Ma assicuro V. S. Illma che vi è una fatica notabile a tenerli uniti, e mi trovo ridotto ad abitare e mangiare dov'essi abitano, perché sono sempre in contesa: pure, quando io ricordo loro la persona di V. S. Illma, si acquetano più che con qualsivoglia altra ragione. Nelle machine di sopra aspetto V. S. Illma alquanto soddisfatta al suo arrivo, perché siamo a termine competente, e di buon frutto. Si fa lavorare da terazeri veneziani il pavimento del salone e de'vasi dove va l'acqua, che veramente è lavoro bellissimo e buono per il bisogno. Feci fare certi burchielli per i pesci che vanno nell'acqua, e crederò che riescano, perché la prova, fatta presente il Sr Maggiordomo [Fabio Scotti], è perfetta, e sono fatti nella presente maniera: la cassetta posta nel mezzo segnata *A* va nel fondo della nave, la quale è bug\<i\>ata, ed è tanto alta che l'acqua per ogni sforzo non può entrare molto su. Nel detto bugio entra un huomo, il quale governa tanto facilmente la barca, che per la detta prova si vede essere di buona riuscita: aspetterò il giuditio e il comando di V. S. Illma.Vado tuttavia aspettandola, che intanto non mancherò di far quella sollecitudine che è di comando di V. S. Illma e di merito dell'opera. (…)

(p.s.) Son giunte pur ora sul salone queste Altezze [Duchi di Parma] ed hanno veduto che il lavoro cammina, e sono con soddisfazione. Gli abbiamo fatto vedere il zodiaco calare e girare, i dei andare al cielo e la rocca sorgeree gettarsi il ponte sopra la cocchiglia, e restano con gusto. Stanno però aspettando V. S. Illma con fretta, alla quale resto (…)

* *Campori, Lettere 1866, n.131, p.106-sg. Campori così descrive la lettera (ivi, p.106):* "Ragguaglio curioso dei preparativi di quei magnifici spettacoli che si facevano rappresentare dai Farnesi nel grande Anfiteatro eretto pochi anni avanti. Il Guitti è architetto, pittore e poeta ferrarese non molto conosciuto". *Cfr. Lavin p.123; Borazzo, p. 140. Carlo Bononi (1569-1632) è uno dei più importanti pittori ferraresi del tempo. Il suo allievo, Alfonso Rivarola, detto "il Chenda" (1607-1640), fu uno degli scenografi più stretti collaboratori del Bentivoglio.*

840. Claudio Monteverdi da Venezia a EB, Ferrara 25.IX.1627
F-Pc, Lettre Autographe: Monteverdi (prov.AB)

(…) Supplico V. Ecc.Illma non si meravigliare si per l'ordinario di mercore passato non ho datto risposta all'humanissima lettera di V. E. Illma (…) e ritornato io la giobbia e non il mercore prossimo passato, e ricevuto il plicco di V. E. Illma con dentro un intermedio bellissimo e la comissione insieme ch'io dovessi trovarmi in Ferrara hieri, che fu alli 24 del presente. Ed havendo visto tal mio mancamento, mi credda V. E. Illma che ne ho sentito particolar afflitione al anima, come tuttavia sentirò per sino che non si sia degnata V. Ecc. Illma di novo aviso de la sua sodisfatione. Essendo dunque scorso questo poco di tempo contro il mio volere, vorrei supplicar V. E. Illma che si degnasse farmi gratia ch'io potessi restar in Venetia sino alli 7 del venturo mese, posciaché il Ser.^mo Doge in tal giorno, processionalmente se ne va a Santa Justina per rendere gratie a Dio N. S. de la felice vittoria navale e vi va con tutto il Senato insieme, ed ivi canta solenne musica. Che subbito fatto tal fontione, mi porrò in barca con il corriere e verò ad ubidire alli comandi di V. E. Illma; e sarà cosa cauta, l'andare a vedere il theatro in Parma, per poterli applicare più che sia possibile le proprie armonie decenti al gran sito, che non sarà così facil cosa (secundo me) il concertar le molte e variate orationi che veggo in tali bellissimi intermedii; fratanto anderò facendo e scrivendo per poter mostrar a V. E. Illma altra cosa e maggiore che mi ritrovo.(…)

* *Ed. in Caffi, II, p.225; Tiersot, Lettres de musiciens, Torino, Bocca 1924, p.63-65 (riproduce la firma in facsimile); Prumières, p. 276; de Paoli, p. 287; Stevens, p. 368; Borazzo, pp.177,-195; Ehrmann, n. 28; Lax, n. 111, pp. 180-181. Tiersot in nota 2, p.63 chiarisce la provenienza della lettera dalla collezione del "Mis de Saint-Hilaire" (da cui provengono altre lettere della collezione di Parigi):* "Cette piece unique, d'une insigne raretè, vient du cabinet Succi; je l'ai acquise à la vente Feuillet de Conches pour 125 fr.".

841. Antonio Goretti da Ferrara a EB, Parma 1.X.1627
    FEc, Ms.Antonelli 660: Goretti (prov. AB)

(...) Faccio sapere a V. S. Illma come ebbi l'intermedi e libreto. L'intermedi ho mandato a Venetia al Sr Monteverdi conforme all'ordine di V. S. Illma. Del libreto, il Checa era fuori, si aspetta questa matina: gionto che sarà, subito lo farò coppiare, e farò per apunto quanto V. S. Illma mi ha comandato (...)
* *Ed. in Mamczarz, n.1, p.460.*

842 Guido Bentivoglio da Roma a EB (Parma) 2.X.1627
    AB, 129, c.378

(Comprende le difficoltà nell'organizzare le feste di Parma, riportando echi delle frenetiche attività diplomatiche tra corte francese e Granduca di Toscana)
* *Ed. parz. in sola versione inglese in Reiner 1964, p. 292.*

843. Ascanio Pio di Savoia da Ferrara a EB (?) 4.X.1627
    FOc, Piancastelli, Autografi: Pio (prov.AB)

Illmo S.^r mio S.^re Oss.^mo

Posso ben credere che V. S. Illma havesse pessimo tempo; lodato Dio, che sia arrivato a salvamento, ed habbia trovati gli infermi in buono stato. Lodo la sua risoluzione di mandare in qua, ma voglio ben credere, e mi perdoni il giudicio temerario, ché V. S. Illma non habbia costì voluto tanti intrichi di convalescenti ne' piedi. A quel concetto di giocare di mio figliolo e delle Pupazze io risponderò altra volta, quando habbia miglior fondamento da rispondere. Per l'ultimo intramezzo di già non mi affatichi senza vene è necessità, perché sono stracco, e non trovo modo, di mettere il capo giù, havendo mille inbrogli, che mi divertiscono. Tuttavia più che mai si tiene, che il matrimonio vada innanzi con Francia, e se ciò fosse, non occorre ammazzarsi per far presto: di gratia, dico di nuovo, dicami daddovero se ho da attendere, o no. Già la ho avvisata, che venerdì si fece il consiglio, e il partito che ha proposto passò; e passò perchè Dio volse. Basta: non bisognava far meno, né più di quello si fece; perchè facendo meno la cosa non succedeva, e se si faceva più rumore, credo ancora se saressimo fatto danno, essendovi al mondo dell'invidia, etc. Quando voi non parlarete meglio del parlar delle dame, e non lasciarete il burlarvi del prossimo, potesse trovarvi qualche gatta da pettinare; intendete Padron mio: lasciate stare le mogli d'altri. Al Sr Card.^l Sacchetti farò le sue belliss.^e e resto a V. S. Illma   di Fer.^a adì 4 ottobre 1627.

Suo osser.^mo Ser.^e
Ascanio Pio di Savoia

844. Annibale Provenzale da Ferrara a EB (Ferrara?), 8.X.1627
    MOe, Autografoteca Campori: Provenzali Annibale (prov. AB?)

(...) Hippolito mio fratello, havendo finito di dipingere le stanze d'un palazzo che il Sig. Conte Andrevandi ha vicino a Cento, e desiderando di continuare nelle fatiche, mi ha scritto la qui alligata lettera, quale rimetto a V. S. Illma acciò vedi il suo senso e desiderio, assicurandola che, se ci sarà occasione d'adoprare detto mio fratello, lui ed io restaremo per sempre obbligatissimi alla sua gentilezza e benignità, e l'ascriveremo al numero di tanti altri favori, che continuamente habbiamo ricevuti da V. S. Illma. (...)
* *Campori, Lettere 1866, p. 107. Secondo Campori (ivi, p.107):* "Annibale dottore e canonico figlio di Ercole Provenzali, dà notizia di un lavoro a tempera o a fresco d'Ippolito fratello di esso noto fin quì solamente come miniatore".

845. Margherita Farnese Duchessa di Parma a EB, Ferrara 23.X.1627
     AB, 130, c.308

Ills.^{mo} Sig.^{re}

La partita del Duca [Odoardo Farnese] mio figlio per Fiorenza, che doveva essere hoggi, si è differita sino alla festa di S. Martino in circa, il che ho giudicato bene d'avvisare a V. S., per sua informatione, e perché sappia, anche, che haveremo un poco più di tempo per fare le nostre feste, per preparationi delle quali, non bisogna però rallentare le diligenze. Ho avviso questa sera da Roma, che i musici stavano partendo, onde gli faccio in viaggio. Io sono stata ritoccata da miei dolori, né per ancora ne sono libera affatto affatto. V. S. si assicuri, che nel Duca mio figlio, ed in me, si conserva sempre maggior il desiderio d'empiegarci in servitio di V. S. alla quale mi raccomando.
Di Parma a 23 d'ott.^{re} 1627.
Di V. S. Illma

Affett.^{ta}
Marg.^{ta} Duc.^a di P.^a

* *Sotto la firma il numero 1 apposto da mano posteriore, che ha numerato progressivamente tutte le lettere indirizzate dalla Duchessa nella busta (cfr. 2.XI, 28.XI, 28.XII.1627), forse in previsione di sottrarre i documenti.*

846. Francesco Guitti da Parma a EB, Ferrara 24.X.1627
     FEc, ms. Antonelli 660: Guitti (prov. AB)

(…) Ma insomma risolvono che sia mal partito, per la beleza dell'architettura, che si debono vedere li musici sui palazzi, poiché impedisse loro una quantità di belissimi pensieri; e sarebbe bene che li detti musici fossero nella città mentre calla, ma si udisero e non si vedesero (…)
* *Ed. in Lavin, n.6, p.124-125; Borazzo, p. 190.*

847. EB da (Ferrara) a Margherita Farnese Duchessa di Parma 24.X.1627
     PAas, Carteggio Farnesiano Interno, b. 373

(…) Se ne viene il Sig. Claudio Monteverdi, garbatissimo gentiluomo, e il maggior virtuoso nella sua professione che abbiamo oggi; io so che V. A. lo vedrà volentieri, venendo costà solo per il desiderio di servirla. Vi è con lui il SIg. Antonio Goretti, pur della professione, che è statto a levarlo a Venetia, e che lo conduce costì, qual altra volta servì la buona memoria del Sig. Duca Suo, che per sua benignità si compiacerà di vederli tutti doi volentieri (…)
* *Cit. in Dall'Acqua 1993, p. 246, ma con la data errata del 24..XII.1627, incongrua con l'arrivo dei due musicisti a Parma, certificato dalla lettera di Goretti del 28.X.1627.*

848. Antonio Goretti da Parma a Caterina Martinengo Bentivoglio, Ferrara 28.X.1627
     FEc, ms. Antonelli 660: Goretti (prov. AB)

(…) Siamo gionti a salvamento qui in Parma con buon viagio, e qui molto ben visto e tratato da questi Prencipi. Ho trovato il Sr Conte Fabio [Scotti] in una convalescenza grande (…) l'ho trovato, dico, in termine tale che poche parole gli ho potutto dire per questi afari della musica; però ci serà del tempo, essendosi prolongata l'andata del Sr Duca [di Parma] a Fiorenza persino a San Martino, ma si dubita non vadi ancora più inanzi, vedendo le cose andare fredamente e, senza il Sr Marchese nostro, è una barca senza timone. Altro per ora non mi ocore dire a V. S. Illma, solo a racordarmegli sempre servitore, pregando da Iddio N. S.^r il colmo di ogni vera felicità (…)
* *Ed. incompleta e scorretta in Mamczarz, n.2, p.461 (identifica come destinatario Enzo Bentivoglio).*

849. Antonio Goretti da Parma a EB, Ferrara 28.X.1627
      AB, 210, c.382

Illmo S.^r mio Patron Col.^{mo}

Giongesimo costì in Parma marti a sera prossimo passato, e subito condusse il Sr Claudio [Monteverdi] dal Sr Conte Fabio [Scotti], il quale lo trovassimo che gli era cascato la gosia, come V. S. Illma havrà inteso; ma lo trovassimo però in miglior stato che quelo che pochi giorni inanti si era ritrovato. Stà però in camera, né si parte, e ci starà anco per qualche giorno, come ne dissi: rimanerà però libero senza nocumento alcuno. Li diede la lettera di V. S. Illma e si ragionò un poco, e di poi mandò a chiedere una caroza in corte, e ne fece condure (…) siamo ritornato dal Sr Conte e li ho deto che si tiene una letera per la Ser.^{ma} Duchessa [di Parma] di V. S. Illma, della quale il Sr Claudio tiene ordine da V. S. Illma d'apresentarla e farli riverenza, passando a fare la ambasiata al Sr Mastro di camera; e così per andare dal Sr Duca, onde starà atenden<den>do l'ordine e l'essere avisato. (c.382v) Si è ragionato ancora col detto Sr Conte delli musici, di quelo si deve fare, ma non mi pare di vederli andare in troppa freta, e tanto più che si è inteso che il Sr Duca era pronto per partire, con l'aver incaminato le robbe. Ed alla venuta d'un coriero sabato si torna a scaricare le robbe e licenziato tutta la Corte, ed intimandoli tutti siano all'ordine per Sta Martira, che serà all'1 del mese che verà; sì che mi pare vedere il negotio prolongato. Habiamo fato un poco di scrutinio delli musici che deba venire, e per conto di done, non si averà altro che la S.^{ra} Setimia [Caccini] che, a dire a V. S. Illma la creda a verità, dubito non farà quela riuscita che si crede; il Sr Claudio tiene il medemo pensiero. Nel resto di questo cantori sono una massa de pretendenti e restiamo maravigliati, e prometo a V. S. Illma che il Sr Claudio voleva altra persona che me. Sò quel che dico e facio, e tutto sia deto a V. S. Illma con ogni sincerità. (c.383) La S.^{ra} Chechina [=Francesca Caccini], che di novo si è maritata a Luca [Signorini] dicono che asolutamente non vol più cantare havendo preso per marito un gentilhuomo, sì che l'Angiola [Zanibelli] riusirà benissimo. Vi serà bisogno ancora di D. Alfonso [Mazzoni], e quel tenore D. Antonio [Piccioli] del Spirito Santo e qualche altro strumento, che a suo tempo poi se ne dirà, tenendo per fermo che prima di carnevale non si sia per fare cosa alcuna. E vego apertamente che questa è una barca senza timone, e senza V. S. Illma è imposibile che vadi avanti. Altro per ora non mi ocore dire a V. S. Illma, solo a racordarmeli sempre servitore di core obligato. E per fine li fò riverenza.   Di Parma adì 28 ott. 1627
Di V. S. Illma

Humilissimo e devotiss.^o ser.^{re}
Antonio Goretti

(p.s.:) Ms.^r Claudio fa riverenza a V. S. Illma
* *Si cominciano a delineare le parti vocali: due soprani, le celebri figlie di Giulio Caccini:, Angela Zanibelli, contralto; i cantori ferraresi dell'Accademia dello Spirito Santo, Antonio Piccioli, tenore, e Alfonso Mazzoni, basso (per i quali cfr. Calessi, pp. 26-27). La lettera per la Duchessa di Parma, consegnata da Monteverdi, è quella di Enzo Bentivoglio datata 24.X.1627.*

850. Francesco Mazzi da Parma a EB, Ferrara 28.X.1627
      FEc, ms. Antonelli 660: Mazzi (prov. AB)

(…) Son gionto con questi Sig.^{ri}, piacendo a Iddio, salvo e sano a Parma; nel qual arrivo ho trovato il Sig.^r Francesco Guitti amalato, che desiderarebbe da V. S. Illma licenza per potersene andar a casa (…) Il Sig.^r Goretti mi ha presentato al Sig.^r Conte Fabio [Scotti] (…)
* *Ed. in Lavin, n.11, p.129.; Borazzo, pp. 141, 315.*

851. Antonio Goretti da Parma a EB, Ferrara 29.X.1627
      FEc, ms. Antonelli 660: Goretti (prov. AB)

(…) Hor hora, che sono le tre ore di note, la Ser.^{ma} Madama ed il Sr Duca [di Parma] ha fatto chiamare il Sr Monteverdi e la persona mia, e così ambi doi gli abbiamo fato riverenza e da questi Prencipi abbiamo hauto gratissima e cortesissima udienza, e gli siamo rimasti schiavi, ed a V. S. Illma gli restiamo molto obligati, ed io in particolare per la gratia otenuta, e ci ponerò ogni affetto nel servitio, aciò resti servita come si deve.

La S.^ra Duchessa mi ha adimandato con instanza quando V. S. Illma sia per venire costì. Io gli ho risposto che qui serà in breve, havendo scoperto che a V. S. Illma li preme molto questo negotio, e lei mi ha replicato che ha ragione di premerli per essere suo parto. Il simile mi ha detto il Sig.^r Duca. Siché V. S. Illma è desiderata e bramata qui da tutti.

Per la indisposicione del Sr Conte Fabio non havea aperto molte lettere che gli era venuto. Ogi apunto mi ha deto che dalle lettere ha hauto il quinto intermedi[o] e dato a Madama: siché qui si averà, senza di novo mandarlo, come havea scrito al Sr Don Ascanio [Pio]. (c.n.n. Iv)

Il Sr Conte Carlo questa sera ha dato principio ad usire di casa ed è venuto a Corte; e da qui inanti si cominciarà a fare qualche cosa, sebene io non manco di solecitare il Sr Claudio, ed andare superando ogni dificultà, ma è necessaria la persona di V. S. Illma a terminare questi musecci, poiché ci vole della parte buona e gagliarda, che di questi cantori quando si sarano formati i cori si havrà fatto quanto si può. Il luoco è grande, le machine grandissime, sì che ci vuole del buono da dovero.

Son rimasto maravigliato del novo teatro e della nuova scena, e ci siamo andati col Sr Claudio, e tutto anderà bene: quando però serà coperto e serato a proportione il cortile, che in altra maniera le voci non fariano efeto alcun, e con dificultà li strumenti. Io credo certo che V. S. Illma si sarà cavato la voglia di far fare machine e far ponere legname in opera. La staremo aspetando per poter dare una volta alla Patria per le feste di Natale, che così ne fa ancora instanza il Sr Claudio, per dover poi tornare subito dopo le feste, che ci serà (c.n.n. II) poi anco tempo. Fò fine e le fò riverenza raccordandomegli sempre servitore obligato, pregando da N. S. lunga e felice vita (…)

Ed. in Mamczarz, n.3, p.462; parzialmente Lavin, n.27, p.146; Borazzo, p. 191. È la prima lettera che menziona l'incarico ufficiale di Goretti.

852. Claudio Monteverdi da Parma a EB, Ferrara 30.X.1627
Bc, Ms.UU.A 24 (prov.AB)

(…) Vengo a far riverenza a V. E. Illma, ed insieme a renderle quelle gratie maggiori che so e posso, per gli honori particolari e straordinari riceuti da Madama Ser.^ma e Ser.^mo Prencipe [Duchi di Parma], quali Signori non solamente hanno datto commissione a Sig.^ri Ministri che mi sia datto ogni comodità, ma essi medesimi in voce m'hanno certificato di tal singolar gratia. L'Illmo Signor Maiordomo [=Fabio Scotti] poi, punto non è restato ad eseguire la bona volontà de Padroni, ma la gentilezza di Sua Sig.^ria Illma ha complet[at]o anco maggiormente di più, siché altro non mi manca ricevere da la man di Dio, che effetti in me, non dirò in tutto che non sarebbe possibile, ma in parti corispondenti alle cotante e signalate gratie, il riverente affetto in me non è di già mancante punto, perché in verità ardo di desiderio di far cosa che sia grata e alle Ser.^me Altezze loro, e al delicato gusto di V. E. Illma, la qual sua presenza, se fosse qui, spererei anco di far maggiormente. E per quanto alla mente di Madama Ser.^ma, creddo che teneva che V. E. Illma fosse venuta a Parma, perché nel presentarle la lettera di V. E. Illma mi disse: - E quando sarà a Parma il Sig. Marchese! - Mi trovo haver fatto il primo intermedio, qual è quello di *Melissa e Bradamante*, e non quello di *Didone*: ma sarà il secondo; son dietro al terzo, il qual finito comincierò a provar qualche cosa, fra il qual tempo de le prime prove finirò piacendo a Dio anco il quarto. Il quinto per anco non l'ho hauto, ma creddo che mi sarà datto quanto prima; né ho mancato sino ad hora di far qualche cosa per il torneo ch'è stabilito, se non in tutto, almeno la maggior parte. (…)

(p.s.:) Haverò poi da racontare a V. E. Illma la bella entrata che facessimo, il gentilissimo Sig. Gorretti ed io, in Modona, la quale conseguito la sodisfatione di tutto il viaggio hauto allegramente, con il qual hora felic[e]mente se ne stiamo operando alla galiarda per ottenere il fine che esso Signor ed io caldamente desideriamo, per sodisfare alli comandi di queste Ser.^me Altezze e di V. E. Illma, che veramente il Signor mi ha mandato l'aiuto secondo il bisogno.

Ed. in Caffi, II, p.171; de Paoli, n.112, pp. 290-291; Stevens, p. 372; Borazzo, pp.178-79; Ehrmann, n. 29; Lax, n. 113, pp. 182-184. Al rigo 14 era scritto "E quando sarà tornato il Sig. Entio" cancellato e riscritto "Sig. Marchese" *(probabilmente giudicato da Monteverdi troppo confidenziale: de Paoli, p.291 nota).*

853. Cardinal (Scipione) Borghese da Roma a EB, Gualtieri 30.X.1627
AB, 132, c.177

Illmo Sig.^{re}

Viene Gregorio [Chianchi] per servir le A. A. di Parma nelle nozze da farsi. So ch'è superfluo il raccomandarlo a V. S. Illma, havendo passato di già quest'officio con esso lui, e sapendo quanto per se stessa sia disposta a favorirlo; tuttavia ho voluto accompagnarlo con questa mia, acciochè comparendo senza mie lettere non s'argomentasse qualche diminutione del solito mio affetto verso di lui. Prego di nuovo V. S. Illma a proteggerlo come cosa mia in tutte le occasioni, e le bacio le mani.   Di Parma li 30 d'ottob. 1627
Di V. S. Illma

aff.^{mo} per ser.^{la}
Il Card. Borghese

(p.s.:) Qui stiamo in grandissimo pericolo di perdere il Sr Card.^l Leni, se Dio non ci aiuta con la sua Santo mano. So che dal Sr Card.^l [Guido] Bentivogli V. S. Illma ne sarà stata a pieno informata, però non le dirò altro, stando in quel travaglio, ch'ella si può immaginare. La prego a volermi bene, perché io son più suo, che mai sia stato.

854. Giovanni Ciampoli da Roma a EB, Parma 30.X.1627
AB, 129, c.327

Illmo Sig.^r e Padron mio Col.^{mo}

Venendosene a cotesta volta il Sig.^r Antonio Grimani per servire a cotesto Ser.^{mo} Principe in occasione delle vicine nozze, mi è parso raccomandarmelo alla benigna protettione di V. S. Illma come a mio padrone amorevolissimo. Le sue virtù lo hanno reso finora amabile appresso N. S., e tutti questi SS.^{ri} Padroni, ed ella, che l'anno passato hebbe occasione di sentirlo, potè in buona parte venire in cognitione del suo talento. Anzi egli ricevè dalla sua benigna testimonianza tal honore, che ha [a] Ferrara speranza di ricevere qualche singolar favore col mezzo di V. S. Illma. Se ella gl'impetrerà qualche parte, con la quale egli possa rendere maggiormente palese la sua habilità, obligherà nel medesimo tempo lui e me egualmente, ed in infinito, alla sua humanità. Ed io intanto, rappresentandole il vivo desiderio che ho de' suoi pregiatissimi comandamenti, le bacio reverentemente le mani e le prego il colmo d'ogni felicità.   Di Roma il di 30 ottobre 1627.
Di V. S. Illma

Hu.^{mo} e Dev.^{mo} Se.^{re}
G. Ciampolj

(p.s.:) Prendo volentieri questa occasione di ricordare a V. S. Illma la mia devotissima servitù. Ella l'anno passato, sentendo cantare in stile recitativo il Sr Antonio, l'honorò parlandomene con lodi sì cortesi, che io spero che mediante la sua protettione egli habbia in coteste feste ad haver parte, dove egli possa mostrare il suo talento. D'ogni favore ch'ella gli farà, io mi chiamerò obbligatissimo a V. S. Illma
* *Ciampoli, tra i prelati più influenti della Corte pontificia, si distinse come autore di testi per spettacoli musicali dell'epoca barberiniana.*

855. Guido Bentivoglio da Roma a EB (Parma) 31.X.1627
AB, 128, c.326

Sig.^r fratello.

Vien chiamato di qua a Parma, con occasione di quelle feste, il Grimani, musico soprano dei migliori e più stimati di Roma, come V. S. deve sapere. Egli s'incamina a quella volta, e Monsr Ciampoli, che lo tiene qui in casa, sicome a lei sarà parimente noto, ha desiderato che parta accompagnato con una mia lettera per lei. Io, che son obligato, e che desidero di servire il medesimo Mons.^{re}, mi son mosso volentieri a scrivere la presente a V. S., pregandola instantemente ad haver per raccomandato, ed a favorire in tutto quel che potrà dipender da lei, esso Grimani, affinch'egli habbia da haver nell'istesse feste quel-l'impiego che potrà esser più proportionato al suo merito ed alla virtù sua. Insomma, io lo raccomando nuovamente a V. S. quanto più posso, assicurandola che, di ogni dimostratione che si farà verso di lui in riguardo agli offitii di lei, io sentirò questo particolare per quello che ne sentirà parimenti l'istesso Mons.^re. E per finire a V. S. prego da Dio ogni prosperità. Di Roma l'ultimo d'8.bre 1627. Di V. S. Illma

Aff.^mo fr.^llo per servirla
Il Card.^l Bentivoglio

(p.s.:) Questo musico è de i più stimati di Roma e, se non m'inganno, mi pare che V. S. medesima l'habbia proposto, onde ogni ragion vuole ch'egli habbia dei primi impieghi o in camera o nelle rappre-sentationi di scena, o in ogni altro modo ch'egli sia per esser adoperato. Io lo racomando a V. S. di nuovo quanto più posso. Oltre al merito della sua virtù, V. S. sa quanto debba poter appo di noi quello della persona di Monsr Ciampoli; ed io particolarmente non desidero cosa più che di servirlo, e di corrispondere al partiale affetto ch'egli mostra verso di me.

856. Antonio Goretti da Parma a EB, Ferrara 2.XI.1627
   FEc, ms. Antonelli 660: Goretti (prov. AB)

(...) Per un'altra mia V. S. Illma havrà inteso quanto mi ocorse dirle. Ora di nuovo le dico che si è havuto sì il quinto intermedi[o], come anco le parole mandate dal Sr D. Ascanio [Pio] al Sr Montever-di per agiustare uno intermedi[o].
La lista delli cantori che dicono dover venire da Roma non si è ancora potuto vedere, abbiamo però fato eletione d'un basso eminente che si ritrova in Ancona e l'ho deto al Sr Conte Fabio [Scotti]; ed ancora per un puto per Amore, il quale si trova a Ravena presso il Sr Card.^e Caponi; e così dice il detto Conte che farà scrivere per l'uno e per l'altro. L'altro è necessario ancora d'havere una dona brava, della quale fa bisogno a pigliare la Chiechina[=Francesca Caccini], sorela della Setimia [Caccini], che ora si trova a Luca fuor del servitio di Fiorenza; è rimasta vedova, e subito si è maritata in un gentiluomo di Luca. Che manco [della Cecchina] non si può fare poiché si giudica che la S.^ra Setimia non deba fare quela riuscita che si crede, non lasciando bene intendere la parola, come l'abbiamo sentita. Il Sr Conte ha pigliato la carica di scrivere ancora per questa. La Setimia e Chiechina sono sorelle ma, per quanto mi hano significato, nemiche mortali; siché agiustare poi queste partite, ci vorà del buono. V. S. Illma si ponga pure in ordine di venire quanto prima, poi che ci sarà da fare e bene, e senza Lei mi creda che si dorme, sebene certo con grandissima diligenza si lavora: ma il caos è grande e vi è di gran robba da digerire. Io non manco di fare dal canto mio ciò che umanamente posso e solecitare el Sr Claudio, il quale ha fornito 3 intermedi e segue dietro al quarto. Fa riverenza a V. S. Illma e vorà andare per le feste di Natale a Venezia, e subito fatto il primo giorno dell'anno ritornare, mostrando e dicendo che per servire a quella Republica non ne può far di meno; in questo tempo però finirà tutti li 5 intermedi. Ha fato però ancora qualche parte del torneo, e non starà mai indarno e tirerà a fine a tempo ancora il resto. Il Sr Conte ha pensiero di consolarlo, e il Sr Claudio fa riverenza a V. S. Illma. (...) Hogi siamo stati al salone col S.r Conte Fabio: in vero è cosa mirabile. Il Sr Claudio è rimasto tutto maravigliato, e si è provato le tre furie, che certo è cosa di gran stupore. Staremo aspetando V. S. Illma (...)
* *Ed. in Mamczarz, n. 4, p. 463; parzialmente Lavin, n. 28, p. 146; Borazzo, pp.182-83.*

857. Margherita Farnese Duchessa di Parma a EB, Ferrara 2.XI.1627
   AB, 130, c.313

Ills.^re Sig.^re

Io mi trovo le dui lettere di V. S., la prima de 19 del passato, datami dal Conte Fabio [Scotti], doppo ch'è stato rihavuto del suo male, e l'altra de 24, scrittami con la venuta del Monteverdi e del Goretti, e con questa risponderò in quello che ne bisognano. Prima ringratio V. S. della sua continuata amorevo-lezza in servitio del Duca [di Parma], quale insieme con me gliene resta molto obligato. Ho havuto gl'altri intermedii che me ha mandati, ed ho ordinato al Conte Fabio che ne faccia fare una copia per

darla al Goretti, come V. S. scrive che si faccia. Li musici senz'altro deveno essere in viaggio, per quello che mi scriveno da Roma, e vengano in carozza per la strada lunga, e V. S. sa bene come sono fatti simili virtuosi. Il Monteverdi è qui, ed attende ad operare con molta diligenza, ed amorevolezza. Né vuole che V. S. resti defraudata delle buone testimonianze ch'ella ha fatte di lui, riuscendo veramente in tutte le parti gratissimo e discretissimo; né si manca d'accarezzarlo, come merita. È capitato anco l'altro giovane, mandato da V. S. per attendere alle machine, e l'ebreo per il lavoro delli talchi; ed in questo particolare, mi rimetto a quello che dovrà scriverle il Conte Fabio. Nelli buoni augurii poi, che V. S. fa al Duca in occasione del matrimonio suo, ella da nuovi segni dell'affetto che porta a lui ed a questa Casa, al quale da tutti noi si corrisponde come si deve. Ed io per fine di questa mi raccomando, ed offero a V. S.   Di Parma a 2 nov.re 1627
Di V.S. Ill.ma

                                                                                            Aff.ta
                                                                             Marg.ta Duc.a di P.a

* *Sotto la firma, di mano posteriore il numero 2.*

858. Antonio Goretti da Parma a EB, Ferrara 5.XI.1627
       FEc, ms.Antonelli 660: Goretti (prov. AB)

(...) Per non mancare a quanto V. S. Ill.ma mi comandò di scriverli ogni ordinario, così facio per il presente come ho ancora fato per il passato. Ora le dico che il S.r Claudio [Monteverdi] fa riverenza a V. S. Ill.ma e io lo vado solecitando, ed al fine del presente mese havrà finito li cinque intermedi molto bene e di buon garbo, e subito finiti li vole apresentare al S.r Duca e poi venirsene a Venetia per fare le feste. E subito fatto il primo giorno dell'anno ritornare; e intanto tirarà inanti poi il torneo. E così per dopo le feste si potrà far venire li musici, per far poi le feste, come dicono, al fine di carnevale; e qui si dice per certo essere venuto un coriero da Fiorenza, il quale ha portato nova del stabilimento delle noze, come credo sarà ben noto a V. S. Ill.ma per altra parte. Ma V. S. Ill.ma mi dia licenza ch'io li dica il mio pensiero, ed intuisco per quel ch'io so per molta sperienza in questo negozio di musica. Volendola fare questo carnevale, e farla bene, ci bisogna la presenza di V. S. Ill.ma e la sua asistenza non per pochi giorni, ma de molti, altrimente o che non si farà, e se pure si dovrà fare non si farà bene, né riusirà come si dovria. Ci è da fare assai e, me lo creda, se bene pare che vi sia del tempo, dico che è breve, e vola li giorni come il vento. Questo è il mio pensiero e senso: V. S. Ill.ma ha più giudicio di me. Io vi premo in questo negozio assai, sì per la parte di V. S. Ill.ma come anco di me che ci mi ha posto dentro, e al sicuro farò quanto umanamente potrò fare (...)
* *Ed. in Mamczarz, n.5, p.464-465 (con divergenze di trascrizione).*

859. Antonio Goretti da Parma a EB, Ferrara 9.XI.1627
       FEc, ms. Antonelli 660: Goretti (prov. AB)

(...) Siamo qui senza mai haver sentito pure un minimo ceno di V. S. Ill.ma. Ci andiamo però afaticando intorno a queste musiche. Questa sera è gionto di Roma il Cavalier Loreto [Vittori], il S.r Gregorio [Chianchi] ed un putino che credo sarà buono per la parte d'Amore, e con questi è venuto il S.r Vincenzo Ugulino già Mastro di capela di S.n Pietro di Roma, e dicono che ne aspetano un'altra carazota [=carrozzata]. Si starà aspettando ancora V. S. Ill.ma per molte cose, e in particolare per li nostri affari, avendo determinato il S.r Claudio [Monteverdi] ed io che V. S. Ill.ma sia quela che facia la distribuzione delle parti a questi cantori, né si darà fuori parte alcuna sino alla sua venuta. Desidero di sapere che cosa risolverà dell'Angiola [Zanibelli]. Il S.r Claudio fa riverenza a V. S. Ill.ma e selli racorda sempre; il simile facio ancor io (...)
* *Ed. in Mamczarz, n.6, p.465 (con divergenze di trascrizione).*

860. Francesco Mazzi da Parma a EB, Ferrara 16.XI.1627
    FEc, ms. Antonelli 660: Mazzi (prov. AB)

(Lunghi e dettagliati particolari sulle macchine ed i lavori nella sala, con i nomi dei responsabili, distinti per "teatro di sopra" e "di sotto")
(...) Il Sig.r Monteverde è stato a veder i luochi per la musica, e vi è una buona dificoltà a darli sadisfatione, conforme il suo pensiero; ed alla prima ha cominciato a dire che non può capirvi. Però non mancharemo in ogni maniera di procurar di sodisfarlo (...)
* *Ed. in Lavin, n.12, p.129-132; Borazzo, pp. 142-43, 196.*

861. Antonio Goretti da Parma a EB, Ferrara 16.XI.1627
    FEc, ms. Antonelli 660: Goretti (prov. AB)

(...) Per un'altra mia dissi a V. S. Ill.ma che eran venuti alcuni musici di Roma, fra li quali v'era il S.r Cavalier Loreto[Vittori]: così dissi perché così mi fu riferito, ma non è stato così, poiché il S.r Loreto è a Fiorenza, e non verà qui sino che non sarà finita quella festa: che abbi poi da essere a tempo questo non lo so. So bene che la parte che pensiamo di darli è la parte di Venere, giudicando questa sia parte a lui proporzionata, la quale non si potrà mai provare né per sé, né in compagnia delli altri, ove entra Venere, sì che di questo ne lasiamo il pensiero a questi Prencipi ed a V. S. Ill.ma. Li cantori che sono venuti sono li qui notati:
Il S.r Gregorio [Chianchi] del S.r Card.e Borghese
Il S.r Sergio di Ciampoli
Un puto per Amore per il quale non vi è miracolo
Un castratelo di S.n Pietro debole
Il S.r Bianchi, tenore buonissimo
Un altro tenore, debole
S.r Odoardo Prasseto del [S.] Apollinare
S.r Bartolomeo, basso di capela, buono
Si aspeta le tre parti di Modona che sarà il basso, il soprano ed il contralto, ma verano per ora solo per farsi sentire e pigliare la parte.(c.n.n. Iv) Qui vi è il S.r Duca Sforza, il quale tiene duoi frateli castrati, i quali sono stati già a Ferrara, e col Spirito Santo, uno del quale mi piace; onde per dispensare le parte, e per non volere né il S.r Claudio [Monteverdi] né io entrare in meggio a fare questo ufficio di dispensare, per questa benedeta pica che sia cantori per questa parte, io ho fatto una lista di tutti li cantori che si ritrova in Parma, e con tutti li forastieri detti di sopra; ed havendo scoperto che Madama [Duchessa di Parma] desidera che ancora quelli musici di Parma abino qualche luoco, ha voluto ch'io descriva tutti i luochi delli cantori che vi deve entrare in queste due feste, ed ancora segno il nostro parere. Così abbiamo fato e dato la detta lista al S.r Conte Fabbio [Scotti], aciò la dia a Madama come [ha] deto di fare. Tutte le parti sono adimpite, fuor che la parte di Mercurio, la quale vol essere Rencino o altra persona simile di contralto, se vogliamo che venga ben fato e ben compartito a la parte: e tutti si dobbiamo racordare che queste feste vi sarà [qualcuno] che apunterà ogni cosa, sì che non bisogna burlare né dormire, [ma] vigilare tutte quelle cose che si deve fare. (c.n.n. II) Oltre alla parte di Giunone che intraviene nel 4.º intermedio, dovrà ancora intravenire nella 2.ª squadriglia, detta in ventrone, la S.ra Angiola [Zanibelli]: ma le abbiamo ancora adossato la parte della Discordia nella prima inventione, avendo giudicata di animo per andare sopra a quella machina, che non sarà poco a trovare duoi altri che facino le due furie che l'accompagnano, che certo camminando molto bizaramente. E per mio parere le due furie si potrano far dire una a Ebenizo, e l'altra ad un castrato del S.r D. Sforza: il più picolo, più svelto delli altri. A giustare questa barca, per vita mia, del buono, <e> ci vuole assolutamente V. S. Ill.ma. Siamo stati più volte nel Salone per cominciare a ordinare le parte per le musiche, sì per acompagnare per le persone, come per adornare ove fa bisogno, ed abiamo sempre trovato molte dificultà, per l'angustia del luoco, per questa benedeta musica, la quale è parte [e]senciale ed ha questa fortuna che no[n] mai ci pensa al suo luoco, come non ci avesse da intravenire: e pure è tanto necessaria.
Sperava che in questo novo teatro ci havesse haver magiore comodità, ma è tutto a l'oposito e pegio del

salone, siché tocherà a V. S. Illma a trovarli il suo luoco, che noi non ne dà l'animo di trovarlo, ació debba (c.n.n. IIv) fare la musica quella riuscita che desideriamo. Il Sr Claudio fa riverenza a V. S. Illma e la ringratia della buona nuova data, ació possa andare a Venetia per Natale, onde per tutti i modi è necessaria qui nanzi che si partiamo V. S. Illma, ació si agiusti ogni cosa; che tornato, subito fato le feste, non si atenda ad altro che a provare, la qual prova darà gran briga e travaglio ed a queste non si potrano mai far bene senza la asistenza di V. S. Illma. Alla quale la staremo aspetando (…)

* *Ed. in Mamczarz, n.7, p.466-467 (ma nel testo, p.170 e p.180, cita con la data sbagliata del 26.XI.1627 e interpreta il nome del celebre cantante Loreto Vittori come "Angelo Loreto"); parzialmente Lavin, n.29, p.146-147; Borazzo, p.195-96. Dei cantori nominati, Francesco Bianchi (Roma 1600-1668), tenore della Cappella Sistina per 25 anni a partire dal 1625, era uno dei cantanti romani più celebri del suo tempo.*

862. Fabio Scotti da Parma a EB, Ferrara 19.XI.1627
AB, 210, c.371

Illmo Sig.^{or} mio Sor Oss.^{mo}

Il Mazzi mi disse haver mandato un'informatione a V. S. Illma di tutto quello che fosse nella fabrica di questi teatri, e perché se ne ritorna il Guiti, dal quale V. S. Ill.ma ne potrà havere assai miglior informatione in voce, a lui mi rimetto; dicendoli solo che qui si trova un poco di difficoltà nella machina del cavallo che deve sorgere dall'inferno con il cavaliere sopra. L'altre [difficoltà] si superarano, ma questa havrà poi bisogno, quanto prima si potrà, della presenza di V. S. Ill.ma. Alla quale replico quel che già ho scritto con un'altra mia, che sono arrivati i musici di Roma e lunedì sarano qui quelli tre di Modena. Intanto il Sr Monteverdi compone allegramente, e si dispensano le parti, manda[n]do la sua al Cav.^{re} Loretti [Vettori]. Di donne havremo la Settimia [Caccini] e la S.^{ra} Angola [Zanibelli] sua. Al resto si suplirà benissimo con i castrati. Intanto si preparararano tutti gl'instrumenti necessarii alla musica, e perché il Sr Goretti acconceda S. A. di diversi instrumenti, si è datto ordine al Beninvenghi qual venesse accompagnar il Guitti, che gli riceva e li rendeva qui a salvamento. Ho veduto quanto V. S. Illma m'ha scritto intorno alli cavalli per il campo aperto, e se ne procuraremo, ove ne sono. Quanto alla persona che deve vestire i personaggi, si pensa qui che il Fragni possa suplire benissimo; però si ocorrerà valersi d'altro, ne avisarò V. S. Illma, alla quale restando servitore bacio affettuosamente le mani. Di Parma a 19 nov.^{re} 1627
Di V. S. Illma

obb.^{mo} e hum.^{mo} ser.^{re}
Fabio Scotti

863. Antonio Goretti da Parma a (EB, Ferrara) 20.XI.1627
AB, 210, c.299 (*recte* 401)

Illmo S.^r mio Patron Col.^{mo}

Con l'ocasione che se ne viene il Guitti, vengo con la presente mia a fare riverenza, dandoli nova che sono finiti li quatro intermedi e fato, del torneo, la prima invenzione del Sr Duca [di Parma]; e si proponeva di breviare la parte di Mercurio e di Marte, ma Madama pareva non ci avesse gusto a breviare (o fosse per stimolo del Sr Achilino), e cusì è fato tutte due le parti per apresso. Resta il dispensarne le parti, e di già ho scrito buona parte dell'opera fatta al Sr Claudio [Monteverdi], la qualle come li cresce di soto dalle mani, e tanta intricata, e insvilupata, e confusa, che prometo a V. S. che mi fa strolicare [=astrologare]: ma si va dietro. Ho scrito ancora alcune parte per dispensare, ma a questa dispensa non si trova la conclusione di dar fuori le parti: la causa io non saprei dirla. È necessario che sia altra persona che, non essendosi tra questi cantori una certa poca incognita, che noi non vogliamo intrare in questo, (c.401v) perché la prova farà poi chiarire il tutto. Madama nostra non li piacere molto che la parte di Mercurio debba essere un contralto, e pure per giusta cagione vorebbe essere, e abbiamo pensato, dopo che Lorencino [Sances] non si trova, se bene si trova in Fiorenza a quel servizio di noze, di far dire detta parte al Grimani di Monsr Chiampi [=Ciampoli], e credo la dirà con acomodarla un pochino di quello si avea fatto. Si è dato la nota di tutto quelo che fa bisogno, sì di sonatori,

come de strumenti. E così Sua A. manda persona, con l'ocasione della barca che conduce il Guiti, si pigliare molti de miei strumenti molti necessari, e ne scrivo al S.ʳ Magnanini, conforme al primo ordine dato da V. S. Ill.ᵐᵃ, aciò abbi la cura di fali acomodare nel modo che li scrivo. Li staremo aspetando, sperando che nel termine di giorni quindeci sia qui gionti, e poi con buona gratia di V. S. Ill.ᵐᵃ se ne veremo. Intanto le fò riverenza, come fa ancora il S.ʳ Claudio, pregando da Iddio N. S. il colmo d'ogni sua felicità.   Di Parma adì 20 9.ᵇʳᵉ 1627
Di V. S. Ill.ᵐᵃ

                                                                        Humiliss.º e devotiss.º ser.ʳᵉ
                                                                                Antonio Goretti

(p.s.:) Il S.ʳ Conte Fabio [Scotti] ha dato ordine che mi sia pagato tutti li denari spesi e queli della lista di V. S. Ill.ᵐᵃ

864. Francesco Mazzi da Parma a EB, Ferrara 23.XI.1627
FEc, ms. Antonelli 660: Mazzi (prov. AB)

(Particolari sui lavori al teatro e alle scene. Allegata una "Istrutione" di mano diversa con dettaglio minuzioso delle cose che restano da fare tra cui:)
(…) Agiustar li palchi della musica. Il S.ʳ Monte Verde ed io li agiustaremo, e di già habbiamo dato prencipio (…) Agiustar gli organi (…)
* *Ed. in Lavin, n.13, p.132-135; Borazzo, pp. 143-44.*

865. Francesco Mazzi da Parma a EB, Ferrara 26.XI.1627
FEc, ms. Antonelli 660: Mazzi (prov. AB)

(Particolari sulle macchine e le scene)
* *Ed. in Lavin, n.14, pp.135-136; Borazzo, pp. 145-46.*

866. Antonio Goretti da Parma a EB, Ferrara 26.XI.1627
FEc, ms. Antonelli: Goretti (prov. AB)

(…) Or ora che è tre ore di note il S.r Conte Fabio [Scotti] mi ha mandato alla camera una letera di V. S. Ill.ma nella quale vego quanto mi comanda in essa circa la persona del S.r Gregorio [Chianchi]. Al quale io l'havea tenito a memoria e prima d'ora gliene parlai in maniera tal, ha conosciuto ch'io desidero di far sì che resti a pieno sodisfato; e li mostrarò le proprie due righe che V. S. Ill.ma mi dice intorno alla sua persona.
Ieri, nanti a Madama [Duchessa di Parma], si sentì gli ultimi cantori venuti, che furono quelli di Modona; e dopo di essi Sua Altezza volse sentire il nostro pensiero intorno al dispensare li parti a questi cantori (…)
Alla S.ʳᵃ Setimia [Caccini]: Didone, Europa / Aurora, Giunone e le Muse
Al S.ʳ Loreto [Vittori]: Venere, Asia / Venere, P.ᵃ Musa, Belona
Al S.ʳ Gregorio [Chianchi]: Diana, America / età dell'oro, 2.ᵃ Musa e Bericintia
(c.n.n. Iv) Al Angiola [Zanibelli] è dedicato le parte di Giunone nella comedia, e nel torneo la Discordia. Molte parte sono bene apropriato; ma ve ne sono alcune parte, de' cantori di Parma e uno di Roma (che è un soprano di S.º Pietro), che l'isperienza e la prova farà conoscere si è buono o no, e così queli di Parma. Ed il contralto di Modona (…) Si è principiato ogi a dar fuori le parte delle prove: io tengo per certo non se ne ferà niente nante le feste, essendo così vicine; e il S.ʳ Claudio [Monteverdi] fa grande instantia di voler andare a Venetia quanto più presto, havendo da fare una festa nanti Natale, della quale ne viene stimolato con lettere: e sono fesse che ne guadagna sina a 40 ducati, e a questo me ne fa instanza a me grande (…) Quatro (c.n.n. II) di questi cantori voria venire con noi e con lui a Venetia, i quali sono: il S.ʳ Gregorio, S.ʳ [Antonio] Grimani, un basso di capela [Bartolomeo] e un tenore pur di capela [Francesco Bianchi] buono (…)
[Il Conte Fabio Scotti] mi ha ancora deto che, intorno al S.ʳ Claudio, che non vorrà si partissi se non

sotto sotto alle feste, cosa che non li piace, sebbene questo non lo sa il Sr Claudio, tenendo questo in me. E la mantengo di buona speranza, a ciò tira nanti l'opera, che certo bisogna che ci vada dietro con molta destreza, che ben spesso si lamenta e duole della longa fatica e moltiplicità dei versi [da musicare] in poco tempo. Nanti che si partiamo serà finito quatro intermedi e la inventione del Sr Duca è finita a quest'ora, ma non perfecionata, essendo molte cose da giustare (…) nel levarli ogni fatica e procuro con ogni diligenza il facilitarli ogni cosa quanto più posso (c.n.n. IIv) (…) Se V. S. Illma fusse venuto qua, havrebbe senza manco agiustate molte cose, e facilitate molte cose che si ritrova d'affare nella sena da basso, e imparticolare il compar[i]re del Cavagl[iero], come so che ne deve essere avisato da altra parte di questi particolari (…) Resta a trovare una parte per Mercurio, e questa vol essere un contralto: si è detto, e replicato, e non terminato cosa alcuna sopra a ciò (…)

(p.s.:) La instanza maggiore del Sr Claudio per andare a Venetia è per la note di Natale per [la Cappella di] S.^{to} Marco, facendo quello S.^r [il Procuratore Cantarini] instanza che vada.

* *Ed. solo in piccola parte in Lavin, n.30, p.147; Borazzo, pp.183-84.*

867. Antonio Goretti da Parma a (EB, Ferrara) 27.XI.1627
   AB, 210, c.371 (*recte* 502)

(…) Acuso la lettera di V. S. Illma delli 14 del presente. In risposta le dirò ch'io scriverò di novo per D. Francesco e farò quanto V. S. comanda, ma per mio credere credo non vi serà molto freta per queste feste. Io vego caminare le cose molto lente per doverle fare a carnevale: siamo in termine di poter dar fuori molte parte e non si viene al fine, dovendosi sempre fare daterminazione nanti Madama, sì che non vego quella freta che ci vorebbe vedere, per mio parere.Io dico, e facio, e solecito, ma non vorei essere tenuto per tropo suficiente o volere sapere e penetrare i pensieri delli Principi. Qui non si sente niun motivo che il Sr Duca [di Parma] abbi d'andare a Fiorenza, né si parla di cosa alcuna. Dimane si aspeta li tre cantori da Modena, avendoli mandati a pigliare. È finito 4 intermedi e quasi la invenzione prima del Sr Duca, e serà finita per apunto, queste parti che dico, la setimana che viene (c.502v). Ma Madama ha fato levare al 3.° intermedio quella parte di Diana, onde fa bisogno a rifare ancora questa. Il Sr Claudio [Monteverdi] la farà, ma vole andare a Venezia al fine della setimana che viene, sì che se ne veremo, per essere poi di ritorno dopo le feste: quando però così sia comodato e che si abbi da fare per carnevale. Del solecitare, come V. S. Illma mi dice, li operari, farò quelo potrò, ma sapi che io ho tanto da fare, che non ho tempo di spirare: non si partiamo mai di casa, ed io solo vado con fatica alla messa. Ms. Claudio compone solo la matina e la sera; il dopo mangiare non vol fare cosa alcuna. Io lo solecito e li levo tal fatica, che è di levarli di sotto le mani l'opera, dopo di averle discorso e concertate insieme, e le trovo tanto intricate e [s]vilupate, che prometo a V.S. Ill.ma che le facio più fatica che se le componesse tutto io solo, e che se si dovesse stare a lui, a scriverle, ci vorebbe tempo e copia, e se non li fosse tanto alli fianchi, non havrebbe fato la metà di quelo che ha fato. La fatica è longa e granda, è vero, ma è però osso che li piace il ragionare longamente in compagnia; e a questo tengo regola, per le ore del lavorare, di levarli l'ocasione, siché voglio dire non è poca briga la mia. E questo sia deto a V. S. Illma con ogni sencerità e verità. Manderò o porterò tutte le parte per l'Angiola [Zanibelli], e intanto può attendere ad imparare le parole (…)

* *Ed. in G.Barblan-C.Gallico-G.Pannain,* Monteverdi, *Torino, ERI 1967, p.140, n.45; parzialmente in* Gallico, Le proprie armonie, *p.83, nota 6 (con riferimento al metodo compositivo monteverdiano). Angela Zanibelli era dunque ancora a Ferrara, presso il Bentivoglio.*

868. Margherita Farnese Duchessa di Parma a EB, Ferrara 28.XI.1627
   AB, 130, c.319

Ills.^{mo} Sig.^{re}

Tengo le due lettere di V. S., de 9 e 23 del presente. Alla prima non ho che risponder altro, perch'ella havrà di poi inteso per lettere del Conte Fabio [Scotti] quel che s'è fatto, e l'arrivo qua de musici. Quanto all'altra, devo ringratiar prima V. S., come fò, della sua continuata amorevolezza verso il servizio del Duca [di Parma] e mio; e poi le dico che qui s'attende a lavorare ed a tirare inanzi ogni cosa più che sia possibile. Mi dicano però che in alcune cose non si può passare avanti senza gl'ordini di V. S., onde è necessario ch'ella si contenti di pigliarsi incomodo di dare una scorsa qua, che il Duca ed io ne le restaremo con obligo. E con questo a V. S. mi raccomando ed offero. Di Parma a 28 nov.^re 1627 Di V. S. Illma

Aff.^ta
Marg.^ta Duc.^a di P.^a

* *Sotto la firma segnato, di mano posteriore, il numero 3.*

869. Bartolomeo Tamara da Parma a EB, Ferrara 28.XI.1627
AB, 210, c.411 (*recte* 543)

Illmo Sig.^re

Ho riceuto una di V. Sig.^ria Illma dalla qualle ho inteso, come è statto scrita, che li lavorieri vano molto lenti: ma V. Sig.^ria Illma saprà che da me non è mancatto di fare tutta la solecitudine che sia posibile, per fare che V. Sig.^ria Illma resti gustatta, quando sapeva quelo che si è fatto. Quanto alle machine del Salone, a quelo che pertiene alla opera mia, sì di legniami come di ordimenti, sono finite tutte, cioè quele d'aria; quanto poi alle machine che vano sopra la sena, cioè il caro di Proserpina e quelo della Tera, è fatto tutte le sue orditure; il regnio di Plutone è finito con sua orditura; il medesimo è il caro di Palade e li sudeti cari sono fatti: resta che dipingerli. Quanto poi alle sene del Salone, la sena tragica è giustatta e l'avemo sorta e vene su benisimo acomodatta con li contrapesi, conforme (c.543v) si restò con V. Sig.^ria Illma, e sorge benisimo senza inpedimenti. Quanto alla sena del inferno, si è intorno a comodare con altro mangano per farla sorgere, perché quel mangano che serve alla tragica non può servire a quela, se non con gran dificoltà, e io per fare cosa più sicura, e che non si habia scomodo di stacare le corde de una ne del altra, facio il suo mangano a ogniuna da per sè, perché è piu sicura <la>. La facione giovedì sera, finito di agiustar anco la sena del inferno e quele che caminano, cioè li scogli, V. Sig.^ria mi scusi se se n'è andatto al lungo con il giustare queste sene, perché ha bisognato mettere tutte le orditure. Quanto al mare si è acomodatto il mare mobile, che fa benisimo il suo effetto e il pavimento si apre e si a[l]zerà benisimo. (c.546) Quanto poi alli sasi e alli cari deli mostri infernali, io ho fatto li monti e questa setimana, da principio a finire, si è intorno a fare le casse da l'aqua, siché lo credo che in due setimane sarà finito, quanto al opera di legname sopra il Salone. Quanto poi alla sena da basso, si è fatto pavimento e ordito, e provata a tirare innanci e indietro, e va bene con i suoi poche di sota, acciò che vadi più lagero. Si è fati tutti li leti dove vano atacato li telari dele sene che caminano neli soi gorgami, e mesi in opera con le sue orditure, a tutti cioè meso le sue girele ed anco li suoi mangani; resta solo atacarli le sue corde. Si è fatto il mare mobile con le corgniole di geso, il quale sorge alto tanto quanto si vole e lavora benisimo. (c.546v) Si è fatto tutti li careti che caminano per mare con le sue orditure. Si è fatto la machina deli cavali, e tirata suso; però non si è ancora auto le taglie che si hano da ordire deta machina, perché si sono mandate a fare alegerire: però l'avemo tirata con taglie ordinarie per addesso. Si è fatto l'orditura del cavalo di Atlante, che ha da tirare, e il suo geso, e anco quela di Melisa e Bradamante; e io ho fatto li modeli deli suoi gesi, quali si cominciarano a fare questa setimana. Si è fatto l'orditura del giardino, e tiratto si è provato con la gente. Si è fatto l'orditura del castelo di Atlante. Si è fatto tutti li careti che deve condure tutte le machine che vano per via con le sue orditure e con le sue anime che calano, conforme a quelo che farà bisognio. (c.544) È finito tre gesi deli cavali: resta a fornire l'altro, che lo potesimo havere questa setimana. Si è datto principia a fare il tempio. E questo è quanto posso dire a V. Sig.^ria Illma, e se V. Sig.^ria Illma vorà che io li dia più minutamente parte di ogni cosa, io lo farò. V. Sig.^ria Illma mi perdoni se non lo ho scrito tropo bene, perché non haveva buon inchiostro Di Parma il dì 29 9<ove>.^mbre 1627 Di V. Sig.^ria Illma

Humilisimo e fidatisimo servitore
Bortolamio Tamara

870. Francesco Mazzi da Parma a EB, Ferrara 30.XI.1627
      FEc, ms. Antonelli 660: Mazzi (prov. AB)

(Formula una proposta per un personaggio; inoltre discute dell'illuminazione del teatro, con proposte sia del Conte Scotti che sue, e attende di conoscere il pensiero del Marchese)
(...) Si è atorno a consultar il teatro che si deve fare, e mi pare che secondo la pianta del Sig.ᵣ Francesco [Guitti] si piglia troppo luoco per rispeto del recitare e della musica, e stante che se bene si asserà la voce però si svanirà molto più che non farebbe nelle muraglie.(...)

(Segue "Nota delle cose si sono fatte dalla Scena di basso per conto delle fatture de' Marangoni" di altra mano)
* *Ed.in Lavin, n.15, pp.136-137; Borazzo, p. 302.*

871. Francesco Mazzi da Parma a EB, Ferrara 4.XII.1627
      FEc, ms. Antonelli 660: Mazzi (prov. AB)

(Particolari sulle scene: promette di inviare i disegni dei palchi)
* *Ed. in Lavin, n.16, p.138.*

872. Antonio Goretti da Parma a EB, Ferrara 7.XII.1627
      FEc, ms. Antonelli 660: Goretti (prov. AB)

(...) Noi tenevamo per sicuro di doversi partire se non ieri, almeno questa matina, e per fare vedere a questi Prencipi l'opera in buon stato, abbiamo faticato e travagliato tutto il giorno, senza mai partirsi di camera, e la note sino alle sette et otto ore, per finire quattro intermedi e tutta l'inventione del S.ᵣ Duca [di Parma]. E di queste è formato un libro maestro che è l'originale de l'opera, e prometo a V. S. Ill.ᵐᵃ che siamo strachi ed abbiamo bisogno di spirare un poco. Questi Principi havendo veduto questa diligenza e questa spinta così gagliarda (se pur la conoscono), si sono posti in pensiero di non contentarsi che in camera nostra si facino le prove, ma si vadino a ripetere in camera di Madama e del S.ᵣ Duca; e di queste, deto poco bene, hano (c.n.n. Iv) mostrato di ricevere gusto a segno tale, che hanno prolongato la nostra venuta sino a domenica prossima, e piaccia a Iddio che non passi più avanti, avendo sopradorato che voriano sentire qualche cosa sopra al Salone; cosa che se questa fosse, non si potrìa far non solo poco bene, ma ci vorìa ancora qualche giorno: che una cosa è provare in camera e altra cosa è provare in sena, che bisogna prima concertarla bene con li strumenti in camera e poi in sena, e strumenti non ve ne sia ora a proposito in Parma. Così vano tratenendo il S.ᵣ Claudio [Monteverdi] con suo disgusto, che premendo la festa che deve fare per Natale a Venezia, a segno tale che potrìa essere cagione di ponerlo in necessità di lasciare quel servitio, poiché mai è venuta lettera dalla Signoria [di Venezia] che si contenta che costì sia. Se V. S. Ill.ᵐᵃ fosse venuta, havrìa consolato (c.n.n. II) tutti; che certo ancora li marangoni, molti di loro vorebe venire a fare le feste a casa sua, e questi S.ʳⁱ li vano mantenendo in speranza che V. S. debba essere qui in breve, cosa che in quanto a me non lo credo, e tanto più che queste noze qui non se ne parla più punto, come propriamente non s'avessero più d'affare.
Il Mazzi mi ha mostrato molte cose in modelo, delle quale ne ha avisato V. S. Ill.ᵐᵃ e a boca li dirò quanto mi ocorerà.
Il S.ᵣ Claudio ed io faciamo riverenza a V. S. Ill.ᵐᵃ e selli racordiamo sempre servitori. Si è dispensato tutte le parti e a boca dirò ancora a V. S. Ill.ᵐᵃ il tutto e di quelo che v'è di bisogno (...)

(p.s.:) Io dubito che Madama non vorà dare licenza a questi S.ʳⁱ che vadano a Venetia con il S.ᵣ Claudio, e restarano mortificati.
* *Ed. in Mamczarz, n.8, p.468; parzialmente Lavin, n.31, p.147.*

873. EB da Ferrara a Margherita Farnese Duchessa di Parma 7.XII.1627
     PAas, Carteggio Farnesiano, 1627

(...) Io non posso dire il gusto che ho della risoluzione presa in valersi del Sig.^r Monteverdi, sì per la qualità del soggetto, come ancora per poter mettere mano ad operare (...)
* *Parz. cit. in Vogel, p. 385; Borazzo, p. 166.*

874. Francesco Mazzi da Parma a EB, Ferrara 8.XII.1627
     FEc, ms. Antonelli 660: Mazzi (prov. AB)

(Particolari sui lavori; calcola che possano andare 3500 persone nei palchi del teatro "di sotto" e solo 2400 nel teatro "di sopra": fa fare il modello di detti palchi)
* *Ed. in Lavin, n.17, p.138-139 (con figura); Borazzo, pp. 150-51.*

875. Francesco Mazzi da Parma a EB, Ferrara 9.XII.1627
     FEc, ms. Antonelli 660: Mazzi (prov. AB)

(Particolari sulle scene e sulle macchine)
(...) Già si è provato la machina di Marte col musico, presente il Sig.^r Magiordomo [=Fabio Scotti], e dice che domani vorebbe ancora provar qualche cosa (...)
* *Ed. in Lavin, n.18, p.139-140 (con figura).; Borazzo, p. 316.Una copia ottocentesca è in PAas, Raccolta Manoscritti, b. 52: Belle Arti (cit. in Dall'Acqua 1993, p. 218).*

876. Antonio Goretti da Parma a EB, Ferrara 9.XII.1627
     FEc, ms. Antonelli 660: Goretti (prov. AB)

(...) Ho ricevuto il piego di V. S. Illma, e subito ho portato la sua al P. Marco (...) Il simile ho fatto al Sr Achilini: anci leto la lettera, poiché vi eran molte parole che non le capiva. E così informato ancor lui, dice il simile che V. S. Illma ha raggione, e qui anesso ne riceverà ancora la risposta. Ho poi parlato ancora liberamente, conforme a l'ordine datomi da V. S. Illma, con molti, e in particolare con il Sr Conte Fabio [Scotti], il quale ha mostrato d'averselo a male, e mi ha deto che si è fatto tutto quelo si è posutto e che V. S. Illma vole quelo che non si puote, e dà sempre adosso al compagno, aducendo ancora raggione che queli mastri lavorano adaggio e altre cose di poco momento, alle quale ho risposto che bisogna li sia persona sopra che li soleciti, e che li facia lavorare; a questo mi ha risposto che vi sono gentilomini sopra che fano molto bene il suo officio (...)
* *Ed. in Mamczarz, n.9, p.469 (con divergenze di trascrizione).*

877. Francesco Mazzi da Parma a EB, Ferrara 14.XII.1627
     FEc, ms. Antonelli 660: Mazzi (prov. AB)

(...) Son sicuro che se V. S. Illma fosse costà per quatro giorni, le cose di noi altri ferraresi valerebbono dieci volte più di quelle voliono, perché da qui inanti serà più copia di sopraintendenti che di operatori (...)
* *Ed. in Lavin, n.19, pp.140-141.*

878. Margherita Farnese Duchessa di Parma a EB, Ferrara 18.XII.1627
     AB, 130, c.329

Ills.^mo Sig.^re

Il Duca [di Parma] ed io ci rallegriamo con V. S. che stia bene, che certo ne sentiamo gusto grande, e di nuovo la ringratiamo della sua amorevolezza, e sempre che le sarà comodo ed in sodisfattione di venire qua, sarà la ben venuta, e vista al solito volentierissimo; né potrà se non essere di servizio alli prepara-

menti delle feste, ne' quali non si manca di sollicitudine. Quanto poi a quello che V. S. mi dice in materia de musici, io ho lasciato che il Monteverdi si sodisfaccia lui nel ripartire le parti, e se vi sarà cosa, che non sia a gusto di V. S., io non ci haverò colpa alcuna. E con questo me le raccomando, ed offero.   Di Parma a 18 di dec.^re 1627
Di V. S. Illma

                                                                                      Affett.^ta
                                                                            Marg.^ta Duc.^a di P.^a

* *Sotto la firma, di mano posteriore, il numero 5.*

879. Francesco Mazzi da Parma a EB, Ferrara 19.XII.1627
      FEc, ms. Antonelli 660: Mazzi (prov. AB)

(Continuano le prove e si fanno i modelli: vari particolari)
* *Ed. in Lavin, n.20, pp.141-142; Borazzo, p. 147.*

880. Fabio Scotti da Parma a EB, Ferrara 19.XII.1627
      FEc, ms. Antonelli 660: Scotti (prov. AB)

(Annuncia la licenza data a quasi tutti i pittori e falegnami di tornare a casa per le feste, tranne che al Tamara e 3 o 4 altri lavoranti che restano a Parma)
* *Ed. in Lavin, n.23, p.144 (escluso il post scriptum, non riferito comunque a particolari teatrali).*

881. Guido Bentivoglio da Roma a EB (Ferrara) 23.XII.1627
      AB, 124, c.458

                              Sig.^r fratello.
Il Nicolini, musico della cappella di Sua Santità, vien chiamato a Parma, per valersi di lui nelle feste, che si dovranno far colà in musica. Egli fa la parte del basso, e desidera ch'io lo raccomandi a V. S., affinch'ella voglia aiutarlo con l'opera sua in tutto quello che gli potesse occorrere in occasione tale. A lei sarà noto facilmente il merito in ciò di questo soggetto; onde, e per questo risguardo, ed anche per essere io stato ricercato dal Sig.^r Conte Girolamo Bentivoglio a passare il presente ufficio, la prego con ogni caldezza a favorir questo virtuoso in tutto quel che le sarà possibile, accioch'egli, particolarmente nell'impiego che dovrà havere, riceva ogni giusta e conveniente sodisfattione. E per fine a V. S. auguro da Dio ogni vera prosperità.   Di Roma li 23 dicembre 1627.
Di V. S.

                                                              Aff.^mo fratello per servirla
                                                                    Il Card.^le Bentivoglio
(p.s.:) Lo favorisca in tutto quel che potrà, ch'io glielo raccomando di nuovo quanto più posso

882. EB da Ferrara a Margherita Farnese Duchessa di Parma 24.XII.1627
      PAas, Carteggio Farnesiano, 1627

(...) Claudio Monteverdi, garbatissimo gentilomo, è il maggior virtuoso nella sua professione che abbiamo oggi (...)
* *Parz. cit. in Vogel, p. 385; Borazzo, p. 167.*

883. Francesco Mazzi da Parma a EB, Ferrara 31.XII.1627
      FEc, ms. Antonelli 660: Mazzi (prov. AB)

(...) Questi doi giorni di lavoro, che sono stati la presente setimana, non si è lavorato con altri maestri che con gli nostri quattro ferraresi e il Tamera (...) Ne verà quattro altri [marangoni] per farli certi pogioli per gli musici (...)

* Ed. in Lavin, n.21, pp.142-143; Borazzo, pp. 147-48.

1628

884. Claudio Monteverdi da Venezia a (Alessandro Striggio?Mantova?) 9.I.1628
     MAa, Autografi, b.6: Monteverdi, c.376

(...) Tra duoi giorni spero tornerò a Parma, per metterle a quelle Alt.^ze Ser.^me al ordine musiche per torneo e per intermedii di comedia che si haverà a recitare (...) da Venetia, per bocca del Sig.^r Ecc.^mo Procuratore Contarino, mio Sig.^re per essere Procuratore di Santo Marco, ho [i]eri inteso che teme, non solamente crede, Sua Ecc.^za che tali nozze non si faranno per questo carnevale né per questo maggio, come mi vien scritto da Ferrara che si faranno all'hora, ma neanche forsi più. Tuttavia anderò a mettere al'ordine quelle musiche che mi sono statte datte da fare (...)
* Ed. in Prunières, p. 280; de' Paoli, n.116, p. 303; Stevens, p. 386; cit. Borazzo, p. 206; Fabbri, p. 275; Lax, n. 117, p. 116. Il riferimento è probabilmente ad una lettera da Ferrara di Enzo Bentivoglio, non sopravvissuta.

885. Francesco Mazzi da Parma a EB, Ferrara 14.I.1628
     FEc, ms. Antonelli 660: Mazzi (prov. AB)

(...) quanto alle machine della scena del Salone, noi non meteressimo più dificoltà che non facessero l'effetto che devono fare, avendole onte, tirate ed agiustate; salvo però tre che, per rispetto di certi palchi che si fabricano nella scena per li musici, non s'hanno pottuto maneggiare (..)
* Ed. in Lavin, n.22, pp.143-144; Borazzo, p. 199.

886. Antonio Goretti da Parma a (Caterina Martinengo Bentivoglio), Ferrara 21.I.1628
     FEc, ms. Antonelli 660: Goretti (prov. AB)

(...) Vengo con la presente mia a farli riverenza, dandoli conto del mio arivo alli 19 del presente, con buon viagio e buona salute, lodato Iddio.
Suplico V. S. Illma a scusarmi della mala creanza usata di partire senza riverirla, ma questo non è stato mancamento di volontà, ma sì bene dalla fretta che mi fece il Sr Marchese [Enzo Bentivoglio] che dovette andare, siché non mi fu concesso tempo, onde devo essere per iscusato. Siamo gionti dico a questa barca senza timone, ch'è certo se non viene a socorerla. Il nostro Sr Marchese se ne partì, e non sanno più dare né copa né bastone come si suol dire, sì che questi prencipi lo desiderano, lo bramano e tutti lo stiamo aspetando come tanti ebrei che spetano il Mesia. Del fare poi queste feste, si farano infalibilmente per le noze che si sono preparate, ma il quando non si può sapere di certo, e credo che l'istessi prencipi manco loro lo sapiano. Ma si tiene di sicuro che sarà fatta Pasqua: volendo li piacentini fare queste noze dutt'e dua insieme, e questa tardanza dipende da Franza. Altro per ora non mi ocore dire a V. S. Illma (...)
* Ed. in Mamczarz, n.10, p.470 (con errori di trascrizione e destinatario non identificato).

887. Antonio Goretti da Parma a EB, Ferrara 21.I.1628
     FEc, ms. Antonelli 660: Goretti (prov. AB)

(...) Siamo gionti costì con buon viagio. Ho fatto riverenza al Sr Duca [di Parma] ed a Madama per parte di V. S. Illma e deto ciò che mi ha comandato. Mi hano deto di haver avisato V. S. Illma che lo stan aspetando e che è di necessità che venga, dicendo di haver fatto operare quanto era in ordine e che non si poteva più caminare inanti per molte dificultà che haveano intopate: siché è necessario che V. S. Illma se ne venga, per inanimarli ad andare inanti, che per me giudico si vedono meggi persi, e se non sono socorse da V. S. Illma la farano male. Ho ricapitato la lettera al Sr Conte Fabio [Scotti], e deto

ancor lui quanto V. S. Illma mi havea detto, il quale mi ha risposto che bisogna che in ogni maniera se ne venga, che non li basta l'animo di tirare più inanti questa impresa. Siché bisogna che V. S. Illma se ne venga a socorere questa barca. La strada di Modona sino a Parma è propria la polvere per le strade, si che è buonissimo carozzare. Il Sr Achilino e P. Marco Garzone dicono che assolutamente che sia necessario che V. S. Illma se ne venga, che vi è mille dificultà da superare: siché tutti la desiderano e tutti la bramano, e la staremo aspetando. Madama mi ha adimandato della dona di Ferrara [Angela Zanibelli], e gli ho deto che sta maladiza e che V. S. Illma ha giudicato a lasciarla, e dato ordine a me che quela parte di Giunone la dia al Sr Gregorio [Chianchi], sì come ho fatto subito. Altro per ora non mi occore dire a V. S. Illma (…) Io crederei che non saria male che V. S. Illma conducesse il Sr Corneglio [Bentivoglio]. Il Sr Claudio [Monteverdi] fa riverenza a V. S. Illma e ancor lui la desidera qui (…)
* *Ed. Mamczarz, n.11, pp.470-71; Borazzo, pp. 267-68.*

888. Claudio Monteverdi da Parma a Alessandro Striggio, Mantova 4.II.1628
MAa, Autografi, b.6: Monteverdi, c.379

(…) La nova che mi ha datto il Sig.^r Illmo Marchese Entio [Bentivoglio], hora passato per Mantoa e giunto a Parma, qual è statta che V. S. Illma è statta fatta Marchese da questo Ser.^mo novo Sig.^re, quanto mi sii statta cara e grata al core (…) Qui in Parma si provano le musiche da me composte in piassa, credendo queste Ser.^me Altezze che loro Ser.^me nozze si havessero a fare di gran lunga un pezzo prima di quello si tiene anderanno; e tali prove si fanno per trovarsi in Parma cantori romani e modenesi, e sonatori piacentini ed altri; che havendo visto queste Ser.^me Altezze come rieschino per li loro bisogni, e la riuscita che fanno, e la sicura speranza a l'occasione che in brevi giorni si metteranno al ordine, si tiene che tutti se ne anderemo alle case nostre, sino al sicuro aviso del effetto, qual si dice potrebbe essere a questo maggio. Ed altri tengono a questo Settembre saranno due bellissime feste: l'una, una comedia recitata con gl'intermedii apparenti in musica, e non vi è intermedio che non sii longo almeno trecento versi, e tutti variati d'affetto, le parole de quali le ha fatte il Sig.^r Illmo D.Ascanio Pii genero del Sig.^r Marchese Entio, cavaglier dignissimo e virtuosissimo; l'altra sarà un torneo, nel quale interveranno quattro squadriglie di cavaglieri, ed il mantenitore sarà il Seren.^mo stesso. Le parole di esso torneo le ha fatte il Sig.^r Aquilini [=Achillini], e sono più di mille versi, belle sì per il torneo, ma per musica assai lontane: mi hanno dato estremo da fare. Hora si provano le dette musiche d'esso torneo; e dove non ho potuto trovar variationi nelli affetti ho cercato di variare nel mondo di concertarle, e spero che piaceranno (…)
* *Ed. in Davari, p. 169; Prumières, p. 280; de Paoli, n.117, p.303; Stevens, p. 388; Fabbri, pp. 226 e 275; Ehrmann, n. 31; Lax, n. 118, p. 118.*

889. Antonio Goretti da Parma a (Caterina Martinengo Bentivoglio), Ferrara 8.II.1628
FEc, ms. Antonelli 660: Goretti (prov. AB)

(…) Ho riceuto la lettera da V. S. Illma, e la ringratio della pazienza che si è piaciuta di darmi per il mancamento fatto, ma a me viene penitenza di questo, sì che non meritarò cosa alcuna onde non mi sarà di più valore. Il Sr Marchese [Bentivoglio] nostro è venuto qui per poco, volendo partire parte di marte, e giunse qui domenica passata alle 22 ore; e subito pose sotto sopra tutti grandi parole, e le parti medesime voleva subito provare (…) quale non si contenta mai: ancor che si facia l'impossibile, vol sempre che si faccia di più, e prometo a V. S. Illma che ha fatto fare più lui in doi giorni, che ogi per apunto è il secondo, più che non si è fatto per il passato in quindici giorni. La fatica è grande e per me vorei che si dasse fine, ma credo vi sarà del tempo assai; sì che V.S.Ill.ma potrà essere al parto della S.^ra Isabella, ed anco a quello della S.^ra D.ª Beatrice, e poi vi sarà ancora tempo di venire vedere queste feste. Qui dicono che le feste potrìano andare a setembre, ma per mio credere non so qual setembre abbi da essere, siché mi more di voglia di venire alla mia Patria. Mentre vedo il mio Sr Marchese, ogni fatica mi è legiera e dolce: per vita mia, da quel vero servitore che le sono, come non lo vedo lui, ogni cosa mi rende noia. Per molta mia fortuna il Sr Marchese si è trovato tanto solo per le gran neve e giaci che sono in questi paesi, ma io ho posto tante spie, che se ne verano sarano mie di sicuro, e subito le manderò e portarò a V. S. Illma (…)

* *Ed. Mamczarz, n.12, pp.471-472 (con errori di trascrizione e destinatario non identificato).*

890. Ascanio Pio di Savoia da Ferrara a (EB, Parma) 8.II.1628
AB, 102, c.96

(...) Con la fretta che mi diede la lettera del S.ʳ Conte Fabio [Scotti] e la voce di V. S. Ill.ᵐᵃ, mi posi attorno all'intramezzo che mancava, e il feci oggi appunto sono otto giorni, che per essere stato composto per la posta, porta seco de suoi errori la scusa. Ho più volte fatto vedere se in casa di V. S. Ill.ᵐᵃ vi era messo, ma non ho incontrata occasione sicura; però per non tardare di vantaggio il mando annesso: spero che per la musica non sarà cattivo. Le macchine sono le medesime, poiché il carro di Venere può servire a Febo; solo ho cangiato l'agitazione della furia in una turbazione di aria e di fiamme, parendomi questa, e più naturale, e che fa a effetto molto maggiore. Né questa novità apporta alterazione alcuna di macchina che occupi luogo, onde ne venga impedita alcuna dell'altre; oltre ché, ove sono tante diversità di altre macchine, vi vuole perfetione anco un oscuramento ed un rasserenamento di cielo: in che l'ingegno di V. S. Ill.ᵐᵃ s'eserciti con eminenza.
Non lasciarò di dire che l'ordine degli intramezzi voleva che il quarto fosse quello di *Enea con Lavinia*, per allontanarlo dall'altro di *Enea e Didone*; il che cessando di presente, io cangiarei, e porrei per lo primo *At-* (c.96v) *-lante*; 2.º questo che mando; 3.º *Venere*; 4.º *Enea e Didone*; 5.º il campo aperto, e così andrebbono intramezzandosi un allegro, ed un grave sino al 4.º, poiché in ogni modo l'ultimo deve essere il campo aperto. Ovvero: primo *Didone ed Enea*; 2.º *Venere*; 3.º *Bacco*; 4.º *Atlante*. Ed in ogni caso non vorrei che questo di *Bacco*, e quello del campo aperto, si seguissero l'uno immediatamente dopo l'altro. Stimerò tutto detto per semplice considerationi, e rimettendomi affatto alla sua prudenza. La S.ʳᵃ mia consorte sta, per Dio gratia, bene, como fanno tutti di casa di V. S. Ill.ᵐᵃ, fuorché il S. Guido [Bentivoglio], il quale però va camminando alla salute, e sperando il medesimo di lei e del S.ʳ Cornelio [Bentivoglio], le fò riverenza (...)
* *Ed. in Lavin, n.26, p.145-146; ed.inglese Reiner 1964, p.300; Borazzo, p.209.*

891. Fabio Scotti da Parma a EB, Ferrara 15.II.1628
FEc, ms. Antonelli 660: Scotti (prov. AB)

(...) Ho ricevuto l'intermedio di *Bacco* inviatomi da V. S. Ill.ᵐᵃ, e doppo haverlo mostrato al Ser.ᵐᵒ Duca [di Parma], l'ho datto a Madama Ser.ᵐᵃ, la quale mi ha detto che lo vedrà e legerà; e se occorrerà cosa alcuna n'avisarò V. S. Ill.ᵐᵃ. Alla quale invio il congiunto piego reccapitatomi hoggi. E confermandole tutto, l'aggiongo che farò attendere a tirare avanti l'opere (...)
* *Ed. in Lavin, n.24, p.144.*

892. Il Cardinale (Scipione) Borghese da Roma a EB, Parma 16.II.1628
AB, 132, c.217

Ill.ᵐᵒ Sig.ʳᵉ

Il caso di D. Gio. Batt.ᵃ Blondi sacerdote parmegiano, che V. S. Ill.ᵐᵃ mi raccomanda, vien stimato per sì brutto e per sì grave da Mons.ʳ Vescovo di Parma, che non solo non inclina a fargli gratia alcuna, ma mostra di aborriri che se glini parli. Mi scusarà perciò V. S. Ill.ᵐᵃ e s'appagarà, come spero, della prontezza mia in passar con efficacia l'ufficio impostomi da lei, se ben infruttuosamente in tutte le parti, per il rispetto suddetto. Ed a V. S. Ill.ᵐᵃ per fine bacio le mani.   Di Roma 16 febr.º 1628
Di V. S. Ill.ᵐᵃ

aff.ᵐᵒ per ser.ˡᵃ
Il Car.ˡᵉ Borghese

(p.s.:) V. S. Ill.ᵐᵃ m'invita a coteste feste in tempo che ha pensiero di venir, e che li musico, intendo, che se ne tornano. Ho caro che Gregorio [Chianchi] si porti bene, e la ringratio delli favori che gli ha fatti. Io gli ho scritto che serva coteste Altezze quanto comandano. V. S. Ill.ᵐᵃ avverta, che qui in

Roma io non gli faccio l'essecuzione sopra il ferraiolo.

893. Antonio Goretti da Parma a EB, (Ferrara o Venezia?) 18.II.1628
FEc, ms. Antonelli 660: Goretti (prov. AB)

(...) Si siamo afaticati, sì in finire l'opera del Salone, come anco nel scrivere e farne formare quatro libri per le parti da sonare, come si è fatto tutto per apunto, ed ancora della comedia ne sono formati quatro libri, pure per sonare, del primo e secondo intermedio. Più inanzi non si può passare, per le dificultà che V. S. Ill.ma deve sapere. Habbiamo ancora aigiustato le armonie proportionate al teatro, con haver fato fabricare certe cane per aiuto alli cavacemboli [=clavicembali], ed ancora aigiustato inanzi il palco della scena, nel vacuo fra li dui rami di scala, onde resta il servitio della scala, ed ancora questo per le musiche, onde sarà nella medesima maniera che facessimo per V. S. Ill.ma: siché havremo aigiustato l'armonia. Il S.r Guiti dice che, da questa mossa, ne caverà ornamento al palco della scena. Resta solo un poco di dificultà che è per l'aqua, onde farìa bisogno di fare una parte di muraglia, nel deto loco della scala, per salvare li strumenti ed el claviorgano, che si giudica di doverli ponere. Il Guiti loda benissimo il negotio, e così il Tamera, ma il S.r Conte [Fabio Scotti] non inclina; siché non so quelo risolverà. Tutto questo va bene, ma noi non abbiamo più che fare altro di presente, e non ne vole concedere licenza di venire, e sta il S.r Conte Fabio renitente a dare licenza di venire con noi a Venezia al S.r Gregorio [Chianchi] con quelli altri doi cantori, onde il S.r Gregorio sta con disgusto e tiene per fermo che debba venire un ordine di Roma che se ne ritornano. Onde, [se] V. S. Ill.ma non socore con sua letera aciò potiamo venire, ma presto staremo qui a mirare la luna. Hano mandato da Modona li cantori, con regali di belle parole, i quali hano deto: -è due volte siamo stati e ritornati.- Ho penetrato che questi musici di Roma sino a questo Natale aspetavano qualche regalo, e non ve n'è altro che un bacile di confeti, li quali li donarono allo scalco che li serve; non vogliono confeti: vol essere ducatoni d'argento, siché io credo che anderano tratenendo la brigata con speranze. Il S.r Claudio [Monteverdi] non dice cosa alcuna, ma intendo il grave dano che ne riceve, con l'essere absente da Venetia, per le molte feste che fano, e ne riceve delli venti e do ducati per una. V. S. Ill.ma facia la conseguenza (...)
* *Ed. in Mamczarz, n.13, p.472-73; parzialmente Lavin, n.32, p.147; Borazzo, pp.197-98.*

894. Francesco Guitti da Parma a EB, Ferrara 18.II.1628
FEc, ms. Antonelli 660: Guitti (prov. AB)

(...) Il S.re Monteverde ha finalmente trovata l'armonia, perché io gli ho accomodato un loco per suo beneficio, che molto gli giova: il quale è sul piano della scala inferiore in questa maniera. Il campo *A* è forato, e va sul piano del Salone, e serà coperto da una ballaustra che lo circonda, e non seranno veduti gl'instrumenti; anzi accompagna mirabilmente la scena, e dà commodità d'illuminare pur le balaustrate *C*, ed avanza tanto piano *B*, che resta spazio grandissimo per S. A. S.ma per scendere. Le scale possono essere dentro e, quando si vorrà, si possono spingere fuori con bella maniera; e il semicircolo *C* serà vestito d'une muraglia, che difenderà i musici dall'acqua. Ma lo schizzo è senza misura: basta che V. S. Ill.ma l'intenda, e che veramente serve bene alla veduta ed alla musica, e la prova ha dichiarato buona questa risoluzione (...)
* *Ed. in Lavin, n.7, p.125-126 (con riproduzione dello schizzo); Borazzo, pp.196-97, 313-14. Una copia ottocentesca è in PAas, Raccolta Manoscritti, b. 52: Belle Arti (cit. Dall'Acqua 1993, p. 218).*

895. Luigi d'Este Duca di Modena a EB, Ferrara 20.II.1628
AB, 130, c.342

Ill.mo Sig.re

Sò di quant'efficacia siano i preghi di V. S. Ill.ma appreso il Ser.mo di Parma, e però son mosso di passare con esso lei il presente uffitio per Fr. Girolamo Ferrari da Mondondone, Mastro di cappella ed organista di S.to Francesco pure di Parma, il quale vorrebbe col mezo di V. S. Ill.ma essere accettato da quell'Alt.a nella sua musica ordinaria. Questo è Padre per ogni rispetto di molto merito, e persona mio

caro, per il ché con dupplicata instanza la prego di compiacersi, in mio riguardo, d'esserli intercessore di questo favore, obligandom'io a V. S. Illma d'adossarmi tutto l'obligo che perciò si dovrà alla di lei cortesia. E le bacio la mano.   Di Modona li 20 febraro 1628
Di V. S. Illma

Aff.^mo per ser.^la sempre
Luigi d'Este

896. Antonio Goretti da Parma a EB, Ferrara 25.II.1628
FEc, ms. Antonelli 660: Goretti (prov. AB)

(...) Siamo qui senza niuna speranza di dover venire, siché l'haver finito l'opera ed haver aggiustato le armonie del Salone (che non è stato poco), e provate, non potiamo manco venire. L'armonie sono prima cavate una posta nel vuoto di mezzo alla scala nanzi la scena, e poi doi organi picoli, fatti fare a posta, è posto nelli palchetti davanti; siché riesce benissimo, onde si può dire che l'armonia per il Salone è trovata ed aggiustata. Resta solo la massa delle persone, per poter provare aggiustatamente come deve andare le cose. Ho scrito una mia a V. S. Illma, con pregarla della licenza e di poter condurre il Sr Gregorio Chianchi, e ne stò atendendo la risoluzione ciò che dobbiamo fare. Ho scoperto che vogliono mandare a Roma al principio di quatragesima li cantori tutti, onde il povero Sr Gregorio sene more di voglia di vedere Venetia e dice che se ne va a Venetia e che ritorna a Parma a tempo di poter andare con li altri a Roma, che [altrimenti] non vede campo di veder Venetia, essendo di necessità di essere con li compagni, li quali dovrano essere condoti ed acompagnati a spese del Duca [di Parma]; onde prega V. S. Illma a farli gratia di quel aiuto che può, aciò riceva questo gusto che, tornando a Roma senza questa, resterà con poco gusto; e tanto più considerando che simile favore è stato da questi Prencipi concesso al Sr Grimani ed al Sr Cesare [Zoilo], cantore di Roma, di molto meno merito di lui. Insoma si racomanda e si starà atendendo. E per fine le facciamo riverenza insieme con il Sr Claudio [Monteverdi] (...)
* *Ed. in Mamczarz, n.14, p.474; parzialmente Lavin, n.33, p.148.*

897. Francesco Guitti da Parma a EB, Ferrara 3.III.1628
FEc, ms. Antonelli 660: Guitti (prov. AB)

(...) Dall'ultimo ch'io scrissi a V. S. Illma in qua, poco si è lavorato, e quasi niente, perché s'è atteso a servire il S.^re Prencipe Francesco Maria [Farnese] per mascherate, al quale si fece un carro con musici, ed hora si fabbrica una barca per domenica, che deve andare da sé di onesta grandezza, e deve portare huomini 20 il cui schizzo è quasi questo, ma ornatissimo di riporti d'oro. Su questa deve andare il S.re Prencipe, fingendo di essere su la Nave degl'Argonauti, che cercano il Vello d'oro (intendendo la Gloria). Un madriale ha fatto il Sr Achillini a questo effetto, posto in musica dal S.^re Monteverde, e cantato a tre dal S.^re Grimani, dal S.^re Gregorio e dal basso di Roma [Bartolomeo], con gl'istrumenti di Piacenza (...)
* *Ed. in Lavin, n.8, p.126 (non pubblica il piccolo disegno di battello della lettera). Una copia ottocentesca è in PAas, Raccolta Manoscritti, b. 52: Belle Arti (cit. Dall'Acqua 1993, p. 218).*

898. Francesco Guitti da Parma a (EB, Ferrara) 15.III.1628
AB, 102, c.94

(...) Dopo le cose che ho già a V. S. Illma scritto, resta ch'io le dia avviso delle prove alle quali siamo ridotti, e credo, quanto al mio giudizio dell'istessa fatta, che prima, poiché si sono mutate le parti de musici, e sono inesperti e sono anco impauriti, e queste armonie del Sr Monteverdi non accordanno affatto, e ho veduto il Ser.^mo Sr Duca [di Parma] con meno che mediocre gusto quanto alla musica, che più è ridotta in discorsi che in fatti. E quando comandano che si provi, non s'aggiustano i tempi per movere e fermare le machine: siché è quasi che non prova e senza frutto s'affatica, perché giammai si fa cosa di momento e le machine si guastano più ch'altro. È finito un sasso affatto, che riuscì bellissimo (credo) e si spezza benissimo e n'è gustata S. A. Ser.^{ma}, alla quale hiersera piacque assai. Un pesce è finito, e pure riesce bello, e gli ho fatto aprire e serrare la bocca, e mover gl'occhi, che anco straordinariamente fu lodato da coteste A. A. Il lume si è finito, ed aggiunto lumi in questo modo, che fu lodatissimo anco hiersera da tutti, e certo pare anco a me che poco si possa migliorare, perché tutto il corpo è illuminatissimo, tanto sopra quanto sotto: (c.94v) se tene lo schizzo, serve a V. S. Illma per poca mostra. Gl'altri comandamenti, che V. S. Illma lasciò qui sul Salone, si eseguiscono alla meglio che si può, ma poco si lavora con 3 homini, e già anco vanno tutto dì gridando di venire a Ferrara; ed uno di loro comincia a prettendere di volere che se gli cresca [la paga] e questo è Gio. Battista Barbieri, un giovinotto che adesso ha bolognini 40, e il pretender più mi par di troppo, essendo da S. Bartolomeo in qua che ha servito a questo prezzo. Il Tamara è trattato male, ed io non son trattato bene, e mille volte il rispetto, che portiamo, e la riverenza a V. S. Illma ce ne fa mandar giù infinite. Insomma poco si può andare innanzi con così poca brigata, ma farò sino che si potrà. Bastami che V. S. Illma gradisca la mia divozione, alla quale pretendo, e non ad altri essere destinata (…)

* Ed. in Lavin, n.9, p.127 (con riproduzione dello schizzo del lume). Borazzo, pp.148-49, 185. Una copia ottocentesca è in PAas, Raccolta Manoscritti, b. 52: Belle Arti (cit. Dall'Acqua 1993, p. 219). Lavin ricorda che Cittadella, I, p.478 cita una architetto ferrarese di nome Giovan Battista Barbieri in data 1675.

899. Giovanni Manozzi (Giovanni da San Giovanni) da Gualtieri a EB, Ferrara 25.III.1628
     MOe, Autografoteca Campori: Manozzi, 4 (prov. AB)

Illmo ed Ecc.^{mo} Sig.^r mio

Ho ricevuto la sua con un poco di sapone, quale va ungendo le carote da ficcarsi nel terreno della mia zucca, volendo V. S. Illma darmi a intendere che S. A. S.^{ma} di Toscana passi per Gualtieri, e soggiungendo "poiché la sarà presto qua": quasi che il Sig.^r Marchese voglia dire: -Giovanni, lavora presto perché io venirò di corto, perché ci viene a veder Gualtieri S. A. S.- Rispondo a questo che V. S., quando la venirà, venirà dico a casa sua; e se troverete fatto poco, haverete patienza, e se assai, a me poco utile in più sia del ordinarmi; e se S. A. S.^{ma} venisse a Gualtieri, haverà smarrito la strada da dovero a venir in questo paese dove non passò Moisé: ma credo non ci venirà altrimenti, per esser fuor di strada. E se deve venir per veder mie pitture, n'ha tante nel suo ducal palazzo, che dubito una volta non gli facci dar di bianco alla metà. Però V. S. Illma lasci di darmi chiachiere e mi mandi quei denari del quadro e me lo paghi bene, acciò possa far consequenza del resto delle mie opere. Ma dubito che V. S. non me lo voglia pagar fino a l'ultimo, perché io da quello non possa congetturare come mi volete trattare ne l'assai, ogni volta che nel poco V. S. non mi riuscissi. Trattatemi dunque per adesso bene, Sig.^r Marchese, acciò io prenda animo in questa sua importante opera a servirla bene. E con questo mi comandi, che son pronto, al solito, ad eseguire.
Di Gualtieri il dì 25 di marzo 1627
Di V. S. Illma ed Ecc.^{ma}

Aff.^{mo} ser.^{re}
Gio. da San Gio. pittore

900. Francesco Guitti da Parma a EB, Ferrara 18.IV.1628
     FEc, ms. Antonelli 660: Guitti (prov. AB)

(Particolari sullo stato dei lavori scene e macchine)
* Ed. in Lavin, n.10, pp.128-129.

901. Fabio Scotti da Parma a EB, Ferrara 9.V.1628
     FEc, ms. Antonelli 660: Scotti (prov. AB)

(…) che si compiaccia mandar subito in qua il figlio di Salomoni Hebreo, che lavora di palchi, essendo bisogno di lui per le nove machine che si fano, e se occorrerà farli dar danari per il viaggio. Prego V. S.

Illma a farlo, ché subito la farò rimborsare.(...)
* *Ed. in Lavin, n.25, p.145.*

902. Il Cardinale Magalotti da Bologna a EB, Ferrara 26.V.1628
   AB, 132, c.252

(...) Non prima che oggi m'è capitata la gratissima di V. S. delli 8, nella quale si rallegra meco dell'honore che è piaciuto alla S.^{tà} di N. S.^{re} di farmi, assumendomi a cotesta Chiesa. Rendo a V. S. affettuosa grazie non solo di questo offizio, ma anco de gl'avvertimenti, co' quali ha voluto rinovarmi la sua amorevolezza, e ne farò a suo tempo capitale, si come goderò d'haver occasione di servirla. Quanto al Piccinini Maestro di cappella, che V. S. mi raccomanda per un'altra sua de 10, non posso dirle se non che riserbo al mio arrivo ogni determinazione e che mi saranno sempre a cuore tutti quelli che dipendono da V. S. e dalla Casa sua. Come tale ho riconosciuto il S.^r Co. Gio. Bat.^a Tassoni, Arciprete della Catedrale, del quale parla un'altra sua de 10, e l'amo assai per le sue buone qualità ancora. Se in altro posso servire a V. S., haverò caro che me ne porga il modo, perché in effetto lo desidero e di cuore le prego da Dio felicità (...)
* *Solo riferimento al documento in Southorn, p. 103; cit. in Peverada,* Normativa e prassi musicale, *pp.121-sg, nota 56. Fortunio Piccinini, Maestro di cappella della Cattedrale di Ferrara, è documentato in tale carica dal 1617.*

903. Lorenzo Magalotti, *Lettera del 1 luglio 1628 al Card. Barberini per informazione sui soggetti ferraresi*
   FEc, ms. Antonelli 283

904. Antonio Goretti da Parma ad Antonio Ciavernelli, Ferrara 21.X.1628
   FEc, ms. Antonelli 660: Goretti (prov. AB)

(...)Io spero che all'arrivo di questa mia, V. S. havrà procurato col S.r Anibale [Bentivoglio] la conclusione e gratia otenuta per il negotio della muraglia del Gheto (...)
Scrivo di novo per questo alla S.ra Marchesa e S.r Abate Anibale: per cortesia S.r Antonio, se mai per tempo alcuno desiderio ci sia per desiderare gratia alcuna, per vita sua si sbraza a farmi otenere questa, che l'assicuro che ne tenerò perpetua memoria e li restarò con eterno obligo (...)
* *Le lettere citate alla Marchesa ed all'Abate Annibale sono le due successive nella stessa data.*

905. Antonio Goretti da Parma a (Caterina Martinengo Bentivoglio), Ferrara 21.X.1628
   FEc, ms. Antonelli 660: Goretti (prov. AB)

(...) Qui si aspeta il Sr Corneglio con grandissimo desiderio, e fano grandissime instanze per fare queste feste quanto prima, e le vogliono fare assolutamente nanzi che entri l'Advento; onde siamo angustiati e faticati, e piaccia a Iddio che riesca, che senza il nostro Sr Marchese tengo per sicuro non si farà cosa buona, ma ben sì delle fritate. Il Sr Conte Fabio [Scotti] mi ha detto che il Sr Marchese non ci vuol essere, ed io gli ho risposto che credo che li interessi del Sr Marchese a Roma sono grandi, per li quali li tengono ocupatissimo, ma so ancora il desiderio grandissimo che tiene di dar gusto e servire questi Ser.^{mi} Prencipi, e che se vorano che venga, che lasciarà ogni cosa per venirli a servire. Mi ha risposto che gli hanno scrito aciò venga, ed ha risposto in tal maniera, che quasi non selli può risponde-re. Io tornarò a replicare il mede[si]mo, e tornarò di nuovo, che non vorrìa poi che, non riuscendo, si sentisse delli lamenti e doglianze, che fossero stati posti in balo con una spesa grande per la festa d'ab-basso, essendo tutto pensiero (c.n.n. Iv) del Sr Marchese: non vi essendo, e passando male come tengo per sicuro, mi pare di sentire alle orechie i lamenti, e tanto più che dicono che si poteva far di meno di quella festa, siché siamo in questo bello intrico, e Dio ci aiuti ad uscirne [con] buona ferita. Racordo a V. S. Illma il mio negotio con il Sr Abate Anibale [Bentivoglio] e Tavernela [=Ciavernelli] per la mura-glia del Gheto, tanto da me desiderato e bramato, aciò si trasporti: riceverò favore particolare l'otenere questa grazia, onde spero e confido nelli miei SS.ⁱ Bentivogli di ricevere questa consolazione (...)

(p.s.:) Mando a posta dal Sr Don Ascanio [Pio] per giongere alcune parole alli suoi intermedi
* *Ed. in Mamczarz, n.15, p.475 (con errori di trascrizione e destinatario errato).*

906. Antonio Goretti da Parma a (Annibale Bentivoglio), Ferrara 21.X.1628
FEa, ms. Antonelli 966, 8: Goretti (prov. AB)

Illmo S.^r mio Padron Oss.^{mo}

Vengo con la presente mia a farli riverenza, ed insieme a recordarli il mio negozio con il Sr Card. Madaloti [=Magalotti] e ancora col Sr Card. Legato, per otenere assolutamente la gratia, da me tanto desiderata e bramata, di far trasportare quela poca muraglia del Gheto intorno alla mia casa, la quale mi rende tanta puza e naus[e]a, come chiaramente si può vedere. Sono quatro scalci poveri ebrei, de' quali mi farò conto: è possibile che l'autorità delli Patroni, per meggio di V.S. Illma, non si potrà spuntare questa dificultà, per onorare un suo fedele e vero servitore? S'io fosse prigione, che havesse fatto omicidio, tengo per sicuro che V. S. Illma mi farìa liberare: ora posso dire d'havere la peste vicino alla casa, sì per il Gheto come per questa muraglia che causa tanto male, e non posso pretendere dalli miei S.^{ri} Bentivogli, e in particolare da V. S. Illma? Certo sì: onde la suplico con ogni affetto (c.1v) a farmi questa grazia di otenere quanto desidero per l'absenza mia, e forsi ancora di V. S. Illma: mentre che è costà, facia aparire ordine sicuro, aciò sia posto in esecuzione quanto io brama. Del Sr Tavernela [=Ciavernelli] si saprà quanto ocore a fare sopra a ciò. Che per fine con ogni affetto le fò riverenza e megli racordo sempre servitore obligato. Queste feste si dovrà fare nouvi Natale e qui è bramato il Sr Cornelio e Sr Marchese [Bentivoglio], e senza lui non faremo cosa a proposito.   Di Parma il dì 21 ottobre 1628
Di V. S. Illma

Humiliss.^o e devotiss.^o ser.^{re}
Antonio Goretti

907. Antonio Goretti da Parma a (Caterina Martinengo Bentivoglio), Ferrara 3.XI.1628
MOe, Autografoteca Campori: Goretti Antonio, 1 (prov. AB)

Illma S.^{ra} mia S.^{ra} e Patrona Col.^{ma}

Con l'occasione che il Sr Corneglio [Bentivoglio] le manda un messo, cossì non posso mancare di non scrivere la presente mia a V. S. Illma, la quale servirà solo per farli riverenza e racordarmegli sempre humilissimo servitore. E di nuovo le dico come il Sr Duca [di Parma] fa grandissima instanza aciò si sia in ordine per tutt'e due le feste per li 20 del presente. Il torneo del Salone sarà in ordine, e si è aprovato tutte le machine, le quale vano assai bene.
Dimane a sera si fa prova generale di questa [festa di sopra]. Della festa da basso, qual è il campo aperto, non si è ancora dato principio a provare in sena; il tempo è brevissimo, li afari sono grandissimi, la fatica è insoportabile, e V. S. Illma pensi come sia l'animo mio, non vi essendo il nostro Sr Marchese. Il Sr Card. Aldobrandino si aspeta questa sera. Il Sr Corneglio questa matina ha combatuto, e si diporta regiamente. V. S. Illma si conserva e prega Iddio per me, che con ogni affetto le fo riverenza, e prego da Iddio N. S. longa e felice vita.   Parma adì 3 9.bre 1628
Di V. S. Illma

Humiliss.^o e devotiss.^o serv.^{re}
Antonio Goretti

(p.s.:) Non mi scordo delle tartufole, e come se ne potrà havere, ne havrà.

908. Antonio Goretti da Parma a (Caterina Martinengo Bentivoglio), Ferrara 8.XI.1628
FEc, ms. Antonelli 660: Goretti (prov. AB)

(…) Il Sr Corneglio [Bentivoglio] fu ieri col Sr Duca [di Parma] a facia, e qui anesso V. S. Illma ne riceverà sue letere. Si diporta bene, ma credo che la natura patisca per stare ristreto, contrario al suo solito e natura, e che un'ora li farìa anzi, aciò si finisca questa festa, la quale dicono che si farà infalibil-

mente al fine del presente mese. Noi siamo per la festa del torneo in ordine, e si è fata una prova genera-le la quale è riuscita assai bene per la prima; questa sera si torna a farla e si farà guadagno senza manco, onde spero che le cose passarano molto meglio di quelo si speraba: la fatica è grande, e il premere a punta di cotone spinge assai. Il nostro S.ʳ Marchese [Enzo Bentivoglio] non ci serà: si havea una sua letera scrita tutta di sua mano che a legerla son stato necessitato, come si suol dire, a spogliarmi in camisa che, per essere negotio fuor di musica e dovendo parlare con Madama, come da me, a procurare di cavare una tal lettera al S.ʳ Car.ˡᵉ Gianeti, la quale ho fato e cavato quando desiderava: e per [quello] che mostra che haveva la detta letera, verà. Io non lo credo assolutamente parlando a V. S. Ill.ᵐᵃ, [che] queste feste si faranno infalibilmente entro di questo mese. Io non vego l'ora di uscirne per venire a vedere la mia patria. (…)
* *Ed. in Mamczarz, n.16, p.476 (con errori di trascrizione e destinatario non identificato). La lettera del Marchese Enzo, cui fa riferimento Goretti, non è sopravvissuta.*

909. Antonio Goretti da Parma a (Caterina Martinengo Bentivoglio), Ferrara 9.XI. 1628
     FEc, ms. Antonelli 660: Goretti (prov. AB)

(…) Dopo l'haver scrito e serato il piego, e consegnato ad un messo che si manda costà a posta per pigliare un'altra mia (…) Voglio scriverla nova la presente a V. S. Ill.ᵐᵃ, accusando una sua lettera, nella quale mi scrive che havrà cara che queste feste si facino presto, aciò io me ne possa ritornare quanto prima. Io ringratio V. S. Ill.ᵐᵃ di questo suo buon desiderio, ma voglio dire il vero: questi giorni sono corti per gli affari che si deve (…) ma spero di dover ritornare (…)
(Tratta ancora del problema della muraglia del Ghetto vicino al suo palazzo a Ferrara)
(…) Hora ch'io scrivo la presente, che è sei ore di note, venuto da Corte per provare il p.º intermedi[o] della comedia per il campo aperto, il quale è riusito debolmente; però si anderà provando e provadien-do, per non vi essere persone prati- (c.n.n. Iv) -che e inteligenti per questi negoti. Il S.ʳ Corneglio [Bentivoglio] ha provato li suoi cavali nela sua machina, e va benissimo; ma nel resto delle machine vi è delli affari assai (…)
* *Ed. incompleta in Mamczarz, n.17, p. 477; (con errori di trascrizione e destinatario errato) solo un rigo in Lavin, n.34, p.148; Borazzo, pp. 263, nota.*

910. Antonio Goretti da Parma ad Antonio Ciavernelli, Ferrara 9.XI. 1628
     FEc, ms. Antonelli 660: Goretti (prov. AB)

(Si dichiara meravigliato per le cattive notizie sul suo "negotio", dato come risolto dai Bentivoglio ed invece assicurato per disperato dal maestro di casa Ciavernelli)
(…) Resto meravigliatissimo che quatro scalci ebrei: e non sono più, come V. S. lo sa benissimo, sebbe-ne dicono che le sono sedici famiglie, sono bugie da ebri, né si deve dare fede a queste parole; e quando pur fossero tante, bisogna concludere che sono poveraci, mendci che possono stare in ogni loco. Ma che punto non posso capire che nasca da questo, ma sì bene da li miei pochi meriti, che non possa otenere questa gracia dalli SS.ri Bentivogli, perché tengo questa openione in capo (c.n.n. Iv), sapendo quanto possano e vagliano quando vogliono (…)
* *Sul problema della muraglia del Ghetto cfr. la precedente lettera di Goretti del 21.X.1628: la soluzione positiva della vicenda è invece annunciata nella lettera allo stesso Ciavernelli del 17.XI.1628.*

911. Antonio Goretti da Parma ad Antonio Ciavernelli, Ferrara 17.XI. 1628
     FEc, ms. Antonelli 660: Goretti (prov. AB)

Ill.ᵐᵒ S.ʳ mio Oss.ᵐᵒ

Mentre stava afaticato dietro a queste benedete musiche, è però vero che sempre mi stà nel core quella besta di muraglia, la quale mi mantiene tanta nausea e peste alla mia casa. E non sentendo nova alcuna da niuno, già havea posto il negotio per disperato, né mi poteva aquietare l'animo di pigliare qualche partito. Al fine mi viene la sua lettera con l'antifona: *Buona nova! Buona nova!* Che prometo a V. S. che stava pransando e lasciai di mangiare per legere la detta lettera, piena di tanta mia consolatione e gusto che niente più (…)

(p.s.:) Queste feste si farà alli 2 di X.^bre, e subito fatte io me ne verò

912. Antonio Goretti da Parma a (Caterina Martinengo Bentivoglio), Ferrara 17.XI. 1628
   FEc, ms. Antonelli 660: Goretti (prov. AB)

Illma S.^ra mia Patrona Oss.^ma

Ho ricevuto la cortese lettera di V. S. Illma, nella quale mi è stata somamente cara per intendere il felice sucesso che dovrà fare il mio negotio, tanto da me desiderato e bramato. Onde resto e restarò in eterno obligatissimo e gline rendo quele infinite gratie che imaginare si possa. La supplico di un nuovo favore e gratia (…) l'haver risolto di voler stare nella mia casa vecchia, che per accomodarmi meglio qui, ora gli ho speso più di mille scudi. E non elevando questa muraglia, la quale mi menava, si può dire, la peste, era necessitato ad abandonarla e trovarmi altra casa, in altro luoco: che a trovarla, per esperienza provata, è negotio molto dificile. Onde la suplico a compatirmi (c.n.n. Iv) (…)

Lodato Iddio che il Sr Duca [di Parma] mi disse la matina che assolutamente queste feste le vol fare alli 2 di X.^bre; ed ha dichiarato che vol che sia la prima quella del campo aperto (c.n.n. II). Onde è necessario che il Sr Corneglio [Bentivoglio] se ne ritorna quanto prima ad essere in ordine con la sua livrea. E il Sr M.^se [Enzo Bentivoglio], di novo mi ha comandato che io dica al Sr Corneglio che faci ciò che umanamente si può fare per servire e dar gusto a questi Prencipi.

Questi pochi giorni sarano tanto longhi, che per me non vego l'ora di venire a vedere la mia patria. Fo fede e con ogni affetto le fo riverenza, pregando da Iddio N. S. longa e felice vita.   Di Parma alli 17 9.bre 1628 D. V. S. Illma

Ser.^re Obligato
Antonio Goretti

913. Antonio Goretti da Parma a EB, Ferrara 28.XI.1628
   FEc, ms. Antonelli 660: Goretti (prov.AB)

(…) Siamo sul fine del mese e siamo ancora al tempo di fare queste feste. Le abbiamo provate e per la parte nostra le musiche riescon benissimo. Le machine sono belle e mirabile, ma ancora non vano a tempo; si va però tutti sperando aciò le machine e la musica, dovendo andare di concerto, è necessario che tutte due vadino bene, sì che si andiamo travagliando, e io non vego l'ora di vederne il fine per potermene venire. Dò nova a V. S. Illma come il Sr Corneglio [Bentivoglio] è diventato musico: sta sempre con noi, e mai si stanca di sentire a far cantare, e veramente qui v'è una belissima copia de virtuosi. Si sta aspetando e bramando la venuta del Sr Don Ascanio [Pio]. Abiamo provato e riesse bene ecelentemente le musiche. Il Sr Corneglio ha voluto provare ancora lui proprio con il suo cavalo nella machina, ed ha fato ecelentemente a segno tale che ha reso stupore a tutti; in vero riesse un cavagliero di buon garbo, e si fa valere e conoscere a segno tale, che apresso gli altri vi ha una diferanza notabilissima. Non v'era a la Corte onde in deta opera han mostrato d'havere gran gusto. Il Sr Corneglio è quello che solecita gli altri. Altro per ora non ho da dirle (…)

* *Ed. parziale in Mamczarz, n.18, p.477-78; parzialmente Lavin, n.35, p.148; Borazzo, p.201.*

914. Antonio Goretti da Parma a Caterina Martinengo Bentivoglio, Ferrara 12.XII.1628
   FOc, Piancastelli: Comici italiani dei secc.XVII-XVIII (prov.AB)

Illma S.^ra mia Patrona Oss.^ma

Siamo alli 12 del presente giove, sera dinnanzi note della qualle si dovea fare la comedia, la quale si è prolongata sino a dimane, se serà vero: la morte del Sr Duca di Modena ha fatto partire di quei Prencipi che era venuti a vedere queste feste. Come anco molte altre feste e molta forastana: manca di aspetare e vedere quanti restano fuori delle feste che si fano, come si fece imparticolare domenica a sera che si publi-

cò il cartelo per la festa di sopra e fu rapresentato da una Fede: la musica, fatta da me, era fata dal Caval.^r Loreto [Vittori] molto bene sotto. Il luoco perso la multitudine della gente, parte consolati per esser restati dentro, ma molti più quelli disgustati per essere rimasti di fuori, si dovea fare dire dimane. Ma ora che scrivo la presente è sei ore di note, né abiamo certeza alcuna: potrìa venire all'improviso, come vengano altre cose, (c.n.n. Iv) tan poco siamo in ordine stupendissimo. Il Sr D. Ascanio [Pio] stava ritroso di acetare il carico di esser sopra alle machine, per diverle far venire bene con man, per essersi fatto male ad un piede, in modo tale che sta nel letto, un gentilomo che ne havea la carica; tengo per sicuro tocarà a lui: piacia a Dio che ne riusciamo con onore. Dicono che domenica si dovea fare quella festa del salone, ma io duro una gran fatica a crederlo, anci mi sona all'orechie un certo vento, il quale mi fa sospetare che non abbi da essere per Natale a casa: ma di sicuro farò il possibile e però volando, che per me son tanto stanco che non vego l'ora di venire. Con che, [quando] V. S. Illma anderà alla Novena, per carità si racordi di me povero omo, che per fine le fo riverenza   Di Parma il 12 X.^bre 1628
Di V. S. Illma

Ser.^re Humilliss.^o

Antonio Goretti

* *Collocata, per errore di lettura del nome del mittente, nella cartella dei comici sotto il nome di "Loreti Antonio".*

915. Antonio Goretti da Parma a EB, Ferrara 15.XII.1628
     FEc, ms. Antonelli 660: Goretti (prov. AB)

(...) Lodato Iddio habbiamo fatto una festa la quale è stata la comedia con l'intermedi del Sr D. Ascanio [Pio]. La quale è riuscita stupendamente, a segno tale che tutti sono restati gustati e consolati, e li Prencipi con tanta consolazione che niente più, e ne hano regalati di mandarci a ralegrare del felice sucesso, il racomandarsi per quest'altra, la quale si dovrà fare marti senza manco. La carica del Sr Don Ascanio, con la sua diligenza premendo solo il farla riuscire buona, senza vederlo punto a fare riuscire, che era altra maniera, prometo a V. S. Illma che era tante fritate: ce l'abbiamo cavato, che no[n] è stata poca cosa, lodato e ringraziato Iddio e Sta Cecilia, e le buone oratione delle buone creature, se però hano fato per questa. Il Sr Corneglio si è diportato tanto regiamente e con tanto bel modo e garbo, che certo mi creda Sr Marchese, non si poteva vedere la più bella cosa e la più maravigliosa, che il vedere questo Cavaliero venire a cavalo con la lancia, e venire dal punto della Luna, e poi scendere dal cielo una città con i cavaglieri a cavalo con la lor lanza: comparsa belissima e pensieri regali. E vi era il nostro zoppo ove si ritrova.
Havrei da dire tante cose che non mi basta l'animo di ponerle in carta. V. S. Illma prega Iddio per me e che venga presto come desidero e bramo, che dirò a boca il tutto. (...)
* *Ed. in Mamczarz, n.19, pp.478-79 (con errori di trascrizione); Borazzo, pp.245-46 (in data 14.XII.1627).*

916. (Orazio) Linati (segretario del Duca Farnese) da Parma a Francesco Maria Rondini
     PAas, Casa e Corte Farnesiana, s. II, b. 28, fasc. 5, c. 173
* *Ed. in Mamczarz, p. 483.*

1629

917. Suor Lucida Bentivoglio dal Monastero di Brescelli ad Anna Bentivoglio, Gualtieri
     16.II.1629
     AB, 179, c.182

Illma ed Ecce.^ma Sig.^a Cogina

Per il grande amore che li porto vengo con questa mia a farli riverencia, desiderando di sapere dal suo ben stare e se sieno vona a sarvirla sui comandi. E vorei una gratia da lei, che mi mandase una vesta,

perché faciamo una rapresentacione di *Santa Margherita* ed io s<u>ono la Santa che recita; e per questo vorei che mi mandase questa vesta, e desidero che la mandi per questo homo che è nostro fatore. Li ho poi inviati dei grostoli, se non viene questo carnovale li manderò ina[n]ci che pasa. Non altro, stretamente l'abracio e con la boca del core la bacio, e cossì facio alla Sig.^ra Dona Insabela. Dal nostro Monastero di Brescelli il dì 16 febr. 1629
Di V. S. Illma

Affacionatissima per sarvirla sempre
Suor Lucida Bentivogli

918. EB da Ferrara a Caterina Martinengo Bentivoglio, Ferrara 2.III.1629
      AB, 221, c.7

Illma S.^ra mia in Chr [=in tutto?] Oss.^ma

Il S. Cesare ha inteso, che D. Giovanni non serve in chiesa nostra per Mastro di capella, [e] m'ha mandato ad informarsi come ha passato il negotio; se gli è risposto che V. S. Illma disse che, per conto della musica, ella harebbe parlato col Sr Goretto, e che io le ricordai la Compagnia della Morte, alla quale eravamo abbligati. Onde ella disse, che harevve detto al Sr Goretto che li intendesse con quelli della Morte, e che poi noi non habbiamo saputo altro. V. S. Illma può dire il medemo, e lasci poi che fra di loro se la accomodino, perché in altra maniera harebbe del difficile ad accomodarsi, e noi ne restaressimo disotto con la maggior parte. V. S. Illma è prudentissima, e non le soppongo altro, se non che le faccio humilissima reverenza.   Di Casa li 2 marzo 1629
Di V. S. Illma

humilissimo servitore
Enzio B.

919. Antonio Goretti da Ferrara a Caterina Martinengo Bentivoglio (Modena?)
      17.III.1629
      US-Npm, Autogr.MFC G666.B4716 (prov.AB)

Illma S.^ra mia Patrona Oss.^a

Per la musica delli P. Teatini è necessario che V. S. Illma operi con il Sr Ascanio [Pio] aciò venga il Santuci, e far sapere a Cesarino che venga ancor lui, e che stia a tutto il servizio, e non andare nel fine, che è il più bello, come fece il vener passato. Quelo che posso fare io, lo faccio e lo farò sempre, ma senza canzoni non si può fare musica. E per fine le fo riverenza   Di Casa li 17 marzo 1629
Di V. S. Illma

Humiliss.^mo e Devotis.^mo
Antonio Goretti

* Nel catalogo della biblioteca il mittente e il destinatario sono indicati erroneamente come Antonio Goretti da Firenze a Enzo Bentivoglio, nonostante il verso della lettera rechi il destinatario esatto: "Alla Illma mia S.^ra e Pat.^a Illma la S.^ra Mar. Bentivoglia". Una annotazione di mano ottocentesca (Antonelli?) ricorda che Goretti era un "ottimo dilettante di musica e suonatore d'istrumenti musicali che dopo la sua morte furono venduti ad un Principe di Germania". La lettera fu comprata, insieme con l'altra di Frescobaldi del 1608, prima del 1965 (cfr. Clough). Dei due musicisti citati, Girolamo Santucci scriverà una lettera da Venezia ad Enzo Bentivoglio il 9.IV.1630.*

920. Giovanni Bentivoglio da Padova a Caterina Martinengo Bentivoglio 30.III.1629
      AB, 221, c.266

Illma Sig.^ra mia Padrona Fel.

V. S. Illma haverà ricevuta la lettera dal Sig.^r Francesco Guitti, dove haverà inteso il nostro felice arivo a Padova. Adesso le dò parte come noi siamo venuti ad habitare al Convento de frati, dove si sta con molta quietezza. Qua in Padova non v'è alcuna sorte di tratenimento, e per conseguenza fa l'imagine che, se non fosse il studio, saressimo come morti dalla melanconia (...) V. S. Illma stia con l'animo quieto poi circa le nostre persone, perché non v'è pericolo se non di notte, e di notte non anderemo, tratandosi infallibilmente d'archibuggiate, cosa che ci potrebbe trovar tant'a noi quant'altri. Io la supplico a ricordarsi di noi padovani e facendo fine le faccio humilissima riverenza.   Di Padova li 30 marzo 1628 [*recte* 1629].

Hum.^mo ed obed.^mo s.^re e figlio
Giovanni Bentivoglio

(p.s.:) La prego a dir al Sig.^r Alfonso [Verati] che mi mandi le lispanie che li domando.

921. Nicola Barbieri (detto "Beltrame") da Bologna a Caterina Martinengo Bentivoglio, Ferrara 2.IV.1629
     FOc, Piancastelli: Comici italiani secc.XVII-XVIII (prov.AB)

Illma Sig.^ra e Patrona mia Col.^ma

Affidato dalla benignità di V. S. Illma, vengo con la presente a suplicarla della grazia ch'io gl'accenai nel partirmi da Ferrara, qual è di fare che fra' Nicolò Barbieri di Vercelli, studente in Fiorenza, sii assignato in Roma a finire i suoi studi, e star alla brobazione come si usa. L'Illmo e R.^do Sig.^r Cardinal Borghese è il Padrone ed il R.^mo Padre Vicario Generale: ma va scritto di buon inchiostro per ottenere la grazia. Gli faccio riverenza   di Bologna il dì 2 d'aprile 1629
Di V. S. Illma

humil.^mo Servitore
Nicolao Barbieri

922. Ascanio Pio di Savoia da Ferrara ad Annibale Bentivoglio, Padova 4.IV.1629
     FEa, ms. Antonelli 966, 11: Pio Ascanio (prov. AB)

(Fornisce notizie sull'avvicinarsi delle truppe francesi)
(c.1v.) (...) Vostro Padre sta molto alterato col Sr Cornelio [Bentivoglio]: per compagnia toccarà forse a Voi ancora qualche rimbrotto per essere qui stato otioso (...)
(Annuncia di inviare nello stesso giorno al Marchese Enzo una lettera di 2 fogli)
* *La lettera è preceduta da un'annotazione (probabilmente dell'Antonelli):* "Figlio di Enea del ramo di Spagna nato in Ferrara fu in gioventù paggio della corte di Parma. Nel 1630 fu eletto giudice dei Savij di Ferrara e riformatore degli Studi. Nel 1643 ambasciatore di quella città in Roma. Promosse in patria i buoni studij e coltivò la poesia drammatica. Sono alle stampe l'*Andromeda*, la *Discordia superata*, le *Pretensioni del Tebro e del Po*, *Ferrara Trionfante*, ecc. Morì nel 1649. Era principe di S. Gregorio e marchese di Cassape".

923. Cornelio Bentivoglio da Modena a EB, Ferrara 11.IV.1629
     AB, 221, c.190

(...) ci siamo abocati [alla Fossalta con il Marchese Baldassarre Tangoni] insieme, avendo io conduto con me il Sig.^r Cavalier Testis il quale è Secretario di Stato di S. A. ed è gentilomm che intende il mestiero, ed è amato dal Sr Cardinal [Guido Bentivoglio] mio zio, dove ho risoluto fargli il mandato di procura nella sua persona, sapendo di sicuro che il Sr Padrino ed il Sig.^r Cardinale ne averà grandissimo gusto (...)
* *Si fa riferimento al Segretario del Duca di Modena, il poeta Fulvio Testi (Ferrara 1593-Modena 1646), che collaborerà con Cornelio Bentivoglio in occasione della giostra romana del 1634.*

924. Gerardo Martinengo da Torino a Caterina Martinengo Bentivoglio, Ferrara
    30.IV.1629
    AB, 221, c.452

Illma Sig.^{ra} mia Sorella Oss.^{ma}

Trovandosi fare dal Prencipe magnifico [di Savoia] una festa sontuosissima, ed avendo bisogno di persona abile per far apparire qualche machina, il Sig.^r Cornelio [Bentivoglio] ha proposto a S. A. il Guiti. Che però sarà bene che subito V. S. Illma lo facci venire a questa volta, porgendogli solo il commodo del venire, che di tutto poi sarà provvisto al suo arivo. Il Sig.^r Cornelio è tant'altre volte impegnato, ch'è necessarissima la sua venuta, e sarà in bisogno per doi mesi soli. Lascio però a V. S. Illma il carico di commettergli che venga, e quanto prima, per non ritardare gli effetti della volontà di S. A. Ed affezionatamente a V. S. Illma bacio le mani (...)

925. Fulvio Testi da Modena a Caterina Martinengo Bentivoglio, Ferrara 8.VI.1629
    FOc, Piancastelli, Autografi: Testi (prov.AB)

(...) Questa sera il sig.r Marchese Rangoni dee darmi l'ultima risoluzione intorno alla pace. Voglia Dio che sia conforme al gusto di V. S. Illma ed al mio desiderio. Ma a confessare il vero, io ne stò con molto dubbio. Parmi che la serie di questa negoziazione riesca assai differente da quei trattati che si fecero nel principio. Io starò saldo; e non potendo conchiudere con soddisfazione spiccherò con riputazione. Pretenderò così facendo di servir anche a V. S. Illma e di darle segno della mia divotissima osservanza. (...)

* Edita in Testi, Lettere, n. 180, I, p. 197 (ma con destinatario errato). Cfr. anche precedente lettera alla stessa Marchesa del 20.IV.1629, in Testi, Lettere, n. 174, I, p. 191.

926. Giovanni Bentivoglio da Padova a Caterina Martinengo Bentivoglio, Ferrara
    8.VI.1629
    AB, 222, c.114

(...) supplico anche V. S. Illma a pregar da parte mia il Sig.^r D. Ascanio [Pio] a mandarmi un libro della festa di sopra di Parma e uno della festa da basso. Mi prometto della benignità di V. S. Illma che riceverò questa grazia (...)

* Il riferimento è ai libretti a stampa dello spettacolo nel teatro provvisorio ("Festa di basso") e nel Farnese ("Festa di sopra") a Parma.

927. Antonio Goretti da Ferrara a (Caterina Martinengo Bentivoglio, Modena?)
    16.VI.1628
    MOe, Autografoteca Campori: Goretti, 2 (prov. AB)

Illma S.^{ra} mia Patrona Oss.^{ma}

Con grandissimo dispiacere sento il travaglio di questo benedetto Tartaro, e molto maggiore per l'infermità di V. S. Illma. Ho inteso l'ambasiata fatomi per parte di V. S. Illma, per la quale farò fare oratione, sì per l'uno come per l'altro: [ma] per le mie oratione poco se ne può sperare. Domatina oferirò al glorioso St Ignatio per lei sì la Comunione, come un voto d'oro di un occhio: piaccia a Sua Divina Maestà, per intercessione di questo glorioso Santo, di consolare la Casa sua ed a lei di darli la sanità dell'ochi; come, dal canto mio, curarò di raccomandarla. Che per fine, con ogni affetto, le fo riverenza, raccomandandomegli sempre devotissimo servitore, col pregarli da Iddio N. S. il colmo d'ogni sua felicità.   Di Ferrara il dì 16 giug.^o 1629
Di V. S. Illma

Humiliss.^o e devotiss.^o ser.^{re}
Antonio Goretti
* Sulla lettera la curiosa annotazione (probabilmente di Campori) " Pittore" dopo il nome di Goretti. La

devozione di Goretti per Sant'Ignazio era motivata anche dal figlio gesuita.

928. Gio. Battista Bischi da Roma a EB, Ferrara 21.XI.1629
AB, 225, c.378

(...) Si ricordò Don Jacomo [Gismani] di farmi motto, due giorni sono, quando inviò a V. S. Illma la cassetta con la livrea; onde mi convien inviarle per la posta quegli intramezzi, c'ho trovati fra le sue sue scritture. Vidi hieri il Sig.^r Andrea [Sacchi?] pittore, il qual mi pregò che scrivessi a V. S. Illma per sapere s'ella haveva havuto avviso da Fiorenza che quel suo quadro piacesse al Gran Duca [di Toscana]; il qual Sig.^r Andrea si ricorda humilissimo servitore a V. S. Illma. Qui in casa aspettiamo tutti con gran desiderio il Sig. Abate Giovanni [Bentivoglio] (...)

929. Roberto Obizzi da Firenze a EB, Ferrara 24.XI.1629
AB, 225, c.450

(...) Il Sr Belisario, al quale ho mostrato la sua lettera, mi dice d'haverle inviato la cassetta col quadro, conforme le scrisse, ma che, per non haver il condottiere pigliata qui la fede della sanità, è stata fatta arrestare fuor di Bologna (...)

930. Sergio Venturi da Roma a EB, Ferrara 21.XI.1629
AB, 225, c.358

(...) Trovai sospese tutte le provisioni (...) a questa povera fanciulla, che però la trovai tutta sconsolata; senonché, lettole in presenzia la lettera di V. S. Illma e fattole animo, in ordine a quanto essa mi co-manda - poiché dal Sr Don Jacomo [Gismani] non si è potuto avere effettuazione alcuna - ho eseguito come segue: totale scudi 2.25 (...)
(servono a pagare 2 pagnotte, 2 fogliette di vino, mezzo passo di legna, scarpe e calzette)
(...) ho pagato il libraro che la molestava per conto di libri di musica dategli ed uno per le intavolature: scudi 1.80.
Ho assicurato il Gobbo [Arrigo Velardi], e Vincenzo, che seguitino d'insegnarli con la medesima assi-duità, che senz'altro verrà ordine da V. S. Illma per loro soddisfazione. Che è quanto ho possuto fare per servire a V. S. Illma (...)
* *È la prima menzione della nuova cantante allevata a Roma da Enzo Bentivoglio, Antonia Monti. Torna come maestro, dopo quasi 15 anni, Arrigo Velardi.*

931. Giacomo Gismani da Roma a EB, Ferrara 21.XI.1629
AB, 225, c.362

(...) La zitella [Antonia Monti] sta bene ed impara; li mastri ancora seguitano a darli le lezioni. Lei fa profitto e gli fa umilissima reverenza, come fa sua madre ancora (...)

1630

932. Gio.Battista Bischi da Roma a EB (Venezia?) 20.I.1630
AB, 228, c.506

(...) Ho dato recapito alla lettera che V. S. Illma ha inviato con l'ultima sua delli 13 del presente, come feci alle altre lettere, c'hebbi l'ordinario passato, per la madre di Antonia [Monti]. Ho veduta questa mattina l'Antonia, la qual studia e fa profitto mirabile, per quel ch'intendo. La madre d'essa m'ha det-toche l'Antonia non può mangiar cibi ordinarii, come arenghe ed altri salumi, per rispetto della voce, e che però è necessario che gli sia assegnato qualche cosa, essendo ella povera. Io gli ho risposto che il S. Sergio [Venturi] havrà ordine di provedere a quanto occorrerà. Il S.r Abbate Giovanni [Bentivoglio] ha fatto una cera bonissima, e non potrebbe hora stare meglio. Ha ripreso i suoi studii ed ogni mattina viene un dottore a leggergli. Resterebbe che il S.r Abbate Annibale [Bentivoglio] si trovasse anch'egli a fargli compagnia. (…)

933. Jacomo Gismanni da Roma a Caterina Martinengo Bentivoglio (Ferrara) 22.I.1630
AB, 240, c.29

(…) Mi credevo per quest'ordinario mandarli la rosetta di diamanti, come gli ne scrisse il Sig.r Abbate [Giovanni Bentivoglio] l'ordinario passato, e questo non sarà sino a sabbato, perché l'orefice non ha potuto fornire in tempo il diamante e manifatura dell'anello rifatto di nuovo: ogni cosa importa scudi tredici di moneta. Del diamante piccolo che s'è cambiato, di questo non se ne trova più di scudi tre, per esser un poco giallo. V. S. Ill.ma potrà remettere li scudi dieci, come gli scrisse già il Sig.r Abbate, che questo è quanto manco ho potuto tirare con questi gioilieri ed orefici, havendo parlato a più d'uno: ma sì bene V. S. Ill.ma sarà servita meglio che non era prima, come (c.29v) potrà veder con effetto: tra le doi para di calzette e la rosetta importerà scudi ventitre e mezzo (…)
* *Inserita per errore in fondo alla busta relativa all'anno 1634.*

934. Antonio Goretti da Ferrara a EB, Venezia 6.II.1630
AB, 228, c.161

(…) Son stato tanto stimolato dal Canonico Contarino a mandare il qui anesso memoriale a V. S. Ill.ma, che invero non ho potuto far di meno, onde la prego, se così sarà di suo gusto, a fare l'ufficio di carità per questo povero Prete, professando di essere servitore della casa di V. S. Ill.ma: io ne sentirò gusto e gli ne restarò obligatissimo (…)
* *Erroneamente inserito nel mazzo 227, relativo al gennaio 1630, come ultima carta. Questa presenza di EB a Venezia spiega quasi certamente il riallacciato rapporto con Monteverdi (lettere del 23.II e 9.III). Tanto più che il Canonico Contarini era il Provveditore di San Marco, e dunque il superiore di Monteverdi, come ricorda lo stesso musicista nella lettera del 9.I.1628. È probabile che Goretti si riferisca al caso (e al memoriale) del Prete trevigiano Giovanni dalle Tavole, imprigionato a Ferrara, la cui richiesta d'aiuto al Marchese Bentivoglio è accompagnata da 3 poesie in musica a lui dedicate.*

935. Giovanni dalle Tavole ("Prete trevigiano") dal carcere di Ferrara a EB (Venezia) s.d. (II.1630?)
FEc, ms. Antonelli II.676 (7): *Poesie varie di diversi autori*, cc.6 (prov.AB)

All'Ill.mo Sig.r Enzo Bentivogli
Sig.r sempre Colen.o

Al strepitoso suon dell'alte gesti
sparso di quelli eccelsi BENTIVOI,
Ammirato da nostri Illustri Eroi,
Pel cui lo ciglio ad ogn'un fa si crespi.

Meraviglia non è, ch'anch'io mi desti,
E con lo rozo dir cerchi appo voi
Fare apparer la luce chiara, poi
Che picciol rio gir anco al MAR cede<de>sti.

Lo vostro garreggiar con semidei,
degno di Eroico stil, d'altro scrittore

Pur si fa bel ne rozi versi miei.

Io, qual farfalla al lucido splendore
De pregi vostri, che dico gli Omei [=ohimé!]
Di chi mi strugge, il duol, l'aspro martire.

Di S. S. Ill.^(ma)

Devotiss.^(mo) servitore
Giovanni dalle Tavole Prete trivigiano
carcerato in Ferrara

(seguono tre arie con notazione musicale e le strofe del testo:)

[Aria I]

1. Poich'il mio cor desío
Fu fatt'oimé morire,
Non può mai più gioire
Ma languir, per su amor,
Nel martir e dolor.

2. Oimé, chi mi l'ha tolta
OLIVA anima mia
Morte spietata e ria
Ahi dolor, Ahi martir,
Ahi fremer, Ahi morir.

3. Ahi Avarizia ingorda
Ahi troppo avida mente
Tradir donna innocente
Syr crudel, mancator
Infedel, traditor.

4. Mesti Amanti venite
A pianger, ch'io v'invitto,
Meco, misero afflitto.
La Fedel, Ninfa mia
Git'al Ciel, bella e pia.

[Aria II]

[Proposta:] Tu m'uccidi cor mio
Quando morendo non mi dici a Dio,
Che è tal il martire,
Ch'io pato nel languire
Ch'io non so poi morire.
Deh quando in si morir dimi ch'i mora
E morir mi vedrai all'hor all'hora.
Così spesso solea dir
il tradit[or] alla sua vaga Dea.

Risposta: D'altro non ho disio
Che di morir quando pur mori anch'io;
Ma si fatt'è 'l gioire,
Ch'i' provo nel morire
Che mi si corda il dire.
Ma mori, ch'anch'io moro all'hor che senti
Gli stretti amplessi, e miei baci mordenti.
Così dicea sovente
La Ninfa al vago suo vezzosamente.

[Aria III]

1.Zà ché 'l mio ben No vive pi[ù] Vuoi anca mi Meschin morir da sen.	2. Senza pecca' Sotto la fe' Oliva, oimé, Morì che crudeltà!.	3. E mi sarò Così crudel, Che 'l mio fedel Amor no seguirò?
4. Morirò si, Ma se porrò Vendicarò Prima OLIVA che mi.	5. Spassi e piacer Il cori, oimé, Parrive onde: Andeve a proveder.	6. Pianze' anca vu' Genti, perché No trovere' MOROSI come me.
7. A Dio gioir Caro d'amor Oimé dolor me sento, Oimé a morir!	8. Oimé quel si, Quel che ci vuol, Oimé me tuol E 'l fia' no posso più.	9. Canzon deh và Per ogni rio Cantando a Dio La nostra fedeltà.

** L'autore di questi sgraziati versi di inflessione dialettale veneta, con altrettanto sgraziata intonazione musi-
cale, si autodefinisce Prete, originario di Treviso, detenuto nelle carceri di Ferrara: probabilmente per qualche scandalo causato da una amante, forse la Oliva cantata nelle arie e descritta come defunta. Il cognome
nobiliare veneto Morosini, che appare tra i versi, potrebbe pure riferirsi alla donna amata. Il rivolgersi al
Bentivoglio con poesie per musica riafferma se non altro l'opinione diffusa sulla passione musicale del Marchese. L'episodio potrebbe inquadrarsi nei primi mesi del 1630, per l'accenno, in una lettera di Goretti, ad
una grazia richiesta da un Prete a Ferrara, raccomandato dal Canonico Contarini, ch'era il responsabile
della Cappella musicale di San Marco a Venezia all'epoca di Claudio Monteverdi. Si tratta comunque di un
documento eccezionale, perché l'unico proveniente dall'Archivio Bentivoglio che conservi la musica di arie
inviate al marchese, a fronte di tante lettere che ne annunciano l'invio ma oggi desolatamente prive delle
intonazioni musicali allegate. Delle 6 carte conservate, la c.5 ha solo 8 pentagrammi tracciati ma lasciati
vuoti e la c.6 è bianca. La filigrana è di un tipo molto diffuso all'epoca (un bipede iscritto in un cerchio),
mentre la scrittura del testo e della musica possono confermare la datazione al terzo decennio del secolo XVII.*

936. Gio. Battista Bischi da Roma a EB (Venezia) 6.II.1630
AB, 228, c.174

(...) Ho ricevuto l'ultima lettera di V. S. Illma delli 30 del passato, con due altre incluse per il S.^r
Sergio [Venturi], e per il maestro di musica [Arrigo Velardi]; alle quali diedi subito ricapito, come vedrà
dalle risposte. Non è pericolo che né il vitio del giuoco, né qualsivoglia altra cosa, mi facian mai scorda-
re di servirla, perché è troppo grande l'obligo mio verso di lei, e di tutta l'Illma sua Casa. Hieri andai a
vedere l'Antonia [Monti] e gli dissi che studiasse e che, occorrendogli qualche cosa, me n'avvisasse. Dal
maestro di musica ho inteso che questa putta fa una riuscita mirabile, e <le> quelli che l'han sentita
l'han lodata sommamente. Quanto ai bisogni della putta, la madre di essa mi dice che son continovi
essendo essa una povera donna carica di famiglia. M'ha detto d'haver bisogno d'un mezzo passo di
legne, e di molte altre cosette; onde V. S. Illma potrà ordinare al Sig.^r Sergio che la provegga. Io non
ho voluto ingerirmi a dargli danari, mentre il Sig.^r Sergio ha l'ordine di V. S. Illma di proveder la; oltre
che non è bene che ciò passi per più mani. Queste son povere genti, e sempre domandano, siché per
liberarsi dalle continove domande, saria molto a proposito ch'ella gli assignasse un tanto il mese. Di
questo parere è anche la madre della putta, la (c.174v) quale m'ha pregato a scriverne a V. S. Illma. La
medesima Antonia mi disse hieri che voleva lei stessa scriverle; se l'havrà fatto, la lettera sua sarà con
questa. Hora il Sig.^r Abbate Giovanni [Bentivoglio], Dio lodato, non ha altro male che quel della borsa, così correndogli, com'egli dice, le sue provisioni: ma V. S. Illma, a quest'indisposizione, potrà som-
ministrare la medicina che conviene. Non ha più mal f[rancese], né credo che lo piglierà più, perché si
protesta di non voler mai più intrigarsi con gente che gli si possa attaccare. Io credo che dica da dovere,

per i travagli c'ha provati da quel c'ha havuto. Non è pericolo che noi altri preti lo meniamo a putane, né meno che gliele facciamo venire alle stanze; e piacesse a Dio che fosse sempre stato continente per il passato, come seguirà per l'avvenire; se però non si muta di pensiere. Non potrìa credere V. S. Illma con quanta patienza egli habbia fatto la sua purga, e come volontieri pigliasse quelle bevande di decotto, le quali continova tuttavia per maggior sicurezza, ma una volta il giorno solamente (...)

937. Antonia Monti da Roma a EB (Venezia) 6.II.1630
AB, 228, c.165

Illmo Sig.^r

Ringratio V. S. Illma della cortesia che mi usa in ricordarsi di me contro ogni mio merito, sapendo che io lo ricevo come sua humilissima serva; e li fo sapere come io non manco di studiare, conforme è desiderio suo, e spero li farò honore, come si pò informare dalli mastri. E mi li raccomando, sapendo la povertà nostra, perché il Sr Sergio [Venturi] non mi vol dar più niente senza ordine di V. S. Illma. Però lo supplico a ricor[darsi] di me, non havendo altra speranza al mondo che V. S. Illma. Mi perdoni se è mal scritto, atteso che questa è la prima che ho scritto.
Di V. S. Illma

Serva sua
Antonia Monti

* *Lettera allegata alla precedente scritta da Bischi nella stessa data, come da questi annunciato.*

938. Arrigo Velardi da Roma a EB (Ferrara?) 20.II.1630
AB, 228, c.504

Ill. ^mo S.^r mio e Padrone Oss.^mo

Dalla gratissima di V. S. Illma delli 13 del presente, ho inteso quanto desidera favorirmi appresso all'Illmo Sr Card.^le Antoni [Barberini] contro ogni mio merito. Qui non manco di servire V. S. Illma e fare studiare Antonia [Monti] più che sia possibile, conforme V. S. Illma desidera e di quelle opere che desidera. Ed io non mancherò farmi dare quanto prima dal Sig.^r Gregorio [Chianchi] quell'aria che mi comanda che l'impari. La madre di Antonia ha riceuto una di V. S. Illma, quale la ringratia infinitamente della memoria che tiene di favorire Antonia di quello li bisogna, non avendo altro aiuto e speranza (c.504v) che in V. S. Illma, quali dicono che non ponno far altro, in riconpenza di tanto bene, che pregare Iddio per la lunga vita e sanità sua, come fanno continuamente. Ed io per fine desidero e starò aspettando il favore di Roma questo dì 20 di febraro 1630
Di V. S. Illma

Humilissimo e Devot.^mo ser.^re
Arigo Vilardi

939. Claudio Monteverdi da Venezia a (EB, Ferrara?) 23.II.1630
Attuale collocazione sconosciuta (prov. AB)

(...) Ho ricevuto il comando di V. S. Illma con così fatta mia particolar consolatione, che ne vengo a ringratiar V. S. Illma con tutto l'affetto del core, poiché si è degnata darmi argomento certo da la bona gratia di V. S. Illma, con la quale si degna amarmi. Non ho potuto, così di subito, scrivere musica sopra alle bellissime parole mandatemi, poiché ero un poco ocupadetto intorno a certa musica ecclesiastica per alcune Sig.^re Ill.^me Monache di Santo Lorenzo, che me ne facevano non poca instanza. Speravo di certo mandar per lo primo ordinario a V. S. Illma la canzonetta, de la quale me ne ha fatto la instanza: piacia a Dio che corisponda con lo effetto al affetto, al obligo infinito, ed alla particolar riverenza, con la quale bramo e bramerò sempre mostrarmi servitore degno de la gratia di V. S. Illma (...)
* *Ed. in de Paoli, n.120, p.313; Stevens, p. 397; Lax, n. 121, p. 198. Secondo Prunières, seguito da de Paoli, il destinatario sarebbe quasi certamente Alessandro Striggio. Ma la lettera di Monteverdi del 9.III, in cui si parla ancora di una canzonetta, e la presenza di Enzo Bentivoglio a Venezia (almeno il 6.II di quel-*

l'anno), dimostrano che il Marchese ferrarese è il vero destinatario. La lettera era un tempo segnalata presso il Museo Meyer di Colonia.

940.   Caterina Monti da Roma a EB, Ferrara 2.III.1630
AB, 229, c.69

Illmo Sig.^{re}

Spinta da gran bisogno, son forzata scriver questi quattro versi, atteso che non posso haver un quattrino dal Signor Sergio [Venturi], qual dice che, da quella poca parte in poi, non vol dar altro, non havendo ordine da V. S. Illma di pagar denari: però da lui non si è [avuto], doppo la partita di V. S. Illma, altro che un paro di scarpe e un paro di calze, e mezzo passo di legna, e quattro scudi e mezzo in denari; e se non fosse stato la necessità del gran freddo, io non li haverìa domandato niente. Però, non volendomi dare, fui forzata domandare doi scudi a Do[n] Gio. Batta [Bischi], (c.69v) quale per cortesia sua me li prestò, e neanco ha pagato li mastri de doi mesi: gennaro e febraro. Mò io prima havevo di molte limosine, quali hora non me le vogliono dare, dicendomi che bon Marchese mio canta, tal che da nisciuna banda posso haver aiuto nesciuno; e questo l'ho scritto perché il Signor Sergio dice che sempre domando denari, ed io che so che V. S. Illma, in mia presentia, li disse che non dovesse lasciar mancar niente ad Antonia, che li desse quello bisognasse: però mi son presa ardire di domandarli li bisogni miei, sapendo che quando (c.70) è stato in Roma, di continuo l'ha regalata. E di gratia mi scusi se li son troppo inportuna nello scrivere, ma perché so che lui scrive a V. S. Illma che spende tanto, però li ho fatto sapere tuti quello che doppo la sua partita ha speso. E per fine li fo humilmento riverenzia insieme con Antonia e tutti li miei figlioli   di Roma questo dì 2 di marzo 1630 D. V. S. Illma

Humilissima e devotissima serva
che di continuo prego Dio per la sanità e lunga vita di V. S. Illma
Caterina Monti

941.   Claudio Monteverdi da Venezia a (EB), Ferrara 9.III.1630
FOc, Piancastelli, Autografi: Monteverdi (prov.AB)

(...) Mi perdonerà se tardi son statto un poco a mandar a V. Ecc.^{za} Illma la canzonetta che si è degnata comandarmi, poiché per mia molta disgratia mi è convenuto, per una gamba, starmene in letto quattro giorni: ed è ancora la gamba alla quale a Parma mi feci un poco di male, come bene il Sig. Goretti potrìa certificarne V. E. Illma. Piaccia a Dio che io habbi incontrato nel suo finissimo gusto; quando che no, si pagherà ch'io non ho saputo la propria aplicatione, che forsi haverei scritto più a proposito, e l'animo mio, con cui desidero servirla indegnissimamente in tutto, sarà quello che intrerà a congiovarmi. Con il quale anco caldamente prego a V. E. Illma ogni (c.n.n. Iv) maggior felicità e contento (...)
* Ed. in Vitali, p. 411; Lax, n. 122, p. 199.

942.   Gio. Battista Bischi da Roma a EB, Ferrara 9.III.1630
AB, 229, c.209

(...) Non risposi con l'ordinario passato all'ultima lettera di V. S. Illma delli 27 del passato, perché non hebbi fortuna d'abboccarmi col Sig.^r Sergio [Venturi]. Vidi poi il medesimo Sig.^r Sergio, al qual dissi che non lasciasse mancar cosa alcuna all'Antonia [Monti], assicurandolo che quel che si spenderà del suo, ne sarà da lei rimborsato. Mi rispose che non mancherà di farlo, ma che sarebbe necessario che V. S. Illma ordinasse quel che gli vuol assegnare il giorno per companatico, oltre alle spese ordinarie di maestri, e della parte, e diche che ciò si dovrebbe fare in ogni modo, perché quando la madre d'Antonia havesse un'assignamento determinato, non havrebbe poi occasione di domandar ogn'hora, come fa. Mi disse di più il Sr Sergio, che ricordassi a V. S. Illma di rimettergli qualche danaro per tale effetto, spendendo egli hora assai in un poco di fabrichetta. Io non manco d'andar alle volte a ricordare all'Antonia che studii; e l'altra mattina che vi trovai i due maestri, l'intesi cantare, non havendola più sentita dopo la partita di V. S. Illma. A me pare ch'ella habbia fatto profitto grande, così nel cantare, come nel sonare: canta sicuro opere molto difficili, e porta così ben la voce, che non si può quasi desiderare di vantaggio; onde V. S. Illma haverà im- (c.209v) piegato ben quel che n'haverà speso. La madre d'Antonia mi pregò l'altro giorno che gli dassi due scudi per comprar scarpe, calzette e pianelle, ed altre cosette necessarie alla putta. Io glieli diedi, dicendogli però che gli imprestavo a lei, non volendo io darli danari per V. S. Illma, mentre non n'habbia l'ordine, per non fare errore. Il Sr Abbate Giovanni [Bentivoglio] sta benissimo, Dio lodato: studia, sta allegramente e tiene allegro anche il S. Card.^le [Guido Bentivoglio]. Ho veduto quel che V. S. Illma m'ha soggiunto di sua mano del Sr Abbate Annibale [Bentivoglio]: io non posso dir altro, che il S. Card.^le ha in bonissima opinione il medesimo Sr Abbate, havendolo conosciuto molte volte che glien'ho parlato; e quando gli ho fatto veder qualche sua lettera che m'ha scritto, l'ha lodato assaissimo. E se le cose della casa non fossero in qualche strettezza, com'egli dice, io tengo per certo ch'a quest'hora l'havrebbe fatto venire a Roma (…)

943. Fulvio Testi da Modena a EB, Ferrara 29.III.1630
    AB, 229, c.527

Illmo ed Ecc.^mo S.^r mio Padrone Col.^mo
copia al Sr Marchese Enzo Bent.^o

Il conoscere la complessione di quelli con cui si tratta è la salute di negozi, e questo dalla sperienza m'è stato insegnato e in questo mi confermo ogni dì più, veggendo che chi naviga con altro vento, o resta su le secche, o rompe in qualche scoglio. Mio parer fu sempre che gl'interessi di V. E. col Sig.^r [Giovanni Bentivoglio] e con queste sue Donne dovessero maneggiarsi in altra guisa, e ne ho tenuto molte e molte volte proposito col Sr Quintiliano; ma le mie parole sono state a me le profezie di Cassandra, e più si è creduto (mi perdoni V. E. la libertà) alle insussurazioni di alcuni corpiccinoli maligni, e sempre intenti a seminar zizanie, che a miei discorsi tanto più vicini al vero, quanto più lontani dall'interesse. Io sono per longa serie d'anni servitore del Sr Card.^le e di tutta la Casa di V. E. Ho predicato in ogni luoco e tempo le grazie, che da loro ho ricevute, ed ho procurato di corrispondere alle mie obligationi con effetti di pronto e devotissimo ossequio. È dispiaciuta la mia servitù, così intrinseca, a qualcheduno, che a guisa di serpe non si pasce se non di tosco e di malignità. Ha tentato d'insinuarmi a V. E. per diffidente, e di mettermele in consideratione di persona totalmente contraria alle cose sue. Io l'ho risaputo; conosco li soggetti che hanno fatta quest'opera di carità: non vi ha giorno che non li vegga. Mi salutano. Mi riveriscono. Mi ridono in faccia. Soave natura. Dolcissima complessione. Ma la verità non sa andare immascherata, e non passarà molto che V. E. toccarà con mano che l'aparenze non sussistono, e che a giuditio d'Euclide le superfizie non hanno profondità. Ma io sono uscito dal seminario, e bisogna che torni onde mi son partito. Io consiglio V. E. ad aggiustarsi col Sr Giovanni e, se il consiglio non è prudente, assicuresi almeno che egli è fedele. Cotesta causa che si è cominciata non può haver buon essito per lei, e si compiaccia di crederlo a me, sebene non ho notitia di materie legali. So quel che dico. Non parlo al vento, e si raccordi che l'essito autenticarà le mie parole. Dispiacerebbemi che V. E. prendesse alteratione di questa mia libertà di scrivere, ma la natura mia (c.527v) è ingenua e sincera, né voglio mai che me si possa rinfacciare ch'io l'habbia ingannata. S'io fussi in V. E. stabilirei qualche accordo presentemente, e non possendo conseguir l'intiero della mia intentione, ne torrei quella parte che potessi per haverne il tutto con un poco di tempo, e per il mezo della dissimulatione, delle blandizie, delli accarezzamenti. Per questa stradda Sig.^r Marchese mio bisogna caminare. Il Sr Giovanni rimbambisce per l'età [or]mai cadente. Ci vogliono di vezzi, delle lusinghe, dell'amorevolezze; ma queste non bastano: ci vuole flemma per sopportare qualche disgusto; connivenza nell'accorgersi delle cose mal fatte; riflessione per ricordarsi ch'egli è vecchio, cioè tedioso, stizzoso, maroso. Che quanto all'Ippolita, come che la sua natura sia altiera, superba, orgogliosa, fa di mestiere il caminar con dolcezza, e guardarsi di non irritarla con le minaccie e con rinfacciamenti. Lasci poi che gli amici e i servitori s'adoprino a luogo e tempo; e se il Sr Giovanni non fa poi un testamento come si dee, dica ch'io sono un balordo. A quest'hora io ho parlato all'Ippolita e l'ho messa in buona disciplina con un ragionamento sensato, e la passata non è riuscita senza frutto. Sperarei qualche cosa di bene s'io mi fermassi in

Modona. Ma il S.ʳ Duca Ser.ᵐᵒ [di Modena] ha pensiero di spedirme alla Corte Cesarea, e se non muta risoluzione partirò fra due o tre giorni. In ogni caso, lasciarò la materia assai ben disposta, né sarà malagevole al S.ʳ Secretario Sacrati il dar poi l'ultima mano al negotio. Se resto, ne aviserò V. E., ed all'hora sarà necessario che mi avisi con ch'ella haverà gusto ch'io tratti, per intendere la sua mente. E senza più, bacio all'E. V. riverentemente le mani.   Di Modona li 29 marzo 1630
D. V. E.

Devot.ᵐᵒ ed oblig.ᵐᵒ ser.ʳᵉ
Don Fulvio Testi

* *Il doppio gioco del Testi è smascherato da una sua lettera del 2.II.1630 al Conte Molza (Testi, Lettere, n. 203, I, p. 213), in cui addossa al Bentivoglio la responsabilità della causa e addirittura si duole della "potenza del Signor Marchese".*

944. Ercole Provenzale da Modena a EB, Ferrara 29.III.1630
   AB, 229, c.529

(…) Il S.ʳ Cav.ʳᵉ Testi, quando ha desiderio di parlarmi, mi manda a dire, per sua cortesia, ch'io l'aspetti in casa, ed io subito lo vò a trovare: com'è seguito hoggi. Il quale m'ha detto, che S. A. [Duca di Modena] scrive al S.ʳ Prencipe Luigi [d'Este], nel particolare del S.ʳ Cornelio [Bentivoglio], con quella caldezza che non potrebbe scrivere d'avantaggio per un suo figlio. Ma che l'A. S. è andata all'ufficio, e che la lettera è restata su la tavola senza essere sottoscritta, che non crede potergliela inviare per questo ordinario. M'ha poi detto tutto il ragionamento passato con la S.ʳᵃ Hippolita, alligandoli tutti quelli raggioni che si possono alligare contro di lei, e poi m'ha letta l'alligata lettera che scrive a V. E., perch'io li dica si la deve mandare, overo fare quattro righi soli. Io l'ho esortato a mandarla (…)
(Spiega più chiaramente l'idea di compromesso con Giovanni, il Principe Luigi, e Madama Ippolita, eredi di parte dei beni di Ippolito Bentivoglio in Modena e Gualtieri)
* *La lettera allegata è quella di Fulvio Testi dello stesso giorno.*

945. Caterina Monti da Roma a EB, Ferrara 30.III.1630
   AB, 229, c.542

Ill.ᵐᵒ Sig.ʳ mio e Padrone Oss.ᵐᵒ
Ringratio infinitamente V. S. Ill.ᵐᵃ della lettera, quale mi ha mandato, e della memoria che tiene di Antonia mia figliola; siché haverò sempre occasione di pregar Iddio per la sanità e lunga vita di V. S. Ill.ᵐᵃ. E dal canto mio non manco farla studiare, acciò ne habbia sodisfatione come desidera. E per fine fo riverenza a V. S. Ill.ᵐᵃ, come fa Antonia e tutte le mie figliole e tutta la casa mia questo dì 30 marzo 1630
D. V. S. Ill.ᵐᵃ

Humilissima e devotissima serva
Caterina Monti

946. Sergio Venturi da Roma a EB, Ferrara 30.III.1630
   AB, 229, c.544

Ill.ᵐᵒ Sig.ʳᵉ e Padrone Colen.ᵐᵒ
Insieme con la lettera di V. S. Ill.ᵐᵃ delli 23 del presente, ho ricevuto la lettera di scudi 50, li quali potendosi si riscoteranno oggi, o vero il primo giorno [possibile]; e con essi si finiranno di pagare li mastri per tutto il corrente [mese], e si farà intorno alla regazza [Antonia Monti] quello che bisogna, sebene e io, e la madre, haveressimo desidarato qualche ordine speciale intorno a ciò di quanto se gli doveva dare il mese, perché io vò retirato in spendere quel di V. S. Ill.ᵐᵃ, e loro si dolgono di me. E veramente in questi due mesi di febraro e marzo non hanno havuto più che scudi 4: 25, compreso quelli che le prestò don Gio. Battista [Bischi], al quale gli restituii; e finché da lei non viene altro ordine, io non le darò più che a ragione di giulii 25 il mese, oltre alle due pagnotte ed il vino. Tutto questa

pretensione è fondata in che V. S. Illma, quando era qua, le dava molto più, per quanto mi dicono, che ogni pochi giorni gli rinfrescava di doble e buoni scudi. Le detti la canzone, consegnatami dal Sr Auditore, del Monteverdi; e datole un'occhiata [Antonia disse:] - Me la magno una sera a veglia -. Io le starò atorno e procurarò che studii, e fatto li pagamenti (c.544v) a questi mastri, mandarò minuto conto del tutto. E fra tanto a V. S. Illma faccio humilissima reverenza e dal Sr Dio le prego ogni grandezza di Roma li 30 di marzo 1630

D. V. S. Illma

Oblig.^{mo} e devotis.^{mo} ser.^{re}

Sergio Venturj

* *Questo documento, indica in Antonia Monti la destinataria della canzonetta di cui parla Monteverdi nelle sue lettere del 23.II e 9.III.1630, provando che il corrispondente del musicista è il Marchese Enzo. Cfr. Fabris 1998.*

947. Gio. Battista Bischi da Roma a EB, Ferrara 3.IV.1630
AB, 230, c.53

(…) Supplico V. S. Illma a scusarmi se con l'ordinario passato non le accusai la ricevuta dell'ultima sua delli 23 del passato, poiché mi trattenni tutto il giorno a San Pietro, e la sera poi il S. Card.^{le} mi tenne occupato finché si fece lo spaccio. Ricapitai subito al Sig.^r Sergio [Venturi] ed alla madre d'Antonia [Monti] le loro lettere, le quali son state gratissime all'uno ed all'altra, per la buona rimessa c'ha fatto di danari per servitio della putta. Al Sig.^r Henrico [Velardi] ricordo spesso che non manchi di diligenza e che procuri di far che la figliuola impari cose moderne; egli m'ha risposto che lo fa, e veramente io posso affermare che non son mai stato a casa dell'Antonia che non ci l'habbia trovato. Vi va anche le feste ed il giorno di Pasqua ci lo trovai. V. S. Illma farà benissimo a far venire l'Antonia quanto prima in Lombardia, essendo hormai tanto bene instrutta, che può darle sodisfattione; oltre che costì anche potrà farla attendere. E facendola venir presto, leverà l'occasione ad altri di ricercarla alla madre. Ha inteso da buon luogo che il Duca di Zagarola ha fatto instanza per haverla al suo servitio, e c'habbia fatto promesse grandi; ma che la madre ha risposto di non poterne disporre, essendo destinata già a V. S. Illma. Tuttavia (c.53v) sarà buon consiglio il provedervi. La putta ha bellissima dispositione, ha fatto gran profitto, ed ha voce esquisita: cose tutte che fan venir voglia ai SS.^{ri} d'haverla. Io ricordo sempre alla madre che si guardi di non farla sentire ad alcuno, ed ella mi risponde che osserva l'ordine datogli da V. S. Illma: ma nondimeno è cosa difficile assai curarsene. Hieri l'altra intesi che la suddetta Antonia stava indisposta. Andai subito a vederla e la trovai levata senza febre. Tornato poi a casa lo dissi al Sr Card.le e lo pregai ch'ordinasse al medico che la visitasse, come S. S. Illma fece prontissimamente. Questa sera l'ho veduta di nuovo, e l'ho trovata quasi guarita del tutto, non essendo stato altro il suo male che catarro in gola, o come qua dicono stangoloni. Il Sig.^r Henrico m'ha pregato che ricordi a V. S. Illma il suo servitio, senza dirmi altro, ma se non m'inganno vuol dire di certa lettera di favore dell'Illmo Card.^e Antonio [Barberini]. Il S. Card.^{le} [Guido Bentivoglio] ed il S. Abbate [Giovanni Bentivoglio] stanno benissimo, Dio lodato, ed allegri d'haver inteso con le ultime lettere quattro gravidanze, le quali Dio conduca a quel fine, che si desidera.(…)

948. Girolamo Santucci da Venezia a EB, Ferrara 9.IV.1630
AB, 230, c.171

(…) Vero è ch'io supplicai V. S. Illma di una lettera diretta al Sig.^r Conte del Zaffo, acciò mi favorisse, mediante la buona intelligenza che passa fra loro Patroni. Ma nell'istesso giorno che ella mi rispose di mandarmi subbito al servizio di detto Sig.^{re}, per suo ordine con quella tal provisione, il Sig.^r Card. Magalotti, mi ricercò mede[si]mamente, dandomi quel trattenimento conveniente alla mia persona. Io, come dissi a V. S. Illma, m'appigliai a questo, perché già dei parola a V. S. Illma, oltre che avendo ben considerato, conobbi che il venire a Venezia era meglio elettione, stante l'incerti che qui continuamente corrono. Ora nel primo ingresso che presentai la lettera al Sig.^r Conte da parte di V. S. Illma, m'accorsi che detto Sig.^{re} ne aveva poca voglia, con dire che voleva un contralto o soprano, e così stei un poco sopra di me. Ora, doppo l'avermi sentito e in cammera e in chiesa, dove cantai con li megliori della Cappella di S. Marco, ed avendo, per quello ch'io m'accorsi, reso bon conto della professione, resto nondimeno da detto Sig.^{re} escluso dal servizio e della cappella, con grandissima mortificazione, e quel che più mi preme, con qualche pregiudizio di quello ne può seguire con il Sig. Cardinale Magalotti, quando sapesse fossi venuto a Venezia per trattenermi. Ora supplico V. S. Illma che, sì come ha favoritomi (c.171v) con tanta accuratezza e benignità, benché detto negozio non abbia colpito, voglia degnarsi favorirmi ancora con il Sr Card.^e Magalotti per suo Maestro di cappella, stante che il suo si è partito. Né credo al sicuro ne resterà defraudata, poich'io so già l'intenzione del Sig.^r Card.^{le} verso la mia persona; e quando partii da Ferrara, sapevo benissimo questo saria riescito, ma non volsi applicarmi, credendo esser sicuro di quello che V. S. Illma mi accennò. Prego di novo la sua benignità voglia significare al Sig.^r Card.^{le} la mia venuta a Venezia per miei interessi, e che mi proponga a V. S. Illma, che farò sentire le mie opere in chiesa o in cammera, già che ha un organetto. Ed assicuro V. S. Illma ch'io satisfarò senz'altro il Sig.^r Card.^{le}, con satisfatione ancora de tutti i musici del Duomo; che già quando partii mi consigliavano tutti a dimandar la cappella, che l'averei ottenuta, come anco li gentiluomini della sua Corte. Facciami dunque, benché indegno, questa grazia, ma quanto prima, acciò il Sig.^r Card.^{le} non si provvega. Compatiscami della mia presunzione, qual nasce dalla benignità di V. S. Illma, come anco dalla mia devozione. E frattanto pregherò il Sig.^e Iddio che l'aumenti e le fo umilissima riverenza (…)

949. Gio. Battista Bischi da Roma a EB, Ferrara 27.IV.1630
    AB, 230, c.563

(…) L'Antonia [Monti] sta bene, ed attende a studiare; ed io non manco di ricordar spesso al Gobbo [Arrigo Velardi] ed a lei, che studii attentamente (…) S'è cominciato a demolire quell'anticaglia di Nerone ch'è nel giardino del Contestabile, onde il palazzo qui di V. S. Illma riceverà un gran benefizio, poiché gli leva la vista, notabilmente dalla parte della città (…)

950. Il Cardinale (Luigi) Capponi da Roma a EB, Ferrara 5.V.1630
    FOc, Piancastelli, Carte di Romagna, 376 (prov. AB)

Ills.^{mo} Sig.^{or}

V. S. può disporre di ciò ch'è mio. A Teodorano sono poche commodità di supellettili per V. S., ma potrà portarvene da Forlimpopoli, che vi è vicino a quattro miglia, quanto le piacerà di quel che io vi ho. E meglio sarà ch'Ella facci la prima posata a Forlimpopoli, e vegga quel che vi è, e pigli quel che vuole: ch'è Patrona. E vada, e stia poi o nell'uno, o nell'altro luogo quando e quanto le tornerà commodo. Che il S.^{re} Dio la prosperi.   Roma 5 maggio 1630.
D. V. S.

Aff.^{mo} per ser.^{re} sempre
Il Card.^e Capponj
(p.s.:) Ringratio V. S. che si vaglia di cose mie: non m'ha da scrivere, che è Padrona. (…)

951. Sergio Venturi da Roma a EB, Ferrara 18.V.1630
    AB, 231, c.312

(…) perché si accosta il tempo della mia partita di Roma, che sarà alla fine di maggio, ho stimato necessario mandare di nuovo il conto delle spese fatte fin questo giorno per la Sig.^{ra} Antonia [Monti], acciò V. S. Illma possa pensare a chi devo lassare questa cura, potendo facilmente trattenersi fuori di Roma tutta questa state. Nel conto, come V. S. Illma vedrà, io resto debitore di scudi 1: 13. La putta ha avuto tutto quello che le bisogna fino alla fine di maggio. Sia li maestri, tutti due vanno creditori di questi ultimi due mesi, maggio ed aprile, come dal conto e dalle ricevute potrà vedere. Io tengo per sicuro che V. S. Illma possa farsi condurre costà questa fanciulla quanto prima, ed Arrigo [Velardi] è del medesimo parere, essend'ella assicurata in modo, e nel sonare e nel cantare, che è davanzo, e si

levarà buona parte di questa spesa d'attorno. Tuttavia starò attendendo quello sopr' a ciò mi commandarà (…)

952. Caterina Monti da Roma a EB, Ferrara 1.VI.1630
AB, 231, c.22

(…) Sono già otto giorni che il Sr Sergio [Venturi] non ci dà più né pane né vino né danari per il
companatico, atteso che dice non aver denari da V. S. Illma e che non vol più spender del suo e che vol
andar fuori di Roma: però s'è mente sua, mi contento di tutto quel che vuole; ma mi dispiace che avessi
auto sempre ordine da V. S. Illma di non gli lasciar mancar niente e che ora si ritiri così. E non manco
di far studiare Antonia, acciò V. S. Illma sia servita (…)

953. Alessandro Guarini dal "Polesine della Paposse" a Caterina Martinengo Bentivo-glio, Ferrara 9.XI.1630
AB, 378, c.162

Illma ed Ecc.^{ma} Sig.^{ra} mia S.^{ra} e Padrona Sing.^{ma}

Proposi l'anno passato al Sig.^r March.^e Enzo Ms. Francesco Perini, il giovine, per fattore a Cologna,
havendo inteso che stava per licenziar quello che in quel luogo il serviva, e che intendo che pur anche al
presente lo serve. E il Sig.^r Marchese mi disse che, per allora, non era risoluto di levar quel di Cologna
dal suo servizio, ma che, stante la buona informazione che io del Perini gli haveva data e che da altri
ancora egli havea havuta, la fattoria d'Adriano gli havrebbe data. E di ciò a me data parola ferma, me
presente diede ordine che fosse scritto a quel fattore che venisse a far i suoi conti, ed a me soggiunse
che, subito che i conti fossero fatti, il Perini a quel servizio sarebbe accettato, e che se poi, col tempo,
havesse risoluto di levar da Cologna quell'altro, questo in suo luogo mi havrebbe ripposto. Passò poi
poco meno d'un mese prima ch'io più ne trattassi col Sig.^r Marchese, il qual mi disse quello che mi
replicò poi anche più volte: che il fattor, chiamato, non era ancora venuto, ma ch'io non dubitassi che il
luogo, conforme alla promessa fattami, sarebbe del Perini; ed il medesimo confermò anche al padre di
lui. Ma non essendo mai venuto a un fine di far i suddetti conti, ed essendosi poi partito, prima il Sig.^r
Marchese e poi anch'io, da Ferrara, il negozio ha finhora dormito.

Hora ch'io sono alla Paposse, dove fo la contumacia per venir a Ferrara, essendomi stato detto che V.
Ecc.^{za}, mal servita da detto fattor d'Ariano gli ha data di già licenza, vengo a pregarla che voglia ella
adempir la promessa che il Sig.^r March.^e mi fece, che oltre al favore che ne riceverò io da lei, ed all'honore ch'ella farà alla parola data osservandola, ed all' (c. 162v) obligo, che n'havrò il singolare all'Ecc.^{za}
V., ella farà poi anche acquisto d'uno dei più fedeli e sufficienti servitori che in tutto questa paese possa
sperar di trovare. Di che le faranno certissima testimonianza tutti quelli che lo conoscono, ed anche il
Sr Cornelio, figlio di V. E., che molto ben lo conosce, e molte prove, per quanto intendo, ha fatte e di
quel che vale, e di quello che in ogni sorte di servizio più rilevante si possa prometter di lui. So qual è la
prudenza dell'Ecc.^{za} V. e qual è stata verso me sempre la benigna disposizione del nobilissimo animo
suo; onde crederei di farle un gran torto se, spendendo più parole in pregarla, dell'una e dell'altra mo-
strassi di diffidarmi. E però qui per fine, baciando a V. Ecc.^{za} con riverente affetto la mano, prego N.
S. Dio che lungamente felicissima la conservi.   Dal Polesine delle Paposse li 9 nov.^{re} 1630
Di V. Ecc.^{za}

Divotiss.^o Ser.^{re} e Cugino
Aless.^{ro} Guarini

(p.s.:) Non mi sono accorto del mezzo foglio di carta se non al fine della prima facciata, e però la
supplico a perdonarmi se non sono tornato a scriverle sopra il foglio intiero, perché la debolezza della
mia testa non me l'ha permesso.

954. Lavinia (comica) da Siena a Caterina Martinengo Bentivoglio, Ferrara 26.XI.1630
   AB, 234, c.278

Illma Sig.^{ra} e mia Padrona Coll.^{ma}

In ogni tempo la sua benigna protezzione è stata d'honorevolissimo proffitto a suoi servitori, ma in questo così calamitoso per tutte le parti d'Ittalia sarà più opportuno, quanto necessariamente siamo spronati a ricorrere da lei. Intendiamo che l'Em.^{mo} Sr Card.^{le} Legato facilmente ammetterà le comedie in Ferrara il prossimo carnevale, mentre (come si spera e crede) s'acquietino in parte le presenti turbolenze. Pertanto veniamo a supplicare V. S. Illma a interce de[re] per noi tal grazia appresso Sua Eminenza, com'anco passaporto per venircene sicuramente. E perché tutti sanno ch'io proffesso servitù con V. S. Illma, hanno i miei compagni fatto ch'io con l'occassione del riverirla con la presente lettera, le faccia questo mottivo. Però, attendendo che al solito mi faccia degna della sua benigna prottezzione, me le inchino con ogni affetto riverente e prego da Dio N. S. il colmo d'ogni bramato bene   Siena li 26 9.bre 1630
D. V. S. Illma

                                                           hum.^{ma} e riv.^{ma} serva
                                                           Lav.^a comica

1631

955. G. Sardi, *Libro delle Historie Ferraresi* (1646), p. 69

1631. Dimorava in questi giorni il Duca Carlo di Mantoa, con suo figlio e con la Principessa sua nuora, in Ariano (…) quando nel principio dell'anno che venne, per il matrimonio concluso tra la Signora Dona Beatrice Tassoni ed il fratello del Cardinal Sacchetti nostro Legato, dovendosi combatter alla sbarra e far nella Sala de' Giganti di questa nostra città, una bellissima festa con musiche, e recitar una pastorale con machine, fu invitato esso Duca Carlo, con la Principessa e suoi figli, a veder questa festa (…)

956. Fulvio Testi da Reggio a (Guido Bentivoglio, Roma?) 8.II.1631
   FOc, Piancastelli, Autografi: Testi (prov.AB?)

Eminentiss.^{mo} e Rev.^{mo} Sig.^r Padrone Col.^{mo}

E dalle lettere che l'Emin.^{za} V.^{ra} ha scritte al Sig.^r Duca mio Sig.^{re}, e dalla viva voce del Sig.^r Marchese Guido Coccapani, ho inteso l'umanissimo affetto con che Ella ha favorita la trattazione del mio accasamento colla Sig.^{ra} Claudia Vezzali. L'onore è tanto più grande quanto minore è il merito di chi il riceve; ed io che da così segnalato effetto di benignità rimango soprafatto, non ho parole sufficienti per esprimere, non che forze bastevoli per pagare la mia obligazione. Supplico l'Em.^{za} V.^{ra} ad appagarsi della mia divota volontà ed a concedermi che con un riverentissimo silenzio io confessi quel debbito, alla sodisfazione del quale mi rende e renderà sempre inabile la mia naturale debolezza. Intanto all'Eminenza V.^{ra} umilissimamente m'inchino, pregandole da Dio il colmo d'ogni grandezza e prosperità.   Di Reggio li 8 Feb.^o 1631
Di V.^{ra} Emin.^{za}

                                                           Umiliss.^{mo} e Divot.^{mo} servo
                                                           don Fulvio Testi

* Anche se non è possibile provare con certezza la nostra attribuzione come destinatario il cardinale Guido, pubblichiamo questa lettera in quanto non compresa nell'edizione moderna dell'epistolario di Testi.

957. EB da Roma a Caterina Martinengo Bentivoglio, Ferrara 9.IV.1631
   MOe, Autografoteca Campori: Bentivoglio Enzo, 2 (prov. AB)

S.^{ra} mia

Ho veduto quel che V. S. m'ha scritto con quest'ultima Sua del corrente intorno alla pesca del S.^r

Gilioli, e mi par veramente strano che, per favorire quei frati, no si voglia far quel che richiede il giusto, per mantenimento delle buone ragioni del Sig.^r Gilioli. V. S. dunque procuri d'abboccarsi con S. Ecc.^{za} e seco si dolga gagliardamente, che non conceda a me quella grida, che fu concessa al Sr Marchese Tassone, quando era affittuario della pesca, come son io al presente, e che non sa da che proceda ciò, non essend'io men servitore a S. Em.^{za} di quel che sia il Tassone (...)

958. Alessandro Guarini dalle "Paposse" a Caterina Martinengo Bentivoglio, Ferrara
    26.IV.1631
    AB, 378, c.165

Illma ed Ecc.^{ma} Sig.^{ra} mia S.^{ra} e Padrona sing.^{ma}

Con mio molto disgusto, mi convenne hieri partir d'Ariano, dove io desiderava di servir V. E., e la Sig.^{ra} Contessa, Sua figlia e mia Signora, conforme al debito mio. Pregole per tanto a scusarmene ed assicurarsi che altro che dura necessità non mi ha fatto far un tal mancamento. Le mando qui congiunta una lettera direttiva al Sig.^r Marchese [Enzo Bentivoglio], in raguaglio di quanto si è trattato nel negozio del Sig.^r Cornelio [Bentivoglio], V. E. potrà mandarla insieme con le sue. E perché il Sig.^r Cornelio mi fece instanza ch'io le facessi venir dei fiori per la Ser.^{ma} Principessa, e da un mio servitore, tornato d'Ariano stasera, ho inteso ch'egli non è né sarà in Ariano stasera, ho voluto pertanto inviarli a lei con ordine che le siano portati domattina per tempissimo in barca, acciochè si conservino freschi, e pregarla a presentarli Ella a S. A. a nome del Sr Cornelio. E se vorrà soggiungere chi li ha mandati, ne resterò io (c.165v) della gentilezza sua favorito. Intanto col ricordarmele il solito divotissimo servitore, all'Ecc.za V., alla S.^{ra} Contessa ed al Sr Conte Cesare bacio per fine della presente le mani, ed auguro loro dal Sr Dio salute e prosperità. Di V. Ecc.^{za}

Dalle Paposse li 26 Aprile 1631

Divotiss.^o ed oblig.^{mo} ser.^{re}
Aless.^{ro} Guarini

(p.s.:) Ho dat'ordine al portatore di questa che, non trovando V. E. in Ariano, faccia presentar i fiori alla S.^{ra} Prencipessa, acciochè non si secchino prima che sian presentati.

959. Alessandro Guarini dalle "Paposse" a Caterina Martinengo Bentivoglio, Ferrara
    4.V.1631
    AB, 378, c.167

Illma ed Ecc.^{ma} Sig.^{ra} mia Sig.^{ra} e Padrona Sing.^{ma}

Il Sig.^r Marchese mi scriva ch'io m'abbocchi con V.Ecc.^{za}. Se non fossi necessitato a passarmene posdomani in Ariano, sarei venuto subito, per ricevere i suoi comandi, a Ferrara. Ma non potendo venir per ora in persona, ho voluto con la presente pregarla a significarmi quello, con una sua, che con la viva voce havrebbe a dirmi; che io non mancherò di servire a lei ed al Sr Marchese con tutto lo spirito. Non potendo io haver consolazione maggiore, che poter in qualche punto sodisfar al gran debito che tengo a V. Ecc.^{za}, ed a tutta la Casa Martinenga e Bentivogli. Starò dunque attendendo il favore degli ordini suoi, baciandole intanto, con riverente affetto, la mano, ed augurandole da N. S. Dio il colmo d'ogni desiderata prosperità. Di V. Ecc.^{za}

Dalle Paposse li 4 maggio 1631

Devotiss.^{mo} ed oblig.^{mo} ser.^{re}
Alessandro Guarini

960. Filippo Piccinini da Bologna a (EB, Ferrara) 9.VI.1631
    AB, 236, c.100

Illmo Sig.^r Padron mio Col.^{mo}

Alcuni mesi sono ch'io mi partì di Ferrara, con animo di non ritornarvi più, per la malinconia che mi rendeva in vedere la miseria di quella città, tanto diferente di quando io mi partì per Spagna; però mio

Sig.^r, da poi aver inteso che V. S. Illma se ritrova in detta cità, no <a>pens<s>o a altra cosa che di ritornarci quanto prima, per il desiderio che tengo di vedere V. S. Illma e servirla in persona come devo. E per questo effetto suplico V. S. Illma a darmi licenza ch'io vengi ed ancora il passaporto del Eminentissimo [Legato] di Ferara, che non so qual serà piu difficile delli dui; intanto me la passarò con l'andare alle comedie e star alegramente. Mio fratello ed [io] ne bacciamo con ogni umiltà le mane a V.S. Illma, come anco *a mi Segnora la Marquesa a quien Dios g.rir de muschos anos*   di Bologna 9 de Giugno 1631
Di V. S. Illma

Dev.^mo e Ob.^mo Ser.^re

Filippe Piccinini

961. Domenico Maria Melli da Brescello a (EB, Ferrara) 11.VI.1631
AB, 236, c.125

Illmo ed Ecc.^mo mio Padrone Col.^mo

S'io cercassi mezo con l'E.V. che intercedesse per me nelle mie occasioni mostrarei di recare in dubbio il suo buon animo, ed un demeritare il suo favore per poca fede, havendo con tanti effetti mostrata sempre in ogni mia occorrenza l'affettione ch'Ella si è degnata portarmi. Ha contratto sponsalli Francesco, mio figliuolo, con la Sig.^ra Margarita Tiraboschi da Duosolo, e perché non verei al matrimonio senza il consenso del Ser.^mo di Mantova, suplico V. E. a voler favorirmi con S. A. per la gratia che chieggio nel qui congionto memoriale. Che di quanto operarà a benefficio mio, se non havrà altra gratitudine, potrà assicurarsene delli obblighi miei, non potendo per avventura accrescere quella della mia servitù. Intendo d'essere destinato da S. A. Podestà di Castiglione di sotto. Riccordasi V. E. d'essercitare l'autorità che ha meco col comandarmi per confermare l'oppinione che s'ha, che le sia grata la mia divotione, ed a V. E. fo riverenza   Bresciello li ij giug.^o 1631
Di V. E.

Divotiss.^mo e certiss.^mo ser.^re

Dom.^co M.ª Melli.

* *È il più tardo documento biografico noto su Domenico Maria Melli, di cui si ignorava il destino dopo il 1623: era dunque al servizio del Duca di Mantova, sempre con cariche governative di piccoli centri, ed aveva un figlio sposato.*

962. Gio. Battista Bischi da Roma a EB, Ferrara 21.VI.1631
AB, 236, c.228

(...) Il Sig.^r di Buttiglier partirà domattina a buon ora per Francia sopra una galera. Hieri venne dal Sr Card.^le [Guido Bentivoglio] e vi si fermò un gran pezzo, ed hoggi vi è tornato per licentiarsi affatto. Il Sig.^r Card.^le l'ha regalato di tre bellissimi quadri, due grandi [e] uno picciolo con le cornice dorate, che gli sono stati carissimi (...)

963. Gio. Battista Bischi da Roma a EB, Ferrara 26.VII.1631
AB, 237, c.515

(...) Hieri m'incontrai nel Sr Andrea [Sacchi?] pittore; il qual fa riverenza a V. S. Illma, e dice che, s'ella fosse qui, lo favorirebbe di dire il suo parere sopra certi quadri che ha lavorati nuovamente (...)

964. Cosimo Valenti (Governatore) da Gualtieri a EB, Ferrara 31.VII.1631
AB, 237, c.628

(...) Ad un tal Geminiano Rossini, giovane sbarbato che suona il violino, fu somministrato domenica mattina l'argento vivo per veleno in una minestra di erbuccine, stando egli risentito in letto per una ensipola. Di che accortosi il detto infermo, seben però tardi, perché quasi l'aveva mangiata tutta, cominciò a gridare e si procurò con i rimedii il vomito, ed in somma con diversi medicamenti si è rimediato in maniera che forsi non averà altro male; si presupone che sia stata la sua sposa, che abbi ciò fatto, con l'animo di levarselo da gli occhi, per poter fare a modo suo. Tutta quella famiglia è in prigione, e si fa la causa; e di quello seguirà, se ne darà aviso a V. E. di mano in mano (…)

1632

965. EB da Ferrara a destinatario sconosciuto (Parma?) (I.1632)
      AB, 238, c.4

(…) Nel negotio non dovrà entrare si non li sa della occasione da S. A. sua [Duca di Parma?]; dandoline S. A. con dolciza potrà mostrare ch'al Sr Card.^{le} [Guido Bentivoglio] di ogn'altro a Roma con chi s'è contrato il negotio e parca [=paga] i creditori. [V. S.] Ecc.^{ma} la domanda di S. Felice, tanto più che a Roma si sa che S. A. per Corigio ha voluto dar solo 400 scudi che vale per 4 San Felice (…)
* *Si tratta di una minuta rimasta in Archivio Bentivoglio. Se l'"Altezza" di cui si parla è il Duca di Parma, l'interlocutore potrebbe essere il Maggiordomo dei Farnese.*

966. Il Maestro di casa in Roma a EB, Ferrara (III.1632)
      AB, 240, c.273

Illmo Sig.^r mio Padron Col.^{mo}
Le quietanze per riscuotere li 194 scudi non son capitate ancora, e se V. S. Illma non le manda non si potranno riscuotere i danari. Mons.^{re} [Guido Bentivoglio] m'ha mostrata una lettera di V. S. Illma nella quale gli dice ch'io dovrò pagargli 93 scudi il mese cominciando dal principio del corrente, per salario de' servitori, per provisione di Mons.^{re} e del Sr Abbate [Giovanni Bentivoglio] e per loro vestire conforme ad una lista, che le han mandata i detti Sig.^{ri}. Riscosso ch'havrò i danari eseguirò l'ordine, e quanto alli danari spesi da me per il vestire d'essi Signori, m'intenderò con loro. Ma quando V. S. Illma non volesse che facesse in questa maniera, io metterò a suo conto i danari spesi per vestire e pagando 93 scudi il mese, non mi resteranno danari da dare all'Auditore per la speditione di quelle bolle del Canonicato di Qualtieri. V. S. Illma mi risponda quel che dovrò eseguire puntualmente. (…)

967. Gio. Battista Bischi da Roma a EB, Ferrara 2.VIII.1632
AB, 238, c.9v

(…) L'*Istoria* del Sr Card.^{le} fa gran rumore per la Corte, e non può ristare a distribuirne gli esemplari. Il Papa l'ha letta, e lodata assai, e così fanno tutti quelli che fanno professione di lettere (…)
* *Il riferimento è alla prima parte della* Historia delle guerre di Fiandra, *data alle stampe da Guido Bentivoglio proprio nel 1632.*

1633

968. Fulvio Testi da Roma a Francesco I Duca di Modena 16.I.1633
      MOas, Cancelleria Ducale Estense, b.185, c.415

(…) Il Legato di Ferrara persiste nel suo disegno di condurre infin dentro di Ferrara quella navigazione che viene da Lagoscuro (…) Il Legato ha mandato qua un tal Guitti, sotto preteso d'alcune macchine per una commedia che vuol fare il signor Principe Prefetto, ma in realtà egli ha commissione di trattare di questo e d'informare il Papa e il signor Cardinal Barberino per impetrarne il loro beneplacito. (…) Io di tutto questo sono stato avvertito dal Signor Cardinale Pio (…) Il Guitti alloggia in casa del Signor Cardinal Bentivogli e questi senza dubbio dee essere pienamente informato del negozio, ma per anche non me ne ha detto nulla. (…)

* *Testi, Lettere, I, n.386, p.415. L'inaspettato compito di spia del principale collaboratore artistico degli spettacoli di Enzo Bentivoglio, Guitti, trova conferma nei dispacci dell'Ambasciatore di Venezia del 22.I.1633.*

969. Dispaccio da Roma del 22.I.1633
Vas, Senato III, Dispacci, filza 106, c.198v

(…) Quel tal ingenero Guiti venuto da Ferrara se ne stà tutto il giorno con il Card.^e [Francesco] Barberino, e con il D. Taddeo [Barberini], l'umore de' quali ha egli captivato nella costitution d'un teatro, che con diverse mutationi di scene deve servire questo carnevale per rappresentare l'*Historia di Tancredi* del Tasso in musica. Nella quale opera questi signori spendono cinquemila scudi. Ed il Card.^l Francesco n'è innamoratissimo, rubando ai negotii ed ai suoi proprii commodi tutto quel più di tempo che può assistere a detta costructione (…)
* *Ed. in Hammond 1986, p. 43 nota 42.*

970. EB da Venezia al Duca di Modena 3.XII.1633
MOas, Cancelleria Ducale Estense, Particolari b.135: Bentivoglio

(Difende la sua proposta "della navigatione", criticata da molti, e rassicura il Duca)
(c.n.n.Iv) (…)Se V. A. havesse gusto d'haver un musico qualificatissimo, io procurarei di cercarlo, e farlo havere a V. A. alla quale, se non da fastidio la spesa, nel resto io m'assicuro che il personaggio sarà di grandissima Sua sadisfacione. La provisione non potrà essere di meno neanco di un soldo di trecento ducatoni d'argento: questi cantono tenore esquisitamente bene, è mastro di conponere, e conpone esquisitamente bene: (c.n.n.II) sarà bonissimo da insegnare non solo a l'Antonia [Monti] e alla giovana della Sig.^ra Principessa, ma ad ogni altro ch'habia di inparare. E se la Sig.^ra Principessa Margerita V. A. la riducesse appresso la Sig.^ra Principessa di Venosa, sarìa ottimo da insegnarli; in occasione di comedie con intarmedi, sarà ottimo per far tutte le conpositioni: e in soma servirà costà per introdure una belissima forma di cantare di musicca; elli sona di cinbalo e chitarone, e sopra a essi canta; è romano, ed ha di nome Felice [Sances], di età di anni trenta incirca, di buoni costumi, e di buon garbo. È fratello di Lorencino famoso, che serve in corte di Toscana. Egli si traten qui in Venetia con certa provisione di San Marco, ma il suo maggiore guadagno (c.n.n.2v) consiste nell'insegnare che, vengo assicurato, che un anno per l'altro guadagnerà cinquecento in seicento ducati: V. A. dovrà risolvere quelo sarà di suo gusto ed a me comandare, che farò ogni cosa per servirla. Alla quale faccio humiliss.^ma riverentia   di Venetia li 3 Xeb.1633
Di V. A.^za

L'usato e div. ser.^re
Enzo Bentivog.^o

* *Giovanni Felice Sances è l'autore della* Ermiona, *rappresentata a Padova nel 1636, su cui cfr. Petrobelli 1965. Veniamo inoltre a sapere che Antonia Monti, la ragazza istruita nel canto a Roma a spese di Enzo Bentivoglio, era stata ceduta al Duca di Modena.*

971. EB da Venezia al Duca di Modena 19.XII.1633
MOas, Cancelleria Ducale Estense, Particolari b.135: Bentivoglio

Ser.^mo Sig.^r mio S.^r e Padron Col.^mo
Io non ho mai avuto risposta da V. A.del musico: forsi non ne avrà gusto. Se V. A. non vuol restar senza comedianti, procuri d'aver subitto a Bologna [il comico] Carpiano, per quale farò ogni cosa per averlo: la conpagnia è stupenda e verame[n]te non bisognerìa star senza.
Parlo anche per mio interese, per goderli costà: spero sbrigarmi pasato domani e a V. A. facio con riverenza   di Venetia li 19 Xb 1633
Di V. A. S.^ma

L'usato e d.^mo ser.^re
Enzo Bent.^o

* *La data potrebbe leggersi 1637, ma il riferimento al musico raccomandato da Enzo Bentivoglio al Duca di*

Modena il 3.XII.1633 conferma la lettura 1633.

1634

972. Fulvio Testi da Roma a Francesco I Duca di Modena 11.I.1634
      MOas, Cancelleria Ducale Estense, b.187, c.15

(…) Il Cardinal Antonio [Barberini] apparecchia una quintanata per questo carnovale. Il Marchese Cornelio Bentivoglio sarà mantenitore ed i venturieri saranno circa ventiquattro cavalieri romani. Pubblicano di farla per lo fratello del Re di Polonia ch'è qui, ma il fine reale è di tenere allegro il Papa, il quale si trova assai malenconico, e di fargli credere che, nonostante la mala soddisfazione che pretendono gli Spagnoli, tutta Roma gioisce ed applaude alla diuturnità del suo pontificato (…)
P.S. In questo punto il Signor Cardinal Antonio manda da me Monsignor [Annibale] Bentivoglio, pregandomi a fare il cartello del mantenitore. Io sono stato buona pezza in dubbio di quello ch'io mi dovessi fare: ho accettato infine di servire a Sua Eminenza, considerando che la negativa m'averebbe rovinato per sempre e sarebbe stata tolta per disprezzo e per alienazione di volontà. Non credo di far cosa che pregiudichi né alla dignità della carica, né al servigio di V. A. perché finalmente si tratta di materia cavaleresca; e non è poco onore (s'io non m'abbaglio) che un nipote del Papa, tra tanti e tanti virtuosi che sono in Roma, scelga un servitore di V. A. a tale uficio. Il Signor Cardinale ha sentito grandissimo gusto della mia prontezza e si dichiara di restarne obligato. E chi sa che questa bagatella non mi serva d'introduzione a cose maggiori. Se il vento comincia niente a spirare, assicuro V.A. che non sarò lento a far vela (…)
* *Testi*, Lettere, *II, n.536, p.16. La quintanata è la* Giostra del Saracino *di Piazza Navona, per la quale infatti il Testi scrisse i testi tramandati dalla stampa del libretto.*

973. Leonora Castiglioni da Bologna a (EB, Ferrara) 11.I.1634
      AB, 240, c.19

Illmo Sig.^r e Padron Coll.^{mo}

Il desiderio particolare che habbiamo di servire, con la sua persona, cotesta città ci fece risolvere ieri, come nella mia lo avisai, di pigliar barca e venirsene costì. E mentre un'ora avanti giorno volevamo levarci, mi è venuta questa dell'E.^{mo} Sig.^r Principe di Modena, da lui inviatami questa notte per la staffetta apposta, perché li scrissi lunedì passato che mercrdì mattina, non havendo da lui altra risposta, ci sariamo partiti di Bologna. La invio a V. S. Ill.ma per accertarla della verità e della nostra buona volontà. Ho spidito il mio servo subito a Modana con mie lettere al Sig.^r Principe. Domani lo attendo, e subito invierò la verità a V. S. Illma. E per fine mio marito ed io li facciamo riverenza.   Bologna li 11 g.º 1634
Di V. S. Illma

                                                                                Aff.ª serva
                                                                                Leon.ª Cast.ⁿⁱ
* *Leonora Castiglioni rappresenta la compagnia di Nicolò Barbieri ("Beltrame"), che è impiegata, per il tramite del Marchese Bentivoglio, per le feste in preparazione a Modena.*

974. Agostino Pignatti da Trecenta a EB, Ferrara 14.I.1634
      AB, 240, c.35

(…) Il musico non s'è mai liberato dalle croste e humori nelle gambe di dietro, ed ora per li giacci e freddi sta peggio che mai: se parese bene a V. S. (c.35v) Illma di farle dare un'ochiata al maniscalco e ordinare qualche remedio, lo stimarei bene, per che hora patisce fuori di modo (…)

975. Leonora Castiglioni da (Bologna) a (EB, Ferrara) 17.I.1634
     AB, 240, c.24

Illmo Sig.^r e Padron Coll.^{mo}

La Sua datami dal Illmo Sig.^r Conte Alessandro Bentivogli, la qual tengo in buona custodia, mi diceva che io ero libbera di Modona, e che perciò mi voleva costì con mio marito, sì come promessi al suo procuratore, che per sua parte mi parlò, tutta volta che il S.^{mo} Sig.^r Duca di Modona mi havesse liberata, come che per suo comando io mi sia partita di Roma, e venuta a Bologna. Io che non havevo ricevuto altre lettere di Modona in risposta delle mie, colà di Bologna mandate, stimando che V. S. Illma havesse mandato a Modona e mi havesse disobbligata, fidatami della sua parola ch'io ero libbera, li scrissi il martedì che fu li 10 del corrente, che mi sarei partita il mercordì mattina con mio marito, per venirla a servire; mi venne la notte una staffetta a posta con lettera del Ecc.^{mo} Sig.^r Principe Nicolò. E mio marito la portò subito al Sig.^r Conte Alessandro, con una mia, acciò le inviasse subito a lei, ed intendesse quanto vi vedesse: e spedii subito il mio (c.24v) servo a Modona con mie lettere, supplicando il S.^{mo} Sig.^r Duca a non volervi far perder, con il viaggio già fatto, anco il carnevale. Ed il detto Sig.^r mi fece scrivere dal Ecc.^{mo} Sig.^r Principe Nicolò che tra 4 o 5 giorni mi risolverà quanto il suo pensiero di fare della mia persona: queste sono le precise parole. E la lettera è sempre appresso di me, che si può vedere. Hora, in risposta della sua ch'io ho ricevuta questa mattina, li confermo quanto ho detto, che disobligata ch'io mi sia dal S.^{mo} di Modona, verrò con mio marito a servirla: questo dissi al Illmo Sig.^r Conte Alessandro e questo ridico a V. S. Illma. Li 5 giorni dell'aspetto, che mi scrisse il Sig.^r Principe, hoggi spirano: se non mi vien di colà altro comando, tornerò a scrivere; siché spero verrà qualche risolucione. Se verrà licenza, partirò subito per Ferrara; e se altro, ne haviserò V. S. Illma e li fo li 17 Gen.^o 1634

                                     Aff.^{ma} serva
                                     Leon.^a Cast.ⁿⁱ

(p.s.:) ho subito ricapitata l'inclusa alla Sig.^a Diana.

* Come risulta dalla successiva lettera della Castiglioni del 15.II.1634, i comici ottennero poi la licenza di recarsi a Ferrara, ma il Marchese Enzo, che ne aveva tanto sollecitato la venuta, rimase fuori città per tutto il carnevale.

976. Leonora Castiglioni da Ferrara a EB (Modena) 15.II.1634
     FOc, Piancastelli, Autografi: Comici Italiani secc.XVI-XVII (prov.AB)

Illmo Sig.^r e Padron Coll.^{mo}

L'allegrezza che mi ha apportato la sua cara lettera, per vedere ch'ella tien di me memoria, benché sua minima nell'operacione, ma nell'affetto riverente, pena maggiore, vien mitigata oltre modo dal quasi accertarmi ch'ella non ritorni in Ferrara per questo carnevale: e benché alle cose impossibili vi sia maggior rimedio il non più pensarci, io non potrò non pensare a quegli onori che la sua presenza mi concederìa, ed al mio sommo desiderio di servirla di persona, [e] dorrommi della mia povera ventura. L'amorevole proferta ch'ella mi fa di nuovo della sua casa, sarà da me accettata nelle occorrenze, e me li chiamo sempre più obligata. Mi duole grandemente che le comedio di costì non li piaccino, né possa qui goder le sue che, per la Dio gratia, a tutti questi Signori danno il solito gusto, ancorché i comici siino, per l'absenza di V.S. Illma, quasi smarriti, ed io più di loro travagliata. Li scrissi ieri che sabbato prossimo faremo 17 Infanti dell'Ara con machina nel prologo (c.n.n.Iv) dell'*Aurora*. Ma doppo la mia lettera vennero in mia casa gl'Ill.^{mi} Sig.^{ri} D. Ascanio [Pio], ed il fratello del Sig.^r Duca Conti, e mi portarono versi per doi altre machine, cioé: il Sole che, per non veder il tradimento che corre nell'opera, si asconde, ed il terzo: Nemesi, Dea del castigo, palesa che i traditori saranno puniti, come si vede nel fine di detta opera. Fatte che saranno, haviserò V. S. Illma come riescirà il tutto. Circa della memoria ch'ella tien di me nell'interesse del Ec.^{mo} Sig.^r Duca costì, non sapendo se non con il cuore tacitamente ringratiarlo, ed attenderne gl'effetti, a suo piacere, mio marito ed io se li dedichiamo di nuovo veri servi e li facciamo riverenza.

                                     Di Ferrara li 15 feb.^o 1634

Di V. S. Illma

humiliss.^a serva

Leon.^a Castig.ⁿⁱ

* *Non risultano spettacoli con macchine a Ferrara nel febbraio 1634: l'Aurora è il personaggio che introduce il secondo atto di una festa teatrale realizzata a Modena su libretto di Fulvio Testi: cfr. Poesie liriche del Conte D. Fulvio Testi,* Venezia, Zanaro 1676, pp.391-408: *Componimento drammatico fatto per la musica nel giorno natalizio della Serenissima Maria Farnese Duchessa di Modana. Tra gli altri personaggi compaiono il Sole e le tre Parche, ma non la Nemesi e gli Infanti dell'Ara, per cui potrebbe trattarsi di uno spettacolo diverso.*

977. Gio. Battista Galvani da Ferrara a (EB, Modena) 20.II.1634
      AB, 240, c.22

Illmo Sig.^{re} e Padron mio Coll.^{mo}

L'absenza di V. S. Illma non solo ha apportato dolore a tutta la nostra compagnia, priva dell'atuale sua protezione, ma quasi confussione, causata dalla pretensione del tuo e del mio. Si andò dunque vociferando alla giorni passati che il donativo, che suol fare il Parescha a comedianti, havesse a essere partito fra quattro soli, cioé il S. Fulvio [Domenico Bruni], la S.^{ra} Leonora [Castiglioni], il Dottore e Brighella [Fulvio Baroncini]; e magiormente si accrebe il credito alle voci quando, parlando con li quattro, si haveva per risposta una torta di capo, un stringersi nelle spalle, un tacere, o al più un dire: - Non me n'impaccio -. Tiri che causorno che molti non havessero pensiero di recitare più, ed io fra li altri, se non fusse stata l'osservatione di V. S. Illma, me ne serìa absentato; tanto più che, oltre la veste da Pantalone la maschera e la barba, il S. Fulvio vuole assolutamente del giuppone e calzoni otto ducatoni, benché li hebrei l'habbino stimato quattro o cinque al più. V. S. Illma sa che fra Diana, Sardellino ed io tiriamo duoi pasti e mezo (c.22v) e siamo sette persone, ed una cavalcatura che un giorno per l'altro ci vuole quindici lire; né occore a dire che il giorno eserciti la mia professione, che oltre la voce ch'io perda, un'arte per esser bene esercitata vuol tutto l'homo. Aurelio e la Vittoria hanno cinque quarti, e per vestirsi da poter conparire hanno speso tutto il dinaro. Quelli quattro hanno tutti la parte intiera, mille altri avantagi e quando la S.^{ra} Leonora fa qualche maggior faticha nell'opere, la compagnia non si scorda di lei, tal che non so perché non si habbi a partire il dinaro del Parescha conforme l'uso. Priego dunque V. S. Illma, non potendo esser qui l'ultima di carnevale, havisare il Parescha quello egli habbi a fare perché, senza il suo comando, io con le mie genti ed Aurelio e sua moglie, speriamo partire il secondo di quadragesima. E con farli humilmente reverenza, li priego da Dio il colmo d'ogni felicità, raccordandoli ch'io non li sia manco servitore di qualunque altro di questa compagnia   di Ferrara il 20 febbraio 1634
Di V. S. Illma

Devotiss.^o ser.^{re}

Gio. Batta Galvani

978. *Relatione della famosa Festa fatta in Roma alli 25 di febbraio* MDCXXXIV, *sotto gli auspicij dell'Eminentissimo Sig. Cardinale* ANTONIO BARBERINI *descritta dal Card. Bentivoglio* (Roma, Mascardi 1635; citiamo dalla seconda edizione, in appendice a *Lettere del Card. Guido Bentivoglio*, Roma, De Rossi 1654, pp. 195-284: copia consultata GB-Lw, DCH 3260)

(p.195) (...) Invaghito il Serenissimo Prencipe Alessandro Carlo di Polonia dal desiderio di vedere l'Italia, per Venetia se ne venne alla S. Casa di Loreto, e di là per l'Abruzzo se ne passò a dirittura a Napoli. Quando a Roma si hebbe l'aviso della sua venuta a questa volta, era già verso il fine di gennaro, onde si fece fermo giuditio, che vi si traterrebbe tutto il tempo di carnevale. Ciò diede particolarmente occasione all'Eminentissimo Sig. Cardinal Antonio Barberini di pensare a qualche festa degna d'un tanto Prencipe, a fine di tenerlo divertito in quei giorni d'allegrezza con qualche nobile passatempo. Trovavasi a punto in Roma il Sig. Marchese Cornelio Bentivogli il quale, tornato frescamente di Germania, si era poi da Ferrara trasferito alla Corte per riverire i Padroni, e rivedere i suoi. Sapeva il Sig. Cardinale quanto egli fusse ammaestrato in ogni cavalleresca attione, ed il degno saggio, particolarmente, che haveva dato nelle nozze di Parma del suo valore. In lui dunque volti gl'occhi, non differì con tale opportunità a risolversi di fare una nobil festa di Saracino, della quale volle che fusse mantenitore il medesimo Bentivoglio. Dall'eccesso di tanta benignità stimandosi egli più confuso che favorito, non lasciò di mostrare ch'un tal honore sarebbe stato meglio collocato in altri soggetti; ma fu necessario al fine che ai termini della modestia prevalesse l'obligo dell'obedienza. Fatta palese la risolutione del- (p.196) - l'accennata festa, non si può esprimere con quanto gusto fusse ricevuta ed approvata da quella nobiltà, la quale per corrispondere alla benigna propensione d'animo, che verso di lei mostra Sua Eminenza, non lasciò desiderare segno alcuno di volontà e di prontezza per servirla in tal'occasione. A fine di rendere più maestosa l'attione, era necessario un considerabil numero di Cavalieri, e perciò ne furono eletti fino a ventiquattro, i cui nomi si riferiranno meglio nelle comparse; e ne furono formate sei squadriglie (…) Dal Sig. D. Prospero Colonna, e dal Sig. Conte di Castel Villano fu appadrinato il mantenitore; al quale nel resto non fu prescritta regola alcuna, ma lasciato in libertà di comparire con l'accompagnamento, e con la divisa, che più gli fusse piaciuto (…) (p.197) A questo termine erano le cose; e già cominciavano i Cavalieri a ritrovarsi insieme in un determinato luogo, sì per istruirsi nel portamento della lancia come per ammaestrare i loro cavalli nel corso della lizza, quando improvisamente il Sig. Prencipe di Polonia si dichiarò di voler andare a Fiorenza. Partita l'Altezza Sua da questa Corte, col desiderio di sé, lasciò ancora una sospensione grande negli animi: se dovesse tralasciarsi, o continovarsi la festa. Alle lusinghe dell'otio il Sig. Cardinale non prestò mai l'orecchie, se non per distruggerlo. Bramoso dunque di veder ravvivato nella gioventù romana il primiero gusto dei cavallereschi esercitii, per la conditione dei tempi trascurato più tosto in lei che smarrito, stimò niun'altra festa poter essere più a proposito di questa per un tal fine; e conoscendo quanto bene cospirasse col suo intento la volontà di questi Signori di riabbracciare un sì lodevole istituto, si mostrò fermissimo in volere che in ogni modo si seguitasse l'impresa. Rinovati perciò con ogni efficacia gli ordini, afinché si sollecitassero le cose necessarie, fu poco dopo da penna [Fulvio Testi], che potrebbe accrescere grido all'immortalità se capace ne fusse, dato in luce il cartello del mantenitore. In quei giorni si fece una nobil veglia in casa del Sig. Horatio Magalotti. La congiuntura parve opportuna al mantenitore per pubblicarlo; ed acciò l'attione riuscisse con maggior decoro, fu da lui fatta comparire la Fama in un vago carro, il quale da una grand'aquila condotto sopra quattro ruote messe a oro, apresentossi nel mezzo della sala, dove erano adunate le Dame, e diversi altri Cavalieri. Si scompariva il corpo del carro in molti scannellamenti adornati con fogliami e fregi d'oro, che in campo verde maggiormente spiccavano. Ma dal corpo del medesimo carro (p.198) s'alzava sopra due arpie d'argento il seggio della Fama, il quale pure da una grand'arpia d'argento per la parte di dietro veniva sostenuto. Salivasi al detto seggio per due gradi d'argento tutti lavorati di varii arabeschi ed intagli, e su l'estremo del piano, ove l'aquila haveva i legami per tirarlo, due leggiadri vasi d'argento adornavano il pavimento del carro (…)

Fermossi il carro quando fu di bisogno; e mentre si stava aspettando d'intendere quello che la Fama fusse per apportare ella, accompagnata con un'armonioso concerto d'instrumenti, in queste note con soavissimo canto spiegò la cagione della sua venuta (…) (p.200) In questa guisa cantò la Fama, ed al suo cenno un'araldo riccamente armato, e superbamente vestito, avanzossi nel mezzo di tutta la nobiltà; e lesse la disfida del Cavaliere mantenitore.

TIAMO DI MENFI
A chi si pregia del nome di cavaliere.
Del Sig. Cavaliere Testi, per il mantenitore.

Chi ama e tace, o Cavalieri, confessa la necessità di riscoprire col silenzio i propri o gli altrui difetti. Fuoco chiuso non è fuoco, ma fumo, che suffocato tra le caligini ben tosto svanisce in torbide esalazioni; là dove aperta fiamma chiarisca se stessa col suo splendore, e levandosi in alto espone le sue bellezze al giudizio del Cielo. E vaglia il vero, perche operar di na- (p.201) -scosto mentre s'operi degnamente? Non si dilettano del buio della notte se non quelle ciglia, che non possono sostenere la luce del giorno. Godono gli Dei Superni delle publiche adorationi, de' templi frequentati, de' numerosi sacrifici. Il culto degl'Inferi si fa nelle solitudini, e s'esercita nelle tenebre. Taccia l'amor suo chi sa d'amare beltà manchevole e difettosa: supprima i suoi ardori chi conosce di non haver merito per la corrispondenza, o diffidente di se medesimo sfugge per debolezza gl'incontri, e le difficoltà. Ha gran tempo che nell'altare del mio petto s'adorano le sovrumane sembianze

di Rosinda. Io fin d'allora solennizzai festivamente i natali della mia fiamma: feci palese al Mondo della gloria de' suoi begli occhi la pompa delle mie ferite. Eccitai tutte l'anime a invidiare la felicità del mio cuore e mi procurai volontariamente i rivali per accrescere i trofei alla sua bellezza, e per moltiplicare le vittorie, non meno alla mia spada, che alla mia fede. Con tali fondamenti in questo gran Theatro dell'Universo vengo a mantenervi o Cavalieri, con tre colpi di lancia nel Saracino. Che la segretezza in amore è un abuso superstizioso, il quale suppone, o scarsezza di merito nella Dama, o povertà di spirito nel Cavaliere. Il campo sarà Piazza Navona. Il giorno il quindicesimo di febbraio. Vi propongo cimenti da scherzo per non funestare co' vostro sangue la pace del Tebro. Bastami di risvegliare il vostr'ozio con questi preludi di Marte, e d'ammonire i vostri cuori con questi ammaestramenti d'amore. Accettateli fin che l'arringo è senza pericolo; ché se la vostra pertinacia irriterà la mia destra vi si proporranno guerre da senno, né si ricuserà di darvi al gastigo dove rifiutate gl'avvertimenti. Io cer- (p.202) -to con allegrezza singolare abbraccierò l'occasione, e goderò che il Campidoglio di Roma serva alle vittorie di Menfi, che i miei trionfi si guidino per le rovine degli altrui, e che s'innestino sui cipressi del Latio le palme dell'Egitto.
Io Tiamo di Menfi confermo quanto di sopra (…)

Finito di leggere il Cartello, la Fama su l'atto del partire, voltatasi alle Dame cantò la seguente canzonetta, pregandole a voler esser favorevoli al mantenitore. (…) Fu rappresentata la Fama da Marcantonio Pasqualini celebre musico del Sig. Cardinale. L'inventione riuscì piena di somma gratia, e fu rimirata dai circondanti con non minore diletto che applauso. Alle Dame, le cui bellezze meritavano non d'esser servite, che celebrate da simile Deità furono distribuite copie del medesimo cartello, e l'istesso fu fatto ancor con gli altri che si trovarono presenti.

Il Signor Cardinale, non contento di favorire e di promuovere semplicemente la festa, volle anche in essa far risplendere la generosa sua munificenza col formare una squadriglia intera di quattro Gentilhuomini suoi familiari. A nome di questa squadriglia (…) uscì fuori una risposta contro la disfida del mantenitore, e ne fu solennizzata la publicatione in una veglia de' Signori Falconieri col mezzo di un nobilissimo balletto. Finito il trattenimento del giuoco, le Dame con tutta la comitiva si ridussero in una sala vicina, ove le sedie erano state apparecchiate in forma di piccolo teatro. Ivi poco dopo comparvero due ninfe, le quali conducevano seco sei pastori ed un araldo. (…) [le ninfe] da soave armonia secondate, venivano cantando i seguenti versi (…)
(segue la lettura del cartello di risposta al Mantenitore)
(…) Così cantato udissi una dolcissima armonia d'istrumenti, al cui suono i sei pastori con istraordinarie mutanze e figure fecero uno de' più leggiadri balletti che veder si potesse. Al fine del quale, finirono ancora le ninfe medesime col canto del madrigale seguente (…) Dispensarono le ninfe i cartelli, ed al suono de gli strumenti se n'uscirono dalla sala insieme coi pastori. (p.208) Per dar tempo alle provisioni necessarie fu portata inanzi la festa fino al sabbato di carnevale, che fu alli 25 di febbraio, e per quel giorno furono intimati i Cavalieri e gli Offitiali d'essere all'ordine. Dai Signori Giudici e Padrini aggiustaronsi in tanto i seguenti capitoli, che furono poi fatti pubblici con la stampa (…)
(Inizia quindi la descrizione della festa:)
(p.213) (…) e chiudeva finalmente la comparsa il mantenitore medesimo vestito all'egittiana. Era verde il colore; e l'avvivava molto più la speranza della vittoria, che la maestrìa dell'arte. L'habito consisteva in una sopravesta superbissima di ormesino. Spartivasi questa dal petto, ed una gioia d'istraordinaria grandezza, con rilievi d'oro e di perle fabricata, teneva unita la parte di sopra. Di qua e di là haveva alamari con ricamo di perle e d'oro in forma di palma, il cui frutto era un bellissimo rubino, che fiameggiando in mezzo di essa adornava mirabilmente tutto il lavoro. (…)
(Dopo le prime schermaglie, sul far della notte:)
(p.273) (…) sentitosi prima improvisamente lo strepito di alcuni colpi d'artiglieria; poco dopo fu veduta una pomposa nave, che al theatro si veniva avvicinando. Non mancò il Signor Maestro di campo di mandar subito a riconoscere quello che fosse; e saputo ch'era una Deità, mostrò che sopra di essa non si stendeva il suo potere. Entrò dunque la nave per la parte esposta al settentrione; ed al lume di più di mille torce espose agli occhi de' circostanti la più nobile e sontuosa foggia di vascello, che potesse l'arte fabricare.(…) Offerivasi a prima faccia lo sprone della prora, che una gran testa di pesce di tutto rilievo d'oro rappresentava; ed il rostro, che con leggiadra maniera in fuori usciva sulla punta di un'ape d'oro

portava. Il gran peso della prora veniva sotto di questa testa da una (p.274) bellissima sirena sostenuto, che attorcigliando le dilatate code intorno alle braccia faceva ancora offitio di reggere la struttura dell'una e dell'altra sponda. Con la destra portava un sole e con la sinistra una colonna. Dalle aperte sue code, varie ritorte di fogliami vedevansi uscire. (…) (p.275) La machina era del Dio Bacco, il quale si compiacque di segnalare la memoria di una sì nobil festa con la sua presenza. (p. 276) esso dieci stromenti sonati da ninfe e da pastori. Sei marinari lo conducevano con i remi; e da un nocchiero si reggeva il timone.(…) Fermossi la nave sotto il palco dell'Eccellentissima Signora D. Anna, ed ultimamente poi sotto quello della Signora Marchesa di Castel Rodrigo, Ambasciatrice di Spagna. Al cominciar d'un soavissimo suono di stromenti cessò ad un tratto ogni susurro nel theatro, il quale ben presto riempissi di angeliche voci. Fu primo a cantare il Dio Bacco, seguitando poi il choro delle ninfe e dei pastori; e dal riso finalmente con gratia soprahumana terminossi la musica, la quale però venne tramezzata da un gentilissimo balletto di pastori, che secondato da ben concertati stromenti, mentre diletta la vista, e lusinga l'udito,insensibilmente ai riguardanti rapisce il cuore.

I versi che furono cantati sono i seguenti.
Del Signor Cavalier Testi. (…)

(Il giorno successivo il Cardinale Barberini invita a pranzo i protagonisti e per prolungare ancor più il piacere della compagnia fa invitare tutti per la sera del martedì successivo nel palazzo di D. Anna) (p.282) (…) ove fù tenuta una nobilissima veglia, con la quale furono terminati i giocondi passatempi del carnevale dell'anno MDC XXXIV.

Su gli ultimi giorni uscì un nuovo sonetto del Signor Cavalier Testi sopra la celebre festa del Signor Cardinale (…) (p.284) È parso bene di dar ancora notitia a' curiosi dell'inventore del theatro e della nave. Trovavasi in Roma il Signor Francesco Guitti Ferrarese, e per esser già nota la sua esperienza in questa sorte di operationi, il Signor Cardinale si compiacque di servirsi di lui per la construttione dell'una, e dell'altra machina. Con la prima, che fu la maggiore, l'artificio avanzò l'aspettazione; e nella seconda, l'ingegno restò superiore alle lodi. Il Signor Cardinale, per accompagnare il testimonio del publico applauso con quello della privata sua sodisfattione, non lasciò di far godere largamente i frutti della sua benignità e munificenza alla virtù del sogetto. Il medesimo Signor Guitti fu anche autore dei versi cantati dalla Fama nella publicatione del cartello del mantenitore; e di quei parimente, che si cantarono nel balletto, quando fu publicato il cartello per la squadriglia dei quattro Re. Altri huomini di chiaro grido nella professione dell'architettura sono stati ornati del dono della poesia, onde non potrà esser nuovo, che il nostro inventore apparisca anch'egli honorato dell'amicitia delle Muse.

IL FINE

* *La descrizione fu attribuita al Cardinale (Guido) Bentivoglio dal Mascardi, forse per accrescere l'importanza alla pubblicazione, ma da molti studiosi moderni autore del testo è considerato lo stesso Mascardi. In realtà sembra possibile che un membro della famiglia Bentivoglio (forse l'Abate Annibale) fosse l'autore di una relazione - peraltro così lusinghiera per il proprio rappresentante Cornelio - degli avvenimenti del 1634. Ampi stralci del testo furono pubblicati già da Marc Wilson de La Colombiere, Le vray théatre d'honnoeur e le chevalerie, le illustrazioni di Andrea Sacchi delle scene della festa sono riprodotte, con una notevole parte della relazione, in Dell'Arco-Carandini, L'effimero barocco, I, pp.368-84. Per una ricostruzione degli avvenimenti legati alla Festa del 1634, oltre a Haskell, Carandini-Dell'Arco cfr. Tamburini 1987, pp. 22-79. Oltre ai testi editi dal Mascardi, tra le opere di Fulvio Testi si trovano altre tracce della Festa del 1634: un componimento dedicato al Cardinal Antonio Barberino "Doppo la bellissima quintanata fatta in Roma d'ordine di Sua Eminenza" e il cartello letto da "Tiamo di Menfi a le Dame Romane" Che l'amore non dee tenersi celato "Nell'occasione d'una quintanata mantenuta in Roma" (Testi 1676, pp. 357-358).*

979. Felice Sellori e Bartolomeo Baiocchi ("setaroli al canto di Sforza") da Roma a EB, Ferrara 4.III.1634
AB, 240, c.3

(…) Con la presente facciamo riverenza a V. E. Illma, con racordargli che ci voglia pagare, sì come ci promise per l'ultime sue lettere, che non sarìa passato molti giorni (…) che sono da scudi trecento in circa (…) e non vogli tirare più inanzi, che sono passati gli anni e mesi che ci deve, e lo deve fare tanto maggiormente che l'Illmo ed Ecc.^o Sig.^r D. Cornelio suo figliolo ha fatto prove stupendissime in questa giostra, e ne ha reportati tanti li honori con la sodisfatione di benvoglienze a tutta la città di Roma, che merita esser Generale del Sommo Pontefice, e di qualsivoglia Imperio e Reame: che il Sig.^r Iddio lo conservi (…)
(ricordano di essere in credito, da oltre 3 anni, anche di 500 ducati di moneta dal Cardinal Guido Bentivoglio)
* Il riferimento è alla Giostra del Saracino di Piazza Navona, di cui Cornelio Bentivoglio era stato mantenitore.

980. Leonora Castiglioni da Bologna a (EB, Modena?) 11.III.1634
AB, 240, c.22

Illmo Sig.^r e Padron Coll.^mo

Stimo mio obligo riverirlo con questa mia, e darli nuova del mio felice arrivo, Dio lodato, in Bologna e pregarlo tenermi viva nella sua memoria. Qua è arivato Beltramme [=Nicolò Barbieri], ed è desiderosissimo di venire il venente carnevale a Ferrara. Si aspetta il Sig. Cinthio [Jacopo Antonio Fidenzi], con il rimanente della compagnia, di giorno in giorno: mi duole che, nel passar loro a Ferrara, non possino concludere con V. S. Illma quanto ella ha in pensiero, e noi desideriamo. Mi fu però accennato in Ferrara dai suoi SS.^i figlioli, che costì il S.^mo Sig.^r Duca [di Modena] procura, per il battesimo del S.^mo Principe, tra le altre allegrezze, anco comedie; e che ha dato il carico di far venir costì la nostra compagnia: prego V. S. Illma, se ha niuna verità di questo fatto, mi avisi, ed insieme come mi devo governare. E per non infastidirlo li fò riverenza   di Bologna li 11 m.^o 1634.
Di V. S. Illma

Aff.^ma serva
Leon.^a Castig.^ni

981. Domenico Bruni (detto "Fulvio") da Bologna a (EB, Ferrara) 19.III.1634
AB, 240, c.43

Illmo ed Ecc.^mo Sig.^r e Padrone mio Col.^mo

Conosco la grazia che la E. V. ci propone del carnovale in Ferrara, ma per ora non saprei come accettarla, essendo solo col Panta[lone] in Bologna, nel cui numero non si riserva l'autorità di concludere gli affari della compagnia, oltre che lo Illmo Sig.^r Ettore Tron si è affaticato e si affatica per far venire da Roma la Delia, acciochè [questa] debba, nel ritrovato suo teatro, recitare lo inverno venturo. Se qualche accidente in questo mentre sucedesse, di poter accettare la grazia propostaci, io non mancherò di accettarla: in tanto ne avisarò i compagni che sono a Venezia. Ed a V. E., augurando il sommo di ogni felicità, li fò profondissima riverenza.   Di Bologna il dì 19 marzo 1634
Di V. E.

Devotiss.^mo servo
Domenico Brunj d.^to Fulvio

982. Leonora Castiglioni da Bologna a (EB, Ferrara) 28.III.1634
AB, 240, c.20

Illmo Sig.^r e Padron Coll.^mo

Hoggi era da noi aspettato il Sig.ʳ Cin[ti]o [Jacopo Antonio Fidenzi] con il rimanente della compagnia nostra, ma non sono venuti né sappiamo il perché; ella mi dice che Cin[ti]o ha promesso al S.ᵐᵒ di Modona, ed a noi non scrive niente: V. S. Ill.ᵐᵃ saperà prima di noi, le promissioni da lui fatte al Sig.ʳ Duca nel suo passar di costì: se haverà promesso a Modona, io suplico V. S. Ill.ᵐᵃ ad essermi, come anco mi è stato, fautore, e protettore appo quelle Altezze. E tanto spero gradirà la mia, con la pronta servitù, in Modona, quanto se a Ferrara io fossi: e non havendo il Sig.ʳ Cin[ti]o promesso, potrà V. S. Ill.ᵐᵃ far seco accordo per il carnevale a venire: con questo testimonio della buona volontà di mio marito, e mia ed anco del Sig.ʳ Nicolò [Barbieri] detto (c.20v) Beltramme; e mi creda che tutti noi desideriamo, non chiamandoci il S.ᵐᵒ di Modana, venir costì, ed io più di tutti come sua serva. E le fò riverenza; il medesmo facio all'Ill.ᵐᵃ Sig.ʳᵃ Marchesa Caterina. Di Bologna li 28 m.º 1634
Di V. S. Ill.ᵐᵃ

> Aff.ᵐᵃ serva
> Leon.ᵃ Castig.ⁿⁱ

983. Marc'Antonio Carpiano (detto "Orazio") da Bologna a (EB, Ferrara) 28.III.1634
AB, 240, c.75

Ill.ᵐᵒ ed Ecc.ᵐᵒ Sig.ʳᵉ Sig.ʳ e Padron Col.ᵐᵒ

Passò di Bologna per fretta il Sig. Luigi Mozarelli, al quale diedi la lista delli personaggi della mia compagnia, e lo pregai che la mostrasse a V. E., conforme all'obligo ch'io tengo alla sua benignità e gratia, la quale in ogni mia occorrenza mi ha giovato. L'havessi anche accompagnato con mie lettere, ma la fretta che haveva detto Sig.ʳᵉ di partirsi, non permise l'aspetarle. Qual sia la compagnia V. E. lo sa meglio di me, la veda la lista delle altre, po' faci riflesso alla mia, e troverà che non è delle seconde, quale ella si sia, e prontissima ai cenni di V. E. Né mi obligherò altrove, prima ch'io non riceva la benignissima risposta di V. E., alla cui gratia col profondo del cuore humilmente m'inchino, come fanno Cintia mia moglie, Prudenza mia figlia, e mio genero, unitamente pregandole da Iddio il colmo d'ogni vera felicità. Di Bologna il dì 28 marzo 1634
Di V. E. Ill.ᵐᵃ

> Humiliss.ᵐᵒ e Devot.ᵐᵒ
> ser.ʳᵉ fedele
> Horatio Carpiano comico

984. Fulvio Testi da Roma a Francesco I Duca di Modena 2.VIII.1634
MOas, Cancelleria Ducale Estense, b.188, c.328

(…) Monsignor [Annibale] Bentivoglio e il Signor Abate [Giovanni] mi riferiscono che il Signor Cardinal [Guido Bentivoglio] loro zio si contenterà senza dubbio che si tratti il matrimonio tra esso Signor Abate e Donna Vittoria. E se bene Sua Eminenza non ne ha dato per anche a me un fermo ed assoluto beneplacito, posso credere che ad ogni modo sia per darlo. Anzi l'Abate medesimo, per lo Signor Francesco Guitti che torna a Ferrara, fa dire con molta risoluzione al Signor Marchese [Enzo Bentivoglio] suo padre (e lo stesso pur anche ha fatto intendere al Signor Cardinale), che quando ben anche non sortisse il sudetto matrimonio, egli è constantissimamente deliberato di por giù l'abito clericale e di voler caminare per altra via. (…)
* *Testi, Lettere, II, n.854, pp.328-29.*

985. Antonio Goretti da Ferrara a EB, (Ferrara?) 11.VIII.1634
AB, 240, c.16

Facio sapere a V. S. Ill.ᵐᵃ che l'esame mio è stato sopra la palificata e, finito de esaminarmi, l'Auditore m'ha deto che da lui son spedito e che resta, per spedirmi affatto, ch'io faci fare le mie difese. Il S. Dottore non voria venire a questo termine di difese, per essere negotio longhissimo e dificultoso, e me dice ancora d'aver inteso che ogi si dovrà proponere questa causa in Congregatione inanzi il S.ʳ Cardinale [Guido Bentivoglio], onde prego V. S. Illma ad aiutarmi, ed operare quanto sia possibile, aciò questo negozio si agiusti senza queste difese, pagando però il processo. Ieri ebbi una brutta febra con gomito [=vomito]. Dio mi aiuti a star saldo a questa aflicione.   Di Casa il dì 11 Ag.º 1634

         Ser.^{re} obligatiss.^{mo}

         Antonio Goretti

* Inserita per errore nella busta 240 relativa al maggio 1634.

986. Giacomo Gismanni da Roma a (Caterina Martinengo Bentivoglio, Ferrara)
18.XI.1634
AB, 240, c.5

(Dichiara di aver ricevuto una lettera di raccomandazione per un Prete di Scandiano inquisito)
(…)È vero che si sono stampati di nuovo gli *Offitij della Madonna*, con la mutatione de gl'Inni, e de detti *Offitij* ve ne sono di varie grandezze; ne mando la misura della forma più piccola cioé la longhezza e la grosezza dell' *Offitio*, acciò V. S. Illma veda se gli piace, che la ligatura la farò fare in modo, che subbito a me devo che sarà uno degl'honori che riceverò da V. S.Illma (…)

1635

987. (Documenti diversi sul "Torneo Bentivoglio", Modena gennaio-settembre 1635)
MOas, Archivi per materie, Spettacoli pubblici, b.10

(I documenti raccolti sono conti per pittori, falegnami, etc. per la realizzazione delle macchine e delle decorazioni del torneo, sotto il titolo di *Machina 1635*. È allegato inoltre:)

Discorso del Sr Marchese Bentivoglio intorno alla festa del torneo.
Il fin delle feste vuol fornire con accrescimento di meraviglia e non diminutione. Sarà con gran diminutione, volendosi fornire con una bariera fatta a piedi e con gl'intreciati galoppi di semplici cavali da campagna, essendo l'un' e l'altra cose tanto ordinarie, che ogni giorno ed in tutti i luoghi si vedono a fare e da ogni sorte di persone. Però a me pare che in nissun modo, ed in nissuna maniera, si debba imbrutare cosi regia festa, come sarà questa del campo aperto, se S. A. vorrà che si faccia bene, che per farla tale bisogna che l'A. S. habbia particolar premura di farla esercitar bene e che sia bene combatuta. Per far questo, sarìa necessario, stringendo il tempo, esercitare i cavalieri ogni giorno, mettà la matina, mettà la sera, e sopra il tutto avertire che questo esercitamento si faccia il fresco, perché in altra maniera li cavalieri s'amalerano, e la festa andarà a spaso, o si scemerà di numero, e quello che importa più l'A. S. può correr ancora lui il medesimo rischio d'amalarsi. È necessarissimo che una mano di cavalieri s'esercitino armati a correr la lancia, e per far questo sarìa necessario il metere in piedi la (c.n.n.I v) quintana, ed in essa farli correre e rompere, ma in cavalli ordinari, e che non habbino a servire al campo aperto. E perché pare che S. A. havrìa desiderio che la festa fosse longa, si propone (se ben non sarà breve) duoi modi per farla fornire con maggiore riempimento, e con accrescimento di meraviglia: che sarìa il mostrare che cinque venturieri, o fossero vinti da mantenitori, o mostrassero di conoscer più giusta la querella mantenuta da mantenitori che la loro, e perciò si buttassero dal partito de mantenitori, ed insieme con essi facessero un combatimento novamente di campo aperto di loro sete contro gl'altri sete venturieri, e questo combatimento si faccese tutto in una volta delli detti sete contro gl'altri sete, e questo sarìa un modo. L'altro sarìa il pigliar cinque delli medesimi venturieri, e farli calare in una machina finta d'una bellissima fiama di foco la quale, calando dall'altezza della piazza a basso, come fosse a mezzo dell'aria s'aprisse e si vedesse li detti cinque cavalieri involti fra globi di fiame, e calassero a basso nella piazza; questi dovriano esser condoti da Malagigi, che mostrasse d'haverli (c.n.n.II) condoti per far prova anch'essi del lor valore in compagnia de' mantenitori, con li quali poi uniti facessero il combatimento detto di sopra. La festa in questo modo crederei che fosse tanto bella che non vi

si potesse aggiungere. La riuscita di essa non havrìa difficoltà, e S. A. che è quello che importa il tutto, non metrìa a rischio di amalarsi, poiché in questa forma potrìa fare quella fatica che solo piaccese e tornasse comoda all'A. S., perché potrìa combater solo quante volte le tornasse comodo, e conoscesse non poterli ritornare a pregiudizio della sua sanità, ed il resto potrìa far scegliere a Cornelio; e tutto sia detto con la riverenza che si deve, e mosso dal zelo del buon servitio e della sanità di S. A. S. Quanto al modo poi d'aggiustar l'inventione, il Sr Cav.^r Testis [=Fulvio Testi], con il suo ingegno, non ci havrà difficoltà a trovarlo isquisito.

(Segue nota spese senza data di Ercole Schedoni e di altri: risulta sempre responsabile del pagamento il Marchese Enzo Bentivoglio)

* Si tratta di una copia manoscritta probabilmente destinata ad essere utilizzata per la stampa di un libretto che però non risulta realizzato. Tra i protagonisti dell'allestimento (i conti però si riferiscono soltanto alla "Machina di S.A." e alla "Machina della nave"), ritroviamo: Alfonso Rivarola (il Chenda) "Ingegniero del Sr Marchese", Luca Scultore, Francesco Ferrari pittore, Domenico Schedoni, Carlo e Gasparo Vigarani e "tutti gli Pittori, Indoratori, e stuccatori, così Ferraresi, Reggiani, Modonesi, ed altri al n.^o di 30" (i materiali, oltre che a Ferrara, vennero recuperati in gran parte a Parma e a Reggio). Aveva notato l'importanza di questo documento Tamburini, p. 59.

1637

988. Francesco Guitti da Venezia a EB, Ferrara 17.I.1637
AB, 214, c.68

(...) Rimarrà V. S. Illma scandalizzata, quando io le dia parte, che siamo arrivati questa notte solamente a Venezia (...)

* Il documento è collocato in una busta relativa all'anno 1628, ed effettivamente la lettura della data è incerta: ma il contesto corrisponde piuttosto al 1637.

989. Annibale Bentivoglio da Roma a EB, Ferrara 2.VI.1637
AB, 245, c.2v

(...) Si fanno le commedie spagnole, ed ogni giorno vi si trova quantità de Cardinali, in casa del Sr Ambasciatore, che di casa sua si possono sentire. Ciò è mal sentito a Palazzo, e chi vi prattica non dà gusto ad andarvi (...)

990. Marcello Provenzale (Modena o Cento?) a Cavalier del Pozzo (Roma?) 13.VI.1637
FOc, Piancastelli, Autografi: Provenzale

Illmo Sig.^r mio sempre Oss.^{mo}

Ho dato la letera al Sig.^r Fanfonio, il quale mi ha deto che ha hauto la letera di cambio ed il denaro, e che ne ha dato parte al Sig.^r Tartaglia: ringratio V. S. Illma ed anco da parte del Sig.^r Ludovico, al quale farò fede de la gran briga di V. S. Illma in favorirlo, efeti de la benignità. E le fatio humilissima riverenza

di casa questo 13 giugno 1637

D. V. S. Illma

humilissimo ed oblig.^{mo} ser.^e
Marcello Provenzale

* Segnaliamo questa lettera, anche se non proveniente dall'Archivio Bentivoglio, perché rara testimonianza di un artista legato alla famiglia ferrarese, soprattutto attraverso il fratello Ercole. L'interesse del documento è aumentato dalla possibile identificazione del destinatario con Cassiano del Pozzo, celebre mecenate, sul quale cfr. Haskell.

991. Antonio Goretti da Tresigallo a Caterina Martinengo Bentivoglio, Ferrara 15.X.1637
    AB, 245, c.21

(...) La lettera di V. S. Illma l'ho ricevuta tardi onde, per aver mandato li cavali a Ferrara con portare robba con la careta della vila, è necessario che aspeti che ritorni; li qualli sul ritornati, io verò a riverirla e ricevere li suoi comandi, che serà postodimani. Intanto mi ralegro con V. S. Illma con tutto l'affetto della sua venuta e per fine li fò riverenza (...)

992. Annibale Bentivoglio da Roma a Ventura Ciavernelli, Ferrara 21.XI.1637
    AB, 245, c.67

Sr Ciavernella.
Io credeva, e credo, di poter fare il capitolo maggiore che di 2 mila scudi come mi scrive, poiché a questo conto, bisognerebbe ch'el priorato non mi fruttase quest'anno che 1400 scudi, poiché 600 sono quelli che avanza il conto vecchio, e di prestito dalla S.^ra Madre e Sr Cornelio [Bentivoglio] (...) Ella sii subito dal Sig.^r Marchese Martinengo, il quale gli darà un quadro. Havutto ch'ella l'habbia lo faccia incassare, come già si fecero gl'altri, cioè in una ca[s]sa posta, e questa poi con pece calafatata, che se ben mi ricordo ella m'inviò gl'altri, ed in ogni caso potrà valersi dell'opera del Guitti. Accomodato che sia l'invii con un cavallo a posta al Prandi, al quale scrivo come poi me lo deve mandare, e sopra la cassa ci metta il soprascritto: "Al Sig.^r Card.^e nostro", avertendo che vada ben sigillato, e che non possa patire (...)
(p.s.:) Mandi subito quello quadro, e sopra tutto a posta a Ravenna, che per altra via stanno cento anni (...)

1638

993. Jacopo Antonio Fidenzi (detto "Cinzio") da Roma a (EB) Modena 12.II.1638
    MOas, Archivio per materie: Comici, 3 (prov.AB)

(È una lettera ricca di particolari sui comici e sui loro prottettori. Sono citati tra gli altri: Nicolò Barbieri-Beltrame; Fulvio Baroncini-Brighella; Brigida Bianchi-Aurelia; Carlo Cantù-Buffetto; Marc'Antonio Carpiani-Orazio; Leonora Castiglioni)
* *Ed. Rasi, I, pp.880-881;* Corrispondenze, *II, Barbieri Nicolò: 29, pp.36-37.*

994. Leonora Castiglioni da Roma a (EB) Modena 13.II.1638
    MOas, Archivio per materie, Comici, 4 (prov. AB)

(Sono citati tra gli altri comici: Nicolò Barbieri-Beltrame; Fulvio Baroncini-Brighella; Jacopo Antonio Fidenzi-Cinzio; Agostino Romagnesi-Leandro)
* *Ed. Rasi, I, pp.606-607;* Corrispondenze, *II, Barbieri Nicolò: 30, p.37.*

995. Annibale Bentivoglio da Roma a Ventura Ciavernelli, Ferrara 14.IV.1638
    AB, 246, c.52

(...) Ha fatto benissimo V. S. [a] far accomodare li quadri avanti che darli a chi si devono, acciò non havessero ad aspettarli, come ella mi scrive, e di ciò ne ringratio V. S., e sentirò con gusto, che gli siano piaciuti (...)
(p.s.:) V. S. dica da mia parte al Sig.^r Cornelio [Bentivoglio], che io vorrei qua a Roma il ritratto grande del Sig.^r Cornelio nostro avo, ch'è in sala grande armato. Il Sig.^r Card.^e [Guido Bentivoglio] ancora ne mostra gusto, tractando di far fare quello del nostro Sig.^r Padre, ed havendogli poi con quello del Sig.^r Card.^e tutti d'una grandezza. Di gratia gli dica che me lo mandi subito, ed in quello mi rimetto poi alla

diligenza di V. S. (…)
* *Dunque esisteva il progetto di realizzare un ritratto del Marchese Enzo, dello stesso formato di quello del Cardinal Guido dipinto da Van Dyck ("tutti d'una grandezza"). Purtroppo non ne restano tracce.*

996. Annibale Bentivoglio da Roma a Ventura Ciavernelli, Ferrara 17.IV.1638
AB, 246, c.75

(…) Sento gusto finalmente che V. S. habbia recapitato li quadri, e che sì caramente siano stati ricevuti: di ciò ne ringratio V. S. e le prego da Dio ogni vero bene (…)

997. Annibale Bentivoglio da Roma a Caterina Martinengo Bentivoglio, Ferrara 17.IV.1638
AB, 246, c.78

(…) La stima che V. S. Ill.ma ha fatto del mio ritrato, ponendolo in camera sua, non è prodotta da altro, che dal singolar affetto ch'ella si degna portarmi, com'anche il dire ch'io sia più bello del ritrato. Il pittore professa d'haverlo fatto naturalmente, ed io sono dalla sua: confesso bene, che questo l'ha ritratto da un'altro fatto già tempo fa, ma anche tirrò in qualche parte me presente poi. Insomma il naturale è quello che V. S. Ill.ma vorrebbe apresso di sè, ed io non desidero altro per poterla servire con gl'effetti, e non con le parole, come fò adesso (…)
* *Si cita ancora un ritratto non sopravvissuto di un membro della famiglia Bentivoglio: Annibale (anzi, due, contando quello "fatto già tempo fa").*

998. Annibale Bentivoglio da Roma a Ventura Ciavernelli, Ferrara 5.V.1638
AB, 246, c.14

(…) Starò attendendo, quando sarà finito l'arbore della Casa, com'anche il ritrato del S.r Cornelio [Bentivoglio] il vecchio (…)

999. Felice Maria Bonetti da Bologna a Nicolò Messi (detto "il Cornetto"), Ferrara 9.VI.1638
AB, 247, c.34

(…) Stavo aspettando lettere di V. S., e perciò son sforzato a scriverli che sono gionte qua lettere del Sig.r Marchese Cornelio Bentivogli ad un suo particolare, che li trovi dui cornetti per la festa dell'Incoronazione, li quali sono nominati così: il Bertacha, ed il Varino. Io con mio padre avevamo prevenuti duoi, cioé il buon sonatore e buon cantore; né è il dovere già mai che detto Mangioli sii ributato di non venire a Ferrara, perché ad esso sarebbe agravio e disonore. Il tutto si dà parte a V. S. come quello che è stato promotore di ricercare detti virtuosi per detto servizio, e forsi è che sii stato fatto instanza per detto Verino, che se lo vorano di più lo potrano pigliare, ma non è il dovere di tralasiare il Mangioli, e V. S. deve mostrar senso sopra di ciò per mostrare che la sua parola proposta è stata veridica. E ne vengo con la presente a pregarla che proveda al tutto, e di già è stato scritto al Sig.r Marchese Cornelio da persona di autorità, che non è il dovere, che questo negozio mudi mater[i]a per aver dato la parola ed ordinato quanto fa di bisogno; si compiacerà V. S. d'avisarne quanto prima ciò che deve procedere di questi virtuosi e le baccio le mani (…)
* *Cfr. lettera sullo stesso soggetto del 12.VI.1638. I musici nominati, Bertacchi, Varino e Manzoli erano tutti suonatori della Cappella di San Petronio a Bologna (cfr. Gambassi).*

1000. Vittoria Pepoli Capponi da Bologna a (Cornelio Bentivoglio), Ferrara 12.VI.1638
AB, 247, c.50

Ill.mo Sig.r Mio Sig.r Oss.mo

Scrisi l'ordinario passato a V.S. Illma che il Sig.^r Domenico Manzoli erra statto chiamato a Ferrara con il Sig.^r Francesco Bertachi per corneta a sonare in queste feste di Ferrara, e ch'ora avevo inteso che V. S. Ill. ne ghiamerà un altro, tal Costanzo Varini; e perciò suplicavo V.S. Illma a non voler far torto al detto Sig. Domenico, sì per esser perfetto nel suo essercizio, come per esser mio amico e compare e maestro da sonare. E per tutti questi rispeti, V. S. non deve darli disgusto, anci protegierlo più lui di nisuno altro: come la prego con tutto l'afetto a riscriver subito che lui venchi, altrimenti io resterei disgustatissima di V. S. Illma e come vengo a Ferrara mi lamentarei di lei. E restandomi al solito serva li bacio le mani (…)

* *Cfr. la lettera di Felice Maria Bonetti del 9.VI.1638.*

1001. G. Sardi, *Libro delle Historie Ferraresi* (1646), p. 75

1639 [ma giugno 1638] (…) Dovendosi dunque far questa divota e solenne festa in piazza Nuova, avanti il Palazzo delli Signori Marchesi Bevilacqua, l'architetto fece piantar molte grosse e lunghe travi avanti esso palazzo, che nell'altezza e nella lunghezza di lui lo superavano, sotto le quali dispose certi argani che, voltati da gli huomini, movevano come egli volea quelle machine, ch'egli poi fece; disposte queste travi, le coperse con quadroni, ch'egli dipinse, rappresentando tre grandi prospettive, ed in quella ch'era in mezzo all'altare due vi pose un'altare, il quale era tanto alto, che poteva esser veduto da quelli ch'erano più lontani; ond'egli, perché gl'huommini vi potessero commodamente salire, vi fece due larghe scale, che rotte in quattro si risolvevno, le quali tutte dalle bande havevano balaustrate, e vasi di fiori nelle loro cantonate. E perché questa *Incoronatione* si doveva fare ad un'ora di notte in circa, avanti questo gran theatro fece egli piantare diciotto grandi torcie, ch'al tempo loro accese doveano illuminare questo maestoso edificio. Con questa occasione non mancarono li maestri di far palchetti (…)

Il Cardinal Rocci (…) invitò a quella festa il Cardinal Colonna Arcivescovo ed il Cardinal Sacchetti Legato di Bologna, li quali vennero in Ferrara (…) ed il dì ventesimo di giugno, che fu la terza domenica di detto mese, furono tutti nella Chiesa di San Domenico, ove si cantò il *Vespro* con musica molto solenne, il qual finito che fu (…) incominciarono la processione (…) Passò questa divota procesione (p. 77) per le strade, ch'er[a]no tutte addobbate di spaliere e di corami d'oro, ornate di bellissime pitture, pendendo dalle finestre tapeti finissimi e drappi di seta con frangie d'oro, quando all'apparir di lei in piazza Nova, dal theatro fu salutata con un'armoniosa sinfonia d'organi e di strumenti a fiato e da corde. E perché il giorno s'imbruniva, furono accesi lumi e le torcie, che dicessimo sì che questo grande theatro fu benissimo illuminato. Intanto giunse la processione sino alle scale di lui, ove si fermò con l'imagine della Beata Vergine, che sotto il baldacchino, fu portata su per le scale, seguendola i Cardinali, alla prospettiva di mezo, ove era l'altare, sopra il quale fu collocata, cantando li musici e suonando gli stumenti che dicessimo; quivi posta, il baldacchino fu portato da una parte (…) quando tacendo li musici, si viddero comparir in aria sopra due machine Davide e Salomone, li quali salutando l'imagine di Maria Vergine Nostra Signora e Avocata, fu da questi lodata, suonando Davide l'arpa, che havea fra le mani, e cantando con Salomone le glorie di lei hebrea per nascita, ma nostra per divotione, accompagnati dal suono degl'organi, che non si vedevano. Finite queste lodi, sparvero queste due, e vennero due altre machine, sopra le quali erano li due Patriarchi S. Domenico e San Francesco, li quali cantando, lodarono essa gran Madre di Dio sempre Vergine, Signora del Sacratissimo Rosario, li quali havendo finito il loro divoto canto sparirono, e nell'istesso tempo s'aprì il Cielo, e vennero due Chori d'Angeli sopra due altre machine, li quali havendo lodato, cantando, essa Beata Vergine, come loro Regina, voltandosi al Cardinal Rocci l'invitarono ad incoronarla. Il qual, levatosi dal suo luoco, prese una bellissima (p.78) ghirlanda di rose (…) e la pose in testa alla Beata Vergine, cantando sempre essi Angeli. Il che essendosi fatto, credendo ogn'uno che la festa fosse finita, si levarono per andarsene, quando apparve nella maggior altezza del theatro un'Angelo che, con una ignuda spada in mano, cantando minacciò un dragone, rappresentante il Diavolo, ch'era stato posto sopra l'antica e gran base di marmo, posta in mezo a questa piazza, alla memoria del Duca Ercole Primo; il quale, essendo pieno di fuochi artificiati, finito che hebbe di cantar esso Angelo, fu acceso con tanti fuochi di razi infiammati, di tromboni accesi, e di pignatelle volanti, che quella gran piazza fu illuminata.

* *Si tratta della solenne rappresentazione, alla presenza di 30.000 persone*, di Ferrara trionfante per la coronazione della B.V. del Rosario, *frutto della collaborazione di Ascanio Pio di Savoia e del Chenda*

(l'"architetto"). La descrizione evidenzia l'impostazione bentivolesca dello spettacolo, con i continui colpi di scena degli apparati.'

1639

1002. Ventura Ciavernelli da Ferrara a (Annibale Bentivoglio, Roma?) 2.I.1639
AB, 248, c.9

(…) Ricevo il piego di V. S. Illma e la sua lettera, nella quale nemeno m'avisa la ricevuta delle robbe che le mandai, se bene mi credo le habbi havute. Dice nella sua lettera di mandarmi le solutioni de pegni fatti da suoi fratelli ma non li manda: farò cercarle perché dovettero rimanere fuori del piego (…)

Ho detto al pittore quello che lei comanda, e gli fò dare pane e vino, e li danari che li do io, in raggione <in raggione> de otto bolognini il giorno. (c.10)

(…) Il Sr Magnanino mi ha poi riferito che l'amico suo ha havuto bisogno di danari, e che ha impegnato le perle e la croceta al monte, e non ha potuto altrimenti havere sopra il danaro che ha pagato alli hebrei per li argenti, che le perle non le ha potuto impegnare che per scudi cento, e che se gli darà un cambio di potere impegnare scudi cento, dove si tratta di servire a V. S. Illma farà darvi le perle. Ho fatto vedere dall'estimatore del monte li [a]razzi, se li può pigliare per detti scudi cento: ma se n'è burlato, onde V. S. comandi sopra ciò [se] si deva fare altro.

Mi scrive da Roma il Sr Marchese [Cornelio Bentivoglio] che se li SS.^{ri} non hanno portato con loro in Fiandra le patenti di Capitani ch'hebbero dalla Repubblica [di Venezia]: le mandi a Venetia al Calvini, acciò lui gli le facci havere (…)

Non franchiamo le robbe con questo ordinario, perché vogliono tanto che è una compassione: l'ordinario passato bisognò dargli un reale (…)

(c.10v) (…) Si sono cominciate le comedie e mi ha detto Raffaelo che il palco di V. S. Illma, dove vano le done, è pieno ogni sera di mile persone: gl'ho ordinato lo facci serare, con catinazo e chiave, e così si farà domatina. Come si portino questi comedianti non lo so, che non li ho sentito ancora, ma hano gran lodi da tutti. Con questa non mi occore altro (…)

(Allegata, c.11, nota di cambi:)

Realli n.º 28 son di <di> Modena lire	scudi 179 - 4 - 0
Dobelle di Gienova d'Argie[nto] son	14 scudi 135 - 6 - 8
Duchatoni di Fiorenza n.º 10	scudi 80 - 0 - 0
Cechini n.º 2 uno ongaro	scudi 38 -10 - 2
Duchatoni di argento n.º 4	scudi 31 - 4 - 0
Un scudo di Parma e un paulo di Roma	scudi 5 -15 - 0

1003. Matilde Bentivoglio da (?) a (Annibale Bentivoglio, Roma?) s.d (fine gennaio 1639)
AB, 248, c.20 (minuta)

Illmo e Rs.^{mo} Sig.^r mio Oss.^{mo}

In questo punto ricevo una letera di Donna Vitoria [Pepoli?] di 15 delli presente, dove mi dice le precise parole: "Il Sig.r Marches Encio cadé hier matina la gocia, e gli diedi sul lato manco che glilo ha impedito, se<n> ben dicano che sperano si risolverà perché con tantino male la mano, stette alla comedia, dove era un ecesivo caldo; e poi sotto una finestra a pigliar su una tramontana di galiarda si facea sentire". Questo è quanto sopra ciò mi scrive: ne ho subito voluto dar conto a V. S. Illma. Né esendo questa mia per altro, le bacio le mani

Aff.^{ma} Cugina e serva
Matilda Bentivogli

* *L'incidente raccontato con l'imprudenza dimostrata saranno probabilmente causa indiretta dell'aggravarsi delle condizioni di salute del marchese Enzo, la cui fine, per una strana coincidenza, può essere associata ad* *un'ultima serata a teatro. Morirà il 25.XI.1639, dopo un colpo apoplettico. Cfr. Southorn, p. 86.*

1004. Francesco Guitti da Ferrara a (EB?) 17.I.1639
AB, 248 (Lettere a Guido Bentivoglio, 1639-1640), c. 105

Illmo S.^r mio Oss.^{mo}

Io so che V. S. saprà già che alla prima lettera che V. S. mi scrisse, io non potei rispondere perché il messo me la diede quando partiva. Per la prima, ringrazio V. S. delle sue offerte fattemi, e dell'allegrezza della parentella fatta tra il S. Colonnello [Pellicciari?] e me. E assicuro V. S. che non vi serà cosa per me fattibile, ch'io non sia per fare in servizio suo, sì appresso a Padroni, come per me stesso. Già io sono obligato alla cortesia di V. S. quando son capitato costì. Però, ove io posso, mi spenda. Il Sr Colonnello partì, e con soddisfazione straordinaria de Padroni, i quali fanno la stima di Lui, e del suo merito, che devono. Intanto io avviso V. S. che le Cassette non ancora sono giunte a Ferrara per il ghiaccio. Ma farò le diligenze per esse, che V. S. m'accenna e poi l'avviserò, quando le avrò sbrigate, con la prima occasione che mi verrà.

Io non so che mi dire, se non che V. S. doveva comandarmi qualche cosa, se mi voleva dar segno di volermi bene. Che però la prego a farlo, perche vedrà quanto io la stimi, e quanto (c.105v) io tenga a memoria la sua buona volontà usata meco. E per primo segno di voler io accertarla di più, voglio essere il primo io che la preghi d'un favore, ed è con condizioni, senza le quali io non sono mai più per ricorrere a Lei. Io vorrei donare al S. Commissario della Camera in Ferrara un poco di tartuffola, e se bene credo che ne sia carestìa, però voglio sperare che in qualche modo sia per capitarne. Dunque il Sr Antonio Cigno deve favorirmi, non solo trovandone di farmene avere una canestrella, ma nel medesimo tempo accusarmi la spesa. E perche V. S. non creda che io burli, la giuro da galanthomo di rimandargli<i>la indietro, e di mai più valermi della sua cortesia, se non mi scrive quello che devo rimborsarle. Però l'incommodo del trovarla e dell'inviarla sarà il favore che V. S.deve farmi. Il resto stia pari. Io la saluto di core e me le offero, e le mando l'inclusa di mio cognato. E le bacio le mani. Di Ferrara li 17 gen.^{ro} 1639

D. V. S. Illma

Aff.^{mo} ser.^{re} vero

Francesco Guitti

* *Nonostante sia accolta nella busta di lettere dirette a Guido Bentivoglio, questa scritta dal Guitti non può essere indirizzata al Cardinale o ad altro ecclesiastico membro della famiglia Bentivoglio, per l'assenze delle formule reverenziali di rito. Il colonnello con cui si è imparentato Guitti dovrebbe essere Marc'Antonio Pellicciari, altro corrispondente dei Bentivoglio: questi figura però come "cugino" del Guitti in una lettera del 6.V.1640, probabilmente acquisito attraverso un matrimonio.*

1005. Alessandro Caneti (?) da Ferrara a (EB?) 23.I.1639
AB, 248 (Lettere a Guido Bentivoglio, 1639-40), c. 137

(...) Qui a Ferrara si va in maschera e si fa comedie, ma le giuro da vero Cavaliere che si conose alla scoperta che ci mancha la grandezza della sua Casa, andando il tutto conforme la stagione che è fredissima: si va però sperando che V.S. Illma sia per onorarci di venire ad incalorire qualche giorno di questo carnevale con la sua presenza, ed io più d'ogni altro lo desidero, perché forse havrò fortuna di poterla servire in qualche cosa, se ben però in poche, stando la mia deboleza (...)

1006. Tommaso Venturini da Firenze a destinatario sconosciuto (Ferrara) 28.I.1639
FOc, Piancastelli, Comici italiani secc.XVII-XVIII

Molto Ill.^{re} Sig.^{re} mio Oss.^{mo}

Come è noto a V. S. la compagnia del Sr Valerio comico, che hoggi si ritrova in Parigi, ha finito le loro fatiche ed opere delle loro comedie. Hora, havendosi a provedere Quella Corona d'altra compagnia, dall'Illmo Sig.^{re} Luigi Hessellino, al quale si aspetta la protetione di voi altri comici, come carica sua,

mi viene scritto che io sia con V. S., credendo egli, che Lei dimori qui in Firenze. Ma perche V. S. si ritrova costì in Ferrara, non posso far quell'ufitio che da lui mi è ordinato, che sarebbe di abboccarmi con V. S., esortandola ad andare a suo tempo in Parigi con la compagnia; che di presente ha però giudicata da questo Signorre squisita per quella ocasione, e se pure havesse per concetto di migliorarla, di haver l'occhio di condurre seco Zanni ridicoli, che faccino delle cascate: amando e gustando quelli a quelli Signori più di ogn'altra cosa coteste cascate. Io, che ho in pratica per la lunga servitù con questo Signore, credo il tutto che da lui mi è detto, e mi duole di non potere mostrare a V. S. la lettera che egli mi scrive, la quale tratta dell'utile e conto che è messo a cotesto Valerio l'haver fatto questo viaggio, havendoli lui (c.n.n.Iv) dato, come Tesauriere di Camera di quella Corona, scudi 2000 e secondo, come per una lettera sua si può vedere sempre, gli altri regali. Se in ogni caso V. S. facesse tale risolusione di andare, io son qua per procurarli il passaporto come è solito farsi; e se poi V. S havesse altra dificultà, V. S. me ne dia avviso, sì come m'accenna il detto Signore. Ed ancora vorrebbe che ella scrivesse al Re di suo pugno, mostrando essergli cosa grata l'andare a servirlo (se però V. S. fusse del tutto resoluto di andare). Prego V. S. dirmi perciò il suo parere, affine che io possa satisfare al debito mio con questo Signore al quale professo vivergli servitore devoto. Altro per hora non m'occorre soggiungerle, che non pregarle da Dio ogni desiderato bene, e Le bacio le mani. Firenze 28 gen.º 1639
D. V. S. Molto Ill.ʳᵉ

Servitore Devotiss.ᵐᵒ
Tommaso Venturinij

* *In alto annotazione di Piancastelli:* "Tommaso Venturini / I Comici Italiani a Parigi / 1629".

1007. Marc'Antonio Pellicciari da Bruxelles a (Antonio Cigno, Reggio o Scandiano) 23.II.1639
AB, 248, c.31

(Notizie storiche sull'armata di Fiandra. È giunto a Bruxelles accompagnando il "Marchese Padrone", ovvero Cornelio, e altri giovani Bentivoglio)
(…) e li medemi SS.ʳⁱ Ermes e Francesco sono di già inamorati in queste dame, ed io non so dire, che hanno il diavolo addosso (…)
(c.31v) (…) ed in questa città [Bruxelles] quando si nomina il Sig.ʳ Card.ˡᵉ [Guido] Bentivoglio, si nomina un Dio, e se questi SS.ʳⁱ si sapranno mantenere nel suo posto loro, haveranno ciò che vogliono (…)

1008. (Leonardo Maria Piccinini, dedica da Bologna 15.IV.1639 in *Intavolatura di liuto di Alessandro Piccinini Bolognese* (*Libro Secondo*), Bologna, Monti e Zenero 1639: esemplare in Bc)

all'Eminentissimo e Reverendissimo Principe il Sig. Guido
Card. Bentivoglio
(…) l'antica, strettissima, e divotissima servitù, che sempre, e mio avolo, ed esso mio padre, e Filippo e Girolamo suoi fratelli, ed io dopo loro abbiamo professata sempre con l'Illustriss. Casa di V. E., e particolarmente con la di Lei propria persona, dalla quale habbiamo in ogni tempo ricevuti favori, e grazie tanto singolari (…)

1009. Marc'Antonio Pasqualini da Roma a (Cornelio Bentivoglio, Venezia?) I.VI.1639
AB, 249, c.11

Ill.ᵐᵒ Sig.ʳ mio Padrone Cols.ᵐᵒ
Se io non ho risposto alla lettera, che V. S. Ill.ᵐᵃ dice di havermi fatta gratia scrivermi da Venetia, non è proveduto da altro se non che, non essendo io molto pratico, né tenendo con alcuno corrispondenza di lettere, non vado, né mando alla posta di Venetia, anzi mi credevo che tutte venissero per quella del Papa. Però supplico V. S. Ill.ᵐᵃ a scusarmi, e non attribuirmi a difetto ciò che per altro riputerò sempre a

sommo honore, che è d'incontrar con la dovuta prontezza i suoi comandamenti. E circa al musico che ella desidera, non lascerò veruna diligenza per trovarlo, se bene non è puoca la scarsezza che v'è di qualcun buono. Quanto a quel Cavaliere, che mi nomina nella benignissima sua de 21 del passato, io non poso dirle cosa di sostanza, stante la mia inhabilità, e puoca applicatione alle cose della Corte. Parmi bene, che il maggiore credito che habbia il Cavaliere sudetto, sia il vederlo ben trattare dal Padrone: di ciò si può dire continuo commensale. Ma non si sa se maggiore sia la benignità di S. Eminenza, o l'indiscretezza del Cavaliere in mostrare compiacimento di così lunga scroccatura. Il Segretario maggiore è quello che lo porta. Ho inviata la di V. S. Illma a mio fratello, del quale non dico altro, poiché egli stesso, e con le parole, e con l'opre, le haverà dichiarato di conoscere il suo gran debito, la divozione che a V. S. Illma professa, e il desiderio che ha, con ben servire a lei, di far anche honore a se medesimo. Io lo raccomando alla sua protettione, ed humilisimo la riverisco   Roma p.^mo di giugno 1639
Di V. S. Illma

Humilis.^mo Divotis.^mo ed obligatis.^mo Ser.^re
Marcantonio Pasqualini

* *Non si conoscono altre lettere autografe di Marc'Antonio Pasqualini (Roma 1614-1691) uno dei più celebri sopranisti attivi a Roma. Per un confronto con gli autografi musicali, custoditi in gran parte nella Biblioteca Vaticana, e spesso confusi con quelli di Luigi Rossi, cfr. M. Murata,* Further Remarks on Pasqualini, *"Analecta Musicologica", XIX, 1979.*

1010. Jacopo Antonio Fidenzi (detto "Cinzio") da Milano a (Cornelio Bentivoglio?)
        I.VII.1639
        AB, 249, c.17

Illmo S.^re e Padron Cols.^mo

Io ho sempre hauto ambitione di servir i grandi, ma però senza danno alla mia persona. L'Illmo S.r Marchese Pio voleva che la mia compagnia andasse a Venetia e la sua fosse costì per carnovale; l'Em.^mo Padrone scrisse a Buffetto e a me il desiderio d'averci costì al tempo dovuto. Gli rispondessimo che con affetto l'haverebbono obbedito, quando il Sr Marchese Pio n'havesse detto che si contentava d'inviar la sua Compagnia a Venetia e noi a Ferrara. Cio non è mai succeduto, anzi stima questo Cavaliere, ch'io habbia messo alla punta l'Em.^mo Padrone contro di lui, il che non è; ma perché ho da temere de' maggiori, supplico V. S. Ill.ma a far venir lettere dal detto Sr Marchese alla compagnia, che lui haverà gusto, anzi ci comandi, il servir l'Em.^mo Padrone e la città di Ferrara. So quanto V. S. Illma le sia amico, e per ciò potrà disporlo a questo. Overo per via d'alcuna dama sua parente. Sian pover'huomini, e facilmente potiamo esser offesi anche di lontano. V. S. Ill.ma ha inteso quanto occorre, che noi, superata questa difficoltà, verremo coi partiti dell'anno passato a servir volentieri. Ma in altro modo, nessuno dei compagni vol mettersi a far adirar divantaggio il detto Sr Marchese, il quale ha riceuto mille punture per questo negotio dallo stesso Sr Marchese Roberto suo padre. E per fine <V.S.> a V. S. Illma fo profonda riverenza.   Milano il p.^o Lug.^o 1639
Di V. S. Illma

Div.^mo S.^re
Cintio Fidenzi

* *Apprendiamo così che anche il Marchese Pio, come Don Giovanni de Medici a Firenze ed altri nobili contemporanei, gestiva materialmente una propria compagnia di comici.*

1011. Il Duca di Modena (ma scritta dal Segretario Fulvio Testi) da Modena a Guido
        Bentivoglio, Roma 26.XI.1639
        Attuale collocazione non identificata (prov. AB)

(...) Accompagno il dolore di V. Em. per la morte del già Marchese Suo fratello, che sia in Cielo, con un cordialissimo sentimento, avendolo io amato e stimato mentre era in vita con istraordinaria parzialità di affetto. Questa continuerà ne' figli, così obligandomi il merito singolare di V. Em., le qualità loro e la memoria che perpetuamente conserverò delle pratiche tanto riguardevoli che erano in lui. Rendo intanto all'Em. V. le dovute grazie dell'avviso che si è compiaciuta di darmene e del buon credito che presta all'animo mio in così fatto accidente, e le bacio per fine affettuosamente le mani (…)

Francesco d'Este

* *Ed. in.* Miscellaneo di Lettere del Conte D. Fulvio Testi, *s.i.t. (metà XVII sec.), p. 70; Testi, Lettere, III, n. 1394, p. 158. A questa segue nella stessa data la lettera del Duca (ossia del Segretario Testi) a Cornelio Bentivoglio, Scandiano: "Con molta ragione V. S. ne partecipa la morte del già Marchese Suo padre, che goda la gloria del Paradiso, perché per l'affetto nostro avremo sempre per propri tutti gli accidenti della persona e Casa Sua. Compatiamo V. S. di tutto cuore in perdita così grave, e la ringraziamo insieme del ragguaglio che ce ne dà, assicurandole nel resto che, in tutte l'occorrenze Sue, Ella troverà in noi la solita parzialissima disposizione, e rimettendone la prova agli effetti auguriamo a V. S. da Dio consolazione e prosperità (…)" (Testi, Lettere, III, n. 1395, pp. 158-159).*

1640

1012. (Annibale Bentivoglio da Roma?) a (Maestro di casa, Ferrara) s.d. (1640?)
AB, 253, c.294

(…) Posto scrito: V. S. facia venire la boticella del\<l\> Sig.^{r} Segretario che è alli Roglioni, ma di grazia non manchi, e faci a Modona incirare la tella. E fina ad ora haverà avuto altro ordine perché ne sia incirata braccia 12 di quella che ordinariamente si addopera. E de l'una e de l'altra lo raccomando con tutto l'effetto, aciò deto Sig.^{re} resti sadisfato.

V. S. manda la spineta del Sig. Antonio Goretti, che si trova nel mio camerino, e manda il mio brico e li stivalli che mi ha fatto Gio. Antonio.

1013. Marc'Antonio Pellicciari da Ferrara a Cornelio Bentivoglio (Roma?) 6.V.1640
AB, 252, c.28v

(…) Mi trovo qui come disperato, avendo mio cugino in termine tale che non so quello seguirà. Io vorei pur venire a star quattro giorni costì, ma sempre m'intrattiene qualche disgrazia (…)

* *Il cugino in fin di vita è Francesco Guitti, che morirà prima del 15 maggio successivo: cfr. lettera di Carlo Visdomini del 15.V.1640.*

1014. Antonio Goretti da Ferrara a (Cornelio Bentivoglio, Roma?) 9.V.1640
AB, 258, c.40

Illmo S.^r mio e Patron Oss.^{mo}

È molto tempo ch'io desidero d'havere due o tre sonate da arpa doppia del Sr Oratio [Michi] dall'arpa, ed havendo fatto molte instanze per diverse bande per haverle, mai è stato possibile ad otenerle. Onde, sapendo quanta hautorità tiene V. S. Illma con tutti questi museci, vengo con la presente mia a suplicare V. S. Illma a farmi questa grasia di procurare con diligenza di otenerle, che lo riceverò per favore singolarissimo. Mi persuado ancora a credere che V. S. Illma havrà procurato d'havere delle opere da cantare, e delle belle e delle ecelente: che, se alla sua venuta havrà gusto d'honorarmi che ne pigli coppia di qualche d'una, lo riceverò ancora per grasia. E intanto pregarò da Iddio N. S. la sua santa grasia e il buon viaggio, per doverla servire questi quattro giorni di vita che mi resta. E le fo riverenza Di Ferrara il dì 9 maggio 1640
D. V. S. Illma

Humilliss.^o ed oblig.^{mo} ser.^{re}
Antonio Goretti

* *Orazio Michi "dall'Arpa" (Alife, Caserta 1595c.-Roma 1641) fu il più grande virtuoso di arpa del suo tempo: di formazione napoletana, trascorse molti anni al servizio del Cardinal Montalto e di Maurizio di Savoia.*

1015. Carlo Visdomini da Ferrara a Cornelio Bentivoglio (Roma?) 15.V.1640
     AB, 252, c.111

(...) Da altre persone V. S. Illma avrà inteso la morte del Sr Guitti, che sia in Cielo. Io però (...) gliene ho voluto dar parte, assicurandomi ch'ella ne sia per sentire quel dolore, come se fusse uno dei più cari servitori (...)
* *Cfr. la lettera di Marc'Antonio Pellicciari del 6.V. e del 23.V.1640. In ES, VI, col. 68 s. voce* Guitti *è riportata la data di morte errata del 10.XI.1645, in base ad un necrologio dell'Archivio di Stato di Ferrara.*

1016. Marc'Antonio Pellicciari da Ferrara a Cornelio Bentivoglio (Roma?) 23.V.1640
     AB, 252, c.175

(...) Dopo la morte del povero Sig.^r Francesco Guitti, mi sono addoperato per trovar casa di manco precio di questa, che mio cugino aveva tolto, e pagava 60 scudi (...)

1017. Giovanni Bentivoglio da Scandiano a Cornelio Bentivoglio, Ferrara 15.IX.1640
     AB, 252, c.82

                    S.^r fratello.
Aggiusterò col Valutenieri per haver la commodità del denaro, conforme gli scrissi. (...)S'assicuri che verrò subito che posso, non ne vedendo l'ora (...) Riverisco la signora, e la prego di dirle a mio nome che, per la fiera di Rovigo, può valersi di tutto il denaro cavato dal donativo da lei fattoci, ch'io poi piglierò quello che si caverà. S'io potessi con l'occasione della Fiera restar honorato da lei che mi pigliasse da farmi un vestito di Dante, sarìa di mio sommo gusto, quando però la spesa non sia eccessiva, o che questo gl'approntasse incommodo, perché in tal caso non intendo d'haverne parlato.
Domattina mando la maggior parte della gente: ha bisognato pigliar carozze, non ci essendo barche per la scarsezza dell'acqua. Le carozze si sono prese sin al Finale dove saranno domani a sera, credendo, (c.82v) a Trecenta e Ferrara che dovranno andare, possono haver acqua dal Finale in giù. Sarà perciò necessario che al vienerdì questa ella spedisca subito al Finale con ordinare conforme le liste che vedrà incluse chi ha da venire a Trecenta e chi bada an<a>dare a Ferrara; e se vuol in barca, farci esser le barche, e se no potrà commandare che le carozze seguitino il viaggio sino a Trecenta, o Ferrara, come le parerà meglio. Mi voglia bene.   Di Scandiano li 15 7.bre 1640

                                        Aff.^mo s.^re e fratello
                                        Giovanni Bentivoglio

(p.s.:) La Nana hieri mattina trovò l'anello della Signora perso alla Muccia nella canestra di Tina, con miracolo che non si sia perso: io prevengo la Nana con la nova, per haver io la nuntiatura. Noi la faciamo disperare, con dir ch'ella l'haveva rubbato e che poi, non la volendo assolvere il confessore dal furto, ella habbia trovato quest'inventione per restituirlo: perché facciano anche loro l'istessa partita, se la vogliono far disperare.
(c.83, lista allegata):
P.a carozzata
Madalena
Nana
M.ª Alessandra
Betta
La Incoma
Moglie di Pier Gentile
Ragazza d'Arceto
I due puttini, Costanza e Ferrante.
2.^a [carozzata]

Sr Marco [Marazzoli]
Pier Gentile
Sr D.Vincenzo
Giàn
2 paggi
Servitore del Sig.^r Marco
Gasparo e Manela con le robbe. Gl'altri verranno meco.
* Nelle carrozze che si preparavano dovevano trovar posto i protagonisti delle feste del successivo carnevale di Ferrara del 1642, compreso Marco Marazzoli. Forse il " D. Vincenzo" è l'altro maestro di Veronica Santi a Roma.

1018. (Giovanni Bentivoglio?) da Scandiano a (Cornelio Bentivoglio, Ferrara?) 25.IX.1640
AB, 252, c.46

Em.^{mo} e Rev.^{mo} Sig.^r mio Padron Col.^{mo}

Il Sig.^r D. Ascanio Pio, Sig.^r Marchese Martinengo, e molti altri cavalieri al numero di dodici, fra quali sono ancor io risoluto di dare un poco di allegria al carnevale presente con fare una festa in musica e con machine; e perché il Sig.^r Marco Marazoli, servitore di V. E., con le sue compositioni ha dato saggio tale del suo valore, che non può desiderarsi maggiore, desidererebbero questi cavalieri d'esser honorati da V. E. che il Sig.^r Marco potesse trattenersi per dar vita e spirito alla festa col metterla in musica. Io, a nome di tutti, supplico humilmente V. E. della gratia di questa licenza, assicurandola che tutti gliene resteremo infinitamente obligati, e se nella festa ci sarà niente di bono, lo riconosceremo tutto dall'infinita benignità di V. E. Alla quale faccio humilissima riverenza.   Di Scandiano li 25 7.bre 1640

* Minuta senza firma. In margine una annotazione moderna a matita, firmata da Pier Maria Capponi: "(Andrea Ziani)?". In effetti la grafia richiama quella di una lettera di Andrea Zani (Ziani?) del 3.XI.1640, da Venezia. Per un confronto con la grafia di Giovanni Bentivoglio cfr. invece b.253, cc.82-83.

1019. Angelo Contarini da Venezia a (Cornelio Bentivoglio, Ferrara?) 3.XI.1640
AB, 253, c.26

Illmo ed Ecc.^{mo} Sig.^r mio Oss.^{mo}

Riverisco V. E. con questa mia lettera, che intendo essere giunta costì, supponendo doversi applicare al negotio, in che offerisco la servitù mia sempre. Gl'avocati saranno pronti, ed ogni altra cosa che commanderà. Deve venire a Venetia una cantatrice romana e passerà costì; ond'è supplicata del commodo della peota. Io, che so essere ella sempre inclinata a far favori, ho risposto non v'esser bisogno delle mie spettanze; ma però, per quanto potesse trovare, io la supplico concederle la sua peota per Venetia. Ed a V. E. bacio devotamente le mani.   Ven.^a 3 novembre 1640
D. V. E.

hu.^{mo} ed obbl.^{mo} ser.^{re}
Angelo Contarini

* La peota era una barca di media grandezza, tipica del mare Adriatico (cfr. Tommaseo-Bellini, Dizionario, XVI, p. 73).

1020. Andrea Zani (=Ziani?) da Venezia a (Cornelio Bentivoglio, Ferrara?) 3.XI.1640
AB, 253, c.46

Illmo ed Ecc.^{mo} Sig.^r Padron Oss.^{mo}

Ho scritto tre altre mie a V. E., né mai ho potuto haver fortuna di risposta: mi immagino si sia trattenuta fuora. Il pittore ed ingeniero, che V. E. mi fece parlar per venirla a servir questo carnevale, per la festa da doversi fare per l'Illmo Sig.^r Cognato [=Ascanio Pio], mi fa instanza li dia qualche aviso se deve star a sua posta, havendo altre occasioni. V. E. mi dia qualche aviso, come anco del Manelli: [il quale] pure ha un'altra occasione di servir qui [e] vorrebbe sapere se deve star a posta di V. E. Illma. La suplico di quattro righe, così queste persone sappiano quello devono fare e per non perder sua ventura. Il Sr Abbate Grimani mi fa grandissima instanza che V. E. mi dia qualche aviso del operato a Modena, se vi è speranza alcuna, come anco se vi fosse mente di trattar qualche cosa per la Illma Martinenga sua cugina venut'a Venetia in Monastero. V. E. mi honori di quattro righe, per poterle mostrar a questo Cavaliero, mentre per fine a V. E. mi offero e dedico servo   di Venetia li 3 di 9.bre 1640 D. V. Ecc.^za

Hum. ed oblg. se.^re

Andrea Zani

* *È improbabile che si tratti del compositore Pietr'Andrea Ziani (Venezia 1620-Napoli 1684), allora organista della Chiesa di S. Salvatore in Venezia. Da una successiva lettera da Mantova del 10.I.1641, questo personaggio sembra svolgere compiti di tipo amministrativo per i Bentivoglio, tutelandone gli interessi. Per curiosità noteremo l'esistenza di un omonimo musicista Andrea Zani, ma di una generazione successiva (1696-1757).*

1021. Marco Marazzoli da Ferrara a Cornelio Bentivoglio (Roma?) 9.XI.1640
AB, 253, c.73

Illmo ed Ecc.^mo S.^r e Padron Col.^mo

Mi ha mandato a chiamare il Sr D. Ascanio [Pio], il quale mi ha commesso che io debba, per parte sua, fare istanza a V. E. che solleciti la sua venuta poiché, si fa così, la festa anderà fredda, essendoci più dificoltà da superare di quello si era presuposto. Ha parlato con l'architetto nel medesimo teatro e, per quello che scorgo, lo veggo molto ardente, e lui si lagna della sua absenza, perché ha da fare tante cose che quasi stima questa la manco. Mi ha commandato che io, per parte sua, di ciò l'avvisi, come anche haverebbe cominciato, se sapesse quai falegnami V. E. habia incaparato, e quai pittori. Ed il ballerino dice che quei ballerini fanno nella festa di quelli altri, e che non vogliono venire: siché qui non si fa nulla. Io ho obedito. E non havendo altro che dirgli, le facio humilissima riverenza   Ferrara 9 no.^bre 1640 D. V. E.^za

De.^mo ed obli.^mo s.^r

Marco Marazzoli

* *È la prima lettera al Bentivoglio dell'arpista e compositore Marco Marazzoli (Parma 1602-Roma 1662), che in una missiva precedente, del 25.IX.1640, era dichiarato da Giovanni Bentivoglio come "servitore" del fratello Cornelio.*

1022. Confratelli di Santa Croce da Scandiano a (Cornelio Bentivoglio, Ferrara?) 26.XI.1640
AB, 253, c.228

(…) Sono alcuni anni che il Sig.^r Paolo Belli dipinse per la Confratternità di Santa Croce di Scandiano una tal imagine della *Pietà*, nel tempo che serviva per Casa di V. E. E, riuscita la pittura da sottoporsi a qualche emenda, benché havesse detto pittore conseguita la concordata somma del dennaro per l'opera, si rimmesse per correttione. Morse intanto, e restò in casa di V. E. detta imagine, alla cura di che non sapendosi. Hora alla cortese benignità di V. E. ricorre la mede[si]ma Confraternità, acciò si degni ordinare che il Sig.^r Pellizziari, a cui forse non sarà incognito questo, che col di lui mezo sia consignata senza alcuna contraditione tal pittura. La quale dovendosi errigere in altare, per adempimento d'un benefattore, che ha destinata la mettà de suoi beni per tal *Pietà*, per tale effetto il presente si manda, acciò riporti quanto debitamente attende la mede[si]ma Confraternità, che divotissima a V. E. s'inchina, ed augura quanto può ella bramare di sovrano (…)

1023. Annibale Bentivoglio da Roma a Cornelio Bentivoglio, Ferrara 5.XII.1640
AB, 253, c.45

S.^r fratello.

Questa mattina è partito Sonzino, e con tempi così buoni, che più non poteva desiderare. Io mi sono valso di quest'occasione per sodisfare ad un debito di pietà: e certo maggior impietà per noi non poteva essere di quella che non si pensasse al corpo del poveretto di nostro padre. Voi sapete ch'egli lasciò d'essere sotterratto in cotesta Chiesa de Cappuccini, e sapete puremente ch'egli di presente stava in deposito in una capella ove non si diceva mai messa. Questa è una di quell'opere che ne riceveremo il contracambio; e quando si scordiamo di quest'oblighi, noi non habbiamo che si ricordi di noi. Con ogni maggiore segretezza lo feci levar dove era, e l'ho fatto mettere in una cassa di abete, e questa è poi ricoperta d'un'altra, ed imballata come che fossero robbe ordinarie. M'imagino ch' anche voi haverete gusto di questo, (c.45v) il quale finalmente torna per anche a reputatione. Il mio senso è che teniate segreta la matteria, e basterà solo che, avvicinandosi il tempo dell'arrivo della carozza, voi pachiate al Padre Guardiano, che di già in Casa vi è la licenza, che servì ancora per la poveretta di nostra Madre. Giunto ch'egli sia, senza perder tempo, mandarlo subito a sepelire, e la mattina seguente fargli fare l'esequie o in S. Domenico, o vero ne proprii Capucini, e fargli celebrare un centenara o due di messa. Ricordatevi fratello del bene ch'egli ci ha voluto, e che il volercene troppo è stato la nostra ruina. Contentatevi di comunicar il tutto alla Sig.^{ra} D. Costanza ed all'Abbate [Giovanni Bentivoglio]; che poi io scrivo al Ciavernella che, vista questa lettera, ne sia poi a dar parte alle nostre sorelle, che così conviene, e perché anche possono esse pregar Dio per lui. Vogliatemi bene   Di Roma li 9 x.^{bre} 1640

Aff.^{mo} s.^{re} e fratello
Annibale Bentivoglij

* *Parzialmente citato in versione inglese in Southorn, p. 86.*

1024. Annibale Bentivoglio da Roma a Cornelio Bentivoglio, Ferrara 12.XII.1640
AB, 253, c. 88

(…) Ho parlato a S. E. [Guido Bentivoglio] dei razzi ed ha mostrato estremo gusto nel darne sodisfattione. Mi ha però detto che desiderarebbe contentarvi in questa forma, e che è un pezzo c'haveva questo pensiero: vi vorrebbe mandare le due stanze che erano dell'heredità Turca, che sono dodici pezzi più alt[r]i de *Sansoni,* e di disegno e lana finissima, e ritenersi per lui i vostri sette. Per voi è meglio, che verrebe ad havere due delle più belle stanze d'arazzi, che si possa desiderare, c'havendo i *Sansoni,* cinque pezzi sono vecchi e sette nuovi, che vuole dire i 6 non poter havere due stanze intiere. M'ha (c.89) detto S. E. ch'io vi scriva tutto questo per sapere il vostro senso, che poi vuole il vostro gusto. Io v'aviserò quanto siano in pegno i razzi sopradetti. Scrivetemi quello devo rispondere.

Il Sig.^r Card.^e ha aparato tutta questa casa, ed ha più stanze aparate di quelle di Monte Cavallo. Apunto ho ordinato l'inventario di tutto quello è in casa: fatto che sia, ve lo manderò, che vederete il bisogno di S. E. e quello che potrà restare per voi, che ne sarete padrone.

Io ho ritenute le sei sedie per me, ed in cambio credevo che vi havessero mandato una portiera mia ricamata, che vale assai più; e mi pare ch'avanti partire io dicessi di donarvela. Questa stà qui per voi, e ve la manderò, che per gl'arrazzi è cosa miracolosa, e le sedie mi servano con vostra buona licenza.

Io non mancherò di servire alla Sig.^{ra} Cognata e per queste feste si mettiamo all'ordine per servirla come si deve. (c.89v)

(…) Per conto di quella honorata Polonia, debbo dirle che tra le robbe mie trovai certo riverso, né mai seppi imaginarmi di chi fosse. Adesso che so essere suo, mi stimerò fortunatissimo nel servirla e lo consignerò a Beatrice, che glilo porti. Nel resto non mi giungano nuove li suoi vituperii, e massime per l'amore di Stefano, ed io non posso concorere a procurar una dispensa, che la potrebbe riddure con gran felicità in bordello. Abito da monica non lo è, e credo che il Sig.^r Hermes lo donasse ad una concubina, che vuol dire puttana. Polonia non si meravigli se non glilo mando. Vogliatemi bene.   Di Roma li 12 x.^{bre} 1640

Aff.^{mo} se.^{re} [e] fratello
Annibale Bentivoglio

1025. Ercole Negli da Milano a (Cornelio Bentivoglio, Ferrara) 14.XII.1640
   AB, 253, c.24

Illmo Sig.^re ed Ecc.^mo Sig.^re

L'Ambasciatore del Serenissimo di Modona mi ha detto che quell'Altezza desidera che, con la compagnia, vada questo carnovale a servirlo. Ho risposto di essere impiegato, come anche la compagnia, alla città di Ferrara, ed in spetie a V.^ra Ecc.^za: mi ha risposto che risponderrà a Sua Altezza. Credo che le sarà capitato l'altra mia già scritta, con la quale la compagnia rapresenta a V.^ra Ecc.^za i suoi bisogni, sperando d'ottenerne l'adempimento de suoi voti, o almeno la risposta. E qui con ogni riverenza mi raccordo   Milano il dì 14 x.^bre 1640
Di V.^ra Ecc.^za

Devotiss.^mo servitore
Ercole Nelli comico

1026. Giulio Gambalaneghi da Rimini a (Cornelio Bentivoglio, Ferrara) 14.XII.1640
   AB, 253, c.113

Illmo Sig.^r mio Sig.^r Oss.^mo

Non vorei che V. S. Illma attribuisse a mancamento la tardanza usata in risponderle, atteso che, havendo io permeso per una comedia che si deve fare ad Urbino il mio castrato, son volsuto andar in persona a veder distrarmi, per servir V. S. Illma, dalla parola data, e così ho fatto: serà dunque servita, dispiacendomi solo che non sia sugetto abile a servir V. S. conforme alla mia obligatione. Starò dunque attendendo la parte con la musica, per poter usar diligentia, acciò resti servita se non in tutto, almen in parte, conforme al mio desiderio; mentre di novo me le offro servitore e la riverisco   di Rimini li 14 di xembre 1640
Di V. S. Illma

Aff.^mo ser.^re vero
Giulio Gambalaneghi

1641

1027. Annibale Bentivoglio da Roma a Cornelio Bentivoglio, Ferrara 9.I.1641
   AB, 254, c.44

Sig.^r fratello.

Con questa mia riceverete due avisi, l'uno di gusto, l'altro di qualche disturbo, sebene superabile. (c.44v) (…) La buona nuova è ch'il palazzo è venduto, e Mazarino lo compra. Che ne dite? Il negozio è stato segretissimo, a segno che nemeno potevamo scrivervene. Paolo Maccarani l'ha concluso. Non è però ancora publicato, poiché M.^or non ha voluto (…) (c.45) Il denaro è pronto, e s'addosserà per il resto il debito del Duca Altemps. La conclusione di questo negozio è la vita nostra, poiché dà tempo di concludere l'altro, per il quale non si lascia di fab[r]icare.
Vengo ora ad una cosa che mi preme sino all'anima. M.^or Mazarino ha saputo che io levai quella tazza, e la pretende. La pretensione è ingiustissima, ed io se posso, o vorrei salvarla, o avvantaggiarmi in qualche cosa. Vorrei però mostrare che la tazza è vostra, com'è effettivamente; e però vorrei che subito mi scriveste una lettera di vostro pugno del tenore dell'anessa.(…)

1028. Annibale Bentivoglio da Roma a Cornelio Bentivoglio, Ferrara 9.I.1641
   AB, 254, c.46

Sig.^r fratello.

Non vi parlo del disegno, poiché havrete inteso ch'è stato d'intiero nostro gusto (…) Per gli arazzi sapete che vi vogliono i quatrini; onde, senza d'essi, non occorre che gli stiate aspettando.(…)

1029. Andrea Zani (=Ziani?) da Mantova a Cornelio Bentivoglio, Ferrara 10.I.1641
    AB, 254, c.52

(…) Mi capita una di V. E. quest'ordinario di Venetia del 10 passato, nella quale V.E. Ill.ma mi commanda li debba mandare l'arghitetto per servitio della sua festa: il che non ho potuto fare (…) se bene
spero che a quest'ora sarà venuto, atteso che esso era pronto per attender'i suoi comandamenti; mi
dolerebbe bene che V.E. non fosse stata servita (…)
(Raccomanda poi gli interessi dell'Abate Grimani e della Signora Martinengo, parente bresciana del
Marchese. Annuncia infine che passerà a Modena per la causa, e poi a Ferrara)

1030. Antonio (Granduca?) da Parma a destinatario sconosciuto, Ferrara 16.[I?].1641
    AB, 254, c.41

                         Ill.mo Sig.r Cugino Sig.r Oss.mo
Io so che V. S. Ill.ma concorrerà sempre meco volontieri a cooperare ai gusti del Ser.mo Sig.r Prencipe Francesco Maria mio Signore, perché so che comune è la nostra devotione ed obligatione di farlo. S. A. sentirà
gusto ch'ella, col mezzo de Sig.ri Bentivogli e Signori D. Ascanio Pio, opperasse che questo carneval prossimo fosse datto al Carpiano, che sta al servitio di S. A., il luogo da recitare in quella città. E ciò credo riuscirà
facilmente, venendomi detto dal Carpiano ch'il Sig.r Marchese Cornellio Bentivogli, quando ultimamente
lo vidde in Ferrara, lo volea obligar di parolla. Ma lui, non potendo obligarsi senza la licenza del Sig.r Prencipe, non gliela diede. Non mi riscaldo in raccomandare quest'interesse di più, perché stimarei far torto a V. S.
Ill.ma, la qual so quanto stima continuarsi l'antico possesso ch'hanno sempre havuto d'esser servite (c.41v)
queste nostre Altezze dalla Casa di V. S. Ill.ma; alla quale, raccordandole il dessiderio ch'ho di servirla di
cuore, le baccio le mani, pregandola a sbrigar presto il staffiere che portarà questa mia a Ferrara, tenendo così
ordine, quando sarà sbrigato da V. S. Ill.ma   Parma gli 16 [senza mese] 1641
D. V. S. Ill.ma

                                                 Ser.re vero e pare[n]te Obligatiss.mo
                                                            Antonio Grand.a
* *La lettura della firma è incerta. In ogni caso dovrebbe essere un parente di Cornelio o di qualcuno della*
famiglia ferrarese. La data potrebbe anche riferirsi al dicembre 1640, ovvero al dicembre 1641, o essere
ancora posteriore.

1031. Francesco Mannelli da Venezia a Cornelio Bentivoglio, Ferrara 18.I.1641
    AB, 254, c.113

                         Ill.mo ed Ecc.mo Sig.re e Padrone
Essendo hora vicino al fine di carnevale, e non havendo hauta né risposta né parte, mi fa restar confuso,
sapendo che V.ra Ecc.za farrà rapresentar l'opera questo carnevale. La Sig.ra Madalena [Mannelli] è a
suo piacere, e gli havrò mantenuta la mia parola circa questo particolare, con tutto ciò che qui sia stato
ricercato più volte.
Prego V.a Ecc.za, volendosi servire della Sig.a Madalena, mandarli la sua parte avanti, acciò habbi tempo di possederla. Facendole humilissima riverenza, come fa anco la Sig.a Madalena, quale professa vi-
verli devotissima serva   Venetia 18 gen.o 1641
Di V. S. Ill.ma ed Ecc.ma

                                                      Hum.mo De.mo ser.e
                                                         Francesco Manelli
* *Francesco Mannelli (Tivoli, 1595c.-Parma, 1667), cantante e compositore, è ricordato soprattutto per ever*
scritto Andromeda, *l'opera che nel 1637 inaugurò il teatro S. Cassiano di Venezia, interpretata tra gli altri*
dalla moglie Maddalena, celebre cantante che aveva sposato a Roma nel 1626 e che morirà a Parma nel 1680.

1032. Giovanni Bentivoglio da Roma a Cornelio Bentivoglio, Ferrara 13.III.1641
AB, 254, c.65

S.^r fratello

Ho veduto quanto ella mi scrive nel particolare di spinetta, e quanto mene scrive il Sig.^r Alessandro Favezza, e mi pare che ci resti poca speranza a quello che io desideravo: mi assicuro che per favorimi ella farà ogni possibile, ma io sono disgraziato.(…) Io di già le scrissi con le lettere passate che havevo trovato, circa al Sig.^r Marco [Marazzoli], tutto l'opposto di quello che le era stato rapresentato a Ferrara; doppo sempre ho trovato ch'egli non fa altro che predicar la sua generosità, e buoni trattamenti ricevuti. Anzi egli mostra che ven<d>endo l'occasione, verrebbe volontierissimamente a servire un altro carnevale. È necessario ch'ella mi scriva, se vuol ch'io tratti con lui, perché credo verria. (c.65v) Luigi [Rossi?] non vorrà pensarci; Mario [Savioni?] credo facilmente l'haveremo: starò sopra questo attendendo le sue risoluzioni. A Luigi ho fatta ricapitar la lettera, ma lui non l'ho veduto mai, con particolar meraviglia mia; se lo vedrò, farò ogni diligenza per servirla, e le faccio anche separatamente. Fui poi, una di queste sere, dalla Sig.^{ra} Leonora [Baroni], e ci stetti sino a cinqu'ore. La sentii cantare, e vi furono belissime scene: ma dica alla Sig.^{ra} ch'io la lascio stare, e che non le dò fastidio. Mi voglia bene   Di Roma li 13 marzo 1641
Riverisco la Sig.^{ra}

Aff.^{mo} fratello e s.^{re} di core
Giovanni Bentivoglio

* *Oltre al Marazzoli, Giovanni Bentivoglio propone per le feste di Ferrara alcuni dei nomi più prestigiosi del tempo, se le nostre identificazioni sono corrette: Luigi Rossi (sarebbe l'unica altra traccia di rapporto con i Bentivoglio dopo il 1620, ben giustificata dalle relazioni recenti con i Barberini e poi con Mazzarino); Mario potrebbe essere il cantante romano Savioni (1608c.-1685) autore di centinaia di cantate; Leonora Baroni è la celebre figlia di Adriana Basile, alla quale due anni prima erano stati dedicati dei versi da Enzo, Annibale e lo stesso Giovanni Bentivoglio.*

1033. Giovanni Bentivoglio da Roma a Cornelio Bentivoglio, Ferrara 3.IV.1641
AB, 255, c.5

(…) Nel particolar di spineta mi rimetto a lei, tornandogli a dire ch'io averei disgusto che per me si pregiudicasse all'interesse di tutti (…)
* *In questa e nella precedente lettera del 13.III.1641, il riferimento è forse alla spinetta di Antonio Goretti, menzionata in una lettera degli inizi del 1640 di Annibale Bentivoglio.*

1034. Benedetto Ferrari da Bologna a Cornelio Bentivoglio, Ferrara 16.IV.1641
AB, 255, c.37

Illmo Sig.^{re} e Padron Sing.^{mo}

Ho sentito che V. S. Illma si ritrova alla Patria, onde ho voluto humilmente riverirla colla presente, e ricordarmegli quel devoto servitore che sempre le proffessai. Il Sr Conte Constante mi dice d'haver pregato V. S. Illma a favorirne del Sr Stefano suo musico, da me stimato, per la seconda festa da farsi doppo le Rogationi; aggiungo una preghiera anch'io, per ottenere questa gratia, essendo opera mia, e non potendo farsi senza l'intervento di detto signore. Mi confesserò per sempre obligato alla cortesia di V. S. Illma, desideroso in ogni tempo di servirla colla mia debole virtù in quello mi comanderà, protestandomi che, nel numero de servitori virtuosi del Sr Marchese Cornelio mio Signore, io pretendo la palma. E con ciò le bacio riverente la mano.   Bologna 16 aprile 1641
D. V. S. Illma

Partial.^{mo} ser.^{re}
Bened.^o Ferrari

* *Benedetto Ferrari (Reggio Emilia 1604c.-Modena 1681), detto "della tiorba" per l'abilità nel suonare quello strumento, fu compositore associato, con Francesco Mannelli, ai primi teatri pubblici veneziani da partire dal 1637. All'Archivio di Stato di Modena sono conservate circa 20 sue lettere degli anni 1625-1677, ma* *nessuna fa riferimento ai Bentivoglio. L'opera che si allestiva a Bologna era* Il Pastor Regio, *di cui aveva composto testo e musica l'anno precedente per le scene di Venezia.*

1035. Marco Marazzoli da Roma a Cornelio Bentivoglio, Ferrara 27.IV.1641
AB, 255, c.111

Ecc.^{mo} S. mio Padron Oss.^{mo}

Il non haver risposto subito alla [lettera] di V. Ecc.^{za}, non è stato per altra causa, che per non haver havuto prima d'ora la risposta dal padre di quella ragazza propostali, la qual risposta è stata tutta piena di fumo; ma lasciamo andare, che credo che lui pretenda che già sia mastra, poiché non si essendo voluto accordare al partito de darmela nelle mani per poterla radrizzare, ha mostrato di haver poca voglia di lasciar correre la sua fortuna alla ragazza. Ho procurato ancora, nelli partiti che gli ho fatti, che V. E. sia sicura che sia bona da qualche cosa, inanti che l'affermi al suo servitio, poiché havrà sempre premura che non sia mai per poter dire: - Marco mi ha imbrogliato- che me ne guardarò molto. Sono atorno a cercar qualche cosa altro e puol star sicura che ho ambitione particolar di servire un Cavaliere della sua qualità. Al quale per fine faccio humilmente riverenza   Roma 27 aprile 1641 D. V. Ecc.^{za}

H.^{mo} Dev.^{mo} ed oblig.^{mo} s.^{re}
Marco Marazzoli

* *Dovrebbe essere il primo documento sulla vicenda di Veronica Santi, non citato in Capponi.*

1036. Pier Francesco Gallo da Roma a Cornelio Bentivoglio, Ferrara 3.V.1641
AB, 255, c.5

(...) Con il presente corriere, mando a V. S. Illma una scatoletta legata con spago e sigillata in dua luochi, con una fase soprascritta con il suo nome. Entro vi è le corde di liuto che V. S. Illma desidera, quali spero che seranno buone, avendole fatto comperare ad un chitararo mio amico (...)

1037. Marco Marazzoli da Roma a Cornelio Bentivoglio, Ferrara 22.V.1641
AB, 255, c.66

Ecc.^{mo} S.^r mio Oss.^{mo}

Già io non manco di procurargli qualche giovane per il suo servitio, ma gli ho sempre detto che sarà difficile il trovar cosa (...) Il Sr Santi, contralto in Sta Maria Maggiore, ha una figlia zitella, la quale canta quasi sicuro le parole, con buon fondamento musicale, e ha una voce da capo a piedi uguale e bella: questa mi parrebbe il caso, ogni volta che V. E. la volesse far imparare il modo di cantare recitativo, e da camera il stile delle ariette. Io non mi esibisco al pigliarla in casa, perché non converrebbe alla sua reputatione, né alla mia, essendo in età et cetera. Ma questo sì che si potrebbe: pagarli un bon mastro ed io andarci qualche volta a rivederla ed a sollecitarla, e gli dare l'opere nove che di mano in mano vo facendo. Così ho persuaso suo padre, il quale se ne contenta. (c.66v) V. E. veda mò quello vuol fare, e se risolve ordinare qui chi dovrà dare il danaro per detto effetto, e supra il tutto, se si vuol invogliare il padre di attendere questo negotio, bisogna esser puntuale. Ma ci andrà fiumi di danaro, e chi ci dovrà andare bisognarà pagarli molto bene, perché stà di là da Santa Maria Maggiore. Io, da quella medesima strada che vado alla Chiesa, servirò V. E. in quel poco che saprò, mentre altro non mi occorrendo, le faccio riverenza.   Roma 22 maggio 1641 D. V. S. Illma

Dev.^{mo} ed oblig.^{mo} s.^{re} vero
Marco Marazzoli

* *Ed. parzialmente in Capponi, p.13 (prima lettera), dove però manca il rinvio alla collocazione delle lettere nell'Archivio Bentivoglio.*

1038. Marco Marazzoli da Roma a Cornelio Bentivoglio, Ferrara 27.VII.1641
AB, 255, c.17

Ecc.^{mo} S.^r e Padron Oss.^{mo}

Non so se Veronica [Santi] potrà esser a segno di potersene servire per questo carnevale, poiché di scola di Roma non puol passare al segno di Natale, di modo che non arrivano a cinque mesi. Tuttavia si farà ogni diligenza, ma l'ho per impossibile: la scola sua è tutta ecclesiastica ed anche assai sciocca; non ha altro di buono che la voce ed il cantar le note sicuramente. Del resto, ogni cosa bisogna fare. Solamente mi da fastidio la gran modestia, la qual cosa nel cantare vi vuol disinvoltura; e se mi vien concesso il dirlo, vi vuol un tantino di sfacciatagine, del che in Veronica non si ritrova ed è modesta a segno tale, che l'istesso suo padre ne va in colera e li predica l'insolentia. Basta io dire a V.^{ra} Ecc.^{za} che in tre o quattro mesi saprò in che darà. Circa a danari, sino che dura-(c.17v)-no i quaranta [scudi], non occorerà altro e ne farò quello spar<e>mio medesimo, che se havessero a servir per me stesso. Se la giovane sarà per far mente, credo sarà bene a stabilir col padre l'accordo; e però V. Ecc. pensi alli suoi avantagi, acciò si possi stringere in ogni occorenza, perché se il padre vedesse che fosse per riuscire, e si mettesse poi sul cavallo d'Orlando, e facesse che io havessi gettato la fatica, mi saprebbe male, perché tutto quello che io faccio è per servir al mio Sr Marchese Bentivogli. Ma sopra il tutto che vi sia la satisfatione della S.^{ra} Marchesa, perché altrimente le cose non andavano bene. Anzi, ho detto a Veronica e suo padre, che voglio che scrivano alla S.^{ra} Marchesa quando sarà tempo; e però V. Ecc. (c.18) m'avvisi del suo gusto. Mentre altro non m'occorrendo le faccio riverenza   Roma 27 luglio 1641 D. V. Ecc.^{za}

Dev.^{mo} ed oblg.^{mo} se.^{re} partic.^{re}
Marco Marazzoli

* *Ed. parzialmente in Capponi, p.14 (seconda lettera).*

1039. Marco Marazzoli da Roma a Cornelio Bentivoglio, Ferrara 3.VIII.1641
AB, 255, c.7

Ecc.^{mo} S. mio Padron Oss.^{mo}

Credo che Veronica [Santi] sia per far qualche profitto, se non così presto, almeno col tempo. Ma havendogli toccato, così parlando, di haver a venire in coteste parti, ne ha mostrato non solo poco gusto, ma mi ha risposto che non ci vuol venire. Laonde a me mi sono cascate le braccia, perché assolutamente non voglio far questa fatica, e poi restarne schernito; di modo chè ho pigliato espediente di parlarne a suo padre, il quale mi ha risposto, che se ne ride, e che bisognarà che faci quello vorrà lui medesimo. Sr Marchese, a me non basta questo, né manco credo devi bastare a lei, perché quando la giovane fosse fatta, e più non volesse venire, credo che darìa un pugno in un occhio a suo padre, e che gli verrìa Pasqua in Domenica, puichè si trovarìa la giovane fatta e darìa poi la colpa a lei che non volesse venire; siché mi parrebbe meglio il stringer per scritture quelli (c.7v) partiti che più gli piace di fare, perché in tutti i casi gli potrà servire di damigella semplice. Credo che la Signora Marchesa ne havrà gusto, sì per la sua modestia, la quale per haver a cantare la mi par troppa, come anche perché è brutta, che è qualità che alla Signora non potrà esser se non di buona satisfatione. In somma, tutto fò per servire a V. E.: e però la risolve perché, come ho detto di sopra, non voglio esser minchionato. Se potrà conclude, e me ne dia ordine, che sarò obediente a suoi cenni.   Roma 3 agosto 1641 D. V. Ecc.^{za}

Dev.mo et oblig.mo se.re partiale
Marco Marazzoli

(p.s.:) Mi scordavo che ho speso nove giuli in regalo fattogli per il primo d'agosto. Non gliene dò parte per li danari, ma solo glielo scrivo perché sappia che la tratto amorevolmente.

* *Cit. parziale in Capponi, p.14 (terza lettera).*

1040. Marco Marazzoli da Roma a Cornelio Bentivoglio, Ferrara 17.VIII.1641
AB, 255, c.78

Ecc.^{mo} S. e Padron Col.^{mo}

Io non gli posso promettere certo se Veronica [Santi] sia per esserla presente al carnevale prossimo, perché il recitare bene è dificile. Io farò quello potrò, e se non potrà far parte grossa, la faremo far qualche galantaria per pigliar animo per qualche altra occasione.

V. E. mi scrive se potrò essere il carneval a venire a servirla: ma non sa lei che mi puol commandare? Resta la bona satisfazione del Padrone, la quale credo che non vi sia per essere alcuna dificoltà poiché ho havuto relatione da molti che mi sono fatto honore, e che sono stato stimato ed accarezzato. Mi pare però che V. E. non comincia dal capo buono per voler far una festa (la mi perdoni), perché bisogna prima che io cerchi le parti, parlar col poeta, e saper che parti ci bisognano; perché quando si compartiranno, vedrò che parti mi possono bisognare, o bone o mediocre. E così vedrò meglio quello che sarà (c.78v) necessario che, se io busco adesso un par de soprani e un basso, e poi non vi siano parte a proposito per loro, si stroppia ogni cosa. Bisogna parlare e consultarsi col autore dell'opera, che credo sarà il Sr D. Ascanio [Pio], e veder qual habbiano a essere le parti principali et li primere perché tre o quattro boni recitanti, ben compartiti, aconciano l'opera. Però mi rimetto. Che si potesse ottenere il castrato di Bichi, me ne rido: più tosto darìa il Vescovato. [Essi] vano per Roma con sei persone continuamente, e non gli lascia parlar con anima vivente: però faccia lei, buoni sono. Gli raccordo ancora che, se ha pensiero che io la venghi a servire, non si lasci riddurre di voler che io componga in tredici giorni un'opera, perché è un morire. E poi si fa meglio in tredici settimane che in tredici giorni. Del resto, sempre sarò prontissimo (c.79) a suoi cenni, raccordandogli però la mia reputatione, perché la mia nobiltà consiste in nel far vedere agli virtuosi di Roma che, dove vado, è fatto stima delle mie fatiche. Negotiarò col padre di Veronica, e terrò basso il partito più che potrò: bisogna che V. E. si obbighi di haver a pensar di haver Veronica in casa come cosa sua, e ne habbi da accomodarla a suo luogo e tempo, perché così è il dovere. Ora basta: gli saprò dire di mano in mano ciò che farò. Mentre altro non m'occorrendo, la riverisco di tutto core.   Roma 17 agosto 1641
D. V. Ecc.^{za}

Dev.^{mo} ed oblig.^{mo} s.^{re}
Marco Marazzoli

* *Cit.parziale in Capponi, p.14 (quinta lettera).*

1041. Marco Marazzoli da Roma a Cornelio Bentivoglio, Ferrara 21.VIII.1641
AB, 255, c.113

Ecc.^{mo} S. e Padron Col.^{mo}

Se V. E. desidera far la festa, e che io la venghi a servire, è necessario che io l'avvisi di un particolare molto importante, sì come ne ho anche motteggiato al Sr Abbate [Giovanni Bentivoglio].

Il Sr Antonio Grimani, il castrato, ha mandato un'opera al Sr Filippo Vitali da mettere in musica, volendosene servire in Venetia per il futuro carnevale; e perché ho presentito che il sopradetto Sr Vitali andarà a Venetia per guidare detta opera, avviso V. E. che se lui dimanda licenza al Sr Card. [Barberini] prima di me, non potrò poi haverla io, essendo che lui è tenore in capella come sono io, e non si puol dar licenza a dui della medesima parte essendo che non si potrebbe servire in capella, per esser tutti dua d'una medesima squadra. L'ho voluta avvisare acciò con la sua tardanza non resti per servita conforme ho desiderio. Anzi, per inpegnar S. Em.^{za} (c.113v) bisognarìa haver l'opera e cominciarla a comporre, e nel medesimo tempo domandar licenza, perché chi sarà prima al molino ma rimarà il primo. Credo che havremo fatto bene a dichiararsi col padre di Veronica [Santi], perché comincia a dire nel negotiare che, in capo a qualche tempo, la rivorrebbe in Roma per farla munaca a Monte Citorio dove sta una sua zia; del che io gli ho risposto che V. E. non vorrà far questo partito, perché a quel tempo che potrà servire a qualche cosa di buono, non se ne vorrà piccare. E però parli mò chiaro, anzi V. E. mi significhi qualche suo particolar gusto, circa a questo aggiustamento, perché vorria incontrare la sua total satisfatione e volontà. Lui sta su la sua e la zitella è ignorantissima al possibile, e fò di

quelle fatiche (c.114) per avvezzarla a cantar bizzarra, che lei non lo potrìa credere. In somma, mi scrivi qualche cosa concluditivo per questa giovane, perché sino adesso si stà a cavallo al fosso tanto da una banda quanto dall'altra. Ma il miglior avantaggio ci sia, è quello del padre, perché ad ogni peggio la giovine havrà migliorata a canne di quella era, e cosi havremo fatto benefatori al vento. Aspetterò risolutione di questo quanto prima, e circa la licenza, potrà scrivere al Sr Abbate, e concludere quello gli piace. Mentre altro non m'occorrendo le facio riverenza   Roma 21Agosto 1641.
D. V. E.

> S.^re Dev.^mo ed oblg.^mo
> Marco Marazzoli

* *Cit. parziale in Capponi, p.15 (settima lettera).*

1042. Marco Marazzoli da Roma a Cornelio Bentivoglio (Ferrara o Venezia?) 21.VIII.1641
   AB, 255, c. 115

Ecc.^mo S.^r e Padron Col.^mo

Doppo havergli inviato un'altra mia, e già mandata alla posta, mi è capita[ta] una delli 15 stante di Venetia, la quale, tutta di suo pugno, mi accenna che vorrebbe che la giovane [Veronica Santi] fosse ammaestrata dal Sr Domenico. Al che rispondo che si farà tutto quello commanda, quando havrà agiustato il padre; del che gliene scrivo nell'altra mia ogni particolare; se bene, se V. E. non viene alle dichiarazioni, conosco che è negozio da non venirne mai a un fine, perché il padre pretenderebbe di riaverla in capo a qualche tempo, per farla monaca in Roma. Tutti gl'uomini di questo mondo cercano di mandar a Roma i sogetti per fargli imparare, perché qua è la scola: lei mò vuol levarla da Roma, perché habbia da far meglio: mi rimetto. Gli dico bene solo che, quando la giovane sia a segno per il carnevale venturo, di poter recitare qualche cosetta, sarà miracolo, (c.115v) perché si suda sangue a levargli un cantare sonolento e monachino che è peste al sentirla: però faci lei. Circa poi le parti che vuole per far la festa, bisogna, se vuol far cosa bona, che mi scrivi che parti vogliono essere per accommodar a proposito il parto dell'autore; perché, se a me scriverà per esempio: - Ho bisogno di un Re [o] di una Regina - conoscerò in Roma chi potrà essere a proposito per servirla, perché è ver che i castrati di Bischi sono boni, ma potrebbe essere che gli toccasse tal parte, che non comparirebbono poi su la scena. E lasci fare a me circa il tagliare le parti a proposito adosso a ciascheduno, perché la sa che Rinaldo, c'hebbe a far cascar le braccia il carneval passato la prima volta che lo sentissimo, e poi la fece per eccellenza, poiché conobbi che (c.116) quel baritono era voce esquisita per tal giovenotto guerriero: ma io torno a dire che mi rimetto.

Circa la persona mia, se V. E. non fa impegnare il caso quanto prima per la licenza, al sicuro [il Cardinal Barberini] non la darà, essendo che, come gli ho scritto, che Filippo Vitale compone un'opera per Venetia mandatagli dal Grimani ed incaparra molti musici per andar (…) a rappresentar colà questo carneval che viene; di modo che, se lui ha prima licenza di me, io non la potrò havere, perché non possono mancar dui tenori in capella della medesima squadra, che non si potrìa far il servitio giornalmente che si fa; di modo che, se lei è il primo ad ottenerla per me, toccarà all'altri a pensar per loro. E si raccordi di mandarmi l'opera quanto prima, perché non voglio prescia; e quando non farò bene, cacciarete di Ferrara con le sassate un ignorante pancionaccio. Scrivi in risposta (c.116v) minutamente ciò che vuole si faccia, perché sarà obedita; e particolarmente di Veronica, rispondi precisamente il suo senso, se non mai si stringerà niente. Mentre per fine la riverisco   Roma 21 Agosto 1641
D. V. E.

> Dev.^mo ed oblg.^mo s.^re
> Marco Marazzoli

(p.s.:) Quel castrato di Padova che fece Giunone
Quel contralto di Padova che fece la Regina
Il baritono d'Immola che fece Rinaldo
Il Sr Stefano sono quattro gran parti
Quel Monte Verde poi, per far un Gesuito martirizato, non si puol migliorare.

* *Ed. parziale in Capponi, p.14 (frammenti) e 15 (sesta lettera). I quattro cantanti citati nel post scriptum sono i protagonisti della festa di Ferrara del carnevale 1641,* Gli Amori di Armida, *su testo di Ascanio Pio di Savoia. Stefano è l'unico cantante stabile al servizio di Cornelio. Quanto al Monteverdi citato, secondo il riassunto sul retro della lettera dovrebbe essere un cantante: forse Francesco, figlio di Claudio Monteverdi, le cui tracce si perdono dopo una rappresentazione a Padova nel 1636 dell'*Ermiona *di Felice Sances, con le scene del ferrarese Chenda (cfr. Petrobelli). L'opera commissionata nel 1641 a Filippo Vitali (Firenze 1590c. - 1653) è* Il Narciso *che, per una strana coincidenza, fu ampiamente rimaneggiata dal collega Marazzoli prima di andare in scena a Venezia nel 1642.*

1043. Annibale Bentivoglio da Roma a Cornelio Bentivoglio, Ferrara 28.VIII.1641
   AB, 255, c.186

Sig.^r fratello.

Veggo che sete attorno a far denari, ed anco avvisate il modo, ma sempre sete così breve ch'io non posso finire d'intendermi. Purché si faccia quatrini, ogni modo è buono, e massime nelle strettezze nelle quali si truova tutto il mondo, ed in questo non posso dir altro se non di rimettermi a voi. È l'*Avemaria* che ricevo la vostra lettera, e per non tardar afatto, scrivo questa a Ferrara, e per Venetia ne riceverete copia. Procurerò lo scatolino de' zecchini che voi dite n.° 30 scudi, ma mi dispiace perché qui sono calati straordinariamente, né si valutano che 17 paoli: vedrò se sarà possibile d'esitargli a più. Voi mi dite che riscuota i pegni, per paura che non vadano in sorte. Io l'ho assicurati che il disimpegnarli per tornare ad impegnarli sarebbe stato impossibile, e vedendo la premura vostra di pagare il Monte Estense, hoggi ho sborsato al Sirena scudi 1500. Ché ancora non è maturato il resto, perché ho havuto il soprapiù della seconda lettera per favore.

Havendo pagato questi danari al Sirena, non vi sarà tanto che basti a riscuotere, con questi zecchini, tutti i damaschi. Si fece un pegno che gl'ultimi venuti da Lucca per 330 scudi, né so anche quanto siano gl'altri che sono attorno, per mandarvene una nota. Per desiderio c'havete di questi damaschi, io tratterrò li zechini sino a nuovo vostro ordine, senza dir niente al Sirena. Se riscuotete i damaschi, questi non andranno al Sirena: che a me parrebbe che fosse maggior nostro interesse, ed il dire di tornare ad impegnarli non vi torna conto. Comandate però voi che sarete servito (...)

Io hebbi poi le polizze delli 800 scudi per l'apparato e, riscossa che sarà la lettera, ve lo manderò subito col letto e tutto quel che vi è. Se mi scriverete che riscuota i damaschi lo farò, et allhora vi mand[e]rò una nota come dovrete mettergli in opera. Intanto vi dico che stiate riposato sopra di me, che i pegni non possono andare in sorte, e ve ne manderò una nota per sabbato.

Io non so come facciate i vostri conti: mi dite c'havrò ricevutto a quest'ora 3115 scudi. La prima lettera è di   scudi 1365.50.
la seconda di   scudi 400.
li zechini n.° 30 d.ª ragione di giuli   scudi 523.60
quella di Bologna di   scudi 800

Nel valutare i zechini a 18 vi è lo svario. Io tengo un conto separato di tutte queste rimesse, entrate ed uscite per darvene minutissimo conto, e d'ogni cosa piglierò ricevuta. Un'altra volta mi scriveste degli arazzi, ed alora vi avvisai ch'il Sr Card.le [Guido Bentivoglio] haveva senso di sodisfarvi, ma in maniera differente. Voi havete qui 7 pezzi d'arazzi di *Sansone*, e 5 ha S. E. Egli voleva i vostri sette, e dare in cambio a voi dodici pezzi di (c.187) due historie differenti che sono bellissimi. Questo è l'istesso per noi, e se stesse a me eleggerei questi, e non quelli, poiché sono più alti, e di disegno più bello. Quanto al n.°, per voi è il medesimo, poiché il luogo di sette ne havete dodici. Se anche sopra di questo haveste senso particolare, siché il Sr Card.le non havrà difficoltà nell'incontrar le vostre sodisfattioni, però scrivetemelo (...)
* *Il totale indicato da Annibale è in effetti di scudi 3089.10 contro i 3115 calcolati dal fratello Cornelio: una differenza non irrisoria in tempi di crisi.*

1044. Marco Marazzoli da Roma a Cornelio Bentivoglio, Ferrara 14.IX.1641
AB, 255, c. 77

Ecc.^{mo} S.^r e Padron Col.^{mo}

Invio a V. E. un'arietta fatta di pochi giorni: le parole sono del Sr Benigni e sono assai gratiose. Ne ho fatte certe altre del Sr Abbate [Giovanni Bentivoglio], quali di mano in mano gliele andarò inviando, acciò il Sr Stefano le possi honorare ed havere occasione di esercitarsi nello studio. Le vado imparando similmente a Veronica [Santi], la quale s'ingegna, ma si và adagio perché ha un maledetto cantare monachino che, se si gli leva, si potrà dir d'haver fatto più che Carlo in Francia. Mi disse il Sr Abbate, avanti la sua partenza, che quando fosse arrivato costì, havrebbe agiustato con V. E. tutto quello si fosse determinato di fare e che m'havrebbe scritto la sostanza. Mi giova credere che, con l'aiuto di Dio, sia a quest'ora arrivato felicemente: al che ricordo di non lasciarsi venire l'acqua alla gola, perché non si puol poi far cosa bona. Gliel'ho voluto raccordare con questa occasione. Mentre per fine, all'uno ed all'altro, faccio humilissima riverenza   Roma 14 7.bre 1641

D. V. Ecc.

Dev.^{mo} ed oblg.^{mo} s.^{re}
Marco Marazzoli

* Stefano è il cantante al servizio di Cornelio richiesto nella lettera di Benedetto Ferrari del 16.IV.1641 a Bologna. Per Domenico Benigni, autore del testo dell'aria musicata da Marazzoli, cfr. la lettera del 12.IV.1642.

1045. Marco Marazzoli da Roma a Cornelio Bentivoglio, Ferrara 16.X.1641
AB, 256, c.50

Ecc.^{mo} S.^r mio Padron Col.^{mo}

2.^a lettera. Havendo parlato questa sera con la S.^{ra} Girolama Rossi di strada Rasella, ho (…) havuto speranza d'haverla per il nostro bisogno di (…) [Venetia?] anzi, per esser stata ricercata da altra parte per la medesima città, più tosto pende di voler venir a servir V. E. [che altri]. Vorrebbe sapere come ha da esser trattata, e quando deve venire. Sr Marchese, la giovane non è come l'altre che vanno in simile occasioni, ma sta comodo col suo e non ha bisogno di nessuno, di modo che, se viene, viene per acquistare honore e reputatione. Lei pretende di esser protetta dalla S.^{ra} Marchese sua moglie, altrimenti non ne vuol saper altro. L'altra fa gran fondamento su la persona mia cioè che non la lasciasse strappazzare; e per certo che ha ragione, e le cose che gli prometterò io in nome di V. E. voglio che siano osservate, ed è il dovere. (c.50v) Lei non vuol saper nulla del recitare, ma io gli ho risposto che per questo si piglia, e che mentre faccio io l'opera, lei non [de]ve stimare meno la mia reputatione che la sua di[cen]do chè a questo s'accommodarebbe; resta solo che V. E. stringa quello che gli voglino dare, ed in che [modo] ha da esser tenuta, perché mi farò fare la [assicurazione?] subito; ma s'assicuri che si puol tenere per tutto, perch'è giovane modestissima ed obedientissima, e più ogni cosa consiste nel far viaggio che, del star permenente, si potrà tener da sé sola o in casa di qualche galant'huomo. Vegga di risolvere, perché il carnovale è più corto dell'anno passato ed il tempo è breve: se la mia licenza non si potrà havere avanti le feste, non veggo cosa riuscibile se non mi mandassero l'opera qui, che intanto la potrìa comporre. E quando questo fosse, bisogna mandarmi la distintione delle parti (c.51) quanto va basso ed alto ciascheduna nel suo genere e nella sua voce, e che il medesimo poeta m'informasse di tutta l'incatenatura ed i suoi pensieri della stessa opera: basta, faccia lei, rimettendomi al suo giuditio.

In materia di venir avanti Natale, l'ho per dificile, perché le capelle dell'Advento e delle medesime feste non lo concederanno. Tuttavia Monsr [Annibale] Bentivoglio puol far a[ssa]i se vuole, ma bisogna che sappia i fatti miei avanti che mi parta, acciò possi accomodar le mie c[os]e ed agiustar i miei interessi; che altrimenti le mie cose andarebbono all'indietro in cambio d'andar inanzi, e ci vuole un'ottima satisfatione del Sr Card.[Francesco Barberini] dal quale vedrò se ci havrà gusto o no. Mentre aspettando risposta d'ogni cosa minutamente, mi sottometto a tutti i suoi commandamenti e le faccio riverenza   Roma 16 8.bre 1641

D. V. Ecc.^{za}

Dev.^{mo} ed oblg.^{mo} se.^{re}
Marco Marazzoli

* La prima lettera di Marazzoli a Cornelio, cui fa cenno questa, non è sopravvissuta. Forse può essere identificata con questa Girolama Rossi la "Signora Girolama", cantante romana di cui non è indicato il cognome,
ingaggiata insieme con Marazzoli nell'ottobre 1658 per una stagione a Venezia dal Grimani. Ancora una
Girolama cantò in due opere a Firenze nel biennio 1662-63: cfr. Lorenzo Bianconi- Thomas Walker, Forme
di produzione del teatro d'opera italiano nel Seicento, trad. it. in Musica e il mondo (1993), p.231.*

1046. Marco Marazzoli da Roma a (Giovanni) Bentivoglio (Ferrara?) 19.X.1641
AB, 256, c.60

Illmo S. e Padron Col.^mo

Compatisca il Sr Marchese nello scrivere, e però supplico V. S. Illma a ricevere questo incomodo col
rispondermi a molte cose che scrivo per dirgli - havendo letto la lettera ultima che V.S. Ill.ma scrive a
Monsr [Annibale Bentivoglio]: la signora Cecilia è risoluta di andare a Venetia, ma vorrebbe appog-
giarsi [a Ferrara?] acciò gli fosse osservato le promesse; là onde gli ho detto che meglio che il Sr Marchese lei non puol desiderare. Sento che lei dice che, vedendo essa venire, si intendi con [lei?] perché,
havendo da far l'opera, possi haver satisfatione della sua parte: mò Sr Abbate non mi pare che questa
cosa sia acosì, perché chi sente Antonio Grimani, che qui in Roma dice che la fa il Monte Verde; chi
sente Ravani che dice che l'ha fatta Filippo Vitali (c.60v); e già ne sono date fuori le parti, siché non so
che mi dire: non vorrìa guastare tutte le cose mie per venir a stare a guardar gl'altri, perché, S.^r A[bate]
mio, bisogna che vendi cavalli pro[visti]di biada di fieno e non bussoli. Tutte le mie f[elicit]à per venir-
gli a servire, che questo non mi pesa niente, ma ben sì mi pesarebbe la riputatione, ed il tornar a Roma
pieno di vento e minchionato da tutti. Nelle [sue] braccia mi pongo e farò tutto quello che mi verrà
ordinato da Casa Bentivoglia, se dovessi per Dio fare quello che non so che mi dire. Ne ho voluto
scrivergliene due righe perché, vedendo V. S. Illma la lettera del Sr Marchese, p[otra]no insieme con-
sultare il tutto. Nel resto la licen- (c.61)za si è havuta con bonissima gratia del Padrone [Francesco
Barberini], che qui la stima assai; e si vogliono che parti adesso, adesso partirò. Mi dà fastidio un poco i
musici di capella compagni qualli, conforme al solito invidiosi, però qualche d'uno sparleranno del
mio poco servire: per li nove mesi l'anno passato, cinque quest'altro, diranno che sonno diventato giu-
bilato molto presto. Sr Abbate la supplico di due righe in comformità di quello che corse, che il ricevе-
rò per gratia singularissima. E la riverisco   Roma 19 8.^nre 1641
D. V. S. Illma

Dev.^mo ed oblg.^mo s.^re
Marco Marazzoli

* Cfr. la seguente in stessa data inviata a Cornelio.*

1047. Marco Marazzoli da Roma a Cornelio Bentivoglio (Ferrara?)19.X.1641
AB, 256, c. 72

Ecc.^mo S.^r e Padron Col.^mo

In questo punto Monsr Bentivoglio ha otenuto dal Sr Card. mio Patrone la licenza per venir a servir V. E.
in quello sarà di suo gusto; resta solo che la l'ordini quello vuole che io faci e se da Venetia mandaranno
danari per il viaggio, e chi devo condurre. Ed in somma tutte quelle cose che si ricercano per il suo gusto
ed anche per la mia satisfatione; sebene la protetione di V. E. so che produrrà bonissima fortuna. La Sig.^ra
Cecilia è risolutissima di venire, ogni volta che da Venetia gli [fossero?] fatti partiti convenienti al suo
valore, e particolarmente partiti di sua reputatione perché, essendo zitella, vuole star tra dame insieme con
sua madre e suo fratello, come sarà il dovere.V. E. veda di far venir la risolutione da Venetia perché, conforme si sonarà, si balarà. Il Sr Antonio Grimani musico ha r[isposto] per questa (c.72v) istessa signora
Cecilia, ma loro, non l'havendo mai più visto, stanno mezze a così. Anzi gli ha detto che ha da recitare in
un teatro dove fa la musica il Sr Monte Verde, di modo che sono restato traseculato in sentire tal nuova, e
nel medesimo tempo chiamar V. E. me per questo effetto. Siché o questo non è vero, o veramente che sarà
un altro teatro. Anzi di più, sento che il Sr Filippo Vitali qui in Roma ha composto ancora lui una comedia per questi signori Grimani, e che già ne habbia havuta la parte la donna di Ravani, e Monella e Rabac-

cio; e già l'hanno imparata a mente, di maniera tale che questa sarà la comedia dei tre simili.

Oh di gratia, S.ʳ Marchese, la [vegga?] bene quello che fa, e quello che ho da fare io sia con mia riputatione (…) e poi non [dubiti] che non gli faccia honore. (c.73) Ho parlato con il Sonzino, il quale aspetterà tutto quello che commanderà V. E., di modo che io stò pronto a suoi [comandi], ma prima aspetto la risposta schietta di tutte le cose che in questa ed in altre mie gli ho protestato; e farlo subito, perché io habbia tempo di poter vendere i miei cavalli e dar ordine alle cose mie, che gli giuro certo esser intrigatissimo. Mentr'altro non m'occorrendo, la riverisco di core   Roma 19 8.ᵇʳᵉ 1641

D. V. E.

Dev.ᵐᵒ ed oblg.ᵐᵒ se.ʳᵉ

Marco Marazzoli

* Ed. Fabris 1998, p.412. Cfr. la precedente in stessa data all'Abate Giovanni. Solo un cenno alla cantante Cecilia in Capponi, p.15 Importante il riferimento alle voci sul coinvolgimento di Monteverdi per un'opera al teatro Grimani, che sarebbe uno degli ultimi interventi teatrali dell'anziano maestro: forse l'Incoronazione di Poppea.

1048. Marco Marazzoli da Roma a Cornelio Bentivoglio (Venezia?) 23.X.1641
AB, 256, c.88

Ecc.ᵐᵒ S.ʳ e Padron Col.ᵐᵒ

Heri a sera sentii la ragazza del S.ʳ Ravani, quella la quale viene per servir il S.ʳ Grimani e, per quello che tocca a lei, si porta assai bene. Ma la compositione la sentirà, perché sono m[ol]ti fermatamente e V. E. ne avvisi detto S.ʳ Grimani: perché, quando si lasciarà ridurre sotto alla festa, si trovarà intricatissimo, essendo che è tanto goffo lo recitativo e l'ariette tante sciocche che, se havesse i primi recitanti del mondo, l'opera non si potrìa mai far honore. Io sono tanto schiavo alla gentilezza di questo S.ʳᵉ per la [cortesia] che ha havuto della mia persona, col comma[nd]armi che lo venghi a servire, che io [ho desiderio] che le sue cose passino bene e che non vi habbia ad esser paragone dal suo teatro <a> (c.88v) agl'altri. Di modo che, essendo così belle le parole, è meglio che V. E. permetta in consideratione che ci rimedi, tanto che si ha tempo: che sarebbe il mandarmi l'opera a me o qualche parte di essa almeno, perché per strada solamente mi basta l'animo di farla, e nel medesimo tempo che sarò arrivato che medesimamente sia fatta. Che ben sarò poi a tempo a far l'altra, ché non ho paura di non far presto e bene, e farmi honore. Sono stato pregato a metter le mani in questa parte che ha questa ragazza ed [a]llettar le ariette [che] habbiano spirito; ma io non solo non l'ho voluto fare [per rispetto?] del S.ʳ Vitali ma (…) che il S.ʳ Grimani non [si fosse?] lamentato, col voler fare quello che non mi tocca e non (c.89) mi vien commandato. E però ne ho voluto avvisare V. E. acciò, se gli pare di remediare, lo possi fare a suo piacere. La voglio ben pregare di [segret]ezza, perché questo non è mio dare, ma sono stato sforzato da [costoro] di doverlo avvisare: mi remetto al tutto. Circa quello che devo far, io sto aspettando l'ultima resolutione [ed] Antonio Sonzino sta aspettando quello che commanda ed i danari perché, senza questi, dice che gl'hosti per strada non danno da mangiare. Io non voglio metter in vendita i miei cavalli se non ho l'assodamento, [scritto]li [da] V. E., di tutti i particolari che gli ho scritto, e sopra il tutto della mia reputatione, ch'è nel genere di virtuoso: che è quanto deve premere in questo mondo, stando dove sto. La licenza si è havuta, ed ho conosciuto che il S.ʳ Card. [Francesco Barberini] la dà volontieri per servir V. E., come ne havrà sentito il medesimo in conto da Mons.ʳ [Annibale Bentivoglio] suo fratello. (c.89v) Voglio far che Mons.ʳᵉ agiuti Veronica [Santi] con suo padre, acciò possi venirla a servire, perché cred'io in questo tempo di ridurgliela a qualche segno che si possi sentire. Si dovrà fare una carozzata, cioè: Antonio Sonzino la moglie e la figlia; Veronica me ed il mio ser.ʳᵉ (…) ed io [speri] il Sig.ʳᵉ. Se V. E. vorrà che io porti l'arpa, me l'avvisi, perché bisognarà almeno una soma; se V. E. non la desidera, non mi curo di portarla, perché non sono più: ch'è troppa fatica. Aspetto risposta e subito, perché alla risposta di questa saremo di partenza a codesta volta. E le faccio reverenza   Roma 23 8.ᵇʳᵉ 1641

D. V. Ecc.ᶻᵃ

Dev.ᵐᵒ ed oblg.ᵐᵒ s.ʳᵉ

Marco Marazzoli

* Solo un cenno indiretto alla progettata "scarrozzata" con Veronica in Capponi, p.15. È il più tardo accen-

no conosciuto alla pratica dell'arpa da parte di Marazzoli, che aveva avviato la sua carriera come virtuoso dello strumento.

1049. Marco Marazzoli da Roma a Cornelio Bentivoglio, Ferrara 2.XI.1641
AB, 256, c.7

Ecc.^{mo} S.^r e Padron Col.^{mo}

Se fossi in V. E. io non licentiaria Veronica [Santi], perché poi non haverò né l'una né l'altra: ero in pensiero di menarla con esso meco e con le donne di Antonio Soncino, perché è per cacciarne più construtto di Cecilia. Ceci<a>lia sarà costì in breve e parte alli 3. Ma le pretensioni che ha [scandalizzeranno?] V. E.: lei vuol venire a riverire la Signora Donna Costanza [Bentivoglio]mia partialissima Patrona [andando?] a Venetia, ed ambisce le pre[tensioni?] di (...) sarà meglio trattata a Venetia [che a Ferrara?] perché lei si parte ad istanza del Sr Ant.^o Grimani, e non d'altri. E però faccia mò lei quello più gli piace, ed i quattrini che rimetterà per lei saranno superflui, perché già lei ha havuto cento scudi per il viaggio: e però [se] non vuol che conduchi Veronica, della qual cosa prima ch'io [par]ti aspettarò la risposta, ma lo facci subito perché non vi è tempo. (c.7v) Io non gli ho detto cosa alcuna da parte sua, né di danaro né d'altro, perché per li danari non è a tempo e per il suo servitio già è impegnata a V[enetia], come lei medesima sentirà quando passaranno di costì. Hoggi Mons.^{re} [Annibale Bentivoglio] è stato con esso meco a sentire a cantar Veronica, e l'ho fatto a bella [pos]ta acciò ne possa ragagliare V. E. quando sarà costì, poiché pensa di partire alli 4 o al più lungo alli cinque. Mi (...) ch'io venghi con lui ma mi starò (...) gratissimo e quasi presago di haver havere de dis[positioni particolari a questo?] particolare. Non voglio starne a (...) perché mi [par] di haver sfogato assai con la lettera che scrissi al Sr Abbate [Giovanni Bentivoglio], havendo anco nella medesima datogli parte [di] molte dificoltà che possono essere, dalla quale V.E., facendosela leggere, potrà esserne informata a pieno. Come non vengo così me (...) che ogni dificoltà batte (c.8) nel vendere i miei cavalli e non buttargli: aspettarò la risposta di questa, oltre che in tanto farò molti altri miei negozi che m'importano, ed aspettarò la risposta di Veronica; e Monsr gli dirà le pretensioni del padre, che sono dieci scudi il mese pagati in Roma per tutto il tempo che vorrà lei, se la volesse tenere anche dieci anni. Basta: da Monsr, che l'ha sentita, sentirà il tutto. Mentre altro non m'occorrendo, le faccio riverenza   Roma 2 9.bre 1641
D. V. E.

Dev.^{mo} ed oblg.^{mo} s.^{re}
Marco Marazzoli

(p.s.:) La mi scrive che mandava un regaluccio per detta Veronica da parte della S.^{ra}, ed io per rallegrarla glielo dissi: ma non habbiamo visto nulla.
* *Rapida citazione della parte conclusiva della lettera in Capponi, p.15 (lettera ottava e ultima citata).*

1050. Giovanni Bentivoglio da Firenze a (Cornelio Bentivoglio, Ferrara?) 7.XII.1641
AB, 256, c.78

S. fratello.

Io so che voi mi havete havuta qualche invidia di questo mio viaggio, ma con le caccie di Trecenta, morte di quaglie e fagiani, e con l'ocupationi della festa vi sarà passata; ma ora che direte, mentre vi dò parte come il Sig.^r Pietro Martinozzi viene in Francia con noi, raccomandato in capite alla mia cura? So che mi direte subito del voto, ma un'occasione così bella farìa rompere i voti a chi si sia. D. Carlo non cape in sé dall'allegrezza, e dice che se voi non invidierete me, che Nicola del certo invidierà lui. Io non so quello che potranno le tentationi, so che Gian Ghignardi dirrà che io sia un gran minchione se perdo così bella congiuntura. Ho havuto lettere da Siena del Sig.^r Cardinal Bichi, ed i dispacci da Roma per la Corte del Sig.^r Cardinal nostro [Guido Bentivoglio]. Spero che da venerdì saremo in barca, e del tutto haverete più certo avviso.
Dal Sig.^r Oratio Magalotti, che è quì, e da altri mi vien scritto da Roma che nella malatia del Sig.^r Cardinale Antonio [Barberini], l'Amico non è mai entrato, e che essendo S. E. andata senza di lui a Valmontone questi il giorno seguente l'ha seguitato su le poste. Forse haverete ancor voi l'istesso

avviso.Vorrei che ordinaste un paro di quadri: uno del Guercino, e l'altro di Guido [Reni],perché s'haverò io la commodità, gli piglierò per donare, e non l'havendo, io so che gli piglierà sempre Mr Mazarini: ma vorrei che voi prima del nostro partire gli vedeste principiati, perché havendo principio con il vostro buon gusto, so che saranno buoni. Vogliatemi bene.   Di Fiorenza li 7 x.^{bre} 1641

Aff.^{mo} fratello e s.^{re}

l'Abbate [G]io. Valeri. che così

mi chiamerò per l'avenire.

(p.s., apposto in alto:) Dal qui incluso soneto vedrete che Mons. Zuti [=Buti?] è diventato poeta: l'otio ha fatto destare le muse. Non so che farà la Barca, e la conversatione del Conte Martinozzi.

1642

1051. G. Sardi, *Libro delle Historie Ferraresi* (1646), p.84

1642   Nel qual tempo essendo venuto a Ferrara il Principe Don Taddeo Berberino, fu ricevuto dalla città con segni di stima, d'honore, e d'allegrezza grandissima, essendosi fatti fuochi non ordinari, e un castello di legnami dipinto, rappresentante il castello Sant'Angelo di Roma, il quale essendo pieno di fuochi artifiati, accesi che furono, rappresentarono nella piazza del Magistrato un combattimento militare. E nel giorno che seguì, essendo stato fatto un theatro nel Cortile, quivi si fece un combattimento di dodici Cavalieri armati, a campo aperto, che riuscì con molta soddisfattione a spettatori (…)
* *Nel teatro di cortile furono rappresentati il torneo* Le Pretensioni del Tebro e del Po *e* L'Amore trionfante dello Sdegno *(di Ascanio Pio di Savoia, Berni e Burnacini con musiche di Marco Marazzoli): l'unica partitura musicale di uno spettacolo ferrarese del tempo sopravvissuta: cfr. Ziosi.*

1052. *Le Pretensioni del Tebro e del Po, cantate e combattute in Ferrara, nella venuta dell'Eccell. Sig. Principe Don TADDEO BARBERINI Prefetto di Roma (…) Componimento del Sig. DONN'ASCANIO PIO DI SAVOIA, e descrizione di FRANCESCO BERNI. In Ferrara, per Francesco Suzzi Stamp. Camerale, 1642* (copia consultata: FEc, MF 54.3-4)

(p.n.n.3) (Dedica al Barberini di Francesco Berni)
(…) Comparve in quell'armeggiamento, che l'E. V. si degnò d'onorare, l'estrema divozione della nobiltà ferrarese così pomposa, che altri forse l'avrebbe creduta superba, se ora, di nuovo a Lei presentandosi, nella bassezza di questi miei fogli non ostentasse gli estremi della sua umiltà. Perciò il Marchese Cornelio Bentivoglio, dalla cui (p.n.n.4) gran Casa parve che apprendessero in ogni tempo la magnificenza i teatri, ha voluto che io descriva la festa, e la dedichi (…)
(nell'elenco dei cavalieri del torneo figurano: Ascanio Pio di Savoia come "Maestro di campo", e Cornelio Bentivoglio primo dei "Cavalieri del Tebro")
(…) (p.19) Perché poi la poesia fosse accompagnata con la sorella, fu la composizione consegnata nelle mani del famoso Marco Marazzoli, che sa far qui in terra sentire a chi non è pitagorico le armonie de' Cieli. Fe' subito egli, con la sua musica penna, il felice accompagnamento sotto l'ombra generosa e chiara della gran Casa Bentivoglia, nella quale, se io dovessi avere quaggiù fra voi mortali l'albergo, vorrei eternar la mia stanza. Di quella Casa, per non offender le cui passate glorie, che si vantarono d'insuperabili, non voglio riverir le presenti con altro che solo con l'animo. Furono poi divisate a musici le parti (…)
(Segue libretto de: *L'Amore Trionfante dello Sdegno. Opera di D. Ascanio Pio di Savoia (…)*. Nel frontespizio interno, con riproduzione di prospettiva teatrale, è indicato come *Dramma Recitato in Musica. In Ferrara per Francesco Suzzi* [1642]: ampia descrizione delle invenzioni e scene, cui segue il libretto, preceduto dall'Argomento)

1053. Marco Marazzoli da Roma a Cornelio Bentivoglio (Ferrara)12.IV.1642
AB, 258, c.56

Ecc.^{mo} S. e Padron mio Col.^{mo}

Il Sr D. Giacinto Zucchi, mio paesano, mi raguaglia che nel far riverenza al Sr Card.^l Legato, e discorrendo gli domandò della mia persona; e lui, rispondendoli esser io partito, mostrò il detto Sr Card. quasi premura che io non fossi andato da lui, cosa che mi fa credere che sia per voler che mi sia dato quello che mi fu assegnato per le feste fatte costì avanti Natale, che furono 80 scudi. Già V. Ecc. mi fece dire dal Sr Giraldi a Venetia, che subito arrivato in Ferrara procurarìa per favorirmi, che mi fossero pagati in Roma, la onde havendo questo avviso dal Sr D. Giacinto, ne dò parte a V. Ecc.^{za} acciò possa farmi il favore. V. Ecc. dice sapere come lasciai il mio servitore costì in S. Anna a curarsi del male havuto a Venetia; e poiché gli bisognarà danari per ritornarsi a Roma, la supplico di mezza dozzina di ducatoni, che tanto credo (c.56v) bastino a far la strada di Fiorenza. Scrissi a Monsr per il medesimo sovenimento, ma perché credo che sia restato a Venetia per nego[tio], lo raccomando a V. Ecc.; e se havrà nelle mani questi danari, che mi deve la Communità, glieli potrà far dar di quelli, se non gli pagano qui a conto suo dove gli parerà, e glieli rimetterò. Tanto ho scritto a Monsr, ma non ho havuta risposta alcuna. Mi perdoni V. E. dell 'ardire, mentre per fine le faccio hum.^{ma} riverenza   Roma 12 aprile 1642.
D. V. Ecc.^{za}

Dev.^{mo} ed oblig.^{mo} a.^{re}

Marco Marazzoli

1054. Domenico Benigni da Roma a (Cornelio Bentivoglio, Ferrara?) 12.IV.1642
AB, 258, c.71

Illmo Sig.^r mio Padron Oss.^{mo}

Ai commandamenti di V. S. Illma io devo ogni obbedienza, e con quella prontezza che le paga la mia osservanza. Mando ora quattro arie, saranno n[u]ove perché non vanno per le mani di molti: due sono di Carlo [Caproli] del Violino: *Di Cupido è legge* et *Occhi oimè*; ed una è del Sig.^r Luigi [Rossi]: *A quel dardo*; ed una del Sig.^r Mario [Savioni]: *Pena la vita*. E l'occupationi della Corte non mi fanno comporre al solito. Per servir però V. S. Illma non mancarò di fare qualche cosa e l'inviarò. Intanto V. S. Illma s'assicuri, che io stimarò sempre fortuna d'esser honorato de' suoi commandamenti, come la supplico a continovarmene l'honore. E le faccio humilissima riverenza.   Di Roma li 12 di aprile 1642
D. V. S. Illma

Humiliss.^{mo} se.^{re}

Domenico Benigi

* *Importanti attribuzioni di arie ad autori come Carlo Caproli "dal Violino", Luigi Rossi (ancora un indizio di rapporto coi Bentivoglio), e Mario Savioni. Benigni è appunto l'autore del testo della cantata per soprano e b.c. di Rossi* A qual dardo il cor si deve, *di cui esistono cinque copie manoscritte coeve. Cfr. E. Caluori,* The Cantatas of Luigi Rossi, *Ann Arbor, UMI 1981, II, p. 31. Cfr. inoltre: R. Holzer,* Music and Poetry in Seventeenth-Century, Rome: Settings of the Canzonetta and Cantata texts of Francesco Balducci, Domenico Benigni (…), *Ph. D. diss., University of Pennsylvania 1990, 2 voll.*

1055. Marco Marazzoli da Roma a (Annibale Bentivoglio, Venezia o Ferrara?) 30.IV.1642
AB, 258, c. 204

Illmo e R.^{mo} S. mio Padron Oss.^{mo}

Rappresentando all'E.^{mo} Sr Card. Antonio [Barberini] tutte quelle cose che V. S. Illma mi disse avanti la mia partenza di Venetia, gli dissi anche che V. S. Illma, di propria persona, gli haveva fatto fare dodici tazze bellissime; onde, havendomi domandato il Sr Card. due volte quando verranno, io sempre gli ho risposto che d'in ora in ora, e mai ne ho visto né sentito nuova, benché parecchie volte sia stato alla dogana. Il Sr Marco Antonio il simile, dei bicchieri che V. S. Illma manda. Onde con la presente l'ho voluta avvisar, e acciò mi risponda quello devo dire. Un'altra volta io gli scrissi medesimamente d'Ancona, ma mai ho havuto nova alcuna dove (…) si ritrovi; mentre altro non m'occorrendo, le faccio riverenza

Roma l'ultimo aprile 1642

D. V. S. Illma e R.^{ma}

Dev.^{mo} ed oblg.^{mo} se.^{re}
Marco Marazzoli

* *Marc'Antonio potrebbe essere Pasqualini, il cantante collega di Marazzoli nel servizio presso i Barberini.*

1056. Pier Francesco de Galli da Roma a Cornelio Bentivoglio (Ferrara?) 30.IV.1642
AB, 258, c.216

Illmo Sig.^r mio e Padron Singol.^{mo}

Ho ricevuto il zechino per le corde di liuto, delle quali veramente io non me ne intendo, però troverò persona del mistiere, e le farrò consegnare, e procurarò con l'ordinario di sabbato mandarlo a V. S. Illma. La quale, se non me provede li danari per d[e]cempegnare quella robba al monte, non si lamenti poi di me se si venderà, perch'io non saprò più che mi ci fare, havendo sino avanti le feste dato la caparra acciò non si vendessero.

Supplico V. S. Illma quanto piu vivamente posso a rimettermi il danaro che restano havere questi artisti della carrozza ed il Cerratti, perché non so più come ripararmi da loro. E qui per fine a V. S. Illma bagio riverente le mani di

Roma li 30 aprile 1642

di V. S. Illma

Devot.^{mo} se.^{re} [di] core
Pier Franc.^{co} de Galli

1057. Marco Marazzoli da Roma a Cornelio Bentivoglio (Ferrara ?) 30.IV.1642
AB, 258, c.217

Ecc.^{mo} S.^r e Padron mio Oss.^{mo}

[Ho ricevuto la lettera?] di V. Ecc.^{za} delli [15? del] corrente [e la ringrazio della sua?] benignità in (…) della mia satisfatione. Ma non solo di (…) che non conviene (…) che io sia satisfatto (…) fossi costì al carnevale prossimo pas[sato] (…) ge lo ris[crivo?] alla sua gratia. Vengo con la presente, per non più tediarla, a (…) doppo più scorso in que[lla di V. Ecc.^{za}?] stima (…) con [molto] pregiudicio, [ed essendo?] il provarlo impossibile (…) il procurare gli ottanta scudi (…) io delle mie cariche, non l'ho fatto se non [perché V. Ecc.^{za}] me (c.217v) lo significò per cosa certissima, avanti la mia andata a Venetia; anzi diedi (…) ad ogni ordi[ne] (…) come posso mostrar sempre (…) volta che vorrà per giura(…) stimato mal (…). Io [supplico V. Ecc.^{za} dire al Grimani a?] Venetia, quando mi corre le cento dovle del regalo, per (…), che me ne [dichiaro?] satisfatissimo; e se [più] le confidarò [più] per generosità sua che per ambition mia, (…) Sig.^r Giraldi me disse che, partito V. Ecc.^{za}, che subito che (…) [V. Ecc.^{za}] havrìa fatto (…) in Roma di (…) onde io (…) so non vedendo (…) che havesse relatione ch'io [a V. Ecc.^{za}] mi sia lagniato straordinariamente della mia (…) innocente ho voluto scrivergli (c.218) la presente acciò resti capace, che io non ho voluto intendermi che sia mia [satisfatione?] di questo mio danaro, ma la (…) perché, quando V. Ecc.^{za} non voglia [favorirmi] (…) inanze de malignità etc. ricorrerò a qualche (…) che mi voglia favorire ed havrà (…). Io ho sempre pre[fissato?] di dir la verità ed ho imp[arato?] di esser stato satisfatto da V. Ecc.^{za} compitissimamente. Ma è ben vero che io ho fatto la parte mia forse in più di quello andava fatto, e ci ho havuto a lasciar la vita, come lei vide e toccò con mano, per venirla a servire senza i pregiuditii che ho havuti in Roma: basta, non si puol far altro. Stimo però più la sua gratia che qualsivoglia danaro, e mi dichiaro che, mentre il danaro havesse da uscire dalle sue mani, di non pretendere cosa alcuna; ma [puolché?] me l'ha da dare altri, intenderei che V. Ecc.^{za} ne dovesse esser protettore.

Io ho recapitato la [lettera?] della S.^{ra} Marchesa alla [Signora] Catarina ed ho fatto il motetto che [ella?] mi commandò a Venetia per quella sua monaca: e domenica devo andarlo a sentire. Mentre altro non m'[occorrendo] le faccio riverenza

Roma l'ult.^o d'aprile 1642

D. V. [Ecc.]^{za}

Dev.^{mo} ed oblg.^{mo} s.^{re}
Marco Marazzoli

* Lettera ridotta in frammenti per le lacune da inchiostro.

1058. Marco Marazzoli da Roma a (Annibale Bentivoglio, Ferrara) 5.VII.1642
AB, 259, c.35

Illmo e R.^{mo} S. mio Padron Col.^{mo}

[Essendo il tempo, che farà?] (…) d'addurgli che V. S. Illma si sia (…) e che però non ha[veva?] (…) in persona la [casa?] di (…) la quale poi partì alli 28 del passato, ed anco gli [haveva] (…) [negotii gravi?] per li quali V. S. Illma [era in] Venetia. Hora, sia lodato Iddio, che crederà quello che sempre fa V. E.^{za}. Rappresentarò al Sr Card.^{le} [Francesco Barberini] la [presenza?] delle tazze, se loro vengono a tempo, più che mai che adesso il Card.^{le} le farà comprare tanto maggiormente e saranno più car[issi]me a [S. Em.]^{za}. Invio, per il presente ordinario, la prima arietta che ho incominciato a com[porre d]oppo che io sono tornato di costì all'(…) [Illma Marchesa Bent.^{li}?] che per mio gusto tanto starà per inviargli ciò che son per fare, perché per [hora?] mi è [restato?] (…) [detto impara?] la sua gratia di cantare, che quando (c.35v) (…) Io desidero V. S. Illma (…) serà alle feste (…) delle più (…) vado mettendo insieme qualche [altro] più di nome nel mio carrozzone che la dita Girolama [Rossi]: me vogliono assai, perché vi faccio qualche (…) a di consideratione (…) mi bosognerà fare senza [meno?] (…) Bentivoglio, mio particolarissimo Padrone (…) la Corte in musica assai e non vi sono novità di consideratione. Hanno (…) e stiamo pieni di Cavalieri, puoiché gli hanno levato una sera, con tutta la cortesia, la mia S.^{ra} Angela: per la qual cosa sta su le furie [malinconito?]: non (c.36) so quanto sarà lei; intanto sta in casa pia.

Il Sr Card. manda in Francia, a complire <che> il Sr Card. di Richilieu della [conquistata] sanità, il Sr Card.^{le} de Pazzi, sbarbato: eletione stimata da tutta la Corte graditissima. Si crede che farà ambasciaria di garbo, perché è fiorentino fresco fresco. Io gli dirìa qualche cosa altro, ma perché mi raccordo di havergli sentito dire che ha i migliori avvisi sempre di tutta la Corte, mi rimetto a queli. Con che fine, le facio humilissima riverenza, come il simile facio alli signori Badoveri, garbatissimi in superlativo, e la riverisco   Roma 5 lu<i>glio 1642
D. V. S. Illma e R.^{ma}

De.^{mo} e oblg.^{mo} s.^{re}
Marco Marazzoli

* Lettera ridotta in frammenti per le lacune da inchiostro.

1059. Marco Marazzoli da Roma a (Annibale Bentivoglio, Venezia) 31.VII.1642
AB, 259, c. 214

Illmo S. e Padron mio Col.^{mo}

Hieri mattina il Sr Marco Antonio e me fossimo alla dogana per riscotere la cassa de bichieri, e trovando che costava quasi più il porto che il costo di quelli, il Sr Marco Antonio restò così così: anzi credo che glielo voglia scrivere, che perciò ne avviso V. S. Illma. Ho in casa le 12 tazze rimetiatemi dal Sr D. Livio, havendo capate le più belle e domattina il p.^o d'agosto, giornata a proposito, le appresentarò al Sr Card. [Francesco Barberini], che senza dubbio credo che gli saranno carissime.

L'altro giorno erano in quistione grandissima le S.^{re} Pepa e Checca, con folla dal Pavone e c'havevano mescolato anche i bestoni, la onde si aspettava qualche rumore su la piazza, perché da ambe le parti caminavano con armi; ma non si effetivò cosa alcuna, se non che la Signora Tolla fu menata prigione, che credo (c.214v) che non dormisse tutti gli suoi sonni la notte: ma l'aiuto degli amanti hanno fatta finalmente uscire. Il Sr Andrea Sabbia, che non puol star senza donne in casa, ha pigliato Margarita Fiorentina che è tornata ad habitar in Roma; e perché l'altra sera volle uscire a spasseggiare su la piazza cantando, mi vien detto che hebbe regali di confetture toste di maniera che, toccandogli in un braccio, gli è restato il segno ed il cocchiere si mise a fuggire con i cavalli verso [piazza de] il Popolo, senza aspettare che il Padrone gliel'ordinasse. Credo che ciò gli sia intravenuto perché nissuno esce, e così questi belli humori non hanno voluto che eschi neanche lui.

Si sono messi gli soldati alle porte della città e alla notte, sia che esser si voglia, non si apre a nessun (c.215), tanto all'uscire quanto all'entrare, salvo i corrieri. Dall'*Ave Maria* in su si mettono due moschettieri alli portoni del palazzo del S.ʳ Card. Antonio [Barberini] e non si puole penetrar perché causa. Del resto, Mons.ʳ se ne stia a Venetia, perché Roma non è più essa, che ha mutato talmente faccia, che V. S. Ill.ᵐᵃ non la conoscerà più. Mons.ʳ Merlino morì e lasciò al S.ʳ Card. Antonio tutti li quadri originali, che sarano da 50 bellissimi. Per la Corte si dice che Mons.ʳ Bentivoglio sarà Auditore di Rota in suo loco: io lo desidero sommamente. Mentre per fine le faccio hu.ᵐᵃ riverenza   Roma l'ult.º luglio 1642
D. V. S. Ill.ᵐᵃ e R.ᵐᵃ

Dev.ᵐᵒ ed Oblig.ᵐᵒ s.ʳᵉ
Marco Marazzoli

Post scritta: il S.ʳ Card. ha gradito assai assai le tazze; ne fece lavare due di suo maggior gusto e vi bevve dentro a tutto pasto. Mi disse che io lo ringratiassi assai assai, come faccio.
* *Marco Antonio potrebbe essere il cantante Pasqualini collega di Marazzoli al servizio dei Barberini. In ogni caso la pittoresca descrizione della lite delle "signore" esprime bene l'azione moralizzatrice contro le cortigiane e i primi problemi politici per i Barberini.*

1060. Benedetto Ferrari da Venezia a (Cornelio Bentivoglio, Ferrara) 3.XII.1642
AB, 260, c.34

Ill.ᵐᵒ Sig.ʳ mio Padron Col.ᵐᵒ

M'haveva detto l'Ill.ᵐᵒ Sig.ʳ Gio. Grimani, mio S.ʳᵉ, di scrivere a V. S. Ill.ᵐᵃ questa sera, e ch'io piegassi nella sua, l'incluse scene per la S.ʳᵃ Anna e per il S.ʳ Stefano. Non ho poi veduto l'altra lettera, e trovandomi le scene alle mani, e premendo assai la sollecitudine in questo negotio, ho giudicato bene di spedirlo a V. S. Ill.ᵐᵃ, come faccio. Sarà questa una occasione, ma di quelle da me tanto desiderate, e gradite, di rassegnarmi devotissimo servitore a V. S. Ill.ᵐᵃ e di raccordarle gli ossequi riverenti della mia antica servitù, con che le bacio vivamente le mani   Venetia 3 x.ᵇʳᵉ 1642
D. V. S. Ill.ᵐᵃ

Devot.ᵐᵒ vero se.ʳᵉ
Benedetto Ferrari.

(p.s. di altra mano:) ho aperto questo piego credendomi vi fosse qualche musica per me, che però mando quella del S.ʳ Stefano, e mi son tenuto quella della Signora Anna, acciò venendo gliela possi consegnare. Queste sono tutte le sue lettere, ed a V. E. faccio profondissima riverenza.

suo obligat.ᵐᵒ s.ʳᵉ
Giacinto Zucchj

* *La cantante citata potrebbe essere la celebre Anna Renzi (Roma 1620c.-post 1660) che nel 1643 eseguirà a Venezia La Finta Savia di Ferrari (e altri autori), opera in cui si esibì anche Stefano Costa, che corrisponde forse allo Stefano al servizio del Marchese. Ma è anche possibile che Anna fosse la sorella di Stefano Costa, anche lei cantante. Giacinto Zucchi, peraltro sconosciuto, dovrebbe essere un altro cantante coinvolto negli allestimenti veneziani.*

1061. Giovanni Grimani da Venezia a (Cornelio Bentivoglio, Ferrara) 6.XII.1642
AB, 260, c. 56

Ill.ᵐᵒ Sig. mio Oss.ᵐᵒ

Tengo aviso di Roma che, alli 27 passato, partì il Cap. Pompeo con la Sig.ʳᵃ Anna e due altri virtuosi. Il Sig. Filiberto mandava poche [frasi?] per Amodio, che vene con il Cap.º Pompeo da Roma, che si c[hi]ama Frittellino, ed anche per gli altri virtuosi. V. S. Ill.ᵐᵃ mi farà gratia per far che la caparino. Attendiamo V. S. Ill.ᵐᵃ con grandisima ansietà e ricordandoli la mia devozione humilmente la [reverisco?]   Venetia li 6 x.ᵇʳᵉ 1642
D. V. S. Ill.ᵐᵃ

Div.ᵐᵒ ed oblg.ᵐᵒ s.ʳᵉ
Gio. Grimanni

* Cfr. la precedente lettera di Benedetto Ferrari a cui questa era allegata.

1062. Guido Bentivoglio da Roma a Cornelio Bentivoglio, Ferrara 20.XII.1642
AB, 265, c.458v

(...) Dalla congiunta scrittura vedrete quel ch'egli [l'Abate Giovanni Bentivoglio] mi scrive intorno ad una comedia che s'è rappresentata in Parigi. Ho stimato che vi possa esser di gusto il leggerla, e però ve la mando (...)
(c.459, p.s.:) Potrete ritenere appo di voi le scritture sopra l'accennata comedia, per ogni buon rispetto. L'Abbate informa non però meglio portarsi, né io averne migliori relazione da tutte le parti (...)

1643

1063. Loreto Vittori da Roma a Annibale Bentivoglio (Fe) 4.XI.1643
AB, 264, c.38

Illmo e Rev.^{mo} Sig.^r mio Padron Col.^{mo}

Confidato nella benignità di V. S. Illma e ne l'antica mia servitù, vengo humilmente a supplicarla di voler, con bona congiuntura, rappresentare all'Em.^{mo} Padrone che, stando per vacare un beneficio di Sta Maria Maggiore, io ardisco di desiderarlo, solo perché una volta S. Em. nel ritorno di Bagnara disse al S.^{re} M. Antonio [Pasqualini] ed a me, che noi due saremmo beneferati; ed essendone tutti gl'altri provisti, spero ancor io, benché senza alcun merito, di esserne aggratiato.

Se V. S. Illma conosce di potermi giovare in questo modo, bene; quando non si compiaccia di tacere questa mia pretentione, acciò qualcuno non se ne rida, essendomi altre volte detto che io mi posso grattare, che non son mai per ottenerlo. Confido in V. S. Illma che è Cavaliere di nascita e di costumi. E però non dirò altro, solamente l'assicuro d'un'eterna gratitudine. Ed a V. S. Illma per fine faccio humilissima reverenza   Roma li 4 9.bre 1643
D. V. S. Illma e Rev.^{ma}

                                                              Humiliss.^o Oblig.^{mo} servo
                                                              Loreto Vittorij

* Sul celebre cantante castrato Loreto Vittori (Spoleto 1604-Roma 1670), già in qualche modo collegato ai Bentivoglio in occasione delle feste di Parma del 1628, cfr. B. M. Antolini, La carriera di cantante e compositore di Lorenzo Vittori, *"Studi Musicali", VII, 1978, pp. 141-188.*

1644

1064. Annibale Bentivoglio da Roma a Ventura Ciavernelli, Ferrara 7.IX.1644
AB, 267, c.32

S. Ciavernella.

Alle 18 ore questa mattina il Sig. Cardinale Bentivoglio è passato a miglior vita. Qual sia el mio dolore potete facilmente imaginarvelo. (...) Nel resto, bastami dire ch'egli è morto come è vissuto (...) Io solo resto infelice, poiché perdo questo appoggio: sono in preda de creditori della casa, e se il Marchese non si risolve a dir da dovero, a me converrà il retirarmi, e perdere il corso d'una fortuna, che forse non è per mancarmi (...)

* Cfr. La lettera di condoglianze scritta ad Annibale dal Duca di Modena (in realtà dal suo segretario Fulvio Testi) in Testi, Lettere, *III, n. 1816, p. 477, in data 16.IX.1644.*

1645

1065. Cornelio Bentivoglio da Roma ad Annibale Bentivoglio, Ferrara 20.V.1645
FEc, ms. Antonelli 966, b.2: Bentivoglio Cornelio (prov. AB)

(Chiede urgentemente danaro per riscuotere i beni impegnati)
(…) Dalla medesima nota [allegata] V. S. potrà raccogliere, ch'io per me non spendo né tocco un quatrino, e la spesa quotidiana della tavola non può esser più regolata né più ristretta (…)
(c.nn. allegata:) *Nota della tavola per il mese di maggio [1645] del S. March.*

1066. Marco Marazzoli da Roma a (Cornelio Bentivoglio, Ferrara?) 9.VII.1645
AB, 268, c.62

Illmo S.^r e Padron mio Col.^mo

Non ho mai scritto a V. S. Illma prima d'ora, perché volevo nel medesimo tempo sapergli dare qualche nova dell'ingresso dell'amico a Palazzo. Veggo questi Padroni che ancor non sono ben usciti dal guscio dell'habitatione di Pasquino, e stanno retirati in modo, che credo che gli paia non esser vero le loro felicitadi; e così conseguentemente non si vedono far certe carezze agli amici, come veramente in simili occasioni si sogliono ricevere. La Signora Leonora [Baroni] è stata ben vista, ma però con una certa aria che lei medesima, che ha musica, credo pensi d'haver <haver> a sperar poco di buono. Ha havuto cor<t>e da sopportare la mortificatione havuta nell'audienza della S.^ra D. Olimpia poiché gli convenne, in presenza di molte Dame di consideratione, sedere s'una sediola di paglia. Sentendo la S.^ra D. Olimpia che lei medesima vantava in certi discorsi con la sua solita gratia, che il Sr Card. Panfilio era andato ad incontrarla nel suo arrivo che fece in Roma, gli ribatè non esser vero, ma che S. E. era andato per visitar la Principessa di Rossano, onde si vede manifestamente che se n'andre- (c.62v) -mo sostantialmente in sfondature napolitane. Del resto ella s'acerta di mano e di piedi, e particontarmente si vede che sta sul negotio dell'aparenza, perché vorrebbe almeno mascherare l'essersi partita prudentemente di Francia: V. S. Illma si puol immaginare come lei eserciti francamente lo suo stile perché V. S. Illma l'ha praticato i secoli interi. Per ora non ho altro che dirgli, se non che se a Firenze si languisce di caldo, a Roma si languisce di caldo e di una sole[nnissi]ma malenconia. Mentre per fine, facendo humilissima riverenza a tutta la Casa Ecc.^ma Bentivoglia, me gli confesso servitore vero oblg.^mo di Roma a 9 luglio 1645
D. V. S. Illma

Dev.^mo ed oblg.^mo s.^re in eterno
Marco Marazzoli

* *L'episodio di Leonora Baroni è indicativo del nuovo clima politico e culturale romano che segue alla caduta dei Barberini, come sarà più tristemente ribadito nell'ultima lettera di Marazzoli del 29.VII.1645.*

1067. Marco Marazzoli da Roma a Annibale Bentivoglio, Ferrara 29.VII.1645
AB, 268, c.296

Ill.mo e R.^mo Sig.^r e Padron mio Coll.^mo

Non m'arriva nova la gentilezza di V. S. Illma e so certamente quant'ella desidera ogni mio avanzamento, che però crede che io debba essere sevitore caro al Sr Card. Antonio [Barberini], quando le cose s'accomodino con Francia, come si dice. Vorrei che fosse per dirgli la verità, perché mi credeva che piovesse ma non che diluviasse; anzi trovo che, se il tempo passato non torna, non occorre curarsi di star in questo mondo. Le cose arrivano a tal segno, che non si trova più fede nel mondo, e l'ingratitudine trionfa per tutti i lati. Lei deve comprendere a un dipresso quello che voglio inferire. La Corte viene ad eseguire la giustitia in casa mia e più [non] domanda licenza: sono princîpi d'un cattivissimo fine e piaccia a Dio che m'inganni, e che ritorni presto il scudo regio di Francia a protegerci, perché altrimenti siamo spediti afatto. Carlo Poventi, Governatore di Segni, fu carcerato e condotto a Roma legato come un Mario di Sciarra. La sera di S. Giacomo, similmente, fu preso nel nostro proprio palazzo il Bracese e legato come un ladrone, e sta in segreta: cosa che spaventa li Ferragalli, li Valemandi e li (c.296v) Marchi Antoni [Paqualini?]. Chi dice che sia per la m.[?] che strangolate al tempo della guerra in Bologna; chi dice per li conti di molti affari de grani e biade fatti da loro medesimi in quell'occasione: basta, sia come si voglia, ogn'uno sta lesto ed esamina molto bene la sua conscientia. Staremo a vedere. La nostra amicissima S.^{ra} Leonora [Baroni] finalmente è guarita ed inpassata nelle felicità; resta solo, dice lei, che vada a pigliare un poco d'aria della sua vigna d'Albano. Molti curiosi hanno voluto, che gli l'habbia fatto simil persuasione mentre ha il vento in poppa di regere il Pontificato, che così vanta lei medesima; ed hanno trovato che li medici di Palazzo l'hanno esortata a far ciò, di modo che, con maniera da grande di Spagna, ha cominciato a dar voce che si vol trasferire a li Castelli. Monsr, la supplico a compatirmi della colera che ho con Corte, perché il signor Abbate [Giovanni Bentivoglio] mi dà relatione di cose contro la lor Casa che la potrò mai più pa- (c.297)-tire di vedere. Intanto la supplico a continuarmi nella sua protetione, mentre per fine le faccio humilissima riverenza Roma 29 luglio 1645 D.V. S. Illma e R.^{ma}

Dev.^{mo} ed oblg.^{mo} s.^{re} vero
Marco Marazzoli

Indici

A CURA DI ANNA DI GIGLIO*

---

* I diversi indici si riferiscono alla numerazione progressiva dei documenti. Nell'Indice dei nomi la presenza di un asterisco (*) indica che il nome si trova nelle annotazioni del curatore che seguono il testo originale.

Indice dei mittenti

INDICE DEI DESTINATARI

Indice dei nomi citati

Indice delle opere

INDICE DELLE ILLUSTRAZIONI

FINITO DI STAMPARE
NEL MESE DI LUGLIO 1999
DALLA LITO-TIPOGRAFIA VIGO-CURSI
DI PISA